Handbuch für Export und Versand

Länder- und Zollinformationen kompakt

75. Auflage

Ihr Online-Produkt freischalten!

Ihr Online-Produkt können Sie über www.ecomed-storck.de/mein-konto aufrufen.
Wichtig: Sie müssen das **Online-Produkt** dort zunächst **einmalig** mit Ihrem persönlichen Freischalt-Code aktivieren (siehe unten **„So geht's"**). Danach steht es Ihnen im Bereich **„Mein Konto"** zur Verfügung.

Ihr persönlicher Freischalt-Code lautet: **hev-Y4wi9Ue**

So geht's:
1. Haben Sie bereits Zugangsdaten für die Website www.ecomed-storck.de?
   Wenn nein: Bitte weiter mit Schritt 2. Wenn ja: Bitte weiter mit Schritt 3.
2. Bitte legen Sie sich ein Konto an unter: www.ecomed-storck.de/konto-eroeffnen
3. Loggen Sie sich mit Ihren Zugangsdaten im Bereich **„Mein Konto"** ein: www.ecomed-storck.de/mein-konto
4. Klicken Sie dort bitte auf den Punkt **„Freischalt-Center"**. Tragen Sie nun Ihren persönlichen Freischalt-Code ein, bestätigen Sie die AGB und Datenschutzhinweise und klicken Sie auf **„Einlösen"**.
5. Unter **„Online-Produkte & Downloads"** steht Ihnen jetzt Ihr Online-Produkt zur Verfügung.

storck
HAMBURG

Bibliografische Information der Deutschen Nationalbibliothek

Die Deutsche Nationalbibliothek verzeichnet diese Publikation in der Deutschen Nationalbibliografie; detaillierte bibliografische Daten sind im Internet über www.dnb.de abrufbar.

Bei der Herstellung des Werkes haben wir uns zukunftsbewusst für umweltverträgliche und wiederverwertbare Materialien entschieden.

Information zur Produktsicherheit: https://www.ecomed-storck.de/gpsr

ISBN 978-3-86897-540-6

E-Mail: kundenservice@ecomed-storck.de

Telefon: +49 89/21 83-7922
Telefax: +49 89/21 83-7620

75. Auflage 2026

www.ecomed-storck.de

Die Einzelheiten wurden nach bestem Wissen zusammengestellt. Eine Gewähr kann jedoch nicht übernommen werden. Anregungen und Vorschläge zur Erweiterung des Inhaltes werden gern entgegengenommen.

Satz: preXtension, Grafrath
Druck: Westermann Druck Zwickau GmbH, Zwickau
Titelbild: AdobeStock@1027217732_K_KI

Handbuch für Export und Versand 2026

Mit kritischem Blick auf die Zahlen ist der aktuelle Schwerpunkt auf die deutsche Wirtschaft gerichtet. Das Bruttoinlandsprodukt dürfte 2025 lediglich um 0,1 Prozent gewachsen sein; das ist deutlich weniger als die im Juni 2025 vom Institut für Weltwirtschaft (IfW) prognostizierten 0,3 Prozent. Für 2026 wurde die Wachstumsprognose von 1,6 auf 1,3 Prozent gesenkt, während für 2027 ein Plus von 1,2 Prozent erwartet wird. Trotz unterschiedlicher Einschätzungen der Wirtschaftsinstitute zeichnet sich ab, dass in einigen Branchen bereits eine Trendwende eingesetzt hat. Die Stimmung in den Unternehmen verbessert sich. Die Hoffnung auf eine konjunkturelle Erholung ist dafür eine Ursache.

Weitere Ursachen sind die für die deutsche Wirtschaft gesetzten staatlichen Impulse. Neben höheren Ausgaben für Infrastruktur und Verteidigung zählen zu den Maßnahmen unter anderem beschleunigte Abschreibungsmöglichkeiten, die Senkung der Umsatzsteuer in der Gastronomie, die Senkung der Stromsteuer für das produzierende Gewerbe, die Reduzierung der Netzentgelte sowie die Erhöhung der Pendlerpauschale. Diese staatlichen Investitionen können jedoch unternehmerische Aktivitäten nur teilweise ersetzen. Ein nachhaltiger Aufschwung erfordert darüber hinaus den Abbau überflüssiger Bürokratie, der nicht länger an administrativen Hürden scheitern darf.

Der Abbau unnötiger Regelungen muss spürbare Effekte zeigen. Die Digitalisierung der Verwaltung darf kein Schlagwort bleiben, und KI sollte dort eingesetzt werden, wo sie einen konkreten Nutzen bringt. Fachkompetenz – gepaart mit innovativen Geschäftsideen –, Flexibilität auf dem Arbeitsmarkt und Risikobereitschaft müssen wieder mehr gefördert werden. Erfahrungen aus der wirtschaftlich sinnvollen dualen Ausbildung sollten weiter verbreitet werden. Absolventinnen und Absolventen akademischer Einrichtungen, die bereit sind, unternehmerische Verantwortung zu übernehmen, müssen in ihren Entscheidungen gestärkt und unterstützt werden. Angesichts der demografischen Entwicklung sollten sozialpolitische Maßnahmen mit den realen finanziellen Möglichkeiten von Staat und Wirtschaft im Einklang stehen. Besonders dringlich bleibt der Ausgleich des Fachkräftemangels.

Die Weltwirtschaft steht weiterhin unter Druck. Geopolitische Spannungen und protektionistische Maßnahmen, insbesondere die Zollpolitik der USA, beeinträchtigen den globalen Handel und führen zur Exportzurückhaltung Deutschlands. Durch eine vorläufige Einigung zwischen der EU und den USA haben sich die außenwirtschaftlichen Unsicherheiten jedoch leicht verringert. Trotz der Herausforderungen bleibt die deutsche Exportwirtschaft robust. Aufträge aus dem europäischen Ausland, auch außerhalb des militärischen Bereichs, wirken stabilisierend. Belastend wirken hingegen der russische Angriff auf die Ukraine, der Gaza-Krieg, die schwache Weltkonjunktur, der wachsende Wettbewerb mit China und weitere geopolitische Risiken. Unter Berücksichtigung staatlicher Maßnahmen ist im Jahr 2026 mit einer langsamen wirtschaftlichen Erholung zu rechnen.

Diese 75. Auflage des „Handbuchs für Export und Versand" dient weiterhin als praxisorientierter Leitfaden für Unternehmen im Export- und Importgeschäft. Wie in den Vorjahren unterstützt es dabei, Überblick und Orientierung zu bieten, fundierte Entscheidungen zu treffen und trotz schwacher Konjunktur zu unternehmerischem Handeln zu ermutigen. Die Autoren sind in verschiedenen Bereichen der Außenwirtschaft sowie in wirtschaftswissenschaftlichen Institutionen tätig. Mit der aktuellen Ausgabe legen sie erneut eine übersichtliche, verständliche und praxisnahe Arbeitsgrundlage vor. Der anhaltende Zuspruch und das Interesse am Handbuch mit den Länderinformationen, außenwirtschaftlichen Themen, zollpraktischen Hinweisen und den Nachschlageelementen bestätigen die Bedeutung der jährlichen Aktualisierung.

Den Schwerpunkt des „Handbuches für Export und Versand 2026" bilden die aus den vorherigen Auflagen bekannten Länderinformationen mit Einfuhrbestimmungen der Länder von A bis Z. Dieser Länderteil beinhaltet neben der geopolitischen Ausrichtung auch allgemeine Bedingungen der einzelnen Länder, Besonderheiten der Länder, zu beachtende wesentliche Zollbestimmungen, Dokumente für die Einfuhr, Transport- und Frachtbelange sowie Kontaktmöglichkeiten zu den staatlichen Behörden. Ansprechpartner und Institutionen, wie Konsulate und Außenhandelskammern, die für Fragen zur Verfügung stehen bzw. unterstützen, sind aktuell im Handbuch eingearbeitet. Kontaktmöglichkeiten zu nationalen Behörden und Institutionen mit Außenwirtschaftskontakten befinden sich ebenfalls im diesjährigen Handbuch.

Vorwort

Dies sind die Generalzolldirektion (Zentrale Auskunft und Zoll-Portal – Kapitel 25), das Bundesamt für Wirtschaft und Ausfuhrkontrolle (BAFA – Kapitel 18) und weitere Ämter und Behörden (Kapitel 26).

Als Reaktion auf die Verletzung der territorialen Unversehrtheit, Souveränität und Unabhängigkeit der Ukraine hat die Europäische Union Finanz- und Wirtschaftssanktionen sowie restriktive Maßnahmen gegenüber Russland, Belarus und Teilen der Ukraine erweitert. Die Maßnahmen, zollrechtlichen Bestimmungen, Genehmigungspflichten und andere Vorgaben, sind im Rahmen der Geschäftstätigkeit der auf dem Gebiet tätigen Unternehmen zu berücksichtigen. Außenwirtschaftliche Beschränkungen, Hinweise, Hilfestellungen und gesetzliche Vorgaben dazu wurden im Handbuch für Export und Versand 2026 überblicksmäßig bearbeitet (Kapitel 27). In diesem Zusammenhang wurde die EU-Dual-Use-Verordnung zur Beachtung mit eingearbeitet (Kapitel 5).

Die Europäische Union erschließt und etabliert Zusammenarbeit im Rahmen von Freihandelsabkommen mit Kanada (CETA – Kapitel 28) und mit den Mercosur-Staaten (Mercosur-Abkommen – Kapitel 29). Eine verantwortungsvolle Exportkontrolle im Unternehmen (Kapitel 17) ist bei Anmeldungen im zollrechtlichen Ausfuhrverfahren (Kapitel 12) unabdingbar. Eine Variante zur Erhöhung der Luftfrachtsicherheit in der Lieferkette ist die Zertifizierung zum „Bekannten Versender" (Kapitel 15).

Incoterms® sind international anerkannte und zu beachtende Richtlinien für die Regelung von Warenlieferungen, unter Berücksichtigung von Kosten, Risiken, Haftungen, Rechten und Pflichten von Verkäufern und Käufern und anderen Aspekten. Die Incoterms® 2020, insbesondere deren Geltungs-, Regelungs- und Anwendungsbereich sind im Handbuch implementiert (Kapitel 7). Voraussetzungen für Import- und Exporthandlungen sind die Anwendungen der gesetzlichen Bestimmungen des Unionszollkodex (UZK), seiner begleitenden Verordnungen (Kapitel 4), der Tarifierung (Kapitel 6) sowie die Abgabe elektronischer Zollanmeldungen für die angewandten Zollverfahren (Kapitel 11) in ATLAS (Kapitel 9). Warenursprungs- und Präferenzregelungen sind Grundlagen im Rahmen der Zollanmeldung (Kapitel 19). Dabei sind zollrechtliche Bewilligungen (Kapitel 13) Voraussetzungen für sichere, gesetzlich zulässige und ordnungsgemäße Handlungen einer funktionierenden Lieferkette.

Die AEO-Bewilligungen wurden mit dem UZK aufgewertet und bilden die Grundlage bzw. Voraussetzung für viele Verfahrenserleichterungen im praktischen Zoll. Parallel dazu wurden die Voraussetzungen für die Erlangung und den Erhalt der AEO-Bewilligungen modifiziert (Kapitel 14). Pläne der EU-Kommission zu einer weitreichenden Reform des Zollrechts bauen perspektivisch auf diesen AEO-Bewilligungen auf. Eingearbeitet wurden Fragen zur Abfertigung und Registrierung bei der Ein- und Ausfuhr von fluorierten Treibhausgasen sowie von Erzeugnissen und Einrichtungen, die diese Gase enthalten bzw. zum Funktionieren benötigen (Kapitel 30).

Von hoher praktischer Relevanz geprägt und Inhalt des „Handbuches für Export und Versand 2026" sind das Kapitel zu Zoll-, Außenwirtschafts- und Präferenzprüfungen (Kapitel 31), zur Abgabenordnung und Archivierung von Unterlagen (Kapitel 3), zu EORI (Kapitel 8) und innergemeinschaftliche Lieferungen (Kapitel 20).

Harald Schönherr
Dezember 2025

Inhaltsverzeichnis

Warenverkehr, Außenwirtschaftsgesetz, Außenwirtschaftsverordnung, Unionszollkodex, elektronischer Zolltarif und Incoterms® 2020

EORI, ATLAS und E-Commerce

Zollverfahren, Bewilligungen und Luftfrachtsicherheit

Exportkontrolle und Bundesamt für Wirtschaft und Ausfuhrkontrolle (BAFA)

Warenursprung und Präferenzen, innergemeinschaftlichen Lieferungen, UN-Kaufrecht, Intra- und Extrastat

Behörden, Einrichtungen und Institutionen

Aktuell

1) Anmerkung des Verlags: Kapitel 23 Verpackung von Ausfuhrgut ist hier nicht abgedruckt und steht für Sie als Download unter www.ecomed-storck.de/hev2026 zur Verfügung.

2) Anmerkung des Verlags: Kapitel 24 DTV Güterversicherung (VD) und (ED) ist hier nicht abgedruckt und steht für Sie als Download unter www.ecomed-storck.de/hev2026 zur Verfügung.

Autoren

Harald Schönherr
gründete die SANARA Internationale Zolldienste GmbH mit und war langjährig ihr geschäftsführender Gesellschafter. Herr Schönherr ist für das auf Außenwirtschaft und internationale Zolldienstleistungen ausgerichtete Unternehmen, welchem durch die Bundeszollverwaltung der AEO C und AEO S bewilligt wurde, weiterhin in beratender Funktion tätig.
Er ist Verfasser von zahlreichen Publikationen zu zollgelagerten Themen in Unternehmen und zollpraktischen Fragestellungen.
Beratungsschwerpunkte in Unternehmen sind Tätigkeitsfelder von Zollabteilungen bzw. die Integration von Zollprozessen in das Kerngeschäft.
Seit 2008 arbeitet er als Autor am „Handbuch für Export und Versand" mit. Schwerpunktmäßig bearbeitet er die Themen Zollverfahren, Bewilligungs- einschließlich AEO-Fragen, Unionszollkodex, AWG, AWV, Dual-Use-VO, Prüfungen durch die Zollverwaltung, Embargos, Sanktionen u.a.
Herr Schönherr nimmt Lehraufträge an verschiedenen Einrichtungen im Management von Verkehrs- und Logistikunternehmen und der Außenwirtschaft wahr. Inhalte seiner Tätigkeit als Dozent an der Dualen Hochschule Sachsen, sind das Zollmanagement und die Exportkontrolle. Darin eingeschlossen sind aktuelle, auf die EU-Zollreform ausgerichtete Vertiefungen sowie die Weiterbildung von im Zollbereich tätigen Führungskadern internationaler Unternehmen. Die Tätigkeiten an Hochschuleinrichtungen beinhalten Gutachter- und Betreuungstätigkeiten von wissenschaftlichen Arbeiten.
Harald Schönherr studierte an der Humboldt-Universität zu Berlin und war in der Bundeszollverwaltung tätig, bevor er mit der Übernahme von Leitungsfunktionen in die freie Wirtschaft wechselte.

Dr. Mirko Hoppe
studierte Verkehrswissenschaften und promovierte an der TU Dresden. Anschließend war er an einem internationalen Verkehrsflughafen tätig. Hierbei verantwortete er Projekte in den Bereichen Technik, Organisation und strategische Geschäftsfeldentwicklung. Darauf aufbauend folgten verschiedene Positionen in der Automobilbranche. Herr Hoppe leitet die Erstellung logistischer Sicherheitsprogramme für die Luftfracht, verantwortet Transportausschreibungen in China und USA sowie die Transportplanung und Steuerung globaler Transportnetzwerke.
Er ist der Verfasser zahlreicher Publikationen zu verkehrswissenschaftlichen und logistischen Fragestellungen und nimmt Lehrtätigkeiten in Wien, Dresden und Leipzig wahr.

Dmitri Kulitzscher
studierte an der Technischen Universität Dresden Verkehrswissenschaften mit Schwerpunkt in der IT-unterstützten Planung und Steuerung von Logistikprozessen.
Seit 2008 ist er bei einem Dienstleistungsunternehmen für Zoll und Außenwirtschaft tätig. Hier verantwortet er im IT-Management der Zollabfertigung den Betrieb und die Integration der ATLAS-Anwendungen sowie die Entwicklung damit verbundener interner und externer Software für die elektronische Zollanmeldung. Zur Umsetzung der Zollverfahren im Abfertigungsbetrieb stehen im Zusammenhang damit die fachliche Anleitung, Entwicklung und Steuerung von Abfertigungsprozessen entsprechend sich ändernder zollrechtlicher Bestimmungen sowie die zollinhaltliche Revision.

Autoren

Professor Dr. jur Rainer Schackmar
studierte Betriebswirtschaftslehre an der VWA Münster und Rechtswissenschaften an der Westfälischen Wilhelms-Universität in Münster. Nach dem 2. juristischen Staatsexamen praktizierte er als Rechtsanwalt in einer überörtlichen, wirtschaftsberatenden Anwaltssozietät schwerpunktmäßig im internationalen Recht. Dabei vertrat und beriet er überwiegend Unternehmen in internationalen Gerichts- und Schiedsverfahren und bei der Gestaltung international-rechtlicher Verträge.
Von 2001 bis 2003 war er Professor für internationales Wirtschaftsrecht an der Hochschule Pforzheim. 2003 nahm er den Ruf für eine Professur für internationales Wirtschaftsrecht an der Hochschule Schmalkalden in Südthüringen an. Dort lehrt Prof. Schackmar insbesondere internationales Recht auch in englischer Sprache für angehende Wirtschaftsjuristen und für Masterstudenten des Wirtschaftsrechts. Darüber hinaus hatte er Gastprofessuren an einer englischen, einer französischen und einer rumänischen Universität inne.

Inhalt

Einfuhrbestimmungen der Länder von A bis Z

Inhalt

Inhalt

Inhalt

Zoll- und außenwirtschafts-rechtliche Grundlagen

Kapitel 1 Erhobene Abgaben, Einfuhr- bzw. Ausfuhrabfertigungen und Warenwerte

Harald Schönherr, Dresden

Das Handbuch für Export und Versand erscheint 2026 in seiner 75. Auflage. Diese Auflage des Handbuchs für Export und Versand beginnt mit der Statistik und Betrachtung der Exporte in Nicht-EU-Staaten und der Importe aus Nicht-EU-Staaten des Wirtschaftsjahres 2024. Abgefertigte Warenwerte und erhobene Abgaben wurden in die Ausführungen einbezogen. Die Anzahl der Zollabfertigungen bei Einfuhren[1)], Versandverfahren[2)] und Ausfuhren[3)], die Werte abgefertigter Waren sowie die erhobenen Abgaben wurden mit den Vorjahren 2021, 2022 und 2023 verglichen[4)]. Dieser Auswertung hinsichtlich erhobener Abgaben, der Werte abgefertigter Waren und der Abfertigungszahlen liegen die von der Generalzolldirektion veröffentlichten Zahlen der Jahre 2021 bis 2024 zugrunde[5)]:

Erhobene Abgaben	**2024**	**2023**	**2022**	**2021**
Zölle in Mrd. €:	5,5	5,7	6,8	5,1
Einfuhrumsatzsteuer in Mrd. €:	73,5	78,8	86,6	63,2
Verbrauchsteuern in Mrd. €:	59,9	62,4	59,0	62,6
Wert abgefertigter Waren				
Wert der abgefertigten Waren Einfuhr in Mrd. €:	629,3	645,4	767,8	566,0
Wert der abgefertigten Waren Ausfuhr in Mrd. €:	709,9	715,7	715,4	628,0
Abfertigungszahlen				
Einfuhr – freier Verkehr in Mio.:	345,4	170,6	149,3	103,4
Versandverfahren				
Eingehend und eröffnet in Mio.:	7,7	7,4	7,8	7,9
Ausfuhranmeldungen in Mio.:	242,0	235,4	234,2	241,1

Im Jahr 2024 wurden von den 345,4 Millionen zur Einfuhr abgegebenen Zollanmeldungen ca. 235 Millionen Anmeldungen mit ATLAS-IMPOST[6)] vorgenommen. Die Fachanwendung ATLAS-IMPOST wurde für die zoll- und einfuhrumsatzsteuerrechtliche Anmeldung von Warensendungen bis zu 150 Euro entwickelt[7)].

Im Jahr 2024 wurden über 595 Millionen Warensendungen schnell, sicher und digital einer Zollanmeldung unterzogen. Aus Deutschland wurden 2024 Waren im Wert von 709,9 Milliarden Euro in Nicht-EU-Staaten ausgeführt. Demgegenüber wurden Waren im Wert von 629,3 Milliarden Euro aus Nicht-EU-Staaten eingeführt[8)].

Die Analyse zeigt, dass die Bewältigung derartiger Aufkommen an Anmeldungen aller Zollverfahren nur noch digital erfolgen kann.
Der IT-gestützte Austausch von Unterlagen sowie eine weitgehend digitale Kommunikation aller Zollbeteiligten sind unerlässlich. Die Nutzung zollrechtlicher Bewilligungen durch importierende bzw. exportierende Unternehmen und deren Dienstleister ist zwangsläufig.

1) Überlassung zum zollrechtlich freien Verkehr
2) Versandverfahren eingehend und eröffnet
3) Ausfuhrverfahren
4) Bei Redaktionsschluss lagen die Zahlen des Jahres 2025 noch nicht vor.
5) Zahlenmaterial entnommen aus der „ZOLLJAHRESSTATISTIK 2023" Generalzolldirektion – Stabsstelle Kommunikation – Vaclav-Havel-Platz 6, 53121 Bonn, Registriernummer 90 SAB 165, Mai 2024 und „ZOLLJAHRESSTATISTIK 2024" Generalzolldirektion – Stabsstelle Kommunikation – Vaclav-Havel-Platz 6, 53121 Bonn, Registriernummer 90 SAB 165, Juni 2025
6) Importabfertigung von Post- und Kuriersendungen
7) Kapitel E-Commerce und elektronische Zollabfertigung
8) Zahlenmaterial entnommen aus der „ZOLLJAHRESSTATISTIK 2024" Generalzolldirektion – Stabsstelle Kommunikation – Vaclav-Havel-Platz 6, 53121 Bonn, Registriernummer 90 SAB 165, Juni 2025

Wirtschaftsbeteiligte im Import und Export und alle dazugehörigen Dienstleister haben auch im Jahr 2024 wesentlich zur Gewährleistung eines funktionierenden und sicheren internationalen Warenverkehrs beigetragen. Trotz mancher Schwierigkeiten wie Energiepreise, Klimakrise, Inflation, Arbeitsmarktlage, Materialverfügbarkeit, Krieg in der Ukraine u. a. sind die Zahlen des Handels mit Nicht-EU-Staaten das Spiegelbild einer in wesentlichen Bereichen funktionierenden Wirtschaft.

Zollrechtliche Anmelder ein- und ausfuhrseitig, deren Vertreter, dazugehörige Dienstleister und weitere Zollbeteiligte bewältigen diese von Jahr zu Jahr steigende Anzahl von Anmeldungen und dazugehörigen Abfertigungshandlungen in den jeweiligen Zollverfahren. Dies geschieht unter Berücksichtigung notwendiger außenwirtschaftsrechtlicher Anforderungen – wie schon in den vergangenen Jahren – risikoorientiert, zuverlässig, sicher und auf hohem Niveau.

Kapitel 2 Außenwirtschaftsrecht – Grundlagen

Harald Schönherr, Dresden

1 Außenwirtschaftsgesetz (AWG) und Außenwirtschaftsverordnung (AWV)

Der Außenwirtschaftsverkehr – „der Güter-, Dienstleistungs-, Kapital-, Zahlungs- und sonstige Wirtschaftsverkehr mit dem Ausland sowie der Verkehr mit Auslandswerten und Gold zwischen Inländern" – ist grundsätzlich frei[1]. Allerdings unterliegt der Außenwirtschaftsverkehr auch begründeten Einschränkungen, die sich aus EU-Recht, der Dual-Use-Verordnung[2], aus dem Außenwirtschaftsgesetz (AWG) sowie der Außenwirtschaftsverordnung (AWV) ergeben. Diese Beschränkungen beziehen sich auf den Schutz Deutschlands und seiner Bündnispartner vor konventionellen Waffen und Massenvernichtungswaffen. Eine weitere Zielsetzung ist die Verhinderung von Exporten in Krisengebiete und die Vermeidung von Repressionen und anderer schwerwiegender Menschenrechtsverletzungen. Zur Durchsetzung und Kontrolle dieser gesetzlichen Vorgaben einschließlich ihrer Beschränkungen dient die Exportkontrolle[3].

Ständige Änderungen in der Weltpolitik sind mit darauf ausgerichteten Änderungen und Anpassungen im Rahmen der Außenwirtschaftspolitik verbunden, woraus Änderungen des Außenwirtschaftsrechts resultieren. Verbote bestimmter außenwirtschaftlicher Handlungen bzw. entsprechende Auflagen für außenwirtschaftliche Tätigkeiten sind die Folge. Konkrete außenwirtschaftliche Handlungen dürfen nur noch mit Genehmigungen durchgeführt werden. Infolgedessen tragen Unternehmen eine hohe Eigenverantwortung, denn sie entscheiden über Verträge und Exporte von Waren, Software und Technologie. Dazu gehören auch Dienstleistungen, die im Ausland erbracht werden. Unternehmerische Entscheidungen müssen unter Beachtung der Beschränkungen und Genehmigungspflichten in der Außenwirtschaft getroffen werden.

Für Exporte von Rüstungs- oder Dual-Use-Gütern und weiteren sensiblen Gütern sind verbindliche Genehmigungen des Bundesamtes für Wirtschaft und Ausfuhrkontrolle[4] erforderlich. Daraus ergibt sich, dass sich in der Außenwirtschaft tätige Unternehmen notwendigerweise mit den Regelungen im AWG und in der AWV einerseits sowie der Dual-Use-Verordnung[5] und den Prinzipien der Exportkontrolle andererseits vertraut machen müssen.

Die Grundlage für außenwirtschaftsrechtliche Handlungen bilden die gesetzlichen Vorgaben der Europäischen Union und die nationalen Bestimmungen der Bundesrepublik Deutschland. Wichtige nationale Bestimmungen für die Außenwirtschaft der Bundesrepublik Deutschland sind das Außenwirtschaftsgesetz (AWG) und die Außenwirtschaftsverordnung (AWV).

Das Außenwirtschaftsgesetz (AWG) der Bundesrepublik Deutschland gibt den rechtlichen Rahmen für die Ausgestaltung des Warenverkehrs im Außenhandel vor und regelt den Verkehr von Devisen, Waren, Dienstleistungen, Kapital und sonstigen Wirtschaftsgütern mit dem Ausland. Außerdem enthält das AWG Vorschriften über die Meldepflicht für den internationalen Zahlungs- und Kapitalverkehr. Das AWG beinhaltet ebenfalls Straf- und Bußgeldvorschriften für Verstöße.

Die Außenwirtschaftsverordnung (AWV) ist die zugehörige Durchführungsverordnung für das AWG und regelt Genehmigungs-, Verfahrens- und Meldebestimmungen sowie damit zusammenhängende Straf- und Bußgeldvorschriften. Die Anlagen zur Außenwirtschaftsverordnung enthalten zudem die Ausfuhrlisten für alle Güter – also Waren, Software und Technologien –, für die Exporteure vom Bundesamt für Wirtschaft und Ausfuhrkontrolle (BAFA) eine Ausfuhrgenehmigung benötigen oder deren Export gänzlich verboten ist.

---

1) § 1 Satz 1 AWG
2) Kapitel EU-Dual-Use-Verordnung
3) Kapitel Exportkontrolle, HADDEX und ELAN K2
4) Kapitel Bundesamt für Wirtschaft- und Ausfuhrkontrolle (BAFA)
5) Verordnung (EU) 2021/821 des Europäischen Parlaments und des Rates vom 20. Mai 2021 über eine Unionsregelung für die Kontrolle der Ausfuhr, der Vermittlung, der technischen Unterstützung der Durchfuhr und der Verbringung betreffend Güter mit doppeltem Verwendungszweck und Kapitel EU-Dual-Use-Verordnung

Das AWG und die AWV enthalten Rechtsgrundlagen des Wirtschaftsverkehrs mit dem Ausland. Dies betrifft die Einfuhr, die Ausfuhr, die Durchfuhr von Waren sowie den Dienstleistungs-, Kapital- und sonstigen Wirtschaftsverkehr. Die zuständige Genehmigungsbehörde ist das Bundesamt für Wirtschaft und Ausfuhrkontrolle (BAFA) in Eschborn.

Als Reaktion auf die militärische Aggression gegen die Ukraine hat die EU wirksame und massive Sanktionen gegen Russland verhängt. Durch die rechtswidrige Annexion der Krim, Russlands Angriffskrieg gegen die Ukraine und die rechtswidrige Annexion der ukrainischen Regionen Donezk, Luhansk, Saporischschja und Cherson hat die EU weitreichende Finanz- und Wirtschaftssanktionen sowie restriktive Maßnahmen gegen bestimmte natürliche und juristische Personen, Einrichtungen und Organisationen in Russland, Belarus und Teilen der Ukraine angeordnet. Der Warenverkehr zwischen der EU und der Russischen Föderation, Belarus und Teilen der Ukraine ist grundsätzlich möglich, unterliegt jedoch neben praktischen Schwierigkeiten auch zahlreichen zoll- und außenwirtschaftsrechtlichen Beschränkungen.

Durch massive Handelsbeschränkungen der EU und anderer westlicher Staaten dürfen zahlreiche Güter nicht mehr nach Russland ausgeführt werden. Betroffen ist Spitzentechnologie wie zum Beispiel Quantencomputer und leistungsfähige Halbleiter, aber auch Drohnen, Technologie für die Energiewirtschaft sowie viele Maschinen und Luxusautos. Nicht aus Russland importiert werden dürfen neben Öl auch Kohle, Stahl, Gold, Zement, Holz, Papier und Kunststoffe, Kaviar und Wodka. Darüber hinaus hat die EU zahlreiche Maßnahmen ergriffen, um die Umgehung der Sanktionen zu vermeiden und zu verhindern[6]. Auch in Katastrophen- und Krisensituationen sind im Warenhandel sowie dem Dienstleistungssektor besondere außenwirtschaftliche Aktivitäten erforderlich und gesetzliche Regelungen zu beachten.

2 Historie AWG und AWV

Beide Rechtsgrundlagen für das Außenwirtschaftsrecht, AWG und AWV, traten im Jahr 1962 in Kraft. In den Folgejahren gab es zahlreiche Veränderungen, und am 1. September 2013 traten das neugefasste Außenwirtschaftsgesetz und die novellierte Außenwirtschaftsverordnung in Kraft. Aktuell gelten das „Außenwirtschaftsgesetz vom 6. Juni 2013 (BGBl. I S. 1482), das zuletzt durch Artikel 2 des Gesetzes vom 27. Februar 2024 (BGBl. 2024 I Nr. 71) geändert worden ist" und die „Außenwirtschaftsverordnung vom 2. August 2013 (BGBl. I S. 2865), die zuletzt durch Artikel 2 der Verordnung vom 11. Dezember 2024 (BGBl. 2024 I Nr. 411) geändert worden ist".

Das AWG wurde 2013 verschlankt, besteht nunmehr aus lediglich 32 Vorschriften und wurde an eine moderne, zeitgemäße Terminologie angepasst. Es wurden im Europarecht etablierte Begriffe verwendet. Es erfolgte eine neue Nummerierung der Vorschriften, die Konzentration und Modernisierung der Begriffsbestimmungen sowie eine Änderung der Begriffsbestimmungen in § 2 AWG. Das AWG und die AWV wurden anwendungsfreundlicher strukturiert. Verfahrensvorschriften für die Einfuhr wurden einheitlich in der AWV geregelt. Auf die Einfuhrliste wurde verzichtet. Straf- und Bußgeldvorschriften wurden neu klassifiziert, bestimmte Vergehen werden strenger sanktioniert, und die Möglichkeit, unter bestimmten Bedingungen eine strafbefreiende Selbstanzeige zu gewähren, wurde aufgenommen.

3 Zollverwaltung und Außenwirtschaft

Aufgabe der Zollverwaltung ist es, den Warenverkehr sowie den Dienstleistungs-, Kapital- und Zahlungsverkehr, zu überwachen[7]. Der Zoll ist für die Verfolgung und Ahndung außenwirtschaftsrechtlicher Ordnungswidrigkeiten zuständig, während die Verfolgung außenwirtschaftsrechtlicher Straftaten der Staatsanwaltschaft obliegt.

4 Grundsatz AWG, Inhalte AWG und AWV

„Der Güter-, Dienstleistungs-, Kapital-, Zahlungs- und sonstige Wirtschaftsverkehr mit dem Ausland sowie der Verkehr mit Auslandswerten und Gold zwischen Inländern (Außenwirtschaftsverkehr) ist grundsätzlich frei. Er unterliegt den Einschränkungen, die dieses Gesetz enthält oder die durch Rechtsverordnung auf Grund dieses

6) Embargobeschränkungen Russland, Belarus und Teilen der Ukraine
7) Artikel 3 UZK – Auftrag der Zollbehörden und § 21 AWG – Aufgaben und Befugnisse der Zollbehörden

Gesetzes vorgeschrieben werden. Unberührt bleiben Vorschriften in anderen Gesetzen und Rechtsverordnungen, zwischenstaatliche Vereinbarungen, denen die gesetzgebenden Körperschaften in der Form eines Bundesgesetzes zugestimmt haben, und Rechtsvorschriften der Organe zwischenstaatlicher Einrichtungen, denen die Bundesrepublik Deutschland Hoheitsrechte übertragen hat"[8].

Inhalte AWG

Teil 1: Rechtsgeschäfte und Handlungen (§ 1 bis § 9)
Teil 2: Ergänzende Vorschriften (§ 10 bis § 16)
Teil 3: Straf-, Bußgeld- und Überwachungsvorschriften (§ 17 bis § 28)
Teil 4: Schlussvorschriften (§ 29 bis § 32)

Inhalte AWV

Kapitel 1: Allgemeine Vorschriften (§ 1 bis § 7a)
Kapitel 2: Ausfuhr und Verbringung aus dem Inland (§ 8 bis § 28)
Abschnitt 1: Beschränkungen
Unterabschnitt 1: Genehmigungsbedürftige Ausfuhr
Unterabschnitt 2: Genehmigungsbedürftige Verbringung aus dem Inland
Abschnitt 2: Verfahrens- und Meldevorschriften
Unterabschnitt 1: Ausfuhr und Wiederausfuhr
Unterabschnitt 2: Genehmigungsbedürftige Ausfuhr
Unterabschnitt 3: Genehmigungsbedürftige Verbringung und Zertifizierungsverfahren
Kapitel 3: Einfuhr (§ 29 bis § 43)
Abschnitt 1: Beschränkungen und allgemeine Verfahrensvorschriften
Abschnitt 2: Einfuhrabfertigung
Kapitel 4: Sonstiger Güterverkehr (§ 44 bis § 48)
Abschnitt 1: Durchfuhr
Abschnitt 2: Handels- und Vermittlungsgeschäfte
Kapitel 5: Dienstleistungsverkehr (§ 49 bis § 53)
Kapitel 6: Beschränkungen des Kapitalverkehrs (§ 54 bis § 62a)
Abschnitt 1: Beschränkungen nach § 4 Absatz 2 des Außenwirtschaftsgesetzes zur Erfüllung des Abkommens über deutsche Auslandsschulden
Abschnitt 2: Prüfung von Unternehmenserwerben
Unterabschnitt 1: Sektorübergreifende Prüfung von Unternehmenserwerben
Unterabschnitt 2: Sektorspezifische Prüfung von Unternehmenserwerben
Unterabschnitt 3: Verfahrensübergreifende Vorschriften
Kapitel 7: Meldevorschriften im Kapital- und Zahlungsverkehr (§ 63 bis § 73)
Abschnitt 1: Begriffsbestimmungen
Abschnitt 2: Meldevorschriften im Kapitalverkehr
Abschnitt 3: Meldung von Zahlungen
Abschnitt 4: Meldefristen, Meldestellen und Ausnahmen von der Meldepflicht
Kapitel 8: Beschränkungen gegen bestimmte Länder und Personen (§ 74 bis § 79)
Abschnitt 1: Ausfuhr-, Handels- und Vermittlungsverbote
Abschnitt 2: Einfuhr- und Verbringungsverbote
Abschnitt 3: Besondere Genehmigungserfordernisse
Abschnitt 4: Auslandstaten Deutscher
Kapitel 9: Straftaten und Ordnungswidrigkeiten (§ 80 bis § 82)
Abschnitt 1: Straftaten
Abschnitt 2: Ordnungswidrigkeiten
Kapitel 10: Übergangsbestimmung, Evaluierung und Inkrafttreten, Außerkrafttreten (§ 82a bis § 83)

8) § 1 AWG

Schwerpunkte AWG und AWV

Auskunftspflicht – AWG
Unternehmen, die am Außenwirtschaftsverkehr teilnehmen, haben eine Auskunftspflicht. Sie sind gegenüber den Verwaltungsbehörden, der Bundesbank, dem Bundesamt für Wirtschaft und Ausfuhrkontrolle (BAFA) sowie der Bundesanstalt für Landwirtschaft und Ernährung (BLE) dazu verpflichtet, geschäftliche Unterlagen im Zusammenhang mit ihren Ein- und Ausfuhrgängen sowie Durchfuhren auf Verlangen vorzulegen[9)].

Überwachung Frachtverkehr, Postverkehr und Reiseverkehr – AWG
Waren, die ausgeführt, eingeführt oder durchgeführt werden, können auf Verlangen der Zollverwaltung und einer Zollbeschau unterzogen werden.

Meldepflichten – AWV
Die Meldevorschriften im Kapitalverkehr, die Meldung von Zahlungen, Meldefristen, Meldestellen und Ausnahmen von der Meldepflicht sind in der AWV geregelt[10)].

5 Praxisrelevante Begriffsbestimmungen zum Bereich Waren, Ausfuhr, Durchfuhr und Einfuhr[11)]

Ausführer ist jede natürliche oder juristische Person oder Personengesellschaft, die zum Zeitpunkt der Ausfuhr Vertragspartner des Empfängers in einem Drittland ist und über die Lieferung von Waren aus dem Inland in ein Drittland entscheidet oder – im Fall von Software oder Technologie – über deren Übertragung aus dem Inland in ein Drittland, einschließlich ihrer Bereitstellung auf elektronischem Weg, in einem Drittland verfügt. Stehen nach dem Ausfuhrvertrag die Verfügungsrechte über die Güter einem Ausländer zu, so gilt als Ausführer die inländische Vertragspartei. Wurde kein Ausfuhrvertrag geschlossen oder handelt der Vertragspartner nicht für sich selbst, so gilt als Ausführer, wer die Ausfuhr tatsächlich veranlasst[12)].

Ausfuhr ist die Lieferung von Waren aus dem Inland in ein Drittland sowie die Übertragung von Software und Technologie aus dem Inland in ein Drittland, einschließlich ihrer Bereitstellung auf elektronischem Weg, für natürliche und juristische Personen in Drittländern[13)].

Drittländer sind die Gebiete außerhalb des Zollgebiets der Europäischen Union – mit Ausnahme von Helgoland[14)].

Durchfuhr ist die Beförderung von Waren aus dem Ausland durch das Inland, ohne dass die Waren im Inland in den zollrechtlich freien Verkehr gelangen, sowie die Beförderung von Waren des zollrechtlich freien Verkehrs aus einem anderen Mitgliedstaat der Europäischen Union durch das Inland[15)].

Einführer ist jede natürliche oder juristische Person oder Personengesellschaft, die Waren aus Drittländern ins Inland liefert oder liefern lässt und über die Lieferung der Waren bestimmt oder – im Fall von Software oder Technologie – über deren Übertragung aus Drittländern ins Inland, einschließlich ihrer Bereitstellung auf elektronischem Weg im Inland, entscheidet. Liegt der Einfuhr ein Vertrag mit einem Unionsfremden über den Erwerb von Gütern zum Zweck der Einfuhr zugrunde, so ist nur der inländische Vertragspartner Einführer[16)].

Einfuhr ist die Lieferung von Waren aus Drittländern in das Inland sowie die Übertragung von Software oder Technologie, einschließlich ihrer Bereitstellung auf elektronischem Weg, für natürliche und juristische Personen im Inland. Werden Waren aus Drittländern in eine Freizone geliefert oder in ein Nichterhe-

9) § 23 AWG
10) Kapitel 7 AWV
11) § 2 AWG
12) § 2 Absatz 2 AWG
13) § 2 Absatz 3 AWG
14) § 2 Absatz 8 AWG
15) § 2 Absatz 9 AWG
16) § 2 Absatz 10 AWG

bungsverfahren überführt, so liegt eine Einfuhr erst vor, wenn die Waren in der Freizone gebraucht, verbraucht, bearbeitet oder verarbeitet werden oder in den zollrechtlich freien Verkehr überführt werden[17)].

Güter sind Waren, Software und Technologie. Technologie umfasst auch Unterlagen zur Fertigung von Waren oder von Teilen dieser Waren[18)].

Technische Unterstützung ist jede technische Hilfe in Verbindung mit der Reparatur, der Entwicklung, der Herstellung, der Montage, der Erprobung, der Wartung oder jeder anderen technischen Dienstleistung. Technische Unterstützung kann in Form von Unterweisung, Ausbildung, Weitergabe von praktischen Kenntnissen oder Fähigkeiten oder in Form von Beratungsleistungen erfolgen. Sie umfasst auch mündliche, fernmündliche und elektronische Formen der Unterstützung[19)].

Transithandel ist jedes Geschäft, bei dem Inländer im Ausland befindliche Waren oder in das Inland gelieferte, jedoch einfuhrrechtlich noch nicht abgefertigte Waren, von Ausländern erwerben und an Ausländer veräußern. Dem Transithandel stehen Rechtsgeschäfte gleich, bei denen diese Waren mit dem Ziel der Veräußerung an Ausländer an andere Inländer veräußert werden[20)].

Verbringer ist jede natürliche oder juristische Person oder Personengesellschaft, die über die Verbringung von Gütern bestimmt und im Zeitpunkt der Verbringung, im Fall des § 2 Absatzes 21 Nummer 1 AWG, Vertragspartner des Empfängers im Zollgebiet der Europäischen Union ist oder, im Fall des § 2 Absatzes 21 Nummer 2 AWG, Vertragspartner des Empfängers im Inland ist. Stehen nach dem Verbringungsvertrag die Verfügungsrechte über die Güter einem Ausländer zu, so gilt als Verbringer die inländische Vertragspartei. Wurde kein Verbringungsvertrag geschlossen oder handelt der Vertragspartner nicht für sich selbst, so ist ausschlaggebend, wer die Verbringung tatsächlich veranlasst[21)].

Verbringung ist die Lieferung von Waren oder die Übertragung von Software oder Technologie aus dem Inland in das übrige Zollgebiet der Europäischen Union, einschließlich ihrer Bereitstellung auf elektronischem Weg für natürliche und juristische Personen in dem übrigen Zollgebiet der Europäischen Union, und die Lieferung von Waren oder die Übertragung von Software oder Technologie aus dem übrigen Zollgebiet der Europäischen Union in das Inland, einschließlich ihrer Bereitstellung auf elektronischem Weg für natürliche und juristische Personen im Inland[22)].

Waren sind bewegliche Sachen, die Gegenstand des Handelsverkehrs sein können, sowie Elektrizität. Wertpapiere und Zahlungsmittel sind keine Waren[23)].

Zollgebiet der Europäischen Union ist das Zollgebiet der Europäischen Gemeinschaft nach Artikel 4 der Verordnung (EU) Nr. 952/2013 des Rates vom 9. Oktober 2013 zur Festlegung des Zollkodex der Union in der jeweils geltenden Fassung[24)].

6 Exportkontrolle

Die innerbetriebliche Exportkontrolle[25)] nimmt an Bedeutung zu. Was an wen, wohin und zu welchem Zweck geliefert wird, sind wesentliche außenwirtschaftliche Fragestellungen. Exportierende Unternehmen haben die Pflicht zu gewährleisten, dass die gesetzlichen Vorgaben des Außenwirtschaftsgesetzes (AWG), der Außenwirtschaftsverordnung (AWV), der Dual-Use-Verordnung und weiterer rechtlicher Bestimmungen eingehalten werden.

In diesen gesetzlichen Bestimmungen sind konkrete Verbote und Genehmigungspflichten geregelt. Zentrale Aufgabe der Exportkontrolle ist es, Verbote und bestimmte Genehmigungspflichten durchzusetzen.

---

17) § 2 Absatz 11 AWG
18) § 2 Absatz 13 AWG
19) § 2 Absatz 16 AWG
20) § 2 Absatz 17 AWG
21) § 2 Absatz 20 AWG
22) § 2 Absatz 21 AWG
23) § 2 Absatz 22 AWG
24) § 2 Absatz 25 AWG
25) Kapitel Exportkontrolle, HADDEX und ELAN K2

Die **Ausfuhrliste**[26] enthält die Waren, deren Ausfuhr Genehmigungspflichten unterliegt. Die AL enthält Rüstungsgüter in Teil I Abschnitt A und in Teil I Abschnitt B nationale Positionen von Dual-Use-Gütern. Teil II der Ausfuhrliste umfasst die Waren pflanzlichen Ursprungs, auf die sich die in § 10 AWV angeordneten Beschränkungen beziehen.

Teil I der Ausfuhrliste beinhaltet in den Abschnitten A und B die Güter, auf die sich die in den §§ 8, 11, 46, 52b, 74, 75, 77 und 79 AWV festgelegten Beschränkungen beziehen.

Dual-Use-Güter sind Güter, die sowohl zivil als auch militärisch verwendet werden können. Das AWG und die AWV ergänzen die EU-Dual-Use-Verordnung für Kontrolle der Ausfuhr, der Verbringung, der Vermittlung und der Durchfuhr von Dual-Use-Gütern.

Herstellung, Handel, Vermittlung und Ausfuhr von **Kriegswaffen** unterliegen den gesetzlichen Bestimmungen des Kriegswaffenkontrollgesetzes[27].

Embargos[28] werden ebenfalls im AWG geregelt. Diese Beschränkungen haben außen- und sicherheitspolitische Ursachen. Dies sind Umsetzungen internationaler Wirtschafts- und Finanzsanktionen, die sich aus Resolutionen des UN-Sicherheitsrats oder Beschlüssen der Europäischen Union gegen einzelne Länder oder Personen ergeben. Embargos werden durch das Bundesamt für Wirtschaft und Ausfuhrkontrolle umgesetzt, soweit sie Güter, technische Hilfe und wirtschaftliche Ressourcen betreffen. Die Deutsche Bundesbank ist bei Handlungen eingebunden, die Gelder, Finanzmittel und Finanzhilfe betreffen. Seit dem 1. September 2013 sind Änderungen in den Meldepflichten zum Außenwirtschaftsverkehr in Kraft getreten. Die Meldungen werden nur noch elektronisch und vom Meldepflichtigen selbst bei der Deutschen Bundesbank akzeptiert. Dazu kann das sogenannte „Allgemeine Meldeportal Statistik (AMS)" der Deutschen Bundesbank genutzt werden. Details sind unter www.bundesbank.de zu finden.

7 Straftaten und Ordnungswidrigkeiten

Straf- und Ordnungswidrigkeitenvorschriften wurden 2013 modifiziert. Bestimmte Verstöße werden strenger bestraft. Einige vorsätzliche Verstöße, die bisher meist als Ordnungswidrigkeiten geahndet wurden, werden nach dem AWG als Straftaten verfolgt. Dies betrifft u. a. die vorsätzliche, ungenehmigte Ausfuhr ziviler Güter, die militärisch verwendet werden können. Verstöße gegen Waffenembargos werden höher bestraft. Die Möglichkeit einer strafbefreienden Selbstanzeige wird unter bestimmten Voraussetzungen eingeräumt.

„Die Verfolgung als Ordnungswidrigkeit unterbleibt in den Fällen der fahrlässigen Begehung eines Verstoßes im Sinne des § 19 Abs. 2 bis 5, wenn der Verstoß im Wege der Eigenkontrolle aufgedeckt und der zuständigen Behörde angezeigt wurde sowie angemessene Maßnahmen zur Verhinderung eines Verstoßes aus gleichem Grund getroffen werden. Eine Anzeige nach Satz 1 gilt als freiwillig, wenn die zuständige Behörde hinsichtlich des Verstoßes noch keine Ermittlungen aufgenommen hat. Im Übrigen bleibt § 47 des Gesetzes über Ordnungswidrigkeiten unberührt."[29].

8 Quellenangaben und weiterführende Literatur

- Außenwirtschaftsgesetz vom 6. Juni 2013 (BGBl. I S. 1482), das zuletzt durch Artikel 2 des Gesetzes vom 27. Februar 2024 (BGBl. 2024 I Nr. 71) geändert worden ist
- Außenwirtschaftsverordnung vom 2. August 2013 (BGBl. I S. 2865), die zuletzt durch Artikel 2 der Verordnung vom 11. Dezember 2024 (BGBl. 2024 I Nr. 411) geändert worden ist
- Verordnung (EU) Nr. 952/2013 des Europäischen Parlaments und des Rates vom 9. Oktober 2013 zur Festlegung des Zollkodex der Union – UZK

26) Anlage 1 zur AWV – Abkürzung AL
27) Gesetz über die Kontrolle von Kriegswaffen in der Fassung der Bekanntmachung vom 22. November 1990 (BGBl. I S. 2506), das zuletzt durch Artikel 1 der Verordnung vom 19. Februar 2025 (BGBl. 2025 I Nr. 47) geändert worden ist
28) Übersicht länderbezogener Embargos unter: www.bafa.de/SharedDocs/Downloads/DE/Aussenwirtschaft/afk_embargo_uebersicht_laenderbezogene_embargos.pdf?__blob=publicationFile&v=9
29) § 22 Absatz 4 AWG

- Verordnung (EU) 2021/821 des Europäischen Parlaments und des Rates vom 20. Mai 2021 über eine Unionsregelung für die Kontrolle der Ausfuhr, der Vermittlung, der technischen Unterstützung der Durchfuhr und der Verbringung betreffend Güter mit doppeltem Verwendungszweck
- Gesetz über die Kontrolle von Kriegswaffen in der Fassung der Bekanntmachung vom 22. November 1990 (BGBl. I S. 2506), das zuletzt durch Artikel 1 der Verordnung vom 19. Februar 2025 (BGBl. 2025 I Nr. 47) geändert worden ist
- Exportkontrolle und das BAFA, Herausgeber BAFA, 10. Auflage/November 2024
- www.zoll.de
- www.bafa.de

Kapitel 3 Abgabenordnung – Archivierung

Harald Schönherr, Dresden

1. Allgemein und Fristen

Im unternehmerischen Geschäftsleben sammeln sich zahlreiche Dokumente und Unterlagen an. Vor einiger Zeit lagen diese noch hauptsächlich in Papierform vor; mittlerweile hat in den meisten Unternehmen die Digitalisierung Einzug gehalten. Der Übersichtlichkeit von Dokumenten und Unterlagen sind mitunter Grenzen gesetzt. Deshalb ist die Absicht, nicht mehr relevante Unterlagen, möglichst zeitnah auszusortieren, durchaus nachvollziehbar. Rechtliche Vorgaben, wie Aufbewahrungspflichten und -fristen, sind in diesem Zusammenhang strikt zu beachten.

Diese Aufbewahrungsfristen gelten sowohl im Steuerrecht (§ 147 AO[1)]) als auch im Handelsrecht (§ 257 HGB[2)]). Aus handelsrechtlicher Sicht müssen nur Kaufleute gemäß §§ 1, 2, 3 und 6 HGB Unterlagen aufbewahren. Dazu zählen Eröffnungsbilanzen, Inventare, Handelsbücher, Lageberichte, Handelsbriefe und vieles mehr. Im Steuerrecht hingegen müssen alle für die Besteuerung relevanten Unterlagen aufbewahrt werden. Das betrifft nicht nur Kaufleute, sondern alle Buchführungspflichtigen.

Im Handel mit Drittländern können Zoll- und Abfertigungsdokumente – einschließlich notwendiger außenwirtschaftsrechtlicher Unterlagen – Bestandteil von Kontrollen im Rahmen der Prüfung der Anmeldung in das jeweilige Zollverfahren[3)], aber auch Gegenstand von Nachprüfungen durch die Zollbehörden werden[4)]. Beim Import sind dies die elektronische Zollanmeldung, Handelsrechnungen, Frachtdokumente, Lizenzen, Kontingente, verbindliche Zolltarifauskünfte, Ursprungsnachweise, Präferenznachweise (z. B. EUR.1, Ursprungserklärungen) und weitere Unterlagen. Beim Export sind dies die elektronische Ausfuhranmeldung, Handelsrechnungen, Frachtdokumente, Ausfuhrgenehmigungen, verbindliche Zolltarifauskünfte, Nullbescheide, Lieferantenerklärungen und weitere Unterlagen. Diese Dokumente müssen für die Anmeldung in das jeweilige Zollverfahren, auch unter Berücksichtigung der Nutzung einer entsprechenden Bewilligung[5)], bereitgehalten werden, unabhängig davon, ob die Zollbehörden auf die Vorlage verzichtet oder sie nach Vorlage zurückgegeben haben[6)].

Es können sich Umstände ergeben, die eine zollrechtliche bzw. außenwirtschaftsrechtliche Prüfung erforderlich machen und bei denen die entsprechenden Dokumente und Abfertigungsunterlagen benötigt werden. Auch im Rahmen steuerrechtlicher Ermittlungen können Abfertigungsunterlagen von Bedeutung sein.

Rechtsgrundlagen für die Aufbewahrung von Unterlagen bilden im nationalen Recht die Abgabenordnung und im europäischen Recht der Unionszollkodex[7)] und die EU-Dual-Use-Verordnung[8)]. In der Abgabenordnung[9)] wird hinsichtlich der Übermittlung von Informationen an die Zollbehörden auf den Unionszollkodex[10)] Bezug genommen.

Auf Verlangen der Zollbehörden und innerhalb der gesetzten Frist übermitteln die unmittelbar oder mittelbar an der Erfüllung von Zollformalitäten oder an Zollkontrollen beteiligten Personen den Zollbehörden in geeigneter Form alle erforderlichen Unterlagen und Informationen und gewähren ihnen die erfor-

1) AO – Abgabenordnung
2) HGB – Handelsgesetzbuch
3) Kapitel Freier Verkehr und besondere Verfahren, Carnet TIR, vorübergehende Verwahrung und Vereinfachungen und Kapitel Zollverfahren Ausfuhr – Verbringen von Waren aus dem Zollgebiet
4) Kapitel Zoll-, Außenwirtschafts- und Präferenzprüfungen
5) Kapitel Bewilligungen und Bewilligungsvoraussetzungen
6) Artikel 163 UZK
7) Kapitel Unionszollkodex (UZK)
8) Kapitel EU-Dual-Use-Verordnung
9) § 147 Absatz 1 Nr. 4a Abgabenordnung in der Fassung der Bekanntmachung vom 23. Januar 2025 (BGBl. 2025 I Nr. 24)
10) Kapitel Unionszollkodex (UZK)

derliche Unterstützung, damit diese Formalitäten oder Kontrollen ordnungsgemäß abgewickelt werden können[11].

Der Begriff der Unterlagen und die Vorlage von Unterlagen im Zusammenhang mit Zollverfahren sind vom Gesetzgeber im Unionszollkodex geregelt.

Alle nach den Vorschriften über das Zollverfahren, zu dem die Waren angemeldet werden, erforderlichen Unterlagen müssen zum Zeitpunkt der Abgabe der Zollanmeldung im Besitz des Anmelders sein und für die Zollbehörden bereitgehalten werden. Die Unterlagen sind nach Maßgabe des Unionsrechts oder, soweit für die Zollkontrollen erforderlich, den Zollbehörden vorzulegen. In bestimmten Fällen können Wirtschaftsbeteiligte die Unterlagen erstellen, sofern sie von den Zollbehörden hierzu ermächtigt worden sind[12].

Der Steuerpflichtige hat bei der Feststellung von steuerlichen Sachverhalten mitzuwirken und Auskünfte zu erteilen sowie Aufzeichnungen, Bücher, Geschäftspapiere und andere Urkunden zur Einsicht und Prüfung vorzulegen[13].

Für die aus steuerlichen Gründen aufzubewahrenden Unterlagen gilt eine Frist von zehn Jahren. Die Aufbewahrungsfrist beginnt mit dem Schluss des Kalenderjahres, in dem die letzte Eintragung in das Buch gemacht, das Inventar, die Eröffnungsbilanz, der Jahresabschluss oder der Lagebericht aufgestellt, der Handels- oder Geschäftsbrief empfangen oder abgesandt worden ist oder der Buchungsbeleg entstanden ist, ferner die Aufzeichnung vorgenommen worden ist oder sonstige Unterlagen entstanden sind[14].

Aufzeichnungen und Papiere von Dual-Use-Gütern für Ausfuhren, technische Unterstützung und Vermittlungstätigkeiten[15] sind nach Ende des Kalenderjahres, in dem die Ausfuhr erfolgt ist oder die Vermittlungstätigkeiten oder die technische Unterstützung erbracht wurden, mindestens fünf Jahre lang aufzubewahren. Aufzeichnungen und Papiere zur Verbringung von Gütern mit doppeltem Verwendungszweck innerhalb der Union sind nach Ende des Kalenderjahres, in dem die Verbringung stattgefunden hat, mindestens drei Jahre lang aufzubewahren[16].

2. Elektronische Aufbewahrungsform

Die Datenübermittlung und Datenverarbeitung erfolgt über ATLAS – Automatisiertes Tarif- und lokales Zollabwicklungssystem[17] – elektronisch. In ATLAS sind die übertragenen Daten gespeichert[18].

Teilweise werden die Daten vollautomatisch seitens der Zollverwaltung bearbeitet, zum Beispiel bei der Erstellung von Steuerbescheiden[19].

Für die Archivierung von Unterlagen ist der zollrechtliche Anmelder zuständig. Der Anmelder ist Beteiligter zur Erfüllung von Zollförmlichkeiten.

Beteiligte sind Personen, die Zollförmlichkeiten erfüllen müssen. Sie können zugleich Teilnehmerinnen und Teilnehmer sein. Teilnehmer im Sinne dieser Verfahrensanweisung sind Personen, die unter ihrem Namen im System ATLAS registriert sind und elektronisch Daten im Rahmen von ATLAS mit der Zollverwaltung austauschen[20].

Die mit der Zollverwaltung ausgetauschten Nachrichten und das Logbuch zum Nachweis des Nachrichtenaustausches sind vom Beteiligten zehn Jahre lang aufzubewahren. Die Frist beginnt mit Ablauf des

11) Artikel 15 Absatz 1 UZK
12) Artikel 163 Absätze 1, 2 und 3 UZK
13) Artikel 200 Absatz 1 AO
14) Artikel 147 Absätze 3 und 4 AO
15) Kapitel EU-Dual-Use-Verordnung
16) Artikel 27 Absatz 3 und Absatz 4 VO(EU) 2021/821
17) Kapitel ATLAS und Summarische Eingangs-/Ausgangsanmeldung
18) Die Grundlage dazu bildet die Verfahrensanweisung zum IT-Verfahren ATLAS (Stand: Februar 2024), einschließlich des Merkblattes für Teilnehmer zum ATLAS-Release 10.1 (Stand: November 2024).
19) § 155 Absatz 4 AO
20) Verfahrensanweisung zum IT-Verfahren ATLAS, Stand: Februar 2024, Punkt 1.2, Nr. 2, 4, 5 und 6

Kalenderjahres, in dem die Nachrichten versandt oder empfangen wurden bzw. der Eintrag im Logbuch vorgenommen wurde[21].

3. Aufbewahrung im Original (Papier)

Unterlagen müssen im Papieroriginal aufbewahrt werden, wenn es sich um amtliche Urkunden oder handschriftlich zu unterschreibende, nichtförmliche Präferenznachweise handelt[22]. Dazu zählen Gesundheitszeugnisse, Ursprungsnachweise, unterschriebene Ursprungserklärungen sowie ggf. mit Zollstempel versehene Dokumente.

4. Aufbewahrung auf anderen Datenträgern

Für Unterlagen, die nicht im Original aufzubewahren sind, ist die Wiedergabe auf einem anderen Datenträger zulässig, sofern die entsprechenden Unternehmensunterlagen aufzubewahren sind. Dies können zum Beispiel Spediteursbescheinigungen sein.

5. Anforderungen an das Führen von Büchern und sonstigen Aufzeichnungen (Papier bzw. elektronisch)

Bei der Führung von Büchern und sonst erforderlichen Aufzeichnungen – in elektronischer oder in Papierform – sind folgende Anforderungen zu erfüllen[23]:
- Grundsatz der Nachvollziehbarkeit und Nachprüfbarkeit[24],
- Grundsätze der Wahrheit, Klarheit und fortlaufenden Aufzeichnung:
  - Vollständigkeit[25],
  - Richtigkeit[26],
  - zeitgerechte Buchungen und Aufzeichnungen[27],
  - Ordnung[28],
  - Unveränderbarkeit[29].

6. Quellenangaben und weiterführende Literatur

- Verordnung (EU) Nr. 952/2013 des Europäischen Parlaments und des Rates vom 9. Oktober 2013 zur Festlegung des Zollkodex der Union (UZK)
- Abgabenordnung in der Fassung der Bekanntmachung vom 23. Januar 2025 (BGBl. 2025 I Nr. 24)
- Verordnung (EU) 2021/821 des Europäischen Parlaments und des Rates vom 20. Mai 2021 über eine Unionsregelung für die Kontrolle der Ausfuhr, der Vermittlung, der technischen Unterstützung der Durchfuhr und der Verbringung betreffend Güter mit doppeltem Verwendungszweck
- Verfahrensanweisung zum IT-Verfahren ATLAS, Stand: Februar 2024
- Merkblatt für Teilnehmer zum ATLAS-Release 10.1, Stand: November 2024
- Grundsätze zur ordnungsmäßigen Führung und Aufbewahrung von Büchern, Aufzeichnungen und Unterlagen in elektronischer Form sowie zum Datenzugriff (GoBD) vom 29.11.2019, BMF GZ IV A 4 – S 0316/19/10003:001, DOK 2019/0962810
- Handelsgesetzbuch in der im Bundesgesetzblatt Teil III, Gliederungsnummer 4100-1, veröffentlichten bereinigten Fassung, zuletzt geändert durch Artikel 1 des Gesetzes vom 28. Februar 2025 (BGBl. 2025 I Nr. 69) geändert worden ist

---

21) Verfahrensanweisung zum IT-Verfahren ATLAS, Stand: Februar 2024, Punkt 6.2
22) § 147 Absatz 1 Nr. 4a i.V.m. § 147 Absatz 2 AO
23) Punkt 3 – Grundsätze zur ordnungsmäßigen Führung und Aufbewahrung von Büchern, Aufzeichnungen und Unterlagen in elektronischer Form sowie zum Datenzugriff (GoBD) vom 29.11.2019, BMF GZ IV A 4 – S 0316/19/10003:001, DOK 2019/0962810
24) § 145 Absatz 1 AO, § 238 Absatz 1 Satz 2 und Satz 3 HGB
25) § 146 Absatz 1 AO, § 239 Absatz 2 HGB
26) § 146 Absatz 1 AO, § 239 Absatz 2 HGB
27) § 146 Absatz 1 AO, § 239 Absatz 2 HGB
28) § 146 Absatz 1 AO, § 239 Absatz 2 HGB
29) § 146 Absatz 1 AO, § 239 Absatz 3 HGB

Kapitel 4 Unionszollkodex (UZK)

Harald Schönherr, Dresden

1 Einführung und Rechtsakte

Seit dem 01.05.2016 gilt im Zollgebiet der Europäischen Union ein neues Zollrecht. Der Unionszollkodex mit den dazugehörigen Durchführungsrechtsakten und delegierten Rechtsakten ersetzte den bis dahin gültigen Zollkodex. Der UZK ist den „zollrechtlichen Vorschriften"[1] zuzuordnen und bildet das Fundament des europäischen Zollrechts. Folgende Zielsetzungen sind mit dem UZK beabsichtigt:

- Höhere Rechtssicherheit und Einheitlichkeit für Unternehmen
- Einheitlichkeit bei Entscheidungen der Zollverwaltungen
- Schaffung eines vollständig elektronischen Arbeitsumfelds für Zollverwaltung und Zollbeteiligte
- Vereinfachung von Regelungen und Zollverfahren
- Vereinfachungen für gesetzestreue und vertrauenswürdige Unternehmen (Zugelassener Wirtschaftsbeteiligter/AEO[2])
- Schutz der finanziellen und wirtschaftlichen Interessen der EU und der EU-Mitgliedstaaten
- Gewährleistung der Sicherheit der EU-Bürger
- Möglichkeit, unter bestimmten Umständen Ausnahmen von Zollanmeldungen für Waren unter bestimmten Bedingungen zuzulassen
- Gewährung von Varianten, wonach die Zollverwaltung und Unternehmen bis spätestens 2025 – im Zuge der Einführung neuer oder modernisierter IT-Systeme – für konkret benannte Zollformalitäten bestehende IT-Systeme weiterhin nutzen durften oder papierbasierte Verfahren zur Anwendung kommen konnten.

Diese Erneuerung des bisherigen Zollrechts zieht zahlreiche Änderungen von Verfahrensabläufen nach sich und schafft Voraussetzungen für eine vollständige elektronische Zollabwicklung einschließlich der dazugehörigen Handelsvorgänge. Die Zunahme von Warenströmen, komplexe Vertragsgestaltungen und Vertretungsverhältnisse begründen neben der elektronischen Zollabwicklung auch die Übertragung von Maßnahmen und Entscheidungen der Zollverwaltungen auf elektronischem Wege. Neben der abgabenrechtlichen Strecke des Zolls, der Erhebung von Zöllen, Einfuhrumsatzsteuer und Verbrauchsteuern, sind nunmehr verstärkt auch Sicherheitsaspekte in den Vordergrund gerückt. Seit dem Vertrag von Lissabon[3] gilt die Begrifflichkeit „Europäische Union", die im UZK entsprechend eingearbeitet wurde.

Das Zollrecht nach dem UZK weist eine dreigliedrige Regelungsstruktur auf. Die zollrechtlichen Vorschriften sind über drei Rechtsakte verteilt, den UZK (Basisrechtsakt), den Delegierten Rechtsakt (DA) und den Durchführungsrechtsakt (IA). Für eine Übergangszeit gibt es zusätzlich noch einen Übergangsrechtsakt (TDA), der Vorschriften in Bereichen enthält, in denen die IT-technischen Voraussetzungen für die umfassende Anwendung des UZK aktuell noch nicht geschaffen sind.

Das aktuelle Zollrecht besteht aus folgenden Rechtsakten:

Zollkodex der Union (UZK):
Verordnung (EU) Nr. 952/2013 vom 9. Oktober 2013 zur Festlegung des Zollkodex der Union

Delegierte Verordnung (DA):
Verordnung (EU) 2015/2446 vom 28. Juli 2015 zur Ergänzung des UZK, und Verordnung (EU) 2016/651 vom 5. April 2016 zur Berichtigung der Delegierten Verordnung

Durchführungsverordnung (IA):
Verordnung (EU) 2015/2447 vom 24. November 2015 mit Einzelheiten zur Umsetzung der Bestimmungen des UZK

1) Artikel 5 Nr. 2 UZK
2) Kapitel Bewilligung Zugelassener Wirtschaftsbeteiligter – Authorised Economic Operator (AEO)
3) Vertrag von Lissabon zur Änderung des Vertrags über die Europäische Union und des Vertrags zur Gründung der Europäischen Gemeinschaft (ABl. C 306 vom 17.12.2007), der am 1. Dezember 2009 in Kraft trat

Übergangsbestimmungen (TDA):
Verordnung (EU) 2016/341 vom 17. Dezember 2015 zur Ergänzung des UZK hinsichtlich der Übergangsbestimmungen für bestimmte Vorschriften des Zollkodex der Union, für den Fall, dass die entsprechenden elektronischen Systeme noch nicht betriebsbereit sind, und zur Änderung der Delegierten Verordnung (EU) 2015/2446

2 Aufbau und Inhalte des UZK

Der Unionszollkodex besteht aus neun Titeln und 288 Artikeln.

Titel I: Allgemeine Vorschriften

Titel II: Grundlagen für die Anwendung von Einfuhr- oder Ausfuhrabgaben und sonstigen für den Warenverkehr vorgesehenen Maßnahmen

Titel III: Zollschuld und Sicherheitsleistung

Titel IV: Verbringen von Waren in das Zollgebiet der Union

Titel V: Allgemeine Vorschriften über den zollrechtlichen Status, die Überführung von Waren in ein Zollverfahren sowie die Überprüfung, Überlassung und Verwertung von Waren

Titel VI: Überlassung zum zollrechtlich freien Verkehr und Befreiung von den Einfuhrabgaben

Titel VII: Besondere Verfahren

Titel VIII: Verbringen von Waren aus dem Zollgebiet der Union

Titel IX: Elektronische Systeme, Vereinfachungen, Befugnisübertragung, Ausschussverfahren und Schlussbestimmungen

Daraus sind im Wesentlichen drei Bereiche abzuleiten[4)]
- Allgemeine Regeln – Titel I und Titel IX
- Verfahrensrecht (formelles Zollrecht) – Titel IV bis Titel VIII
- Abgabenrecht (materielles Zollrecht) – Titel II, Titel III und Teile Titel VI und Titel VIII

TITEL I	**ALLGEMEINE VORSCHRIFTEN**	
	KAPITEL 1	Geltungsbereich der zollrechtlichen Vorschriften, Auftrag des Zolls und Begriffsbestimmungen
	KAPITEL 2	Rechte und Pflichten von Personen nach den zollrechtlichen Vorschriften
	KAPITEL 3	Währungsumrechnung und Fristen
TITEL II	**GRUNDLAGEN FÜR DIE ANWENDUNG VON EINFUHR- ODER AUSFUHRABGABEN SOWIE SONSTIGER FÜR DEN WARENVERKEHR VORGESEHENER MASSNAHMEN**	
	KAPITEL 1	Gemeinsamer Zolltarif und zolltarifliche Einreihung von Waren
	KAPITEL 2	Warenursprung
	KAPITEL 3	Zollwert der Waren
TITEL III	**ZOLLSCHULD UND SICHERHEITSLEISTUNG**	
	KAPITEL 1	Entstehen der Zollschuld
	KAPITEL 2	Sicherheitsleistung für eine möglicherweise entstehende oder eine entstandene Zollschuld
	KAPITEL 3	Erhebung, Entrichtung, Erstattung und Erlass des Einfuhr- oder Ausfuhrabgabenbetrags
	KAPITEL 4	Erlöschen der Zollschuld

4) In Anlehnung an Witte „Der Unionszollkodex", AW-Prax 12/2013, Bundesanzeiger-Verlag

TITEL IV	**VERBRINGEN VON WAREN IN DAS ZOLLGEBIET DER UNION**	
	KAPITEL 1	Summarische Eingangsanmeldung
	KAPITEL 2	Ankunft der Waren
TITEL V	**ALLGEMEINE VORSCHRIFTEN ÜBER DEN ZOLLRECHTLICHEN STATUS, DIE ÜBERFÜHRUNG VON WAREN IN EIN ZOLLVERFAHREN SOWIE DIE ÜBERPRÜFUNG, ÜBERLASSUNG UND VERWERTUNG VON WAREN**	
	KAPITEL 1	Zollrechtlicher Status von Waren
	KAPITEL 2	Überführung von Waren in ein Zollverfahren
	KAPITEL 3	Überprüfung und Überlassung von Waren
	KAPITEL 4	Verwertung von Waren
TITEL VI	**ÜBERLASSUNG ZUM ZOLLRECHTLICH FREIEN VERKEHR UND BEFREIUNG VON DEN EINFUHRABGABEN**	
	KAPITEL 1	Überlassung zum zollrechtlich freien Verkehr
	KAPITEL 2	Befreiung von den Einfuhrabgaben
TITEL VII	**BESONDERE VERFAHREN**	
	KAPITEL 1	Allgemeine Vorschriften
	KAPITEL 2	Versand
	KAPITEL 3	Lagerung
	KAPITEL 4	Verwendung
	KAPITEL 5	Veredelung
TITEL VIII	**VERBRINGUNG VON WAREN AUS DEM ZOLLGEBIET DER UNION**	
	KAPITEL 1	Formalitäten vor dem Ausgang von Waren
	KAPITEL 2	Formalitäten beim Ausgang von Waren
	KAPITEL 3	Ausfuhr und Wiederausfuhr
	KAPITEL 4	Summarische Ausgangsmeldung
	KAPITEL 5	Wiederausfuhrmitteilung
	KAPITEL 6	Befreiung von den Ausfuhrabgaben
TITEL IX	**ELEKTRONISCHE SYSTEME, VEREINFACHUNGEN, BEFUGNISÜBERTRAGUNG, AUSSCHUSSVERFAHREN UND SCHLUSSBESTIMMUNGEN**	
	KAPITEL 1	Entwicklung elektronischer Systeme
	KAPITEL 2	Vereinfachungen bei der Anwendung der zollrechtlichen Vorschriften
	KAPITEL 3	Befugnisübertragung und Ausschussverfahren
	KAPITEL 4	Schlussbestimmungen

3 Zusammenfassung wesentlicher Änderungen

Begriffe (Artikel 5 UZK)

Der Begriff „Gemeinschaft" wurde durch „Union" ersetzt. Der Begriff „Anmelder" kommt für die Zollanmeldung, die vorübergehende Verwahrung, die summarische Ein- und Ausgangsanmeldung sowie die Wiederausfuhranmeldung und -mitteilung zur Anwendung. Der gemeinsame Zolltarif gehört zu den zollrechtlichen Vorschriften. Der Begriff „Zugelassener Ausführer" als Bezeichnung des Bewilligungsinhabers zu Vereinfachungen bei der Ausfuhr entfällt ersatzlos. Der UZK enthält die Zollverfahren „Überlassung zum zollrechtlich freien Verkehr", besondere Verfahren und die Ausfuhr. Die besonderen Verfahren umfassen den Versand (extern und intern), die Lagerung (Zolllager und Freizonen), die Verwendung (vorübergehende Verwendung und Endverwendung) und die Veredelung (aktiv und passiv)[5].

5) Kapitel Freier Verkehr und besondere Verfahren, Carnet TIR, vorübergehende Verwahrung und Vereinfachungen und Kapitel Zollverfahren Ausfuhr – Verbringen von Waren aus dem Zollgebiet

Zollrechtliche Entscheidungen (Artikel 22 u. 23 UZK) und Rechtliches Gehör (Artikel 22 UZK)

Das zollrechtliche Verwaltungsverfahren unterscheidet in Artikel 22 UZK zwischen der Annahme eines Antrags und der Entscheidung über einen Antrag. Die Annahme umfasst die Prüfung der Kriterien, wobei das Ergebnis innerhalb von 30 Tagen nach Eingang des Antrags dem Antragsteller mitzuteilen ist. Über den Antrag muss spätestens innerhalb von 120 Tagen nach Annahme entschieden werden, wobei die Frist grundsätzlich um weitere 30 Tage verlängert werden kann. Einem Antragsteller ist bei belastenden Entscheidungen die Möglichkeit zur Stellungnahme einzuräumen. Die Frist zur Stellungnahme beträgt 30 Tage.

Entscheidungen über verbindliche Auskünfte (Artikel 33 u. 34 UZK)

Ursprung (vUA)
Eine Entscheidung ist ab dem Zeitpunkt des Wirksamwerdens drei Jahre lang gültig.

Tarif (vZTA)
Verbindliche Zolltarifauskünfte sind auch für den Inhaber verbindlich. Die Gültigkeitsdauer beträgt drei Jahre.

Zugelassener Wirtschaftsbeteiligter – AEO (Artikel 38 u. 39 UZK)[6]

An die Stelle des Zertifikats für zugelassene Wirtschaftsbeteiligte tritt eine Bewilligung. Grundlegende Verfahrenserleichterungen sind Unternehmen mit AEO-Bewilligung vorbehalten. Folgende Voraussetzungen zum Erhalt der Bewilligung sind nach UZK zusätzlich zu erfüllen:

AEOC, AEOS und kombinierte Bewilligung AEOC und AEOS
Die erweiterte Voraussetzung „Einhaltung der Vorschriften", Artikel 39 Buchstabe a UZK, Artikel 24 UZK-IA, wird um schwerwiegende oder wiederholte Verstöße gegen steuerrechtliche Vorschriften und schwere Straftaten im Rahmen der Wirtschaftstätigkeit des Antragstellers ergänzt.

AEOC
Ausreichende Verfahren für die Bearbeitung von Einfuhr- und Ausfuhrlizenzen im Zusammenhang mit Verboten und Beschränkungen, Artikel 39 Buchstabe b UZK, Artikel 25 Absatz 1 Buchstabe k UZK-IA sowie praktische oder berufliche Befähigung, die in unmittelbarem Zusammenhang mit der ausgeübten Tätigkeit steht, Artikel 39 Buchstabe d UZK, Artikel 27 UZK-IA

AEOS
Einsatz einer für Sicherheitsfragen zuständigen Kontaktperson durch den Antragsteller, Artikel 39 Buchstabe e UZK, Artikel 28 Absatz 1 Buchstabe h UZK-IA

Ursprung

Änderungen wurden im Bereich des nichtpräferenziellen Ursprungs sowie bei den Vorschriften über die Ausfertigung und Überprüfung von Lieferantenerklärungen eingearbeitet. Der Begriff „der letzten wesentlichen und wirtschaftlich gerechtfertigten Be- oder Verarbeitung" wurde durch jeweils einzelne, produktspezifische Ursprungsregeln konkretisiert. Diese sind im Anhang 22-01 zu Artikel 32 UZK-DA enthalten. Artikel 31 UZK-DA legt fest, welche Waren als in einem einzigen Land oder Gebiet als vollständig gewonnen oder hergestellt gelten. Artikel 34 UZK-DA listet Fälle der Be- oder Verarbeitung auf, die keine „wesentliche, wirtschaftlich gerechtfertigte Be- oder Verarbeitung (sog. Minimalbehandlungen) darstellen. Langzeit-Lieferantenerklärungen gelten für zwei Jahre.

Zollwert (Artikel 69 ff. UZK)

Der Transaktionswert zur Ausfuhr in das Zollgebiet der Union verkaufter Ware wird künftig zum Zeitpunkt der Annahme der Zollanmeldungen aufgrund des unmittelbar vor dem Verbringen der Waren in

6) Kapitel Bewilligung zugelassener Wirtschaftsbeteiligter – AEO und Kapitel Bewilligungen und Bewilligungsvoraussetzungen

das Zollgebiet erfolgten Verkaufs bestimmt (Artikel 128 Absatz 1 UZK-IA). Lizenzgebühren gelten gemäß Artikel 136 Absatz 4 UZK-IA als nach den Bedingungen des Kaufgeschäfts entrichtet.

Zollschuld (Artikel 77 bis 82, 85, 86, 87, 124 UZK)

Tatbestände der Entstehung einer Zollschuld infolge einer Zollanmeldung sind im Artikel 77 UZK geregelt. Artikel 79 UZK bündelt die Entstehungstatbestände bei Verstößen: vorschriftswidriges Verbringen, Entziehen aus der zollamtlichen Überwachung, Falschanmeldung und andere Pflichtverletzungen. Zollschuldner kann auch die Person werden, die bei der Zollanmeldung wissentlich Falschangaben macht, wenn dies dazu führt, dass die Erhebung von Einfuhrabgaben ganz oder teilweise entfällt. Die Erlöschenstatbestände für Zollschulden sind in Artikel 124 UZK zusammengefasst und werden im Artikel 103 UZK-DA konkretisiert.

Sicherheitsleistung (Artikel 89 bis 98 UZK)

Die Höhe der Sicherheitsleistung entspricht der entstandenen Zollschuld bzw. der möglicherweise entstehenden Zollschuld. Zur vereinfachten Sicherung der Zollschuld für mehrere Vorgänge, Zollanmeldungen oder -verfahren kann eine Gesamtsicherheit bewilligt werden (Artikel 89 Absatz 5 UZK). Auf Antrag kann für möglicherweise entstehende Zollschulden eine Gesamtsicherheit mit verringertem Betrag bzw. eine Befreiung von der Sicherheitsleistung bewilligt werden. Eine Reduzierung der beim zuständigen Hauptzollamt zu hinterlegenden Sicherheitsleistung ist möglich.[7]. Eine für unterschiedliche Zollverfahren geltende Bewilligung einer Gesamtsicherheit wird in Deutschland bis zur Inbetriebnahme des entsprechenden IT-Systems übergangsweise nicht erteilt.

Vorübergehende Verwahrung (Artikel 145 bis 149 UZK)[8]

Hinsichtlich der vorübergehenden Verwahrung haben sich einige praxisrelevante Neuerungen ergeben[9]. Gestellte Nicht-Unionswaren befinden sich vom Zeitpunkt ihrer Gestellung an automatisch in der vorübergehenden Verwahrung. Gestellte Waren sind künftig grundsätzlich vom Anmelder mittels „Anmeldung zur vorübergehenden Verwahrung" anzumelden. Eine Lagerung muss in bewilligten Verwahrungslagern oder in begründeten Fällen an anderen zugelassenen Orten erfolgen. Die Voraussetzung für die Bewilligung ist die Leistung einer Sicherheit[10]. Waren in der vorübergehenden Verwahrung sind innerhalb von 90 Tagen zu einem Zollverfahren anzumelden bzw. wieder auszuführen.

Mündliche und konkludente Zollanmeldung (Artikel 158 Absatz 2 UZK)

Die Möglichkeit der Abgabe einer mündlichen oder konkludenten Ausfuhranmeldung für Waren zu kommerziellen Zwecken im Wert bis 1.000 € bzw. 1.000 kg Eigengewicht bleibt erhalten.

Vereinfachte Zollanmeldung (Artikel 166 u. 167 UZK)

Einfuhr
Das vereinfachte Anmeldeverfahren (VAV) wurde nicht verändert. Es wird für die Anwendung im eigenen Namen und im fremden Namen bewilligt.

Ausfuhr
Die Anmeldung in das Ausfuhrverfahren erfolgt weiterhin durch Übersendung einer elektronischen vereinfachten oder vollständigen Ausfuhranmeldung an die zuständige Ausfuhrzollstelle. Im vereinfachten Anmeldeverfahren ist die Gestellung an zugelassenen Orten möglich.

7) Kapitel Bewilligungen und Bewilligungsvoraussetzungen
8) Kapitel Freier Verkehr und besondere Verfahren, Carnet TIR, vorübergehende Verwahrung und Vereinfachungen
9) ebenda
10) Kapitel Bewilligungen und Bewilligungsvoraussetzungen

Anschreibung in die Buchführung des Anmelders (Artikel 182 UZK)[11]

Die Befreiung von der Gestellung mit der Folge der Überlassung im Zeitpunkt der Anschreibung setzt voraus, dass der Bewilligungsinhaber AEOC ist. Die Anschreibung in der Buchführung des Anmelders kann bei der Überlassung zum zollrechtlich freien Verkehr, dem Zolllager, der vorübergehenden Verwendung, der Endverwendung, der aktiven und passiven Veredelung sowie der Ausfuhr und Wiederausfuhr angewandt werden. Nach der Anschreibung ist eine ergänzende Anmeldung abzugeben.

Einfuhr
Die Bewilligung ist künftig von AEO-Voraussetzungen abhängig. Eine Bewilligung zur Überlassung zum zoll- und steuerrechtlich freien Verkehr ist ausgeschlossen, wenn Waren von der Mehrwertsteuer befreit sind und/oder in einem Verfahren der Steueraussetzung befördert werden.

Ausfuhr
Diese Verfahrenserleichterung kann nur bewilligt werden, wenn keine summarische Ausgangsanmeldung abzugeben ist. Die Abgabe einer ergänzenden, nachträglichen Sammelausfuhranmeldung ist erforderlich.

Besondere Verfahren ohne Versandverfahren (Artikel 210 bis 225 und Artikel 237 bis 262 UZK)[12]

Es gelten für alle besonderen Verfahren gemeinsame Regelungen zur Bewilligungserteilung und zur Sicherheitsleistung. Eine Bewilligung für die aktive oder passive Veredelung, die vorübergehende Verwendung oder die Endverwendung nach dem UZK wird für eine Geltungsdauer von maximal fünf Jahren erteilt.

Zolllager
Es gibt öffentliche Zolllager Typ I (verantwortlich: Bewilligungsinhaber) und Typ II (verantwortlich: Inhaber des Verfahrens) sowie private Zolllager. Der „Lagerhalter" wird als „Bewilligungsinhaber" und der „Einlagerer" als „Inhaber des Verfahrens" bezeichnet. Zeitpunkt für die Bemessung der Zollschuld ist die Überlassung in den zollrechtlich freien Verkehr. Eine Gestellungsbefreiung im Anschreibeverfahren kann nur dem Inhaber einer AEOC-Bewilligung gewährt werden.

Freizonen
Freizonen sind einzuzäunen. In eine Freizone verbrachte Waren sind zu gestellen. In Freizonen sind alle industriellen und gewerblichen Tätigkeiten sowie alle Dienstleistungen zugelassen.

Vorübergehende Verwendung
Die Verwendungsfrist beträgt künftig höchstens zwei Jahre, kann aber auf zehn Jahre verlängert werden. Bei Zollschuldentstehung gilt Artikel 85 UZK, das heißt, es ist die Bemessungsgrundlage zum Zeitpunkt des Entstehens entscheidend.

Endverwendung
Die „besondere Verwendung" wurde in „Endverwendung" umbenannt.

Aktive Veredelung
Das Umwandlungsverfahren geht in der aktiven Veredelung auf, und das Zollrückvergütungsverfahren entfällt. Eine Wiederausfuhrabsicht ist keine Voraussetzung der aktiven Veredelung.

Passive Veredelung
Die Differenzmethode als Variante der Einfuhrabgabenberechnung entfälltz.

Versand (Artikel 226 bis 236 UZK)

Zusätzlich sind AEO-Voraussetzungen des Artikels 39 Buchstabe a, b und d UZK zu erfüllen. Bei der Festsetzung des Referenzbetrags und bei der Überwachung der Inanspruchnahme des Referenzbetrags ist auf den Zeitpunkt der Erledigung des Versandverfahrens abzustellen. Es gelten neue Regeln für Zollverschlüsse.

11) Kapitel Freier Verkehr und besondere Verfahren, Carnet TIR, vorübergehende Verwahrung und Vereinfachungen und Kapitel Zollverfahren Ausfuhr – Verbringen von Waren aus dem Zollgebiet
12) ebenda

Ausfuhrverfahren (Artikel 263 UZK)

Im einstufigen Ausfuhrverfahren kann die Ausfuhranmeldung für Waren bis zu einem Wert von 3.000 € unmittelbar bei der Ausgangszollstelle abgegeben werden. Bei der Ausfuhr von Unionswaren in Kombination mit einem Versandverfahren ist die Ausgangsbestätigung EU-weit erst zu übermitteln, wenn das Versandverfahren erledigt ist.

Wiederausfuhrmitteilung (Artikel 274 UZK)

Bei einer Wiederausfuhr von Waren aus der vorübergehenden Verwahrung oder aus Freizonen bedarf es einer Wiederausfuhrmitteilung.

Elektronischer Datenaustausch (Artikel 6 UZK)

Der Datenaustausch für die Kommunikation zwischen Zoll und Beteiligten (Anträge, Anmeldungen, Entscheidungen) soll perspektivisch ausschließlich elektronisch erfolgen[13)].

4 Übergangsregelungen

Die erforderlichen IT-Systeme und Datenbanken sind teilweise noch nicht verfügbar bzw. müssen angepasst werden. Übergangsregelungen wurden notwendig[14)]. Die UZK-TDA („transitional delegated act") enthält erforderliche Übergangsbestimmungen.

Neue IT-Änderungen werden in Deutschland im Verfahrens ATLAS (Automatisiertes Tarif- und lokales Zollabwicklungssystem)[15)] umgesetzt und in der ATLAS-Teilnehmerinformation bzw. auf der Internetseite der Kommission der Europäischen Union veröffentlicht. Nach gegenwärtigem Stand ist eine Inbetriebnahme der letzten IT-Systeme, Datenbanken u. a. zum Ablauf des Jahres 2025 erfolgt.

5 Weitere ergänzende Rechtsakte des Zollrechts

Im Rahmen der praktischen Anwendung des Unionszollkodex sind folgende ergänzenden europäische und nationale Rechtsakte des Zollrechts u.a. mit einzubeziehen:
- **VO (EG) Nr. 2021/821** des Europäischen Parlaments und des Rates vom 20. Mai 2021 über eine Unionsregelung für die Kontrolle der Ausfuhr, der Vermittlung, der technischen Unterstützung der Durchfuhr und der Verbringung betreffend Güter mit doppeltem Verwendungszweck
- **VO (EG) Nr. 515/97** des Rates vom 13. März 1997 über die gegenseitige Amtshilfe zwischen Verwaltungsbehörden der Mitgliedstaaten und die Zusammenarbeit dieser Behörden mit der Kommission im Hinblick auf die ordnungsgemäße Anwendung der Zoll- und der Agrarregelung
- **VO (EWG, Euratom) Nr. 1182/71** des Rates vom 3. Juni 1971 zur Festlegung der Regeln für die Fristen, Daten und Termine
- **VO (EWG) Nr. 2658/87** des Rates vom 23. Juli 1987 über die zolltarifliche und statistische Nomenklatur sowie den Gemeinsamen Zolltarif
- **VO (EG) Nr. 1186/2009** des Rates vom 16. November 2009 über das gemeinschaftliche System der Zollbefreiungen
- **VO (EG) Nr. 1225/2009** des Rates vom 30. November 2009 über den Schutz gegen gedumpte Einfuhren aus nicht zur Europäischen Gemeinschaft gehörenden Ländern u.a.
- **Zollverwaltungsgesetz** vom 21. Dezember 1992 (BGBl. I S. 2125; 1993 I S. 2493), das zuletzt durch Artikel 23 des Gesetzes vom 15. Juli 2024 (BGBl. 2024 I Nr. 236) geändert worden ist
- **Zollverordnung** vom 23. Dezember 1993 (BGBl. I S. 2449; 1994 I S. 162), die zuletzt durch Artikel 26 des Gesetzes vom 21. Dezember 2020 (BGBl. I S. 3096) geändert worden ist

13) Kapitel ATLAS und Summarische Eingangs-/Ausgangsmeldung
14) Delegierte Verordnung (EU) 2016/341 UZK-TDA
15) Kapitel ATLAS und Summarische Eingangs-/Ausgangsmeldung

6 Checkliste zur Praxisanwendung des UZK

Zollrechtliche Handlungen unter Einbeziehung des UZK und unter Berücksichtigung des Kerngeschäfts des Unternehmens gestalten sich in der praktischen Tätigkeit der Unternehmen mitunter kompliziert. Deshalb sind in der nachfolgenden Checkliste einige zu klärende Fragen als Hilfestellung aufgeführt, die Beachtung finden sollten:

- Sollte das Unternehmen, soweit noch nicht zertifiziert, zügig den AEOC-Status anstreben?
- Sollte eine eigene Zollabteilung geschaffen werden oder sollten Fachdienstleister in Anspruch genommen werden bzw. was muss an der Aufgaben- und Zollstruktur des Unternehmens geändert werden?
- Welche Handlungen, Mittel und organisatorischen Maßnahmen sind für die Umstellung auf die ausschließlich elektronische Zollanmeldung notwendig?
- Wurde ein Ausfallkonzept für ATLAS erarbeitet?
- Was muss vorbereitet werden, um eine ermäßigte Gesamtsicherheit in Anspruch zu nehmen?
- Was muss durch die Kombination aktive Veredelung/Umwandlung/Zerstörung im Kerngeschäft geändert werden?
- Welche Vorteile oder Chancen ergeben sich durch die längere Lagerdauer bei vorübergehender Verwahrung?
- Ist ein Zolllager noch erforderlich?
- Wie ist die Beförderung von Waren in vorübergehender Verwahrung ohne Nutzung eines Versandverfahrens zu organisieren?
- Welche Herausforderungen ergeben sich aus der kürzeren Geltungsdauer der verbindlichen Zolltarifauskunft und der Verpflichtung, eine solche Auskunft zu verwenden?
- Müssen Bewilligungen angepasst oder ersetzt werden, bzw. kann in diesem Zusammenhang die Gesamtsicherheit für mehrere Verfahren optimiert werden?
- Müssen Prüfungen im Zusammenhang mit der „letzten wesentlichen und wirtschaftlich gerechtfertigten Be- oder Verarbeitung" gemäß Anhang 22-01 zu Artikel 32 UZK-DA vorgenommen werden?
- Welche Handlungsabläufe im Unternehmen und mit Handelspartnern müssen geändert und neu dokumentiert werden?
- Welche Dokumente müssen neu erstellt werden (Zollvollmachten in Bezug auf Vertretungsverhältnisse und Haftbarkeiten)?
- Welche Qualifizierungs- und Schulungsmaßnahmen sind für die Sachbearbeitung und das Management erforderlich?
- Welche Aufwandsreduzierungen zollrechtlicher Handlungen sind unter Betrachtung des Kerngeschäfts im Unternehmen möglich? Der Blick sollte auf die Inanspruchnahme eines zollrechtlichen Vertretungsverhältnisses, der Vereinbarung einer entsprechenden Lieferbedingung sowie der Beantragung zollrechtlicher Vereinfachungen gelegt werden.
- Ist die gesetzeskonforme Archivierung der elektronischen Unterlagen und Papierunterlagen geklärt[16)]?

7 Quellenangaben, Literaturhinweise, EU-Verordnungen und weiterführende Hinweise

- Allgemeines Zollrecht/Einführungserlass zur Anwendung neuen Unionsrechts im Zollbereich ab dem 1. Mai 2016 (III B 1 – Z 0440/13/10010:010 DOK 2016/0107166 vom 19. Februar)
- Allgemeines Zollrecht/Verfügung zur Umsetzung des Unionszollkodex (GZD – Z 0440 – 4/16 – DV.A.31 vom 27. April 2016)
- Merkblatt zu Zollanmeldungen, summarischen Anmeldungen und Wiederausfuhrmitteilungen Ausgabe 2025 – G GZD – Z 3455-2024.00019-0001-GZD_DV.A.22 vom 10. Dezember 2024
- Witte, Zollkodex der Union (UZK), 9. Auflage 2025, Verlag C.H.Beck GmbH & Co. KG
- Gellert, Weiß, UZK kompakt & praxisnah strukturiert, 3. aktualisierte Auflage 2022, Reguvis Fachmedien
- Struck C., Gayk A. , Praxisfassung UZK – Das EU-Zollrecht mit DA, TDA und IA in integrierter Darstellung, 3. Auflage, Ausgabe 4, 2024, Mendel Verlag
- Verordnung (EU) Nr. 952/2013 vom 9. Oktober 2013 zur Festlegung des Zollkodex der Union – UZK

16) Kapitel Abgabenordnung – Archivierung

- Verordnung (EU) 2015/2446 vom 28. Juli 2015 zur Ergänzung des UZK und Verordnung (EU) 2016/651 vom 5. April 2016 zur Berichtigung der Delegierten Verordnung – DA
- Verordnung (EU) 2015/2447 vom 24. November 2015 mit Einzelheiten zur Umsetzung der Bestimmungen des UZK – IA
- Vertrag von Lissabon zur Änderung des Vertrags über die Europäische Union und des Vertrags zur Gründung der Europäischen Gemeinschaft (ABl. C 306 vom 17.12.2007), der am 1. Dezember 2009 in Kraft trat
- Verordnung (EU) 2016/341 vom 17. Dezember 2015 zur Ergänzung des UZK hinsichtlich der Übergangsbestimmungen für bestimmte Vorschriften des Zollkodex der Union, für den Fall, dass die entsprechenden elektronischen Systeme noch nicht betriebsbereit sind, und zur Änderung der Delegierten Verordnung (EU) 2015/2446 – TDA
- Merkblatt für Teilnehmer zum ATLAS-Release 10.1, Stand: November 2024
- Verfahrensanweisung zum IT-Verfahren ATLAS, Stand: Februar 2024
- Außenwirtschaftliche Praxis (AW Prax) – Reguvis Fachmedien GmbH, Köln

Kapitel 5 EU-Dual-Use-Verordnung (EU-Dual-Use-VO)

Harald Schönherr, Dresden

1 Allgemein

Die Dual-Use-Verordnung (EU) 2021/821[1] ist am 09.09.2021 in Kraft getreten. Diese EU-Verordnung regelt den Umgang und die Kontrolle von Gütern, die sowohl zivil als auch militärisch genutzt werden. In dieser Verordnung sind die Ausfuhr, die Vermittlung, die technische Unterstützung, die Durchfuhr und die Verbringung von Dual-Use-Gütern ebenso geregelt, wie gemeinsame Genehmigungspflichten und Verfahren für alle EU-Staaten.

Auf folgende wesentliche Inhalte wurden in die EU-Dual-Use-Verordnung gesondert hingewiesen:
- Der Schutz der Menschenrechte tritt verstärkt in den Fokus der Exportkontrolle. Es gelten Genehmigungspflichten für die Ausfuhr von Gütern für eine digitale Überwachung, wenn diese im Empfängerland für Menschenrechtsverletzungen verwendet werden sollen.
- Diese Verordnung beinhaltet Transparenzpflichten der Mitgliedstaaten; veröffentlichte Informationen zu Gütern der digitalen Überwachung werden ausgeweitet.
- Die technische Unterstützung ist nunmehr unionsrechtlich harmonisiert und geregelt.
- Die Kontrolle von Vermittlungstätigkeiten und Durchfuhren wird verschärft, nicht nur bei Proliferationen, sondern auch bei Gütern, die für eine militärische Endverwendung im Embargoland bestimmt sind.
- Die Allgemeinen Genehmigungen bestehen weiter bzw. werden erweitert.

2 Inhalte der Verordnung (EU) 2021/821

Kapitel I:	Gegenstand und Begriffsbestimmungen
Kapitel II:	Anwendungsbereich
Kapitel III:	Ausfuhrgenehmigung und Genehmigung von Vermittlungstätigkeiten und technischer Unterstützung
Kapitel IV:	Änderung der Listen von Gütern mit doppeltem Verwendungszweck und der Bestimmungsziele
Kapitel V:	Zollverfahren
Kapitel VI:	Zusammenarbeit der Verwaltungen, Durchführung und Durchsetzung
Kapitel VII:	Transparenz, Kommunikation, Überwachung, Bewertung
Kapitel VIII:	Kontrollmaßnahmen
Kapitel IX:	Zusammenarbeit mit Drittländern
Kapitel X:	Schlussbestimmungen

3 Praxisrelevante Begriffe der Dual-Use-Bearbeitung

Güter mit doppeltem Verwendungszweck

„Güter einschließlich Datenverarbeitungsprogrammen (Software) und Technologie, die sowohl für zivile als auch für militärische Zwecke verwendet werden können, darin eingeschlossen sind Güter, die zur Konstruktion, Entwicklung, Herstellung oder zum Einsatz von nuklearen, chemischen oder biologischen Waffen oder ihren Trägersystemen verwendet werden können, einschließlich aller Güter, die sowohl für nichtexplosive Zwecke als auch für jedwede Form der Unterstützung bei der Herstellung von Kernwaffen oder sonstigen Kernsprengkörpern verwendet werden können"[2].

1) Verordnung (EU) 2021/821 des Europäischen Parlaments und des Rates vom 20. Mai 2021 über eine Unionsregelung für die Kontrolle der Ausfuhr, der Vermittlung, der technischen Unterstützung der Durchfuhr und der Verbringung betreffend Güter mit doppeltem Verwendungszweck
2) Artikel 2 Nr. 1 VO (EU) 2021/821

Ausfuhr

a) „ein Ausfuhrverfahren im Sinne des Artikels 269 des Zollkodex der Union[3],

b) eine Wiederausfuhr im Sinne des Artikels 270 des Zollkodex der Union, eine Wiederausfuhr liegt auch vor, wenn während einer Durchfuhr durch das Zollgebiet der Union gemäß Nummer 11 des vorliegenden Artikels eine summarische Ausgangsanmeldung abzugeben ist, da sich die endgültige Bestimmung der Güter geändert hat[4],

c) eine passive Veredelung im Sinne von Artikel 259 des Zollkodex der Union[5] oder

d) die Übertragung von Software oder Technologie mittels elektronischer Medien wie Telefax, Telefon, elektronischer Post oder sonstiger elektronischer Träger nach einem Bestimmungsziel außerhalb des Zollgebiets der Union; dies beinhaltet auch das Bereitstellen solcher Software oder Technologie in elektronischer Form für natürliche oder juristische Personen oder für Personenvereinigungen außerhalb des Zollgebiets der Union; dies beinhaltet auch die mündliche Weitergabe von Technologie, wenn die Technologie über ein Sprachübertragungsmedium beschrieben wird“[6].

Ausführer

a) „jede natürliche oder juristische Person oder jede Personenvereinigung, die zum Zeitpunkt der Entgegennahme der Ausfuhranmeldung oder Wiederausfuhranmeldung oder einer summarischen Ausgangsanmeldung Vertragspartner des Empfängers im Drittland ist und über die Versendung der Güter aus dem Zollgebiet der Union bestimmt; wurde kein Ausfuhrvertrag geschlossen oder handelt der Vertragspartner nicht für sich selbst, so gilt als Ausführer, wer über die Versendung der Güter aus dem Zollgebiet der Union tatsächlich bestimmt oder

b) jede natürliche oder juristische Person oder jede Personenvereinigung, die entscheidet, Software oder Technologie mittels elektronischer Medien wie Telefax, Telefon, elektronischer Post oder sonstiger elektronischer Träger nach einem Bestimmungsziel außerhalb des Zollgebiets der Union zu übertragen oder diese Software und Technologie in elektronischer Form natürlichen oder juristischen Personen oder Personenvereinigungen außerhalb des Zollgebiets der Union bereitzustellen. Stehen nach dem Ausfuhrvertrag die Verfügungsrechte über die Güter mit doppeltem Verwendungszweck einer außerhalb des Zollgebiets der Union ansässigen oder niedergelassenen Person zu, so gilt die im Zollgebiet der Union ansässige oder niedergelassene Vertragspartei als Ausführer,

c) wenn die Buchstaben a oder b nicht anwendbar sind, die natürliche Person, die die zur Ausfuhr bestimmten Güter mit doppeltem Verwendungszweck befördert, wenn sich diese Güter mit doppeltem Verwendungszweck im Sinne von Artikel 1 Absatz 19 Buchstabe a der Delegierten Verordnung (EU)[7] in ihrem persönlichen Gepäck befinden“[8].

Vermittlungstätigkeiten

a) „die Aushandlung oder das Herbeiführen von Transaktionen zum Kauf, zum Verkauf oder zur Lieferung von Gütern mit doppeltem Verwendungszweck von einem Drittland in ein anderes Drittland oder

b) den Verkauf oder Kauf von Gütern mit doppeltem Verwendungszweck, die sich in Drittländern befinden, zwecks Verbringung in ein anderes Drittland“[9].

Eine ausschließliche Erbringung von Hilfeleistungen, wie Beförderung, Finanzdienstleistungen, Versicherung, Rückversicherung, allgemeine Werbung oder Verkaufsförderung, ist davon ausgeschlossen[10].

---

3) Kapitel Zollverfahren Ausfuhr – Export von Unionswaren aus der EU
4) ebenda
5) Kapitel Zollverfahren, Carnet TIR, vorübergehende Verwahrung und Vereinfachungen
6) Artikel 2 Nr. 2 VO (EU) 2021/821
7) Delegierte Verordnung (EU) 2015/2446 der Kommission vom 28. Juli 2015 zur Ergänzung der Verordnung (EU) Nr. 952/2013 des Europäischen Parlaments und des Rates mit Einzelheiten zur Präzisierung von Bestimmungen des Zollkodex der Union – DA
8) Artikel 2 Nr. 3 VO (EU) 2021/821
9) Artikel 2 Nr. 7 VO (EU) 2021/821
10) ebenda

Technische Unterstützung

„jede technische Hilfe im Zusammenhang mit Reparaturen, Entwicklung, Herstellung, Montage, Erprobung, Wartung oder jeder anderen technischen Dienstleistung; technische Unterstützung kann in Form von Anleitung, Beratung, Ausbildung, Weitergabe von praktischen Kenntnissen oder Fertigkeiten oder in Form von Beratungsdiensten erfolgen und schließt auch Unterstützung mittels elektronischer Träger, telefonische Unterstützung sowie jede Form von Unterstützung in verbaler Form ein“[11].

Militärische Endverwendung

Als militärische Endverwendung gelten:
- der Einbau in Güter, die in Teil I Abschnitt A der Ausfuhrliste genannt sind,
- die Verwendung von Herstellungs-, Test oder Analyseausrüstung sowie von Bestandteilen hierfür,
- die Entwicklung, die Herstellung und die Wartung von Gütern, die in Teil I Abschnitt A der Ausfuhrliste genannt sind oder
- die Verwendung von unfertigen Erzeugnissen in einer Anlage für die Herstellung von Gütern, die in Teil I Abschnitt A der Ausfuhrliste genannt sind[12].

Durchfuhr

„die Beförderung von Nicht-Unionsgütern mit doppeltem Verwendungszweck in und durch das Zollgebiet der Union zu einem Bestimmungsziel außerhalb des Zollgebiets der Union, wenn:
a) für diese Güter ein externes Versandverfahren gemäß Artikel 226 des Zollkodex der Union angewandt wird und sie durch das Zollgebiet der Union lediglich durchgeführt werden[13],
b) diese Güter in einer Freizone umgeladen oder direkt aus einer Freizone wiederausgeführt werden[14],
c) diese Güter sich in der vorübergehenden Verwahrung befinden und unmittelbar aus einem Verwahrungslager wiederausgeführt werden[15] oder
d) diese Güter das Zollgebiet der Union an Bord desselben Schiffes oder Flugzeugs, mit dem sie auf dieses Gebiet gelangt sind, ohne vorheriges Abladen wieder verlassen“[16].

Einzelausfuhrgenehmigung

"die einem bestimmten Ausführer erteilte Genehmigung für die Lieferung eines oder mehrerer Güter mit doppeltem Verwendungszweck an einen Endverwender oder Empfänger in einem Drittland“[17].

Globalausfuhrgenehmigung

"die einem bestimmten Ausführer erteilte Genehmigung für eine Art oder Kategorie von Gütern mit doppeltem Verwendungszweck, die für die Ausfuhr zu einem oder mehreren genau bestimmten Endverwendern und/oder in ein oder mehrere genau festgelegte Drittländer gültig sein kann“[18] .

Genehmigungsbehörde

Das Bundesamt für Wirtschaft und Ausfuhrkontrolle (BAFA)[19] ist eine Bundesoberbehörde im Geschäftsbereich des Bundesministeriums für Wirtschaft und Energie (BMWi) und fungiert im Rahmen der Ausfuhrkontrolle als Genehmigungsbehörde. Es ist außerdem zuständig für Anfragen, etwa zu Auskünften über die Güterliste oder zur Ausstellung von Nullbescheiden[20].

---

11) Artikel 2 Nr. 9 VO (EU) 2021/821
12) Artikel 4 Absatz 1 lit. b) VO (EU) 2021/821
13) Kapitel Zollverfahren, Carnet TIR, vorübergehende Verwahrung und Vereinfachungen
14) ebenda
15) ebenda
16) Artikel 2 Nr. 11 VO (EU) 2021/821
17) Artikel 2 Nr. 12 VO (EU) 2021/821
18) Artikel 2 Nr. 13 VO (EU) 2021/821
19) Abkürzung und im Sprachgebrauch BAFA
20) Kapitel Bundesamt für Wirtschaft und Ausfuhrkontrolle (BAFA) und Kapitel Exportkontrolle, HADDEX und ELAN K2

4 Genehmigungspflicht für Gelistete Dual-Use-Güter

Die Ausfuhr von in Anhang I aufgeführten Gütern mit doppeltem Verwendungszweck ist genehmigungspflichtig[21)]. Im Zusammenhang mit der Prüfung der Güter muss die Delegierte Verordnung (EU) 2024/2547 der Kommission vom 5. September 2024 Beachtung finden. Darin sind Änderungen in Bezug auf die Liste der Güter mit doppeltem Verwendungszweck der Verordnung (EU) 2021/821 enthalten[22)]. Weitere Genehmigungspflichten beinhaltet die Außenwirtschaftsverordnung (AWV)[23)]. Die Ausfuhr der der in Teil I Abschnitt B der Ausfuhrliste genannten Güter bedarf der Genehmigung[24)]. Vor einer Ausfuhr ist es obligatorisch zu prüfen, ob die auszuführenden Waren in der Verordnung (EU) 2021/821 Anhang I, der Verordnung (EU) 2024/2547 bzw. in der Außenwirtschaftsverordnung Teil I Abschnitt B aufgeführt sind. Für diese Prüfung steht die Auskunftsanwendung EZT-Online Ausfuhr zur Verfügung[25)].

5 Genehmigungspflicht für nicht gelistete Dual-Use-Güter

Auch die Ausfuhr von nicht gelisteten Dual-Use-Gütern kann der Genehmigungspflicht unterliegen. In diesem Zusammenhang wird auf die Artikel 4, 5 und 10 der Verordnung (EU) 2021/821 verwiesen. Nationale Beschränkungen gelten für Ausfuhren von Gütern mit einem bestimmten Verwendungszweck sowie für das konkrete Käufer- bzw. Bestimmungsland gemäß Artikel 9 der Außenwirtschaftsverordnung (AWV).

Hinsichtlich der Prüfung der Genehmigungspflicht für nicht gelistete Güter ist ein Screening bezogen auf die auszuführenden Güter, die beteiligten Länder und die Endverwendung der Güter vorzunehmen. Eine Genehmigungspflicht kann bei Erfüllung der nachfolgenden Tatbestände erforderlich sein.

Artikel 4 Absatz 1 Buchstabe a) der Verordnung (EU) 2021/821:
Es handelt sich um Güter, die für die Verwendung im Zusammenhang mit der Entwicklung, Herstellung, Handhabung, Wartung, Lagerung, Ortung, Identifizierung oder dem Betrieb von atomaren, biologischen oder chemischen Waffen sowie Flugkörpern für derartige Waffen bestimmt sind oder sein können.

Artikel 4 Absatz 1 Buchstabe b) der Verordnung (EU) 2021/821:
Gegen das Käufer- oder Bestimmungsland wurde ein Waffenembargo verhängt.

Artikel 4 Absatz 1 Buchstabe c) der Verordnung (EU) 2021/821:
Güter, die rechtswidrig ausgeführt wurden und die ganz oder teilweise für die Verwendung als Bestandteil in Rüstungsgütern bestimmt sind oder sein können.

Artikel 5 der Verordnung (EU) 2021/821:
Güter für die digitale Überwachung, die ganz oder teilweise für eine Verwendung im Zusammenhang mit interner Repression und/oder der Begehung schwerwiegender Verstöße gegen die Menschenrechte und das humanitäre Völkerrecht bestimmt sind oder bestimmt sein können.

Artikel 9 und Artikel 10 der Verordnung (EU) 2021/821:
Eine Genehmigungspflicht kann auch vorliegen, wenn ein anderes EU-Mitglied für die Ausfuhr von nicht aufgeführten Gütern auf der Grundlage einer nationalen Kontrollliste für Güter, die dieser Mitgliedstaat veröffentlicht hat, eine Genehmigungspflicht vorsieht.

Außenwirtschaftsverordnung (AWV) § 9:
Dies betrifft Güter, die für die Errichtung, den Betrieb oder den Einbau in zivilen kerntechnischen Anlagen in den Ländern Algerien, Irak, Iran, Israel, Jordanien, Libyen, Nordkorea, Pakistan und Syrien bestimmt sind oder sein können.

21) Artikel 3 Absatz 1 VO (EU) 2021/821
22) Delegierte Verordnung (EU) 2024/2547 der Kommission vom 5. September 2024 zur Änderung der Verordnung (EU) 2021/821 des Europäischen Parlaments und des Rates in Bezug auf die Liste der Güter mit doppeltem Verwendungszweck
23) Kapitel Außenwirtschaftsrecht – Grundlagen
24) § 8 Absatz 1 Nr. 2 Außenwirtschaftsverordnung (AWV)
25) Kapitel Elektronischer Zolltarif (EZT), Tarifierung und verbindliche Zolltarifauskunft und Kapitel ATLAS und Summarische Eingangs-/Ausgangsanmeldung

6 Genehmigungspflichten für technische Unterstützung – Artikel 8 der Verordnung (EU) 2021/821

Die Erbringung von technischer Unterstützung im Zusammenhang mit Dual-Use-Gütern, die in Anhang I der Verordnung (EU) 2021/821 aufgeführt sind, ist genehmigungspflichtig, wenn der Erbringer der technischen Unterstützung von der zuständigen Behörde darüber unterrichtet worden ist, dass die betreffenden Güter ganz oder teilweise für nachfolgende Verwendungen bestimmt sind oder bestimmt sein können[26]:
- Entwicklung, Herstellung, Handhabung, Betrieb, Wartung, Lagerung, Ortung, Identifizierung oder Verbreitung von chemischen, biologischen oder Kernwaffen oder sonstigen Kernsprengkörpern oder zur Entwicklung, Herstellung, Wartung oder Lagerung von Flugkörpern für derartige Waffen,
- militärische Endverwendung, wenn gegen das Käuferland oder Bestimmungsland ein Waffenembargo verhängt wurde oder
- Verwendung als Bestandteile von militärischen Gütern, die in der nationalen Militärgüterliste aufgeführt sind und aus dem Hoheitsgebiet eines Mitgliedstaats ohne Genehmigung oder unter Verstoß gegen eine aufgrund der einzelstaatlichen Rechtsvorschriften dieses Mitgliedstaats erteilte Genehmigung ausgeführt wurden[27].

Ausnahmen von der Genehmigungspflicht für technische Unterstützung beinhalt § 53 Außenwirtschaftsverordnung (AWV) bzw. Artikel 8 Absatz 3 der Verordnung (EU) 2021/821.

7 Genehmigungspflichten für Vermittlungstätigkeiten – Artikel 6 Verordnung (EU) 2021/821

Die Erbringung von Vermittlungstätigkeiten in Bezug auf Dual-Use-Güter, die in Anhang I der Verordnung (EU) 2021/821 aufgeführt sind, ist genehmigungspflichtig, wenn der Vermittler von der zuständigen Behörde darüber unterrichtet worden ist, dass die betreffenden Güter ganz oder teilweise für Verwendungen bestimmt sind oder bestimmt sein können, wie diese auch im vorgenannten Abschnitt zu Genehmigungspflichten für technische Unterstützung aufgeführt sind[28].

In diesem Zusammenhang sind folgende Varianten der Vermittlungstätigkeit möglich:
- Lieferung von Dual-Use-Gütern von einem Drittland in ein anderes Drittland; der Veranlasser ist eine Person im Zollgebiet der EU,
- Abschluss eines Vertrages durch eine Person im Zollgebiet der EU, der die Lieferung von Dual-Use-Gütern von einem Drittland in ein anderes Drittland zum Gegenstand hat.
- Aushandeln oder Herbeiführen eines Vertrags, der die Lieferung von Dual-Use-Gütern zwischen Drittländern zum Gegenstand hat, durch eine selbst am Vertrag nicht beteiligte Person im Zollgebiet der EU[29].

8 Verbote und Genehmigungspflichten für Durchfuhren – Artikel 7 der Verordnung (EU) 2021/821

Die Durchfuhr ist eine Warenbewegung, die in einem Drittland beginnt, durch das Zollgebiet der EU führt und in einem Drittland endet. Zollrechtlich können externe Versandverfahren, Umladungen in einer Freizone bzw. Wiederausfuhren aus einer Freizone oder Wiederausfuhren aus einem Verwahrungslager stattfinden[30]. Die Durchfuhr von Nicht-Unionsgütern mit doppeltem Verwendungszweck, die in Anhang I aufgeführt sind, kann von der zuständigen Behörde des Mitgliedstaats, in dem sich die Güter befinden, jederzeit verboten werden, wenn die Güter ganz oder teilweise für Verwendungen bestimmt sind, wie sie in den vorgenannten Abschnitten zu Genehmigungspflichten für technische Unterstützung und Vermittlungstätigkeiten aufgeführt sind[31].

---

26) Artikel 8 Absatz 1 VO (EU) 2021/821
27) Artikel 4 Absatz 1 VO (EU) 2021/821
28) Artikel 6 VO (EU) 2021/821 und Artikel 4 Absatz 1 VO (EU) 2021/821
29) Artikel 2 Nr. 7 VO (EU) 2021/821
30) Kapitel Zollverfahren, Carnet TIR, vorübergehende Verwahrung und Vereinfachungen und Kapitel Zollverfahren Ausfuhr – Export von Unionswaren aus der EU
31) Artikel 7 VO (EU) 2021/821 und Artikel 4 Absatz 1 VO (EU) 2021/821

9 Hilfe und Unterstützung zu Fragen zur der Verordnung (EU) 2021/821

Bundesamt für Wirtschaft und Ausfuhrkontrolle
Referat 211 – Grundsatz- und Verfahrensfragen, Recht
Frankfurter Straße 29-35
65760 Eschborn

Tel.-Nr.: +49 (0)6196 908-0
E-Mail: ausfuhrkontrolle@bafa.bund.de

Hotline „Artikel 5"
Tel.-Nr.: +49 (0)6196 908-1444
E-Mail: Artikel-5@bafa.bund.de

10 Aufbewahrungspflichten für Unterlagen[32)]

Aufzeichnungen und Papiere zu Dual-Use-Gütern für Ausfuhren, technische Unterstützung und Vermittlungstätigkeiten sind nach Ende des Kalenderjahres, in dem die Ausfuhr erfolgt ist oder die Vermittlungstätigkeiten oder die technische Unterstützung erbracht wurden, mindestens fünf Jahre lang aufzubewahren. Aufzeichnungen und Papiere zur Verbringung von Gütern mit doppeltem Verwendungszweck innerhalb der Union sind nach Ende des Kalenderjahres, in dem die Verbringung stattgefunden hat, mindestens drei Jahre lang aufzubewahren[33)].

11 Quellen und weiterführende Literatur

- Verordnung (EU) 2021/821 des Europäischen Parlaments und des Rates vom 20. Mai 2021 über eine Unionsregelung für die Kontrolle der Ausfuhr, der Vermittlung, der technischen Unterstützung der Durchfuhr und der Verbringung betreffend Güter mit doppeltem Verwendungszweck
- Delegierte Verordnung (EU) 2024/2547 der Kommission vom 5. September 2024 zur Änderung der Verordnung (EU) 2021/821 des Europäischen Parlaments und des Rates in Bezug auf die Liste der Güter mit doppeltem Verwendungszweck
- Außenwirtschaftsgesetz vom 6. Juni 2013 (BGBl. I S. 1482), zuletzt geändert durch Artikel 2 des Gesetzes vom 27. Februar 2024 (BGBl. I Nr. 71)
- Außenwirtschaftsverordnung vom 2. August 2013 (BGBl. I S. 2865), zuletzt geändert durch Artikel 2 der Verordnung vom 11. Dezember 2024 (BGBl. 2024 I Nr. 411)
- Verordnung (EU) Nr. 952/2013 des Europäischen Parlaments und des Rates vom 9. Oktober 2013 zur Festlegung des Zollkodex der Union (UZK)
- Verordnung (EU) 2015/2446 vom 28. Juli 2015 zur Ergänzung des UZK und Verordnung (EU) 2016/651 vom 5. April 2016 zur Berichtigung der Delegierten Verordnung (DA)
- Verordnung (EU) 2015/2447 der Kommission vom 24. November 2015 mit Einzelheiten zur Umsetzung von Bestimmungen des UZK (IA)
- BAFA-Merkblatt zur neuen EU-Dual-Use-Verordnung (Verordnung (EU) 2021/821), Stand September 2021
- BAFA-Merkblatt zum Artikel 5 der neuen EU-Dual-Use-Verordnung (Verordnung (EU) 2021/821), Stand September 2021
- www.bafa.de
- www.zoll.de

32) Kapitel Abgabenordnung – Archivierung
33) Artikel 27 Absatz 3 und Absatz 4 VO (EU) 2021/821

Kapitel 6 Elektronischer Zolltarif (EZT), Tarifierung und verbindliche Zolltarifauskunft

Harald Schönherr, Dresden

1 Einführung

Bei Wareneinfuhren in das Zollgebiet der Union oder bei Warenausfuhren aus dem Zollgebiet wird durch Anwendung des Gemeinsamen Zolltarifs ein abgestimmtes Vorgehen gewährleistet. Die zutreffende Einreihung[1] der Waren in den Zolltarif ist Voraussetzung einer einheitlichen Warenbehandlung im Zollgebiet. Die Verordnung (EWG) Nr. 2658/87 vom 23. Juli 1987 über die zolltarifliche und statistische Nomenklatur sowie den Gemeinsamen Zolltarif bildet dazu die gemeinschaftsrechtliche Grundlage. Die Bundesfinanzverwaltung stellt den Elektronischen Zolltarif online (EZT-Online) kostenlos zur Verfügung. Der TARIC[2] wird von der Europäischen Kommission ebenfalls unentgeltlich bereitgestellt. Für praktische Belange ist die Unterscheidung zwischen TARIC und EZT-Online von Bedeutung.

Der **TARIC** basiert auf dem sogenannten Harmonisierten System (HS) und der Kombinierten Nomenklatur (KN) und verschlüsselt in der neunten und zehnten Stelle der Codenummer Maßnahmen der EU[3]. Er baut auf dem HS der Weltzollorganisation (6 Stellen der Code-/Warennummer) und der KN der EU (7. und 8. Stelle der Code-/Warennummer) auf. Im TARIC können Waren einfuhrseitig bis zu einer 10-stelligen Warennummer eingereiht werden. Die 9. und 10. Stelle der Warennummer dienen EU-rechtlichen Maßnahmen.

Der **EZT-Online** enthält die Daten des TARIC mit der Ergänzung nationaler Daten, etwa der Einfuhrumsatzsteuer- und Verbrauchsteuersätze sowie Vorgaben zu Ursprungszeugnisse und Verboten und Beschränkungen (VuB). Einfuhrseitig können Waren bis zu einer 11-stelligen Codenummer eingereiht werden; die 11. Stelle dient der Verschlüsselung nationaler Zwecke.

Tarifierungen erfolgen für Einfuhrzwecke bis zur 11-stelligen Warentarifnummer und für Ausfuhrzwecke bis zur 8-stelligen Warentarifnummer. Die Tarifierung hat Auswirkungen auf die zollrechtliche Behandlung die sich aus der Warentarifnummer ergebenden Maßnahmen.

Der Gemeinsame Zolltarif ist notwendige Arbeitsgrundlage bei Anmeldungen zu Zollverfahren, in der vorübergehenden Verwahrung und für weitere zollrechtliche Handlungen[4]. In der Unternehmenspraxis nutzen neben den Außenwirtschafts- und Zollabteilungen auch Marketing, Einkauf, Vertrieb, Buchhaltung sowie die für Vertragsgestaltungen zuständigen Rechtsabteilungen den Gemeinsamen Zolltarif. Für notwendige statistische Angaben werden bei Importen bzw. Exporten ebenfalls Warentarifnummern abgefordert[5].

Exportkontrollrechtliche Handlungen im Zusammenhang mit restriktiven Maßnahmen gegen Russland, Belarus und Teile der Ukraine verweisen in den entsprechenden gesetzlichen Bestimmungen auf die Kapitel bzw. Warentarifnummern des Zolltarifs, die mit entsprechenden Maßnahmen belegt sind[6].

„Die Kommission veröffentlicht jedes Jahr in Form einer Verordnung die vollständige Fassung der Kombinierten Nomenklatur zusammen mit den entsprechenden autonomen und vertragsmäßigen Zollsätzen des Gemeinsamen Zolltarifs, wie sie sich aus den vom Rat oder von der Kommission beschlossenen Maß-

1) Die Begriffe „Tarifierung" und „Einreihung" werden synonym verwendet.
2) Tarif Intégré des Communautés Européennes, Integrierter Tarif der Europäischen Gemeinschaft
3) Antidumpingmaßnahmen, Zollaussetzungen, Zollkontingente
4) Kapitel Freier Verkehr und besondere Verfahren, Carnet TIR, vorübergehende Verwahrung und Vereinfachungen und Kapitel Zollverfahren Ausfuhr – Verbringen von Waren aus dem Zollgebiet
5) Kapitel Intrastat und Extrastat
6) Kapitel Exportkontrolle, HADDEX und ELAN K2 und Embargobeschränkungen Russland, Belarus und Teilen der Ukraine – Überblick

nahmen ergeben. Diese Verordnung wird bis spätestens 31. Oktober im Amtsblatt der Europäischen Gemeinschaften veröffentlicht und gilt jeweils ab 1. Januar des folgenden Jahres"[7].

Das Zolltarifschema ist eine Aufstellung aller handelsfähigen Waren, die in einer Warennomenklatur erfasst werden und die zolltariflichen und außenhandelsstatistischen Belange der EU beinhaltet. Die Einteilung erfolgt durch Verschlüsselung einer Warenbeschreibung in die Warentarifnummer. Diese Warentarifnummern sind im Zolltarif der EU enthalten. Die Kombinierte Nomenklatur (KN) bildet das dem Gemeinsamen Zolltarif zugrunde liegende Zolltarifschema ab.

Neben der Verknüpfung aller gesetzlichen Bestimmungen, die bei Importen in bzw. Exporten aus Drittländern zu beachten sind, integriert der gemeinsame Zolltarif die Warennomenklatur mit den Zollsätzen. Das Verbringen von Nicht-Unionsware in das Zollgebiet der Union ist mit der Abgabe einer Zollanmeldung verbunden und in der Regel mit der Entrichtung von Eingangsabgaben, die sich aus Zoll, Einfuhrumsatzsteuer und Verbrauchsteuer zusammensetzen.

Anhand der Warentarifnummer lassen sich dem Zolltarif warenspezifische Merkmale, Begleiterscheinungen und Rechtsfolgen für Im- und Exporte zu entnehmen. Dies sind unter anderem:
- der Genehmigungs- und Lizenzbedarf bei Aus- und Einfuhren,
- die Forderung zusätzlicher statistischer Angaben,
- die Vorlage zusätzlicher spezieller Unterlagen und
- die Meldepflichten konkreter Maßnahmen.

Der Zolltarif als Kompendium von Rechtsvorschriften beinhaltet:
- die Regelzollsätze,
- Antidumpingregelungen und Ausgleichszölle,
- die Präferenzzollsätze,
- autonome Zollaussetzungen,
- Zollkontingente,
- marktorganisatorische Maßnahmen,
- Ausfuhrerstattungen,
- Verbote und Beschränkungen,
- handelspolitische Maßnahmen und
- sonstige, in anderen EU-Regelungen vorgesehene zolltarifliche Maßnahmen.

2 Elektronischer Zolltarif (EZT)

Der EZT ist ein EDV-gestütztes Auskunftssystem, das nationale und unionsrechtliche Rechtsvorschriften zusammenfasst, die für den Im- bzw. Export der Waren bedeutsam sind. Der EZT besteht aus zwei Elementen, zum einen aus den Warentarifnummern mit den zugehörigen Warenbeschreibungen und zum anderen aus den Abgabensätzen, Verboten und Beschränkungen, konkret: Informationen aus dem Bereich Zolltarif (Kombinierte Nomenklatur, TARIC, Erläuterungen) sowie den weiteren Zollvorschriften (z.B. Anhänge ZC 8a/ZC 8b, Marktordnungsrecht, Außenwirtschaftsrecht, Verbote und Beschränkungen sowie Verbrauchsteuerrecht)[8].

Der EZT basiert auf den Daten des TARIC der EU. Die TARIC-Daten werden den nationalen Verwaltungen täglich zur Verfügung gestellt und von der EZT-Redaktion der Generalzolldirektion – Direktion V – durch nationale Vorschriften und Daten[9] ergänzt.

Die Zollverwaltung stellt den EZT unter https://auskunft.ezt-online.de zur Verfügung. Für die Praxisanwendung ist das Benutzerhandbuch – EZT-Online Auskunft – Stand Oktober 2024 zu empfehlen.

7) Artikel 12 VO (EWG) Nr. 2658/87
8) In Anlehnung an Benutzerhandbuch, Stand Oktober 2024 – Generaldirektion Direktion V – EZT-online, S. 1
9) Einfuhrumsatzsteuer- und Verbrauchsteuersätze

3 Harmonisiertes System (HS)

Die ersten sechs Stellen der Warentarifnummern des Zolltarifs bzw. des TARIC werden von der Weltzollorganisation in Form der HS-Nomenklatur global geregelt. Der Aufbau des Zolltarifs in den ersten sechs Stellen aller am Handel beteiligter Staaten ist identisch. Ziel ist die weltweit einheitliche Einreihung von Waren. Derzeit wird das HS in ca. 200 Staaten angewendet. Es besteht aus 21 Abschnitten und 99 Kapiteln, wobei das Kapitel 77 nicht besetzt ist. Es gibt zwei zusätzliche Kapitel: Kapitel 98 beinhaltet vollständige Fabrikationsanlagen, Kapitel 99 eine Zusammenstellung verschiedener Waren. Zum 1. Januar 2026 änderten sich einige Warennummern. Das Statistische Bundesamt, Wiesbaden, hat die Änderungen im Internet bekannt gemacht.

4 Kombinierte Nomenklatur (KN)

Der sechsstellige HS-Code wird um zwei Stellen durch die Kombinierte Nomenklatur (KN) der EU erweitert. Bei Einfuhrabfertigungen können auf der Basis dieser achtstelligen Warentarifnummer unter anderem Zollsätze, Verbote und Beschränkungen oder Einfuhrgenehmigungen zugeordnet werden.

Die Kombinierte Nomenklatur wird als Verordnung im Amtsblatt der Europäischen Union veröffentlicht und beinhaltet, wie zuvor erläutert, die ersten acht Stellen des Zolltarifs. Die Europäische Kommission stellt die Kombinierte Nomenklatur mit den dazugehörigen Anmerkungen kostenlos zur Verfügung.

5 TARIC

Der TARIC (Tarif Intégré Communautaire/Tarif intégré des Communautés européennes), der Zolltarif der Europäischen Union, ist in den ersten acht Stellen mit der KN identisch. Allerdings ist er durch Unterpositionen weiter untergliedert. Die neunte und zehnte Stelle beinhaltet unionsrechtliche Maßnahmen, wie Antidumpingregelungen, Zollaussetzungen oder Kontingente.

Die elfte Stelle ist für nationale Vorschriften vorgesehen, die beispielsweise Einfuhrumsatzsteuersätze und nationale Verbote und Beschränkungen beinhalten. Verschlüsselungen (z.B. für Umsatzsteuerzwecke) werden in der elften Stelle vorgenommen. Die zehnstellige Warentarifnummer des TARIC ist für die Staaten der EU vorgesehen und kann von diesen für nationale Zwecke in der 11. Position ergänzt werden.

6 Positionen der 11-stelligen Warentarifnummer

Position	Zuordnung – Bezeichnung
Codenummer	1 2 3 4 5 6 7 8 9 10 11
12	Kapitel – Harmonisiertes System
1234	Position – Harmonisiertes System
1234 56	Unterposition – Harmonisiertes System
1234 5678	Unterposition – Kombinierte Nomenklatur
1234 5678 910	Unterposition – TARIC
1234 5678 910 11	Warentarifnummer (11-stellig) – Elektronischer Zolltarif

7 Einreihung von Waren

Die Einreihung von Waren beinhaltet die Zuordnung einer Ware zu einer Warentarifnummer aus dem Zolltarif. Die zolltarifliche Einreihung von Waren ist die Bestimmung der Unterposition oder weiteren Unterteilung der Kombinierten Nomenklatur (KN), in die die Ware einzureihen ist[10].

10) Artikel 57 UZK

Bei der praktischen Einreihung von Waren sind Erfahrungswerte hilfreich. Die Einreihung erfolgt im Zusammenhang mit der Abgabe einer Zollanmeldung. Die Zollverwaltung kann die ermittelte Warentarifnummer überprüfen. Erfahrungsgemäß bildet die Einreihung einen Schwerpunkt bei Prüfungen durch die Zollverwaltung[11].

8 Einordnung der Ware

Der Aggregatzustand der Ware und das Material/der Stoff, aus welchem die Ware besteht, müssen festgestellt werden.

Ein weiteres wichtiges Einreihungsmerkmal ist der Verwendungszweck der Ware. Darunter wird der übliche und überwiegend hauptsächliche – nicht der im konkreten Fall beabsichtigte – Verwendungszweck für Waren der vorliegenden Art verstanden.

Weitere besondere Faktoren, z.B. die Unvollständigkeit oder Unfertigkeit der Ware, Halbfabrikate und zerlegte Ware, sind ebenso zu beachten wie der Umstand, ob es sich um einen Teil(e) einer Ware, Zubehör, Kombinationen oder eine Warenzusammenstellung handelt. In der Folge sind Art der Bearbeitung, Gewicht, Länge, Breite, Höhe, Volumen, Alter und Wert für die Einreihung unerlässlich.

Bestehen Waren aus verschiedenen Bestandteilen, ist das Gesamterscheinungsbild für die Einreihung der Ware in den Zolltarif maßgeblich.

9 Abschnitt und Kapitel

Für den Einstieg bei erstmaligem Gebrauch ist das Inhaltsverzeichnis (Warenverzeichnis) hilfreich. Überschriften zu Abschnitten und Kapiteln geben die Grobeinteilung des Zolltarifs wieder. Das Warenverzeichnis für die Außenhandelsstatistik des Jahres 2026[12] ist als Hilfsmittel für die Einreihung zu empfehlen.

Nach Bestimmung des Verwendungszwecks der Ware beginnt die Einordnung in den entsprechenden Abschnitt mit dem anschließenden Kapitel.

Kann ein Verwendungszweck nicht bestimmt werden, erfolgt die Einreihung der Ware in einen Stoffabschnitt und ein Stoffkapitel. Dabei ist es wichtig, die Anmerkungen vorab zu beachten.

10 Abgrenzung durch Abschnitt oder Kapitel

Den Abschnitten vorangestellte Anmerkungen beziehen sich nur auf die damit versehenen Teile des Zolltarifs. Analoge Anwendungen in anderen Teilen des Tarifs sind nicht zulässig. Häufig enthalten die Anmerkungen Definitionen von Begriffen aus dem Tariftext. Dadurch werden die Waren eindeutig abgegrenzt.

Ausschließungsanmerkungen sind eine besondere Art von Anmerkungen. Diese enthalten Hinweise auf den Abschnitt, das Kapitel oder die Tarifposition, in dem bzw. in der die ausgenommenen Waren aufgeführt sind. Den überwiegenden Teil der Anmerkungen enthalten die „Erläuterungen zum Harmonisierten System" und verdeutlichen dadurch ihren Inhalt.

11 Tarifposition

Tariftexte und darin enthaltene Aufzählungen tragen Ausschließlichkeitscharakter. Eine Ausweitung der Warenlisten ist grundsätzlich nicht möglich. Vorgesehene Ausnahmen sind nur im Rahmen der Allgemeinen Vorschriften sowie der Anmerkungen zu den Kapiteln zulässig. Die „Erläuterungen" zu einzelnen Tarifpositionen des Zolltarifs zählen beispielhaft Waren auf, die zu der betreffenden Tarifposition gehören, und grenzen häufig eine Ware gegenüber anderen Tarifpositionen ab. Anhand der „Erläuterungen" kann eine Ware endgültig in die Nomenklatur eingeordnet werden.

---

11) Kapitel Zoll-, Außenwirtschafts- und Präferenzprüfungen

12) Das „Warenverzeichnis für die Außenhandelsstatistik, Ausgabe 2026" ist am 01.01.2026 in Kraft getreten und hat die Ausgabe 2025 ersetzt.

Falls eine Einreihung der eingeführten Ware mittels der vorstehenden Schritte nicht eindeutig möglich ist, sind die Allgemeinen Vorschriften und die Erläuterungen heranzuziehen.

12 Unterposition

Für die Einreihung von Waren in die Unterposition ist der Wortlaut der Unterposition ebenso maßgeblich wie die Anmerkungen zu den Unterpositionen und – sinngemäß – die Allgemeinen Vorschriften für die Auslegung der Nomenklatur des Harmonisierten Systems.

Die ermittelte Unterposition ist Basis für das Auffinden der Warentarifnummer. Zur Fehlervermeidung ist vorrangig auf die Wertigkeit der Codelinien zu achten, erkennbar an der Anzahl der vorangestellten Gedankenstriche.

13 Verbindliche Zolltarifauskunft (vZTA – Entscheidung)

Der Sinn der Einholung einer verbindlichen Zolltarifauskunft (vZTA) liegt darin, dass diese die Einreihung einer konkreten Ware in den Zolltarif verbindlich festlegt. Das Unternehmen kann sich im Gültigkeitszeitraum immer auf die vZTA berufen. Allerdings ist es zu beachten, dass die sich aus der Warentarifnummer ergebenden Handlungen und Maßnahmen nicht Gegenstand der vZTA sind.

Verbindliche Zolltarifauskünfte werden nur erteilt, wenn Waren Gegenstand eines Zollverfahrens werden sollen.

Dies kann unter anderem betreffen:
- KN-Codes für Zollsätze,
- TARIC-Codes für Zollaussetzungen, Zollkontingente, Antidumpingmaßnahmen,
- KN- bzw. TARIC-Codes für außenwirtschaftsrechtliche Maßnahmen,
- KN-Codes für Verbote und Beschränkungen u.a.

Die vZTA legt die Einreihung einer bestimmten Ware in die Nomenklatur verbindlich fest. Zollbehörden und Inhaber der Entscheidung sind an die Einreihung gebunden. Eine von den Zollbehörden der EU erteilte vZTA[13] ist rechtsverbindlich. Ab dem Zeitpunkt der Entscheidung sind verbindliche Zolltarifauskünfte drei Jahre gültig. Berechtigt ist derjenige, dem die Auskunft von den Zollbehörden erteilt wurde. Mit Erteilung einer vZTA erfolgt eine behördliche Bestätigung der Einreihung in den Gemeinsamen Zolltarif der EU.

Seit Oktober 2019 ist die Antragstellung für eine verbindliche Zolltarifauskunft (vZTA) ausschließlich elektronisch möglich[14]. Die Beantragung auf dem bekannten Formular 0307 wird nur noch in Ausnahmefällen genehmigt[15]. Die elektronische Kommunikation erfolgt über das Zoll-Portal[16].

Die Ausfüllhilfe zum elektronischen Antrag auf Entscheidung über eine verbindliche Zolltarifauskunft sollte genutzt werden[17]. Die Europäische Kommission hat eine Datenbank zur Abfrage Europäischer verbindlicher Zolltarifauskünfte (EVZTA) eingerichtet[18].

14 Unverbindliche Auskünfte für Unternehmen

Unverbindliche Zoll – Auskünfte

Unverbindliche Auskünfte für Unternehmen zum allgemeinen Zollrecht, Zolltarifrecht, Verbrauchsteuerrecht, Warenursprungs- und Präferenzrecht, zu Verboten und Beschränkungen u.a. erteilt die Zentrale Auskunft der Zollverwaltung von Montag bis Freitag 08:00 Uhr bis 17:00 Uhr unter:

13) Artikel 33 UZK
14) Artikel 6 UZK
15) Artikel 6 Absatz 3b
16) Kapitel Generalzolldirektion Zentrale Auskunft und Zoll-Portal
17) https://www.formulare-finv.de/ffw/form/display.do?%24context=7B3BDCEC9D23FF1DDC48
18) https://ec.europa.eu/taxation_customs/dds2/ebti/ebti_home.jsp?Lang=de

Telefon: +49 228 303-26030
E-Mail: info.gewerblich@zoll.de

Unverbindliche Tarifauskünfte für Umsatzsteuerzwecke (uvZTA)

Antrag mit Vordruck

Unverbindliche Tarifauskünfte für Umsatzsteuerzwecke (uvZTA) können bei dem jeweils zuständigen Dienstsitz des Bildungs- und Wissenschaftszentrums der Bundesfinanzverwaltung (BWZ) eingeholt werden. Entsprechend dem Auftrag wird die Position, Unterposition bzw. Codenummer nach dem Zolltarif festgelegt, aus der sich dann der entsprechende Umsatzsteuersatz ergibt. Es ist der Vordruck „Antrag auf Erteilung einer unverbindlichen Zolltarifauskunft für Umsatzsteuerzwecke" (Formular 0310) zu verwenden.

Online-Antrag

Nutzen Sie das Zoll-Portal über das Benutzerkonto bzw. legen Sie ein Benutzerkonto an[19].

Folgende Zweigstellen des Bildungs- und Wissenschaftszentrums der Bundesfinanzverwaltung sind für die einzelnen Kapitel der Kombinierten Nomenklatur (KN) zuständig[20]:

Generalzolldirektion
Bildungs- und Wissenschaftszentrum der Bundesfinanzverwaltung
Dienstort Berlin
Grellstraße 18, 24, 10409 Berlin
Telefon: 0228 303-45888, Fax: 0228 303-98366

Waren der Kapitel 10, 11, 20, 22, 23, 90 bis 92, 94, 96 ohne Position 9619 und zu Waren der Positionen 8442, 8443, 8470 bis 8473, 8504, 8523, 8535 bis 8538 und 8544 der Kombinierten Nomenklatur

Generalzolldirektion
Bildungs- und Wissenschaftszentrum der Bundesfinanzverwaltung
Dienstort Frankfurt am Main
Gutleutstraße 185, 60327 Frankfurt am Main
Telefon: 0228 303-91199, Fax: 0228 303-99521

Waren der Kapitel 25, 32, 34 bis 37 (ohne Positionen 3505 und 3506), 41 bis 43, 50 bis 70, 86 bis 89 und zu Waren der Positionen 8482 und 8483 der Kombinierten Nomenklatur

Generalzolldirektion
Bildungs- und Wissenschaftszentrum der Bundesfinanzverwaltung
Dienstort Hamburg
Essener Straße 104, 22419 Hamburg
Telefon: 0228 303-48111, Fax: 0228 303-98672

Waren der Kapitel 2, 3, 5, 9, 12 bis 16, 18, 24 und 27, der Positionen 3505 und 3506 sowie der Kapitel 38 bis 40, 45, 46, 93, 95 und 97 der Kombinierten Nomenklatur

Generalzolldirektion
Bildungs- und Wissenschaftszentrum der Bundesfinanzverwaltung
Dienstort Köln
Merianstraße 110, 50765 Köln
Telefon: 0228 303-49300, Fax: 0228 303-99527

19) Kapitel Generalzolldirektion, Zentrale Auskunft und Zoll-Portal
20) Zuständigkeiten entnommen: www.zoll.de/DE/Fachthemen/Steuern/Einfuhrumsatzsteuer/Zolltarifauskunft-fuer-umsatzsteuerzwecke/zolltarifauskunft_fuer_umsatzsteuerzwecke_node.html

Waren der Kapitel 17, 26, 28 bis 31, 33, 47 bis 49, 71 bis 76, 78 bis 83 sowie Position 9619 der Kombinierten Nomenklatur

Generalzolldirektion
Bildungs- und Wissenschaftszentrum der Bundesfinanzverwaltung
Dienstort Markt Schwaben
Lilienthalstraße 3, 85570 Markt Schwaben
Telefon: 0228 303-48250, Fax: 0228 303-98686

Waren der Kapitel 1, 4, 7, 8, 19 und 21 sowie der Positionen 1509 und 1510 der Kombinierten Nomenklatur

Generalzolldirektion
Bildungs- und Wissenschaftszentrum der Bundesfinanzverwaltung
Dienstort München
Sophienstraße 6, 80333 München
Telefon: 0228 303-97150, Fax: 0228 303-97099

Waren der Kapitel 6, 44 und der Positionen 8401 bis 8441, 8444 bis 8468, 8474 bis 8481, 8484 bis 8487, 8505 bis 8522, 8524 bis 8534, 8539 bis 8543 der Kombinierten Nomenklatur

15 Praxishinweise und Änderungen

Seit 1. Januar 2026 haben sich einige Warennummern des Harmonisierten Systems (HS) geändert. Die aktuellen Änderungen sind unter www.destatis.de – Grundlagen/Klassifikation – Warenverzeichnis für die Außenhandelsstatistik – zu finden. In der EU wurde die Marktzugangsdatenbank (MARKET ACCESS DATABASE – MADB https://madb.europa.eu) etabliert. Die Marktzugangsdatenbank ist für alle Wirtschaftsbeteiligten in der EU kostenlos online zugänglich, unter anderem mit folgenden Zielstellungen:

- Bereitstellung von grundlegenden Informationen für EU-Importeure (z.B. über Einfuhrzölle, Steuern und die Anforderungen an Einfuhrdokumente in Exportmärkten; Handelsstatistiken; Studien über marktzugangsrelevante Themen),
- Verzeichnis aller Handelsbarrieren – nach Land und Sektor –, die EU-Exporte behindern; Sicherstellung einer systematischen Nachverfolgung der ermittelten Barrieren und
- Bereitstellung interaktiver Kommunikationsmittel, die den Online-Informationsaustausch zwischen Unternehmen und europäischen Behörden ermöglichen.

16 Quellenangaben und weiterführende Literatur

- Verordnung (EWG) Nr. 2658/87 des Rates vom 23. Juli 1987 über die zolltarifliche und statistische Nomenklatur sowie den Gemeinsamen Zolltarif
- EZT-Online Auskunft – Benutzerhandbuch – Generalzolldirektion Direktion V, Stand: Oktober 2024
- Verordnung (EU) Nr. 952/2013 vom 9. Oktober 2013 zur Festlegung des Zollkodex der Union (UZK)
- Verordnung (EU) 2015/2446 vom 28. Juli 2015 zur Ergänzung des UZK und Verordnung (EU) 2016/651 vom 5. April 2016 zur Berichtigung der Delegierten Verordnung (DA)
- Verordnung (EU) 2015/2447 vom 24. November 2015 mit Einzelheiten zur Umsetzung der Bestimmungen des UZK (IA)
- Verfahrensanweisung zum IT-Verfahren ATLAS Stand: Februar 2024
- www.zoll.de
- Verordnung (EU) Nr. 861/2010 der Kommission vom 5. Oktober 2010 zur Änderung von Anhang I der Verordnung (EWG) Nr. 2658/87 des Rates über die zolltarifliche und statistische Nomenklatur sowie den Gemeinsamen Zolltarif
- Durchführungsverordnung (EU) 2018/1602 der Kommission vom 11. Oktober 2018 zur Änderung des Anhangs I der Verordnung (EWG) Nr. 2658/87 des Rates über die zolltarifliche und statistische Nomenklatur sowie den Gemeinsamen Zolltarif
- www.destatis.de

Kapitel 7 Incoterms® 2020

Prof. Dr. jur. Rainer Schackmar, Schmalkalden

1 Einleitung

Bei internationalen Kaufverträgen wird die Ware oft über weite Strecken befördert und gelangt dabei von einem Staat in einen anderen Staat. Teilweise wird die Ware sogar noch durch einen oder mehrere andere Staaten befördert. Diese Beförderung verursacht Kosten und Risiken, die im Vergleich zu den Kosten und Risiken eines Inlandsgeschäfts erheblich höher sind. Die Kosten resultieren insbesondere daraus, dass die Distanz des Transports größer ist, eine Transportversicherung abgeschlossen, Aus-, Durch- und Einfuhrgenehmigungen beschafft sowie unter Umständen Zölle und sonstige öffentliche Abgaben entrichtet werden müssen. Die zusätzlichen Risiken bestehen darin, dass der längere Transport noch eher zu einer Beschädigung oder einem Untergang der Ware führen kann.

In der Praxis verwenden Unternehmen sehr häufig die „International Commercial Terms" – abgekürzt Incoterms® – um festzulegen, welche Vertragspartei unter anderem für die Kosten und Risiken der Beförderung der Ware verantwortlich ist. Unabhängig von der Branche und unter Berücksichtigung aller Staaten regeln die Incoterms® wesentliche Verkäufer- und Käuferpflichten für alle internationalen Lieferverträge. Die bekanntesten Incoterms® sind die Klauseln „FOB" – „Free On Board" und „CIF" – „Costs, Insurance and Freight". Heute sind die Incoterms® weltweit anerkannt und daher diejenigen Handelsklauseln, die im internationalen Geschäftsverkehr die größte Bedeutung haben.

2 Reform der Incoterms®

Die Internationale Handelskammer (International Chamber of Commerce – abgekürzt: ICC) in Paris veröffentlichte erstmals 1936 eine Zusammenstellung internationaler Regeln für die Auslegung internationaler Handelsklauseln. Die ICC überarbeitete und ergänzte diese Veröffentlichung zu den Incoterms® 1953, 1967, 1976, 1980, 1990, 2000, 2010 und nunmehr aktuell 2020, um sie der Weiterentwicklung des internationalen Handels anzupassen.

Die Incoterms® 2020 gelten seit dem 1. Januar 2020. Der wesentliche Grund für die Einführung der Incoterms® 2020 bestand darin, die Darstellung so zu verbessern, dass die Anwender immer die zutreffende Klausel der Incoterms® 2020 auswählen können. Inhaltlich tragen die Incoterms® 2020 vor allem den gestiegenen Sicherheitsbedürfnissen beim Transport der Waren, dem Bedarf an mehr Flexibilität beim Versicherungsschutz in Abhängigkeit von der Art der Ware und des Transports sowie der Forderung nach einem Bordkonnossement bei bestimmten finanzierten Käufen Rechnung. Nach wie vor eignen sich die Klauseln der Incoterms® 2020 für die Bestimmung der Pflichten der Vertragsparteien auch dann, wenn die Grenzformalitäten zwischen den verschiedenen Staaten, wie etwa im Europäischen Binnenmarkt, an Bedeutung verloren haben oder es sich sogar um einen ausschließlich nationalen Kaufvertrag handelt. Die Bereitschaft, die Incoterms® gerade im nationalen Handel zunehmend zu vereinbaren, zeigt sich verstärkt in den USA, da die ansonsten eingesetzten Verschiffungs- und Lieferbestimmungen zwar in dem US-amerikanischen Uniform Commercial Code (abgekürzt: UCC) geregelt sind, jedoch in den einzelnen US-Bundesstaaten unterschiedliche Versionen des UCC existieren.

3 Geltung der Incoterms® 2020

Die Veröffentlichung der ICC zu den Incoterms® 2020 nennt zum einen elf Klauseln wie bei den Incoterms® 2010. Zum anderen listet auch die aktuelle Veröffentlichung der ICC zu diesen elf Klauseln die Primärpflichten getrennt nach Verkäufer und Käufer unter je zehn gleichen Überschriften katalogartig auf.

Um zu verstehen, in welchen Fällen die Incoterms® 2020 gelten, ist jedoch zwischen den einzelnen elf Klauseln einerseits und den Erläuterungen der ICC zu diesen Klauseln andererseits zu differenzieren. Auf der Grundlage dieser Differenzierung vollzieht sich die Geltung der Incoterms® 2020 in den folgenden zwei Schritten:

- Zunächst einigen sich der Verkäufer und der Käufer auf eine der elf Klauseln aus dem Katalog der Incoterms® 2020. Dementsprechend werden der Verkäufer und der Käufer beispielsweise die Klausel „FOB Hamburg Incoterms® 2020" oder nur „FOB Hamburg" vereinbaren.
- Als Nächstes muss diejenige Klausel, auf die sich die Parteien geeinigt haben, ausgelegt werden, da die Klausel als solche die Pflichten der Parteien noch nicht beschreibt.

Haben die Parteien der Klausel den Zusatz „Incoterms® 2020" hinzugefügt, d.h. also die Klausel „FOB Hamburg Incoterms® 2020" vereinbart, so steht fest, dass die Erläuterungen der ICC zu dieser Klausel in der Fassung von 2020 die Pflichten der Parteien beschreiben.

Wenn jedoch der Zusatz „Incoterms® 2020" fehlt und der Verkäufer und der Käufer zum Beispiel nur die Klausel „FOB Hamburg" wählen, ist zweifelhaft, ob die Erläuterungen der ICC zu dieser Klausel überhaupt maßgeblich sein sollen. In diesem Fall könnte die Klausel auch wie eine US-amerikanische Trade Term ausgelegt werden.

Die US-amerikanischen Trade Terms, die in dem US-amerikanischen Uniform Commercial Code (abgekürzt: UCC) aufgeführt sind, haben zwar teilweise dieselben Dreibuchstabenabkürzungen wie die Incoterms®, weichen jedoch inhaltlich erheblich von den Incoterms® ab. Häufig lassen sich die US-amerikanischen Trade Terms von den Incoterms® dadurch unterscheiden, dass bei der Kurzbezeichnung hinter jedem Buchstaben ein Punkt gesetzt ist. Dementsprechend lautet beispielsweise die Dreibuchstabenabkürzung für die US-amerikanische Trade Term in der Regel „F.O.B.".

In dem Fall, dass sich die Vertragsparteien nur auf die Klausel „FOB Hamburg" geeinigt haben, muss ermittelt werden, ob in der betreffenden Branche ein internationaler Handelsbrauch dahingehend existiert, dass die Erläuterungen der ICC zu den Incoterms® 2020 und nicht die US-amerikanischen Trade Terms die Pflichten des Verkäufers und des Käufers beschreiben. Um derartige Auslegungsschwierigkeiten aber von vorneherein zu vermeiden, empfiehlt es sich, in der Klausel immer den Zusatz „Incoterms® 2020" zu verwenden.

Die Erläuterungen der ICC zu den Incoterms® 2020 führen zu jeder der elf Klauseln unter „A" die Pflichten des Verkäufers und unter „B" die Pflichten des Käufers unter je zehn, im Wesentlichen gleichlautenden Überschriften auf. Gegenüber den Incoterms® 2010 wurde die Reihenfolge, in der die Erläuterungen unter den zehn Überschriften aufgeführt sind, grundlegend geändert und gestaltet sich nun wie folgt:

- A1/B1 Allgemeine Verpflichtungen,
- A2/B2 Lieferung bzw. Übernahme,
- A3/B3 Gefahrübergang,
- A4/B4 Transport,
- A5/B5 Versicherung,
- A6/B6 Liefer-/Transportdokument bzw. Liefernachweis,
- A7/B7 Ausfuhr-/Einfuhrabfertigung,
- A8/B8 Prüfung/Verpackung/Kennzeichnung,
- A9/B9 Kostenverteilung,
- A10/B10 Benachrichtigungen.

4 Regelungsbereich der Incoterms® 2020

Diejenigen Aspekte eines internationalen Kaufvertrages, die die Incoterms® 2020 im Wesentlichen regeln, sind:
- die Lieferung und Übernahme der Ware,
- die Zahlung des Kaufpreises,
- die Beschaffung von Lizenzen und Genehmigungen,
- die Erledigung von Formalitäten,
- die Verantwortung für den Abschluss von Beförderungs- und Versicherungsverträgen,
- der Übergang der Gefahr der Gegenleistung,
- die Kostentragung,

- die Besorgung von Liefernachweisen und Transportdokumenten sowie
- die Prüfung und Verpackung der Ware.

Auf der anderen Seite bestimmen die Incoterms® 2020 insbesondere nicht die folgenden Bereiche eines internationalen Kaufvertrages:
- das Zustandekommen eines Kaufvertrages,
- die Eigentumsrechte und den Eigentumsübergang an der Ware,
- Zeit, Ort, Zahlungsweise oder Währung für die Bezahlung,
- die Folgen von Leistungsstörungen (z.B. Lieferunmöglichkeit, verspätete Lieferung, vertragswidrige Lieferung),
- die Rechtsbehelfe bzw. Ansprüche, die bei Leistungsstörungen geltend gemacht werden können,
- die Wirkung von Sanktionen,
- die Erhebung von Zöllen,
- den Bestand von Export- und Importverboten,
- den Gerichtsstand, andere Formen der Streitbeilegung und das anwendbare Recht.

Diese Aspekte beurteilen sich nach den übrigen Bestimmungen des Vertrages und nach dem anwendbaren Recht, das in vielen Fällen das UN-Übereinkommen über Verträge über den internationalen Warenkauf vom 11. April 1980 – das so genannte UN-Kaufrecht oder CISG – sein wird.

Darüber hinaus gelten die Incoterms® nur in dem Verhältnis zwischen dem Verkäufer und dem Käufer des Vertrages und erstrecken sich nicht auf die Rechtsbeziehungen zwischen einer Vertragspartei und einem anderen Unternehmen, wie beispielsweise dem Frachtführer, dem Spediteur oder dem Versicherer.

Die Bedeutung der Incoterms® für die Ermittlung der gerichtlichen Zuständigkeit hat der Bundesgerichtshof (BGH) in einem Urteil grundlegend festgestellt, dem der folgende Sachverhalt zugrunde lag: Die in Deutschland ansässige Klägerin bezog von der in Südkorea ansässigen Beklagten fortlaufend Glasfasern. Die Bestellungen der Klägerin verwiesen auf deren Einkaufsbedingungen und enthielten darüber hinaus den Zusatz „Terms of delivery: DDP Cologne". Die Klägerin verarbeitete die Glasfasern zu Glasfaserkabeln und lieferte diese an Energieversorgungsunternehmen, die die Kabel an Telekommunikationsunternehmen zur schnellen Datenübertragung vermietete. Mehrere Endkunden rügten temperaturabhängige Dämpfungsphänomene, die zu einer Reduzierung der Datenübertragungsgeschwindigkeit führten. Da die Klägerin diese Probleme auf eine fehlerhafte Produktion der Glasfasern zurückführte, verlangte sie mit ihrer vor dem Landgericht Köln erhobenen Klage die Zahlung von Schadensersatz von der Beklagten. Das Landgericht Köln verneinte jedoch seine internationale Zuständigkeit. Der BGH stellte klar, dass sich die Zuständigkeit der deutschen Gerichte aus § 29 Abs. 1 ZPO ergebe, da sich aufgrund der vereinbarten Klausel „DDP Cologne" der Erfüllungsort in Köln befinde. Obwohl die Parteien bei der Vereinbarung der Klausel „DDP Cologne" nicht ausdrücklich auf die Incoterms® in der zum Zeitpunkt der Vertragsabschlüsse maßgeblichen Fassung des Jahres 2000 hingewiesen hatten, kommen die Erläuterungen der ICC aufgrund der Auslegung nach Art. 9 Abs. 2 CISG zur Anwendung. Da nach den Erläuterungen der ICC bei der Incoterm „DDP Cologne" der Leistungsort in Köln gelegen ist und der Leistungsort dem Erfüllungsort i.S.d. § 29 Abs. 1 ZPO entspricht, begründete dieser Ort die internationale gerichtliche Zuständigkeit für die Streitigkeit über den von der Klägerin geltend gemachten Schadensersatzanspruch.

In gleicher Weise hat das Oberlandesgericht Celle in einer Entscheidung die internationale Zuständigkeit deutscher Gerichte nach Art. 7 Nr. 1 Buchstabe a) und Buchstabe b) 1. Spiegelstrich EuGVVO bei Geltung der Incoterm „EXW" bejaht.

5 Incoterms® 2020 im Einzelnen

Die elf Klauseln der Incoterms® 2020 sind durch ihre Abkürzungen aus drei Buchstaben gekennzeichnet und stimmen bis auf eine Ausnahme mit den elf Klauseln der Incoterms® 2010 überein. Im Vergleich zu den Incoterms® 2010 hat die ICC bei den Klauseln DAT und DAP zwei Änderungen vorgenommen. Zum einen wurde die Reihenfolge bei den beiden Klauseln in der Liste der Incoterms® 2020 dahingehend umgekehrt, dass die Klausel DAP vor der Klausel DAT aufgeführt wird. Zum anderen wurde die Klausel

DAT in DPU umbenannt, um dem Umstand Rechnung zu tragen, dass der Bestimmungsort kein Terminal sein muss, sondern ein beliebiger Ort sein kann.

Wenn man die elf Klauseln nach ihren Anfangsbuchstaben „E", „F", „C" und „D" ordnet, so hat diese Anordnung zur Folge, dass die Pflichten des Verkäufers von der „E"- über die „F"- und die „C"- bis zu den „D"-Klauseln zunehmen. Auf der anderen Seite verringern sich bei dieser Reihenfolge die Pflichten des Käufers entsprechend. In dieser Reihenfolge waren die Incoterms® in den früheren Versionen der Erläuterungen der ICC von 1990 und von 2000 auch dargestellt.

Demgegenüber zeichnen sich die Erläuterungen der ICC zu den Incoterms® 2020 – wie auch schon bei den Incoterms® 2010 – in der Form ihrer Darstellung dadurch aus, dass die Klauseln nach ihrer Eignung für die in Betracht kommenden Transportarten in zwei Kategorien untergliedert werden:

Klauseln für alle Transportarten

EXW	Ex Works – Ab Werk
FCA	Free Carrier – Frei Frachtführer
CPT	Carriage paid to – Frachtfrei
CIP	Carriage and Insurance paid to – Frachtfrei versichert
DAP	Delivered at Place – Geliefert benannter Ort
DPU	Delivered at Place Unloaded – Geliefert benannter Ort entladen
DDP	Delivered Duty paid – Geliefert verzollt

Die sieben Klauseln der ersten Kategorie können unabhängig von der gewählten Transportart und auch beim so genannten multimodalen Transport, also beim Einsatz verschiedener Transportmittel innerhalb eines Warentransports, vereinbart werden. Demzufolge kommen diese Klauseln auch dann in Betracht, wenn ein Teil des Transports mit einem Schiff durchgeführt wird.

Klauseln für den See- und Binnenschiffstransport

FAS	Free alongside Ship – Frei Längsseite Schiff
FOB	Free on Board – Frei an Bord
CFR	Cost and Freight – Kosten und Fracht
CIF	Cost, Insurance and Freight – Kosten, Versicherung und Fracht

Die vier Klauseln der zweiten Kategorie sind dadurch gekennzeichnet, dass es sich sowohl bei dem Lieferals auch bei dem Bestimmungsort jeweils um einen Hafen handelt. Daher sind diese Klauseln ausschließlich für den Transport der Ware mit einem See- oder Binnenschiff bestimmt.

5.1 EXW

Bei Geltung der Klausel „EXW" (Ex Works – Ab Werk) muss der Verkäufer die Ware dem Käufer auf seinem Gelände oder an einem anderen benannten Ort so zur Verfügung stellen, dass die Ware abholbereit ist und der Käufer sie in Besitz nehmen oder über sie verfügen kann.

5.2 FCA

Wenn die Vertragsparteien die Klausel FCA vereinbart haben, muss der Verkäufer die Ware frei an den Frachtführer an dem Geschäftssitz des Verkäufers oder an einem anderen benannten Ort liefern. Sobald somit der Verkäufer die Ware demjenigen Frachtführer übergeben hat, den der Käufer beauftragt hat und der den Haupttransport durchführen soll, gehen die Kosten und die Gefahr des Verlustes und der Beschädigung der Ware auf den Käufer über. Daher ist der Verkäufer für den Haupttransport der Ware nicht verantwortlich.

Darüber hinaus regeln die Erläuterungen der ICC zu der Incoterm® FCA in der Fassung von 2020 die Frage, ob der Verkäufer oder der Käufer für die Be- oder Entladung der Ware sorgen muss. Da die Klausel FCA bei vielen Transportarten eingesetzt werden kann, differenzieren die Erläuterungen der ICC nicht nach verschiedenen Transportarten, sondern stellen auf die beiden folgenden Situationen ab:

- Muss der Verkäufer die Ware an seiner Niederlassung liefern, so muss er die Ware auf oder in dasjenige Transportmittel verladen, das der Käufer bereitstellt.
- In allen anderen Fällen reicht es aus, dass der Verkäufer die Ware dem Frachtführer oder einer anderen vom Käufer benannten Person auf dem Transportmittel, das er verwendet hat, entladebereit zur Verfügung stellt.

5.3 CPT und CIP

Wenn eine der beiden Klauseln CPT oder CIP gilt, muss der Verkäufer den Vertrag über den Haupttransport der Ware abschließen, obwohl er die Gefahr des Verlustes und der Beschädigung der Ware nicht mehr weiterhin trägt. Diese Risiken treffen den Käufer, sobald der Verkäufer die Ware dem Frachtführer des Haupttransportes übergeben hat. Auf Grund dieser Gestaltung charakterisieren zwei kritische Punkte den Transport der Ware. Der eine Punkt kennzeichnet diejenige Stelle, bis zu der der Verkäufer den Transportvertrag abschließen und zugleich die Transportkosten tragen muss. Der andere Punkt legt die Stelle des Gefahrüberganges fest.

5.4 DAP, DPU und DDP

Bei Geltung der Klausel DAP reicht es aus, wenn der Verkäufer die Ware auf dem ankommenden Beförderungsmittel entladebereit am benannten Bestimmungsort zur Verfügung stellt. Wenn die Vertragsparteien die Klausel DPU vereinbart haben, erfüllt der Verkäufer seine Lieferpflicht, wenn er die Ware von dem ankommenden Beförderungsmittel entlädt und sie dann dem Käufer am benannten Bestimmungsort zur Verfügung stellt. Somit trägt der Verkäufer bei Geltung der Klausel DPU auch diejenigen Gefahren, die im Zusammenhang mit der Entladung der Ware entstehen. Falls sich der Bestimmungsort nicht in einem Terminal befindet, sollte der Verkäufer darauf achten, dass die Ware auch entladen werden kann.

Den beiden Klauseln DAP und DPU ist gemeinsam, dass bei ihrer Geltung der Verkäufer die Ware nur für den Export freimachen und eventuelle Transitabfertigungsmodalitäten durchführen und bezahlen muss, jedoch nicht für die Importabwicklung und -verzollung verantwortlich ist. Soll demgegenüber der Verkäufer zusätzlich verpflichtet sein, die Ware zur Einfuhr freizumachen, Einfuhrzölle zu zahlen und die Einfuhrformalitäten zu erledigen, so muss die Klausel DDP zwischen den Vertragsparteien vereinbart werden. Im Übrigen muss der Verkäufer bei Geltung der Klausel DDP die Ware auf dem ankommenden Transportmittel dem Käufer nur entladebereit zur Verfügung stellen.

5.5 FAS und FOB

Bei den beiden Incoterms® FAS und FOB handelt es sich um traditionelle Lieferbedingungen, die sich für den herkömmlichen Seetransport und Binnenschiffstransport, nicht jedoch für die Containerbeförderung mit dem Schiff eignen. Der Verkäufer hat seine Lieferpflicht erfüllt, wenn er die Ware entweder längsseits (FAS) oder an Bord (FOB) des vom Käufer benannten Schiffs im benannten Verschiffungshafen liefert. Damit gehen die Kosten und die Gefahr des Verlustes oder der Beschädigung der Ware von dem Verkäufer auf den Käufer über, sobald sich die Ware entweder längsseits des Schiffes (FAS) oder an Bord des Schiffes (FOB) befindet.

Darüber hinaus legen die Erläuterungen der ICC zu den Incoterms® 2020 fest, dass der Verkäufer zwar die Ausfuhrabfertigung übernehmen muss, jedoch nicht verpflichtet ist, die Ware zur Einfuhr freizumachen, Einfuhrzölle zu zahlen oder Einfuhrformalitäten zu erledigen.

5.6 CFR und CIF

Wenn die Vertragsparteien eine der beiden Klauseln CFR oder CIF vereinbaren, hat der Verkäufer seine Lieferpflicht erfüllt, sobald er die Ware dem Frachtführer übergibt. Obwohl der Verkäufer den Vertrag über den Haupttransport der Ware abschließen und für die Kosten und die Fracht aufkommen muss, die für die Beförderung der Ware zum benannten Bestimmungshafen erforderlich sind, trägt er die Gefahr des Verlustes und der Beschädigung der Ware nicht mehr weiterhin. Diese Risiken treffen den Käufer ab der Übergabe der Ware an den Frachtführer. Somit ist auch bei den Klauseln CFR und CIF ebenso wie bei den Klauseln CPT und CIP (Abschnitt 5.3) der Transport der Ware durch zwei kritische Punkte gekennzeichnet.

Im Unterschied zur Geltung der Klausel CFR ist der Verkäufer bei Vereinbarung der Klausel CIF zusätzlich verpflichtet, einen Versicherungsvertrag abzuschließen, der den Käufer vor der Gefahr des Verlustes oder der Beschädigung der Ware während des Transports schützt. Allerdings muss der Verkäufer insoweit nur eine Versicherung mit einer Mindestdeckung abschließen.

6 Resümee

Die Verwendung der Incoterms® in den letzten Jahren hat gezeigt, dass die Incoterms® in besonderem Maße geeignet sind, die Pflichten der Vertragsparteien bei internationalen Liefergeschäften zu konkretisieren. Da die Incoterms® mittlerweile weltweit anerkannt sind, bilden sie gerade dann eine gute Vertragsgrundlage, wenn die Vertragsparteien auf verschiedenen Kontinenten oder in unterschiedlich geprägten Rechtssystemen ansässig sind. Erfreulich ist jedoch auch die zunehmende Tendenz, im nationalen Handel die Incoterms® einzusetzen, da auf diese Weise ansonsten auftretende Rechtsunsicherheiten ausgeräumt werden können.

Die neuen Incoterms® 2020 und ihre Erläuterungen durch die ICC tragen dazu bei, eindeutige Regeln für die Auslegung der national wie international verwendeten Handelsklauseln zu geben und auf diese Weise den Vertragsparteien die Gestaltung ihrer Verträge zu erleichtern. Allerdings ist den Vertragsparteien vor der Einigung auf eine konkrete Incoterm zu empfehlen, sich genau über den Regelungsgehalt dieser Incoterm zu informieren, damit jede Vertragspartei weiß, welche Pflichten sie trifft und für welche Risiken sie verantwortlich ist.

„The Incoterms® Rules are protected by copyright owned by ICC. Further information on the Incoterm® Rules may be obtained from the ICC website „https://iccwbo.org/resources-for-business/incoterms-rules/incoterms-rules-copyright". Incoterms® and the Incoterms® 2020 logo are trademarks of ICC. Use of these trademarks does not imply association with, approval of or sponsorship by ICC unless specifically stated above."

7 Literaturhinweise

- ICC Deutschland e.V., Incoterms® 2020 by the International Chamber of Commerce (ICC), Die Regeln der ICC zur Auslegung nationaler und internationaler Handelsklauseln, Berlin 2019
- Bernstorff, Christoph Graf von, Incoterms® 2020 der Internationalen Handelskammer (ICC), Kommentierung für die Praxis inklusive offiziellem Regelwerk, 2. Aufl., Köln 2023
- Piltz, Burghard/Bredow, Jens, Incoterms, Kommentar, München 2016
- Schackmar, Rainer, Die Lieferpflicht des Verkäufers in internationalen Kaufverträgen – UN-Kaufrecht und INCOTERMS, Berlin 2001

Kapitel 8 Economic Operators Registration and Identification number (EORI) – Nummer zur Registrierung und Identifizierung von Wirtschaftsbeteiligten

Harald Schönherr, Dresden

1 Notwendigkeit und Anwendung

Zur Erledigung von Zollformalitäten müssen Unternehmen über eine Registrierungs- und Identifizierungsnummer für Wirtschaftsbeteiligte (EORI) verfügen. Diese EORI-Nummer wird von einem Mitgliedstaat der Europäischen Union vergeben und von den Zollbehörden aller EU-Mitgliedstaaten anerkannt. „Die EORI-Nummer ist alleiniges Identifikationsmerkmal für die Wirtschaftsbeteiligten bei der Erfüllung aller Zollförmlichkeiten in der EU"[1]. Wirtschaftsbeteiligte werden durch die zugeteilte und in der EU gültige Registrierungsnummer für zollrechtliche Belange eindeutig identifiziert[2]. EORI (Economic Operators Registration and Identification System) ist ein System innerhalb der EU und dient der individuellen Registrierung und Identifizierung von Unternehmen und Privatpersonen gegenüber der Zollverwaltung.

Rechtsgrundlage dafür bildet Art. 9 UZK i.V.m. Art. 1 Nr. 18 UZK-DA[3]. Die EORI ist Voraussetzung für Zollabwicklungen durch *„Wirtschaftsbeteiligte"* in der EU. *„Wirtschaftsbeteiligter ist eine Person, die im Rahmen ihrer Geschäftstätigkeit mit Tätigkeiten befasst ist, die durch die zollrechtlichen Vorschriften abgedeckt sind"*[4].
Im Sinne des UZK sind zu unterscheiden[5] :
- eine natürliche Person,
- eine juristische Person,
- eine Personenvereinigung ohne eigene Rechtspersönlichkeit, die aber im Rechtsverkehr wirksam auftreten kann, wenn diese Möglichkeit im geltenden Recht vorgesehen ist. Es handelt sich dabei um natürliche oder juristische Personen wie z.B. AG, GmbH, GbR und OHG.

Im Rahmen ihrer Geschäftstätigkeit gelten als Wirtschaftsbeteiligte unter anderem Ausführer, Anmelder, Vertreter, Teilnehmer am IT-Verfahren ATLAS[6] sowie technische Nachrichtenübermittler. Es handelt sich dabei u.a. um Unternehmen und Privatpersonen, die zollrechtliche Tätigkeiten ausüben, Ausfuhren oder Einfuhren tätigen oder Dienstleister im Zusammenhang mit ATLAS sind.

Die EORI-Nummer ist in schriftlichen bzw. elektronischen Zollanmeldungen anzugeben für:
- den Anmelder und dessen Vertreter[7]
- den Empfänger bei der Einfuhr
- den Versender/Ausführer und Subunternehmer bei der Versendung/Ausfuhr
- den Inhaber des Versandverfahrens.

In summarischen Ein- und Ausgangsanmeldungen ist die EORI-Nummer anzugeben für:
- den Beförderer (in ATLAS-EAS: Verbringer) beim Eingang
- den Anmelder (in ATLAS-EAS: SumA-Verantwortlicher) bzw. den Änderungsbevollmächtigten sowie, soweit bekannt,
- den Empfänger beim Eingang und den Versender beim Ausgang.

In Anmeldungen zur vorübergehenden Verwahrung[8] ist die EORI-Nummer anzugeben für den Gestellenden, den Verwahrer und den Verfügungsberechtigten.

1) Merkblatt für Teilnehmer zum ATLAS-Release 10.1, Stand: November 2024, Punkt 2.12.1 Europäisches Registrierungs- und Identifikationssystem (EORI) – Allgemeines
2) Artikel 9 UZK i.V.m. Artikel 3-7 UZK-DA und Artikel 6 und 7 UZK-IA
3) Kapitel Unionszollkodex (UZK)
4) Artikel 5 Nr. 5 UZK
5) Artikel 5 Nr. 4 UZK
6) Kapitel ATLAS und Summarische Eingangs-/Ausgangsanmeldung
7) Artikel 5 Nr. 15 und Nr. 6 UZK
8) Kapitel Freier Verkehr und besondere Verfahren, Carnet TIR, vorübergehende Verwahrung und Vereinfachungen

Im Rahmen der Genehmigungspflichten, z.B. für die Beantragung von Ausfuhrgenehmigungen beim Bundesamt für Wirtschaft und Ausfuhrkontrolle (BAFA) oder der Bundesanstalt für Landwirtschaft und Ernährung (BLE), ist die EORI anzugeben.

Die EORI-Nummer ist für den Nachweis der in ATLAS (papierlos) festgesetzten Einfuhrumsatzsteuer gegenüber dem zuständigen Finanzamt notwendig.

Die Angabe der EORI-Nummer ist im gewerblichen Rechtsschutz ebenfalls erforderlich. Die EORI-Nummer muss im Antragsformular auf Tätigwerden der Zollbehörden angegeben werden. Antragsteller, die einen neuen Antrag auf Tätigwerden der Zollbehörden stellen oder ihre bestehenden Anträge ändern, müssen ebenfalls die EORI-Nummer angeben.

Die EORI-Nummer dient als Identifikations- beziehungsweise Ordnungskennzeichen für die Adressdaten des Wirtschaftsbeteiligten, die ihm erteilten Bewilligungen und der zur Verfügung stehenden Netzanbindungen.

Im ATLAS-System wird zur Teilnehmer- und Beteiligtenidentifizierung seit ATLAS-Release 8.4 und AES 2.1 die EORI-Nummer verwendet[9]. Zusätzlich wurde die Niederlassungsnummer als weiteres Identifikationsmerkmal geschaffen. Die Niederlassungsnummer dient der Zuordnung nicht rechtsfähiger Niederlassungen zum Hauptsitz. Eine Niederlassungsnummer bietet Unternehmen die Möglichkeiten, Niederlassungen bzw. Betriebsstätten gegenüber dem Zoll und in ATLAS zu identifizieren.

In der Zollpraxis gibt es viele spezielle Fragen zur EORI-Anwendung. Deshalb hat die Zentrale Auskunft Zoll dazu gesonderte Kontaktdaten für Anfragen eingerichtet, die nicht zur Übersendung von Anträgen genutzt werden dürfen:

Telefon: +49 228 303-26050 und
E-Mail: info.eori@zoll.de

2 EORI Beantragung

Die Beantragung der EORI-Nummer hat in dem EU-Mitgliedstaat zu erfolgen, in dem die Wirtschaftsbeteiligten ansässig sind. Beteiligte aus einem Drittland sind von dem EU-Mitgliedstaat zu registrieren, in dem sie erstmals als Anmelder, Vertreter oder als Beteiligte im Rahmen eines Zollverfahrens auftreten.

In Ausnahmefällen dürfen Wirtschaftsbeteiligte, die noch nicht über eine EORI-Nummer verfügen, auch dann eine Zoll-, Ausfuhr- oder Versandanmeldung abgeben, wenn sie nachweisen, dass sie eine EORI-Nummer bei der Generalzolldirektion – Dienstort Dresden – Stammdatenmanagement (GZD – GO Dresden – SDM) oder bei der zuständigen Behörde in einem anderen Mitgliedstaat beantragt haben. Sofern eine EORI-Nummer bei der GZD – DO Dresden – SDM beantragt wurde, muss eine Kopie des eingereichten Vordrucks 0870 vorlegt sowie der Nachweis der Beantragung erbracht werden (z.B. Sendebericht Fax).

Privatpersonen, die sich nicht im Rahmen ihrer Geschäftstätigkeit mit unter das Zollrecht fallenden Tätigkeiten befassen, sind keine Wirtschaftsbeteiligten im zollrechtlichen Sinne und benötigen demzufolge keine EORI. Allerdings müssen Privatpersonen bei Ausfuhr genehmigungspflichtiger Waren eine EORI besitzen.

Geben Post oder Express- und Kurierdienste Zollanmeldungen für Kunden ab, die keine Wirtschaftsbeteiligten im Sinne des UZK sind, besteht keine Verpflichtung zur Angabe einer EORI.

In Deutschland wird die EORI-Nummer auf Antrag kostenlos bei der Generalzolldirektion/Dienstort Dresden – Stammdatenmanagement vergeben[10]. Seit Oktober 2019 besteht die Möglichkeit über das Zoll-Portal eine EORI-Nummer zu beantragen. Für die elektronische Identifizierung wird ein ELSTER-Zertifikat benötigt (unternehmens- bzw. personenbezogen)[11].

---

9) Aktuell: Merkblatt für Teilnehmer zum ATLAS-Release 10.1, Stand: November 2024, Punkt 2.12 Europäisches Registrierungs- und Identifikationssystem (EORI)
10) Der sogenannte Internetbeteiligtenantrag (IBA) steht seit 2019 nicht mehr zur Verfügung.
11) Kapitel Generalzolldirektion Zentrale Auskunft und Zoll-Portal

Es besteht weiterhin die Möglichkeit, den Antrag mit dem Antrags-Formular 0870[12] (Beteiligte – Stammdaten EORI-Nummer) per E-Mail (als PDF-Dokument), schriftlich oder per Fax bei der GZD – DO Dresden – Stammdatenmanagement, unter den nachfolgenden Erreichbarkeiten, einzureichen.

Für Fragen zur EORI-Nummer hat die Zentrale Auskunft Zoll folgende Kontaktdaten eingerichtet:
Telefon: +49 228 303-26050
E-Mail: info.eori@zoll.de

Einreichung Antrags-Formulare per E-Mail (als PDF-Dokument), per Fax oder per Post:
Generalzolldirektion – Dienstort Dresden – Stammdatenmanagement
Fax: 0351 44834-442, -443 und -444
E-Mail: antrag.eori@zoll.de

Hausanschrift: Carusufer 3-5, 01099 Dresden

Postfach 10 07 61, 01077 Dresden

3 Weitere Anwendungen in der Zollpraxis

Ein nicht in Deutschland ansässiger EORI-Nummerninhaber, der sich als Anmelder durch einen indirekten bzw. direkten Vertreter oder Datenübermittlungsdienstleister in Deutschland (ATLAS) vertreten lässt, muss keine deutsche EORI-Nummer beantragen. In ATLAS erfolgt die Identifizierung mit der ausländischen EORI.

4 Quellenangaben und weiterführende Literatur

- Verordnung (EU) Nr. 952/2013 des Europäischen Parlaments und des Rates vom 9. Oktober 2013 zur Festlegung des Zollkodex der Union – UZK
- Verordnung (EU) 2015/2446 vom 28. Juli 2015 zur Ergänzung des UZK und Verordnung (EU) 2016/651 vom 5. April 2016 zur Berichtigung der Delegierten Verordnung – DA
- Verordnung (EU) 2015/2447 vom 24. November 2015 mit Einzelheiten zur Umsetzung der Bestimmungen des UZK-IA
- Verordnung (EU) 2016/341 vom 17. Dezember 2015 zur Ergänzung des UZK hinsichtlich der Übergangsbestimmungen für bestimmte Vorschriften des Zollkodex der Union, für den Fall, dass die entsprechenden elektronischen Systeme noch nicht betriebsbereit sind, und zur Änderung der Delegierten Verordnung (EU) 2015/2446 – TDA
- Merkblatt für Teilnehmer zum ATLAS-Release 10.1, Stand: November 2024
- Verfahrensanweisung zum IT-Verfahren ATLAS, Stand: Februar 2024
- www.zoll.de
- Merkblatt zu Zollanmeldungen, summarischen Anmeldungen und Wiederausfuhrmitteilungen – Ausgabe 2025 – GZD – Z 3455-2024.00019-0001-GZD_DV.A.22 vom 10. Dezember 2024

12) 0870a EORI-Nummer, 0870b Niederlassungsnummer und 0870c Privatpersonen

Kapitel 9 ATLAS und Summarische Eingangs-/Ausgangsanmeldung

Dmitri Kulitzscher, Dresden

Nachdem im vorhergehenden Kapitel die verschiedenen Zollverfahren erläutert wurden, wird auf den folgenden Seiten das IT-Verfahren ATLAS behandelt, welches die deutsche Zollverwaltung bei einer Vielzahl von Zollförmlichkeiten zur Anwendung bringt. Für Wirtschaftsbeteiligte hat das ATLAS-System eine besondere Relevanz, da Zollanmeldungen bis auf wenige Ausnahmen elektronisch übermittelt werden müssen. Es wird aufgezeigt, welche Verfahrensbereiche genutzt werden und welche Voraussetzungen und Technologien dabei zu beachten sind. Als ein Verfahrensbereich wird die summarische Eingangs- und Ausgangsanmeldung vorgestellt.

1 ATLAS in der deutschen Zollverwaltung

Die deutsche Zollverwaltung nutzt zur Abwicklung des kommerziellen Warenverkehrs in bzw. aus Drittländern das IT-Verfahren ATLAS. Die Aufgabe des Automatisierten Tarif- und Lokalen Zollabwicklungssystems (ATLAS) besteht darin, die Erfüllung von Zollformalitäten auf elektronischem Wege und somit den Verzicht auf Papier zu ermöglichen. ATLAS ersetzt dabei schriftliche Zollanmeldungen und Verwaltungsakte wie Einfuhrabgabenbescheide durch elektronische Nachrichten. Somit läuft die Zollabfertigung und Zollsachbearbeitung weitestgehend automatisiert, vereinfacht und beschleunigt ab. Im EU-Kontext fordert der Unionszollkodex (UZK) den Einsatz der Informations- und Kommunikationstechnik Artikel 6 Abs. 1 UZK sieht insbesondere vor, dass sowohl der gesamte Informationsaustausch zwischen den verschiedenen Zollbehörden sowie zwischen Wirtschaftsbeteiligten und Zollbehörden als auch die Speicherung eben solcher Informationen mit Mitteln der elektronischen Datenverarbeitung erfolgen sollen. Durch die schrittweise Einführung EU-weit harmonisierter IT-Systeme, -Verfahren und gemeinsamer Datenbanken wird zur Anwendung in Deutschland das IT-Verfahren ATLAS beständig weiterentwickelt.

Betrieb, Pflege und Weiterentwicklung von ATLAS obliegen dem Informationstechnikzentrum Bund (ITZBund). Die IT-Lösung ATLAS besteht aus zentral betriebenen Applikations- und Datenbankservern, auf die bundesweit mehr als 5.000 Bedienstete der Zollverwaltung von über 300 Zollstellen mit mehr als 2.000 sichtbaren Oberflächen zugreifen. Dabei wickelt der Zoll über ATLAS ca. 40 Mio. Vorgänge pro Monat ab.

Die folgenden deutschen Behörden sind über Schnittstellen an ATLAS angebunden bzw. erhalten über das ITZBund Daten aus ATLAS.

- HZA Düsseldorf – Arbeitsbereich Zollkontingente und Überwachung
- Zentralstelle für Risikoanalyse (Zoll)
- Prüfungsdienste und Zollfahndungsämter
- Bundesanstalt für Landwirtschaft und Ernährung (BLE)
- Bundesamt für Wirtschaft und Ausfuhrkontrolle (BAFA)
- Bundeskasse Trier
- Statistisches Bundesamt (StBA)
- Landesfinanzbehörden

ATLAS ermöglicht den Datenaustausch mit der Europäischen Kommission sowie anderen EU-Mitgliedstaaten, die an der Abwicklung eines Zollverfahrens beteiligt sein können. Wesentliche Verfahrensbereiche dabei sind:

- TARIC – Tarif Intégré des Communautés Européennes
- ICS 2.0 – Import Control System 2.0
- CRMS – Customs Risk Management System
- NCTS – New Computerised Transit System
- AES – Automated Export System
- EORI – Economic Operators, Registration and Identification System
- AEO – Authorised Economic Operator System
- CSW-CERTX – EU Customs Single Window – Certificate Exchange
- Schnittstelle der EU-Kommission für Statistikdaten

Die deutsche Zollverwaltung nutzt ATLAS mit folgendem Funktionsumfang:
- EZT (Elektronischer Zolltarif)
- Benutzerverwaltung
- Stammdatenpflege inkl. EORI und Dienststellendatenverwaltung
- Bewilligungen inkl. laufender Zahlungsaufschub
- Zugelassener Wirtschaftsbeteiligter
- Erfassung des Warenverkehrs: Eingangskontrollsystem (EKS), Wiederausfuhrkontrollsystem (WKS) und Vorübergehende Verwahrung/Gestellungsmitteilung (SumA)
- Zollbehandlung: Erfassen konstruierter Einfuhrdaten, Erfassen von Zollanmeldungen und Anschreibungsmitteilungen, Erfassung von Ergänzenden Zollanmeldungen, Festsetzen von Einfuhrabgaben, Abschreiben von Online-Einfuhrdokumenten
- Überlassung von Sendungen mit geringem Wert in den zoll- und steuerrechtlich freien Verkehr (IMPOST)
- Versandverfahren: Überführung, Überwachung und Erledigung von Versandanmeldungen/TIR-Verfahren, Versandsicherheiten, Ereignisse während eines Versandverfahrens
- Ausfuhrverfahren: Überführung, Überwachung und Erledigung von Ausfuhranmeldungen inkl. Nachforschungsersuchen (Follow Up), Abschreibung von Ausfuhrgenehmigungen
- Nacherhebung, Erstattung, Erlass (nur elektronische Einfuhrabgabenbescheide und ggf. Informationen zur Stornierung)
- Lokale Risiko- und Abfertigungshinweise
- Lokaler Überlassungszeitraum
- Lokale Auswertungen auf Anforderung
- Kontingente und Überwachung
- Probenbuch
- Zentraler Austausch von Unterlagen, Anfragen oder Stellungnahmen (ZELOS) für elektronischen Austausch von Unterlagen und/oder Stellungnahmen zwischen Zoll und Wirtschaftsbeteiligtem[1)]
- CERTEX zum elektronischen Abruf von Dokumenten aus dem EU-System CSW-CERTEX

2 ATLAS-Teilnahme durch Wirtschaftsbeteiligte

2.1 Funktionsbereiche für ATLAS-Teilnehmer

Bis auf gesetzlich geregelte Ausnahmen besteht seit 2023 die Pflicht zur elektronischen Übermittlung von Zollanmeldungen. Die Zollverwaltung ermöglicht dem Wirtschaftsbeteiligten die Teilnahme an den folgenden ATLAS-Verfahrensbereichen:
- summarische Eingangsanmeldung (ENS, Entry Summary Declaration) erfolgt außerhalb von ATLAS über ICS 2.0, wobei der Zoll bestimmte Kontrollmitteilungen an den Teilnehmer über ATLAS-EKS kommuniziert,
- summarische Ausgangsanmeldungen (ASumA) bzw. Wiederausfuhrmitteilungen (WAM),
- Anmeldung zur vorübergehenden Verwahrung/Gestellungsmitteilung (SumA),
- die Überführung in den freien Verkehr oder zur Endverwendung (Normal- und vereinfachtes Verfahren),
- die Überführung in den freien Verkehr von Post- und Kuriersendungen mit einem Warenwert von bis zu 150 Euro (IMPOST),
- Nacherhebung, Erstattung oder Erlass (nur elektronische Einfuhrabgabenbescheide und ggf. Informationen zur Stornierung),
- das Zolllagerverfahren (Normal- und vereinfachtes Verfahren),
- das Unionsversandverfahren/gemeinsame Versandverfahren (Normal- und vereinfachtes Verfahren) sowie das TIR-Versandverfahren inkl. Verwaltung der Versandsicherheiten (Änderung der Zugriffscodes),
- die aktive Veredelung (Normal- und vereinfachtes Verfahren),
- die zentrale Zollabwicklung in Einfuhrverfahren (CCI, Centralised Clearance for Import),

1) Für ATLAS-Versand und ATLAS-Ausfuhr steht der Verfahrensteil ZELOS voraussichtlich erst während der Laufzeit von ATLAS-Release 10.2 zur Verfügung.

- das Ausfuhrverfahren (Normal- und vereinfachtes Verfahren) inkl. passiver Veredelung,
- zentraler Austausch von Unterlagen, Anfragen oder Stellungnahmen (ZELOS)[2].

2.2 Schnittstellen mit ATLAS und ATLAS-Teilnehmersoftware

Beim IT-Verfahren ATLAS wird unterschieden zwischen Benutzern und Teilnehmern.

Benutzer sind in der Zollverwaltung beschäftigte Personen, die eine Zugangsberechtigung zum IT-Verfahren ATLAS haben. Bei der so genannten Benutzereingabe werden folglich die Daten durch den Benutzer direkt in den ATLAS-Anwendungen erfasst.

Als Teilnehmer wird eine Person bezeichnet, welche elektronisch Daten im Rahmen von ATLAS mit der Zollverwaltung austauscht. Die Teilnehmereingabe kann dabei erfolgen:
- mittels Teilnehmersoftware, die Nachrichten erzeugt, welche an die Zollverwaltung zur Weiterverarbeitung in ATLAS übermittelt werden oder
- über das öffentliche Internet-Portal „Internet-Ausfuhranmeldung Plus" (IAA Plus) der Zollverwaltung, welches als vereinheitlichte Dialoganwendungen mit ATLAS fungiert.

Eine weitere Möglichkeit zur Eingabe von Daten in ATLAS sind die folgenden öffentlichen Internet-Portale der Zollverwaltung: Internet-Summarische Ausgangsanmeldung/Wiederausfuhrmitteilung (IWA), Internet-Zollanmeldung (IZA), Internet-Versandanmeldung (IVA). Diese Portale beschränken sich auf die Übermittlung von Zollanmeldungen vom Wirtschaftsbeteiligten an den Zoll. Diese Zollanmeldungen sind grundsätzlich erst rechtlich wirksam, wenn sie ausgedruckt und unterschrieben bei der zuständigen Zollstelle vorgelegt wurden.

Da die öffentlichen Internet-Portale (IAA Plus, IWA, IZA, IVA) nur die Nutzung eines Teils der für Teilnehmer verfügbaren Funktionsbereiche von ATLAS ermöglichen und dabei verschiedenen Einschränkungen unterliegen, konzentrieren sich die folgenden Ausführungen auf den nachrichtenbasierten Datenaustausch zwischen ATLAS und Teilnehmersoftware.

Die Erfassung von IPK (Internetanmeldungen Post- und Kuriersendungen mit einem Warenwert von bis zu 150 EUR) ist über das Zoll-Portal möglich und setzt neben der Registrierung im Portal auch ein ELSTER-Zertifikat oder elektronischen Personalausweis voraus.

2.2.1 Zollförmlichkeiten durch XML-Nachrichten und Webservices

Die im IT-Verfahren ATLAS zwischen Teilnehmern und ATLAS auszutauschenden Daten werden in Form von XML-Nachrichten übermittelt. Eine detaillierte Beschreibung zu den XML-Nachrichten enthält das EDI-Implementierungshandbuch. Darin enthalten sind u.a. die XML-Schema-Definitionen (XSD) zur Validierung von Teilnehmernachrichten im XML-Format.

Übermittelt werden Nachrichten an ATLAS als einzelne Dateien. Die Dateien werden an die Zollstelle als Anlage einer E-Mail nach Protokoll X.400 oder per FTAM übermittelt. Ebenso werden alle Antwortnachrichten von der Zollstelle an den Teilnehmer entweder per X.400 oder per FTAM übermittelt.

Für die ATLAS-Verfahrensbereiche Wiederausfuhrkontrollsystem (WKS) bzw. IMPOST ist für die Übermittlung der ASumA/Wiederausfuhrmitteilung bzw. des Zollanmeldungstyps APK (Anmeldungen von Post- und Kuriersendungen mit einem Warenwert von bis zu 150 Euro) anstelle von FTAM bzw. dem Protokoll X.400 der Umstieg auf Webservice-Technologien nach SOAP 1.1 realisiert. Der Nachrichtenaustausch für den neuen Verfahrensbereich Zentrale Zollabwicklung in Einfuhrverfahren (CCI) erfolgt ebenso ausschließlich über die Webserviceschnittstelle. Die standardisierte Definition des Webservices erfolgt in WSDL nach Basic Profile 1.1, in denen die Grundstruktur des fachlichen Dienstes sowie die entsprechenden Operationen, die aufgerufen werden können, definiert sind. Für die Operationen sind Nachrichten (Datentypen) definiert, die für den erfolgreichen Aufruf der Operation benötigt werden. Die zu verwendenden Datentypen der operationsspezifischen Nachricht werden in XSDs definiert.

2) Die Möglichkeit für Teilnehmer, Unterlagen zu einem Vorgang ohne Aufforderung (proaktiv) zu übermitteln, ist derzeit für die Verfahrensbereiche SumA und NEE deaktiviert.

Für den Verfahrensbereich Nacherhebung/Erstattung/Erlass (NEE) kann der Nachrichtenaustausch entweder wie bisher mittels X.400/FTAM oder per Webserviceschnittelle erfolgen.

2.2.2 Netzanbindung an ATLAS

Für den elektronischen Nachrichtenaustausch ist eine Netzanbindung zwingend erforderlich. Die Zollverwaltung betreibt ein Kommunikationsnetz, über das die Kommunikation zwischen Teilnehmern und Zollstellen im IT-Verfahren ATLAS abgewickelt wird.

Der öffentliche Zugang zum Kommunikationsnetz erfolgt über eine internetbasierende VPN-Lösung. Diese wird über eine IPSec-Tunnel-Technologie mit AES-Verschlüsselung realisiert und erfolgt zur Sicherstellung der für ATLAS notwendigen Verfügbarkeit über zwei permanent aufgebaute VPN Tunnel zu zwei VPN Gateways an unterschiedlichen Standorten (Geo-Redundanz). Einen exklusiven Zugang können neben Teilnehmern vor allem Clearingcenter und technische Nachrichtenübermittler erhalten, die Dritten diesen Zugang als Dienstleistung anbieten. Für eine Direktanbindung ermöglicht das ITZBund den Beteiligten dafür Installation und Betrieb eigener Endgeräte im Rechenzentrum. Wenn Teilnehmer Daten verschlüsselt übertragen möchten oder dedizierte Leistungsanforderungen (Hochverfügbarkeit, Bandbreite etc.) realisiert werden sollen, ist dies zurzeit ausschließlich im Rahmen einer exklusiven Anbindung an das Kommunikationsnetz möglich.

Die Webservice-Kommunikation zwischen Teilnehmer und den Webservices von ATLAS wird mittels SOAP durchgeführt. Dafür stellt das ITZBund dedizierte HTTPs Webservice-Endpunkte im öffentlichen Internet bereit. Ein exklusiver Zugang für Clearingcenter und technische Nachrichtenübermittler wird nicht angeboten. Die Webservice-Architektur erfordert, dass der Teilnehmer selbst auch Webservices bereitstellt. Für die Zustellung der Antwortnachrichten von ATLAS muss eine Aufruf-URL in den Stammdaten hinterlegt sein.

2.2.3 Zertifizierte Teilnehmersoftware

Für die Teilnahme an dem IT-Verfahren ATLAS ist die Verwendung einer durch die Zollverwaltung geprüften („zertifizierten") Teilnehmersoftware erforderlich. Dadurch soll insbesondere sichergestellt werden, dass Teilnehmernachrichten von ATLAS und die ATLAS-Antwortnachrichten von dem Teilnehmer empfangen und verarbeitet werden können. Im Rahmen der Zertifizierung wird auch geprüft, ob die erforderliche Dokumentation des Nachrichtenaustauschs gewährleistet ist.

2.2.4 Bereitstellung von Software und Netzanbindung durch Dienstleister

Der Austausch von ATLAS-Nachrichten ist auch unter Inanspruchnahme eines technischen Nachrichtenübermittlers oder eines Clearingcenters möglich. Gleiches gilt für die Nutzung von zertifizierter Teilnehmersoftware, die durch Dienstleister bereitgestellt wird. Clearingcenter stellen ihre Software und den Zugang zum Kommunikationsnetz der Zollverwaltung zur Verfügung, was für Unternehmen die Möglichkeit eröffnet, vollumfänglich am IT-Verfahren ATLAS teilzunehmen, ohne selbst die Aufwände für die Netzanbindung beim ITZBund bzw. die notwendige Softwareentwicklung und -zertifizierung zu tragen. Bezüglich der Netzanbindung gilt für Clearingcenter, dass diese dabei wegen des umfangreichen Datenvolumens grundsätzlich einen exklusiven Zugang nutzen müssen. Auch für Verfahrensbereiche mit Kommunikation über Webservices besteht die Möglichkeit, den elektronischen Nachrichtenaustausch über ein Clearingcenter abzuwickeln.

2.3 Voraussetzungen der ATLAS-Teilnahme

Der ATLAS-Teilnehmer muss folgende Voraussetzungen erfüllen:

- Stammdatenerfassung: EORI-Nummer muss vorhanden sein
- Anmeldung zur ATLAS-Teilnahme
- Inhaber einer Beteiligten-Identifikations-Nummer (BIN) bzw. gültiges für ATLAS Webservices registriertes X.509-Zertifikat

- Netzanbindung muss vorhanden sein bzw. für ATLAS Webservices muss URL für Empfang von Antwortnachrichten in den Stammdaten hinterlegt sein
- Nutzung einer zertifizierten Teilnehmersoftware
- die Nachrichtengruppe zum Empfang der jeweiligen Nachricht bzw. mindestens eine aktive Webservicegruppe muss freigeschaltet sein

Nach § 8a Zollverordnung ist für die Teilnahme am elektronischen Datenaustausch mit der Zollverwaltung im IT-Verfahren ATLAS eine Anmeldung erforderlich. Diese Anmeldung ist mit der „Anmeldung zur Teilnahme an ATLAS/AES“ (Formular 0874) und der entsprechenden „Anlage zum Formular 0874“ (Formular 0874an_10.1_30) an die Generalzolldirektion, Direktion VI, Teilnehmermanagement zu richten. Zur Angabe der für die angemeldeten Webservicegruppen von ATLAS-WKS, ATLAS-IMPOST oder ATLAS-CCI verwendeten Verfahrenssoftware muss das Formular „ATLAS-Teilnahme Webservices“ (Formular 0874_WS) eingereicht werden.

Mit der Anmeldung zur Teilnahme an dem IT-Verfahren ATLAS ist die dem Beteiligten zugeteilte EORI-Nummer einschließlich der Niederlassungsnummer anzugeben. Bei der EORI-Nummer handelt es sich um eine eindeutige Registriernummer, unter der die Zollverwaltung unter anderem die Adressdaten, Steuernummer, Umsatzsteuer-ID des Wirtschaftsbeteiligten speichert, der als Teilnehmer Daten mit dem IT-Verfahren ATLAS austauschen möchte.

In dem IT-Verfahren ATLAS wird für die eindeutige Identifizierung des Nachrichtensenders eine Beteiligten-Identifikations-Nummer (BIN) benötigt. Die BIN dient zur Prüfung der Zugangsberechtigung und ist für den elektronischen Datenaustausch mit der Zollverwaltung erforderlich. Der Teilnehmer hat in seinem Einflussbereich sicherzustellen, dass nur unterschriftsberechtigte Personen die BIN kennen und nutzen können. Eine BIN wird mit dem „BIN-Antrag“ (Formular 0872) bei der GZD, Direktion VI, Teilnehmermanagement beantragt. Alternativ kann auch der elektronische Internetantrag BIN (IA-BIN) unter www.zoll.de verwendet werden.

Die Vergabe der BIN erfolgt dann durch die Generalzolldirektion – Dienstort Dresden – Stammdatenmanagement in Dresden. Wenn ein rechtlich nicht selbständiger Teilnehmer als Niederlassung[3)] unter der EORI-Nummer seines Hauptsitzes weiter am IT-Verfahren ATLAS teilnehmen will, ist der „BIN-Antrag Niederlassungskonzept“ (Formular 0899) zu verwenden.

Erkennt der Teilnehmer, dass die BIN anderen als den unterschriftsberechtigten Personen bekannt geworden ist oder missbräuchlich genutzt wurde, ist die GZD – DO Dresden – Stammdatenmanagement unverzüglich zwecks Sperrung der BIN zu benachrichtigen. Ein weiterer Nachrichtenaustausch mit ATLAS ist bis zur Vergabe einer neuen BIN nicht mehr möglich.

Für ATLAS-Impost wird für die eindeutige Authentifizierung des Nachrichtensenders, zur Prüfung der Zugangsberechtigung und für den elektronischen Datenaustausch mit den ATLAS Webservices ein registriertes X.509-Zertifikat benötigt. Da die Sicherheit in der Webservice-Kommunikation durch den Einsatz der X.509-Zertifikate gewährleistet wird, muss dieses durch einen Vertrauensdienst ausgegeben worden sein, der im europäischen Kontext als qualifizierter Vertrauensdienst anerkannt ist.[4)]

Für die Angabe der Kommunikationsdaten ist das Formular „Netzanbindung“ (Formular 0871) auszufüllen und an die GZD, Direktion VI, Teilnehmermanagement zu senden.

Sofern keine identische Netzanbindung für alle beantragten Nachrichtengruppen verwendet wird, ist der jeweilige Kommunikationsweg auf einem der Formulare „FTAM-Netzanbindung-Nachrichtengruppenspezifisch“ (Formular 0871a) und/oder „X.400-Netzanbindung-Nachrichtengruppenspezifisch“ (Formular 0871b) den jeweiligen Nachrichtengruppen (senden/empfangen) zuzuordnen. Je Kommunikationsweg muss ein separates Formular ausgefüllt und anstelle des Formulars „Netzanbindung“ (Formular 0871) eingereicht werden.

3) Vgl. Niederlassungskonzept zur EORI in Kapitel Tarifierung, elektronischer Zolltarif (EZT) und verbindliche Zolltarifauskunft
4) Vgl. zugelassene Vertrauensdiensteanbieter im „Trusted List Browser“ der EU-Kommission

Zur Nutzung der ATLAS Webservices sind die Formulare „Netzanbindung Webservices" (Formular 0874_WS) sowie „Anlage zum Formular 0874" (Formular 0874an_10.1_WS) mit der bei den angemeldeten Webservicegruppen genutzten Aufruf-URL sowie das Formular „Antrag Webservice" (Formular 0872_WS) mit Angaben zum Ansprechpartner beim Teilnehmer einzureichen.

Die Formulare sind im Formularcenter unter www.zoll.de (Zoll online > Unternehmen > Fachthemen > Zölle > ATLAS > ATLAS-Publikationen > Formulare) zum Download bereitgestellt.

2.4 Ausfallkonzept bei ATLAS-Störungen

Um die Zollabfertigung im Falle von technischen Störungen zwischen dem Teilnehmer und der Abfertigungszollstelle oder zwischen den Zollstellen nicht unnötig zu verzögern, gelten die Regelungen des Ausfallverfahrens.

Die Ausfallregelungen kommen immer dann zur Anwendung, wenn der Teilnehmer oder die Zollstelle wegen technischer Störungen nachweisbar nicht in der Lage ist, die für ATLAS vorgesehenen Nachrichten zu übermitteln oder zu empfangen und die technische Störung nicht unmittelbar behoben werden kann. Dabei ist es unerheblich, in wessen Verantwortungsbereich die technische Störung liegt.

Der konkrete Verfahrensablauf kann der jeweils aktuellen Fassung der ATLAS-Verfahrensanweisung entnommen werden.

3 Summarische Eingangs-/Ausgangsanmeldung

3.1 Fracht-Voranmeldungen zur Risikoanalyse

Um ungerechtfertigte Störungen des rechtmäßigen Geschäftsverkehrs zu vermeiden und Ressourcen sinnvoll einzusetzen, stehen die Zollverwaltungen in der Europäischen Union vor der Herausforderung, effektive und effiziente Zollkontrollen vorrangig in den Bereichen durchzuführen, in denen das Risiko am größten ist und Zeitpunkt und Ort der erforderlichen Kontrollen optimal gewählt werden können.

Ab 2005/2006 wurde mit den Verordnungen (EG) Nr. 1648/2005 und 875/2006 erstmals in das europäische Zollrecht eine Reihe von Regelungen zur Verschärfung der Sicherheitsmaßnahmen für in die oder aus der Gemeinschaft verbrachte Waren eingeführt.

Die Zollverwaltungen wurden verpflichtet, im jeweiligen nationalen Risikomanagementverfahren gemeinsame vorrangige Kontrollbereiche und gemeinsame Risikoprofile zu berücksichtigen.

Damit angemessene Kontrollen auf der Grundlage einer Risikoanalyse möglich sind, wurden die Wirtschaftsbeteiligten ihrerseits verpflichtet, für alle Waren, die in das oder aus dem Zollgebiet der Gemeinschaft verbracht werden, Vorab-Angaben über das Eintreffen oder das Verlassen an den Zoll zu übermitteln. Diese Angaben müssen vorliegen, bevor die Waren in das Zollgebiet der Union verbracht werden oder dieses verlassen und können seitens der Zollbehörden zu folgendem Ergebnis in der Risikoprüfung führen:
A: Ware darf nicht verladen werden
B: Ware muss an der ersten Eingangszollstelle überprüft werden
C: Ware muss an der Eingangszollstelle überprüft werden, der sie auch zugestellt wird
N: Nationales Ergebnis der Risikoanalyse
Z: Keine Ergebnisse aus Risikoanalyse verfügbar
0: Kein Risiko identifiziert

Für die Wirtschaftsbeteiligten ist die Übermittlung der Vorab-Angaben in Form von summarischen Eingangsanmeldungen (vormals ESumA, jetzt ENS für Entry Summary Declaration) bzw. summarischen Ausgangsanmeldungen (ASumA) oder Wiederausfuhrmitteilunge (WAM) auf elektronischem Weg obligatorisch. Die Zollbehörden sollten Risikoinformationen ebenfalls unter Anwendung EU-weit abgestimmter Nachrichtenformate über die elektronischen Zollsysteme austauschen.

Die ESumA/ENS bzw. ASumA ist geregelt in den Artikeln 127 bis 132 UZK bzw. 271 bis 273 UZK. Die Tatbestände zur Befreiung von der Pflicht zur Abgabe, die Fristen sowie Verantwortlichkeiten für die Abgabe der ESumA/ENS sind in den Artikeln 104 bis 113 UZK-DA erfasst. Befreiungstatbestände und Fristen für die ASumA sind Gegenstand der Artikel 244 und 245 UZK-DA. Im Anhang B UZK-DA sind gesetzlich verbindliche Datenanforderungen definiert, die auch für die ESumA bzw. ASumA EU-einheitliche Datensätze für den Nachrichtenaustausch vorschreiben.

3.2 Summarische Eingangsanmeldung in ICS 2.0 und ATLAS-EKS

Gemäß Artikel 127 UZK ist für Waren, die in das Zollgebiet der EU verbracht werden, eine summarische Eingangsanmeldung (vormals ESumA, jetzt ENS für Entry Summary Declaration) abzugeben.

Für den elektronischen Nachrichtenaustausch zu ENS wurde auf europäischer Ebene im letzten Jahr das Import Control System 2.0 (ICS 2.0) vollständig eingeführt. Bei der Kommunikation mit ICS 2.0 stand es den Mitgliedstaaten offen, für den Nachrichtenaustausch mit Wirtschaftsbeteiligten eine eigene Schnittstelle einzurichten oder auf die gemeinsame Schnittstelle der EU zu verweisen.

In Deutschland wird keine nationale Teilnehmerschnittstelle angeboten. Die an Deutschland adressierten Nachrichten nach ICS 2.0 werden an die von der EU-Kommission betrieben Teilnehmerschnittstelle übermittelt und von dort aus an ATLAS übertragen. Antwortnachrichten aus ATLAS werden ebenso über die EU-Teilnehmerschnittstelle an den Wirtschaftsbeteiligten übertragen. Lediglich die Kontrollmitteilungen, die eine Zollstelle nach Gestellung einer Sendung für einen ENS-Vorgang vorsehen kann, werden an den Teilnehmer über ATLAS-EKS gesendet.

Informationen sowie Systemspezifikationen zu ICS 2.0 finden sich auf der Seite der EU-Kommission unter https://ec.europa.eu/taxation_customs/customs-4/customs-security/import-control-system-2-ics2-0_de.

3.3 Summarische Eingangsanmeldung in ATLAS-WKS

Gemäß Artikel 271 UZK ist eine summarische Ausgangsanmeldung (ASumA) immer dann abzugeben, wenn Waren (auch vorübergehend) aus dem Zollgebiet der Union verbracht werden und keine Zollanmeldung oder Wiederausfuhranmeldung mit den sicherheitsrelevanten Daten vorliegt. Die Abgabe der ASumA/WAM muss in elektronischer Form erfolgen. Mit ATLAS 10.2 wurde ATLAS-EAS für die Abgaben von ASumA und Wiederausfuhrmitteilungen abgelöst durch die neue die Fachanwendung ATLAS-WKS. Die ASumA/WAM kann auch über die Internet-Summarische Ausgangsanmeldung/Wiederausfuhrmitteilung (IWA) abgegeben werden.

Zur Abgabe der ASumA ist der Verbringer der Waren verpflichtet (ASumA-Verantwortlicher). Der Verbringer kann die Verpflichtung der Abgabe einer Ausgangs-SumA auf eine andere Person übertragen. In der ASumA ist u. a. anzugeben, welche Waren bei welcher Ausgangszollstelle ausgeführt werden sollen. Nach einer risikoorientierten Prüfung wird durch die Ausgangszollstelle ggf. eine Kontrollmitteilung übersandt. Je nach Notwendigkeit und Ergebnis einer Kontrolle wird die Überlassung oder Untersagung des Ausgangs an den ASumA-Verantwortlichen bzw. dessen Vertreter gesendet. Bei der Untersagung des Ausgangs wird zusätzlich der Grund hierfür übermittelt.

Eine Änderung der ASumA gemäß Artikel 272 UZK ist technisch nicht möglich. Sollte eine Änderung erforderlich sein, muss der ASumA-Verantwortliche eine neue ASumA mit den korrekten Daten senden bzw. eine Übersendung veranlassen. Für die ursprüngliche abgegebene ASumA ist ein Antrag auf Ungültigerklärung/Stornierung zu stellen. Automatisiert für ungültig erklärt werden ASumA, wenn nicht innerhalb von 150 Tag nach Registrierung der ASumA für mindestens ein Packstück der angemeldeten Ware der Ausgang bestätigt wurde. Änderungen sind jedoch nicht mehr zulässig, nachdem die Zollbehörden festgestellt haben, dass Angaben in der ASumA unrichtig oder unvollständig sind, oder die Zollbehörden mitgeteilt haben, dass sie eine Beschau der Ware vornehmen wollen oder die Waren bereits zum Ausgang überlassen haben.

4 Service und Erreichbarkeiten

Generalzolldirektion – Dienstort Dresden –
Stammdatenmanagement

Postfach 100761
01077 Dresden

Carusufer 3–5
01099 Dresden

Fax: 0228 303-98800
E-Mail: stammdatenmanagement@zoll.bund.de

Generalzolldirektion – Direktion VI –
Teilnehmermanagement
Dr.-Pfleger-Straße 36, 92637 Weiden i.d.OPf.
Tel.: 0961 39177-100, Fax: 0228 303-98756

Service Desk ITZBund für technische Fragen
Informationstechnikzentrum Bund
– Service Desk –
Wilhelm-Fay-Str. 11, 65936 Frankfurt am Main
Tel.: 0800 8007-5451, 022899 680-8480 oder +49 69 20971-545 (aus dem Ausland)
E-Mail: servicedesk@itzbund.de

Servicedesk Zoll für fachliche Fragen
Generalzolldirektion
Direktion II
– Service Desk Zoll –
Augustusburger Straße 189, 09127 Chemnitz
Tel.: 0800 8007-5452 oder +49 228 303-26090 (aus dem Ausland), Fax: +49 228 303-97925
E-Mail: servicedesk@zoll.bund.de

5 Quellen

- ITZBund – ATLAS auf einen Blick – Informationstechnikzentrum Bund, Bonn, Februar 2020
- ITZBund – ATLAS auf URL: https://www.itzbund.de/DE/ITLoesungen/Atlas/atlas_node.html
- GZD – Direktion V – ATLAS inkl. AES. Merkblatt für Teilnehmer zum ATLAS-Release 10.2/AES-Release 3.0, Stand: Februar 2026. Generalzolldirektion – Direktion V, Hamburg 2026
- GZD – Direktion V; ATLAS – Verfahrensanweisung zum IT-Verfahren ATLAS, Stand: Februar 2024. Generalzolldirektion – Direktion V, Hamburg 2024
- IAA-Plus – Handbuch zur Internet-Ausfuhr-Anmeldung-Plus – Stand: Dezember 2023
- Entscheidung Nr. 70/2008/EG des Europäischen Parlaments und des Rates vom 15. Januar 2008 über ein papierloses Arbeitsumfeld für Zoll und Handel (Amtsblatt L 23/21 vom 26.1.2008)
- Europäische Kommission, Generaldirektion Steuern und Zoll (DG TAXUD), ICS2 FAQ, Version 1.0. 07.02.2019.
- Europäische Kommission, Generaldirektion Steuern und Zoll (DG TAXUD), EU guidance on air cargo security refferal protocols ICS 2, Version 1.15. 24.01.2020.
- VO (EG) Nr. 648/2005 des Europäischen Parlaments und des Rates vom 13. April 2005 zur Änderung der VO (EWG) Nr. 2913/92 zur Festlegung des Zollkodex der Gemeinschaften
- VO (EG) Nr. 1875/2006 der Kommission vom 18. Dezember 2006 zur Änderung der VO (EWG) Nr. 2454/93 mit Durchführungsvorschriften zu der VO (EWG) Nr. 2913/92 des Rates zur Festlegung des Zollkodex der Gemeinschaften

- VO (EU) Nr. 2019/632 des Europäischen Parlaments und des Rates vom 17. April 2019 zur Änderung der Verordnung (EU) Nr. 952/2013 zur Verlängerung der vorübergehenden Verwendung anderer als der im Zollkodex der Union vorgesehenen Mittel der elektronischen Datenverarbeitung
- Durchführungsbeschluss (EU) Nr. 2019/2151 der Kommission vom 13. Dezember 2019 zur Festlegung des Arbeitsprogramms für die Entwicklung und Inbetriebnahme der im Zollkodex der Union vorgesehenen elektronischen Systeme
- Durchführungsbeschluss (EU) 2023/2879 der Kommission vom 15. Dezember 2023 zur Festlegung des Arbeitsprogramms für die Entwicklung und Inbetriebnahme der im Zollkodex der Union vorgesehenen elektronischen Systeme
- Durchführungsverordnung (EU) 2023/1070 der Kommission vom 01. Juni 2023 über technische Modalitäten für die Entwicklung, Wartung und Nutzung elektronischer Systeme für den Austausch von Informationen und für die Speicherung dieser Informationen gemäß dem Zollkodex der Union
- COM(2012) 793 Mitteilung der Kommission an das Europäische Parlament, den Rat und den Europäischen Wirtschafts- und Sozialausschuss über das Zollrisikomanagement und die Sicherheit der Lieferkette. Vom 08.01.2013.
- COM(2014) 527 Mitteilung der Kommission an das Europäische Parlament, den Rat und den Europäischen Wirtschafts- und Sozialausschuss über die Strategie und den Aktionsplan der EU für das Zollrisikomanagement: Umgang mit Risiken, Erhöhung der Sicherheit der Lieferkette und Vereinfachung des Handels. Vom 21.08.2014.
- COM(2018) 39 Bericht der Kommission an das Europäische Parlament und den Rat über die Umsetzung des Zollkodex der Union und die Ausübung der Befugnis zum Erlass delegierter Rechtsakte gemäß Artikel 284. Vom 22.01.2018.
- Merkblatt zu Zollanmeldungen, summarischen Anmeldungen und Wiederausfuhrmitteilungen – Ausgabe 2024 – GZD-Z 3455-2023.00016-GZD_DV.A.22 vom 6. Dezember 2023
- UKZ: VO (EU) Nr. 952/2013 des Europäischen Parlamentes und des Rates zur Festlegung des Zollkodex der Union (Neufassung)
- UKZ-DA: Delegierte Verordnung (EU) 2015/2446 der Kommission vom 28. Juli 2015 zur Ergänzung der Verordnung (EU) Nr. 952/2013 des Europäischen Parlaments und des Rates mit Einzelheiten zur Präzisierung von Bestimmungen des Zollkodex der Union
- Delegierte Verordnung (EU) 2016/651 der Kommission vom 5. April 2016 zur Berichtigung der Delegierten Verordnung (EU) 2015/2446 zur Ergänzung der Verordnung (EU) Nr. 952/2013 des Europäischen Parlaments und des Rates mit Einzelheiten zur Präzisierung von Bestimmungen des Zollkodex der Union
- UZK-IA: Durchführungsverordnung (EU) 2015/2447 der Kommission vom 24. November 2015 mit Einzelheiten zur Umsetzung von Bestimmungen der Verordnung (EU) Nr. 952/2013 des Europäischen Parlaments und des Rates zur Festlegung des Zollkodex der Union
- UZK-TDA: Delegierte Verordnung (EU) 2016/341 der Kommission vom 17. Dezember 2015 zur Ergänzung der Verordnung (EU) Nr. 952/2013 des Europäischen Parlaments und des Rates hinsichtlich der Übergangsbestimmungen für bestimmte Vorschriften des Zollkodex der Union, für den Fall, dass die entsprechenden elektronischen Systeme noch nicht betriebsbereit sind, und zur Änderung der Delegierten Verordnung (EU) 2015/2446
- Durchführungsbeschluss (EU) 2023/2879 der Kommission vom 15. Dezember 2023 zur Festlegung des Arbeitsprogramms für die Entwicklung und Inbetriebnahme der elektronischen Systeme gemäß dem Zollkodex der Union
- https://www.zoll.de/DE/Fachthemen/Zoelle/Erfassung-Warenverkehr/Summarische-Eingangsanmeldung/Abgabe-ESumA-und-Ankunftsmeldung/abgabe_esuma-und-ankunftsmeldung_node.html
- https://www.zoll.de/DE/Fachthemen/Zoelle/ATLAS/ATLAS-EAS/IT-Verfahren-ATLAS-EAS/it_verfahren_atlas_eas_node.html
- https://www.zoll.de/DE/Fachthemen/Zoelle/ATLAS/ATLAS-WKS/atlas-wks_node.html
- https://www.zoll.de/DE/Fachthemen/Zoelle/ATLAS/ATLAS-Publikationen/Formulare/formulare_node.html
- https://www.zoll.de/DE/Fachthemen/Zoelle/ATLAS/ATLAS-IMPOST/atlas-impost_node.html
- https://taxation-customs.ec.europa.eu/customs-4/customs-security/import-control-system-2-ics2-0_de
- https://www.zoll.de/DE/Fachthemen/Zoelle/Zollanmeldung/Vereinfachungen/Weitere-Vereinfachungen/weitere-vereinfachungen_node.html

Kapitel 10 E-Commerce und elektronische Zollabfertigung[1)]

Harald Schönherr, Dresden

Im Bereich des E-Commerce leistet die elektronische Abfertigung mittels ATLAS-IMPOST einen immer größeren Beitrag für eine risikoorientierte, schnelle und sichere Abfertigung von Warensendungen aus dem Drittland. Im Jahr 2024 wurden von den 345,4 Millionen Sendungen zur Einfuhr ca. 235 Millionen mit ATLAS-IMPOST abgefertigt[2)]

1 E-Commerce

E-Commerce ist der elektronische Kauf und Verkauf von Waren und Dienstleistungen über das Internet. Die Abwicklung aller Maßnahmen erfolgt digital. Wichtige Aspekte des E-Commerce sind die Transaktionen, der Kundenservice, das Marketing und die Logistik. Merkmale sind die digitale Präsenz, also das Anbieten von Produkten oder Dienstleistungen über Websites oder andere Online-Plattformen wie Mobile-Apps und die digitalen Transaktionen, wie Kauf- und Verkaufsprozesse, welche vollständig durch digitalen Austausch von Zahlungs-, Liefer- und Rückerstattungsinformationen über das Internet angeboten werden.

2 Relevante Sachwerte für Einfuhrabgaben

Der Sachwert der Ware ist nicht der Zollwert der Ware[3)]. Bei Internetbestellungen ist die Höhe der zu entrichtenden Einfuhrabgaben vom Sachwert der jeweiligen Sendung abhängig. Nachfolgende Sachwertgrenzen gelten für Privatpersonen und Unternehmen:

Sachwert bis 150,00 €	EUSt
Sachwert über 150,00 €	Zoll, EUSt
In Sendung enthaltene VSt Waren	Zoll, EUSt, VSt
Für Geschenksendungen gilt:	
Sachwert bis 45,00 €	keine Abgaben
Sachwert 45,00 € bis 700,00 €	EUSt evtl. VSt
Sachwert über 700,00 €	Zoll, EUSt, evtl. VSt

3 IOSS – Import-One-Stop-Shop

3.1 IOSS und Einfuhrumsatzbesteuerung

Alle in die EU eingeführten Waren zu kommerziellen Zwecken unterliegen der Einfuhrumsatzbesteuerung. Dies ist vom Wert unabhängig. Vom Gesetzgeber wurde eine Sonderregelung für Fernverkäufe von aus Drittländern bzw. Drittgebieten eingeführten Gegenständen geschaffen, um eine Entrichtung der Umsatzsteuer zu erleichtern. Die Wertgrenze liegt gegenwärtig bei 150 €. Es wird Unternehmen oder handelnden Vertretern ermöglicht, die aus einem Drittland oder Drittgebiet versandte oder beförderte Gegenstände an Erwerber in der EU verkaufen und die Umsatzsteuer vom Erwerber zu erheben. Die Umsatzsteuer wird dann von dem Unternehmen oder in seinem Auftrag handelnden Vertreter über die einzige Anlaufstelle für die Einfuhr (Import One Stop Shop – IOSS) erklärt und entrichtet.

Unter diese Regelung fallen Lieferungen von Gegenständen bzw. Einfuhren:
- Gegenstände werden zum Zeitpunkt der Lieferung aus einem Drittgebiet oder Drittland versandt,
- diese Gegenstände werden in einer Sendung mit einem Sachwert von höchstens 150,00 € versandt und
- die Gegenstände werden vom Lieferer oder für dessen Rechnung an einen Erwerber in einem Mitgliedstaat der EU versandt oder befördert.

1) Kapitel ATLAS und Summarische Eingangs-/Ausgangsanmeldung
2) ZOLLJAHRESSTATISTIK 2024 – Generalzolldirektion – Stabsstelle Kommunikation – Vaclav-Havel-Platz 6, 53121 Bonn – Registriernummer 90 SAB 165, Juni 2025
3) Kapitel Freier Verkehr und besondere Verfahren, Carnet TIR, vorübergehende Verwahrung und Vereinfachungen

3.2 IOSS – Rechtsgrundlagen

§ 18k UStG
Besonderes Besteuerungsverfahren für Fernverkäufe von aus dem Drittlandsgebiet eingeführten Gegenständen in Sendungen mit einem Sachwert von höchstens 150 €.

Das Verfahren Import-One-Stop-Shop ist eine Sonderregelung auf dem Gebiet der Umsatzsteuer und richtet sich an Unternehmer, die Fernverkäufe von aus dem Drittlandsgebiet eingeführten Gegenständen in Sendungen mit einem Sachwert von höchstens 150 EUR tätigen. Sie ermöglicht es Unternehmern oder in ihrem Auftrag handelnden Vertretern gemäß § 18k UStG die ausgeführten Umsätze, die unter diese Sonderregelung fallen, in einer Steuererklärung zentral an das Bundeszentralamt für Steuern zu übermitteln. Unabhängig von der Anwendung dieser Sonderregelung müssen die Zollförmlichkeiten für in die EU eingeführte Waren mit geringem Wert erfüllt werden (IMPOST). Das IOSS ermöglicht eine einfache und zollfreie Einfuhr sowie eine einheitliche MwSt-Erklärung für diese Fernverkäufe.

Artikel 221 UZK-IA
Für die Überführung von Waren in ein Zollverfahren zuständige Zollstelle (Artikel 159 des Zollkodex)

(4) Ab dem in Artikel 4 Absatz 1 Unterabsatz 4 der Richtlinie (EU) 2017/2455 genannten Zeitpunkt ist die Zollstelle, die für die Überlassung von Waren in den zollrechtlich freien Verkehr zuständig ist, die in einer Sendung enthalten sind, für die eine Befreiung von den Einfuhrabgaben gemäß Artikel 23 Absatz 1 oder Artikel 25 Absatz 1 der Verordnung (EG) Nr. 1186/2009 im Rahmen einer anderen Mehrwertsteuerregelung als der Sonderregelung für Fernverkäufe von aus Drittgebieten oder Drittländern eingeführten Waren nach Titel XII Kapitel 6 Abschnitt 4 der Richtlinie 2006/112/EG gilt, eine Zollstelle in dem Mitgliedstaat, in dem die Versendung oder Beförderung der Waren endet.

Artikel 23 Verordnung (EG) Nr.1186/2009
(1) Von den Eingangsabgaben befreit sind vorbehaltlich des Artikels 24 Sendungen von Waren mit geringem Wert, die unmittelbar aus einem Drittland an einen Empfänger in der Gemeinschaft versandt werden.

(2) Als „Waren mit geringem Wert" im Sinne von Absatz 1 gelten Waren, deren Gesamtwert je Sendung 150 € nicht übersteigt

Artikel 25 Verordnung (EG) Nr.1186/2009
Von den Eingangsabgaben befreit sind vorbehaltlich der Artikel 26 und 27 Waren, die in Sendungen von einer Privatperson aus einem Drittland an eine andere Privatperson im Zollgebiet der Gemeinschaft gerichtet werden, sofern es sich um Einfuhren handelt, denen keine kommerziellen Erwägungen zugrunde liegen.

Gemäß Art. 221 Abs. 4 UZK-IA können Zollanmeldungen, für die eine außertarifliche Zollbefreiung gem. Art. 23 und 25 ZollbefreiungsVO gilt, d.h. Sendungen bis 150 € und Geschenke bis 45 €, in dem Mitgliedstaat, in dem die Beförderung endet, abgegeben werden.

§ 13a UStG
(1) Steuerschuldner ist in den Fällen…
7. des § 18k neben dem Unternehmer der im Gemeinschaftsgebiet ansässige Vertreter, sofern ein solcher vom Unternehmer vertraglich bestellt und dies der Finanzbehörde nach § 18k Absatz 1 Satz 2 angezeigt wurde. Der Vertreter ist gleichzeitig Empfangsbevollmächtigter für den Unternehmer und dadurch ermächtigt, alle Verwaltungsakte und Mitteilungen der Finanzbehörde in Empfang zu nehmen, die mit dem Besteuerungsverfahren nach § 18k …… .

3.3 IOSS – Teilnehmer und Vertreter

Eine Teilnahme an der Sonderregelung ist zulässig für:
- inländische Unternehmer,
- nicht im Gemeinschaftsgebiet ansässige Unternehmer, wenn die EU mit dem Drittland, in dem sie ansässig sind, ein Abkommen über gegenseitige Amtshilfe geschlossen hat (z.Zt. nur Norwegen),

- nicht im Gemeinschaftsgebiet ansässige Unternehmer, wenn sie einen im Inland ansässigen Vertreter vertraglich bestellt und dies dem Bundeszentralamt für Steuern angezeigt haben
- im übrigen Gemeinschaftsgebiet ansässige Unternehmer, wenn sie einen im Inland ansässigen Vertreter vertraglich bestellt und dies dem Bundeszentralamt für Steuern angezeigt haben

Ein Vertreter im Sinne der Sonderregelung ist eine im Inland ansässige Person, die von dem Unternehmer, der Fernverkäufe von aus dem Drittlandsgebiet eingeführten Gegenständen tätigt, als Steuerschuldner (§ 13a UStG) benannt wird und die Verpflichtungen gemäß der Sonderregelung Import-One-Stop-Shop im Namen und für Rechnung des Unternehmers erfüllt.

4 IMPOST – Importabfertigung von Post- und Kuriersendungen

4.1 ATLAS – IMPOST Anwendung

Am 1. Juli 2021 ist in der EU die zweite Stufe des Mehrwertsteuer-Digitalpakets in Kraft getreten. Die neuen Regelungen führen zu erheblichen Veränderungen bei der Umsatzsteuer und wurden mit dem Jahressteuergesetz in deutsches Recht umgesetzt. Parallel dazu wurden Änderungen im Zollrecht vorgenommen, was grundsätzlich die Abgabe elektronischer Zollanmeldungen notwendig macht.

Regelungen von Art. 143a UZK-DA wurden umgesetzt, indem die Fachanwendung IMPOST (Importabfertigung von Post- und Kuriersendungen) entwickelt und eingeführt wurde. Damit ist die zoll- und einfuhrumsatzsteuerrechtliche Anmeldung von geringwertigen Sendungen bis zu 150 € möglich.

ATLAS-IMPOST ermöglicht sowohl Unternehmen als auch Privatpersonen, die keine Vertretung in Anspruch nehmen, die elektronische Anmeldung selbst vorzunehmen, um Zollanmeldungen abzugeben, Abgabenbescheide zu empfangen und Informationen mit der Zollverwaltung elektronisch auszutauschen.

4.2 Zollanmeldung für Sendungen von geringem Wert – Artikel 143a UZK-DA

Zollanmeldung für Sendungen von geringem Wert (Artikel 6 Absatz 2 des Zollkodex)

(1) Ab dem in Artikel 4 Absatz 1 Unterabsatz 4 der Richtlinie (EU) 2017/2455 genannten Datum kann eine Person eine Zollanmeldung zur Überlassung zum zollrechtlich freien Verkehr mit dem spezifischen Datensatz gemäß Anhang B für eine Sendung abgeben, die gemäß Artikel 23 Absatz 1 oder Artikel 25 Absatz 1 der Verordnung (EG) Nr. 1186/2009 von den Eingangsabgaben befreit ist, sofern die Waren in dieser Sendung keinen Verboten und Beschränkungen unterliegen.

(2) Abweichend von Absatz 1 darf der spezifische Datensatz für Sendungen von geringem Wert in folgenden Fällen nicht verwendet werden:
a) Überlassung zum zollrechtlich freien Verkehr von Waren, deren Einfuhr gemäß Artikel 143 Absatz 1 Buchstabe d der Richtlinie 2006/112/EG von der Mehrwertsteuer befreit ist und die gegebenenfalls in einem Verfahren der Steueraussetzung gemäß Artikel 17 der Richtlinie 2008/118/EG befördert werden;

b) Wiedereinfuhr mit Überlassung zum zollrechtlich freien Verkehr von Waren, deren Einfuhr gemäß Artikel 143 Absatz 1 Buchstabe d der Richtlinie 2006/112/EG von der Mehrwertsteuer befreit ist und die gegebenenfalls in einem Verfahren der Steueraussetzung gemäß Artikel 17 der Richtlinie 2008/118/EG befördert werden.

4.3 ATLAS – IMPOST Nichtanwendbarkeit

ATLAS-IMPOST ist nicht anwendbar für Waren, die Verboten und Beschränkungen (VuB) unterliegen. Waren unterliegen insbesondere dann VuB, wenn deren Einfuhr verboten ist oder der Zollstelle Unterlagen wie Genehmigungen, Lizenzen oder andere Dokumente vorgelegt werden müssen. In diesem Zusammenhang ist darauf hinzuweisen, dass Prüfung und Einhaltung der gesetzlichen Vorgaben dem zollrechtlichen Anmelder obliegen. Dies bezieht sich auch auf eine eventuelle Konsultation des BAFA[4)].

4) Kapitel BAFA – Bundesamt für Wirtschaft und Ausfuhrkontrolle

4.4 APK – Anmeldungen von Post- und Kuriersendungen mit einem Warenwert von bis zu 150 €

Für ATLAS-Teilnehmer[5] steht die APK (Anmeldungen von Post- und Kuriersendungen mit einem Warenwert bis zu 150 €) zur Verfügung. APK können vor oder nach Gestellung abgegeben werden. Im Rahmen der APK kann sich auf die Gestellungsmitteilung Bezug genommen werden. Post-, Kurier- und andere Sendungen bis 150 € sind mit dem EU-Code C07 zu referenzieren, Geschenksendungen von Privatperson zu Privatperson bis 45 € sind mit dem EU-Code C08 anzumelden. Details dazu entnehmen Sie dem Merkblatt für ATLAS Teilnehmer Release 10.0.

4.5 IPK – Internetanmeldung für Post- und Kuriersendungen mit einem Warenwert von bis zu 150 €

Privatpersonen und Unternehmen, die nicht am ATLAS-Teilnehmerverfahren teilnehmen, können die Internet-Post- und Kuriersendungsanmeldung (IPK) bis 150 € sowie die IZA[6] nutzen. Die IPK wird durch die Zollverwaltung über das Zoll-Portal zur Verfügung gestellt. Voraussetzung ist eine Registrierung bzw. Anmeldung für Privatpersonen und Unternehmen. Für die Registrierung im Zoll-Portal wird ein ELSTER-Zertifikat bzw. der elektronische Personalausweis (eID) benötigt. Post-, Kurier- und andere Sendungen bis 150 € beziehen sich auf den EU-Code C07, Geschenksendungen von Person zu Privatperson bis 45 € sind mit dem EU-Code C08 anzumelden.

5 IOSS und ATLAS – IMPOST

Mit ATLAS-IMPOST können Unternehmen und Privatpersonen, die sich bei der zoll- und einfuhrumsatzsteuerrechtlichen Abwicklung nicht vertreten lassen, elektronisch Informationen austauschen. Gemäß Art. 221 Abs. 4 UZK-IA können Zollanmeldungen, für die eine Abgabenbefreiung nach Artikel 23 oder 25 der Zollbefreiungsverordnung gilt, nur im Bestimmungsland der Ware abgegeben werden.

Eine Ausnahme gilt für Anmeldungen unter Verwendung der IOSS. Mit ATLAS-IMPOST können bei Verwendung des IOSS auch Anmeldungen für Empfänger in anderen Mitgliedstaaten abgegeben werden. IOSS kann nicht für alle Sendungen genutzt werden, z.B. Lieferungen an Unternehmen sowie Geschenksendungen von Privatpersonen an Privatpersonen gemäß Artikel 25 ZollbefreiungsVO; hier ist IOSS nicht anwendbar.

6 Quellenangaben und weiterführende Literatur

- Umsatzsteuergesetz in der Fassung der Bekanntmachung vom 21.02.2005 (BGBl. I S. 386), zuletzt geändert durch Gesetz vom 02.12.2024 (BGBl. I S. 387) m.W.v. 01.01.2025
- ZOLLJAHRESSTATISTIK 2024 – Generalzolldirektion – Stabsstelle Kommunikation – Vaclav-Havel-Platz 6, 53121 Bonn – Registriernummer 90 SAB 165, Juni 2025
- Verordnung (EG) Nr. 1186/2009 des Rates vom 16. November 2009 über das gemeinschaftliche System der Zollbefreiungen
- Verordnung (EU) Nr. 952/2013 vom 9. Oktober 2013 zur Festlegung des Zollkodex der Union (UZK)
- Verordnung (EU) 2015/2446 vom 28. Juli 2015 zur Ergänzung des UZK und Verordnung (EU) 2016/651 vom 5. April 2016 zur Berichtigung der Delegierten Verordnung (DA)
- Verordnung (EU) 2015/2447 vom 24. November 2015 mit Einzelheiten zur Umsetzung der Bestimmungen des UZK-IA
- Merkblatt für Teilnehmer zum ATLAS-Release 10.1 – Stand: November 2024
- Verfahrensanweisung zum IT-Verfahren ATLAS – Stand: Februar 2024

5) Kapitel ATLAS und Summarische Eingangs-/Ausgangsanmeldung
6) IZA – Internetzollanmeldung – Mit der IZA können auch eingeführte Waren mit einem Wert von mehr als 150 € angemeldet werden.

Kapitel 11 Freier Verkehr, besondere Verfahren, Carnet TIR, vorübergehende Verwahrung und bewährte Vereinfachungen

Harald Schönherr, Dresden

1 Überblick Zollverfahren

Zollverfahren sind zollrechtliche Warenbehandlungen bei der Einfuhr oder Ausfuhr von Waren. Für die Anwendung bestimmter Zollverfahren ist eine Bewilligung erforderlich[1]. In diese Zollverfahren können Waren nach dem UZK überführt werden[2]:
- Überlassung zum zollrechtlich freien Verkehr,
- besondere Verfahren und
- Ausfuhr[3].

Besondere Verfahren sind[4]:
a) Versand – externer und interner Versand,
b) Lagerung – Zolllager und Freizonen,
c) Verwendung – vorübergehende Verwendung und Endverwendung,
d) Veredelung – aktive und passive Veredelung.

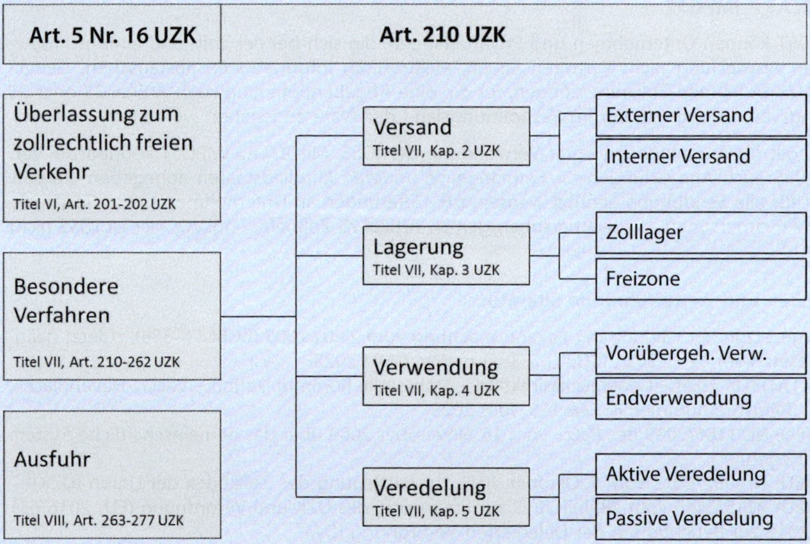

2 Zollrechtlicher Status von Waren[5]

Im Zusammenhang mit den Zollverfahren muss der zollrechtliche Status von Waren berücksichtigt werden. Es werden, bis auf zwei Ausnahmen, Nicht-Unionswaren[6] in ein Zollverfahren überführt. Die Aus-

1) Kapitel Bewilligungen und Bewilligungsvoraussetzungen
2) Artikel 5 Nr. 16 UZK und Artikel 210 UZK
3) Kapitel Zollverfahren Ausfuhr – Verbringen von Waren aus dem Zollgebiet
4) Artikel 210 UZK
5) Artikel 5 Nr. 22 UZK
6) Artikel 5 Nr. 24 UZK

nahmen bilden das Ausfuhrverfahren[7] und das interne Versandverfahren[8]. In beiden Verfahren werden keine Nicht-Unionswaren, sondern Unionswaren in das Zollverfahren überführt.

Der zollrechtliche Status ist der Status von Waren als Unionswaren oder Nicht-Unionswaren. Unionswaren sind Waren, die:

a) im Zollgebiet der Union vollständig gewonnen oder hergestellt wurden und bei deren Herstellung keine aus Ländern oder Gebieten außerhalb des Zollgebiets der Union eingeführte Waren verwendet wurden,
b) aus Ländern oder Gebieten außerhalb des Zollgebiets der Union in dieses Gebiet verbracht und zum zollrechtlich freien Verkehr überlassen wurden,
c) im Zollgebiet der Union entweder ausschließlich aus Waren nach Buchstabe b oder aus Waren nach den Buchstaben a und b gewonnen oder hergestellt wurden[9].

Demzufolge sind Nicht-Unionswaren andere als die vorstehend genannten Waren bzw. Waren, die den zollrechtlichen Status als Unionswaren verloren haben[10].

3 Überlassung zum zollrechtlich freien Verkehr

Bei Überlassung von aus einem Drittland eingeführten Waren zum zollrechtlich freien Verkehr[11] wechselt der zollrechtliche Status von Nicht-Unionsware in Unionsware. Dieses Zollverfahren kommt zur Anwendung, wenn Nicht-Unionsware im Zollgebiet der EU[12] verbleiben und in den gemeinschaftlichen Wirtschaftskreislauf übergehen soll. Bei Erfordernis sind handelspolitische Maßnahmen[13] anzuwenden sowie Verbote und Beschränkungen durchzusetzen.

Sollte es erforderlich sein, werden im Rahmen der zollamtlichen Warenbehandlung Muster oder Proben entnommen. Dies wird dem zollrechtlichen Anmelder bzw. seinem Vertreter mitgeteilt, weil ein Rechtsanspruch besteht, bei der Probenentnahme anwesend zu sein[14]. Es werden jeweils eine Untersuchungs- und eine Rückstellprobe zur eventuellen Gegenanalyse entnommen. Möglicherweise Kosten trägt der Anmelder[15].

Nach Beendigung des Verfahrens darf der Wirtschaftsbeteiligte frei über die Ware verfügen. Im Regelfall setzt dies die Entrichtung der angefallenen Einfuhrabgaben voraus, welche sich aus Zöllen, Einfuhrumsatzsteuer und Verbrauchsteuer zusammensetzen können[16].

Die Überlassung zum zollrechtlich freien Verkehr besteht im Wesentlichen aus der Zollanmeldung, der Annahme dieser Zollanmeldung durch die Zollstelle, Überprüfung der Unterlagen und der Waren, Fertigung des Zollbefundes sowie der Berechnung der Einfuhrabgaben. Den Schwerpunkt der Abgabenberechnung bildet die Ermittlung des Zollwerts. Es handelt sich dabei in den meisten Fällen um den Transaktionswert, also den tatsächlich gezahlten oder zu zahlenden Preis für eingeführte Waren, bei einem Verkauf zur Ausfuhr in die EU[17].

Die Ermittlung des Zollwerts auf Grundlage des Transaktionswerts ist die wichtigste und in der Praxis mit Abstand gebräuchlichste Methode. Beim Transaktionswert handelt es sich um den Preis, der bei einem Verkauf zur Ausfuhr in das Zollgebiet der Union tatsächlich gezahlt oder zu zahlen ist, mit erforderlichen Anpassungen[18].

---

7) Kapitel Zollverfahren Ausfuhr – Verbringen von Waren aus dem Zollgebiet
8) Artikel 227 UZK
9) Artikel 5 Nr. 23 UZK
10) Artikel 5 Nr. 24 UZK
11) Artikel 201 ff. UZK
12) Artikel 4 UZK
13) Artikel 5 Nr. 36 UZK
14) Artikel 189 Absatz 2 UZK
15) Artikel 189 Absatz 1 und 2 UZK
16) Kapitel Bewilligung und Bewilligungsvoraussetzungen – Bewilligung Gesamtsicherheit
17) Artikel 70 UZK
18) Artikel 70 ff. UZK

Die Schritte und Reihenfolge zur Einfuhrabgabenberechnung sind nachfolgend mit entsprechenden Hinweisen aufgeführt.

Schritte der Einfuhrabgabenberechnung	Hinweise
1. Ermittlung des Zollwertes	Berücksichtigung – Warenwert – Frachtkosten außergemeinschaftlich – Versicherungen, Maklergebühren u.a.
2. Berechnung Zollbetrag	Zollwert × Zollsatz
3. Ermittlung der Beförderungskosten	(Fracht-, Lade-, Lagerkosten) in der EU bis zum Bestimmungsort (sofern nicht im Zollwert enthalten)
4. Ermittlung anderer Abgaben	– Verbrauchsteuer – Agrarzölle u.a.
5. Berechnung des EUSt-Wertes	Σ Zollwert + Zollbetrag + (Beförderungskosten) + (andere Abgaben) Σ 1 + 2 + (3)+ (4)
6. Berechnung des EUSt-Betrages	EUSt-Wert × EUSt-Satz (19 % oder 7 %)
7. Berechnung Gesamteinfuhrabgaben	Σ Zollbetrag + EUSt-Betrag Σ2 + (4) + 6

In bestimmten Fällen können Waren aufgrund ihres besonderen Zwecks abgabenfrei oder zu einem ermäßigten Abgabensatz zum zollrechtlich freien Verkehr überlassen werden. Dazu ist im UZK die Bezeichnung „Endverwendung“ als Unterart der Verwendung aufgenommen worden[19)]. Eine außertarifliche Zollbefreiung ist u.a. die Rückwarenanmeldung[20)]. Weitere Zollbefreiungen sind in der Zollbefreiungsverordnung festgelegt[21)]. Zollanmeldungen von Sendungen mit geringem Wert sind ebenfalls zu berücksichtigen[22)].

4 Besondere Verfahren und Carnet TIR

Von wirtschaftlicher Bedeutung sind in der EU die besonderen Verfahren. Das sind der Versand (externer und interner Versand), die Lagerung (Zollager und Freizonen) die Verwendung (Vorübergehende Verwendung und Endverwendung) und die Veredelung (aktive Veredelung und passive Veredelung)[23)]. Eine Inanspruchnahme dieser Verfahren bedarf einer Bewilligung[24)]. Die besonderen Verfahren enden durch Überführung in die Überlassung zum zollrechtlich freien Verkehr, die Ausfuhr oder durch eine Schlussbehandlungen wie Verwertung, Zerstörung, Einziehung und Veräußerung[25)]. Bewilligungen[26)] binhalten insbesondere das Führen von Aufzeichnungen[27)], die Erledigung[28)], die üblichen Behandlungen[29)], den Einsatz von Ersatzwaren[30)] u.a.

19) Artikel 254 UZK
20) Artikel 203 ff. UZK
21) VO (EG) Nr. 1186/2009
22) Kapitel E – Commerce und elektronische Zollabfertigung und Artikel 23 VO (EG) Nr. 1186/2009
23) Artikel 210 UZK
24) Artikel 211 UZK
25) Artikel 197 ff. UZK
26) Artikel 211 UZK und Kapitel Bewilligungen und Bewilligungsvoraussetzungen
27) Artikel 214 UZK
28) Artikel 215 UZK
29) Artikel 220 UZK
30) Artikel 223 UZK

Da es sich beim Carnet TIR um ein internationales Versandverfahren handelt[31] wird es im Zusammenhang mit den Versandverfahren auf Rechtsgrundlage des UZK[32] aufgeführt.

4.1 Versand (extern und intern) und Carnet TIR

Der Versand ist den besonderen Verfahren zugeordnet[33]. Es wird zwischen externem und internem Versand unterschieden. Im externen Versand werden Nicht-Unionswaren zwischen zwei innerhalb des Zollgebiets der Union gelegenen Orten befördert. Es werden keine Einfuhrabgaben oder sonstige Abgaben erhoben und handelspolitische Maßnahmen angewendet[34].

Im internen Versand werden Unionswaren zwischen zwei innerhalb des Zollgebiets der Union gelegenen Orten ohne Änderung ihres zollrechtlichen Status über ein anderes, außerhalb des Zollgebiets gelegenes Land oder Gebiet befördert[35]. Die Beförderung kann gemäß Artikel 227 Absatz 2, Buchstaben b und c UZK nach dem TIR-Übereinkommen bzw. nach dem ATA-Übereinkommen/Übereinkommen von Istanbul erfolgen[36].

Die meisten Waren, die sich im Versandverfahren befinden, sind für Empfänger im Zollgebiet bestimmt. Das Versandverfahren bietet die Möglichkeit, die Verzollung am endgültigen Bestimmungsort der Waren vorzunehmen. Es kann auch dazu dienen, anschließend in andere Zollverfahren (z.B. das Zolllagerverfahren) zu überführen. Inhabern des Verfahrens, Beförderer und Warenempfänger hinsichtlich der im Unionsversand beförderten Waren, sind bestimmte Pflichten auferlegt[37].

Seit dem 1. Januar 2021 ist das gemeinsame Versandverfahren für das Vereinigte Königreich anwendbar. Es dürfen Unionswaren in oder durch das Vereinigte Königreich befördert werden. Ebenfalls sind Transporte aus dem Vereinigten Königreich in die EU im Rahmen des Versandverfahrens möglich. Für Transporte aus der EU in oder durch das Vereinigte Königreich sowie aus dem Vereinigten Königreich in die EU ist ebenfalls die Anwendung des Carnet TIR-Verfahrens möglich.

Das TIR-Verfahren (Transports Internationaux Routiers) dient der Erleichterung des internationalen Warentransports mit Straßenfahrzeugen. Es vereinfacht die zu erfüllenden Förmlichkeiten im grenzüberschreitenden Verkehr. Praktisch durchführbar ist ein Versandverfahren mit Carnet TIR in den Ländern, die über national zugelassene, bürgende Verbände verfügen. Insgesamt 77 Vertragsparteien nutzen das TIR System[38].

Im TIR-Verfahren müssen die Waren von einem international anerkannten Zolldokument (Carnet TIR) begleitet werden. Dieses muss im Abgangsland eröffnet worden sein und dient als Kontrolldokument im Abgangs-, Transit- und Bestimmungsland.

Das Carnet TIR wird von der in Genf ansässigen Internationalen Straßentransportunion (IRU-International Road Transport Union bzw. Union Internationale des Transports Routiers) herausgegeben. Ausgegeben wird es an Verwender durch die angeschlossenen nationalen Verbände, die von den Zollverwaltungen ermächtigt werden.

In der Bundesrepublik erfolgt die Abgabe des Carnet TIR über die Landesorganisationen des Bundesverbandes Güterkraftverkehr, Logistik und Entsorgung (BGL) e.V. in Frankfurt am Main und die Arbeitsgemeinschaft zur Förderung und Entwicklung des internationalen Straßenverkehrs (AIST) e.V. in Berlin.

31) Rechtsgrundlage: Beschluss des Rates vom 28. Mai 2009 über die Veröffentlichung einer konsolidierten Fassung des Zollübereinkommens über den internationalen Warentransport mit Carnets TIR (TIR-Übereinkommen) vom 14. November 1975 mit den seither vorgenommenen Änderungen
32) Artikel 226 ff. UZK
33) Artikel 5 Nr.16 i.V.m. Art. 210 Buchstabe a) UZK
34) Artikel 226 UZK
35) Artikel 227 UZK
36) Vgl. Artikel 227 Absatz 2, Buchstaben b und c UZK und TIR-Übereinkommen
37) Artikel 233 UZK
38) Stand 2025

Seit Januar 2009 ist für die Beförderungsstrecke in der EU die elektronische Übermittlung der Daten des TIR-Verfahrens an die zuständige Zollstelle durch den Inhaber des Carnet TIR und die elektronische Datenübermittlung zwischen den Zollstellen festgelegt. Dabei erfolgt die Übermittlung der Daten eines TIR-Verfahrens an die Abgangszollstelle/ Eingangszollstelle durch den Carnet TIR Inhaber ausschließlich im Rahmen der Teilnehmereingabe oder mit einer Internet-Versandanmeldung TIR[39).

Das Carnet ATA (Admission Temporaire) dient der vorübergehenden Einfuhr von Gebrauchsgütern im internationalen Handel unter Abgabenaussetzung. Internationale Handelsmessen, Ausstellungen, Sportveranstaltungen und wissenschaftlich kulturelle Angelegenheiten sind bevorzugte Anwendungsgebiete für das Carnet ATA. Es handelt sich um ein Zollpassierscheinheft für eine vorübergehende Verwendung von Waren im Zusammenhang mit den genannten Anwendungsgebieten.

Durch das Carnet ATA erfolgt eine zügige Grenzabfertigung, da keine weiteren Ausfuhr-/Einfuhrdokumente erforderlich sind. Es muss außerdem keine Zahlung und Hinterlegung von Zöllen und sonstigen Abgaben erfolgen. Für das Carnet ATA sind die örtlich zuständigen Industrie- und Handelskammern Kontaktpartner der Unternehmen.

Es gibt weitere Versandverfahren. Das Rheinmanifest findet Anwendung bei der Beförderung von Nicht-Unionswaren auf dem Rhein und den Rheinwasserstraßen. Der NATO-Versandschein wird bei der Beförderung von Waren der NATO-Streitkräfte eingesetzt.

4.2 Lagerung (Zolllager und Freizonen)[40)]

Nicht-Unionsware darf in einem Zolllager – das sind zugelassene (Lager-)Orte im Zollgebiet der Union – für unbegrenzte Zeit gelagert werden[41)].

Es werden keine Einfuhrabgaben erhoben und keine handelspolitischen Maßnahmen angewendet. Durch diese Möglichkeit können Waren, die noch keiner zollrechtlichen Bestimmung zugeführt wurden, gelagert werden. Dasselbe gilt bei Transitware zu, die unverzollt bis zu ihrer Wiederausfuhr eingelagert wird. Zolllager können entweder von jedermann („öffentliche Zolllager") oder vom Inhaber der Zolllagerbewilligung („private Zolllager") zur Zolllagerung von Waren genutzt werden. In diesem Zusammenhang wird zwischen Bewilligungsinhaber und Inhaber des Verfahrens unterschieden. Bewilligungsinhaber ist die zum Betrieb des Zolllagers befugte Person. Inhaber des Verfahrens ist die Person, die durch die Zollanmeldung zur Überführung von Waren in das Zolllagerverfahren verpflichtet wird[42)].

Es wird unterschieden in[43)]:
- öffentliche Zolllager Typ I,
- öffentliche Zolllager Typ II,
- öffentliche Zolllager Typ III und
- private Zolllager.

Öffentliche Zolllager Typ I sind öffentliche Zolllager, bei denen die Verantwortlichkeiten sowohl dem Bewilligungsinhaber als auch dem Inhaber des Verfahrens obliegen. Öffentliche Zolllager Typ II sind öffentliche Zolllager, bei denen die Verantwortlichkeiten dem Inhaber des Verfahrens obliegen. Öffentliche Zolllager Typ III werden von den Zollbehörden betrieben. Private Zolllager dienen der Lagerung von Waren durch den Bewilligungsinhaber, der gleichzeitig Inhaber des Verfahrens sein muss. Auf Eigentumsverhältnisse kommt es dabei jedoch nicht an. Meist werden durch einen Spediteur Waren anderer Eigentümer in ein ihm bewilligtes Zolllager überführt. Private Zolllager können an mehreren Orten bewilligt werden.

39) Verfahrensanweisung zum IT-Verfahren ATLAS Stand: Februar 2024, Punkt 4.8.6 bis 4.8.10 und Kapitel ATLAS und Summarische Eingangs-/Ausgangsanmeldung
40) Rechtsgrundlagen sind: Artikel 210 bis 225, 237 bis 242 UZK sowie Artikel 201 bis 203 UZK-DA
41) Artikel 240 UZK
42) Artikel 5 Nr. 35 UZK
43) Artikel 203 UZK-DA

Freizonen bieten ebenfalls Lagerungsmöglichkeiten[44)]. Freizonen dienen dem Umschlag und der Lagerung von Waren, wobei Zollformalitäten vermieden werden sollen. Freizonen sind vom übrigen Zollgebiet abgegrenzte Flächen, die zum Zollgebiet der EU gehören[45)]. In einer Freizone werden Nicht-Unionswaren für die Erhebung der Einfuhrabgaben und die Anwendung handelspolitischer Maßnahmen als noch nicht im Zollgebiet befindlich behandelt. Die in einer Freizone verbrachten Nicht-Unionswaren befinden sich unter zollamtlicher Überwachung[46)]. Die Lagerdauer ist in Freizonen wie bei Zolllagern nicht begrenzt[47)]. In Freizonen sind grundsätzlich alle industriellen und gewerblichen Tätigkeiten sowie alle Dienstleistungen zugelassen[48)]. In Deutschland bestehen derzeit noch zwei Freizonen, es handelt sich um Teile der Häfen in Bremerhaven und in Cuxhaven[49)].

4.3 Verwendung (vorübergehende Verwendung[50)] und Endverwendung[51)])

Werden Nicht-Unionswaren temporär befristet in die EU eingeführt und nach Verwendung unverändert wieder ausgeführt und gehen diese nicht in den Wirtschaftskreislauf der EU ein, kann die Ware in das Zollverfahren der vorübergehenden Verwendung[52)] angemeldet werden. Die vorübergehende Verwendung beinhaltet die vollständige oder teilweise Abgabenaussetzung.

Bei teilweiser Abgabenerhebung der Waren in der vorübergehenden Verwendung betragen die Einfuhrabgaben 3 % des Einfuhrabgabenbetrags, der erhoben worden wäre, wenn die Waren anstatt in die vorübergehende Verwendung zum zollrechtlichen freien Verkehr überlassen worden wären[53)]. Eine vollständige Einfuhrabgabenbefreiung wird u.a. für Berufsausrüstung, Messewaren oder für Beförderungsmittel gewährt. Maximal 24 Monate Frist werden für die vorübergehende Verwendung gewährt, wobei eine Fristverlängerung möglich ist. Es empfiehlt sich, eine beabsichtigte vorübergehende Verwendung vorab mit dem zuständigen Hauptzollamt abzuklären, weil u.a. eine Sicherheit in Höhe der Einfuhrabgaben zu leisten ist, die bei Überführung der Waren in den zoll- und steuerrechtlichen freien Verkehr normalerweise zu erheben gewesen wäre.

Die früher gebräuchliche „besondere Verwendung" – Zollanmeldung zum freien Verkehr mit Abgabenreduzierung bzw. Abgabenaussetzung – trägt im UZK die Bezeichnung Endverwendung[54)]. In der Endverwendung können Waren aufgrund ihres besonderen Zwecks abgabenfrei oder zu einem ermäßigten Abgabensatz zum zollrechtlich freien Verkehr überlassen werden[55)]. Bei der Endverwendung bleiben Waren nach der Überlassung zum zollrechtlich freien Verkehr bei Statuswechsel zur Unionsware[56)] unter zollamtlicher Überwachung. Dadurch wird gewährleistet, dass Waren der konkret bewilligten Endverwendung zugeführt werden.

4.4 Veredelung (aktiv[57)] und passiv[58)])

Als Veredelungsvorgänge gelten die Bearbeitung von Waren einschließlich der Montage, der Zusammensetzung und des Anbringens an andere Waren, die Verarbeitung von Waren, die Zerstörung von Waren,

44) Artikel 243 UZK
45) ebenda
46) Artikel 134 UZK
47) Artikel 238 UZK
48) Artikel 244 Absatz 2 UZK
49) Stand 2025
50) Artikel 210 Buchstabe c, Artikel 250 bis 252 UZK, Artikel 204 bis 238 UZK-DA und Artikel 322 sowie 323 UZK-IA
51) Einfuhrabgabenbegünstigungen ergeben sich aus dem Zolltarif oder anderen Vorschriften (außertariflich)
52) Artikel 250 ff. UZK
53) Artikel 252 Absatz 1 UZK
54) Artikel 254 UZK
55) Artikel 254 Absatz 1 UZK
56) Artikel 201 Absatz 3 UZK
57) Artikel 210 bis 225, 255 bis 258 UZK, Artikel 161 bis 183, 240, 241 UZK-DA, Artikel 258 bis 271 und 324 bis 325 UZK-IA
58) Titel VII, Kapitel 1 und Kapitel 5 Abschnitt 1 und 3 UZK, Titel VII Kapitel 1 und 5 UZK-DA sowie Titel VII Kapitel 1 Abschnitte 2 und 3 UZK-IA

die Ausbesserung von Waren einschließlich ihrer Instandsetzung und Regulierung sowie die Verwendung von Waren, die nicht in die Veredelungserzeugnisse eingehen, sondern die Herstellung der Veredelungserzeugnisse ermöglichen oder erleichtern, selbst wenn sie hierbei vollständig oder teilweise verbraucht werden[59].

Im Rahmen der aktiven Veredelung werden Nicht-Unionswaren im Zollgebiet der Union Veredelungsvorgängen unterzogen, ohne dass Einfuhrabgaben oder andere Abgaben erhoben oder handelspolitische Maßnahmen zur Anwendung gebracht werden[60].

Die aktive Veredelung ist beendet, wenn unveredelte oder veredelte Waren in ein anschließendes Zollverfahren[61] überführt, aus dem Zollgebiet der Union verbracht, zerstört oder zugunsten der Staatskasse aufgegeben werden[62].

Für die Zollpraxis ist die Möglichkeit bedeutsam, dass Nicht-Unionswaren, die nach Veredelung im Zollgebiet der Union verbleiben sollen, in zolltariflich günstigere Waren umgewandelt werden können, bevor sie zum zollrechtlich freien Verkehr angemeldet bzw. überlassen werden[63].

Die passive Veredelung bildet das Gegenstück zur aktiven Veredelung. Im Rahmen der passiven Veredelung können Unionswaren zur Durchführung von Veredelungsvorgängen vorübergehend aus dem Zollgebiet der Union ausgeführt werden[64]. Die aus diesen Waren entstandenen Veredelungserzeugnisse können bei der Einfuhr unter vollständiger oder teilweiser Befreiung von Einfuhrabgaben in den zollrechtlich freien Verkehr überführt werden. Bei der passiven Veredelung wird bei der Wiedereinfuhr der veredelten Erzeugnisse nicht die volle Einfuhrabgabenlast berücksichtigt. Im Rahmen der Verzollung der Veredelungserzeugnisse werden die enthaltenen Unionswaren berücksichtigt. Im Rahmen des Besteuerungsverfahrens ist die Mehrwertverzollung anzuwenden[65].

Die passive Veredelung läuft in drei Etappen ab:
- Unionswaren werden vorübergehend aus der EU ausgeführt,
- Veredelungsvorgänge werden im Drittland durchgeführt und
- nach Wiedereinfuhr werden die Waren bei vollständiger oder teilweiser Befreiung von Einfuhrabgaben zum zollrechtlich freien Verkehr überlassen.

Zur Zollanmeldung „Überlassung zum zollrechtlich freien Verkehr" zur Erledigung der passiven Veredelung sind folgende Unterlagen und Belege erforderlich[66]:
- Ausgangsvermerk[67],
- INF2,
- Formular 0791 bei vorzeitiger Einfuhr von Ersatzerzeugnissen und
- Nachweise über die Kosten für außerhalb der EU vorgenommene Veredlungshandlungen.

Es empfiehlt sich, eine beabsichtigte Anwendung der aktiven oder passiven Veredelung vorab mit dem zuständigen Hauptzollamt abzuklären, weil diese beantragt und bewilligt werden muss und die Erfüllung bestimmter Voraussetzungen erfordert.

5 Vorübergehende Verwahrung

Die vorübergehende Verwahrung[68] ist kein Zollverfahren, muss aber aufgrund der gewachsenen wirtschaftlichen Bedeutung unbedingt Erwähnung finden. Gestellte Nicht-Unionswaren befinden sich ab

59) Artikel 5 Nr. 37 UZK
60) Artikel 256 UZK
61) Es ist jedes Zollverfahren zulässig, z.B. Versandverfahren, Überlassung zum zollrechtlich freien Verkehr u.a.
62) Artikel 215 UZK
63) Alte Bezeichnung in der Praxis aber noch geläufig als Umwandlungsverfahren
64) Artikel 259 UZK
65) Artikel 86 Absatz 5
66) Artikel 22 Absatz 1 UZK und Artikel 163 Absatz 1 UZK
67) Kapitel Zollverfahren Ausfuhr – Verbringen von Waren aus dem Zollgebiet
68) Artikel 144 ff. UZK

dem Zeitpunkt der Gestellung in der vorübergehenden Verwahrung[69]. Gestellte Waren sind grundsätzlich vom Anmelder zur vorübergehenden Verwahrung anzumelden[70]. Die Lagerung muss in bewilligten Verwahrungslagern oder an anderen zugelassenen Orten erfolgen. Voraussetzung für die Bewilligung ist die Leistung einer Sicherheit. Über die Lagerung von Waren sind Aufzeichnungen zu führen. Waren in der vorübergehenden Verwahrung sind innerhalb von 90 Tagen zu einem Zollverfahren anzumelden oder wiederauszuführen[71]. Der Bewilligungsantrag ist beim zuständigen Hauptzollamt zu stellen. Bedingungen, Einzelhandlungen, Voraussetzungen und Rechtsgrundlagen der vorübergehenden Verwahrung von Waren sind[72]:

- Überführung in die vorübergehende Verwahrung,
- Anmeldung zur vorübergehenden Verwahrung,
- Änderung und Ungültigerklärung einer Anmeldung zur vorübergehenden Verwahrung,
- Bedingungen und Verantwortlichkeiten für die vorübergehende Verwahrung von Waren,
- Bewilligung für den Betrieb von Verwahrungslagern,
- Beendigung der vorübergehenden Verwahrung und die
- Wahl eines Zollverfahrens.

6 Vereinfachungen bei der Überführung in ein Zollverfahren[73]

Vereinfachungen bei Überführungen in ein Zollverfahren bedürfen stets – nach Erfüllung und Prüfung der erforderlichen Bewilligungsvoraussetzungen – der Bewilligung durch die Zollverwaltung. Nachfolgend sind wesentlich mögliche Vereinfachungen aufgeführt.

6.1 Vereinfachte Zollanmeldungen

Vereinfachte Zollanmeldungen dienen einer erleichterten Abfertigung. Diese Vereinfachungen werden nur unter bestimmten, durch die Zollverwaltung bewilligenden Voraussetzungen zugelassen[74]. Bei vereinfachten Zollanmeldungen kann mit Bewilligung der Zollverwaltung auf bestimmte Angaben[75] und Unterlagen[76] verzichtet werden[77]. Die vereinfachten Zollanmeldungen können bei Einfuhr- und Ausfuhranmeldungen zur Anwendung kommen.

6.2 Anschreibung in der Buchführung des Anmelders

Bei der Anschreibung in der Buchführung des Anmelders handelt es sich die Eingabe von Anmeldedaten in das eigene Buchführungssystem des Unternehmens[78]. Die Zollanmeldung gilt als angenommen, zu dem Zeitpunkt, zu dem die Anschreibung der Waren in der Buchführung erfolgt. Die Nutzung der Anschreibung in der Buchführung ist nur nach vorheriger Bewilligung möglich.

Diese Vereinfachung darf nur bei Anschreibung in der Buchführung des Anmelders vorgenommen werden[79]. Eine Befreiung von der Gestellung mit sofortiger Überlassung im Zeitpunkt der Anschreibung ist nur für einen AEOC möglich[80]. Eine Anmeldung im Rahmen der Anschreibung in der Buchführung des Anmelders kann bei Überlassungen zum zollrechtlich freien Verkehr, Zolllager, vorübergehender Verwendung, Endverwendung, aktiver und passiver Veredelung sowie Ausfuhr und Wiederausfuhr zur Anwendung kommen[81]. Eine ergänzende Anmeldung ist ebenfalls abzugeben.

69) Artikel 144 UZK
70) Artikel 5 Nr. 11 und Artikel 15 UZK
71) Artikel 149 UZK
72) Artikel 144 bis 150 UZK
73) Kapitel Bewilligungen und Bewilligungsvoraussetzungen
74) ebenda
75) Artikel 162 UZK
76) Artikel 163 UZK
77) Artikel 166 UZK
78) Artikel 182 Absatz 1 UZK
79) Artikel 182 UZK
80) Kapitel Bewilligung zugelassener Wirtschaftsbeteiligter – Authorized Economic Operator (AEO)
81) Artikel 150 Absatz 2 UZK-DA

6.3 Vereinfachungen bei der Überführung in das Unionsversandverfahren und Beendigung des Verfahrens

Vereinfachungen bei der Überführung in das Unionsversandverfahren und Beendigung des Verfahrens beinhalten Pflichten des Inhabers des Unionsversandverfahrens, des Beförderers und des Warenempfängers hinsichtlich der im Unionsversand beförderten Waren. Es gelten – nach Bewilligung – folgende Vereinfachungen bei der Überführung und bei der Beendigung des Verfahrens[82]:

a) Status des zugelassenen Versenders: Der Inhaber der Bewilligung kann Waren in das Unionsversandverfahren überführen, ohne sie zu gestellen.
b) Status des zugelassenen Empfängers: Der Inhaber der Bewilligung kann Waren, die im Rahmen des Unionsversandverfahrens befördert werden, an einem zugelassenen Ort empfangen, womit der Versand endet,
c) Verwendung besonderer Verschlüsse, sofern das Anbringen von Verschlüssen zur Nämlichkeitssicherung der in den Unionsversand überführten Waren erforderlich ist.
d) Zollanmeldung mit verringerten Datenanforderungen für die Überführung von Waren in den Unionsversand.
e) Verwendung eines elektronischen Beförderungsdokuments als Zollanmeldung für die Überführung von Waren in den Unionsversand, sofern es die entsprechenden Angaben einer solchen Anmeldung enthält und die Angaben der Abgangs- wie auch der Bestimmungszollstelle vorliegen, um die zollamtliche Überwachung der Waren und die Erledigung des Verfahrens zu ermöglichen.

7 Sicherheitsleistung für eine möglicherweise entstehende oder eine entstandene Zollschuld[83]

Sicherheitsleistungen werden für möglicherweise entstehende oder bereits entstandene Abgaben erforderlich. Es werden Einfuhrabgaben (für die Einfuhr von Waren zu entrichtende Abgaben) und Ausfuhrabgaben (für die Ausfuhr von Waren zu entrichtende Abgaben) erhoben.

Die Höhe des Referenzbetrags[84] entspricht dem Betrag der Zollschuld (Einfuhrabgaben) und anderer entstandener Abgaben, soweit diese zur Berechnung des Referenzbetrags heranzuziehen sind. Vorsteuerabzugsberechtigte Personen und Unternehmen müssen nur den Betrag der Zollschuld (Einfuhrabgaben) absichern; die Einfuhrumsatzsteuer wird nicht berücksichtigt. Dies gilt nicht bei Versandverfahren und der grenzüberschreitenden Nutzung (z.B. Beförderungen im Zolllagerverfahren[85]).

Es sind bestimmte Voraussetzungen für die Gesamtsicherheit mehrerer Zollanmeldungen oder Zollverfahren erforderlich[86]. Reduzierungen oder Befreiungen von der Gesamtsicherheit sind möglich[87].

Ist eine Gesamtsicherheit für eine möglicherweise entstehende Zollschuld und andere eventuell entstehende Abgaben zu leisten, so kann dem Wirtschaftsbeteiligten gestattet werden, sich von der Gesamtsicherheit befreien zu lassen. Ist eine Gesamtsicherheit für eine bereits entstandene Zollschuld zu leisten, so kann bis maximal 30 % des Referenzbetrags reduziert werden. In beiden Fällen sind die Kriterien des AEOC zu erfüllen.

8 Gestellung außerhalb des Amtsplatzes

Die Gestellung[88] ist die Mitteilung an die Zollbehörden, dass Waren bei der Zollstelle oder an einem anderen von den Zollbehörden bezeichneten oder zugelassenen Ort eingetroffen sind bzw. für Zollkontrollen zur Verfügung stehen. Die zuständige Ausfuhrzollstelle darf auf Antrag[89], eine sogenannte Gestel-

82) Artikel 233 Absatz 4 UZK
83) Artikel 89 bis 98 UZK
84) Artikel 90 UZK i.V.m. Artikel 155 UZK-IA
85) Artikel 89 Absatz 2 UZK
86) Artikel 95 Absatz 1 UZK
87) Artikel 95 Absatz 2 UZK
88) Artikel 5 Nr. 33 UZK
89) Antrag auf Gestellung außerhalb des Amtsplatzes nach Artikel 115 Abs. 1 UZK-DA – Formular 0316

lung außerhalb des Amtsplatzes zulassen[90]. Es ist eine Vereinfachung, bei der Waren auf dem Gelände des Ausführers – z.B. am Verpackungsort oder an einem anderen Ort – in das Ausfuhrverfahren überführt werden können. Nimmt die Zollverwaltung Kontrollen an Orten außerhalb des Amtsplatzes vor, handelt es sich um kostenpflichtige Amtshandlungen[91].

9 Quellenangaben, gesetzliche Grundlagen und weiterführende Literatur

- Verordnung (EU) 952/2013 vom 9. Oktober 2013 zur Festlegung des Zollkodex der Union (UZK)
- Verordnung (EU) 2015/2446 vom 28. Juli 2015 zur Ergänzung des UZK und Verordnung (EU) 2016/651 vom 5. April 2016 zur Berichtigung der Delegierten Verordnung (DA)
- Verordnung (EU) 2015/2447 vom 24. November 2015 mit Einzelheiten zur Umsetzung der Bestimmungen des UZK-IA
- Verordnung (EU) 2016/341 vom 17. Dezember 2015 zur Ergänzung des UZK hinsichtlich der Übergangsbestimmungen für bestimmte Vorschriften des Zollkodex der Union, für den Fall, dass die entsprechenden elektronischen Systeme noch nicht betriebsbereit sind, und zur Änderung der Delegierten Verordnung (EU) 2015/2446 (TDA)
- Außenwirtschaftsgesetz vom 6. Juni 2013 (BGBl. I S. 1482), zuletzt geändert durch Artikel 2 des Gesetzes vom 27. Februar 2024 (BGBl. 2024 I Nr. 71)
- Außenwirtschaftsverordnung vom 2. August 2013 (BGBl. I S. 2865), zuletzt geändert durch Artikel 2 der Verordnung vom 11. Dezember 2024 (BGBl. 2024 I Nr. 411)
- Abkommen über Handel und Zusammenarbeit zwischen der Europäischen Union und der Europäischen Atomgemeinschaft einerseits und dem Vereinigten Königreich Großbritannien und Nordirland andererseits – Amtsblatt der Europäischen Union – L 444/14 vom 31.12.2020
- Merkblatt zu Zollanmeldungen, summarischen Anmeldungen und Wiederausfuhrmitteilungen Ausgabe 2025 – GZD – Z 3455-2024.00019-0001-GZD_DV.A.22 vom 10. Dezember 2024
- Gellert, Weiß, UZK kompakt & praxisnah strukturiert, 3. aktualisierte Auflage 2022, Reguvis Fachmedien
- Struck, C., Gayk, A., Praxisfassung UZK, 3. Auflage, Ausgabe 4, Mendel Verlag 2024
- Beschluss des Rates vom 28. Mai 2009 über die Veröffentlichung einer konsolidierten Fassung des Zollübereinkommens über den internationalen Warentransport mit Carnets TIR (TIR-Übereinkommen) vom 14. November 1975 mit den seither vorgenommenen Änderungen
- Verordnung (EG) Nr. 1186/2009 DES RATES vom 16. November 2009 über das gemeinschaftliche System der Zollbefreiungen
- Verfahrensanweisung zum IT-Verfahren ATLAS, Stand: Februar 2024
- Merkblatt für Teilnehmer zum ATLAS-Release 10.1, Stand: November 2024
- Zollkostenverordnung vom 6. September 2009 (BGBl. I S. 3001), zuletzt geändert durch Artikel 3 der Verordnung vom 21. Oktober 2019 (BGBl. I S. 1514)

90) § 12 Absatz 4 Außenwirtschaftsverordnung

91) Kostenpflichtige Amtshandlungen nach Zollkostenverordnung vom 6. September 2009 (BGBl. I S. 3001), die zuletzt durch Artikel 3 der VO vom 21. Oktober 2019 (BGBl. I S. 1514) geändert worden ist

Kapitel 12 Zollverfahren Ausfuhr – Verbringen von Waren aus dem Zollgebiet

Harald Schönherr, Dresden

1 Allgemein

Im Zusammenhang mit dem zollrechtlichen Ausfuhrverfahren muss auf folgende Kapitel verwiesen werden, die in direktem Zusammenhang mit der zoll- und außenwirtschaftsrechtlichen Anwendung des Ausfuhrverfahrens stehen:
- Erhobene Abgaben, Einfuhr- bzw. Ausfuhrabfertigungen und Warenwerte,
- Außenwirtschaftsrecht – Grundlagen,
- Abgabenordnung – Archivierung,
- EU–Dual–Use–Verordnung (EU-Dual-Use-VO),
- Elektronischer Zolltarif (EZT), Tarifierung und verbindliche Zolltarifauskunft,
- ATLAS und summarische Eingangs-/Ausgangsanmeldungen,
- Bewilligungen und Bewilligungsvoraussetzungen,
- Bewilligung „Zugelassener Wirtschaftsbeteiligter" – Authorised Economic Operator (AEO),
- Exportkontrolle, HADDEX und ELAN K2,
- Bundesamt für Wirtschaft und Ausfuhrkontrolle,
- Embargobeschränkungen Russland, Belarus und Teilen der Ukraine – Überblick,
- Ein- und Ausfuhr von fluorierten Treibhausgasen sowie von Erzeugnissen und Einrichtungen, die diese Gase enthalten bzw. zum Funktionieren benötigen,
- Zoll-, Außenwirtschafts- und Präferenzprüfungen u.a.

Das Ausfuhrverfahren ist ein Zollverfahren[1]. Es werden Unionswaren[2] in einen Nicht-Unionsstaat verbracht. Im Gegensatz dazu werden bei einer Wiederausfuhr Nicht-Unionswaren[3] aus dem Zollgebiet der EU verbracht. Bei der Ausfuhr von Waren aus der EU kommt das Ausfuhrverfahren zur Anwendung, um eine Überwachung des Warenverkehrs mit Drittländern zu gewährleisten. Anzuwendende Rechtsgebiete dazu sind u.a. neben dem Außenwirtschaftsrecht[4] auch das europäische Zollrecht. Ca. 242 Millionen Warenabfertigungen wurden im Jahr 2024 von den Unternehmen zur Ausfuhr angemeldet und vom Zoll abgefertigt[5]. Exportseitige Anmeldungen erfolgen ausschließlich elektronisch unter Nutzung des IT-Systems ATLAS[6].

2 Rechtsgrundlagen, zoll- und auswirtschaftsrechtlicher Ausführer

Der Titel VIII des UZK beinhaltet u.a. die Rechtsgrundlagen für Ausfuhr, Wiederausfuhr, summarische Ausgangsanmeldung und Wiederausfuhrmitteilung[7]. Eine summarische Ausgangsanmeldung ist immer dann abzugeben, wenn Waren (auch vorübergehend) aus dem Zollgebiet der Union verbracht werden und keine Zollanmeldung oder Wiederausfuhranmeldung mit den sicherheitsrelevanten Daten vorliegt.

Zur Überführung von Waren in das Ausfuhrverfahren ist eine Zollanmeldung erforderlich[8].
Für die Wiederausfuhr von Nicht-Unionswaren ist die Abgabe einer Wiederausfuhranmeldung erforderlich[9].

1) Artikel 5 Nr. 16 UZK und Kapitel Zollverfahren, Carnet TIR, vorübergehende Verwahrung und Vereinfachungen
2) Artikel 5 Nr. 23 UZK
3) Artikel 5 Nr. 24 UZK
4) Kapitel Außenwirtschaftsrecht – Grundlagen
5) Kapitel Erhobene Abgaben, Einfuhr- bzw. Ausfuhrabfertigungen und Warenwerte und ZOLLJAHRESSTATISTIK 2024
6) Kapitel ATLAS und Summarische Eingangs-/Ausgangsanmeldung
7) Titel VIII Verbringung von Waren aus dem Zollgebiet der Union
8) Artikel 158 Absatz 1 UZK und Artikel 269 UZK
9) Artikel 5 Nr. 13 UZK und Artikel 270 Absatz 1 UZK

Die Abgabe der Zollanmeldung muss elektronisch erfolgen[10]. Sofern Waren einen Wert von 1 000 € bzw. eine Eigenmasse von 1 000 kg nicht überschreiten, besteht die Möglichkeit der Abgabe einer mündlichen Ausfuhranmeldung für gewerbliche Waren[11].
Zollanmeldungen zum Ausfuhrverfahren können sowohl als Standardzollanmeldungen[12] als auch als vereinfachte Zollanmeldungen[13] abgegeben werden.

Bei Warenausfuhren, deren Wert 3.000 Euro nicht übersteigt und für die keine handelspolitischen Maßnahmen, Verbote, Beschränkungen oder Embargos zu beachten sind, darf das einstufige Ausfuhrverfahren zur Anwendung kommen[14].

Bei der Ausfuhr von Waren, deren Wert 3.000 Euro übersteigt, für die handelspolitische Maßnahmen nach Außenwirtschaftsrecht bzw. Marktordnungsrecht anzuwenden sind und bei deren Ausfuhr Verbote und Beschränkungen zu beachten sind bzw. das Bestimmungsland Embargomaßnahmen unterliegt, ist das zweistufige Ausfuhrverfahren anzuwenden. Das Ausfuhrverfahren besteht aus zwei Stufen. Die erste Stufe beinhaltet die Anmeldung und Eröffnung des Ausfuhrverfahrens bei der Ausfuhrzollstelle. Die zweite Stufe beinhaltet die Gestellung und Beendigung des Ausfuhrverfahren bei der Ausgangszollstelle. Nach Beendigung des Ausfuhrverfahrens darf die Ware das Zollgebiet der EU verlassen.

Waren, die aus der EU in ein Drittland verbracht werden, unterliegen der Abgabe einer Zollanmeldung zum Ausfuhrverfahren. Dies kann mit der Vorlage von außenwirtschaftlichen Genehmigungen verbunden sein[15]. Die Überwachung angemeldeter Waren und entsprechende Zollkontrollen dienen u.a. dem Vergleich angemeldeter mit gestellten Waren. Die Zollbehörden können gegebenenfalls den Weg bestimmten, über den die Waren aus dem Zollgebiet der Union zu verbringen sind, und die hierfür einzuhaltende Frist. Beim Ausgang der Waren muss die Gestellung bei den Zollbehörden vorgenommen werden[16].

Die Gestellung zur Ausfuhr ist durch die Person vorzunehmen, die die Waren verbringt, in deren Auftrag die Verbringung erfolgt oder die die Verantwortung über die Verbringung übernommen hat[17]. Für die Ausfuhranmeldung ist die Zollstelle verantwortlich, welche für den Ort der Gestellung zuständig ist[18]. Ausnahmen hierzu gibt es[19]. Im Zollverfahren Ausfuhr obliegen bestimmte Pflichten bei der Ausfuhranmeldung und Pflichten im Rahmen der Exportkontrolle[20]. Außerdem sind die Embargobeschränkungen für Russland, Belarus und Teilen der Ukraine zu beachten[21].

Im Rahmen der zollrechtlichen Einordnung ist der Ausführer:

a) eine Privatperson, die Waren aus dem Zollgebiet der Union befördert, wenn sich diese Waren im persönlichen Gepäck der Privatperson befinden;
b) in anderen Fällen, in denen Buchstabe a nicht gilt:
   i. eine im Zollgebiet der Union ansässige Person, die befugt ist, über das Verbringen der Waren aus dem Zollgebiet der Union zu bestimmen, und dies bestimmt hat;
   ii. wenn i) keine Anwendung findet, eine im Zollgebiet der Union ansässige Person, die Partei des Vertrags über das Verbringen von Waren aus diesem Zollgebiet ist[22].

Der zollrechtliche Ausführer muss befugt sein, über das Verbringen der Waren an einen Bestimmungsort außerhalb des Zollgebiets der Union zu bestimmen und im Zollgebiet der Union ansässig sein[23].

---

10) Artikel 6 Absatz 1 UZK
11) Artikel 137 UZK-DA und Artikel 158 Absatz 2 UZK
12) Artikel 162 UZK
13) Artikel 166 und 167 UZK
14) Art. 221 Absatz 2 UZK-IA
15) Kapitel Exportkontrolle, HADDEX und ELAN K2
16) Artikel 267 UZK
17) Artikel 267 Absatz 2 UZK
18) Artikel 159 Absatz 3 UZK
19) Artikel 161a und Artikel 179 UZK
20) Kapitel Exportkontrolle, HADDEX und ELAN-K2
21) Kapitel Embargobeschränkungen Russland, Belarus und Teilen der Ukraine – Überblick
22) Artikel 1 Nr. 19 UZK-DA
23) Artikel 170 Absatz 2 UZK

Können sich die Geschäftspartner nicht auf die Person einigen, die als Ausführer auftreten kann, oder ist diese Person nicht im Zollgebiet der Union ansässig, wird der Ausführer gemäß den Zollvorschriften bestimmt. Es kann die Dual-Use-Verordnung[24)] zur Anwendung kommen.

In den außenwirtschaftsrechtlichen Bestimmungen ist der „Ausführer" jede natürliche oder juristische Person oder Personenvereinigung, die zum Zeitpunkt der Entgegennahme der Ausfuhranmeldung, Wiederausfuhranmeldung oder einer summarischen Ausgangsanmeldung Vertragspartner des Empfängers im Drittland ist und über die Versendung der Güter aus dem Zollgebiet der Union bestimmt. Wurde kein Ausfuhrvertrag geschlossen oder handelt der Vertragspartner nicht für sich selbst, gilt als Ausführer, wer über die Versendung der Güter aus dem Zollgebiet der Union tatsächlich bestimmt[25)].

Ausführer ist jede natürliche oder juristische Person oder Personengesellschaft, die zum Zeitpunkt der Ausfuhr Vertragspartner des Empfängers in einem Drittland ist und
1. über die Lieferung von Waren aus dem Inland in ein Drittland bestimmt oder
2. im Fall von Software oder Technologie über deren Übertragung aus dem Inland in ein Drittland einschließlich Bereitstellung auf elektronischem Weg in einem Drittland bestimmt.

Stehen nach dem Ausfuhrvertrag die Verfügungsrechte über die Güter einem Ausländer zu, so gilt als Ausführer die inländische Vertragspartei. Wurde kein Ausfuhrvertrag geschlossen oder handelt der Vertragspartner nicht für sich selbst, so gilt als Ausführer, wer über die Ausfuhr tatsächlich bestimmt[26)].

Die Zollpraxis kennt u.a. folgende Ausfuhrvarianten:
- Ausfuhr auf Grundlage eines Ausfuhrvertrags zwischen Verkäufer aus der EU und Käufer im Nicht-Unionsstaat,
- Ausfuhr bei Nutzung der Lieferbedingung EXW[27)],
- Ausfuhr bei Vorhandensein mehrerer Verträge,
- Einsatz von Subunternehmen,
- Ausfuhr durch Unionsfremde aus einem Warenlager,
- Ausfuhr nach üblichem Ladenverkauf,
- Produktion durch Gebietsfremde mit Dienstleistungsvertrag und
- Wiederausfuhr von Nicht-Unionswaren durch Unionsfremde.

Sollte der Ausführer nicht eindeutig bestimmt werden können, ist mit dem zuständigen Zollamt Rücksprache zu nehmen.

3 Ablauf des Ausfuhrverfahrens

Der Ablauf eines zweistufigen Ausfuhrverfahrens ist wie folgt:
- Vorabmeldung der geplanten Ausfuhr
- Abgabe der Zollanmeldung als Standardzollanmeldung oder als vereinfachte Zollanmeldung
- Warengestellung bei der Ausfuhrzollstelle bzw. an einem zugelassenen Ort
- Annahme der Zollanmeldung und Beginn der Überwachungsphase durch die Zollverwaltung
- Überlassung der Ausfuhrware
- Transport der Ausfuhrware zur Ausgangszollstelle
- Gestellung der Ausfuhrware bei der Ausgangszollstelle
- Verbringen der Ausfuhrware aus dem Zollgebiet und damit verbundener Statuswechsel in Nicht-Unionsware

24) Verordnung (EU) Nr. 2021/821 des Europäischen Parlaments und des Rates vom 20. Mai 2021 über eine Unionsregelung für die Kontrolle der Ausfuhr, der Vermittlung, der technischen Unterstützung der Durchfuhr und der Verbindung betreffend Güter mit doppeltem Verwendungszweck (Neufassung)
25) Artikel 2 Nr. 3 der VO (EU) Nr. 2021/821 (Dual-Use-VO)
26) Artikel 2 Absatz 2 AWG
27) Kapitel Incoterms® in der Praxis

Abgabe der Zollanmeldung

Die elektronische Abgabe der Ausfuhranmeldung ist erforderlich[28]. Es kann die Standardzollanmeldung[29] oder – nach Bewilligung[30] – die vereinfachte Zollanmeldung abgegeben werden[31]. Die Zollanmeldung kann bereits vor der voraussichtlichen Gestellung abgegeben werden; sie wird jedoch erst mit der Gestellung der Waren rechtswirksam[32].

Gestellung

Die Gestellung beinhaltet, dass die auszuführende Ware sich bei der zuständigen Ausfuhrzollstelle oder an einem anderen festgelegten Ort befindet und zur Beschau bereitsteht[33].

Annahme der Zollanmeldung

Die Annahme der Zollanmeldung[34] erfolgt durch die Zollbehörden unverzüglich, wenn alle Anforderungen an eine Zollanmeldung erfüllt sind und die Waren gestellt wurden. Mit der Annahme der Zollanmeldung stehen die Ausfuhrwaren bis zum Verbringen aus dem Zollgebiet der Union unter zollamtlicher Überwachung[35].

Überprüfung der Zollanmeldung

Nach angenommener Zollanmeldung kann eine Überprüfung der Ausfuhranmeldung erfolgen[36]. Die erforderlichen Unterlagen müssen nicht mehr eingereicht, aber für Anfragen der Zollbehörden bereitgehalten werden[37]. Die Überprüfung beinhaltet u.a. Verbote und Beschränkungen oder handelspolitische Maßnahmen.

Überlassung der Ausfuhrware

Der Überprüfung schließt sich die Entscheidung der Zollbehörde über die Überlassung der Ware an[38]. Sind die Voraussetzungen erfüllt, wird die Ware zur Ausfuhr überlassen. Es besteht die Verpflichtung, die zur Ausfuhr überlassenden Waren im gleichen Zustand wie angemeldet auszuführen[39].

Gestellung am Ausgang

Für die Gestellung beim Ausgang sind Formalitäten zu erfüllen[40]. Diese beinhalten die Pflicht zur Gestellung am Ausgang sowie die Verantwortlichkeiten. Diese Gestellung kann durch den Verbringer, dessen Vertreter oder durch den Beförderer erfolgen.

Statuswechsel

Es wechselt der Status von Unionsware zu Nicht-Unionsware mit dem Verbringen der Ware aus der Europäischen Union[41].

---

28) Artikel 6 Absatz 1 UZK und Artikel 158 Absatz 1 UZK
29) Artikel 162 UZK
30) Kapitel Bewilligungen und Bewilligungsvoraussetzungen
31) Artikel 166 UZK
32) Artikel 171 UZK
33) Artikel 5 Nr. 33 UZK
34) Artikel 172 UZK
35) Artikel 158 Absatz 3 UZK
36) Artikel 188 UZK
37) Artikel 163 UZK
38) Artikel 5 Nr. 26 UZK
39) Artikel 267 Absatz 4a
40) Artikel 267 und 268 UZK
41) Artikel 154 UZK

4 Vereinfachte Anmeldung und Anschreibung in der Buchführung

Vereinfachungen bzw. Verfahrenserleichterungen im Ausfuhrverfahren sind die vereinfachten Zollanmeldungen[42] und die Anschreibung in der Buchführung[43]. Aus wirtschaftlicher Sicht ist die vereinfachte Zollanmeldung eine wichtige Verfahrensvereinfachung für die Ausfuhr nach neuem Zollrecht. Eine Anmeldung in das Ausfuhrverfahren erfolgt durch Übersendung einer elektronischen vereinfachten oder vollständigen Ausfuhranmeldung an die zuständige Ausfuhrzollstelle. Die Gestellung an zugelassenen Orten ist möglich. Es erfolgt eine automatisierte Überlassung bei der Ausfuhrzollstelle. Auf Angaben bzw. Unterlagen kann verzichtet werden[44]. Vereinfachte Zollanmeldungen müssen bewilligt werden[45]. Von der vereinfachten Zollanmeldung ausgenommen sind einzelgenehmigungspflichtige Waren, lizenzpflichtige Waren und VuB-Waren[46]. Bei VuB-Waren sind Ausnahmen möglich. Die Abgabe der vereinfachten Ausfuhranmeldung kann auch außerhalb der Öffnungszeiten der Zollstelle erfolgen. Für die Inanspruchnahme der vereinfachten Zollanmeldung sind bestimmte Bewilligungsvoraussetzungen des AEOC zu erfüllen[47].

Die Anschreibung der Buchführung kann in Verbindung mit der Standardzollanmeldung als auch mit der vereinfachten Zollanmeldung genutzt werden. Nach Bewilligung durch die Zollbehörden erfolgt die Anmeldung für das Ausfuhrverfahren elektronisch und gilt durch die Anschreibung in die Buchführung als angenommen[48]. Es kann zudem ein Antrag auf „Befreiung von der Verpflichtung zur Gestellung der Waren" gestellt werden[49].
Diese Verfahrenserleichterung kann nur bewilligt werden, wenn keine summarische Ausgangsanmeldung abzugeben ist[50]. Deshalb ist sie nur auf einen eingeschränkten Warenkreis anwendbar[51]. Die Abgabe einer ergänzenden nachträglichen Sammelausfuhranmeldung ist erforderlich[52]. Die Verfahrensvereinfachung hat im Zusammenhang mit der Annahme der Zollanmeldung und der Überführung der Waren in das Ausfuhrverfahren keine Auswirkungen auf die Gestellungspflicht bei der Ausgangszollstelle. Die Ausfuhranmeldung gilt zum Zeitpunkt der Anschreibung in der Buchführung als angenommen. Die Anschreibung in der Buchführung setzt den AEOC-Status voraus[53].

5 Abschluss des Ausfuhrverfahrens

Die über ATLAS[54] angemeldeten Ausfuhrvorgänge werden durch eine elektronische Bestätigung der Ausgangszollstelle erledigt. Es wird elektronisch der Ausgangsvermerk (AGV) erzeugt. Liegt der AGV vor, ist das Ausfuhrverfahren zoll- und umsatzsteuerrechtlich abgeschlossen. In Fällen, in denen die Ausgangsbestätigung/das Kontrollergebnis zu einem elektronischen Ausfuhrvorgang 90 Tage nach Überlassung zum Ausfuhrverfahren nicht vorliegt, wird ein Nachforschungsersuchen durch die Ausfuhrzollstelle eingeleitet[55]. Dieses Nachforschungsersuchen[56] dient der Erledigung oder Ungültigerklärung von Ausfuhrvorgängen, wenn der Ausgang der Waren durch die Ausgangszollstelle nicht innerhalb einer vorgegebenen Frist bestätigt worden ist. Liegt der AGV nicht vor, können der Ausfuhrzollstelle, nach Überlassung zur Ausfuhr, Alternativnachweise zur nachträglichen Erledigung des zollrechtlichen Ausfuhrvorgangs vorgelegt werden. Auf dieser Grundlage erstellt die Ausfuhrzollstelle einen „Alternativ-Ausgangs-

42) Artikel 166 Absatz 2 UZK
43) Artikel 182 UZK
44) Artikel 166 Absatz 1 UZK
45) Artikel 166 Absatz 2 UZK
46) VuB-Waren sind Waren, die Verboten bzw. Beschränkungen unterliegen.
47) Kapitel Bewilligungen und Bewilligungsvoraussetzungen und Kapitel Bewilligung Zugelassener Wirtschaftsbeteiligter – Authorized Economic Operator (AEO)
48) Artikel 182 Absatz 2 UZK
49) Artikel 182 Absatz 3 UZK
50) Artikel 150 Absatz 4 UZK-DA
51) Artikel 245 UZK-DA
52) Artikel 167 Absatz 1 UZK
53) Kapitel Bewilligung zugelassener Wirtschaftsbeteiligter – Authorized Economic Operator (AEO)
54) Kapitel ATLAS und Summarische Eingangs-/Ausgangsanmeldung
55) Verfahrensanweisung zum IT-Verfahren ATLAS – Stand: Februar 2024, Punkt 4.9.5.1
56) Artikel 267 UZK und Artikel 335 UZK-IA

vermerk". Alternativnachweise dienen der nachträglichen Erledigung des zollrechtlichen Ausfuhrverfahrens.

Als Alternativnachweise werden u.a. anerkannt:
- Einfuhrverzollungsbelege aus dem Drittland (im Original oder beglaubigt),
- ein von der Ausgangszollstelle abgestempeltes INF 2
- unterzeichnete oder authentifizierte Versendungsbelege von Unternehmen, die die Waren aus der EU verbracht haben
- sonstige handelsübliche Belege (Spediteursbescheinigungen)
- Bescheinigungen von Auslandsvertretungen der Bundesrepublik Deutschland
- ein nachträglich – nach Überlassung zur Ausfuhr – abgestempeltes ABD eines anderen Mitgliedstaats[57].

6 Praktische Anwendung – Übersicht der Rechtsgrundlagen des Ausfuhrverfahrens

Formalitäten vor dem Ausgang von Waren

UZK Artikel 263:	Abgabe einer Vorabanmeldung
UZK-DA Artikel 244:	Frist für die Abgabe von Vorabanmeldungen
UZK-DA Artikel 245:	Befreiung von der Verpflichtung zur Abgabe einer Vorabanmeldung
UZK Artikel 264:	Risikoanalyse

Formalitäten beim Ausgang von Waren

UZK Artikel 267:	Zollamtliche Überwachung und Formalitäten beim Ausgang
UZK-IA Artikel 327:	Waren ohne Vorabanmeldung
UZK-IA Artikel 330:	Kommunikation zwischen den Ausfuhr- und den Ausgangszollstellen
UZK-IA Artikel 331:	Gestellung der Waren bei der Ausgangszollstelle
UZK-IA Artikel 332:	Förmlichkeiten beim Ausgang von Waren
UZK-IA Artikel 333:	Überwachung von zum Ausgang überlassenen Waren und Informationsaustausch zwischen den Zollstellen
UZK-IA Artikel 334:	Bescheinigung des Ausgangs der Waren
UZK-IA Artikel 335:	Suchverfahren
UZK-IA Artikel 337:	Rückwirkende Abgabe einer Ausfuhr- oder Wiederausfuhranmeldung
UZK-IA Artikel 340:	Zur Ausfuhr oder zur Wiederausfuhr überlassene Waren, die das Zollgebiet der Union nicht verlassen

Ausfuhr und Wiederausfuhr

UZK Artikel 269:	Ausfuhr von Unionswaren
UZK Artikel 270:	Wiederausfuhr von Nicht-Unionswaren

Summarische Ausgangsmeldung

UZK Artikel 271:	Abgabe einer summarischen Ausgangsanmeldung
UZK-IA Artikel 341:	Maßnahmen nach Erhalt einer summarischen Ausgangsanmeldung
UZK Artikel 272:	Änderung und Ungültigkeitserklärung der summarischen Ausgangsanmeldung

Wiederausfuhrmitteilung

UZK Artikel 274:	Abgabe einer Wiederausfuhrmitteilung
UZK-IA Artikel 343:	Maßnahmen nach Erhalt einer Wiederausfuhrmitteilung
UZK Artikel 275:	Änderung und Ungültigkeitserklärung der Wiederausfuhrmitteilung

Befreiung von den Ausfuhrabgaben

UZK Artikel 277:	Befreiung von den Ausfuhrabgaben für vorübergehend ausgeführte Unionswaren

57) Verfahrensanweisung zum IT-Verfahren ATLAS – Stand: Februar 2024 – Kapitel 4.9.5.3

7 Quellenangaben und weiterführende Literatur

- Verordnung (EU) 952/2013 vom 9. Oktober 2013 zur Festlegung des Zollkodex der Union (UZK)
- Verordnung (EU) 2015/2446 vom 28. Juli 2015 zur Ergänzung des UZK und Verordnung (EU) 2016/651 vom 5. April 2016 zur Berichtigung der Delegierten Verordnung (UZK-DA)
- Verordnung (EU) 2015/2447 vom 24. November 2015 mit Einzelheiten zur Umsetzung der Bestimmungen des UZK (UZK-IA)
- Verordnung (EU) 2016/341 vom 17. Dezember 2015 zur Ergänzung des UZK hinsichtlich der Übergangsbestimmungen für bestimmte Vorschriften des Zollkodex der Union, für den Fall, dass die entsprechenden elektronischen Systeme noch nicht betriebsbereit sind, und zur Änderung der Delegierten Verordnung (EU) 2015/2446
- Verordnung (EU) 2021/821 des Europäischen Parlaments und des Rates vom 20. Mai 2021 über eine Unionsregelung für die Kontrolle der Ausfuhr, der Vermittlung, der technischen Unterstützung der Durchfuhr und der Verbringung betreffend Güter mit doppeltem Verwendungszweck
- Außenwirtschaftsgesetz vom 6. Juni 2013 (BGBl. I S. 1482), zuletzt geändert durch Artikel 2 des Gesetzes vom 27. Februar 2024 (BGBl. 2024 I Nr. 71)
- Außenwirtschaftsverordnung vom 2. August 2013 (BGBl. I S. 2865), zuletzt geändert durch Artikel 2 der Verordnung vom 11. Dezember 2024 (BGBl. 2024 I Nr. 411)
- Einführungserlass zur Anwendung neuen Unionsrechts im Zollbereich ab dem 1. Mai 2016 (III B 1 – Z 0440/13/10010:010 DOK 2016/0107166 vom 19. Februar 2016)
- Verfahrensanweisung zum IT-Verfahren ATLAS, Stand: Februar 2024
- Merkblatt für Teilnehmer zum ATLAS-Release 10.1, Stand: November 2024
- Handbuch zur Internet-Ausfuhr-Anmeldung – Plus Version, Stand: Dezember 2023
- Ausfuhr von Waren nach dem UZK, Böhne, M., AW-Prax, 11/2014, S. 343-348
- Merkblatt zu Zollanmeldungen, summarischen Anmeldungen und Wiederausfuhrmitteilungen – Ausgabe 2025 – GZD – Z 3455-2024.00019-0001-GZD_DV.A.22 vom 10. Dezember 2024
- Merkblatt über die Unterschiede der Verfahrensvereinfachungen bei der Überführung von Waren in das Ausfuhrverfahren nach dem Unionszollkodex – Stand: Mai 2016 – Generalzolldirektion – Direktion V –
- Zolljahresstatistik 2024 Generalzolldirektion – Leitungsstab – Stabsbereich Kommunikation – Vaclav-Havel-Platz 6, 53121 Bonn, Registriernummer 90 SAB 165, Juni 2025
- www.bafa.de
- www.zoll.de

Kapitel 13 Bewilligungen und Bewilligungsvoraussetzungen

Harald Schönherr, Dresden

1 Bewilligungen der Zollverwaltung

Bewilligungen der Zollverwaltung beinhalten für den Bewilligungsinhaber eine Berechtigung zur Inanspruchnahme von Vereinfachungen bei der Durchführung zollrechtlicher Handlungen. Die Anwendung von Bewilligungen vereinfachter Zollanmeldungen[1)] ist gegenüber der Abgabe von Standardzollanmeldungen[2)] vorteilhaft. Die Vereinfachungen unterscheiden sich je nach zollrechtlicher Bewilligung.

Eine Bewilligungserteilung setzt die Ansässigkeit im Zollgebiet, die Einhaltung zoll- und steuerrechtlicher Vorschriften, ein zufriedenstellendes System der Führung der Geschäftsbücher und Beförderungsunterlagen, die praktische bzw. berufliche Befähigung sowie die Zahlungsfähigkeit des Antragstellers voraus. Grundsätzlich muss die Inanspruchnahme einer Bewilligung verhältnismäßig sein – hinsichtlich Verwaltungsaufwand und wirtschaftlichem Nutzen. Die konkrete zollrechtliche Bewilligung beantragt der Wirtschaftsbeteiligte durch Einreichung einer Selbstauskunft mithilfe der von der Zollverwaltung vorgegebenen Fragebögen zur Selbstbewertung. Die konkrete zollrechtliche Bewilligung beantragt der Wirtschaftsbeteiligte durch Einreichung einer Selbstauskunft mithilfe der von der Zollverwaltung vorgegebenen Fragebögen zur Selbstbewertung[3)].

Nach Antragstellung und Übermittlung der geforderten Fragebögen des Wirtschaftsbeteiligten sowie der Vor-Ort-Prüfung der gesetzlich vorgeschriebenen Voraussetzungen durch die Zollverwaltung werden AEO-Bewilligungen, Bewilligungen für besondere Zollverfahren oder Vereinfachungen zur Überführung von Waren in ein Zollverfahren bzw. Bewilligungen zur Vereinfachung bestimmter zollrechtlicher Formalitäten erteilt. Darin eingeschlossen sind Bewilligungen für das Verwahrungslager und der Ermächtigte Ausführer. Die Verwahrung fällt nicht in die Kategorie der Zollverfahren und der Ermächtigten Ausführer ist dem Bereich des Warenursprungs[4)] zuzurechnen. Mit der Erteilung einer Bewilligung überwachen Zollbehörden Bedingungen und Voraussetzungen, die der Inhaber einer Entscheidung erfüllen muss. Ebenfalls überwacht werden die sich aus der Entscheidung ergebenden Verpflichtungen des Wirtschaftsbeteiligten[5)].

Die allen Bewilligungen vorangestellte Bewilligung ist der AEO in seinen Ausführungen „C", „S" und der kombinierten Bewilligung. AEO ist die Abkürzung des englischen Begriffes Authorised Economic Operator (dt. „Zugelassener Wirtschaftsbeteiligter"). Die Ausführung „C" beinhaltet zollrechtliche Vereinfachungen, die Ausführung „S" Sicherheitsfragen und die kombinierte Bewilligung beinhaltet zollrechtliche Vereinfachungen und Sicherheitsfragen[6)]. Die Erfüllung der Kriterien eines AEOC versetzt Wirtschaftsbeteiligte in die Lage, wesentliche zollrechtliche Bewilligungen – nach vorheriger Beantragung beim Hauptzollamt (HZA) – in Anspruch zu nehmen.

2 Antragstellung und Fragebogen zur Selbstbewertung

Der Antrag für eine Bewilligung ist bei dem Hauptzollamt zu stellen, in dessen Bezirk der Antragsteller seine Hauptbuchhaltung für Zollzwecke führt bzw. zugänglich hält. Vor der Antragstellung ist bezüglich des Antrags, der einzureichenden Teile des Fragebogens[7)] für zollrechtliche Bewilligungen und des beabsichtigten wirtschaftlichen Ziels eine Absprache mit dem HZA[8)] zweckmäßig. Nach Bearbeitung sind die

1) Artikel 166 UZK
2) Artikel 162 UZK
3) Umfang der Bearbeitung von Fragebögen ist vom Vorhandensein einer AEO-Bewilligung abhängig.
4) Kapitel Freier Verkehr und besondere Verfahren, Carnet TIR, vorübergehende Verwahrung und Kapitel Warenursprung und Präferenzen
5) Artikel 23 Absatz 5 UZK
6) Kapitel Bewilligung zugelassener Wirtschaftsbeteiligter – Authorised Economic Operator (AEO)
7) Fragebogen besteht aus 6 Teilen
8) Zuständigkeit – Sachgebiet B

entsprechenden Teile des Fragebogens für zollrechtliche Bewilligungen zusammen mit dem Antrag beim zuständigen HZA einzureichen[9].

Die jeweiligen Bewilligungsanträge, Teile des Fragebogens und Ausfüllhinweise zum Fragebogen sind im Dokument „Allgemeine Hinweise zum Ausfüllen des Fragebogens" zu finden unter: www.zoll.de/DE/Fachthemen/Zoelle/Zugelassener-Wirtschaftsbeteiligter-AEO/Antragsverfahren/Hinweise-Fragebogen-zollrechtliche-Bewilligungen/hinweise-fragebogen-zollrechtliche-bewilligungen_node.html

Der Fragebogen dient der Zollverwaltung dazu, sich ein Bild über das beantragende Unternehmen zu machen. Er vereinfacht und beschleunigt das Antragsverfahren zum AEO und zollrechtlichen Bewilligungen und baut auf den Rechtsvorschriften und Leitlinien zum „Zugelassenen Wirtschaftsbeteiligten" auf. Der Fragebogen ist anwendbar für alle Bewilligungen, die auf AEO-Kriterien (Artikel 39 Buchstaben a-d UZK) verweisen, sowie für Bewilligungen, deren Erteilung die erforderliche Gewähr für die ordnungsgemäße Durchführung des Verfahrens (vorübergehende Verwahrung gemäß Artikel 148 UZK und besondere Verfahren nach Artikel 211 UZK) voraussetzt[10].

Die Teile des Fragebogens sind mit entsprechenden Fragen eingeteilt in:

Teil I – Informationen über das Unternehmen,

Teil II – Einhaltung der zoll- und steuerrechtlichen Vorschriften,

Teil III – Buchführungs- und Logistiksystem,

Teil IV – Zahlungsfähigkeit,

Teil V – Praktische oder berufliche Befähigungen und

Teil VI – Sicherheitsanforderungen.

3 Bewilligungen im Überblick

3.1 AEO-Bewilligungen[11]

Im Artikel 38 Absatz 2 sowie Absatz 3 UZK sind die Varianten des AEO aufgeführt.

„Der Status eines zugelassenen Wirtschaftsbeteiligten besteht aus den folgenden Arten von Bewilligungen:

a) der eines zugelassenen Wirtschaftsbeteiligten für zollrechtliche Vereinfachungen, durch die dem Inhaber bestimmte Vereinfachungen nach den zollrechtlichen Vorschriften gewährt werden, oder
b) der eines zugelassenen Wirtschaftsbeteiligten für Sicherheit, durch die dem Inhaber sicherheitsrelevante Erleichterungen gewährt werden.

Die beiden in Absatz 2 genannten Arten von Bewilligungen können gleichzeitig genutzt werden."

AEO-Bewilligungsvoraussetzungen nach UZK

„Für die Bewilligung des Status eines zugelassenen Wirtschaftsbeteiligten sind folgende Voraussetzungen zu erfüllen[12]:

a) Der Antragsteller darf keine schwerwiegenden oder wiederholten Verstöße gegen die zoll- oder steuerrechtlichen Vorschriften und keine schweren Straftaten im Rahmen seiner Wirtschaftstätigkeit begangen haben,
b) der Antragsteller muss ein erhöhtes Maß an Kontrolle seiner Tätigkeiten und der Warenbewegung mittels eines Systems der Führung der Geschäftsbücher und gegebenenfalls Beförderungsunterlagen, das geeignete Zollkontrollen ermöglicht, nachweisen,

9) Artikel 22 Abs. 2 UZK und Artikel 26 Abs. 1 DA
10) Allgemeine Hinweise zum Ausfüllen des Fragebogens (Teile I bis VI) und Liste der Anlagen – Stand: Januar 2018 und Januar 2025
11) Kapitel Bewilligung zugelassener Wirtschaftsbeteiligter – Authorized Economic Operator (AEO)
12) Artikel 39 Buchstaben a bis e UZK

c) Zahlungsfähigkeit, die als nachgewiesen gilt, wenn der Antragsteller sich in einer zufriedenstellenden finanziellen Lage befindet, die es ihm erlaubt, seinen Verpflichtungen in Zusammenhang mit der betreffenden Tätigkeit nachzukommen,
d) in Bezug auf die in Artikel 38 Absatz 2 Buchstabe a UZK genannte Bewilligung praktische oder berufliche Befähigungen, die in unmittelbarem Zusammenhang mit der ausgeübten Tätigkeit stehen, und
e) in Bezug auf die Bewilligung gemäß Artikel 38 Absatz 2 Buchstabe b UZK angemessene Sicherheitsstandards, die als erfüllt gelten, wenn der Antragsteller nachweist, dass er angemessene Maßnahmen aufrechterhält, um für die Sicherheit der internationalen Lieferkette zu sorgen, wozu auch die körperliche Unversehrtheit und Zugangskontrollen, logistische Prozesse und der Umgang mit spezifischen Arten von Waren, Personal und die Feststellung seiner Handelspartner zählen.

3.2 Bewilligungen bei Überführung in ein Zollverfahren

3.2.1 Vereinfachte Zollanmeldungen[13)]

Im Unterschied zur vereinfachten Zollanmeldung enthält die Standardzollanmeldung alle für das Zollverfahren geforderten Angaben. Bei Abgabe der Standardzollanmeldung müssen sich alle notwendigen Unterlagen zum Zeitpunkt der Abgabe der Zollanmeldung im Besitz des Anmelders bzw. seines zollrechtlichen Vertreters befinden[14)].

Dagegen sind vereinfachte Zollanmeldungen zeitsparend und mit Erleichterungen verbunden. Diese Vereinfachungen werden nur unter bestimmten Bedingungen[15)] durch die Zollverwaltung gewährt. Bedingungen für die Bewilligung der regelmäßigen Inanspruchnahme vereinfachter Zollanmeldungen sind u.a.:
- keine schwerwiegenden oder wiederholten Verstöße gegen die Zoll- und Steuervorschriften,
- keine schweren Straftaten im Rahmen der Wirtschaftstätigkeit,
- ausreichende Verfahren für die Bearbeitung von Lizenzen und Genehmigungen im Zusammenhang mit Verboten und Beschränkungen sowie für deren Gewährleistung der Einhaltung und
- Sensibilisierung des Personals.

Einfuhr

Das vereinfachte Anmeldeverfahren[16)] wird durch das Hauptzollamt (HZA) für die Anwendung im eigenen und im fremden Namen bewilligt. Bei der vereinfachten Zollanmeldung können Waren in ein Zollverfahren überführt werden, z.B. Überlassung zum zollrechtlich freien Verkehr, obwohl zum Zeitpunkt der Abgabe der Zollanmeldung noch nicht alle Angaben vorliegen bzw. Unterlagen noch nicht beim Anmelder vorhanden sind[17)]. Vereinfachte Zollanmeldungen werden nach Ablauf eines Kalendermonats in einer ergänzenden Zollanmeldung mit fehlenden Angaben vervollständigt. Wesentliche Schritte sind:
- Gestellung und Vorlage der vereinfachten Zollanmeldung
- Elektronische Anmeldung
- Annahme und Überprüfung der vereinfachten Zollanmeldung
- Überlassung der Waren zum beantragten Zollverfahren
- Sicherheitsleistung
- Ergänzende Zollanmeldung

Eine Inanspruchnahme des vereinfachten Verfahrens setzt die Bewilligung des HZA voraus. Die Antragstellung zur Bewilligung erfolgt mit dem Antrag zur Verwendung vereinfachter Zollanmeldungen[18)] und den Teilen I bis III des Fragebogens „zollrechtliche Bewilligungen" erfolgen.

13) Artikel 166 und 167 UZK
14) Artikel 162 und Artikel 163 UZK
15) Artikel 145 UZK-DA
16) Praxisabkürzung VAV
17) Artikel 162 und 163 UZK
18) Einfuhr-Formular 0500

Ausfuhr

Die vereinfachte Zollanmeldung mit förmlicher Bewilligung bei der Ausfuhr[19] ist eine wesentliche Verfahrensvereinfachung. Sie ist mit dem Verfahren des früheren zugelassenen Ausführers vergleichbar[20]. Das Ausfuhrverfahren wird durch Übermittlung der elektronischen vereinfachten oder vollständigen Ausfuhranmeldung bei der zuständigen Ausfuhrzollstelle angemeldet. Wird eine vollständige Ausfuhranmeldung abgegeben, entfällt die ergänzende Anmeldung. Im vereinfachten Anmeldeverfahren ist die Gestellung an bewilligten Beladestellen möglich. Es besteht die automatisierte Überlassung bei der Ausfuhrzollstelle.

Eine Inanspruchnahme des vereinfachten Verfahrens setzt die Bewilligung des HZA voraus. Die Bewilligung wird beantragt mit dem Antrag auf Bewilligung zur Abgabe vereinfachter Zollanmeldungen bei der Ausfuhr von Waren[21] und den Fragebogen „zollrechtliche Bewilligungen“, Teil I bis III.

3.2.2 Anschreibung in der Buchführung des Anmelders

Bei Anschreibung in der Buchführung des Anmelders handelt es sich um die Eingabe von Anmeldedaten in das eigene Buchführungssystem[22]. Die Zollanmeldung gilt als angenommen zu dem Zeitpunkt, zu dem die Anschreibung der Waren in der Buchführung erfolgt. Die Nutzung der Anschreibung in der Buchführung ist nur nach vorheriger Bewilligung möglich.

Diese Vereinfachung darf nur bei Anschreibung in der Buchführung des Anmelders vorgenommen werden. Eine Befreiung von der Gestellung mit sofortiger Überlassung im Zeitpunkt der Anschreibung ist nur für einen AEO C möglich[23]. Eine Anmeldung im Rahmen der Anschreibung in der Buchführung des Anmelders kann bei Überlassungen zum zollrechtlich freien Verkehr, Zolllager, vorübergehender Verwendung, Endverwendung, aktiver und passiver Veredelung sowie Ausfuhr und Wiederausfuhr zur Anwendung kommen[24]. Eine ergänzende Anmeldung ist ebenfalls abzugeben.

Einfuhr

Eine Bewilligung ist von bestimmten AEO-Voraussetzungen abhängig[25]. Die Bewilligung zur Überlassung zum zollrechtlich freien Verkehr ist ausgeschlossen, wenn Waren von der Mehrwertsteuer befreit sind und/oder Waren in einem Verfahren der Steueraussetzung (Verfahren 42 oder 63) befördert werden[26].

Folgende Schritte sind für den Abfertigungsverlauf charakteristisch:
- Gestellung
- Anschreibung
- Anschreibungsmitteilung und Form
- Überprüfung der Anschreibungsmitteilung
- Überlassung der Waren zum beantragten Zollverfahren
- Ergänzende Zollanmeldung, Sicherheitsleistung, Entrichtung der Einfuhrabgaben

Die Bewilligung zur Anschreibung in der Buchführung des Anmelders setzt den schriftlichen Antrag zur Abgabe von Zollanmeldungen in der Form der Anschreibung in der Buchführung des Anmelders[27] sowie die Teile I bis III und V des Fragebogens „zollrechtliche Bewilligungen“ voraus.

---

19) Artikel 166 ff. UZK und Artikel 145 ff. UZK-DA
20) Umgangssprachlich ist die frühere Bezeichnung „zugelassener Ausführer“ noch geläufig
21) Formular 0850
22) Artikel 182 Absatz 1 UZK
23) Kapitel Bewilligung zugelassener Wirtschaftsbeteiligter – Authorized Economic Operator (AEO)
24) Artikel 150 Absatz 2 UZK-DA
25) Artikel 39 Buchstaben a, b und d UZK i.V.m. Artikel 150 Absatz 1 UZK-DA
26) Artikel 150 Absatz 3 UZK-DA
27) Formular 0502

Ausfuhr

Diese Verfahrenserleichterung[28] wird nur bewilligt, wenn keine summarische Ausgangsanmeldung abzugeben ist[29]. Sie ist deshalb nur auf einen eingeschränkten Warenkreis anwendbar. Die Abgabe einer ergänzenden Sammelausfuhranmeldung ist erforderlich.

Diese Bewilligung für die Anschreibung in der Buchführung wird in der Bundesrepublik nur mit der Befreiung von der Gestellungspflicht erteilt[30].

Folgende Voraussetzungen müssen erfüllt sein:
- der Antragsteller ist Inhaber der Bewilligung AEO C und
- für die Waren besteht keine Pflicht zur Abgabe summarischer Ausgangsanmeldungen.

3.3 Bewilligungen besondere Verfahren

3.3.1 Bewilligungen für die Überführung in das Unionsversandverfahren und Beendigung des Verfahrens

Vereinfachungen bei der Überführung in das Unionsversandverfahren und Beendigung des Verfahrens beinhalten Pflichten des Inhabers des Unionsversandverfahrens, des Beförderers und des Warenempfängers hinsichtlich der im Unionsversand beförderten Waren. Es gelten – nach Bewilligung – folgende Vereinfachungen bei der Überführung und bei der Beendigung des Verfahrens[31]:

a) Status des zugelassenen Versenders (ZV), wonach der Inhaber der Bewilligung Waren in das Unionsversandverfahren überführen kann, ohne sie zu gestellen,

Diese Bewilligung muss mit „Antrag auf Bewilligung des Status eines Zugelassenen Versenders (ZV)"[32] zusammen mit den Teilen I bis III und V des ausgefüllten Fragebogens „zollrechtliche Bewilligungen" beim zuständigen Hauptzollamt beantragt werden.

b) Status eines zugelassenen Empfängers (ZE), wonach der Inhaber der Bewilligung Waren, die im Rahmen des Unionsversandverfahrens befördert werden, an einem zugelassenen Ort empfangen kann, womit der Versand endet,

Diese Bewilligung muss mit dem „Antrag auf Bewilligung des Status eines Zugelassenen Empfängers"[33] zusammen mit den Teilen I bis III und V des ausgefüllten Fragebogens „zollrechtliche Bewilligungen" beim zuständigen Hauptzollamt beantragt werden.

c) Verwendung besonderer Verschlüsse, sofern das Anbringen von Verschlüssen zur Nämlichkeitssicherung der in den Unionsversand übergeführten Waren erforderlich ist.

Anträge auf Verwendung besonderer Verschlüsse können beim Hauptzollamt gestellt werden, in dessen Bezirk die Versandverfahren eröffnet werden sollen[34]. Die Teile I bis III und V des Fragebogens „zollrechtliche Bewilligungen" sind beizufügen.

d) Verwendung einer Zollanmeldung mit verringerten Datenanforderungen für die Überführung von Waren in den Unionsversand und
e) Verwendung eines elektronischen Beförderungsdokuments als Zollanmeldung für die Überführung von Waren in den Unionsversand, sofern es die entsprechenden Angaben einer solchen Anmeldung enthält und die Angaben der Abgangs- wie auch der Bestimmungszollstelle vorliegen, um die zollamtliche Überwachung der Waren und die Erledigung des Verfahrens zu ermöglichen.

Bewilligungen der Buchstaben d) und e) sind sehr individuell geschäftsbezogen. Eine Antragstellung ist mit dem zuständigen HZA abzuklären. Die Teile I bis III und V des Fragebogens „zollrechtliche Bewilligungen" sind der Antragstellung beizufügen.

---

28) Artikel 182 ff. UZK, Artikel 150 UZK-DA und Artikel 233 ff. UZK-IA
29) Artikel 150 Absatz 4 UZK-DA
30) Artikel 182 Absatz 3 UZK
31) Artikel 233 Absatz 4 UZK
32) Formular 0356
33) Formular 0358
34) Formular 0353

3.3.2 Bewilligung aktive Veredelung

Es müssen der „Antrag auf Erteilung der Bewilligung für die Inanspruchnahme der aktiven Veredelung“[35] und der Fragebogen „zollrechtliche Bewilligungen“, Teile I bis III und Teil V, eingereicht werden. Voraussetzungen für die Bewilligung des Verfahrens der aktiven Veredelung sind persönlicher, sachlicher und wirtschaftlicher Natur[36]. Der antragstellende Wirtschaftsbeteiligte muss in der EU ansässig sein und die Gewähr für die ordnungsgemäße Durchführung des Verfahrens bieten. Die Bewilligung wird nur erteilt, wenn Unternehmen Veredelungsvorgänge durchführen oder durchführen lassen. Der Antragsteller hat eine Sicherheit in Form einer Gesamtsicherheit zu leisten. Überwachungs- und Kontrollmaßnahmen dürfen nicht mit einem unverhältnismäßig großen Verwaltungsaufwand verbunden sein. Die zu bewilligende aktive Veredelung darf keine wesentlichen Interessen von Herstellern in der Union beeinträchtigen[37].

3.3.3 Bewilligung passive Veredelung

Der Antrag zur Bewilligung der passiven Veredelung wird mit dem „Antrag auf Erteilung der Bewilligung für die Inanspruchnahme der passiven Veredelung“[38] und dem Fragebogen „zollrechtliche Bewilligungen“, Teil I bis III und Teil V, eingereicht. Die Bewilligung wird nur für Unionswaren erteilt. Der Antragsteller muss in der EU ansässig sein und die ordnungsgemäße Durchführung garantieren. Es sind von den Zollbehörden genehmigte Aufzeichnungen vorzunehmen. Die Nämlichkeitssicherung muss vorgenommen werden. Die Verwendung von Ersatzwaren ist möglich[39]. Bei der passiven Veredelung ist keine Sicherheit zu hinterlegen.

3.3.4 Bewilligung Endverwendung[40]

Bei Beantragung müssen neben dem „Antrag auf Bewilligung einer Endverwendung“[41] der Fragebogen „zollrechtliche Bewilligungen“, Teil I bis III und Teil V, eingereicht werden. Der Antragsteller muss in der EU ansässig sein, die ordnungsgemäße Durchführung garantieren und folgende Kriterien erfüllen:
- Einhaltung der zollrechtlichen Vorschriften,
- zufriedenstellendes System der Führung der Geschäftsbücher und Beförderungsunterlagen,
- Zahlungsfähigkeit und
- praktische oder berufliche Befähigung.

Sicherheiten für eventuell entstehende Einfuhrabgaben sind zu leisten. Der Aufwand der zollamtlichen Überwachung darf nicht außer Verhältnis zum wirtschaftlichen Nutzen stehen.

3.3.5 Bewilligung vorübergehende Verwendung

Bei Beantragung müssen neben dem „Antrag auf Bewilligung einer vorübergehenden Verwendung“[42] der Fragebogen „zollrechtliche Bewilligungen“, Teil I bis III und Teil V, eingereicht werden.

Die vorübergehende Verwendung ist nur zulässig, wenn der Inhaber des Verfahrens außerhalb des Zollgebiets der Union ansässig ist. Inhaber des Verfahrens ist:
a) die Person, die die Zollanmeldung abgibt oder in deren Auftrag diese Anmeldung abgegeben wird, oder
b) die Person, der die Rechte und Pflichten hinsichtlich eines Zollverfahrens übertragen wurden[43].

---

35) Formular 0281
36) Artikel 211 UZK
37) Artikel 167 UZK-DA
38) Formular 0266
39) Artikel 223 Absatz 1 UZK
40) Bewilligung kann unter den Voraussetzungen der Artikel 23 Absatz 4 Buchstabe b), 27 oder 28 UZK ausgesetzt, zurückgenommen, widerrufen oder geändert werden.
41) Formular 0287
42) Formular 0288
43) Artikel 5 Nr. 35 UZK

Der Inhaber des Verfahrens muss folgende Voraussetzungen erfüllen:
- Einhaltung der zollrechtlichen Vorschriften,
- zufriedenstellendes System der Führung der Geschäftsbücher und Beförderungsunterlagen,
- Zahlungsfähigkeit und die
- praktische oder berufliche Befähigung.

Der Bewilligungsinhaber muss die Ware selbst verwenden oder ihre Verwendung veranlassen. Eine Sicherheitsleistung für eventuell entstehende Einfuhrabgaben ist notwendig. Der Aufwand zur zollamtlichen Überwachung darf nicht außer Verhältnis zum Nutzen stehen. Die Waren müssen zur Wiederausfuhr bestimmt sein und die Nämlichkeit der Waren muss gewährleistet sein.

3.3.6 Bewilligung Zolllagerverfahren

Eine Bewilligung für den Betrieb von Lagerstätten zur Zolllagerung von Waren setzt einen schriftlichen Antrag[44] voraus. Es müssen beim zuständigen HZA die Teile I bis III und V des Fragebogens „zollrechtliche Bewilligungen" eingereicht werden.

In der Bewilligung werden die Voraussetzungen für den Betrieb von Lagerstätten festgelegt[45]. Die Bewilligung beinhaltet weiterhin:
- die für die Lagerung zugelassenen Warenarten,
- die Zollstellen für die Überführung in das Verfahren sowie für die Beendigung des Verfahrens,
- das überwachende HZA als Überwachungszollstelle, das für die gesamte Überwachung des Verfahrens zuständig ist,
- eventuelle, „übliche Behandlungen",
- die Verwendung von Ersatzwaren,
- das vorübergehende Entfernen von Lagerware aus dem Lager,
- die aktive Veredelung oder Endverwendung in den Räumlichkeiten des Zolllagers u.a.

Für die Erteilung einer Bewilligung ist eine Sicherheit zu leisten[46].

3.4 Bewilligung vorübergehende Verwahrung – Verwahrungslager

Die vorübergehende Verwahrung ist kein Zollverfahren[47]. Die Bewilligung ist mit „Antrag auf Bewilligung für den Betrieb von Verwahrungslagern[48] und den Teilen I bis III und V des Fragebogens „zollrechtliche Bewilligungen" zu beantragen. Der Antragsteller muss in der EU ansässig sein, ein zufriedenstellendes System der Geschäftsbücher und Beförderungsunterlagen führen und eine auf das Verwahrungslager abgestellte Betriebsorganisation besitzen. Er darf keine schweren oder wiederholten Zuwiderhandlungen gegen Zoll- oder Steuervorschriften sowie keine schweren Straftaten im Rahmen seiner Wirtschaftstätigkeit begangen haben. Die Nämlichkeit der in der vorübergehenden Verwahrung befindlichen Waren muss festgestellt werden können. Der Antragsteller hat eine Sicherheit als Gesamtsicherheit[49] zu leisten. Der Verwaltungsaufwand muss im Verhältnis zum Nutzen stehen. Das Verwahrungslager darf nicht für den Einzelverkauf genutzt werden.

3.5 Bewilligung – Ermächtigter Ausführer

Aus praktischer Sicht empfiehlt es sich, den Antrag auf Bewilligung eines „Ermächtigten Ausführers" mit dem zuständigen HZA abzustimmen. Vorsorglich wird auf Titel II, Kapitel 2, Abschnitte 1 bis 3 UZK verwiesen. Die Artikel 59 bis 63 UZK beinhalten den nichtpräferenziellen Warenursprung. In den Artikeln 64 bis 66 ist der präferenzielle Ursprung festgeschrieben und die Artikel 67 und 68 UZK beinhalten die Bestimmung des Ursprungs bestimmter Waren.

---

44) Formular 0290
45) Artikel 211 Absatz 1 UZK
46) Artikel 211 Absatz 3 Buchstabe c) UZK
47) Kapitel Zollverfahren, Carnet TIR, vorübergehende Verwahrung und Vereinfachungen
48) Formular 0392
49) Artikel 148 Absatz 2 Buchstabe c UZK

Das Warenursprungs- und Präferenzrecht[50] beinhaltet, dass unter Einhaltung bestimmter Voraussetzungen und Bedingungen, Waren abgabenfrei oder mit ermäßigtem Abgabensatz behandelt werden können. In den jeweiligen Präferenzabkommen ist deshalb – überwiegend – das vereinfachte Verfahren des „Ermächtigten Ausführers" vorgesehen. Es handelt es sich um eine Vereinfachung im Warenursprungs- und Präferenzrecht. Der „Ermächtigte Ausführer" darf die Ursprungserklärung auf der Warenrechnung – ohne Wertgrenze – ausstellen. Voraussetzung dafür ist, dass Präferenzabkommen bestehen und regelmäßig präferenzbegünstigte Ausfuhren vorgenommen werden.

Unter bestimmten Umständen kann auch die Befreiung von der Unterschriftsleistung erfolgen. Diese Bewilligung durch das HZA bedarf einer akkuraten Nachweisführung der Abwicklung des präferenzbegünstigten Warenverkehrs im Zusammenhang mit der Offenlegung der innerbetrieblichen Organisation und Sicherstellung einer zweifelsfreien Prüfung der Ursprungseigenschaft der Waren. Dazu dient die Arbeits- und Organisationsanweisung des betroffenen Unternehmens. Ein Gesamtverantwortlicher Zoll ist zu benennen, der über die entsprechenden Kenntnisse im Ursprungs- und Präferenzrecht verfügt und die Arbeits- und Organisationsanweisung umsetzen kann. Dem Antrag[51] ist ein Auszug aus dem Handelsregister oder der Gewerbeanmeldung und die Arbeits- und Organisationsanweisung beizufügen.

3.6 Bewilligung Gesamtsicherheit[52]

Die Bewilligung bzw. Inanspruchnahme von Zollverfahren ist in den meisten Fällen von einer Sicherheitsleistung abhängig. Es wird zwischen der Sicherung von entstandenen und möglicherweise entstehenden Abgaben differenziert:

1. Entstandene Abgaben sind Abgaben im Zusammenhang mit
   - Überlassung zum zollrechtlich freien Verkehr mit Zahlungsaufschub oder
   - vereinfachten Überführung in den freien Verkehr.
2. Möglicherweise entstehende Abgaben sind abzusichern bei den Zollverfahren:
   - vorübergehende Verwahrung,
   - Zolllager,
   - Verwendung,
   - aktive Veredelung,
   - passive Veredelung und
   - Versand.

Zollrechtliche Anmeldungen beziehen sich meist auf mehrere Handlungen. Deshalb ist eine Gesamtsicherheit zu leisten, die bewilligt werden muss.

Zur Beantragung der Bewilligung sind der Antrag[53] und die Teile I, II und Teil V des Fragebogens einzureichen. Bei Beantragung einer Verringerung bzw. Befreiung von der Sicherheitsleistung sind die Teile I bis V des Fragebogens einzureichen.

4 Übersicht Bewilligungen und AEO-Kriterien

4.1 AEO-C-Status zwingend notwendig

- Gesamtsicherheit mit verringertem Betrag für eine entstandene Zollschuld und andere entstandene Abgaben[54]
- Anschreibung in der Buchführung des Anmelders mit Gestellungsbefreiung[55]
- Zentrale Zollabwicklung[56]
- Eigenkontrolle[57]

---

50) Kapitel Warenursprung und Präferenzen
51) Formular 0448a
52) Artikel 95 UZK
53) Formular 0597
54) Artikel 95 UZK
55) Artikel 182 Absatz 3 UZK
56) Artikel 179 UZK
57) Artikel 185 UZK

4.2 AEO-Kriterien müssen teilweise erfüllt sein

- Zollvertretung in anderen EU-Mitgliedstaaten (unionsweite Vertretung)[58)]
- Bewilligung zur vereinfachten Zollwertermittlung[59)]
- Zulassung zum zugelassenen Aussteller[60)]
- Zulassung zur Einrichtung eines Linienverkehrs[61)]
- Bewilligung für die Erstellung der Wiegenachweise für Bananen[62)]
- Bewilligung der regelmäßigen Inanspruchnahme vereinfachter Zollanmeldungen[63)]
- Bewilligung einer Gesamtsicherheit[64)]
- Bewilligung einer Gesamtsicherheit mit verringertem Betrag oder Befreiung von der Sicherheitsleistung[65)]
- Bewilligung zur Verwendung einer vorübergehend untersagten Gesamtsicherheit[66)]
- Bewilligung zur Abgabe einer Zollanmeldung als Anschreibung in der Buchführung des Anmelders[67)]

- Bewilligung des zugelassenen Empfängers für TIR-Zwecke[68)]
- Bewilligung für Vereinfachungen im Unionsversandverfahren[69)]

5 Antrag auf Erteilung mitgliedstaatenübergreifender Bewilligungen

Anträge auf Erteilung von Bewilligungen, an denen mehr als ein Mitgliedstaat beteiligt ist (mitgliedsstaatsübergreifende Bewilligungen), sind ausschließlich in elektronischer Form über das EU-Trader-Portal (EU-TP) zu stellen. Voraussetzung ist eine Registrierung im Zoll-Portal[70)]. Im Zoll-Portal wird die Dienstleistung „EU-Trader-Portal und Identitätsmanagement" zur Verfügung gestellt. Es ist sinnvoll, vor Antragstellung mit dem zuständigen Hauptzollamt oder der zuständigen Konsultationsstelle bzw. Kontaktstelle Kontakt aufzunehmen. Für das Konsultationsverfahren in Deutschland jeweils zuständige Dienststellen sind:

- für die Bewilligung als zugelassener Wirtschaftsbeteiligter (AEO) das Hauptzollamt Nürnberg, Sachgebiet B – Kontaktstelle AEO,
- für die Bewilligung der Verwendung eines elektronischen Beförderungsdokuments als Versandanmeldung für den Luftverkehr (ETD) das Hauptzollamtes Frankfurt am Main, Sachgebiet B – Konsultationsstelle Luftverkehr,
- für die Bewilligung der Verwendung eines elektronischen Beförderungsdokuments als Versandanmeldung für den Seeverkehr (ETD) und Bewilligung zur Einrichtung eines Linienverkehrs (RSS) das Hauptzollamt Kiel Sachgebiet B – Konsultationsstelle Seeverkehr und
- für die übrigen Bewilligungen das Hauptzollamt Nürnberg, Sachgebiet B – Kontaktstelle Konsultationsverfahren.

6 Quellenangaben, Literaturhinweise, EU-Verordnungen und weiterführende Hinweise

- Verordnung (EU) 952/2013 des Europäischen Parlaments und des Rates vom 9. Oktober 2013 zur Festlegung des Zollkodex der Union (UZK)

58) Artikel 18 Absatz 3 UZK und Kriterien Artikel 39 Buchstaben a bis d UZK
59) Artikel 73 UZK, Artikel 71 UZK-DA und Kriterien Artikel 39 Buchstabe a UZK
60) Artikel 153 UZK, Artikel 128 UZK-DA und Kriterien Artikel 39 Buchstaben a und b UZK
61) Artikel 155 UZK, Artikel 120 UZK-DA und Kriterien Artikel 39 Buchstabe a UZK
62) Artikel 163 UZK, Artikel 155 UZK-DA und Kriterien Artikel 39 Buchstabe a UZK
63) Artikel 166 UZK, Artikel 145 UZK-DA und Kriterien Artikel 39 Buchstabe a UZK
64) Artikel 95 Absatz 1 UZK und Kriterien Artikel 39 Buchstaben a und d UZK
65) Artikel 95 Absatz 2 UZK und Kriterien Artikel 39 Buchstaben b und c UZK
66) Artikel 96 Absatz 2 UZK und Kriterien Artikel 39 Buchstaben b und c UZK
67) Artikel 182 Absatz 1 UZK, Artikel 150 UZK-DA und Kriterien Artikel 39 Buchstaben a, b und d UZK
68) Artikel 230 UZK, Artikel 187 UZK-DA und Kriterien Artikel 39 Buchstaben a, b und d UZK
69) Artikel 233 Absatz 4 UZK, Artikel 191 UZK-DA und Kriterien Artikel 39 Buchstaben a, b und d UZK
70) Kapitel Generalzolldirektion, Zentrale Auskunft und Zoll-Portal

- Verordnung (EU) 2015/2446 vom 28. Juli 2015 zur Ergänzung des UZK und Verordnung (EU) 2016/651 vom 5. April 2016 zur Berichtigung der Delegierten Verordnung (UZK-DA)
- Verordnung (EU) 2015/2447 vom 24. November 2015 mit Einzelheiten zur Umsetzung der Bestimmungen des UZK – UZK-IA (DVO)
- Verordnung (EU) 2016/341 vom 17. Dezember 2015 zur Ergänzung des UZK hinsichtlich der Übergangsbestimmungen für bestimmte Vorschriften des Zollkodex der Union, für den Fall, dass die entsprechenden elektronischen Systeme noch nicht betriebsbereit sind, und zur Änderung der Delegierten Verordnung (EU) 2015/2446 (UZK-TDA)
- N 18 2016 E-VSF – Nachrichten Elektronische Vorschriftensammlung Bundesfinanzverwaltung – 2. Mai 2016
- Merkblatt zu Zollanmeldungen, summarischen Anmeldungen und Wiederausfuhrmitteilungen, Ausgabe Merkblatt zu Zollanmeldungen, summarischen Anmeldungen und Wiederausfuhrmitteilungen – Ausgabe 2025 – GZD – Z-3455-2024.00019-0001-GZD_DV.A.22 vom 10. Dezember 2024
- www.zoll.de/DE/Fachthemen/Zoelle/ATLAS/ATLAS-Publikationen/Formulare/formulare_node.html
- www.zoll.de/DE/Fachthemen/Zoelle/Zugelassener-Wirtschaftsbeteiligter-AEO/Antragsverfahren/Hinweise-Fragebogen-zollrechtliche-Bewilligungen/hinweise-fragebogen-zollrechtliche-bewilligungen_node.html
- Fragebogen zollrechtliche Bewilligungen – Allgemeine Hinweise zum Ausfüllen des Fragebogens, Stand: Januar 2024 und Teile I bis VI und Liste der Anlagen – Stand: Januar 2018 und Januar 2025
- Leitlinien „Zugelassene Wirtschaftsbeteiligte", TAXUD/B2/047/2011 – Rev. 6 vom 11.03.2016
- Generalzolldirektion Direktion V – Recht des grenzüberschreitenden Warenverkehrs/Besonderes Zollrecht, Referat Warenursprungs- und Präferenzrecht – Merkblatt ermächtigter Ausführer (Version 13. Dezember 2024)

Kapitel 14 Bewilligung „Zugelassener Wirtschaftsbeteiligter" – Authorised Economic Operator (AEO)

Harald Schönherr, Dresden

1 Einleitung und Rechtsgrundlagen

Der Zugelassene Wirtschaftsbeteiligte (englisch „Authorised Economic Operator", Abkürzung AEO) ist ein Wirtschaftsbeteiligter[1], der hinsichtlich seiner zollrelevanten Geschäftstätigkeit als zuverlässig eingestuft wird und daher EU-weit von bestimmten Verfahrenserleichterungen profitiert[2]. Mit dem Zugelassenen Wirtschaftsbeteiligten ist die Zielsetzung verbunden, die durchgängige internationale Lieferkette[3] – vom Hersteller einer Ware bis zum Endverbraucher – zu sichern und terroristische Anschläge zu verhindern. Es werden Wirtschaftsbeteiligten, die entsprechende Voraussetzungen erfüllen und bestimmten Sicherheitsanforderungen genügen, Vorteile gewährt. Eingeschlossen sind neben den Bewilligungsvoraussetzungen zum AEO, auch betriebswirtschaftliche Anforderungen.

In erster Linie muss das Management seinen Aufgaben im Unternehmen, hinsichtlich Planung, Organisation, Führung und Kontrolle gerecht werden. Das beinhaltet, neben dem funktionierenden Kerngeschäft, die Erfüllung betriebswirtschaftlicher, finanzieller und steuerlicher Anforderungen. Neben einer reibungslos funktionierenden Logistik müssen passende Organisationsprozesse das betriebliche Geschehen bestimmen.

Die mit Zollaufgaben betrauten Angestellten müssen, unter Berücksichtigung ihrer Tätigkeit und Arbeitsaufgaben, detaillierte Kenntnis der zollrechtlich relevanten Vorschriften und außenwirtschaftsrechtlichen Bestimmungen haben. Sicherheitsmaßnahmen, die Zugriff auf sensible Unternehmensdaten und Waren verhindern, müssen vorhanden sein und unterliegen einer ständigen Prüfung bzw. notwendigen Anpassung.

Der „Zugelassene Wirtschaftsbeteiligte" übernimmt Verantwortung im Rahmen erhöhter Sicherheitsanforderungen der Transport- und Lieferkette mit der Zielsetzung, die Sicherheit der internationalen Lieferkette zu erhöhen und ein Gleichgewicht aus notwendigen Sicherheitsmaßnahmen und Handelserleichterungen zu schaffen. Der AEO-Status wird Wirtschaftsbeteiligten bewilligt, die in der Gemeinschaft ansässig sind und im Rahmen ihrer Geschäftstätigkeit mit zollrechtlich relevanten Tätigkeiten befasst sind. Dies sind Hersteller, Ausführer, Spediteure, Lagerhalter, Zollagenten, Frachtführer, Einführer sowie weitere Akteure, die im Zusammenhang mit zollrechtlichen Handlungen stehen.

Die Bewilligung des „Zugelassenen Wirtschaftsbeteiligten" (AEOC) bildet die Voraussetzung weiterer zollrechtlicher Bewilligungen, u.a. bei Inanspruchnahme von Vereinfachungen bei der Anmeldung bestimmter Zollverfahren[4] bzw. rechtlich festgelegter begleitender Maßnahmen. Entsprechend der erteilten Bewilligung genießt der Zugelassene Wirtschaftsbeteiligte (AEO) Begünstigungen bei Zollkontrollen und Prüfungen von Waren oder Unterlagen[5]. Mit dem AEO-Status weisen die Unternehmen nach, dass sie sichere Geschäftspartner für exportierende und importierende Unternehmen sind.

Die EU strebt die weitere Anerkennung des AEO-Status an. Es wurden Abkommen mit der Schweiz, Norwegen, Japan, den USA, China und der Republik Moldau unterzeichnet. Verhandlungen mit weiteren Ländern – u.a. Kanada[6] – laufen. Nach Austritt des Vereinigten Königreichs aus der EU wurde die gegenseitige Anerkennung des AEO vertraglich festgelegt: „Jede Vertragspartei hält ein Partnerschaftsprogramm

1) Artikel 5 Nr. 5 UZK
2) AEO-Leitlinien der Europäischen Kommission Brüssel, 11. März 2016 TAXUD/B2/047/2011 – Rev. 6 – Abschnitt I
3) supply chain
4) Kapitel Bewilligungen und Bewilligungsvoraussetzungen und Zollverfahren, Carnet TIR, vorübergehende Verwahrung und Vereinfachungen
5) Artikel 38 Absatz 6 UZK
6) Kapitel CETA – Comprehensive Economic and Trade Agreement

für Wirtschaftsbeteiligte aufrecht, die die genannten Kriterien erfüllen. Die Vertragsparteien erkennen ihre jeweiligen Programme für zugelassene Wirtschaftsbeteiligte an"[7].

Der Status des Zugelassenen Wirtschaftsbeteiligten (AEO) wurde mit Wirkung vom 1. Januar 2008 eingeführt und ist zeitlich nicht befristet. Geänderte rechtliche Rahmenbedingungen zum AEO gelten seit dem 1. Mai 2016 mit Einführung des UZK[8].

Gesetzliche Regelungen zum AEO sind enthalten in:
- Artikel 38 und 39 UZK,
- Artikel 26 bis 30 UZK-DA und
- Artikel 24 bis 35 UZK-IA.

Aktuelle Umsetzungen der AEO-Bewilligungen lassen eine Verlangsamung der Zuwachsrate von AEO-Anträgen erkennen. In diesem Zusammenhang sind die Corona-Zeit mit ihren Kontakteinschränkungen, der Krieg in der Ukraine sowie die damit verbundenen außenwirtschaftlichen Maßnahmen und weitere wirtschaftliche Besonderheiten zu berücksichtigen. Dennoch besteht weiterhin Informationsbedarf in Unternehmen zu Risikoanalyse, Antragstellung, Prozessumstellungen, Bewilligungsvoraussetzungen und Selbstbewertung unter Einbeziehung der Fragebögen[9] unter Beachtung der Leitlinien[10] – dies bildet den Schwerpunkt.

2 Wirtschaftsbeteiligte und Ansässigkeit im Zollgebiet der Union

Wirtschaftsbeteiligte[11], die im Zollgebiet der Union ansässig sind[12] – das können Hersteller, Lagerinhaber, Zollagenten, Ausführer, Speditionen, Beförderer, Frachtführer, Importeure u.a. sein – sind berechtigt, einen AEO-Antrag zu stellen. Es handelt sich dabei um natürliche oder juristische Personen bzw. Personenvereinigungen, die unter das Zollrecht fallende Tätigkeiten ausüben. Darunter fallen Bestimmungen, die den grenzüberschreitenden Warenverkehr mit Drittländern regeln, ebenso wie das Marktordnungs-, Warenursprungs- und Präferenzrecht, Außenwirtschaftsrecht, Verbote und Beschränkungen, Verbrauchsteuer- und Einfuhrumsatzsteuerrecht.

In folgenden Fällen muss der Antragsteller nicht im Zollgebiet der EU ansässig zu sein:
a) wenn die gegenseitige Anerkennung des AEO-Zertifikats in einem internationalen Abkommen zwischen der Union und dem Drittland, in dem der Wirtschaftsbeteiligte ansässig ist, geregelt ist und dieses Abkommen auch die Verwaltungsabsprachen enthält, nach denen geeignete Kontrollen im Auftrag der Zollbehörde des Mitgliedstaats vorgenommen werden;
b) wenn ein Antrag auf Erteilung eines AEO-Zertifikats von einer Luftverkehrsgesellschaft oder einer Schifffahrtsgesellschaft gestellt wird, die in der EU nicht ansässig ist, dort aber ein regionales Büro unterhält und bereits Vereinfachungen in Anspruch nehmen kann.

3 Varianten der AEO-Bewilligungen

Die Rechtsgrundlage für AEO-Bewilligungen bildet Artikel 38 Absatz 2 Buchstaben a und b sowie Absatz 3 UZK.

7) Abkommen über Handel und Zusammenarbeit zwischen der Europäischen Union und der Europäischen Atomgemeinschaft einerseits und dem Vereinigten Königreich Großbritannien und Nordirland andererseits – Amtsblatt der Europäischen Union – L 444/14 vom 31.12.2020
Teil zwei: Handel, Verkehr, Fischerei und sonstige Regelungen, Teilbereich eins: Handel, Titel I: Warenverkehr, Kapitel 5: Zoll und Handelserleichterungen Artikel CUSTMS.9: Zugelassene Wirtschaftsbeteiligte
8) Kapitel Unionszollkodex (UZK)
9) Fragebogen zollrechtliche Bewilligungen – Allgemeine Hinweise zum Ausfüllen des Fragebogens, Stand Januar 2024 und Teile I bis VI und Liste der Anlagen – Stand: Januar 2018 und Januar 2025
10) Leitlinien „Zugelassene Wirtschaftsbeteiligte", TAXUD/B2/047/2011 – Rev. 6 vom 11.03.2016
11) Artikel 5 Nr. 5 UZK
12) Artikel 38 Absatz 1 UZK

„Der Status eines Zugelassenen Wirtschaftsbeteiligten besteht aus den folgenden Arten von Bewilligungen:

a) der eines Zugelassenen Wirtschaftsbeteiligten für zollrechtliche Vereinfachungen, durch die dem Inhaber bestimmte Vereinfachungen nach den zollrechtlichen Vorschriften gewährt werden (AEOC), oder
b) der eines Zugelassenen Wirtschaftsbeteiligten für Sicherheit, durch die dem Inhaber sicherheitsrelevante Erleichterungen gewährt werden (AEOS).

Die beiden in Absatz 2 genannten Arten von Bewilligungen können gleichzeitig genutzt werden[13] (früher: AEOF)".

4 AEO-Bewilligungsvoraussetzungen nach UZK

Der UZK beinhaltet die Bewilligungsvoraussetzungen[14]. In der Durchführungsverordnung zum UZK werden diese Bewilligungsvoraussetzungen präzisiert[15]. Ein wichtiges Hilfsmittel für die AEO-Bearbeitung sind die Leitlinien „Zugelassene Wirtschaftsbeteiligte"[16]. Diese Leitlinien beinhalten die Anforderungen und die Auslegung der Bewilligungsvoraussetzungen.

„Für die Bewilligung des Status eines Zugelassenen Wirtschaftsbeteiligten sind folgende Voraussetzungen zu erfüllen:

a) Der Antragsteller darf keine schwerwiegenden oder wiederholten Verstöße gegen die zoll- oder steuerrechtlichen Vorschriften und keine schweren Straftaten im Rahmen seiner Wirtschaftstätigkeit begangen haben[17],
b) der Antragsteller muss ein erhöhtes Maß an Kontrolle seiner Tätigkeiten und der Warenbewegung mittels eines Systems der Führung der Geschäftsbücher und gegebenenfalls Beförderungsunterlagen, das geeignete Zollkontrollen ermöglicht, nachweisen[18],
c) Zahlungsfähigkeit, die als nachgewiesen gilt, wenn der Antragsteller sich in einer zufriedenstellenden finanziellen Lage befindet, die es ihm erlaubt, seinen Verpflichtungen in Zusammenhang mit der betreffenden Tätigkeit nachzukommen[19],
d) in Bezug auf die in Artikel 38 Absatz 2 Buchstabe a UZK genannte Bewilligung praktische oder berufliche Befähigungen, die in unmittelbarem Zusammenhang mit der ausgeübten Tätigkeit stehen[20], und
e) in Bezug auf die Bewilligung gemäß Artikel 38 Absatz 2 Buchstabe b UZK angemessene Sicherheitsstandards, die als erfüllt gelten, wenn der Antragsteller nachweist, dass er angemessene Maßnahmen aufrechterhält, um für die Sicherheit der internationalen Lieferkette zu sorgen, wozu auch die körperliche Unversehrtheit und Zugangskontrollen, logistische Prozesse und Umgang mit spezifischen Arten von Waren, Personal und die Feststellung seiner Handelspartner zählen"[21].

4.1 Einhaltung der zoll- und steuerrechtlichen Vorschriften[22]

Antragsteller bzw. Beschäftigte des Antragstellers, die für dessen Zollangelegenheiten zuständig sind, dürfen in den letzten drei Jahren keine schwerwiegenden oder wiederholten Verstöße gegen die zoll- oder steuerrechtlichen Vorschriften und keine schweren Straftaten im Rahmen ihrer Wirtschaftstätigkeit begangen haben.

„Verstöße gegen die Zollvorschriften, die nicht so bedeutend sind, als dass sie als Risikoindikator in Bezug auf den internationalen Warenverkehr, Sicherheitsaspekte oder die fällige Zollschuld anzusehen sind, gelten als „geringfügige Zuwiderhandlungen". „Wiederholte Zuwiderhandlungen" sind häufige geringfügigere Verstöße

---

13) Artikel 38 Absätze 2 und 3 UZK
14) Artikel 39 Buchstaben a–e UZK
15) Artikel 24 bis Artikel 28 UZK-IA
16) Leitlinien „Zugelassene Wirtschaftsbeteiligte", TAXUD/B2/047/2011 – Rev. 6 vom 11.03.2016
17) Artikel 39a UZK i.V.m. Artikel 24 UZK-IA
18) Artikel 39b UZK i.V.m. Artikel 25 UZK-IA
19) Artikel 39c UZK i.V.m. Artikel 26 UZK-IA
20) Artikel 39d UZK i.V.m. Artikel 27 UZK-IA
21) Artikel 39e UZK i.V.m. Artikel 28 UZK-IA
22) Artikel 39a UZK i.V.m. Artikel 24 Absatz 1 UZK-IA

gegen die Zollvorschriften, die nicht in einem angemessenen Verhältnis zu Art und Umfang der Geschäftstätigkeit des Antragstellers stehen und daher einen Risikoindikator darstellen"[23].

Zum betreffenden Personenkreis gehören:
- der Antragsteller;
- die Person, die für das antragstellende Unternehmen verantwortlich ist oder die Kontrolle über seine Leitung ausübt;
- die Beschäftigten des Antragstellers, die für dessen Zollangelegenheiten zuständig sind.

Im Rahmen der Zertifizierung greifen die Hauptzollämter verwaltungsintern auf das IT-Verfahren „DEBBI"[24] zurück.

In diesem Zusammenhang ist auch auf die Einhaltung steuerrechtlicher Vorschriften hinzuweisen. Diese Kategorie wurde zusätzlich im UZK bei den Bewilligungsvoraussetzungen aufgenommen.

4.2 Zufriedenstellendes System der Führung der Geschäfts- und Beförderungsunterlagen[25]

Voraussetzung des Artikels 39 Buchstabe b UZK gilt als erfüllt, wenn unter anderem folgende Bedingungen eingehalten werden[26]:
- Der Antragsteller verwendet ein Buchführungssystem, das den anerkannten Buchführungsgrundsätzen des Mitgliedstaats, entspricht, Buchprüfungen basierende Zollkontrollen ermöglicht und in dem die Daten so archiviert werden, dass zum Zeitpunkt der Dateneingabe ein Prüfpfad entsteht.
- Die Aufzeichnungen, die der Antragsteller für Zollzwecke führt, sind in sein Buchführungssystem integriert oder ermöglichen den Abgleich der Informationen mit den Angaben im Buchführungssystem.
- Der Antragsteller gestattet der Zollbehörde den physischen Zugang zu seinen Buchführungssystemen.
- Der Antragsteller gestattet der Zollbehörde den elektronischen Zugang zu seinen Buchführungssystemen sowie gegebenenfalls zu seinen Geschäftsbüchern und Beförderungsunterlagen, sofern es sich um elektronische Systeme und Aufzeichnungen handelt.
- Der Antragsteller verfügt über ein Logistiksystem, das eine Unterscheidung zwischen Unions- und Nicht-Unionswaren zulässt.
- Der Antragsteller verfügt über eine Verwaltungsorganisation, die Art und Größe des Unternehmens entspricht und für die Verwaltung der Warenbewegungen geeignet ist, sowie über interne Kontrollen, mit denen Fehler verhindert, erkannt und korrigiert sowie illegale oder nicht ordnungsgemäße Geschäfte verhindert und erkannt werden können.
- Der Antragsteller verfügt gegebenenfalls über ausreichende Verfahren für die Bearbeitung von Lizenzen und Genehmigungen, die auf der Grundlage handelspolitischer Maßnahmen erteilt wurden.
- Der Antragsteller verfügt über ausreichende Verfahren für die Archivierung seiner Aufzeichnungen und Informationen und für den Schutz vor Informationsverlust.
- Der Antragsteller trägt dafür Sorge, dass das betreffende Personal angewiesen ist, die Zollbehörden über jegliches Problem hinsichtlich der Einhaltung der Vorschriften zu unterrichten, und legt Verfahren für diese Unterrichtung fest.
- Der Antragsteller verfügt über geeignete Sicherheitsmaßnahmen zum Schutz seines Computersystems vor unbefugtem Eindringen und zur Sicherung seiner Unterlagen.
- Der Antragsteller verfügt über ausreichende Verfahren für die Bearbeitung von Einfuhr- und Ausfuhrlizenzen im Zusammenhang mit Verboten und Beschränkungen.

4.3 Nachweis der Zahlungsfähigkeit[27]

Die Voraussetzungen bezüglich der Zahlungsfähigkeit gelten als erfüllt, wenn die Zahlungsfähigkeit für die letzten drei Jahre nachgewiesen werden kann. Der Antragsteller muss nachweisen, dass er sich in

23) Dienstvorschrift zum Zugelassenen Wirtschaftsbeteiligten (AEO) E-VSF Z 05 20, Absatz 104
24) DEBBI oder Dezentrale Beteiligten-Bewertung wurde 2004 in der Zollverwaltung eingeführt. Darin fließen Ergebnisse von Prüfungen, Bußgeldverfahren und Strafverfahren ein.
25) Artikel 39b UZK i.V.m. Artikel 25 UZK-IA
26) Artikel 25 Absatz 1 UZK-IA
27) Artikel 39c UZK i.V.m. Artikel 26 UZK-IA

einer gesicherten finanziellen Lage befindet, die es ihm ermöglicht, im Rahmen seiner Geschäftstätigkeit vorhandenen finanziellen Verpflichtungen nachzukommen.

Das Interesse der Zollbehörden an der Finanzlage des Antragstellers begründet sich dabei in der Sicherstellung der Entrichtung von Abgabenschulden, welche im Rahmen zollrelevanter Geschäftstätigkeiten entstehen können. Die Hausbanken können unter anderem bestätigen, dass sich der Antragsteller in einer gesicherten Finanzlage befindet. Eine weitere Möglichkeit besteht darin, die Bonität für das Unternehmen bei der Creditreform einzuholen.

4.4 Praktische oder berufliche Befähigung[28)]

Diese Bewilligungsvoraussetzung wurde im UZK zusätzlich aufgenommen. Praktische und berufliche Befähigungen müssen in unmittelbarem Zusammenhang mit der ausgeübten Tätigkeit im Zollbereich stehen.

Praktische Befähigung[29)]

- nachweislich mindestens dreijährige praktische Erfahrung im Zollbereich oder
- Einhaltung einer von einer europäischen Normungsorganisation verabschiedeten Qualitätsnorm für den Zollbereich.

Berufliche Befähigung[30)]

Der Antragsteller oder die für die Zollangelegenheiten des Antragstellers zuständige Person hat erfolgreich eine zollrechtliche Ausbildung abgeschlossen, die dem Umfang seiner beziehungsweise ihrer Beteiligung an zollrelevanten Tätigkeiten entspricht und von einer der folgenden Stellen erteilt wurde:
- Zollbehörde eines Mitgliedstaats,
- Bildungseinrichtung, die in Bezug auf derartige Qualifikationen von den Zollbehörden oder von einer für die Berufsbildung verantwortlichen Stelle eines Mitgliedstaats anerkannt ist oder
- Berufs- oder Wirtschaftsverband, der in Bezug auf derartige Qualifikationen von den Zollbehörden eines Mitgliedstaats anerkannt oder in der Union akkreditiert ist.

Beauftragt ein Wirtschaftsbeteiligter vertraglich einen AEOC mit der Durchführung seiner zollrechtlichen Angelegenheiten, gilt das Kriterium der praktischen oder beruflichen Befähigung ebenfalls als erfüllt[31)].

Gegenwärtig beschränkt sich die Prüfung der praktischen oder beruflichen Befähigung auf den Nachweis der dreijährigen praktischen Erfahrung im Zollbereich[32)]. Es wurde bislang keine Qualitätsnorm von einer europäischen Normungsorganisation für den Zollbereich festgelegt.

4.5 Sicherheitsstandards[33)]

Wirtschaftsbeteiligte, die das AEO-Zertifikat AEOS oder die Kombination[34)] AEOC und AEOS beantragen, müssen außerdem angemessene Sicherheitsstandards erfüllen. Im Artikel 28 UZK-IA sind die Details dazu ausgeführt, wobei zwischen warenbezogenen Prüfungen und personenbezogenen Überprüfungen unterschieden werden kann.

Warenbezogene Prüfungen[35)]

- Die Gebäude, die für die Vorgänge im Zusammenhang mit der AEOS-Bewilligung verwendet werden sollen, sind gegen unrechtmäßiges Eindringen geschützt und bestehen aus Materialien, die unrechtmäßiges Betreten verhindern.

---

28) Artikel 39d UZK i.V.m. Artikel 27 UZK-IA
29) Artikel 27 Absatz 1a UZK-IA
30) Artikel 27 Absatz 1b UZK-IA
31) Artikel 27 Absatz 2 UZK-IA
32) Artikel 27 Absatz 1a-i UZK-IA
33) Artikel 39e UZK i.V.m. Artikel 28 UZK-IA
34) ursprünglich AEOF
35) Artikel 28 Absatz 1a-c UZK-IA

- Der unbefugte Zugang zu Büroräumen, Versandbereichen, Verladerampen, Frachträumen und anderen einschlägigen Orten wird durch geeignete Maßnahmen verhindert.
- Maßnahmen für die Behandlung der Waren wurden ergriffen, die Schutz vor dem unerlaubten Einbringen oder Austausch, vor unzulässiger Handhabung von Waren und vor Manipulationen an den Ladeeinheiten bieten.

Personenbezogene Überprüfungen[36)]

- Der Antragsteller hat Maßnahmen ergriffen, die es ermöglichen, seine Handelspartner eindeutig festzustellen und durch geeignete vertragliche Vereinbarungen oder sonstige seinem Geschäftsmodell entsprechende geeignete Maßnahmen zu gewährleisten, dass diese Handelspartner für die Sicherheit ihres Teils der internationalen Lieferkette sorgen.
- Der Antragsteller unterzieht, soweit nach nationalem Recht zulässig, künftig in sicherheitsrelevanten Bereichen tätige Mitarbeiter einer Sicherheitsüberprüfung und unterzieht Mitarbeiter, die bereits in solchen Bereichen arbeiten, regelmäßig und bei Bedarf einer Hintergrundüberprüfung.
- Der Antragsteller verfügt über geeignete Sicherheitsverfahren für externe Dienstleister, die er unter Vertrag nimmt.

Im Unternehmen muss eine für Sicherheitsfragen zuständige Kontaktperson benannt werden[37)].

Ausführliche Darstellungen der Sicherheitsstandards sind in der Leitlinie (TAXUD/B2/047/2011 – Rev. 6 vom 11.03.2016) enthalten. Die dortigen Ausführungen beziehen sich auf konkrete Sicherheitsmaßnahmen als bestimmten Teil der Lieferkette. Ein Screening des Personals anhand der Terrorlisten VO (EG) Nr. 2580/2001 und VO (EG) Nr. 881/2002 ist erforderlich.

Hinsichtlich einer Überprüfung der Mitarbeiter des Antragstellers anhand der Sanktionslisten wurde der Umfang der Prüfpflicht mit der letzten grundlegenden rechtlichen Änderung angepasst, und die Verordnung (EU) 753/2011 vom 1. August 2011 (ABl. L 199 vom 2. August 2011, zuletzt geändert durch DVO (EU) Nr. 263/2014, ABl. L 76 vom 15. März 2014 – „Taliban") wurde in die Prüfung einbezogen[38)].

Die Antragsteller müssen im Unternehmen Sicherheitsüberprüfungen des in sicherheitsrelevanten Bereichen tätigen Personals, einschließlich der regelmäßigen Hintergrundüberprüfungen, vornehmen. Dazu liegt ein Urteil des Bundesfinanzhofs (BFH) vor[39)].

5 Bewilligungsverfahren

Der Antrag ist in elektronischer Form bei der Zollbehörde zu stellen[40)]. In Deutschland erfolgt die AEO-Antragstellung über den „Internetantrag AEO" (IAEO) im Zoll-Portal[41)]. Erläuterungen und Hinweise zum Inhalt der auszufüllenden Felder des Antrags auf Erteilung einer AEO-Bewilligung gemäß Anhang A DVO (EU) 2015/2446 UZK-DA sind zu beachten[42)].

Die Zuständigkeit des jeweiligen bearbeitenden Hauptzollamts (HZA) ist im Artikel 22 Absatz 1 UZK geregelt. Zuständig ist die Zollbehörde des Mitgliedstaats, in dem die Hauptbuchhaltung des Wirtschaftsbeteiligten in Bezug auf die betreffende Zollregelung geführt wird und in dem mindestens ein Teil der wirtschaftlichen Tätigkeit abgewickelt wird, auf die sich die Bewilligung bezieht[43)]. Sind diese Voraussetzungen nicht erfüllt, wird die Zuständigkeit nach Artikel 12 UZK-DA bestimmt.

Nach Eingang des Antrags prüft das zuständige HZA zunächst dessen Vollständigkeit. Sollten Unterlagen oder Informationen fehlen, wird der Wirtschaftsbeteiligte mit Angabe von Gründen gefordert, diese innerhalb von 30 Kalendertagen nachzureichen. Beinhaltet der Antrag alle erforderlichen Unterlagen und

36) Artikel 28 Absatz 1d-f UZK-IA
37) Artikel 28 Absatz 1h UZK-IA
38) Dienstvorschrift zum Zugelassenen Wirtschaftsbeteiligten (AEO) E-VSF Z 05 20
39) Urteil BFH vom 19. Juni 2012, Az. VII R 43/11
40) Artikel 6 UZK
41) Kapitel Generalzolldirektion, Zentrale Auskunft und Zoll-Portal und Formular 0390
42) Formular 0391
43) Artikel 11 UZK-IA

Informationen, wird die Annahme des Antrags mitgeteilt. Der Antrag kann abgelehnt werden. Ursachen der Ablehnung können unter anderem sein:
- Abgabe des Antrags bei einem nicht zuständigem HZA,
- der Antragsteller ist zum Antragszeitpunkt wegen einer schweren Straftat im Zusammenhang mit seiner wirtschaftlichen Tätigkeit verurteilt,
- der Antragsteller befindet sich zum Zeitpunkt der Antragstellung in einem Insolvenzverfahren,
- der Vertreter des Antragstellers in Zollangelegenheiten ist wegen einer schweren Straftat im Zusammenhang mit einem Verstoß gegen die Zollvorschriften verurteilt oder
- der Antrag wurde innerhalb einer Sperrfrist von drei Jahren gestellt.

Wurde der Antrag angenommen und liegt keiner der vorgenannten Ausschlussgründe vor, sind die erforderlichen Prüfungen innerhalb von 120 Kalendertagen nach Annahme durchzuführen. Diese Frist kann aus begründetem Anlass durch die Zollverwaltung um 60 Kalendertage verlängert werden.

6 Vorteile des AEO-Zertifikats nach UZK[44)]

Die Erfüllung von Bewilligungsvoraussetzungen eines AEO C gemäß Artikel 39 Buchstabe a-d UZK bildet die Grundlage für zollrechtliche Bewilligungen, die sich für die Unternehmen vorteilhaft bei zollrechtlichen Handlungen auswirken.

Die Vorteile eines AEO sind unter anderem:
- unionsweite Stellvertretung gemäß Artikel 18 Absatz 3 UZK,
- Bewilligung einer Gesamtsicherheit gemäß Artikel 95 Absatz 2 UZK,
- Bewilligung einer reduzierten Gesamtsicherheit gemäß Artikel 95 Absatz 2 UZK,
- Gewähr für die ordnungsgemäße Durchführung eines Verwahrungslagers gemäß Artikel 148 Absatz 2 Buchstabe b UZK,
- Gewähr für die Führung geeigneter Aufzeichnungen bei Verwahrungslagern gemäß Artikel 148 Absatz 4 UZK,
- Bewilligung von besonderen Verfahren gemäß Artikel 211 Absatz 3 Buchstabe b,
- Gewähr für die Führung geeigneter Aufzeichnungen bei besonderen Verfahren gemäß Artikel 214 Absatz 2 UZK,
- Einsatz von Ersatzwaren gemäß Artikel 223 Absatz 2 UZK,
- Befreiung von der Gestellungspflicht bei Anschreibung in der Buchführung des Anmelders gemäß Artikel 182 Absatz 3 Buchstabe a UZK,
- zentrale Zollabwicklung gemäß Artikel 179 Absatz 2 UZK,
- Eigenkontrolle gemäß Artikel 185 Absatz 2 UZK

7 Hinweise für die AEO-Bearbeitung

7.1 Voraussetzungen für die Beantragung

Der Status AEO kann jedem im Zollgebiet der Gemeinschaft ansässigen Wirtschaftsbeteiligten bewilligt werden. Die Muttergesellschaft eines Drittlandes darf den Status eines AEO für ihre Zweigniederlassungen in der EU beantragen, wenn sie aufgrund einer dauerhaften Niederlassung in der EU als in der EU ansässig gilt.

Die Tochtergesellschaften und möglichen dauerhaften Niederlassungen, die separate juristische Personen sind, müssen den AEO-Status getrennt beantragen. Die Zweigniederlassungen und eventuellen dauerhaften Niederlassungen, die nicht eigenständige juristische Personen sind, dürfen einen AEO-Status nicht getrennt voneinander beantragen. Die Muttergesellschaft muss den AEO-Status beantragen und ist für die Antragstellung verantwortlich. Bei Unklarheiten zur Einordnung und Beantragung ist mit dem zuständigen HZA Rücksprache zu halten.

44) Witte, Henke, Kammerzell „Der Unionszollkodex (UZK)"

7.2 Fragebogen zur Selbstbewertung[45)]

Der Fragebogen ist gemeinsam mit dem Antrag abzugeben[46)]. Die Hinweise zum Ausfüllen des Fragebogens sind im Dokument „Allgemeine Hinweise zum Ausfüllen des Fragebogens" zu finden. Der Fragebogen gliedert sich in die Teile I bis VI:

Teil I – Informationen über das Unternehmen

Teil II – Bisherige Einhaltung der Zollvorschriften (Bewilligungskriterium Artikel 39 Buchstabe a UZK)

Teil III – Buchführung und Logistiksystem (Bewilligungskriterium Artikel 39 Buchstabe b UZK)

Teil IV – Zahlungsfähigkeit (Bewilligungskriterium Artikel 39 Buchstabe c UZK)

Teil V – Praktische oder berufliche Befähigungen (Bewilligungskriterium Artikel 39 Buchstabe d UZK)

Teil VI – Sicherheitsanforderungen (Bewilligungskriterium Artikel 39 Buchstabe e UZK)

Für die Beantragung des AEOC sind der Antrag und der Fragebogen Teil I bis Teil V einzureichen[47)].

Für die Beantragung des AEOS sind der Antrag und der Fragebogen Teil I bis Teil IV und Teil VI einzureichen[48)].

Für die Beantragung des AEOC und AEOS sind die Fragebögen Teil I bis Teil VI einzureichen[49)].

Dieser Fragebogen ist zu finden unter:
https://www.zoll.de/DE/Fachthemen/Zoelle/Zugelassener-Wirtschaftsbeteiligter-AEO/Antragsverfahren/Hinweise-Fragebogen-zollrechtliche-Bewilligungen/hinweise-fragebogen-zollrechtliche-bewilligungen_node.html

7.3 Monitoring

Die Erfüllung der Kriterien im Rahmen eines Monitorings wird über das Zertifizierungsverfahren hinaus überwacht. Behördenseitig umfasst das Monitoring die fortdauernde Erhebung, Auswertung und Dokumentation von Informationen. Der Zertifikatsinhaber selbst unterliegt der Informationspflicht gegenüber dem zuständigen Hauptzollamt. Diesem sind alle Umstände, die nach der Erteilung des Status eintreten und diesen berühren, unverzüglich mitzuteilen.

7.4 Vertraulichkeit im Umgang mit firmeninternen Daten

Übersandte Daten zur Selbstbewertung unterliegen dem Steuergeheimnis und werden vertraulich behandelt.

7.5 Veröffentlichung der AEO-Daten und AEO-Abfrage

Jeder Antragsteller wird durch das bearbeitende HZA befragt, ob die Daten veröffentlicht werden dürfen. Die Veröffentlichung ist im Hinblick auf die Reputation des Unternehmens, unter anderem bei Ausschreibungen, zu empfehlen. Der Veröffentlichung in der AEO-Datenbank muss zugestimmt werden. Die Datenbank ist zu finden unter:

https://ec.europa.eu/taxation_customs/dds2/eos/aeo_consultation.jsp?Lang=de

7.6 Sicherheitserklärungen

Sicherheitserklärungen erfüllen den Zweck, die Lieferkette sicherer zu machen, wenn ein Handelspartner in der Lieferkette keinen AEO-Status besitzt, wobei die Ausstellung einer derartigen Sicherheitserklärung

45) Kapitel Bewilligungen und Bewilligungsvoraussetzungen
46) Artikel 2 Absatz 2 UZK und Artikel 26 Absatz 1 UZK-DA
47) Artikel 38 Absatz 2a UZK
48) Artikel 38 Absatz 2b UZK
49) Artikel 38 Absatz 3 UZK

zivilrechtlichen Charakter hat. Nicht selten befinden sich die betroffenen Geschäftspartner selbst bereits in der Zertifizierungsphase zum AEO. Diese Geschäftspartner brauchen keine Sicherheitserklärung; ein Verweis auf die Antragstellung mit zeitlichem Bezug genügt.

7.7 Verpflichtung zur Beantragung

Eine Verpflichtung zur Beantragung des AEO-Status besteht nicht.

7.8 Kosten der Zertifizierung

Die Zertifizierung der Unternehmen durch die zuständigen Hauptzollämter (HZÄ) ist kostenlos.

7.9 Anfragen und Kontaktstelle AEO

Hauptzollamt Nürnberg, Sachgebiet B – Kontaktstelle AEO
(Zugelassener Wirtschaftsbeteiligter)
Frankenstraße 208
90461 Nürnberg
Tel.: 0911 9463-1360, -1361, -1362
Fax: 0911 9463-1399
E-Mail: aeo.hza-nuernberg@zoll.bund.de

7.10 Beantragung für Reglementierte Beauftragte und Bekannte Versender[50)]

Für Reglementierte Beauftragte bzw. Bekannte Versender gemäß VO (EU) Nr. 2015/1998 gelten die Sicherheitsstandards für die Räumlichkeiten und Tätigkeiten, die ihre Zulassung umfasst, als erfüllt[51)].

8 Quellenangaben, EU-Verordnungen und weiterführende Literatur

- Verordnung (EU) 952/2013 vom 9. Oktober 2013 zur Festlegung des Zollkodex der Union (UZK)
- Verordnung (EU) 2015/2446 vom 28. Juli 2015 zur Ergänzung des UZK und Verordnung (EU) 2016/651 vom 5. April 2016 zur Berichtigung der Delegierten Verordnung (UZK-DA)
- Verordnung (EU) 2015/2447 vom 24. November 2015 mit Einzelheiten zur Umsetzung der Bestimmungen des UZK (UZK-IA)
- Delegierte Verordnung (EU) 2016/341 der Kommission vom 17. Dezember 2015 zur Ergänzung der Verordnung (EU) Nr. 952/2013 des Europäischen Parlaments und des Rates hinsichtlich der Übergangsbestimmungen für bestimmte Vorschriften des Zollkodex der Union, für den Fall, dass die entsprechenden elektronischen Systeme noch nicht betriebsbereit sind, und zur Änderung der Delegierten Verordnung (EU) 2015/2446 (UZK-TDA)
- Leitlinien „Zugelassene Wirtschaftsbeteiligte", TAXUD/B2/047/2011 – Rev. 6 vom 11.03.2016
- Fragebogen zollrechtliche Bewilligungen – Allgemeine Hinweise zum Ausfüllen des Fragebogens und Teile I bis VI und Liste der Anlagen – Stand: Januar 2018, Januar 2024 und Januar 2025
- Verordnung (EG) 2580/2001 des Rates vom 27. Dezember 2001 über spezifische, gegen bestimmte Personen und Organisationen gerichtete restriktive Maßnahmen zur Bekämpfung des Terrorismus
- Verordnung (EG) 881/2002 des Rates vom 27. Mai 2002 über die Anwendung bestimmter spezifischer restriktiver Maßnahmen gegen bestimmte Personen und Organisationen, die mit Osama bin Laden, dem Al-Qaida-Netzwerk und den Taliban in Verbindung stehen, und zur Aufhebung der Verordnung (EG) Nr. 467/2001 des Rates über das Verbot der Ausfuhr bestimmter Waren und Dienstleistungen nach Afghanistan, über die Ausweitung des Flugverbots und des Einfrierens von Geldern und anderen Finanzmitteln betreffend die Taliban von Afghanistan
- Verordnung (EU) 753/2011 des Rates vom 1. August 2011 über restriktive Maßnahmen gegen bestimmte Personen, Gruppen, Unternehmen und Einrichtungen angesichts der Lage in Afghanistan
- Dienstvorschrift zum zugelassenen Wirtschaftsbeteiligten (AEO) E-VSF Z 05 20

---

50) Kapitel Luftfrachtsicherheit: Der bekannte Versender
51) Artikel 28 Absatz 3 UZK-IA

- https://www.zoll.de/DE/Fachthemen/Zoelle/Zugelassener-Wirtschaftsbeteiligter-AEO/Allgemeines/allgemeines_node.html
- https://www.zoll.de/DE/Fachthemen/Zoelle/Zugelassener-Wirtschaftsbeteiligter-AEO/Antragsverfahren/Hinweise-Fragebogen-zollrechtliche-Bewilligungen/hinweise-fragebogen-zollrechtliche-bewilligungen_node.html
- Weerth, Siebzehn Jahre Zugelassener Wirtschaftsbeteiligter (AEO) in AW-Prax 3/2025, Reguvis Fachmedien
- Witte, Henke, Kammerzell „Der Unionszollkodex (UZK)" Reguvis Verlag – 3. vollständig überarbeitete Auflage 2016
- Gellert, Weiß, „UZK kompakt & praxisnah strukturiert" 3. Auflage, Reguvis Verlag 2022
- Struck, C., Gayk, A., „Praxisfassung UZK", 3. Auflage, Ausgabe 4, Mendel Verlag 2024
- Einführungserlass zur Anwendung neuen Unionsrechts im Zollbereich ab dem 1. Mai 2016 (III B 1 – Z 0440/13/10010:010 DOK 2016/0107166 vom 19. Februar 2016)
- Durchführungsverordnung (EU) 2015/1998 der Kommission vom 5. November 2015 zur Festlegung detaillierter Maßnahmen für die Durchführung der gemeinsamen Grundstandards für die Luftsicherheit
- Abkommen über Handel und Zusammenarbeit zwischen der Europäischen Union und der Europäischen Atomgemeinschaft einerseits und dem Vereinigten Königreich Großbritannien und Nordirland andererseits – Amtsblatt der Europäischen Union – L 444/14 vom 31.12.2020

Kapitel 15 Luftfrachtsicherheit: Der bekannte Versender

Dr. Mirko Hoppe, München

1 Wesentliche Maßnahmen zur Erhöhung der Luftfrachtsicherheit

Mit dem Terroranschlag vom 11. September 2001 galt es, sich neuen Bedrohungsszenarien nachhaltig zu stellen und nach Lösungen zu suchen. Es wurde deutlich, dass erhöhte Sicherheitsbestimmungen allein im Passagierbereich des Luftverkehrs nicht ausreichen konnten.

Mit der VO (EG) Nr. 2320/2002, die am 19.01.2003 in Kraft getreten ist, wurde die Grundlage zur erhöhten Sicherheit der Luftfrachtabwicklung gelegt. Die Umsetzung der Verordnung in nationale Sicherheitsprogramme oblag dem Luftfahrtbundesamt (LBA). Im Fokus stand die Fracht- und Postabwicklung. Die verantwortlichen Unternehmen für den Transport (mit Verpackung und Lagerung) zum Flughafen standen unter strengen Regularien und wurden reglementierte Beauftragte (regB) genannt. Demgegenüber gab es die Gruppe der Verlader, die Luftfracht als Versender herstellten und an den Spediteur übergaben. Jeder regB konnte Versender über eine Sicherheitserklärung als bekannten bzw. sicheren Versender anerkennen. Fortan war die Ware von diesem bekannten Versender (bV) als sicher eingestuft und konnte ohne weitere Kontrollen in Luftfahrzeuge verladen werden.

Jedoch fand eine Prüfung des bV durch regB nur in seltenen Fällen statt. Erklärungen wurden öfters ohne Prüfung unterschrieben. Die verpflichtenden Sicherheitsmaßnahmen für u. a. zuverlässiges Personal, Räume und Flächen oder Sicherheitsunterweisungen waren vielen Firmen nicht gänzlich bewusst.

Aufgrund dieser Situation verabschiedeten das Europäische Parlament und der Rat im März 2008 eine neue Verordnung mit weiterführenden Details in den nachfolgenden Jahren. Im Einzelnen handelt es sich um:

- VO (EG) Nr. 300/2008 ist EU-weit anzuwenden mit dem Hauptanliegen, die bestehenden Vorschriften im Rahmen der Sicherheit des Luftverkehrs und künftige Änderungen sowie Anpassungen zu erleichtern.
- VO (EG) Nr. 272/2009 regelt vor allem, welche Sicherheitsmaßnahmen und Kontrollmethoden als Standard bei der Personenkontrolle, dem mitgeführten Handgepäck und der Luftfracht/-post gelten. Spezifiziert werden darüber hinaus u. a. verbotene Gegenstände, Zugangskontrollen zur Luftseite des Flughafens sowie Kontrolle von Luftfahrtzeugen.

Unternehmen mussten an einem Stichtag im Jahr 2013 entscheiden, ob sie bV bleiben oder künftig die Sicherheitsdienstleistungen Dritter in Anspruch nehmen wollten.

Die folgenden Abschnitte bieten unter anderem einen Überblick über die Neuerungen der Durchführungsverordnung (EU) 2017/815 und Durchführungsverordnung (EU) 2022/1174 aufbauend auf bzw. zur Änderung der Durchführungsverordnung (EU) 2015/1998 mit deren aktuellen Ergänzungen vom 03.05.2024. Neben dem Begriffsverständnis wird anhand von Entscheidungskriterien eine Hilfestellung geboten, ob eine Zertifizierung sinnvoll erscheint. Sofern dies positiv entschieden wird, bieten Praxishinweise eine Unterstützung auf dem Weg zur Zertifizierung bV.

2 Grundlagen: Begriffe und Definitionen

2.1 Sicherheitsprogramme im Überblick

Zwei Sicherheitsprogramme sind zu unterscheiden: bekannter Versender und reglementierter Beauftragter.

Der **bekannte Versender (bV)**:

Nach der VO (EG) Nr. 300/2008 gilt:
„Im Sinne dieser Verordnung bezeichnet der Ausdruck „bekannter Versender" einen Versender von Fracht oder Post zur Versendung auf eigene Rechnung", dessen Verfahren gemeinsamen Sicherheitsvorschriften

und -standards entsprechen, die es gestatten, die betreffende Fracht oder Post auf dem Luftweg zu befördern.

Bekannter Versender kann also nur sein, wer Ware herstellt oder konfektioniert, verpackt und auf eigene Rechnung versendet! Nach dieser Verordnung kann sich der Status, welcher vor 2013 erworben wurde, für Firmen ändern. Dies trifft beispielsweise für Firmen innerhalb eines Konzerns/einer Unternehmensgruppe zu, die als Dienstleister den Transport und/oder die Verpackung innerhalb der Gruppe übernehmen, meist mit dem Namenszusatz „Logistics" oder „Distribution". Betroffen sind auch Firmen, die den Versand für kleinere Schwesterfirmen oder befreundete Firmen übernehmen. Da sie keine Ware herstellen, kann keine bV-Zulassung, sondern nur regB (siehe nachfolgend) angestrebt werden.

Der **reglementierte Beauftragte (regB)**:

Nach der VO (EG) Nr. 300/2008 gilt:
„Im Sinne dieser Verordnung bezeichnet der Ausdruck „reglementierter Beauftragter" Luftfahrtunternehmen, Agenturen, Spediteure oder sonstige Stellen, die die Sicherheitskontrollen für Fracht oder Post gewährleisten."

Achtung: Ein Unternehmen kann nicht beide Zulassungen gleichzeitig innehaben! Eine Ware kann nur bei einem bV – am Beginn der sicheren Lieferkette – als Luftfracht identifiziert werden.

2.2 Sichere Lieferkette

Unter den Begriff „sichere Lieferkette" fallen alle Akteure und Maßnahmen, die mit dem Versand von Luftfracht unter Einhaltung der gesetzlichen Sicherheitsanforderungen (Verordnung (EG) Nr. 300/2008 und deren Durchführungsvorschriften) in Verbindung stehen. Eine sichere Lieferkette ist gegeben, wenn die Ware beim bV entstanden ist und anschließend an einen regB oder einen anerkannten Transporteur (Sub-Unternehmer) zum Flughafen transportiert wird.

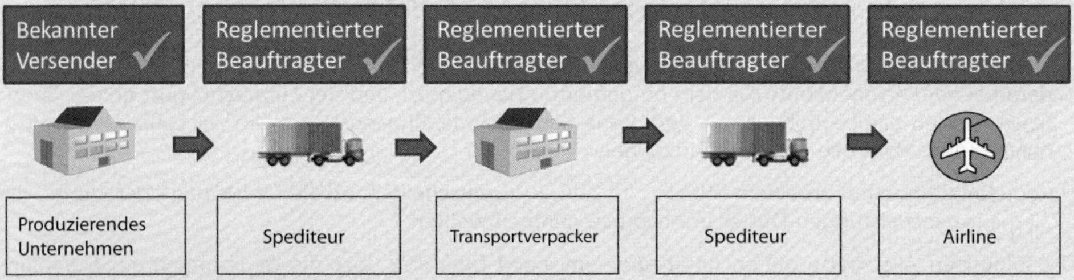

Seit dem 04.03.2018 ist bei der Beauftragung von Transportdienstleistungen § 9a Abs. 2 LuftSiG zu beachten. Dieser legt fest, dass Transporteure von Luftfracht behördlich zugelassen werden müssen, die ihren Betriebsstandort in der BRD haben. Das LBA veröffentlicht auf seiner Homepage (→ www.lba.de, Luftsicherheit, Sichere Lieferkette Deutschland, Transporteure mit Dokumente und Formulare) die Schritte des Zulassungsverfahrens, Muster des Transporteur-Sicherheitsprogramms sowie eine Liste mit den behördlich zugelassenen Transporteuren.

Die beschriebene nationale Vorgabe ist mit der Durchführungsverordnung (EU) 2024/1255 vom 03.05.2024 europaweit verpflichtend. Der Übergangszeitraum endet am 01.01.2027.

Wenn sich der regB der Hilfe von Unterauftragnehmern (sog. Subunternehmer für z.B. die Lagerung oder den Transport von Luftfracht) bedient, ist er für die Vergabe des Sicherheitsstatus selbst verantwortlich. Ausschließlich der Transport und der damit in Zusammenhang stehende Schutz von Sendungen kann an einen Transporteur delegiert werden. Die Annahme und die Kontrolle der Integrität der Sendungen nach Anlieferung obliegen nur dem regB.

Anhand aktueller Ergänzungen im Anhang der DVO (EU) 2015/1998 sind folgende weitere Punkte zu beachten:

- Für die Lagerung sicherheitskontrollierter Luftfracht ist wie bisher eine Zulassung als regB notwendig.
- Für die Vergabe von Unteraufträgen für den Transport wie Abholung, Beförderung oder Auslieferung im Nachlauf muss der Unterauftragnehmer (z.B. Frachtführer) mit dem Transporteur (z.B. Spedition als Auftraggeber) eine Transporteurvereinbarung unterzeichnen. Eine weitere Vergabe der Transporte ist somit nicht möglich. Für den Frachtführer gelten ebenfalls die Voraussetzungen der Überprüfung und Schulung. Die volle Verantwortung bleibt beim Auftraggeber, solange der Frachtführer kein regB oder zugelassener Transporteur ist.

3 Entscheidung gegen oder für die Zertifizierung

Der Status bV ist **keine** Voraussetzung, um Luftfrachtsendungen zu befördern. Für übliche KEP-Sendungen (Kurier, Express und Paket) wird der Status nicht verlangt, da KEP-Transportdienstleister alle Sendungen bereits heute selbst untersuchen. Für Produzenten/Versender mit ausschließlich KEP-Sendungen besitzt das Sicherheitsprogramm bV keine Relevanz.

Für den Versand von anderen Sendungsarten besteht oft die Frage, ob der Aufwand zur Erlangung des Status gerechtfertigt und welcher Nutzen damit verbunden ist. Drei Kriterien können bei der Entscheidung in Betracht gezogen werden:

Ein Einflussfaktor ist die **Wirtschaftlichkeit** in Abwägung der Erstellung des eigenen Sicherheitsprogramms bV gegenüber der Beauftragung eines externen Dienstleisters. Als Orientierung können die aktuellen Marktpreise für das Röntgen im Rahmen der Sicherheitsprüfung herangezogen werden, welche durch externe Dienstleister in Rechnung gestellt werden bzw. mit dem Status bV durch sichere Übergabe an einen regB vermieden werden könnten.

Wird die Ware nicht sicher (d.h. kein Status bV) an einen Transporteur übergeben, ist vorab zu testen, ob die Beschaffenheit und das Format der Ware die Überprüfung der Packstücke ermöglicht. Waren mit Metallbestandteilen (bestimmter Dicke) könnten beim Röntgen nicht auswertbar sein. Man spricht vom sog. Schwarz- oder Dunkelalarm. Ferner sind die Tunnelmaße der Geräte (mit max. 180 cm × 180 cm) zu beachten. In der Konsequenz wäre ein bV für diese sensiblen Waren vorteilhaft.

Für die Zulassung zum bV werden Gebühren auf Grundlage der Luftsicherheitsgebührenverordnung (LuftSiGebV) erhoben. Das Gebühren- und Auslagenverzeichnis der LuftSiGebV ist unter www.gesetze-im-internet.de/luftsigebv detailliert einsehbar. Beispielsweise kostet die Erteilung der Zulassung eines bV um die 500 Euro und die Erteilung der Zulassung eines regB je Betriebsstandort um die 260 Euro. Zusammenfassend kann mit den Auslagen für die Vor-Ort-Kontrolle von einer Summe von 2.000 Euro bis max. 10.000 Euro ausgegangen werden (abhängig von der Größe der Unternehmen und der Anzahl der Versandstandorte).

In Anbetracht einer immer stärker auf **Qualität** ausgerichteten Lieferkette muss berücksichtigt werden, dass Behörden andere Verfahren wie Sprengstoffdetektionsgeräte (Sniffer) bei der Prüfung einsetzen oder die Ware manuell kontrolliert wird. Für Waren in einer Vakuumverpackung, Originalverpackung und -verschlüssen kann das problematisch werden. Auch bei sensiblen technischen Geräten ist die Notwendigkeit zur Zertifizierung abzuwägen. Darüber hinaus gilt der Status bV als Gütezeichen, dass luftfrachtrelevante Prozesse zur sicheren Versendung von Luftfracht unter Einhaltung der gesetzlich geforderten Sicherheitsstandards ablaufen. In der Regel wird für Zulieferer in der Automobilindustrie das Zertifikat erwartet.

Hinsichtlich des Aspekts **Zeit** hängt die zollbezogene Beschau im Wesentlichen von der Verfügbarkeit der Geräte und den Personalkapazitäten ab. Im Fall des Verzichts auf die Zertifizierung sollte vorab mit den beteiligten Parteien in der Lieferkette geklärt werden, ob mit Verzögerungen zu rechnen ist. Letztlich soll laut LBA der Status bV dafür sorgen, dass der Abfertigungsprozess der Luftfracht (vom Versender bis zum Verladen in das Luftfahrzeug) deutlich vereinfacht und beschleunigt werden kann. Demgegenüber steht eine Vielzahl an Arbeitsschritten hin zur Zertifizierung respektive Aufrechterhaltung des Status, welche im nächsten Kapitel beschrieben werden.

Je nach den Rahmenbedingungen des Unternehmens (z.B. liegt bereits ein AEO-Status vor) ist es leichter oder schwerer, die Anforderungen des bV zu erfüllen. Bei der IST-Analyse sollten deshalb die Fragen nach der Notwendigkeit hinsichtlich Warenart und Wirtschaftlichkeit sowie Kundenanforderungen geklärt werden.

4 Voraussetzungen für die Zulassung beim LBA

4.1 Zuweisung der Verantwortlichkeiten

Bevor ein Sicherheitsprogramm als wesentliche Voraussetzung für die Zulassung zum bV erstellt wird, müssen in der Vorbereitungsphase die Verantwortlichkeiten benannt werden, insbesondere:
- die Bestimmung bzw. Beauftragung des BfS, Vertreter,
- des „Vertrauten Verantwortlichen" und
- des „Personals aller Kategorien"

muss erfolgen.

Der **Beauftragte für Sicherheit (BfS)**

Jedes Unternehmen, das einen Antrag auf Zulassung als bV/regB stellt, benötigt einen **Beauftragten für Sicherheit (BfS)**. Bei dieser Person handelt es sich um den zentralen Verantwortlichen für die Luftfrachtsicherheit im Unternehmen. Er ist der direkte Ansprechpartner für das LBA. Luftfracht kann nur „sicher" abgefertigt werden, wenn der BfS oder sein Vertreter (mit den gleichen Voraussetzungen) in der Betriebsstätte vor Ort ist. Voraussetzung für diese Stelle ist eine positiv beschiedene Zuverlässigkeitsüberprüfung nach § 7 Luftsicherheitsgesetz, eine erfolgreich absolvierte Luftsicherheitsschulung sowie das Befähigungszeugnis.

Bei der Benennung eines BfS ist zu beachten, dass dieser seinen Tätigkeitsschwerpunkt an dem Betriebsstandort hat, für den er als BfS benannt wurde. Hierarchisch sollten sie zu den Entscheidungsträgern gehören, was sich aufgrund des umfassenden Aufgabenspektrums ergibt. Standort-, Logistik- oder Versandleiter sind hierfür geeignet.

Ein Unternehmen kann mehrere, jeweils über eine eigene Zulassung verfügende, Betriebsstandorte haben. Dies bedeutet, dass die benannte verantwortliche Person nicht gleichzeitig als BfS für andere zugelassene Betriebsstandorte benannt werden darf, wohl aber als Stellvertreter.

Die Verfügbarkeit des BfS (oder seines Vertreters) an dem Betriebsstandort bei der Abfertigung der „sicheren" Luftfracht muss dem LBA (auch im Fall Wochenende, Urlaub, Krankheit, Elternzeit) nachgewiesen werden. Es empfiehlt sich, ausreichend Vertreter zu schulen. Ferner sollten Qualifikation (Sicherheitshintergrund) und zugehörige Ausbildung beachtet werden. Oft wird bei der Ernennung der Mitarbeiter zum BfS nach den haftungsrechtlichen Konsequenzen gefragt. Laut LBA gibt es keine haftungsrechtlichen Ansprüche. Es wird lediglich der Status entzogen, jedoch schließt das nicht aus, dass der BfS bei einem Vorfall befragt und zivilrechtlich haftbar gemacht wird. Daher empfiehlt sich zu prüfen, ob der BfS in diesen Fällen über entsprechende Versicherungen verfügt.

Der **Vertraute Verantwortliche**

In vielen Unternehmen bestehen neben der Hauptzentrale bzw. dem Hauptwerk noch Außen- oder Zweigstellen bzw. Tochterunternehmen als Werke. Auch muss zum Zeitpunkt der Identifizierung der Luftfracht in der Betriebstätte eine verantwortliche Person, der sogenannte **vertraute Verantwortliche**, anwesend sein.

Der „Vertraute Verantwortliche" muss die Voraussetzungen des BfS (Zuverlässigkeitsüberprüfung, Schulung usw.) erfüllen. Er ist direkter Ansprechpartner für das LBA sowie direkt Berichtender zum BfS. Auf Grund der angesprochenen Verfügbarkeit bei Abfertigung von Luftfracht sollte eine durchdachte Vertretungsregelung getroffen werden. Die Verfügbarkeit vor Ort (z.B. am Wochenende) setzt keine ganztägige Vor-Ort-Bereitschaft voraus, sondern beim Zeitpunkt der Identifizierung bzw. Beauftragung von Luftfracht muss der Beauftragte in der Betriebsstätte anwesend sein. Dies ist dem LBA nachvollziehbar nachzuweisen.

Das **Personal aller Kategorien**

Bei der dritten Personengruppe handelt es sich um sogenanntes **Personal aller Kategorien**. Bei der Erstellung des Sicherheitsprogramms ist darauf zu achten, welche Mitarbeiter im Unternehmen Kenntnis und/oder physischen Zugang (bzw. auch nur die Möglichkeit) über/zur Luftfracht besitzen. Das Personal aller Kategorien muss hinsichtlich der persönlichen Zuverlässigkeit überprüft und gemäß Luftsicherheitsschulungsverordnung geschult werden.

4.2 Antragstellung zur Zertifizierung

Für die Erstellung des Sicherheitsprogramms sollte ein Projektmanager, insbesondere für die Kommunikation im Unternehmen, bestimmt werden. Eine frühzeitige Einbindung der Entscheidungsträger (z.B. Festlegung des Projektbudgets) ist des Weiteren notwendig. Je nach Aufbau und Größe des Unternehmens ist für die Projektumsetzung von einem Zeitbedarf von ca. 9 bis 12 Monaten – von der Erstellung bis zum Audit – auszugehen. Aufgrund der Zuverlässigkeitsüberprüfungen (siehe Abschnitt „Personalbezogene Maßnahmen") müssen zum Projektbeginn der Betriebsrat und die Personalabteilung eingebunden werden.

Bei der Erstellung des Sicherheitsprogramms bietet sich die Zusammenarbeit mit anderen Fachabteilungen, z.B. dem Qualitätsmanagement an. Erarbeitete Audit-Dokumente und bereits etablierte Prozesse sowie die Erfahrung in der Durchführung von Audits kann die Erstellung des Sicherheitsprogramms wesentlich erleichtern.

Die Schritte zur Antragsstellung auf Zulassung zum behördlich anerkannten bV sind auf der Homepage des LBA zu finden. Das Muster des Bekannte-Versender-Sicherheitsprogramms ist im Downloadbereich verfügbar. Seit dem 04.10.2023 können über das Bundesportal Anträge wie Zulassung, Änderung der Zulassung und Beantragung von Sondergenehmigungen online einreicht werden.
Im Zusammenhang mit dem Download muss der Benutzer im Original die Verpflichtungserklärung und die Vollmachten für externe Berater abgeben.

4.3 Konzeption eines Sicherheitsprogramms

Nach dem Erhalt/Download des Mustersicherheitsprogramms durch das LBA beginnt die **Dokumentationsarbeit**. Alle Sicherheitsmaßnahmen im Rahmen der Luftfrachtabwicklung sind detailliert zu beschreiben. Die konkreten Inhalte des Muster-Sicherheitsprogramms sind vertraulich. Im Überblick enthält es Anforderungen zur Beschreibung von:

- Unternehmensstruktur, Betriebsstätten und Kontaktdaten,
- Tätigkeit des Unternehmens,
- Beschreibung der internen Qualitätskontrollen, aller baulichen Gegebenheiten sowie Zutritts- und Sicherungsmaßnahmen,
- Darstellung der Personalauswahl, -überprüfung und -schulung,
- Beschreibung des Umgangs mit internen und externen Dienstleistern
- Darstellung des Ablaufs bei Auffälligkeiten sowie
- interne Bestimmungen und damit zusammenhängende Maßnahmen zur Sensibilisierung des Personals zur Förderung der Sicherheitskultur.

Einen Schwerpunkt bildet die Darstellung der Luftfrachtabwicklung von der Entstehung, Lagerung bis hin zur Übergabe/zum Versand. Neben der Ausarbeitung muss die Projektleitung darauf achten, dass die beschriebenen Maßnahmen auch parallel umgesetzt werden.

Zwei Aspekte sind bei der Konzeption des Sicherheitsprogramms hervorzuheben:

- manipulationssichere Verpackung,
- abgeschlossener Sicherheitsbereich zur Lagerung von identifizierter Luftfracht.

Manipulationssichere Verpackung

Laut LBA muss die Luftfracht so verpackt werden, dass eine spätere Manipulation ausgeschlossen bzw. erkannt werden kann. Hierzu sollten Maßnahmen wie flächenbündiges Verkleben von Kartons, Einsatz von Siegeln, Einschrumpfen in Folie und/oder spezielle Sicherheitsaufkleber bezüglich Aufwand und Nutzen geprüft werden. Eine Rücksprache mit dem LBA hinsichtlich der gefundenen Lösungsansätze für die Verpackung ist zu empfehlen.

Ob die Ware manipulationssicher verpackt ist, wird beim Audit oft mit dem Versuch geprüft, ob ein Gegenstand in der Größe eines Mobiltelefons oder einer Tafel Schokolade unter der Folie oder in offenen Kanten bzw. Ecken eines Pakets/einer Palette versteckt werden kann. Die Verwendung eines Sicherheitsaufklebers mit dem Hinweis, dass alle Hohlräume, Kanten und die Folien-Ummantelung vollständig abgeklebt sind, hat sich in der Praxis bewährt.

Abgeschlossener Sicherheitsbereich zur Lagerung

Darüber hinaus muss die identifizierte und verpackte Luftfracht bis zur Abholung separat gelagert sowie gegen unbefugten Zugriff geschützt werden. Dies kann in einem verschlossenen Lagerraum, Gitterverschlag oder anderen zugriffssicheren Bereichen erfolgen.

In Praxisprojekten zeigt sich, dass es viele Möglichkeiten zur sicheren Lagerung der identifizierten Luftfrachtware gibt. Die Aufstellung eines Containers innerhalb eines Lagerbereichs oder die Anbringung von Gittertüren an einem bereits vorhandenen Lagerregal mit einem einfachen Bauschloss sind Möglichkeiten der Sicherung (die Schlüsselaufbewahrung muss für das LBA dokumentiert werden). Es muss sich also nicht immer um einen neuen Metallkäfig handeln. Die Größe des Sicherheitsbereichs (z.B. Lagerung im Regal oder mehrfache Paletten) sollte sich nach den Spitzen des Luftfrachtvolumens richten, um die Einhaltung des Sicherheitsprozesses zu jeder Zeit gewährleisten zu können.

Seit dem Jahr 2017 ist nun national verankert, dass Beteiligte der sicheren Lieferkette ausschließlich **zertifizierte Sicherheitsausrüstung** einsetzen dürfen (nachgewiesene Bauartzulassung) und diese am jeweiligen Einsatzort ebenfalls zugelassen sein muss. Sowohl für die Zertifizierung als auch für die örtliche Zulassung ist das LBA zuständig. Hierbei ist auf den Unterschied zwischen der Zertifizierung und der Zulassung von Kontrolltechnik zu verweisen: bei der Zulassung handelt es sich um die Zulassung eines konkreten Geräts am jeweiligen Betriebsstandort. Zertifizierung bedeutet demgegenüber eine Genehmigung eines Baumusters, Bauart oder Typen. Bevor eine Zulassung erfolgen kann, muss grundsätzlich eine Zertifizierung des Gerätetypen vorliegen.

4.3.1 Personalbezogene Maßnahmen: Schulungen und Zuverlässigkeitsüberprüfungen

Mit der Antragstellung auf behördliche Zulassung sind vorgegebene **Schulungen** nachzuweisen. Grundsätzlich muss Personal, welches mit identifizierter Luftfracht in Berührung kommt (oder dazu auch nur die Möglichkeit hat), über eine entsprechende Schulung verfügen. Für den BfS, den Vertreter und den Vertrauten Verantwortlichen (Standortverantwortlichen) ist die 35-Stunden-Schulung erforderlich.

Im Hinblick auf den hohen Zeitbedarf der 35-Stunden-Schulung sollte diese frühzeitig geplant werden. Eine Vor-Ort-Schulung eignet sich besonders.

„Personal aller Kategorien" mit Zugang zur Luftfracht muss in der 3+1-Schulung unterwiesen werden. Diese beinhaltet drei Stunden Theorie, eine Stunde Praxis und muss nach 5 Jahren wiederholt werden. Sie ist für alle Mitarbeiter im Unternehmen erforderlich (z.B. Lager, Vertrieb, Verwaltung, Produktion, Logistik, Geschäftsführung), die erkennen müssen, dass und welche Ware per Luftfracht befördert wird. Die mögliche Einsicht in Datenbanksysteme, Bestellübersichten, laufende Prozessüberwachungen an Monitoren im Produktionsbereich oder sogar schon Auftragseingänge mit Bezug zur Luftfracht sind mögliche Informationsquellen. Die Prüfung von Zugriffsrechten besitzt deshalb für das Sicherheitsprogramm eine besondere Bedeutung.

Der BfS kann das eigene Personal grundsätzlich selbst schulen. Hierfür muss ein Befähigungszeugnis vorliegen, welches beim LBA zu beantragen ist. Ferner muss das eigene Schulungsprogramm vom LBA genehmigt werden. In der Praxis hat sich die Online-Schulung von externen Dienstleistern bewährt.

Hierbei ist die Schulungszertifizierung auf Grundlage der aktuellen Durchführungsverordnung (EU) 2022/1174 zu beachten: seit Januar 2023 benötigt Personal, welches unbeaufsichtigten Zugang zu identifizierbarer Luftfracht oder Luftfracht hat, bei der die erforderlichen Sicherheitskontrollen durchgeführt wurden, eine Schulung gemäß 11.2.3.9 des Anhangs der DVO (EU) 2015/1998. Zu finden ist die Festlegung des Mindestumfang mit den Schulungszielen. Schulungen gemäß 11.2.7 des Anhangs der DVO (EU) 2015/1998 sind nicht mehr gestattet.

Für Betriebsstandorte, die sich innerhalb eines sensiblen Sicherheitsbereich von Flughäfen befinden, können Schulungsverpflichtungen ausgenommen werden. Es empfiehlt sich jedoch das LBA zu kontaktieren, um sicherzustellen, dass die Voraussetzungen für den Zugang zu dem sensiblen Teil eines Sicherheitsbereiches erfüllt sind.

Die Prüfung der Fristabläufe sollte ein Bestandteil des internen Audits sein. Ferner ist empfehlenswert, die Planungen sowie das Monitoring in die laufenden Aktivitäten der Personalwirtschaft des Unternehmens einzubinden.

Neben den Schulungsaktivitäten ist die **Zuverlässigkeitsüberprüfung des Personals** ein zentraler Punkt im Sicherheitsprogramm.
Bislang war eine Zuverlässigkeitsüberprüfung nur für den Sicherheitsbeauftragten bzw. seine Stellvertreter verbindlich. **Achtung:** Seit dem 04.03.2018 ist die Durchführung einer Zuverlässigkeitsüberprüfung auch für das Personal, das aufgrund seiner Tätigkeit unmittelbaren Einfluss auf die Sicherheit des Luftverkehrs hat, verpflichtend. Die Zuverlässigkeitsüberprüfung gilt nun auch für Personal, das bereits vor dem 29.04.2010 im luftsicherheitsrelevanten Bereich eingesetzt wurde.

Die beschäftigungsbezogene Überprüfung (bÜ) als Alternative war in der Vergangenheit in der Regel von der Personalabteilung durchgeführt worden. Alle beschäftigungsbezogenen Überprüfungen verlieren nach Ablauf des Übergangszeitraumes ihre Gültigkeit.
Die Anträge zur Zuverlässigkeitsüberprüfung nach § 7 Luftsicherheitsgesetz werden durch den Arbeitgeber bei den regionalen Luftsicherheitsbehörden eingereicht. Die Zuständigkeit der jeweiligen Behörde richtet sich nach dem Hauptsitz des Unternehmens.

Dem Antrag ist eine Kopie des Personalausweises oder des Reisepasses beizulegen. Sollte der Antragsteller innerhalb der letzten fünf Jahre im Ausland gewohnt haben, so muss noch ein europäisches Führungszeugnis beigefügt werden. Die Gültigkeitsdauer der Zuverlässigkeitsüberprüfung beträgt fünf Jahre. Sie sollte mindestens 3 Monate vor Ablauf neu beantragt bzw. verlängert werden. Die Gebühren sind von Luftsicherheitsbehörde zu Luftsicherheitsbehörde unterschiedlich. Sie kostet beispielsweise in Frankfurt ca. 65 Euro, in Hamburg hingegen ca. 40 Euro.

Das LBA kann die Zuverlässigkeitsüberprüfung wieder entziehen, sobald Zweifel an der Zuverlässigkeit bestehen. Bei minderen Straftaten wird das Unternehmen in der Regel vorerst aufgefordert, sich zu der Sachlage zu äußern, um die Zuverlässigkeit in Bezug auf die Luftsicherheit zu bekräftigen. Bei härteren Verstößen wird die Zuverlässigkeitsüberprüfung umgehend entzogen.

Im Hinblick auf die Zuverlässigkeitsüberprüfung wurde bereits darauf hingewiesen, dass der Betriebsrat und die Personalabteilung so früh wie möglich einzubeziehen sind. Es empfiehlt sich, die Einholung der Zuverlässigkeitsüberprüfung (als Regelprozess) im Rahmen der Betriebsvereinbarung festzuschreiben. Im Hinblick einer negativen Auskunft, d.h. die Person ist als nicht zuverlässig eingestuft worden, muss mit dem Betriebsrat ein vorabgestimmter Prozess vereinbart werden, wie in diesen Einzelfällen damit umgegangen werden soll. Die Versetzung in tätigkeitsnahe Bereiche kann eine Option sein, die geprüft werden sollte.

Ein festes Monitoring hinsichtlich der Gültigkeit der Überprüfung muss dem LBA nachgewiesen werden. Die Einbindung in bereits etablierte IT-Systeme der Personalwirtschaft (z.B. für das Monitoring von Weiterbildungen) bietet sich an.

Auch Leiharbeiter unterliegen den gleichen Voraussetzungen wie das eigene Personal des bekannten Versenders. Deshalb sollten die Anforderung der Zuverlässigkeitsüberprüfung, ggf. Schulung sowie die Kostenfrage mit der Vertragsfirma des Leiharbeiters vorab geklärt werden.

Aufgrund der Regelung seit März 2018 muss bei Neueinstellungen die Zuverlässigkeitsüberprüfung ein fester Bestandteil des Einstellungsverfahrens sein. Nur Mitarbeiter, die zuverlässigkeitsüberprüft und 35 h bzw. 4 h geschult sind, dürfen später im Sicherheitsbereich arbeiten und sich frei bewegen. Liegt für das in luftsicherheitsrelevanten Bereichen eingesetzte Personal seit dem 04.03.2018 keine gültige Zuverlässigkeitsüberprüfung vor, ist dessen Tätigkeit im Zusammenhang mit sicherer Luftfracht/Luftpost bis zur Vorlage einer gültigen Zuverlässigkeitsüberprüfung untersagt. Sofern ungeprüftes und damit unbefugtes Personal Zugang zu Luftfracht/Luftpost hat, sind die entsprechenden Sendungen für unsicher zu erklären und einer Kontrolle zuzuführen.

4.3.2 Zentrale Punkte bei der Erstellung des bV-Sicherheitsprogramms

Bei der Erstellung des bV-Sicherheitsprogramms bestehen zwei zentrale Fragestellungen:
1. Ab wann wird Fracht zur Luftfracht?
2. Was ist/wo liegt der Ursprung von Luftfracht?

Zum einen sind diese Fragen bedeutend, um den korrekten Zeitpunkt und die Umstände zu ermitteln, unter denen Luftfracht entsteht, zum anderen bilden sie die Grundlage, um Aufwand und Umfang des Sicherheitsprogramms konkret eruieren zu können. In den vorangegangenen Abschnitten wurde bereits im Hinblick auf Schulungen, Eingriffe in das etablierte EDV-System oder im Hinblick auf den Aufwand für die Zuverlässigkeitsprüfung des Personals hingewiesen.

Bezogen auf Frage 1 muss vor unbefugtem Zugriff oder Manipulation erst geschützt werden, wenn die Fracht physisch zur Luftfracht wird und als identifizierbare Luftfracht gilt. Das heißt, sobald ein Mitarbeiter Kenntnis hat, dass die Ware Luftfracht ist, ist von entstandener Luftfracht auszugehen.

Als Luftfracht eindeutig identifizierbar ist Ware, sobald
- auf vorhandenen Papierdokumenten und/oder elektronischen Begleitdokumenten die Angabe des Versandwegs (Luftfracht/Airfreight) angegeben ist. Dabei ist es ausreichend, dass die vorgenannten Angaben mit einer/einem konkreten bzw. spezifizierten Ware/Produkt in Verbindung gebracht werden kann;
- für Mitarbeiter eindeutig ist, dass die bestimmte Destination (Empfangsadresse) **immer** mit Luftfracht beliefert wird (z.B. aufgrund der Bauart der Ware oder aufgrund von Spezifikationen für bestimmte internationale Märkte);
- bestellte Produkte zwar erst später als Luftfracht bestimmt werden, jedoch die Bestellanzahl dem vorhandenen Lagerbestand (oder weniger) entspricht (faktische Umstände);
- bei Auftragsannahme/im Vertrieb die herzustellenden Produkte/Waren bereits anhand der dort eingehenden Bestellinformationen als Luftfracht identifizierbar sind (Wissen durch Funktion);
- im Austausch interner Kommunikation (z.B.: „Morgen müssen wir wieder alles fliegen.") Informationen bekannt werden;
- Packstücke durch entsprechende Beschriftung/Kennzeichnung zu Luftfracht werden.

Mit dieser ersten Aufzählung ist erkennbar, dass die Erstellung des Sicherheitsprogramms die Einbindung einer Vielzahl von Abteilungen über Transport, Versand, Vertrieb und Lagerung hinaus umfasst. Deshalb ist der Zeitpunkt der Identifizierung der Luftfracht entscheidend und durch eigene Gestaltung der Prozesse auch beeinflussbar. Zum Beispiel benötigen Personen aus dem Bereich der Auftragsannahme/des Vertriebs, die ein konkretisiertes bzw. spezifiziertes noch herzustellendes Produkt als spätere Luftfracht identifizieren können und die Produktion baulich nicht geschützt ist, eine Schulung. Demgegenüber unterliegen die Personen aus dem Bereich Auftragsannahme/Vertrieb, die ausschließlich außerhalb einer zugelassenen Betriebsstätte tätig sind, nur generellen Zugriff auf das IT-System haben sowie die Produktion baulich geschützt ist, keiner Schulungsverpflichtung. Überlegungen, den physischen Zutritt Personen zu entziehen, die durch EDV-Systeme die Information über die Luftfracht erhalten, aber keinen Zugang zu dieser haben, müssen bei der Erstellung des Sicherheitsprogramms vorgenommen werden.

Bezogen auf Frage 2 muss die Fracht ihren Ursprung in der zu inspizierenden Betriebsstätte haben. Dies umfasst die Herstellung im Betrieb sowie die Konfektionierung und Verpackung. Der Einzelartikel wird erst als Luftfracht identifiziert, wenn zum Erfüllen einer Bestellung dieser ausgewählt wird und mit dem Flugzeug versendet werden soll.

Gerade im Bereich von Handelsware besteht die Frage nach dem Ursprung. Handelsware muss nicht automatisch als unsicher eingestuft werden. Wird Handelsware auf Grund einer Bestellung aus dem Regal genommen und dann der Versandweg entschieden, kann diese vom bV als sicher versendet werden. Wenn jedoch schon bei der Bestellung der Handelsware die Versandart Luftfracht offensichtlich ist, gilt dies als Ware fremden Ursprungs.

Der Zeitpunkt der Identifizierung der Luftfracht sollte durch die Gestaltung der Prozesse hinsichtlich des Informations- und Warenflusses soweit wie möglich verschoben werden. Somit kann der Aufwand im Rahmen des Sicherheitsprogramms für das Unternehmen reduziert werden und gleichzeitig können die Anforderungen des LBA an die Luftfrachtsicherheit vollständig erfüllt werden.

Zusammenfassend sind die Vorteile und Nachteile der Zertifizierung für das eigene Unternehmen abzuwägen. Für die Zertifizierung stehen eine mögliche schnellere Reaktions- und Versandzeit verbunden mit der Wettbewerbsfähigkeit im Markt. Der Status bV kann ein (gefordertes) Qualitätsmerkmal darstellen sowie für sensible Produkte auf Grund der angesprochenen Sicherheitskontrollen des Zolls notwendig sein. Demgegenüber stehen der Verwaltungsaufwand, die fortlaufenden Schulungen von allen an der Luftfracht beteiligten Mitarbeitern, verbunden mit evtl. Umstellung der Prozesse und baulicher Gegebenheiten (Sicherheitslager).

4.4 Jährliche Auditierung des Sicherheitsprogramms

Alle Prozesse im Sicherheitsprogramm müssen einmal jährlich intern auditiert werden. Die Planung und Umsetzung der Auditierung müssen dem LBA nachgewiesen werden. Es empfiehlt sich, die Audits in den Zyklus von ggf. weiteren Audits im Unternehmen mit einzubinden. Verantwortlich für die ordnungsgemäße Durchführung der internen Qualitätssicherung ist immer der zugelassene Betriebsstandort.

Dabei ist es ausreichend, wenn ein Beteiligter die Daten vorhält. Das kann wahlweise der reglementierte Beauftragte sein, der die Dokumentation erstellt oder der, der in dessen Unterauftrag das Lager betreibt. Sollte der das Lager betreibende regB die Daten an den regB geben, der für die Gesamtabwicklung verantwortlich ist, so sollte er selbst keine Daten mehr vorhalten, sondern diese vollständig übergeben.

Sind Änderungen in einem Kapitel des Sicherheitsprogramms vorzunehmen, muss das Änderungsdatum des jeweiligen Kapitels im Inhaltsverzeichnis vermerkt, Änderungen farblich markiert und das gesamte Bekannter Versender-Sicherheitsprogramm eingereicht werden.

Im Regelfall führt das LBA fortlaufende Statusprüfungen durch. Nach erneuter erfolgreicher Abnahme der Betriebsstätte wird das Ablaufdatum in der Datenbank der Union zur Sicherheit der Lieferkette aktualisiert. Laut LBA richtet sich die Bearbeitungsreihenfolge der Statusprüfung vor Ort nach dem Zeitpunkt der Erstzulassung. Bestehen nicht zufriedenstellende Prüfungstatbestände seitens des LBA, kann die Prüfung abgebrochen werden. Das Unternehmen erhält dann eine Frist zur Nachbesserung. Zusätzlich zur fortlaufenden Statusprüfung ist – in Abhängigkeit der Personalstärke des LBA – mit unangekündigten Vor-Ort-Audits zu rechnen.

5 Verhältnis zwischen „bekannter Versender" und AEO

Wenn ein Unternehmen bereits zugelassener Wirtschaftsbeteiligter ist, hat es nur einen Teil an Anforderungen erfüllt, die das LBA als Zulassungsvoraussetzung zum bV sieht. In absehbarer Zeit wird es nicht zu einer gegenseitigen Anerkennung kommen. Das heißt, dass der Inhaber der AEO-Bewilligungen die bestehenden oder ergriffenen Sicherheitsmaßnahmen auf das Sicherheitsprogramm bV übertragen kann, jedoch neu beantragen muss. Die Anforderungen des bV gehen dabei über die Anforderungen beim AEO hinaus. Beispielsweise regelt der AEO Details zur Verpackung, Lagerung oder zu Zuverlässigkeitsprüfungen bzw. Schulungsmaßnahmen der Mitarbeiter nicht.

6 Literaturhinweise

- Hellmann, M., Reinhardt, S., Puschke, M.: (2012), Bekannter Versender – die neuen Herausforderungen für Unternehmen, Bundesanzeiger Verlagsges. mhH, Köln
- Schönherr, H., Hoppe, M. (2008): Ratgeber-Zoll – Ein Handbuch für Studium und Praxis, Storck-Verlag, Hamburg
- Durchführungsverordnung (EU) 2015/1998 des Europäischen Parlaments und des Rates
- Durchführungsverordnung (EU) 2017/815 des Europäischen Parlaments und des Rates
- Durchführungsverordnung (EU) 2022/1174 des Europäischen Parlaments und des Rates
- Durchführungsverordnung (EU) 2024/1255 des Europäischen Parlaments und des Rates
- VO (EG) Nr. 300/2008, Art. 3, Abs. 27 des Europäischen Parlaments und des Rates
- VO (EG) Nr. 272/2009 des Europäischen Parlaments und des Rates
- VO (EG) Nr. 255/2021 des Europäischen Parlaments und des Rates
- VO (EG) Nr. 2320/2002 des Europäischen Parlaments und des Rates

Kapitel 17 Exportkontrolle, HADDEX und ELAN-K2

Harald Schönherr, Dresden

1 Exportkontrolle – Bundesamt für Wirtschaft und Ausfuhrkontrolle (BAFA)[1)] zuständige Verwaltungs- und Genehmigungsbehörde

Die unternehmerische Eigenverantwortung für Geschäftstätigkeiten mit dem Ausland unter den gegenwärtigen außenwirtschaftlichen Bedingungen nimmt zu. Dies betrifft Vertragsabschlüsse, Warenexporte, Verkauf von Software und Technologien, den Austausch von Fachkenntnissen bis hin zur Erbringung von Dienstleistungen im Ausland. In Unternehmensentscheidungen sind Verbote, Beschränkungen und Genehmigungspflichten im Außenwirtschaftsverkehr zu berücksichtigen. Nachfolgende Ausführungen zu Exportkontrolle, Genehmigungspflichten, Informationsquellen, Kommunikationsmöglichkeiten und Antragstellungen sollen dabei unterstützen.

Der Güter-, Dienstleistungs-, Kapital-, Zahlungs- und sonstige Wirtschaftsverkehr mit dem Ausland sowie der Verkehr mit Auslandswerten und Gold zwischen Inländern (Außenwirtschaftsverkehr) ist grundsätzlich frei[2)]. Unter bestimmten Bedingungen ist jedoch der Schutz bestimmter Güter erforderlich. Güter sind Waren, Software und Technologie. Technologie umfasst auch Unterlagen zur Fertigung von Waren oder von Teilen dieser Waren[3)]. Deshalb sind Beschränkungen sowie die Anordnung bestimmter Handlungspflichten[4)] und exportkontrollrechtliche Maßnahmen notwendig. Die Exportkontrolle dient der Überwachung und Steuerung von Gütern, Technologien und Dienstleistungen im Zusammenhang mit grenzüberschreitenden Handlungen und letztendlich der Durchsetzung entsprechender Sicherheitsinteressen.

Zielsetzungen der Exportkontrolle sind:
- Verhinderung einer Bedrohung Deutschlands oder seiner Bündnispartner durch konventionelle Waffen und Massenvernichtungswaffen,
- keine Konfliktverschärfung durch deutsche Exporte in Krisengebiete,
- Verhinderung von schwerwiegenden Menschenrechtsverletzungen,
- Verhinderung der Verschlechterung auswärtiger Beziehungen durch kritische Exporte,
- Durchsetzung von Embargo-Beschlüssen des Sicherheitsrats der UNO sowie
- Umsetzung der EU-Embargoverordnungen[5)] u.a.

In diesem Zusammenhang nimmt das Bundesamt für Wirtschaft und Ausfuhrkontrolle (BAFA), als Bundesoberbehörde im Geschäftsbereich des Bundesministeriums für Wirtschaft und Klimaschutz (BMWK), im Bereich Außenwirtschaft eine behördlich wichtige administrative Aufgabe des Bundes wahr. Dazu gehören unter anderem die Prüfung der Genehmigungspflicht und Genehmigungsfähigkeit von Gütern sowie Folgeentscheidungen und Maßnahmen.

Beschränkungen und die Anordnung von Handlungspflichten sind in verschiedenen nationalen, europäischen und internationalen Gesetzesvorgaben geregelt[6)]. Gemäß Außenwirtschaftsgesetz (AWG) sind Beschränkungen und Anordnungen von Handlungspflichten zulässig[7)]. Darauf basierend enthält die Außenwirtschaftsverordnung (AWV) konkrete Verbote und Genehmigungspflichten. Der Teil I Abschnitt A des Anhangs Ausfuhrliste (AL) zur AWV enthält die Liste der kontrollierten Rüstungsgüter. Für die Ausfuhr bestimmter Schusswaffen gilt die Feuerwaffenverordnung[8)].

---

1) Kapitel Bundesamt für Wirtschaft und Ausfuhrkontrolle (BAFA)
2) § 1 AWG
3) § 2 Absatz 13 AWG
4) § 4 Absatz 1 AWG
5) Kapitel Embargobeschränkungen Russland, Belarus und Teilen der Ukraine – Überblick
6) Kapitel Außenwirtschaftsrecht – Grundlagen, Kapitel Unionszollkodex (UZK) und Kapitel EU-Dual-Use-Verordnung (EU-Dual-Use-VO)
7) Kapitel Außenwirtschaftsrecht – Grundlagen und § 4 Absatz 1 AWG
8) VO (EU) Nr. 258/2012

Die Anti-Folter-Verordnung ist ebenfalls zu beachten. Sie gilt für die Ausfuhr bestimmter Güter, die zur Vollstreckung der Todesstrafe, zur Folter oder zu anderer grausamer, unmenschlicher oder erniedrigender Behandlung oder Strafe verwendet werden können[9].

Die EU-Dual-Use-Verordnung ist für Güter zu beachten, die sowohl zivilen als auch militärischen Zwecken dienen können[10]. Darin sind für alle Mitgliedstaaten der EU im Anhang I und Teil I Abschnitt B der Ausfuhrliste eine einheitliche Güterliste sowie Genehmigungspflichten und -verfahren für die Ausfuhr und Verbringung von Dual-Use-Gütern festgelegt. Ebenso sind die Regelungen für Vermittlungstätigkeiten in Bezug auf Dual-Use-Güter sowie Untersagungstatbestände für die Durchfuhr enthalten.

Bestimmte Exporte und Tätigkeiten im Außenwirtschaftsverkehr sind verboten. Dies gilt insbesondere bei Anwendung des Gesetzes über die Kontrolle von Kriegswaffen (KrWaffKontrG) für verschiedene Handlungen im Zusammenhang mit Massenvernichtungswaffen[11]. Zuständige Genehmigungsbehörde für den Bereich des KrWaffKontrG ist das Bundesministerium für Wirtschaft und Klimaschutz (BMWK).

Bestimmte Güter, die in keiner Güterliste aufgeführt sind, können Genehmigungspflichten unterliegen, wenn bekannt ist, dass diese Güter zu bestimmten Zwecken verwendet werden sollen. Es handelt sich hierbei um eine verwendungsbezogene Exportkontrolle. Die Rechtsgrundlage dafür bilden die Catch-all-Tatbestände der Artikel 4 und 5 der EU-Dual-Use-VO bzw. des § 9 AWV.

Es handelt sich dabei um Güter folgender Verwendungen:
- Güter die im Zusammenhang mit Massenvernichtungswaffen und entsprechenden Flugkörpern stehen.
- Güter für militärische Zwecke, wenn das Bestimmungsland einem Waffenembargo unterworfen ist.
- Güter die im Zusammenhang mit digitaler Überwachung stehen, wenn diese für Menschenrechtsverletzungen, interne Repression und Verstöße gegen das humanitäre Völkerrecht bestimmt sein können.
- Güter zur Errichtung oder für den Betrieb einer Anlage für kerntechnische Zwecke in bestimmten Ländern.

Am 31. Januar 2020 hat UK im Rahmen eines Austrittsabkommens die EU verlassen. Deshalb kommen die im Zoll- und Außenwirtschaftsrecht geltenden gesetzlichen Bestimmungen ebenfalls zur Anwendung[12]. Bei den Embargoländern Iran und Russland ist zu beachten, dass bereits das Abschließen eines Vertrags genehmigungspflichtig sein kann.

2 Zuständigkeiten der Genehmigungserteilung

2.1 BAFA

1. Erteilung von Genehmigungen für Ausfuhren von Waffen, Munition und Rüstungsmaterial des Teils I Abschnitt A der AL zur AWV sowie für national erfasste Dual-Use-Güter des Teils I Abschnitt B der AL zur AWV, sofern sich diese im Inland befinden,
2. Erteilung der Genehmigung von Dual-Use-Gütern des Anhang I der EU-Dual-Use-Verordnung, wenn der Ausführer/Verbringer im Inland niedergelassen ist (Hauptsitz im Inland) und
3. für genehmigungspflichtige Ausfuhren nach Artikel 3 und 4 EU-Dual-Use-Verordnung ist der Antrag auf Erteilung einer Ausfuhrgenehmigung auch dann beim BAFA zu stellen, wenn sich das auszuführende Gut in einem anderen Mitgliedstaat der EU befindet.

Erreichbarkeiten
Bundesamt für Wirtschaft und Ausfuhrkontrolle (BAFA)
Frankfurter Straße 29-35, 65760 Eschborn
Telefon: +49 (0)6196 908-0, Telefax: +49 (0)6196 908-1800
E-Mail: ausfuhrkontrolle@bafa.bund.de, Internet: www.bafa.de

9) VO (EU) Nr. 2019/125
10) VO (EU) Nr. 2021/821
11) §§ 17 und 18 Gesetz über die Kontrolle von Kriegswaffen (KrWaffKontrG)
12) Brexit und Exportkontrolle, Herausgeber BAFA, Dezember 2020

2.2 Bundesministerium für Wirtschaft und Klimaschutz (BMWK)

Das BMWK ist für den Bereich der Genehmigungen des Kriegswaffenkontrollgesetzes (KrWaffKontrG) zuständig.

Erreichbarkeiten
Bundesministerium für Wirtschaft und Klimaschutz, 11019 Berlin
Telefon: +49 (0)30 - 18 61 50, E-Mail: poststelle@bmwk.bund.de, Internet: www.bmwk.de

3 Verbote im Außenwirtschaftsverkehr und Embargomaßnahmen[13)]

Embargomaßnahmen können sich nicht nur auf eine Ausfuhr von Gütern, sondern auch auf die Einfuhr von Gütern, die Durchfuhr von Gütern, der Erbringung von Dienstleistungen, Investitionen sowie den Zahlungsverkehr beziehen. Embargos können sich auch auf Güter beziehen, die üblicherweise nicht der Exportkontrolle unterliegen. Sorgfältige Prüfungen und ausreichende Informationen sind bei der Vertragsgestaltung bzw. beim Handel mit Embargoländern stets erforderlich.

Aufgrund der aktuellen Lage und im Hinblick auf die territoriale Unversehrtheit, Souveränität und Unabhängigkeit der Ukraine hat die EU weitreichende Finanz- und Wirtschaftssanktionen sowie restriktive Maßnahmen gegen bestimmte natürliche und juristische Personen, Einrichtungen und Organisationen in Russland, Belarus und Teile der Ukraine verhängt[14)].

Teilembargos: Beschränkungen und Verbote beziehen sich auf bestimmte Wirtschaftsbereiche; nur bestimmte Handlungen und/oder Rechtsgeschäfte sind verboten bzw. beschränkt.

Waffenembargos: Diese enthalten ausdrückliche Beschränkungen bzw. Verbote für die Lieferung von Waffen, Munition und sonstigen Rüstungsmaterialien im Sinne des Teils I Abschnitt A der AL sowie für paramilitärische Ausrüstung und die Erbringung damit in Zusammenhang stehender technischer Unterstützung.

Personen- und Finanzembargos: Maßnahmen zur Bekämpfung des Terrorismus werden durch Personen- und Finanzembargos umgesetzt. Zu deren Durchsetzung hat die EU mit den VO (EG) Nr. 881/2002, Nr. 2580/2001 und VO (EU) Nr. 753/2011 restriktive Maßnahmen zur Bekämpfung des Terrorismus beschlossen. Gemäß den Verordnungen und den darin enthaltenen Bestimmungen dürfen bestimmten Personen, Gruppen oder Organisationen, die in den zu den o.g. Verordnungen zugehörigen Namenslisten aufgeführt sind, weder direkt noch indirekt finanzielle Vermögenswerte oder wirtschaftliche Ressourcen zur Verfügung gestellt werden oder zugutekommen. Es ist unerheblich, ob es sich bei den zu liefernden Gütern um Rüstungsgüter, um Dual-Use-Güter oder um Güter handelt, die nicht von der Ausfuhrliste erfasst sind.

4 Inhalt Handbuch der Deutschen Exportkontrolle – HADDEX[15)]

Das Handbuch der Deutschen Exportkontrolle (HADDEX) wird vom BAFA herausgegeben und ist über die Reguvis Fachmedien GmbH erhältlich. Inhalte des HADDEX sind unter anderem:
- Kommentierungen des BAFA zu Grundzügen des Exportkontrollrechts, Verboten und Embargos sowie Genehmigungspflichten und -verfahren
- Embargos
- Grundzüge des US-Exportrechts
- Maßnahmen zur Terrorismusbekämpfung/Sanktionslisten
- Einschlägige Rechtsvorschriften des europäischen und nationalen Exportkontrollrechts sowie Güter- und Länderlisten
- Beschlüsse der Bundesregierung, Runderlasse und Veröffentlichungen des BAFA
- Zahlreiche Muster und Formulare

13) Aktuell bestehende Embargomaßnahmen: www.bafa.de
14) Kapitel Embargobeschränkungen Russland, Belarus und Teilen der Ukraine – Überblick
15) Weiterführende Informationen unter www.haddex.de und Anfragen unter haddex@bafa.bund.de.

Das HADDEX ist auch als Online-Version verfügbar. Damit stehen alle relevanten Gesetze, Verordnungen und Vorschriften der Exportkontrolle in einer Datenbank zur Verfügung. Embargos, Sanktionslisten, allgemeine Genehmigungen oder Güterlisten werden am Tag der Bekanntgabe durch den HADDEX Schnelldienst mitgeteilt. Auf wichtige Änderungen kann somit rechtzeitig, zeitnah und rechtssicher reagiert werden.

Erreichbarkeiten:
Reguvis Fachmedien GmbH
Telefon: +49 221 98231 850
E-Mail: service@reguvis.de, Internet: www.shop.reguvis.de

5 Genehmigungspflichten und Formen der Genehmigungen

Rechtsgrundlagen, aus denen sich Genehmigungspflichten ergeben können, sind die EU-Dual-Use-Verordnung, das AWG, die AWV, die Feuerwaffenverordnung, die Anti-Folter-Verordnung u.a. Nebenbestimmungen können Befristungen, Bedingungen, Widerrufsvorbehalte, Auflagen bzw. Auflagenvorbehalte beinhalten. Genehmigungspflichten bestehen unabhängig davon, wie betroffene Güter in den anderen Staat gelangen. Es ist auch möglich, dass bereits Genehmigungspflichten bei der Bereitstellung[16] von Gütern bestehen.

Genehmigungspflichten bestehen für:
- von der Ausfuhrliste (AL), dem Anhang I der EU-Dual-Use-Verordnung und dem Anhang I der Feuerwaffen-Verordnung erfasste Güter,
- Genehmigungspflichten bei Nutzung elektronischer Medien, wie E-Mails, Intranet und Internet,
- nicht von den Güterlisten erfasste Güter,
- Verbringungen mit Endverbleib in der EU,
- Verbringungen mit anschließender Ausfuhr in Länder außerhalb der EU und
- sonstige Genehmigungspflichten[17].

Folgende Genehmigungen können beantragt werden:
- Einzelausfuhrgenehmigungen/Höchstbetragsgenehmigungen
- Sammelgenehmigungen
- Allgemeine Genehmigungen

6 Beantragung einer Genehmigung

Ergeben die Prüfungen, dass eine Genehmigung eingeholt werden muss, ist ein formgebundener Antrag auf Erteilung einer Ausfuhr-/Verbringungsgenehmigung beim BAFA einzureichen. Hinweise zur Antragstellung können der Checkliste zur optimierten Antragstellung auf der Internetseite des BAFA www.bafa.de (Arbeitshilfen/Publikationen → Merkblätter) entnommen werden.

6.1 Vollelektronische Antragstellung mit ELAN-K2

Mit ELAN-K2 (Elektronische Antragserfassung und Kommunikation) wurde vom BAFA ein Ausfuhrportal zur Verfügung gestellt, das eine schnelle Antragsstellung ermöglicht. Mittels Elan K2 wird die Einreichung von Unterlagen an das Bundesamt für Wirtschaft und Ausfuhrkontrolle (BAFA) erleichtert, Fehler werden minimiert, Zeit wird gespart und es erfolgt eine Verbesserung der Datengenauigkeit. Mit dem ELAN-K2 Ausfuhr-System bietet das BAFA einen kostenlosen Zugang zu fast allen im Ausfuhrbereich benötigten Anträgen:
- Anträge auf Ausfuhr-/Verbringungsgenehmigung
- Nullbescheid
- Voranfrage
- sonstige Anfragen

16) Zurverfügungstellen von Software, Technologie im Intranet bzw. Internet
17) Sonstige Genehmigungspflichten sind u.a. Handels- und Vermittlungsgeschäfte und technische Unterstützung

- Auskunft zur Güterliste
- Handels- und Vermittlungsgeschäfte
- Sammelgenehmigungen
- internationale Einfuhrbescheinigungen
- Wareneingangsbescheinigungen
- Formulare im Zusammenhang mit der Anmeldung bzw. Meldung von Allgemeinen Genehmigungen u.a.

Einzureichende Unterlagen können in PDF-Form hochgeladen werden. Auch erfolgen z.B. Rückfragen des BAFA zeitnah über das System.

Um Zugang zu dem System zu erhalten, muss eine einmalige Registrierung durchgeführt werden. Nach der Freischaltung des ersten Nutzers hat dieser das Recht, eigenständig weitere Nutzer freizuschalten und zu verwalten. Den Zugang zum Login und zur Registrierung finden Sie unter ELAN-K2 Ausfuhrsystem.

Für Fragen des Zugangs bzw. zum Umgang mit dem ELAN-K2 Ausfuhrportal wurde eine Hotline eingerichtet. Firmen, die einen Antrag gestellt haben, können über ELAN-K2 den Bearbeitungsstand ihrer elektronischen Genehmigungsanträge online abrufen.

Erreichbarkeiten Mo. bis Fr. 09:00 bis 15:00 Uhr – Zugang/Umgang mit dem ELAN-K2 Ausfuhrportal
Ansprechpartner: ELAN-K2 Hotline zur Ausfuhrkontrolle
Servicetelefon: +49 (0)6196 908-1613

Erreichbarkeiten Mo. bis Fr. 09:00 bis 15:00 Uhr – Exportkontrolle Antragssachstand
Servicetelefon: +49 (0)6196 908-1868

6.2 Antragsformular

Anträge können auch in Papierform gestellt werden. Dazu muss ein formgebundener Antrag auf Erteilung einer Ausfuhr-/Verbringungsgenehmigung beim BAFA eingereicht werden.

6.3 EORI

In allen Anträgen muss der Ausführer/Verbringer die EORI-Nummer (Economic Operators Registration and Identification number) angeben[18]. Die EORI-Nummer ist eine unabdingbare Voraussetzung für die Anmeldung zum ELAN-K2 Ausfuhrportal.

Fragen zur EORI-Nummer
Telefon: +49 228 303-26050
E-Mail: info.eori@zoll.de

Einreichung Antrags-Formulare per E-Mail (als PDF-Dokument), per Fax oder per Post:
Generalzolldirektion – Dienstort Dresden – Stammdatenmanagement
Fax: 0351 44834-442, -443 und -444
E-Mail: antrag.eori@zoll.de

Hausanschrift: Carusufer 3–5, 01099 Dresden
Postfach 10 07 61, 01077 Dresden

Internet: www.zoll.de

6.4 Ausfuhrverantwortlicher

Ein Ausfuhrverantwortlicher ist zu benennen, der für die Einhaltung der Exportkontrollvorschriften persönlich verantwortlich ist und Mitglied des Vorstands oder der Geschäftsführung sein muss. In folgenden Fällen ist die Benennung eines Ausfuhrverantwortlichen zwingend notwendig:

18) Kapitel Economic Operators Registration and Identification number (EORI) – Nummer zur Registrierung und Identifizierung von Wirtschaftsbeteiligten

- Ausfuhr und Verbringung von Gütern des Teil I Abschnitt A der AL einschließlich der Güter, die der Kriegswaffenliste unterfallen,
- Ausfuhr von Gütern des Anhangs I EU-Dual-Use-Verordnung mit Ausnahme von Ausfuhren in die Länder des Anhangs IIa Teil 2 EU-Dual-Use-Verordnung und
- Ausfuhren für Güter des Teil I Abschnitt B der Ausfuhrliste mit Ausnahme von Ausfuhren in die Länder des Anhangs IIa Teil 2 EU-Dual-Use-Verordnung.

6.5 Endverbleibsdokumente

Für die genehmigungspflichtige Ausfuhr/Verbringung von gelisteten Gütern ist mit der Antragstellung grundsätzlich ein Endverbleibsdokument vorzulegen[19].

6.6 Technische Unterlagen

Dem Antrag sind alle erforderlichen (technischen) Unterlagen beizufügen.

6.7 Hilfestellungen

www.ausfuhrkontrolle.info/ausfuhrkontrolle/de/gueterlisten/frageboegen_einstufung/index.html und www.ausfuhrkontrolle.info/ausfuhrkontrolle/de/gueterlisten/auskunft/index.html

7 Begriffe

Auskunft zur Güterliste (AZG): Die AZG ist ein warenbezogenes technisches Gutachten mit der Information, dass die in der AzG bezeichneten Güter nicht von Anhang I der EU-Dual-Use-VO und/oder Teil I der Ausfuhrliste (AL) erfasst sind. Die AZG dient als Nachweisunterlage im Sinne des § 14 Abs. 1 Außenwirtschaftsverordnung (AWV).

Nullbescheid und „sonstige Auskunft“: In einem Nullbescheid ist rechtsverbindlich festgestellt, dass ein konkretes Ausfuhrvorhaben weder verboten noch genehmigungspflichtig ist. Der Nullbescheid enthält keine Aussage über die Zulässigkeit künftiger Ausfuhren identischer oder vergleichbarer Güter an den identischen oder an andere Empfänger. Eine „sonstige Auskunft“ zum Außenwirtschaftsverkehr darf dagegen formlos beantragt werden. Die Einreichung zusätzlicher Unterlagen ist zwar hilfreich, aber regelmäßig kein zwingender Bestandteil der Anfrage.

Chemiewaffenübereinkommen (CWÜ): Beim CWÜ handelt es sich um einen Abrüstungs- und Rüstungskontrollvertrag, der auf ein weltweites Verbot chemischer Waffen und die Vernichtung vorhandener Chemiewaffenbestände gerichtet ist. Es beinhaltet Kontrollmechanismen für die chemische und artverwandte Industrie, deren Abnehmer sowie für den Chemiehandel.

Anti-Folter-Verordnung: Die Anti-Folter VO (EU) Nr. 2019/125 enthält sowohl Verbote als auch Genehmigungspflichten für den Handel mit Gütern im Außenwirtschaftsverkehr, die zur Vollstreckung der Todesstrafe, zur Folter oder zu anderer grausamer, unmenschlicher oder erniedrigender Behandlung oder Strafe verwendet werden könnten.

Feuerwaffenverordnung: Es handelt sich um die am 30.09.2013 in Kraft getretene VO (EU) Nr. 258/2012 und enthält EU-weit geltende einheitliche Regelungen zur Ausfuhr bestimmter Schusswaffen.

8 Erreichbarkeiten und Hotline

Durch das BAFA wurden für Anfragen zu den Sanktionsmaßnahmen gegenüber dem Iran und der Russischen Föderation Hotlines eingerichtet. Für Fragen zu Iran- und Russlandsanktionen steht das Referat 212 zur Verfügung. Es betrifft die Güter der Anhänge I und III der Iran-Embargoverordnung sowie Anhang I EU-Dual-Use-VO. Weitere Fragen zu Iranvorgängen bearbeitet das Referat 214. Im Übrigen steht für Fragen zu Sanktionen gegenüber allen anderen Ländern, das Referat 215 (sonstige Embargos) zur Verfügung.

19) § 21 Absatz 2 AWV

Bundesamt für Wirtschaft und Ausfuhrkontrolle
Frankfurter Str. 29-35, 65760 Eschborn
Tel.: 06196 908-0, Fax: 06196 908-1800
E-Mail: ausfuhrkontrolle@bafa.bund.de, Internet: www.bafa.de

Kontakt – Russland-Embargo[20)]
Servicetelefon: +49 (0) 6196 908-1237
Fragen und Antworten unter: www.bafa.de/russland

Kontakt – Iran-Embargo
Servicetelefon: +49 (0) 6196 908-1870

9 Quellen und weiterführende Literatur

- www.bafa.de
- www.ausfuhrkontrolle.info
- www.bmwk.de
- www.ausfuhrkontrolle.info/ausfuhrkontrolle/de/gueterlisten/auskunft/index.html
- www.zoll.de
- Außenwirtschaftsgesetz vom 6. Juni 2013 (BGBl. I S. 1482), zuletzt geändert durch Artikel 2 des Gesetzes vom 27. Februar 2024 (BGBl. 2024 I Nr. 71)
- Außenwirtschaftsverordnung vom 2. August 2013 (BGBl. I S. 2865), zuletzt geändert durch Artikel 2 der Verordnung vom 11. Dezember 2024 (BGBl. 2024 I Nr. 411)
- Verordnung (EU) 952/2013 des Europäischen Parlaments und des Rates vom 9. Oktober 2013 zur Festlegung des Zollkodex der Union
- Verordnung (EU) 2021/821 des Europäischen Parlaments und des Rates vom 20. Mai 2021 über eine Unionsregelung für die Kontrolle der Ausfuhr, der Vermittlung, der technischen Unterstützung der Durchfuhr und der Verbringung betreffend Güter mit doppeltem Verwendungszweck
- Gesetz über die Kontrolle von Kriegswaffen in der Fassung der Bekanntmachung vom 22. November 1990 (BGBl. I S. 2506), zuletzt geändert durch Artikel 1 der Verordnung vom 19. Februar 2025 (BGBl. 2025 I Nr. 47)
- Ausführungsgesetz zum Chemiewaffenübereinkommen vom 2. August 1994 (BGBl. I S. 1954), zuletzt geändert durch Artikel 1 des Gesetzes vom 27. Februar 2024 (BGBl. 2024 I Nr. 71)
- Verordnung (EU) Nr. 258/2012 des Europäischen Parlaments und des Rates vom 14. März 2012 zur Umsetzung des Artikels 10 des Protokolls der Vereinten Nationen gegen die unerlaubte Herstellung von Schusswaffen, dazugehörigen Teilen und Komponenten und Munition und gegen den unerlaubten Handel damit, in Ergänzung des Übereinkommens der Vereinten Nationen gegen die grenzüberschreitende organisierte Kriminalität (VN-Feuerwaffenprotokoll) und zur Einführung von Ausfuhrgenehmigungen für Feuerwaffen, deren Teile, Komponenten und Munition sowie von Maßnahmen betreffend deren Einfuhr und Durchfuhr
- Verordnung (EU) 2019/125 des Europäischen Parlaments und des Rates vom 16. Januar 2019 über den Handel mit bestimmten Gütern, die zur Vollstreckung der Todesstrafe, zu Folter oder zu anderer grausamer, unmenschlicher oder erniedrigender Behandlung oder Strafe verwendet werden könnten
- AW-Prax, Zeitschrift für Außenwirtschaft und Praxis, Reguvis Fachmedien GmbH, Köln
- Exportkontrolle und das BAFA, Herausgeber BAFA, 10. Auflage/November 2024
- Merkblatt – Optimierte Antragstellung – Praxishilfe, Herausgeber BAFA, 4. Auflage/November 2024
- Brexit und Exportkontrolle, Herausgeber BAFA, Dezember 2020

20) Kapitel Embargobeschränkungen Russland, Belarus und Teilen der Ukraine

Kapitel 18 Bundesamt für Wirtschaft und Ausfuhrkontrolle (BAFA)

Harald Schönherr, Dresden

1 Aufgaben des BAFA

Das Bundesamt für Wirtschaft und Ausfuhrkontrolle[1] ist eine Bundesoberbehörde des Bundesministeriums für Wirtschaft und Klimaschutz[2], welche unter anderem in den Bereichen Außenwirtschaft, Wirtschaftsförderung, Umsetzung von Klimaschutzprogrammen und Wirtschaftsprüferaufsicht wichtige administrative Aufgaben des Bundes wahrnimmt. Ein wichtiges und notwendiges Arbeitsgebiet ist die Förderung des Einsatzes erneuerbarer Energien. Einen Schwerpunkt im Rahmen der Wirtschaftsförderung bilden Programme für kleine und mittlere Unternehmen, wobei im Energiebereich energieeffiziente Techniken, Maßnahmen zur Energieeinsparung und erneuerbare Energien durch das BAFA gefördert werden.

Die 2016 beim BAFA eingerichtete Abschlussprüferaufsichtsstelle[3] beaufsichtigt Berufsangehörige und Wirtschaftsprüfungsgesellschaften, die gesetzliche Abschlussprüfungen durchführen, und übt die Fachaufsicht über die Wirtschaftsprüferkammer[4] aus. Das BAFA setzt die politischen Vorgaben der Bundesregierung, die Sicherheitsbelange und außenpolitischen Interessen der Bundesrepublik Deutschland auf dem Gebiet des Außenwirtschaftsrechts um.

Ein Schwerpunkt des BAFA ist es, zu prüfen und Entscheidungen darüber zu treffen, ob die Ausfuhr eines Gutes genehmigungspflichtig und genehmigungsfähig ist. Insbesondere handelt es sich im Außenwirtschaftsverkehr um Güter, vor allem Waffen, sonstigen Rüstungsgütern und Gütern mit doppeltem Verwendungszweck[5]. Güter mit doppeltem Verwendungszweck sind Waren, Software und Technologien, die für zivile und militärische Zwecke verwendet werden können[6].

Zu weiteren außenwirtschaftlichen Aufgaben des BAFA gehören die Durchführung der im Rahmen der gemeinsamen Handelspolitik der EU getroffenen Einfuhrregelungen. In diesem Zusammenhang bietet das BAFA nicht nur Hilfestellung und Unterstützung an, sondern auch Transparenz für Antragsteller von Genehmigungen, in welchem Stadium des Verfahrens sich der jeweilige Vorgang befindet.

2 Erreichbarkeiten

<table>
<tr><td colspan="2">Bundesamt für Wirtschaft und Ausfuhrkontrolle
Frankfurter Str. 29–35, 65760 Eschborn
Postfach 5160, 65726 Eschborn
Telefon: 06196 908-0, Telefax: 06196 908-1800
E-Mail: poststelle@bafa.bund.de</td></tr>
<tr><td colspan="2">Außenstellen
Pieperstraße 14–28, 44789 Bochum
Friedrich-Bodelschwingh-Straße 15, 02943 Weißwasser/Oberlausitz
Abschlussprüferaufsichtsstelle beim BAFA: Uhlandstraße 88–90, 10717 Berlin
Kasernenstraße 2, 04552 Borna</td></tr>
<tr><td>BAFA – Hotlines Ausfuhrkontrolle
Antragssachstand: Telefon: 06196 908-1868
Iran-Embargo: Telefon: 06196 908-1870</td><td>
ELAN-K2: Telefon: 06196 908-1613
Russland-Embargo: Telefon: 06196 908-1237</td></tr>
</table>

1) Abkürzung BAFA
2) Abkürzung BMWK
3) Abkürzung APAS
4) Abkürzung WPK
5) Dual-Use-Güter
6) Kapitel EU-Dual-Use-Verordnung (EU-Dual-Use-VO) und Exportkontrolle, HADDEX und ELAN K2

Bundesministerium für Wirtschaft und Klimaschutz Berlin	Bundesministerium für Wirtschaft und Klimaschutz Bonn
Scharnhorststr. 34–37, 10115 Berlin Postanschrift: 11019 Berlin Telefon: 030 18615-0, Telefax: 030 18615-7010 E-Mail: kontakt@bmwi.bund.de	Villemombler Str. 76, 53123 Bonn Postanschrift: 53107 Bonn Telefon: 0228 99615-0, Telefax: 0228 99615-4436 E-Mail: kontakt@bmwi.bund.de

3 Quellen

- www.bafa.de
- www.bmwi.de/Navigation/DE/Ministerium/Anfahrtsplan/anfahrtsplan.html
- www.bmwi.de/Redaktion/DE/Bilder/Alt/anfahrtsskizze-bonn.html

Kapitel 19 Warenursprung und Präferenzen

Dr. Mirko Hoppe, München

1 Ursprung einer Ware mit unterschiedlichen Rechtsfolgen

Der Beitrag „Warenursprung und Präferenzen" bietet einen Überblick über die Warenursprungsbestimmung. Dieser kann für die Zolltätigkeit bei Handelsbeschränkungen (nichtpräferenzieller Ursprung), aber auch für Zollvergünstigungen (präferenzieller Ursprung) relevant sein.

Aktuelle Änderungen für 2025 gibt es im Rahmen des sogenannten Pan-Euro-Med-Übereinkommen (PEM-Zone bzw. „Pan-Europa-Mittelmeer") sowie im Bereich der Dokumentation und elektronischen Verarbeitung. Für den Export oder Import mit Ländern im PEM-Raum lohnt sich eine Prüfung, welches Regelwerk (alt oder neu) jeweils angewendet wird – und ob die Lieferantenerklärungen (mit Vermerk „REVISED RULES") korrekt gekennzeichnet sind.

2 Ursprungsbegriff

Die Bestimmung des Warenursprungs einer Ware ist nicht immer eindeutig. Der Ausgangspunkt zur Warenbehandlung ist die Feststellung des Warenursprungs. Hierbei unterscheidet man drei Begriffe.

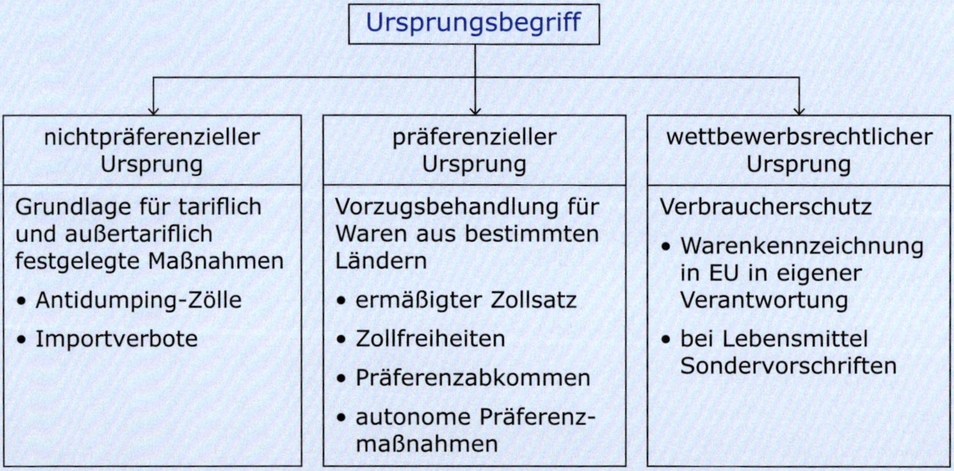

Vom **nichtpräferenziellen Ursprung** (sog. handelspolitischer Ursprung, IHK-Ursprung oder Kammer-Ursprung) hängt es ab, ob tarifliche Maßnahmen (z.B. Anti-Dumpingzölle) oder außertarifliche festgelegte Maßnahmen (z.B. Importbeschränkungen) angewandt werden.

Im Zusammenhang mit der zollrechtlichen Vorzugsbehandlung (z.B. durch ermäßigte Zollsätze) steht der **präferenzielle Ursprung**. Er ist für die Bestimmung des Zollsatzes anhand von Präferenzzollsätzen aus dem Elektronischen Zolltarif (EZT) anwendbar.

Des Weiteren gibt es den **wettbewerbsrechtlichen Ursprung**, der vor allem dem Verbraucherschutz dient. Im Folgenden werden die Aspekte betrachtet, die mit nichtpräferenziellem und präferenziellem Ursprung in Zusammenhang stehen.

3 Nichtpräferenzieller Ursprung

Es besteht die Fragestellung, wie der nichtpräferenzielle Ursprung bestimmt wird. Eine Vielzahl von Maßnahmen, die den internationalen Warenverkehr regeln, basiert auf dem nichtpräferenziellen Ursprung. Die Bestimmungsregelungen des Ursprungs werden beim Zolltarif der EU, bei der Durchsetzung handelspolitischer Maßnahmen und der Ausstellung von nichtpräferenziellen Ursprungszeugnissen in den Mitgliedsstaaten einheitlich angewandt.

Die Festlegung des Ursprungs erfolgt entweder nach:
- der vollständigen Gewinnung oder Herstellung (als **„vollständige Erzeugung"** bezeichnet) **in einem einzigen Land** oder
- durch einen bestimmten Grad an Be- oder Verarbeitungen, wenn an ihrer **Herstellung mehr als ein Land beteiligt** war.

Die gesamte EU gilt als „ein Land".

Unter **vollständiger Erzeugung** versteht man vollständig in einem Land gewonnene oder hergestellte Waren. Diese gelten als Ursprungsware des jeweiligen Landes. Es dürfen keine Materialien hinzugefügt werden, die ihren Ursprung in einem anderen Land haben. Artikel 31 der Durchführungsverordnung (EU) 2015/2447 beinhaltet eine abschließende Aufzählung der Fälle (z.B. für aufgezogene lebende Tiere, Jagd, Fischfänge bis hin zur Abfallverwendung), in denen eine Ware als vollständig in einem Land gewonnen oder hergestellt gilt.

Ist an der **Herstellung einer Ware mehr als ein Land** beteiligt, so gilt die Ware als Ursprungsware des Landes mit folgenden Vorgaben: wann die letzte wesentliche, wirtschaftlich gerechtfertigte Be- oder Verarbeitung stattfand oder ob die Herstellung zu einem neuen Erzeugnis geführt hat bzw. eine bedeutende Herstellungsstufe sich darstellt.

Beispiele zur Ursprungsbegründung:
- vollständige Erzeugung: Getreide, welches in Polen geerntet wurde, begründet den Ursprung in Polen.
- Herstellung einer Ware mehr als ein Land: In Polen geerntetes Getreide wird in der Slowakei zu Mehl verarbeitet. Die letzte Bearbeitungsstufe und somit der nichtpräferenzielle Ursprung ist in der Slowakei.

Zur Auslegung der Bedingungen „Herstellung einer Ware in mehr als einem Land" sind die zwei Fallgruppen zu unterscheiden:
- Fallgruppe 1: Für Waren, die im Anhang 22-01 der Delegierten Verordnung (EU) 2015/2446 aufgeführt sind, werden die Be- und Verarbeitungen verbindlich festgelegt, die als ursprungsbegründende Kriterien angesehen werden.
- Fallgruppe 2 sind alle Waren, die nicht unter eine spezifische Regel der Fallgruppe 1 fallen. Zur Feststellung des nichtpräferenziellen Ursprungs ist jeweils im Einzelfall zu prüfen, ob die an einem Erzeugnis vorgenommenen Be- oder Verarbeitungsvorgänge als ursprungsbegründend anzusehen sind.

Im Zollrecht kann vorgesehen sein, dass der Ursprung einer Ware durch die Vorlage eines Dokuments nachzuweisen ist. Soweit dieser Nachweis durch ein **Ursprungszeugnis** zu führen ist, muss dieses von einer dazu berechtigten Stelle des Ausfuhrlandes ausgestellt sein.
- In der BRD obliegt die Ausstellung von nichtpräferenziellen Ursprungszeugnissen grundsätzlich den berufsständischen Organisationen. Dies sind die IHK, die Handwerkskammern und die Landwirtschaftskammern. Die Ursprungszeugnisse sind europaeinheitlich vorgeschrieben und haben den Charakter öffentlicher Urkunden.
- Zur Überlassung zum zollrechtlich freien Verkehr (Einfuhr in die EU) ist das nichtpräferenzielle Ursprungsland anzumelden. Für den angemeldeten nichtpräferenziellen Ursprung kann von den Zollbehörden ein Ursprungsnachweis für die Waren verlangt werden (Nachweise können sein: u.a. Rechnung, Kalkulations- und Fertigungsunterlagen, Lieferschein).

4 Präferenzieller Ursprung

Mit der Bestimmung des präferenziellen Ursprungs besteht die Frage, welche Präferenzmaßnahmen damit verbunden sind.

Präferenzmaßnahmen stellen eine Vorzugsbehandlung in Form von ermäßigten Zollsätzen oder einer Zollbefreiung dar. Sie sind Vergünstigungen hinsichtlich der zu erhebenden Einfuhrzölle.

Präferenzmaßnahmen können vorliegen: im Rahmen von Zollunionen, im Rahmen von Freihandelszonen oder zu Gunsten der weniger entwickelten Länder.

Der Zolltarif der EU beinhaltet, inwieweit Waren bei der Einfuhr von einer Präferenzregelung erfasst und somit ein ermäßigter Zollsatz oder Zollbefreiung zur Anwendung gebracht wird. Vor dem Abschluss von Handelsgeschäften empfiehlt es sich, entsprechende Auskünfte zu Präferenzgewährungen für bestimmte Warenarten einzuholen. Dazu können die Informationen der Tarifdatenbank der EU (https://madb.europa.eu) sowie für das Vereinigte Königreich die Internetseite UK Global Tariff Tool (https://www.gov.uk/trade-tariff) genutzt werden. Eine weitere empfehlenswerte Informationsquelle ist das kostenlose Informationssystem **„Warenursprung und Präferenzen online"** (kurz „WuP online"). Es ist auch eine mobile Variante für Tablets und Smartphones verfügbar.

Unter https://wup.zoll.de kann man den Namen oder den entsprechenden ISO-Alpha-2-Code eines (Nicht-EU-)Landes in die Suchmaske eingeben. Es erscheint eine Auflistung von Regelungen, die für den Warenverkehr zwischen der EU und diesem Vertragsstaat zu beachten sind. Von hier aus ist dann ein direkter Zugriff auf alle relevanten Artikel und Rechtstexte möglich. Auch wenn der Inhalt von WuP online nicht rechtsverbindlich ist, so lassen sich Be- oder Verarbeitungslisten anzeigen, welche die Kriterien der Ursprungsbegründung enthalten. Verarbeitungslisten zu ausgewählten Vertragsgruppen lassen sich gegenüberstellen. Darüber hinaus stellt das System zu bestimmten präferenzrechtlichen Kernaussagen themenbezogene Übersichten zur Verfügung.

Die Präferenzgewährung erfolgt entweder durch Anwendung von
- Freiverkehrspräferenzen oder
- Ursprungspräferenzen.

Als **Freiverkehrspräferenzen** werden Präferenzen bezeichnet, wenn die präferenzbegünstigenden Waren aus dem zollrechtlich freien Verkehr des vertraglich gebundenen Ausfuhrlandes stammen (Freiverkehrsprinzip). Eine Zollunion der EU besteht derzeit jeweils mit der Türkei, Andorra und San Marino, wobei der Ausschluss bestimmter Güter zu beachten ist.

Ursprungspräferenzen sind Präferenzen, die für Waren mit Ursprung in einem bestimmten Land oder Gebiet gewährt werden. Bei der Übersicht zu den Präferenzregelungen in den einzelnen Ländern sind drei wesentliche Gruppen zu unterscheiden:
- Regionales Übereinkommen
- Allgemeines Präferenzsystem sowie
- weitere Länder und Ländergruppen.

Regionales Übereinkommen: Für viele Länder im europäischen und Mittelmeer-Raum werden die bestehenden Regelungen der Ursprungsprotokolle der Präferenzabkommen in einem einzigen Rechtsinstrument in Form eines regionalen Übereinkommens zusammengeführt. Neben der EU sind die Vertragsparteien u.a. die EFTA-Staaten, die Färöer-Inseln, die Teilnehmer des Barcelona-Prozesses sowie die Teilnehmer des Stabilisierungs- und Assoziierungsprozesses der EU.
- Mit der Eingabe des ISO-Alpha-2-Code „RUE" kann die Ländergruppe über https://www.wup.zoll.de/wup_online abgerufen werden.

Allgemeines Präferenzsystem: Etwa 80 Länder weltweit werden als Entwicklungsländer begünstigt. Ziel des Allgemeinen Präferenzsystems ist es unter anderem, die Zollpräferenzen auf solche Länder zu fokussieren, die am meisten darauf angewiesen sind. Dies sind zum einen die am wenigsten entwickelten Län-

der (least developed countries, LDC), zum anderen solche, die über keinen anderen präferenziellen Zugang zum EU-Markt verfügen. Für die tatsächliche Höhe der Zollbegünstigungen sind nochmals drei Untergruppen von Ländern und Gebieten zu unterscheiden:
- LDC mit der Eingabe des ISO-Alpha-2-Code „LDC“,
- andere APS-Länder („other beneficiary countries, OBC“) mit Abruf der Ländergruppe durch den ISO-Alpha-2-Code „OBC“ sowie
- nach einer Sonderregelung für nachhaltige Entwicklung und verantwortungsvolle Staatsführung sog. begünstigte „APS+“-Länder.

Weitere Länder und Ländergruppen sind über www.wup.zoll.de/wup_online durch die Übersicht über die Präferenzregelungen der EU zu finden. Hierbei unterscheiden sich die Ländergruppen nach Art der Präferenzgewährung (Ursprungspräferenz oder Einseitige Präferenzgewährung durch die EU) sowie nach Art der Regelung (Ursprungspräferenz oder Freiverkehrspräferenz).

Ferner gibt es unterschiedliche **Präferenznachweise**. Als Anmelder der Ware haben sie zum einen die Ware als präferenzberechtigt anzumelden und zum anderen die vorgeschriebene Präferenz vorzulegen. Förmliche Präferenznachweise werden vom Zoll oder zugelassenen Behörden ausgestellt.

Förmliche Präferenznachweise sind:
- Warenverkehrsbescheinigung EUR 1 (gilt für den Warenverkehr in 27 Mitgliedsstaaten, EFTA-Staaten und anderen Ländern),
- Warenverkehrsbescheinigung A.TR (gilt für den Warenverkehr mit der Türkei),
- Ursprungszeugnis Form A (gilt für Warenverkehr mit Entwicklungsländern).

Wie bereits hingewiesen, gilt im PEM-Raum nur noch das revidierte PEM-Regelwerk ab dem Jahr 2026. Die Warenverkehrsbescheinigung EUR-MED (Paneuropäische Mittelmeerkumulierung) war erforderlich, wenn die Kumulierung nach den alten Regeln genutzt wurde und entfällt. Stattdessen reicht die EUR 1 oder Ursprungserklärung auf Rechnung (UE) (siehe nachfolgend).

Nicht-förmliche Präferenznachweise werden durch den Ausführer bis zu bestimmten Wertgrenzen oder nach Bewilligung als sogenannter „Ermächtigter Ausführer“ (EA) eigenverantwortlich ausgefertigt. Dies können sein:
- die Ursprungserklärung auf der Rechnung (UE) (bis 6.000 Euro: Der Ausführer kann diese nicht-förmliche Erklärung selbst ausstellen. Über 6.000 Euro: Status als „Ermächtigter Ausführer“ oder „Registrierter Ausführer (REX)“ ist notwendig),
- das Formblatt EUR 2 (nur bei Einfuhren aus Syrien im Postverkehr).

Der Verzicht auf die Vorlage eines schriftlichen Präferenznachweises ist im Reiseverkehr und bei Kleinsendungen unter bestimmten Voraussetzungen möglich.

Die Vereinfachung muss vom zuständigen Hauptzollamt (HZA) bewilligt werden. Es gibt in Deutschland keine einheitliche Verfahrensweise. Hier sollte jeweils das zuständige HZA konsultiert werden. Der Ermächtigte Ausführer muss durch seine innerbetriebliche Organisation sicherstellen, dass der Warenursprung nachgeprüft und überwacht werden kann. Der Wortlaut der Ursprungserklärung auf der Rechnung kann zwischen den Präferenzregelungen der verschiedenen Länder unterschiedlich sein.

> Der Wortlaut der Erklärung zum Ursprung kann in der Anwendung „Warenursprung und Präferenzen online“ zu einem beliebigen Entwicklungsland bzw. ÜLG angezeigt werden – www.wup.zoll.de/wup_online unter Rubrik Übersichten zu finden.

Beispiele für Wortlaute der präferenziellen Ursprungserklärungen in unterschiedlichen Sprachen:

Deutscher Wortlaut:

Der Ausführer (Ermächtigter Ausführer, Bewilligungs-Nr. .....[1]) der Waren, auf die sich dieses Handelspapier bezieht, erklärt, dass diese Waren, soweit nicht anders angegeben, präferenzbegünstigte ....[2] Ursprungswaren sind.

Englischer Wortlaut:

The exporter of the products covered by this document (customs authorisation No ...[1]) declares that, except where otherwise clearly indicated, these products are of ... [2] preferential origin.

Französischer Wortlaut:

L'exportateur des produits couverts par le présent document (autorisation dounaière n°. ...[1]) déclare que, sauf indication claire du contraire, ces produits ont l'origine préférentielle ...[2]

Spanischer Wortlaut:

El exportador de los productos incluidos en el presente documento (autorización aduanera n°...[1]) declara que, salvo indicaciôn en sentido contrario, estos productos gozan de un origen preferencial ...[2]

	....[3]
	(Ort und Datum)
	....[4]
	(Unterschrift des Ausführers und Name des Unterzeichners in Druckbuchstaben)

1) Wird die Erklärung auf der Rechnung durch einen ermächtigten Ausführer ausgefertigt, so ist die Bewilligungsnummer des ermächtigten Ausführers an dieser Stelle einzutragen. Wird die Erklärung auf der Rechnung nicht durch einen ermächtigten Ausführer ausgefertigt, so können die Wörter in Klammern weggelassen oder der Raum kann leer gelassen werden.

2) Der Ursprung der Waren ist anzugeben. Betrifft die Erklärung auf der Rechnung ganz oder teilweise Waren mit Ursprung in Ceuta und Melilla, so bringt der Ausführer auf dem Papier, auf dem die Erklärung ausgefertigt ist, deutlich sichtbar die Kurzbezeichnung „CM" an.

3) Diese Angaben können entfallen, wenn sie in dem Papier selbst enthalten sind.

4) In Fällen, in denen der Ausführer nicht unterzeichnen muss, entfällt auch der Name des Unterzeichners.

Welcher förmliche oder nicht-förmliche Präferenznachweis im Warenverkehr mit einem bestimmten Land oder Gebiet zur Anwendung kommt und welche Voraussetzungen für dessen Verwendung gegebenenfalls erfüllt sein müssen, ist vom jeweiligen Land abhängig.

Unter www.zoll.de → Unternehmen → Fachthemen → Warenursprung und Präferenzen → Präferenzen und präferenzieller Ursprung → Präferenznachweise → „Übersicht über Präferenznachweise allgemein" kann die Übersicht abgefragt werden.

Im Rahmen des Handels zwischen EU und Vereinigtes Königreich (VK) auf Basis des Abkommens TCA sind folgende wesentliche Inhalte relevant:

Auf Ursprungswaren mit Präferenznachweis kann eine Zollbefreiung im Sinne des TCA vom Einführer beantragt werden. Ob die Ware Ursprungsware ist, muss anhand der Ursprungsregeln in eine Präferenzkalkulation berechnet werden. Die Ursprungsregeln (vollständig gewonnen, vollständig aus Ursprungswaren oder gemäß produktspezifischen Ursprungsregeln) sind im Art. ORIG.3 geregelt. Letztere produktspezifischen Regeln sind im WuP-Online eingepflegt.

Eine Möglichkeit der Beantragung auf Zollpräferenzbehandlung ist die „Erklärung zum Ursprung" (EzU, Art. ORIG.19) eines jeden Ausführers bis 6.000 Euro, mit REX über 6.000 Euro Warenwert je Sendung, entweder für jede einzelne Lieferung oder für Mehrfachsendungen identischer Ursprungserzeugnisse.

Wortlaut der Erklärung zum Ursprung (EzU)
(Period: from____________ to __________ *
The exporter of the products covered by this document (Exporter Reference No ... ** declares that, except where otherwise clearly indicated, these products are of ...*** preferential origin.
....****(Place and date)
....(Name of the exporter)

* If the statement on origin is completed for multiple shipments of identical originating products within the meaning of point (b) of Article ORIG.19(4) [Statement on Origin] of this Agreement, indicate the period for which the statement on origin is to apply. That period shall not exceed 12 months. All importations of the product must occur within the period indicated. If a period is not applicable, the field may be left blank.
** Indicate the reference number by which the exporter is identified. For the Union exporter, this will be the number assigned in accordance with the laws and regulations of the Union. For the United Kingdom exporter, this will be the number assigned in accordance with the laws and regulations applicable within the United Kingdom. Where the exporter has not been assigned a number, this field may be left blank. Siehe Referenznummer weiter unten!
*** Indicate the origin of the product: the United Kingdom or the Union.
**** Place and date may be omitted if the information is contained on the document itself.

Obwohl keine formale Präferenzbescheinigung, ist die **Lieferantenerklärung** eine wichtige Grundlage für die Ausfuhrerklärung. Sie wird als Nachweis für den präferenziellen Ursprung der Ware genutzt, um eine EUR.1 oder eine Ursprungserklärung auf der Rechnung ausstellen zu können. Lieferant ist unabhängig von der Rechnungsstellung immer die Person, die die Verfügungsgewalt über die gelieferte Ware hat. Der Wortlaut von Lieferantenerklärungen ist verbindlich vorgegeben.

Unter www.zoll.de → Unternehmen → Fachthemen → Warenursprung und Präferenzen → Präferenzen und präferenzieller Ursprung → Lieferantenerklärungen → „Welcher Wortlaut ist für eine Lieferantenerklärung vorgeschrieben?" kann der Wortlaut abgefragt werden.

Sogenannte Einzel-Lieferantenerklärungen werden jeweils nur für eine einzelne Warenlieferung abgegeben. Langzeit-Lieferantenerklärungen (LLE) hingegen stellen einmalige Erklärungen dar, die für Lieferungen über einen längeren Zeitraum hinweg Gültigkeit haben. Seit Juni 2017 ist die unterjährige Ausstellung von Lieferantenerklärungen wieder möglich.

Was ist für Lieferantenerklärungen im Rahmen des TCA zu beachten?
Aussteller von Lieferantenerklärungen für Warenlieferungen innerhalb der EU können das VK, wenn es sich bei den aufgeführten Waren um Ursprungswaren im Sinne des TCA handelt, unter „... für den Präferenzverkehr mit _____" eintragen. Dabei sind folgende Benennungen sind zulässig:
- „Vereinigtes Königreich" / „United Kingdom" (oder die Bezeichnung in anderen zulässigen Sprachen) / „Großbritannien" / „Great Britain" (oder die Bezeichnung in anderen zulässigen Sprachen) / als Abkürzung kann der ISO-Alpha-2-Ländercode „GB" verwendet werden.

Angaben einzelner Landesteile wie England sind nicht zulässig.

Mit der Einführung des **registrierten Ausführers** (REX) wird die Dokumentation des präferenziellen Ursprungs von Waren im Allgemeinen Präferenzsystem (APS) sukzessive umgestellt. Auch in künftigen Freihandelsabkommen kann das REX-System vorgesehen sein; zunächst ist dies im Rahmen des umfassenden Wirtschafts- und Handelsabkommens mit Kanada (CETA) der Fall. Ein weiteres Freihandelsabkommen, bei dem der REX angewendet wird, ist das Japan-EU Freihandelsabkommen (JEFTA).

Im Gegensatz zum Status ermächtigter Ausführer (EA) handelt es sich bei einem registrierten Ausführer nicht um einen bewilligungsbedürftigen Status, sondern es genügt eine Registrierung im REX-System, welche in den Mitgliedstaaten der EU seit Januar 2017 möglich ist.

Zur Erlangung des Status REX muss ein Antrag bei dem Hauptzollamt, in dessen Bezirk der Antragsteller die präferenzrechtliche Buchhaltung führt, gestellt werden. Das elektronisch ausfüllbare Antragsformular Nr. 0442, dessen Verwendung verbindlich ist, steht im Formular-Management-System der Bundesfinanzverwaltung online zur Verfügung. Der Antrag gilt gleichzeitig sowohl für die Registrierung im Hinblick auf das APS als auf alle Freihandelsabkommen, die das Verfahren vorsehen. Die einmal erteilte REX-Nummer ist in der gesamten EU verwendbar.

Als Anwendungsbereiche kommen infrage:

- **Ausfuhr von Ursprungserzeugnissen der EU**

Zur Inanspruchnahme der Präferenzbehandlung durch Importeure in Kanada ist die Vorlage von Ursprungserklärungen erforderlich, die durch die Ausführer in der EU auszufertigen sind. Zum Nachweis des präferenziellen Ursprungs kann in der EU eine Ursprungserklärung durch einen REX ausgestellt werden.

- **Ersatz-Präferenznachweis beim Weiterversand von Ursprungserzeugnissen**

In bestimmten Fällen kann es erforderlich sein, einen bei der Ankunft einer Warensendung in der EU vorhandenen Präferenznachweis durch eines oder mehrere neue Dokumente zu ersetzen, weil die Sendung innerhalb der EU weitergeleitet und dabei gegebenenfalls geteilt werden soll. Hierzu können Ersatz-Präferenznachweise erstellt werden. Ein Ersatz-Präferenznachweis kann in Form einer Ersatz-Ursprungserklärung, einer Ersatzerklärung auf der Rechnung oder einer Ersatzerklärung zum Ursprung durch einen REX ausgefertigt werden.

- **Bilaterale Kumulierung mit Ursprungserzeugnissen der EU**

Für Zwecke der bilateralen Kumulierung ist die Ausstellung von Präferenznachweisen im Zuge der Ausfuhr aus der EU zum Nachweis des präferenziellen Ursprungs in der EU erforderlich. Im Rahmen der bilateralen Kumulierung können Ursprungserzeugnisse der EU in ein begünstigtes Entwicklungsland ausgeführt werden („Geberlandanteil"), um dort als Vormaterial mit Ursprungseigenschaft bei der Herstellung einer Fertigware mit APS-Ursprung verwendet zu werden, die dann wiederum in die EU eingeführt wird. Zum Nachweis des präferenziellen Ursprungs kann in der EU eine Ursprungserklärung durch einen REX ausgefertigt werden.

- **Ersatz-Präferenznachweis beim Weiterversand von Ursprungserzeugnissen**

Werden Ursprungserzeugnisse eines begünstigten Entwicklungslandes, die noch nicht zum zollrechtlich freien Verkehr überlassen worden sind, der Überwachung einer Zollstelle eines Mitgliedstaats unterstellt, so kann der Wiederversender den ursprünglichen Präferenznachweis durch einen oder mehrere Ersatz-Präferenznachweise ersetzen, um alle oder einige der Erzeugnisse an einen anderen Ort im Zollgebiet der Union oder in die Schweiz oder nach Norwegen zu senden. Ab dem Januar 2018 ist nur noch die Ausfertigung von Ersatzerklärungen zum Ursprung (Ersatzerklärungen) vorgesehen. Die Ausfertigung von Ersatzerklärungen ist durch jeden Wiederversender möglich (ggf. Gesamtwert der Ursprungserzeugnisse in der aufzuteilenden ursprünglichen Sendung kleiner 6.000 Euro). Ist der Wert größer, ist die Ausfertigung von Ersatzerklärungen zum Ursprung durch einen registrierten Wiederversender (ebenfalls abgekürzt mit REX) möglich.

Eine weitere Frage ist, welche Rolle die „**unmittelbare Beförderung**" bei Präferenzgewährung spielt. Die Regel „unmittelbare Beförderung" wurde durch die „**Nichtveränderungsregel**" ersetzt. Früher verlangten viele Präferenzabkommen, dass eine Ware „unmittelbar" vom Ursprungsland in das Bestimmungsland befördert werden musste, um die Präferenzbegünstigung (z.B. zollfreie Einfuhr) zu erhalten.

Beispiel: eine Ware aus der Schweiz musste direkt in die EU eingeführt werden – ein Umladen in Dubai wäre nur erlaubt gewesen, wenn der Zoll dort die Ware unter Kontrolle hielt und keine Bearbeitung erfolgte.

Die neue „Nichtveränderungsregel" lautet sinngemäß: Präferenzursprungswaren behalten ihren Ursprung, solange sie während des Transports oder der Lagerung in Drittstaaten nicht verändert, manipuliert oder verarbeitet werden, außer dies geschieht zur Wahrung ihres Zustands (z.B. Belüftung, Kühlung, Verpackungswechsel). Es erlaubt also die Zwischenlagerung, Umladung, Neuverpackung oder Etikettierung, wenn die Ware nicht verändert wird und nachweislich unter Zollaufsicht oder Kontrolle bleibt. Der Einführer im Bestimmungsland muss auf Anforderung nachweisen können, dass die Waren nicht verändert wurden, sie unter zollamtlicher Kontrolle geblieben sind, und nur zulässige Maßnahmen erfolgt sind. Als Belegarten sind Transportdokumente (z.B. Frachtpapiere, Ladelisten), Nachweise über Lagerung/Zollstatus, ggf. Bescheinigungen der Zollbehörden des Transitlandes möglich.

Im ATLAS-Verfahren müssen die genannten Unterlagen nicht mit der Zollanmeldung vorgelegt, sondern zur Verfügung der Zollverwaltung gehalten werden.

Eine von den zuständigen Zollbehörden erteilte **verbindliche Ursprungsauskunft (vUA)** bindet alle Zollbehörden in der EU hinsichtlich der Feststellung des Ursprungs von Waren. Hierbei ist zu beachten, dass die vUA kein Präferenznachweis, kein Ursprungsnachweis und keine Lieferantenerklärung ist, und diese auch nicht ersetzt. Sie soll lediglich den Wirtschaftsbeteiligten eine bessere Kalkulationssicherheit bieten.

Die Erteilung einer vUA-Entscheidung kann über das im Zoll-Protal https://www.zoll-portal.de, (Anmeldung notwendig) unter der Dienstleistung „Warenursprung und Präferenzen" angebotene Online-Formular 0305 beantragt werden.

Eine vUA wird von den IHKs (für die Feststellung des nichtpräferenziellen Ursprungs) und dem Hauptzollamt Hannover (für die Feststellung des Präferenzursprungs sowie des nichtpräferenziellen Ursprungs) innerhalb von 120 Tagen gebührenfrei (ggf. fallen Auslagen an) erteilt. Diese ist drei Jahre gültig und bindet nach dem Zeitpunkt der Erteilung alle Zollbehörden in der EU bei Zollförmlichkeiten. Der Berechtigte kann noch sechs Monate ab dem Zeitpunkt, ab dem diese Maßnahmen wirksam werden, die Anwendung der vUA verlangen. Er muss dazu nachweisen, dass er im Vertrauen auf die Gültigkeit der Auskunft rechtsverbindliche Verträge zum Kauf oder Verkauf der betreffenden Ware geschlossen hat.

5 Literaturhinweise

- Bundesministerium für Finanzen (2015): Delegierte Verordnung (EU) 2015/2446 vom 28. Juli 2015 zur Ergänzung des UZK, verabschiedet (veröffentlicht im ABl. EU L 343 vom 29.12.2015, DA „delegated act"). DELEGIERTE VERORDNUNG (EU) 2015/2446 DER KOMMISSION vom 28. Juli 2015 zur Ergänzung der Verordnung (EU) Nr. 952/2013 des Europäischen Parlaments und des Rates mit Einzelheiten zur Präzisierung von Bestimmungen des Zollkodex der Union
- Bundesministerium für Finanzen (2013): VO (EU) Nr. 952/2013 vom 9. Oktober 2013 zur Festlegung des Zollkodex der Union, UZK) ist am 30. Oktober 2013 in Kraft getreten und stellt den neuen Basisrechtsakt dar. VERORDNUNG (EU) Nr. 952/2013 DES EUROPÄISCHEN PARLAMENTS UND DES RATES vom 9. Oktober 2013 zur Festlegung des Zollkodex der Union
- DURCHFÜHRUNGSVERORDNUNG (EU) 2015/2447 DER KOMMISSION vom 24. November 2015 mit Einzelheiten zur Umsetzung von Bestimmungen der Verordnung (EU) Nr. 952/2013 des Europäischen Parlaments und des Rates zur Festlegung des Zollkodex der Union
- EU L 444 (2020): EU-UK Trade and Cooperation Agreement
- Schönherr, H., Hoppe, M. (2008): Zoll-Ratgeber – Ein Handbuch für Studium und Praxis, Storck-Verlag, Hamburg
- Schumann, G., Möller, T. (2007): PAN-EURO-MED – Die neue Ursprungskumulierungszone Paneuropa-Mittelmeer, Witten

Kapitel 20 Nachweise für innergemeinschaftliche Lieferungen

Dmitri Kulitzscher, Dresden

Bei der Versendung von Waren in Drittländer sind verschiedene zollfachliche Bedingungen zu erfüllen. Aus zollpraktischer Sicht ist die Warenversendung von Deutschland in andere EU-Länder um vieles einfacher, da hier Zollformalitäten i.d.R. entfallen. Bei diesen innergemeinschaftlichen Lieferungen gilt es u.a., die Anforderungen an Nachweise für Umsatzsteuerzwecke zu beachten. Im folgenden Kapitel werden Zweck und Umfang der Nachweise im Überblick eingeführt sowie die verschiedenen Belege zur Nachweisführung erläutert.

1 Begriffe: Lieferer, Beförderungs-/Versendungsfall, Abnehmer

Lieferungen eines Unternehmers sind Leistungen, durch die ein Dritter befähigt wird, im eigenen Namen über einen Gegenstand zu verfügen (Verschaffung der Verfügungsmacht). Eine innergemeinschaftliche Lieferung setzt eine im Inland steuerbare Lieferung voraus. Bei dieser Lieferung muss es sich um einen körperlichen Gegenstand handeln. Das Vorliegen einer innergemeinschaftlichen Lieferung kommt nicht in Betracht für Lieferungen von Elektrizität im Sinne des § 3g UStG oder Gas über das Erdgasnetz.

Der Unternehmer gilt als Lieferer. Als Empfänger der Lieferung bzw. Abnehmer des Gegenstands der Lieferung wird regelmäßig die Person/Einrichtung angesehen, der der Anspruch auf die Leistung zusteht.

Im Zusammenhang mit Warenbewegungen unterscheidet das Umsatzsteuerrecht dabei zwischen dem Beförderungsfall und dem Versendungsfall: Eine Beförderungslieferung liegt vor, wenn der Lieferer, der Abnehmer oder ein unselbstständiger Erfüllungsgehilfe den Gegenstand der Lieferung befördert.

Eine Versendungslieferung setzt voraus, dass der Gegenstand an den Abnehmer oder in dessen Auftrag an einen Dritten versendet wird, d.h. die Beförderung durch einen selbstständigen Beauftragten ausgeführt oder besorgt wird.

2 Innergemeinschaftliche Lieferung, Steuerbefreiung und Nachweispflichten

Gemäß § 4 Nr. 1 Buchstabe b UStG können die Umsätze von innergemeinschaftlichen Lieferungen steuerfrei sein. Innergemeinschaftliche Lieferungen werden definiert in § 6a UStG. Demnach müssen dazu die folgenden vier Voraussetzungen erfüllt werden:

1. Grenzüberschreitender Warentransport: Der Unternehmer oder der Abnehmer hat den Gegenstand der Lieferung in das übrige Gemeinschaftsgebiet befördert oder versendet, der Liefergegenstand muss Deutschland physisch verlassen haben und tatsächlich im übrigen Gemeinschaftsgebiet physisch angekommen sein;
2. Unternehmereigenschaft des Abnehmers (nachgewiesen durch eine durch Unternehmer geprüfte und dokumentierte gültige ausländische USt.-IdNr.)[1];
3. der Erwerb des Gegenstands der Lieferung unterliegt beim Abnehmer in einem anderen Mitgliedstaat den Vorschriften der Umsatzbesteuerung;
   Abgabe der Zusammenfassenden Meldung gemäß § 18a UStG durch den Unternehmer[2].

Nach § 6a Abs. 3 UStG muss der liefernde Unternehmer die o.g. Voraussetzungen für das Vorliegen einer innergemeinschaftlichen Lieferung nachweisen. Dem Bundesministerium für Finanzen obliegt es, durch Rechtsverordnung zu bestimmen, wie dieser Nachweis zu führen ist. Wie der Unternehmer die Nachweise der Steuerbefreiung einer innergemeinschaftlichen Lieferung im Einzelnen zu führen hat, regeln die §§ 17a, 17b und 17d UStDV.

---

1) Vgl. § 6a Abs. 1 Nr. 2 UStG für Fallkonstellationen bei Lieferungen an Abnehmer, die nicht Unternehmer sind

2) Vgl. § 4 Nr. 1 Buchstabe b UStG zur Versagung der Steuerbefreiung bei fehlender, unrichtiger oder unvollständiger Abgabe der zusammenfassenden Meldung. Für weitere Besonderheiten, die u.a. in der Unternehmereigenschaft der Person, der Art der Lieferung, der Steuerbarkeit, der Art des Umsatzes usw. begründet sind, sei verwiesen auf 6a.1 UStAE.

Grundsätzlich hat allein der Unternehmer die Feststellungslast für das Vorliegen der Voraussetzungen der Steuerbefreiung zu tragen. Kann der Unternehmer den beleg- und buchmäßigen Nachweis nicht, nicht vollständig oder nicht zeitnah führen, ist deshalb grundsätzlich davon auszugehen, dass die Voraussetzungen der Steuerbefreiung einer innergemeinschaftlichen Lieferung nicht erfüllt sind.

3 Buch- und belegmäßiger Nachweis der innergemeinschaftlichen Lieferung

Gemäß § 17d Abs. 1 UStDV hat der Unternehmer bei innergemeinschaftlichen Lieferungen die o.g. Voraussetzungen der Steuerbefreiung einschließlich der ausländischen Umsatzsteuer-Identifikationsnummer des Abnehmers buchmäßig nachzuweisen. Dabei sind die in § 17d Abs. 2 bis 4 UStDV bestimmten Angaben aufzuzeichnen.

Der buchmäßige Nachweis muss grundsätzlich im Geltungsbereich des UStG geführt werden. Ausnahmen für Aufzeichnungen im Ausland sind in 6a.7. Abs. 7 UStAE geregelt.

Die erforderlichen Aufzeichnungen für den Buchnachweis sollen grundsätzlich laufend und unmittelbar nach Ausführung des jeweiligen Umsatzes vorgenommen werden. Der buchmäßige Nachweis ist spätestens bis zu dem Zeitpunkt zu führen, zu dem der Unternehmer die Umsatzsteuer-Voranmeldung für die innergemeinschaftliche Lieferung zu übermitteln hat.

Unter einem Buchnachweis ist ein Nachweis durch Bücher oder Aufzeichnungen in Verbindung mit Belegen zu verstehen. Der Buchnachweis verlangt deshalb stets mehr als den bloßen Nachweis entweder nur durch Aufzeichnungen oder nur durch Belege. Belege werden durch die entsprechenden und erforderlichen Hinweise bzw. Bezugnahmen in den stets notwendigen Aufzeichnungen Bestandteil der Buchführung und damit des Buchnachweises, so dass beide eine Einheit bilden.

Der Belegnachweis betrifft die Bedingung, dass der Gegenstand der Lieferung tatsächlich in das übrige Gemeinschaftsgebiet befördert oder versendet wurde, und kann entweder durch die Gelangensvermutung (§ 17a UStDV) oder den Gelangensnachweis (§ 17b UStDV) erbracht werden.

Die Gelangensvermutung wurde mit Umsetzung von Artikel 45a MwStVO neu in die UStDV aufgenommen. Bei Vorliegen der Voraussetzungen gilt die Vermutung, dass der Gegenstand der Lieferung in das übrige Gemeinschaftsgebiet befördert oder versendet wurde. Das Finanzamt ist durch § 17a Abs. 3 UStDV ermächtigt, diese Vermutung zu widerlegen.

Gegenüber der widerlegbaren Gelangensvermutung gilt bei Erfüllung der Voraussetzungen nach § 17b UStDV mit dem Gelangensnachweis der Belegnachweis als erbracht. Dabei erbringt der Unternehmer durch Belege den Nachweis, dass er oder der Abnehmer den Gegenstand der Lieferung in das übrige Gemeinschaftsgebiet befördert oder versendet hat. Die Voraussetzung muss sich aus den Belegen eindeutig und leicht nachprüfbar ergeben.

Die UStDV schließt zwischen Gelangensvermutung und Gelangensbestätigung ein Vorrangverhältnis ausdrücklich aus. Es obliegt dem Unternehmen, nach welcher der beiden Regelungen er den Belegnachweis erbringt.

Hinsichtlich der übrigen Voraussetzungen für innergemeinschaftliche Lieferungen (z. B. Unternehmereigenschaft des Abnehmers, Verpflichtung des Abnehmers zur Erwerbsbesteuerung im Bestimmungsmitgliedstaat), die auch nachgewiesen werden müssen, enthält die UStDV keine besonderen Regelungen für den Belegnachweis.

4 Gelangensvermutung bei innergemeinschaftlichen Lieferungen

Nach § 17a Abs. 1 UStDV wird bei Vorliegen der Voraussetzungen vermutet, dass der Gegenstand der Lieferung in das übrige Gemeinschaftsgebiet befördert oder versendet wurde.

Die Gelangensvermutung unterscheidet zwei Sachverhaltsvarianten, die zu unterschiedlichen Anforderungen beim Belegnachweis führen:
- Im Fall der Beförderung oder Versendung durch den Unternehmer oder einem von ihm beauftragten Dritten muss der Unternehmer im Besitz von mindestens zwei Belegen aus dem Bereich Beförde-

rungs-/Versendungsbelege ODER einem Beleg aus dem Bereich Beförderungs-/Versendungsbelege und einem Beleg aus dem Bereich „Sonstige Belege" sein.
- In allen anderen Fällen (z.B. Abholfall durch den Abnehmer) muss der Unternehmer gemäß § 17a Abs. 1 Nr. 2 UStDV zusätzlich zu den o.g. Dokumentenvarianten außerdem im Besitz einer Gelangensbestätigung sein, die der Abnehmer spätestens am zehnten Tag des auf die Lieferung folgenden Monats vorlegt.

Für den Belegnachweis können folgende Belege verwendet werden:
1. Beförderungs- bzw. Versendungsbelege:[3)]
   a) Bestätigung der Abgangsstelle nach Unionsversandverfahren,
   b) validierte EMCS-Eingangsmeldung bzw. dritte Ausfertigung des vereinfachten Begleitdokuments bei Lieferung verbrauchsteuerpflichtiger Waren,
   c) Nachweis über Zulassung auf den Erwerber im Bestimmungsmitgliedsstatt bei Lieferung von durch Abnehmer beförderten zulassungspflichtigen Fahrzeugen,
   d) handelsrechtlicher Frachtbrief, Konnossement oder Doppelstücke des Frachtbriefs oder Konnossements oder andere handelsübliche Belege wie Spediteurbescheinigung,
   e) Nachweis der Auftragserteilung an Beförderer sowie dessen Tracking-Protokoll bzw. Empfangsbescheinigung eines Postdienstleisters über Entgegennahme der Postsendung und Nachweis über Bezahlung der Lieferung,
   f) Nachweis des Zahlungseingangs vom Bankkonto des Abnehmers und Spediteurversicherung.
2. Sonstige Belege:
   a) Versicherungspolice für die Beförderung/Versendung oder Bankunterlagen, die die Beförderung/ Versendung belegen,
   b) von öffentlicher Stelle (z.B. Notar) ausgestelltes offizielles Dokument, das die Ankunft des Gegenstands der Lieferung im übrigen Gemeinschaftsgebiet bestätigt,
   c) Bestätigung eines Lagerinhabers im übrigen Gemeinschaftsgebiet, dass die Lagerung dort erfolgt.
3. Gelangensbestätigung mit Angaben entsprechend § 17b Abs. 2 Satz 1 Nr. 2 UStDV.

Die Belege dürfen sich nicht widersprechen. Sie müssen von unterschiedlichen Parteien ausgestellt worden sein. Die Parteien müssen voneinander, vom liefernden Unternehmer und vom Abnehmer unabhängig sein.

5 Gelangensnachweis bei innergemeinschaftlichen Lieferungen

5.1 Gelangensbestätigung durch den Abnehmer im übrigen Gemeinschaftsgebiet

Soll der Belegnachweis nach § 17b UStDV erbracht werden, bedingt § 17b Abs. 2 UStDV, dass der Belegnachweis über den grenzüberschreitenden Warentransport dann eindeutig und leicht nachprüfbar ist, wenn er geführt wird:
1. durch das Doppel der Rechnung (§§ 14 und 14a UStG), die nach 6a.3 Absatz 1 Satz 2 UStAE nur als Belegnachweis anerkannt werden kann, wenn sie auf die Steuerfreiheit der innergemeinschaftlichen Lieferung hinweist, und
2. durch eine Bestätigung des Abnehmers, dass der Gegenstand der Lieferung in das übrige Gemeinschaftsgebiet gelangt ist (Gelangensbestätigung).

§ 17b Abs. 2 Satz 1 Nr. 2 UStDV regelt, welche Angaben die Gelangensbestätigung enthalten muss.

Unterschrift des Abnehmers: Die Gelangensbestätigung muss u.a. die Unterschrift des Abnehmers enthalten. Die Unterschrift des Abnehmers kann auch von einem von dem Abnehmer zur Abnahme des Liefergegenstands Beauftragten oder von einem zur Vertretung des Abnehmers Berechtigten geleistet werden (z.B. Arbeitnehmer des Abnehmers, selbstständiger Lagerhalter, der für den Abnehmer die Ware entgegennimmt, anderer Unternehmer, der mit der Warenannahme beauftragt wurde, oder in einem Reihengeschäft der tatsächliche (letzte) Abnehmer am Ende der Lieferkette). Ein mit dem Warentransport beauftragter selbstständiger Dritter kann für Zwecke der Gelangensbestätigung nicht zur Abnahme der Ware beauftragt sein.

---

3) Nach § 17b Abs. 3 UStDV, siehe 5.2 Alternativen zur Gelangensbestätigung

Ausstellung von Sammelbestätigungen: Die Gelangensbestätigung kann als Sammelbestätigung ausgestellt werden. In der Sammelbestätigung können Umsätze aus bis zu einem Quartal zusammengefasst werden. Bei Lieferungen, die mehrere Gegenstände umfassen, oder bei Rechnungen, in denen einem Abnehmer gegenüber über mehrere Lieferungen abgerechnet wird, ist es regelmäßig ausreichend, wenn sich die Gelangensbestätigung auf die jeweilige Gesamtlieferung bzw. auf die Sammelrechnung bezieht.

Form der Gelangensbestätigung: Die Gelangensbestätigung kann in jeder die erforderlichen Angaben enthaltenden Form erbracht werden; sie kann auch aus mehreren Dokumenten bestehen, aus denen sich die geforderten Angaben insgesamt ergeben.

Eine gegenseitige Bezugnahme in den entsprechenden Dokumenten ist dabei nicht erforderlich. Die Bestätigung muss sich also keineswegs zwingend aus einem einzigen Beleg ergeben. Sie kann z.B. auch aus einer Kombination des Lieferscheins mit einer entsprechenden Bestätigung über den Erhalt des Liefergegenstands bestehen. Sie kann auch aus einer Kopie der Rechnung über die innergemeinschaftliche Lieferung, ergänzt um die weiteren erforderlichen Angaben, bestehen. In den Fällen der Versendung des Gegenstands der innergemeinschaftlichen Lieferung durch den Unternehmer oder durch den Abnehmer können die Angaben der Gelangensbestätigung auch auf einem Versendungsbeleg enthalten sein.

Der UStAE enthält in den Anlagen 1 bis 3 ein Muster. Diesem inhaltlich entsprechende Gelangensbestätigungen sind als Beleg anzuerkennen. Die Gelangensbestätigung – oder die die Gelangensbestätigung bildenden Dokumente – können danach auch in englischer oder französischer Sprache abgefasst werden; entsprechende Nachweise in anderen Sprachfassungen bedürfen einer amtlich beglaubigten Übersetzung.

Die Gelangensbestätigung kann auf elektronischem Weg, z.B. per E-Mail, ggf. mit PDF- oder Textdateianhang, per Computer-Telefax oder Fax-Server, per Web-Download oder im Wege des elektronischen Datenaustauschs (EDI) übermittelt werden. Eine auf elektronischem Weg erhaltene Gelangensbestätigung kann für umsatzsteuerliche Zwecke auch in ausgedruckter Form aufbewahrt werden. Wird die Gelangensbestätigung per E-Mail übersandt, soll, um den Nachweis der Herkunft des Dokuments vollständig führen zu können, auch die E-Mail archiviert werden, die für umsatzsteuerliche Zwecke ebenfalls in ausgedruckter Form aufbewahrt werden kann.

Bei einer elektronischen Übermittlung der Gelangensbestätigung ist eine Unterschrift nicht erforderlich, sofern erkennbar ist, dass die elektronische Übermittlung im Verfügungsbereich des Abnehmers oder des Beauftragten begonnen hat. Von der Erkennbarkeit des Beginns der elektronischen Übermittlung im Verfügungsbereich des Abnehmers ist insbesondere auszugehen, wenn bei der elektronischen Übermittlung der Gelangensbestätigung keine begründeten Zweifel daran bestehen, dass die Angaben dem Abnehmer zugerechnet werden können (z.B. Absenderangabe und Datum der Erstellung der E-Mail in dem sog. Header-Abschnitt der E-Mail, Nutzung einer im Zusammenhang mit dem Abschluss oder der Durchführung des Liefervertrags bekannt gewordenen E-Mail-Adresse, Verwendung eines zuvor zwischen dem Unternehmer und dem Abnehmer vereinbarten elektronischen Verfahrens).

5.2 Gelangensnachweis mit Alternativen zur Gelangensbestätigung durch den Abnehmer

Die Vorgaben für die Ausstellung der Gelangensbestätigung gelten gleichermaßen für alle Lieferungen unabhängig von der jeweiligen Transportabwicklung und können daher in der Logistik-Praxis zu Schwierigkeiten führen.

In § 17b Abs. 3 UStDV sieht der Gesetzgeber bei Anwendung des Belegnachweises nach § 17b UStDV in bestimmten Fällen alternative Möglichkeiten zur Führung des Belegnachweises mit anderen Belegen als der Gelangensbestätigung vor.

Generell gilt: Der Unternehmer muss den Belegnachweis einer innergemeinschaftlichen Lieferung nicht zwingend mit einer Gelangensbestätigung oder mit den weiteren Nachweismöglichkeiten führen. Die Gelangensbestätigung ist eine mögliche Form des Belegnachweises, mit dem die Voraussetzungen der Steuerbefreiung einer innergemeinschaftlichen Lieferung für die Finanzverwaltung eindeutig und leicht nachprüfbar sind. Gleiches gilt auch für die anderen Belege, mit denen der Unternehmer anstelle der Gelangensbestätigung die Steuerbefreiung einer innergemeinschaftlichen Lieferung nachweisen kann.

Dem Unternehmer steht es frei, den Belegnachweis mit allen geeigneten Belegen und Beweismitteln zu führen, aus denen sich das Gelangen des Liefergegenstands in das übrige Gemeinschaftsgebiet an den umsatzsteuerrechtlichen Abnehmer in der Gesamtschau nachvollziehbar und glaubhaft ergibt. In folgenden Fällen kann der Unternehmer den Nachweis auch durch andere Belege als die Gelangensbestätigung durch den Abnehmer führen:

1. bei Versendung durch Unternehmer oder Abnehmer
   a) durch Versendungsbeleg (z.B. Frachtbrief)
   b) durch anderen handelsüblichen Beleg (z.B. Spediteurbescheinigung)
   c) durch Auftragserteilung und lückenloses Protokoll des Beförderers (Tracking-and-Tracing-Protokoll)
   d) bei Postsendungen ohne Möglichkeit nach Buchst. c durch Empfangsbescheinigung eines Postdienstleisters und Nachweis über Bezahlung der Lieferung
2. bei Versendung durch Abnehmer
   durch Nachweis über Entrichtung der Gegenleistung vom Bankkonto des Abnehmers sowie Bescheinigung des Spediteurs
3. bei Beförderung im Unionsversandverfahren
4. bei der Lieferung verbrauchssteuerpflichtiger Waren
5. bei der Lieferung von Fahrzeugen

In den folgenden Ausführungen werden die Alternativen zur Gelangensbestätigung erläutert.

Nachweis des Gelangens durch Versendungsbeleg

Der Unternehmer kann im Versendungsfall den Nachweis der innergemeinschaftlichen Lieferung führen:
1. durch einen Versendungsbeleg, insbesondere durch einen handelsrechtlichen Frachtbrief,
2. durch ein Konnossement oder
3. durch Doppelstücke des Frachtbriefs oder des Konnossements.

Zur Unterschrift des Auftraggebers auf Versendungsbelegen gelten folgende Hinweise: Die Unterschrift eines zur Besorgung des Warentransports eingeschalteten Dritten (z.B. eines Spediteurs) ist nicht erforderlich.

Ist der Versendungsbeleg ein Frachtbrief (z.B. CMR-Frachtbrief), muss dieser vom Absender als Auftraggeber des Frachtführers, also dem Versender des Liefergegenstands, unterzeichnet sein (beim CMR-Frachtbrief in Feld 22). Der Auftraggeber kann hierbei von einem Dritten vertreten werden (z.B. Lagerhalter); es reicht aus, dass die Berechtigung des Dritten, den Frachtbrief zu unterschreiben, glaubhaft gemacht wird (z.B. durch Vorliegen eines Lagervertrages).

Der CMR-Frachtbrief wird nur dann als Belegnachweis anerkannt, wenn dieser den formellen Anforderungen entspricht. Häufig wird in der Praxis als Absender im Feld 1 des CMR-Frachtbriefs derjenige eingetragen, bei dem der Transport der Ware beginnt. Im Transportrecht gilt als Absender jedoch derjenige, der den Beförderungsvertrag mit dem Spediteur, Kurierdienst etc. schließt[4)].

Beauftragt z.B. der Warenempfänger den Frachtführer (sog. Abholfall), so ist der Warenempfänger (= Auftraggeber des Frachtführers) auch im Feld 1 des CMR-Frachtbriefs zu erfassen. Der BFH hat in einem Urteil die Anerkennung des CMR-Frachtbriefs aufgrund unzutreffender Angaben verneint, wenn trotz Abholfall der Unternehmer selbst als Absender im CMR-Frachtbrief eingetragen ist.

Beim internationalen Eisenbahnfrachtbrief (CIM-Frachtbrief) wird die Unterschrift regelmäßig durch einen Stempelaufdruck oder einen maschinellen Bestätigungsvermerk ersetzt; dies ist grundsätzlich ausreichend. Bei Frachtbriefen in Form des Seawaybill oder Airwaybill kann von einer Unterschrift des Auftraggebers des Frachtführers abgesehen werden.

Hinsichtlich der Unterschrift des Empfängers (z.B. beim CMR-Frachtbrief in Feld 24) sind die Regelungen zur Gelangensbestätigung entsprechend anzuwenden. Hinsichtlich der Ausstellung des Versendungsbe-

4) Vgl. §§ 407 HGB und CMR-Übereinkommen

legs als Sammelbestätigung und der Form der Ausstellung sind die Regelungen zur Gelangensbestätigung entsprechend anzuwenden.

Nachweis des Gelangens durch anderen handelsüblichen Beleg (Spediteurbescheinigung)

Der Unternehmer kann im Versendungsfall den Nachweis der innergemeinschaftlichen Lieferung führen durch einen anderen handelsüblichen Beleg als o.g. Versendungsbeleg, insbesondere mit einer Bescheinigung des beauftragten Spediteurs (sog. Spediteurbescheinigung). Diese Bescheinigung muss die in § 17b Abs. 3 Satz 1 Nr. 1 Buchstabe b UStDV bestimmten Angaben enthalten.

Anlage 4 UStAE enthält das Muster einer Spediteurbescheinigung, die vollständig und richtig ausgefüllt im Sinne der o.g. Regelung als Beleg anzuerkennen ist. Bei einer elektronischen Übermittlung des Belegs an den liefernden Unternehmer ist eine Unterschrift des mit der Beförderung beauftragten Unternehmers nicht erforderlich, sofern erkennbar ist, dass die elektronische Übermittlung im Verfügungsbereich des mit der Beförderung beauftragten Unternehmers begonnen hat.

Hinsichtlich der Ausstellung des handelsüblichen Belegs als Sammelbestätigung und der Form der Ausstellung sind die Regelungen der Gelangensbestätigung entsprechend anzuwenden.

Nachweis des Gelangens durch Versendungsprotokoll

Der Unternehmer kann im Versendungsfall den Nachweis der innergemeinschaftlichen Lieferung führen durch:

1. eine schriftliche oder elektronische Auftragserteilung und
2. ein von dem mit der Beförderung Beauftragten (z.B. Kurierdienstleister) erstelltes Protokoll, das den Transport lückenlos bis zur Ablieferung beim Empfänger nachweist.

Für eine schriftliche oder elektronische Auftragserteilung sind inhaltlich die in 6a.5 Abs. 6 Satz 1 UStAE beschriebenen Angaben ausreichend. Aus Vereinfachungsgründen kann bezüglich der Angaben zur handelsüblichen Bezeichnung und Menge der beförderten Gegenstände auf die Rechnung über die Lieferung durch Angabe der Rechnungsnummer verwiesen werden, wenn auf dieser die Nummer des Versendungsbelegs angegeben ist.

Eine schriftliche oder elektronische Auftragserteilung kann darin bestehen, dass der liefernde Unternehmer mit dem mit der Beförderung beauftragten Unternehmer eine schriftliche Rahmenvereinbarung über periodisch zu erbringende Warentransporte abgeschlossen hat oder schriftliche Bestätigungen des mit der Beförderung beauftragten Unternehmers über den Beförderungsauftrag vorliegen, wie z.B. Einlieferungslisten oder Versandquittungen.

Aus dem von dem mit der Beförderung beauftragten Unternehmer erstellten Protokoll, das den Warentransport nachvollziehbar bis zur Ablieferung beim Empfänger nachweist (sog. Tracking-and-Tracing-Protokoll) muss sich der Monat und der Ort des Endes der Beförderung im übrigen Gemeinschaftsgebiet ergeben.

Ein Nachweis der Bestätigung des Empfängers, die Ware erhalten zu haben (z.B. Nachweis der Unterschrift des Empfängers gegenüber dem örtlichen Frachtführer), ist nicht erforderlich. Hinsichtlich der Ausstellung des Versendungsprotokolls als Sammelbestätigung und der Form der Ausstellung sind die Regelungen der Gelangensbestätigung entsprechend anzuwenden.

Aus Vereinfachungsgründen kann der Unternehmer bei der Versendung eines oder mehrerer Gegenstände, deren Wert insgesamt 500 € nicht übersteigt, anstelle des Protokolls einen Nachweis über die Entrichtung der Gegenleistung für die Lieferung des Gegenstands oder der Gegenstände verwenden.

Empfangsbescheinigung bei Postsendungen ohne Tracking-and-Tracing

Der Unternehmer kann in den Fällen von Postsendungen, in denen er oder der Abnehmer den Gegenstand der Lieferung in das übrige Gemeinschaftsgebiet versendet hat und in denen eine Belegnachweisführung durch o.g. Tracking-and-Tracing nicht möglich ist, den Nachweis wie folgt führen:

1. durch eine Empfangsbescheinigung eines Postdienstleisters über die Entgegennahme der an den Abnehmer adressierten Postsendung und
2. den Nachweis über die Bezahlung der Lieferung.

Eine Belegnachweisführung per Tracking-and-Tracing gilt hingegen auch dann als möglich, wenn der mit der Beförderung Beauftragte (z.B. ein Kurierdienstleister) kein nachvollziehbares Protokoll, das den Transport bis zur Ablieferung beim Empfänger nachweist, sondern z.B. nur ein Protokoll bis zur Übergabe der Waren an den letzten Unterfrachtführer zur Verfügung stellt; in diesen Fällen kann der Belegnachweis damit nicht mit einer Empfangsbescheinigung eines Postdienstleisters geführt werden.

6a.5 Abs. 8 UStAE führt die Angaben auf, die für eine Empfangsbescheinigung des Postdienstleisters über die Entgegennahme der Postsendung an den Abnehmer ausreichend sind.

Die Angaben in der Empfangsbescheinigung über den Empfänger und die gelieferten Gegenstände können durch einen entsprechenden Verweis auf die Rechnung, einen Lieferschein oder entsprechende andere Dokumente über die Lieferung ersetzt werden. Der Zusammenhang zwischen der Empfangsbescheinigung des Postdienstleisters und der jeweiligen Rechnung über die innergemeinschaftliche Lieferung muss, ggf. durch ein gegenseitiges Verweissystem, leicht nachprüfbar sein.

Der Nachweis der Bezahlung des Liefergegenstands ist grundsätzlich mit Hilfe des entsprechenden Kontoauszugs oder im Fall einer Barzahlung mit einem Doppel der Zahlungsquittierung zu führen. Als Bezahlung des Liefergegenstands gilt bei verbundenen Unternehmen auch die Verrechnung über ein internes Abrechnungssystem (sog. inter company clearing). In diesen Fällen ist der Nachweis in entsprechender Form zu führen.

Zur Form der Nachweisführung gilt auch hier, dass der Belegnachweis in jeder die erforderlichen Angaben enthaltenden Form erbracht werden kann; sie kann auch aus mehreren Dokumenten bestehen, aus denen sich die geforderten Angaben insgesamt ergeben; eine gegenseitige Bezugnahme in den entsprechenden Dokumenten ist dabei nicht erforderlich.

Andere Bescheinigung des Spediteurs (Spediteurversicherung) bei Versendung durch den Abnehmer

Der Unternehmer kann bei Versendung durch den Abnehmer den Nachweis der innergemeinschaftlichen Lieferung wie folgt führen:
1. durch einen Nachweis über die Entrichtung der Gegenleistung für die Lieferung des Gegenstands von einem Bankkonto des Abnehmers sowie
2. durch eine Bescheinigung des beauftragten Spediteurs (Spediteurversicherung), die nach 6a.3 Absatz 1 Satz 2 UStAE nur als Belegnachweis anerkannt werden kann, wenn sie gegenüber dem liefernden Unternehmer abgegeben ist und diesen auch namentlich bezeichnet.

Nachweis der Bezahlung

Der liefernde Unternehmer hat den Nachweis der Bezahlung des Liefergegenstands von einem Bankkonto des Abnehmers zu führen. Das Bankkonto des Abnehmers kann ein ausländisches oder inländisches Konto (z.B. auch ein inländisches Konzernverrechnungskonto) sein; als Bezahlung des Liefergegenstands gilt bei verbundenen Unternehmen auch die Verrechnung über ein internes Abrechnungssystem (sog. inter company clearing).

Die Spediteurversicherung

Neben dem Nachweis über die Bezahlung des Liefergegenstands hat der liefernde Unternehmer den Nachweis in Form der Spediteurversicherung zu führen. Der Nachweis mit einer Spediteurversicherung kommt nur in den Fällen in Betracht, in denen der Abnehmer den Liefergegenstand versendet.

Die notwendigen Angaben in der Spediteurversicherung sind in § 17b Abs. 3 S. 1 Nr. 2 UStDV festgelegt.

Eine dem Muster der Anlage 5 des UStAE entsprechende, vollständig und richtig ausgefüllte Spediteurversicherung ist als Beleg anzuerkennen.

Bestehen in den Fällen der Versendung des Liefergegenstands im Auftrag des Abnehmers begründete Zweifel daran, dass der Liefergegenstand tatsächlich in das übrige Gemeinschaftsgebiet gelangt ist, hat der Unternehmer den Nachweis der innergemeinschaftlichen Lieferung mit anderen Mitteln als der Spediteurversicherung, z.B. mit der Gelangensbestätigung oder einem der anderen Belege zu führen.

Bestätigung der Abgangsstelle nach Unionsversandverfahren

Der Unternehmer kann bei Versendung bzw. Beförderung des Gegenstands der Lieferung im Unionsversandverfahren in das übrige Gemeinschaftsgebiet den Nachweis führen durch eine Bestätigung der Abgangsstelle über die innergemeinschaftliche Lieferung, die nach Eingang des Beendigungsnachweises für das Versandverfahren erteilt wird.

EMCS-Eingangsmeldung für verbrauchssteuerpflichtige Waren

Der Unternehmer kann den Nachweis der innergemeinschaftlichen Lieferung bei Versendung bzw. Beförderung verbrauchssteuerpflichtiger Waren:

a) unter Steueraussetzung und Verwendung des IT-Verfahrens EMCS[5)] führen durch: die von der zuständigen Behörde des anderen Mitgliedsstaates validierte EMCS-Eingangsmeldung,
b) des steuerlich freien Verkehrs führen durch: die dritte Ausfertigung des vereinfachten Begleitdokuments, das dem zuständigen Hauptzollamt für Zwecke der Verbrauchssteuerentlastung vorzulegen ist.

Zulassung des Fahrzeugs auf den Erwerber

Der Unternehmer kann bei der Lieferung von Fahrzeugen, die durch den Abnehmer befördert werden und für die eine Zulassung für den Straßenverkehr erforderlich ist, den Nachweis der innergemeinschaftlichen Lieferung durch einen Nachweis über die Zulassung des Fahrzeugs auf den Erwerber im Bestimmungsmitgliedsstaat führen. Eine einfache Kopie der Zulassung ist i.d.R. ausreichend. Die Zulassung des Fahrzeugs im übrigen Gemeinschaftsgebiet auf eine andere Person als den Abnehmer wird jedoch nicht als ausreichender Nachweis angesehen.

6 Quellenangaben, Gesetze und Verordnungen

- Umsatzsteuergesetz in der Fassung der Bekanntmachung vom 21.02.2005 (BGBl. S. 386), das zuletzt durch Artikel 27 des Gesetzes vom 2. Dezember 2024 (BGBl. 2024 Nr. 387) geändert worden ist
- Umsatzsteuer-Durchführungsverordnung in der Fassung der Bekanntmachung vom 21.02.2005 (BGBl. S. 434), die zuletzt durch Artikel 30 des Gesetzes vom 2. Dezember 2024 (BGBl. 2024 Nr. 387) geändert worden ist
- Umsatzsteuer-Anwendungserlass vom 01.10.2010, BStBl. I S. 846 – aktuelle Version (Stand 30 September 2025) – nach dem Stand zum 31.12.2024
- Bundesministerium der Finanzen. Einführungsschreiben zu den geänderten Anforderungen bei innergemeinschaftlichen Lieferungen. GZ III C 3 – S 7140/19/10002:007. DOK 2020/1027480. BMF, Berlin, 09.10.2020
- Handelsgesetzbuch in der im Bundesgesetzblatt Teil III, Gliederungsnummer 4100-1, veröffentlichten bereinigten Fassung, das zuletzt durch Artikel 1 des Gesetzes vom 28. Februar 2025 (BGBl. 2025 Nr. 69) geändert worden ist
- Convention on the Contract for the International Carriage of Goods by Road (CMR), Genf, 19.05.1956

5) EMCS – Excise Movement and Control System (EDV-gestütztes Beförderungs- und Kontrollsystem für verbrauchssteuerpflichtige Waren)

Kapitel 21 UN-Kaufrecht in der Praxis

Prof. Dr. jur. Rainer Schackmar, Schmalkalden

Für praktisch alle Exportgeschäfte und eine Vielzahl von Importen gilt das Übereinkommen der Vereinten Nationen über Verträge über den Internationalen Warenkauf vom 11. April 1980 (UN-Kaufrecht, abgekürzt: CISG – Convention on Contracts for the International Sale of Goods), das derzeit in 97 Staaten aus allen Kontinenten in Kraft ist. Das UN-Kaufrecht ist insbesondere auch dann anwendbar, wenn die Vertragsparteien die Geltung deutschen Rechts vereinbaren.

Der folgende Beitrag spricht ausgewählte, für die Praxis bedeutsame Regelungsinhalte des UN-Kaufrechts an und zeigt einige wichtige Aspekte auf, bei denen das UN-Kaufrecht von dem deutschen BGB und HGB abweicht. Zwar können die Parteien für ihren Liefervertrag die Maßgeblichkeit des UN-Kaufrechts ausschließen und stattdessen das deutsche BGB/HGB wählen. Jedoch ist zum einen zu berücksichtigen, dass einige Staaten wie etwa überwiegend die arabischen Länder Rechtswahlvereinbarungen entweder überhaupt nicht oder nur einschränkend anerkennen. Zum anderen bietet das UN-Kaufrecht gerade dem deutschen Exporteur zahlreiche Vorteile gegenüber dem deutschen BGB und HGB. Darüber hinaus können international operierende Unternehmen mit der Vereinbarung des UN-Kaufrechts einen einheitlichen rechtlichen Rahmen für die Abwicklung ihrer Export- und Importgeschäfte festlegen.

1 Anwendungsbereich des UN-Kaufrechts

1.1 Vertragsstaaten

Nachstehend sind in alphabetischer Folge die Staaten angeführt, in denen das UN-Kaufrecht derzeit gilt:
- Ägypten, in Kraft seit 01.01.1988;
- Albanien, in Kraft seit 01.06.2010;
- Argentinien, in Kraft seit 01.01.1988;
- Armenien, in Kraft seit 01.01.2010;
- Aserbaidschan, in Kraft seit 01.06.2017;
- Australien, in Kraft seit 01.04.1989, das Übereinkommen gilt nicht für die Weihnachtsinsel, die Kokosinseln und die Ashmore- und Cartier-Inseln;
- Bahrain, in Kraft seit 01.10.2014;
- Belgien, in Kraft seit 01.11.1997;
- Benin, in Kraft seit 01.08.2012;
- Bosnien und Herzegowina, in Kraft seit 06.03.1992;
- Brasilien, in Kraft seit 01.04.2014;
- Bulgarien, in Kraft seit 01.08.1991;
- Bundesrepublik Deutschland, in Kraft seit 01.01.1991;
- Burundi, in Kraft seit 01.10.1999;
- Chile, in Kraft seit 01.03.1991;
- China, in Kraft seit 01.01.1988;
- Costa Rica, in Kraft seit 01.08.2018;
- Dänemark, in Kraft seit 01.03.1990;
- Dominikanische Republik, in Kraft seit 01.07.2011;
- Ecuador, in Kraft seit 01.02.1993;
- El Salvador, in Kraft seit 01.12.2007;
- Estland, in Kraft seit 01.10.1994;
- Fidschi, in Kraft seit 01.07.2018;
- Finnland, in Kraft seit 01.01.1989;
- Frankreich, in Kraft seit 01.01.1988;
- Gabun, in Kraft seit 01.01.2006;
- Georgien, in Kraft seit 01.09.1995;
- Griechenland, in Kraft seit 01.02.1999;

- Guatemala, in Kraft seit 01.01.2021;
- Guinea, in Kraft seit 01.02.1992;
- Guyana, in Kraft seit 01.10.2015;
- Honduras, in Kraft seit 01.11.2003;
- Irak, in Kraft seit 01.04.1991;
- Island, in Kraft seit 01.06.2002;
- Israel, in Kraft seit 01.02.2003;
- Italien, in Kraft seit 01.01.1988;
- Japan, in Kraft seit 01.08.2009;
- Kamerun, in Kraft seit 01.11.2018;
- Kanada, in Kraft seit 01.05.1992;
- Kirgisistan, in Kraft seit 01.06.2000;
- Kolumbien, in Kraft seit 01.08.2002;
- Kongo, in Kraft seit 01.07.2015;
- Korea/Nord, in Kraft seit 01.04.2020;
- Korea/Süd, in Kraft seit 01.03.2005;
- Kroatien, in Kraft seit 08.10.1991;
- Kuba, in Kraft seit 01.12.1995;
- Laos, in Kraft seit 01.10.2020;
- Lesotho, in Kraft seit 01.01.1988;
- Lettland, in Kraft seit 01.08.1998;
- Libanon, in Kraft seit 01.12.2009;
- Liberia, in Kraft seit 01.10.2006;
- Liechtenstein, in Kraft seit 01.05.2020;
- Litauen, in Kraft seit 01.02.1996;
- Luxemburg, in Kraft seit 01.02.1998;
- Madagaskar, in Kraft seit 01.10.2015;
- Mauretanien, in Kraft seit 01.09.2000;
- Mazedonien, in Kraft seit 17.11.1991;
- Mexiko, in Kraft seit 01.01.1989;
- Moldau, in Kraft seit 01.11.1995;
- Mongolei, in Kraft seit 01.01.1999;
- Montenegro, in Kraft seit 03.06.2006;
- Neuseeland, in Kraft seit 01.10.1995, keine Anwendung für die Cook-Inseln, Niue und Tokelau;
- Niederlande, in Kraft seit 01.01.1992;
- Norwegen, in Kraft seit 01.08.1989;
- Österreich, in Kraft seit 01.01.1989;
- Palästina (Staat Palästina), in Kraft seit 01.01.2019;
- Paraguay, in Kraft seit 01.02.2007;
- Peru, in Kraft seit 01.04.2000;
- Polen, in Kraft seit 01.06.1996;
- Portugal, in Kraft seit 01.10.2021;
- Ruanda, in Kraft seit 01.10.2024;
- Rumänien, in Kraft seit 01.06.1992;
- Russland, in Kraft seit 01.09.1991;
- Sambia, in Kraft seit 01.01.1988;
- San Marino, in Kraft seit 01.03.2013;
- Saudi-Arabien, in Kraft seit 01.09.2024;
- Schweden, in Kraft seit 01.01.1989;
- Schweiz, in Kraft seit 01.03.1991;
- Serbien, in Kraft seit 27.04.1992;
- Singapur, in Kraft seit 01.03.1996;
- Slowakische Republik, in Kraft seit 01.01.1993;

- Slowenien, in Kraft seit 25.06.1991;
- Spanien, in Kraft seit 01.08.1991;
- St. Vincent und die Grenadinen, in Kraft seit 01.10.2001;
- Syrien, in Kraft seit 01.01.1988;
- Tschechische Republik, in Kraft seit 01.01.1993;
- Turkmenistan, in Kraft seit 01.06.2023;
- Türkei, in Kraft seit 01.08.2011;
- Uganda, in Kraft seit 01.03.1993;
- Ukraine, in Kraft seit 01.02.1991;
- Ungarn, in Kraft seit 01.01.1988;
- Uruguay, in Kraft seit 01.02.2000;
- USA, in Kraft seit 01.01.1988;
- Usbekistan, in Kraft seit 01.12.1997;
- Vietnam, in Kraft seit 01.01.2017;
- Weißrussland, in Kraft seit 01.11.1990;
- Zypern, in Kraft seit 01.04.2006.

1.2 Vom UN-Kaufrecht erfasste Sachverhalte

Das UN-Kaufrecht regelt Kaufverträge über Waren (Art. 1 Abs. 1 CISG). Da Gegenstand der Lieferpflicht des Verkäufers also Waren sein müssen, kommt das UN-Kaufrecht bei Geschäften über Rechte und Immobilien sowie bei typischen Unternehmenskäufen nicht zur Anwendung. Demgegenüber ist Standard-Software in der Regel eine Ware im Sinne des UN-Kaufrechts. Art. 2 CISG nennt einige Ausnahmen, bei denen Kaufverträge nicht dem UN-Kaufrecht unterliegen. So bestimmen etwa Art. 2 Buchst. d) und Buchst. e) CISG, dass der Kauf von Wertpapieren oder Zahlungsmitteln sowie der Kauf von Schiffen und Luftfahrzeugen nicht von dem UN-Kaufrecht erfasst werden. Das UN-Kaufrecht gilt aber auch für Verträge, durch die sich der Verkäufer verpflichtet, die Ware herzustellen und anschließend dem Käufer zu liefern (Art. 3 Abs. 1 CISG). In diesen Fällen kommt das UN-Kaufrecht jedoch dann nicht zur Anwendung, wenn der Besteller (Käufer) einen wesentlichen Teil der Materialien, die der Verkäufer für die Herstellung benötigt, selbst zur Verfügung zu stellen hat.

Darüber hinaus gilt das UN-Kaufrecht ausschließlich für internationale Warenlieferungen. Ein internationales Geschäft im Sinne des UN-Kaufrechts liegt vor, wenn der Verkäufer und der Käufer ihre Niederlassungen in verschiedenen Staaten haben. Dagegen spielt die Staatsangehörigkeit der Vertragsparteien keine Rolle.

Wenn die Anwendungsvoraussetzungen des UN-Kaufrechts erfüllt sind, kommt das UN-Kaufrecht „automatisch" zur Anwendung. Das UN-Kaufrecht ermöglicht zwar den Parteien, seine Geltung auszuschließen oder einzelne Vorschriften zu modifizieren (Art. 6 CISG); wenn jedoch die Vertragsparteien das nationale Recht eines Vertragsstaats des UN-Kaufrechts vereinbaren (z.B.: „Dieser Vertrag untersteht deutschem Recht."), so hat dies nach anerkannter Rechtsprechung in der Regel nicht den Ausschluss des UN-Kaufrechts zur Folge. Für den Fall, dass die Vertragsparteien das UN-Kaufrecht ausschließen wollen, müssen sie eine eindeutige Formulierung in ihren Vertrag aufnehmen. Eine derartige Regelung entfaltet jedoch nur dann Wirkung, wenn die Parteien diese Regelung wirksam vereinbaren. Dabei bestehen im internationalen Rechtsverkehr gegenüber der Praxis bei nationalen Liefergeschäften deutlich strengere Anforderungen.

1.3 Überblick zum Anwendungsbereich

In der Praxis kommt das UN-Kaufrecht aus deutscher Sicht in der Regel in folgenden Fällen zur Anwendung:
- bei allen Exporten,
- bei allen Importen aus einem der anderen Staaten des UN-Kaufrechts und
- bei allen denjenigen Warenlieferungsverträgen, bei denen die Parteien in verschiedenen Staaten ansässig sind und das Recht eines Vertragsstaats des UN-Kaufrechts vereinbaren.

Demgegenüber gilt das UN-Kaufrecht aus deutscher Sicht nur bei den nachstehenden Gestaltungen nicht:
- bei reinen Inlandsgeschäften,
- bei internationalen Warenlieferungsverträgen, wenn die Parteien das UN-Kaufrecht wirksam ausgeschlossen haben, oder
- bei Importen aus einem Staat, der Nicht-Vertragsstaat des UN-Kaufrechts ist (z.B. Irland), wenn die Parteien nicht das Recht eines Vertragsstaats des UN-Kaufrechts vereinbart haben – in dieser Situation ist allerdings das Kaufrecht des Landes maßgeblich, in dem der ausländische Lieferant seine Niederlassung hat (z.B. irisches Recht).

2 Was regelt das UN-Kaufrecht?

2.1 Vertragsabschluss und Allgemeine Geschäftsbedingungen

Das UN-Kaufrecht bestimmt in den Art. 14 ff. CISG, wie ein Vertrag abgeschlossen wird. Obwohl für den Vertragsabschluss ebenso wie nach dem deutschen BGB ein Vertragsangebot und eine korrespondierende Vertragsannahme erforderlich sind, weisen die Art. 14 ff. CISG gegenüber dem deutschen BGB einige Abweichungen auf. Diese Abweichungen betreffen u.a. die Bestimmtheit des Kaufpreises, den Widerruf des Angebots, die Abweichung der Annahmeerklärung von dem Angebot und die verspätete Annahme.

Die Art. 14 ff. CISG gelten auch für die Einbeziehung von Allgemeinen Geschäftsbedingungen. Im Gegensatz zu der kaufmännischen Praxis nach dem deutschen BGB und HGB werden im internationalen Handel Allgemeine Geschäftsbedingungen in der Regel nicht dadurch wirksam vereinbart, dass eine Partei auf ihre Allgemeinen Geschäftsbedingungen lediglich hinweist.

2.2 Pflichten des Verkäufers

Nach den Art. 30 ff. CISG ist der Verkäufer verpflichtet,
- die Ware zu liefern,
- die Waren-Dokumente zu übergeben und
- das Eigentum an der Ware zu übertragen.
- Art. 32 CISG legt außerdem besondere Pflichten im Zusammenhang mit der Beförderung der Ware fest.

2.3 Pflichten des Käufers

Die Pflichten des Käufers nach den Art. 53 ff. CISG bestehen darin,
- den Kaufpreis zu zahlen und
- die Ware abzunehmen.

Zudem ist der Käufer ausdrücklich verpflichtet, bereits im Vorfeld der Zahlungsfälligkeit alle Maßnahmen zu ergreifen, damit die Zahlung rechtzeitig geleistet werden kann (Art. 54 CISG).

2.4 Recht der Leistungsstörungen

Obwohl die Modernisierung des deutschen Schuldrechts eine erhebliche Annäherung des deutschen Kaufrechts an das UN-Kaufrecht bewirkt hat, unterscheidet sich das Leistungsstörungsrecht des UN-Kaufrechts noch beachtlich von dem deutschen BGB/HGB. Das UN-Kaufrecht geht von dem einheitlichen Begriff der Vertragsverletzung aus, dessen Tatbestand erfüllt ist, wenn eine Vertragspartei eine ihr obliegende Pflicht nicht ordnungsgemäß erfüllt (vgl. Art. 45 und Art. 61 CISG). Als Besonderheit des UN-Kaufrechts ist zudem herauszustellen, dass jede von einer Partei begangene Vertragsverletzung im Prinzip ohne weitere Voraussetzungen die andere Partei berechtigt, Schadensersatz zu verlangen.

Wenn der Verkäufer seine vertraglichen Pflichten verletzt, stehen dem Käufer nach den Art. 45 ff. CISG folgende Rechtsbehelfe zur Verfügung:
- In dem Fall, dass der Verkäufer geliefert hat und die Ware vertragswidrig ist, also nicht den vertraglichen Absprachen entspricht, kann der Käufer Ersatzlieferung, Nachbesserung oder Herabsetzung des

Kaufpreises verlangen. Nachbesserung und Ersatzlieferung können jedoch nur unter besonderen Voraussetzungen und nur innerhalb bestimmter Fristen geltend gemacht werden.
- Das Recht des Käufers zur Vertragsaufhebung setzt beispielsweise voraus, dass der Verkäufer mit der Lieferung vertragswidriger Ware eine wesentliche Vertragsverletzung begangen hat. Die Vertragsverletzung ist insbesondere wesentlich, wenn die Vertragswidrigkeit der Ware überhaupt nicht oder zumindest nicht angemessen behoben werden und der Käufer die Ware auch nicht zumutbar anderweitig verwerten kann.
- Zusätzlich zu den zuvor genannten Rechtsbehelfen steht dem Käufer bei einer Vertragsverletzung des Verkäufers ein Anspruch auf Schadensersatz zu. Der Schadensersatzanspruch nach dem UN-Kaufrecht erfordert nicht, dass der Käufer den Verkäufer zuvor gemahnt hat oder dass bei dem Verkäufer ein Verschulden, also vorsätzliches oder fahrlässiges Handeln, zu berücksichtigen ist.

Kommt es zu einer Vertragsverletzung durch den Käufer, so kann der Verkäufer nach den Art. 61 ff. CISG folgende Rechtsbehelfe wählen:
- Wenn der Käufer bis zum Fälligkeitszeitpunkt nicht gezahlt hat, kann der Verkäufer weiterhin auf Zahlung des Kaufpreises bestehen.
- Der Verkäufer kann die Aufhebung des Vertrags u.a. dann erklären, wenn eine dem Käufer gesetzte Nachfrist zur Zahlung fruchtlos verstrichen ist oder aber der Käufer erklärt hat, nicht zahlen zu wollen.
- Bei nicht rechtzeitiger Zahlung des Kaufpreises kann der Verkäufer ohne weitere Voraussetzungen Zinsen auf die ausstehenden Beträge verlangen. Der Zinsanspruch ist ein eigener Rechtsbehelf, der unabhängig davon besteht, ob bei dem Verkäufer überhaupt ein Schaden eingetreten ist.
- Neben den Rechtsbehelfen der Erfüllung, Vertragsaufhebung und Zinszahlung kann der Verkäufer bei einer Vertragsverletzung des Käufers stets zusätzlich Schadensersatz verlangen.

3 Vorteile des UN-Kaufrechts gegenüber dem deutschen BGB und HGB aus der Sicht des deutschen Exporteurs

3.1 Zahlungsort

Sofern die Vertragsparteien nicht eine Zahlung Zug um Zug gegen Übergabe der Ware oder der Warendokumente (z.B. Dokumenten-Inkasso) vereinbart haben, ist nach Art. 57 CISG der Erfüllungsort für die Zahlung des Kaufpreises am Sitz des Verkäufers und damit anders als nach dem deutschen BGB nicht am Sitz des Käufers. Das UN-Kaufrecht ermöglicht somit dem deutschen Exporteur, seine Zahlungsansprüche gegenüber dem ausländischen Käufer i. V. m. den entsprechenden prozessualen Bestimmungen (§ 29 ZPO, Art. 7 Nr. 1 EuGVVO und Art. 5 Nr. 1 LuganoÜ) vor deutschen Gerichten zu verfolgen. Aufgrund dieser Rechtslage kann der deutsche Exporteur zudem das Mahnbescheidsverfahren von Deutschland aus betreiben, wenn sein Kunde in einem der Mitgliedstaaten der Europäischen Union oder der EFTA ansässig ist.

3.2 Recht der zweiten Andienung

Der Verkäufer ist grundsätzlich verpflichtet, die Ware zu dem Zeitpunkt oder innerhalb des Zeitraums zu liefern, den die Vertragsparteien festgesetzt haben oder der sich aufgrund der Umstände des Vertrags bestimmen lässt (Art. 33 CISG). Wenn kein Zeitpunkt oder Zeitraum ermittelt werden kann, hat der Verkäufer innerhalb „angemessener Frist nach Vertragsabschluss" zu liefern.

Von besonderer Bedeutung für den Verkäufer ist das in Art. 48 CISG vorgesehene sogenannte „Recht der zweiten Andienung". Art. 48 CISG ermöglicht dem Verkäufer unter bestimmten Voraussetzungen, die Leistungen auch noch nach dem Liefertermin zu erbringen. Wenn demnach der Verkäufer die Ware zwar zu dem maßgeblichen Termin geliefert hat, die Ware jedoch Quantitäts-, Qualitäts- oder Rechtsmängel aufweist oder eine Falschlieferung darstellt, kann der Verkäufer nach Art. 48 CISG nach Ablauf der Lieferzeit die nicht ordnungsgemäß erbrachten Leistungen nachholen oder korrigieren. Der Verkäufer bleibt zwar verpflichtet, dem Käufer den Schaden zu ersetzen, der durch die verspätete Leistungserbringung entstanden ist. Allerdings verhindert der Verkäufer auf diese Weise, dass der Käufer sich aufgrund der zunächst vertragswidrigen Lieferung aus dem Vertrag löst.

3.3 Erschwerte Vertragsaufhebung

Bei bestimmten Vertragsverletzungen des Verkäufers ist der Käufer nach Art. 49 CISG berechtigt, die Aufhebung des Vertrags zu erklären, um damit eine Rückabwicklung des Vertrags herbeizuführen. Dieser Rechtsbehelf besteht für den Käufer zum einen, wenn der Verkäufer nicht innerhalb einer von dem Käufer gesetzten Nachfrist liefert oder die Lieferung verweigert. Zum anderen kann der Käufer die Vertragsaufhebung unter der Voraussetzung wählen, dass die von dem Verkäufer begangene Vertragsverletzung wesentlich ist. Eine derartige wesentliche Vertragsverletzung liegt beispielsweise nicht vor, wenn der Verkäufer die maßgebliche Lieferfrist nur geringfügig überschreitet. Mit der Lieferung vertragswidriger Ware begeht der Verkäufer nur dann eine wesentliche Vertragsverletzung, wenn der Käufer die nicht einwandfreie Ware nicht zumutbar verwerten kann. Damit schränkt das UN-Kaufrecht die Möglichkeiten des Käufers ein, sich bei der Lieferung nicht vertragsgemäßer Ware aus dem Vertrag lösen zu können. Vielmehr erwartet das UN-Kaufrecht von dem Käufer, in gewissem Umfang auch vertragswidrige Ware hinzunehmen und wegen des Leistungsdefizites andere Rechtsbehelfe auszuüben.

4 Resümee

Die dargestellten Regelungen des UN-Kaufrechts zeigen, dass das UN-Kaufrecht gerade für den deutschen Exporteur attraktive Gestaltungen bietet. Zwar entsteht für den Verkäufer bei Geltung des UN-Kaufrechts der Nachteil, bei jeder Vertragsverletzung einem Schadensersatzanspruch des Käufers ausgesetzt zu sein. Jedoch kann der Exporteur diese Pflicht zur Zahlung von Schadensersatz ebenso wie nach dem deutschen BGB und HGB durch entsprechende Regelungen in dem Vertrag oder in Allgemeinen Geschäftsbedingungen modifizieren. Zu beachten ist allerdings, dass derartige Regelungen wirksam in die Vereinbarungen der Vertragsparteien einbezogen werden müssen.

Mittlerweile liegen bereits zahlreiche Gerichtsentscheidungen und Schiedssprüche aus vielen Vertragsstaaten des UN-Kaufrechts vor, die sich mit den angesprochenen Aspekten des UN-Kaufrechts auseinandersetzen. Diese Entscheidungen zeigen die Notwendigkeit auf, die bisher verwendeten Vertragsmuster und Allgemeinen Geschäftsbedingungen zu überarbeiten und der durch das UN-Kaufrecht geschaffenen Rechtslage anzupassen. Dementsprechend werden zunehmend Musterverträge angeboten, die die Besonderheiten internationaler Lieferverträge sowohl aus der Sicht des Exporteurs als auch aus der Sicht des Importeurs berücksichtigen.

5 Literaturhinweise

- von Bernstorff, Vertragsgestaltung im Auslandsgeschäft, Praxishandbuch mit Vertragsmustern, 7. Auflage, Frankfurt am Main 2012
- Ferrari/Kieninger/Mankowski/Otte/Saenger/Schulze/Staudinger, Internationales Vertragsrecht, Rom I-VO, CISG, CMR, FactÜ, Kommentar, 3. Auflage, München 2018
- Kröll/Mistelis/Perales/Viscasillas, UN Convention on Contracts for the International Sale of Goods (CISG), 2. Auflage, Köln, London, Madrid 2018
- Schackmar, Die Lieferpflicht des Verkäufers in internationalen Kaufverträgen – UN-Kaufrecht und INCOTERMS, Berlin 2001
- Schackmar, Internationales Kaufrecht, in: Marx/Müglich/Pörnbacher/Reinhardt/Schackmar, Verträge und Vertragsfallen im internationalen Handelsverkehr, Hamburg, Landsberg am Lech 2022, S. 15 ff.
- Schlechtriem, Peter/Schwenzer, Ingeborg/Schroeter, Ulrich G. (Hrsg.), Kommentar zum Einheitlichen UN-Kaufrecht, Das Übereinkommen der Vereinten Nationen über Verträge über den internationalen Warenkauf – CISG –, 8. Auflage, München 2025

Kapitel 22 Intrastat und Extrastat

Harald Schönherr, Dresden

1 Allgemein

Die Außenhandelsstatistik Deutschlands erfasst den grenzüberschreitenden Warenverkehr mit dem Ausland[1]. Alle ein- und ausgehenden Waren sowie elektrischer Strom und Erdgas werden statistisch erfasst. Die Außenhandelsstatistik umfasst somit die Erhebungen der Intrahandelsstatistik und der Extrahandelsstatistik[2]. Die gesetzlichen Grundlagen zur Durchführung der Außenhandelsstatistik bilden die VO (EU) 2019/2152 in Verbindung mit der DVO (EU) 2020/1197, der Delegierten VO (EU) 2021/1704 und der DVO (EU) 2021/1225, das Bundesstatistikgesetz, das Außenhandelsstatistikgesetz sowie die Außenhandelsstatistik-Durchführungsverordnung.

Mit der Vollendung des Europäischen Binnenmarktes zum 01.01.1993 war der Wegfall von Warenkontrollen an den EU-Binnengrenzen verbunden. Seitdem wird in der Außenhandelsstatistik zwischen Extra- und Intrahandelsstatistik unterschieden. Die Intrahandelsstatistik beinhaltet den Warenverkehr mit den EU-Mitgliedstaaten und muss durch die Unternehmen eigenständig angemeldet werden. Sie umfasst die Verkehrsrichtungen „Eingang“ und „Versendung“[3]. Die Versendung ist der Export einer Ware in einen anderen Mitgliedstaat der EU, während der Eingang der Ware als Import aus einem anderen Mitgliedstaat der EU bezeichnet wird[4].

Die Intrastat-Meldungen dienen der Statistik der innergemeinschaftlichen Warenbewegungen. Es besteht eine Auskunftspflicht der Unternehmen hinsichtlich ihrer Warenströme im Gemeinschaftsgebiet. Die Meldungen dienen der Bereitstellung aktueller Zahlen zum innergemeinschaftlichen Handel der Bundesrepublik Deutschland.

Die Extrahandelsstatistik ist die Statistik über den Extrahandel und umfasst die Verkehrsrichtungen „Eingang“ und „Ausfuhr“[5]. Als Ausfuhr gilt der Export einer Ware in ein Drittland[6], als Einfuhr der Import einer Ware aus einem Drittland oder die Entnahme einer Nicht-Unionsware aus einem deutschen Zolllager[7]. Die Extrahandelsstatistik erfasst den Warenverkehr mit den Drittländern und wird durch die Zollverwaltung übermittelt[8].

Die Zusammenfassung der Extrahandelsstatistik und der Intrahandelsstatistik bildet die Außenhandelsstatistik. Zielstellungen der Außenhandelsstatistik sind:
- Bereitstellung konkreter Daten über Warenbewegungen mit anderen Ländern,
- volkswirtschaftliche Bilanzen und Zahlungsbilanzstatistiken der Bundesbank,
- Entscheidungen in der Außenwirtschaft,
- Erfüllung europa- und völkerrechtlicher Berichtspflichten u.a.[9].

2 Hinweis zum Brexit

Nach Austritt des Vereinigten Königreichs aus der EU wurde es zu einem Drittland. Im Warenverkehr mit dem Vereinigten Königreich sind Zollanmeldungen abzugeben sowie zoll- und exportkontrollrechtliche Vorschriften zu beachten[10].

1) Außenhandelsstatistikgesetz § 2 Absatz 1
2) Außenhandelsstatistikgesetz § 4 Absatz 1
3) Außenhandelsstatistikgesetz § 2 Absatz 11
4) Außenhandelsstatistikgesetz § 2 Absatz 12 und Absatz 13
5) Außenhandelsstatistikgesetz § 2 Absatz 16
6) Außenhandelsstatistikgesetz § 2 Absatz 17
7) Außenhandelsstatistikgesetz § 2 Absatz 18
8) Kapitel ATLAS und Summarische Eingangs-/Ausgangsanmeldung
9) Außenhandelsstatistikgesetz § 4
10) Brexit und Exportkontrolle – BAFA – Dezember 2020

Informationen im Zollbereich können unter: www.zoll.de/DE/Fachthemen/Zoelle/Brexit/brexit_node.html abgerufen werden.

Davon ausgenommen ist der Warenverkehr mit Nordirland. Dieser Warenverkehr wird so behandelt, als gehöre Nordirland zum Zollgebiet des Vereinigten Königreichs, wird jedoch zollrechtlich so behandelt, als ob es zum Zollgebiet der EU gehört.

Die ISO-alpha-2-Codierung[11)] ist für Nordirland „XI". Deshalb muss der Warenverkehr mit Nordirland auch nach dem 01.01.2021 weiterhin zur Intrahandelsstatistik unter Verwendung des Ländercodes „XI" gemeldet werden.

3 Anmeldung Intrastat

Sinn und Zweck der Intrahandelsstatistik besteht in der Erhebung von Versendungen und Eingängen des Warenverkehrs zwischen Deutschland und den Mitgliedstaaten der EU. Im Wesentlichen handelt es sich um Unionswaren.

„Unionswaren sind Waren, die
a) im Zollgebiet der Union vollständig gewonnen oder hergestellt wurden und bei deren Herstellung keine aus Ländern oder Gebieten außerhalb des Zollgebiets der Union eingeführten Waren verwendet wurden,
b) aus Ländern oder Gebieten außerhalb des Zollgebiets der Union in dieses Gebiet verbracht und zum zollrechtlich freien Verkehr überlassen wurden,
c) im Zollgebiet der Union entweder ausschließlich aus Waren nach Buchstabe b oder aus Waren nach den Buchstaben a und b gewonnen oder hergestellt wurden"[12)].

Die Unternehmen melden die Daten direkt an das Statistische Bundesamt[13)]. Im innergemeinschaftlichen Handel mit Nicht-Unionsware[14)] werden die statistischen Angaben ebenfalls im Rahmen vorgeschriebener Zollbehandlungen, meist Veredelungsverkehre, erhoben.

Der Bundestag hat am 30. Januar 2025 eine Änderung des Außenhandelsstatistikgesetzes beschlossen, die rückwirkend zum 1. Januar 2025 in Kraft getreten ist. Damit ist beabsichtigt, Unternehmen von bürokratischem Aufwand zu entlasten und die Meldepflichten im Rahmen von Intrastat zu reduzieren.

Es gibt je nach Verkehrsrichtung getrennte Werte für die Anmeldeschwelle. Für den Warenausgang wurde eine Million Euro festgelegt, für den Wareneingang beträgt die Anmeldeschwelle drei Millionen Euro. Von der Statistikmeldung sind in Deutschland umsatzsteuerpflichtige Unternehmen befreit, deren Versendungen in andere EU-Mitgliedstaaten eine Million Euro bzw. Eingänge aus anderen EU-Mitgliedstaaten den Wert von jeweils drei Millionen Euro im Vorjahr nicht überschritten haben.

Unternehmen, die diese Schwellenwerte im laufenden oder im vorangegangenen Kalenderjahr nicht überschreiten, sind von der Intrastat-Meldepflicht befreit. Bei Überschreitung der Schwellenwerte für innergemeinschaftliche Wareneingänge oder -ausgänge besteht die Meldepflicht[15)].

Intrastat-Meldungen sind nur in dem EU-Staat abzugeben, von dem aus die Waren körperlich versandt werden und in dem sie eingehen. Sollten Waren aus Deutschland über einen anderen EU-Mitgliedstaat geliefert werden, sind diese in Deutschland zur Intrastat-Versendung anzumelden, wenn die Überführung in ein Zollverfahren (Ausfuhrverfahren – Exportanmeldung in ein Drittland) in einem anderen EU-Mitgliedstaat erfolgt. Die elektronische Übermittlung von Meldungen an die Statistischen Ämter ist für alle Betriebe und Unternehmen seit August 2013 verpflichtend[16)]. Es stehen das IDEV-Meldesystem (Internet

11) VO (EU) Nr. 1106/2012 und Merkblatt zu Zollanmeldungen, summarischen Anmeldungen und Wiederausfuhrmitteilungen – Ausgabe 2025 –
12) Artikel 5 Nr. 23 UZK
13) Kapitel Ämter, Behörden und Institutionen mit Außenwirtschaftskontakten
14) Artikel 5 Nr. 24 UZK
15) § 14 Absatz 5 Außenhandelsstatistikgesetz
16) § 11a Bundesstatistikgesetz

Datenerhebung im Verbund der statistischen Ämter des Bundes und der Länder)[17] und das Meldeverfahren eSTATISTIK.core zur Verfügung[18].

Erhebungsmerkmale für die Intrahandelsstatistik

- Bezugszeitraum,
- Verkehrsrichtung,
- Warennummer,
- Warenbezeichnung,
- Ursprungsbundesland,
- Ursprungsland,
- Bestimmungsland,
- Versendungsland,
- Menge der Ware,
- Art des Geschäfts,
- Verkehrszweig an der Grenze,
- Rechnungsbetrag und
- bei Versendungen: Umsatzsteuer-Identifikationsnummer des ausländischen Warenempfängers[19].

Folgende Warenbewegungen sind von der Anmeldung zur Außenhandelsstatistik befreit. Dies sind u.a.:
- Waren zu kommerziellen Zwecken, die mündlich (oder konkludent) bei den Zollbehörden angemeldet werden dürfen, mit einem Warenwert von nicht mehr als 1 000 Euro bzw. einem Eigengewicht von nicht mehr als 1 000 Kilogramm,
- Waren zu nichtkommerziellen Zwecken, die mündlich (oder konkludent) bei den Zollbehörden angemeldet werden dürfen (z.B. im nichtkommerziellen Reiseverkehr), unabhängig vom Wert oder von der Menge,
- Beförderungsmittel während ihres Betriebs,
- unentgeltlich gelieferte Waren, die nicht Gegenstand eines Handelsgeschäfts sind, sofern die Warenbewegung ausschließlich mit der Absicht erfolgt, ein späteres Handelsgeschäft durch Vorführung der Eigenschaften der Waren oder Dienstleistungen vorzubereiten oder zu unterstützen (z.B. Werbematerial, Warenmuster).

Die Meldungen zur Intrahandelsstatistik sind spätestens am 10. Arbeitstag nach Ablauf des Bezugsmonats unmittelbar an das Statistische Bundesamt abzugeben. Intrastat-Meldungen sind dem Statistischen Bundesamt zu übermitteln: www.idev.destatis.de oder www.destatis.de.

Für die praktische Anwendung wird der „Leitfaden zur Intrahandelsstatistik 2026" empfohlen. Der Herausgeber ist das Statistische Bundesamt Wiesbaden. Wesentliche Inhalte sind:
- die Meldeverfahren,
- das Erstellen der Anmeldungen,
- die Kontrollverfahren in der Intrahandelsstatistik,
- Hinweise zum Ausfüllen der einzelnen Felder der Anmeldung,
- vereinfachte Anmeldungen für Waren verschiedener Art,
- Beispiele und Sonderfälle

Weiterhin befinden sich:
- im Anhang 1: das Länderverzeichnis für die Außenhandelsstatistik,
- im Anhang 2: die Anwendung des Intrastat-Erhebungssystems für EU-Sondergebiete,
- im Anhang 3: die Befreiungsliste,
- im Anhang 4: die Geschäftsarten u.a.

Intrastat-Meldungen, die sich nach Übermittlung an das Statistische Bundesamt als fehlerhaft herausstellen, sind grundsätzlich zu berichtigen, wenn sie das aktuelle oder das vorangegangene Kalenderjahr

17) Kontakt: idev-intrahandel@destatis.de
18) Kontakt: eSTATISTIK.core@destatis.de
19) Außenhandelsstatistikgesetz § 7 Absatz 1 und Absatz 2

betreffen. Es sind aber nur die Anmeldepositionen zu korrigieren, die zum Zeitpunkt der Anmeldung unzutreffend waren. Nachträglich eingetretene Änderungen müssen nicht berichtigt werden.

Die Berichtigungen sollen sich auf folgende Fälle beschränken:
- Angaben zum Rechnungsbetrag bzw. statistischen Wert müssen nur korrigiert werden, wenn sich der ursprüngliche Wert durch die Berichtigung um mehr als 5 000 Euro verändern würde.
- Angaben zur Eigenmasse und besonderen Maßeinheit müssen nur korrigiert werden, wenn sich die ursprüngliche Menge durch die Korrektur um mehr als 10 % verändern würde.
- Angaben in den übrigen Feldern müssen nur korrigiert werden, wenn der Rechnungsbetrag bzw. der statistische Wert der betreffenden Warenposition höher ist als 5 000 Euro.

Zu den meldepflichtigen Tatbeständen in diesem Zusammenhang zählen auch die Stornierungen von fälschlich erfassten, aber nicht durchgeführten Warenbewegungen.

4 Anmeldung Extrastat

Die Extrahandelsstatistik beruht auf den Angaben, die bei den Zollstellen im Rahmen des IT-Verfahrens ATLAS[20)] in den abgegebenen Zollanmeldungen unter Anwendung des UZK und seiner Durchführungsbestimmungen[21)] gemacht werden[22)]. Die durch die Zollverwaltung erfassten Daten werden an das Statistische Bundesamt weitergeleitet.

5 Änderungen

Mit der VO (EU) 2019/2152 und der DVO (EU) 2020/1197 kam es zu folgenden Änderungen:
- Es ist eine neue Liste der Arten des Geschäfts anzuwenden. Diese ist sowohl bei der Anmeldung zur Intrahandelsstatistik als auch in Zollanmeldungen gültig.
- Die Angabe des Ursprungslandes ist für Wareneingänge aus den EU-Staaten schon verpflichtend, neu ist jedoch die verpflichtende Angabe des Versendungslandes.
- Die Umsatzsteuer-Identifikationsnummer (Ust-IDNr.) des ausländischen Warenempfängers ist ebenfalls anzugeben.

Zum 1. Januar 2026 wurden durch Verordnung der EU-Kommission mehrere Änderungen der Kombinierten Nomenklatur (KN) und damit auch im deutschen Warenverzeichnis für die Außenhandelsstatistik wirksam. Änderungen werden in den aufgeführten Informationsquellen mitgeteilt.

6 Ansprechpartner und Erreichbarkeiten

Kontakt zur Erstellung der Anmeldung – technische Fragen:
Tel.: +49 (0) 611/75-4524
E-Mail: idev-intrahandel@destatis.de

Kontakt zur Erstellung der Anmeldung – methodische Fragen:
Tel.: +49 (0) 22899 643-8777
Tel.: +49 (0) 611 75 3180
E-Mail: methodik-intrahandel@destatis.de

Ansprechpartner für Fragen zum Warenverzeichnis für die Außenhandelsstatistik unter:
www.destatis.de/DE/Methoden/Klassifikationen/Aussenhandel/ansprechpartner.pdf?__blob=publicationFile

7 Quellen und weiterführende Literatur

- VO (EU) 2019/2152 des Europäischen Parlaments und des Rates vom 27. November 2019 über europäische Unternehmensstatistiken, zur Aufhebung von zehn Rechtsakten im Bereich Unternehmensstatistiken

20) Kapitel ATLAS und Summarische Eingangs-/Ausgangsanmeldung
21) Kapitel Unionszollkodex (UZK)
22) In Ausnahmefällen kann noch papiergestützt angemeldet werden.

- Durchführungsverordnung (EU) 2020/1197 der Kommission vom 30. Juli 2020 zur Festlegung technischer Spezifikationen und Einzelheiten nach der Verordnung (EU) 2019/2152 des Europäischen Parlaments und des Rates über europäische Unternehmensstatistiken, zur Aufhebung von zehn Rechtsakten im Bereich Unternehmensstatistiken
- Delegierte Verordnung (EU) 2021/1704 der Kommission vom 14. Juli 2021 zur Ergänzung der Verordnung (EU) 2019/2152 des Europäischen Parlaments und des Rates durch genauere Festlegung der Einzelheiten der von den Steuer- und Zollbehörden zu übermittelnden statistischen Angaben und zur Änderung ihrer Anhänge V und VI
- VO (EU) 1106/2012 der Kommission vom 27. November 2012 zur Durchführung der Verordnung (EG) Nr. 471/2009 des Europäischen Parlaments und des Rates über Gemeinschaftsstatistiken des Außenhandels mit Drittländern hinsichtlich der Aktualisierung des Verzeichnisses der Länder und Gebiete
- Außenhandelsstatistikgesetz vom 14. Juni 2021 (BGBl. I S. 1751)), geändert durch Artikel 1 des Gesetzes vom 27. Februar 2025 (BGBl. 2025 I Nr. 71)
- Außenhandelsstatistik-Durchführungsverordnung vom 7. Juli 2021 (BGBl. I S. 2580), geändert durch Artikel 1 der Verordnung vom 6. März 2025 (BGBl. 2025 I Nr. 74)
- Bundesstatistikgesetz in der Fassung der Bekanntmachung vom 20. Oktober 2016 (BGBl. I S. 2394), zuletzt geändert durch Artikel 14 des Gesetzes vom 8. Mai 2024 (BGBl. 2024 I Nr. 152)
- Außenwirtschaftsgesetz vom 6. Juni 2013 (BGBl. I S. 1482), zuletzt geändert durch Artikel 2 des Gesetzes vom 27. Februar 2024 (BGBl. 2024 I Nr. 71)
- Außenwirtschaftsverordnung vom 2. August 2013 (BGBl. I S. 2865), zuletzt geändert durch Artikel 2 der Verordnung vom 11. Dezember 2024 (BGBl. 2024 I Nr. 411)
- VO (EU) 952/2013 des Europäischen Parlaments und des Rates vom 9. Oktober 2013 zur Festlegung des Zollkodex der Union
- Merkblatt über die ausfuhrrechtlichen und außenhandelsstatistischen Anmeldepflichten bei Lieferungen von Waren als Schiffs- und Luftfahrzeugbedarf sowie an Einrichtungen auf hoher See und Offshore-Windenergieanlagen, Stand: 01.01.2022, Herausgeber: Generalzolldirektion – Direktion V
- Brexit und Exportkontrolle, BAFA, Stand: Dezember 2020
- Merkblatt zu Zollanmeldungen, summarischen Anmeldungen und Wiederausfuhrmitteilungen – Ausgabe 2025 – GZD – Z 3455-2024.00019-0001-GZD_DV.A.22 vom 10. Dezember 2024
- Leitfaden zur Intrahandelsstatistik 2026, Statistisches Bundesamt Wiesbaden
- Warenverzeichnis für die Außenhandelsstatistik 2026, Statistisches Bundesamt Wiesbaden
- www.destatis.de
- www.idev.destatis.de/idev/doc/intra/doc/intra/doc/Intrahandel_Leitfaden
- www.zoll.de

Kapitel 23 Verpackung von Ausfuhrgut

Dieses Kapitel ist hier aus Platzgründen nicht abgedruckt und steht für Sie als Download unter www.ecomed-storck.de/hev2026 zur Verfügung.

Kapitel 24 DTV-Güterversicherung (VD) und (ED)

Dieses Kapitel ist hier aus Platzgründen nicht abgedruckt und steht für Sie als Download unter www.ecomed-storck.de/hev2026 zur Verfügung.

Kapitel 25 Generalzolldirektion, Zentrale Auskunft und Zoll-Portal

Harald Schönherr, Dresden

1. Generalzolldirektion

Die Generalzolldirektion ist eine Bundesoberbehörde des Bundesministeriums der Finanzen und für den operativen Bereich der Steuerung der Bundeszollverwaltung zuständig. Sie gliedert sich in elf Direktionen:

- Direktion I – Organisation und Personal
- Direktion II – Haushalt, Zentrale Auskunft, Service-Center, Zahlungsverkehr und Rechnungswesen des Bundes sowie Arbeits-, Gesundheits- und Strahlenschutz
- Direktion III – Allgemeines Steuerrecht, Kontrollen, Beschaffung und maritime Aufgaben
- Direktion IV – Verbrauchsteuer- und Verkehrsteuerrecht, Prüfungsdienst
- Direktion V – Zollrecht
- Direktion VI – Digitales
- Direktion VII – Finanzkontrolle Schwarzarbeit
- Direktion VIII – Zollkriminalamt
- Direktion IX – Bildungs- und Wissenschaftszentrum der Bundesfinanzverwaltung
- Direktion X – Financial Intelligence Unit
- Direktion XI – Zentralstelle für Sanktionsdurchsetzung

Die Zentrale Auskunft der Generalzolldirektion bietet einen umfassenden Informationsservice zu Zoll- und Fachwissen für Privatpersonen und Wirtschaftsunternehmen. Zum Einsatz kommen innovative Kommunikations- und Informationssysteme sowie Internetlösungen. Die Zentrale Auskunft Zoll steht mit fachlichen Auskünften in den Bereichen allgemeines Zollrecht, Zolltarifrecht, Verbrauchsteuerrecht, Warenursprungs- und Präferenzrecht, Verbote und Beschränkungen im grenzüberschreitenden Warenverkehr, Finanzkontrolle Schwarzarbeit, Außenwirtschafts- und Marktordnungsrecht, AEO, u.a. Bereichen zur Verfügung. Für Fragen zu Online-Anwendungen und technischen Anliegen ist der Service Desk Zoll bzw. Service Desk ITZBund zuständig.

Kontakt Generalzolldirektion

Generalzolldirektion Vaclav-Havel-Platz 6, 53121 Bonn Postfach 12 73, 53002 Bonn	Tel.: 0228 303-0 Fax: 0228 303-99000 E-Mail: poststelle.gzd@zoll.bund.de

Kontakt BMF

Bundesministerium der Finanzen: Wilhelmstraße 97, 10117 Berlin Postfach, 11016 Berlin Tel.: 03018 682-0, Fax: 03018 682-3260 E-Mail: poststelle@bmf.bund.de	**Bundesministerium der Finanzen:** Am Propsthof 78a, 53121 Bonn Postfach 13 08, 53003 Bonn Tel.: 03018 682-0, Fax: 03018 682-4420 E-Mail: poststelle@bmf.bund.de

2. Zentrale Auskunft Zoll

1. **Allgemeine Anfragen von Unternehmen Montag bis Freitag, 08:00 – 17:00 Uhr:**
   Telefon: +49 228 303-26030, **E-Mail:** info.gewerblich@zoll.de
2. **Allgemeine Anfragen von Privatpersonen Montag bis Freitag, 08:00 – 17:00 Uhr:**
   Telefon: +49 228 303-26020, **E-Mail:** info.privat@zoll.de
3. **Enquiries in English/Anfragen auf Englisch Montag bis Freitag, 08:00 – 17:00 Uhr:**
   Telefon: +49 228 303-26040, **E-Mail:** enquiries.english@zoll.de
4. **Anfragen zur EORI-Nummer Montag bis Freitag, 08:00 – 17:00 Uhr:**
   Telefon: +49 228 303-26050, **E-Mail:** info.eori@zoll.de

5. **Anwenderfragen Online-Anwendungen (Service Desk Zoll) Montag bis Freitag, 08:00 – 17:00 Uhr:**
   Telefon: +49 228 303-26090, **E-Mail:** servicedesk@itzbund.de
6. **Technische Fragen (Service Desk ITZBund):**
   Telefon: 0800 8007-5451 oder +49 22899 680-8480, **E-Mail:** servicedesk@itzbund.de
7. **Kontaktstelle AEO zur Koordinierung und fachliche Auskünfte**
   Hauptzollamt Nürnberg, Sachgebiet B – Kontaktstelle AEO (Zugelassener Wirtschaftsbeteiligter), Frankenstr. 208, 90461 Nürnberg
   Telefon: 0911 9463-1360, -1361, -1362, **E-Mail:** aeo.hza-nuernberg@zoll.bund.de, **Fax:** 0911 9463-1399
8. **Konsultationsverfahren (KKV) für mitgliedstaatenübergreifende Bewilligungen**
   Hauptzollamt Nürnberg, Sachgebiet B – Kontaktstelle Konsultationsverfahren –, Frankenstr. 208, 90461 Nürnberg
   Telefon: 0911 9463-1366, -1368, -1369, -1370, -1371 oder -1372, **E-Mail:** kkv.hza-nuernberg@zoll.bund.de, **Fax:** 0911 9463-1199

Konkrete Anfragen im Zollbereich zu Zollverfahren oder der Zollabfertigung beantwortet das örtlich zuständige Hauptzollamt oder Zollamt. Das Dienststellenverzeichnis der Zollverwaltung finden Sie unter: www.zoll.de/DVZ

3. Zoll-Portal

Das Zoll-Portal bietet einen zentralen Zugang zu bestimmten Dienstleistungen der Zollverwaltung. Nach einmaliger Registrierung können Antragsverfahren und andere Geschäftsprozesse über das Internet erledigt werden. Für Geschäftskunden stehen gegenwärtig folgende Leistungen zur Verfügung:
- Abfindungsanmeldungen
- Agrardieselentlastung
- Beförderung verbrauchsteuerpflichtiger Waren
- EORI-Nummer-Verwaltung[1)]
- Kraftfahrzeugsteuer
- Energie- und Stromsteuer (IVVA)
- Teilnahme und Zertifizierung für ATLAS und EMCS[2)]
- verbindliche Zolltarifauskunft[3)]
- unverbindliche Zolltarifauskunft für Umsatzsteuerzwecke

Es können Geschäftskundenkonten und Bürgerkonten angelegt werden.

Geschäftskundenkonto:
- Personenvereinigungen
- Einzelunternehmen
- Vereine
- eingetragene Kauffrau (e.K.), eingetragener Kaufmann (e.K.)
- Freiberufler

Bürgerkonto:
- Privatperson, die Dienstleistungen der Zollverwaltung nutzen. Das kann den Bereich der Kraftfahrzeugsteuer oder den Bereich der Zollabfertigung mit verbindlichen Zolltarifauskünften betreffen.

Dieses Portal kann über eine Registrierung bei ELSTER oder mit einem Signaturzertifikat und einer EORI-Nummer genutzt werden. Bei Fragen und bei auftretenden Problemen, die das Zoll-Portal betreffen, kann man sich an den Service Desk Zoll wenden (siehe Punkt 5).

---

1) Kapitel Economic Operators Registration and Identification number (EORI) – Nummer zur Registrierung und Identifizierung von Wirtschaftsbeteiligten
2) Kapitel ATLAS und Summarische Eingangs-/ Ausgangsanmeldung
3) Elektronischer Zolltarif (EZT), Tarifierung und verbindliche Zolltarifauskunft

Das Zoll-Portal garantiert zusammengefasst:
- die sichere Identifizierung mittels ELSTER
- den Zugang zu den Dienstleistungen des Zolls
- Antragstellungen in Vertretung
- die Übersicht über den Status von Anträgen
- weitere Vorteile

4. Quellen

- https://www.zoll.de/DE/Der-Zoll/Struktur-des-Zolls/Generalzolldirektion/generalzolldirektion_node.html
- https://www.zoll.de/DE/Kontakt/Auskuenfte/auskuenfte_node.html
- https://www.zoll.de/DE/Kontakt/WeitereKontakte/weitere_kontakt_node.html
- https://www.zoll.de/DE/Fachthemen/Zoelle/Zugelassener-Wirtschaftsbeteiligter-AEO/Kontaktstelle-AEO/kontaktstelle-aeo_node.html
- https://www.zoll.de/DE/Unternehmen/Zoll-Portal/zoll-portal_node.html

Kapitel 26 Ämter, Behörden und Institutionen mit Außenwirtschaftskontakten

Harald Schönherr, Dresden

Kontakte und Erreichbarkeiten

- Kapitel Elektronischer Zolltarif (EZT), Tarifierung und verbindliche Zolltarifauskunft
- Kapitel Economic Operators Registration and Identification number (EORI) – Nummer zur Registrierung und Identifizierung von Wirtschaftsbeteiligten
- Kapitel Bewilligung Zugelassener Wirtschaftsbeteiligter – Authorised Economic Operator (AEO)
- Kapitel Exportkontrolle, HADDEX und ELAN K2
- Kapitel Intrastat und Extrastat
- Kapitel Generalzolldirektion, Zentrale Auskunft und Zoll-Portal
- Kapitel Bundesamt für Wirtschaft und Ausfuhrkontrolle (BAFA)
- Kapitel Embargobeschränkungen Russland, Belarus und Teilen der Ukraine – Überblick
- Kapitel Ein- und Ausfuhr von fluorierten Treibhausgasen sowie von Erzeugnissen und Einrichtungen, die diese Gase enthalten bzw. für deren Funktion erforderlich sind

1 Auswärtiges Amt

Zentrale Berlin: Werderscher Markt 1, 10117 Berlin Tel.: 030 1817-0, Fax: 030 1817-3402	**Dienststelle Bonn:** Adenauerallee 99–103, 53113 Bonn Tel.: 0228 99170
E-Mail: poststelle@auswaertiges-amt.de, Internet: www.auswaertiges-amt.de	

2 Luftfahrt-Bundesamt (LBA)

Das Luftfahrt-Bundesamt (LBA) ist eine Bundesoberbehörde im Geschäftsbereich des Bundesministeriums für Digitales und Verkehr (BMV). Das LBA nimmt Zulassungs-, Genehmigungs- und Aufsichtsfunktionen wahr und gewährleistet den hohen Sicherheitsstandard der Luftfahrt in Deutschland.

Hermann-Blenk-Str. 26 und Hermann-Blenk-Str. 21 38108 Braunschweig	Tel.: 0531 2355-0, Fax: 0531 2355-9099 E-Mail: poststelle@lba.de, Internet: www.lba.de

3 Bundesanstalt für Landwirtschaft und Ernährung (BLE)

Die BLE hat vielfältige Aufgaben in den Bereichen Landwirtschaft, Ernährung, Wald, ländliche Räume, Fischerei, Klima und Verbraucherschutz. Als Dienstleister unterstützt sie ihre Partner im Geschäftsbereich des Bundesministeriums für Landwirtschaft, Ernährung und Heimat in den Bundesländern und der Wirtschaft.

Deichmanns Aue 29, 53179 Bonn Postanschrift: 53168 Bonn	Tel.: 0228 6845-0, E-Mail: info@ble.de, Internet: www.ble.de

4 Statistisches Bundesamt Wiesbaden – Zentraler Auskunftsdienst

Datenerhebung, Datenbanken, Analysen und daraus aufbereitete Ergebnisse mit Qualitätsprüfungen und Prüfungen der Aussagefähigkeit sind u.a. wesentliche Aufgaben des Statistischen Bundesamtes. Die Daten stammen aus der Verwaltung oder von Unternehmen, Haushalten oder digitalen Quellen und sind Grundlage für Statistiken und Berechnungen. Eine aktuelle und transparente Kommunikation sorgt für die Verbreitung der Daten und Statistiken.

Gustav-Stresemann-Ring 11, 65189 Wiesbaden	Tel.: 0611 75-0
Internet: www.destatis.de	E-Mail: post@destatis.de

5 Bundesamt für Auswärtige Angelegenheiten

Öffentliche Urkunden aus Deutschland können in einem anderen Staat oftmals nur dann verwendet werden, wenn ihre Echtheit in einem besonderen Verfahren festgestellt worden ist. Hierzu zählen das Apostille- und das Endbeglaubigungsverfahren. Das Bundesamt für Auswärtige Angelegenheiten (BfAA) ist für die Erteilung von Apostillen auf Bundesurkunden und Endbeglaubigungen zum Zwecke der Legalisation bei ausländischen Vertretungen zuständig.

Bundesamt für Auswärtige Angelegenheiten, Referat Apostillen & Endbeglaubigungen Kirchhofstraße 1-2, 14776 Brandenburg an der Havel Internet: https://bfaa.diplo.de/bfaa-de/service/ApostillenundBeglaubigungen, Tel.: +49 30-18 4730 16500 Bitte nutzen Sie zur Kontaktaufnahme das Kontaktformular des Bundesamtes für Auswärtige Angelegenheiten.

6 Bundeszentralamt für Steuern (BZSt)

Zuständigkeit: Erteilung von Umsatzsteuer-Identifikationsnummern

Hauptdienstsitz Bonn: An der Küppe 1, 53225 Bonn Tel.: 0228 406-0, Fax: 0228 406-2661 E-Mail: poststelle@bzst.bund.de De-Mail: poststelle@bzst.de-mail.de Internet: www.bzst.bund.de	**Dienstsitz Berlin:** DGZ-Ring 12, 13086 Berlin Tel.: 0228 406-0, Fax: 0228 406-3710 E-Mail: poststelle@bzst.bund.de De-Mail: poststelle@bzst.de-mail.de
Dienstsitz Saarlouis: Ludwig-Karl-Balzer-Allee 2, 66740 Saarlouis Tel.: 0228 406-0, Fax: 0228 406-3801 E-Mail: poststelle-saarlouis@bzst.bund.de De-Mail: poststelle@bzst.de-mail.de	**Dienstsitz Schwedt/Oder:** Passower Chaussee 3b, 16303 Schwedt/Oder Tel.: 0228 406-0, Fax: 0228 406-4722 E-Mail: poststelle-schwedt@bzt.bund.de De-Mail: poststelle@bzst.de-mail.de

7 Deutsche Bundesbank

Zuständigkeit: Meldungen von Transaktionen und Überwachung der Finanzsanktionen

Wilhelm-Epstein-Straße 14, 60431 Frankfurt a.Main	Tel.: 069 9566-0
Internet: www.bundesbank.de	E-Mail: info@bundesbank.de

8 GTAI Germany Trade & Invest

Germany Trade & Invest ist die Außenwirtschaftsagentur der BRD sowie zentrale Anlaufstelle für alle Fragen deutscher Unternehmen zum Exportgeschäft. Sie unterstützt im Auslandsgeschäft mit aktuellen Wirtschaftsdaten, Marktanalysen und Praxistipps.

Germany Trade & Invest ist die Wirtschaftsförderungsgesellschaft der BRD, die den Wirtschafts- und Technologiestandort Deutschland im Ausland vermarktet, deutsche Unternehmen über Auslandsmärkte informiert, ausländische Unternehmen bei der Ansiedlung in Deutschland berät und die wirtschaftliche Entwicklung der neuen Bundesländer einschließlich Berlins fördert.

Hauptsitz: Friedrichstr. 60, 10117 Berlin Tel.: 030 200099-0, Fax: 030 200099-812 E-Mail: office@gtai.com, Internet: www.gtai.de	**Standort Bonn:** Villemombler Str. 76, 53123 Bonn Tel.: 0228 24993-0, Fax: 0228 24993-212 E-Mail: info@gtai.de

9 Deutsche Gesellschaft für internationale Zusammenarbeit GmbH (GIZ)

Als Dienstleister unterstützt die GIZ die Bundesregierung bei der Erreichung ihrer Ziele in der internationalen Zusammenarbeit und bietet bedarfsgerechte, maßgeschneiderte und wirksame Dienstleistungen für nachhaltige Entwicklung an.

Friedrich-Ebert-Allee 32 + 36, 53113 Bonn Tel.: 0228 4460-0, Fax: 0228 4460-1766 Internet: www.giz.de	Dag-Hammarskjöld-Weg 1–5, 65760 Eschborn Tel.: 06196 79-0, Fax: 06196 79-1115 E-Mail: info@giz.de

10 Bundesverband des deutschen Exporthandels e.V. (BDEx)

Am Weidendamm 1A, 10117 Berlin Internet: www.bdex.de	Tel.: 030 7262579-0, Fax: 030 7262579-9 E-Mail: contact@bdex.de

11 Bundesverband des deutschen Groß- und Außenhandels e.V. (BGA)

Am Weidendamm 1A, 10117 Berlin Internet: www.bga.de	Tel.: 030 5900995-0, Fax: 030 5900995-19 E-Mail: info@bga.de

12 Deutscher Industrie- und Handelskammertag (DIHK)

Breite Straße 29, 10178 Berlin Internet: www.dihk.de	Tel.: 030 20308-0 E-Mail: info@dihk.de

13 Internationale Handelskammer ICC Deutschland e.V.

Wilhelmstraße 43 G, 10117 Berlin Internet: www.icc-deutschland.de	Tel.: 030 2007363-00, Fax: 030 2007363-69 E-Mail: icc@icc-deutschland.de

14 Paul-Ehrlich-Institut

Das Paul-Ehrlich-Institut ist eine Einrichtung der Bundesrepublik Deutschland. Es gehört als Bundesinstitut für Impfstoffe und biomedizinische Arzneimittel zum Geschäftsbereich des Bundesministeriums für Gesundheit.

Paul-Ehrlich-Str. 51–59, 63225 Langen Internet: www.pei.de	Tel.: 06103 77-0, Fax: 06103 77-1234 E-Mail: pei@pei.de

15 Robert Koch-Institut

Das Robert Koch-Institut ist eine Bundesoberbehörde für Infektions- und nicht übertragbare Krankheiten und als Forschungseinrichtung für die öffentliche Gesundheitspflege und Gesundheit der Gesamtbevölkerung zuständig.

Nordufer 20, 13353 Berlin Internet: www.rki.de	Tel.: 030 18754-0, Fax: 030 18754 2328

Kapitel 27 Embargobeschränkungen Russland, Belarus und Teilen der Ukraine – Überblick

Harald Schönherr, Dresden

1 Erweiterung der Sanktionen

Im Zusammenhang mit der Erweiterung von Sanktionen und Embargobeschränkungen gegen Russland, Belarus und Teilen der Ukraine stehen hinsichtlich der zoll- und außenwirtschaftsrechtlichen Anwendung und Durchsetzung folgende Kapitel:
- Außenwirtschaftsrecht – Grundlagen
- EU-Dual-Use-Verordnung
- Zollverfahren Ausfuhr – Export von Unionswaren aus der EU
- Exportkontrolle, HADDEX und ELAN K2
- Bundesamt für Wirtschaft und Ausfuhrkontrolle u.a.
- Ämter, Behörden und Institutionen mit Außenwirtschaftskontakten u.a.

Seit März 2014 verhängt die EU restriktive Maßnahmen gegen Russland, Belarus und Teilen der Ukraine. Damit reagiert die EU auf folgende völkerrechtswidrige Handlungen:
- die Annexion der Krim 2014,
- die Invasion in die Ukraine 2022 und
- die Annexion der ukrainischen Regionen Donezk, Luhansk, Saporischschja und Cherson 2022

Die fortgesetzten Angriffe Russlands auf die Ukraine haben Reaktionen der EU, abgestimmt mit den USA, Großbritannien, Kanada und weiteren Partnerländern zur Folge. Erweiterte und ausgedehnte Sanktionen ergänzen die seit 2014 bestehenden EU-Sanktionen[1)].

Die EU hat weitreichende Finanz- und Wirtschaftssanktionen sowie restriktive Maßnahmen gegen bestimmte natürliche und juristische Personen, Einrichtungen und Organisationen in Russland, Belarus und Teilen der Ukraine angeordnet. Die Mitgliedstaaten der EU haben sich auf ein 19. Sanktionspaket im Außenwirtschaftsverkehr mit Russland verständigt. Dieses Paket beinhaltet im Wesentlichen Maßnahmen, die sich auf Schlüsselsektoren wie Energie, Finanzen, die militärisch-industrielle Basis, Sonderwirtschaftszonen sowie auf die Ermöglicher und Profiteure des russischen Angriffskrieges konzentrieren. Schwerpunkte dabei sind das vollständige Verbot von russischem Flüssigerdgas (LNG) und ein weiteres Vorgehen gegen die Schattenflotte. Die Zahl der gelisteten Schiffe in Russlands Schattenflotte steigt auf insgesamt 557. Weitere Maßnahmen zielen auch auf Finanzdienstleistungen und Infrastruktur (einschließlich erstmals Kryptowährungen) sowie auf den Handel ab. Der Dienstleistungssektor ist ebenfalls in die Maßnahmen einbezogen[2)].

Diese Einigung der EU auf das 19. Sanktionspaket erfolgte kurz nach den Maßnahmen der USA, die gegen die russischen Ölkonzerne Rosneft und Lukoil verhängt wurden.

Nachfolgende Ausführungen sind auf die wesentlichen Maßnahmen des Handels und Güterverkehrs mit Russland, Belarus und Teilen der Ukraine beschränkt[3)].

1) VO (EU) 833/2014 vom 31.07.2014 über restriktive Maßnahmen angesichts der Handlungen Russlands, die die Lage in der Ukraine destabilisieren – jeweils aktuelle Fassung

2) Russland: VO (EU) 2025/2033 zur Änderung der VO (EU) Nr. 833/2014 und die VO (EU) 2025/2037 zur Änderung der VO (EU) Nr. 269/2014 sowie DVO (EU) 2025/2035 zur Änderung der VO (EU) Nr. 269/2014 / Belarus: VO (EU) 2025/2041 zur Änderung der VO (EG) Nr. 765/2006 und DVO (EU) 2025/2039 zur Durchführung des Artikels 8a Absatz 1 der VO (EG) Nr. 765/2006

3) Empfehlungen zu Informationen und Zusammenfassung wesentlicher EU-Verordnungen im Zusammenhang mit den Sanktionen Russland, Belarus und Teilen der Ukraine – siehe 8.

2 Beförderungsverbot für in Russland oder Belarus niedergelassene Kraftverkehrsunternehmen

Niedergelassenen Kraftverkehrsunternehmen Russlands[4] bzw. Belarus[5] ist es untersagt, Güter im Straßenverkehr – auch im Transitverkehr – im Gebiet der EU zu befördern. Die Rechtsgrundlage dazu bilden Artikel 3l Absatz 1 VO (EU) 833/2014 und Artikel 1zc Absatz 1 VO (EG) 765/2006. Für Unternehmen, die Postsendungen befördern, gilt das Verbot nicht.

Folgende wenige Ausnahmen bei Beförderungen sind genehmigungspflichtig:
- Erdgas und Erdöl, einschließlich raffinierter Erdölerzeugnisse, sowie Titan, Aluminium, Kupfer, Nickel, Palladium und Eisenerz in die Union
- pharmazeutische, medizinische und landwirtschaftliche Erzeugnisse und Lebensmittel, einschließlich Weizen und Düngemittel, deren Kauf, Einfuhr oder Transport erlaubt ist
- Güter, deren Beförderung für humanitäre Zwecke erforderlich ist
- Güter, deren Beförderung für die Tätigkeit diplomatischer und konsularischer Vertretungen erforderlich ist
- Kulturgüter als Leihgabe nach Russland im Rahmen der offiziellen kulturellen Zusammenarbeit mit Russland

Für diese genehmigungspflichtige Ausnahmen, ist das BAFA zu konsultieren[6].

3 Sanktion Russland

Die EU hat ein Waffenembargo sowie Handelsbeschränkungen für Dual-Use-Güter und bestimmte Güter für die Ölindustrie erlassen. Weiterhin wurden Beschränkungen des Zugangs zum Kapitalmarkt der EU angeordnet. Mit umfangreichen Wirtschafts- und Finanzsanktionen hat die EU bestehende Maßnahmen erweitert und verschärft.

3.1 Waffenembargo[7]

Das Waffenembargo verbietet u.a. Verkauf, Lieferung, Verbringung und Ausfuhr von Rüstungsgütern, einschließlich Waffen, Munition, Militärfahrzeugen, Militärausrüstung, paramilitärischer Ausrüstung u.a. Ersatzteilen nach Russland. Dies ist unabhängig vom Ursprung der Güter. Einfuhr, Kauf bzw. Beförderung von Rüstungsgütern aller Art aus Russland ist ebenfalls verboten[8].

3.2 Ausfuhrverbot von Dual-Use Gütern[9]

Verboten ist, Güter und Technologien mit doppeltem Verwendungszweck – mit oder ohne Ursprung in der EU – unmittelbar oder mittelbar an natürliche oder juristische Personen, Organisationen oder Einrichtungen in Russland oder zur Verwendung in Russland zu verkaufen, zu liefern, zu verbringen oder auszuführen, wenn diese Güter ganz oder teilweise für militärische Zwecke oder für einen militärischen Endnutzer bestimmt sind oder bestimmt sein sollen[10].

Dies betrifft folgende Güter aus der Liste der Güter mit doppeltem Verwendungszweck[11]:
Kategorie 0 Kerntechnische Materialien, Anlagen und Ausrüstung
Kategorie 1 Besondere Werkstoffe und Materialien sowie zugehörige Ausrüstung
Kategorie 2 Werkstoffbearbeitung
Kategorie 3 Allgemeine Elektronik

4) Artikel 1 Buchstabe w) VO (EU) Nr. 833/2014
5) Artikel 1 Nr. 25 VO (EG) Nr.765/2006
6) Kapitel Bundesamt für Wirtschaft und Ausfuhrkontrolle (BAFA)
7) §§ 74 ff. Außenwirtschaftsverordnung
8) § 77 Außenwirtschaftsverordnung
9) VO (EU) 2021/821 des Europäischen Parlaments und des Rates vom 20.05.2021 über eine Unionsregelung für die Kontrolle der Ausfuhr, der Vermittlung, der technischen Unterstützung der Durchfuhr und der Verbringung betreffend Güter mit doppeltem Verwendungszweck
10) Artikel 2 Absatz 1 VO (EU) 833/2014
11) Anhang 1 VO (EU) 2021/821

Kategorie 4 Rechner
Kategorie 5 Telekommunikation und „Informationssicherheit"
Kategorie 6 Sensoren und Laser
Kategorie 7 Luftfahrtelektronik und Navigation
Kategorie 8 Meeres- und Schiffstechnik
Kategorie 9 Luftfahrt, Raumfahrt und Antriebe

Es ist verboten, die zuvor genannten Güter und Technologien, die aus der Union ausgeführt werden, durch das Hoheitsgebiet Russlands zu befördern[12)].

3.3 Ausfuhrverbot für Luxusgüter/Ersatzteile

Es handelt sich um Luxusgüter nach Anhang XVIII der VO (EU) 833/2014. Es ist verboten, Luxusgüter unmittelbar oder mittelbar an natürliche oder juristische Personen, Organisationen oder Einrichtungen in Russland oder zur Verwendung in Russland zu verkaufen, zu liefern, zu verbringen oder auszuführen. Eine weitere gesetzliche Grundlage bildet Artikel 3h Absatz 1 VO (EU) 833/2014. Das Verbot gilt für die in Anhang XVIII aufgeführten Luxusgüter, von über 300 Euro je Stück (Artikel 3h Absatz 2a VO (EU) 833/2014). Bestimmte Personenkraftwagen unterliegen einem Ausfuhrverbot gemäß Artikel 3k der VO (EU) 833/2014.

In diesem Zusammenhang muss auf die Ersatzteilfrage eingegangen werden. Es müssen 3 Voraussetzungen vorliegen, die gemäß Artikel 3h i.V.m. Anhang XVIII Nr. 17 VO (EU) Nr. 833/2014 die Erfassung der Ersatzteile rechtfertigen:

- Listung im Anhang XVIII Nr. 17 der VO (EU) 833/2014
- Wert von mehr als 300 EUR
- Bestimmung für ein Fahrzeug mit einem Wert von über 50 000 EUR (bzw. 5 000 EUR).

3.4 Ausfuhrverbot für Güter zur Erdöl-, Erdgasexploration usw.

Die gesetzliche Grundlage dazu bildet Artikel 3 Absatz 1 VO (EU) 833/2014. Güter oder Technologien dazu sind entsprechend im Anhang II der VO (EU) 833/2014 gelistet.

3.5 Ausfuhrverbot für Güter und Technologien zur militärischen und technologischen Stärkung Russlands

Verboten sind Güter und Technologien, die zur militärischen und technologischen Stärkung Russlands bzw. zur Entwicklung des Verteidigungs- und Sicherheitssektors beitragen können. Rechtsgrundlage: Artikel 2a Absatz 1 VO (EU) 833/2014, gelistet in Anhang VII. Auch die Durchfuhr durch Russland ist verboten.

3.6 Ausfuhrverbot für Güter zur Stärkung der russischen Industriekapazitäten

Rechtsgrundlage: Artikel 3k Absatz 1 VO (EU) 833/2014. Eine Listung der Güter und Technologien ist im Anhang XXIII der VO (EU) 833/2014 enthalten.

3.7 Ausfuhrverbot für Güter und Technologien für den Einsatz zur Ölraffination und Verflüssigung von Erdgas

Rechtsgrundlage: Artikel 3b Absatz 1 VO (EU) 833/2014 mit entsprechender Listung im Anhang X der VO (EU) 833/2014.

3.8 Ausfuhrverbot für Güter und Technologien für den Einsatz in der Luftfahrt- oder Raumfahrtindustrie

Rechtsgrundlage: Artikel 3c Absatz 1 VO (EU) 833/2014. Es ist verboten, die im Anhang XI der VO (EU) Nr. 833/2014 enthaltenen Güter und Technologien, aus der EU nach Russland auszuführen bzw. durch das Hoheitsgebiet Russlands zu befördern.

---

12) Artikel 2 Absatz 1a VO (EU) Nr. 833/2014

3.9 Ausfuhrverbot für Flugturbinenkraftstoffe und Kraftstoffadditive

Es handelt sich um Flugturbinenkraftstoffe und Kraftstoffadditive des Anhangs XX der VO (EU) Nr. 833/2014. Die gesetzliche Grundlage dazu enthält Artikel 3c Absatz 1 VO (EU) 833/2014.

3.10 Ausfuhrverbot für Banknoten

Gemäß Artikel 5i Absatz 1 VO (EU) 833/2014 ist es verboten, Banknoten, welche als amtliche Währungen der Mitgliedsstaaten im Umlauf sind, zur Verwendung in Russland zu verkaufen, zu liefern, zu verbringen oder auszuführen.

3.11 Ausfuhrverbot für Güter und Technologien für den Einsatz in der Seeschifffahrt

Rechtsgrundlage: Artikel 3f Absatz 1 VO (EU) 833/2014. Die entsprechenden Güter und Technologien sind im Anhang XVI der VO (EU) 833/2014 gelistet.

3.12 Einfuhrverbot für Eisen- und Stahlerzeugnisse

Gemäß Artikel 3g Absatz 1 Buchstaben a)-c) VO (EU) 833/2014 handelt es sich um Eisen- und Stahlerzeugnisse, die im Anhang XVII der VO (EU) 833/2014 aufgeführt sind.

3.13 Einfuhrverbot für Güter, die Russland erhebliche Einnahmen erbringen

Rechtsgrundlage: Artikel 3i Abs. 1 VO (EU) Nr. 833/2014. Die Güter sind im Anhang XXI der VO (EU) Nr. 833/2014 aufgeführt.

3.14 Einfuhrverbot für Rohöl und Erdölerzeugnisse

Gemäß Artikel 3m Absatz 1 VO (EU) 833/2014 handelt es sich um Rohöl und Erdölerzeugnisse, die im Anhang XXV der VO (EU) 833/2014 aufgeführt sind.

3.15 Zugangsverbot für Schiffe

Gemäß Artikel 3ea Absatz 1 VO (EU) 833/2014 und Artikel 3ea Absatz 2 VO (EU) 833/2014 ist Schiffen, die unter der Flagge Russlands registriert sind, der Zugang zu Häfen im Gebiet der EU verboten.

3.16 Einfuhrverbot für Gold und Golderzeugnisse

Es ist verboten, Gold, welches im Anhang XXVI der VO (EU) 833/2014 gelistet ist, unmittelbar oder mittelbar zu kaufen, einzuführen oder zu verbringen, wenn es seinen Ursprung in Russland hat oder aus Russland bzw. einem Drittland ausgeführt worden ist. Die Rechtsgrundlagen bilden Artikel 3o Absatz 1 VO (EU) 833/2014, Artikel 3o Absatz 2 VO (EU) 833/2014 und Artikel 3o Absatz 3 VO (EU) 833/2014.

4 Sanktionen Belarus

Durch die Beteiligung von Belarus an völkerrechtswidrigen Handlungen und der militärischen Aggression gegen die Ukraine wurden weitere Sanktionen erlassen sowie die VO (EG) 765/2006 geändert.

4.1 Waffenembargo[13)]

Das Waffenembargo verbietet u.a. Verkauf, Lieferung, Verbringung und Ausfuhr von Rüstungsgütern, einschließlich Waffen, Munition, Militärfahrzeuge, Militärausrüstung, paramilitärischer Ausrüstung sowie Ersatzteilen nach Belarus. Dies gilt unabhängig vom Ursprung der Güter. Einfuhr, Kauf bzw. die Beförderung von Rüstungsgütern aller Art aus Belarus ist ebenfalls verboten[14)].

---

13) §§ 74 ff. Außenwirtschaftsverordnung
14) § 77 Außenwirtschaftsverordnung

4.2 Güter mit doppeltem Verwendungszweck[15)]

Verboten ist, Güter und Technologien mit doppeltem Verwendungszweck – mit oder ohne Ursprung in der EU – unmittelbar oder mittelbar an natürliche oder juristische Personen, Organisationen oder Einrichtungen in Belarus oder zur Verwendung in Belarus zu verkaufen, zu liefern, zu verbringen oder auszuführen, wenn diese Güter ganz oder teilweise für militärische Zwecke oder für einen militärischen Endnutzer bestimmt sind oder bestimmt sein könnten. Das betrifft folgende Güter aus der Liste der Güter mit doppeltem Verwendungszweck[16)].

Dies betrifft folgende Güter:

Kategorie 1	Besondere Werkstoffe und Materialien und zugehörige Ausrüstung
Kategorie 2	Werkstoffbearbeitung
Kategorie 3	Allgemeine Elektronik
Kategorie 4	Rechner
Kategorie 5	Telekommunikation und „Informationssicherheit“
Kategorie 6	Sensoren und Laser
Kategorie 7	Luftfahrtelektronik und Navigation
Kategorie 8	Meeres- und Schiffstechnik
Kategorie 9	Luftfahrt, Raumfahrt und Antriebe

4.3 Ausrüstung für interne Repression

Gemäß Artikel 1a Absatz 1 VO (EG) 765/2006 ist es verboten, die in Anhang III der VO (EG) 765/2006 aufgeführte Ausrüstung, die zur internen Repression verwendet werden kann, in Belarus oder zur Verwendung in Belarus zu verkaufen, zu liefern, weiterzugeben oder auszuführen.

4.4 Güter und Technologien zur militärischen und technologischen Stärkung Belarus

Rechtsgrundlage: Artikel 1f Absatz 1 VO (EG) 765/2006. Die Güter und Technologien sind im Anhang Va der VO (EG) 765/2006 aufgeführt.

4.5 Maschinen

Gemäß Artikel 1s Absatz 1 Buchstabe a) VO (EG) 765/2006 handelt es sich um Maschinen, die im Anhang XIV der VO (EG) 765/2006 aufgeführt sind.

4.6 Ausrüstung, Technologie oder Software für die Überwachung oder das Abhören des Internets bzw. des Telefonverkehrs

Rechtsgrundlage: Artikel 1c Absatz 1 VO (EG) 765/2006 und Artikel 1d Absatz 1 VO (EG) 765/2006). Ausrüstung, Technologie und Software sind im Anhang IV der VO (EG) 765/2006 aufgeführt.

4.7 Mineralölerzeugnisse

Rechtsgrundlage: Artikel 1h Absatz 1 VO (EG) 765/2006. Die Mineralölerzeugnisse, sind im Anhang VII der VO (EG) 765/2006 und das Rohöl ist im Anhang XXIII der VO (EG) 765/2006 aufgeführt.

4.8 Kaliumchloridprodukte

Rechtsgrundlage: Artikel 1i Absatz 1 VO (EG) 765/2006 bildet die Rechtsgrundlage und die Kaliumchloridprodukte sind im Anhang VIII der VO (EG) 765/2006 aufgeführt.

---

15) VO (EU) 2021/821 des Europäischen Parlaments und des Rates vom 20.05.2021 über eine Unionsregelung für die Kontrolle der Ausfuhr, der Vermittlung, der technischen Unterstützung der Durchfuhr und der Verbringung betreffend Güter mit doppeltem Verwendungszweck

16) Anhang 1 VO (EU) 2021/821

4.9 Holzerzeugnisse

Rechtsgrundlage. Artikel 1o Absatz 1 VO (EG) 765/2006. Die Holzerzeugnisse sind im Anhang X der VO (EG) 765/2006 aufgeführt.

4.10 Zementerzeugnisse

Rechtsgrundlage: Artikel 1p Absatz 1 VO (EG) 765/2006. Eine Auflistung der Zementerzeugnisse erfolgt im Anhang XI der VO (EG) 765/2006.

4.11 Eisen und Stahlerzeugnisse

Rechtsgrundlage: Artikel 1q Absatz 1 VO (EG) 765/2006. Die Erzeugniss sind in Anhang XIII gelistet.

4.12 Kautschukerzeugnisse

Rechtsgrundlage: Artikel 1 Absatz 1 VO (EG) 765/2006.Die Kautschukerzeugnisse sind im Anhang XIII der VO (EG) 765/2006 aufgeführt.

4.13 Ausfuhrverbot für Banknoten

Gemäß Artikel 1za Absatz 1 VO (EG) 765/2006 ist es verboten, Banknoten, die eine amtliche Währung eines Mitgliedsstaates darstellen, unmittelbar oder mittelbar an natürliche oder juristische Personen, Organisationen oder Einrichtungen in Belarus – einschließlich der Regierung und der belarussischen Zentralbank – oder zur Verwendung in Belarus zu verkaufen, zu liefern, zu verbringen oder auszuführen.

5 Sanktionen Krim, Sewastopol und spezifizierte Gebiete

Sogenannte „spezifizierte Gebiete" sind die nicht von der Regierung kontrollierten ukrainischen Gebiete in den Regionen Cherson, Donezk, Luhansk und Saporischschja[17].

Als Rechtsgrundlagen gelten VO (EU) 269/2014, die VO (EU) 692/2014 und die VO (EU) 2022/263 über restriktive Maßnahmen als Reaktion auf die Anerkennung der nicht von der Regierung der Ukraine kontrollierten Gebiete der ukrainischen Regionen Cherson, Donezk, Luhansk und Saporischschja und die Entsendung russischer Streitkräfte in diese Gebiete. Mit der VO (EU) 208/2014 vom 05.03.2014 wurden Finanzsanktionen gegenüber natürlichen oder juristischen Personen, Organisationen oder Einrichtungen verhängt, die im Anhang I aufgelistet sind.

5.1 Personenbezogene Sanktionsmaßnahmen

Bereitstellungs- und Erfüllungsverbote

Gemäß Artikel 2 VO (EU) 208/2014 und Artikel 2 VO (EU) 269/2014 werden die Gelder und wirtschaftlichen Ressourcen, die im Eigentum oder Besitz der in Anhang I der jeweiligen VO aufgeführten natürlichen oder juristischen Personen, Organisationen oder Einrichtungen sind oder von diesen gehalten oder kontrolliert werden, eingefroren. Diesen Personen, Organisationen oder Einrichtungen dürfen weder unmittelbar noch mittelbar Gelder oder wirtschaftliche Ressourcen zur Verfügung gestellt werden. Gemäß Artikel 11 VO (EU) 208/2014, Artikel 11 VO (EU) 269/2014, Artikel 6 VO (EU) 692/2014 und Artikel 10 VO (EU) 2022/263 bestehen Erfüllungsverbote für Forderungen im Zusammenhang mit in den Verordnungen verhängten Maßnahmen.

5.2 Einfuhrverbot und Ausfuhrverbote

Gemäß Artikel 2 Absatz 1 Buchstabe a) VO (EU) 692/2014 und Artikel 2 Absatz 1 Buchstabe a) VO (EU) 2022/263 besteht ein Einfuhrverbot mit Ursprung aus den genannten Gebieten.

17) Artikel 1 Buchstabe d) VO (EU) 2022/263

Gemäß VO (EU) 692/2014 und VO (EU) 2022/263 bestehen Ausfuhrverbote für Banknoten, Güter und Technologien zur Verwendung in bestimmten Schlüsselbereichen Software für Unternehmensführung, Industriedesign und Fertigung und weitere.

6 Zuständigkeiten, Verwaltungs- und Genehmigungsbehörden

6.1 BAFA[18)]

Über Maßnahmen, die EU-Verordnungen zu Russland sowie zu Krim und Sewastopol betreffen, informiert das Bundesamt für Wirtschaft und Ausfuhrkontrolle (BAFA) als zentral zuständige Verwaltungs- und Genehmigungsbehörde. Das BAFA prüft, ob die Ausfuhr von Waren und Gütern genehmigungspflichtig und genehmigungsfähig ist.

Erreichbarkeiten:
Bundesamt für Wirtschaft und Ausfuhrkontrolle (BAFA), Frankfurter Str. 29–35, 65760 Eschborn, Telefon: +49 (0)6196 908-0, Hotline Russland-Embargo, Telefon: +49 (0)6196 908-1237, Mail: ausfuhrkontrolle@bafa.bund.de, www.bafa.de

6.2 Deutsche Bundesbank

Es wurden Finanzsanktionen gegen bestimmte natürliche oder juristische Personen, Organisationen oder Einrichtungen verhängt[19)]. Es gilt das Bereitstellungsverbot. Sämtliche Gelder und wirtschaftliche Ressourcen, die im Eigentum oder Besitz dieser Personen, Organisationen oder Einrichtungen sind oder von diesen gehalten oder kontrolliert werden, sind eingefroren. Für alle Fragen im Zusammenhang mit im Rahmen von Embargo-Verordnungen der EU verhängten Finanzsanktionen ist die Deutsche Bundesbank die zuständige Behörde:

Deutsche Bundesbank, Servicezentrum Finanzsanktionen, 80281 München, Telefon: +49 (0)89 2889-3800, www.bundesbank.de

7 Empfehlungen zu Informationen

Die EU hat in mehreren Schritten Finanz- und Wirtschaftssanktionen gegen Russland, Belarus und Teilen der Ukraine erlassen. Bitte beachten Sie, dass es aufgrund der aktuellen Entwicklungen kurzfristig zu schnellen Änderungen und weiteren Anpassungen kommen kann. Für die praktische Tätigkeit sind nachfolgend weitere wesentliche EU-Verordnungen, gesetzliche Bestimmungen und Informationsquellen aufgeführt.

- Teil I A der Ausfuhrliste (Anlage AL zur AWV) finden Sie unter: www.bafa.de/DE/Aussenwirtschaft/Ausfuhrkontrolle/Gueterlisten/gueterlisten_node.html
- Arbeit mit dem elektronischen Zolltarif zur Einreihung unter: www.zoll.de/DE/Fachthemen/Zoelle/Zolltarif/Informationen-Zolltarif-Codenummer/informationen-zolltarif-codenummer_node.html
- Informationen zu verbindlichen Zolltarifauskünften unter: www.zoll.de/DE/Fachthemen/Zoelle/Zolltarif/verbindliche-Zolltarifauskunft/Gegenstand/gegenstand_node.html
- Informationen der Bundesbank unter: www.bundesbank.de/de/service/finanzsanktionen/sanktionsregimes/-/russland-ukraine--610842
- Antragstellung beim BAFA – Informationen unter: www.bafa.de/DE/Aussenwirtschaft/Ausfuhrkontrolle/ausfuhrkontrolle_node.html
- EU-Amtsblatt mit den täglich neuen Informationen unter: eur-lex.europa.eu

18) Kapitel Bundesamt für Wirtschaft und Ausfuhrkontrolle (BAFA)
19) VO (EU) Nr. 269/2014

8 Zusammenfassung wesentlicher EU-Verordnungen im Zusammenhang mit den Sanktionen Russland, Belarus und Teilen der Ukraine[20)]

- VO (EU) 833/2014 des Rates vom 31.07.2014 über restriktive Maßnahmen angesichts der Handlungen Russlands, die die Lage in der Ukraine destabilisieren zuletzt geändert durch die durch die VO (EU) 2025/1494 vom 18. Juli 2025
- VO (EU) 2024/1485 des Rates vom 27.05.2024 über restriktive Maßnahmen angesichts der Lage in Russland, zuletzt geändert durch die DVO (EU) 2025/1438 vom 15. Juli 2025
- VO (EU) 2024/2642 vom 8. Oktober 2024 über restriktive Maßnahmen angesichts der destabilisierenden Aktivitäten Russlands, zuletzt geändert durch die DVO (EU) 2025/1444 vom 15. Juli 2025
- VO (EG) 765/2006 des Rates vom 18.05.2006 über restriktive Maßnahmen angesichts der Lage in Belarus und der Beteiligung von Belarus an der Aggression Russlands gegen die Ukraine, zuletzt geändert durch die VO (EU) 2025/1472 vom 18. Juli 2025
- VO (EU) 269/2014 des Rates vom 17.03.2014 über restriktive Maßnahmen angesichts von Handlungen, die die territoriale Unversehrtheit, Souveränität und Unabhängigkeit der Ukraine untergraben oder bedrohen, zuletzt geändert durch die DVO (EU) 2025/1476 vom 18. Juli 2025
- VO (EU) 692/2014 des Rates vom 23.06.2014 über restriktive Maßnahmen als Reaktion auf die rechtswidrige Eingliederung der Krim und Sewastopols durch Annexion zuletzt geändert durch die VO (EU) 2025/401 vom 24. Februar 2025
- VO (EU) 2022/263 des Rates vom 23.02.2022 über restriktive Maßnahmen als Reaktion auf die illegale Anerkennung, Besetzung oder Annexion bestimmter nicht von der Regierung kontrollierter ukrainischer Gebiete durch die Russische Föderation, zuletzt geändert durch die VO (EU) 2025/398 vom 24. Februar 2025
- VO (EU) 208/2014 des Rates vom 05.03.2014 über restriktive Maßnahmen gegen bestimmte Personen, Organisationen und Einrichtungen angesichts der Lage in der Ukraine, zuletzt geändert durch die Durchführungsverordnung (EU) 2024/824 des Rates vom 04.03.2024
- VO (EU) 2021/821 des Europäischen Parlaments und des Rates vom 20.05.2021 über eine Unionsregelung für die Kontrolle der Ausfuhr, der Vermittlung, der technischen Unterstützung der Durchfuhr und der Verbringung betreffend Güter mit doppeltem Verwendungszweck
- VO (EU) 2025/2033 des Rates vom 23. Oktober 2025 zur Änderung der Verordnung (EU) 833/2014 über restriktive Maßnahmen angesichts der Handlungen Russlands, die die Lage in der Ukraine destabilisieren
- VO (EU) 2025/2037 des Rates vom 23. Oktober 2025 zur Änderung der Verordnung (EU) 269/2014 über restriktive Maßnahmen angesichts von Handlungen, die die territoriale Unversehrtheit, Souveränität und Unabhängigkeit der Ukraine untergraben oder bedrohen
- DVO (EU) 2025/2035 des Rates vom 23. Oktober 2025 zur Durchführung der Verordnung (EU) 269/2014 über restriktive Maßnahmen angesichts von Handlungen, die die territoriale Unversehrtheit, Souveränität und Unabhängigkeit der Ukraine untergraben oder bedrohen
- VO (EU) 2025/2041 des Rates vom 23. Oktober 2025 zur Änderung der Verordnung (EG) 765/2006 über restriktive Maßnahmen angesichts der Lage in Belarus und der Beteiligung von Belarus an der Aggression Russlands gegen die Ukraine
- DVO (EU) 2025/2039 des Rates vom 23. Oktober 2025 zur Durchführung des Artikels 8a Absatz 1 der Verordnung (EG) 765/2006 über restriktive Maßnahmen angesichts der Lage in Belarus und der Beteiligung von Belarus an der Aggression Russlands gegen die Ukraine
- Außenwirtschaftsgesetz vom 06.06.2013 (BGBl. I S. 1482), zuletzt geändert durch Artikel 2 Absatz 11 des Gesetzes vom 27.02.2024 (BGBl. 2024 I Nr. 71)
- Außenwirtschaftsverordnung vom 02.08.2013 (BGBl. I S. 2865), zuletzt geändert durch Artikel 2 der Verordnung vom 11. Dezember 2024 (BGBl. 2024 I Nr. 411) mit Anlage 1 – Ausfuhrliste

20) Ebenfalls Quellen- und Literaturangaben

Kapitel 28 CETA – Comprehensive Economic and Trade Agreement

Harald Schönherr, Dresden

Umfassendes Wirtschafts- und Handelsabkommen zwischen der EU und ihren Mitgliedstaaten und Kanada

1 Anwendung

Am 30. Oktober 2016 wurde in Brüssel das Umfassende Wirtschafts- und Handelsabkommen (CETA) zwischen Kanada und der EU und ihren Mitgliedstaaten unterzeichnet. Die Veröffentlichung des Umfassenden Wirtschafts- und Handelsabkommens zwischen der Europäischen Union und Kanada (Comprehensive Economic and Trade Agreement, CETA) erfolgte im Amtsblatt der EU Nr. L 11 vom 14. Januar 2017.

Dieses Abkommen wird nach dessen Artikel 30.7 Absatz 3 seit dem 21. September 2017 von der Europäischen Union vorläufig angewendet. Nach Artikel 1 Absatz 1 des Beschlusses des Rates vom 28. Oktober 2016 erfolgt die vorläufige Anwendung, bis die für den endgültigen Abschluss erforderlichen Verfahren abgeschlossen sind. Dazu zählen u.a. nationale Abstimmungen einzelner Mitgliedsländer der EU[1)]. Am 01. Dezember 2022 hat der Bundestag die Ratifizierung des Freihandelsabkommens CETA zwischen der Europäischen Union und Kanada beschlossen. Die vorläufige Anwendung von CETA ab dem 21. September 2017 beschränkt sich auf den Handelsteil des Abkommens. Ziel ist ein deutlich verbesserter Marktzugang für Waren und Dienstleistungen sowie im Bereich des öffentlichen Auftragswesens.

Die Vertragsparteien vereinbaren u.a. die Schaffung eines erweiterten und sicheren Marktes für ihre Waren und Dienstleistungen durch den Abbau oder die Beseitigung von Handels- und Investitionshemmnissen. Weitere wesentliche, mit Vorteilen verbundene Inhalte sind:
- Förderung von Wachstum und Beschäftigung in der EU
- Schaffung von gerechten Wettbewerbsbedingungen in Kanada für große und kleine EU-Unternehmen
- Niedrigere Preise und eine größere Auswahl für europäische Konsumenten
- Senkung der Zölle für Exporteure und Importeure (für ca. 98 Prozent aller zwischen der EU und Kanada gehandelten Waren werden die Zölle abgeschafft)
- Reduzierung weiterer Unternehmenskosten
- Erleichterter Marktzugang für EU-Dienstleister in Kanada (z.B. Finanzdienstleistungen, Telekommunikation, Energie und Seeverkehr)
- Teilnahme von EU-Unternehmen an öffentlichen Ausschreibungen in Kanada
- Unterstützung ländlicher Regionen Europas bei der Vermarktung typischer Erzeugnisse
- Förderung höherer Investitionen kanadischer Unternehmen in Europa

Aus wirtschaftlicher Sicht ist besonders relevant, dass keine Zölle mehr für bestimmte Industriegüter erhoben werden, Unternehmen aus der EU besseren Zugang zum kanadischen Markt erhalten und der Mittelstand durch einheitliche Regularien deutliche entlastet wird.

Das Freihandelsabkommen CETA soll den deutsch-kanadischen Handel beleben. Die Nutzung der Zollpräferenzen, die das Abkommen zwischen Kanada und der EU bietet, ist für Unternehmen besonders attraktiv. Firmen, die bereits in Kanada tätig sind, schätzen insbesondere die Gewinnmargen, die hohe Kaufkraft sowie den hervorragend ausgebildeten Nachwuchs im Hightech-Sektor.

2 Handelsbeziehungen zwischen der EU und Kanada

CETA soll neue Handels- und Investitionsmöglichkeiten für Europäer und Kanadier erschließen. Die folgenden Zielsetzungen haben Priorität[2)]:

1) Es haben 17 Staaten, Dänemark, Estland, Finnland, Deutschland, Kroatien, Lettland, Litauen, Luxemburg, Malta, Österreich, Niederlande, Portugal, Rumänien, Schweden, Slowakei, Spanien und Tschechien sowie das aus der EU ausgeschiedene Vereinigte Königreich, das Abkommen ratifiziert (Stand November 2024).

2) In Anlehnung an die Präambel – Beschluss (EU) 2017/37 des Rates vom 28. Oktober 2016

- die Einbindung in die Weltwirtschaft als Quelle des Wohlstands für die Bürgerinnen und Bürger
- Engagement für freien und fairen Handel, mit Nutzen möglichst für breite Schichten der Gesellschaft
- Hauptzweck des Handels ist die Steigerung des Wohlergehens der Bürgerinnen und Bürger durch die Förderung von Arbeitsplätzen und die Schaffung eines nachhaltigen Wirtschaftswachstums
- im öffentlichen Interesse der EU und Kanada regelnd tätig zu werden
- die Wirtschaftstätigkeit im Rahmen einer von den staatlichen Stellen festgelegten klaren und transparenten Regulierung auszuüben u.a.

Die EU, ihre Mitgliedstaaten und Kanada verpflichten sich, die öffentliche Gesundheit, Sozialdienstleistungen, das öffentliche Bildungswesen, Sicherheit, Umweltschutz, öffentliche Sittlichkeit, den Schutz der Privatsphäre und des Datenschutzes sowie die Förderung und den Schutz kultureller Vielfalt stets zu berücksichtigen. CETA wird die bestehenden Standards und Vorschriften in den Bereichen Lebensmittelsicherheit, Produktsicherheit, Verbraucherschutz, Gesundheit, Umweltschutz und Arbeitsschutz nicht absenken. Eingeführte Waren, Dienstleistungserbringer und Investoren müssen den innerstaatlichen Anforderungen einschließlich aller geltenden Vorschriften und Regelungen genügen.

Ein beonderer Schwerpunkt liegt auf dem Abbau und der Beseitigung von Einfuhrzöllen. Die EU und Kanada verpflichten sich, Zölle zu senken und abzuschaffen. Dies betrifft insbesondere Ursprungswaren einer Vertragspartei, bei denen die vereinbarten Ursprungskriterien und Ursprungsbestimmungen erfüllt sind[3].

3 Zollanwendungen – Ursprungs- und Verfahrensregelungen

Aus dem seit dem 21. September 2017 anwendbaren Handelsteil des CETA-Abkommens ergeben sich aus praktischer Sicht Fragen zu Ursprungsnachweisen und Verfahrensregelungen. Die Gewährung von Zollpräferenzen auf CETA-Grundlage ist unabhängig vom Zeitpunkt der Herstellung bzw. des Versands der Ursprungserzeugnisse.

Für Einfuhren nach Kanada erweitert Kanada die Präferenzgewährung auf Erzeugnisse, die den Bestimmungen des CETA-Ursprungsprotokolls entsprechen. Vorbehaltlich der Vorlage einer Ursprungserklärung können die Bestimmungen des Abkommens auf solche Erzeugnisse angewendet werden.

Die Inanspruchnahme der vereinbarten Zollpräferenzen[4] setzt die Prüfung der im Abkommen festgelegten Ursprungsregeln voraus, ob es sich bei der aus- bzw. einzuführenden Ware um ein Ursprungserzeugnis handelt. Ein Ursprungserzeugnis einer Vertragspartei ist ein Erzeugnis, bei dem der letzte Herstellungsschritt im Gebiet einer Vertragspartei oder im Gebiet beider Vertragsparteien erfolgt ist und das:
- vollständig gewonnen oder hergestellt wurde
- ausschließlich aus Vormaterialien mit Ursprungseigenschaft hergestellt wurde oder
- ausreichend gefertigt wurde[5].

Die Ursprungsregelungen zur „ausreichenden Fertigung" können im Anhang 5 des CETA-Ursprungsprotokolls eingesehen werden.

Es sind keine förmlichen Präferenznachweise vorgesehen. Das Ursprungsprotokoll sieht lediglich nur eine Ursprungserklärung vor, die auf einer Rechnung oder einem anderen Handelspapier abgegeben werden muss. Das Ursprungserzeugnis ist dabei eindeutig zu bezeichnen, um eine Prüfung der Nämlichkeit zu ermöglichen. Die Ursprungserklärung ist 12 Monate gültig.

4 Ursprungsnachweise[6]

Da keine förmlichen Präferenznachweise vorgesehen sind, ist auf die Ursprungserklärungen zu achten. CETA sieht als Präferenznachweis bei der Ausfuhr sowohl Ursprungserklärungen als auch Erklärungen

3) Beschluss (EU) 2017/37 Artikel 2.4 – Abbau und die Beseitigung von Einfuhrzöllen, Wirtschafts- und Handelsabkommens (CETA) zwischen Kanada einerseits und der Europäischen Union und ihren Mitgliedstaaten andererseits
4) Kapitel Warenursprung und Präferenzen
5) Ursprungsregeln zur Festlegung der Ursprungseigenschaft einer Ware – Artikel 2 ff. CETA-Ursprungsprotokoll
6) Protokoll über Ursprungsregeln und Ursprungsbestimmungen Artikel 18 bis 20

eines registrierten Ausführers (REX) vor[7]. Die Erklärung muss auf einer Rechnung oder einem anderen Handelspapier abgegeben werden.

Folgende Varianten der Ursprungserklärung sind möglich:
- Ursprungserklärungen, sofern der Wert der Ursprungserzeugnisse in einer Sendung 6 000 Euro nicht überschreitet
- Ursprungserklärungen eines registrierten Ausführers (REX) nach Art. 68 UZK-IA[8]; in der Ursprungserklärung ist die REX-Nummer anzugeben[9]

Ursprungserklärungen auf Grundlage einer Bewilligung als ermächtigter Ausführer[10] sind seit dem 1. Januar 2018 nicht mehr zulässig. Bei Exporten aus der EU nach Kanada ist keine Unterschrift auf der Ursprungserklärung erforderlich[11]. Die erforderliche Aufbewahrungsdauer der Unterlagen ergibt sich aus § 147 der Abgabenordnung (AO)[12].

Wortlaut der Ursprungserklärung bei Verwendung der REX Nummer:

Deutsche Version

(Zeitraum: von ____________ bis ____________)

Der Ausführer (registrierter Ausführer; Registernummer DEREX Nr.........) der Waren, auf die sich dieses Handelspapier bezieht, erklärt, dass diese Waren, soweit nichts anderes angegeben, präferenzbegünstigte ... Ursprungswaren sind.

(Ort und Datum)

(Unterschrift des Ausführers und Name in Druckschrift)

Englische Version

(Period: from ____________ to ____________)

The exporter of the products covered by this document (customs authorization No DEREX Nr ....) declares that, except where otherwise clearly indicated, these products are of ... preferential origin.

(Place and date)

(Signature and printed name of the exporter)

5 Registrierter Ausführer (REX)

Das System des registrierten Ausführers (REX) wurde im Allgemeinen Präferenzsystem (APS) der Europäischen Union für den Warenverkehr mit Entwicklungsländern eingeführt. Im Gegensatz zum ermächtigten Ausführer[13] handelt es sich beim REX-System um keinen bewilligungsbedürftigen Status, sondern um eine Registrierung in einer zentralen Datenbank. Eine Registrierung in den Mitgliedstaaten der EU ist seit dem 1. Januar 2017 möglich und gilt für alle Warenverkehre, die das System vorsehen. Ein Unternehmen, das bereits im Hinblick auf das APS registriert ist, benötigt keine zusätzliche Registrierung für CETA[14].

---

7) Kapitel Warenursprung und Präferenzen
8) Durchführungsverordnung (EU) 2015/2447 der Kommission vom 24. November 2015 mit Einzelheiten zur Umsetzung von Bestimmungen der Verordnung (EU) Nr. 952/2013 des Europäischen Parlaments und des Rates zur Festlegung des Zollkodex der Union, Artikel 68 Registrierung von Ausführern außerhalb des Rahmens des APS der Union, (UZK-IA)
9) Ursprungserklärungen nach Artikel 18 und 19 i.V.m. Anhang 2 des Ursprungsprotokolls CETA
10) Kapitel Bewilligungen und Bewilligungsvoraussetzungen
11) Artikel 68 Absatz 7 UZK-IA
12) Kapitel Abgabenordnung – Archivierung
13) Kapitel Bewilligungen und Bewilligungsvoraussetzungen
14) Artikel 68 ff. UZK-IA

Für die Registrierung als REX ist ein schriftlicher Antrag[15] beim Hauptzollamt zu stellen, in dessen Bezirk der Antragsteller seine präferenzrechtliche Buchhaltung führt. Jeder registrierte Ausführer erhält eine Registrierungsnummer (REX-Nummer), die in der festgelegten Schreibweise in der Ursprungserklärung anzugeben ist. Sie setzt sich wie folgt zusammen:
- Stellen 1 und 2: Länderkürzel „DE“ für Deutschland
- Stellen 3 bis 5: „REX“ als Code für den Status „registrierter Ausführer“
- Stellen 6 bis 9: Dienststellenschlüssel des registrierenden Hauptzollamts
- Stellen 10 bis 13: Vierstellige fortlaufende Nummer

6 Quellenangaben, gesetzliche Grundlagen und weiterführende Literatur

- Verordnung (EU) 952/2013 vom 9. Oktober 2013 zur Festlegung des Zollkodex der Union (UZK)
- Verordnung (EU) 2015/2446 vom 28. Juli 2015 zur Ergänzung des UZK und Verordnung (EU) 2016/651 vom 5. April 2016 zur Berichtigung der Delegierten Verordnung (DA)
- Verordnung (EU) 2015/2447 vom 24. November 2015 mit Einzelheiten zur Umsetzung der Bestimmungen des UZK-IA
- Beschluss (EU) 2017/37 DES RATES vom 28. Oktober 2016 über die Unterzeichnung – im Namen der Europäischen Union – des umfassenden Wirtschafts- und Handelsabkommens (CETA) zwischen Kanada einerseits und der Europäischen Union und ihren Mitgliedstaaten andererseits
- Beschluss (EU) 2017/38 DES RATES vom 28. Oktober 2016 über die vorläufige Anwendung des umfassenden Wirtschafts- und Handelsabkommens (CETA) zwischen Kanada einerseits und der Europäischen Union und ihren Mitgliedstaaten andererseits
- Vorschlag für einen Beschluss des Rates über die Unterzeichnung – im Namen der Europäischen Union – des umfassenden Wirtschafts- und Handelsabkommens zwischen Kanada einerseits und der Europäischen Union und ihren Mitgliedstaaten andererseits – Straßburg, den 5.7.2016, COM (2016) 444 final 2016/0206 (NLE)
- AO – Abgabenordnung in der Fassung der Bekanntmachung vom 23. Januar 2025 (BGBl. 2025 I Nr. 24)
- Protokoll über Ursprungsregeln und Ursprungsbestimmungen, Brüssel, den 14. September 2016, Dossier 2016/0206 (NLE)
- Merkblatt CETA – Version 13. März 2025, Generalzolldirektion, Direktion V, Recht des grenzüberschreitenden Warenverkehrs/Besonderes Zollrecht, Referat Warenursprungs- und Präferenzrecht
- Merkblatt „Registrierter Ausführer (REX)“ für Ausführer und Wiederversender in der EU – Version 13. März 2025, Generalzolldirektion, Direktion V, Recht des grenzüberschreitenden Warenverkehrs/Besonderes Zollrecht, Referat Warenursprungs- und Präferenzrecht
- https://www.zoll.de

15) Anhang 22-06 A UZK-IA – elektronisch ausfüllbares Antragsformular 0442 im Formular-Management-System der Bundesfinanzverwaltung

Kapitel 29 Mercosur-Abkommen[1)]

Harald Schönherr, Dresden

1 Aktuelle Situation

Geopolitische Spannungen, Konflikte, Auseinandersetzungen und Kriege sind wesentliche Merkmale unserer Zeit. Deshalb sind Zusammenarbeit, internationale Kooperationen und Ausweitungen des Handels zwischen Vertragspartnern unabdingbar. Partnerschaftsabkommen sollten darauf abzielen, den Vertragsstaaten Möglichkeiten zu eröffnen, die eigene wirtschaftliche Entwicklung zu forcieren. Die wirtschaftliche Unabhängigkeit beteiligter Länder soll gestärkt und widerstandsfähiger gegen ungewollte, nicht immer zu verhindernde wirtschaftliche Risiken gemacht werden.

Der anhaltende Russland-Ukraine-Konflikt hat nicht nur zu erheblichen sicherheitspolitischen Herausforderungen geführt, sondern auch weitreichende wirtschaftliche Auswirkungen auf die EU. Weiterhin verstärken Handelskonflikte, einschließlich der nicht kalkulierbaren Zollpolitik unter Donald Trump, und eine zunehmende wirtschaftliche Abhängigkeit von China die Unsicherheiten in wichtigen Bereichen des europäischen Marktes. Vor diesem Hintergrund ist ein Abkommen zwischen der Europäischen Union und den Mercosur-Staaten ein wichtiger und notwendiger Schritt.

2 Beteiligte Staaten und Ziele des Zusammenschlusses von Mercosur

<u>Mitgliedsstaaten</u>
Argentinien
Brasilien
Paraguay
Uruguay

<u>Assoziierte Staaten</u>
Chile
Peru
Ecuador
Kolumbien

<u>Staaten mit Beobachterstatus</u>
Mexiko
Neuseeland

Durch Mercosur soll die regionale Integration seiner Mitgliedstaaten durch politische, wirtschaftliche und soziale Zusammenarbeit gefördert werden. Die Ziele lassen sich wie folgt zusammengefassen:

1. Wirtschaftliche Integration
   Dies beinhaltet u.a. die schrittweise Abschaffung von Zöllen und anderen Handelshemmnissen sowie die Harmonisierung von Normen und Standards.
2. Gemeinsame Außenhandelspolitik
   Mercosur strebt u.a. die Einführung eines gemeinsamen Außenzolltarifs und die Koordination der Handelspolitik gegenüber Drittstaaten an.
3. Makroökonomische Koordination
   Dazu gehört u.a. die Koordination von Agrar-, Industrie-, Fiskal- und Geldpolitik, um wirtschaftliche Ungleichgewichte innerhalb der Region zu verringern.
4. Soziale und technologische Entwicklung
   Die Förderung von Forschung und technologischer Entwicklung soll die sozialen Bedingungen in den Mitgliedstaaten verbessern. Dazu gehören die gemeinsame Finanzierung von Innovationsprojekten sowie der Austausch von technischem Know-how.

1) Abkürzung Mercosur – Mercado Común del Sur, Übersetzung – Gemeinsamer Markt des Südens

5. Stärkung der regionalen Identität
   Mercosur ist ein soziales und kulturelles Integrationsprojekt mit Förderung des interkulturellen Austauschs und zur Stärkung der regionalen Identität.

3 Partnerschaftsabkommen zwischen EU und Mercosur

Mercosur ist für die EU ein wichtiger Exportmarkt und großer Handelspartner in Lateinamerika. Zwischen der EU und Mercosur besteht derzeit kein Präferenzhandelsabkommen[2)]. Im Jahre 2023 exportierte die EU in die Mitgliedsstaaten Waren im Wert von 56 Mrd. € und im Jahre 2022 wurden Dienstleistungen mit einem Wert von 28 Mrd. € exportiert[3)].

Zum gegenwärtigen Zeitpunkt[4)] bestehen seitens Mercosur umfangreiche Handelshemmnisse, wie hohe Einfuhrzölle, aufwändige Zollverfahren, sowie zahlreiche technische Vorschriften und Standards. Mercosur ist der zehntgrößte Handelspartner der EU im Warenhandel. Ein großer Markt mit über 274 Millionen Menschen bietet den europäischen Unternehmen erhebliches Handelspotenzial. Zwischen der EU und vielen Ländern Lateinamerikas bestehen bereits Handelsabkommen. Ein Abkommen mit Mercosur, kann sich präferenziell für den EU-Export positiv auswirken und politische Akzente gegenüber weiteren lateinamerikanischen Ländern setzen. Nach Wirksamwerden des Abkommens soll für den Warenhandel Folgendes erreicht werden:
- Abschaffung der Einfuhrzölle auf europäische Waren,
- Abbau von Hindernissen für EU-Ausfuhren,
- Beseitigung unnötiger restriktiver und von internationalen Standards abweichender Vorschriften und Regeln,
- Abschaffung von Einfuhrlizenzen und Konformitätsbewertungsverfahren u.a.

Ausfuhrseitig aus der EU wird sich dies auf folgende Erzeugnisbereiche positiv auswirken:
- Agrar- und Nahrungsmittelerzeugnisse,
- Maschinen,
- Arzneimittel,
- Personenkraftwagen,
- Textilien und Bekleidung u.a.

Auch der Handel mit Dienstleistungen und Investitionen wird wesentlich erleichtert. Dies betrifft insbesondere unternehmensbezogene Dienstleistungen, Finanzdienstleistungen, Telekommunikation, Seetransport, Post- und Kurierdienste u.a.

Mit dem Abkommen werden Voraussetzungen dafür geschaffen, damit in Europa aus einem größeren und günstigeren Waren- und Dienstleistungsangebot gewählt werden kann. Die europäischen Landwirte erhalten einen leichteren Zugang zum Mercosur-Markt und größere Absatzmöglichkeiten ihrer Erzeugnisse in einem 284-Millionen-Verbrauchermarkt.

Die Gesundheits- und Pflanzenschutznormen der EU werden von diesem Partnerschaftsabkommen berührt. Entscheidungen der EU zum Schutz der Produktion und der Verbraucher vor eingeführten Erzeugnissen werden durch Risikobewertungen der Europäischen Behörde für Lebensmittelsicherheit (EFSA) garantiert. Die Gesundheits- und Pflanzenschutznormen der EU werden sich nicht ändern. Bei Notwendigkeit wird die EU weitere Vorschriften zur Lebensmittelsicherheit erlassen. Alle importierten Lebensmittel müssen den EU-Gesundheits- und Pflanzenschutznormen entsprechen.

4 Aktueller Stand des Abkommens

Grundlage für die Beziehungen der EU mit den Mercosur-Staaten ist das Rahmenabkommen über Zusammenarbeit vom Dezember 1995, welches am 1. Juli 1999 in Kraft getreten ist.

---

2) Kapitel Warenursprung und Präferenzen
3) Zahlen entnommen: Europäische Kommission – Fragen und Antworten zum Partnerschaftsabkommen EU-Mercosur, Brüssel 6. Dezember 2024
4) Redaktionsschluss

Die EU verhandelt seit 1999 mit den Mercosur-Staaten Argentinien, Brasilien, Paraguay und Uruguay über ein Assoziierungsabkommen zur Schaffung verlässlicher stabiler und berechenbarer Regeln für den Handel mit Waren, Dienstleistungen und Investitionen. Am 6. Dezember 2024 wurden die Verhandlungen über ein Partnerschaftsabkommen abgeschlossen.

Nächste Schritte im Ratifizierungsprozess sind abschließende politische Beratungen durch den Rat der EU und das Europäische Parlament zu den Vorschlägen der EU-Kommission. Einige EU-Staaten, u.a. Frankreich und Italien, sehen Gefahren, insbesondere im landwirtschaftlichen Bereich.

Deshalb ist die abschließende Ratifizierung des EU-Mercosur-Abkommens – die von verschiedenen politischen und wirtschaftlichen Faktoren beeinflusst wird – schwierig einschätzbar, zumal auch die nationalen Parlamente zustimmen müssen.

5 Quellen und weiterführende Literatur

- https://ec.europa.eu/commission/presscorner/detail/de/qanda_24_6245-EU-Mercosur-Abkommen bietet Potenzial – aber nicht ohne Hürden. DIHK, 31.03.2025
- Warum das EU-Mercosur-Abkommen für unsere Wirtschaft wichtig ist. DIHK 10.01.2025
- Europäische Kommission – Fragen und Antworten zum Partnerschaftsabkommen EU-Mercosur, Brüssel 6. Dezember 2024
- Einigung auf MERCOUSR-Freihandelsabkommen. In: EU einigt sich mit MERCOSUR auf Freihandelsabkommen – Bundesregierung 07.12.2024
- Mercosur-Abkommen einfach erklärt – Aktueller Stand, Inhalt und Kritik, T. Reddel – Online-Redaktion, Forum Verlag Herkert GmbH, 20.01.2025

Kapitel 30 Ein- und Ausfuhr von fluorierten Treibhausgasen sowie von Erzeugnissen und Einrichtungen, die diese Gase enthalten bzw. zum Funktionieren benötigen[1)]

Harald Schönherr, Dresden

1 Fluorierte Treibhausgase

Fluorierte Treibhausgase sind künstlich hergestellte Chemikalien, die sehr starke Treibhausgase sind und oft um ein Vielfaches stärker wirken als Kohlendioxid. Gemeinsam mit Methan und Distickstoffoxid gehören fluorierte Treibhausgase zur Gruppe der Treibhausgasemissionen, die unter das Übereinkommen von Paris fallen.

Die Verordnung (EU) 2024/573 über fluorierte Treibhausgase ist am 11. März 2024 in Kraft getreten und ersetzt die Verordnung (EU) Nr. 517/2024. Die Verordnung (EU) 2024/590 über Stoffe, die zum Abbau der Ozonschicht führen ist am 11. März 2024 in Kraft getreten und ersetzt die Verordnung (EU) Nr. 1005/2009.

Beide Verordnungen enthalten wichtige Bestimmungen und Pflichten, die bei der Einfuhr und Ausfuhr betroffener Waren anzuwenden sind. Sowohl für F-Gase als auch für ODS[2)] wurden seitens der EU-Kommission TARIC-Maßnahmen integriert. Mit der neuen F-Gas-Verordnung (EU) 2024/573 tritt eine Regelung in Kraft, die weitreichende Auswirkungen nicht nur auf viele Industriezweige, sondern auch auf den grenzüberschreitenden Warenverkehr hat. Dies betrifft u.a. die Registrierung bzw. Lizenzvorlage bei Ein- bzw. Ausfuhren von Erzeugnissen und Einrichtungen, die diese Gase enthalten oder zu ihrem Funktionieren benötigen.

2 Begriffsbestimmungen

„Betreiber" bezeichnet das Unternehmen, das die tatsächliche Kontrolle über das technische Funktionieren der unter diese Verordnung fallenden Erzeugnisse, Einrichtungen oder Anlagen ausübt, oder den Eigentümer, dem durch einen Mitgliedstaat für bestimmte Situationen die Pflichten des Betreibers übertragen wurden[3)].

„Inverkehrbringen" bezeichnet die Überlassung zum zollrechtlich freien Verkehr in der Union, die erstmalige entgeltliche oder unentgeltliche Lieferung oder Bereitstellung an Dritte innerhalb der Union oder die Verwendung von hergestellten Stoffen sowie von Erzeugnissen oder Einrichtungen, die für den Eigengebrauch hergestellt wurden[4)].

„Einfuhr" bezeichnet den Eingang von Stoffen, Erzeugnissen und Einrichtungen in das Zollgebiet der Union, soweit das Gebiet von der Ratifizierung des Montrealer Protokolls von 1987 über Stoffe, die zu einem Abbau der Ozonschicht führen, erfasst ist, und umfasst die vorübergehende Verwahrung und die Zollverfahren gemäß den Artikeln 201 und 210 der Verordnung (EU) Nr. 952/2013[5)].

Mit dem Verweis auf den UZK[6)] sind demzufolge vom Begriff „Einfuhr" nach der F-Gase-VO inbegriffen:
- die vorübergehende Verwahrung,
- die Überlassung zum zollrechtlich freien Verkehr,
- die besonderen Verfahren Versand (externer und interner Versand), Lagerung (Zolllager und Freizonen), Veredelung (aktive und passive Veredelung) und Verwendung (vorübergehende Verwendung und Endverwendung).

1) F – Gase
2) ODS – ozonabbauende Stoffe
3) Artikel 3 Nr. 5 VO (EU) 2024/573
4) Artikel 3 Nr. 6 VO (EU) 2024/573
5) Artikel 3 Nr. 7 VO (EU) 2024/573
6) Kapitel Unionszollkodex (UZK)

In diesem Zusammenhang ist zwischen „Inverkehrbringen“ und „Einfuhr“ nach der F-Gase-VO zu unterscheiden: „Inverkehrbringen“ umfasst nur die Überlassung zum zollrechtlich freien Verkehr, während die besonderen Verfahren von der „Einfuhr“ erfasst werden.

„Ausfuhr“ bezeichnet den Ausgang von Stoffen, Erzeugnissen und Einrichtungen aus dem Zollgebiet der Union, soweit das Gebiet von der Ratifizierung des Montrealer Protokolls erfasst ist[7)].

3 Festlegungen, Anwendungsbereich, Erzeugnisse/Einrichtungen

Festlegungen in der VO (EU) 2024/573:
- Regeln für die Emissionsbegrenzung, Verwendung, Rückgewinnung, Recycling, Aufarbeitung und Zerstörung von fluorierten Treibhausgasen und zusätzlichen Maßnahmen wie Zertifizierung und Ausbildung, die den sicheren Umgang mit fluorierten Treibhausgasen und alternativen, nicht fluorierten Stoffen umfassen,
- Auflagen für die Produktion, Einfuhr und Ausfuhr, das Inverkehrbringen, die anschließende Lieferung und die Verwendung von fluorierten Treibhausgasen sowie von bestimmten Erzeugnissen und Einrichtungen, die fluorierte Treibhausgase enthalten oder zu ihrem Funktionieren benötigen,
- Auflagen für bestimmte Verwendungen von fluorierten Treibhausgasen,
- Mengenbegrenzungen für das Inverkehrbringen von teilfluorierten Kohlenwasserstoffen u.a.

Anwendungsbereich VO (EU) Nr. 2024/573:
- die in den Anhängen I, II und III aufgeführten fluorierten Treibhausgase, unabhängig davon, ob sie allein oder als Gemische vorliegen, und
- Erzeugnisse und Einrichtungen, einschließlich ihrer Teile, die fluorierte Treibhausgase enthalten oder zu ihrem Funktionieren benötigen.

Ausgewählte Erzeugnisse und Einrichtungen
- Kraftfahrzeuge, deren Klimaanlagen solche Gase enthalten,
- Fahrzeuge oder andere Produkte, die keine Kältemittel mit F-Gasen enthalten, jedoch später damit befüllt werden müssen,
- Haushaltskühl- und Gefriergeräte,
- Kühlgeräte und Gefriergeräte für die gewerbliche Verwendung,
- Kälteanlagen,
- ortsfeste Klimaanlagen und ortsfeste Wärmepumpen,
- Fenster für Wohnhäuser, die in Anhang I aufgeführte fluorierte Treibhausgase enthalten,
- Reifen, die in Anhang I aufgeführte fluorierte Treibhausgase enthalten u.a.

4 Registrierung im F-Gas-Portal – Voraussetzung für Zollanmeldung Ein- oder Ausfuhr und Inhalte Zollanmeldung

4.1 Rechtsgrundlagen

Unternehmen müssen gemäß Artikel 20 Abs. 4 Verordnung (EU) 2024/573 über eine gültige Registrierung im F-Gas-Portal verfügen, bevor sie fluorierte Treibhausgase sowie Erzeugnissen und Einrichtungen, die fluorierte Treibhausgase enthalten, ein- oder ausführen:

„Unternehmen müssen über eine gültige Registrierung im F-Gas-Portal verfügen, bevor sie eine der folgenden Tätigkeiten ausführen:
a) Ein- oder Ausfuhr von fluorierten Treibhausgasen sowie Erzeugnissen und Einrichtungen, die fluorierte Treibhausgase enthalten, außer im Falle der vorübergehenden Verwahrung im Sinne des Artikels 5 Nummer 17 der Verordnung (EU) Nr. 952/2013................“

Den Zollbehörden ist für die Ein- und Ausfuhr von fluorierten Treibhausgasen sowie von Erzeugnissen und Einrichtungen, die diese Gase enthalten oder zu ihrem Funktionieren benötigen, eine von der Kom-

7) Artikel 3 Nr. 8 VO (EU) 2024/573

mission gemäß Artikel 20 Absätze 4 und 5 der VO erteilte gültige Lizenz vorzulegen (Artikel 22 Absatz 1 der Verordnung).

Artikel 20 Absatz 5 VO (EU) 2024/573:
„Eine gültige Registrierung im F-Gas-Portal zum Zeitpunkt der Ein- oder Ausfuhr stellt eine Lizenz gemäß Artikel 22 dar".

Artikel 22 Absatz 1 VO (EU) 2024/573:
„Außer im Fall einer vorübergehenden Verwahrung ist den Zollbehörden für die Ein- und Ausfuhr von fluorierten Treibhausgasen sowie von Erzeugnissen und Einrichtungen, die diese Gase enthalten oder zu ihrem Funktionieren benötigen, eine von der Kommission gemäß Artikel 20 Absätze 4 und 5 erteilte gültige Lizenz vorzulegen".

Artikel 23 Absatz 3 VO (EU) 2024/573:
„Den Zollbehörden sind in der Zollanmeldung – bei Einfuhren von fluorierten Treibhausgasen und von Erzeugnissen und Einrichtungen, die diese Gase enthalten oder zu ihrem Funktionieren benötigen, vom Einführer oder, falls nicht verfügbar, vom Anmelder, der in der Zollanmeldung oder der Anmeldung zur vorübergehenden Verwahrung angegeben ist, und bei Ausfuhren vom in der Zollanmeldung angegebenen Ausführer – siehe 4.3 – zu übermitteln".

Aus zollpraktischer Sicht sei darauf hingewiesen, dass gemäß Artikel 22 Absatz 1 F-Gase-Verordnung die vorübergehende Verwahrung von der Pflicht zur Registrierung ausgenommen ist, außer im Zusammenhang mit den besonderen Verfahren, wobei das Freizonenverfahren ausgenommen ist[8].
Zu beachten ist ferner Absatz 2 des Artikels 23 der F-Gase-Verordnung. Beim Versandverfahren wird – abweichend von den anderen besonderen Verfahren – nicht auf die Registrierung im F-Gas-Portal abgestellt. Es ist festgelegt, dass „Inhaber des Verfahrens" das Unternehmen ist, das über Quoten oder Genehmigungen zur Nutzung von Quoten verfügt[9].

4.2 Registrierung

Registrierung unter: https://ecas.ec.europa.eu/cas/eim/external/register.cgi
1. EU-Login erstellen
   (Besuchen der Anmeldeseite der Europäischen Kommission, um ein Konto zu erstellen.)
2. Anmeldung im F-Gas-Portal
   Zugriff mit neuen EU-Zugangsdaten direkt auf das F-Gas-Portal.
3. Abschluss der Registrierung und Absendung
   Auswählen, ob EU-Unternehmen, Nicht-EU-Unternehmen, Zollbehörde oder Wirtschaftsprüfer. Es erscheint ein gezieltes Registrierungsformular, das alle erforderlichen Details und Unterlagen enthält.
4. Überprüfung durch die Kommission
   Die Registrierung wird auf Vollständigkeit und Richtigkeit überprüft.
5. Feedback und Korrektur
   Wenn vollständig und richtig - Ergebnis: Die Kommission bestätigt den Registrierungsantrag.

Wenn unvollständige, falsch oder zusätzliche Informationen benötigt werden – Ergebnis: Die Kommission stellt Probleme fest oder fordert zusätzliche Informationen an und sendet den Registrierungsantrag zurück.

4.3 Inhalte der Zollanmeldung[10] und Codierungen

a) Registriernummer im F-Gas-Portal (Code Y123),
b) Registrierungs- und Identifizierungsnummer für Wirtschaftsbeteiligte (EORI-Nummer),
c) Nettomasse von Massengut-Gasen sowie von Gasen, die in Erzeugnissen und Einrichtungen sowie in Teilen davon enthalten sind (Code Y163),

8) Beim Freizonenverfahren ist nach UZK keine Zollanmeldung erforderlich.
9) Vgl. Artikel 23 Absatz 2 F-Gase-VO
10) Vgl. Artikel 23 Absatz 3 VO (EU) 2024/573

d) Warencode, in den die Waren eingereiht sind;
e) Tonnen CO^2-Äquivalent an Massengut-Gasen und an Gasen, die in Erzeugnissen und Einrichtungen sowie Teilen davon enthalten sind Code Y121).

Codierungen

Y121: Tonnen CO2-Äquivalent von Gasen als Massengut und von Gasen, die in Erzeugnissen oder Einrichtungen enthalten sind, sowie Teile davon,

Y123: Unternehmen, das gemäß Artikel 20 der Verordnung (EU) 2024/573 auf dem F Gas-Portal registriert ist,

Y163: Nettomasse der fluorierten Treibhausgase in Erzeugnissen und Einrichtungen.

5 Quellenangaben und weiterführende Literatur

- Verordnung (EU) 2024/573 des Europäischen Parlaments und des Rates vom 7. Februar 2024 über fluorierte Treibhausgase, zur Änderung der Richtlinie (EU) 2019/1937 und zur Aufhebung der Verordnung (EU) Nr. 517/2014
- Verordnung (EU) 2024/590 des Europäischen Parlaments und des Rates vom 7. Februar 2024 über Stoffe, die zum Abbau der Ozonschicht führen, und zur Aufhebung der Verordnung (EG) Nr. 1005/2009
- Verordnung (EU) Nr. 952/2013 vom 9. Oktober 2013 zur Festlegung des Zollkodex der Union (UZK)
- ATLAS – Info 0736/25 – ATLAS – Ausfuhr: Fluorierte Treibhausgase (F-Gas) und Stoffe, die zum Abbau der Ozonschicht führen (ODS-Waren)
- ATLAS – Info 0700/25 – ATLAS – Einfuhr, ATLAS – Ausfuhr, ATLAS – Versand: Allgemeine Hinweise zur Anmeldung von TARIC-Codierungen für fluorierte Treibhausgase (F-Gase) und ozonabbauende Stoffe (ODS)
- ATLAS-Info Nr. 0804/25 – Einfuhr wie auch die Ausfuhr von fluorierten Treibhausgasen
- ATLAS-Info Nr. 0771/25 – ATLAS Versand
- https://www.umweltbundesamt.de/themen/klima-energie/fluorierte-treibhausgase-fckw/rechtliche-regelungen/eu-verordnung-ueber-fluorierte-treibhausgase#aktuelles
- https://ec.europa.eu/clima/eu-action/fluorinated-greenhouse-gases/f-gas-portal-hfc-licensing-system quota-allocation-authorisation-and-reporting_en
- https://climate.ec.europa.eu/eu-action/fluorinated-greenhouse-gases/f-gas-portal_en?prefLang=de&etrans=de

Kapitel 31 Zoll-, Außenwirtschafts- und Präferenzprüfungen

Harald Schönherr, Dresden

1 Prüfungen durch die Zollverwaltung und gesetzliche Grundlagen

Nachträglich von der Zollverwaltung durchgeführte Prüfungen beziehen sich im Wesentlichen auf die gesetzeskonforme Abwicklung des Warenverkehres, der Rechtmäßigkeit und Korrektheit vorgenommener Besteuerungen.

Durch eine Prüfung bei den Beteiligten vor Ort ist in den meisten Fällen erst feststellbar, ob relevante Angaben, auch durch Beteiligten selbst, z.B. im Zusammenhang mit der Abgabe einer Zollanmeldung, zutreffend sind. Meist werden dazu Geschäftsunterlagen ausgewertet, Verträge und Frachtunterlagen eingesehen, Abläufe analysiert, Angaben Beteiligter ausgewertet sowie andere Prüfungshandlungen durchgeführt.

Prüfungen können bei Personen vorgenommen werden, die im Zusammenhang mit Einfuhr- oder Ausfuhrhandlungen stehen, darüber Dokumente und Unterlagen aufbewahren bzw. über diese Geschäfte auskunftsfähig sind. Dies können zollrechtliche Anmelder, deren Vertreter, Käufer, Verkäufer, Ausführer, Speditionen, Zolldienstleister, Gesellschafter von Unternehmen u.a. Wirtschaftsbeteiligte sein[1)].

Die Befugnisse zu Prüfungshandlungen der Zollverwaltung leiten sich aus völkerrechtlichen Verträgen für Präferenzprüfungen, dem Artikel 48 Unionszollkodex für Zollprüfungen, den §§ 193 ff. Abgabenordnung[2)] für Verbrauchsteuern und der Luftverkehrssteuer sowie dem § 23 Außenwirtschaftsgesetz für Außenwirtschaftsprüfungen ab[3)].

Eine **Zollprüfung** ist die nachträgliche Prüfung auf dem Gebiet des Zollrechts, insbesondere der Importe in die EU. Bei Zollprüfungen sind die Bestimmungen der EU und der nationalen Abgabenordnung, soweit diese nicht durch die europäischen Regelungen überlagert werden, anzuwenden[4)].

Außenwirtschaftsprüfungen sind nachträgliche Prüfungen für Exporte aus der EU. Geprüft werden neben der Ausfuhranmeldung die Beachtung von Sanktionen und Embargos sowie die Einhaltung von Genehmigungspflichten[5)].

Die **Präferenzprüfung** ist die Prüfung der Warenausfuhr zu Präferenzbedingungen in Länder außerhalb der EU auf Vertragsgrundlage. Bei Präferenzprüfung gelten die Bestimmungen der EU (UZK) und der AO, soweit diese nicht durch die europäischen Regelungen überlagert werden.

Außenprüfungen sind Prüfungen auf dem Gebiet der Verbrauchsteuern und der Luftverkehrssteuer[6)].

Nachfolgende Ausführungen beziehen sich schwerpunktmäßig auf Zollprüfungen.

2 Prüfungsanordnung

Jede Prüfung beginnt mit der Prüfungsanordnung des HZA, in dessen Bezirk die Geschäftstätigkeit des Unternehmens fällt[7)]. Die Prüfungsanordnung ist rechtzeitig vor Beginn der Prüfung bekannt zu geben[8)]. Die schriftlich zugestellte Prüfungsanordnung beinhaltet:
- Art der Prüfung
- Prüfungsbeginn

---

1) Artikel 48 UZK
2) Abkürzung AO
3) Kapitel Abgabenordnung – Archivierung, Unionszollkodex (UZK), Außenwirtschaftsrecht – Grundlagen, Warenursprung und Präferenzen
4) Artikel 48 UZK
5) § 23 AWG
6) §§ 193 ff. AO
7) §§ 195 ff. AO
8) § 197 Absatz 1 AO

- Name des Prüfers
- Rechtsgrundlage der Prüfung
- Genauer Adressaten der Prüfung, Bezeichnung der zu prüfenden Person(en) oder des zu prüfenden Unternehmens
- Prüfungsumfang
- Prüfungszeitraum
- Rechtsbehelfsbelehrung[9)]

Auf Antrag des Steuerpflichtigen kann der Prüfungstermin aus wichtigen Gründen verschoben werden[10)]. Mit der Bekanntgabe der Prüfungsanordnung ist eine strafbefreiende Selbstanzeige nicht mehr möglich. Steuerberater und Rechtsanwalt des Unternehmens sollten über den Eingang der Prüfungsanordnung informiert werden.

3 Vorbereitung der Prüfung

Der Einsatz der Auswerter Software IDEA[11)] ist seit Jahren Bestandteil der Prüfungen. Datenmengen können problemlos eingelesen bzw. ausgewertet werden. Folgende Dokumente sollten für die Prüfung bereitgestellt werden[12)]:
- Summen- und Saldenliste der letzten drei abgeschlossenen Geschäftsjahre
- Jahresabschlüsse der letzten zwei Geschäftsjahre
- Erteilte verbindliche Zolltarifauskünfte über Wareneinreihung
- Aufstellung der Ansprechpartner des Unternehmens für den Zollprüfer
- Förmliche Präferenzpapiere, z.B. EUR 1 im Original Kaufverträge, Rechnungen und Lieferscheine,
- Lagerbestandsaufzeichnungen,
- Einfuhr- und Ausfuhrlizenzen,
- Einfuhr- und Ausfuhrgenehmigungen,
- Anfragen Genehmigungen und Nullbescheide BAFA[13)],
- Zoll- und Einfuhrumsatzsteuerkonten und Einfuhrabgabenbescheide,
- Ursprungsnachweise,
- Handelsregisterauszug u.a.

Vorbereitende Tätigkeiten
- Bereithalten Organigramm des Unternehmens
- Bereithalten der Organisationsanweisung für die Zollabwicklung
- Aneignung von Informationen über aktuelle Rechtsänderung
- Festlegung von Auskunftspersonen
- Belehrung der Auskunftspersonen über Rechte und Pflichten
- Auskunftspersonen vollständig informieren
- Grund für selbst erkannte Fehler feststellen
- Berichte über bereits stattgefundene Prüfungen bekannt geben
- Sortieren/Bereithalten der nötigen Unterlagen
- Bereithalten eines geeigneten Arbeitsplatzes (Raumes) sowie die erforderlichen Hilfsmittel für den Prüfer[14)]
- Bei Bedarf Bereitstellung von Schutz- und Sicherheitsbekleidung für den Prüfer

9) § 356 AO
10) § 197 Absatz 2 AO
11) IDEA – Interactive Data Extraction and Analysis – Grundsätze zum Datenzugriff und zur Prüfbarkeit digitaler Unterlagen für den Zuständigkeitsbereich der Zollverwaltung (GDPdUZ)
12) Unterlagen entsprechend Kerngeschäft und Zollbeteiligung des Unternehmens
13) Kapitel Exportkontrolle,HADDEX und ELAN K2 sowie Bundesamt für Wirtschaft und Ausfuhrkontrolle (BAFA)
14) Je nach Spezifika des Unternehmens

4 Rechte und Pflichten des geprüften Unternehmens

Rechte

- Rechtsbehelf möglich gegen Prüfungsanordnung[15]
- Mitteilung über Einleitung eines eventuellen Straf- oder Bußgeldverfahrens[16]
- Antrag auf Übersendung des Prüfungsberichts vor der Auswertung[17]

Pflichten

- Mitwirkungspflichten in Bezug auf die Vorlage von Unterlagen, Erteilung von Auskünften und Ermöglichung des Datenzugriffs[18]
- Bereitstellung eines Arbeitsplatzes, Hilfsmittel und eventuell Arbeitsschutzbekleidung für den Prüfer
- Lesbarmachung der Daten[19]
- Recht auf elektronischen Datenzugriff[20]

Wird dem Prüfer ein Zugriff auf die Datenverarbeitungsanlagen des Unternehmens gewährt, genügt das Einrichten von Benutzerprofilen mit lesenden Rechten. Es sollte ein IT – Mitarbeiter zur Seite stehen, der bei Bedarf unterstützen kann.

5 Prüfinhalte

5.1 Prüfinhalte Zollprüfungen

Einreihung

Es wird die richtige Einreihung der angemeldeten Waren aus Drittländern in den Zolltarif geprüft.

Vollständigkeit

Es wird geprüft, ob die Zahlung der Einfuhrabgaben vollständig und in richtiger Höhe, entsprechend den vorliegenden Dokumenten, vorgenommen wurde.

Zollwertberechnung

Der Zollwert bildet die Berechnungsgrundlage der Einfuhrabgaben. Es wird geprüft, ob neben dem Warenwert die Lieferbedingungen hinsichtlich der Frachtkosten und anderer den Zollwert beeinflussender Größen (Lizenzgebühren, Maklerkosten u.a.) entsprechend berücksichtigt wurden. Es werden Hinzurechnungsposten, aber auch Abzugsposten geprüft. In diesem Zusammenhang wird neben der zolltariflichen Einreihung, die Menge, die Beschaffenheit und der Ursprung der Waren zum Zeitpunkt der Annahme der Zollanmeldung geprüft.

Zollanmeldungen bei Lieferbedingung DDP

„Delivered Duty Paid"/„Geliefert verzollt" bedeutet, dass der Verkäufer liefert, wenn er die zur Einfuhr freigemachte Ware dem Käufer auf dem ankommenden Beförderungsmittel entladebereit am benannten Bestimmungsort zur Verfügung stellt.

Der Verkäufer trägt alle Kosten und Gefahren, die im Zusammenhang mit der Beförderung der Ware bis zum Bestimmungsort stehen und hat die Verpflichtung, die Ware nicht nur für die Ausfuhr, sondern auch für die Einfuhr freizumachen, alle Abgaben sowohl für die Aus- als auch für die Einfuhr zu zahlen sowie alle Zollformalitäten zu erledigen. Es ergeben sich bei der Lieferbedingung DDP folgende wichtige Pflichten:

- Der Verkäufer liefert dem Käufer die Ware zum benannten Bestimmungsort (unentladen), übernimmt alle Kosten und Gefahren der Beförderung der Ware und erledigt die Zollformalitäten inkl. der Bezahlung von Zöllen, Steuern und anderen Abgaben.

---

15) Artikel 44 Absatz 1 UZK und § 347 Absatz 1 AO
16) § 397 Absatz 3 AO
17) § 202 Absatz 2 AO
18) Artikel 48, Artikel 15, Artikel 51 Absatz 1 UZK und § 200 Absatz 1 AO
19) Artikel 48, Artikel 51 Absatz 1, Artikel 15 UZK und § 147 Absatz 5 AO
20) Artikel 48, Artikel 15 UZK und §147 Absatz 6 AO

- Der Käufer trägt alle Gefahren des Verlusts oder der Beschädigung der Ware von dem Zeitpunkt an, in dem sie ihm am benannten Bestimmungsort geliefert wurde.

Dem Verkäufer werden bei der Lieferung von Ware aus Drittländern wichtige außenwirtschaftsrechtliche Handlungen und Pflichten auferlegt. Bei Auslegung der internationalen Lieferklausel DDP, insbesondere bei der Abwicklung der Überlassung der Ware in den zollrechtlich freien Verkehr gibt es eine Diskrepanz mit dem europäischen Zollrecht bzw. deutschen Steuerrecht. Die Probleme lassen sich in drei Bereiche einteilen:
- Person des Zollanmelders,
- Höhe der anzumeldenden Zollwerte und
- Berechtigung zum Vorsteuerabzug.

Präferenznachweise

Das tatsächliche Vorhandensein von Präferenznachweisen, wie EUR. 1, welches bei Zollanmeldungen angegeben wurde, wird geprüft. Dies kann auch das A.TR betreffen, wenn es Präferenzen betrifft, die im Warenverkehr mit der Türkei zur Anwendung kommen.

Antidumpingzölle

Es wird geprüft, ob diese möglichen Zusatzzölle angemeldet und entrichtet wurden. Diese fallen bei bestimmten Kombinationen von Waren oder Produkten und bestimmten Herkunfts- bzw. Ursprungsländern an.

Sanktionen und Embargos[21)]

Im Hinblick auf die territoriale Unversehrtheit, Souveränität und Unabhängigkeit der Ukraine hat der Rat der Europäischen Union weitreichende Finanz- und Wirtschaftssanktionen sowie restriktive Maßnahmen gegen bestimmte natürliche und juristische Personen, Einrichtungen und Organisationen in Russland, Belarus und Teile der Ukraine angeordnet. Als Reaktion auf die fortgesetzten Angriffe der russischen Streitkräfte in der Ukraine hat die EU harte Wirtschafts- und Finanz-Sanktionen gegen Russland beschlossen. Das aktuelle Sanktionspaket zielt ebenfalls darauf ab, gegen die Umgehung von bereits bestehenden Sanktionen besser vorgehen zu können. Die Einhaltung und Durchsetzung beschlossener Maßnahmen obliegen der Prüfung durch die Zollverwaltung.

Bewilligungen[22)]

Bei Bewilligungsinhaber wird geprüft, ob die in den Bewilligungen enthaltenen Festlegungen und zollrechtlichen Verpflichtungen eingehalten wurden.

5.2 Prüfinhalte Außenwirtschaftsprüfungen und Präferenzprüfungen

Bei Außenwirtschaftsprüfungen werden bei Anwendung der vereinfachten Verfahren die Einhaltung der Bewilligungsauflagen geprüft. Güterspezifische, empfängerspezifische und verwendungsspezifische Ausfuhrgenehmigungspflichten werden kontrolliert. Mögliche Technologietransfers bzw. Transithandelsgeschäfte, technische Unterstützung, Vermittlungstätigkeiten und eine Vielzahl weiterer außenwirtschaftlicher Einzelaspekte, wie Genehmigungspflichten und Verfahrensweisen bei der Ausfuhr, der Vermittlung, der technischen Unterstützung, der Durchfuhr und der Verbringung von Gütern mit doppeltem Verwendungszweck können Gegenstand der Prüfung sein. Es empfiehlt sich diesbezüglich eine intensive Konsultation und Zusammenarbeit mit dem BAFA[23)]. Die vorgenannte Durchsetzung von Sanktionen und Embargos sind ebenfalls Gegenstand der Außenwirtschaftsprüfung. Es erfolgt die Prüfung, ob Compliancevorgänge in der Ausfuhr ordnungsgemäß in den Abfertigungsablauf integriert werden.

---

21) Kapitel Embargobeschränkungen Russland, Belarus und Teilen der Ukraine – Überblick
22) Kapitel Bewilligungen und Bewilligungsvoraussetzungen
23) Kapitel Zollverfahren Ausfuhr – Export von Unionswaren aus der EU und Kapitel Bundesamt für Wirtschaft und Ausfuhrkontrolle (BAFA)

Meist werden Präferenzprüfungen angeordnet, wenn Präferenzpartnerländer, also Länder, mit denen die EU ein Präferenzabkommen abgeschlossen hat, sich an europäische Zollverwaltungen wenden und um Prüfung bitten, ob denn die Präferenzdokumente rechtmäßig nach den Abkommensvereinbarungen ausgestellt wurden. In diesem Zusammenhang kann es zu Prüfungen des vereinfachten Verfahrens „Ermächtigter Ausführer" kommen[24].

6 Beendigung der Prüfung

Jede Prüfung endet mit einem abschließenden Gespräch oder einer Schlussbesprechung. Schlussbesprechungen sind formaler Natur und machen immer dann Sinn, wenn Uneinigkeit zwischen Unternehmen und Prüfer besteht.

In der Schlussbesprechung besteht die Möglichkeit einer Erörterung über getroffenen Feststellungen, rechtliche Beurteilungen und deren steuerliche Auswirkung[25].

Das Unternehmen kann u.a. in einer Schlussbesprechung auf ein Erlöschen der Zollschuld gemäß Artikel 124 Absatz 1 Buchstabe h) UZK i.V.m. Artikel 103 UZK-DA hinweisen, wenn eine, durch einen Pflichtverstoß entstandene Zollschuld, unerhebliche Auswirkungen auf die ordnungsgemäße Abwicklung hat.

Im abschließenden Gespräch unterrichtet der Prüfer zusammenfassend über die Prüfungsfeststellungen. Es sollte der gleiche Personenkreis anwesend sein, der auch beim Eröffnungsgespräch dabei war. Der Prüfungsbericht wird vor Auswertung durch das HZA übersandt. Dazu kann das Unternehmen Stellung nehmen[26].

Nach Auswertung durch das HZA hat das Unternehmen immer noch die Möglichkeit, einen Rechtsbehelf einzulegen, um gegen das Prüfungsergebnis vorzugehen.

Der Prüfungsbericht beinhaltet:
- Prüfungsbeginn
- Allgemeine Information zum Unternehmen
- Tatsächlicher Umfang der Prüfung
- Änderungen der Besteuerungsgrundlagen
- Wesentliche geprüfte Unterlagen
- Darstellung der Prüfungsfeststellungen
- Prüfungsergebnis
- Schlussbesprechung, Vorbehalt der rechtlichen Würdigung

7 Quellenangaben und weiterführende Literatur

- Verordnung (EU) Nr. 952/2013 des Europäischen Parlaments und des Rates vom 9.Oktober 2013 zur Festlegung des Zollkodex der Union – UZK
- Verordnung (EU) 2015/2446 vom 28. Juli 2015 zur Ergänzung des UZK und Verordnung (EU) 2016/651 vom 5. April 2016 zur Berichtigung der Delegierten Verordnung – DA
- Verordnung (EU) 2021/821 des Europäischen Parlaments und des Rates vom 20. Mai 2021 über eine Unionsregelung für die Kontrolle der Ausfuhr, der Vermittlung, der technischen Unterstützung der Durchfuhr und der Verbringung betreffend Güter mit doppeltem Verwendungszweck
- AO – Abgabenordnung in der Fassung der Bekanntmachung vom 23. Januar 2025 (BGBl. 2025 I Nr. 24)
- Pohl, S., Prüfungsanordnung – und jetzt? (2018) Bundesanzeiger Verlag Köln
- www.zoll.de
- Außenwirtschaftsgesetz vom 6. Juni 2013 (BGBl. I S. 1482), das zuletzt durch Artikel 2 des Gesetzes vom 27. Februar 2024 (BGBl. 2024 I Nr. 71) geändert worden ist
- Außenwirtschaftsverordnung vom 2. August 2013 (BGBl. I S. 2865), die zuletzt durch Artikel 2 der Verordnung vom 11. Dezember 2024 (BGBl. 2024 I Nr. 411) geändert worden ist

---
24) Kapitel Bewilligungen und Bewilligungsvoraussetzungen
25) § 201 AO
26) § 202 Absatz 2 AO

Einfuhrbestimmungen der Länder von A bis Z

Hinweis: Bei den Länderinformationen werden folgende Piktogramme verwendet:

Landesvorwahl

Zeitzone(n)

Mögliche Korrespondenzsprachen

Landeswährung

Zahlungsverkehr

Zollvorschriften

World Trade Organization (WTO)

Vorübergehende abgabenfreie Einfuhr von Gebrauchsgütern

Zollrechtliches Versandverfahren Transports Internationaux Routiers (= Internationaler Straßentransport)

Gesetzliche Feiertage (mit Hinweisen auf landesspezifische oder regionale Abweichungen)

Afghanistan

Islamic Republic of Afghanistan

1 Allgemeine Informationen

1.1 Kurzinfos

Landesvorwahl: +93

MEZ: +3,5 Std.

Englisch, Persisch (Dari), Paschtu

1 Afghani (Af) = 100 Puls (ISO-Code: AFN)

Nach AWG frei vereinbar Devisenbestimmungen von Afghanistan beachten

Harmonisiertes System

Angeschlossen

Mitglied

Feiertage: Die Feiertage zu diesem Land finden Sie unter folgendem Link: https://www.timeanddate.de/feiertage/weltweit/2025.

1.2 Einfuhr aus der Bundesrepublik

Für die Einfuhr bestimmter sensibler Waren wie Rüstungstechnik, Medikamente, Medizingeräte oder Tabakprodukte ist eine offizielle Zulassung erforderlich. Andere Erzeugnisse dürfen grundsätzlich nicht eingeführt werden – darunter ältere Kraftfahrzeuge, (ab 10 Jahren) alkoholische Konsumgüter, lebende Hausschweine, einzelne Düngemitteltypen sowie Stoffe mit ozonschädigendem Potenzial.

Medizinprodukte müssen beim Gesundheitsministerium registriert werden, wofür Nachweise aus dem Herstellerland erforderlich sind. Nahrungsmittel und Tabak unterliegen speziellen Zulassungs- und Kennzeichnungsvorschriften. Die Afghanistan National Standards Authority (ANSA) ist für technische Standards zuständig. Für alle Produktgruppen empfiehlt sich eine enge Abstimmung mit dem Importeur. Es bestehen Zollpräferenzen mit der EU.

1.3 Verpackung

Heu und Stroh dürfen verwendet werden. Besonders stabile und wasserfeste Verpackung wird empfohlen. Aufgrund der Verhältnisse vor Ort sollten die Packstücke so klein und so leicht wie möglich gehalten werden. Jedes Kollo muss innen leicht greifbar eine Packliste in englischer Sprache enthalten. Es gilt der IPPC-Standard ISPM Nr. 15 für Holzverpackungen.

1.4 Markierung

Angabe des Brutto- und Nettogewichts, Maße, Marke, Nummer, des Bestimmungsorts und „Made in Germany" auf den Packstücken. Mit Importeur abstimmen.

1.5 Mustersendungen

Muster ohne Handelswert und in kleinen Mengen (bis ca. 1.000 AFN) sind zollfrei und bei der Einfuhr anzumelden.

2 Dokumente

2.1 Seefrachten

Flusshäfen: Shir Khan, Kheyrabad

2.1.1 Konnossemente

Ein Satz Konnossemente; Ausstellung an Order möglich mit Notify-Adresse, keine Beglaubigung erforderlich.

2.1.2 Handelsrechnungen

Die Handelsrechnung (Englisch) ist zwecks Bescheinigung bei der Handelskammer in dreifacher Ausfertigung vorzulegen. Es muss u.a. aufgeführt werden: Wert jedes einzelnen Packstücks und jeder einzelnen Ware, Lieferkonditionen, Ursprungsland („Federal Republic of Germany"), Brutto- und Nettogewichte, Marke, Anzahl, Nummern und Art der Versandstücke, exakte Produktbezeichnung, Einzel- und Gesamtwert der Waren, HS-Zolltarifnummer, Lieferbedingungen, Zahlungsbedingungen sowie der HS-Code. Am Schluss muss folgende rechtsverbindlich unterschriebene Erklärung stehen:

„The Statements in this invoice are true and correct according to our business books."

Eine konsularische Legalisierung im Original der Handelsrechnung ist angeraten (Bescheinigung vierfach ist einzureichen). Das Original ist entsprechend zu kennzeichnen.

2.1.3 Ursprungszeugnisse

Ursprungszeugnis (dreifach) mit Angabe „Federal Republic of Germany (European Union)" erforderlich. Eine konsularische Legalisierung wird empfohlen (Ausfertigung dann vierfach). Ggf. mit Importeur abstimmen.

2.1.4 Packlisten

Packliste – mindestens je dreifach – in englischer Sprache, die eine genaue Übersicht über Inhalt, Art, Nummer, Brutto- und Nettogewicht, Außenmaße und Anzahl der Packstücke enthält.

2.1.5 Gesundheitszeugnisse

Für tierische Produkte und Tiere ist die Vorlage eines veterinärärztlichen Gesundheitsattests erforderlich, für pflanzliche Erzeugnisse und Pflanzen ein amtliches Pflanzengesundheitszeugnis (https://pflanzengesundheit.julius-kuehn.de/regelungen-nicht-eu-staaten.html).

2.2 Luftfrachten

Zollflughäfen: Kabul, Herat (kein Anschluss am Flughafen-Zollamt), Kandahar, Mazar-i-Sharif, Jalalabad (kein Anschluss am Flughafen-Zollamt)

2.2.1 Luftfrachtbrief

Ein Original des Luftfrachtbriefs.

2.2.2

Siehe unter Seefrachten 2.1.2–2.1.5.

2.3 Postverkehr

2.3.1 Paketkarte

Zwei Zollinhaltserklärungen CN 23 Englisch, Höchstgewicht: 31,5 kg, Vertragskunden: 30 kg.

2.3.2

Siehe unter Seefrachten 2.1.2–2.1.5 .

3 Konsulatsgebühren

Für konsularische Beglaubigungen sind die Unterlagen bei der zuständigen afghanischen Vertretung einzureichen. Zuständig für Bayern und Baden-Württemberg ist das Generalkonsulat München, erreichbar unter +49 89 255523030. Weitere Konsulate befinden sich in Bonn (zuständig für Hessen, Niedersachsen, Nordrhein-Westfalen, Rheinland-Pfalz, Saarland), erreichbar unter +49 228 22720718 und Berlin (zuständig für die übrigen Bundesländer), erreichbar unter +49 30 20673518, www.berlin.mfa.af/en. Vollmachten müssen vorab notariell oder durch die Handelskammer bestätigt und ggf. vom Landgericht überbeglaubigt werden. Infos unter: www.afghanembassy.de.

4 Adressen

Konsulate

Die Konsulatsadressen finden Sie jeweils mit Telefonnummer, E-Mail-Adresse, Homepage und Öffnungszeiten unter:
https://www.auswaertiges-amt.de/de/service/laender.

5 Sonstiges

Länder(-gruppen)kurzbezeichnung für bes. Zollsätze im Europäischen Zolltarif: SPGA
Kraftfahrzeugländerkennzeichen: AFG

Ägypten

Arab Republic of Egypt

1 Allgemeine Informationen

1.1 Kurzinfos

Landesvorwahl: +20

MEZ: +1 Std.

Arabisch, Englisch, Französisch

1 ägyptisches £ = 100 Piaster = 1000 Milliems (ISO-Code: EGP)

Nach AWG frei vereinbar Devisenbestimmungen von Ägypten beachten

Harmonisiertes System

Mitglied

Feiertage: Die Feiertage zu diesem Land finden Sie unter folgendem Link: https://www.timeanddate.de/feiertage/.

1.2 Einfuhr aus der Bundesrepublik

Mit der EU besteht ein Assoziationsabkommen mit Präferenzgewährung. Einfuhrlizenzen sind für Waren zum weiteren Vertrieb erforderlich. Zur Zollabfertigung durch den Importeur wird das System „Advance Cargo Information System (ACI)" verwendet. Die Registrierung des ägyptischen Importeurs erfolgt über das elektronische Portal des National Single Window System for Foreign Trade „NAFEZA" (www.nafeza.gov.eg/en). Eine Registrierung des Exporteurs auf CargoX ist erforderlich. Darauf folgt die Vergabe einer 19-stelligen Advanced Cargo Information Declaration Nummer (ACID), die neben den Identifikationsnummern der Parteien des Konnossements auf allen Versanddokumenten angegeben sein muss. Hochladen aller versendungsbezogenen Dokumente durch den Exporteur über den von „NAFEZA" zertifizierten Blockchain-Dienstleister CargoX. Empfehlenswert für den Vorsteuerabzug ist die Angabe der Umsatzsteuer-Identifikationsnummer des Exporteurs auf CargoX (www.nafeza.gov.eg/en/site/aci-info). Die Einführung des Systems für Luftfrachten wurde auf unbestimmte Zeit ausgesetzt. Die zeitweilig eingeführte Akkreditivpflicht wurde zum 1.1.2023 wieder aufgehoben und das vorherige System „Cash against documents" (CAD) wieder gestattet.

Für einige Produkte besteht ein generelles Einfuhrverbot. Die Liste der Einfuhrverbote wird häufig angepasst und sollte alle drei Monate erneuert werden. Einfuhrbeschränkungen gelten für bestimmte Konsumgüter (Liste der sensiblen Güter kann bei den Industrie- und Handelskammern erfragt werden), hier ist die Lieferung nur direkt aus dem Herstellungsland gestattet. Für zahlreiche Waren gelten Sondervorschriften und es wird empfohlen, verlangte Gesundheitszeugnisse konsularisch legalisieren zu lassen. Genehmigungspflichtig seitens der General Organization for Veterinary Services ist die Einfuhr von lebenden Tieren, Fleisch und Fleischprodukten. Für Pflanzen und pflanzliche Produkte ist eine Einfuhrerlaubnis der Central Administration of Plant Quarantine erforderlich.

Registrierungspflichtig sind ausländische Herstellerunternehmen, Inhaber von Handelsmarken und Vertriebszentren bestimmter Warengruppen bei der General Organization for Export and Import (GOEIC). Die Liste der registrierungspflichtigen Produkte finden sich unter www.goeic.gov.eg, darunter etwa Kosmetika, Pflegeprodukte für den Einzelhandel, elektrische Haushaltsgeräte und Beleuchtungen, Möbel, Spielzeug, Fahrräder, Motorräder, Kleidung, Textilien und Schuhe. Die zeitlich befristete Registrierung ist spätestens 30 Tage vor dem letzten Geltungstag zu erneuern, ansonsten droht ein einjähriger Einfuhrstopp. Nur Neuwagen dürfen nach Ägypten eingeführt werden und müssen bei der Zollanmeldung jünger als ein Jahr sein. Der Import gebrauchter Pkw ist verboten; für E-Autos gelten Ausnahmen unter Auflagen. Pro Person ist nur ein Fahrzeug alle fünf Jahre zulässig.

Unternehmen aus dem privaten Sektor dürfen mit eigenen Devisen Waren einführen, nachdem sie einen Importantrag bei einer zugelassenen Bank gestellt haben. Nach einem Zollgesetz von 2020 dürfen bei Vorliegen von Verträgen bzw. Protokollen auch ausländische Unternehmen am Handel beteiligt sein. Für bestimmte Fleischarten (Ausnahmen sind Schweine, Pferde, Esel, Maulesel und Maultiere) und Milch- bzw. Milcherzeugnisse darf die Einfuhr nur direkt aus dem Ursprungsland erfolgen. Für die Einfuhr von Fleisch, ungeschlachtetem Geflügel und Federvieh (nur mit einem Halalzertifikat von IS EG Halal, dort Registrierung und Audit) sowie bestimmte Milcherzeugnisse (bis 31.12.2025 war kein Halalzertifikat erforderlich) sind nur zugelassene dichte Behältnisse als Verpackung zulässig. Die Einfuhr darf nur direkt aus dem Ursprungsland erfolgen. IS EG Halal (z.B. in Deutschland: Bertoldstr. 44, 79098 Freiburg, Germany@iseghalal.com, www.iseghalal.com ist derzeit exklusiv für Halal-Zertifikate zugelassen. Tierische Produkte müssen dauerhaft auf Arabisch gekennzeichnet sein und das IS-EG-Halal-Logo sowie den Vermerk „under supervision of IS EG Halal" (auch Arabisch) enthalten – mit Angaben zu Herkunft, Hersteller, Schlachthof, Schlachtdatum und Importeur.

Für zahlreiche weitere Waren gelten ebenso besondere Vorschriften, wie z.B. Kennzeichnungsvorschriften für eingeführte Fertigwaren, Konserven und tiefgefrorene Erzeugnisse, Etikettierungsvorschriften für Alkohol, Lebensmittel, Baumwollgewebe und -garne, pharmazeutische Produkte, Medikamente, Kosmetika, Zigaretten und Tabak (Warnung vor Gesundheitsschäden auf Arabisch) sowie Markierungsvorschriften für Feuerlöscher und Behälter für Zigaretten. Besondere Anforderungen gelten für bestimmte Pkw (Wartungsstellen, Ersatzteile und Airbags) etc. Für Lebertran wird ein Reinheitszeugnis verlangt. Besondere Anforderungen gelten auch für konservierte Tomatenprodukte, Öle und Fette, Margarine, frische Früchte, Pflanzen und Saaten. Sämtliche Erzeugnisse müssen die ägyptischen Anforderungen erfüllen und alle Sondervorschriften müssen beachtet werden. Unbedingte Abstimmung bzw. Rücksprache mit dem Importeur empfohlen.

Bitte beachten: Die Landesbezeichnung „Arabische Republik Ägypten" bzw. „Arab Republic of Egypt" ist stets vollständig anzugeben. Zur Zeit der Drucklegung bestehen Embargos. Nähere Auskünfte erteilt die BAFA (www.bafa.de/DE/Home/home_node.html).

1.3 Verpackung

Heu und Stroh dürfen verwendet werden. Für Holzverpackungen gelten die Regelungen der internationalen ISPM Nr. 15-Norm. Sonderregelungen für Lebensmittel beachten.

1.4 Markierung

Genaue Warenbezeichnung (Marke, Name, Art) in Arabisch, Englisch oder Französisch. Auf den Packstücken (nicht zu verwechseln mit der Kennzeichnung der Warenverpackung bzw. Fertigware) muss der Name des Lieferanten, des Empfängers, Handelsmarke, Produktart/-name und das Ursprungsland genannt sein. Sind mehrere Packstücke in einer Umverpackung zusammengefasst, so ist auch diese entsprechend zu beschriften. Beschriftungen zum besonderen Umgang mit den Versandstücken unbedingt in arabischer Sprache vornehmen. Die Kennzeichnung hinsichtlich des Ursprungs auf den Waren muss eindeutig sein. Irreführende Kennzeichnungen oder Angaben werden nicht geduldet. Auf jeden Fall mit dem ägyptischen Importeur Rücksprache halten, vor allem dann, wenn es sich um Importe von Lebensmitteln, Maschinen oder Geräten, Anlagen, Keramik und sanitäre Anlagen handelt.

1.5 Mustersendungen

Mustersendungen ohne Handelswert sind zollfrei. Muster, die zollpflichtig sind, dürfen nicht als Päckchen oder Proben versandt werden.

2 Dokumente

2.1 Seefrachten

Seehäfen: Alexandria, Port Said, Suez, Damietta, Ain Sokhna

2.1.1 Konnossemente

Ein Satz Konnossemente – ohne Legalisierung – Order B/L sind zugelassen, jedoch Angabe Notify-Adresse vorgeschrieben. Bei Containerverschiffungen ist auch der Inhalt des Containers anzugeben.

2.1.2 Handelsrechnungen

Lieferungen, die Waren präferenziellen und nichtpräferenziellen Ursprungs enthalten, sollten entsprechend getrennte Rechnungen begleiten. Rücksprache mit dem Importeur wird empfohlen. Detaillierte Handelsrechnung, in Englisch. Für Luftfrachten sind Originalunterschriften erforderlich. Keine Faskimile-Unterschriften erlaubt. Folgende Angaben müssen enthalten sein, z.B. genaue Bezeichnung der Ware, evtl. gewährte Rabatte, Zahlungsbedingungen, Netto- und Bruttogewichte, Ursprungsland „Federal Republic of Germany", Marke, Nummern, Anzahl und Art der Versandstücke, Verkaufswert, Lieferungsbedingungen. Zusätzlich zur Angabe des Herstellers, ist auch dessen Adresse mit aufzuführen.

Die sendungsbezogene Advanced Cargo Information Declaration Nummer (ACID) muss angegeben sein. Notwendig ist ebenso die Angabe der Exporter-ID (laut NAFEZA-System), ggf. die Importer-ID (laut NAFEZA-System) sowie des HS-Codes.

Bei Textilien ist der Prozentsatz des Gehalts an Baumwolle anzugeben. Bei chemischen Produkten ist der Prozentsatz der einzelnen Substanzen aufzuführen. Eine Handelskammer-Bescheinigung ist seit 2020 nicht mehr erforderlich, auch eine konsularische Legalisierung ist nicht erforderlich (außer bei Ursprung in einem Drittland außerhalb der EU oder für Waren nichtpräferenziellen EU-Ursprungs). Die Zollanmeldung erfolgt zusammen mit der Handelsrechnung elektronisch. Rücksprache mit dem Importeur empfohlen.

2.1.3 Ursprungszeugnisse

Ursprungszeugnis (zweifach) mit Angabe „Federal Republic of Germany (European Union)" nur auf Anforderung; konsularische Legalisierung nicht erforderlich, sofern der präferenzielle Warenursprung innerhalb der EU. Auf der Rückseite ist folgende Erklärung abzugeben und rechtsverbindlich zu unterschreiben: „The goods are manufactured by … (Name)." Bei Drittlandswaren oder Waren nichtpräferenziellen EU-Ursprungs ist eine Legalisierung im Konsularbezirk des Exporteurs in Einzelfällen notwendig. Rücksprache mit dem Importeur wird empfohlen.

2.1.4 Warenverkehrsbescheinigung

Liegt ein Handelsgeschäft zwischen der EU und Ägypten vor und sind die Anforderungen des Assoziierungsabkommens erfüllt, können Präferenzdokumente wie die EUR.1 oder eine Ursprungserklärung genutzt werden, um zollbegünstigte Einfuhren zu ermöglichen. Mit Anfang 2025 wurden in der Pan-Europa-Mittelmeer-Zone (PEM-Zone) neue, einheitliche Ursprungsregeln mit einer Übergangsfrist bis 31.12.2025 eingeführt. Seit dem 1. Januar 2026 sind nur noch die revidierten Ursprungsregeln („Revised Rules") verbindlich und EUR-MED-Nachweise nicht mehr möglich.

Für Warensendungen über 6.000 EUR dient die von der Zollstelle ausgestellte EUR.1 als Präferenznachweis. Exporteure, die regelmäßig Waren unter Präferenzbedingungen liefern, können beim Hauptzollamt die Bewilligung als „Ermächtigter Ausführer" beantragen. Bei Sendungen unter 6.000 EUR genügt eine Ursprungserklärung direkt in der Handelsrechnung, mit folgendem Wortlaut: „Der Ausführer (Ermächtigter Ausführer; Bewilligungs-Nr. ...) der Waren, auf die sich dieses Handelspapier bezieht, erklärt, dass diese Waren, soweit nicht anders angegeben, präferenzbegünstigte . . . Ursprungswaren sind." (Ort und Datum, Unterschrift, Name in Druckbuchstaben)[1)]

Da Handelskammern Ursprungserklärungen nicht bescheinigen dürfen, wird empfohlen, diese separat beizufügen. Auf der Rechnung sollte ein ca. 7 cm hoher Freiraum für die Kammerbescheinigung bleiben. Anschließend ist die Erklärung unter Angabe des Ursprungslands zu ergänzen und erneut zu unterschreiben.

2.1.5 Packlisten

Packliste, einfach, in Englisch, Französisch oder Arabisch mit Nummer, Marke, Brutto- und Nettogewicht. Auch Außenmaße und Inhalt müssen angegeben werden. Die Anforderung des Nafeza-Systems beachten. Besondere Bestimmungen für Geräte und Maschinen sowie für Anlagen. Mit Importeur abstimmen.

2.1.6 Gesundheitszeugnisse

Für Fleisch- und Fleischwaren, lebende Tiere und Konserven, die Fisch enthalten, sind amtliche Veterinärbescheinigungen notwendig. Sonder-

1) Ursprungserklärung in weiteren Sprachen s. Kapitel Hinweise Warenursprung Präferenzen

vorschriften für Pflanzen und Saagut beachten (https://pflanzengesundheit.julius-kuehn.de/regelungen-nicht-eu-staaten.html). Auch für konserviertes Gemüse und Butter ist eine Gesundheitsbescheinigung erforderlich. Die Gesundheitszertifikate müssen legalisiert sein.

2.1.7 Konformitätszertifikate

Das ägyptische GOEIC-Programm zur Konformität („Verification of Conformity – VoC") betrifft unter anderem Textilien, Lederwaren, Möbel, Spielzeug, Elektrohaushaltsgeräte, Kosmetik sowie Sanitärartikel. Gelistete Produkte sollen ISO 9001 zertifiziert sein; Hersteller oder Exporteure können sich bei der GOEIC registrieren. Ohne Registrierung ist ein gültiges Konformitätszertifikat von einer anerkannten Prüfgesellschaft erforderlich, bevor die Ware verschickt wird. Eine vollständige Gruppe von Inspektions- und Auditfirmen ist aufgeführt auf der GOEIC-Webseite unter „Registered Inspection and Audit Companies" https://www.trade.gov/market-intelligence/goeic-conformity-assessment-program?utm_source=chatgpt.com.

Die Überwachung von Lebensmittelimporten wurde an die National Food Safety Authority (NFSA) übertragen und mit Decree No 7/2020 neu geregelt. Lebensmittelimporteure unterliegen einem Risikomanagementverfahren zur Bewertung – je nach Produktart und Herkunft sind Vorversand-Kontrollen, Grenzkontrollen oder Nachkontrollen nötig. Per Decree No 2/2020 wurden die Anforderungen an zugelassene Prüfgesellschaften spezifiziert; insbesondere für Produkte für den unmittelbaren Verbrauch, z.B. Milchprodukte, Früchte, Öle, Schokolade etc., ist vor Verladung und Versand ein Inspektionszertifikat eines akkreditierten Labors nötig.

Ansprechpartner sind Bureau Veritas Industry Services GmbH in 20457 Hamburg, Willi-Brandt-Str. 55, Tel.: +49 40 23625519, E-Mail: offergsdach@bureauveritas.com, Cotecna Inspection in 1211 Genf 6, Schweiz, 58 Rue de la Terrassiere, Tel.: +41 22 8496900, DIN CERTCO Gesellschaft für Konformitätsbewertung mbH in 12103 Berlin, Alboinstr. 56, Tel.: 030 75621131, E-Mail: sales-mas@dincertco.de, Intertek Caleb Brett Germany GmbH, Government and Trade Services in 21109 Hamburg, Georgswerder Bogen 3, Tel.: 040 558225000, E-Mail: info.hamburg@intertek.com und SGS Germany GmbH in 20097 Hamburg, Heidenkampsweg 99, Tel.: 040 30101283, E-Mail: de.gis.export@sgs.com.

2.2 Luftfrachten

Zollflughäfen: Alexandria (ALY), Cairo (CAI), Assuan (ASW), Luxor (LXR)

2.2.1 Luftfrachtbrief

Original des Luftfrachtbriefes.

2.2.2

Siehe unter Seefrachten 2.1.2–2.1.7.

2.3 Postverkehr

2.3.1 Paketkarte

Zwei Zollinhaltserklärungen CN 23 in Englisch, Französisch, Arabisch. Höchstgewicht: 31,5 kg, Vertragskunden: 30 kg.

2.3.2

Siehe unter Seefrachten 2.1.2–2.1.7.

3 Konsulatsgebühren

Wünscht der ägyptische Importeur eine Legalisierung der Handelsdokumente, muss auf allen Exportunterlagen der vollständige Landesname „Arab Republic of Egypt" erscheinen. Mehrseitige Dokumente sind an der linken oberen Ecke zu knicken, zu heften und dort mit dem Siegel der ausstellenden Stelle zu verschließen – andernfalls wird die Legalisierung verweigert.

Mit Erlass Nr. 38/2021 wurde das digitale Einfuhrsystem Nafeza (https://www.nafeza.gov.eg) eingeführt. Es nutzt das Advance Cargo Information System (ACI) zur Vorabanmeldung von Sendungen. Der Exporteur muss sich dazu bei CargoX registrieren und die Versanddokumente digital an den Importeur übermitteln, der sie wiederum ins Nafeza-Portal einspielt. Wichtig: Die Angabe der USt-IdNr. bei der CargoX-Registrierung erleichtert den Vorsteuerabzug.

Nach Abschluss der Registrierung generiert Nafeza eine 19-stellige ACID-Nummer, die verpflichtend auf allen Versanddokumenten erscheinen muss. Die Umsetzung für Luftfracht ist derzeit auf unbestimmte Zeit verschoben. Die Akkreditivpflicht für Importe wurde zum 1.1.2023 aufgehoben – andere Zahlungsformen wie CAD sind wieder zulässig. Kontakt bei Fragen: nafeza@mts-egy.com.

Ursprungszeugnis, pro Exemplar	€ 203,-
Handelsrechnung, pro Exemplar	€ 203,-
Übersetzung, pro Exemplar	€ 78,-

Für per Post eingesandte Papiere ist ein frankierter und adressierter Rückumschlag beizufügen. Bezahlung der Gebühren in bar (z.B. als Anlage zu den Dokumenten, via Kurier- oder Auftragsdienste).

4 Adressen

Auslandshandelskammer

Deutsch-Arabische Industrie- und Handelskammer
German-Arab Chamber of Industry and Commerce
Tower 21, Soliman Abaza Street, off Jamet El Dowal El Arabia St. Mohandessin
Kairo, Egypt
Tel.: +202 33368183
Geschäftszeiten: Mo.–Fr. 8.00–16.00 Uhr
E-Mail: info@ahk-mena.com
www.ahkmena.com

Zweigstelle Alexandria:
7, El Fardos Street
Alfa Scan Building 4, 2nd Floor
Semouha, Alexandria, Egypt
Tel.: +203 4273338
Geschäftszeiten: Mo.–Fr. 8.00–16.00 Uhr
E-Mail: ismailia@ahk-mena.com

Konsulate

Die Konsulatsadressen finden Sie jeweils mit Telefonnummer, E-Mail-Adresse, Homepage und Öffnungszeiten unter:
https://www.auswaertiges-amt.de/de/service/laender.

5 Sonstiges

Länderkurzbezeichnung gemäß Präferenzrecht (Lieferantenerklärung): EG
Länder(-gruppen)kurzbezeichnung für bes. Zollsätze im Europäischen Zolltarif: EG/SPGL
Kraftfahrzeugländerkennzeichen: ET

1 Allgemeine Informationen

1.1 Kurzinfos

Landesvorwahl: +355

MEZ, EU-Sommerzeit

Albanisch, Französisch, Italienisch, Englisch

1 Lek = 100 Qindarka (ISO-Code: ALL)

Nach AWG frei vereinbar Devisenbestimmungen von Albanien beachten

Harmonisiertes System Verzollung nach Transaktionswert

Mitglied

Angeschlossen seit 25.2.2013

Angeschlossen

Feiertage: Die Feiertage zu diesem Land finden Sie unter folgendem Link: https://www.timeanddate.de/feiertage/weltweit/2026.

1.2 Einfuhr aus der Bundesrepublik

Die Einfuhr nach Albanien ist grundsätzlich frei, für bestimmte Produktgruppen jedoch genehmigungspflichtig. Import- und Handelslizenzen werden je nach Warenart direkt vom Nationalen Businesszentrum (QKB), vom QKB mit Zusatzunterlagen oder gemeinsam mit anderen Fachbehörden vergeben. Für kontrollpflichtige Güter wie Waffen, Dual-Use-Artikel, Sprengstoffe oder radioaktive Materialien sind Sonderstellen zuständig. Das QKB koordiniert außerdem Genehmigungen für Tiere, Pflanzen, Lebensmittel, CITES-geschützte Arten und ozonabbauende Stoffe. Einfuhrverbote bestehen für Abfälle, bestimmte FCKW-haltige Stoffe, Lebensmittel mit unzulässiger Speisestärke (z. B. Käse, Quark), Rechtslenkerfahrzeuge sowie CITES-geschützte Arten. Bei Unsicherheiten sollte Rücksprache mit dem Importeur oder der Zollverwaltung erfolgen.

Für Tiere, Pflanzen und deren Erzeugnisse ist ein Gesundheitszeugnis erforderlich; das Direktorat für Tiergesundheit und Pflanzenschutz ist vor Ankunft zu informieren. Bestimmte Waren – etwa Flüssiggas, Kosmetika, Reinigungsmittel, Saatgut, Düngemittel oder Pyrotechnik – unterliegen Inspektionen der Normenbehörde (DPS). EU-Konformitätsnachweise werden anerkannt, Funkgeräte mit CE-Kennzeichnung sind frei importierbar. Saatgut, Düngemittel, Pflanzenschutzmittel, Chemikalien, Arzneimittel und Medizinprodukte müssen in nationale Register eingetragen werden. Arzneimittel benötigen zusätzlich die Zulassung der Arzneimittelbehörde (AKBPM), Tiermedikamente sind beim Landwirtschaftsministerium zu registrieren. Der Import von Bioziden, Betäubungsmitteln und psychotropen Substanzen erfordert eine Freigabe durch das Gesundheitsministerium.

Die Einfuhr von Bargeld (mitgeführte Liquiditätsnachweise erleichtern bei Rückfragen des Zolls), Wertpapieren, Edelmetallen, Edelsteinen, Antiquitäten oder anderen Wertgegenständen ab 1 Mio. ALL (bzw. entsprechendem Fremdwährungsbetrag) ist bei der Generalzolldirektion zu deklarieren. Konsumgüter sind auf Albanisch, Arzneimittel und Nahrungsergänzungsmittel auf Albanisch oder Englisch zu kennzeichnen. Fahrzeuge müssen der Euro-5-Norm entsprechen; die Zulassung erfolgt über die DPSHTRR, ausländische Nachweise können anerkannt werden. Telekommunikationsgeräte benötigen ein Konformitätszertifikat der Kommunikationsbehörde (AKEP).

1.3 Verpackung

Heu und Stroh dürfen verwendet werden, allerdings wird ein Gesundheitszeugnis verlangt. Gewichtsgrenzen für Saaten sind zu beachten. Für Holzverpackungen gelten die Regelungen der internationalen ISPM Nr. 15-Norm. Bestimmte Vorschriften bei der Markierung, Etikettierung, Verpackung etc. sind zu berücksichtigen. Rücksprache mit dem Importeur unbedingt erforderlich.

1.4 Markierung

Angabe des Ursprungslandes empfohlen. Namen und Adressen von Importeur und Hersteller müssen auf allen Verbrauchsgütern auf Albanisch vorhanden sein. Übliche Markierung ausreichend. Eindeutige Ursprungskennzeichnung zwingend erforderlich.

1.5 Mustersendungen

Zollfrei dürfen nur Waren eingeführt werden, die als Muster oder Modelle gelten, keinen Handelswert besitzen und unbrauchbar gemacht sind. Es wird eine Genehmigung des albanischen Zolls verlangt.

2 Dokumente

2.1 Seefrachten

Seehäfen: Durazzo (Durres), Vlorë (Vlora), Saranda, Shengjin

2.1.1 Konnossemente

Konnossemente benötigen keine Beglaubigung.

2.1.2 Handelsrechnungen

Die Originalfaktura (evtl. auch Übersetzung und weitere Kopien, wenn verlangt) hat nachfolgende Informationen zu enthalten, wie z. B. Anzahl und Art, Marke und Nummern der Versandstücke, exakte Warenangaben (Menge, Preise, Beschreibung etc.), Lieferbedingungen und Transportpreise, Ursprungsland, Adressen von Importeur und Exporteur, Bruttogewicht, Ausstellungsdatum, Gesamtwert, Rabatte etc.

2.1.3 Ursprungszeugnisse

Ursprungszeugnisse (dreifach) für Waren, die phytosanitär kontrolliert werden müssen. Auch ggf. auf Anforderung des Einführers oder des Zolls. Angabe des Ursprungslandes: Federal Republic of Germany (European Union).

2.1.4 Warenverkehrsbescheinigung

Liegt ein Handelsgeschäft zwischen der EU und Ägypten vor und sind die Anforderungen des Assoziierungsabkommens erfüllt, können Präferenzdokumente wie die EUR.1 oder eine Ursprungserklärung genutzt werden, um zollbegünstigte Einfuhren zu ermöglichen. Mit Anfang 2025 wurden in der Pan-Europa-Mittelmeer-Zone (PEM-Zone) neue, einheitliche Ursprungsregeln mit einer Übergangsfrist bis 31.12.2025 eingeführt. Seit dem 1. Januar 2026 sind nur noch die revidierten Ursprungsregeln („Revised Rules") verbindlich und EUR-MED-Nachweise nicht mehr möglich.

Für Warensendungen über 6.000 EUR dient die von der Zollstelle ausgestellte EUR.1 als Präferenznachweis. Exporteure, die regelmäßig Waren unter Präferenzbedingungen liefern, können beim Hauptzollamt die Bewilligung als „Ermächtigter Ausführer" beantragen. Bei Sendungen unter 6.000 EUR genügt eine Ursprungserklärung direkt in der Handelsrechnung, mit folgendem Wortlaut: „Der Ausführer (Ermächtigter Ausführer; Bewilligungs-Nr. ...) der Waren, auf die sich dieses Handelspapier bezieht, erklärt, dass diese Waren, soweit nicht anders angegeben, präferenzbegünstigte . . . Ursprungswaren sind." (Ort und Datum, Unterschrift, Name in Druckbuchstaben)[1]

2.1.5 Packlisten

Packliste (meist zweifach) ist erforderlich, falls die Handelsfaktura keine Information über die einzelnen Packstücke oder eine ausreichende Übersicht enthält.

2.1.6 Gesundheitszeugnisse

Gesundheitszeugnis erforderlich u.a. für tierische Produkte, Nahrungs- und Genussmittel, Pflanzen u.Ä. (https://pflanzengesundheit.julius-kuehn.de/regelungen-nicht-eu-staaten.html) – Obligatorische Grenzkontrollen. Erforderlich ist eine Benachrichtigung des Direktorats für Tiergesundheit und Pflanzenschutz (Ministerium für Landwirtschaft und ländliche Entwicklung) vor Ankunft im Bestimmungsland. Genehmigungen und Registrierung kann erforderlich sein. Zuständig ist das QKB.

2.2 Luftfrachten

Zollflughafen: Tirana

2.2.1 Luftfrachtbrief

Ein Original des Luftfrachtbriefes.

1) Ursprungserklärung in weiteren Sprachen s. Kapitel Hinweise Warenursprung Präferenzen

2.2.2

Siehe unter Seefrachten 2.1.2-2.1.6.

2.3 Postverkehr

2.3.1 Paketkarte

Drei Zollinhaltserklärungen CN 22/23 (Englisch, Französisch, Albanisch) müssen die Ware begleiten. Höchstgewicht 20 kg. Keine Abgaben für Erzeugnisse bis 20 € Wert.

2.3.2

Siehe unter Seefrachten 2.1.2-2.1.6.

2.4 Eisenbahnverkehr

2.4.1 Frachtbrief

Internationaler Frachtbrief (CIM).

2.4.2

Siehe unter Seefrachten 2.1.2-2.1.6.

3 Adressen

Auslandshandelskammer

Delegation der Deutschen Wirtschaft in Nordmazedonien
29. Noemvri 2G
1000 Skopje, Nordmazedonien
Tel.: +389 23228824, -3296785, -3296786
E-Mail: service@nordmazedonien.ahk.de
www.nordmazedonien.ahk.de

Konsulate

Die Konsulatsadressen finden Sie jeweils mit Telefonnummer, E-Mail-Adresse, Homepage und Öffnungszeiten unter:
https://www.auswaertiges-amt.de/de/service/laender.

4 Sonstiges

Länder(-gruppen)kurzbezeichnung für bes. Zollsätze im Europäischen Zolltarif: AL
Kraftfahrzeugländerkennzeichen: AL

Algerien

République Algérienne – Algeria

1 Allgemeine Informationen

1.1 Kurzinfos

Landesvorwahl: +213

MEZ, keine Sommerzeit

Arabisch, Französisch

1 algerischer Dinar (DA)
= 100 Centimes (ISO-Code: DZD)

Nach AWG frei vereinbar
Devisenbestimmungen von Algerien beachten

Harmonisiertes System
Verzollung nach Transaktionswert

Beobachterstatus
Aufnahme beantragt

Angeschlossen (keine Transitverkehre)

Angeschlossen

Feiertage: Die Feiertage zu diesem Land finden Sie unter folgendem Link: https://www.timeanddate.de/feiertage/weltweit/2025.

1.2 Einfuhr aus der Bundesrepublik

Es besteht ein Assoziationsabkommen mit der EU (Europa-Mittelmeer-Assoziationsabkommen). In Algerien dürfen nur Unternehmen mit lokaler Rechtsform oder mehrheitlich inländischem Kapital importieren. Für alle Fertigwaren, die ohne Weiterverarbeitung verkauft werden, ist eine Importlizenz erforderlich. Tierische Erzeugnisse, lebende Tiere sowie Produkte wie Chemikalien, Pestizide, Kosmetika, Arznei- und Medizinprodukte benötigen zusätzlich Genehmigungen, z.B. vom Landwirtschaftsministerium. Für diese Produkte wird auch eine Freiverkäuflichkeitsbescheinigung aus dem Ursprungsland verlangt – bestätigt durch eine zuständige Behörde oder IHK. Sie ist zur Bankdomizilierung bei der Hausbank einzureichen. Die DIHK rät, diese Erklärung auf dem Briefbogen des Exporteurs zu verfassen, da offizielle Vorlagen aus Algerien in Deutschland nicht anerkannt sind. Zuständig für die Beglaubigung sind IHKs oder – je nach Produkt – die Verbraucher- oder Veterinärämter.

Reis und Hülsenfrüchte dürfen nur durch das staatliche Getreideamt OAIC importiert werden. Für die Einfuhr anderer Rohstoffe oder unveränderter Handelswaren ist ein Nachweis erforderlich, dass es in Algerien keine gleichwertigen Produkte gibt. Dieser Nachweis muss über eine vom Handelsministerium bereitgestellte Online-Plattform erbracht werden. Nach positiver Prüfung ist eine Registrierung auf der Plattform www.algex.dz/IMPORT/index.php erforderlich, um anschließend die notwendige Importgenehmigung von ALGEX zu erhalten. Laut ABEF ist das ALGEX-Dokument zwingend für die Bankdomizilierung. Importierende müssen zudem jährlich bis Ende Januar ein Einfuhrprogramm einreichen. Seefracht darf nur auf FOB-Basis erfolgen, CFR ist nur ausnahmsweise mit separatem Frachtkosten-Ausweis zulässig. Die Zollanmeldung erfolgt elektronisch über das ALCES-Portal.

Einige Lebensmittel sowie Produkte aus dem Bereich Körperpflege und Kosmetik unterliegen nicht der allgemeinen Nachweispflicht – für sie gelten abweichende Dokumentationsanforderungen. Derzeit ist die Einfuhr bestimmter Endprodukte wie Kekse, Pizza, diverse Backwaren sowie weiterer Lebensmittel und Industrieerzeugnisse faktisch untersagt, da die erforderliche Bankdomizilierung nicht mehr zulässig ist. Seit Februar 2024 betrifft dies auch fertige Waren aus Porzellan und Marmor. Zusätzlich bestehen Importverbote für verschiedene Produkte, darunter Thunfischkonserven, Geflügelpastete, Geflügelmortadella, Joghurt, Dessertcremes, flüssiges Eigelb sowie verarbeitete Fleischwaren wie Corned Beef und Würste. Pharmazeutische Erzeugnisse, darunter Medikamente und Medizinprodukte, benötigen eine Importfreigabe des Gesundheitsministeriums und unterliegen Registrierungsauflagen. Für die Einfuhr von Pflanzen, Saatgut und Setzlingen ist eine Genehmigung des algerischen Landwirtschaftsministeriums erforderlich. Diese Produkte dürfen nur über bestimmte Zollstellen eingeführt werden und müssen dort eine phytosanitäre Kontrolle passieren.

Rohstoffe und Waren, die in unverändertem Zustand weiterverkauft werden, unterliegen speziellen Vorschriften, etwa zu Einfuhrlizenzen und dem Nachweis, dass keine inländischen Alternativen verfügbar sind. Lebensmittel und Non-Food-Produkte wie Haushaltswaren oder Geräte müssen bestimmten Kennzeichnungs- und Präsentationsanforderungen genügen. Bei Non-Food-Artikeln sind zudem Angaben zu Sicherheit, Garantie und Nutzung erforderlich. Essig, Mehl und Getreide werden qualitätskontrolliert. Produkte für den menschlichen Gebrauch – lokal produziert oder importiert – müssen mit einem Barcode einer im Ursprungsland anerkannten Stelle versehen sein. Essig, Mehl und Getreide werden qualitätskontrolliert. Produkte für den menschlichen Gebrauch – lokal produziert oder importiert – müssen mit einem Barcode einer im Ursprungsland anerkannten Stelle versehen sein.

1.3 Verpackung

Heu und Stroh als Verpackungsmittel nur mit speziellen Gesundheitszeugnissen. Starkes und wasserundurchlässiges Verpackungsmaterial wird empfohlen. Für Holzverpackungen sollte sich an die Vorschriften des ISPM Nr. 15-Standards gehalten werden. Keine Verpackungsmaterialien, die Krankheitskeime enthalten können, benutzen!

1.4 Markierung

Importierte und lokal produzierte Waren, die für den menschlichen Gebrauch bestimmt sind, müssen mit einem Barcode versehen sein, der von einer im Ursprungsland anerkannten Organisation vergeben wurde. Die Verpackung jeder einzelnen Einheit muss ein fest angebrachtes, gut lesbares Etikett in arabischer Sprache tragen. Das Etikett hat verpflichtende Angaben zu enthalten wie Produktname, Nettogewicht, Hersteller, Herkunftsland, Exporteur, Importeur sowie ggf. Gebrauchsanweisung und Lagerhinweise. Für Lebensmittel sind zusätzlich Inhaltsstoffe mit Mengenangaben, Mindesthaltbarkeitsdatum, bei Tiefkühlware das Einfrierdatum, Nährwerte, Alkoholgehalt und ggf. Hinweise zur religiösen Unbedenklichkeit anzugeben. Eine vorherige Abstimmung mit dem Importeur zu den konkreten Etikettierungsanforderungen wird dringend empfohlen.

Die Verpackungen von Nahrungsmitteln und weiteren Produkten für den menschlichen Gebrauch benötigen einen Barcode von einer im Exportland anerkannten Organisation (Global Trade Item Number). Waren, die optisch einen algerischen Ursprung vermuten lassen, sind nur zulässig, wenn sie gut sichtbar und dauerhaft mit Angaben wie „Importé d'Allemagne" gekennzeichnet sind. Für Produkte wie Wein, Konserven, Trockenfrüchte, Nüsse, Honig, Margarine und Milchprodukte ist die Herkunftsangabe stets Pflicht. Algerien untersagt zudem irreführende Ursprungskennzeichnungen gemäß Madrider Abkommen.

1.5 Mustersendungen

Teilnahme am Carnet-A.T.A.-System. Muster ohne Handelswert können zollfrei eingeführt werden.

2 Dokumente

2.1 Seefrachten

Seehäfen: El Djazair (Algier), Annaba, Arzew, Bejaia, Djendjen, Jijel, Mostaganem, Oran, Ghazaouet, Skikda

2.1.1 Konnossemente

Voller Satz Konnossemente, an Order möglich, dann jedoch mit Notify-Adresse, keine Beglaubigung.

2.1.2 Handelsrechnungen

Handelsfaktura, dreifach, Arabisch. Bescheinigung durch Handelskammer nur auf Anforderung des Importeurs (Handelsfaktura dann vierfach einreichen). Die erforderlichen Angaben auf der Rechnung sind: vollständige Angaben des Exporteurs und Importeurs und Empfängers, Marke, Nummern, Anzahl und Art der Packstücke, Brutto-/Nettogewichte, genaue Warenbezeichnungen, Lieferbedingungen, Ursprungsland, HS-Code, Mengen, Ort und Datum der Ausstellung sowie Einzelpreise, Gesamt-fob- und cif-Wert und auch Nachlässe wie z.B. Rabatte. Auf der Handelsfaktura ist folgender Vermerk anzubringen und zu unterschreiben (keine Faksimile-Unterschrift):

„Nous certifions que les marchandises dénommés dans cette facture sont de fabrication et d'origine de la République Fédérale d'Allemagne et que les prix indiqués ci-dessus s'accordent avec les prix courants sur le marché d'exportation."

2.1.3 Ursprungszeugnisse

Ursprungszeugnisse, einfach, mit der Angabe „République Fédérale d'Allemagne (Union Européenne)" erforderlich.

2.1.4 Warenverkehrsbescheinigung

Liegt ein Handelsgeschäft zwischen der EU und Ägypten vor und sind die Anforderungen des Assoziierungsabkommens erfüllt, können Präferenzdokumente wie die EUR.1 oder eine Ursprungserklärung genutzt werden, um zollbegünstigte Einfuhren zu ermöglichen. Mit Anfang 2025 wurden in der Pan-Europa-Mittelmeer-Zone (PEM-Zone) neue, einheitliche Ursprungsregeln mit einer Übergangsfrist bis 31.12.2025 eingeführt. Seit dem 1. Januar 2026 sind nur noch die revidierten Ursprungsregeln („Revised Rules") verbindlich und EUR-MED-Nachweise nicht mehr möglich.

Für Warensendungen über 6.000 EUR dient die von der Zollstelle ausgestellte EUR.1 als Präferenznachweis. Exporteure, die regelmäßig Waren unter Präferenzbedingungen liefern, können beim Hauptzollamt die Bewilligung als „Ermächtigter Ausführer" beantragen. Bei Sendungen unter 6.000 EUR genügt eine Ursprungserklärung direkt in der Handelsrechnung, mit folgendem Wortlaut: „Der Ausführer (Ermächtigter Ausführer; Bewilligungs-Nr. ...) der Waren, auf die sich dieses Handelspapier bezieht, erklärt, dass diese Waren, soweit nicht anders angegeben, präferenzbegünstigte . . . Ursprungswaren sind." (Ort und Datum, Unterschrift, Name in Druckbuchstaben)[1)]

Da Handelskammern Ursprungserklärungen nicht bescheinigen dürfen, wird empfohlen, diese separat beizufügen. Auf der Rechnung sollte ein ca. 7 cm hoher Freiraum für die Kammerbescheinigung bleiben. Anschließend ist die Erklärung unter Angabe des Ursprungslands zu ergänzen und erneut zu unterschreiben.

2.1.5 Gesundheitszeugnisse

Gesundheitszertifikate sind erforderlich für lebende Tiere, tierische Produkte und Pflanzen, ausgestellt von der Pflanzenschutzbehörde (https://pflanzengesundheit.julius-kuehn.de/regelungen-nicht-eu-staaten.html). Halal-Zertifikate von zugelassenen islamischen Zentren erforderlich. Besondere Anforderungen für Geflügelfleisch (Nachweis der Dioxinfreiheit und Eignung für den menschlichen Verzehr). Die Rücksprache mit dem Importeur wird empfohlen.

2.1.6 Inspektionszertifikate

Die Zertifikate müssen von einer unabhängigen Prüforganisation ausgestellt werden (nicht vom Lieferanten!). Rücksprache mit Importeur empfohlen. Zugelassene Prüfstellen sind: DIN CERTCO Gesellschaft für Konformitätsbewertung mbH in 12103 Berlin, Alboinstr. 56, Tel.: 030 75621131, E-Mail: sales-mas@dincertco.de

2.1.7 Konformitätszertifikat

Konformitätsprüfung bei Einfuhr einiger Waren. Alternativ erfolgt die Konformitätsprüfung durch Prüfgesellschaften wie Bureau Veritas Industry Services GmbH, Willy-Brandt-Str. 55, 20457 Hamburg, Tel. 040 23625519, E-Mail: offergsdach@bureauveritas.com oder Intertek Caleb Brett Germany GmbH, Georgswerder Bogen 3, 21109 Hamburg, Tel. 040 558225000, E-Mail: info.hamburg@intertek.com, DIN CERTCO Gesellschaft für Konformitätsbewertung mbH, TÜV Rheinland, in 12103 Berlin, Alboinstr. 56, Tel.: 030 75621131, E-Mail: sales-mas@dincertco.de oder SGS Germany GmbH in 20097 Hamburg Heidenkampsweg 99, Tel. 040 30101735, E-Mail de.gis.export@sgs.com.

2.1.8 Packlisten

Packlisten (dreifach, in Französisch oder Arabisch) mit exakten Angaben zu Anzahl der Packstücke, Beschreibung der Ware, Verpackungsart, Inhalt pro Verpackungsstück, Gewichte (Brutto und Netto).

2.2 Eisenbahnverkehr

2.2.1 Frachtbrief

Ein internationaler Frachtbrief.

2.2.2

Siehe unter Seefrachten 2.1.2–2.1.8.

1) Ursprungserklärung in weiteren Sprachen s. Kapitel Hinweise Warenursprung Präferenzen

2.3 Luftfrachten

Zollflughäfen: Algier, Annaba, Constantine, Ghardaia, Hassi Messaoud, Tlemcen, Tamanrasset, Wahran (Oran)

2.3.1 Luftfrachtbrief

Eine Ausfertigung des Luftfrachtbriefes.

2.3.2

Siehe unter Seefrachten 2.1.2–2.1.8.

2.4 Postverkehr

2.4.1 Paketkarte

Zwei Zollinhaltserklärungen C 23 in Französisch oder Arabisch gehen mit der Ware. Höchstgewicht 20 kg.

2.4.2

Siehe unter Seeverkehr 2.1.2–2.1.8.

3 Konsulatsgebühren

Handelsdokumente, pro Exemplar € 60,–

Die Gebühren müssen per Überweisung (IBAN: DE65 1004 0000 0267 4356 00, BIC COBADEFFXXX, Grund der Überweisung inkl. Name oder Firma) zugunsten der Botschaft in Berlin bezahlt werden. Der Überweisungsbeleg ist den Dokumenten beizulegen. Für die Rücksendung ist ein frankierter und an sich selbst adressierter Rückumschlag notwendig. Beim Generalkonsulat in Frankfurt sind die Dokumente durch Boten oder persönlich einzureichen und die Gebühren können nur bar bezahlt werden.

4 Adressen

Auslandshandelskammer

Deutsch-Algerische Industrie- und Handelskammer
Chambre Algéro-Allemande de Commerce et d'Industrie
04, Chemin Al Bakri (Ex Mackley), Ben Aknoun, Dar Nour Sadek
16028 Algier
Tel.: +213 561680145
Geschäftszeiten: So., Mo. 8.30–16.30 Uhr, Di. 7.30–14.00 Uhr, Mi 8.30–17.30 Uhr
E-Mail: info@ahk-algerie.org
https://algerien.ahk.de

Konsulate

Die Konsulatsadressen finden Sie jeweils mit Telefonnummer, E-Mail-Adresse, Homepage und Öffnungszeiten unter:
https://www.auswaertiges-amt.de/de/service/laender.

5 Sonstiges

Länderkurzbezeichnung gemäß Präferenzrecht (Lieferantenerklärung): DZ
Länder(-gruppen)kurzbezeichnung für bes. Zollsätze im Europäischen Zolltarif: DZ/SPGL
Kraftfahrzeugländerkennzeichen: DZ

Amerikanisch-Ozeanien

Unincorporated Territory of the USA

1 Allgemeine Informationen

1.1 Kurzinfos

Amerikanisch-Ozeanien Landesvorwahl: +684

MEZ: –12 Std.

1 US-Dollar $ (US-$) = 100 Cents (ISO-Code: USD)

Feiertage: Die Feiertage zu diesem Land finden Sie unter folgendem Link: https://www.timeanddate.de/feiertage/.

Alle weiteren Angaben siehe **Vereinigten Staaten von Amerika**.

2 Allgemeine Informationen

(nicht belegt)

3 Dokumente

Seehafen: Amerikanisch-Ozeanien: Pago Pago; Nördliche Marianen: Rota, Saipan, Tinian; Kleinere Amerikanische Uberseeinseln: Bakerinsel, Howlandinsel, Jarvisinsel, Kingmanriff

Zollflughafen: Amerikanisch-Ozeanien: Pago Pago (PPG); Nördliche Marianen: Saipan (SPN)

Es gelten die Bestimmungen der **Vereinigten Staaten von Amerika**.

Amerikanisch Ozeanien: Eine Zollinhaltserklärung, Englisch. Höchstgewicht: 20 kg.

Nördliche Marianen: Eine Zollinhaltserklärung, Englisch. Höchstgewicht: 20 kg, Vertragskunden 30 kg.

4 Sonstiges

Länder(-gruppen)kurzbezeichnung für bes. Zollsätze im Europäischen Zolltarif: SPGL

1 Allgemeine Informationen

1.1 Kurzinfos

Landesvorwahl: +376

MEZ

Französisch, Spanisch, Katalanisch

1 Euro (€) = 100 Cents

Harmonisiertes System

Beobachterstatus
Aufnahme beantragt

Angeschlossen

Angeschlossen

Feiertage: Die Feiertage zu diesem Land finden Sie unter folgendem Link: https://www.timeanddate.de/feiertage/weltweit/2026.

1.2 Einfuhr aus der Bundesrepublik

Andorra ist zwar kein Mitglied der Europäischen Union, hat seine Zoll- und Einfuhrbestimmungen jedoch weitgehend an den EU-Rechtsrahmen angeglichen. Für Industrieprodukte der Kapitel 25–97 besteht eine Zollunion mit der EU, wodurch diese Waren zollfrei eingeführt werden können. Für landwirtschaftliche Erzeugnisse (Kapitel 1–24) sowie für Produkte auf Tabakbasis der Positionen 2402 und 2403 gelten auf Grundlage von Briefwechselabkommen besondere Einfuhrregelungen und einseitige Zollvergünstigungen. Der Warenverkehr ist insgesamt weitgehend liberalisiert; in besonderen Fällen empfiehlt sich jedoch eine vorherige Abstimmung mit dem Importeur.

1.3 Mustersendungen

Werbemittel ohne Handelswert werden ohne Zollgebühren zugelassen.

2 Dokumente

2.1 Handelsrechnungen

Handelsfaktura mit allen wichtigen Informationen, wie z.B. Ursprungsland, Beförderungsart, Anzahl, Art, Marken und Nummern der Versandstücke inkl. Packlisten, Zahlungsbedingungen, Lieferbedingungen, Einzelpreise/Gesamtpreis mit Rechnungswährung, Produktnamen, Mengen und Gewichte, Nummer der Rechnung sowie Ort und Datum der Ausstellung, Adressen von Importeur und Incoterms (inkl. Handelsregister- und Steueridentifikationsnummern) und Exporteur etc. Keine Beglaubigung. Abschriften auf Anforderung des Importeurs erforderlich.

2.2 Warenverkehrsbescheinigung

Landwirtschaftliche Produkte (Kapitel 1–24) fallen unter die zwischen der EWG und Andorra vereinbarte Ursprungsregelung. Der Präferenznachweis erfolgt über eine Warenverkehrsbescheinigung EUR.1 oder eine Erklärung[1] auf der Rechnung (bei Sendungen bis 6.000 EUR bzw. durch ermächtigte Ausführer). Die Erklärung muss Ort, Datum, Unterschrift, Namen und ggf. die Bewilligungsnummer enthalten: „The exporter of the products covered by this document declares that, except where otherwise clearly indicated, these products are of ... preferential origin." Sie muss Ort, Datum, Unterschrift und Namen des Unterzeichners enthalten; bei ermächtigten Ausführern ist zusätzlich die Bewilligungsnummer („customs authorisation No. ...") anzugeben. Waren aus Ceuta und Melilla sind mit „CM" zu kennzeichnen.

Für Industriegüter (Kapitel 25–97) dient als Nachweis des freien Verkehrs ein Versandpapier (T1, T2, T2F, T2L oder T2LF) oder ein gleichwertiges Dokument – sowohl für Unionswaren als auch für ver-

1) Ursprungserklärung in weiteren Sprachen s. Kapitel Hinweise Warenursprung Präferenzen

zollte Drittlandswaren. Bei der Ausfuhr von Tabakprodukten der Positionen 2402, 2403 und 2404.11 ist eine von den Zollbehörden ausgestellte Bescheinigung nach VO (EG) Nr. 2302/2001 erforderlich, die bestätigt, dass sich die Ware im zollrechtlich freien Verkehr befindet.

2.3 Postverkehr

Eine Zollinhaltserklärung CN 22/23 (Französisch). Höchstgewicht: 31,5 kg, Vertragskunden: 30 kg.

3 Adressen

Konsulat

Botschaft des Fürstentums Andorra
Kärntner Ring 2a/13
A-1010 Wien
Tel.: +43 1961090920
Fax: +43 1961090950
E-Mail: Ambaixada_Alemanya@govern.ad

4 Sonstiges

Länderkurzbezeichnung gemäß Präferenzrecht (Lieferantenerklärung): AD

Länder(-gruppen)kurzbezeichnung für bes. Zollsätze im Europäischen Zolltarif: AD

Kraftfahrzeugländerkennzeichen: AND

1 Allgemeine Informationen

1.1 Kurzinfos

Landesvorwahl: +244

MEZ, keine Sommerzeit

Portugiesisch, Englisch

1 Neuer Kwanza = 100 Centimos (ISO-Code: AOA)

Nach AWG frei vereinbar Devisenbestimmungen von Angola beachten

Harmonisiertes System

Mitglied

Feiertage: Die Feiertage zu diesem Land finden Sie unter folgendem Link: https://www.timeanddate.de/feiertage/weltweit/2025.

1.2 Einfuhr aus der Bundesrepublik

Alle Importe sind lizenzpflichtig. Exporteure sollten sich vor Lieferung vergewissern, ob die Einfuhrgenehmigung des Importeurs vorliegt. Die Lizenzen gelten 6 Monate. Nicht eingeführt werden dürfen einige chemische Stoffe (Montrealer Protokoll), verpackte Nahrungsmittel, rechtslenkende Fahrzeuge, gefährliche Abfälle, einige Medikamente und Getränke aus nicht industrieller Produktion. Für bestimmte Waren ist eine Sektorlizenz erforderlich, die von den jeweils zuständigen Behörden bzw. vom zuständigen Ministerium vergeben wird. Die Zahlung per Vorauskasse oder Anzahlungen sind erlaubt, wenn die Waren innerhalb eines Vierteljahres importiert werden. Die Abwicklung sollte über ein generell empfohlenes Dokumentenakkreditiv, ausgestellt für ein Jahr, erfolgen. Bestimmte elektrische Produkte benötigen eine Herstellererklärung, dass die Bedingungen des VDE (Verband Deutscher Elektrotechniker) eingehalten werden. Rücksprache mit dem Importeur erforderlich. Etiketten müssen in portugiesischer Sprache verfasst sein. Medizinische Erzeugnisse unterliegen Registrierungsvorschriften. Gebrauchte Textilien müssen desinfiziert sein (mit Zertifikat). Für Normen und Standards ist das Instituto Angolano de Normalização e Qualidade zuständig.

1.3 Verpackung

Es sollten unbedingt starke und möglichst wasserdicht Verpackungen wegen des tropischen Klimas verwendet werden.

1.4 Markierung

Waren, die Etiketten tragen, müssen mit einem Etikett in portugiesischer Sprache versehen sein. Ursprungslandangabe in portugiesischer Sprache für alle Waren erforderlich.

1.5 Mustersendungen

Muster ohne Handelswert (mit beigefügter Rechnung) sind zollfrei; zollpflichtige Muster (Warenproben) benötigen den grünen Zollzettel.

2 Dokumente

2.1 Seefrachten

Seehäfen: Cabinda, Lobito, Luanda, Namibe, Soyo

2.1.1 Konnossemente

Voller Satz Konnossemente nicht empfohlen, aber zugelassen.

2.1.2 Handelsrechnungen

Handelsrechnung, Portugiesisch und Englisch. Die erforderlichen Angaben auf der Rechnung sind: Name des Exporteurs und Importeurs und Empfängers, Marke, Nummern, Anzahl und Art der Packstücke, Brutto-/Nettogewichte, genaue Warenbezeichnungen, Lieferbedingungen, Ursprungsland, HS-Code, Mengen, Ort und Datum der Ausstellung sowie Einzelpreise, Gesamt-fob- und cif-Wert und auch Nachlässe, wie z.B. Rabatte. Netto- und Bruttogewichte sowie die Nummer der Importlizenz sind anzugeben.

Am Schluss der Rechnung ist folgende Ursprungserklärung abzugeben und diese rechtsverbindlich zu unterzeichnen:
„Confirmamos que as mercadorias indicadas nesta factura são de origem da República Federal da Alemanha."

Falls Bescheinigung erforderlich, vierfach bei der zuständigen Handelskammer vorlegen.

2.1.3 Ursprungszeugnisse

Ursprungszeugnis mit der Angabe „República Federal da Alemanha (União Europeia)" auf Anforderung (v.a. bei tierischen Produkten und Tieren).

2.1.4 Cargo Tracking Note (CTN)

Beantragung des „Loading Certificate" (Certificado de Embarque) für Schiffsfrachtsendungen vor der Verschiffung bei: ASA Afrika Service Schifffahrts-Agentur GmbH in 20095 Hamburg, Ferdinandstr. 47, Tel. 0421 339281, Fax 0421 339282, E-Mail: asa@hamburg.asa-services.net, www.asa-services.net oder M + S Mehrtens & Schwickerath GmbH in 28195 Bremen, Tiefer 4, Tel. 0421 363080, Fax: 0421 3630855, E-Mail: agency@msbre.com, www.shipagent.de. Das erstellte Cargo Manifest wird elektronisch an das Integrierte Zollsystem SIADU (Sistema Integrado Aduaneiro) geschickt. Fehlt die CTN, findet keine Abfertigung statt und hohe Bußgelder können entstehen.

2.1.5 Gesundheitszeugnisse

Gesundheitszeugnisse sind evtl. erforderlich für lebende Tiere und deren Produkte (amtliches Veterinärzeugnis) und Pflanzen (Pflanzengesundheitszeugnis), ausgestellt von der zuständigen amtlichen Pflanzenschutzstelle (https://pflanzengesundheit.julius-kuehn.de/regelungen-nicht-eu-staaten.html).

2.2 Luftfrachten

Zollflughäfen: Benguela, Cabinda, Luanda, Lubango, Namibe, Mocamedes

2.2.1 Luftfrachtbrief

Eine Ausfertigung des Luftfrachtbriefes. Bei dokumentären Inkassi wird empfohlen, Luftfrachtbriefe und Postquittungen an Order „Banco Nacional de Angola" aufzumachen.

2.2.2

Siehe unter Seefrachten 2.1.2–2.1.5.

2.3 Postverkehr

2.3.1 Paketkarte

Zwei Zollinhaltserklärungen CN 23 in Spanisch oder Französisch gehen mit der Ware. Höchstgewicht 20 kg.

2.3.2

Siehe unter Seefrachten 2.1.2–2.1.5.

3 Adressen

Auslandshandelskammer

Delegation der Deutschen Wirtschaft in Angola
Via S10, Condomínio Belas Business Park,
Torre Cuanza Sul - Sala 404, Talatona
Luanda, Angola
Tel.: +244 255300900
E-Mail: info@angola.ahk.de
www.angola.ahk.de

Konsulate

Die Konsulatsadressen finden Sie jeweils mit Telefonnummer, E-Mail-Adresse, Homepage und Öffnungszeiten unter:
https://www.auswaertiges-amt.de/de/service/laender.

(siehe auch Westindische Inseln)

Antigua und Barbuda

1 Allgemeine Informationen

1.1 Kurzinfos

Landesvorwahl: +1268

MEZ: –5 Std.

Englisch

1 Ostkaribischer Dollar (EC $) = 100 Cents (ISO-Code: XCD)

Harmonisiertes System

Mitglied

Feiertage: Die Feiertage zu diesem Land finden Sie unter folgendem Link: https://www.timeanddate.de/feiertage/weltweit/2025.

1.2 Einfuhr aus der Bundesrepublik

Mitglied des Wirtschaftspartnerschaftsabkommens EU-CARIFORUM. Alle sonstigen Angaben siehe Westindische Inseln. Es ist zu beachten, dass z.B. Importverbote für manche Tiere, Fische, Zitrusfrüchte, Mangos, Guaven, bestimmte Tabakerzeugnisse bestehen.

2 Dokumente

Alle sonstigen Angaben siehe Westindische Inseln.

2.1 Seefrachten

Seehafen: St. John's (Hauptstadt)

2.2 Luftfrachten

Zollflughafen: V.C. Bird International, Antigua (ANU)

2.3 Postverkehr

2.3.1 Paketkarte

Eine Zollinhaltserklärung CN 23 in Englisch. Höchstgewicht 20 kg.

3 Adressen

Konsulate

zuständig ist die Botschaft in London
45, Crawford Place, 2nd Floor
London W1H LP
Tel.: +44 2072580070
Fax: +44 2072587486
E-Mail: enquiries@antigua-barbuda.com
www.antigua-barbuda.com

Weitere Konsulatsadressen finden Sie jeweils mit Telefonnummer, E-Mail-Adresse, Homepage und Öffnungszeiten unter: https://www.auswaertiges-amt.de/de/service/laender.

4 Sonstiges

Länderkurzbezeichnung gemäß Präferenzrecht (Lieferantenerklärung): AKP/CAF
Länder(-gruppen)kurzbezeichnung für bes. Zollsätze im Europäischen Zolltarif: LOMA/SPGL/CAF

Äquatorialguinea

Republik Äquatorialguinea,
República de Guinea Ecuatorial,
République de Guinée équatoriale

1 Allgemeine Informationen

1.1 Kurzinfos

Landesvorwahl: +240

MEZ, keine Sommerzeit

Spanisch, Portugiesisch, Französisch

1 CFA-Franc (ISO-Code: XAF)

Nach AWG frei vereinbar
Devisenbestimmungen von Äquatorial-Guinea beachten

Harmonisiertes System

Beobachterstatus

Feiertage: Die Feiertage zu diesem Land finden Sie unter folgendem Link: https://www.timeanddate.de/feiertage/.

1.2 Einfuhr aus der Bundesrepublik

Jede Einfuhr erfordert eine Importlizenz. Es sollte unbedingt vor Ausfuhr überprüft werden, ob eine Lizenz vorliegt. Pharmazeutika müssen im Lande registriert sein.

1.3 Mustersendungen

Muster ohne Handelswert sind zollfrei. Der Versand zollpflichtiger Muster als „Warenprobe" ist nicht erlaubt.

1.4 Markierung

Es sind keine besonderen Markierungs- und Ursprungskennzeichnungsvorschriften bekannt.

2 Dokumente

2.1 Seefrachten

Seehäfen: Bata, Luba, Malabo

2.1.1 Konnossemente

Voller Satz Konnossemente mit Notify-Adresse zulässig.

2.1.2 Handelsrechnungen

Handelsrechnung, unterschrieben, dreifach in Spanisch (Faksimile-Unterschriften sind unzulässig), mit allen üblichen Angaben: Name des Exporteurs und Importeurs und Empfängers, Marke, Nummern, Anzahl und Art der Packstücke, Brutto-/Nettogewichte, genaue Warenbezeichnungen, Lieferbedingungen, Ursprungsland, HS-Code, Mengen, Ort und Datum der Ausstellung sowie Einzelpreise, Gesamt-fob- und cif-Wert und auch Nachlässe, wie z.B. Rabatte.

2.1.3 Ursprungszeugnisse

Ursprungszeugnis, einfach, nur wenn verlangt, mit Angabe des Ursprungslandes „República Federal de Alemania (Unión Europea)".

2.1.4 Warenverkehrsbescheinigung

Keine Warenverkehrsbescheinigung bzw. Präferenz-Ursprungsnachweis in einem der Handelspapiere erforderlich.

2.1.5 Electronic Cargo Tracking Note ECTN

Vor Verladung ist eine Electronic Cargo Tracking Note (ECTN) unbedingt zu beantragen (Formulario Electronico para el Seguimiento de Operaciones (FESO)). Bei Stückgut, das verschifft werden soll, pro ausgestelltem Konossement. Bei Containern wird zusätzlich eine Kopie der Handelsrechnung verlangt. Ansprechpartner ist M + S Mehrtens & Schwickerath GmbH in 28195 Bremen, Tiefer 4, Tel.: 0421 363080, Fax: 0421 3630855, E-Mail: agency@msbre.com, https://www.shipagent.de.

2.2 Luftfrachten

Zollflughäfen: Bata (BSG), Malabo (SSG)

2.2.1 Luftfrachtbrief

Eine Ausfertigung des Luftfrachtbriefes.

2.2.2

Siehe unter Seefrachten 2.1.2–2.1.5.

2.3 Postverkehr

2.3.1 Paketkarte

Zwei Zollinhaltserklärung CN 23 in Spanisch, Englisch oder Französisch. Höchstgewicht 20 kg.

2.3.2

Siehe unter Seefrachten 2.1.2–2.1.5.

3 Adressen

Konsulat

14195 Berlin, Botschaft
Rohlfsstr. 17–19
Tel.: 030 88663877
Fax: 030 88663879
Mo.–Fr. 9.00–16.00 Uhr
E-Mail: botschaft@botschaft-aequatorialguinea.de
https://www.guinea-ecuatorial.de

4 Sonstiges

Länderkurzbezeichnung gemäß Präferenzrecht (Lieferantenerklärung): AKP
Länder(-gruppen)kurzbezeichnung für bes. Zollsätze im Europäischen Zolltarif: SPGA

Argentinien

República Argentina

1 Allgemeine Informationen

1.1 Kurzinfos

Landesvorwahl: +54

MEZ: –4 Std.

Spanisch, Englisch

1 Argentinischer Peso = 100 Centavos (ISO-Code: ARS)

Nach AWG frei vereinbar Devisenbestimmungen von Argentinien beachten

Mitglied

Harmonisiertes System Verzollung nach Transaktionswert

Feiertage: Die Feiertage zu diesem Land finden Sie unter folgendem Link: https://www.timeanddate.de/feiertage/weltweit/2025.

1.2 Einfuhr aus der Bundesrepublik

Seit Februar 2025 entfällt die Pflicht zur Vorabregistrierung von Importeuren per eidesstattlicher Erklärung. Die neue Zollbehörde ARCA (gegründet per Dekret 953/2024 als Nachfolgerin der AFIP) veröffentlichte diese Änderung in Resolution 5651/2025. Zuvor war das SEDI-System (Nachfolger von SIRA) bis 25.02.2025 gültig. Einfuhrgenehmigungen für gesundheits- oder sicherheitsrelevante Produkte erfolgen über das Portal VUCE auf Basis des SIMI-Systems (Resolution 3823). Lizenzpflicht besteht u.a. für Chemikalien, Fahrzeuge, Maschinen, Textilien, Elektronik, Möbel, Spielzeug, Batterien (Umweltministerium) und gebrauchte Maschinen (Produktionsministerium). Für Maschinen der Kapitel 84–90 ist eine CIBU-Bewilligung nötig; einige gebrauchte Anlagen sind verboten.

Zertifizierungspflichtige Waren wie Elektrogeräte, Kfz-Teile, Spielzeug oder Agrartechnik müssen durch argentinische Stellen wie IRAM geprüft werden. Niederspannungsgeräte dürfen laut Resolution 237/2024 nur testweise („sin derecho a uso") eingeführt werden; ein OAA-anerkanntes Sicherheitszertifikat ist erforderlich. Kennzeichnungspflicht gilt für Bezeichnung, Herkunft, Importeur, Zusammensetzung, Reinheit und Gewicht. Für Kleidung, Schuhe und Hüte ist zusätzlich eine DJCP-Erklärung beim Produktministerium nötig. Besondere Kennzeichnungsvorgaben gelten auch für Wein, Saatgut, Lebensmittel, Alkohol, Fliesen, Kosmetik, Fahrräder und Elektronik.

Runderneuerte Reifen dürfen nur im Austausch gegen exportierte Altreifen eingeführt werden. Ausnahmen von Importverboten werden im Boletín Oficial veröffentlicht. Verboten sind u.a. gebrauchte Reifen, Kleidung, Kfz und Motorräder, Bromethalin, Glühlampen für Haushalte, Asbest, bestimmte Energy Drinks, Farben, Tinte, E-Zigaretten, Rohbaumwolle, bestimmte Tiere und Abfälle (Ausnahmen laut Dekret 392/2023).

Exportbetriebe für Milch-, Fisch-, Schweine-, Rinderprodukte und Gelatine werden über das BVL geführt. Weinimporteure müssen beim INV registriert sein und Kennzeichnungspflichten beachten. Registrierung und Zulassung sind erforderlich für Medikamente, Parfüm, Lebensmittel (inkl. Transfettgrenzwerten laut Resolution 16/2023), Saatgut, Kosmetik und Hygieneprodukte (ANMAT). Lebensmittelimporteure registrieren sich bei INAL; das Marktzertifikat wird über die TAO-Plattform beantragt. Für lebende Tiere, Pflanzen und tierische Produkte ist SENASA zuständig; EU-Erzeuger müssen über nationale Behörden gelistet sein.

1.3 Verpackung

Verpackungsmittel und -hilfen müssen frei von Rinde, Insekten oder Insektenschäden sein. Für Holzverpackungen gelten die Regelungen der internationalen ISPM Nr. 15-Norm. Dem argentinischen Zoll muss bei der Einfuhr Holzverpackungsmaterial mitgeteilt werden. Ggf. Kontrollen durch

Servicio Nacional de Sanidad y Calidad Agroalimentaria, SENASA.

1.4 Markierung

Ursprungsland muss angegeben werden.

1.5 Mustersendungen

Muster bis zu einem Handelswert von 100 USD sind zollfrei.

2 Dokumente

2.1 Seefrachten

Seehäfen: Buenos Aires, Rosario, San Lorenzo, Bahia Blanca, La Plata, Punta Colorada, Arroyo Seco, Ushuaia

2.1.1 Konnossemente

Voller Satz Konnossemente (in spanischer Sprache), ausgestellt an Order mit Notify-Adresse.

2.1.2 Handelsrechnungen

Handelsfaktura in Spanisch, Portugiesisch oder Englisch. Bescheinigung nicht erforderlich. Konsularische Legalisierung nur auf Anforderung. Handelsübliche Angaben sind erforderlich, wie z.B. genaue Warenbezeichnung und -beschreibung, Rechnungsnummer, Datum und Ausstellungsort, Namen und Adressen des Verkäufers sowie des Käufers, Mengen, Maßeinheiten, genaue Einzelpreise und alle Kosten, Warengesamtwert, Zahlungsbedingungen, Lieferbedingungen, Forderungen bzw. Verbindlichkeiten, die das Kaufgeschäft betreffen.

2.1.3 Ursprungszeugnisse

Ursprungszeugnis in Spanisch oder Englisch ist für einige Waren erforderlich, darunter Waren, die statistisch überwacht werden und außerdem z.B. für Bekleidungserzeugnisse, einige Gewebe und Schuhe. Eine eidesstattliche Erklärung über nichtpräferenziellen Ursprung für Waren mit Antidumpingmaßnahmen ist erforderlich (über die Plataforma de Trámites a Distancia, TAD, siehe www.argentina.gob.ar/modernizacion/tramites-a-distancia). Mit Importeur abstimmen. Legalisierung durch Konsulat mit einer Kopie der Handelsrechnung notwendig. Als Ursprungsland ist für Deutschland „República Federal de Alemania (Unión Europea)" anzugeben. Zusätzlich zu den üblichen Angaben müssen die Nummer der Handelsrechnung, Transportmittel, Mengen- und Maßeinheiten sowie Beladungshafen außerdem enthalten sein.

2.1.4 Packlisten

Packliste nur erforderlich, wenn die Handelsrechnung nicht die nötigen Angaben (z.B. Art der Packstücke und Inhalte mit Angabe von Nummern, Gewichten, Maßen, Marken) enthält.

2.1.5 Gesundheitszeugnisse

Für bestimmte Waren tierischen bzw. pflanzlichen Ursprungs, außerdem solche mit tierischen oder pflanzlichen Inhaltsstoffen, können Gesundheitszertifikate erforderlich sein, ebenso für lebende Tiere und Pflanzen.

2.2 Luftfrachten

Zollflughäfen: Bahia Blanca, Bariloche, Buenos Aires (BUE), Comodoro Rivadavia, Córdoba, Corrientes, Formoza, Iguazú, Jujuy, La Rioja, Mar del Plata, Mendoza, Neuquen, Paraná, Posadas, Puerto Madryn, Rio Gallegos, Rio Grande, Salta, San Carlos de Bariloche, San Luis, San Martín de los Andes, Trelew, Tucumán und weitere.

2.2.1 Luftfrachtbrief

Eine Ausfertigung des Luftfrachtbriefes.

2.2.2

Siehe unter Seefrachten 2.1.2–2.1.5.

2.3 Postverkehr

2.3.1 Paketkarte

Paketkarte mit zwei Zollinhaltserklärungen CN 23 (Spanisch, Englisch oder Französisch) gehen mit der Ware. Höchstgewicht 20 kg. Wenn möglich, auch den Kreis und die Provinz angeben. Für im Ausland gekaufte Güter, die eingeführt werden sollen, muss vom Käufer auf der Website der AFIP ein Formular (4550/T) ausgefüllt werden. Voraussetzung ist das Vorliegen einer Steueridentifizierungsnummer, eines Arbeiteridentifizierungscodes oder Identifizierungscodes (Ausnahmen für Bücher, verschreibungspflichtige Medikamente, lebensnotwendige Güter und manche Kunstwerke). Post- und Kuriersendungen bis zu einem Warenwert von 1.000 US Dollar und einem

Gewicht bis maximal 50 kg können bis zu fünfmal im Jahr eingeführt werden. Grundlage sind die Resolutionen Nr. 3915 und 3916/2016. Private, nichtkommerzielle Postsendungen mit einem Wert von weniger als 50 US-Dollar dürfen maximal zwölfmal pro Jahr ohne Auflagen eingeführt werden. Grundlegend ist die Resolution 4447/2019.

2.3.2

Siehe unter Seefrachten 2.1.2–2.1.5.

3 Konsulatsgebühren

Die Legalisierung für Ursprungszeugnisse beträgt 200 € pro Exemplar. Weitere Gebühren sind bei den zuständigen Konsulaten zu erfragen.

4 Adressen

Auslandshandelskammer

AHK Argentinien
Avenida Corrientes 327 – Piso 23
C1043AAQ – Ciudad Autónoma de Buenos Aires
Argentina
Tel.: +54 11 52194000
Mo.–Fr. 8.30–17.30 Uhr
E-Mail: ahkargentina@ahkargentina.com.ar
/www.ahkargentina.com.ar/de/

Konsulate

Die Konsulatsadressen finden Sie jeweils mit Telefonnummer, E-Mail-Adresse, Homepage und Öffnungszeiten unter:
https://www.auswaertiges-amt.de/de/service/laender.

5 Sonstiges

Länder(-gruppen)kurzbezeichnung für bes. Zollsätze im Europäischen Zolltarif: SPGL
Kraftfahrzeugländerkennzeichen: RA

1 Allgemeine Informationen

1.1 Kurzinfos

Landesvorwahl: +374

MEZ: +2 Std.
EU-Sommerzeit

Russisch, Deutsch, Englisch

1 Dram
= 100 Luma (ISO-Code: AMD)

Nach AWG frei vereinbar

Harmonisiertes System

Mitglied

Angeschlossenursprung

Feiertage: Die Feiertage zu diesem Land finden Sie unter folgendem Link: https://www.timeanddate.de/feiertage/weltweit/2026.

1.2 Einfuhr aus der Bundesrepublik

Es sind Importerlaubnisse u.a. für Medikamente, Pflanzenschutzmittel, Tabak, Waffen, Munition, Tiere und Tiererzeugnisse sowie Funk- und Hochfrequenztechnik erforderlich. Die Einfuhr von Lebensmitteln richtet sich nach der Technischen Vorschrift TR 022/2011 zur Kennzeichnung; weitere TR, etwa zum EAC-Konformitätszeichen, gelten ebenfalls. Für tierische Erzeugnisse sind Tiergesundheitszeugnisse, für pflanzliche Produkte phytosanitäre Zertifikate nötig. Human- und Veterinärarzneimittel müssen beim Scientific Center of Drugs and Medical Technology Expertise registriert werden; ggf. ist eine Importerlaubnis erforderlich. Die nationale Pflichtzertifizierung wird schrittweise durch EAWU-Technische Vorschriften ersetzt. Übergangsweise bleibt für einige Waren ein armenisches Sicherheitszertifikat (AST) nötig (www.armstandard.am). Für zahlreiche Produkte besteht zudem eine Pflicht zur Konformitätsbewertung nach den technischen Vorschriften der EAWU. Die betroffenen Erzeugnisse werden vom Nationalen Institut für Standardisierung (National Institute of Standards – NIS) beim armenischen Wirtschaftsministerium festgelegt.

Für gesundheitsgefährliche und erstmals eingeführte Waren gilt eine staatliche Gesundheitsregistrierung bei der Behörde für Lebensmittelsicherheit (State Service for Food Safety). Kindernahrung und Lebensmittelverpackungen müssen registriert werden. Armenien ist Mitglied der Eurasischen Wirtschaftsunion (EAWU) mit Belarus, Kasachstan, Kirgisistan und Russland. In dieser Zollunion gelten gemeinsame Handelsvorschriften, koordiniert durch die Eurasische Wirtschaftskommission (www.eurasiancommission.org). Die EAWU untersagt die Einfuhr bestimmter Waren, etwa bestimmter Medien, Waffen und Geräte zur Gewinnung biologischer Ressourcen, Stoffe mit ozonschädigender Wirkung, gefährlicher Abfälle; zusätzlich können nationale Beschränkungen gelten. Eine Liste verbotener und beschränkter Waren ist online abrufbar. Da sich Regelungen regelmäßig ändern, sollte vor jeder Lieferung der armenischen Einführer konsultiert werden.

Bitte beachten: Zur Zeit der Drucklegung gilt ein Waffenembargo. Nähere Auskünfte erteilt die BAFA (www.bafa.de/DE/Home/home_node.html)

1.3 Verpackung

Die Qualität der Verpackungen muss hohen Anforderungen genügen. Seemäßige Verpackung wird auch bei Bahn- oder LKW-Transport erwartet. Die versandte Ware sollte auch eine einjährige Lagerung unter freiem Himmel unbeschadet überstehen. Für Holzverpackungen gelten die Regelungen der internationalen ISPM Nr. 15-Norm. Verpackungsmaterial aus Heu und Stroh darf benutzt werden. Schuhe, die in die Eurasische Wirtschaftsunion eingeführt werden, müssen eine digitale Kennzeichnung tragen (DataMatrix-Code- bzw. 2D-Code-System). Genaue Vereinbarungen mit Importeur sind üblich.

1.4 Markierung

Angabe des Ursprungslandes empfehlenswert. Kosmetische Artikel und Nahrungsmittel müssen eine Ursprungskennzeichnung haben. Bestimmte Waren (siehe technische Regeln der Eurasischen Wirtschaftsunion) müssen außer mit den Angaben zum Ursprungs-/Herstellungsland auch mit den Angaben zum Hersteller (Name und Anschrift) gekennzeichnet werden. Rücksprache mit dem Importeur bzw. der Handelskammer sollte erfolgen.

1.5 Mustersendungen

Vorübergehende Einfuhr mit einfacher Zollanmeldung von Messewaren, Warenmustern.

2 Dokumente

2.1 Seefrachten

2.1.1 Konnossemente

Voller Satz Konnossemente, keine Beglaubigung.

2.1.2 Handelsrechnungen

Die Handelsrechnung (Armenisch, Englisch oder Russisch) muss neben den üblichen Inhalten, wie Markierung, Anzahl und Art der Packstücke, Brutto-/Nettogewichte, Warenmenge und -bezeichnung, Name und Adresse von Importeur und Exporteur, Einzel- und Gesamtpreise, auch die Angabe des Ursprungslandes und die Importlizenznummer (falls vorhanden) enthalten. Rechnungsnummer und -datum, der Versandweg und die Art der Versendung, Liefer- und Zahlungsbedingungen müssen ebenfalls angegeben werden. Keine Bescheinigung durch Handelskammer erforderlich. Keine konsularische Legalisierung erforderlich.

2.1.3 Ursprungszeugnisse

Ursprungszeugnis mit der Angabe „Federal Republic of Germany (European Union)" nur auf Anforderung notwendig bzw. für handelspolitisch beschränkte Produkte. Besteht ein Unterschied zwischen Ausfuhr- und Ursprungsland, müssen Vornachweise evtl. übernommen werden. Rücksprache mit Handelskammer empfehlenswert.

2.1.4 Gesundheitszeugnisse

Pflanzliche Produkte und Pflanzen benötigen ein Pflanzengesundheitszeugnis (Kontrolle an der Zollstelle). Tiere und tierische Erzeugnisse müssen von einem veterinärärztlichen Zeugnis begleitet werden (tierärztliche Kontrolle bei der Eingangszollstelle). Eine entsprechende Liste ist beim Zoll einzusehen.

2.1.5 Packlisten

Packlisten (in Englisch, Armenisch oder Russisch) notwendig.

2.2 Eisenbahnverkehr

Ein internationaler Frachtbrief.

Siehe unter Seefrachten 2.1.2–2.1.5.

2.3 Luftfrachten

Zollflughafen: Erebuni, Gyumri (LWN) und Yerevan (EVN)

Eine Ausfertigung des Luftfrachtbriefes. Keine Beglaubigung erforderlich.

Siehe unter Seefrachten 2.1.2-2.1.5.

2.4 Postverkehr

Drei Zollinhaltserklärungen CN 23 in Englisch, Französisch oder Russisch. Höchstgewicht 20 kg.

Siehe unter Seefrachten 2.1.2-2.1.5.

3 Adressen

Konsulate

Die Konsulatsadressen finden Sie jeweils mit Telefonnummer, E-Mail-Adresse, Homepage und Öffnungszeiten unter:
https://www.auswaertiges-amt.de/de/service/laender.

Aruba

(siehe auch Niederländische Antillen)

1 Allgemeine Informationen

1.1 Kurzinfos

Landesvorwahl: +297

MEZ: –5 Std.

Niederländisch, Englisch, Spanisch

1 Aruba-Florin = 100 Cent (ISO-Code: AWG)

Harmonisiertes System

Feiertage: Die Feiertage zu diesem Land finden Sie unter folgendem Link: https://www.timeanddate.de/feiertage/weltweit/2025.

2 Dokumente

Seehafen: Oranjestad, Sint Nicolas, Barcadera

Zollflughafen: Aruba

Es gelten die Angaben für die **Niederländischen Antillen**.

3 Sonstiges

Länderkurzbezeichnung gemäß Präferenzrecht (Lieferantenerklärung): ÜLG
Länder(-gruppen)kurzbezeichnung für bes. Zollsätze im Europäischen Zolltarif: LOMB/SPGL

Aruba ist am 31.12.1985 aus der Föderation der Niederländischen Antillen ausgeschieden. Es ist seit 1.1.1986 autonomes Mitglied der Niederlande.

Aserbaidschan

Republik Aserbaidschan – Republic of Azerbaijan

1 Allgemeine Informationen

1.1 Kurzinfos

Landesvorwahl: +994

MEZ: +3 Std.
(Sommerzeit wie in EU)

Russisch, Englisch

1 Aserbaidschan-Manat = 100 Qäpik (ISO-Code: AZN)

Nach AWG frei vereinbar

Harmonisiertes System

Beobachterstatus Aufnahme beantragt

Angeschlossen

Feiertage: Die Feiertage zu diesem Land finden Sie unter folgendem Link: https://www.timeanddate.de/feiertage/weltweit/2026.

1.2 Einfuhr aus der Bundesrepublik

Für die Einfuhr bestimmter Waren nach Aserbaidschan gelten strenge Vorgaben. Lizenzpflicht besteht u.a. für gefährlichen Abfall, Erdölerzeugnisse, Medikamente, Alkohol, Tabak, Edelmetalle, Vorläuferchemikalien und Veterinärpräparate. Zuständig sind das Gesundheitsministerium oder die Lebensmittelsicherheitsagentur. Alkohol und Tabakwaren dürfen nur mit staatlicher Steuermarke verkauft werden. Medizinprodukte müssen registriert, mit Konformitätsnachweis versehen und in aserbaidschanischer Sprache gekennzeichnet sein. Verpackungen benötigen zusätzliche Angaben in mehreren Sprachen.

Zertifikate wie Normnachweise oder Qualitätsbescheinigungen sind für sensible Produkte vorgeschrieben. Digitale Anträge laufen über die Agentur für öffentliche Dienste und das ASAN-Portal. Aserbaidschan nutzt ein eigenes, nicht EU-konformes Zertifizierungssystem (AZSTAND) http://azstand.gov.az. Einfuhrverbote betreffen GVO-haltige Nahrungsmittel, genetisch veränderte Saaten, Pkws ohne Euro-4-Norm und bestimmte Chemikalien. Insgesamt ist der Importprozess in Aserbaidschan stark reguliert und erfordert eine sorgfältige Vorbereitung. Importeure sollten sich frühzeitig über die jeweils geltenden Bestimmungen informieren und die erforderlichen Dokumente und Genehmigungen rechtzeitig beantragen.

Bitte beachten: Zur Zeit der Drucklegung gilt ein Waffenembargo. Näheres ist der Internetseite der BAFA zu entnehmen (www.bafa.de/DE/Home/home_node.html).

1.3 Verpackung

Für Holzverpackungen gelten die Regelungen der internationalen ISPM Nr. 15-Norm. Seemäßige Verpackung wird – vor allem auch bei Bahn- oder LKW-Transport – erwartet. Die versandte Ware sollte auch eine einjährige Lagerung unter freiem Himmel unbeschadet überstehen. Genaue Vereinbarungen mit Importeur sind üblich. Heu und Stroh darf nur unter Einhaltung gewisser Sanitärnormen, die ggf. beim Importeur zu erfragen sind, verwendet werden.

1.4 Markierung

Angabe des Ursprungslandes und es müssen Name und Adresse des Herstellers auf der Ware und/oder Verpackung angegeben sein. Rücksprache mit dem Importeur erforderlich.

1.5 Mustersendungen

Keine besonderen Vorschriften bekannt.

2 Dokumente

2.1 Seefrachten

Seehafen: Baku

2.1.1 Konnossemente

Voller Satz Konnossemente, keine Beglaubigung.

2.1.2 Handelsrechnungen

Handelsrechnung (zweifach), unterschrieben. Die Rechnung muss neben den üblichen Angaben, wie z.B. Brutto-/Nettogewichte, Ausstellungesort und -datum, Zeichen und Nummern, Anzahl und Art der Versandstücke, genaue Warenmenge und -bezeichnung, Inlandsfracht, auch die Angabe des Ursprungslandes und Namen und Adressen von Importeur und Exporteur enthalten. Einzel- und Gesamtpreise sind aufzuführen, auch Nachweis der Kosten für Transport und Versicherung. Die genauen Angaben zum Warenwert sowie zu den Waren, Liefer- und Zahlungsbedingungen sowie Kaufvertragsnummer und Vertragsdatum sind unbedingt erforderlich. Ggf. verlangen die Behörden eine Übersetzung in aserbaidschanisch. Rücksprache mit dem Importeur erforderlich.

2.1.3 Ursprungszeugnisse

Ursprungszeugnis mit der Angabe „Federal Republic of Germany (European Union)" nur auf Anforderung, etwa bei Medizinprodukten oder bei veterinärrechtlich kontrollierten Waren.

2.1.4 Gesundheitszeugnisse

Veterinärzertifikate sind für Tiere, tierische Erzeugnisse, für Veterinärpräparate und Tierfutter erforderlich. Die Importe von Veterinärpräparaten sowie Tierfutter müssen außerdem von der Agentur für Lebensmittelsicherheit von Aserbaidschan (Food Safety Agency of the Republic of Azerbaijan) genehmigt werden. Für Pflanzen und pflanzliche Erzeugnisse ist ein Gesundheitszeugenis erforderlich und bestimmte Pflanzenarten benötigen ein Zertifikat. Für neues Saatgut ist eine Registrierung bei der Agentur für Lebensmittelsicherheit notwendig.

2.2 Eisenbahnverkehr

2.2.1 Frachtbrief

Ein internationaler Frachtbrief.

2.2.2

Siehe unter Seefrachten 2.1.2–2.1.4.

2.3 Luftfrachten

Zollflughafen: Baku (BAK), Gyandzha (Ganja)

2.3.1 Luftfrachtbrief

Eine Ausfertigung des Luftfrachtbriefes.

2.3.2

Siehe unter Seefrachten 2.1.2–2.1.4.

2.4 Postverkehr

2.4.1 Paketkarte

Zwei Zollinhaltserklärungen in Englisch, Französisch, Azerbaijani oder Russisch. Höchstgewicht 31,5 kg.

2.4.2

Siehe unter Seefrachten 2.1.2–2.1.4.

3 Adressen

Auslandshandelskammer

Deutsch-Aserbaidschanische Auslandshandelskammer
Winter Park Plaza, 7. Stock Rasul Rza Str. 75
ISR-1014 Baku, Aserbaijan
Tel.: +994 124976306
E-Mail: mail@ahk-baku.de
www.aserbaidschan.ahk.de

Konsulate

Die Konsulatsadressen finden Sie jeweils mit Telefonnummer, E-Mail-Adresse, Homepage und Öffnungszeiten unter: https://www.auswaertiges-amt.de/de/service/laender.

4 Sonstiges

Länder(-gruppen)kurzbezeichnung für bes. Zollsätze im Europäischen Zolltarif: SPGL
Kraftfahrzeugländerkennzeichen: AZ

Äthiopien

Federal Democratic Republic of Ethiopia

1 Allgemeine Informationen

1.1 Kurzinfos

Landesvorwahl: +251

MEZ: +2 Std. keine Sommerzeit

Englisch

1 Äthiopischer Birr = 100 Cents (ISO-Code: ETB)

Nach AWG frei vereinbar Devisenbestimmungen von Äthiopien beachten

Harmonisiertes System

Beobachterstatus

Feiertage: Die Feiertage zu diesem Land finden Sie unter folgendem Link: https://www.timeanddate.de/feiertage/.

1.2 Einfuhr aus der Bundesrepublik

Der Import wird größtenteils staatlich durch das „Ministry of Finance and Economic Development" kontrolliert. Private Firmen können nur Waren importieren, die nicht dem Einfuhrmonopol unterliegen. Der Importeur hat vor Auftragserteilung eine „Foreign Exchange Certificate" (Devisengenehmigung) über seine Handelsbank einzuholen (siehe auch https://customs.erca.gov.et/trade). Es wird empfohlen, sich die Nummer und das Datum der Ausstellung der Devisengenehmigung bzw. Transfergenehmigung vom äthiopischen Importeur geben zu lassen und diese auf den Handelsrechnungen und anderen Dokumenten, die für die Einfuhr nötig sind, zu vermerken. Eine besondere Importlizenz wird für medizinische Präparate verlangt. Es ist zusätzlich eine Bescheinigung vorzulegen, dass die Produkte im Exportland vertrieben werden dürfen. Außerdem sind besondere Vorschriften für die Etikettierung zu beachten. Der Import von E-Autos ist steuer- sowie zollbegünstigt. Rücksprache mit dem Importeur empfohlen. Zuständig für Normen und Standards ist die Ethiopian Standards Agency ESA.

1.3 Verpackung

Heu und Stroh sind nicht verboten. Besonders stabile, solide und wasserdichte (seemäßige) Verpackung und Stahlbandumreifung wird unbedingt angeraten (insbesondere bei Routen durch das Rote Meer oder über Dschibuti). Keine zu großen Packstücke!

1.4 Markierung

Waren sollten mit „Made in Germany" gekennzeichnet werden. Keine besonderen Markierungsvorschriften.

1.5 Mustersendungen

Mustersendungen ohne Handelswert und kleineren Umfangs können im Ermessen des Zolls zollfrei abgefertigt werden. Handelsmuster von Wert, Ärztemuster und Werbeartikel müssen – je nach Wert – verzollt werden.

2 Dokumente

2.1 Seefrachten

Seehäfen: keine – Transporte vorwiegend via Djibouti

2.1.1 Konnossemente

Ein Satz Konnossemente ohne konsularische Beglaubigung. Order-B/L sind zugelassen, jedoch mit Angabe der Notify-Adresse.

2.1.2 Handelsrechnungen

Handelsrechnung, dreifach, Englisch, der Handelskammer zur Bescheinigung einreichen. Genaue Form ist vorgeschrieben (laut Proclamation No. 859/2014 der Ethiopian Revenues and

Customs Authority (ERCA)). Sie muss u.a. enthalten: Verkaufswert (Einzel- und Gesamtpreis), und zwar Nettopreise (nach Abzug etwaiger Rabatte), Brutto- und Nettogewicht, Nummer und Ausstellungsdatum sowie -ort der Devisengenehmigung bzw. Importlizenz, Nachlässe (Beschreibung der genauen Art), Einzelpreise, cif- bzw. Gesamtfob-Wert, Lieferungsbedingungen, Ursprungsland „Federal Republic of Germany", Name des Absenders und Empfängers, Marke, Nummern, Anzahl/Art der Versandstücke, genaue Bezeichnung der Ware, HS-Code. Bei Verkäufen auf cif-Basis sind fob-Wert, Versicherung und Fracht getrennt aufzuführen. Bei Parfüms oder Getränken sind Angaben über Art und Prozentsatz des Alkohols auf der Rechnung zu vermerken. Bei Textilien ist die Länge und Breite der Meter- oder Stückwaren anzugeben. Folgende Erklärung ist abzugeben und handschriftlich zu unterschreiben: „We certify this invoice to be true and correct and in accordance with our books."

2.1.3 Ursprungszeugnisse

Ursprungszeugnis einfach mit der Angabe „Federal Republic of Germany (European Union)" erforderlich.

2.1.4 Warenverkehrsbescheinigung

Warenverkehrsbescheinigung bzw. Präferenz-Ursprungsnachweis in einem der Handelspapiere nicht erforderlich.

2.1.5 Packlisten

Nicht erforderlich, jedoch wird eine zweifache Übersicht für jedes Versandstück (Inhalt, Marke, Nummer, Art, Gewicht) empfohlen.

2.1.6 Gesundheitszeugnisse

Für Einfuhren von Tieren und tierischen Erzeugnissen wird ein amtstierärztliches Zeugnis gefordert. Für Pflanzen und pflanzliche Erzeugnisse (https://pflanzengesundheit.julius-kuehn.de/regelungen-nicht-eu-staaten.html) ist ein Gesundheitszeugnis anzuraten.

2.1.7 Konformitätszertifikat

Eine Liste des äthiopischen Handelsministeriums informiert über Produkte, die bei der Einfuhr auf Konformität geprüft werden. In Deutschland kann eine Konformitätsprüfung durch Prüfgesellschaften wie die folgenden durchgeführt werden: Bureau Veritas Industry Services GmbH, Willy-Brandt-Str. 55, 20457 Hamburg, Tel.: 040 23625519, E-Mail: offergsdach@bureauveritas.com oder SGS Germany GmbH, Heidenkampsweg 99, 20097 Hamburg, Tel. 040 30101735, E-Mail de.gis.export@sgs.com oder DIN CERTCO Gesellschaft für Konformitätsbewertung mbH, TÜV Rheinland in 12103 Berlin, Alboinstr. 56, Tel.: 030 75621131, E-Mail: sales-mas@dincertco.de.

2.2 Luftfrachten

Zollflughäfen: Addis Abeba (ADD), Dire Dawa

2.2.1 Luftfrachtbrief

Ein Original des Luftfrachtbriefes.

2.2.2

Siehe unter Seefrachten 2.1.2–2.1.7.

2.3 Postverkehr

2.3.1 Paketkarte

Zwei Zollinhaltserklärungen CN 23 in Englisch. Höchstgewicht 31,5 kg. Bei Postpaketen an die Staatsbank von Äthiopien ist der tatsächliche Empfänger in der Anschrift genau zu bezeichnen.

2.3.2

Siehe unter Seefrachten 2.1.2–2.1.7.

3 Adressen

Konsulate

Die Konsulatsadressen finden Sie jeweils mit Telefonnummer, E-Mail-Adresse, Homepage und Öffnungszeiten unter:
https://www.auswaertiges-amt.de/de/service/laender.

Australien*

1 Allgemeine Informationen

1.1 Kurzinfos

Landesvorwahl: +61

Uhrzeit: Victoria, NSW, Queensland, Tasmanien, Australian Capital Territory = MEZ plus 9 Stunden – South Australia, Northern Territory = MEZ + 8,5 Stunden – Westaustralien = MEZ plus 7 Stunden – Sommerzeit Ende Oktober – Ende März außer Western Australia und Northern Territory

Englisch

1 austr. Dollar ($A) = 100 Cents (ISO-Code AUD)

Nach AWG frei vereinbar Devisenbestimmungen von Australien beachten

Harmonisiertes System. Verzollung nach dem FOB-Wert

Mitglied

Angeschlossen, handgeschriebene Carnets nicht zulässig, Sonderregelungen für Kfz, Rücksprache IHK

Feiertage: Die Feiertage zu diesem Land finden Sie unter folgendem Link: https://www.timeanddate.de/feiertage/weltweit/2025.

1.2 Einfuhr aus der Bundesrepublik

Australien gestattet den Import der meisten Waren ohne Einschränkungen. Für bestimmte Produkte wie Tierfutter, Veterinärmittel, Impfstoffe und Fahrzeuge sind jedoch Einfuhrgenehmigungen erforderlich; teils bestehen Importkontingente. Genehmigungen gelten meist zwölf Monate, Verlängerungen sind nur selten möglich. Fahrzeuge müssen zudem strengen Sicherheitsstandards entsprechen. Details zum Register of Approved Vehicles stehen unter www.legislation.gov.au und www.infrastructure.gov.au

Standards Australia (SA) ist zentrale Anlaufstelle für Normenfragen. Viele Warengruppen unterliegen besonderen Einfuhrvorschriften, die sich teils zwischen den Bundesstaaten unterscheiden. Eine genaue Einhaltung ist notwendig, um Zollprobleme und Zusatzkosten zu vermeiden. Auskünfte erteilen das Department of Home Affairs (www.accc.gov.au). Zigaretten dürfen bestimmte Werte für Teer und Nikotin nicht überschreiten und müssen neutral verpackt sein, mit abschreckenden Gesundheitswarnungen. Rechtsgrundlage ist der Public Health (Tobacco and Other Products) Act 2023. Medizinische, therapeutische und kosmetische Produkte unterliegen strengen Kennzeichnungs-, Registrierungs- und Verpackungsvorgaben (www.accc.gov.au).

Zudem ist es untersagt, bestimmte nationale Symbole wie das Commonwealth-Wappen, die Flagge, das königliche Wappen oder das Wort „Anzac" auf Produkten zu verwenden. Die Commerce (Trade Descriptions) Regulations verbieten außerdem die Einfuhr falsch bezeichneter Waren. Detaillierte Informationen bietet die Deutsch-Australische Industrie- und Handelskammer. Fahrzeuge, Fahrräder, Spielzeug, Elektroartikel, Düngemittel, Kühlgeräte, Feuerlöscher und viele Konsumgüter wie Textilien, Schuhe, Matratzen, Lederwaren und Uhren müssen ebenfalls spezifische Sicherheits- und Etikettierungsvorschriften erfüllen. Für Kinder-Nachtwäsche gilt der Consumer Goods Safety Standard 2017. Spirituosen benötigen spezielle Etiketten, Verpackung und ein Alterszertifikat (www.abf.gov.au). Für vorverpackte Produkte gelten Vorgaben zu Gewicht, Maß, Herkunft und Inhaltskennzeichnung. Saisonabhängig müssen bestimmte Waren wegen der marmorierten Baumwanze (BMSB) vorab behandelt werden (www.agriculture.gov.au/biosecurity-trade/import/before/brown-marmorated-stink-bugs).

* Commonwealth of Australia (mit Ashmore und Cartier Islands

1.3 Verpackung

Bitte beachten: Einfuhrverbot für Holzverladungen (auch Paletten), die mit CCB-Salzen behandelt sind.

Für Holzverpackungen einschließlich Paletten gilt der internationale Standard ISPM 15, der eine vorgeschriebene Behandlung des Holzes verlangt. Das Holz muss rindenfrei sein, und eine schriftliche „Packing Declaration" ist beizulegen. Auch Befestigungshölzer in Containern sowie holzhaltige Containerelemente müssen entsprechend behandelt sein. Verstöße führen zu kostenintensiven Maßnahmen wie Vernichtung oder Begasung durch die Quarantänebehörden.

Heu, Stroh und ähnliche Materialien dürfen nur mit ausdrücklicher Genehmigung des Director of Quarantine als Verpackung verwendet werden. Wegen häufiger Regeländerungen und hoher Kosten bei Verstößen empfiehlt sich eine Rücksprache mit dem Department of Agriculture, Fisheries and Forestry (www.agriculture.gov.au/biosecurity).

1.4 Markierung

Waren müssen in englischer Sprache gekennzeichnet sein; die Herkunft ist dauerhaft, gut sichtbar und möglichst direkt auf dem Produkt anzugeben. Ist das nicht möglich, genügt eine Kennzeichnung der Verpackung. Für fertig verpackte Verkaufsware gelten ergänzende Vorgaben – die Herkunftsangabe kann hier auch auf Umverpackung und Produkt zugleich erforderlich sein.

Kornsäcke müssen die Aufschrift „Australian Standard Cornsacks" haben. Alle Versandstücke sind mit dem Bestimmungshafen (mindestens 5 cm Größe) unterhalb von Marke und Nummer zu beschriften. Der „Commerce (Trade Descriptions) Act 1905" („Compilation No. 15, 14.10.2024, www.legislation.gov.au), der „Customs Act 1901" bzw. der „Country of Origin Food Labelling Information Standard 2016" enthalten die Vorschriften, wie Importwaren zu kennzeichnen sind. Für vorgepackte Produkte gelten darüber hinaus besondere Etikettierungsvorschriften.

1.5 Mustersendungen

Muster ohne Handelswert – einzeln versandt – werden zollfrei abgefertigt, wenn die Sendung gekennzeichnet ist: „Trade samples, no charge, no commercial value". Vorübergehende Einfuhr von Ausstellungs- und Warenmustern mit Carnet-A.T.A. möglich.

2 Dokumente

2.1 Seefrachten

Seehäfen: Adelaide (ADL), Brisbane, Burrup, Cairns, Curtis Island, Darwin, Fremantle, Geelong, Gladstone, Hay Port, Hobart, Karratha Dampier, Mackay, Melbourne, Newcastle, Port Hedland, Port Kembla, Port Walcott, Sydney u.a.

2.1.1 Konnossemente

Voller Satz Konnossemente (ohne Beglaubigung), Ausstellung an Order möglich, dann jedoch mit Notify-Adresse.

Bitte beachten: Werden Container verschifft, sollte auf den Dokumenten-Duplikaten, die an den Importeur gesandt werden, die Anzahl der Container angegeben werden.

2.1.2 Handelsrechnungen

Für die Einfuhrabfertigung in Australien sind zwei identische Originalrechnungen in englischer Sprache erforderlich, die handschriftlich unterzeichnet sein müssen. Diese Dokumente müssen genaue Informationen zu den beteiligten Unternehmen (Versender und Empfänger), dem Ausstellungsort, dem Datum, einer fortlaufenden Rechnungsnummer sowie den Transportmodalitäten – einschließlich des Schiffsnamens – enthalten. Das Herkunftsland der Waren ist klar zu benennen; bei deutscher Produktion ist die Angabe „Federal Republic of Germany" verpflichtend.

Die Verpackungseinheiten sind mit Kennzeichnung, Stückzahl, Art und Gewicht – sowohl brutto als auch netto – zu beschreiben. Entscheidend ist eine exakte und eindeutige Produktbeschreibung mit Angaben zu Menge und Qualität. Allgemeine Bezeichnungen wie „Maschinen" genügen nicht; stattdessen sind die Geräte konkret zu benennen. Maschinen und zugehörige elektrische Komponenten sind separat aufzulisten und in getrennten Positionen der Rechnung auszuweisen. Bei alkoholischen Erzeugnissen sind der Inhalt und die Anzahl der Flaschen pro Verpackungseinheit, der Alkoholgehalt sowie die Werte der Flaschen (ohne Inhalt) und der Außenverpackung anzugeben. Bei

Textilerzeugnissen, denen Etiketten oder Anhänger beiliegen, müssen deren Kosten in den Gesamtwarenwert einfließen.

Der Verkaufspreis ist sowohl stückweise als auch insgesamt darzustellen, ergänzt um die vereinbarten Lieferkonditionen. Dabei ist der sogenannte FOB-Wert (Free on Board) besonders hervorzuheben, da er als maßgebliche Grundlage für die Zollwertermittlung gilt. Australien orientiert sich offiziell am Transaktionswert, dieser entspricht jedoch in der Praxis weitgehend dem FOB-Wert – vorausgesetzt, es bestehen keine Abhängigkeiten zwischen Käufer und Verkäufer. Einzelpositionen wie Verpackungsaufwand, Wert der äußeren Umverpackung (ausgenommen Container), etwaige Lizenz- oder Nutzungsgebühren sowie Transport- und Versicherungskosten müssen klar abgegrenzt werden. Auch bei FOB-Geschäften sind diese Angaben erforderlich, da sie zum Zollwert hinzugerechnet werden. Schließlich sind sämtliche Abmachungen offenzulegen, die den Preis beeinflussen oder verändern könnten.

2.1.3 Ursprungszeugnisse

Nicht erforderlich.

2.1.4 Packlisten

Fehlen in der Handelsrechnung Angaben zum Inhalt einzelner Versandstücke, ist eine separate Liste mit Bezeichnung, Kennzeichnung und Nummerierung der enthaltenen Waren beizulegen.

2.1.5 Gesundheitszeugnisse

Quarantänevorschriften und Biosicherheitsvorschriften des Department für Agriculture, Fisheries and Forestry (https://bicon.agriculture.gov.au/BiconWeb4.0) für Tiere und Pflanzen beachten. Beim Import von Saaten, Pflanzen und Pflanzenteilen sind Pflanzengesundheitszeugnisse erforderlich. Diese müssen von der zuständigen amtlichen Pflanzenschutzstelle (https://pflanzengesundheit.julius-kuehn.de/regelungen-nicht-eu-staaten.html) ausgestellt werden. Vorschriften zur Etikettierung sind möglich.

Besondere Vorschriften gelten bei Lebensmitteln, Getränken, Drogen und Süßwaren. Für gekochtes Fleisch, Fleischprodukte und Schlachthauserzeugnisse sind Gesundheitszeugnisse erforderlich. Kein Import von nicht konserviertem Fleisch!

Ursprungskennzeichnung bei Lebensmitteln ist zu beachten. Einzelheiten unter www.legislation.gov.au (Country of Origin Food Labeling Information Standard 2016). Etikettierungs-, Verpackungsvorschriften und die Vorlage eines Alterszeugnisses (www.abf.gov.au) sind bei Spirituosen vorgeschrieben.

2.1.6 Packing Declaration

Eine Packing Declaration ist für alle transportierten Waren erforderlich (www.agriculture.gov.au, siehe „Packing Declaration").

2.2 Luftfrachten

Zollflughäfen: Adelaide (ADL), Brisbane (BNE), Cairns (CNS), Canberra, Darwin, Hobart, Melbourne (MEL), Perth (PER), Sydney (SYD), Christmas Islands, Cocos Islands, Gold Coast, Norfolk Islands

2.2.1 Luftfrachtbrief

Eine Ausfertigung des Luftfrachtbriefes.

2.2.2

Siehe Seeverkehr 2.1.2–2.1.6.

2.3 Postverkehr

Eine Zollinhaltserklärung CN 23 in Englisch. Höchstgewicht: 20 kg.

Siehe Seeverkehr 2.1.2–2.1.6.

3 Adressen

Auslandshandelskammer

Deutsch-Australische Industrie- und Handelskammer;
German-Australian Chamber of Industry and Commerce
Level 6, 8 Spring Street
Sydney NSW 2000/Australia
Tel.: +612 82960400
Geschäftszeiten: Mo.–Fr. 9.00–17.00 Uhr
E-Mail: info@germany.org.au
www.australien.ahk.de

Konsulate

Die Konsulatsadressen finden Sie jeweils mit Telefonnummer, E-Mail-Adresse, Homepage und Öffnungszeiten unter:
https://www.auswaertiges-amt.de/de/service/laender.

1 Allgemeine Informationen

1.1 Kurzinfos

Landesvorwahl: +1242

MEZ: –6 Std.

Englisch

1 Bahama Dollar (B$) = 100 Cents (ISO-Code: BSD)

Nach AWG frei vereinbar Devisenbestimmungen von Bahamas beachten

Harmonisiertes System Verzollung nach Transaktionswert

Beobachterstatus

Feiertage: Die Feiertage zu diesem Land finden Sie unter folgendem Link: https://www.timeanddate.de/feiertage/weltweit/2025.

1.2 Einfuhr aus der Bundesrepublik

Seit 1.7.1975 Mitglied des EU-CARIFORUM-Wirtschaftspartnerschaftsabkommens. Für alle Waren wird eine „Business Licence" (allgemeine Handelslizenz des Finanzministeriums) verlangt. Eine besondere und darüber hinausgehende Importlizenz wird, z.B. für Tiere und deren Produkte, Pflanzen und deren Produkte, Milchprodukte, Obst, Gemüse, benötigt. Gültigkeitsdauer im Allgemeinen 6 bis 12 Monate. Vor Versendung sollte sich der Ausführer vergewissern, ob eine Lizenz vorliegt. Der Import für bestimmte Produkte wie Lebensmittel und Meeresfrüchte, außerdem Pflanzen und pflanzliche Erzeugnisse sowie Tiere und tierische Erzeugnisse muss durch das Ministerium für Landwirtschaft und Meeresressourcen genehmigt werden. Für diese Warengruppen ist zusätzlich ein Gesundheitszeugnis erforderlich. Abfälle dürfen nur mit Genehmigung der Umwelt-, Wissenschafts- und Technologiekommission und einem Transportnachweis eingeführt werden.

Tabakwaren unterliegen der Verbrauchssteuerpflicht und müssen mit einer englischsprachigen Gesundheitswarnung sowie einer Steuerbanderole versehen sein. Flüssiggas und entsprechende Geräte dürfen nur mit Lizenz des Ministeriums für öffentliche Arbeiten eingeführt und gehandelt werden. Arzneimittelhändler und Importeure gefährlicher Substanzen müssen sich bei der zuständigen Behörde registrieren und benötigen sowohl eine Einfuhrgenehmigung als auch eine Vertriebslizenz. Die Produkte müssen den internationalen Normen entsprechen. Telekommunikationsgeräte benötigen eine Typzulassung und Importlizenz von URCA. Die Kennzeichnung muss u.a. FCC-Registrierungsnummer, Herstellername, Modell und Herkunftsland enthalten. Drohnen müssen vorab bei der Zivilluftfahrtbehörde genehmigt und registriert werden. Der Import und Verkauf von Waffen, Munition und Sprengstoffen wird durch die Royal Bahamas Police Force kontrolliert.

Bitte beachten: Einfuhrverbot für Waren, wie z.B. Falschgeld, Kunststoffbesteck, bestimmte gefährliche Chemikalien, Unterwassergewehre, Schwimmbagger zur Schwimmfischerei, für den Verzehr ungeeignete Lebensmittel, anstößige Printerzeugnisse, Waren aus Ziegenhaar, Einwegplastik und Verpackungen, Teller und Tassen aus Styropor, Spielzeuggewehre, falsch deklarierte Buttersatzstoffe.

1.3 Verpackung

Heu oder Stroh darf verwendet werden, wenn ein amtliches Gesundheitszeugnis vorgelegt werden kann. Tiefkühlwaren und Kühlwaren sind wasserdicht in nicht verunreinigtem und leicht zu reinigendem Material zu verpacken. Verpackungen für Lebensmittel und Fischprodukte müssen aus korrosionsbeständigen, schadstofffreien und ungiftigen Stoffen bestehen.

1.4 Markierung

Die Angaben des Brutto- und Nettogewichts und des Absenders und Empfängers genügen. Besondere Verpackungs- und Etikettierungsvorschriften (in englischer Sprache) der regionalen und nationalen Standardisierungsbehörden sind für einige Produkte zu beachten. „Made in Germany" auf den Packstücken ist Vorschrift. Mit Importeur abstimmen.

1.5 Mustersendungen

Muster ohne Handelswert sind zollfrei – mit Nachweis einer Sicherheitsleistung und Ausfuhr nach 3 Monaten.

2 Dokumente

2.1 Seefrachten

Seehäfen: South Riding Point, Nassau, Freeport

2.1.1 Konnossemente

Voller Satz Konnossemente, Order-Bs/L zugelassen, dann jedoch mit Notify-Adresse. Packlisten sind zusätzlich erforderlich, wenn der Inhalt der Versandstücke oder das Schüttgut in den Konnossementen nicht angegeben ist.

2.1.2 Handelsrechnungen

Handelsrechnung in Englisch, zweifach, mit Netto- und Bruttogewichten, Ursprungsland „Federal Republic of Germany" und genauer Warenbezeichnung. Der Gesamtwert und Wert pro Einheit der Ware sowie Fracht- bzw. Versandkosten und Versicherungskosten müssen gesondert angegeben werden. Am Schluss sind die Rechnungen ordnungsgemäß zu unterschreiben. Keine Faksimile-Unterschriften!

2.1.3 Ursprungszeugnisse

Nur erforderlich, wenn es vom Importeur verlangt wird (z.B. für bestimmte alkoholische Getränke wie Weinbrand, Whiskey etc.).

2.1.4 Warenverkehrsbescheinigung

Warenverkehrsbescheinigung EUR.1 für Warensendungen über € 6 000,–, die unter die zwischen den CARIFORUM-Staaten mit der EU getroffene „Ursprungsregelung" fallen (werden durch die zuständige Zollstelle ausgestellt); für Sendungen bis zum Wert von € 6 000,– ist in den Papieren folgende Erklärung[1] als Präferenz-Ursprungsnachweis aufzunehmen:

„The exporter of the products covered by this document (customs authorisation No …)[2] declares that, except where otherwise clearly indicated, these products are of … preferential origin."

Ort, Datum, Unterschrift. Der Name des Unterzeichners ist in Druckbuchstaben zu wiederholen. Ursprungserzeugnisse aus Ceuta oder Melilla sind mit „CM" zu kennzeichnen.

2.1.5 Packlisten

Eine Packliste, die eine genaue Übersicht über Inhalt, Marke, Nummer, Gewicht, Außenmaße und Anzahl der Packstücke enthält, ist dann erforderlich, wenn die Handelsrechnung diese Angaben nicht enthält.

2.1.6 Gesundheitszeugnis

Gesundheitszeugnisse erforderlich bei der Einfuhr von Tieren, tierischen Erzeugnissen, Pflanzen, pflanzlichen Erzeugnissen (https://pflanzengesundheit.julius-kuehn.de/regelungen-nicht-eu-staaten.html), Lebensmitteln und Meeresfrüchten.

2.2 Luftfrachten

Zollflughäfen: Freeport, Georgetown, Nassau, Long Island, San Salvador u.a.

2.2.1 Luftfrachtbrief

Original-Luftfrachtbrief.

2.2.2

Siehe unter Seefrachten 2.1.2-2.1.6.

2.3 Postverkehr

2.3.1 Paketkarte

Drei Zollinhaltserklärungen CN 23, Englisch. Höchstgewicht 20 kg. Keine Versendung per Paket für lebende Tiere, explosive Stoffe, Bücher, Zeichnungen und Gemälde, Fotografien, Lumpen, gefälschte Briefmarken, etc.

---

1) Ursprungserklärung in weiteren Sprachen s. Kapitel Hinweise Warenursprung Präferenzen

2) Eintrag der Bewilligungsnummer, falls die Erklärung von einem ermächtigten Ausführer erstellt wird.

2.3.2

Siehe unter Seefrachten 2.1.2-2.1.6.

3 Adressen

Konsulate

zuständig ist die Botschaft in
London W1XS 8AH
10, Chesterfield Street, Bahamas House
Tel.: +44207 4084488
Fax: +44207 4999937
E-Mail: information@bahamashclondon.net

Weitere Konsulatsadressen finden Sie jeweils mit Telefonnummer, E-Mail-Adresse, Homepage und Öffnungszeiten unter:
https://www.auswaertiges-amt.de/de/service/laender.

Bahrain

Kingdom of Bahrain mit den Inseln Bahrain, Muharraq, Nabi Saleh, Sitra Umm Nassa

1 Allgemeine Informationen

1.1 Kurzinfos

Landesvorwahl: +973

MEZ: +2 Std. Keine Sommerzeit

Englisch, Arabisch

1 Bahrain Dinar (BD) = 1000 Fils (ISO-Code: BHD)

Nach AWG frei vereinbar. Devisenbestimmungen von Bahrain beachten

Harmonisiertes System

Mitglied

Angeschlossen

Feiertage: Die Feiertage zu diesem Land finden Sie unter folgendem Link: https://www.timeanddate.de/feiertage/weltweit/2025.

1.2 Einfuhr aus der Bundesrepublik

Für den Import einiger Waren, wie z.B. Fahrzeugreifen und Kfz, werden Konformitätszertifikate benötigt. Lebensmittel, Pharmazeutika, Gold- und Silberwaren sowie Tabakerzeugnisse unterliegen strengen Etikettierungs- und Kennzeichnungsvorschriften. Für viele Produkte gelten technische Normen und Standards. Die Rücksprache mit dem Importeur ist unbedingt erforderlich.

Für einige Waren wie Fahrzeuge und Reifen sind Konformitätszertifikate für die Einfuhr in die GCC-Staaten erforderlich. Bestimmte Niederspannungsgeräte (z.B. Elektrolüfter, Mikrowellen, Klimageräte) und Spielzeug benötigen die G-Mark-Zertifizierung und -Kennzeichnung. Diese bestätigt die Einhaltung der GSO-Normen und muss durch anerkannte Prüfstellen („Notified Bodies", www.gso.org.sa/nb). Auch für Pharmazeutika, Tabakerzeugnisse sowie Gold- und Silberwaren bestehen detaillierte Kennzeichnungsvorschriften.

Lebensmittel unterliegen umfassenden Etikettierungsvorgaben (z.B. Angaben zu Herkunft, Inhaltsstoffen, Haltbarkeit). Produkte mit Schweinefleisch müssen entsprechend gekennzeichnet werden. Gesundheits- bzw. Pflanzengesundheitszeugnisse sind für Lebensmittel, lebende Tiere sowie pflanzliche Produkte (inkl. Holz, Heu, Stroh) erforderlich. In bestimmten Fällen sind zusätzliche Unbedenklichkeitserklärungen notwendig (z.B. zu Dioxin, Zyklamat, Radioaktivität).

In Bahrain gelten technische Standards entweder national oder durch die GCC Standardization Organization (GSO, www.gso.org.sa/store). Falls keine nationalen oder GCC-Normen existieren, werden ISO- oder CE-Standards akzeptiert. Die Umsetzung nationaler Standards erfolgt durch das Bahrain Testing and Metrology Directorate (BTMD), das u.a. Haushaltsgeräte, Fahrzeuge, Reifen, Spielzeug und Tabakwaren kontrolliert. Für bestimmte elektrische Haushaltsgeräte sind Sicherheitskennzeichen vorgeschrieben.

1.3 Verpackung

Heu und Stroh oder Holz sind als Verpackungsmaterial zugelassen und müssen frei von Schädlingen und Schmutz sein. Es könnte ein Gesundheitszeugnis erforderlich sein. Es sollte Verpackungsmaterial gewählt werden, welches besonders widerstandsfähig gegen Hitze und Feuchtigkeit ist.

1.4 Markierung

Waren müssen, soweit technisch möglich, direkt mit dem Herkunftsland (z.B. durch Gravur oder Druck) gekennzeichnet sein. Bei Kleinteilen reicht die Kennzeichnung auf der kleinsten Verpackung. Bezeichnungen wie „Made in EU" sind in den GCC-Staaten nicht zulässig. Die Angaben müssen mit den Dokumenten übereinstimmen und idealerweise zweisprachig erfolgen (Arabisch/Englisch). Zusätzliche Etikettierungspflichten je nach Produktgruppe sollten vorab mit dem Importeur geklärt werden. Verpackungseinheiten sind dauerhaft mit Marke, Nummer, Hersteller, Absender und Empfänger (mit Adresse), Ursprungsland, Zielort sowie Brutto- und Nettogewicht zu kennzeichnen. Abweichungen zu den Begleitpapieren sind unzulässig. „Arabian Gulf" ist die einzig zulässige Golfbezeichnung; Handhabungshinweise sollten auf Arabisch erfolgen.

1.5 Mustersendungen

Warenmuster ohne Handelswert werden im Allgemeinen zollfrei zugelassen. Möglicherweise wird eine Sicherheitsleistung in Anspruch gestellt. Für u.a. Werbedrucke fallen Zollgebühren an.

2 Dokumente

Bitte beachten, dass weder auf den Begleitpapieren noch auf der Sendung selbst die Bezeichnung „Persischer Golf" verwendet werden darf. Es muss heißen: „Arabischer Golf" (Arabian Gulf).

2.1 Seefrachten

Seehafen: Bahrain (Mina Sulman), Sitrah

2.1.1 Konnossemente

Voller Satz Konnossemente, unbeglaubigt mit Angabe der Zolltarifnummer. Order-B/L zugelassen, dann jedoch Notify-Adresse angeben.

2.1.2 Handelsrechnungen

Vier- bzw. fünffach (in Englisch) zur Handelskammer zwecks Bescheinigung. Sie muss alle üblichen Angaben enthalten, u.a. eine genaue Warenbeschreibung, Brutto- und Nettogewicht, Marke, Nummern, Art, HS-Code, Anzahl und Maße der Packstücke, Verkaufswert (Gesamt- und pro Einheit), HS-Zolltarifnummer, Ursprungsland „Federal Republic of Germany", Abflug- bzw. Verschiffungshafen. Am Schluss folgende, zu unterschreibende Erklärung (keine Faksimile-Unterschrift):

„We certify that the goods exported to Bahrain are of pure national origin of the ... (Ursprungsangabe)" „Name of the manufacturer ..."

Konsularische Legalisierung nur auf Anforderung erforderlich. Einreichung dann fünffach. Abstimmung mit dem Importeuer unbedingt erforderlich.

2.1.3 Ursprungszeugnisse

Ein- bzw. zweifach, in Englisch, mit der Angabe „Federal Republic of Germany (European Union)". Auf der Rückseite ist die unter 2.1.2 aufgeführte Erklärung abzugeben und vom Ausführer rechtsverbindlich zu unterschreiben (keine Faksimile-Unterschrift). Handelskammer-Bescheinigung erforderlich. Eine konsularische Legalisierung nur, wenn vom Importeur gefordert (Einreichung dann zweifach). Abstimmung mit dem Importeuer unbedingt erforderlich.

2.1.4 Gesundheitszeugnisse

Für Pflanzen, Pflanzenteile bzw. pflanzliche Erzeugnisse (dazu gehören auch Stroh, Holz und Heu) (https://pflanzengesundheit.julius-kuehn.de/regelungen-nicht-eu-staaten.html), Nahrungsmittel und Tiere erforderlich.

2.1.5 Packlisten

Zweifach erforderlich, Angabe u.a. der Marke, Art der Verpackung, Anzahl der Packstücke, Brutto-/Nettogewichte und genauer Beschreibung des Inhalts sowie genauer Produktauflistung. Evtl. müssen auch die Packlisten legalisiert werden. Rücksprache mit Importeur unbedingt erforderlich.

2.2 Luftfrachten

Flughafen: Bahrain-Muharraq (BAH)

2.2.1 Luftfrachtbrief

Luftfrachtbrief ohne Beglaubigung.

2.2.2

Siehe unter Seefrachten 2.1.2–2.1.5.

2.3 Postverkehr

2.3.1 Paketkarte

Zwei Zollinhaltserklärungen CN 23, Englisch oder Arabisch, Höchstgewicht: 31,5 kg, Vertragskunden: 30 kg.

2.3.2

Siehe unter Seefrachten 2.1.2–2.1.5.

3 Konsulatsgebühren

Sämtliche zu legalisierenden Dokumente sind (mit frankiertem, adressiertem Rückumschlag) zu senden an die GHORFA Arab-German Chamber of Commerce and Industry e.V., Referat für Handelsdokumenten-Service, Garnisonskirchplatz 1 in 10178 Berlin (Tel.: 030 278907-24, Fax: 030 278907-32, www.ghorfa.de, E-Mail: dokument@ghorfa.de), die eine Vorbeglaubigung der Dokumente vornimmt und sie im Anschluss an die Konsularabteilung der Botschaft weiterleitet (Rückumschlag C4, frankiert und adressiert beifügen, ein beigelegtes Schreiben muss die Kontaktdaten, Tel. und E-Mail-Adresse eines Ansprechpartners enthalten).

Handelsrechnungen, je Exemplar: bei einem Wert

bis	1 000,– €	BHD	27,– €
bis	5 000,– €	BHD	40,– €
bis	10 000,– €	BHD	79,– €
bis	20 000,– €	BHD	158,– €
bis	50 000,– €	BHD	237,– €
bis	100 000,– €	BHD	395,– €
ab	100 001,– €	BHD	527,– €
ab	200 001,– €	BHD	0,2 % vom Rechnungsbetrag

Ursprungszeugnisse, je Exemplar	106,– €
Vollmachten, je Exemplar	106,– €
Andere Dokumente (z.B. Packlisten), je Exemplar	106,– €
Zertifikate, je Exemplar	53,– €
zzgl. GHORFA-Gebühr, je Exemplar	32,– €

Die Konsularabteilung der Botschaft benötigt für ihre Unterlagen jeweils eine Kopie zum Verbleib. Handelsrechnung und Ursprungszeugnis dürfen nicht zusammengeheftet sein und werden nur zusammen legalisiert. Wenn nur eine Legalisierung des Ursprungszeugnisses erfolgen soll, ist eine schriftliche Bestätigung des Empfängers in Bahrein notwendig, dass auf die Legalisierung der Handelsrechnung verzichtet wird. Das Ursprungszeugnis ist 2-fach, die Handelsrechnung 5-fach bei der Handelskammer einzureichen. Mehrseitige Anlagen zum Ursprungszeugnis (aber keine Analysenzertifikate, Handelsrechnungen, Packlisten) sind zuvor separat von der Handelskammer zu bescheinigen. Deren gebührenpflichtige Legalisierung erfolgt separat. Die Konsulatsgebühren müssen im Voraus überwiesen werden (bitte Zahlungsnachweis den Dokumenten beilegen): Konto der Konsularabteilung der Botschaft des Königreichs Bahrein, IBAN DE63 1007 0000 0233 7822 00, Deutsche Bank AG, Berlin (BIC: DEUTDEBBXXX). Die GHORFA-Gebühr ist bei der Deutschen Bank AG, Berlin, IBAN DE46 1007 0000 0434 9510 00, BIC: DEUTDEBBXXX oder bei der Commerzbank, Berlin, IBAN: DE46 1004 0000 0266 1569 00, BIC: COBADEFFXXX zu überweisen (den Dokumenten eine von der Bank quittierte Durchschrift beilegen oder das ausgedruckte Protokoll der Online-Überweisung). Verträge, Vollmachten etc. sind von einem Notar zu beglaubigen. Eine Überbeglaubigung durch den Landgerichtspräsidenten ist vor Einreichung bei der Ghorfa bzw. der Konsularabteilung notwendig, wenn die Beglaubigung von einem Notar vorgenommen wurde.

4 Adressen

Konsulate

Die Konsulatsadressen finden Sie jeweils mit Telefonnummer, E-Mail-Adresse, Homepage und Öffnungszeiten unter: https://www.auswaertiges-amt.de/de/service/laender.

5 Sonstiges

Länder(-gruppen)kurzbezeichnung für bes. Zollsätze im Europäischen Zolltarif: SPGL
Kraftfahrzeugländerkennzeichen: BRN

1 Allgemeine Informationen

1.1 Kurzinfos

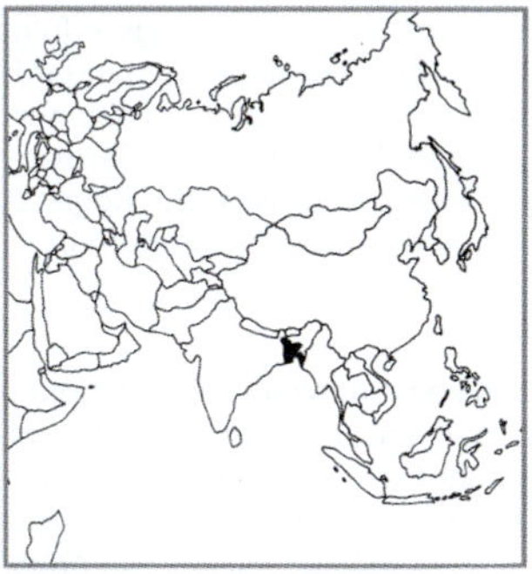

Landesvorwahl: +880

MEZ: +5 Std. Keine Sommerzeit

Englisch, Bengalisch

1 Taka = 100 Poisha (ISO-Code: BDT)

Nach AWG frei vereinbar
Devisenbestimmungen von Bangladesh beachten

Harmonisiertes System
Verzollung nach cif-Wert

Mitglied

Feiertage: Die Feiertage zu diesem Land finden Sie unter folgendem Link: https://www.timeanddate.de/feiertage/weltweit/2025.

1.2 Einfuhr aus der Bundesrepublik

Der Import bestimmter Produkte erfordert eine Importgenehmigung (z.B. für Reis- und Kartoffelsaaten), welche sechs Monate gültig ist, 12 Monate bei Maschinen und Ausrüstungen. Innerhalb dieser Zeit muss die Versendung der Waren erfolgen. Viele Waren können nur über staatliche Gesellschaften eingeführt werden. Man unterscheidet bei der Einfuhr außerdem zwischen verbotenen oder nur bedingt erlaubten Waren (Control List) und den „Freely Importable Items". Verkäufe sind in der Regel auf Grundlage eines nicht widerruflichen L/C zu erfolgen. Waren aus Israel dürfen nicht importiert werden, auch eine Verladung unter dieser Flagge ist nicht zulässig. Die Verladung sollte mit Schiffen unter Bangladesh-Flagge erfolgen.

Besondere Etikettierungsvorschriften und/oder Verpackungsvorschriften müssen bei der Einfuhr von Chemikalien und Insektenvertilgungsmitteln beachtet werden. Die Einfuhr von Arzneien und Pflanzenschutzmitteln unterliegen einer Reihe von Sondervorschriften. Lebensmittel benötigen eine Radioaktivitätsbescheinigung, die mit den entsprechenden Warenproben vor Einfuhr beim Zoll vorliegen muss. Die Bangladesh Standards and Testing Institution BSTI ist zuständig für Normen und Standards. Rücksprache mit dem Importeur empfohlen.

1.3 Verpackung

Keine Verbote für Heu und Stroh als Verpackungsmaterial bekannt. Die Verwendung einer haltbaren/starken Verpackung, die dem Klima angepasst ist, wird empfohlen. Die Regelungen des ISPM Nr. 15 finden bei Holzverpackungsmaterial Anwendung, es muss allerdings rindenfrei sein.

1.4 Markierung

Ursprungskennzeichnung sollte auf Verpackung und Waren in nicht löschbarer Form erfolgen: „Made in Germany".

1.5 Mustersendungen

Muster bis zu einem Wert von 75 000,– BDT (cfr-Wert) – unbrauchbar gemacht – sind zollfrei. Muster mit einem Warenwert ab 500,– BDT unterliegen der Einfuhrgenehmigungspflicht.

2 Dokumente

2.1 Seefrachten

Seehäfen: Chittagong

2.1.1 Konnossemente

Voller Satz Konnossemente. Order-B/L zugelassen, dann jedoch Notify-Adresse angeben.

2.1.2 Handelsrechnungen

Handelsrechnung, sechsfach, in Englisch. Neben den herkömmlichen Angaben (z.B. Lieferbedingungen, Angaben zur Beförderung, genaue Warenbezeichnung, Brutto-/Nettogewichte, Marke, Nummern, Anzahl und Art der Packstücke, Warenwerte gesamt und einzeln) sind die Nummer der Importlizenz, das Ursprungsland „Federal Republic of Germany (European Union)", die cif-Kosten im Einzelnen, die Nummer des L/C und die HS-Zolltarifnummer anzuführen.

2.1.3 Ursprungszeugnisse

Ursprungszeugnis, zweifach, mit der Angabe „Federal Republic of Germany (European Union)" erforderlich.

2.1.4 Radioaktivitätbescheinigungen

Für Nahrungsmittel ist eine Radioaktivitätsbescheinigung erforderlich, aus welcher hervorgehen muss, dass die radioaktiven Werte der zu exportierenden Produkte die festgesetzten Höchstwerte nicht übersteigen. Die Radioaktivitätsbescheinigungen und Warenproben müssen dem Handelsministerium in Dhaka bereits vor Ankunft der Ladung vorliegen.

2.1.5 Gesundheitszeugnisse

Für Pflanzen(-teile) muss ein Pflanzengesundheitszeugnis (außer für Obst und Gemüse), ausgestellt von der zuständigen amtlichen Stelle (https://pflanzengesundheit.julius-kuehn.de/regelungen-nicht-eu-staaten.html), vorgelegt werden. Für Tiere und Tierprodukte wird eine amtliche Veterinärbescheinigung benötigt, für Futtermittel ein Gesundheitszeugnis.

2.1.6 Inspektionszertifikate

Für bestimmte gebrauchte Waren (z.B. Autos und deren Ersatzteile, Motoren, Kipper) oder Kohle, Kessel, Dünger, können Inspektionszertifikate gefordert werden. Mit Importeur abstimmen. Zuständig ist die Intertek Caleb Brett Germany GmbH in 21109 Hamburg, Georgswerder Bogen 3, Tel.: 040 558225000, info.hamburg@intertek.com.

2.1.7 Konformitätszertifikate

Für bestimmte Waren kann vor Versendung eine Vorversandprüfung gefordert werden. Falls kein Konformitätszertifkat der Sendung beiliegt, erfolgt eine Kontrolle durch die Bangladesh Standards and Testing Institution. Mit Importeur abstimmen. Zuständig ist die Intertek Caleb Brett Germany GmbH in 21109 Hamburg, Georgswerder Bogen 3, Tel.: 040 558225000, info.hamburg@intertek.com.

2.1.8 Packlisten

Wenn die Rechnung keine genauen Informationen zu den Waren in den Packstücken gibt, ist eine Packliste (dreifach, englisch) beizufügen. Erforderliche Angaben: Art und Anzahl der Packstücke sowie deren genauer Inhalt, Marke, Nummer, Gewicht und Maße.

2.2 Luftfrachten

Flughäfen: Chittagong, Dhaka (DAC), Sylhet

2.2.1 Luftfrachtbrief

Eine Ausfertigung des Luftfrachtbriefes.

2.2.2

Siehe unter Seefrachten 2.1.2–2.1.8.

2.3 Postverkehr

2.3.1 Paketkarte

Eine Zollinhaltserklärung in Englisch. Höchstgewicht 20 kg.

2.3.2

Siehe unter Seefrachten 2.1.2–2.1.8.

3 Adressen

Konsulate

Die Konsulatsadressen finden Sie jeweils mit Telefonnummer, E-Mail-Adresse, Homepage und Öffnungszeiten unter:
https://www.auswaertiges-amt.de/de/service/laender.

Barbados

1 Allgemeine Informationen

1.1 Kurzinfos

Landesvorwahl: +1246

MEZ: –5 Std.

Englisch

1 Barbados Dollar (BDS $) = 100 Cents (ISO-Code: BBD)

Nach AWG frei vereinbar Devisenbestimmungen von Barbados beachten

Harmonisiertes System

Mitglied

Feiertage: Die Feiertage zu diesem Land finden Sie unter folgendem Link: https://www.timeanddate.de/feiertage/weltweit/2025.

1.2 Einfuhr aus der Bundesrepublik

Barbados erlaubt die Einfuhr der meisten Waren ohne Mengenbeschränkung. Für bestimmte Produkte wie Fahrzeuge, Fleisch, Milch, Feuerwerk oder Chemikalien ist jedoch eine Importlizenz nötig – meist drei Monate gültig. Vor Versand sollte geprüft werden, ob eine Lizenz erforderlich ist. Tierische und pflanzliche Erzeugnisse, Lebensmittel, Medikamente, Tierfutter und Düngemittel benötigen eine Genehmigung. Je nach Ware sind Gesundheitszeugnisse, Quarantäne, Analysen oder Zusatzdokumente wie Begasungs- oder Analysenzertifikate nötig.

Kfz müssen bestimmte Kriterien erfüllen: max. 4 Jahre alt, unter 50.000 km, neue Reifen, Verkehrstauglichkeitsnachweis. Telekommunikationsgeräte und Waffen sind genehmigungspflichtig; bestimmte Modelle sind verboten. Camouflage-Kleidung darf nicht öffentlich getragen werden und ist lizenzpflichtig. Einfuhrverbote gelten u.a. für Schildkröten, Opium, FCKW, falsche Briefmarken, bestimmte Spielzeugwaffen, obszöne Artikel, Einwegplastik, Styroporverpackungen, Plastikbesteck und falsch deklarierte Butterersatzstoffe.

Viele Produkte müssen nationale Standards erfüllen. Für verzehrbare Waren ist ein Freiverkäuflichkeitszertifikat erforderlich. Wenn du möchtest, kann ich diesen Text auch als Infoblatt oder Checkliste formatieren. Pestizide und giftige Stoffe müssen registriert und genehmigt werden, inklusive Sicherheitsdatenblatt. Narkotika erfordern eine Sonderlizenz. Tabakwaren dürfen nur von einem bestimmten Unternehmen eingeführt werden.

1.3 Verpackung

Empfohlen wird eine robuste, wasserfeste Verpackung, die auch einer längeren Lagerung im Freien unter tropischen Bedingungen standhält. Für Holzverpackungsmaterial finden die Bestimmungen des ISPM Nr. 15 Anwendung. Verboten ist die Verwendung von Baumwoll- und Zitruspflanzen, Gräsern, Stroh, Erde, Sand oder Kokos. Die Verpackung von Lebensmitteln und Produkten aus Fleisch, Fisch und Geflügel muss versiegelt sein.

1.4 Markierung

Es genügen Angaben zu Empfänger, Absender und Gewicht (brutto und netto). Besondere Verpackungs- und Etikettierungsanforderungen für Nahrungsmittel, vorverpackte Waren, Tabak und Pestizide. Zuständig ist die Standardisierungsbehörde von Barbados BNSI sowie die entsprechende Behörde der Karibik CARICOM CROSQ.

Gefahrgut benötigt eine rechtsgemäße Kennzeichnung, muss versiegelt sein und die geforderten Handlungsanweisungen tragen. Keine missverständlichen Ursprungshinweise.

1.5 Mustersendungen

Muster ohne Wert sind zollfrei. Eine zeitlich beschränkte Zulassung von bis zu drei Monaten für Produkte mit Handelswert ist zu beachten. Bei der vorübergehenden Einfuhr von Musterprodukten verlangen die Zollmitarbeiter das Hinterlegen einer Sicherheit. Diese wird bei der Ausfuhr (sofern diese innerhalb der gesetzten Frist erfolgt) zurückerstattet.

2 Dokumente

2.1 Seefrachten

Seehafen: Bridgetown

2.1.1 Konnossemente

Voller Satz Konnossemente, Order-Bs/L zugelassen (dann mit Notify-Adresse).

2.1.2 Handelsrechnungen

Handelsrechnung, zweifach, in Englisch (mit Ursprungsland). Die Rechnung muss sämtliche handelsüblichen Angaben (entsprechend einer CARICOM-Invoice) enthalten, u.a. Rechnungsnummer und -datum, Auftragsnummer, genaue Warenbezeichnung wie Kennzahl, Menge, Werte und Bezeichnung, Brutto- und Nettogewicht (kg), Nummer, Marke, Anzahl und Art der Packstücke, Volumen der Packstücke (Kubikmeter), Namen und Adressen von Verkäufer und Käufer, Transportmittel, Flugnummer und -gesellschaft bzw. Name des Schiffes, Verschiffungshafen, Bestimmungsland, Ursprungsland (z.B. „Federal Republic of Germany"), Nennung der Geschäftsbank, Liefer- und Zahlungsbedingungen sowie Angabe der Währung. Kosten für Versicherung, Fracht, andere Kosten und Rabatte sind extra aufzuführen. Es empfiehlt sich, für die Handelsrechnung einen ECE-Vordruck (ECE-Layout-Key) zu verwenden, der bei Dokumenten-Verlagen erhältlich ist. Schlusserklärung: „It is hereby certified, that this invoice shows the actual price of the goods described, that no other invoice has been or will be issued and that all particulars are true and correct". Faksimile-Unterschriften unzulässig.

2.1.3 Ursprungszeugnisse

Ursprungszeugnisse nur auf Anforderung des Importeurs.

2.1.4 Warenverkehrsbescheinigung

Warenverkehrsbescheinigungen EUR.1 für Warensendungen über € 6 000,–, die unter die zwischen den CARIFORUM-Staaten mit der EU getroffene „Ursprungsregelung" fallen (werden durch die zuständige Zollstelle ausgestellt); für Sendungen bis zum Wert von € 6 000,– ist in den Papieren folgende Erklärung[1)] als Präferenz-Ursprungsnachweis aufzunehmen:

„The exporter of the products covered by this document (customs authorisation No ...)[2)] declares that, except where otherwise clearly indicated, these products are of ... preferential origin."

Ort, Datum, Unterschrift. Der Name des Unterzeichners ist in Druckbuchstaben zu wiederholen. Ursprungserzeugnisse aus Ceuta oder Melilla sind mit „CM" zu kennzeichnen.

2.1.5 Packlisten

Enthält die Handelsrechnung nicht alle erforderlichen Angaben, so ist eine Packliste beizulegen. Darin muss eine genaue Übersicht über Inhalt, Marke, Nummer, Gewicht, Maß und Anzahl der Packstücke enthalten sein.

2.1.6 Gesundheitszeugnisse

Ein Gesundheitsattest wird für Pflanzen (https://pflanzengesundheit.julius-kuehn.de/regelungen-nicht-eu-staaten.html) und Tiere sowie pflanzliche und tierische Erzeugnisse benötigt.

2.2 Luftfrachten

Zollflughafen: Grantley Adams Airport (BGI)

2.2.1 Luftfrachtbrief

Original Luftfrachtbrief.

2.2.2

Siehe unter Seefrachten 2.1.2-2.1.6.

2.3 Postverkehr

2.3.1 Paketkarte

Vier Zollinhaltserklärungen CN 23, Englisch, muss die Ware begleiten. Höchstgewicht 20 kg.

1) Ursprungserklärung in weiteren Sprachen s. Kapitel Hinweise Warenursprung Präferenzen
2) Eintrag der Bewilligungsnummer, falls die Erklärung von einem ermächtigten Ausführer erstellt wird.

2.3.2

Siehe unter Seefrachten 2.1.2-2.1.6.

3 Adressen

Konsulate

zuständig für die EU ist die Botschaft in
B-1050 Brüssel
166, Avenue Franklin Roosevelt
Tel.: +322 7371171, -7371172
Fax: +322 7323266
E-Mail: brussels@foreign.gov.bb
www.foreign.gov.bb

80538 München, Honorargeneralkonsulat
Seitzstraße 9-11
Tel.: 089 21578630
E-Mail: office@honoraryconsulgeneral-barbados.de
https://hgk-barbados-muc.de

4 Sonstiges

Länderkurzbezeichnung gemäß Präferenzrecht (Lieferantenerklärung): AKP/CAF
Länder(-gruppen)kurzbezeichnung für bes. Zollsätze im Europäischen Zolltarif: LOMA/SPGL/CAF
Kraftfahrzeugländerkennzeichen: BDS

Belarus

Republic of Belarus, Weißrussland

1 Allgemeine Informationen

1.1 Kurzinfos

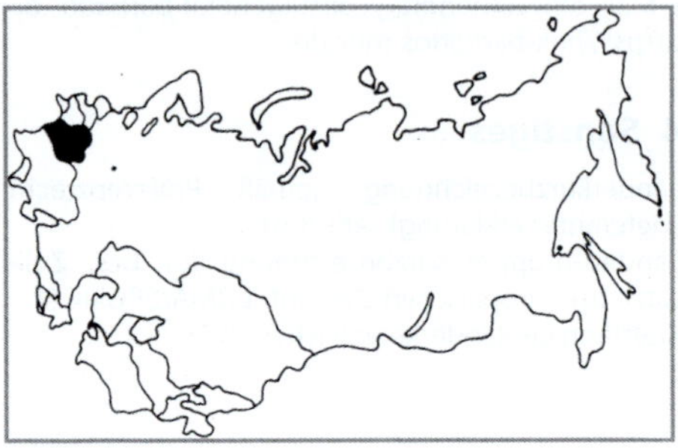

Landesvorwahl: +375

MEZ: +2 Std.
Sommerzeit wie in EU

Russisch, Deutsch, Englisch, Belarussisch

1 belarus. Rubel (ISO-Code: BYR) = 100 Kopeken

Nach AWG frei vereinbar

Harmonisiertes System

Angeschlossen (im Moment wegen des Krieges mit der Ukraine ausgesetzt)

Angeschlossen

Feiertage: Die Feiertage zu diesem Land finden Sie unter folgendem Link: https://www.timeanddate.de/feiertage/weltweit/2026.

1.2 Einfuhr aus der Bundesrepublik

Belarus ist Mitglied der Eurasischen Wirtschaftsunion (EAWU) mit Armenien, Kasachstan, Kirgisistan und Russland. Innerhalb dieser Zollgemeinschaft gelten einheitliche Handelsregelungen, koordiniert durch die Eurasische Wirtschaftskommission (www.eurasiancommission.org). Die EAWU verbietet die Einfuhr bestimmter Waren, darunter ozonschädigende Stoffe, gefährliche Abfälle, bestimmte Medieninhalte, Waffen sowie Geräte zur Gewinnung biologischer Ressourcen. Zusätzlich können Mitgliedsstaaten eigene nationale Einschränkungen festlegen. Eine Übersicht über verbotene und beschränkte Produkte ist auf der Website der Wirtschaftskommission abrufbar. Für verschiedene Warengruppen sind Importgenehmigungen erforderlich, etwa für Schädlingsbekämpfungsmittel, Narkosemittel, Suchtstoffe. Für viele Waren gelten besondere Einfuhr- und Zulassungspflichten.

Die technischen Vorschriften (TR) der EAWU ersetzen schrittweise nationale Zertifikate. Kernregelung ist die TR 022/2011 zur Lebensmittelkennzeichnung; weitere TR betreffen das EAC-Konformitätszeichen sowie Maschinen, Fahrzeuge, elektrische Geräte, Kosmetika, Spielwaren, Verpackungen und Kinderprodukte. Solange keine TR besteht, ist ein belarussisches Konformitätszertifikat nach GOST-Standards erforderlich. Für neu eingeführte Erzeugnisse schreibt das Gesundheitsministerium eine staatliche Registrierung vor. Dazu zählen Arzneimittel, medizinische Geräte, Kosmetik und Parfümerie, Kinderartikel, bestimmte Lebensmittel, Desinfektionsmittel, Pflanzenschutz- und Haushaltschemikalien, Agrochemikalien sowie Pestizide.

Die Lebensmitteleinfuhr unterliegt veterinär-, hygienischen und pflanzengesundheitlichen Kontrollen. Tierische Produkte benötigen entsprechende Bescheinigungen, pflanzliche Erzeugnisse ein phytosanitärisches Zertifikat. Alkoholische Produkte werden durch das Nationale Zertifizierungssystem geprüft, für andere reicht meist eine Konformitätserklärung. Zuständig ist Gosstandart (www.gosstandart.gov.by). Für medizinische, pharmazeutische und kosmetische Waren ist zusätzlich eine Registrierungsbescheinigung eines EAWU-Mitgliedsstaates erforderlich. Ein Einfuhr- und Verkaufsverbot betrifft bestimmte Lebensmittel aus „unfreundlichen Staaten", einschließlich der EU. In Ausnahmefällen können Lizenzen oder Quoten genehmigt werden. Produkte mit geschützten Eigentumsrechten in einem EAWU-Staat müssen gesondert bei den Zollbehörden angemeldet werden. Wegen häufiger Änderungen ist eine Rücksprache mit dem Einführer empfehlenswert.

Bitte beachten: Zur Zeit der Drucklegung bestehen Sanktionen gegen Belarus. Weitere Informationen über die zuständige IHK (www.gtai.de). Weitere Informationen zu den gültigen Embargobestimmungen auch über die Internetseite der BAFA: www.bafa.de/DE/Home/home_node.html.

1.3 Verpackung

Seemäßige Verpackung wird – auch bei Bahn- oder LKW-Transport – erwartet. Die versandte Ware sollte auch eine einjährige Lagerung unter freiem Himmel unbeschadet überstehen. Genaue Vereinbarungen mit dem Importeur sind üblich. Die Benutzung von Heu und Stroh ist gestattet, wenn die Sanitärnormen erfüllt werden. Für Holzverpackungen gelten die Regeln des ISPM Nr. 15-Standards. U.a. müssen Reifen, Tabakerzeugnisse, bestimmte kosmetische Erzeugnisse, Pelze, Schuhe, die in die Eurasische Wirtschaftsunion eingeführt werden, eine digitale Kennzeichnung tragen (DataMatrix-Code- bzw. 2D-Code-System). Auch die Technische Regelung der EAWU zur Verpackung muss beachtet werden.

1.4 Markierung

Etikettierung (in Deutsch, Englisch oder Russisch) und Markierung (Name und Adresse des Herstellers, Ursprungsland, Herstellungsland) sollten mit dem Importeur besprochen werden. Ursprungskennzeichnung für z.B. Kosmetik erforderlich.

1.5 Mustersendungen

Mustersendungen sind zollfrei, wenn sie nach einer vom Zoll festgesetzten Zeit wieder ausgeführt werden. Vorsicht bei nicht registrierten Düngemitteln bzw. Pestiziden für Versuche. Diese benötigen eine Bestätigung durch die amtliche Pflanzenschutzbehörde. Wegen der EU-Sanktionen gegen Belarus werden keine Carnets für die vorübergehende Einfuhr ausgestellt.

2 Dokumente

Hinweis: Für den innerstaatlichen Schriftverkehr sowie Beschriftung von Landkarten gilt die traditionelle Bezeichnung „Republik Weißrussland" mit ihren Ableitungen. Im amtlichen zwischenstaatlichen Schriftverkehr (förmliche Dokumente u. dgl.) „Republik Belarus".

2.1 Eisenbahn-/LKW-Transport

2.1.1 Frachtbrief

Ggf. ein internationaler Frachtbrief (bei Bahntransport).

2.1.2 Handelsrechnungen

Die Rechnung muss neben den herkömmlichen Angaben (z.B. Marke, Nummer, Anzahl/Art der Versandstücke, Beförderungsangaben, Warenbezeichnung mit HS-Code, Rechnungsnummer, Mengen, Brutto-/Nettogewichte, Einzel-/Gesamtpreis, die Adressen von Importeur und Exporteur, Ausstellungsort und -datum, Lieferungsbedingungen, Zahlungsbedingungen) auch die Angabe des Ursprungslandes „Federal Republic of Germany", ggf. Skonto bzw. Rabatte, Unterschrift und Stempel sowie den Liefervertrag enthalten. Bescheinigung durch die zuständige Industrie- und Handelskammer nicht erforderlich. Keine konsularische Beglaubigung notwendig. Elektronische Übermittlung über das National Customs Declaration System, zuvor erfolgt dort eine Nutzerregistrierung. Die Software muss vom Staatlichen Zollkomitee beschafft werden.

2.1.3 Ursprungszeugnisse

Ursprungszeugnis mit der Angabe „Federal Republic of Germany (European Union) auf Anforderung. Besteht ein Unterschied zwischen Ausfuhr- und Ursprungsland, müssen Vornachweise eingetragen werden. Rücksprache mit Handelskammer empfehlenswert.

2.1.4 Packlisten

Packliste ist erforderlich, falls die Handelsrechnung keine ausreichend detaillierten Informationen enthält.

2.1.5 Gesundheitszeugnisse

Für Pflanzen und Pflanzenwaren ist ein Gesundheitszeugnis erforderlich. Eine Liste liegt an den Zollgrenzen vor, die Auskunft gibt, welche Erzeugnisse ein Gesundheitszeugnis benötigen (https://pflanzengesundheit.julius-kuehn.de/regelungen-nicht-eu-staaten.html).

2.1.6 Konformitätszertifikate

Für viele Waren wird die Vorlage eines Zertifikats verlangt, aus dem hervorgeht, dass die Konformität mit den geltenden Normen und Standards gewährleistet ist, z.B. für Lebensmittel, technische Produkte.

2.2 Seefrachten

Seehafen: Masyr

2.2.1 Konnossemente

Ein Satz Konnossemente – keine Beglaubigung.

2.2.2

Siehe unter Eisenbahn/LKW-Transport 2.1.2–2.1.6.

2.3 Luftfrachten

Zollflughäfen: Minsk (MSQ), Brest, Grodno, Gomel

2.3.1 Luftfrachtbrief

Eine Ausfertigung des Luftfrachtbriefes.

2.3.2

Siehe unter Eisenbahn/LKW-Transport 2.1.2–2.1.6.

2.4 Postverkehr

2.4.1 Paketkarte

Zwei Zollinhaltserklärungen CN 22/23, Französisch, Englisch, Russisch oder Landessprache. Höchstgewicht: 20 kg, Vertragskunden: 30 kg.

2.4.2

Siehe unter Eisenbahn/LKW-Transport 2.1.2–2.1.6.

3 Adressen

Auslandshandelskammer

Repräsentanz der Deutschen Wirtschaft in Belarus,
Prospekt Gazety Prawda 11 A
220083 Minsk
Tel.: +375 17 2554324
E-Mail: info@ahk-belarus.org

Konsulate

Die Konsulatsadressen finden Sie jeweils mit Telefonnummer, E-Mail-Adresse, Homepage und Öffnungszeiten unter: https://www.auswaertiges-amt.de/de/service/laender.

4 Sonstiges

Kraftfahrzeugländerkennzeichen: BY

Belgien

1 Allgemeine Informationen

1.1 Kurzinfos

Landesvorwahl: +32

MEZ. EU-Sommerzeit

Französisch, Niederländisch, Deutsch

1 Euro (€) = 100 Cents (ISO-Code: BE)

Nach AWG frei vereinbar
Devisenbestimmungen von Belgien beachten

Harmonisiertes System
Verzollung nach Transaktionswert

Mitglied

Angeschlossen

Angeschlossen

Feiertage: Die Feiertage zu diesem Land finden Sie unter folgendem Link: https://www.timeanddate.de/feiertage/weltweit/2025.

1.2 Einfuhr aus der Bundesrepublik

Die Bundesagentur für Lebensmittelsicherheit (AFSCA) überwacht die Sicherheit von Lebens- und Futtermitteln, Pflanzen und Pflanzenschutzmitteln. Sie fungiert als nationale Kontaktstelle im europäischen RASFF-System für Lebensmittelwarnungen. Für Verbraucherprodukte außerhalb des Lebensmittelbereichs betreut der Föderale Öffentliche Dienst Wirtschaft, KMU, Selbstständige und Energie (SPF Économie) das Safety Gate-System (ehemals RAPEX). Die Einfuhr lebender Tiere, tierischer Erzeugnisse, pflanzlicher Produkte und Pflanzenschutzmittel aus Drittländern ist nur über zugelassene Kontrollstellen zulässig – in der Luftfracht über Brüssel-Zaventem, Lüttich, Ostende, in der Seefracht über Antwerpen, Gent und Zeebrugge. Für pflanzliche Produkte besteht zudem eine Registrierungspflicht für Importeure bei der AFSCA. Alle genannten Waren erfordern entsprechende Gesundheitszeugnisse.

Für Arzneimittel und medizinische Produkte ist die Bundesagentur für Medikamente und Gesundheitsprodukte (AFMPS) zuständig. Sie überwacht die Normenkonformität, erteilt Einfuhrgenehmigungen und Zulassungen für Human- und Tierarzneien. Beim Vertrieb von Elektrogeräten und Batterien an Privatkunden gilt eine Meldepflicht bei den regionalen Umweltbehörden. Diese kann durch eine Mitgliedschaft bei Recupel (Elektrogeräte) (www.recupel.be) oder Bebat (Batterien) (www.bebat.be) erfüllt werden; zusätzlich ist ein Bevollmächtigter zu benennen. Belgien gewährt für Waren aus EU-Mitgliedstaaten grundsätzlich freien Warenverkehr. Für bestimmte landwirtschaftliche und industrielle Erzeugnisse gelten jedoch verbindliche Produktstandards, die auch für Importe aus Drittstaaten maßgeblich sind. Nach Verordnung (EU) 2019/515 unterstützen Produktinformationsstellen Unternehmen beim Marktzugang; zuständig ist der SPF Économie.

1.3 Verpackung

Um Verpackungsabfälle zu vermeiden, zu vermindern und zu verwerten, gibt es besondere Bestimmungen. Produzenten und Vertriebspartner müssen ihre Verpackungen zurücknehmen und verwerten. Die Commission Interrégionale de l'Emballage (CIE) wacht als interregionale Verpackungskommission über die Einhaltung der Richtlinien. Diese Behörde muss über die Art des Verpackungsmaterials und das Recycling informiert werden. Diese Aufgaben übernehmen bei Bedarf auch zugelassene Organisationen wie z.B. FOST Plus, die als Verwertungsorganisation den Grünen Punkt vergibt, der den Beitrag zum Sammel- und Verwertungssystem als Kennzeichen abbildet.

1.4 Markierung

Keine Angabe des Ursprungslandes notwendig. Die Mitteilungen, z.B. „ingevoerd produkt" oder „buitenlands produkt", sind hier ausreichend, doch gibt es Ausnahmen. Mit der Kennzeichnung „Nicht-EU-Ware" müssen Etiketten von Waren versehen werden, wenn Irrtümer über deren Herkunft entstehen könnten.

1.5 Mustersendungen

Muster ohne Handelswert können zollfrei eingeführt werden. Vorübergehende Einfuhr mit Carnet A.T.A. Keine zollpflichtigen Muster als Warenproben versenden!

2 Dokumente

2.1 Seefrachten

Seehäfen: Antwerpen, Brügge, Gent, Lüttich, Ostende, Zeebrügge

2.1.1 Konnossemente

Voller Satz Konnossemente, Ausstellung an Order möglich, bedürfen keiner Beglaubigung.

2.1.2 Handelsrechnungen

Rechnungsangaben laut Kaufvertrag. Die Rechnung muss die USt-Identifikationsnummern (UID-Nr.) von Exporteur und Importeur enthalten und den Hinweis „steuerfrei nach § 4 Nr. 1b UStG" oder „steuerfreie innergemeinschaftliche Lieferung", sonst ist MwSt. zu berechnen. Außerdem ist folgender Rechnungsvermerk bei Lieferungen nach Belgien empfohlen: „Livraison intracommunautaire exonérée TVA".

Die Bedingungen des § 6a UStG müssen eingehalten werden.

Bei Dual-Use-Gütern ist in den Papieren ein ausdrücklicher Vermerk anzubringen, dass bei Ausfuhr aus der EU eine Kontrolle der Waren stattzufinden hat.

Für Nichtgemeinschaftswaren sind Rechnungen mit folgenden Informationen notwendig, z.B. Ausstellungsort und -datum, detaillierte Produktbezeichnung, Mengen, Art und Anzahl der Pakete mit Angabe von Nummer und Marke, Namen und Anschriften von Aus- und Einführer, Lieferbedingungen mit fob-Wert, cif-Kosten und -Wert bzw. cfr-Wert, Zahlungsbedingungen, Rechnungsnummer, Beförderungsart, Gesamtbetrag sowie das Ursprungsland. Keine Unterzeichnung der Rechnungen und keine Bescheinigungen erforderlich.

2.1.3 Ursprungszeugnisse

Ursprungszeugnis nur auf Anforderung.

2.1.4 Intrastat-Meldung

Auf Grundlage des Änderungsgesetzes zum Außenhandelsstatistikgesetz (AHStatG-ÄndG) vom 5. März 2025 gelten rückwirkend zum 1. Januar 2025 neue Schwellenwerte für die Intrahandelsstatistik: Für Wareneingänge liegt die Meldegrenze nun bei 3.000.000 €, für Versendungen bei 1.000.000 €.

Wird eine dieser Grenzen im laufenden Kalenderjahr überschritten, beginnt die Meldepflicht im Monat der Überschreitung.

Die Daten können online an das Statistische Bundesamt übermittelt werden. Weitere Informationen sind unter www.destatis.de abrufbar (Suchbegriff: „Intrastat") oder telefonisch unter 0611 753965, per Fax: 0611 754525 oder per E-Mail: gruppe-vb@destatis.de.

2.2 Eisenbahnverkehr

2.2.1 Frachtbrief

a) für Güter: ein internationaler Frachtbrief für Frachtgut oder Eilgut.
b) für Expressgut: Ein internationaler Expressgutschein

Internationale Zollanmeldungen nicht erforderlich.

2.2.2

Siehe unter Seefrachten 2.1.2–2.1.4.

2.3 Luftfrachten

Zollflughäfen: Antwerpen (ANR), Brüssel (BRU), Lüttich, Ostende

2.3.1 Luftfrachtbrief

Eine Ausfertigung des Luftfrachtbriefes.

2.3.2

Siehe unter Seefrachten 2.1.2–2.1.4.

2.4 Postverkehr

2.4.1 Paketkarte

Keine Zolldokumente. Höchstgewicht: 31.5 kg, Vertragskunden: 30 kg.

2.4.2

Siehe unter Seefrachten 2.1.2–2.1.4.

3 Adressen

Auslandshandelskammer

Deutsch-Belgisch-Luxemburgische Handelskammer
AHK debelux
Manhattan Office Tower
Bolwerklaan 21/Avenue du Boulevard
B-1210 Brüssel
Tel.: +32 2 2035040
Fax: +32 2 2032271
E-Mail: ahk@debelux.org
www.debelux.ahk.de
Geschäftszeiten: Mo.–Do. 8.30–16.30 Uhr; Fr. 8:30–14.30 Uhr

Konsulate

Weitere Konsulatsadressen finden Sie jeweils mit Telefonnummer, E-Mail-Adresse, Homepage und Öffnungszeiten unter:
https://www.auswaertiges-amt.de/de/service/laender.

4 Sonstiges

Kraftfahrzeugländerkennzeichen: B

Belize

1 Allgemeine Informationen

1.1 Kurzinfos

Landesvorwahl: +501

MEZ: –7 Std.

Englisch

1 Belize-Dollar (Bz $) = 100 Cents (ISO-Code: BZD)

Nach AWG frei vereinbar
Devisenbestimmungen von Belize beachten

Harmonisiertes System
Verzollung nach dem Transaktionswert

Mitglied

Feiertage: Die Feiertage zu diesem Land finden Sie unter folgendem Link: https://www.timeanddate.de/feiertage/weltweit/2025.

1.2 Einfuhr aus der Bundesrepublik

Mitglied des Abkommens EU-CARIFORUM. Die Einfuhr ist weitgehend mit allgemeinen Handelslizenzen möglich. Einfuhrgenehmigungen sind erforderlich für z.B. Geflügel, Fleischprodukte, T-Shirts, Seifen, Holz, Toilettenpapier, Obst und Gemüse, Eier, Zucker, Besen, Streichhölzer, Bleichmittel, Erdöl, Gase, Wasserfahrzeuge u.a. (s. gesetzliche Liste im „Supplies Control" Act, zuständig ist die Supplies Control Unit am Handelsministerium) und nur, wenn der Import aus anderen als den CARICOM-Staaten erfolgt. Lizenzen sind nicht übertragbar und gelten nur für einen bestimmten Zeitraum. Vor Versendung der Waren sollte unbedingt geprüft werden, ob eine Lizenz vorliegt.

Lizenzpflicht besteht auch für Händler von Medikamenten, Narkotika und anderen kontrollierten Waren (zuständig ist das Gesundheitsministerium). Es ist verboten, z.B. Schildkröten, anstößige Printerzeugnisse, von Schädlingen befallene Pflanzen und Früchte, Einwegplastik und Styroporgefäße, hausgemachten Käse sowie Falschgeld einzuführen. Es gelten eine Reihe von Sondervorschriften für bestimmte Produkte, z.B. beim Import von Arzneien und Narkotika (verpflichtende Genehmigung des Gesundheitsministeriums sowie Importlizenz, Händler muss lizenziert sein, Herstellererklärung, Analysenzertifikat, Freiverkäuflichkeitsbescheinigung können gefordert werden) oder Pestiziden (müssen bei der Kontrollbehörde für Pestizide unter dem Landwirtschaftsministerium registriert sein und der Import ist nur über Benque Viejo Western Border, Big Creek Port, Philip Godson International Airport, Port of Belize, Punta Gorda Southern Border and Santa Elena Northern Border und nur mit Genehmigung erlaubt).

Besondere Anforderungen auch bei bestimmten Batterien, gebrauchten Reifen, Abfällen (zuständig ist die Umweltabteilung am Ministerium für Forstwirtschaft, Fischerei und nachhaltige Entwicklung), wobei gefährliche Abfälle nur eingeführt werden dürfen, wenn sie als Rohstoff verwendet werden. Ozonschädigende Stoffe (jährliches Einfuhrkontingent sowie Registrierungspflicht bei der entsprechenden Überwachungsstelle National Ozone Unit) und Funk- und Telekommunikationsgeräten (Genehmigungs- und Registrierungspflicht bei der Public Utilities Commission PUC, zudem Registrierungspflicht). Standards für Flugzeuge überwacht das Belize Department of Civil Aviation (BDCA), das die erforderlichen Lufttüchtigkeitszeugnisse ausstellt.

Genehmigungen sind erforderlich für die Einfuhr von Tieren, Pflanzen sowie tierischen und pflanzlichen Produkten. Zuständig ist das Agrarministerium (Ministry of Agriculture and Food Security). Unter Umständen sind Quarantänebestimmungen, spezielle Untersuchungen und Registrierungen notwendig. Ein Analysenzertifikat ist für Erde notwendig. Auch lebende Fische und daraus hergestellte Produkte unterliegen der Genehmigungspflicht. Tierarzneimittel und Tierfutter müssen vor der Einfuhr bei der zuständigen Behörde registriert werden. Saatgut ist ebenfalls genehmigungspflichtig. Je nach Produkt kann eine Risikoeinschätzung verlangt werden. Ein Begasungszertifikat kann zusätzlich erforderlich sein. Wenn du möchtest, kann ich dir diesen Text auch als druckfertige Version oder als strukturierte Übersicht für Importeure aufbereiten. Es empfiehlt sich die Rücksprache mit dem Importeur.

1.3 Verpackung

Heu und Stroh sind als Verpackungsmaterial erlaubt. Die Verpackung sollte witterungsbeständig sein, da die Lagerung oft im Freien erfolgt. Für vorverpackte Waren bzw. Lebensmittel bestehen besondere Verpackungs- und Etikettierungsvorschriften der nationalen Standardisierungsbehörde (BBS) und der regionalen Standardisierungsbehörde (CROSQ).

1.4 Markierung

Markierungen in Englisch. Marken und Nummern auf Packstücken müssen mit den Papieren gleichlauten. Der Importeur (Name und Anschrift), evtl. der Zollagent sowie Absender, Empfänger, Netto-/Bruttogewichte sind auf allen Versandstücken anzugeben. Für den Verkauf im Land müssen Zigaretten und Whiskey mit „For Belize Market" gekennzeichnet werden. Für die Markierung von Fisch und Fischereiprodukten gelten bestimmte Anforderungen der Gesundheitsbehörde Belize Agricultural Health Authority. Vorverpackte Lebensmittel benötigen eine Ursprungskennzeichnung. Die Kennzeichnung „Made in Germany" wird empfohlen, um Irreführungen zu vermeiden.

1.5 Mustersendungen

Kostenlose Warenmuster oder Muster, die kaum Wert haben sowie Werbemittel oder Gegenstände für Expeditionen können im Regelfall ohne Zollgebühr eingeführt werden. Für zollpflichtige Muster ist eine Sicherheit in Höhe der Eingangsabgaben zu hinterlegen. Zollfrei ist die Einfuhr von Material für Expeditionen. Nach sechs Monaten müssen Warenmuster spätestens wieder ausgeführt werden.

2 Dokumente

2.1 Seefrachten

Seehäfen: Belize City, Big Creek

2.1.1 Konnossemente

Voller Satz Konnossemente, Order-Bs/L zugelassen (dann jedoch mit Notify), ohne Beglaubigung.

2.1.2 Handelsrechnungen

Handelsrechnungen (müssen den Anforderungen einer CARICOM Invoice genügen), zweifach, in Englisch. Die Rechnung muss sämtliche handelsüblichen Angaben enthalten, u.a. Rechnungsnummer und -datum, Auftragsnummer, genaue Warenbezeichnung (Preis pro Einheit und Gesamtwerte, Bezeichnung, Menge, Kennzahl), Brutto- und Nettogewicht, Marke, Nummern, Anzahl und Art der Packstücke, Namen und Adressen von Verkäufer und Käufer, Transportmittel, Flugnummer/-gesellschaft bzw. Name des Schiffes, Verschiffungshafen, Nennung der Geschäftsbank, Lieferungs- und Zahlungsbedingungen, Ursprungsland, Bestimmungsland, Währung, Größe der Packstücke (in Kubikmetern). Kosten für Versicherung, Fracht, Verpackung und andere Kosten sowie Rabatte sind extra aufzuführen. Am Schluss folgende, unterschriebene Erklärung: „It is hereby certified that this invoice shows the actual price of the goods described, that no other invoice has been or will be issued and that all particulars are true and correct". Faksimile-Unterschriften unzulässig.

2.1.3 Ursprungszeugnisse

Ursprungszeugnis für den Import von Agrarprodukten, Lebensmitteln, Pflanzen oder pflanzlichen Produkten notwendig, wenn der Importeur dies verlangt.

2.1.4 Packlisten

Packliste nur erforderlich, wenn die Handelsrechnung nicht die nötigen Angaben (z.B. Art der Packstücke und Inhalte mit Angabe von Nummern, Gewichten, Maßen, Marken) enthält.

2.1.5 Warenverkehrsbescheinigung

Warenverkehrsbescheinigungen EUR.1 für Warensendungen über € 6 000,–, die unter die zwischen den CARIFORUM-Staaten mit der EU getroffene „Ursprungsregelung" fallen (werden durch die zuständige Zollstelle ausgestellt); für Sendungen bis zum Wert von € 6 000,– ist in den Papieren folgende Erklärung[1] als Präferenz-Ursprungsnachweis aufzunehmen:

1) Ursprungserklärung in weiteren Sprachen s. Kapitel Hinweise Warenursprung Präferenzen

„The exporter of the products covered by this document (customs authorisation No …)[2] declares that, except where otherwise clearly indicated, these products are of … preferential origin."

Ort, Datum, Unterschrift. Der Name des Unterzeichners ist in Druckbuchstaben zu wiederholen. Ursprungserzeugnisse aus Ceuta oder Melilla sind mit „CM" zu kennzeichnen.

2.1.6 Gesundheitszeugnisse

Ein Gesundheitsattest wird für Pflanzen (https://pflanzengesundheit.julius-kuehn.de/regelungen-nicht-eu-staaten.html), Samen, Fische und Fischprodukte, Tiere, Medikamente und Futter für Tiere, Nahrungsmittel sowie pflanzliche und tierische Erzeugnisse benötigt.

2.2 Luftfrachten

Flughafen: Belize City

2.2.1 Luftfrachtbrief

Original Luftfrachtbrief erforderlich.

2.2.2

Siehe unter Seefrachten 2.1.2–2.1.6.

2.3 Postverkehr

2.3.1 Paketkarte

Eine Zollinhaltserklärung CN 23 in Englisch. Höchstgewicht 25 kg.

2.3.2

Siehe unter Seefrachten 2.1.2–2.1.6.

3 Adressen

Konsulate

B-1200 Brüssel, Konsularabteilung der Botschaft
Boulevard Brand Whitlock 87/93
Tel.: +322 7326204
Fax: +322 7326246
Mo.–Fr.: 9.30–17.30 Uhr
E-Mail: embassy@embelizebrussels.be
https://embassyofbelizebelgium.mfa.gov.bz

Weitere Konsulatsadressen finden Sie jeweils mit Telefonnummer, E-Mail-Adresse, Homepage und Öffnungszeiten unter:
https://www.auswaertiges-amt.de/de/service/laender.

4 Sonstiges

Länderkurzbezeichnung gemäß Präferenzrecht (Lieferantenerklärung): AKP/CAF
Länder(-gruppen)kurzbezeichnung für bes. Zollsätze im Europäischen Zolltarif: LOMA/SPGL/CAF
Kraftfahrzeugländerkennzeichen: BH

2) Eintrag der Bewilligungsnummer, falls die Erklärung von einem ermächtigten Ausführer erstellt wird.

1 Allgemeine Informationen

1.1 Kurzinfos

Landesvorwahl: +229

MEZ. Keine Sommerzeit

Französisch

1 CFA-Franc = 100 Centimes (ISO-Code: XOF)

Nach AWG frei vereinbar Devisenbestimmungen von Benin beachten

Harmonisiertes System.

Mitglied

Feiertage: Die Feiertage zu diesem Land finden Sie unter folgendem Link: https://www.timeanddate.de/feiertage/weltweit/2025.

1.2 Einfuhr aus der Bundesrepublik

Importlizenzen sind grundsätzlich nicht mehr erforderlich. Genehmigungspflichtig sind Waren mit potentiellem Schädlingsbefall (Gesundheitsministerium). Rücksprache mit dem Importeur empfehlenswert, da der Import einiger Waren nicht erlaubt ist oder gewissen Beschränkungen unterliegt (z.B. Arzneien, bestimmte kosmetische Waren, Fleisch). Zudem sollte eine Versendung nur gegen ein unwiderrufliches Akkreditiv vorgenommen werden. Nicht zugelassen sind außerdem Schädlingsmittel, die das Insektizid DDT enthalten. Bei gebrauchten Fahrzeugen gilt die Abgasnorm Euro-4 und ein Höchstalter von fünf Jahren. Die Agence Nationale de Normalisation Métrologie et de Contrôle de la Qualité (info@anm.bj) gibt Auskunft über Normen und Standards.

1.3 Verpackung

Als Verpackungsmaterial sind alle Stoffe verboten, durch die Krankheiten eingeschleppt werden können. Es kann u.U. ein amtliches Gesundheitszeugnis nötig sein.

1.4 Markierung

Keine besonderen Vorschriften. Zusätzlich empfohlen: „Importé d'Allemagne" bzw. „Made in Germany".

1.5 Mustersendungen

Warenmuster ohne Handelswert sind zollfrei.

2 Dokumente

2.1 Seefrachten

Seehäfen: Cotonou

2.1.1 Konnossemente

Konnossemente bedürfen keiner Beglaubigung. Order-B/L mit Notify zugelassen.

2.1.2 Handelsrechnungen

Handelsrechnungen (dreifach, Französisch). Die erforderlichen Angaben auf der Rechnung sind: Name des Exporteurs und Importeurs und Empfängers, Marke, Nummern, Anzahl und Art der Packstücke, Brutto-/Nettogewichte, genaue Warenbezeichnungen, Lieferbedingungen, Ursprungsland, HS-Code, Mengen, Ort und Datum der Ausstellung sowie Einzelpreise, Gesamt-fob- und cif-Wert und auch Nachlässe, wie z.B. Rabatte. Am Schluss muss sich folgende unterzeichnete Erklärung befinden:

„Nous certifions que les marchandises dénommées dans cette facture sont de fabrication et d'origine de la République Fédérale d'Allemagne et que les prix indiqués ci-dessus s'accordent avec les prix courants sur le marché d'exportation."

Bei Beantragung einer Genehmigung einer Auslandsüberweisung sind Rechnungen obligatorisch.

2.1.3 Ursprungszeugnisse

Ursprungszeugnis mit der Angabe „République Fédérale d'Allemagne (Union Européenne)" nur auf Anforderung.

2.1.4 Gesundheitszeugnisse

Pflanzen(-teile), Samen, Kompost, Dünger, Erde und Verpackungen aus diesen oder ähnlichen Stoffen benötigen ein Pflanzengesundheitsattest, ausgestellt von der zuständigen amtlichen Pflanzenschutzstelle (https://pflanzengesundheit.julius-kuehn.de/regelungen-nicht-eu-staaten.html). Tierärztliche Bescheinigungen sind notwendig für Tiere oder gekühltes bzw. frisches Fleisch (maep@gouv.bj).

2.1.5 Inspektionszertifikate

Eine Inspektion erfolgt u.U. am Zielort auf Anweisung des Einführers.

2.1.6 Electronic Cargo Tracking Note (ECTN)

Dieses laut PAC (Port Autonome de Cotonou) für den Import notwendige Begleitpapier (franz. Bordereau Électronique de Suivi des Cargaisons BECS) ist vor der Verladung (muss außerdem innerhalb von fünf Tagen nach Abfahrt bestätigt sein) anzufordern beim: Bureau International Maritime BIM, www.besc-benin.com oder bei einer Agentur (Infos erteilt BIM) wie z.B. M + S Mehrtens & Schwickerath GmbH in 28195 Bremen, Tiefer 4, Tel.: 0421 363080, Fax: 0421 3630855, E-Mail: agency@msbre.com, www.shipagent.de. Fehlt die ECTN, findet keine Abfertigung statt und hohe Bußgelder können entstehen.

2.2 Luftfrachten

Zollflughafen: Cotonou

2.2.1 Luftfrachtbrief

Original Luftfrachtbrief erforderlich.

2.2.2

Siehe unter Seefrachten 2.1.2–2.1.6.

2.3 Postverkehr

2.3.1 Paketkarte

Zwei Zollinhaltserklärungen in Französisch. Höchstgewicht: 31,5 kg, Vertragskunden: 30 kg.

2.3.2

Siehe unter Seefrachten 2.1.2–2.1.6.

3 Adressen

Konsulate

Die Konsulatsadressen finden Sie jeweils mit Telefonnummer, E-Mail-Adresse, Homepage und Öffnungszeiten unter:
https://www.auswaertiges-amt.de/de/service/laender.

4 Sonstiges

Länder(-gruppen)kurzbezeichnung für bes. Zollsätze im Europäischen Zolltarif: SPGC
Kraftfahrzeugländerkennzeichen: BJ
Bis 1975 hieß das Land Dahomé.

Bermuda-Inseln

1 Allgemeine Informationen

1.1 Kurzinfos

Landesvorwahl: +1441

MEZ: –5 Std.
Sommerzeit April bis Oktober

Englisch

1 Bermuda Dollar (BD $) = 100 Cents (ISO-Code: BMD)

Nach AWG frei vereinbar Devisenbestimmungen von Bermuda beachten

Harmonisiertes System

Kein Mitglied

Feiertage: Die Feiertage zu diesem Land finden Sie unter folgendem Link: https://www.timeanddate.de/feiertage/weltweit/2025.

1.2 Einfuhr aus der Bundesrepublik

Alle Produkte, die nicht uneingeschränkt importiert werden dürfen, sind in einer Negativliste enthalten. Importgenehmigungen sind u.a. für bestimmte Lebensmittel und Chemikalien, Kraftfahrzeugräder und Kfz, Pestizide, Tiere, Pflanzen, Samen, Baumaterial, Waffen, Munition, Sprengstoff, Mineralöl, verschreibungspflichtige Arzneien etc. erforderlich. Auch Antifouling-Farbe und bestimmte Funkausrüstung unterliegen der Genehmigungspflicht. Etikettierungsvorschriften betreffen hergestellte Milch, manche Medikamente und Tabakprodukte. Für Hochrisiko-Gesundheitstechnologie wie Röntgen-, Dialyse- und MRT-Geräte ist eine Einfuhrgenehmigung erforderlich. Für lebende Pflanzen, Pflanzenteile und Saatgut ist ein Pflanzengesundheitszeugnis erforderlich, ggf. auch für pflanzliche Produkte.

Ein Begasungszertifikat kann zusätzlich verlangt werden. Für lebende Tiere und tierische Produkte ist ein Tiergesundheitszeugnis vorzulegen. Da in Bermuda keine Quarantänemöglichkeiten bestehen, müssen Tiere bereits vor der Einfuhr unter Quarantäne gestellt werden. Ohne entsprechende Dokumentation erfolgt keine Einfuhr – die Tiere werden vom Zoll zurückgewiesen. Für Fisch, der zum Verzehr bestimmt ist, ist ein Qualitätszertifikat erforderlich. Die zuständige Stelle für Rückfragen zu diesen Anforderungen ist die Umweltbehörde (Department of Environmental Protection). Verboten ist der Import von aromatisierten Tabakerzeugnissen, Spielautomaten (auch Teilen sowie Zubehör), bestimmten Pflanzen und Samen, Karotten, Bananen, Mais sowie Nelken aus einigen Ländern und Zwei-Takt-Motorrädern. Zusätzlich verboten sind ausländische Lotterielose und Werbematerial hierfür sowie obszöne oder staatsgefährdende Publikationen.

1.3 Verpackung

Verpackungsmaterial aus Holz ist entsprechend der Regelung ISPM Nr. 15 zu kennzeichnen und zu behandeln, obwohl diese noch nicht offiziell notifiziert wurde.

1.4 Markierung

Wegen der Herkunft darf kein falscher Eindruck erweckt werden, deswegen wird empfohlen z.B. „Made in Germany“ zu kennzeichnen.

1.5 Mustersendungen

Warenmuster ohne Handelswert, als Muster gekennzeichnet und unbrauchbar gemacht, sind zollfrei. Eine Erklärung des Importeurs sowie eine Pro-forma-Rechnung (zweifach) ist bei Mustern mit Handelswert erforderlich. Ausnahmen gelten für Vertreter, die Muster zollfrei einführen dürfen, wenn sie z.B. beim Zoll eine Kaution der im Normalfall anfallenden Gebühren hinterlegen.

Bermuda-Inseln

2 Dokumente

2.1 Seefrachten

Seehäfen: Hamilton, St. Georges

2.1.1 Konnossemente

Voller Satz Konnossemente, Order-Bs/L zugelassen (dann mit Notify).

2.1.2 Handelsrechnungen

Handelsrechnungen sind auch für Waren ohne Warenwert erforderlich. Keine Bescheinigungen. Es sind keine besonderen Vorschriften zu beachten.

2.1.3 Ursprungszeugnisse

Ursprungszeugnis nicht erforderlich.

2.1.4 Packlisten

Packliste nur erforderlich, wenn die Handelsrechnung nicht die nötigen Angaben (z.B. Art der Packstücke und Inhalte mit Angabe von Nummern, Gewichten, Maßen, Marken) enthält.

2.1.5 Gesundheitszeugnisse

Gesundheitszeugnisse sind notwendig für Tiere und tierische Produkte sowie für Pflanzen, Pflanzenteile und Saatgut (https://pflanzengesundheit.julius-kuehn.de/regelungen-nicht-eu-staaten.html). Die besonderen Bestimmungen bei der Einfuhr von Tieren (z.B. Quarantäne) ist ist beim Department of Environmental Protection zu erfragen. Begasungszertifikate können bei der Einfuhr von Pflanzen gefordert werden.

2.2 Luftfrachten

Zollflughafen: Bermuda (L.F. Wade Int. Airport)

2.2.1 Luftfrachtbrief

Original Luftfrachtbrief erforderlich.

2.2.2

Siehe unter Seefrachten 2.1.2–2.1.5.

2.3 Postverkehr

2.3.1 Paketkarte

Drei Zollinhaltserklärungen CN 23 in Englisch. Höchstgewicht 20 kg.

2.3.2

Siehe unter Seefrachten 2.1.2–2.1.5.

3 Sonstiges

Länder(-gruppen)kurzbezeichnung für bes. Zollsätze im Europäischen Zolltarif: SPGL

Königreich Bhutan (siehe auch Indien)

Bhutan

1 Allgemeine Informationen

1.1 Kurzinfos

Landesvorwahl: +975

MEZ: +5 Std.

Dzongkha, Englisch

1 Ngultrum = 100 Chhetrum (ISO-Code: BTN/INR)

Harmonisiertes System

Beobachterstatus

Feiertage: Die Feiertage zu diesem Land finden Sie unter folgendem Link: https://www.timeanddate.de/feiertage/weltweit/2025.

2 Einfuhr aus der Bundesrepublik

Es bestehen Zollpräferenzen mit der EU. Es gelten die Bestimmungen, die in **Indien** gelten. Das Bhutan Standards Bureau (BSB) ist zuständig für Normen und Standards.

3 Dokumente

3.1 Seefrachten

Seehafen: Keiner. Verschiffungen via Calcutta

Weitere Angaben siehe **Indien**. Jedoch keine Teilnahme am Carnet-A.T.A.-System.

3.2 Luftfrachten

Flughafen: Paro

Weitere Angaben siehe **Indien**.

3.3 Postverkehr

Zwei Zollinhaltserklärungen CN 23 in Englisch. Höchstgewicht: 31,5 kg, Vertragskunden: 30 kg.

Weitere Angaben siehe **Indien**.

4 Adressen

Konsulate

Die Konsulatsadressen finden Sie jeweils mit Telefonnummer, E-Mail-Adresse, Homepage und Öffnungszeiten unter: https://www.auswaertiges-amt.de/de/service/laender.

5 Sonstiges

Länder(-gruppen)kurzbezeichnung für bes. Zollsätze im Europäischen Zolltarif: SPGA

Bolivien

Estado Plurinacional de Bolivia

1 Allgemeine Informationen

1.1 Kurzinfos

Landesvorwahl: +591

MEZ: –5 Std. Keine Sommerzeit

Spanisch

1 Boliviano (Bs) = 100 Centavos (ISO-Code: BOB)

Nach AWG frei vereinbar Devisenbestimmungen von Bolivien beachten

Harmonisiertes System

Mitglied

Feiertage: Die Feiertage zu diesem Land finden Sie unter folgendem Link: https://www.timeanddate.de/feiertage/weltweit/2025.

1.2 Einfuhr aus der Bundesrepublik

Die Einfuhr ist grundsätzlich erlaubt, aber nur durch registrierte Importeure mit Zertifikat. Genehmigungspflicht besteht für sicherheits- oder gesundheitsrelevante Waren, u.a. Lebensmittel, Alkohol, Tiere, Pflanzen, Saatgut, Tabak, Waffen, Munition, Sprengstoffe, bestimmte Textilien, Möbel, Funkgeräte und Schulmaterial. Für viele Produkte sind Gesundheits-, Reinheits- oder Freiverkäuflichkeitsnachweise nötig, teils mit Konsulatslegalisation. Zuständig sind SENASAG, UNIMED, IBNORCA, MOPSV und weitere Fachministerien. Die Einfuhrgenehmigungen für Lebensmittel und alkoholische Getränke müssen bei SENASAG beantragt werden. Die entsprechenden Gesundheits- bzw. Reinheitszeugnisse mit Analysen müssen vom Exportland ausgestellt und vom bolivianischen Konsulat legalisiert werden. Importeure von Pestiziden und Düngemitteln müssen sich und ihre Produkte ebenfalls bei SENASAG registrieren lassen.

Einfuhrgenehmigungen für Güter, die die Sicherheit und Stabilität des Staates oder die öffentliche Gesundheit gefährden können, müssen vorab beantragt werden. Für die Einfuhr von bestimmten Textilien und Bekleidungszubehör sowie bestimmter Holzmöbel wird eine Genehmigung des Ministerio de Desarrollo Productivo y Economía Plural (MDPyEP) benötigt. Verboten sind gebrauchte Textilien, bestimmte Pestizide, gefährliche Abfälle, gebrauchte Pkw > 1 Jahr, Kleintransporter > 3 Jahre sowie Kfz ohne Umweltzertifikat oder Vorabinspektion. Fahrzeuge ≥ 70 t benötigen ein Zertifikat von IBMETRO. Für neue Kfz ist eine vorläufige Genehmigung erforderlich. Für Tiere, Pflanzen, Früchte, Saaten und Wurzeln sind Gesundheitszeugnisse des Landwirtschaftsministeriums des Exportlandes oder der zuständigen Pflanzenschutzstelle erforderlich. Lebende Tiere unterliegen einer tierärztlichen Untersuchung bei der Eingangszollstelle. Pflanzen und deren Erzeugnisse unterliegen einem Kontrollverfahren, das vom Importeur vor der Einfuhr beantragt werden muss.

Tabakerzeugnisse müssen vom Gesundheitsministerium genehmigt werden und unterliegen einer Steuerkennzeichnungspflicht. Für pharmazeutische Produkte ist ein Analysenzertifikat mit Haltbarkeitsdatum sowie ein Nachweis der Freiverkäuflichkeit im Ursprungsland erforderlich. Kosmetika und Hygieneprodukte müssen bei UNIMED registriert werden, eine Vorabbenachrichtigung ist verpflichtend. Für Bücher, Schulmaterial, Funk- und Telekommunikationsgeräte ist eine Genehmigung bei den jeweils zuständigen Ministerien erforderlich. Für Feuerwaffen, Munition und Sprengstoffe muss vorab eine Einfuhrgenehmigung des Verteidigungsministeriums beantragt werden.

1.3 Verpackung

Bolivien wendet für Holzverpackungen die internationale ISPM Nr. 15-Norm an. Die Benutzung von Heu und Stroh ist erlaubt, allerdings ist darauf zu achten, falls Transporte durch anliegende Länder führen, sind deren Verbote mit zu berücksichtigen. Aufgrund des Klimas sollte die Verpackung dauerhaft stabil, wasserfest und stark sein.

1.4 Markierung

Das Ursprungsland ist mit „República Federal de Alemania" anzugeben. Auf den Kollis ist ein klarer und deutlicher Vermerk anzubringen, dass es sich um Transitladung für Bolivien handelt, z.B. Arica/Chile oder Matarani/Peru en tránsito para La Paz/Bolivia oder jede andere Stadt in Bolivien. Spezielle Markierungsvorschriften gelten z.B. für Spielwaren, Schuhe, Ledererzeugnisse, Schädlingsbekämpfungsmittel, Arzneimittel o.Ä., Tabak, Nahrungsmittel sowie Saaten. Die Anschrift des Importeurs sowie des Warenempfängers ist anzugeben. Außerdem ist der Hinweis „Tránsito para Bolivia" erforderlich. Nahrungsmittel und Pharmazeutika müssen mit dem Ursprungsland versehen werden.

1.5 Mustersendungen

Muster ohne Handelswert zollfrei. Muster mit Handelswert können für drei Monate (Verlängerung bis zu einem Jahr möglich) mit Handelsrechnung mit Angabe des Nominal-fob-Wertes ebenfalls zollfrei eingeführt werden. Es muss deutlich gemacht werden, dass eine Bezahlung nicht erfolgt. Folgende Vermerke sind u.a. anzugeben: „Sin valor comercial. No destinado para la venta. Valor nominal US-$ fob." Fallen für Muster Zollgebühren an, dürfen sie weder als Päckchen noch als Warenprobe verschickt werden.

2 Dokumente

2.1 Seefrachten

Seehäfen: Puerto Aguirre – Importe in Transit via peruanische oder chilenische Häfen. Bolivien besitzt in Rosario (Argentinien) einen Freihafen. Der Südosten Boliviens tendiert importmäßig zu Rosario.

2.1.1 Konnossemente

Voller Satz Konnossemente mit Angabe einer Notify-Adresse.

2.1.2 Handelsrechnungen

Handelsrechnungen, zweifach in Spanisch oder Englisch. Keine Faksimile-Unterschriften, sondern Unterschrift und Stempel des Exporteurs. Die Rechnung darf nur eine Verladung an einen Empfänger umfassen und muss folgende, die Ware betreffenden Informationen enthalten: Namen und Adressen des Ausführers und Empfängers in Bolivien sowie vom Konsignatär im ausländischen Durchfuhrhafen, genaue Bezeichnung der Ware (keine allgemeinen Bezeichnungen, z.B. Textilien), Name des Schiffes, Ausstellungsdatum/-ort, Wert pro Einheit, Gesamtwert in vereinbarter Währung und Verkaufskonditionen (Incoterms®); Gesamt-fob- und Gesamt-cif-Wert zusätzlich in US-$, Marke, Nummer, Anzahl und Art der Versandstücke. Der US-$-Gesamtwert ist in Ziffern und Buchstaben anzugeben. Bei unverpackter Ware oder bulk-Ware kann Marke und Nr. entfallen. Das Ursprungsland „País de origen República Federal de Alemania" ist außerdem zu vermerken.

Gewichte und Maße eines jeden Packstückes und das Gesamtgewicht (alles in brutto). Jedes Packstück ist einzeln mit Wert, Inhalt und Nummer aufzulisten, auch wenn Packstücke gleichen Inhalts verschifft werden. Werden Rabatte/Abzüge gewährt, so sollten sie nicht aufgeführt werden (also Nettopreise angeben). Für die Verzollung werden die Rabatte einbezogen. Anzahl der Kolli, Gewicht und Wert der Sendung sind am Ende der betreffenden Spalte zu addieren. Am Schluss ist folgende rechtsverbindlich unterzeichnete Erklärung mit dem Stempel des Exporteurs abzugeben: „Confirmamos que los pormenores de cantidad, pesos, calidades, valores y fechas de las mercanderías detalladas en esta factura son verdaderos y correctos".

Bei der Verschiffung von Pkw oder Lkw ist für jedes Auto eine Rechnung anzufertigen, auf der zusätzlich die Fahrgestell- und die Motornummer sowie Fabrikationsdatum und Modell anzugeben ist.

Das Original der HR ist mit einem Stempel „Original" und die Kopien mit einem Stempel „Kopien" zu versehen. Rückseiten dürfen nicht benutzt werden, ggf. Fortsetzungsblätter verwenden. Änderungen, Streichungen oder Radierungen sind nicht gestattet.

2.1.3 Ursprungszeugnisse

Ein Ursprungszeugnis, einfach, für bestimmte Waren wird z.B. für Pflanzen, Tiere und deren Produkte sowie Tierfutter und Lebensmittel verlangt.

2.1.4 Packlisten

Packlisten sind nur erforderlich, wenn die Handelsrechnung nicht die nötigen Angaben (z.B. Art der Packstücke und Inhalte mit Angabe von Nummern, Gewichten, Maßen, Marken) enthält.

2.1.5 Gesundheitszeugnisse

Tierärztliche Bescheinigungen, Gesundheits- und Reinigungsatteste sind für die Einfuhr von Saaten, Pflanzen, lebenden Tieren, Früchten, Wurzeln u.Ä. des Landwirtschaftsministeriums des Einfuhrlandes oder von der amtlichen Pflanzenschutzstelle (https://pflanzengesundheit.julius-kuehn.de/regelungen-nicht-eu-staaten.html) erforderlich. Sie benötigen außerdem eine Legalisierung des bolivischen Konsulats. Ein Gesundheits- und Reinheitszeugnis ist für die Einfuhr von Lebensmitteln und Spirituosen Vorschrift.

2.1.6 Konformitätszertifikat

Es wird für Kraftfahrzeuge über 70 t Gewicht benötigt und vom Bolivianischen Institut für Metrologie ausgestellt.

2.2 Luftfrachten

Zollflughäfen: Cochabamba, La Paz (LPB), Santa Cruz

2.2.1 Luftfrachtbrief

Eine Ausfertigung des Luftfrachtbriefes.

2.2.2

Siehe unter Seefrachten 2.1.2–2.1.6.

2.3 Postverkehr

2.3.1 Paketkarte

Zwei Zollinhaltserklärungen CN 23 in Spanisch gehen mit der Ware. Höchstgewicht 20 kg. Paketdienst in Bolivien nur über einige Postämter. Postamt befragen.

2.3.2

Siehe unter Seefrachten 2.1.2–2.1.6.

3 Adressen

Auslandshandelskammer

Deutsch-Bolivianische Industrie- und Handelskammer; Cámara de Comercio e Industria Boliviano-Alemana
La Paz, Calle 15 de Calacoto, Torre Ketal, Piso 3 Of. 311
Casilla 2722
Tel.: +591 22795151
Geschäftszeiten: Mo.–Fr. 8.30–16.30 Uhr
E-Mail: ahk@ahkbol.com
www.ahkbol.com

Konsulate

Die Konsulatsadressen finden Sie jeweils mit Telefonnummer, E-Mail-Adresse, Homepage und Öffnungszeiten unter:
https://www.auswaertiges-amt.de/de/service/laender.

4 Sonstiges

Länder(-gruppen)kurzbezeichnung für bes. Zollsätze im Europäischen Zolltarif: SPGE
Kraftfahrzeugländerkennzeichen: BOL

Bosnien und Herzegowina

1 Allgemeine Informationen

1.1 Kurzinfos

Landesvorwahl: +387

MEZ. EU-Sommerzeit

Bosnisch, Englisch, Französisch, Serbisch, Kroatisch, Deutsch

1 Konvertible Mark (KM) = 100 Fening (ISO-Code: BAM)
1 Euro = 1,95583 Marka

Nach AWG frei vereinbar

Harmonisiertes System

Beobachterstatus
Aufnahme beantragt

Angeschlossen, Rücksprache mit IHK

Angeschlossen

Feiertage: Die Feiertage zu diesem Land finden Sie unter folgendem Link: https://www.timeanddate.de/feiertage/weltweit/2025.

1.2 Einfuhr aus der Bundesrepublik

Bitte beachten: Beitritt Bosnien-Herzegowinas zu EU-Kooperationsprogrammen Customs 2020 und Fiscalis 2020 zum Austausch von Informationen unter den Zoll- und Steuerverwaltungen der Mitgliedsländer.

Der Import vieler Waren ist frei. Für militärische Güter (z.B. Waffen, Munition), Feuerwerk sowie pharmazeutische Erzeugnisse aller Art und Tiermedizin sind Importgenehmigungen, Transportgenehmigungen und eine Registrierung der Importeure erforderlich. Dies gilt auch für Produkte mit doppeltem Verwendungszweck, zur Vermehrung, zum Schutz von Tieren und Pflanzen. Endverwendungserklärungen für militärische Erzeugnisse oder Dual-Use-Güter können verlangt werden. Zuständig ist das Ministerium für Außenhandel und Wirtschaftsbeziehungen. Einfuhrverbote gelten u.a. für gefährliche Abfälle und gefährliche Gegenstände sowie Produkte, die toxische Biozide enthalten. Auch Spielzeug aus Porzellan und GMO-haltige Nahrungsmittel dürfen nicht importiert werden.

Aufwändige Zertifizierungen können notwendig werden, wenn die Konformität mit europäischen Standards nicht gewährleistet ist. Stimmen die Standards überein, benötigen die Produkte das CE-Konformitätszeichen. Zuständig für die Einhaltung von Normen ist das Standardisierungsinstitut „Institut za standardizaciju" (https://isbih.gov.ba/izbor-jezika). Ansprechpartner für Registrierungs-, Genehmigungs-, Zertifizierungsverfahren sind die in der jeweiligen Entität des Landes ansässigen Behörden (Föderation Bosnien und Herzegowina, Republik Srpska, Distrikt Brčko). Für Messgeräte und edle Metalle ist eine Zertifizierung erforderlich.

Fahrzeuge unterliegen der Homologation und müssen als Mindestanforderung die Euro-5-Emissionsnorm erfüllen. Bei der ersten Zollstelle ist eine Erklärung über den Import einzureichen. Kontaktstelle ist ein vom Ministerium für Kommunikation und Transport (www.mkt.gov.ba/?lang=en) ernannter technischer Dienst. Rechtslenkende Fahrzeuge dürfen nicht eingeführt werden. Gesundheitszeugnisse sind erforderlich für Pflanzen, Tiere und für pflanzliche und tierische Produkte. Sie werden an der Grenze kontrolliert. Zudem besteht für Importeure, Anbieter und Zulieferer von tierischen Produkten, Tieren sowie Lebensmitteln eine Registrierungspflicht. Zuständig ist das Veterinärbüro von Bosnien und Herzegowina. Alle unter das Washingtoner Artenschutzabkommen fallenden Tier- und Pflanzenarten sowie deren Erzeugnisse benötigen eine Importgenehmigung vom Ministerium für Außenhandel und Wirtschaftsbeziehungen.

Lebensmittel werden auf Qualität und Hygiene untersucht. Der Importeur muss diese Kontrolle vorab beantragen. Einfuhrlizenzen sind notwendig bei Produkten für den Pflanzenschutz, Sämereien und Pflanzensetzlingen. Pflanzen müssen vorab im Sortenregister des Landes aufgeführt werden. Inspektionszertifikate eines akkreditierten Instituts müssen bei Bioprodukten und organischen Produkten vorliegen. Beim Import von Dünger und Pestiziden gilt zudem eine Registrierungspflicht und der Besitz einer Handelslizenz für alle Beteiligten. Registrierungspflichtig für Chemikalien beim Gesundheitsministerium. Medikamente, Kosmetika und Narkosemittel benötigen Einfuhrgenehmigungen bei der nationalen Agentur für Arzneimittel und Medizinprodukte, Agencija za lijekove i medicinska sredstva. Zudem sind für manche dieser Waren Zulassungen und Aktivitätsgenehmigungen erforderlich. Spezielle Handelslizenzen, Vorabanmeldung und Registrierung sind notwendig für die Einfuhr von radioaktivem Material (Staatliche Aufsichtsbehörde für Strahlenschutz und nukleare Sicherheit: Državna regulatorna agencija za radijacijsku i nuklearnu sigurnost). Die Einfuhr von ungefährlichem Abfall muss vom Umweltministerium genehmigt werden.

Seit 1. Januar 2022 ist das neue Zollgesetz in Kraft, welches sich an Zollgesetze der EU anlehnt. Es beinhaltet Regelungen zur papierlosen Zollabwicklung (elektronisches Versandverfahren „New Computerized Transit System", NCTS), den Status des zugelassenen Wirtschaftsbeteiligten (AEO, Ovlašteni privredni subjekt) sowie die summarische Eingangsanmeldung und summarische Ausgangsanmeldung. Seit August 2022 wird das elektronische Versandverfahren (NCTS – New Computerized Transit System) genutzt, jedoch zunächst auf nationaler Basis. Für 2024 angestrebt ist die Anwendung des papierlosen gemeinsamen Versandverfahrens für Warenverkehr mit der EU.

1.3 Verpackung

Wird Heu oder Stroh verwendet, ist ein Gesundheitszeugnis vorzulegen. Die Regelungen des ISPM Nr. 15 für Holzverpackungsmaterial finden Anwendung. Besondere Bestimmungen (z.B. Verpackung) bei der Einfuhr von Saatgut und Kartoffeln sind zu beachten. Grundsätzlich ist die Rücksprache mit dem Importeur zu den Verpackungs- und Kennzeichnungsvorschriften empfehlenswert.

1.4 Markierung

Konsumwaren benötigen die Markierung des Ursprunglandes auf der Ware oder auf der Umverpackung. Sie muss in Bosnisch, Kroatisch oder Serbisch ausgeführt sein. Für Nahrungsmittel und Landwirtschaftsprodukte gelten besondere Anforderungen. Verboten sind missverständliche Ursprungsvermerke.

1.5 Mustersendungen

Muster ohne Handelswert sind zumeist zollfrei. Sind Waren teilweise zu verzollen, ist eine Versicherung der Zollschuld notwendig. Eine Genehmigung der bosnischen Zollbehörde ist erforderlich.

2 Dokumente

2.1 Seefrachten

Seehafen: Keiner

2.1.1 Konnossemente

Voller Satz Konnossemente. Ohne Beglaubigung.

2.1.2 Handelsrechnungen

Handelsrechnung, dreifach, unterschrieben und mit Firmenstempel versehen, mit den erforderlichen Informationen wie z.B. Angabe des Ursprungslandes, der Warenbezeichnung sowie Marke, Nummern, Anzahl und Art der Versandstücke, Brutto- und Nettogewichte, Einzel- und Gesamtpreis, Lieferungsbedingungen, Zahlungsbedingungen, Namen und Adressen von Exporteur und Importeuer, Rechnungsdatum, Rechnungsnummer, Ausstellungsort und -datum, alle Angaben zur Beförderung und zur Bezahlung inklusive Bankverbindungen etc. Möglicherweise wird eine Übersetzung in die bosnische, serbische oder kroatische Sprache verlangt.

2.1.3 Ursprungszeugnisse

Ein Ursprungszeugnis (zweifach) wird u.a. für Produkte verlangt, die bei der Einfuhr auf ihre Hygiene, Gesundheit und auf andere Eigenschaften kontrolliert werden. Genehmigungspflichtige Waren benötigen für den Antrag einer Importerlaubnis ein Ursprungszeugnis, darunter etwa Produkte mit mehrfachem Verwendungszweck sowie militärische Waren. Auch der Importeur und die Zollbehörde können ein Ursprungszeugnis verlangen. Waren mit Ursprung in Deutschland müssen mit „Federal Republic of Germany (European Union)" gekennzeichnet sein.

2.1.4 Warenverkehrsbescheinigung

Liegt ein Handelsgeschäft zwischen der EU und Bosnien und Herzegowina vor und sind die Anforderungen des Assoziierungsabkommens erfüllt, können Präferenzdokumente wie die EUR.1 oder eine Ursprungserklärung genutzt werden, um zollbegünstigte Einfuhren zu ermöglichen. Mit Anfang 2025 wurden in der Pan-Europa-Mittelmeer-Zone (PEM-Zone) neue, einheitliche Ursprungsregeln mit einer Übergangsfrist bis 31.12.2025 eingeführt. Seit dem 1. Januar 2026 sind nur noch die revidierten Ursprungsregeln („Revised Rules") verbindlich und EUR-MED-Nachweise nicht mehr möglich.

Für Warensendungen über 6.000 EUR dient die von der Zollstelle ausgestellte EUR.1 als Präferenznachweis. Exporteure, die regelmäßig Waren unter Präferenzbedingungen liefern, können beim Hauptzollamt die Bewilligung als „Ermächtigter Ausführer" beantragen. Bei Sendungen unter 6.000 EUR genügt eine Ursprungserklärung direkt in der Handelsrechnung, mit folgendem Wortlaut: „Der Ausführer (Ermächtigter Ausführer; Bewilligungs-Nr. ...) der Waren, auf die sich dieses Handelspapier bezieht, erklärt, dass diese Waren, soweit nicht anders angegeben, präferenzbegünstigte . . . Ursprungswaren sind." (Ort und Datum, Unterschrift, Name in Druckbuchstaben)[1)]

Da Handelskammern Ursprungserklärungen nicht bescheinigen dürfen, wird empfohlen, diese separat beizufügen. Auf der Rechnung sollte ein ca. 7 cm hoher Freiraum für die Kammerbescheinigung bleiben. Anschließend ist die Erklärung unter Angabe des Ursprungslands zu ergänzen und erneut zu unterschreiben.

2.1.5 Packlisten

Sollten beigegeben werden (in bosnischer, serbischer, kroatischer oder englischer Sprache), wenn die Aufteilung der Waren in einzelne Versandstücke aus der Rechnung nicht ersichtlich ist.

2.1.6 Gesundheitszeugnisse

Tiere und tierische Produkte sowie Pflanzen und pflanzliche Produkte benötigen ein Gesundheitszeugnis.

1) Ursprungserklärung in weiteren Sprachen s. Kapitel Hinweise Warenursprung Präferenzen

2.2 Eisenbahnverkehr

2.2.1 Frachtbrief

Ein internationaler Frachtbrief.

2.2.2

Siehe unter Seefrachten 2.1.2-2.1.6.

2.3 Luftfrachten

Zollflughäfen: Banja Luka, Mostar, Sarajewo (SJJ), Tuzla

2.3.1 Luftfrachtbrief

Eine Ausfertigung des Luftfrachtbriefes.

2.3.2

Siehe unter Seefrachten 2.1.2-2.1.6.

2.4 Postverkehr

2.4.1 Paketkarte

Zwei Zollinhaltserklärungen CN 23 (Englisch, Bosnisch) gehen mit der Ware. Höchstgewicht: 20 kg.

2.4.2

Siehe unter Seefrachten 2.1.2-2.1.6.

3 Adressen

Auslandshandelskammer

Delegation der Deutschen Wirtschaft in Bosnien und Herzegowina
Predstavništvo njemačke privrede u Bosni i Hercegovini
Fra Anđela Zvizdovića 1/B21
71000 Sarajevo
Bosnien und Herzegowina
Tel.: +387 33295910
Geschäftszeiten: Mo.–Fr. 8.30–17.00 Uhr
E-Mail: info@ahk.ba
bosnien.ahk.de

Konsulate

Die Konsulatsadressen finden Sie jeweils mit Telefonnummer, E-Mail-Adresse, Homepage und Öffnungszeiten unter:
https://www.auswaertiges-amt.de/de/service/laender.

Botswana

Republic of Botswana

1 Allgemeine Informationen

1.1 Kurzinfos

Landesvorwahl: +267

MEZ: +1 Std. Keine Sommerzeit

Englisch

1 Pula (P) = 100 Thebe (t)
(ISO-Code: BWP)

Nach AWG frei vereinbar
Devisenbestimmungen von Botswana beachten

Harmonisiertes System
Verzollung nach fob-Wert

Mitglied

Angeschlossen

Feiertage: Die Feiertage zu diesem Land finden Sie unter folgendem Link: https://www.timeanddate.de/feiertage/.

1.2 Einfuhr aus der Bundesrepublik

Einige Produkte dürfen nur mit behördlicher Genehmigung eingeführt werden – etwa Arzneimittel, lebende Tiere oder Pflanzen. Andere sind komplett verboten, darunter gefährliche Stoffe, Plagiate, Waffen oder urheberrechtlich geschützte Werke. Zusätzlich gelten für bestimmte Waren wie Lebensmittel, Saatgut, gebrauchte Güter oder Erdöl spezielle Einschränkungen, die eine Einfuhr nur unter bestimmten Bedingungen erlauben.

In Botsuana gelten für viele Produkte spezifische Einfuhrvorgaben. Arzneimittel benötigen neben der Zulassung auch eine Importgenehmigung sowie Analyse- und GMP-Nachweise. Elektrogeräte wie Ladegeräte, Waschmaschinen oder Leuchten unterliegen technischen Anforderungen nach nationalen Standards, die vom Botswana Bureau of Standards (BOBS) überwacht werden – internationale Normen sind teils anerkannt

Für Pflanzen ist ein Pflanzengesundheitszeugnis der zuständigen Behörde erforderlich, ergänzt durch eine Genehmigung des Landwirtschaftsministeriums. Auch bei Getreide oder lokal angebauten Agrarprodukten können zusätzliche Zertifikate und Einschränkungen greifen. Tierische Erzeugnisse erfordern neben der Einfuhrgenehmigung, veterinärmedizinische Bescheinigungen und Konformitätsnachweise. Verpackte Lebensmittel und andere Waren, die im Land weiterverkauft werden, müssen klar gekennzeichnet sein – hier empfiehlt sich eine Abstimmung mit dem Importeur.

1.3 Verpackung

Bei der Verwendung von Holzverpackungen sollte sich an die Vorschriften des ISPM Nr. 15-Standards gehalten werden.

2 Dokumente

Es gelten die gleichen Bestimmungen wie für Südafrika , soweit vom Importeur keine anderweitigen Angaben gemacht werden.

> **Bitte beachten: Warenverkehrsbescheinigungen bzw. Präferenz-Ursprungsnachweise in den Papieren sind erforderlich.**

2.1 Seefrachten

Seehafen: Keiner. Verladungen zweckmäßig via Maputo oder Südafrika

2.1.1 Konnossemente

Voller Satz Konnossemente, Ausstellung an Order mit Notify-Adresse möglich. Beglaubigung nicht vorgeschrieben.

2.1.2 Handelsrechnungen

Handelsfaktura (einfach) in Englisch, unterschrieben, ggf. mit allen Angaben zum Exporteur und Importeur sowie des Empfängers, Ursprungsland, Zahlungsbedingungen, der Nummer der Lizenz und deren Verfalldatum und Bestimmungsort, Lieferbedingungen und Transportangaben, Namen des Schiffes, Verschiffungshafen bzw. Abflughafen, Zolltarifnummer nach dem Harmonisierten System (HS 2022 ist seit 1.1.2022 implementiert), Preis pro Wareneinheit und Gesamtpreis mit Angabe der Lieferkonditionen, Marke, Nummern, Anzahl und Art der Packstücke, Brutto-/Nettogewichte, genaue Warenbezeichnungen und -mengen, Datum und Nummer der Rechnung sowie des Auftrags, gewährte Rabatte sind aufzuführen, fob-Wert, auch wenn cif verkauft wird.

2.1.3 Ursprungszeugnisse

Falls ein Ursprungszeugnisse gefordert wird, ist die Angabe des Ursprungslandes: „Federal Republic of Germany (European Union)".

2.1.4 Warenverkehrsbescheinigung

EUR.1 bzw. Präferenzursprungsnachweis: Für Erzeugnisse, die unter die „Ursprungsregelung" im Abkommen über Handel, Entwicklung und Zusammenarbeit zwischen der Europäischen Union und den SADC-WPA-Staaten fallen, ist der Präferenz-Ursprungsnachweis zu erbringen. Die Warenverkehrsbescheinigung wird von den Zollstellen ausgestellt (das Ausfüllen erfolgt durch Exporteur).

Für Sendungen bis zu € 6 000,– ist vom Ausführer nur die folgende Erklärung[1] in die Rechnung oder ein anderes Handelsdokument aufzunehmen:

„The exporter of the products covered by this document (customs authorization No ...)[2] declares that, except where otherwise clearly indicated, these products are of ... preferential origin. Ort, Datum, Unterschrift des Ausführers und Name des Unterzeichners in Druckschrift". Ursprungswaren aus Ceuta oder Melilla sind mit „CM" zu kennzeichnen.

1) Ursprungserklärung in weiteren Sprachen s. Kapitel Hinweise Warenursprung Präferenzen

2) Eintrag der Bewilligungsnummer, falls die Erklärung von einem ermächtigten Ausführer erstellt wird.

2.1.5 Gesundheitszeugnisse

Ein amtliches Veterinärzeugnis ist möglicherweise erforderlich für lebende Tiere und deren Produkte. Ein Pflanzengesundheitszeugnis ist Pflanzen erforderlich (https://pflanzengesundheit.julius-kuehn.de/).

2.1.6 Konformitätszertifikate (CoC)

Es besteht ein Konformitätsprogramm des BOBS für einige Produkte (Plastiktüten, Reifen, einige Milchprodukte, Konservenfisch u.a.). Der Nachweis, dass die Produkte den geforderten Standards entsprechen, erfolgt durch ein Certificate of Conformity (CoC) inform eines Konformitätszertifikates. Die Liste der regulierten Waren umfasst mehr als 80 Warengruppen (z.B. Elektrogeräte, Nahrungsmittel, Lampen, Teile und Zubehör von Fahrzeugen etc). Ansprechpartner für entsprechende Inspektionen vor dem Versand: DIN CERTCO Gesellschaft für Konformitätsbewertung mbH, TÜV Rheinland in 12103 Berlin, Alboinstr. 56, Tel.: 030 75621131, E-Mail: sales-mas@dincertco.de, Bureau Veritas Industry Services GmbH in 20457 Hamburg, Willy-Brandt-Str. 55, Tel.: 040 23625519, E-Mail: offergsdach@bureauveritas.com sowie Intertek Caleb Brett Germany GmbH, Government and Trade Services in 21109 Hamburg, Georgswerder Bogen 3, Tel.: 040 558225000, E-Mail: Info.hamburg@intertek.com.

2.1.7 Packlisten

Eine genaue Packliste (Englisch) ist erforderlich (inkl. Lieferbedingungen, Gewichte, Warenbeschreibungen, Importlizenznummer etc.), falls die Handelsfaktura keine Informationen über die einzelnen Packstücke oder eine ausreichende Übersicht enthält.

2.2 Luftfrachten

Zollflughäfen: Francistown, Gaborone, Kasane, Maun

Siehe unter Seefrachten 2.1.2–2.1.6.

2.3 Postverkehr

Zwei Zollinhaltserklärungen in Englisch. Höchstgewicht: 31,5 kg, Vertragskunden: 30 kg.

Siehe unter Seefrachten 2.1.2–2.1.6.

3 Adressen

Konsulate

10785 Berlin, Konsularabteilung der Botschaft
Lennestr. 5
Tel.: 030 887195010
Fax: 030 887195012
Mo.–Fr. 9.00–17.00 Uhr
E-Mail: info@embassyofbotswana.de
www.embassyofbotswana.de

Weitere Konsulatsadressen finden Sie jeweils mit Telefonnummer, E-Mail-Adresse, Homepage und Öffnungszeiten unter:
https://www.auswaertiges-amt.de/de/service/laender.

4 Sonstiges

Länderkurzbezeichnung gemäß Präferenzrecht (Lieferantenerklärung): AKP/MAR
Länder(-gruppen)kurzbezeichnung für bes. Zollsätze im Europäischen Zolltarif: LOMA/SPGL
Kraftfahrzeugländerkennzeichen: RB

1 Allgemeine Informationen

1.1 Kurzinfos

Landesvorwahl: +55

Östliche Küstenstaaten und Hauptstadt: MEZ = –4 Std.
Zentraler Teil: MEZ = –5 Std.
Westteil: MEZ = –6 Std.

Portugiesisch, Englisch

1 Real (R$) = 100 Centavos
(ISO-Code: BRL)

Nach AWG frei vereinbar
Devisenbestimmungen von Brasilien beachten

Harmonisiertes System

Mitglied

Angeschlossen

Feiertage: Die Feiertage zu diesem Land finden Sie unter folgendem Link: https://www.timeanddate.de/feiertage/.

1.2 Einfuhr aus der Bundesrepublik

Brasiliens Außenhandel läuft über SISCOMEX, verwaltet von RFB (Zoll/Steuern) und SECEX (Verwaltung). Für Einfuhren ist meist eine Importbewilligung erforderlich: automatisch → nach Verschiffung beantragt, Bearbeitung 10 Tage, nicht automatisch → vor Verschiffung, in Ausnahmefällen nachträglich mit CNPq-Genehmigung; Bearbeitung 60 Tage. Beide gelten 90 Tage, Waren müssen vor Ablauf verladen sein. Lizenzfrei sind u.a. Waren in Zoll- und Lagerverfahren, temporäre Einfuhren (REPETRO), Sonderzollregime, Ex-Tarif-Ermäßigungen, Messegüter, Garantieteile, Spenden (ohne Gebrauchtwaren), Rücksendungen zu Forschungszwecken, Leasing- und Chartergeschäfte, wiederverwendbare Verpackungen, Verstaatlichung temporär eingeführter Maschinen sowie Importe in Freie Exportzonen mit bestimmten Ausnahmen. Exporteure sollten vom brasilianischen Einführer die Lizenzpflicht und ggf. eine Pro-forma-Rechnung bestätigen lassen. Eine Legalisierung durch Konsulat oder Botschaft erfolgt nur auf Wunsch des Importeurs.

Einfuhrverbote und -beschränkungen gelten aus gesundheits-, umwelt- und veterinärpolizeilichen Gründen für gebrauchte Kfz, gebrauchte Ersatzteile, gebrauchte und runderneuerte Reifen sowie für bestimmte Druckwerke und Waren mit falscher Herkunftsbezeichnung, gefährliche Erzeugnisse, Spielzeug, das waffenähnlich ist, medizinische oder klinische Erzeugnisse, die giftige Rückstände enthalt u.Ä. Über alle Einfuhrverbote informiert eine Liste des Wirtschaftsministeriums sowie verschiedene weitere Verwaltungsstellen mit Kontrollfunktion. Sonderbestimmungen gelten für alkoholische Getränke, Textilien, Pharmazeutika, Drogen, Waffen, Blutkonserven, bestimmte Herbizide und Pestizide und einige Nahrungsmittel. Die Importverbote werden auf den Interseiten der Verwaltungskontrollstellen veröffentlicht und sind zu überprüfen. Rücksprache mit dem Importeur empfohlen.

Die Einfuhr von gebrauchten Konsumgütern ist verboten, für Textilien gelten besondere Etikettierungsvorschriften. Zuständig für Normen ist das Nationale Institut für Messtechnik, Normierung und Industrielle Qualität. Gefahrmüll darf nicht oder nur unter strengen Bedingungen importiert werden. Pflanzenschutzmittel benötigen eine Genehmigung des Ministeriums für Landwirtschaft und Viehzucht (https://www.agricultura.gov.br), ebenso wie die Etiketten für Erzeugnisse tierischen Ursprungs (ohne Registrierung keine Importlizenz). Vorverpackte Lebensmittel erfordern bestimmte Kennzeichnungen laut Resolution RDC Nr. 360 (2003). Medizinische Produkte müssen

registriert sein (Agência Nacional de Vigilância Sanitária, Anvisa, https://www.anvisa.gov.br). Sie müssen zudem bei den Produktionsverfahren und bei den Herstellungsorten den Anforderungen der Guten Herstellungspraxis entsprechen (laut Resolution RDC Nr. 183). Seit 3. Juli 2023 gelten laut ANIVSA (Gesundheitsbehörde Agência Nacional de Vigilância Sanitária) neue Warnhinweise für Packungsbeilagen bei Arzneimitteln (Resolutionen 768, 770). Informationen zur Zulassung müssen enthalten sein. Auch für Drogen und Kosmetika gelten bestimmte Regelungen, Rücksprache wird empfohlen.
Einführer von Saatgut und das Saatgut selbst müssen beim Nationalen Register für Saatgut und Setzlinge (Ministerium für Landwirtschaft und Viehzucht) registriert sein und benötigen eine Genehmigung. Spielwaren erfordern eine Zertifizierung (zuständig: Nationales Institut für Messtechnik, Normierung und Industrielle Qualität). Gefahrmüll darf nur beschränkt eingeführt werden (zuständig: Institut für Umwelt und erneuerbare Naturressourcen). Wegen des Ausbruchs der Afrikanischen Schweinepest hat Brasilien am 14. September 2020 Importe von deutschem Schweinefleisch (unbearbeitet und bearbeitet) untersagt.

Tiere und tierisches Reproduktionsmaterial erfordern eine Einfuhrgenehmigung des Ministeriums für Landwirtschaft und Viehzucht. Zuständig bei wilden Tieren ist das Institut für Umwelt und erneuerbare Naturressourcen. Inspektionen erfolgen an der Zollstelle. Konsularisch legalisierte Gesundheitszeugnisse obligatorisch, falls vom ausführenden Land solche Gesundheitszeugnisse von Brasilien gefordert werden. Registrierungspflicht besteht für tierische Produkte und deren Etiketten zuständig ist das Ministerium für Landwirtschaft und Viehzucht. Genehmigungspflichtig beim gleichen Ministerium sind auch Pflanzen und ihre Produkte (abhängig von der Risikokategorie). Registriert sein müssen auch Unternehmen, die Getränke einführen (Ministerium für Landwirtschaft und Viehzucht). Für Weine und deren Produkte und fermentierten Essig sind Analysen- und Ursprungszeugnisse erforderlich, ggf. zusätzlich ein Nachweis über Alterungsprozess und Reife. Die für Normen und Standards zuständige Behörde ist die Associação Brasileira de Normas Técnicas. Keine Lizenzpflicht erforderlich bei: bestimmten Einfuhren von Unternehmen in Exporthandelszonen, Miet- und Leasinggegenständen, Warensendungen mit Zolllagerung, Waren, die für Messen und Ausstellungen bestimmt sind, Waren für Duty-Free-Shops, gesichertes Lager und spezielle Lager, Spenden außer Gebrauchtwaren, Waren mit ermäßigten Einfuhrabgaben, Waren für Testzwecke und Forschung etc.

1.3 Verpackung

Für Holzverpackungen gilt der Standard gemäß ISPM Nr. 15. Materialien aus Ländern ohne ISPM-15-Umsetzung müssen mit einem Pflanzengesundheits- oder Behandlungsnachweis versehen sein, ausgestellt von der nationalen Pflanzenschutzbehörde (NPPO) des Ursprungslands. Empfohlen wird die Nutzung alternativer Verpackungsstoffe wie behandeltes Holz, Kunststoff, Karton, Metall, Schaumstoffe oder vergleichbare Materialien.

1.4 Markierung

Ursprungskennzeichnung muss klar und deutlich sein. Zusätzlich: Angabe des Ursprungslands. Laufende Nummerierung für Packstücke obligatorisch.

1.5 Mustersendungen

Warenmuster ohne Handelswert sind zollfrei, falls Institutionen des Staates, des Bildungs- und Sozialwesens, der Parteien, der internationalen Organisationen, der Wissenschaft oder der Technologie involviert sind. Rücksprache empfohlen. Kennzeichnung mit „Samples without commercial value" wird empfohlen. Teilnahme am Carnet-A.T.A.-System ist seit 1.1.2022 nicht mehr möglich.

2 Dokumente

2.1 Seefrachten

Seehäfen: Belém, Itajai, Manaus, Paranagúa, Pecém, Rio de Janeiro, Rio Grande, Santos, Tubarao, São Sebastião.

2.1.1 Konnossemente

Jedes Konnossement muss einer Zollerklärung entsprechen (Ausnahme Rohöl und seine Derivate als Schüttgut).

Zulassung einer Zollerklärung für mehrere Konnossemente, wenn Waren nur für einen Importeur bestimmt sind, einem kommerziellen Vorgang entsprechen oder aus Transportgründen. Registrierung der Zollerklärung im Namen des Empfängers. Bei Änderungen: Berichtigungsschreiben an die Zielzollstelle.

2.1.2 Handelsrechnungen

Handelsrechnung (einfach, Original) mit genauer Angabe der Waren in Englisch, Portugiesisch, Französisch oder Spanisch. Übereinstimmung von Handelsrechnung und Importlizenz erforderlich. Eine portugiesische Übersetzung muss beigelegt werden, wenn die Rechnung in einer anderen Sprache ausgestellt wurde.

Die Handelsrechnung muss u.a. enthalten: Zahlungsbedingungen, -währung, Transportkosten, Einheits- und Gesamtpreis, ggf. Höhe und Art der Nachlässe, Ursprungs- sowie Herkunftsland, Anzahl und Art der Versandstücke sowie Nummern und Marken, Brutto- und Nettogewichte der Ware, genaue Bezeichnung der Ware inkl. genauer Handelsbezeichnung, Name und Anschrift des Empfängers und des Herstellers, Land des Erwerbs der Ware, Zahlungs- und Verkaufsbedingungen in Incoterms®, rechtsverbindliche, handschriftliche Unterschrift des Ausführers zwingend erforderlich. Eine elektronische Unterschrift ist nur in Ausnahmefällen möglich.

Rechtsverbindliche Unterschrift auf allen Exemplaren. Um Verzögerungen bei der Verzollung zu vermeiden, sollte nach der Unterschrift der Name des Unterzeichners und seine Stellung in der Firma in Druckschrift angegeben werden.

2.1.3 Ursprungszeugnisse

Ursprungszeugnisse sind i.A. nicht erforderlich. Für Weine und deren Produkte und fermentierten Essig sind Analysen- und Ursprungszeugnisse erforderlich. Rücksprache empfohlen. Bei Waren, für die Präferenzregelungen gelten, sind Ursprungszeugnisse relevant.

2.1.4 Packlisten

Packlisten sind erforderlich mit Angabe von Marke, Nummern, Anzahl und Art der Packstücke, Brutto-/Nettogewichte, Gesamtvolumen der Lieferung sowie Größe der einzelnen Packstücke. Fehlt die Packliste, wird eine Strafzahlung erhoben. Ausnahme: Güter mit eigener Identifizierung (z.B. Pkw); Sendung ohne Packstücke (z.B. Schüttgut).

2.1.5 Gesundheitszeugnisse

Gesundheitsattest beim Import von lebenden Tieren, tierischem Reproduktionsmaterial sowie bei Erzeugnissen tierischen Ursprungs erforderlich, ggf. auch bei Pflanzen und ihren Produkten (abhängig von der Risikokategorie) (https://pflanzengesundheit.julius-kuehn.de/). Konsularische Legalisierung im Herkunftsland notwendig.

2.2 Luftfrachten

Zollflughäfen: Aracajú, Bélém, Belo Horizonte (BHZ), Boa Vista, Brasilia (BSB), Cabo Frio, Campinas, Campo Grande, Campos, Corumbá, Cuiabá, Curitiba (CWB), Florianópolis (FLN), Fortaleza, Goiânia (GYN), Joao Pessoa, Joinville (JOI), Londrina, Macapá, Maceió, Manaus (MAO), Navegantes (NVT), Petrolina, Porto Alegre (POA), Porto Velho, Recife (REC), Rio de Janeiro (RIO), Salvador (SSA), São Goncalo do Amarante, São José dos Campos, São Luis, São Paulo (GRU), Teresina, Vitória

2.2.1 Luftfrachtbrief

Eine Ausfertigung des Luftfrachtbriefes.

2.2.2

Siehe unter Seefrachten 2.1.2–2.1.5.

2.3 Postverkehr

2.3.1 Paketkarte

Eine oder zwei Zollinhaltserklärungen (abhängig von Größe und Gewicht) in Portugiesisch/Englisch/Spanisch. Höchstgewicht 30 kg. Auch Angabe des bras. Staates zusätzlich zum Bestimmungsort empfehlenswert.

2.3.2

Siehe unter Seefrachten 2.1.2–2.1.5.

3 Konsulatsgebühren

Da unterschiedliche Gebühren anfallen können, sind diese bei den entsprechenden Botschaften oder Konsulaten direkt zu erfragen.

4 Adressen

Auslandshandelskammer

Deutsch-Brasilianische Industrie- und Handelskammer in Sao Paulo

Câmara de Comércio e Indústria Brasil-Alemanha de São Paulo
Rua Verbo Divino, 1488
BR-04719-904 São Paulo – SP
Tel.: +55 1151875100
Geschäftszeiten: Mo.–Fr. 8.00–12.00 Uhr, 13.00–17.00 Uhr
E-Mail: ahkbrasil@ahkbrasil.com
www.ahkbrasilien.com.br/de/

Deutsch-Brasilianische Industrie- und Handelskammer in Rio de Janeiro
Cámara de Comércio e Indústria Brasil-Alemanha do Rio de Janeiro
Avenida Graça Aranha, 1, 6° andar
BR-20030-002 Rio de Janeiro – RJ
Tel.: +55 2122242123
Caixa Postal 9515
E-Mail: info@ahk.com.br
https://brasilien.rio.ahk.de/

Deutsch-Brasilianische Industrie- und Handelskammer Rio Grande do Sul
Cámara de Comércio e Indústria Brasil-Alemanha no Rio Grande do Sul
Büroanschrift:
Rua Eudoro Berlink, 354 5° andar
BR-90450-030 Porto Alegre – Rio Grande do Sul
Postanschrift:
Caixa Postal 9515
BR-90441-970 Porto Alegre – Rio Grande do Sul
Tel.: +55 5132225766
Geschäftszeiten: Mo.–Fr. 8.30–12.00 Uhr, 13.00–17.30 Uhr
E-Mail: ahkrs@ahkrs.com.br
www.ahkrs.com.br

Konsulate

Die Konsulatsadressen finden Sie jeweils mit Telefonnummer, E-Mail-Adresse, Homepage und Öffnungszeiten unter:
https://www.auswaertiges-amt.de/de/service/laender.

5 Sonstiges

Länder(-gruppen)kurzbezeichnung für bes. Zollsätze im Europäischen Zolltarif: SPGL
Kraftfahrzeugländerkennzeichen: BR

Negara Brunei Darussalam

Brunei Darussalam

1 Allgemeine Informationen

1.1 Kurzinfos

Landesvorwahl: +673

MEZ: +8 Std.

Englisch, Malaiisch

1 Brunei Dollar (BR $)
= 100 Cents (ISO-Code: BND)

Nach AWG frei vereinbar
Devisenbestimmungen von Brunei beachten

Harmonisiertes System

Mitglied

Feiertage: Die Feiertage zu diesem Land finden Sie unter folgendem Link: https://www.timeanddate.de/feiertage/.

1.2 Einfuhr aus der Bundesrepublik

Für Waren (z.B. medizinische Produkte, Kfz), die nicht unter die „Open General Import Licence" fallen, sind Einfuhrgenehmigungen zu beantragen. Einige Waren, z.B. Alkohol, Opium, ungekennzeichnete Zigaretten, lebende Schweine aus Thailand, dürfen nicht eingeführt werden. Sondervorschriften bestehen bei der Einfuhr von Alkohol und Lebensmitteln in Dosen. Außerdem muss die Aufschrift auf Verpackungen (u.a. Ursprungsland, Gewicht, Inhalt) von Getränken und Nahrungsmitteln in Englisch sein. Zuständig für Standards und Normen ist das National Standards Centre NSC am Ministry of Finance and Economy.

1.3 Verpackung

Feucht-heißes Klima berücksichtigen; unbedingt stabile Verpackung verwenden, da meist in Singapur auf Küstenschiffe umgeladen wird.

1.4 Markierung

Waren sollten nach Möglichkeit mit dem Urspungsland gekennzeichnet werden, da u.U. die Einfuhr verboten wird, wenn die Markierung, was die Herkunft betrifft, nicht eindeutig ist.

1.5 Mustersendungen

Muster mit und ohne Handelswert sind zollfrei. Werden Muster verkauft, müssen diese nachträglich verzollt werden. Ursprungszeugnisse sollten vorhanden sein.

2 Dokumente

2.1 Seefrachten

Seehäfen: Muara

2.1.1 Konnossemente

Voller Satz Konnossemente, Order-B/L mit Notify zugelassen.

2.1.2 Handelsrechnungen

Handelsrechnung, dreifach, in Englisch. Neben den herkömmlichen Angaben (z.B. Lieferbedingungen, Angaben zur Beförderung, genaue Warenbezeichnung, Brutto- und Nettogewichte, Marke, Nummern, Anzahl und Art der Packstücke, Warenwerte gesamt und einzeln) ist das Ursprungsland „Federal Republic of Germany (European Union)" und die HS-Zolltarifnummer anzuführen. Rabatte, Fracht und Versicherungsprämie sowie der cif-Wert sind gesondert aufzuführen. Ursprungsland: Federal Republic of Germany. Am Schluss: „We certify this invoice to be true and correct".

2.1.3 Ursprungszeugnisse

Ursprungszeugnis, einfach, erforderlich. Bei Waren aus der BR Deutschland folgende Angabe: „Federal Republic of Germany (European Community)".

2.1.4 Gesundheitszeugnisse

Für Pflanzen(-erzeugnisse) kann ein Pflanzengesundheitszeugnis erforderlich sein (https://pflanzengesundheit.julius-kuehn.de/). Für Tiere und Tierprodukte wird eine amtliche Veterinärbescheinigung benötigt.

2.1.5 Packlisten

Wenn die Rechnung keine genauen Informationen zu den Waren in den Packstücken gibt, ist eine Packliste (englisch) beizufügen. Erforderliche Angaben: Art und Anzahl der Packstücke sowie deren genauer Inhalt, Marke, Nummer, Gewicht und Maße.

2.2 Luftfrachten

Flughafen: Bandar Seri Begawan (BWN)

2.2.1 Luftfrachtbrief

Ein Luftfrachtbrief.

2.2.2

Siehe unter Seefrachten 2.1.2–2.1.5.

2.3 Postverkehr

2.3.1 Paketkarte

Eine Zollinhaltserklärung CN 23 in Englisch. Höchstgewicht: 31,5 kg, Vertragskunden: 30 kg.

2.3.2

Siehe unter Seefrachten 2.1.2–2.1.5.

3 Adressen

Konsulate

Die Konsulatsadressen finden Sie jeweils mit Telefonnummer, E-Mail-Adresse, Homepage und Öffnungszeiten unter: https://www.auswaertiges-amt.de/de/service/laender.

4 Sonstiges

Kraftfahrzeugländerkennzeichen: BRU
Bezeichnung der Staatsangehörigen: Bruneier bzw. Bruneierin

1 Allgemeine Informationen

1.1 Kurzinfos

Landesvorwahl: +359

MEZ: +1 Std.
EU-Sommerzeit

Französisch, Russisch, Englisch, Deutsch

1 Lew (Lw) = 100 Stótinki
(ISO-Code: BGN)

Nach AWG frei vereinbar. Devisenbestimmungen Bulg. beachten. Keine Ein- und Ausfuhr der Landeswährung

Harmonisiertes System
Verzollung nach Transaktionswert

Mitglied

Angeschlossen

Angeschlossen

Feiertage: Die Feiertage zu diesem Land finden Sie unter folgendem Link: https://www.timeanddate.de/feiertage/.

1.2 Einfuhr aus der Bundesrepublik

In der EU sind dem Verkehr von Waren nur wenige Beschränkungen auferlegt. Für Güter, die sowohl für zivile als auch für militärische Zwecke verwendet werden können (Dual-Use-Güter mit doppeltem Verwendungszweck), gibt es spezifische Bestimmungen. Die zuständige Behörde ist das Ministerium für Wirtschaft und Industrie. Manche sensiblen Waren (wie z.B. Abfälle) müssen genehmigt werden (siehe dazu auch www.export-control.bg). Einige Güter aus Drittländern benötigen eine Lizenz. Für einige Produkte aus dem Agrar- und Industriebereich müssen Standards eingehalten werden. In Bulgarien informiert darüber die dem Landwirtschafts- und Ernährungsministerium zugeordnete Behörde für Lebensmittelsicherheit Bulgarian Food Safety Agency BFSA. Bei Baustoffen ist dagegen die Abteilung für Technische Regeln und Vorschriften zuständig, die dem Ministerium für regionale Entwicklung und öffentliche Arbeiten zugeordnet ist. Bei Fragen zu Normen, Registrierung, Vermarktung und Zulassungsbedingungen zu Medizin und Produkten für die Gesundheit ist die Drug Agency (www.bda.bg) zuständig. Für bestimmte Agrar- und Industrieerzeugnisse gelten Normen gemäß VO (EU) 2019/515, überwacht durch die Unterdirektion für Außenhandelsinspektion und -zertifizierung. Darüber hinaus erfordern Dual-Use-Güter und andere kritische Waren wie Abfälle besondere Ausfuhrbewilligungen, die das Handelsstaatssekretariat gemeinsam mit Fachbehörden vergibt. Um Produkt- und Lebensmittelsicherheit kümmert sich die Bulgarian Food Safety Agency.

Für gefährliche Verbraucherprodukte gibt es in Europa das Safety Gate Rapid Alert System (zuvor RAPEX). Ansprechpartner in Bulgarien ist die Commission for Consumer Protection. Zuständig für das Schnellwarnsystem für Lebens- und Futtermittel RASFF (Rapid Alert System for Food and Feed) ist in Bulgarien das Landwirtschafts- und Ernährungsministerium. Tiere oder tierische Produkte aus Drittstaaten können nur an zugelassenen Grenzkontrollstellen (GKS) eingeführt werden. In Bulgarien sind dies die Flughäfen Sofia, Bourgas und Warna sowie die Seefrachthäfen Bourgas, Lom, Rousse und Warna. Waren, die mit der Bahn eingeführt werden, werden am GKS an der Grenze zu Serbien oder am GKS an der Grenze zur Türkei abgefertigt. Im Falle von Straßenfracht können fünf GKS an den Grenzen zur Türkei, zu Nordmazedonien und zu Serbien angefahren werden. Es informiert das Direktorat für veterinäre Grenzkontrollen (Border Veterinary Control Directorate). Benötigen Pflanzen, pflanzliche Produkte und Teile von Pflanzen ein Gesundheitszeugnis oder müssen sie phytosanitär inspiziert werden, werden sie nur an bestimmten Stellen abgefertigt. Darüber informiert in Bulgarien die bulgarische Lebensmittelsicherheitsbehörde BFSA, die auch für etwaige Registrierungen und Zulassungen dieser Warengruppen die zuständige Stelle ist.

1.3 Verpackung

Um Verpackungsabfälle zu vermeiden, zu vermindern und zu verwerten, gibt es besondere Bestimmungen. Produzenten und Vertriebspartner müssen ihre Verpackungen zurücknehmen und verwerten. Bei Bedarf übernehmen diese Pflichten auch zugelassene Organisationen wie Eco-Pak, die als Verwertungsorganisation den Grünen Punkt vergibt, der den Beitrag zum Sammel- und Verwertungssystem als Kennzeichen abbildet.

1.4 Markierung

Es ist nicht notwendig, das Ursprungsland anzugeben.

1.5 Mustersendungen

Muster ohne Handelswert sind zollfrei. Vorübergehende Einfuhr mit Carnet A.T.A.

2 Dokumente

2.1 Seefrachten

Seehäfen: Bourgas, Warna

2.1.1 Konnossemente

Voller Satz Konnossemente, Ausstellung an Order möglich.

2.1.2 Handelsrechnungen

Rechnungsangaben laut Kaufvertrag. Die Rechnung muss die USt-Identifikationsnummern (UID-Nr.) von Exporteur und Importeur enthalten sowie den Hinweis „steuerfreie innergemeinschaftliche Lieferung" oder „steuerfrei nach § 4 Nr. 1b UStG", sonst ist MwSt. zu berechnen. Außerdem noch folgender Vermerk in der Rechnung empfohlen: „tax free intracommunity despatch/delivery".

Die Bedingungen des § 6a UStG müssen eingehalten sein.

Bei Dual-Use-Gütern ist in den Papieren ein ausdrücklicher Vermerk anzubringen, dass bei der Ausfuhr aus dem Gebiet der EU eine Kontrolle der Waren stattzufinden hat.

Für Nichtgemeinschaftswaren sind Rechnungen mit folgenden Informationen notwendig, z.B. Ausstellungsort und -datum, detaillierte Produktbezeichnung, Menge, Art und Anzahl der Pakete mit Angabe von Nummer und Marke, Namen und Anschriften von Aus- und Einführer, Lieferbedingungen mit fob-Wert, cif-Kosten und -Wert bzw. cfr-Wert, Zahlungsbedingungen, Rechnungsnummer, Beförderungsart, Gesamtbetrag sowie das Ursprungsland. Keine Unterzeichnung der Rechnungen und keine Bescheinigungen erforderlich.

2.1.3 Ursprungszeugnisse

Ursprungszeugnis nur auf Anforderung.

2.1.4 Intrastat-Meldung

Auf Grundlage des Änderungsgesetzes zum Außenhandelsstatistikgesetz (AHStatG-ÄndG) vom 5. März 2025 gelten rückwirkend zum 1. Januar 2025 neue Schwellenwerte für die Intrahandelsstatistik: Für Wareneingänge liegt die Meldegrenze nun bei 3.000.000 €, für Versendungen bei 1.000.000 €.

Wird eine dieser Grenzen im laufenden Kalenderjahr überschritten, beginnt die Meldepflicht im Monat der Überschreitung.

Die Daten können online an das Statistische Bundesamt übermittelt werden. Weitere Informationen sind unter www.destatis.de abrufbar (Suchbegriff: „Intrastat") oder telefonisch unter 0611 753965, per Fax: 0611 754525 oder per E-Mail: gruppe-vb@destatis.de.

2.2 Eisenbahnverkehr

2.2.1 Frachtbrief

Internationaler Frachtbrief, internationale Zollanmeldung nicht erforderlich.

2.2.2

Siehe unter Seefrachten 2.1.2–2.1.4.

2.3 Luftfrachten

Zollflughäfen: Sofia (SOF), Bourgas (BOJ), Warna (VAR), Plovdiv, Gorna Oryahovitsa

2.3.1 Luftfrachtbrief

Luftfrachtbrief, ohne Beglaubigung.

2.3.2

Siehe unter Seefrachten 2.1.2–2.1.4.

2.4 Postverkehr

2.4.1 Paketkarte

Keine Zolldokumente. Höchstgewicht: 31,5 kg, Vertragskunden: 30 kg.

2.4.2

Siehe unter Seefrachten 2.1.2–2.1.4.

3 Adressen

Auslandshandelskammer

Deutsch-Bulgarische Industrie- und Handelskammer
INTERPRED - WTC Sofia Gebäude A, Etage 3
Dragan Tsankov Blvd. 36
BG-1040 Sofia
Tel.: +359 28163010
Fax: +359 28163019
Geschäftszeiten: Mo.–Fr. 8.30–12.30 Uhr und Mo.–Do. 13.30–17.30 Uhr, Fr. 13.30–14.30 Uhr
E-Mail: info@ahk.bg
www.bulgarien.ahk.de

Konsulate

Die Konsulatsadressen finden Sie jeweils mit Telefonnummer, E-Mail-Adresse, Homepage und Öffnungszeiten unter:
https://www.auswaertiges-amt.de/de/service/laender.

4 Sonstiges

Kraftfahrzeugländerkennzeichen: BG

Burkina Faso

Bourkina Faso

1 Allgemeine Informationen

1.1 Kurzinfos

Landesvorwahl: +226

MEZ: –1 Std.

Französisch

1 Franc CFA = 100 Centimes (ISO-Code: XOF)

Nach AWG frei vereinbar Devisenbestimmungen von Burkina Faso beachten

Harmonisiertes System

Mitglied

Feiertage: Die Feiertage zu diesem Land finden Sie unter folgendem Link: https://www.timeanddate.de/feiertage/.

1.2 Einfuhr aus der Bundesrepublik

Seit 1.7.1975 Mitglied des Abkommens EU-AKP. Wirtschaftsabkommen besteht. Importe aus der EU sind größtenteils ohne Einschränkungen möglich. Importlizenzen für bestimmte Waren erforderlich. Die Verbotsliste gibt Auskunft, welche Waren nicht eingeführt werden dürfen. Vorlage einer Pro-forma-Rechnung mit Unterschrift bei Lizenzbeantragung. Lizenzen gelten standardmäßig 6 Monate (z.B. für Zwiebeln, Kartoffeln, Zucker, Speiseöl, Reifen und Schläuche für Zweiräder). Für spezielle Waren ist eine Lizenzdauer von bis zu einem Jahr möglich. Die Versendung muss innerhalb der Lizenzdauer erfolgen. Keine Fristverlängerungen für Lizenzen möglich. Registrierung von pharmazeutischen Erzeugnissen ist erforderlich. Kennzeichnung von Batterien in französischer Sprache notwendig (Name und Anschrift des Importeurs, der Hinweis „Vente an Burkina Faso", Volt, Typ, Polarität). Bei gebrauchten Fahrzeugen gilt die Abgasnorm Euro-4 und ein Höchstalter von fünf Jahren. Besondere Markierung bei der Einfuhr von Reis, Reisart und -marke, Ursprungsland, Nettoinhalt, Name und Anschrift des Importeurs und der Hinweis „Vente au Burkina Faso". Dieser Hinweis muss auch auf Zigaretten- und Streichholzschachteln vorhanden sein. Auskünfte über Normen und Standards gibt die „Agence Burkinabé de Normalisation, de la Métrologie et de la Qualité (ABNORM)".

1.3 Verpackung

Es sind keine Verpackungen aus Materialien erlaubt, die Krankheitserreger ins Land bringen könnten. Pflanzengesundheitszeugnisse können notwendig sein (https://pflanzengesundheit.julius-kuehn.de/).

1.4 Markierung

Empfohlen: „Importé d'Allemagne" oder „Made in Germany". Der tatsächliche Ursprung muss eindeutig erkennbar sein, sonst dürfen diese Waren nicht eingeführt werden.

1.5 Mustersendungen

Muster ohne Handelswert (außer Lebensmittel) sind zollfrei.

2 Dokumente

2.1 Seefrachten

Seehafen: Keinen; zweckmäßig: Transit via Abidjan (Elfenbeinküste) oder Tacoradi (Ghana)

2.1.1 Konnossemente

Voller Satz Konnossemente, Aufmachung an Order möglich (dann jedoch mit Notify), Beglaubigung nicht erforderlich.

2.1.2 Handelsrechnungen

Handelsrechnung (dreifach in Französisch) mit allen üblichen Angaben: Name des Exporteurs und Importeurs und Empfängers, Marke, Nummern, Anzahl und Art der Packstücke, Brutto-/Nettogewichte, genaue Warenbezeichnungen, Lieferbedingungen, Ursprungsland, HS-Code, Mengen, Ort und Datum der Ausstellung sowie Einzelpreise, Gesamt-fob- und cif-Wert und auch Nachlässe, wie z.B. Rabatte. Am Schluss der Rechnung ist folgende unterschriebene Erklärung aufzunehmen: „Nous certifions que les marchandises dénommées dans cette facture sont de fabrication et d'origine de la République Fédérale d'Allemagne et que les prix indiqués ci-dessus s'accordent avec les prix courants sur le marché d'exportation."

2.1.3 Ursprungszeugnisse

Ursprungszeugnis mit der Angabe „République Fédérale d'Allemagne Union Européenne)", einfach, erforderlich.

2.1.4 Gesundheitszeugnisse

Gesundheitszeugnis erforderlich für lebende Tiere, frisches und gekühltes Fleisch; pflanzenpolizeiliches Zeugnis für Pflanzen(-teile), Samen, Erde, Dünger, Kompost und Verpackungen aus pflanzlichen Stoffen (https://pflanzengesundheit.julius-kuehn.de/).

2.1.5 Electronic Cargo Tracking Note

Electronic Cargo Tracking Note (ECTN), frz. Bordereau Électronique de Suivi des Cargaisons – BESC), muss vor Versendung beantragt werden (https://www.cbcbesc.com/agents). Die ECTN-Nummer muss im B/L vermerkt werden. Ansprechpartner ist: M + S Mehrtens & Schwickerath GmbH in 28195 Bremen, Tiefer 4, Tel.: 0421 363080, Fax: 0421 3630855, E-Mail: agency@msbre.com, www.shipagent.de. Fehlt die BIETC, findet keine Abfertigung statt und hohe Bußgelder können entstehen.

2.1.6 Inspektionszertifikat

Inspektionszertifikate sind nicht mehr erforderlich. Die Zollbehörde nimmt Warenprüfungen vor Ort vor (Destination Inspection).

2.2 Luftfrachten

Flughäfen: Bobo-Dioulasso (BOY), Ouagadougou (OUA)

2.2.1 Luftfrachtbrief

Eine Ausfertigung des Luftfrachtbriefes.

2.2.2

Siehe unter Seefrachten 2.1.2–2.1.6.

2.3 Postverkehr

2.3.1 Paketkarte

Zwei Zollinhaltserklärungen CN 23 in Französisch. Höchstgewicht: 31,5 kg, Vertragskunden: 30 kg.

2.3.2

Siehe unter Seefrachten 2.1.2–2.1.6. Auslieferung von Postpaketen nur durch ausgewählte Postämter. Deutsche Post befragen.

3 Adressen

Konsulate

Die Konsulatsadressen finden Sie jeweils mit Telefonnummer, E-Mail-Adresse, Homepage und Öffnungszeiten unter:
https://www.auswaertiges-amt.de/de/service/laender.

4 Sonstiges

Länderkurzbezeichnung gemäß Präferenzrecht (Lieferantenerklärung): AKP
Länder(-gruppen)kurzbezeichnung für bes. Zollsätze im Europäischen Zolltarif: SPGA
Kraftfahrzeugländerkennzeichen: BF
Bezeichnung der Staatsangehörigen:
Burkiner bzw. Burkinerin

Burundi

Republik Burundi

1 Allgemeine Informationen

1.1 Kurzinfos

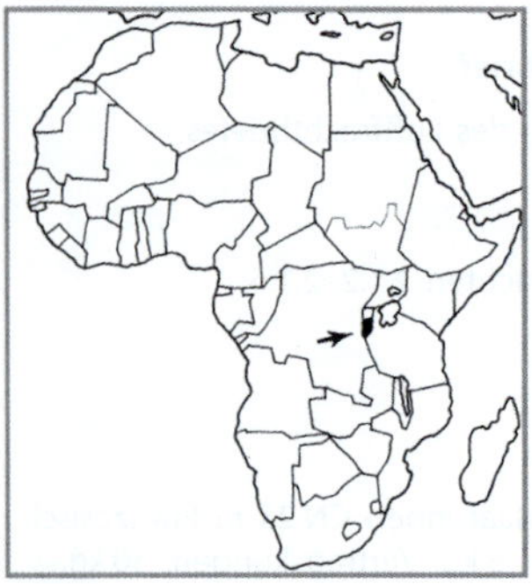

Landesvorwahl: +257

MEZ: +1 Std.

Französisch

1 Burundi Franc = 100 Centimes (ISO-Code: BIF)

Nach AWG frei vereinbar
Devisenbestimmungen von Burundi beachten

Harmonisiertes System

Mitglied

Feiertage: Die Feiertage zu diesem Land finden Sie unter folgendem Link: https://www.timeanddate.de/feiertage/.

1.2 Einfuhr aus der Bundesrepublik

Mitglied des Abkommens EU-AKP. Die Einfuhr aus der EU ist für Warenwerte ab BIF 50 000 lizenzpflichtig. Keine mengenmäßigen Beschränkungen beim Import gegenüber der EU. Lizenzen sind 4 bzw. 12 Monate gültig, Verlängerung möglich. Die Verschiffung von Waren muss spätestens 2 Monate vor Lizenzverfall erfolgen. Sondervorschriften für die Verpackung von Bitumenprodukten und Mehl sind zu berücksichtigen. Über Normen und Standards wacht das Burundi Bureau of Standards (BBN).

Es bestehen personenbezogene Sanktionsmaßnahmen seitens der EU (www.bafa.de/DE/Home/home_node.html).

1.3 Verpackung

Heu, Stroh sowie Strohhülsen können benutzt werden.

1.4 Markierung

Wiegt eine Sendung mehr als 1 t, so muss sie eine dauerhafte, deutliche Gewichtsangabe tragen.

1.5 Mustersendungen

Muster ohne Handelswert sind zollfrei.

2 Dokumente

2.1 Seefrachten

Seehafen: Keinen. Verschiffungen via Dar-es-Salaam (Tansania) oder Mombasa (Kenia)

2.1.1 Konnossemente

Voller Satz Konnossemente, Order-B/L mit Notify zugelassen, keine Beglaubigung.

2.1.2 Handelsrechnungen

Handelsrechnung, vierfach, in Französisch. Die erforderlichen Angaben auf der Rechnung sind: Name des Exporteurs und Importeurs und Empfängers, Marke, Nummern, Anzahl und Art der Packstücke, Brutto-/Nettogewichte, genaue Warenbezeichnungen, Lieferbedingungen, Ursprungsland, HS-Code, Mengen, Ort und Datum der Ausstellung sowie Einzelpreise, Gesamt-fob- und cif-Wert und auch Nachlässe, wie z.B. Rabatte.

2.1.3 Ursprungszeugnisse

Ursprungszeugnis nicht erforderlich.

2.1.4 Packlisten

Packliste, zweifach, in Französisch, für alle Pakete mit Marke, Nummer, Gewicht, Art und Inhalt ist sehr zu empfehlen.

2.1.5 Gesundheitszeugnisse

Gesundheitszeugnis erforderlich bei Einfuhr von Fleisch und Fleischwaren (Ausnahmen Konserven bis 5 kg), Schlachtvieh und Fisch. Ein Pflanzengesundheitszeugnis ist für Pflanzen und Saaten, ausgestellt von der zuständigen amtlichen Pflanzenschutzstelle (https://pflanzengesundheit.julius-kuehn.de/), erforderlich.

2.1.6 Electronic Cargo Tracking Note (ECTN)

Electronic Cargo Tracking Note (ECTN), frz. Bordereau Électronique de Suivi des Cargaisons (BESC), muss vor Versendung beantragt werden. Die ECTN-Nummer muss im B/L vermerkt werden. Ansprechpartner ist: M + S Mehrtens & Schwickerath GmbH in 28195 Bremen, Tiefer 4, Tel.: 0421 363080, Fax: 0421 3630855, E-Mail: agency@msbre.com, www.shipagent.de. Fehlt die ECTN, findet keine Abfertigung statt und hohe Bußgelder können entstehen.

2.1.7 Konformitätszertifikat

Beantragung eines Zertifikats zur Überprüfung der Einhaltung des burundischen Standards (Pre-shipment Verification of Conformity to Standards PVoC gemäß des Burundi Bureau of Standards BBN) rechtzeitig vor Versenden der Ware bei SGS Germany GmbH in 20097 Hamburg, Heidenkampsweg 99, Tel.: 040 30101735, E-Mail: de.gis.export@sgs.com. Mengen- und Qualitätskontrollen sollten im Herstellerwerk vorgenommen werden.

2.2 Luftfrachten

Zollflughafen: Bujumbura (BJM)

2.2.1 Luftfrachtbrief

Luftfrachtbrief.

2.2.2

Siehe unter Seefrachten 2.1.2–2.1.7.

2.3 Postverkehr

2.3.1 Paketkarte

Zwei Zollinhaltserklärungen CN 23 in Französisch. Höchstgewicht: 31,5 kg, Vertragskunden: 30 kg.

2.3.2

Siehe unter Seefrachten 2.1.2–2.1.7.

3 Adressen

Konsulate

Die Konsulatsadressen finden Sie jeweils mit Telefonnummer, E-Mail-Adresse, Homepage und Öffnungszeiten unter:
https://www.auswaertiges-amt.de/de/service/laender.

4 Sonstiges

Länderkurzbezeichnung gemäß Präferenzrecht (Lieferantenerklärung): AKP/MAR
Länder(-gruppen)kurzbezeichnung für bes. Zollsätze im Europäischen Zolltarif: LOMA/SPGA
Kraftfahrzeugländerkennzeichen: RU

Chile

República de Chile – Chile

1 Allgemeine Informationen

1.1 Kurzinfos

Landesvorwahl: +56

MEZ: –5 Std. Sommerzeit Mitte Oktober bis Mitte März

Spanisch, Englisch

1 chilenischer Peso = 100 Centavos (ISO-Code: CLP)

Nach AWG frei vereinbar Devisenbestimmungen von Chile beachten

Harmonisiertes System

Mitglied

Angeschlossen für einige Warenarten, keine Fahrzeuge

Angeschlossen

Feiertage: Die Feiertage zu diesem Land finden Sie unter folgendem Link: https://www.timeanddate.de/feiertage/.

1.2 Einfuhr aus der Bundesrepublik

Für den Import nach Chile gelten umfangreiche Vorschriften, deren Einhaltung durch verschiedene Behörden überwacht wird. Für viele Produktgruppen sind Zertifikate und gegebenenfalls eine konsularische Legalisierung erforderlich. Rücksprache mit dem Importeur wird dringend empfohlen. Lebensmittel benötigen eine zollrechtliche Bestimmung durch das öffentliche Gesundheitsinstitut (ISP), Verkaufs- und Verbrauchsgenehmigungen sowie eine Etikettierung gemäß RDC Nr. 360. Alkoholische Getränke müssen vorab beim Steueramt (SII) und bei der Landwirtschaftsbehörde (SAG) registriert werden. Jedes Produkt wird einmalig ins SAG-Register eingetragen und vor der Markteinführung stichprobenartig im Labor geprüft. Bei negativem Befund ist die Rückführung oder Vernichtung vorgeschrieben. Für Milchprodukte gelten zusätzliche Kennzeichnungspflichten. Bio-Erzeugnisse unterliegen seit dem EU-Chile-Abkommen vom 1. Januar 2018 einer Kontrollbescheinigung. Genveränderte Organismen und Vermehrungsmaterial erfordern zusätzliche Dokumente. Fahrzeuge benötigen eine Typgenehmigung durch das 3CV, bei der Emissionen, Maße und Sicherheitsfunktionen geprüft werden. Nach erfolgreicher Prüfung wird ein Zertifikat ausgestellt, das für das jeweilige Modell gilt. Fahrzeuge mit Homologation sind bis zu drei Jahre von der technischen Kontrolle befreit.

Tierimporte sind nur zulässig, wenn Kontrollsystem und Herkunftsbetrieb vom SAG anerkannt sind. Ein amtliches Gesundheitszeugnis und gegebenenfalls Quarantäne sind verpflichtend. Die SAG veröffentlicht regelmäßig Listen zugelassener Betriebe. Pflanzliche Produkte und Saatgut unterliegen einer Risikoanalyse, Genehmigung und einem Pflanzengesundheitszeugnis. Seit dem 19. Januar 2024 ist zusätzlich eine eidesstattliche Erklärung erforderlich. Für bestimmte tierische und pflanzliche Produkte wie Fleisch, Gelatine, Milch oder Samen ist eine Listung beim Bundesamt für Verbraucherschutz und Lebensmittelsicherheit (BVL) notwendig. Arzneimittel, Medizinprodukte und Kosmetika müssen beim ISP registriert werden. Die Registrierung erfolgt online über GICONA. Erforderlich sind Nachweise zur Guten Herstellungspraxis (GMP), Vertragsunterlagen, Labor- und Lagervereinbarungen sowie Verpackungsvorgaben. Die Zulassung muss auf der Etikettierung genannt werden. Seit Juli 2023 gelten neue Warnhinweise gemäß RDC 768 und 770. Auch für Drogen und Kosmetika bestehen spezielle Kontrollvorschriften.

Fischereierzeugnisse benötigen eine Genehmigung durch SERNAPESCA. Spielwaren müssen ein Ursprungszertifikat mit Angaben zu Schadstoffgrenzen wie Toluol vorweisen. Gebrauchte Kleidung und Schuhe dürfen nur mit Hygienezertifikat und Begasung vor Verschiffung eingeführt werden und unterliegen besonderen Etikettierungsvorgaben. Elektrogeräte benötigen eine Konformitätsbescheinigung, Treibstoffe und Erdgas einen Qualitätsnachweis gemäß gesetzlichen Normen. Radioaktive Stoffe und Geräte bedürfen einer Genehmigung durch die CCHEN. Für Zement ist ein Qualitätsnachweis eines zugelassenen Labors erforderlich, der gegebenenfalls binnen 40 Arbeitstagen nachgereicht werden kann. Einfuhrverbote bestehen unter anderem für Asbest, gebrauchte Fahrzeuge und Reifen, pornografische Waren, giftige Abfälle, gesundheits- oder umweltschädliche Produkte, Zigaretten ohne Vermarktung im Herkunftsland, gefälschte oder nachgeahmte Markenprodukte, waffenähnliches Spielzeug sowie diverse Rückstände aus Erdöl, pharmazeutischen oder klinischen Quellen. Die jeweils aktuellen Verbotslisten werden vom Zoll und weiteren Kontrollbehörden veröffentlicht. Wenn du möchtest, kann ich diesen Text auch für ein bestimmtes Format (z.B. Schulung, Website, Merkblatt) weiter anpassen.

Bitte beachten: Ab einem Warenwert von 1.000 USD muss ein Zollagent bestellt werden. Die Servicio Nacional de Aduanas hat eine Übersicht im Internet veröffentlicht.

1.3 Verpackung

Chile verlangt keine spezielle Warendeklaration – internationale Standards genügen. Für Verpackungsholz finden die Regelungen des ISPM Nr. 15 Anwendung. Für bestimmte Lebensmittel ist Methylbromid-Begasung Pflicht (in der EU verboten). Stabile und wasserfeste Verpackung erforderlich.

1.3.1 Markierung

Für bestimmte Waren, z.B. Lebensmittel, Alkohol, Saaten, pharmazeutische Produkte und Pestizide ist Etikettierung (empfohlen in Spanisch) mit der Angabe des Ursprunglandes erforderlich.

1.3.2 Mustersendungen

Zollfrei sind Ausstellungs- und Warenmuster sowie Messeprodukte, die den Warenwert von 200 USD (FOB) nicht überschreiten. Für manche Mustersendungen ist eine Befreiung von der Verzollung vorgesehen, die beim Director Regional beantragt werden kann. Die Einfuhr mit Carnet-A.T.A. ist gestattet, wenn Messe- und Ausstellungswaren bzw. Musterprodukte nur vorübergehend im Land sind.

2 Dokumente

2.1 Seefrachten

Seehäfen: Coronel, Huasco, Lirquen, Mejillones, Puerto Ventanas, Quintero, San Antonio, San Vicente, Valparaiso

2.1.1 Konnossemente

Voller Satz Konnossemente mit Angabe einer Notify-Adresse.

2.1.2 Handelsrechnungen

Handelsfaktura einfach, Spanisch. Die Faktura muss folgende Einzelheiten enthalten: Name und Anschrift des Empfängers, Name und Anschrift des Ausführers, Rechnungsnummer und -datum, Einzel- und Gesamtpreise, Mengen bzw. Maßeinheiten, genaue Bezeichnung der Ware (z.B. Zolltarifnummer), Kostenübersicht. Fehlen Angaben, wird ggf. eine Nachreichung samt eidesstattlicher Erklärung gefordert.

Keine Bescheinigung, keine Legalisierung. Kopien werden nur mit folgender Erklärung des Einführers akzeptiert: „Declaro bajo fe de juramento que esta reproducción corresponde fehacientemente al contenido de la factura original N°.....“

2.1.3 Ursprungszeugnisse

Ursprungszeugnis ist nicht erforderlich.

2.1.4 Warenverkehrsbescheinigung

Die Zollbehörden stellen keine Warenverkehrsbescheinigungen mehr aus. Selbstzertifizierungsverfahren. Für Lieferungen unter € 6.000,- €, die aus Ursprungserzeugnissen bestehen und die zwischen der Europäischen Gemeinschaft und Chile stattfinden, ist der Präferenz-Nachweis durch eine Erklärung auf der Rechnung o.Ä. zu erbringen; für Sendungen über € 6.000,– ist die Registrierung als registrierter Ausführer (REX) mit Angabe der REX-Nummer erforderlich.

Für Sendungen bis zu € 6.000,– ist vom Ausführer nur die folgende Erklärung[1)]

1) Ursprungserklärung in weiteren Sprachen s. Kapitel Hinweise Warenursprung Präferenzen in die Rechnung oder ein anderes Handelsdokument aufzunehmen

„For multiple shipments): Period from ... to ...[2]

„The exporter of the products covered by this document (Exporter Reference No ...)[3] declares that, except where otherwise clearly indicated, the products are of ... [4] Ort, Datum[5], Unterschrift des Ausführers[6] und Name des Unterzeichners in Druckschrift".

2.1.5 Packlisten

Für Containersendungen sind Packlisten erforderlich. Bei Nichtvorlage wird ggf. eine eidesstattliche Erklärung des Importeurs zu Warendetails und Packlisten akzeptiert.

2.1.6 Gesundheitszeugnisse

Gesundheitszeugnis ist erforderlich für: Lebende Tiere, Pflanzen und Saaten (Pflanzengesundheitszeugnis siehe https://pflanzengesundheit.julius-kuehn.de/).

2) Wird die Erklärung zum Ursprung für **Mehrfachsendungen** identischer Erzeugnisse im Sinne des Artikels 3.18 (Erklärung zum Ursprung) Absatz 4 Buchstabe b ausgefüllt, ist die Geltungsdauer der Erklärung zum Ursprung anzugeben. Die Geltungsdauer darf 12 Monate nicht überschreiten. Alle Einfuhren des Erzeugnisses müssen innerhalb dieses Zeitraums erfolgen. Ist eine Angabe der Geltungsdauer nicht erforderlich, braucht dieses Feld nicht ausgefüllt werden.

3) Bitte geben Sie die Referenznummer zur Idenitifizierung des Ausführers an. Für Ausführer aus der Union handelt es sich dabei um die Nummer, die dem betreffenden Ausführer im Einklang mit den Rechtsvorschriften der Union zugeteilt wurde. Für Ausführer aus Chile handelt es sich dabei um die Nummer, die dem betreffenden Ausführer im Einklang mit den in Chile geltenden Gesetzen und sonstigen Vorschriften erteilt wurde. Falls dem Ausführer keine Nummer zugeteilt wurde, kann das Feld freigelassen werden.

4) Bitte geben Sie den Ursprung des Erzeugnisses an: (Chile oder Europäische Union). Betrifft die Ursprungserklärung ganz oder teilweise Erzeugnisse mit Ursprung in Ceuta und Melilla im Sinne von Art. 3.29 dieses Abkommens, so muss der Ausführer diese Erzeugnisse auf dem Papier, auf dem die Erklärung ausgefertigt wird, deutlich sichtbar durch die Kurzbezeichnung „CM" anzeigen.

5) Die Angaben zu Ort und Datum dürfen entfallen, wenn sie in dem Papier mit dem Wortlaut der Erklärung zum Ursprung enthalten sind.

6) In Fällen, in denen der Ausführer nicht unterzeichnet muss, entfällt auch der Name des Unterzeichners.

2.1.7 Versicherungszertifikat

Falls der Wert nicht auf der Handelsrechnung aufgeführt ist, muss ein Versicherungszertifikat im Original oder als Kopie vorgelegt werden.

2.2 Luftfrachten

Zollflughäfen: Antofagasta, Arica, Balmaceda, Calama, Concepción, Coyhaique, Iquique, La Serena, Osorno, Puerto Montt, Punta Arenas, Santiago (SCL), Temuco u.a.

2.2.1 Luftfrachtbrief

Zwei Ausfertigungen des Luftfrachtbriefes. Luftfrachtbriefe müssen von der Fluggesellschaft und nicht vom Agenten gezeichnet sein.

2.2.2 Handelsrechnungen

Die Handelsrechnung muss in zweifacher Ausfertigung vorliegen. Die Einzelheiten des nötigen Inhalts siehe Abschnitt 2.1.2 unter Seefrachten.

2.2.3

Siehe unter Seefrachten 2.1.3–2.1.7.

2.3 Postverkehr

2.3.1 Paketkarte

Eine Zollinhaltserklärung CN 23 in Spanisch oder Englisch geht mit der Ware. Höchstgewicht: 31,5 kg, Vertragskunden: 30 kg. Beigefügt werden muss Handelsrechnung, Kostenübersicht, Zertifikate. Alle Postsendungen (Luft- und Seefracht) werden dem Zoll vorgelegt. Zustellung nach Begleichung der Abgaben durch den Importeur.

2.3.2 Handelsrechnungen

Die Handelsrechnung muss zweifach vorliegen mit den Angaben wie unter Punkt 2 bei Seefrachten angegeben. Dabei muss ein Exemplar in die Postsendung hineingelegt werden.

2.3.3

Siehe unter Seefrachten 2.1.3–2.1.7.

3 Konsulatsgebühren

Die Gebühren für Legalisierungen schwanken, da diese sich am Kurs des US-$ orientieren. Es werden nur Originale legalisiert. Jeweils eine Kopie der Originale, der Zahlungsbelege sowie ein Rückumschlag (Einschreiben), der adressiert und ausreichend frankiert wurde, ist beizufügen. Die erhobenen Gebühren sowie die Bankverbindung sind zu erfragen und an das entsprechende Konsulat zu überweisen. Die Bearbeitungszeit beträgt 1 bis 5 Werktage.

4 Adressen

Auslandshandelskammer

Deutsch-Chilenische Industrie- und Handelskammer
Cámara Chileno-Alemana de Comercio e Industria, CAMCHAL
Postanschrift:
P.O.Box Casilla 19, Correo 35
Santiago de Chile
C.P. 67 60 235, Chile
Büroanschrift:
Av. El Bosque Norte 0440 of. 601
Las Condes – Santiago
Tel.: +56 232848500
Geschäftszeiten: Mo.–Fr. 8.00–13.00 Uhr, 14.00–18.00 Uhr
E-Mail: chileinfo@camchal.cl
https://chile.ahk.de

Konsulate

Die Konsulatsadressen finden Sie jeweils mit Telefonnummer, E-Mail-Adresse, Homepage und Öffnungszeiten unter:
https://www.auswaertiges-amt.de/de/service/laender.

China

1 Allgemeine Informationen

1.1 Kurzinfos

Landesvorwahl: +86

MEZ: +7 Std.

Chinesisch, Englisch

1 Renminbi Yuan (RMBY) = 10 Jiao = 100 Fen (ISO-Code: CNY)

Nach AWG frei vereinbar Devisenbestimmungen Chinas beachten

Harmonisiertes System

Mitglied

Angeschlossen

Feiertage: Die Feiertage zu diesem Land finden Sie unter folgendem Link: https://www.timeanddate.de/feiertage/.

1.2 Einfuhr aus der Bundesrepublik

Mit dem WTO-Beitritt öffnete China seinen Markt weitgehend für den Import von Waren. Die Regelung erfolgt in drei Gruppen: verbotene Artikel (z.B. Waffen, Gifte, Abfälle), bewilligungspflichtige Güter (u.a. bestimmte Elektro- und Agrarprodukte, Betäubungsmittel) sowie frei einführbare Erzeugnisse. Für einzelne Produkte gibt es automatische Importlizenzen zur statistischen Kontrolle; sämtliche Bewilligungen sind vom Einführer im Voraus zu beantragen.

Deutsche Exporteure durchlaufen BVL-Listungsverfahren für Häute/Felle, Knochenschrot, Heimtierfuttermittel, Daunen/Federn, Milcherzeugnisse, Säuglings-/Folgemilch, Fischereierzeugnisse, Fleischerzeugnisse, Därme, Bienenerzeugnisse, essbare Fette/Öle, gefüllte Teigwaren, Getreide, Mühlenerzeugnisse/Malz, frisches/getrocknetes Gemüse, getrocknete Bohnen, ungeröstete Kaffee-/Kakaobohnen, Gewürze, Nüsse/Samen, Trockenobst, diätische Lebensmittel/Functional Food, Futtermittelzusatzstoffe/Vormischungen und Schweißwolle. Quarantänevorschriften erfassen tierische/pflanzliche Erzeugnisse einschließlich Verpackungsmaterial wie Holzkisten, Paletten, Verschläge. Amtliche Tier-/Gesundheitszeugnisse und Pflanzengesundheitszeugnisse sind erforderlich. Rohholz benötigt Schädlingsbehandlung mit entsprechenden Zertifikaten.

CCC-Zertifizierung gilt für Maschinen, Elektrogeräte, elektronische/medizinische Produkte, Kfz, Reifen. Ausnahmen für Forschungs-, Prüfungs-, Reparatur-, Wartungs-, Zertifizierungszwecke sowie Reexport-Komponenten sind beantragbar. Kontakt: China Quality Certification Centre (CQC, cqcsc@cqc.com.cn), CNCA (www.cnca.gov.cn). Lebensmittel/Kosmetika erfordern chinesische Etikettierung. Fehlerhafte Angaben zu Ursprungsland, Haltbarkeitsdatum, Aufbewahrung, Herstellerangaben, Zutatenliste, Nährstoffen, Nettogewicht oder unleserliche Etiketten führen zur Marktentnahme. Registrierung bei Zollverwaltung über http://ire.customs.gov.cn mit Registriernummern auf Verpackungen. GACC-Erlass Nr. 248/2021 regelt Details.

Die Standardization Administration of China (SAC) regelt Standards. Importerzeugnisse benötigen chinesische Beschriftung. State Administration for Market Regulation (SAMR) überwacht Nahrungsergänzungsmittel, Qualitätskontrollen und Rückrufmanagement. Medikamente/medizinische Produkte erfordern Registrierung. Haushaltsgeräte, Klimaanlagen, Beleuchtungskörper, Elektromotoren unterliegen Energieeffizienz-Kennzeichnung. Metallschrott (HS-Kapitel 72, 74, 76) unterliegt GACC-Qualitätskontrolle. China-RoHS regelt elektronische Geräte. Pkw müssen Emissionsstandards erfüllen. Rücksprache mit chinesischen Importeuren wird mehrfach empfohlen.

Bitte beachten: Zur Zeit der Drucklegung bestanden Ausfuhrbeschränkungen für Waffen seitens der Europäischen Union (nähere Auskünfte finden Sie auf der Internetseite www.bafa.de/DE/Home/home_node.html).

1.3 Verpackung

Die Bestimmungen des IPPC-Standards Nr. 15 sind einzuhalten, wenn Holz als Verpackungsmaterial verwendet wird. Auf der Verpackung muss es Hinweise geben, welches Material zum Verpacken eingesetzt wurde.

1.4 Markierung

Erforderlich: „Federal Republic of Germany". Produkte aus den Bereichen Elektrotechnik, Kosmetik sowie Esswaren benötigen Ursprungsangaben. Umverpackungen von Lebensmitteln müssen die Registriernummer (Hersteller, Verarbeiter, Lagerhalter) aufweisen.

1.5 Mustersendungen

Zoll für Muster ohne Wert (bis CNY 400,–) wird nicht erhoben. Für Mustersendungen, die das Land nach maximal sechs Monaten wieder verlassen, kann eine Sicherheit hinterlegt werden. Messe- und Ausstellungswaren, die nur übergangsweise importiert werden, sowie Berufsausrüstung und Warenmuster dürfen mit dem Carnet A.T.A. versehen werden.

2 Dokumente

Bitte beachten: Stets die vollständige Staatsbezeichnung „Volksrepublik China" oder „People's Republic of China" benutzen. Wird keine Angabe gemacht oder nur der Name „China" verwendet, besteht die Gefahr der Nicht-Weiterbeförderung. Für Sendungen per Express ist die Zollregistrierungsnummer und die Zolltarifnummer des Einführers notwendig. Es wird empfohlen, im Frachtbrief das Material der Verpackung anzugeben.
Angabe der „Unified Social Credit Code" (USCC) des chinesischen Empfängers und des „Enterprise Codes" des Absenders im Manifest erforderlich. Frachtbriefe „an order" müssen USCC des Notifiers enthalten. Rücksprache empfohlen.

2.1 Seefrachten

Seehäfen: Guangzhou (Canton), Dalian (Dairen), Shanghai, Shenzhen, Tianjin (Tientsin), Qingdao (Tsingtao), Qinhuangdao

2.1.1 Konnossemente

Voller Satz Konnossemente (Englisch), unbeglaubigt, Ausstellung an Order möglich. Es wird empfohlen, das Material der Verpackung anzugeben.

2.1.2 Handelsrechnungen

Handelsfaktura zweifach (Englisch), mit allen die Ware betreffenden Einzelheiten (Name und Anschrift des Empfängers und Verkäufers, genaue Warenbezeichnungen, Einzel- und Gesamtpreis, Brutto-/Nettogewichte, Lieferungs- und Zahlungsbedingungen, Angaben zur Beförderung, Marke, Nummer und Anzahl der Packstücke), einschließlich Ursprungsbezeichnung und ggf. Nr. der Importlizenz. Auch fob-Wert, cif-Kosten und cif-Wert, die getrennt angegeben werden müssen. Die Rechnungen müssen unterschrieben sein (auch die Kopien), Faksimile-Unterschriften werden nicht akzeptiert. Außerdem Angabe der HS-Zolltarifnummer.

2.1.3 Ursprungszeugnisse

Ursprungszeugnis nur auf Anforderung erforderlich. Angabe des Ursprungslandes: Federal Republic of Germany (European Union). Besondere Erfordernisse wenn Waren aus MFN-Staaten stammen. Rücksprache mit dem Importeur wird empfohlen. Besondere Erfordernisse an die Formulierung bei Waren aus Taiwan, die eine Zertifizierung durch das CCPIT (China Council for the Promotion of International Trade) benötigen. Empfohlen: „Chinese Taiwan", möglich sind ggf. auch „Taiwan Province of China", „Taiwan, China", „Taipeh, China"). Rücksprache mit der Handelskammer angeraten.

2.1.4 Gesundheitszeugnisse

Veterinärgesundheitszeugnisse sind für Tiere und tierische Erzeugnisse notwendig. Pflanzengesundheitszeugnisse müssen für Pflanzen und pflanzliche Erzeugnisse (https://pflanzengesundheit.julius-kuehn.de/) vorgelegt werden. Für die Zulassung von Lebensmitteln ist ebenfalls ein Gesundheitszeugnis erforderlich. Rücksprache mit dem Importeur.
Rohholz und Rohholz mit Borke benötigen ein Pflanzengesundheitszeugnis des Herkunftslandes,

welches bescheinigt, dass kein Schädlingsbefall vorhanden ist. Rohholz mit Borke muss gegen Schädlingsbefall behandelt sein.

2.1.5 Packlisten

Packliste (in Englisch) nur erforderlich, wenn die Handelsrechnung nicht die nötigen Angaben (z.B. Art der Packstücke und Inhalte mit Angabe von Nummern, Gewichten, Maßen, Marken) enthält.

2.2 Eisenbahnverkehr

2.2.1 Frachtbrief

Für Güter ein internationaler Frachtbrief (CIM), sowie Beachtung der Transitbestimmungen.

2.2.2

Siehe unter Seefrachten 2.1.2–2.1.5.

2.3 Luftfrachten

Flughäfen: Beijing (BJS), Changchun (CGQ), Changsha (CSX), Chengdu (CTU), Chongqing (CGK), Dalian (DLC), Dangdong, Fuzhou (FCO), Guangzhou (CAN), Guilin (KWL), Guiyang, Haikou (HAK), Hailar (HLD), Hangzhou (HGH), Harbin (HRB), Hefei, Hohhot (HET), Huangshan (Tunxin), Jiamusi, Jinan, Jinghongm Jinzhou, Kashi, Kunming (KMG), Lanzhou, Lhasa, Luoyang, Manzhouli, Meixian, Mudanjiang, Nanchang (KHN), Nanjing (NGK), Nanning, Nantong (NTG), Ningbo (NGB), Pudong, Qingdao (TAO), Qiqihar, Shanghai (SHA), Shantou (SWA), Shenyang (SHE), Shenzhen (SZX), Weihai (WEH), Wenzhou (WNZ), Wuhan (WUH), Xiamen (XMN), Xi'an (SIA), X'ining (XNN), Yanji (YNJ), Yantai (YNT), Yinchuan (INC), Zhangjiajie, Zhanjiang, Zhengzhou u.a.

2.3.1 Luftfrachtbrief

Eine Ausfertigung des Luftfrachtbriefes.

2.3.2

Siehe unter Seefrachten 2.1.2–2.1.5.

2.4 Postverkehr

2.4.1 Paketkarte

Zwei Zollinhaltserklärungen CN 23 in Englisch, Französisch, gehen mit der Ware. Höchstgewicht: 31,5 kg, Vertragskunden: 30 kg.

2.4.2

Siehe unter Seefrachten 2.1.2–2.1.5.

3 Adressen

Auslandshandelskammern

Delegation der Deutschen Wirtschaft in Guangzhou
Delegation of German Industry and Commerce in Guangzhou/Kanton
1903 Leatop Plaza, 32 Zhu Jiang East Road, Tianhe District
510620 Guangzhou, P.R. China
Tel.: +86 2087552353
Fax: +86 2087551889
Geschäftszeiten: Mo.–Fr. 9.00–17.30 Uhr
E-Mail: info@gz.china.ahk.de
www.china.ahk.de

Delegation der Deutschen Wirtschaft in Beijing
Delegation of German Industry and Commerce in Beijing
6F, DRC Liangmaqiao Diplomatic Office Building
19 Dongfang East Road
Chaoyang District, 100600 Beijing, VR China
Tel.: +86 1065396688
Fax: +86 1065396689
Geschäftszeiten: Mo.–Fr. 9.00–18.00 Uhr
E-Mail: info@gz.china.ahk.de
www.china.ahk.de

Delegation der Deutschen Wirtschaft in Shanghai
Delegation of German Industry and Commerce in Shanghai
North Building, Room 2301,
No 333 Chengdu North Road, Jing'an District
200041 Shanghai, P.R. China
Tel.: +86 215081226
Geschäftszeiten: Mo.–Fr. 8.30–17.00 Uhr
E-Mail: info-sh@china.ahk.de
www.china.ahk.de

Konsulate

Die Konsulatsadressen finden Sie jeweils mit Telefonnummer, E-Mail-Adresse, Homepage und Öffnungszeiten unter:
https://www.auswaertiges-amt.de/de/service/laender.

Cook Inseln

1 Allgemeine Informationen

1.1 Kurzinfos

Landesvorwahl: +682

Englisch

1 Neuseeland-Dollar = 100 Cents (ISO-Code: NZD)

Harmonisiertes System
Verzollung nach Transaktionswert

Feiertage: Die Feiertage zu diesem Land finden Sie unter folgendem Link: https://www.timeanddate.de/feiertage/.

2 Dokumente

Es gelten die Einfuhrbestimmungen von **Neuseeland**. Warenverkehrsbescheinigung EUR.1 und Präferenzursprungsnachweis in einem der Handelspapiere sind nicht erforderlich.

2.1 Seefrachten

Seehafen: Avarua

2.2 Luftfrachten

Zollflughafen: Rarotonga

3 Sonstiges

Hauptinsel: Rarotonga

Länder(-gruppen)kurzbezeichnung für bes. Zollsätze im Europäischen Zolltarif: SPGL

Costa Rica

1 Allgemeine Informationen

1.1 Kurzinfos

Landesvorwahl: +506

MEZ: –7 Std.

Spanisch

1 Costa Rica Colón (C)
= 100 Céntimos (ISO-Code: CRC)

Nach AWG frei vereinbar
Devisenbestimmungen von Costa Rica beachten

Harmonisiertes System

Mitglied

Feiertage: Die Feiertage zu diesem Land finden Sie unter folgendem Link: https://www.timeanddate.de/feiertage/.

1.2 Einfuhr aus der Bundesrepublik

Seit Mai 2021 gilt in der Region das zentralamerikanische Integrationssystem (SICA) mit dem Zollkodex CAUCA IV und der Einführung zugelassener Wirtschaftsbeteiligter (Operador Económico Autorizado). Einfuhrverbote bestehen für gebrauchte Fahrzeugreifen, Medikamentenabfälle, Erde, bestimmte Chemikalien und Spielwaren. Für Kraftfahrzeuge ist ein Schadstoffzertifikat („Certificado de Emisiones") erforderlich. Für die Einfuhr von Pflanzen, Tieren, Saatgut sowie pflanzlichen und tierischen Produkten sind Registrierung und Genehmigung bei den zuständigen Behörden notwendig: dem Servicio Fitosanitario del Estado, der Oficina Nacional de Semillas und dem Servicio Nacional de Salud Animal – alle dem Landwirtschaftsministerium zugeordnet. Auch die zu importierende Saatgutsorte muss bei der Saatgutbehörde registriert sein. Ein Pflanzengesundheits- bzw. Tiergesundheitszeugnis ist jeweils erforderlich.

Produkte wie Lebensmittel, Rohstoffe zur Lebensmittelherstellung, alkoholische Getränke, Medikamente, Kosmetika, Pestizide und Düngemittel müssen beim Gesundheitsministerium registriert werden. Pestizide und Dünger für landwirtschaftliche und industrielle Zwecke sind beim Pflanzenschutzdienst zu registrieren, solche für den Hausgebrauch beim Gesundheitsministerium. Für bestimmte Mittel sind ein Analysenzertifikat und eine Freiverkäuflichkeitsbescheinigung erforderlich. Etikettierungsvorschriften und gegebenenfalls Gesundheitszeugnisse gelten für Lebensmittel, Alkohol, Medikamente und Kosmetika. Das Bundesamt für Verbraucherschutz und Lebensmittelsicherheit (BVL) führt ein Listungsverfahren für Exporteure von Milchprodukten durch. Eine Rücksprache mit dem Importeur wird empfohlen.

1.3 Verpackung

Heu und Stroh und Benutzung gebrauchter Säcke sind verboten. Landwirtschaftliche Güter dürfen nur in neuen, d.h. noch nicht benutzten Verpackungen importiert werden. Für Sämereien, verpackte Nahrungsmittel, Tabak, Pharmazeutika und Kosmetika gelten spezielle Anforderungen an die Verpackung. Costa Rica wendet für Verpackungsholz den IPPC-Standard ISPM Nr. 15 an.

1.4 Markierung

Kennzeichnung des Ursprungslandes für Tabak, medizinische, kosmetische und pharmazeutische Erzeugnisse sowie vorverpackte Nahrungsmittel erforderlich.

1.5 Mustersendungen

Mustersendungen unterliegen nicht der Zollabgabe. Als Mustersendung gelten nur Produkte, die nicht verkäuflich sind und die einen Wert von 200 zentralamerikanischen Pesos nicht überschreiten. Vorübergehend eingeführte Waren dürfen nach Ablauf der Frist zur Wiederausfuhr bei Zahlung einer Strafgebühr trotzdem wiederausgeführt werden.

2 Dokumente

2.1 Seefrachten

Seehäfen: Caldera, Puerto Limón, Puerto Moin

2.1.1 Konnossemente

Voller Satz Konnossemente, ausgestellt an Order mit Notify-Adresse, ohne Beglaubigung. Die Gewichte bei Schüttgut dürfen um maximal 5 % abweichen.

2.1.2 Handelsrechnungen

Handelsfaktura (Spanisch). Zur Vermeidung von Zollstrafen müssen in der Faktura unbedingt folgende Angaben enthalten sein: Ort und Datum der Ausstellung, vollständiger Name und Anschrift des Absenders und Empfängers, Menge, Beschreibung, Art, Zustand, Einzelpreise und Gesamtwert der Ware, Marken, Nummern, Art und Anzahl der Packstücke, Frachtkosten, Versicherungskosten, Liefer- und Zahlungsbedingungen, Ursprungsland (País de origen República Federal de Alemania). Der Importeur hat die Erklärung, dass es sich um das Original der Rechnung handelt und der Preis wahr und richtig angegeben wurde, auf der Rückseite der Rechnung zu bestätigen.

Fehlt das Original der Handelsrechnung, kann beim Zoll eine Kopie mit folgendem Vermerk eingereicht werden: „En aplicación del artículo 318 del RLGA el trámite se realiza con una copia de la factura". Das Original muss binnen 3 Werktagen nachgereicht werden.

2.1.3 Ursprungszeugnisse

Ursprungszeugnis nur auf Verlangen des Importeurs erforderlich. Angabe des Ursprungslandes: República Federal de Alemania (Unión Europea).

2.1.4 Warenverkehrsbescheinigung

EUR.1 bzw. Präferenzursprungsnachweis, für Erzeugnisse, die unter die im Assoziationsabkommen der EU mit Costa Rica vereinbarte „Ursprungsregelung" fallen. Die EUR.1 (einfach) für Warensendungen mit einem Wert über € 6 000,– (Ausstellung durch Zollstelle nach Ausfüllen durch Exporteur). In Feld 8 ist unbedingt die Angabe der vierstelligen Position des Harmonisierten Systems für die betroffene Warenart zu machen. Für Sendungen mit einem Wert bis zu € 6 000,– ist vom Ausführer die folgende Erklärung[1], die als Präferenz-Ursprungsnachweis gilt, in eines der Handelspapiere aufzunehmen:

„El exportador de los productos incluidos en el presente documento (autorización aduanera n° ...)[2] declara que, salvo indicación en sentido contrario, estos productos gozan de un origen preferencial ..."

Ort, Datum, Unterschrift; der Name des Unterzeichnenden ist in Druckbuchstaben zu wiederholen. Ursprungswaren aus Ceuta und Melilla sind deutlich mit „CM" zu kennzeichnen.

2.1.5 Packlisten

Packlisten (angabe der einzelnen Versandstücke, Gewichte, Inhalt, Marken, Maße) werden empfohlen, vor allem, wenn aus der Faktura nicht klar hervorgeht, welche Güter sich in welchem Packstück befinden.

2.1.6 Gesundheitszeugnisse

Pflanzen, Tiere, tierische und pflanzliche Erzeugnisse, Sämereien und Saatgut, Wurzeln, Saatknollen, Lebensmittel und Nahrungsmittelrohstoffe erfordern die Vorlage eines Gesundheitszeugnisses (https://pflanzengesundheit.julius-kuehn.de/).

2.2 Luftfrachten

Zollflughafen: San José (SJO), Liberia

2.2.1 Luftfrachtbrief

Zwei Ausfertigungen des Luftfrachtbriefes.

2.2.2

Siehe unter Seefrachten 2.1.2-2.1.6.

2.3 Postverkehr

2.3.1 Paketkarte

Ein oder zwei Zollinhaltserklärungen CN 23 in Spanisch oder Englisch gehen mit der Ware. Höchstgewicht: 31,5 kg, Vertragskunden: 30 kg.

---

1) Ursprungserklärung in weiteren Sprachen s. Kapitel Hinweise Warenursprung Präferenzen
2) Eintrag der Bewilligungsnummer, falls die Erklärung von einem ermächtigten Ausführer erstellt wird.

2.3.2

Siehe unter Seefrachten 2.1.2-2.1.6.

3 Konsulatsgebühren

Informationen erteilt das Generalkonsulat bzw. die Botschaft.

4 Adressen

Auslandshandelskammer

Deutsch-Costaricanische Industrie- und Handelskammer
Cámara de Comercio e Industria Costarricense-Alemana
Postanschrift:
Apartado Postal 10746
1000 San José, Costa Rica, C. A.
Büroanschrift:
Blvd. Ernesto Rohrmoser, Ca.
San José, Costa Rica, C. A.
Tel.: +506 22907621
Fax: +506 22203064
E-Mail: info@ahk.cr
costarica.ahk.de

Konsulate

Die Konsulatsadressen finden Sie jeweils mit Telefonnummer, E-Mail-Adresse, Homepage und Öffnungszeiten unter:
https://www.auswaertiges-amt.de/de/service/laender.

5 Sonstiges

Länder(-gruppen)kurzbezeichnung für bes. Zollsätze im Europäischen Zolltarif: SPGE
Kraftfahrzeugländerkennzeichen: CR

1 Allgemeine Informationen

1.1 Kurzinfos

Landesvorwahl: +225

MEZ: –1 Std.

Französisch

1 Franc CFA = 100 Centimes (ISO-Code: XOF)

Nach AWG frei vereinbar Devisenbestimmungen von Côte d'Ivoire beachten

Harmonisiertes System

Mitglied

Angeschlossen

Feiertage: Die Feiertage zu diesem Land finden Sie unter folgendem Link: https://www.timeanddate.de/feiertage/.

1.2 Einfuhr aus der Bundesrepublik

Interim-Wirtschaftspartnerschaftsabkommen mit der EU. Importlizenzen nur für bestimmte Waren erforderlich. Bestimmte Produkte dürfen nicht eingeführt werden, z.B. Weizenmehl, Zucker, bestimmte Abfälle, Munition und Waffen, Alkohol, Tüten aus Plastik, Drogen u.Ä. Rücksprache mit dem Importeur empfohlen. Besondere Kennzeichnungsvorschriften sind für Konserven, bestimmte Lebensmittel und Frischmilchprodukte (Datum von Herstellung und Haltbarkeit), Whiskey und Gin zu beachten. Seit Juli 2024 müssen Importeure, Händler und Großabnehmer bestimmter Haushaltsgeräte wie Lampen, Klimaanlagen sowie Kühl- und Gefriergeräte Angaben zu Energieeffizienz und Umweltauswirkungen deutlich kennzeichnen. Medikamente sowie Whiskey und Gin müssen registriert werden. Sonderbestimmungen bestehen außerdem für gebrauchte Fahrzeuge (max. zehn Jahre alt, bei leichteren Nutzfahrzeugen max. fünf Jahre, mind. Euro-4-Abgasnorm), Textilien (Angabe des Fasergehalts in Prozent) und Nahrungsmittel. Analysenzertifikate können für manche Produkte (z.B. Lebensmittel bzgl. Radioaktivität bzw. Analysenzertifikat für verarbeitete Lebensmittel) erforderlich sein.

1.3 Verpackung

Für Holzverpackungen gelten die Regelungen des ISPM Nr. 15-Standards. Materialien, durch die Krankheiten eingeschleppt werden könnten, sind verboten (ggf. pflanzenpolizeiliches Zeugnis beifügen).

1.4 Mustersendungen

Teilnahme am Carnet-A.T.A.-System. Alle Muster unterliegen der Zollpflicht. Mustern ohne Handelswert ist eine Pro-forma-Rechnung über den Nominalwert beizulegen.

1.5 Markierung

Empfohlen: „Importé d'Allemagne".

2 Dokumente

2.1 Seefrachten

Seehäfen: Abidjan, San Pedro

2.1.1 Konnossemente

Konnossemente bedürfen keiner Beglaubigung. Order-B/L zugelassen, dann jedoch mit Notify-Adresse.

2.1.2 Handelsrechnungen

Handelsrechnungen (dreifach) in Französisch mit üblichen Angaben, wie z.B. vollständige Angaben des Exporteurs, Importeurs und Empfängers, Marke, Nummern, Anzahl und Art der Packstücke,

Brutto-/Nettogewichte, genaue Warenbezeichnungen, Lieferbedingungen, Ursprungsland, HS-Code, Mengen, Ort und Datum der Ausstellung sowie Einzelpreise, Gesamt-fob- und cif-Wert und auch Nachlässe, wie z.B. Rabatte. Am Schluss folgende Erklärung unterschreiben: „Nous certifions que les marchandises dénommées dans cette facture sont de fabrication et d'origine de la République Fédérale d'Allemagne et que les prix indiqués ci-dessus s'accordent avec nos livres d'affaires." Versicherung für Transport ist vom Importeur abzuschließen.

2.1.3 Ursprungszeugnisse

Ursprungszeugnisse (Französisch) nur erforderlich, wenn die Waren ihren Ursprung außerhalb der Europäischen Gemeinschaft haben.

2.1.4 Warenverkehrsbescheinigung

Die Zollbehörden stellen keine Warenverkehrsbescheinigungen mehr aus. Anwendung findet das Selbstzertifizierungsverfahren. Für Erzeugnisse, die unter die „Ursprungsregelung" zwischen der Europäischen Gemeinschaft und Côte d'Ivoire fallen, ist der Präferenz-Nachweis zu erbringen: für Sendungen über € 6 000,–. Registrierung als registrierter Ausführer (REX) mit Angabe der REX-Nummer.

Für Sendungen bis zu € 6 000,– ist vom Ausführer nur die folgende Erklärung[1] in die Rechnung oder ein anderes Handelsdokument aufzunehmen:

„The exporter of the products covered by this document (customs authorisation No ...)[2] declares that, except where otherwise clearly indicated, these products are of ... preferential origin. Ort, Datum, Unterschrift des Ausführers und Name des Unterzeichners in Druckschrift". Ursprungswaren aus Ceuta oder Melilla sind mit „CM" zu kennzeichnen.

2.1.5 Gesundheitszeugnisse

Gesundheitszeugnis ist erforderlich für lebende Tiere, Frisch- und Kühlfleisch (amtliches Veterinärzeugnis). Pflanzen, Samen, Erde, Kompost und Dünger und aus diesen Stoffen bestehende Verpackungen, erfordern ein Pflanzengesundheitszeugnis, ausgestellt von der zuständigen amtlichen Pflanzenschutzstelle (https://pflanzengesundheit.julius-kuehn.de/).

2.1.6 Packlisten

Packliste nur erforderlich, wenn die Handelsrechnung nicht die nötigen Angaben (z.B. Art der Packstücke und Inhalte mit Angabe von Nummern, Gewichten, Maßen, Marken) enthält.

2.1.7 Konformitätszertifikat und Umweltzertifikat

Zertifizierungspflicht besteht für Nahrungsmittel, elektrische und elektronische Produkte (auch erneuerbare Energieprodukte), Kosmetika und Hygieneprodukte, Baumaterialien, Verpackungsmaterialien, Fahrzeugersatzteile und Zubehör, Schmierstoffe, Maschinen, Druckgeräte, persönliche Schutzausrüstungen, Produkte, die eine Bedrohung für Gesundheit, Sicherheit und Umwelt darstellen können (z.B. Tabak, Pharmazeutika, Düngemittel, Insektizide), Textilien, Schuhe und Spielzeug.

Konformitätszertifikate sind für regulierte Produkte verpflichtend anzufordern. Erfüllt das im Exportland geprüfte Produkt die in Côte d'Ivoire geltenden Normen und technischen Vorschriften, stellt eine der anerkannten Prüfgesellschaften (s.u.) ein Konformitätszertifikat (CoC, „Certificate of Conformity") aus, das bei der Zollabfertigung für jede Einfuhrsendung zwingend vorzulegen ist. Der Exporteur beantragt das Konformitätszertifikat online und zahlt für die Inspektion anfallende Gebühren. Ansprechpartner sind u.a. die Prüfgesellschaften Bureau Veritas Industry Services GmbH (Willy-Brandt-Str. 55, 20457 Hamburg, Tel.: 040 23625519, E-Mail: offergsdach@bureauveritas.com, www.bureauveritas.de), Cotecna Inspection SA (58 Rue de la Terrassiere, CH-1211 Genf 6, Schweiz, Tel.: 0041 22 8496900, www.cotecna.com), Intertek Caleb Brett Germany GmbH (Georgswerder Bogen 3, 21029 Hamburg, Tel.: 040 558225000, E-Mail: info.hamburg@intertek.com) und SGS Germany GmbH (Heidenkampsweg 99, 20097 Hamburg, Tel.: 040 30101283, https://de.gis.export@sgs.com).

Auf unbestimmte Zeit ausgesetzt wurde das Renovo-Programm, das bei der Einfuhr von neuen und gebrauchten Elektro- und Elektronikprodukten (electric and electronic equipment – EEE) sowie Reifen galt. Der Importeur musste ein Eco-Levy Certificate („e-environmental declaration")

1) Ursprungserklärung in weiteren Sprachen s. Kapitel Hinweise Warenursprung Präferenzen
2) Eintrag der Bewilligungsnummer, falls die Erklärung von einem ermächtigten Ausführer erstellt wird.

vorlegen: Dafür musste er die Waren von der internationalen Prüfgesellschaft SGS vor der Verschiffung nach Côte d'Ivoire kontrollieren lassen, eine Registrierungsgebühr begleichen und einen Antrag auf Erhebung einer warenspezifischen Öko-Abgabe (écotaxe anticipée) stellen. Die Registrierung erfolgte über ein SGS-Exporteurportal unter https://exporter-portal.sgs.com. Bei gebrauchten Elektro- und Elektronikprodukte oder Reifen führte SGS zudem eine physische Inspektion und Überprüfung durch.

Deklarierungspflichtig sind Abfallwaren wie WEEE (waste electric and electronic equipment). Nach Prüfung der Dokumente, Bestätigung durch das ivorische Umweltministerium und Zahlung der beiden Abgaben erstellt SGS das erforderliche Renovo™ Eco-Levy Certificate.

Bitte beachten: Das Renovo-Programm ist aktuell ausgesetzt.

2.1.8 Cargo Tracking Note

Cargo Tracking Note (CTN) bzw. Bordereau de Suivi des Cargaisons (BSC) erforderlich (bei Fehlen drohen Sperren bei der Abfertigung und Strafen) und kann vom Exporteur bzw. Spediteur unter www.oic.ci im Internet (vor bzw. bei der Verladung) beantragt werden (Registrierung unter https://bscoic.sgs.com). Ansprechpartner: SC Technical Center, Rue le Havre, Zone Portuaire (Près des GMA), BP 3709, CI-Abidjan 01, Tel.: +225 21 259933, Fax: +225 21 252720. Ab 3 000 000,- CFA-Franc Warenwert ist eine elektronische Vorab-Einfuhrerklärung durch den Import-Zollagenten erforderlich. Ansprechpartner: M + S Mehrtens & Schwickerath GmbH in 28195 Bremen, Tiefer 4, Tel.: 0421 363080, Fax: 0421 3630855, E-Mail: agency@msbre.com, www.shipagent.de/virthos?/Ladungszertifikate.

2.1.9 Destination Inspection

Ab 1 000 000,- CFA-Franc Warenwert benötigen einige Güter beim Eintreffen eine Destination Inspection. Beantragung durch den Zollagenten (https://www.webbfontaine.ci). Der bei der Warenprüfung erstellte Prüfbericht ist erforderlich für die Abfertigung am Zoll.

2.2 Luftfrachten

Zollflughafen: Abidjan (ABJ)

2.2.1 Luftfrachtbrief

Luftfrachtbrief.

2.2.2

Siehe unter Seefrachten 2.1.2-2.1.9.

2.3 Postverkehr

2.3.1 Paketkarte

Zwei Zollinhaltserklärungen in Französisch oder Englisch. Höchstgewicht: 31,5 kg, Vertragskunden: 30 kg. Paketdienst in Côte d'Ivoire nur durch ausgewählte Postämter. Deutsche Post befragen.

2.3.2

Siehe unter Seefrachten 2.1.2-2.1.9.

3 Adressen

Konsulate

Die Konsulatsadressen finden Sie jeweils mit Telefonnummer, E-Mail-Adresse, Homepage und Öffnungszeiten unter: https://www.auswaertiges-amt.de/de/service/laender.

4 Sonstiges

Länderkurzbezeichnung gemäß Präferenzrecht (Lieferantenerklärung): AKP/MAR
Länder(-gruppen)kurzbezeichnung für bes. Zollsätze im Europäischen Zolltarif: LOMA/SPGL
Kraftfahrzeugländerkennzeichen: CI
Bezeichnung der Staatsangehörigen:
Ivorer bzw. Ivorerin

Dänemark

Kongeriget Danmark – Dänemark mit Färöer Inseln/Grönland

1 Allgemeine Informationen

1.1 Kurzinfos

Landesvorwahl: +45
Färöer Inseln: +298
Grönland: +299

MEZ. EU-Sommerzeit

Deutsch, Dänisch

1 dänische Krone (dkr) = 100 Öre (ISO-Code: DKK)

Nach AWG frei vereinbar
Devisenbestimmungen von Dänemark beachten

Harmonisiertes System
Verzollung nach Transaktionswert

Mitglied

Angeschlossen

TIR **Angeschlossen**

Feiertage: Die Feiertage zu diesem Land finden Sie unter folgendem Link: https://www.timeanddate.de/feiertage/.

1.2 Einfuhr aus der Bundesrepublik

In der EU sind dem Verkehr von Waren nur wenige Beschränkungen auferlegt. Für Güter, die sowohl für zivile als auch für militärische Zwecke verwendet werden können (Dual-Use-Güter mit doppeltem Verwendungszweck), gibt es spezifische Bestimmungen. Die zuständige Behörde ist die dänische Erhvervsstyrelsen-Handelsbehörde. Manche sensiblen Waren (wie z.B. Abfälle) müssen genehmigt werden. Einige Güter aus Drittländern benötigen eine Lizenz. Für die Einfuhr mancher Waren auf die Färöer gelten Lizenzierungsbestimmungen. Es besteht gegenseitige Präferenzgewährung. Für einige Produkte aus dem Agrar- und Industriebereich müssen Standards eingehalten werden. In Dänemark informiert bei Produkten für den Bau die Dansk Standard-Behörde, bei allen anderen Produkten die dänische Handelsbehörde (siehe auch https://businessindenmark.virk.dk/). Ansprechpartner für Fragen der Produktsicherheit (z.B. bei Verbraucherprodukten und Babyprodukten) ist die Sikkerhedsstyrelsen-Behörde für Sicherheitstechnik. Bei Fragen zu Normen, Registrierung, Vermarktung, Sicherheit und Zulassungsbedingungen von Medizin und Produkten für die Gesundheit (Human- und Veterinärmedizin) ist zuständig: Laegemiddelstyrelsen-Medizinbehörde.

Für gefährliche Verbraucherprodukte gibt es in Europa das Safety Gate Rapid Alert System (zuvor RAPEX). Ansprechpartner in Dänemark ist die Sikkerhedsstyrelsen-Behörde für Sicherheitstechnik. Zuständig für das Schnellwarnsystem für Lebens- und Futtermittel RASFF (Rapid Alert System for Food and Feed) ist in Dänemark die Veterinär- und Lebensmittelbehörde (Fødervarestyrelsen). Tiere oder tierische Produkte aus Drittstaaten können nur an zugelassenen Grenzkontrollstellen (GKS) eingeführt werden. In Dänemark sind dies die Flughäfen Billund, Aalborg und Kopenhagen sowie die Seefrachthäfen Aalborg, Aarhus, Esbjerg, Fredericia, Hanstholm, Hirtshals, Kalundborg, Kopenhagen und Skagen. Benötigen Pflanzen, pflanzliche Produkte und Teile von Pflanzen ein Gesundheitszeugnis oder müssen sie phytosanitär inspiziert werden, werden sie nur an bestimmten Stellen abgefertigt. Darüber informiert in Dänemark die dänische Landwirtschafts- und Fischereibehörde (Landbrugs- og Fiskeristyrelsen).

1.3 Verpackung

Um Verpackungsabfälle zu vermeiden, zu vermindern und zu verwerten, gibt es besondere Bestimmungen. Produzenten und Vertriebspartner müssen ihre Verpackungen zurücknehmen und verwerten. Bei Getränken müssen die Bestimmungen des dänischen Rückgabe- und Pfandsystems beachtet werden (kostenpflichtige Registrierungspflicht).

1.4 Mustersendungen

Muster ohne Handelswert sind zollfrei.

2 Dokumente

2.1 Seefrachten

Seehäfen: Aalborg, Aarhus, Ensted, Esbjerg, Fredericia, Kalundborg, Kopenhagen

2.1.1 Konnossemente

Voller Satz Konnossemente, erforderlichenfalls an „Order" ausgefertigt, bedürfen keiner Beglaubigung.

2.1.2 Handelsrechnungen

Handelsrechnung (zweifach), Rechnungsangaben laut Kaufvertrag. Die Rechnung muss die USt-Identifikationsnummer (UID-Nr.) von Exporteur und Importeur enthalten und den Vermerk „steuerfreie innergemeinschaftliche Lieferung" oder „steuerfrei nach § 4 Nr. 1b UStG", sonst ist MwSt. zu berechnen. Ein zusätzlicher Steuerbefreiungshinweis in dänischer Sprache „skattefri indenrigs Leverance" empfohlen.

Die Bedingungen des § 6a UStG müssen eingehalten sein.

Bei Dual-Use-Gütern ist in den Papieren ein ausdrücklicher Vermerk anzubringen, dass bei der Ausfuhr aus dem Gebiet der EU eine Kontrolle der Waren stattzufinden hat.

Für Nichtgemeinschaftswaren sind Rechnungen mit folgenden Informationen notwendig, z.B. Ausstellungsort und -datum, detaillierte Produktbezeichnung, Menge, Art und Anzahl der Pakete mit Angabe von Nummer und Marke, Namen und Anschriften von Aus- und Einführer, Lieferbedingungen mit fob-Wert, cif-Kosten und -Wert bzw. cfr-Wert, Zahlungsbedingungen, Rechnungsnummer, Beförderungsart, Gesamtbetrag sowie das Ursprungsland. Keine Unterzeichnung der Rechnungen und keine Bescheinigungen erforderlich.

Färöer-Inseln: Angabe des Ursprunglandes und unterschriebene Erklärung am Schluss der Rechnung: „We certify this invoice to be true and correct." Falls eine Lieferung Waren aus Drittländern und der EU enthält, sind getrennte Rechnungen zu erstellen.

2.1.3 Ursprungszeugnisse

Ursprungszeugnis einfach nur auf Anforderung.

2.1.4 Warenverkehrsbescheinigung

Färöer-Inseln:

Liegt ein Handelsgeschäft zwischen der EU und Färöer-Inseln vor und sind die Anforderungen des Assoziierungsabkommens erfüllt, können Präferenzdokumente wie die EUR.1 oder eine Ursprungserklärung genutzt werden, um zollbegünstigte Einfuhren zu ermöglichen. Mit Anfang 2025 wurden in der Pan-Europa-Mittelmeer-Zone (PEM-Zone) neue, einheitliche Ursprungsregeln mit einer Übergangsfrist bis 31.12.2025 eingeführt. Seit dem 1. Januar 2026 sind nur noch die revidierten Ursprungsregeln („Revised Rules") verbindlich und EUR-MED-Nachweise nicht mehr möglich.

Für Warensendungen über 6.000 EUR dient die von der Zollstelle ausgestellte EUR.1 als Präferenznachweis. Exporteure, die regelmäßig Waren unter Präferenzbedingungen liefern, können beim Hauptzollamt die Bewilligung als „Ermächtigter Ausführer" beantragen. Bei Sendungen unter 6.000 EUR genügt eine Ursprungserklärung direkt in der Handelsrechnung, mit folgendem Wortlaut: „Der Ausführer (Ermächtigter Ausführer; Bewilligungs-Nr. ...) der Waren, auf die sich dieses Handelspapier bezieht, erklärt, dass diese Waren, soweit nicht anders angegeben, präferenzbegünstigte . . . Ursprungswaren sind." (Ort und Datum, Unterschrift, Name in Druckbuchstaben)[1)]

Da Handelskammern Ursprungserklärungen nicht bescheinigen dürfen, wird empfohlen, diese separat beizufügen. Auf der Rechnung sollte ein ca. 7 cm hoher Freiraum für die Kammerbescheinigung bleiben. Anschließend ist die Erklärung unter Angabe des Ursprungslands zu ergänzen und erneut zu unterschreiben.

2.1.5 Intrastat-Meldung

Auf Grundlage des Änderungsgesetzes zum Außenhandelsstatistikgesetz (AHStatG-ÄndG) vom 5. März 2025 gelten rückwirkend zum 1. Januar 2025 neue Schwellenwerte für die Intrahandelsstatistik: Für Wareneingänge liegt die Meldegrenze nun bei 3.000.000 €, für Versendungen bei 1.000.000 €.

1) Ursprungserklärung in weiteren Sprachen s. Kapitel Hinweise Warenursprung Präferenzen

Wird eine dieser Grenzen im laufenden Kalenderjahr überschritten, beginnt die Meldepflicht im Monat der Überschreitung.

Die Daten können online an das Statistische Bundesamt übermittelt werden. Weitere Informationen sind unter www.destatis.de abrufbar (Suchbegriff: „Intrastat") oder telefonisch unter 0611 753965, per Fax: 0611 754525 oder per E-Mail: gruppe-vb@destatis.de.

2.1.6 Gesundheitszeugnisse

Pflanzengesundheitszeugnisse für Pflanzen und Samen vorgeschrieben (www.julius-kuehn.de).

2.2 Eisenbahnverkehr

2.2.1 Frachtbrief

a) für Güter: Ein internationaler Frachtbrief für Frachtgut.
b) für Expressgut: Ein internationaler Expressgutschein.

2.2.2 Zollanmeldungen

Internationale Zollanmeldungen sind für die Ein- und Durchfuhr nicht erforderlich.

2.2.3

Siehe unter Seefrachten 2.1.2-2.1.6.

2.3 Luftfrachten

Zollflughäfen: Aarhus, Kopenhagen (CPH), Aalborg (AAL), Billund (BLL), Århus, Rønne, Sønderborg

2.3.1 Luftfrachtbrief

Eine Ausfertigung des Luftfrachtbriefes.

2.3.2

Siehe unter Seefrachten 2.1.2-2.1.6.

2.4 Postverkehr

2.4.1 Paketkarte

Keine Zollformulare für Dänemark erforderlich. Höchstgewicht: 31,5 kg, Vertragskunden: 30 kg. Für Färöer und Grönland ist eine Zollinhaltserklärung in Englisch, Französisch oder Dänisch CN 23 nötig.

2.4.2

Siehe unter Seefrachten 2.1.2-2.1.6.

3 Adressen

Auslandshandelskammer

Deutsch-Dänische Handelskammer
Dansk-Tysk Handelskammer
Kongens Nytorv 26, 3. Stock
DK-1050 Kopenhagen K
Tel.: +45 33913335
Fax: +45 33913116
Geschäftszeiten: Mo.–Do. 8.30–16.30 Uhr; Fr. 8.30–13.30 Uhr
E-Mail: info@handelskammer.dk
www.handelskammer.dk

Konsulate

Die Konsulatsadressen finden Sie jeweils mit Telefonnummer, E-Mail-Adresse, Homepage und Öffnungszeiten unter:
https://www.auswaertiges-amt.de/de/service/laender.

4 Sonstiges

Länderkurzbezeichnung gemäß Präferenzrecht (Lieferantenerklärung):
Färöer: FO/Grönland: ÜLG
Länder(-gruppen)kurzbezeichnung für bes. Zollsätze im Europäischen Zolltarif:
Färöer: FO/Grönland: LOMB/SPGL
Kraftfahrzeugländerkennzeichen:
Dänemark: DK/Färöer: FR

1 Allgemeine Informationen

1.1 Kurzinfos

Landesvorwahl: +1767

MEZ: –5 Std.

Englisch

1 Ostkaribischer Dollar (EC$) = 100 Cents (Iso-Code: XCD)

Harmonisiertes System

Mitglied

Feiertage: Die Feiertage zu diesem Land finden Sie unter folgendem Link: https://www.timeanddate.de/feiertage/.

1.2 Einfuhr aus der Bundesrepublik

Mitglied des EU-CARIFORUM-Wirtschaftspartnerschaftsabkommens. Die Wareneinfuhr ist im Rahmen einer Open General Licence größtenteils möglich. Über Importbeschränkungen informiert das Handelsministerium. Für manche Waren (z.B. Kartoffeln, Weizenmehl, bestimmte Wachsprodukte, einige Schuhe und Textilien) wird aufgrund von Quotenregelungen eine Lizenz benötigt. Ansprechpartner ist die „Consumer Affairs Unit of Trade, Energy and Employment". In Dominica verboten ist die Einfuhr von bestimmten Pflanzenschutzmitteln, Produkten, die als anstößig empfunden werden könnten, Streichhölzern mit weißem Phosphor sowie Fröschen und Froschteilen. Importlizenzen werden vom Ministry of Trade Commerce, Entrepreneurship, Innovation, Business and Export Development erteilt. Dies gilt u.a. für Zucker, Reis, Pestizide, Radios, Fleisch und Pflanzen und deren Erzeugnisse.

2 Dokumente

Alle sonstigen Angaben siehe **Westindische Inseln** .

2.1 Seefrachten

Seehafen: Roseau

2.2 Luftfrachten

Zollflughäfen: Melville Hall

2.3 Postverkehr

2.3.1 Paketkarte

Vier Zollinhaltserklärungen CN 23, Englisch. Höchstgewicht 20 kg.

3 Adressen

Konsulate

zuständig ist die Botschaft in London
1 Collingham Gardens, London SW5 0HW
Tel.: +44 2073705194
Fax: +44 2073738743

4 Sonstiges

Früher Windward Inseln/Westindien.
Länderkurzbezeichnung gemäß Präferenzrecht (Lieferantenerklärung): AKP/CAF
Länder(-gruppen)kurzbezeichnung für bes. Zollsätze im Europäischen Zolltarif: LOMA/SPGL/CAF
Kraftfahrzeugländerkennzeichen: WD

Dominikanische Republik

República Dominicana – Dominican Republic

1 Allgemeine Informationen

1.1 Kurzinfos

Landesvorwahl: +1809

MEZ: –5 Std.

Spanisch

1 Dominikanischer Peso (dom $) = 100 Centavos (ISO-Code: DOP)

Nach AWG frei vereinbar Devisenbestimmungen der Dominikanischen Republik beachten

Harmonisiertes System

Mitglied

Feiertage: Die Feiertage zu diesem Land finden Sie unter folgendem Link: https://www.timeanddate.de/feiertage/.

1.2 Einfuhr aus der Bundesrepublik

Mitglied des EU-CARIFORUM-Abkommens. Eine generelle Lizenzpflicht für Importe besteht nicht. Für bestimmte Waren – u.a. Pharmazeutika, ozonschädigende Stoffe, Erdöl, Gas, Brennstoffe und Agrarchemikalien – sind jedoch Einfuhrgenehmigungen erforderlich. Zuständig ist das Gesundheitsministerium, für landwirtschaftliche, tierische und pflanzliche Produkte einschließlich Düngemitteln das Landwirtschaftsministerium. Genehmigungen werden über das elektronische Portal VUCE des Zollsystems SIGA beantragt. Tierimporte erfordern eine Risikoanalyse und Quarantäne. Für Fisch ist das Umweltministerium, für Honig der Registrierungsdienst für Honigvermarktung zuständig. Die Einfuhr von Pflanzen, Saatgut und Tabak bedarf einer Genehmigung des Landwirtschaftsministeriums, eines Gesundheitszeugnisses und einer Grenzuntersuchung; Zigarettenpackungen müssen eine Steuermarke tragen.

Lebensmittel, Arznei-, Kosmetik- und Drogenprodukte unterliegen Registrierungs- und Kennzeichnungspflichten. Die Registrierung beim Gesundheitsministerium erfordert eine Freiverkäuflichkeitsbescheinigung, ggf. mit konsularischer Legalisierung, sowie die Einhaltung von Qualitätsstandards. Nach der Registrierung bei DIGEMAPS ist für jede Lieferung eine Einzelgenehmigung einzuholen. Pestizide und Düngemittel müssen beim Landwirtschaftsministerium registriert werden; für beide gelten Kennzeichnungsvorschriften. Veterinärprodukte benötigen zusätzlich ein Zertifikat über die Zulassung im Ursprungsland.

Ozonabbauende Stoffe werden vom Umweltministerium überwacht und müssen registriert werden. Radioaktive Materialien erfordern eine Genehmigung der Energiekommission, Brennstoffe und Gase des Industrie- und Handelsministeriums. Telekommunikationsgeräte benötigen die Zulassung des Instituts für Telekommunikation.Kraftfahrzeugimporteure müssen bei der Steuerbehörde (DGII) registriert sein. Fahrzeuge für gewerbliche Zwecke benötigen deren Genehmigung. Der Import gebrauchter Pkw über fünf Jahre sowie Lkw über fünfzehn Jahre und über 5 t ist verboten. Explosivstoffe und Pyrotechnik dürfen nur mit Genehmigung des Innen- und Polizeiministeriums eingeführt werden.

Bitte beachten: Es bestehen Einfuhrkontingente (z.B. Milch, Agrarprodukte, Brennstoffe) und Verbote für bestimmte gebrauchte Waren, Elektrogeräte, Kleidung, Rechtslenker, Sonderabfälle, ozonhaltige Geräte, Nadelbäume, gentechnisch verändertes Saatgut, gefährliche Agrarchemikalien, bestimmte Futtermittel und pharmazeutische Rohstoffe (z.B. Sibutramin).

1.3 Verpackung

Die Verpackung sollte wasserfest und robust sein. Für die Verpackung von Nahrungsmitteln, Konsumprodukten und Wasser gelten besondere

Hygienebestimmungen. Heu und Stroh sind witterungsbedingt nicht geeignet, aber nicht explizit verboten. Für Holzverpackungen gelten die Regelungen der ISPM Nr. 15.

1.4 Markierung

Deutliche Kennzeichnung mit dem Herkunftsland, zusätzlich Brutto- und Nettogewicht.

1.5 Mustersendungen

Muster ohne Handelswert, die vom Zollamt als solche anerkannt werden, können zollfrei abgefertigt werden.

2 Dokumente

Bitte beachten: Auf allen Dokumenten muss die TAX-ID-Nummer angegeben sein.

2.1 Seefrachten

Seehäfen: Puerto Plata, Santo Domingo, Rio Haina

2.1.1 Konnossemente

Voller Satz Konnossemente (Spanisch oder Englisch) mit Angabe einer Notify-Adresse, fünffach, Ausstellung an Order zulässig. Auf dem Konnossement müssen die Seefracht, Marke, Anzahl, Menge und Art der Packstücke angegeben sein.

2.1.2 Handelsrechnungen

Handelsfaktura (vierfach, Spanisch) mit folgendem Inhalt erforderlich: Beschreibung des Inhalts der Versandstücke und Mengenangaben, Brutto- und Nettogewicht, Absender und Empfänger, Art und Menge der Versandstücke, Bestimmungshafen, Transportweg, Rechnungsdatum, Frachtbriefnummer, Wert der Versandstücke, HS-Code, Empfänger der Rechnung. Werte und Gewichte pro Seite zusammenzählen. Alle Einzelpreise inklusive sämtlicher Anpassungen. Alle Beträge sind zusätzlich in US-Dollar anzugeben. Keine Bescheinigung durch Handelskammer.

Am Schluss ist folgende Erklärung abzugeben: „Declaramos que el valor de la factura de … (Betrag in Zahlen und Worten wiederholen) es conforme con nuestros libros comerciales legalmente tenidos y que los precios de los articulos que figuran en la misma son los actuales." Keine Faksimile-Unterschriften.

2.1.3 Ursprungszeugnisse

Ursprungszeugnis z.B. nur für lebende Tiere, Medizin, Holz, Kfz erforderlich. Als Ursprungsland ist anzugeben: „República Federal de Alemania (Unión Europea)".

2.1.4 Warenverkehrsbescheinigung

Warenverkehrsbescheinigungen EUR.1 für Warensendungen über € 6 000,–, die unter die zwischen den CARIFORUM-Staaten mit der EU getroffene „Ursprungsregelung" fallen (werden durch die zuständige Zollstelle ausgestellt); für Sendungen bis zum Wert von € 6 000,– ist in den Papieren folgende Erklärung[1)] als Präferenz-Ursprungsnachweis aufzunehmen:

„El exportador de los productos incluidos en el presente documento (autorización aduanera n° …)[2)] declara que, salvo indicación en sentido contrario, estos productos gozan de un origen preferencial …"

Ort, Datum, Unterschrift. Der Name des Unterzeichners ist in Druckbuchstaben zu wiederholen. Ursprungserzeugnisse aus Ceuta oder Melilla sind mit „CM" zu kennzeichnen.

2.1.5 Packlisten

Packliste nur erforderlich, wenn die Handelsrechnung nicht die notigen Angaben (z.B. Art der Packstücke und Inhalte mit Angabe von Nummern, Gewichten, Maßen, Marken) enthält.

2.1.6 Preislisten

Preislisten (vierfach) in Spanisch erforderlich mit den Angaben, wie z.B. genaue Warenbezeichnung, Marke, Handelsname, Modell, Abmessungen, sämtliche Preise.

2.1.7 Gesundheitszeugnisse

Gesundheitszeugnis für pflanzliche Erzeugnisse, Pflanzen, Tabakerzeugnisse (mit Steuermarke) und Saatgut.

2.2 Luftfrachten

Zollflughäfen: Barahona, La Romana, Santo Domingo (SDQ), Puerto Plata (POP), Punta Cana (PUJ), Samana, Santiago de los Caballeros

1) Ursprungserklärung in weiteren Sprachen s. Kapitel Hinweise Warenursprung Präferenzen
2) Eintrag der Bewilligungsnummer, falls die Erklärung von einem ermächtigten Ausführer erstellt wird.

2.2.1 Luftfrachtbrief

Drei Ausfertigungen des Luftfrachtbriefes, die vom Generalkonsulat in Hamburg legalisiert zurückgereicht werden.

2.2.2

Siehe unter Seefrachten 2.1.2–2.1.7.

2.3 Postverkehr

2.3.1 Paketkarte

Vier Zollinhaltserklärungen CN 23 (Spanisch). Höchstgewicht: 25 kg, Vertragskunden: 30 kg. Bei Postsendungen ist dem Generalkonsulat in Hamburg der Posteinlieferungsschein vorzulegen, der konsularisch gestempelt zurückgegeben wird. Sendungen über 100 DOP benötigen eine bescheinigte Handelsrechnung. Luft-Express-Pakete benötigen einen Luftfrachtbrief und müssen angemeldet werden.

2.3.2

Siehe unter Seefrachten 2.1.2–2.1.7.

3 Adressen

Auslandshandelskammer

Deutsch-Dominikanische Industrie- und Handelskammer
Cámara de Comercio, Industria y Turismo Dominico-Alemana, Inc.
Postanschrift:
Apartado Postal 8335
10210 Santo Domingo
Centro Dominico-Alemán
Büroanschrift:
Ciudad Colonial
Calle José Gabriel García Nr. 8
Edificio ASG Dominicana
10210 Santo Domingo
Tel.: +1 8096886700
Geschäftszeiten: Mo.–Do. 9.00–17.00 Uhr; Fr 9.00–13.00 Uhr
E-Mail: servicio@ccda.org.do
www.zakk.ahk.de/dominikanischerepublik

Konsulate

10719 Berlin, Konsularabteilung der Botschaft
Knesebeckstr. 61A
Tel.: 030 4172 56690
Mo.–Fr. 9.00–17.00 Uhr
E-Mail: info@embajadadominicana.de
www.dr-botschaft.de

Weitere Konsulatsadressen finden Sie jeweils mit Telefonnummer, E-Mail-Adresse, Homepage und Öffnungszeiten unter:
https://www.auswaertiges-amt.de/de/service/laender.

4 Sonstiges

Länderkurzbezeichnung gemäß Präferenzrecht (Lieferantenerklärung): AKP/CAF
Länder(-gruppen)kurzbezeichnung für bes. Zollsätze im Europäischen Zolltarif: LOMA/SPGL/CAF
Kraftfahrzeugländerkennzeichen: DOM

1 Allgemeine Informationen

1.1 Kurzinfos

Landesvorwahl: +253

MEZ: +2 Std.

Französisch, Arabisch, Englisch

1 Djibouti-Franc (FD) = 100 Centimes (ISO-Code: DJF)

Nach AWG frei vereinbar Devisenbestimmungen von Dschibouti beachten

Harmonisiertes System

Mitglied

Feiertage: Die Feiertage zu diesem Land finden Sie unter folgendem Link: https://www.timeanddate.de/feiertage/.

1.2 Einfuhr aus der Bundesrepublik

Importlizenzen teilweise erforderlich. Etikettierungsvorschriften sind für verschiedene Lebensmittel notwendig. Rücksprache mit dem Importeur empfehlenswert.

1.3 Verpackung

Materialien, durch die Krankheiten eingeschleppt werden könnten, dürfen nicht benutzt werden.

1.4 Mustersendungen

Muster ohne Handelswert sind zollfrei.

2 Dokumente

2.1 Seefrachten

Seehafen: Dschibuti

2.1.1 Konnossemente

Konnossemente bedürfen keiner Beglaubigung. Order B/L zugelassen (mit Notify).

2.1.2 Handelsrechnungen

Handelsrechnungen (vierfach) in Französisch mit allen üblichen Angaben: Name des Exporteurs und Importeurs und Empfängers, Marke, Nummern, Anzahl und Art der Packstücke, Brutto-/Nettogewichte, genaue Warenbezeichnungen, Lieferbedingungen, Ursprungsland, HS-Code, Mengen, Ort und Datum der Ausstellung sowie Einzelpreise, Gesamt-fob- und cif-Wert und auch Nachlässe, wie z.B. Rabatte. Am Schluss der Rechnung muss folgende vom Exporteur unterschriebene Erklärung stehen:

„Nous certifions que les marchandises dénommées dans cette facture sont de fabrication et d'origine de la République Fédérale d'Allemagne et que les prix indiqués ci-dessus s'accordent avec les prix courants sur le marché d'exportation".

2.1.3 Ursprungszeugnisse

Ursprungszeugnis nicht erforderlich.

2.1.4 Warenverkehrsbescheinigung

Warenverkehrsbescheinigung bzw. Präferenz-Ursprungsnachweis in einem der Handelspapiere: nicht erforderlich.

2.1.5 Gesundheitszeugnisse

Gesundheitszeugnisse sind evtl. erforderlich für lebende Tiere und deren Produkte (amtliches Veterinärzeugnis) und Pflanzen (Pflanzengesundheitszeugnis), ausgestellt von der zuständigen amtlichen Pflanzenschutzstelle (https://pflanzengesundheit.julius-kuehn.de/).

2.1.6 Electronic Cargo Tracking Note (ECTN)

Electronic Cargo Tracking Note (ECTN), frz. Bordereau Électronique de Suivi des Cargaisons (BESC), muss vor Versendung beantragt werden. Die ECTN-Nummer muss im B/L vermerkt werden. Ansprechpartner ist: M + S Mehrtens & Schwickerath GmbH in 28195 Bremen, Tiefer 4, Tel.: 0421 363080, Fax: 0421 3630855, E-Mail: agency@msbre.com, www.shipagent.de. Fehlt die ECTN, findet keine Abfertigung statt und hohe Bußgelder können entstehen.

2.2 Luftfrachten

Zollflughafen: Dschibuti

2.2.1 Luftfrachtbrief

Luftfrachtbrief.

2.2.2

Siehe unter Seefrachten 2.1.2–2.1.6.

2.3 Postverkehr

2.3.1 Paketkarte

Zwei Zollinhaltserklärungen CN 23 in Französisch. Höchstgewicht: 31,5 kg, Vertragskunden: 20 kg. Ausführung des Paketdienstes nur durch folgende Postämter: Ali-Sabiet, Dikhib, Djibouti, Obock, Tadjourah.

2.3.2

Siehe unter Seefrachten 2.1.2–2.1.6.

3 Adressen

Konsulate

10787 Berlin, Konsularabteilung der Botschaft
Tauentzienstraße 6
Tel.: 030 26390157
Fax: 030 26934165
Mo.–Fr. 10.00–15.00 Uhr
E-Mail: info@djibouti-embassy.de
www.djibouti-embassy.de

80636 München, Honorarkonsulat
PWC GmbH
Bernhard-Wicki-Straße 8
Tel.: 089 57905409
Fax: 089 9585913147
Nach telefonischer Absprache
E-Mail: honorarkonsulin.dschibuti@de.pwc.com

4 Sonstiges

Länderkurzbezeichnung gemäß Präferenzrecht (Lieferantenerklärung): AKP
Länder(-gruppen)kurzbezeichnung für bes. Zollsätze im Europäischen Zolltarif: SPGA
Bezeichnung der Staatsangehörigen:
Dschibutier bzw. Dschibutierin

1 Allgemeine Informationen

1.1 Kurzinfos

Landesvorwahl: +593

MEZ: -6 Std.

Spanisch

1 US-$ = 100 Centavos (ISO-Code: USD)

Nach AWG frei vereinbar Devisenbestimmungen Ecuadors beachten

Harmonisiertes System

Mitglied

Feiertage: Die Feiertage zu diesem Land finden Sie unter folgendem Link: https://www.timeanddate.de/feiertage/.

1.2 Einfuhr aus der Bundesrepublik

Einige Produkte unterliegen der automatischen bzw. nichtautomatischen Lizenz. Nichtautomatische Lizenzen werden benötigt für bestimmte Fahrzeuge (genehmigungspflichtig durch die Agencia Nacional de Tránsito, ANT, am Ministerio de Transporto y Obras Públicas, MTOP), Luftreifen, elektronische Geräte, Handys (Ministerium für Produktion, Außenhandel, Investitionen und Fischerei, Ministerio de Producción, Comercio Exterior, Inversiones y Pesca), einige Fleisch- und Milcherzeugnisse u.a. Beantragung vor Verschiffung. Lizenzen sind 3 bis 4 Monate gültig, wobei die Ware vor Ende der Laufzeit versandt sein muss. Zuständig für die Lizenzvergabe ist die Kommission COMEX. Die automatische Lizenz ist u.a. erforderlich für Quellen ionisierender Strahlung und deren Geräte, Betäubungsmittel, psychotrope Stoffe. Beantragung nach Verschiffung. Decoder und Satellitengeräte unterliegen der Genehmigungspflicht durch ARCOTEL. Registrierungspflicht besteht für Importeur von Elektrofahrzeugen mit drei Rädern (Ministerio de Comercio Exterior e Inversiones). Nur Neuwagen oder Fahrzeuge des laufenden Jahrgangs sind zulässig. Für Pflanzenschutzmittel ist die Eintragung im Registro fitosanitario erforderlich. Kraftfahrzeuge dürfen importiert werden, sofern eine Bescheinigung über die Typenprüfung vorliegt. Alkohol darf nur mit einer Importgenehmigung eingeführt werden und wenn eine Registrierung erfolgt ist. Für tierische und pflanzliche Fette und Öle ist eine Sondergenehmigung des Landwirtschaftsministeriums (MAG) erforderlich. Für Arznei- und Medizinprodukte sind zusätzlich ein GMP-Nachweis und ein Analysezertifikat erforderlich.

Eine Freiverkäuflichkeitsbescheinigung des Ursprungslandes, eine Genehmigung und eine Registrierung bzw. Lizenz ist für Lebensmittel, chemische Produkte, Kosmetika, Holzprodukte, Textilien, Schuhe, Eisen- und Stahlprodukte, Kraftfahrzeuge und deren Fahrgestelle und Karosserien, Waffen, medizinische Produkte und Medikamente notwendig. Evtl. müssen für einige dieser Waren weitere Zertifikate (z.B. Analysenzertifikat) vorgelegt werden. Zuständig sind je nach Produktart verschiedene Stellen, z.B. das Nationale Institut für Hygienekontrollen, das Subsekretariat für Qualität und Unschädlichkeit, das Subsekretariat für Aquakultur am Ministerium für Produktion, Außenhandel, Investitionen und Fischerei, das Ministerium für Landwirtschaft und Viehzucht, das Ministerium für Energie und nicht erneuerbare Bodenschätze, das Ministerium für Transport und öffentliche Bauvorhaben, das Ministerium für Umwelt, Wasser und ökologischen Wandel und der Dienst für Normung und Standardisierung. Für tierische und pflanzliche Produkte ist AGROCALIDAD zuständig.

Etiketten müssen in spanischer Sprache folgende Angaben haben, z.B. Handelsmarke, Name des Produkts, Stadt und Ursprungsland, Zutaten und Nährwertangaben sowie Verfallsdatum. Grundlage sind die technischen Normen NTE INEN 1334-1

(Lebensmittel), 1875 (Bekleidung und Heimtextilien) und 2288:200. Überwachende Behörde ist der Dienst für Normung und Standardisierung. Für Textilien sind zusätzlich Material- und Größenangaben, Ursprungsland, Referenzstandard und Hersteller zu nennen. Auf Verpackungen von medizinischen Erzeugnissen ist die Nummer der Registrierung zu vermerken. Zusätzlich werden eine Fotokopie aus dem Register des Ursprungslandes sowie ein Beipackzettel in Spanisch benötigt. Eine Genehmigung für die Einfuhr tierischer Fette zur Herstellung von Schmalz und Seife, pflanzlicher und tierischer Fette und Öle muss vom Landwirtschaftsministerium vorliegen. Besondere Etikettierungsvorschriften gelten für Textilien. Notwendig sind Material- und Größenangaben, Ursprungsland, Referenzstandard sowie Angaben zum Produzenten.

Bitte beachten: Einfuhrverbot für gebrauchte Schuhe und gebrauchte Kleidung, gebrauchte Reifen, bestimmte Chemikalien, Insektenvernichtungsmittel, Spielkonsolen, ozonschädigende Stoffe für Waren und Werbeschriften bzw. -drucke. Der Markenschutz „Marca registrada/protegida" gilt nur bei nationaler Registrierung. Importeur befragen.

1.3 Verpackung

Sie sollte starken Regenfällen und tropisch-feuchtem Klima standhalten können. Bei Schiffstransporten kann die Transport- und Lagerzeit teilweise länger als zwei Monate dauern. Ecuador wendet für Verpackungsholz den IPPC-Standard ISPM Nr. 15 an. Gewicht der Packstücke, wenn möglich, nicht mehr als 50–80 kg.

1.4 Markierung

Das INEN kontrolliert in Ecuador die Kennzeichnungspflicht. Etiketten müssen Hersteller- oder Importeursdaten, Ursprungsland, Gewicht (mind. 6 cm Ziffernhöhe) und ggf. die Sanitärregistrierung enthalten. Vorgaben stehen in den Normen NTE INEN 1334-1 (Lebensmittel), 1875 (Textilien) und 2288:2000 (Chemikalien). Weitere Herkunftskennzeichnungen gelten für Naturarzneien.

1.5 Mustersendungen

Muster und Warenproben ohne Handelswert (und nur Einzelstücke) werden vom Zoll als solche anerkannt und zollfrei behandelt, wenn sie für einen Weiterverkauf unbrauchbar gemacht sind, wenn sie leichter als 4 kg sind und den Wert von 400 US-Dollar nicht überschreiten. Sie müssen den Vermerk „muestra sin valor comercial" tragen. Der Versand zollpflichtiger Muster als „Warenprobe" ist nur als „Einschreiben" zulässig. Medizinische Proben müssen mit der Aufschrift „Muestra médica, prohibida su venta" (außen und innen) gekennzeichnet sein. Originalproben, die nicht älter als sechs Monate alt sind, sind zwecks Registrierung erforderlich. Es dürfen nur drei Exemplare je Sorte eingeführt werden. Kosmetische und medizinische Proben müssen genehmigt werden.

2 Dokumente

2.1 Seefrachten

Seehäfen: Guayaquil, Manta, Esmeraldas, Puerto Bolivar

2.1.1 Konnossemente

Voller Satz Konnossemente (Aufmachung in Englisch erforderlich). Angabe einer Notify-Adresse bei Order-Konnossementen. Konnossemente auf „Inhaber" oder nur „an Order" müssen den „Empfänger" oder als erste und zweite Notify-Adresse den „Inhaber" und den „Empfänger" enthalten.

2.1.2 Handelsrechnungen

Die Handelsfaktura (Spanisch) muss folgende Angabe enthalten: Ausstellungsort, -datum, Name und Adresse von Käufer und Verkäufer, genaue Warenbezeichnung (Materialbeschreibung, Bestandteile, ggf. Zolltarifnummer, Anzahl, Marken, Nummern etc.), Mengenangaben, Einzelpreise, Gesamtpreise, Währung, Zahlungs- und Lieferbedingungen.

2.1.3 Ursprungszeugnisse

Ursprungszeugnis für deutsche Ursprungswaren nicht erforderlich (Ausnahme siehe unter 2.1.5 Konformitätszertifikat). Wird auf L/C-Basis gezahlt, verlangen die Banken jedoch ein Exemplar. Ansonsten genügt Ursprungsangabe des jeweiligen Staates in der Rechnung.

2.1.4 Warenverkehrsbescheinigung

Warenverkehrsbescheinigungen: EUR.1 bzw. Präferenzursprungsnachweis, für Erzeugnisse, die unter die im Assoziationsabkommen der EU mit Ecuador vereinbarte „Ursprungsregelung" fallen. Die EUR.1 (einfach) für Warensendungen mit einem Wert über € 6 000,– (Ausstellung durch Zollstelle nach Ausfüllen durch Exporteur). In Feld 8 ist unbedingt die Angabe der vierstelligen Position des Harmonisierten Systems für die betroffene Warenart zu machen. Für Sendungen mit einem Wert bis zu € 6 000,– ist vom Ausführer die folgende Erklärung[1], die als Präferenz-Ursprungsnachweis gilt, in eines der Handelspapiere aufzunehmen:

„El exportador de los productos incluidos en el presente documento (autorización aduanera n° ...)[2] declara que, salvo indicación en sentido contrario, estos productos gozan de un origen preferencial ...“

Ort, Datum, Unterschrift; der Name des Unterzeichnenden ist in Druckbuchstaben zu wiederholen. Ursprungswaren aus Ceuta und Melilla sind deutlich mit „CM“ zu kennzeichnen.

2.1.5 Konformitätszertifikat

Für bestimmte Produkte wie Fahrzeuge, Haushaltsgeräte, Reifen, Kleidung, Baumaterialien, Lebensmittel und Medizinprodukte ist ein INEN-1-Zertifikat erforderlich. Dieses kann auch im Ursprungsland bei SAE-akkreditierten Prüfstellen beantragt werden. ISO-9001-zertifizierte Hersteller dürfen eine eidesstattliche Erklärung vorlegen. Für EU-Waren genügt eine Konformitätserklärung nach ISO/IEC 17050-1 oder eine Importeurserklärung, ggf. mit Ursprungsnachweis. Zuständig ist das MPCEIP.

2.1.6 Gesundheitszeugnisse

Für Pflanzen/pflanzliche Erzeugnisse muss ein Gesundheitsattest vorgelegt werden, ebenso für lebende Tiere und tierische Erzeugnisse. Ein besonderes Gesundheitszeugnis ist für Nahrungsmittel, medizinische und kosmetische Produkte erforderlich.

2.1.7 Inspektionszertifikate

Für manche Produkte ggf. erforderlich (z.B. Schuhe, Textilien, Lederwaren, Sportbälle, Partyartikel, Modeschmuck, Telefongehäuse und für Waren, die nicht den nationalen Standards entsprechen). Ansprechpartner ist Bureau Veritas in 20457 Hamburg, Willy-Brandt-Str. 55, Tel.: 040 23625519, E-Mail: offergsdach@bureauveritas.com.

1) Ursprungserklärung in weiteren Sprachen, s. Kapitel Hinweise Warenursprung Präferenzen
2) Eintrag der Bewilligungsnummer, falls die Erklärung von einem ermächtigten Ausführer erstellt wird.

2.2 Luftfrachten

Zollflughäfen: Guayaquil (GYE), Quito (UIO)

2.2.1 Luftfrachtbrief

Eine Ausfertigung des Luftfrachtbriefes.

2.2.2

Siehe unter Seefrachten 2.1.2–2.1.7.

2.3 Postverkehr

2.3.1 Paketkarte

Eine Zollinhaltserklärung CN 23, Spanisch,. Höchstgewicht: 31,5 kg, Vertragskunden: 30 kg. Angabe der Provinz empfehlenswert. Pakete nach den Galapagos-Inseln sollten mit dem Vermerk „via Guayaquil“ versehen werden.

2.3.2

Siehe unter Seefrachten 2.1.2–2.1.7.

3 Adressen

Auslandshandelskammer

Deutsch-Ecuadorianische Industrie- und Handelskammer
Cámara de Industrias y Comercio Ecuatoriano Alemana
Postanschrift:
Casilla 17-16-083, Quito
Büroanschrift:
Avenida Eloy Alfaro N35-09
Edificio Millenium Plaza, ofic. 401, Quito
Tel.: +593 23332046, -23332047, -23332048, -23331532
Fax: +593 23331637
E-Mail: info@ahkecuador.org.ec
https://ecuador.ahk.de/

Konsulate

Die Konsulatsadressen finden Sie jeweils mit Telefonnummer, E-Mail-Adresse, Homepage und Öffnungszeiten unter:
https://www.auswaertiges-amt.de/de/service/laender.

4 Sonstiges

Länder(-gruppen)kurzbezeichnung für bes. Zollsätze im Europäischen Zolltarif: SPGE
Kraftfahrzeugländerkennzeichen: EC

El Salvador

1 Allgemeine Informationen

1.1 Kurzinfos

Landesvorwahl: +503

MEZ: –7 Std.

Spanisch, Englisch

1 US-$ = 8,75 Colónes, 1 El-Salvador-Colón = 100 Centavos (ISO-Code: SVC)

Nach AWG frei vereinbar Devisenbestimmungen von El Salvador beachten

Harmonisiertes System

Mitglied

Feiertage: Die Feiertage zu diesem Land finden Sie unter folgendem Link: https://www.timeanddate.de/feiertage/.

1.2 Einfuhr aus der Bundesrepublik

Es besteht ein Meistbegünstigungsabkommen sowie ein Assoziationsabkommen zwischen der EU und Zentralamerika. Importgenehmigungen vom Ministerio de Agricultura y Ganadería sind für bestimmte Produkte erforderlich, z.B. lebende Tiere, tierische Erzeugnisse, Pflanzen, pflanzliche Erzeugnisse und Nebenerzeugnisse aus tierischen und pflanzlichen Erzeugnissen. Diese Waren müssen von einem Tier- bzw. Pflanzengesundheitszeugnis begleitet sein. Derzeit ist die Einfuhr unter anderem von ephedrinhaltigen Arzneimitteln, obszönen Druckerzeugnissen und Figuren, Glücksspielautomaten, Falschgeld, ungekennzeichnetem Zigarettenpapier sowie von Fahrzeugen, die älter als 8 Jahre (PKW) bzw. 15 Jahre (LKW) sind, und von Opium untersagt. Rücksprache mit dem Importeur empfehlenswert. Das Umweltministerium ist zuständig für die Einfuhr von gefährlichen Substanzen. Der Import von pharmazeutischen und medizinischen Gütern, Veterinärmedizin, landwirtschaftlichen Produkten, Pestiziden, Düngemitteln müssen beim Ministerio de Agricultura y Ganadería registriert werden.

Zudem sind ein Analysenzertifikat (bei medizinischen Erzeugnissen) sowie eine Freiverkäuflichkeitsbescheinigung (für Lebensmittel, Getränke, medizinischen Erzeugnissen einzureichen. Außerdem haben medizinische und pharmazeutische Produkte bestimmte Etikettierungsvorschriften zu befolgen. Pharmazeutische Produkte und Medizinprodukte sind bei der Dirección Nacional de Medicamentos zu registrieren. Für Düngemittel, landwirtschaftliche Produkte und Pestizide wird zusätzlich ein Ursprungszeugnis benötigt. Getränke und Lebensmittel müssen beim Ministerio de Salud registriert werden. Jede Einfuhr bedarf einer behördlichen Genehmigung, wofür ebenfalls eine Freiverkäuflichkeitsbescheinigung notwendig ist.

1.3 Verpackung

Für Jutesäcke wird die Genehmigung des Wirtschaftsministeriums von El Salvador benötigt. Möglichst leichte und stabile Verpackung verwenden. Für Holzverpackungen gelten die Regelungen des ISPM Nr. 15.

1.4 Markierung

Ursprungskennzeichnung notwendig für Lebensmittel, pharmazeutische Produkte, Textilien. Entflammbare oder explosive Produkte müssen gekennzeichnet werden.

1.5 Mustersendungen

Muster ohne Handelswert werden zollfrei abgefertigt, müssen aber in der Rechnung oder Proforma-Rechnung gekennzeichnet sein (z.B. „muestra prohibida su venta").

2 Dokumente

2.1 Seefrachten

Seehäfen: Acajutla, Puerto Cutucu

2.1.1 Konnossemente

Voller Satz Konnossemente in Spanisch. B/L darf nur Waren für einen Empfänger an ein und denselben Ort enthalten. Ausstellung an Order unter Angabe einer Notify-Adresse möglich. Diese Notify-Adresse muss jedoch dann auch in der Faktura genannt werden. Alle Angaben müssen mit denen der Handelsrechnung übereinstimmen (insbes. auch Angaben zur Markierung).

2.1.2 Handelsrechnungen

Handelsfaktura, Spanisch oder Englisch. In der Faktura müssen z.B. enthalten sein: Ausstellungsort und -datum, Name des Verkäufers und Wohnsitz, Name und Wohnsitz des Empfängers der Ware, Menge der Ware, exakte Warenbezeichnung (möglichst keine Abkürzungen oder Codes), Gesamtwert und Einzelpreise der Ware sowie Liefer- und Zahlungsbedingungen.

2.1.3 Ursprungszeugnisse

Ursprungszeugnis für bestimmte Waren, z.B. Düngemittel, bestimmte landwirtschaftliche Produkte, Pestizide. Rücksprache mit dem Importeur zu empfehlen.

2.1.4 Warenverkehrsbescheinigung

EUR.1 bzw. Präferenz-Ursprungsnachweis für Erzeugnisse, die unter die im Assoziationsabkommen der EU mit El Salvador vereinbarte „Ursprungsregelung" fallen. Die EUR.1 (einfach) für Warensendungen mit einem Wert über € 6 000,– (Ausstellung durch Zollstelle nach Ausfüllen durch Exporteur). Für Sendungen mit einem Wert bis zu € 6 000,– ist vom Ausführer die folgende Erklärung[1], die als Präferenz-Ursprungsnachweis gilt, in eines der Handelspapiere aufzunehmen:

„El exportador de los productos incluidos en el presente documento (autorización aduanera n° ...)[2] declara que, salvo indicación en sentido contrario, estos productos gozan de un origen preferencial ..."

1) Ursprungserklärung in weiteren Sprachen s. Kapitel Hinweise Warenursprung Präferenzen

2) Eintrag der Bewilligungsnummer, falls die Erklärung von einem ermächtigten Ausführer erstellt wird.

Ort, Datum, Unterschrift; der Name des Unterzeichnenden ist in Druckbuchstaben zu wiederholen. Ursprungswaren aus Ceuta und Melilla sind deutlich mit „CM" zu kennzeichnen.

2.1.5 Gesundheitszeugnisse

Gesundheitszeugnis für tierische und pflanzliche Produkte und Tierimporte erforderlich.

2.2 Luftfrachten

Zollflughafen: San Salvador (SAL)

2.2.1 Luftfrachtbrief

Eine Ausfertigung des Luftfrachtbriefes.

2.2.2

Siehe unter Seefrachten 2.1.2–2.1.5.

2.3 Postverkehr

2.3.1 Paketkarte

Paketkarte mit ein oder zwei Zollinhaltserklärungen CN 23 in Spanisch, Französisch oder Englisch. Höchstgewicht 20 kg.

2.3.2

Siehe unter Seefrachten 2.1.2–2.1.5.

3 Adressen

Auslandshandelskammer

Deutsch-Salvadorianische Industrie- und Handelskammer
Cámara Alemana-Salvadoreña de Comercio e Industria
Postanschrift:
Apartado Postal 01-550, San Salvador C.A.
Büroanschrift:
Boulevard La Sultana N° 245, Antiguo Cuscatlán
San Salvador
Tel.: +503 22432428
E-Mail: info@ahk.com.sv
www.zakk.ahk.de/el-salvador

Konsulate

Die Konsulatsadressen finden Sie jeweils mit Telefonnummer, E-Mail-Adresse, Homepage und Öffnungszeiten unter:
https://www.auswaertiges-amt.de/de/service/laender.

Eritrea

The State of Eritrea

1 Allgemeine Informationen

1.1 Kurzinfos

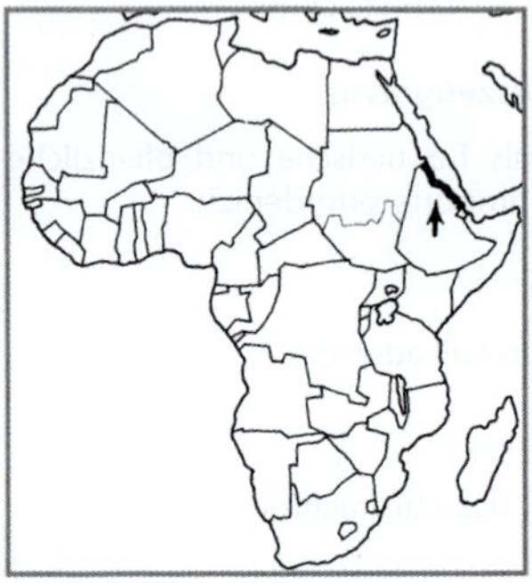

Landesvorwahl: +291

MEZ: + 2 Std.

Englisch, Arabisch

1 Nakfa = 100 Cents (ISO-Code: ERN)

Nach AWG frei vereinbar

Harmonisiertes System

Feiertage: Die Feiertage zu diesem Land finden Sie unter folgendem Link: https://www.timeanddate.de/feiertage/.

1.2 Einfuhr aus der Bundesrepublik

Rücksprache mit dem Importeur wegen benötigter Papiere empfohlen. Für viele Waren werden Einfuhrlizenzen benötigt oder dürfen überhaupt nicht eingeführt werden, wenn sie auf der Verbotsliste angegeben sind. Die „Eritrean Standards Institution" (ESI) ist für Normen und Standards zuständig.

1.3 Verpackung

Für Holzverpackungen gelten die Regelungen des ISPM Nr. 15-Standards.

2 Dokumente

2.1 Seefrachten

Seehafen: Assab, Massawa

2.1.1 Konnossemente

Ein Satz Konnossemente: Ausstellung an Order möglich, jedoch nur mit Angabe einer Notify-Adresse.

2.1.2 Handelsrechnungen

Handelsrechnung, dreifach, in Englisch, mit allen üblichen Angaben wie Name des Exporteurs und Importeurs und Empfängers, Marke, Nummern, Anzahl und Art der Packstücke, Brutto-/Nettogewichte, genaue Warenbezeichnungen, Lieferbedingungen, Ursprungsland, HS-Code, Mengen, Ort und Datum der Ausstellung sowie Einzelpreise, Gesamt-fob- und cif-Wert und auch Nachlässe, wie z.B. Rabatte. Bei Verkäufen auf cif-Basis müssen die Inlandstransport-, Fracht- und Versicherungskosten sowie der fob-Wert einzeln aufgelistet werden. Rechnung muss unterschrieben werden (keine Faksimile-Unterschriften) und von zuständiger Handelskammer bescheinigt. Keine Legalisierung.

2.1.3 Ursprungszeugnisse

Ursprungszeugnis nicht erforderlich.

2.1.4 Warenverkehrsbescheinigung

Warenverkehrsbescheinigung bzw. Präferenz-Ursprungsnachweis in einem der Handelspapiere nicht erforderlich.

2.1.5 Packlisten

Packlisten mit genauer Übersicht werden für alle Sendungen empfohlen.

2.1.6 Gesundheitszeugnisse

Gesundheitszeugnisse sind evtl. erforderlich für lebende Tiere und deren Produkte (amtliches Veterinärzeugnis) und Pflanzen (Pflanzengesundheitszeugnis), ausgestellt von der zuständigen amtlichen Pflanzenschutzstelle (https://pflanzengesundheit.julius-kuehn.de/).

2.2 Luftfrachten

Zollflughafen: Asmara (ASM), Assab (ASA)

2.2.1 Luftfrachtbrief

Ein Satz Luftfrachtbriefe.

2.2.2

Siehe unter Seefrachten 2.1.2–2.1.6.

2.3 Postverkehr

2.3.1 Paketkarte

Zwei Zollinhaltserklärungen CN 23 in Englisch. Höchstgewicht 20 kg.

2.3.2

Siehe unter Seefrachten 2.1.2–2.1.6.

3 Adressen

Konsulate

Die Konsulatsadressen finden Sie jeweils mit Telefonnummer, E-Mail-Adresse, Homepage und Öffnungszeiten unter:
https://www.auswaertiges-amt.de/de/service/laender.

4 Sonstiges

Länderkurzbezeichnung gemäß Präferenzrecht (Lieferantenerklärung): AKP
Länder(-gruppen)kurzbezeichnung für bes. Zollsätze im Europäischen Zolltarif: SPGA
Kraftfahrzeugländerkennzeichen: ER

Estland

Republic of Estonia – Republik Estland

1 Allgemeine Informationen

1.1 Kurzinfos

Landesvorwahl: +372

MEZ: +1 Std. EU-Sommerzeit

Englisch, Russisch, Estnisch

1 Euro (€) = 100 Cent
(ISO-Code: EUR)

Nach AWG frei vereinbar
Devisenbestimmungen von Estland beachten

Harmonisiertes System
Verzollung nach Transaktionswert

Mitglied

Angeschlossen

Angeschlossen

Feiertage: Die Feiertage zu diesem Land finden Sie unter folgendem Link: https://www.timeanddate.de/feiertage/.

1.2 Einfuhr aus der Bundesrepublik

In der EU sind dem Verkehr von Waren nur wenige Beschränkungen auferlegt. Für Güter, die sowohl für zivile als auch für militärische Zwecke verwendet werden können (Dual-Use-Güter mit doppeltem Verwendungszweck), gibt es spezifische Bestimmungen. Die zuständige Behörde ist die dem Ministerium für Auswärtige Angelegenheiten (Välisministeerium) zugeordnete Kommission für gefährliche Güter (Komisjoni Strateegeliste Kaupade). Manche sensiblen Waren (wie z.B. Abfälle) müssen genehmigt werden. Einige Güter aus Drittländern benötigen eine Lizenz.

Für einige Produkte aus dem Agrar- und Industriebereich müssen Standards eingehalten werden (zuständig ist die Abteilung Produktsicherheit und Verbraucherschutz des Ministeriums für Wirtschaft und Kommunikation, Mujandus-ja Kommunikatsiooniministeerium). Diese Standards gelten gleichermaßen für Waren aus EU-Mitgliedstaaten und Drittstaaten. Gemäß Verordnung (EU) 2019/515 wurden Produktinformationsstellen eingerichtet, um Unternehmen aus anderen EU-Staaten den Zugang zum estnischen Markt zu erleichtern. Tiere oder tierische Produkte aus Drittstaaten können nur an zugelassenen Grenzkontrollstellen (GKS) eingeführt werden. In Estland gibt es einen GKS am Seehafen von Muuga, Straßenfracht wird in Luhamaa und Narva und Bahnfracht in Koidula abgefertigt. Pflanzen und pflanzliche Produkte werden am Flughafen Tallinn und z.B. Getreide und Holz wercen per Bahn in Koidula abgefertigt.

Für gefährliche Verbraucherprodukte gibt es in Europa das Safety Gate Rapid Alert System (zuvor RAPEX). In Estland zuständig ist die Stelle für Verbraucherschutz und technische Regulierung (Consumer Protection and Technical Regulatory Authority). Das System umfasst auch Fahrzeuge und technische Geräte wie Haushaltsgeräte. Die Veterinär- und Lebensmittelbehörde (Veterinary and Food Board) ist nationaler Ansprechpartner für das Schnellwarnsystem für Lebens- und Futtermittel (Rapid Alert System for Food and Feed). Lebensmittel müssen in Estnisch etikettiert werden (Inhaltsstoffe, Lagerungshinweise etc.). Die Etikettierung muss sowohl auf der Herstellerverpackung als auch auf der Verkaufsverpackung für den Einzelhandel erfolgen. Die Bestimmungen richten sich nach dem Lebensmittelgesetz und nach den einschlägigen EU-Verordnungen zur Kennzeichnung von Lebensmittelzusätzen. Strom, Tabak, Alkohol etc. muss die Steuermarkierung tragen. Die Anforderungen zur Steuermarkierung sowie das Verfahren zur Beantragung sind im Gesetz über Verbrauchsteuern auf Alkohol, Tabakwaren und Strom geregelt.

1.3 Verpackung

Um Verpackungsabfälle zu vermeiden, zu vermindern und zu verwerten, gibt es besondere Bestimmungen. Produzenten und Vertriebspartner müssen ihre Verpackungen zurücknehmen und verwerten. Bei Bedarf übernehmen diese Pflichten auch zugelassene Organisationen wie z.B. ETO in Tallinn, die als Verwertungsorganisation den Grünen Punkt vergibt, der den Beitrag zum Sammel- und Verwertungssystem als Kennzeichen abbildet.

1.4 Mustersendungen

Muster ohne Handelswert sind zollfrei. Vorübergehende Einfuhr mit Carnet A.T.A.

2 Dokumente

2.1 Seefrachten

Seehafen: Sillamäe, Tallinn, Kuivastu, Pärnu, Muuga

2.1.1 Konnossemente

Voller Satz Konnossemente, Ausstellung an Order möglich.

2.1.2 Handelsrechnungen

Rechnungsangaben laut Kaufvertrag. Die Rechnung muss die USt-Identifikationsnummern (UID-Nr.) von Exporteur und Importeur enthalten sowie den Hinweis „steuerfreie innergemeinschaftliche Lieferung" oder „steuerfrei nach § 4 Nr. 1b UStG", sonst ist MwSt. zu berechnen. Die Menge und Handelsbezeichnung der Ware ist auf der Rechnung anzugeben.

Die Bedingungen des § 6a UStG müssen eingehalten sein.

Bei Dual-Use-Gütern ist in den Papieren ein ausdrücklicher Vermerk anzubringen, dass bei der Ausfuhr aus dem Gebiet der EU eine Kontrolle der Waren stattzufinden hat.

Für Nichtgemeinschaftswaren sind Rechnungen mit folgenden Informationen notwendig, z.B. Ausstellungsort und -datum, detaillierte Produktbezeichnung, Menge, Art und Anzahl der Pakete mit Angabe von Nummer und Marke, Namen und Anschriften von Aus- und Einführer, Lieferbedingungen mit fob-Wert, cif-Kosten und -Wert bzw. cfr-Wert, Zahlungsbedingungen, Rechnungsnummer, Beförderungsart, Gesamtbetrag sowie das Ursprungsland. Keine Unterzeichnung der Rechnungen und keine Bescheinigungen erforderlich.

2.1.3 Ursprungszeugnisse

Ursprungszeugnis nur auf Anforderung.

2.1.4 Gesundheitszeugnisse

Für Samen und Pflanzen kann ein Pflanzengesundheitszeugnis gefordert werden.

2.1.5 Intrastat-Meldung

Auf Grundlage des Änderungsgesetzes zum Außenhandelsstatistikgesetz (AHStatG-ÄndG) vom 5. März 2025 gelten rückwirkend zum 1. Januar 2025 neue Schwellenwerte für die Intrahandelsstatistik: Für Wareneingänge liegt die Meldegrenze nun bei 3.000.000 €, für Versendungen bei 1.000.000 €.

Wird eine dieser Grenzen im laufenden Kalenderjahr überschritten, beginnt die Meldepflicht im Monat der Überschreitung.

Die Daten können online an das Statistische Bundesamt übermittelt werden. Weitere Informationen sind unter www.destatis.de abrufbar (Suchbegriff: „Intrastat") oder telefonisch unter 0611 753965, per Fax: 0611 754525 oder per E-Mail: gruppe-vb@destatis.de.

2.2 Eisenbahnverkehr

2.2.1 Frachtbrief

a) für Güter: Ein internationaler Frachtbrief für Frachtgut oder Eilgut.
b) für Expressgut: Ein internationaler Expressgutschein.

2.2.2

Siehe unter Seefrachten 2.1.2–2.1.5.

2.3 Luftfrachten

Zollflughafen: Tallinn (TLL)

2.3.1 Luftfrachtbrief

Eine Ausfertigung des Luftfrachtbriefes.

2.3.2

Siehe unter Seefrachten 2.1.2–2.1.5.

2.4 Postverkehr

2.4.1 Paketkarte

Keine Zollformulare. Höchstgewicht: 31,5 kg, Vertragskunden: 30 kg.

2.4.2

Siehe unter Seefrachten 2.1.2–2.1.5.

3 Adressen

Auslandshandelskammer

Deutsch-Baltische Handelskammer in Estland, Lettland, Litauen
Saksa-Balti Kaubanduskoda Eestis, Lätis, Leedus
Büroanschrift Estland
Suurtüki 4b
EE-10133 Tallinn
Tel.: +372 6276940
Geschäftszeiten: Mo.–Fr. 8.30–17.00 Uhr
E-Mail: info@ahk-balt.org
www.ahk-balt.org

Konsulate

Die Konsulatsadressen finden Sie jeweils mit Telefonnummer, E-Mail-Adresse, Homepage und Öffnungszeiten unter: https://www.auswaertiges-amt.de/de/service/laender.

4 Sonstiges

Kraftfahrzeugländerkennzeichen: EST

1 Allgemeine Informationen

1.1 Kurzinfos

Landesvorwahl: +268

MEZ: +1 Std.

Englisch

1 Lilangeni = 100 Cents (ISO-Code: SZL)

Nach AWG frei vereinbar Devisenbestimmungen von Eswatini beachten

Harmonisiertes System Verzollung nach fob-Wert

Mitglied

Angeschlossen

Feiertage: Die Feiertage zu diesem Land finden Sie unter folgendem Link: https://www.timeanddate.de/feiertage/.

1.2 Einfuhr aus der Bundesrepublik

Mitglied des Abkommens EU-AKP. Importlizenzen teilweise erforderlich. Swaziland Standards Authority (SWASA) ist für Normen und Standards zuständig.

2 Dokumente

Seehafen: Keiner; Importe im Transit via Maputo (Mozambik) oder Durban

Zollflughafen: Manzini

Es gelten die Bestimmungen für **Südafrika**. Eswatini ist durch eine Zollunion und ein Währungsabkommen mit Südafrika verbunden.

2.1 Handelsrechnungen

Handelsrechnung, einfach, in Englisch, mit allen üblichen Angaben wie Name des Exporteurs und Importeurs und Empfängers, Marke, Nummern, Anzahl und Art der Packstücke, Brutto-/Nettogewichte, genaue Warenbezeichnungen, Lieferbedingungen, Ursprungsland, HS-Code, Mengen, Ort und Datum der Ausstellung sowie Einzelpreise, Gesamt-fob- und cif-Wert und auch Nachlässe, wie z.B. Rabatte, außerdem den Verkaufspreis jeder Einheit und den Gesamtpreis. Bei Verkäufen auf cif-Basis müssen die Inlandstransport-, Fracht- und Versicherungskosten sowie der fob-Wert einzeln aufgelistet werden. Rechnung muss unterschrieben sein (keine Faksimile-Unterschriften) und von zuständiger Handelskammer bescheinigt. Keine Legalisierung.

2.2 Ursprungszeugnisse

Ursprungszeugnis sind teilweise erforderlich. Angabe des Ursprungslandes: „Federal Republic of Germany (European Union)".

2.3 Warenverkehrsbescheinigung

EUR.1 bzw. Präferenzursprungsnachweis: Für Erzeugnisse, die unter die „Ursprungsregelung" im Abkommen über Handel, Entwicklung und Zusammenarbeit zwischen der Europäischen Union und den SADC-WPA-Staaten fallen, ist der Präferenz-Ursprungsnachweis zu erbringen. Die Warenverkehrsbescheinigung wird von den Zollstellen ausgestellt (das Ausfüllen erfolgt durch Exporteur).

Für Sendungen bis zu € 6 000,– ist vom Ausführer nur die folgende Erklärung[1] in die Rechnung oder ein anderes Handelsdokument aufzunehmen:

„The exporter of the products covered by this document (customs authorization No ...)[2] declares

1) Ursprungserklärung in weiteren Sprachen s. Kapitel Hinweise Warenursprung Präferenzen
2) Eintrag der Bewilligungsnummer, falls die Erklärung von einem ermächtigten Ausführer erstellt wird.

that, except where otherwise clearly indicated, these products are of ... preferential origin. Ort, Datum, Unterschrift des Ausführers und Name des Unterzeichners in Druckschrift". Ursprungswaren aus Ceuta oder Melilla sind mit „CM" zu kennzeichnen.

2.4 Gesundheitszeugnisse

Gesundheitszeugnisse sind evtl. erforderlich für lebende Tiere und deren Produkte (amtliches Veterinärzeugnis) und Pflanzen (Pflanzengesundheitszeugnis), ausgestellt von der zuständigen amtlichen Pflanzenschutzstelle (https://pflanzengesundheit.julius-kuehn.de/).

2.5 Postverkehr

Zwei Zollinhaltserklärungen, Englisch. Höchstgewicht für Postsendungen 20 kg.

3 Adressen

Konsulate

Botschaft des Königreichs Eswatini
Avenue Winston Churchill 188
B-1180 Brüssel
Tel.: +322 3474771
Fax: +322 3474623
E-Mail: brussels@eswatini-embassy.eu
www.eswatini-embassy.eu

Weitere Konsulatsadressen finden Sie jeweils mit Telefonnummer, E-Mail-Adresse, Homepage und Öffnungszeiten unter: https://www.auswaertiges-amt.de/de/service/laender.

1 Allgemeine Informationen

1.1 Kurzinfos

Landesvorwahl: +500

MEZ: –5 Std.

Englisch

1 Falkland Pfund (Fl£) = 100 Pence (ISO-Code: FKP)

Nach AWG frei vereinbar Devisenbestimmungen Falklands beachten

Harmonisiertes System

Feiertage: Die Feiertage zu diesem Land finden Sie unter folgendem Link: https://www.timeanddate.de/feiertage/.

1.2 Einfuhr aus der Bundesrepublik

Die Falklandinseln sind seit 1976 mit der EU assoziiert. Für die meisten Waren ist keine Einfuhrgenehmigung erforderlich. Ausnahmen gelten für bestimmte Güter, die die biologische Sicherheit gefährden können – etwa lebende Tiere, Pflanzen, Obst, Gemüse, Fleisch, Eier und Milchprodukte. Für diese ist eine Genehmigung der Landwirtschaftsbehörde (Department of Agriculture) nötig, entweder als einmalige oder jährliche Importerlaubnis. Zusätzlich muss ein Gesundheitszeugnis vorgelegt werden. Bei der Einfuhr wird jede Lieferung inspiziert, um sicherzustellen, dass sie frei von Erde und organischem Material ist. Auch Fahrzeuge, landwirtschaftliche Maschinen, Holzprodukte, Dünger, Tierfutter, Saatgut sowie gebrauchte Geräte zum Schafscheren oder Angeln unterliegen der Kontrolle durch die Biosecurity-Behörde, selbst wenn keine Genehmigungspflicht besteht. Für Produkte aus der EU sind Erleichterungen möglich, sofern sie originalverpackt und mit einem registrierten Etikett versehen sind.

1.3 Verpackung

Heu und Stroh als Verpackungsmaterial zugelassen.

1.4 Markierung

Empfohlen: „Made in Germany".

1.5 Mustersendungen

Nur Alkohol, Tabak und Wein sind zollpflichtig.

2 Dokumente

2.1 Seefrachten

Seehafen: Stanley

2.1.1 Konnossemente

Voller Satz Konnossemente. Order-Bs/L zugelassen (dann mit Notify) – Keine Beglaubigung.

2.1.2 Handelsrechnungen

Für Handelsrechnungen sind keine Besonderheiten zu beachten.

2.1.3 Ursprungszeugnisse

Ursprungszeugnisse nicht erforderlich.

2.1.4 Packliste

Sendungen per Schiff, für die eine Biosecurity-Kontrolle erforderlich ist, benötigen eine Packliste.

2.1.5 Gesundheitszeugnisse

Für die Einfuhr von Pflanzen und Tieren sowie pflanzlichen und tierischen Produkten ist ein Gesundheitszeugnis erforderlich.

2.2 Luftfrachten

Zollflughafen: Mount Pleasant

2.2.1 Luftfrachtbrief

Ein Exemplar des Luftfrachtbriefes.

2.2.2

Siehe unter Seefrachten 2.1.2–2.1.5.

2.3 Postverkehr

2.3.1 Paketkarte

Eine Zollinhaltserklärung CN 23 in Englisch. Höchstgewicht: 31,5 kg, Vertragskunden: 30 kg.

2.3.2

Siehe unter Seefrachten 2.1.2–2.1.5.

3 Adressen

Konsulat

Botschaft der Bundesrepublik Deutschland
23, Belgrave Square
SW1X 8 PZ London, Großbritannien
Tel.: +44 2078241300
Fax: +44 2078241435
E-Mail: info@london.diplo.de
https://uk.diplo.de/uk-de/vertretungen-honorarkonsuln/botschaft

4 Sonstiges

Länderkurzbezeichnung gemäß Präferenzrecht (Lieferantenerklärung): ÜLG
Länder(-gruppen)kurzbezeichnung für bes. Zollsätze im Europäischen Zolltarif: LOMB/SPGL

Republic of Fiji

Fidschi-Inseln

1 Allgemeine Informationen

1.1 Kurzinfos

Landesvorwahl: +679

MEZ: +11 Std.

Englisch

1 Fidschi Dollar ($F) = 100 Cents (ISO-Code: FJD)

Nach AWG frei vereinbar Devisenbestimmungen von Fidschi beachten

Harmonisiertes System

Mitglied

Feiertage: Die Feiertage zu diesem Land finden Sie unter folgendem Link: https://www.timeanddate.de/feiertage/.

1.2 Einfuhr aus der Bundesrepublik

Mit einigen Ausnahmen (wie z.B. Tee, Saatkartoffeln, Mehl, Autos, frisches Obst, Gemüse, Saaten, Blumen, Keimlinge, Produkte aus Holz mit Rinde und Zapfen, Reis, Erde, biologische Proben, gebrauchte Landmaschinen) können alle Waren mengenmäßig unbeschränkt mit einer „Open General Import Licence" eingeführt werden. Das Interims-Partnerschaftsabkommen zwischen der EU und den Fidschi-Inseln findet Anwendung. Für technische Vorschriften und Produktstandards ist das Department of National Trade Measurement and Standards (DNTMS) zuständig. Gebrauchtfahrzeuge können unterschiedlich Altersgrenzen haben. Konservierte Lebensmittel, Speiseöle, Fette und Mehl müssen entsprechend gekennzeichnet sein. Bei Whisky, Rum und Brandy sind ein Nachweis zur Reifedauer sowie eine Bescheinigung zum Alkoholgehalt erforderlich. Desinfektionsmittel unterliegen Kennzeichnungs- und Zulassungspflichten.

1.3 Verpackung

Gras, Stroh, Häcksel, Flachs und Heu sind verboten. Erlaubt ist Holzwolle.

1.4 Markierung

Empfohlen: „Made in Germany", falls wegen des Ursprungs ein irrtümlicher Eindruck erweckt werden könnte.

1.5 Mustersendungen

Muster ohne Handelswert sind zollfrei. Muster, für die Zollabgaben geleistet werden müssen, dürfen nicht als Warenproben versandt werden.

2 Dokumente

2.1 Seefrachten

Seehäfen: Lautoka, Levuka, Suva

2.1.1 Konnossemente

Voller Satz Konnossemente. Order-B/L mit Notify-Adresse zugelassen.

2.1.2 Handelsrechnungen

Handelsrechnung mit allen handelsüblichen Angaben. Keine Bescheinigung. Beifügung einer Packliste erforderlich, wenn aus der Rechnung nicht hervorgeht, welche Waren sich in den einzelnen Versandstücken befinden.

2.1.3 Zollfaktura

Zollfaktura, dreifach, in Englisch („Combined Certificate of Value and of Origin") . Als cif-Preis ist lediglich der Verkaufspreis (selling price of purchase) anzugeben. Keine Faksimile-Unterschriften. Keine Bescheinigung. Für Ursprungswaren aus Deutschland ist „Federal Republic of Germany" anzugeben.

2.1.4 Ursprungszeugnisse

Ursprungszeugnis nicht erforderlich.

2.1.5 Warenverkehrsbescheinigung

EUR.1 bzw. Präferenz-Ursprungsnachweis, für Erzeugnisse, die unter die im Assoziationsabkommen der EU mit der Republik Fidschi vereinbarte „Ursprungsregelung" fallen. Die EUR.1 für Warensendungen mit einem Wert über 6 000,- € (Ausstellung durch Zollstelle nach Ausfüllen durch Exporteur). In Feld 8 ist unbedingt die Angabe der vierstelligen Position des harmonisierten Systems für die betroffene Warenart zu machen. Für Sendungen mit einem Wert bis zu 6 000,- € ist vom Ausführer die folgende Erklärung[1)], die als Präferenz-Ursprungsnachweis gilt, in eines der Handelspapiere aufzunehmen: „The exporter of the products covered by this document (customs authorisation No …)[2)] declares that, except where otherwise clearly indicated, these products are of .....[3)] preferential origin." Ort und Datum, Unterschrift des Ausführers und Name des Unterzeichners in Druckschrift.

2.1.6 Packlisten

Sind erforderlich, wenn aus der Handelsrechnung nicht übersichtlich und klar hervorgeht, welche Ware sich in welchem Packstück befindet. Bei Containersendungen (FCL) muss eine Container-Packliste beigefügt werden, die eine genaue Übersicht über die im Container enthaltene Ware (detailed container packing specification list) enthält.

2.2 Luftfrachten

Zollflughäfen: Nadi (NAN), Suva (SUV)

2.2.1 Luftfrachtbrief

Ein Luftfrachtbrief.

2.2.2

Siehe unter Seefrachten 2.1.2-2.1.6.

2.3 Postverkehr

2.3.1 Paketkarte

Eine Zollinhaltserklärung CN 23 in Englisch. Höchstgewicht 20 kg. In der Empfängeradresse muss immer auch die Telefonnummer mit angegeben werden.

2.3.2

Siehe unter Seefrachten 2.1.2-2.1.6.

3 Adressen

Botschaft

Botschaft der Bundesrepublik Deutschland
14 Banuve Street, Nasese, Suva, Fidschi
Tel.: +679 331 6100
Mo.-Fr. 8:30–12.30 Uhr
Internet: www.fidschi.diplo.de

4 Sonstiges

Länderkurzbezeichnung gemäß Präferenzrecht (Lieferantenerklärung): AKP/MAR
Länder(-gruppen)kurzbezeichnung für bes. Zollsätze im Europäischen Zolltarif: LOMA/SPGL
Kraftfahrzeugländerkennzeichen: FTJ

1) Ursprungserklärung in weiteren Sprachen s. Kapitel Hinweise Warenursprung Präferenzen
2) Eintrag der Bewilligungsnummer, falls die Erklärung von einem ermächtigten Ausführer ausgestellt wird.
3) Ursprungswaren aus Ceuta und Melilla sind deutlich mit „CM" zu kennzeichnen.

1 Allgemeine Informationen

1.1 Kurzinfos

Landesvorwahl: +358

MEZ: +1 Std. EU-Sommerzeit

Finnisch, Schwedisch

1 Euro (€) = 100 Cent (ISO-Code: EUR)

Nach AWG frei vereinbar Devisenbestimmungen Finnlands beachten

Harmonisiertes System Verzollung nach Transaktionswert

Mitglied

Angeschlossen

Angeschlossen

Feiertage: Die Feiertage zu diesem Land finden Sie unter folgendem Link: https://www.timeanddate.de/feiertage/.

1.2 Einfuhr aus der Bundesrepublik

In der EU sind dem Verkehr von Waren nur wenige Beschränkungen auferlegt. Für Güter, die sowohl für zivile als auch für militärische Zwecke verwendet werden können (Dual-Use-Güter mit doppeltem Verwendungszweck), gibt es spezifische Bestimmungen. Die zuständige Behörde ist das Ministerium für Auswärtige Angelegenheiten (Ulkoasiainministeriö Utrikesministeriet). Manche sensiblen Waren (wie z.B. Abfälle) müssen genehmigt werden. Einige Güter aus Drittländern benötigen eine Lizenz. Die Ålandinseln gehören in zollrechtlicher Hinsicht zur EU und gelten steuerrechtlich als Drittland.

Für einige Produkte aus dem Agrar- und Industriebereich müssen Standards eingehalten werden. In Finnland informiert darüber das Ministerium für Arbeit und Wirtschaft (Työja elinkeinoministeriö Arbets- och näringsministeriet). Für gefährliche Verbraucherprodukte gibt es in Europa das Safety Gate Rapid Alert System (zuvor RAPEX). Ansprechpartner in Finnland ist die Tukes-Behörde für Sicherheit und Chemikalien (Turvallisuus- ja kemikaalivirasto), die auch für die Sicherheit anderer Verbraucherprodukte zuständig ist (z.B. Textilwaren, Spielzeug, Kinderpflegeartikel, Mobiliar). Grundlage ist Finnlands Gesetz für Verbrauchersicherheit. Zuständig für das Schnellwarnsystem für Lebens- und Futtermittel RASFF (Rapid Alert System for Food and Feed) ist in Finnland die Lebensmittelsicherheitsbehörde.

Tiere oder tierische Produkte aus Drittstaaten können nur an zugelassenen Grenzkontrollstellen (GKS) eingeführt werden. Möglich ist die Abfertigung am Flughafen Helsinki-Vantaa, an den Seefrachthäfen von Helsinki-Vuosaari sowie für Straßenfracht in Vaalimaa. Jede GKS ist nur für bestimmte Tierarten oder Produktgruppen zuständig. Benötigen Pflanzen, pflanzliche Produkte und Teile von Pflanzen ein Gesundheitszeugnis oder müssen sie phytosanitär inspiziert werden, werden sie nur an bestimmten Stellen abgefertigt. Zuständig ist die Pflanzenschutzstelle an der Lebensmittelsicherheitsbehörde (Evira). In Finnland gibt es Einlassstellen an den Flughäfen Helsinki und Turku sowie an den Seefrachthäfen Oulu, Turku und Vuosaari. Für Importe aus EU-Staaten bestehen keine Einschränkungen hinsichtlich der Wahl der Einfuhrzollstelle.

Verschiedene Hölzer und Holzerzeugnisse sowie gebrauchte Maschinen für Landwirtschaft oder Forstwirtschaft können über unterschiedliche Häfen und Grenzübergänge importiert werden. Eine vorherige Rücksprache mit den zuständigen Stellen wird empfohlen. Bei Fragen zu Normen, Vermarktung und Zulassungsbedingungen zu Medizin und Produkten für die Gesundheit ist die finnische Arzneimittelbehörde (Fimea) zuständig. Das Arzneimittelgesetz Nr. 395/1987 setzt die EU-Gesetzgebung für Medikamente um. Zulassungen können auch über zentrale oder dezentrale Verfahren sowie gegenseitige Anerkennung erfolgen. Die Etikettierung hat in Schwedisch und Finnisch zu erfolgen.

1.3 Verpackung

Um Verpackungsabfälle zu vermeiden, zu vermindern und zu verwerten, gibt es besondere Bestimmungen. Produzenten und Vertriebspartner müssen ihre Verpackungen zurücknehmen und verwerten. Bei Bedarf übernehmen diese Pflichten auch zugelassene Organisationen wie z.B. die Firma Rinki, die als Verwertungsorganisation den Grünen Punkt vergibt, der den Beitrag zum Sammel- und Verwertungssystem als Kennzeichen abbildet. Zuständig für die Lizenzen ist das Pirkanmaa ELY-Zentrum.

1.4 Markierung

Keine Verpflichtung zur Ursprungsangabe.

1.5 Mustersendungen

Muster ohne Handelswert sind zollfrei. Vorübergehende Einfuhr mit Carnet A.T.A..

2 Dokumente

2.1 Seefrachten

Seehäfen: Hamina, Helsinki, Inkoo, Kemi, Kokkola, Kotka, Oulu, Pori, Sköldvik, Turku, Vaasa u.a.

2.1.1 Konnossemente

Voller Satz Konnossemente, erforderlichenfalls an „Order" ausgestellt, bedürfen keiner Beglaubigung.

2.1.2 Handelsrechnungen

Handelsrechnung (zweifach), Rechnungsangaben lt. Kaufvertrag. Die Rechnung muss die USt-Identifikationsnummer (UID-Nr.) von Exporteur und Importeur beinhalten und den Hinweis „steuerfreie innergemeinschaftliche Lieferung" oder „steuerfrei nach § 4 Nr. 1b UStG", sonst ist MwSt. zu berechnen. Außerdem kann folgender Rechnungsvermerk bei Lieferungen nach Finnland gemacht werden, der auf die Steuerbefreiung hinweist: „veroton yhteisömyynti".

Die Bedingungen des § 6a UStG müssen eingehalten sein.

Bei Dual-Use-Gütern ist in den Papieren ein ausdrücklicher Vermerk anzubringen, dass bei der Ausfuhr aus dem Gebiet der EU eine Kontrolle der Waren stattzufinden hat. Keine Bescheinigungen erforderlich.

Für Nichtgemeinschaftswaren sind Rechnungen mit folgenden Informationen notwendig, z.B. Ausstellungsort und -datum, detaillierte Produktbezeichnung, Menge, Art und Anzahl der Pakete mit Angabe von Nummer und Marke, Namen und Anschriften von Aus- und Einführer, Lieferbedingungen mit fob-Wert, cif-Kosten und -Wert bzw. cfr-Wert, Zahlungsbedingungen, Rechnungsnummer, Beförderungsart, Gesamtbetrag sowie das Ursprungsland. Keine Unterzeichnung der Rechnungen und keine Bescheinigungen erforderlich.

2.1.3 Ursprungszeugnisse

Ursprungszeugnis nur auf Anforderung.

2.1.4 Intrastat-Meldung

Auf Grundlage des Änderungsgesetzes zum Außenhandelsstatistikgesetz (AHStatG-ÄndG) vom 5. März 2025 gelten rückwirkend zum 1. Januar 2025 neue Schwellenwerte für die Intrahandelsstatistik: Für Wareneingänge liegt die Meldegrenze nun bei 3.000.000 €, für Versendungen bei 1.000.000 €.

Wird eine dieser Grenzen im laufenden Kalenderjahr überschritten, beginnt die Meldepflicht im Monat der Überschreitung.

Die Daten können online an das Statistische Bundesamt übermittelt werden. Weitere Informationen sind unter www.destatis.de abrufbar (Suchbegriff: „Intrastat") oder telefonisch unter 0611 753965, per Fax: 0611 754525 oder per E-Mail: gruppe-vb@destatis.de.

2.2 Eisenbahnverkehr

2.2.1 Frachtbrief

a) für Güter: Ein internationaler Frachtbrief für Frachtgut.
b) für Expressgut: Ein internationaler Expressgutschein.

2.2.2

Siehe unter Seefrachten 2.1.2–2.1.4.

2.3 Luftfrachten

Zollflughäfen: Helsinki (HEL), Ivalo, Kemi, Kittilä, Kokkola, Mariehamn, Oulu, Pori, Tampere, Turku (TKU), Vaasa u.a.

2.3.1 Luftfrachtbrief

Eine Ausfertigung des Luftfrachtbriefes.

2.3.2

Siehe unter Seefrachten 2.1.2–2.1.4.

2.4 Postverkehr

2.4.1 Paketkarte

Höchstgewicht: 31,5 kg, Vertragskunden: 30 kg. Pakete zu Ålandinseln: eine Zollinhaltserklärung in Englisch, Finnisch oder Schwedisch.

2.4.2

Siehe unter Seefrachten 2.1.2–2.1.4.

3 Adressen

Auslandshandelskammer

Deutsch-Finnische Handelskammer
Saksalais-Suomalainen Kauppakakamari
Postanschrift:
Postfach 83
FI-00101 Helsinki
Büroanschrift:
Unioninkatu 32 B
FI-00100 Helsinki
Tel.: +358 96122120
Fax: +358 9642859
Geschäftszeiten: Mo.–Fr. 9.00–17.00 Uhr
E-Mail: info@dfhk.fi
https://ahkfinnland.de/

Konsulate

10787 Berlin, Konsularabteilung der Botschaft
Rauchstr. 1
Tel.: 030 505030
Fax: 030 50503333
Mo.–Fr. 9.00–12.00 Uhr
E-Mail: info.berlin@formin.fi
www.finnland.de

Weitere Konsulatsadressen finden Sie jeweils mit Telefonnummer, E-Mail-Adresse, Homepage und Öffnungszeiten unter:
https://www.auswaertiges-amt.de/de/service/laender.

4 Sonstiges

Kraftfahrzeugländerkennzeichen: FIN

Frankreich

République Française
(einschließlich Monaco und Korsika), France

1 Allgemeine Informationen

1.1 Kurzinfos

Landesvorwahl: +33
Monaco: +3393

MEZ. EU-Sommerzeit

Französisch

1 Euro (€) = 100 Cent
(ISO-Code: EUR)

Nach AWG frei vereinbar
Devisenbestimmungen Frankreichs beachten

Harmonisiertes System
Verzollung nach Transaktionswert

Mitglied

Angeschlossen

Angeschlossen

Feiertage: Die Feiertage zu diesem Land finden Sie unter folgendem Link: https://www.timeanddate.de/feiertage/.

1.2 Einfuhr aus der Bundesrepublik

In der EU sind dem Verkehr von Waren nur wenige Beschränkungen auferlegt. Für Güter mit doppeltem Verwendungszweck (Dual-Use) gelten spezielle Regeln. Zuständig ist die SBDU-Behörde beim Ministerium für Wirtschaft, Finanzen und industrielle und digitale Souveränität. Manche sensible Waren (z.B. Abfälle) benötigen Genehmigungen. Einige Güter aus Drittländern brauchen Lizenzen. Monaco gilt zollrechtlich als Teil Frankreichs. Die Übersee-Départements gehören zum EU-Zollgebiet, gelten steuerlich aber als Drittstaaten. Für bestimmte Agrar- und Industriegüter müssen Standards eingehalten werden. Ansprechpartner ist die Direction Générale des Entreprises. Für den Marktzugang wurden gemäß EU-Verordnung 2019/515 Produktinformationsstellen eingerichtet.

Für gefährliche Verbraucherprodukte gibt es das Safety Gate Rapid Alert System (vormals RAPEX). Zuständig sind die Generaldirektion für Wettbewerb, Konsum und Betrugskontrolle (DGCCRF) sowie die Generaldirektion für Energie und Klima (DGEC). Die DGCCRF ist auch verantwortlich für Lebensmittelsicherheit, Industrieprodukte und Dienstleistungen. Für Produkte wie Kinderausstattung und Möbel ist die Kommission für Verbrauchersicherheit zuständig. Das RASFF-System für Lebens- und Futtermittel wird vom Landwirtschaftsministerium und der Kommission für Verbrauchersicherheit betreut. Auch die DGCCRF und das Landwirtschaftsministerium sind nationale Ansprechpartner für das RASFF-System.

Tiere und tierische Produkte aus Drittstaaten dürfen nur über zugelassene Grenzkontrollstellen (GKS) eingeführt werden – etwa an Flughäfen wie Paris-CDG, Lyon, Marseille oder Seehäfen wie Le Havre, Marseille-Fos, Rouen. Pflanzen und pflanzliche Produkte werden nur an bestimmten Einlassstellen abgefertigt. Die Adressen dieser Stellen sind bei der Pflanzenschutzbehörde erhältlich, die auch für Marktzulassungen zuständig ist. Bei Fragen zu Medizinprodukten, Impfstoffen, Kosmetika oder Bioziden ist die ANSM (Agence nationale de sécurité du médicament et des produits de santé) zuständig. Sie überwacht Sicherheit, Qualität und Zulassung dieser Produkte und erteilt auch Einfuhrgenehmigungen. Laut Gesetz Nr. 94-665 müssen Produktinformationen, Werbung und Rechnungen in französischer Sprache erfolgen – mit Ausnahmen für bekannte ausländische Spezialitäten.

1.3 Verpackung

Das französische Kreislaufwirtschaftsgesetz (Loi AGEC) verpflichtet Unternehmen, die verpackte Konsumgüter vertreiben, sich über anerkannte Rücknahmesysteme an der Entsorgung und Wiederverwertung ihrer Verpackungen zu beteiligen

(EPR-System). Zudem gilt eine umfassende Kennzeichnungspflicht mit Symbolen wie dem Triman-Zeichen, dem Grünen Punkt und der durchgestrichenen Mülltonne. Das Triman-Logo ist für zahlreiche Warengruppen – u.a. Elektrogeräte und Batterien, Kleidung, Papiererzeugnisse, Verpackungen, Möbel und Reifen – vorgeschrieben. Fehlende oder fehlerhafte Kennzeichnungen können zu Bußgeldern führen. Informationen bieten die ADEME (www.ademe.fr) und die AHK Frankreich.

1.4 Markierung

Keine besonderen Markierungsvorschriften.

1.5 Mustersendungen

Muster und Warenproben werden zollfrei abgefertigt. Vorübergehende Einfuhr mit Carnet A.T.A.

2 Dokumente

2.1 Seefrachten

Seehäfen: Bastia (Korsika), Bayonne, Boulogne-sur-Mar, Bordeaux, Brest, Calais, Cherbourg, Dunkerque, Le Havre, Marseille, Nantes, Nizza, Rouen u.a.

2.1.1 Konnossemente

Voller Satz Konnossemente, Ausstellung an Order möglich, Beglaubigungen nicht erforderlich.

2.1.2 Handelsrechnungen

Rechnungsangaben laut Kaufvertrag. Die Rechnung muss die USt-Identifikationsnummer (UID-Nr.) von Exporteur und Importeur beinhalten und den Hinweis „steuerfreie innergemeinschaftliche Lieferung" oder „steuerfrei nach § 4 Nr. 1b UStG", sonst ist MwSt. zu berechnen. Die SIREN-Kennzahl des frz. Importeurs ist anzugeben. Außerdem kann noch der folgende Vermerk in der Rechnung angegeben werden: „livraison intracommunautaire exonérée TVA".

Die Bedingungen des § 6a UStG müssen eingehalten sein.

Bei Dual-Use-Gütern ist in den Papieren ein ausdrücklicher Vermerk anzubringen, dass bei der Ausfuhr aus dem Gebiet der EU eine Kontrolle der Waren stattzufinden hat.

Für Nichtgemeinschaftswaren sind Rechnungen mit folgenden Informationen notwendig, z.B. Ausstellungsort und -datum, detaillierte Produktbezeichnung, Menge, Art und Anzahl der Pakete mit Angabe von Nummer und Marke, Namen und Anschriften von Aus- und Einführer, Lieferbedingungen mit fob-Wert, cif-Kosten und -Wert bzw. cfr-Wert, Zahlungsbedingungen, Rechnungsnummer, Beförderungsart, Gesamtbetrag sowie das Ursprungsland. Keine Unterzeichnung der Rechnungen und keine Bescheinigungen erforderlich.

2.1.3 Ursprungszeugnisse

Ursprungszeugnis nur auf Anforderung.

2.1.4 Packlisten

Bei unverzollter Drittlandsware Packlisten in französischer Sprache mit folgenden Angaben beilegen: Wareninhalt (Angabe der Tarifnummer nach dem Harmonisierten System), Menge bzw. Stückzahl, Nettogewicht, Bruttogewicht.

2.1.5 Gesundheitszeugnisse

Einfuhr von Maschinen aller Art: Gesundheits- und Sicherheitsvorschriften sind zu beachten. In bestimmten Fällen sind Bescheinigungen (attestations) vorzulegen und die Maschinen sind mit Schildern zu versehen.

2.1.6 Intrastat-Meldung

Auf Grundlage des Änderungsgesetzes zum Außenhandelsstatistikgesetz (AHStatG-ÄndG) vom 5. März 2025 gelten rückwirkend zum 1. Januar 2025 neue Schwellenwerte für die Intrahandelsstatistik: Für Wareneingänge liegt die Meldegrenze nun bei 3.000.000 €, für Versendungen bei 1.000.000 €.

Wird eine dieser Grenzen im laufenden Kalenderjahr überschritten, beginnt die Meldepflicht im Monat der Überschreitung.

Die Daten können online an das Statistische Bundesamt übermittelt werden. Weitere Informationen sind unter www.destatis.de abrufbar (Suchbegriff: „Intrastat") oder telefonisch unter 0611 753965, per Fax: 0611 754525 oder per E-Mail: gruppe-vb@destatis.de.

2.2 Eisenbahnverkehr

2.2.1 Frachtbrief

a) für Güter: Ein internationaler Frachtbrief für Frachtgut oder Eilgut;

b) für Expressgut: Ein internationaler Expressgutschein.

2.2.2 Zollanmeldungen

Eine internationale Zollanmeldung ist nicht erforderlich.

2.2.3

Siehe unter Seefrachten 2.1.2–2.1.6.

2.3 Luftfrachten

Zollflughäfen: Avignon (AVN), Bordeaux (BOD), Cannes (CEQ), Lille (LIL), Lyon (LYS), Marseille (MRS), Nizza (NCE), Paris Charles de Gaulle (CDG), Paris Orly (ORY), Strasbourg (SXB), Toulouse (TLS), Nantes, Brest u.a.

2.3.1 Luftfrachtbrief

Eine Ausfertigung des Luftfrachtbriefes.

2.3.2

Siehe unter Seefrachten 2.1.2–2.1.6.

2.4 Postverkehr

2.4.1 Paketkarte

Keine Zollformulare. Höchstgewicht 30 kg. Postpakete nach Monaco dürfen ein Höchstgewicht von 31,5 kg bzw. für Vertragskunden ein Höchstgewicht von 30 kg haben.

2.4.2

Siehe unter Seefrachten 2.1.2–2.1.6.

3 Adressen

Auslandshandelskammer

Deutsch-Französische Industrie- und Handelskammer
La Chambre Franco-Allemande de Commerce et d'Industrie
18, Rue Balard, F-75015 Paris
Tel.: +331 40583535
Fax: +331 45754739
Geschäftszeiten: Mo.–Fr. 9.00–12.30 Uhr, 14.00–17.00 Uhr
E-Mail: ahk@frankoallemand.com
www.francoallemand.com

Konsulate

Die Konsulatsadressen finden Sie jeweils mit Telefonnummer, E-Mail-Adresse, Homepage und Öffnungszeiten unter:
https://www.auswaertiges-amt.de/de/service/laender.

Franz. Départements in Amerika*

1 Allgemeine Informationen

1.1 Kurzinfos

Landesvorwahl: Guadeloupe: +590
Martinique: +596
St. Pierre et Miquelon: +508
Frz. Guayana: +594

MEZ: –4 bis 5 Std.

Französisch

1 Euro (€) = 100 Cent
(ISO-Code: EUR)

Nach AWG frei vereinbar. Devisenbestimmungen der Franz. Départements in Amerika beachten

Harmonisiertes System

Angeschlossen

Feiertage: Die Feiertage zu diesem Land finden Sie unter folgendem Link: https://www.timeanddate.de/feiertage/.

1.2 Einfuhr aus der Bundesrepublik

Mitglied der ÜLG. Die Einfuhrliberalisierung in den französischen Überseedepartments Martinique, Guadeloupe und Französisch-Guyana stimmt mit der des Mutterlandes **Frankreich** überein. Übersee-Assoziationsbeschluss der EU mit St. Pierre und Miquelon (Saint-Barthélemy nur einseitig seitens der EU).

1.3 Markierung

Siehe **Frankreich** .

1.4 Mustersendungen

Siehe **Frankreich** .

2 Dokumente

2.1 Seefrachten

Seehäfen: Guadeloupe: Pointe a Pitre. – Martinique: Fort de France. – Französisch Guayana: Cayenne, Mana, Oyapoc, Saint-Laurent-du-Maroni – St. Pierre et Miquelon: St. Pierre

2.1.1 Konnossemente

Voller Satz Konnossemente, Aufmachung an Order möglich, dann jedoch mit Notify-Adresse, ohne Beglaubigung.

2.1.2 Handelsrechnungen

St. Pierre und Miquelon

Handelsfaktura. Aufmachung in französischer Sprache mit den üblichen Angaben (Name und Anschrift des Käufers, Nr., Art, Marke, Anzahl der Packstücke, genaue Warenbezeichnung, Brutto- und Nettogewicht, Einzel- und Gesamtpreis der Ware, Lieferungs- und Zahlungsbedingungen).

Siehe auch **Frankreich** .

2.1.3 Warenverkehrsbescheinigung

Für Guadeloupe, Französisch Guyana, Martinique und St. Martin ist für EU-Waren (Ursprungswaren) das Versandpapier T2F (Beförderung im Linienseeverkehr) erforderlich. Das Versandpapier T2LF wird für Waren, die nicht im Linienseeverkehr befördert werden, benötigt. Ausstellung durch die jeweiligen Zollstellen. Klebezettel auf Begleitpapieren und Verpackungen für Sendungen mit der Post notwendig.

Für St. Pierre und Miquelon ist für Erzeugnisse, die unter die „Ursprungsregelung" des Übersee-Assoziationsbeschlusses zwischen der Europäischen Gemeinschaft und St. Pierre und Miquelon fallen, der Präferenz-Nachweis zu erbringen: für Sendungen über € 10.000,– Registrierung als registrierter

* Guadeloupe mit dem nördlichen Teil der Insel St. Martin, Martinique, Französisch-Guyana, St. Pierre und Miquelon, Saint-Barthélemy

Ausführer (REX) mit Angabe der REX-Nummer. Für Sendungen bis zu € 10.000,– ist vom Ausführer nur die folgende Erklärung[1] in die Rechnung oder ein anderes Handelsdokument aufzunehmen: „The exporter (Number of Registered Exporter – unless the value of the consigned originating products does not exceed EUR 10.000[2] of the products covered by this document (customs authorisation No ...) declares that, except where otherwise clearly indicated, these products are of ... preferential origin[3] according to rules of origin of the Decision on the association of the overseas countries and territories and that the origin criterion met is...[4]. Ort, Datum, Unterschrift des Ausführers und Name des Unterzeichners in Druckschrift".

1) Ursprungserklärung in weiteren Sprachen s. Kapitel Hinweise Warenursprung Präferenzen
2) Ersetzt die Ursprungserklärung eine andere Erklärung, muss der anschließende Besitzer der Waren, der eine solche Erklärung ausstellt, seinen Namen und seine vollständige Anschrift mit dem Hinweis „acting on the basis of the statement on origin made out by [name and full address of the exporter in the OCT], registered under the following number [Number of Registered Exporter in the OCT]" angeben.
3) Angabe des Ursprungslands der Erzeugnisse. Betrifft die Ursprungserklärung ganz oder teilweise Erzeugnisse mit Ursprung in Ceuta und Melilla im Sinne des Artikels 46 dieses Anhangs, so hat der Ausführer diese Erzeugnisse auf dem Papier, auf dem die Erklärung ausgefertigt wird, deutlich sichtbar durch die Kurzbezeichnung „CM" anzuzeigen.
4) Vollständig gewonnene oder hergestellte Erzeugnisse: anzugeben ist der Buchstabe „P"; in ausreichendem Maße be- oder verarbeitete Erzeugnisse: anzugeben ist der Buchstabe „W", gefolgt von der vierstelligen Position des Harmonisierten Systems zur Bezeichnung und Codierung der Waren („Harmonisiertes System") des ausgeführten Erzeugnisses (z.B. „W" 9618). Die oben genannte Angabe ist gegebenenfalls durch eine der folgenden Angaben zu ersetzen: a) Bei Kumulierung nach Artikel 2 Absatz 2 dieses Anhangs oder einer bilateralen Kumulierung nach Artikel 7 dieses Anhangs: „EU cumulation" bzw. „cumul UE"; „OCT cumulation" bzw. „cumul PTOM"; b) bei Kumulierung mit einem WPA-Land nach Artikel 8 dieses Anhangs: „cumulation with EPA country [Name des Landes]" bzw. „cumul avec le pays APE [Name des Landes]"; c) bei Kumulierung mit einem APS-Land nach Artikel 9 dieses Anhangs: „cumulation with GSP country [Name des Landes]" bzw. „cumul avec le pays SPG [Name des Landes]"; d) bei Kumulierung mit einem Land, mit dem die Union ein Freihandelsabkommen gemäß Artikel 10 dieses Anhangs geschlossen hat: „extended cumulation with country [Name des Landes]" bzw. „cumul étendu avec le pays [Name des Landes]".

2.1.4 Ursprungszeugnisse

Ursprungszeugnis mit der Angabe „République Fédérale d'Allemagne (Union Européenne)" nur auf Anforderung.

2.1.5 Packlisten

Nur für Waren nach St. Pierre und Miquelon. Ansonsten gelten die Bestimmungen von **Frankreich**.

2.1.6 Gesundheitszeugnisse

Ein Gesundheitszeugnis für Pflanzen und deren Produkte ist notwendig.
St. Pierre und Miquelon: Lebende Tiere und deren Produkte benötigen eine Veterinärkontrolle und ein entsprechendes Gesundheitszeugnis.

2.2 Luftfrachten

Zollflughäfen: Guadeloupe: Pointe à Pitre. – Martinique: Fort de France. – Französisch Guayana: Cayenne – St. Pierre et Miquelon: St. Pierre

Eine Ausfertigung des Luftfrachtbriefes.

Siehe unter Seefrachten 2.1.2-2.1.6.

2.3 Postverkehr

Zwei Zollinhaltserklärungen CN 23 in Französisch und Englisch gehen mit der Ware. Guadeloupe, Martinique, Saint Barthélemy: Höchstgewicht: 31,5 kg, Selbstbucher: 30 kg. Frz. Guyana, Saint Pierre, Miquelon: Höchstgewicht: 20 kg, Selbstbucher: 30 kg. Übersteigt der Wert der Sendung 300 SZR, ist dem Paket eine Zollinhaltserklärung CN 22 beizulegen. Ausführung des Paketdienstes nur durch folgende Postämter: Cayenne, Iracoubo, Kourou, Mana, Régina, St. Georges, St.-Laurant-du-Maroni, Sinnamary (bei Paketen in andere Orte ist zusätzlich der nächstgelegene dieser Orte zu vermerken).

Siehe unter Seefrachten 2.1.2-2.1.6.

3 Adressen

Konsulat
Botschaft von Frankreich
10117 Berlin, Konsularabteilung der Botschaft
Wilhelmstr. 69
Tel.: 030 590039000
Fax: 030 590039067
Mo.–Fr. 9.00–12.00 Uhr; Mi. 14.00–17.00 Uhr
E-Mail: consulat.berlin-amba@diplomatie.gouv.fr
https://de.ambafrance.org/-Berlin-Consulat-

Franz.-Polynesien/Neukaledonien*

1 Allgemeine Informationen

1.1 Kurzinfos

Landesvorwahl: +689

MEZ: +10/11 Std.

Französisch

1 Pacific Franc (CFP) = 100 Centimes (ISO-Code: XPF)

Nach AWG frei vereinbar Devisenbestimmungen von Franz. Polynesien beachten

Harmonisiertes System

Angeschlossen

Feiertage: Die Feiertage zu diesem Land finden Sie unter folgendem Link: https://www.timeanddate.de/feiertage/.

1.2 Einfuhr aus der Bundesrepublik

Neukaledonien, Wallis und Futuna und Französisch-Polynesien gewähren Zollpräferenzen. Importlizenzen sind teilweise erforderlich. In Neukaledonien werden Einfuhrlizenzen für bestimmte Produkte benötigt (z.B. für Pflanzen und pflanzliche Erzeugnisse und Pflanzensubstrate sowie Mineralien).

* Polynésie Française/Franz. Polynesien m. Tahiti Nouvelle Calédonie/Neu-Kaledonien, Wallis und Futuna Inseln

1.3 Verpackung

Heu, Stroh, Häcksel oder Flachs sind nicht zugelassen. Für Holzverpackungen gelten die Regelungen des ISPM Nr. 15-Standards (dies betrifft Französisch-Polynesien, Neukaledonien sowie Wallis und Futuna). Wasserdichte und widerstandsfähige Verpackungen mit wasserdichtem Innenschutz werden empfohlen.

1.4 Markierung

Siehe Frankreich.

1.5 Mustersendungen

Muster ohne Handelswert, die wieder ausgeführt werden, sind zollfrei. Teilnahme am Carnet-A.T.A.-System von Französisch-Polynesien, Wallis und Futuna.

2 Dokumente

Voller Satz Konnossemente, Aufmachung an Order möglich, dann jedoch mit Notify-Adresse, ohne Beglaubigung.

2.1 Seefrachten

Seehäfen: Neukaledonien (Prony, Nouméa), Tahiti, Franz. Polynesien (Papeete)

2.1.1 Handelsrechnungen

Handelsfaktura, zweifach, in Französisch, mit den üblichen Angaben sowie zusätzlich Versicherungskosten und Seefracht. Keine Bescheinigung. Am Schluss der Rechnung ist folgende unterschriebene Erklärung aufzunehmen: „Nous certifions que les marchandises dénommées dans cette facture sont de fabrication et d'origine de la République Fédérale d'Allemagne et que les prix indiqués ci-dessus s'accordent avec les prix courants sur le marché d'exportation."

2.1.2 Ursprungszeugnisse

Ursprungszeugnis mit der Angabe „République Féderále d'Allemagne (Communiauté Européenne)" nur auf Anforderung.

2.1.3 Packliste

Packliste (u.a. Angabe der Art, Nr. Markierung, Gewicht und Inhalt der Versandstücke) erforderlich, wenn die Sendung aus mehreren Packstücken besteht.

Franz.-Polynesien/Neukaledonien

2.1.4 Warenverkehrsbescheinigung

Für Erzeugnisse, die unter die „Ursprungsregelung" zwischen der Europäischen Gemeinschaft und Französisch-Polynesien, Wallis und Futuna und Neu-Kaledonien fallen, ist der Präferenz-Nachweis zu erbringen: für Sendungen über € 10.000,– Registrierung als registrierter Ausführer (REX) mit Angabe der REX-Nummer. Für Sendungen bis zu € 10.000,– ist vom Ausführer nur die folgende Erklärung[1)] in die Rechnung oder ein anderes Handelsdokument aufzunehmen: „The exporter (Number of Registered Exporter – unless the value of the consigned originating products does not exceed EUR 10.000[2)] of the products covered by this document (customs authorisation No ...) declares that, except where otherwise clearly indicated, these products are of ... preferential origin[3)] according to the transitional rules of origin of the Decision on the association of the overseas countries and territories and that the origin criterion met is...[4)].

1) Ursprungserklärung in weiteren Sprachen, s. Kapitel Hinweise Warenursprung Präferenzen.
2) Ersetzt die Ursprungserklärung eine andere Erklärung, muss der anschließende Besitzer der Waren, der eine solche Erklärung ausstellt, seinen Namen und seine vollständige Anschrift mit dem Hinweis „acting on the basis of the statement on origin made out by [name and full address of the exporter in the OCT], registered under the following number [Number of Registered Exporter in the OCT]" angeben.
3) Angabe des Ursprungslands der Erzeugnisse. Betrifft die Ursprungserklärung ganz oder teilweise Erzeugnisse mit Ursprung in Ceuta und Melilla im Sinne des Artikels 46 dieses Anhangs, so hat der Ausführer diese Erzeugnisse auf dem Papier, auf dem die Erklärung ausgefertigt wird, deutlich sichtbar durch die Kurzbezeichnung „CM" anzuzeigen.
4) Vollständig gewonnene oder hergestellte Erzeugnisse: anzugeben ist der Buchstabe „P"; in ausreichendem Maße be- oder verarbeitete Erzeugnisse: anzugeben ist der Buchstabe „W", gefolgt von der vierstelligen Position des Harmonisierten Systems zur Bezeichnung und Codierung der Waren („Harmonisiertes System") des ausgeführten Erzeugnisses (z. B. „W" 9618). Die oben genannte Angabe ist gegebenenfalls durch eine der folgenden Angaben zu ersetzen: a) Bei Kumulierung nach Artikel 2 Absatz 2 dieses Anhangs oder einer bilateralen Kumulierung nach Artikel 7 dieses Anhangs: „EU cumulation" bzw. „cumul UE"; „OCT cumulation" bzw. „cumul PTOM"; b) bei Kumulierung mit einem WPA-Land nach Artikel 8 dieses Anhangs: „cumulation with EPA country [Name des Landes]" bzw. „cumul avec le pays APE [Name des Landes]"; c) bei Kumulierung mit einem APS-Land nach Artikel 9 dieses Anhangs: „cumulation with GSP country [Name des Landes]" bzw. „cumul avec le pays SPG [Name des Landes]"; d) bei Kumulierung mit einem Land, mit dem die Union ein Freihandelsabkommen gemäß Artikel 10 dieses Anhangs geschlossen hat: „extended cumulation with country [Name des Lan-des]" bzw. „cumul étendu avec le pays [Name des Landes]".

Ort, Datum, Unterschrift des Ausführers und Name des Unterzeichners in Druckschrift.

2.1.5 Gesundheitszeugnisse

In Neukaledonien werden amtliche Pflanzengesundheitszeugnisse und Veterinärbescheinigungen für Pflanzen, pflanzliche Produkte, Tiere, tierische Produkte und Mineralien benötigt.

2.2 Luftfrachten

Zollflughafen: Papeete

2.2.1 Luftfrachtbrief

Eine Ausfertigung des Luftfrachtbriefes.

2.2.2

Siehe unter Seefrachten 2.1.2-2.1.5.

2.3 Postverkehr

2.3.1 Paketkarte

Zwei Zollinhaltserklärungen in Französisch (Neukaledonien). Höchstgewicht 30 kg. Drei Zollinhaltserklärungen in Französisch oder Englisch (Französisch-Polynesien). Höchstgewicht 30 kg. Eine Zollinhaltserklärung in Französisch (Wallis und Futuna). Höchstgewicht 30 kg.

2.3.2

Siehe unter Seefrachten 2.1.2-2.1.5.

1 Allgemeine Informationen

1.1 Kurzinfos

Landesvorwahl: +241

MEZ

Französisch

1 Franc C.F.A. = 100 Centimes (ISO-Code: XAF)

Nach AWG frei vereinbar Devisenbestimmungen Gabuns beachten

Harmonisiertes System

Mitglied

Feiertage: Die Feiertage zu diesem Land finden Sie unter folgendem Link: https://www.timeanddate.de/feiertage/.

1.2 Einfuhr aus der Bundesrepublik

Seit 1.7.1975 Mitglied des Abkommens EU-AKP. Einfuhren mit Warenwert über 500 000 CFA erfordern eine Einfuhrgenehmigung (autorisation préalable d'importation). Für die Beantragung von Lizenzen benötigen die Importeure unterschriebene Pro-forma-Rechnungen. Die Lizenzen gelten 6 Monate (Verlängerung in Ausnahmefällen möglich). Die Waren müssen am letzten Gültigkeitstag verschifft sein.

Zuständig für Standards sind die Normenorganisation AGANOR (Agence Gabonaise de Normalisation) oder auch ANTT (Agence de Normalisation et de Transfer de Technologies). Fisch-, Gemüse-, Fruchtkonserven und Molkereiprodukte, wie z.B. Käse, Butter, Sahne, Büchsenmilch, Milchpulver, müssen mit dem Ursprungsland gekennzeichnet sein. Für Alkohol ist eine besondere Kennzeichnung erforderlich. Der Import von Dosen mit Fisch ist nur unter 1 kg zulässig. Eine Registrierung für Medikamente ist erforderlich.

1.3 Verpackung

Materialien, durch die Krankheiten eingeschleppt werden könnten, sind verboten (ggf. Gesundheitszeugnis erforderlich (www.julius-kuehn.de). Für Holzverpackungen gilt ISPM Nr. 15.

1.4 Markierung

Empfohlen: „Importé d'Allemagne". Auf allen ausländischen Produkten sollte das Ursprungsland klar zu erkennen sein, da sonst die Einfuhr bei Unklarheiten verboten wird.

1.5 Mustersendungen

Warenmuster ohne Handelswert sind zollfrei.

2 Dokumente

2.1 Seefrachten

Seehäfen: Libreville, Owendo, Port Gentil

2.1.1 Konnossemente

Konnossemente bedürfen keiner Beglaubigung. Voller Satz, an Order ausgestellt zulässig, dann jedoch mit Notify-Adresse.

2.1.2 Handelsrechnungen

Die Handelsrechnung muss alle wichtigen Informationen enthalten: Name des Exporteurs und Importeurs und Empfängers, Marke, Nummern, Anzahl und Art der Packstücke, Brutto-/Nettogewichte, genaue Warenbezeichnungen, Lieferbedingungen, Ursprungsland, HS-Code, Mengen, Ort und Datum der Ausstellung sowie Einzelpreise, Gesamt-fob- und cif-Wert und auch Nachlässe, wie z.B. Rabatte. Nachstehende Erklärung ist am Ende der Rechnung aufzuführen: „Nous certifions que les marchandises dénommées dans cette facture sont de fabrication et d'origine de la République

Fédérale d'Allemagne et que les prix indiqués ci-dessus s'accordent avec les prix courants sur le marché d'exportation."

2.1.3 Ursprungszeugnisse

Ursprungszeugnisse mit der Angabe „République Fédérale d'Allemagne (Union Européenne)" nur auf Anforderung.

2.1.4 Gesundheitszeugnisse

Gesundheitszeugnis ist erforderlich für: lebende Tiere, Frisch- und Kühlfleisch (amtliches Veterinärzeugnis). Pflanzen, Pflanzenteile und Samen, Erde, Kompost und Dünger erfordern ein Pflanzengesundheitszeugnis, ausgestellt von der zuständigen amtlichen Pflanzenschutzstelle (https://pflanzengesundheit.julius-kuehn.de/).

2.1.5 Konformitätszertifikat

Für Produkte, die in dem neu erstellten Programm PROGEC (Programm Gabonaise d'Evaluation de la Conformité) durch die nationale Normenorganisation AGANOR (Agence Gabonaise de Normalisation) genannt sind und deren fob-Wert 1.000 Euro übersteigen, ist ein Certificate of Conformity erforderlich. Einzelheiten sind bei SGS Germany GmbH in 20097 Hamburg, Heidenkampsweg 99, Tel. 040 30101283, E-Mail: de.gis.export@sgs.com, Intertek Caleb Brett Germany GmbH in 21109 Hamburg, Georgswerder Bogen 3, Tel.: 040 558225000, E-Mail: info.hamburg@intertek.com oder Bureau Veritas Industry Services GmbH in 20457 Hamburg, Willy-Brandt-Str. 55, Tel.: 040 23625519, E-Mail: offergsdach@bureauveritas.com, zu erfahren.

2.1.6 Cargo Tracking Note

BIETC – Bordereau d'Identification des Cargaisons (Cargo Tracking Note): Für die Einfuhr der Waren wird ein Borderau d'Identification benötigt, vor Verladung registrieren unter http://bietc.cgcworld.com (Website von CGC Gabun). Vorliegen müssen Kopien des Draft-B/L sowie der Handelsrechnung. Für die erforderliche BIETC-Freigabe verantwortlich ist: Afrika Service Schiffahrts-Agentur GmbH, Ferdinandstr. 47, 20095 Hamburg, Tel.: 040 339281, Fax: 040 339282, E-Mail: asa@hamburg.asa-services.net, www.asa-services.net oder M + S Mehrtens & Schwickerath GmbH in 28195 Bremen, Tiefer 4, Tel.: 0421 363080, E-Mail: agency@msbre.com, www.shipagent.de. Fehlt die BIETC, findet keine Abfertigung statt und hohe Bußgelder können entstehen.

2.2 Luftfrachten

Zollflughäfen: Franceville, Libreville, Port Gentil

2.2.1 Luftfrachtbrief

Ein Luftfrachtbrief.

2.2.2

Siehe unter Seefrachten 2.1.2–2.1.6.

2.3 Postverkehr

2.3.1 Paketkarte

Zwei Zollinhaltserklärungen in Französisch oder Englisch. Höchstgewicht 20 kg.

2.3.2

Siehe unter Seefrachten 2.1.2–2.1.6.

3 Adressen

Konsulate

Die Konsulatsadressen finden Sie jeweils mit Telefonnummer, E-Mail-Adresse, Homepage und Öffnungszeiten unter:
https://www.auswaertiges-amt.de/de/service/laender.

1 Allgemeine Informationen

1.1 Kurzinfos

Landesvorwahl: +220

MEZ: –1 Std.

Englisch

1 Dalasi (D) = 100 Bututs (ISO-Code: GMD)

Nach AWG frei vereinbar Devisenbestimmungen Gambias beachten

Harmonisiertes System

Mitglied

Feiertage: Die Feiertage zu diesem Land finden Sie unter folgendem Link: https://www.timeanddate.de/feiertage/.

1.2 Einfuhr aus der Bundesrepublik

Seit 1.7.1975 Mitglied des Abkommens EU-AKP. Einfuhrlizenzen sind erforderlich. Viele Produkte können mit einer „Open General Licence" eingeführt werden. Strenge Regelungen gelten bei der Kennzeichnung von verpackten Lebensmitteln (gute Lesbarkeit und Sichtbarkeit, Dauerhaftigkeit): Bezeichnung der Ware, Gewicht (netto), Datum der Herstellung, Exporteur, Produzent (Name mit Adresse), Ursprungsland, Hinweise zum Gebrauch, zur Lagerung und zur Haltbarkeit, enthaltene Stoffe mit Mengenangaben. Besondere Vorschriften für die Verpackung von Chemikalien und Pestiziden. Für Tiere, tierische Erzeugnisse, Pflanzen sowie bestimmte Lebensmittel kann ein amtliches Gesundheits- bzw. Pflanzengesundheitszeugnis erforderlich sein. Auch ein Nachweis über die Einhaltung von Standards wie Codex Alimentarius oder HACCP kann verlangt werden. Für andere Produkte kann eine Freiverkäuflichkeitsbescheinigung aus dem Ursprungsland notwendig sein. Ansprechpartner zu Normen und Standards sind GAMSFP (Gambia Standards Focal Point) sowie TGSB (The Gambia Standards Bureau).

Der Import von einigen Gütern ist verboten oder es gelten besondere Vorschriften (z.B. Magermilch, bestimmte Streichhölzer, bestimmter Alkohol, Schriften, die als anstößig gelten könnten bzw. manche medizinischen Broschüren). Der Exporteur sollte vor dem Versand sicherstellen, dass benötigte Lizenzen in gültiger Form vorliegen. Die Registrierung von Medikamenten ist erforderlich. Gebrauchte Fahrzeuge müssen mindestens der Abgasnorm Euro-4 entsprechen und dürfen maximal fünf Jahre alt sein.

1.3 Markierung

Es wird empfohlen, sämtliche Produkte mit dem Ursprungsland zu kennzeichnen.

1.4 Mustersendungen

Warenmuster ohne Handelswert sind zollfrei. Es ist unzulässig, Wertmuster, die zollpflichtig sind, als Warenprobe zu versenden.

2 Dokumente

2.1 Seefrachten

Seehafen: Banjul

2.1.1 Konnossemente

Konnossemente bedürfen keiner Beglaubigung. Order-Bs/L zugelassen, jedoch dann mit Notify-Adresse.

2.1.2 Handelsrechnungen

Handelsrechnungen mit den üblichen Angaben, z.B. Name des Exporteurs und Importeurs und Empfängers, Marke, Nummern, Anzahl und Art der Packstücke, Brutto-/Nettogewichte, genaue Warenbezeichnungen, Lieferbedingungen, Ursprungsland, HS-Code, Mengen, Ort und Datum der Ausstellung sowie Einzelpreise, Gesamt-fob- und cif-Wert und auch Nachlässe, wie z.B. Rabatte.

2.1.3 Zollfaktura

Zollfaktura dreifach (keine Bescheinigung) in englischer Sprache auf Formblatt „Combined Certificate of Value and of Origin and Invoice of goods“. Das „Origin“-Feld auf der Vorderseite ist nur auszufüllen, wenn es sich um britische Waren handelt. Für diese werden Zollpräferenzen gewährt. Das Ursprungsland „Federal Republic of Germany“ ist auf der Invoice-Seite des Vordruckes anzugeben.

2.1.4 Ursprungszeugnisse

Ursprungszeugnisse mit der Angabe „Federal Republic of Germany (European Union)“ nur auf Anforderung.

2.1.5 Warenverkehrsbescheinigung

Warenverkehrsbescheinigung bzw. Präferenz-Ursprungsnachweis in einem der Handelspapiere nicht erforderlich.

2.1.6 Gesundheitszeugnisse

Tiere oder deren Erzeugnisse benötigen ein Veterinärzeugnis. Für Pflanzen, Reis und Hülsenfrüchte sowie Getreide ist ein pflanzliches Gesundheitszeugnis (https://pflanzengesundheit.julius-kuehn.de/) erforderlich. Rückfrage beim Importeur empfehlenswert. Konformität mit Codex Alimentarius bzw. HACCP-Standard muss nachgewiesen werden. Bei weiteren Produkten wird u.U. eine vor der Versendung erstellte Freiverkäuflichkeitsbescheinigung gefordert.

2.1.7 Electronic Cargo Tracking Note (ECTN)

Electronic Cargo Tracking Note (ECTN), Cargo Tracking Note (CTN), muss vor Versendung beantragt werden. Die ECTN-Nummer muss im B/L vermerkt werden. Ansprechpartner ist: M + S Mehrtens & Schwickerath GmbH in 28195 Bremen, Tiefer 4, Tel.: 0421 363080, Fax: 0421 3630855, E-Mail: agency@msbre.com, www.shipagent.de. Fehlt die ECTN, findet keine Abfertigung statt und hohe Bußgelder können entstehen.

2.2 Luftfrachten

Zollflughafen: Banjul

2.2.1 Luftfrachtbrief

Eine Ausfertigung des Luftfrachtbriefes.

2.2.2

Siehe unter Seefrachten 2.1.2–2.1.6.

2.3 Postverkehr

2.3.1 Paketkarte

Höchstgewicht: 31,5 kg, Vertragskunden: 30 kg. Zwei Zollinhaltserklärungen in Englisch muss beigefügt werden.

2.3.2

Siehe unter Seefrachten 2.1.2–2.1.6.

3 Adressen

Konsulate

B-1050 Brüssel, Konsularabteilung der Botschaft
Rue de la Loi 26, Boite 3
Tel.: +32 26401049
Fax: +32 226463277
Mo.–Do. 9.30–16.00 Uhr, Fr. 9.30–13.30 Uhr
E-Mail: info@gambiaembassybrussels.be
www.gambiaembassy.eu

Weitere Konsulatsadressen finden Sie jeweils mit Telefonnummer, E-Mail-Adresse, Homepage und Öffnungszeiten unter: https://www.auswaertiges-amt.de/de/service/laender.

4 Sonstiges

Länderkurzbezeichnung gemäß Präferenzrecht (Lieferantenerklärung): AKP
Länder(-gruppen)kurzbezeichnung für bes. Zollsätze im Europäischen Zolltarif: SPGA
Kraftfahrzeugländerkennzeichen: WAG

1 Allgemeine Informationen

1.1 Kurzinfos

Landesvorwahl: +995

MEZ: +3 Std.

Georgisch, Russisch, Englisch

1 Lari = 100 Tetri (ISO-Code: GEL)

Nach AWG frei vereinbar
Devisenbestimmungen Georgiens beachten

Harmonisiertes System

Mitglied

Angeschlossen

Feiertage: Die Feiertage zu diesem Land finden Sie unter folgendem Link: https://www.timeanddate.de/feiertage/.

1.2 Einfuhr aus der Bundesrepublik

Importlizenzen sind nur für wenige Produkte erforderlich, wie z.B. Überwachungsgeräte und -anlagen, militärische Erzeugnisse. Für einige Waren ist eine Registrierung erforderlich sowie die Beantragung eines Gesundheitszeugnisses bei der National Food Agency NFA (z.B. Lebensmittel). Für Lebensmittel bestehen verbindliche Gesundheitskontrollen und besondere Hygienevorschriften. Eine Einfuhrgenehmigung von der National Food Agency sowie eine Registrierung ist für den Import von Düngemitteln und Pflanzenschutzmitteln notwendig. Arzneimittel müssen registriert werden (Staatliche Aufsichtsbehörde für medizinische Aktivitäten, State Regulation Agency for Medical Activities). Kosmetische Artikel bzw. Non-Food-Waren müssen bestimmten Standards genügen und registriert werden. Zuständig ist das Ministerium für Vertriebene Personen, Arbeit, Gesundheit und Sozialwesen (Ministry of Internally Displaced Persons from the Occupied Territories, Labour, Health and Social Affairs). Importlizenzen für radioaktive bzw. ozonschädigende Stoffe und deren Abfälle sind beim Ministerium für Umweltschutz (Ministry of Environment Protection and Agriculture) zu beantragen. Dort muss ebenfalls die Zustimmung zum Import von genetisch veränderten Organismen eingeholt werden. Rücksprache mit dem Importeur empfehlenswert.

Die elektronischen Anmeldungen sowie Einreichungen von Zusatzdokumenten müssen nach einer Registrierung über das System ASYCUDA World vorgenommen werden (nicht für Freizonen). Auch die Abwicklung etwa von Veredelungsverfahren, Versandverfahren und Zolllagerung findet über das System statt. Erwerb der Software beim Finanzamt möglich.

1.3 Verpackung

Seemäßige Verpackung wird – auch bei Bahn- oder Lkw-Transport – erwartet. Die versandte Ware sollte auch eine einjährige Lagerung unter freiem Himmel unbeschadet überstehen. Genaue Vereinbarungen mit dem Importeur treffen. Georgien wendet für Verpackungsholz den IPPC-Standard ISPM Nr. 15 an. Ein Pflanzengesundheitszeugnis kann erforderlich sein. Zuständig ist die Abteilung für Pflanzengesundheit (Phytosanitary Department).

1.4 Markierung

Kennzeichnung mit dem Ursprungsland erforderlich, z.B. „Made in Germany".

2 Dokumente

2.1 Seefrachten

Seehäfen: Poti, Batumi (Schwarzes Meer)

2.1.1 Konnossemente

Voller Satz Konnossemente, keine Beglaubigung.

2.1.2 Handelsrechnungen

Handelsfaktura in Englisch oder Georgisch, unterschrieben. Meist sind auch Exemplare für Frachtführer, Importeure und Behörden erforderlich. Die Rechnung muss neben den üblichen Angaben (Name und Anschrift des Käufers und Verkäufers, Brutto- und Nettogewichte, Zahlungs- und Lieferbedingungen, Art, Nummern, Anzahl und Marke der Versandstücke, Einzel- und Gesamtpreise, Transportart, genaue Warenbezeichnungen und Mengen) auch die Angabe des Ursprungslandes sowie Rechnungsnummer, -datum und Ausstellungsort enthalten.

2.1.3 Ursprungszeugnisse

Ursprungszeugnisse mit der Angabe „Bundesrepublik Deutschland (Europäische Union)" nur bei manchen Waren auf Anfrage erforderlich. Rücksprache mit Importeur empfohlen.

2.1.4 Warenverkehrsbescheinigung

Liegt ein Handelsgeschäft zwischen der EU und Ägypten vor und sind die Anforderungen des Assoziierungsabkommens erfüllt, können Präferenzdokumente wie die EUR.1 oder eine Ursprungserklärung genutzt werden, um zollbegünstigte Einfuhren zu ermöglichen. Mit Anfang 2025 wurden in der Pan-Europa-Mittelmeer-Zone (PEM-Zone) neue, einheitliche Ursprungsregeln mit einer Übergangsfrist bis 31.12.2025 eingeführt. Seit dem 1. Januar 2026 sind nur noch die revidierten Ursprungsregeln („Revised Rules") verbindlich und EUR-MED-Nachweise nicht mehr möglich.

Für Warensendungen über 6.000 EUR dient die von der Zollstelle ausgestellte EUR.1 als Präferenznachweis. Exporteure, die regelmäßig Waren unter Präferenzbedingungen liefern, können beim Hauptzollamt die Bewilligung als „Ermächtigter Ausführer" beantragen. Bei Sendungen unter 6.000 EUR genügt eine Ursprungserklärung direkt in der Handelsrechnung, mit folgendem Wortlaut: „Der Ausführer (Ermächtigter Ausführer; Bewilligungs-Nr. ...) der Waren, auf die sich dieses Handelspapier bezieht, erklärt, dass diese Waren, soweit nicht anders angegeben, präferenzbegünstigte . . . Ursprungswaren sind." (Ort und Datum, Unterschrift, Name in Druckbuchstaben)[1)]

1) Ursprungserklärung in weiteren Sprachen s. Kapitel Hinweise Warenursprung Präferenzen

2.1.5 Gesundheitszeugnisse

Für lebende Tiere und tierische Produkte ist ein Veterinärzertifikat erforderlich. Obligatorische Beantragung einer Importgenehmigung bei der NFA (Veterinärabteilung) ein Monat vor der Einfuhr. Ein CVED (Common Veterinary Entry Document) muss 24 Stunden vor Ankunft vom Einführer der Zollverwaltung elektronisch gemeldet werden. Pflanzen und pflanzliche Erzeugnisse benötigen ein Pflanzengesundheitszertifikat. Besteht für pflanzliche Waren ein großes gesundheitliches Risiko, muss eine Quarantäne-Einfuhrgenehmigung vorgelegt werden.

2.1.6 Konformitätszertifikate

Konformitätszertifikat für viele Waren erforderlich. Die Georgian National Agency for Standards, Technical Regulations and Metrology (GEOSTM), www.geostm.ge, gibt Auskunft.

2.2 Eisenbahnverkehr

Ein internationaler Frachtbrief.

Siehe unter Seefrachten 2.1.2–2.1.6.

2.3 Luftfrachten

Zollflughafen: Batumi (BUS), Kutaisi (KUT), Tiflis (TBS)

Eine Ausfertigung des Luftfrachtbriefes.

Siehe unter Seefrachten 2.1.2–2.1.6.

2.4 Postverkehr

Drei Zollinhaltserklärungen CN 23, Französisch, Englisch, Georgisch oder Russisch. Höchstgewicht 20 kg.

Siehe unter Seefrachten 2.1.2–2.1.6.

3 Adressen

Konsulate

Die Konsulatsadressen finden Sie jeweils mit Telefonnummer, E-Mail-Adresse, Homepage und Öffnungszeiten unter:
https://www.auswaertiges-amt.de/de/service/laender.

1 Allgemeine Informationen

1.1 Kurzinfos

Landesvorwahl: +233

MEZ: –1 Std.

Englisch

1 Ghana-Cedi (GHC) = 100 Ghana-Pesewas (ISO-Code: GHS)

Nach AWG frei vereinbar Devisenbestimmungen Ghanas beachten

Harmonisiertes System

Mitglied

Feiertage: Die Feiertage zu diesem Land finden Sie unter folgendem Link: https://www.timeanddate.de/feiertage/.

1.2 Einfuhr aus der Bundesrepublik

Es bestehen ein Interims-Wirtschaftspartnerschaftsabkommen und Zollpräferenzen seitens der EU (APS). Registrierung als registrierter Ausführer (REX) seit August 2023 verbindlich. Für die meisten Waren ist eine so genannte „Specific Import Licence" erforderlich. Für einige Waren ist eine „Open General Licence" ausreichend. Die Sendung muss vor Ablauf der Lizenz verschifft bzw. verladen sein. Lizenzen gelten zumeist 12 Monate. Einfuhrbeschränkungen bestehen vor allem für Waren, die in Ghana selbst hergestellt werden. Beschränkt ist auch die Einfuhr von Papier sowie von Pflanzen, pflanzlichen Produkten, Papier, Erde und Materialien, die Krankheiten oder Schädlinge übertragen könnten. Der Import, der Verkauf und die Herstellung von Glühlampen ist verboten. Elektrogeräte wie Kühl- und Gefriergeräte, Klimageräte müssen bestimmten Standards genügen und folgende Kennzeichnung haben: Energieeffizienz, Hersteller, Gesamtnutzinhalt, Energieverbrauch in kWh/Jahr, Modellname und -nummer, Kältemitteltyp, Klimaklasse. Andere Elektrogeräte müssen seit 1.11.2023 vom Importeur bei der Energiekommission in Ghana registriert werden. Das Energieeffizienzetikett einschließlich QR-Code muss auf dem Gerät und der Verpackung angebracht werden. Der Import von gebrauchten Klima-, Kühl- und Gefriergeräten ist nicht erlaubt. Für Reis, Nudeln, Pflanzenöl, Geflügel, Fruchtsäfte, Flaschenwasser und andere nicht essentielle Güter, die lokal produziert werden können, gelten teils Währungsbeschränkungen beim Import.

Besondere Vorschriften gelten für Drogen, Medizin, Streichhölzer, Alkohol, Textilien, Petroleum, Quecksilber, Waffen, Munition, Vorführfilme. Die Renovo-Regelung gilt für Reifen bzw. EEE-Waren, dies bedeutet, dass sich der Exporteur auf einem Internetportal einer anerkannten Prüfgesellschaft registrieren muss.

Es bestehen Einfuhrverbote für Unfallwagen und alte Pkw (älter als zehn Jahre). Gebrauchte Fahrzeuge müssen mindestens der Abgasnorm Euro-4 entsprechen und dürfen maximal fünf Jahre alt sein. Zulässiger Fettgehalt von Waren aus Fleisch und Geflügel ist anzugeben. Die GSA bzw. Ghana Standards Board ist zuständig für Normen bzw. Standards.

1.3 Verpackung

Heu und Stroh sind erlaubt. Auf wasserfeste und besonders stabile Verpackung achten.

1.4 Markierung

Übliche Markierung sowie Angabe des Ursprungslandes. Besondere Kennzeichnung für Container wird gefordert. Es wird die Abstimmung mit dem Importeur empfohlen.

1.5 Mustersendungen

Muster ohne Handelswert, die von den Zollbehörden als solche anerkannt werden, können zollfrei eingeführt werden.

2 Dokumente

Bitte beachten: In allen Papieren (Handelsrechnungen, Beförderungspapieren, Packlisten, Inspektionszertifikaten, Konnossementen etc.) ist die Angabe der einheitlichen Referenznummer von Warensendungen der „Unique Consignment Reference Number" (UCR-Nummer) erforderlich. Diese muss vom Importeur beantragt werden. Für Lieferungen über das MPS Terminal 3 in Tema ist zudem eine detaillierte Container-Ladeliste beim Zoll einzureichen. Weitere Informationen sind auf der Internetseite des Ghana Community Network unter gcnet.com.gh einzusehen.

2.1 Seefrachten

Seehäfen: Accra, Takoradi/Sekondi, Tema

2.1.1 Konnossemente

Voller Satz Konnossemente, Aufmachung an Order möglich (dann jedoch mit Notify-Adresse), bedürfen keiner Beglaubigung.

2.1.2 Handelsrechnungen

Die Handelsrechnung muss alle wichtigen Informationen enthalten: Name des Exporteurs und Importeurs und Empfängers, Marke, Nummern, Anzahl und Art der Packstücke, Brutto-/Nettogewichte, genaue Warenbezeichnungen, Lieferbedingungen, Ursprungsland, HS-Code, Mengen, Ort und Datum der Ausstellung sowie Einzelpreise, Gesamt-fob- und cif-Wert und auch Nachlässe, wie z.B. Rabatte. Kein cif-Wert auf der Rechnung, da Versicherungen in Ghana abgeschlossen werden müssen.

2.1.3 Zollfaktura

Für die zolltechnische Abfertigung in Ghana ist eine dreifache Ausfertigung der „Combined Certificate of Value and Invoice" in englischer Sprache nötig, sofern die Verzollung nach Warenwert erfolgt. Diese muss vollständig ausgefüllt sein, inklusive Angaben zu Maßen und Gewichten, Verpackungsdetails, dem Ursprungsland, Versicherungsdaten, Importlizenznummer sowie Frachtkosten, (z.B. „Federal Republic of Germany"). Werden Kosten wie Fracht oder Versicherung vom Importeur in Ghana übernommen, entfallen diese Angaben in der Zollrechnung, erfordern aber eine formale Bestätigung des Importeurs. Preisnachlässe sind mit Begründung aufzuführen.

2.1.4 Ursprungszeugnisse

Ursprungszeugnis nur in Einzelfällen erforderlich. Hier ist erforderlich, dass „Federal Republic of Germany (European Union)" angegeben wird. Die diagonale Kumulierung nach dem Wirtschaftspartnerschaftsabkommen zwischen der Europäischen Union und den SADC-WPA-Staaten kann seit dem 1.4.2022 auch mit Ghana angewendet werden.

2.1.5 Warenverkehrsbescheinigung

Laut Interims-Wirtschaftspartnerabkommen erfolgt der Präferenznachweis im Selbstzertifizierungsverfahren. Keine Ausstellung von Warenverkehrsbescheinigungen mehr vorgesehen. Eine Ursprungserklärung hat höchstens zehn Monate Gültigkeit. Für Erzeugnisse, die unter die „Ursprungsregelung" im Abkommen über Handel, Entwicklung und Zusammenarbeit zwischen der Europäischen Gemeinschaft und Ghana fallen, ist der Präferenz-Ursprungsnachweis zu erbringen: für Sendungen über € 6 000,– im Selbstzertifizierungsverfahren (Registrierung als registrierter Ausführer, Angabe der REX-Nummer).

Für Sendungen bis zu € 6 000,– ist vom Ausführer nur die folgende Erklärung[1)] in die Rechnung oder ein anderes Handelsdokument aufzunehmen:

„The exporter of the products covered by this document (customs authorisation No ...)[2)] declares that, except where otherwise clearly indicated, these products are of ... preferential origin.
Ort, Datum, Unterschrift des Ausführers und Name des Unterzeichners in Druckschrift". Ursprungswaren aus Ceuta oder Melilla sind mit „CM" zu kennzeichnen.

2.1.6 Gesundheitszeugnisse

Tiere oder deren Erzeugnisse benötigen ein Veterinärzeugnis. Für Pflanzen, Saaten ist ein pflanzli-

1) Ursprungserklärung in weiteren Sprachen s. Kapitel Hinweise Warenursprung Präferenzen
2) Eintrag der Bewilligungsnummer, falls die Erklärung von einem ermächtigten Ausführer erstellt wird.

ches Gesundheitszeugnis (https://pflanzengesundheit.julius-kuehn.de/) erforderlich.

2.1.7 Packlisten

Übersichtliche Packlisten sind erforderlich mit dem Inhalt der Versandstücke sowie deren Gewichten, Abmessungen, Art, Marken und Nummern. Bei Abfertigung im MPS Terminal 3 des Hafens von Tema ist der Zollbehörde eine vollständige Ladeliste für jeden einzelnen Container vorzulegen. In Tema erfolgt Zollfreigabe pro Container und nicht pro Konnossement.

2.1.8 Konformitätszertifikat (CoC)

Zwingend erforderlich ist bei der Zollabfertigung in Ghana ein Konformitätszertifikat (Certificate of Conformity) für folgende Waren: z.B. Möbel, Kleidung, Glaserzeugnisse, Spielzeug, Elektronikprodukte, Sportsachen. Das bisher freiwillige „Easy Pass"-Programm ist nun verpflichtend. Zuständig ist die Ghana Standards Authority (GSA), Ansprechpartner für die vor der Verschiffung durchzuführende Konformitätsprüfung ist die von der GSA beauftragte Inspektionsgesellschaft Bureau Veritas in 20457 Hamburg, Willy-Brandt-Str. 55, Tel.: 040 23625519, E-Mail: offergsdach@bureauveritas.com, sowie Intertek Caleb Brett Germany GmbH, Georgswerder Bogen 3, Hamburg, Tel.: 040 5132750, Fax: 040 51327555, E-Mail: info.hamburg@intertek.com.

2.1.9 Destination Inspection

Die Durchführung der „Destination Inspection" liegt bei den Zollbehörden in Ghana. Über Ausnahmen geben die Prüfgesellschaften Auskunft. Genauere Informationen bei Luftfracht: Bureau Veritas Industry Services GmbH, in 20457 Hamburg, Willy-Brandt-Str. 55, E-Mail: offergsdach@bureauveritas.com, Tel.: 040 23625519, bei Seefracht: Cotecna Inspection SA, 58, Rue de la Terrassière, P.O. Box 6155, 1207 Genf, Tel.: +41 22 8496900, Fax: +41 22 8496969, E-Mail: cotecna.geneva@cotecna.ch.

2.2 Luftfrachten

Zollflughafen: Accra (ACC)

2.2.1 Luftfrachtbrief

Eine Ausfertigung des Luftfrachtbriefes.

2.2.2

Siehe unter Seefrachten 2.1.2–2.1.9.

2.3 Postverkehr

2.3.1 Paketkarte

Zwei Zollinhaltserklärungen CN 23 in Englisch. Höchstgewicht: 31,5 kg, Vertragskunden: 30 kg. Wertangabe in Pfund Sterling.

2.3.2

Siehe unter Seefrachten 2.1.2–2.1.9.

3 Adressen

Auslandshandelskammer

Delegation der Deutschen Wirtschaft in Ghana
Mezzanine Floor
Octagon Building
Second Floor, Unit B207
Barnes Road, Accra Central
Tel.: +233 242438760
Fax: +233 302631684
Geschäftszeiten: Mo.–Fr. 8.00–17.00 Uhr
E-Mail: info@ghana.ahk.de
www.ghana.ahk.de

Konsulate

Die Konsulatsadressen finden Sie jeweils mit Telefonnummer, E-Mail-Adresse, Homepage und Öffnungszeiten unter: https://www.auswaertiges-amt.de/de/service/laender.

4 Sonstiges

Länderkurzbezeichnung gemäß Präferenzrecht (Lieferantenerklärung): AKP/MAR
Länder(-gruppen)kurzbezeichnung für bes. Zollsätze im Europäischen Zolltarif: LOMA/SPGL
Kraftfahrzeugländerkennzeichen: GH

Gibraltar

Gibraltar (Britische Kronkolonie)

1 Allgemeine Informationen

1.1 Kurzinfos

Landesvorwahl: +350

MEZ
Sommerzeit April bis Oktober

Englisch, Spanisch

1 Gibraltar £ (Gib £) = 100 Pence (ISO-Code: GIP)

Nach AWG frei vereinbar
Devisenbestimmungen Gibraltars beachten

Harmonisiertes System

Angeschlossen

Feiertage: Die Feiertage zu diesem Land finden Sie unter folgendem Link: https://www.timeanddate.de/feiertage/.

1.2 Einfuhr aus der Bundesrepublik

Waren, die eine Einfuhrgenehmigung benötigen, sind in einer Negativliste aufgeführt. Gibraltar ist weder EU-Mitglied noch assoziiert. Es gelten ähnliche Vorschriften für Nahrungsmittel wie in Großbritannien. Dies gilt z.B. für Fleisch, Butter, Milch, Arzneien, evtl. sind Gesundheitskennzeichnungen auf Verpackungen oder dem Fleisch vorzunehmen. Für einige Produkte bestehen Importverbote, wie z.B. bestimmte Waffen, Ziegenkäse, Publikationen mit anstößigem Inhalt, Produkte mit ungenehmigtem königlichem Siegel, roher Pelz, Spielwaren, Elfenbein etc.

1.3 Mustersendungen

Muster ohne Handelswert sind zollfrei.

2 Dokumente

2.1 Seefrachten

Seehafen: Gibraltar

2.1.1 Konnossemente

Voller Satz Konnossemente.

2.1.2 Handelsrechnungen

Die Handelsfaktura, zweifach (u.U. sind weitere Exemplare für Importeur erforderlich), in Englisch, unterschrieben, sollte neben folgenden üblichen Informationen, z.B. Ursprungsland, Adressen von Käufer und Verkäufer, Lieferbedingungen, Zahlungsbedingungen, Transportart, Rechnungsdatum und -nummer, Ausstellungsort und -datum, Mengen etc. vor allem auch Angaben zu Marke, Nr., Anzahl und Art der Versandstücke, genaue Warenbezeichnungen, Einzel- und Gesamtpreise (CIF- oder FOB-Werte), Versicherung, Fracht und die Importlizenznummer beinhalten. Falls die Rechnung nicht in englischer Sprache ausgestellt ist, muss eine Übersetzung beigelegt werden. Packlisten sind empfehlenswert. Rücksprache mit dem Importeur erforderlich.

2.1.3 Ursprungszeugnisse

Ursprungszeugnis nur auf Anforderung.

2.1.4 Gesundheitszeugnisse

Gesundheitszeugnis für Fleisch und Tiere erforderlich. Pflanzen, pflanzliche Erzeugnisse, Saaten und Teile von Pflanzen benötigen ein Pflanzengesundheitszeugnis.

2.2 Luftfrachten

Zollflughafen: Gibraltar-North Front

2.2.1 Luftfrachtbrief

Luftfrachtbrief.

2.2.2

Siehe unter Seefrachten 2.1.2–2.1.4.

2.3 Postverkehr

2.3.1 Paketkarte

Eine Zollinhaltserklärung CN 23 in Englisch (Briefe und Päckchen in Englisch oder Spanisch). Höchstgewicht 20 kg.

2.3.2

Siehe unter Seefrachten 2.1.2–2.1.4.

3 Sonstiges

Länder(-gruppen)kurzbezeichnung für bes. Zollsätze im Europäischen Zolltarif: SPGL
Kraftfahrzeugländerkennzeichen: GBZ

Grenada

State of Grenada

1 Allgemeine Informationen

1.1 Kurzinfos

Landesvorwahl: +1473

MEZ: –5 Std.

Englisch

1 Ostkaribischer $ (EC $) = 100 Cents (ISO-Code: XCD)

Nach AWG frei vereinbar Devisenbestimmungen Grenadas beachten

Harmonisiertes System

Mitglied

Feiertage: Die Feiertage zu diesem Land finden Sie unter folgendem Link: https://www.timeanddate.de/feiertage/.

1.2 Einfuhr aus der Bundesrepublik

Mitglied des Abkommens EU-CARIFORUM. Die Einfuhr ist bis auf wenige Waren mit einer „Open General Licence" möglich. Rückfrage beim Importeur empfohlen. Bestimmte Waren, wie z.B. Pestizide, Hygieneartikel, Polstermöbel, Genussmittel, Tiere und Pflanzen, tierische und pflanzliche Produkte, Lacke, Farben, Waffen, Schüttgut, benötigen Einfuhrgenehmigungen. Diese sind zumeist drei Monate gültig. An der Grenze erfolgt bei bestimmten Waren eine Kontrolle durch Fachpersonal, wobei entsprechende tier- oder pflanzengesundheitliche Nachweise vorzulegen sind. Landwirtschaftliche Produkte müssen frei von Erde sein. Nur bewilligte Importeure dürfen Kleidung etc. und ozonabbauende Mittel in bestimmten Mengen importieren. Das Pesticide Control Board erteilt die Erlaubnis für Mittel zur Schädlingsbekämpfung. Der Import ist z.B. untersagt für bestimmte Streichhölzer, Fotos, Bücher o.Ä. Printprodukte, anstößige Waren, Falschgeld, gesundheitsgefährdende Nahrungsmittel sowie Fischarten, Einwegplastik, Verpackungen aus Styropor, Kfz älter als 10 Jahre, pornografisches Material, bestimmte Rasierpinsel, Früchte der Gattung Musa, gefälschte Briefmarken sowie Geräte zur Herstellung solcher Fälschungen.

1.3 Verpackung

Seemäßige Verpackung wird – auch bei Bahn- oder Lkw-Transport – erwartet. Die versandte Ware sollte auch eine Lagerung unter freiem Himmel unbeschadet überstehen. Für Heu und Stroh bestehen keine Verbote. Tabakerzeugnisse nur in Verpackungen mit mind. 20 Pfund Nettogewicht.

1.4 Markierung

Empfohlen: „Made in Germany". Die Vorschriften für Verpackungen und Etikettierung der nationalen und regionalen Standardisierungsbehörden (Grenada Bureau of Standards und CARICOM Regional Organisition for Standards and Quality) sind zwingend zu berücksichtigen (bestimmte Anforderungen für vorverpackte Produkte, Lebensmittel, Tabak, Brauereiprodukte, Pestizide, Haushaltsgeräte). Alle Kennzeichnungen sind in Englisch vorzunehmen. Übliche Angaben zu Absender, Empfänger und Gewichten (brutto und netto) sind ausreichend. Flüssigkeiten sind in Gallonen anzugeben (auch Bruchteile).

1.5 Mustersendungen

Alle Muster müssen beim Import bzw. Export inspiziert werden. Haben Muster einen Handelswert, müssen diese nach sechs Monaten wieder exportiert werden. Muster ohne Handelswert nach drei Monaten. Sicherheiten werden gefordert, aber nach dem Export, der fristgerecht zu erfolgen hat, wieder erstattet.

2 Dokumente

2.1 Seefrachten

Seehafen: St. George's

2.1.1 Konnossemente

Ein Satz Konnossemente, keine Beglaubigung. Order-Bs/L zugelassen, dann jedoch Angabe einer Notify-Adresse.

2.1.2 Handelsrechnungen

Handelsrechnungen zweifach in Englisch. Die Rechnung muss den Anforderungen einer CARICOM-Invoice entsprechen. Die Rechnung muss neben den üblichen Angaben (Namen und Adressen von Käufer und Verkäufer, Rechnungsdatum und -nummer) auch die Auftragsnummer (Customer's Order no.), Transportmittel, den Namen des Schiffes und den Verschiffungshafen bzw. Fluggesellschaft und Flugnummer, Ursprungsland, Marke, Art, Anzahl und Nummern und Größe (in Kubikmeter) der Packstücke, exakte Warenbezeichnungen (z.B. Bezeichnung, Menge, Wert, Preise), endgültiges Bestimmungsland, Angabe der das Geschäft abwickelnden Bank, Liefer- und Zahlungsbedingungen, Währung, Rabatte, Verpackungskosten sowie Brutto- und Nettogewichte enthalten. Kosten für Fracht, Verpackung und andere Kosten sind getrennt aufzuführen. Bei Rabattgewährung ist die Art des Rabattes anzugeben. Am Schluss folgende Erklärung: „It is hereby certified that this invoice shows the actual price of the goods described, that no other invoice has been or will be issued and that all particulars are true and correct." Keine Faksimile-Unterschriften.

2.1.3 Ursprungszeugnisse

Ursprungszeugnis (zweifach) nur auf Anforderung.

2.1.4 Warenverkehrsbescheinigung

Warenverkehrsbescheinigungen EUR.1 für Warensendungen über € 6 000,–, die unter die zwischen den CARIFORUM-Staaten mit der EU getroffene „Ursprungsregelung" fallen (werden durch die zuständige Zollstelle ausgestellt); für Sendungen bis zum Wert von € 6 000,– ist in den Papieren folgende Erklärung[1] als Präferenz-Ursprungsnachweis aufzunehmen:

„The exporter of the products covered by this document (customs authorisation No ...)[2] declares that, except where otherwise clearly indicated, these products are of ... preferential origin."

Ort, Datum, Unterschrift. Der Name des Unterzeichners ist in Druckbuchstaben zu wiederholen. Ursprungserzeugnisse aus Ceuta oder Melilla sind mit „CM" zu kennzeichnen.

2.1.5 Gesundheitszeugnisse

Für Pflanzen und deren Produkte ist ein Pflanzengesundheitszeugnis erforderlich. Beim Import von tierischen Erzeugnissen und Tieren sind Veterinärzeugnisse notwendig.

2.2 Luftfrachten

Zollflughafen: Maurice Bishop Airport

2.2.1 Luftfrachtbrief

Original des Luftfrachtbriefes.

2.2.2

Siehe unter Seefrachten 2.1.2–2.1.5.

2.3 Postverkehr

2.3.1 Paketkarte

Vier Zollinhaltserklärungen CN 23 in Englisch, Pakete unter 2 kg benötigen eine Zollinhaltserklärung. Höchstgewicht 20 kg.

2.3.2

Siehe unter Seefrachten 2.1.2–2.1.5.

3 Adressen

Vertretungen

Die Vertretungen jeweils mit Telefonnummer, E-Mail-Adresse, Homepage und Öffnungszeiten finden Sie unter:
https://www.auswaertiges-amt.de/de/service/laender/grenada-node/grenada/220318.

1) Ursprungserklärung in weiteren Sprachen s. Kapitel Hinweise Warenursprung Präferenzen

2) Eintrag der Bewilligungsnummer, falls die Erklärung von einem ermächtigten Ausführer erstellt wird.

Griechenland

Greece, Hellenic Republic

1 Allgemeine Informationen

1.1 Kurzinfos

Landesvorwahl: +30

MEZ: +1 Std.
EU-Sommerzeit

Griechisch, Englisch

1 Euro (€) = 100 Cents
(ISO-Code: EUR)

Nach AWG frei vereinbar
Devisenbestimmungen Griechenlands beachten

Harmonisiertes System
Verzollung nach Transaktionswert

Mitglied

Angeschlossen
Die griechischen Zollämter in Kipoi, Evzonoi, Promachonas, Kakavia sind nicht autorisiert, Export- und Importformalitäten für Carnet ATA durchzuführen.

Angeschlossen

Feiertage: Die Feiertage zu diesem Land finden Sie unter folgendem Link: https://www.timeanddate.de/feiertage/.

1.2 Einfuhr aus der Bundesrepublik

In der EU sind dem Verkehr von Waren nur wenige Beschränkungen auferlegt. Für Güter, die sowohl für zivile als auch für militärische Zwecke verwendet werden können (Dual-Use-Güter mit doppeltem Verwendungszweck), gibt es spezifische Bestimmungen. Zuständig ist das Ministerium für Entwicklung und Wettbewerb (Ministry of Development and Competitiveness). Manche sensiblen Waren (wie z.B. Abfälle) müssen genehmigt werden. Einige Güter aus Drittländern benötigen eine Lizenz. Berg Athos gilt im Hinblick auf Steuerangelegenheiten als Drittstaat und zollrechtlich als zugehörig zur EU. Für einige Produkte aus dem Agrar- und Industriebereich müssen Standards eingehalten werden. In Griechenland sind dafür zuständig: die dem Umwelt- und Energieministerium zugeordnete staatliche Kontrollbehörde für Lebensmittel (Hellenic Food Authority) und das Ministerium für Entwicklung und Investitionen (Ministry of Development and Investments).

Für gefährliche Verbraucherprodukte gibt es in Europa das Safety Gate Rapid Alert System (zuvor RAPEX). Zuständig für das Schnellwarnsystem für Lebens- und Futtermittel RASFF (Rapid Alert System for Food and Feed) ist in Griechenland die Kontrollbehörde für Lebensmittel (Hellenic Food Authority). Ansprechpartner ist das Generalsekretariat für Industrie am Ministerium für Entwicklung und Investitionen.

Tiere oder tierische Produkte aus Drittstaaten können nur an zugelassenen Grenzkontrollstellen (GKS) eingeführt werden. Möglich ist die Abfertigung an den GKS an den Flughäfen Athen und Thessaloniki sowie an den Seefrachthäfen von Astakos, Piräus und Thessaloniki. An der mazedonischen Grenze gibt es zwei GKS-Abfertigungsstellen für Straßenfracht, eine weitere an der türkischen Grenze sowie eine an der Grenze zu Albanien. Für die Bahnabfertigung gibt es zwei GKS an der nordmazedonischen Grenze. Pflanzen, pflanzliche Produkte und Teile von Pflanzen, die ein Gesundheitszeugnis benötigen oder phytosanitär inspiziert werden müssen, werden nur an bestimmten Stellen abgefertigt. Zuständig ist das Ministerium für ländliche Entwicklung und Ernährung. Dort werden auch Importeure registriert (Pflicht). Bei Fragen zu Normen, Vermarktung, Registrierung und Zulassungsbedingungen zu Medizin und Produkten für die Gesundheit ist die National Organization for Medicines zuständig.

1.3 Verpackung

Um Verpackungsabfälle zu vermeiden, zu vermindern und zu verwerten gelten besondere Bestimmungen. Produzenten und Vertriebspartner müssen ihre Verpackungen zurücknehmen und verwerten. Bei Bedarf übernehmen diese Pflichten auch zugelassene Organisationen wie z.B. HE.R.R.CO, die als Verwertungsorganisation den Grünen Punkt vergibt, der den Beitrag zum Sammel- und Verwertungssystem als Kennzeichen abbildet.

1.4 Markierung

Keine Verpflichtung zur Angabe des Warenursprungs. Rücksprache mit dem Importeur empfohlen.

1.5 Mustersendungen

Muster ohne Handelswert sind zollfrei. Vorübergehende Einfuhr mit Carnet A.T.A.

2 Dokumente

2.1 Seefrachten

Seehäfen: Aspropyrgos, Pachi, Piräus, Thessaloniki, u.a.

2.1.1 Konnossemente

Voller Satz Konnossemente, Ausstellung an Order möglich.

2.1.2 Handelsrechnungen

Rechnungsangaben laut Kaufvertrag. Die Rechnung muss die USt-Identifikationsnummern (UID-Nr.) von Exporteur und Importeur enthalten sowie den Hinweis „steuerfreie innergemeinschaftliche Lieferung" oder „steuerfrei nach § 4 Nr. 1b UStG", sonst ist MwSt. zu berechnen. Zusätzlich kann noch folgender Vermerk in die Rechnung: „tax free intracommunity despatch/delivery".

Die Bedingungen des § 6a UStG müssen eingehalten sein.

Bei Dual-Use-Gütern ist in den Papieren ein ausdrücklicher Vermerk anzubringen, dass bei der Ausfuhr aus dem Gebiet der EU eine Kontrolle der Waren stattzufinden hat.

Für Nichtgemeinschaftswaren sind Rechnungen mit folgenden Informationen notwendig, z.B. Ausstellungsort und -datum, detaillierte Produktbezeichnung, Menge, Art und Anzahl der Pakete mit Angabe von Nummer und Marke, Namen und Anschriften von Aus- und Einführer, Lieferbedingungen mit fob-Wert, cif-Kosten und -Wert bzw. cfr-Wert, Zahlungsbedingungen, Rechnungsnummer, Beförderungsart, Gesamtbetrag sowie das Ursprungsland. Keine Unterzeichnung der Rechnungen und keine Bescheinigungen erforderlich.

2.1.3 Ursprungszeugnisse

Ursprungszeugnis nur auf Anforderung.

2.1.4 Intrastat-Meldung

Auf Grundlage des Änderungsgesetzes zum Außenhandelsstatistikgesetz (AHStatG-ÄndG) vom 5. März 2025 gelten rückwirkend zum 1. Januar 2025 neue Schwellenwerte für die Intrahandelsstatistik: Für Wareneingänge liegt die Meldegrenze nun bei 3.000.000 €, für Versendungen bei 1.000.000 €.

Wird eine dieser Grenzen im laufenden Kalenderjahr überschritten, beginnt die Meldepflicht im Monat der Überschreitung.

Die Daten können online an das Statistische Bundesamt übermittelt werden. Weitere Informationen sind unter www.destatis.de abrufbar (Suchbegriff: „Intrastat") oder telefonisch unter 0611 753965, per Fax: 0611 754525 oder per E-Mail: gruppe-vb@destatis.de.

2.2 Eisenbahnverkehr

2.2.1 Frachtbrief

a) für Güter: Ein internationaler Frachtbrief (T2) für Frachtgut oder Eilgut.
b) für Expressgut: Ein internationaler Expressgutschein.

2.2.2

Siehe unter Seefrachten 2.1.2–2.1.4.

2.3 Luftfrachten

Zollflughäfen: Alexandroupolis, Athen (ATH), Chania, Heraklion (HER), Kavala, Korfu, Kos (KGS), Mykonos, Rhodos (RHO), Samos, Thessaloniki (SKG), Zakynthos u.a.

2.3.1 Luftfrachtbrief

Eine Ausfertigung des Luftfrachtbriefes.

2.3.2

Siehe unter Seefrachten 2.1.2–2.1.4.

2.4 Postverkehr

2.4.1 Paketkarte

Keine Zollformulare. Eine Zollinhaltserklärung in Griechisch oder Englisch nur für Sendungen zum Berg Athos, Höchstgewicht: 31,5 kg, Vertragskunden: 30 kg. Unverzollte Drittlandsware benötigt zusätzlich eine T2L.

2.4.2

Siehe unter Seefrachten 2.1.2–2.1.4.

3 Adressen

Auslandshandelskammer

Deutsch-Griechische Industrie- und Handelskammer
Dorileou 10–12
GR-11521 Athinai (Athen)
Tel.: +30 2106419000
Geschäftszeiten: Mo.–Fr. 8.00–16.00 Uhr
E-Mail: ahkathen@ahk.com
www.griechenland.ahk.de

Zweigstelle Nordgriechenland:
Voulgari Str. 50
GR-54248 Thessaloniki
Tel.: +30 2310327733
Fax: +30 2310327737
Geschäftszeiten: Mo.–Fr. 8.00–16.00 Uhr
E-Mail: ahkthess@ahk.com.gr

Konsulate

Die Konsulatsadressen finden Sie jeweils mit Telefonnummer, E-Mail-Adresse, Homepage und Öffnungszeiten unter:
https://www.auswaertiges-amt.de/de/service/laender.

4 Sonstiges

Kraftfahrzeugländerkennzeichen: GR

Großbritannien u. Nordirland*

1 Allgemeine Informationen

1.1 Kurzinfos

Landesvorwahl: +44

British Standard Time = MEZ: –1 Std., EU-Sommerzeit

Englisch

1 Pfund Sterling (£ oder £-Stlg.) = 100 Pence (ISO-Code: GBP)

Nach AWG frei vereinbar

Harmonisiertes System
Verzollung nach Transaktionswert

Mitglied

Angeschlossen

Angeschlossen

Feiertage: Die Feiertage zu diesem Land finden Sie unter folgendem Link: https://www.timeanddate.de/feiertage/.

1.2 Einfuhr aus der Bundesrepublik

Zum 31.1.2020 erfolgte der Austritt des Vereinigten Königreichs (VK) aus der Europäischen Union (EU). Angewandt wird seit dem 1.1.2021 das Abkommen über Handel und Zusammenarbeit (EU-UK Trade and Cooperation Agreement). Stufenweise Einführung von Zollanmeldungen (auch vorab) und Kontrollen. Die Kanalinseln gelten in Zoll- und Steuerangelegenheiten als Drittlandsgebiet. Isle of Man gilt als zugehörig zum VK und Dhekelia und Akrotiri zugehörig zu Zypern (Zoll, Umsatzsteuer, Verbrauchssteuer). Nach dem Nordirland-Protokoll gelten für Waren nach oder aus Nordirland weiterhin der Unionszollkodex, die EU-Vorschriften zu Produktstandards, Hygiene, Veterinärkontrollen sowie die Mehrwert- und Verbrauchsteuervorschriften. Nordirland bleibt zollrechtlich Teil des EU-Zollgebiets; daher ist eine Intrastat-Meldung, aber keine Zollanmeldung nötig. Zu verwenden ist der Ländercode „XI", bei Lieferungen mit dem übrigen Vereinigten Königreich der Code „GB". Händler und Spediteure können sich für den Verkehr zwischen Großbritannien und Nordirland über den Trader Support Service (www.tradersupportservice.co.uk) registrieren.

Die Einfuhr tierischer und pflanzlicher Waren setzt Gesundheits- oder Pflanzengesundheitszertifikate voraus. Nachweise für Obst- und Gemüseprodukte werden über PEACH beantragt; Importe erfolgen über zugelassene Grenzkontrollstellen (BCP), z.B. in Heathrow, Gatwick, Manchester, Edinburgh, Prestwick und Stansted. Lieferungen mit lebenden Tieren oder risikobehafteten Lebens- und Futtermitteln sind vorab im IPAFFS-System zu melden. Pflanzen und Pflanzenschutzmittel dürfen nur über definierte Einlasspunkte der APHA oder des DEFRA eingeführt werden. Das Border Target Operating Model (TOM) regelt seit 2024 risikobasierte Verfahren. Medizinprodukte sind bei der MHRA anzumelden. Bis Ende 2024 waren CE- und UKCA-Zeichen gleichgestellt, seit 2025 ist nur UKCA gültig. Prüfverfahren übernehmen die UK Approved Bodies; in Nordirland bleibt CE für bestimmte Gruppen zulässig. Ab 2027 werden energieintensive Erzeugnisse wie Eisen, Stahl, Aluminium, Düngemittel, Zement und Wasserstoff mit einer CO_2-Abgabe belegt, entsprechend dem EU-CBAM-System.

Für den kommerziellen Warenverkehr mit Drittländern ist eine Registrierung bei der britischen Zollbehörde zur Vergabe der GB-EORI-Nummer erforderlich, die für elektronische Zollanmeldungen über CHIEF oder CDS genutzt wird. Für Warensendungen Nordirland betreffen, ist zusätzlich eine XI-EORI-Nummer zu beantragen (www.gov.uk/eori). Für Lebens- und Genussmittel wie Wasser, Brot, Fisch, Honig, Milchprodukte oder Zucker gel-

* United Kingdom of Great Britain and Northern Ireland (mit den Inseln Alderney, Guernsey, Jersey, Man und Sark) und den Pitcairninseln

ten spezielle Etikettierungs- und Verpackungsvorgaben; seit 1. Januar 2024 sind britische Kontaktdaten auf der Verpackung Pflicht. Der Handel mit alkoholischen Getränken verlangt die Registrierung im Alcohol Wholesaler Registration Scheme (AWRS), das auch Weinimporte umfasst. Spirituosen, Weine und Weinbauerzeugnisse unterliegen besonderen Qualitäts- und Kennzeichnungsanforderungen, überwacht durch DEFRA, die Food Standards Agency und die Trading Standards Departments. Alkohol- und Tabakwaren müssen mit Fiskalmarken versehen werden; zuständig ist HM Revenue Customs (HMRC).

Die Einfuhr von Waren in das Vereinigte Königreich erfolgt über den Customs Declaration Service (CDS). Einfuhrgenehmigungen sind nur für bestimmte Güter wie Medizinprodukte, Arzneimittel, Vorläuferchemikalien, Waffen und Munition erforderlich. Seit dem 31. Januar 2025 müssen bei Importen aus der EU Safety & Security-Erklärungen über S & S GB abgegeben werden.

1.3 Verpackung

Die Packaging Essential Requirements Regulations regeln die Rückführung und Begrenzung von Verpackungsabfällen sowie Grenzwerte für Schwermetalle. Eine Kennzeichnung mit dem Grünen Punkt ist freiwillig; sie setzt eine Registrierung bei ValPak Ltd. in Stratford-upon-Avon und die Zahlung einer Lizenzgebühr voraus. Für Holzverpackungen gilt der internationale Pflanzenschutzstandard ISPM Nr. 15 der IPPC.

1.4 Markierung

Keine Verpflichtung.

1.5 Mustersendungen

Muster, die keinen Handelswert haben, sind zollfrei. Unbrauchbarmachung für den Verkauf, unveränderliche Kennzeichnung („Sample, not for sale“) und angemessene Menge sind Voraussetzung. Zuständige Behörde ist die Einheit für nationale Einfuhrerleichterungen (National Imports Reliefs Unit). Vorübergehende Einfuhr mit Carnet A.T.A.

2 Dokumente

2.1 Seefrachten

Seehäfen: Dover, Edinburgh (Schottland), Felixstowe, Immingham, Liverpool, London, Milford Haven (Wales), Southampton, Teesport

2.1.1 Konnossemente

Voller Satz Konnossemente, Aufmachung an Order möglich, bedürfen keiner Beglaubigung.

2.1.2 Handelsrechnungen

Die Rechnung muss neben den üblichen Angaben (Rechnungsnummer, Ort und Datum der Ausstellung, Versand- und Lieferinformationen, Menge der Ware, Marke, Nummer, Anzahl und Art der Packstücke, Name und Anschrift des Empfängers, Brutto-/Nettogewichte, genaue Warenbezeichnungen, HS-Codes, Inlandsfracht, Wert der Rechnung (auch in netto), Währung, Einzel-/Gesamtpreise, Skonto, Transportkosten und weitere Kosten wie etwa für Lagerung, Reparaturen und Versicherungen) auch die Angabe des Ursprungslandes enthalten.

Ggf. wird eine Übersetzung ins Englische gefordert.

2.1.3 Ursprungszeugnisse

Ursprungszeugnis nur auf Anforderung. „Federal Republic of Germany (European Union)“ oder „European Union“.

2.1.4 Warenverkehrsbescheinigung

Ausstellung von Präferenzursprungsnachweisen mit Selbstzertifizierungssystem. Laut Freihandelsabkommen keine Warenverkehrsbescheinigung. Eine Ursprungserklärung ist ab der Ausstellung 2 Jahre gültig. Bei Gesamtwert über 6.000 Euro besteht Registrierungspflicht als registrierter Ausführer (REX) und Angabe der REX-Nummer. Warenursprung bei Gesamtwert der Sendung unter 6.000 Euro durch eine Erklärung[1)] zum Ursprung auf den Handelspapieren mit dem folgenden Wortlaut:

„(Period: from ____ to ______)[2)]

1) Ursprungserklärung in weiteren Sprachen s. Kap. Verbringung von Waren aus dem Zollgebiet der Union – Ausfuhr nach dem UZK

2) Wird die Erklärung zum Ursprung für Mehrfachsendungen identischer Ursprungserzeugnisse im Sinne des Artikels 56 Absatz 4 b) dieses Abkommens ausgefüllt, ist die Geltungsdauer (darf 12 Monate nicht überschreiten, alle Einfuhren müssen in diesem Zeitraum erfolgen) der Erklärung zum Ursprung anzugeben. Dieses Feld nicht befüllen, wenn die Angabe eines Zeitraumes nicht zutreffend ist.

The exporter of the products covered by this document (Exporter Reference No ...)[3] declares that, except where otherwise clearly indicated, these products are of ...[4] preferential origin."

Ort, Datum, Unterschrift. Der Name des Unterzeichnenden ist in Druckbuchstaben zu wiederholen.

2.1.5 Gesundheitszeugnisse

Veterinärbescheinigungen (Export Health Certificates) für Tiere und Pflanzengesundheitszeugnisse für Pflanzen und deren Erzeugnisse erforderlich. Einholung durch Exporteur der Waren bei der zuständigen Behörde, dann Übermittlung einer elektronischen Kopie an den Importeur. Der Importeur lädt die elektronische Kopie bei der Voranmeldung in IPAFFS hoch. Das Original verbleibt bei der Warensendung. Vordrucke bei den britischen Behörden.

2.2 Eisenbahnverkehr

2.2.1 Frachtbrief

a) für Güter: Ein internationaler Frachtbrief für Frachtgut oder Eilgut;
b) für Expressgut: Ein internationaler Expressgutschein. Internationale Zollanmeldungen sind nicht erforderlich.

2.2.2

Siehe unter Seefrachten 2.1.2–2.1.5.

2.3 Luftfrachten

Zollflughäfen: Aberdeen (ABZ), Belfast (BFS), Birmingham (BHX), Blackpool, Bournemouth, Bristol (BRS), Cambridge, Cardiff, Coventry, Durham Tees Valley, East Midlands (EMA), Edinburgh (EDI), Exeter, Glasgow (GLA), Guernsey (GCI), Hull, Jersey (JER), Isle of Man, Leeds, Liverpool (LPL), London (LON), Luton, Manchester (MAN), Manston, Newcastle (NCL), Norwich (NWI), Southhampton (SOU) u.a.

2.3.1 Luftfrachtbrief

Eine Ausfertigung des Luftfrachtbriefes.

3) Eintrag der Referenznummer, zur Identifiezierung des Ausführers; nur falls diesem eine Nummer zugeteilt worden ist.
4) Angabe des Ursprungs (Union oder Vereinigtes Königreich)

2.3.2

Siehe unter Seefrachten 2.1.2–2.1.5.

2.4 Postverkehr

2.4.1 Paketkarte

Zollinhaltserklärung (zweifach, Englisch), Höchtgewicht: 31,5 kg, Vertragskunden: 30 kg. Sendungen auf die Kanalinseln dürfen höchstens 30 kg haben. Drei Zollinhaltserklärungen sind außerdem erforderlich.

2.4.2

Siehe unter Seefrachten 2.1.2–2.1.5.

3 Adressen

Auslandshandelskammer

Deutsch-Britische Industrie- und Handelskammer
German-British Chamber of Industry and Commerce
16 Buckingham Gate, Westminster
London SW1E 6LB
Tel.: +44 2079764100
Fax: +44 2079764101
E-Mail: mail@ahk-london.co.uk
www.grossbritannien.ahk.de

Konsulate

Die Konsulatsadressen finden Sie jeweils mit Telefonnummer, E-Mail-Adresse, Homepage und Öffnungszeiten unter:
https://www.auswaertiges-amt.de/de/service/laender.

4 Sonstiges

Kraftfahrzeugländerkennzeichen: GB
Alderney: GBA, Guernsey: GBG
Jersey: GBJ, Isle of Man: GBM

Guam (USA-Territorium)

Guam Uninecorporated – territory of the USA

1 Allgemeine Informationen

1.1 Kurzinfos

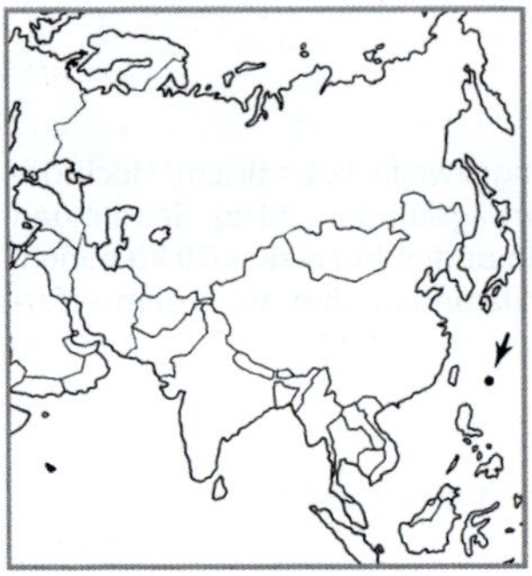

Landesvorwahl: +671

MEZ: +9 Std.

Englisch

1 US-Dollar $ (US-$) = 100 Cents (ISO-Code: USD)

Harmonisiertes System

Feiertage: Die Feiertage zu diesem Land finden Sie unter folgendem Link: https://www.timeanddate.de/feiertage/.

2 Dokumente

Es gelten die Bestimmungen der **Vereinigten Staaten von Amerika**. Importgenehmigungen sind u.a. für Obst und Gemüse notwendig. Eine Zollinhaltserklärung, Englisch. Höchstgewicht: 20 kg, Vertragskunden 30 kg.

2.1 Seefrachten

Seehafen: Apra Habor

2.2 Luftfrachten

Zollflughafen: A.B. Won Pat International

3 Sonstiges

Bitte beachten: „Self-governing Incorporated Territory" der USA seit 1982. Einkammerparlament mit 15 Abgeordneten. Der Vertrag von Guam (1950) gewährt interne Selbstbestimmung. Die Inselbewohner sind amerikanische Staatsbürger ohne Präsidentschaftswahlrecht. Die Insel steht unter der Verwaltung des amerikanischen Innenministeriums und entsendet einen alle zwei Jahre gewählten Delegierten in das Repräsentantenhaus nach Washington. Englisch ist Amtssprache. Chamorro und Japanisch werden ebenfalls gesprochen.

Länder(-gruppen)kurzbezeichnung für bes. Zollsätze im Europäischen Zolltarif: SPGL

1 Allgemeine Informationen

1.1 Kurzinfos

Landesvorwahl: +502

MEZ: -7 Std.

Spanisch

1 Quetzal (Q) = 100 Centavos (ISO-Code: GTQ)

Nach AWG frei vereinbar Devisenbestimmungen von Guatemala beachten

Harmonisiertes System

Mitglied

Feiertage: Die Feiertage zu diesem Land finden Sie unter folgendem Link: https://www.timeanddate.de/feiertage/.

1.2 Einfuhr aus der Bundesrepublik

Es besteht ein Assoziationsabkommen zwischen Zentralamerika und der EU. Der Import ist weitgehend liberalisiert.

Für manche Waren gilt der Nachweis, dass nationale Normen eingehalten werden und Konformitätserklärungen sind erforderlich. Darüber wacht die Normenkommission COGUANOR (Guatemalan Standards Commission).

Genehmigungen sind u.a. erforderlich für Tiere, tierische Erzeugnisse, Pflanzen, pflanzliche Erzeugnisse, Medikamente, Hygieneartikel, Kosmetika, Nahrungsmittel sowie Nahrungsmittelzusätze. Für kosmetische, hygienische und medizinische Produkte, verarbeitete Nahrungsmittel und Rohstoffe sowie Nahrungsmittelzusätze und für Dünger und Pestizide gilt darüber hinaus Registrierungspflicht. Außerdem müssen bei Medikamenten Verpackungsvorschriften beachtet werden. Freiverkäuflichkeitsbescheinigungen können gefordert sein. Rücksprache mit dem Importeur empfehlenswert.

Etikettierungsvorschriften gelten auch für abgepackte Lebensmittel und Alkohol. Gesundheitsgefährdende Warnung auf Zigarettenschachteln ist erforderlich. Eine Registrierungspflicht besteht auch für Importeure, die Waldprodukte einführen möchten. Für Textilien gelten die Bestimmungen des Textilverbandes VESTEX (Comisión de Vestuario y Textil).

Bitte beachten: Für einige Waren, z.B. Feuerwerk und FCKW-haltige Produkte, bestimmte Pestizide, Saaten und bestimmte gebrauchte Pkw, besteht ein Einfuhrverbot.

1.3 Verpackung

Für Holzverpackungen gelten die Regelungen der ISPM Nr. 15.

1.4 Markierung

Medikamente, Kosmetika und vorverpackte Nahrungsmittel sowie Düngemittel und Pestizide benötigen eine Ursprungskennzeichnung. Gefahrgut muss mit Warnhinweisen zu explosivem oder entzündlichem Inhalt gekennzeichnet sein.

1.5 Mustersendungen

Muster und Warenproben, die keinen Handelswert haben und für den Verkauf unbrauchbar gemacht wurden, werden zollfrei abgefertigt. Werden geringfügige Mengen von Produkten für Versuche als Kostproben etc. eingeführt, können auch diese zollfrei importiert werden.

2 Dokumente

2.1 Seefrachten

Seehäfen: Puerto Santo Tomás de Castilla, Quetzal

2.1.1 Konnossemente

Voller Satz Konnossemente in Spanisch. Aufmachung an Order mit Notify-Adresse vorgeschrieben.

2.1.2 Handelsrechnungen

Handelsfaktura in Spanisch oder Englisch. Handelsrechnung mit den üblichen Inhalten, wie z.B. Namen und Adressen des Empfängers und Absenders, Ausstellungsort/-datum, genaue Produktbezeichnung (Marke, Modell, Typ), Mengen, Einzel-/ Gesamtwert der Ware, Liefer- und Zahlungsbedingungen. Abkürzungen oder Codes müssen erklärt werden.

2.1.3 Ursprungszeugnisse

Ursprungszeugnisse bei der Einfuhr von Pflanzen und pflanzlichen Erzeugnissen, Tieren und tierischen Erzeugnissen sowie Tierfutter notwendig oder auf Anforderung durch den Importeur.

2.1.4 Warenverkehrsbescheinigung

EUR.1 bzw. Präferenzursprungsnachweis, für Erzeugnisse, die unter die im Assoziationsabkommen der EU mit Guatemala vereinbarte „Ursprungsregelung" fallen. Die EUR.1 (einfach) für Warensendungen mit einem Wert über € 6 000,– (Ausstellung durch Zollstelle nach Ausfüllen durch Exporteur). Für Sendungen mit einem Wert bis zu € 6 000,– ist vom Ausführer die folgende Erklärung[1], die als Präferenz-Ursprungsnachweis gilt, in eines der Handelspapiere aufzunehmen:

„El exportador de los productos incluidos en el presente documento (autorización aduanera n° …)[2] declara que, salvo indicación en sentido contrario, estos productos gozan de un origen preferencial …"

Ort, Datum, Unterschrift; der Name des Unterzeichnenden ist in Druckbuchstaben zu wiederholen. Ursprungswaren aus Ceuta und Melilla sind deutlich mit „CM" zu kennzeichnen.

2.1.5 Gesundheitszeugnisse

Für lebende Tiere, tierische Erzeugnisse, Pflanzen und pflanzliche Erzeugnisse wird ein Gesundheitszeugnis verlangt. Lebensmittel sowie Rohstoffe und weitere Zusätze, die für den menschlichen Konsum bestimmt sind, benötigen ebenfalls ein Gesundheitszeugnis. Für tierische Erzeugnisse ist außerdem ein Analysenzertifikat vorzuweisen.

1) Ursprungserklärung in weiteren Sprachen, s. Kapitel Hinweise Warenursprung Präferenzen.
2) Eintrag der Bewilligungsnummer, falls die Erklärung von einem ermächtigten Ausführer erstellt wird.

2.2 Luftfrachten

Zollflughafen: Ciudad de Guatemala

2.2.1 Luftfrachtbrief

Eine Ausfertigung des Luftfrachtbriefes, Legalisierung nicht erforderlich.

2.2.2 Handelsrechnungen

Handelsfaktura (dreifach) ohne Beglaubigung und Legalisierung.

2.2.3

Siehe unter Seefrachten 2.1.3–2.1.5.

2.3 Postverkehr

2.3.1 Paketkarte

Eine oder zwei Zollinhaltserklärungen CN 23 in Spanisch (abhängig von Gewicht und Abmessungen des Pakets). Höchstgewicht: 31,5 kg, Vertragskunden: 30 kg.

2.3.2

Siehe unter Seefrachten 2.1.2–2.1.5. Legalisierung ist nicht erforderlich.

3 Konsulatsgebühren

Konsulatsgebühren in US-Dollar

– Gesundheitszeugnisse, etc.	10,-
– Analysen- und Qualitätszertifikate, Ursprungszeugnisse	10,-
– Unterschriften (Verträge, Vollmachten etc.)	10,-
– Handelsrechnung, pro Satz, (falls erforderlich)	10,-
– Kopien (falls erforderlich)	10,-
– Carta de Corrección, pro Satz Die Carta de Corrección muss vor Ankunft des Schiffes in Guatemala beim Konsulat eingereicht werden.	10,-
– Kopien-Legalisierung, Copia Certificada de Documento (bei verloren gegangenen Dokumenten nach Legalisierung)	10,-

Die Gebühren sind vorab zu überweisen (möglichst in der Zeit vom 1. bis 25. eines Monats) und der Beleg ist den Unterlagen beizulegen. Vor Einreichung der Originaldokumente beim guatemalischen Konsulat müssen sämtliche Dokumente bei den zuständigen Behörden vorbeglaubigt werden (nur als Kopien einreichen). Den Fotokopien der beglaubigten Dokumente und den Originaldokumenten ist bei der Einreichung im guatemaltekischen Konsulat ein frankierter und adressierter Rückumschlag als Einschreiben mit Rückschein beizufügen.

4 Adressen

Auslandshandelskammer

Deutsch-Guatemaltekische Industrie- und Handelskammer
Cámara de Comercio e Industria Guatemalteco-Alemana
Postanschrift:
Apartado Postal 1163
09901 Guatemala, C. A.
Büroanschrift:
6a Avenida 20–25, Zona 10
Edificio Plaza Maritima, 3er Nivel, of 3-3
01010 Guatemala, C.A.
Tel.: +502 23336036
Fax: +502 23682971
E-Mail: eventos@ahk.gt
zakk.ahk.de/de/guatemala

Konsulate

Die Konsulatsadressen finden Sie jeweils mit Telefonnummer, E-Mail-Adresse, Homepage und Öffnungszeiten unter:
https://www.auswaertiges-amt.de/de/service/laender.

5 Sonstiges

Länder(-gruppen)kurzbezeichnung für bes. Zollsätze im Europäischen Zolltarif: SPGE
Kraftfahrzeugländerkennzeichen: GCA
Bezeichnung der Staatsangehörigen:
Guatemalteke bzw. Guatemaltekin

Guinea

République de Guinée

1 Allgemeine Informationen

1.1 Kurzinfos

Landesvorwahl: +224

MEZ: –1 Std.

Französisch

1 Guinea-Franc (F.G.) = 100 Cauris (ISO-Code: GNF)

Nach AWG frei vereinbar Devisenbestimmungen von Guinea beachten

Harmonisiertes System

Mitglied

Feiertage: Die Feiertage zu diesem Land finden Sie unter folgendem Link: https://www.timeanddate.de/feiertage/.

1.2 Einfuhr aus der Bundesrepublik

Mitglied des Abkommens EU-AKP. Abkommen über wirtschaftliche und technische Zusammenarbeit besteht. Es ist ratsam – da sämtliche Importe in Guinea lizenzpflichtig sind – sich zu vergewissern, ob der Importeur über eine Lizenz verfügt. Lizenzen gelten 6 Monate, wobei der Versand der Ware vor Ablauf erfolgt sein muss. Importieren kann nur, wer registriert ist.

Über die Einhaltung von Normen und Standards wacht das Institut Guinéen de Normalisation et de Métrologie (IGNM). Besondere Anforderungen gelten an Fahrzeuge: Rechtslenkung ist verboten, gebrauchte Fahrzeuge müssen mindestens der Abgasnorm Euro-4 entsprechen und dürfen maximal fünf Jahre alt sein. Importe neuer Ersatz- und Zubehörteile für Busse, Lkw, Motorräder und dreirädrige Fahrzeuge sind von der Mehrwertsteuer befreit.

Bitte beachten: Es bestehen personenbezogene Sanktionsmaßnahmen und Ausfuhrbeschränkungen (www.bafa.de/DE/Home/home_node.html).

1.3 Verpackung

Es dürfen nur Verpackungsstoffe verwendet werden, die nicht Träger irgendwelcher Krankheitskeime sein können. Es ist möglich, dass ein Gesundheitszeugnis vorzulegen ist.

1.4 Markierung

Empfohlen: „Importé d'Allemagne".

1.5 Mustersendungen

Muster ohne Handelswert sind zollfrei.

2 Dokumente

2.1 Seefrachten

Seehafen: Conakry, Kamsar

2.1.1 Konnossemente

Voller Satz Konnossemente, keine Beglaubigung. Order-B/L zulässig, dann jedoch mit Notify-Adresse.

2.1.2 Handelsrechnungen

Handelsrechnung (dreifach) in Französisch. Die Rechnung muss folgende Angaben enthalten: den Namen des Exporteurs, Importeurs und Empfängers, Marke, Nummern, Anzahl und Art der Packstücke, Brutto-/Nettogewichte, genaue Warenbezeichnungen, Lieferbedingungen, Ursprungsland, HS-Codes, Mengen, Ort und Datum der Ausstellung sowie Einzelpreise, Gesamt-fob- und cif-Wert und auch Nachlässe, wie z.B. Rabatte. Am Schluss muss folgende Erklärung abgegeben werden: „Nous certifions que les marchandises dénommées dans cette facture sont de fabrication et d'origine de la République Fédérale d'Allemagne."

2.1.3 Ursprungszeugnisse

Ursprungszeugnis mit der Angabe „République Fédérale d'Allemagne (Union Européenne)" nur auf Anforderung.

2.1.4 Warenverkehrsbescheinigung

Warenverkehrsbescheinigung bzw. Präferenz-Ursprungsnachweis in einem der Handelspapiere nicht erforderlich.

2.1.5 Gesundheitszeugnisse

Gesundheitszeugnis ist erforderlich für Pflanzen und Pflanzenteile, Dünger, Samen, Kompost, Erde und Verpackungen aus diesen Stoffen, ausgestellt von der zuständigen amtlichen Pflanzenschutzstelle (https://pflanzengesundheit.julius-kuehn.de/).

Ein amtliches Veterinärzeugnis ist erforderlich bei lebenden Tieren, frischem oder konserviertem (durch Kühlung) Fleisch oder Häuten.

2.1.6 Electronic Cargo Tracking Note

Electronic Cargo Tracking Note (ECTN, frz. Bordereau Électronique de Suivi des Cargaisons – BESC) für Warensendungen vor Verladung nach Guinea erforderlich, bei Nichtvorliegen fallen hohe Geldzahlungen an und keine Abfertigung ist möglich. Die ECTN-Nummer muss im B/L und im Manifest vermerkt werden. Von der Regierung mit dem Verfahren beauftragt ist das Unternehmen Catalyst Business Solutions https://public.ectn-besc-gn.com. Ansprechpartner ist: M + S Mehrtens & Schwickerath GmbH in 28195 Bremen, Tiefer 4, Tel.: 0421 363080, Fax: 0421 3630855, E-Mail: agency@msbre.com, www.shipagent.de.

2.2 Luftfrachten

Zollflughäfen: Conakry, Kamsar

2.2.1 Luftfrachtbrief

Eine Ausfertigung des Luftfrachtbriefes.

2.2.2

Siehe unter Seefrachten 2.1.2–2.1.6.

2.3 Postverkehr

2.3.1 Paketkarte

Zwei Zollinhaltserklärungen CN 23, Französisch. Höchstgewicht: 31,5 kg, Vertragskunden: 30 kg.

2.3.2

Siehe unter Seefrachten 2.1.2–2.1.6.

3 Adressen

Konsulate

Die Konsulatsadressen finden Sie jeweils mit Telefonnummer, E-Mail-Adresse, Homepage und Öffnungszeiten unter:
https://www.auswaertiges-amt.de/de/service/laender.

4 Sonstiges

Länderkurzbezeichnung gemäß Präferenzrecht (Lieferantenerklärung): AKP
Länder(-gruppen)kurzbezeichnung für bes. Zollsätze im Europäischen Zolltarif: SPGA
Bezeichnung der Staatsangehörigen:
Guineer bzw. Guineerin

Guinea-Bissau

República da Guiné-Bissau –
Republic of Guinea-Bissau

1 Allgemeine Informationen

1.1 Kurzinfos

Landesvorwahl: +245

MEZ: –1 Std.

Portugiesisch, Französisch, Englisch

1 CFA-Franc = 100 Centimes (ISO-Code: XOF)

Nach AWG frei vereinbar Devisenbestimmungen von Guinea-Bissau beachten

Harmonisiertes System

Mitglied

Feiertage: Die Feiertage zu diesem Land finden Sie unter folgendem Link: https://www.timeanddate.de/feiertage/.

1.2 Einfuhr aus der Bundesrepublik

Seit 1.7.1975 Mitglied des Abkommens EU-AKP. Für alle Einfuhren sind Importlizenzen erforderlich, die 120 Tage gelten, innerhalb derer die Ware verzollt sein muss. Es ist ratsam, sich zu vergewissern, dass der Importeur über eine Lizenz verfügt. Gebrauchte Fahrzeuge müssen mindestens der Abgasnorm Euro-4 entsprechen und dürfen maximal fünf Jahre alt sein.

Bitte beachten: Zur Zeit der Drucklegung bestanden von Seiten der EU Ausfuhrbeschränkungen und Finanz-Sanktionen gegen bestimmte Personen, Organisationen und Einrichtungen (www.bafa.de/DE/Home/home_node.html).

1.3 Markierung

Empfohlen: „Importé d'Allemagne".

1.4 Verpackung

Auf widerstandsfähige und gute Verpackungen achten.

1.5 Mustersendungen

Muster, die keinen Handelswert haben, sind zollfrei. Zollpflichtige Muster, die als „Warenproben" versandt werden, müssen den grünen Zollzettel tragen.

2 Dokumente

2.1 Seefrachten

Seehafen: Bissau

2.1.1 Konnossemente

Voller Satz Konnossemente. Aufmachung an Order möglich, dann jedoch mit Notify-Adresse. Keine Beglaubigung.

2.1.2 Handelsrechnungen

Handelsrechnung (vierfach) in Portugiesisch, Englisch oder Französisch. Die Rechnung muss die üblichen Angaben (Name des Exporteurs und Importeurs und Empfängers, Marke, Nummern, Anzahl und Art der Packstücke, Brutto-/Nettogewichte, genaue Warenbezeichnungen, Lieferbedingungen, Ursprungsland, HS-Codes, Mengen, Ort und Datum der Ausstellung sowie Einzelpreise, Gesamt-fob- und cif-Wert und auch Nachlässe, wie z.B. Rabatte) sowie die Nummer der Importlizenz, deren Ausstellungs- und Gültigkeitsdatum enthalten. Am Schluss ist folgende Erklärung zu unterschreiben: „Confirmamos que as mercadorias indicadas nesta factura são de origem da República Federal da Alemanha." Bescheinigung der Handelskammer (vierfach) erforderlich.

2.1.3 Ursprungszeugnisse

Ursprungszeugnis mit der Angabe „República Federal da Alemanha (União Europaia)" auf Anforderung.

2.1.4 Warenverkehrsbescheinigung

Warenverkehrsbescheinigung bzw. Präferenz-Ursprungsnachweis in einem der Handelspapiere nicht erforderlich.

2.1.5 Electronic Cargo Tracking Note

Die Beantragung einer elektronischen Cargo Trakking Note ECTN (Certificado Electrónico de Embarque C.E.E.) bzw. BESC (Bordereau Èlectronique de Suivi des Cargaisons für Importe ist verpflichtend, denn ansonsten können hohe Bußgelder entstehen und keine Abfertigung ist möglich. Zuständig sind: ASA Afrika Service Schiffahrts-Agentur GmbH in 20095 Hamburg, Ferdinandstr. 47, Tel.: 040 339281, Fax: 040 339282, E-Mail: asa@hamburg.asa-services.net, (http://www.asa-services.net/) oder M + S Mehrtens & Schwickerath GmbH in 28195 Bremen, Tiefer 4, Tel.: 0421 363080, Fax: 0421 3630855, E-Mail: agency@msbre.com, www.shipagent.de.

2.1.6 Gesundheitszeugnisse

Tiere oder deren Erzeugnisse benötigen ein Veterinärzeugnis. Für Pflanzen und deren Erzeugnisse ist ein pflanzliches Gesundheitszeugnis (https://pflanzengesundheit.julius-kuehn.de) erforderlich.

2.2 Luftfrachten

Zollflughafen: Bissau

2.2.1 Luftfrachtbrief

Eine Ausfertigung des Luftfrachtbriefes.

2.2.2

Siehe unter Seefrachten 2.1.2–2.1.6.

2.3 Postverkehr

2.3.1 Paketkarte

Zwei Zollinhaltserklärungen CN 23 in Portugiesisch oder Französisch. Höchstgewicht: 20 kg, Vertragskunden: 30 kg. Ausführung des Paketdienstes nur durch folgende Postämter: Batatá, Bissau, Bolama, Cacheú, Canchungo, Farim. Bei Paketen nach anderen Orten ist zusätzlich der nächstgelegene dieser Orte zu vermerken.

2.3.2

Siehe unter Seefrachten 2.1.2–2.1.6.

3 Adressen

Vertretungen

Die Vertretungen jeweils mit Telefonnummer, E-Mail-Adresse, Homepage und Öffnungszeiten finden Sie unter:
https://www.auswaertiges-amt.de/de/service/laender/guineabissau-node/guineabissau/220334.

4 Sonstiges

Länderkurzbezeichnung gemäß Präferenzrecht (Lieferantenerklärung): AKP
Länder(-gruppen)kurzbezeichnung für bes. Zollsätze im Europäischen Zolltarif: SPGA
Bezeichnung der Staatsangehörigen:
Guinea-Bissauer bzw. Guinea-Bissauerin

Guyana

Cooperative Republic of Guyana

1 Allgemeine Informationen

1.1 Kurzinfos

Landesvorwahl: +592

MEZ: –4 Std.

Englisch

1 Guyana-Dollar (G$) = 100 Cents (ISO-Code: GYD)

Nach AWG frei vereinbar Devisenbestimmungen von Guyana beachten

Harmonisiertes System

Mitglied

Feiertage: Die Feiertage zu diesem Land finden Sie unter folgendem Link: https://www.timeanddate.de/feiertage/.

1.2 Einfuhr aus der Bundesrepublik

Für bestimmte Produkte wie Lebensmittel, Medikamente, Kosmetika, Pflanzen, Tiere, Waffen, Munition, Erdöl und Chemikalien ist eine Einfuhrgenehmigung erforderlich. Zuständig sind je nach Produktart verschiedene Behörden, darunter das Wirtschafts-, Gesundheits- und Agrarministerium sowie Polizei-, Energie- und Umweltbehörden. Lebensmittel, Kosmetika und Medizinprodukte müssen den nationalen Standards entsprechen. Neben Genehmigungen sind oft Zertifikate wie Analysenberichte, Herstellererklärungen oder Freiverkäuflichkeitsbescheinigungen erforderlich. Importierende Unternehmen müssen sich registrieren lassen.

Erdölimporte erfordern Genehmigungen für Einfuhr, Lagerung und Vertrieb. Produkte mit ozonschädigenden Stoffen dürfen nur im Rahmen festgelegter Kontingente von registrierten Importeuren eingeführt werden. Für Pestizide und toxische Substanzen gelten strenge Zulassungs- und Registrierungspflichten. Waffen, Munition und bestimmte Labor- oder Bergbauchemikalien benötigen zusätzlich eine Handelslizenz. Produkte wie Fleisch, Fisch, pharmazeutische und pflanzliche Erzeugnisse benötigen zusätzlich Gesundheits- oder Pflanzengesundheitszeugnisse. Tierische Waren und Biopharmazeutika für den Veterinärbereich unterliegen speziellen Vorschriften der Viehbehörde. Fischereiprodukte müssen bei der Veterinärabteilung angemeldet werden.

Einfuhrverbote gelten u.a. für Falschgeld, ungeeignete Lebensmittel, obszöne Artikel, bestimmte Chemikalien, Rasierpinsel, gefälschte Briefmarken, bestimmte Geflügelprodukte sowie gebrauchte Reifen und Fahrzeuge, sofern sie nicht den vorgeschriebenen Bedingungen entsprechen. Telekommunikationsgeräte benötigen eine Typzulassung. Flugzeuge müssen nationale und internationale Lufttüchtigkeitsstandards erfüllen.

Bitte beachten: Produkte, deren Einfuhr verboten ist, sind im „Merchandise Marks Act" nachzulesen.

1.3 Verpackung

Die Verpackung sollte stabil, wasserdicht und widerstandsfähig sein und die Ware vor Feuchtigkeit und anderen möglichen Beschädigungen schützen. Für Holzverpackung finden die Regelungen des ISPM Nr. 15 Anwendung. Verpackungen von Artikeln, die einen betrügerischen oder irreführenden Eindruck vermitteln können, sind verboten.

1.4 Markierung

Alle Importwaren müssen das Ursprungsland angeben; täuschende Ursprungskennzeichnungen sind verboten. Erforderlich sind Absender, Empfänger und Netto- sowie Bruttogewicht, jedes Packstück ist fortlaufend zu nummerieren. Flüssigkeitsverpackungen müssen Mengen in Gallonen und Alkoholgehalt in Litern ausweisen, alle Angaben sind auf Englisch anzubringen. Für bestimmte Produkte wie Lebensmittel, Chemikalien, Kosmetika, Elektrogeräte, Textilien, Möbel und ähnliche Waren gelten besondere Kennzeichnungspflichten; Zigarettenpackungen müssen Warnhinweise tragen. Ergänzende Verpackungs- und Deklarationsvorgaben bestehen durch die GNBS und die regionale Standardisierungsbehörde CROSQ.

1.5 Mustersendungen

Muster ohne Handelswert sind zollfrei. Die Ausfuhr muss spätestens nach drei Monaten erfolgen.

2 Dokumente

2.1 Seefrachten

Seehäfen: Bartica, Georgetown, Linden, New Amsterdam, Parika

2.1.1 Konnossemente

Voller Satz Konnossemente, Order-Bs/L zugelassen (dann jedoch mit Notify-Adresse); Beglaubigung nicht erforderlich.

2.1.2 Handelsrechnungen

Handelsrechnungen zweifach in Englisch. Die Rechnung muss den Anforderungen einer CARICOM-Invoice entsprechen. Die Rechnung muss neben den üblichen Angaben (Namen und Adressen von Käufer und Verkäufer, Rechnungsdatum und -nummer) auch die Auftragsnummer (Customer's Order no.), Transportmittel, den Namen des Schiffes und den Verschiffungshafen bzw. Fluggesellschaft und Flugnummer, Ursprungsland, Marke, Art, Anzahl und Nummern und Größe (in Kubikmeter) der Packstücke, exakte Warenbezeichnungen (z.B. Bezeichnung, Menge, Wert, Preise) endgültiges Bestimmungsland, Angabe der das Geschäft abwickelnden Bank, Liefer- und Zahlungsbedingungen, Währung, Rabatte, Verpackungskosten sowie Brutto- und Nettogewichte enthalten. Kosten für Fracht, Verpackung und andere Kosten sind getrennt aufzuführen. Bei Rabattgewährung ist die Art des Rabattes anzugeben. Am Schluss folgende Erklärung abgeben: „It is hereby certified that this invoice shows the actual price of the goods described, that no other invoice has been or will be issued and that all particulars are true and correct." Keine Faksimile-Unterschriften.

2.1.3 Ursprungszeugnisse

Ursprungszeugnis nur für pflanzliche Produkte und Pflanzen (Washingtoner Artenschutzabkommen) oder wenn es vom Importeur verlangt wird.

2.1.4 Warenverkehrsbescheinigung

Warenverkehrsbescheinigungen EUR.1 für Warensendungen über € 6 000,–, die unter die zwischen den CARIFORUM-Staaten mit der EU getroffene „Ursprungsregelung" fallen (werden durch die zuständige Zollstelle ausgestellt); für Sendungen bis zum Wert von € 6 000,– ist in den Papieren folgende Erklärung[1] als Präferenz-Ursprungsnachweis aufzunehmen:

„The exporter of the products covered by this document (customs authorisation No ...)[2] declares that, except where otherwise clearly indicated, these products are of ... preferential origin."

Ort, Datum, Unterschrift. Der Name des Unterzeichners ist in Druckbuchstaben zu wiederholen. Ursprungserzeugnisse aus Ceuta oder Melilla sind mit „CM" zu kennzeichnen.

2.1.5 Packlisten

Enthält die Handelsrechnung keine genaue Übersicht über die Versandstücke, deren Inhalte, Marke, Nummern, Maße, Gewichte etc., sind Packlisten beizufügen.

2.1.6 Gesundheitszeugnisse

Gesundheitszeugnis für Biopharmazeutika für den tierärztlichen Gebrauch, Tiere und tierische Erzeugnisse. Ein phytosanitäres Zertifikat wird für Pflanzen, pflanzliche Produkte und Düngemittel benötigt. Quarantänebestimmungen können erforderlich sein.

2.2 Luftfrachten

Zollflughafen: Georgetown, New Amsterdam

2.2.1 Luftfrachtbrief

Eine Ausfertigung des Luftfrachtbriefes.

1) Ursprungserklärung in weiteren Sprachen, s. Kapitel Hinweise Warenursprung Präferenzen
2) Eintrag der Bewilligungsnummer, falls die Erklärung von einem ermächtigten Ausführer erstellt wird.

2.2.2

Siehe unter Seefrachten 2.1.2–2.1.6.

2.3 Postverkehr

2.3.1 Paketkarte

Eine Zollinhaltserklärung CN 23, Englisch. Höchstgewicht 20 kg.

2.3.2

Siehe unter Seefrachten 2.1.2–2.1.6.

3 Adressen

Konsulat

Zuständig ist die Botschaft Guyanas in
B-1200 Brüssel
Boulevard Brand Whitlock 114, 3rd Floor
Tel.: +32 26756216
Fax: +32 26725598
Mo.–Fr. 9.30–17.30 Uhr
E-Mail: info@embassyofguyana.be
www.embassyofguyana.be

4 Sonstiges

Länderkurzbezeichnung gemäß Präferenzrecht (Lieferantenerklärung): AKP/CAF

Länder(-gruppen)kurzbezeichnung für bes. Zollsätze im Europäischen Zolltarif: LOMA/SPGL/CAF

Kraftfahrzeugländerkennzeichen: GUY

République d'Haïti

Haiti

1 Allgemeine Informationen

1.1 Kurzinfos

Landesvorwahl: +509

MEZ: -6 Std.

Englisch, Französisch

1 Gourde (Gde) = 100 Centimes (ISO-Code: HTG)

Nach AWG frei vereinbar Devisenbestimmungen von Haiti beachten

Harmonisiertes System

Mitglied

Feiertage: Die Feiertage zu diesem Land finden Sie unter folgendem Link: https://www.timeanddate.de/feiertage/.

1.2 Einfuhr aus der Bundesrepublik

Das Agrarministerium genehmigt die Verbringung von Tieren, tierischen Erzeugnissen, Pflanzen, pflanzlichen Waren und Nahrungsmitteln. Artikel mit Veterinärzeugnis oder Phytosanitätszeugnis durchlaufen eine Quarantäne am Einfuhrhafen. Eier benötigen eine separate Bewilligung der Direktion für Quarantäne und gesundheitliche Kontrolle von Agrar- und Fischereierzeugnissen. Saatgut und gebrauchte Baumwollsäcke erfordern Desinfektionsnachweise. Pflanzenschutzmittel, Düngemittel und landwirtschaftliche Geräte benötigen Agrarministerium-Lizenzen, wobei Pestizide und Düngemittel zusätzlich Sicherheitsdatenblätter und Prüfbescheinigungen erfordern. Das Handelsministerium genehmigt Fleisch und Fleischwaren mit Gesundheitszeugnis sowie Zement, Bewehrungsstäbe und Baustahl. Zusätzliche Bewilligungen benötigen Salze für Mensch und Tier, Weichweizenmehl und Speiseöl. Ethylalkohol für menschlichen Konsum benötigt ebenfalls eine Handelsministerium-Bewilligung, während Alkohol für Clairin-Herstellung untersagt ist.

Das Gesundheitsministerium kontrolliert über seine Pharmazie-Abteilung Arzneimittel, Narkotika und psychotrope Substanzen. Nur offiziell eingetragene Pharmazeutika sind importierbar, oft mit zusätzlichen Gütenachweisen wie Analysenzertifikaten, Herstellererklärungen und Freiverkäuflichkeitsbescheinigungen. Das Wirtschaftsministerium verordnet Vorabkontrollen für Sendungen ab 5.000 USD FOB-Wert, entsprechende Teillieferungen und Vollcontainer. Überprüft werden Güte, Menge, Zollwert, Klassifizierung, Verbringungsrestriktionen, Gefahrenpotenzial und Containerverschluss. Befreit sind Edelsteine, Edelmetalle, Kunstobjekte, Sprengstoffe, Pyrotechnik, lebende Tiere, tagesaktuelle Presse, Erdölprodukte und Artikel außerhalb des freien Handels. CONATEL prüft Funkanlagen vor Verbringung und Vertrieb. Das Innenministerium genehmigt gefährliche Artikel wie Explosivstoffe und Waffen mit Grenzinspektion.

Konsumgüter müssen nationale Standards erfüllen. Esswaren und Pharmazeutika dürfen maximal 50 % ihrer Haltbarkeitsdauer überschritten haben. Gebrauchte Kraftfahrzeuge sind auf ein Fahrzeug jährlich pro Person beschränkt. Schüttware wie Reis, Weizen, Mehl, Zucker, Altfett, Stahlstangen, Zement und Klinker-Gips durchläuft Zielhafen-Kontrollen. Verboten sind Gift- und Gefahrmüll, Geldfälschungsmaschinen, Polystyrol-Lebensmittelverpackungen, bestimmte Nahrungsmittel aus spezifischen Ländern, Einweg-Lebensmittelgegenstände aus expandiertem Polystyrol, Polyethylen-Beutel, radioaktive Erzeugnisse und spezielle Rohstoffe.

Bitte beachten: Zur Zeit der Drucklegung ist ein Erfüllungsverbot gegen Haiti gültig. Weiterführende Informationen zu den Embargobestimmungen sind auf der Internetseite des BAFA www.bafa.de/DE/Home/home_node.html erhältlich.

1.3 Verpackung

Polystyrol-Lebensmittelverpackungen und Polyethylen-Beutel sind verboten. Heu und Stroh als Verpackungsmaterial sind erlaubt. Bestimmte Artikel unterliegen verpflichtenden Verpackungs- und Kennzeichnungsauflagen der nationalen Standardisierungsbehörde (BHN) und der regionalen CARICOM-Standardisierungsbehörde (CROSO). Wegen unsachgemäßer Freilagerung an Ankunftshäfen sind robuste, wasserdichte, diebstahlsichere Umschließungen erforderlich.

1.4 Markierung

Folgende Angaben gut lesbar in Englisch, Französisch oder Kreolisch sollten sich auf den Paketen befinden: Ankunftshafen, Empfänger und Absender, Brutto- u. Nettogewicht, Ursprungsland (z.B. „République Fédérale d'Allemagne/Union Européenne"), ggf. Inhalt und Wert bei Päckchen. Alle Waren (ist dies nicht möglich, deren Umschließungen) müssen mit dem Ursprungsland gekennzeichnet sein.

1.5 Mustersendungen

Abgabenfrei verbringbar sind Lehr- und Labormaterialien, gemeinnützige Artikel für öffentliche Zwecke, Ausstellungs-, Messe- und Kongresserzeugnisse, kommerzielle Vorführprodukte , Experimental- und Testgüter sowie leere oder volle Verpackungen zur Rückverbringung. Handelswertmuster benötigen eine Zollstellen-Bewilligung für temporäre Verbringung mit Angaben zu Art, Beschreibung, Wert, Zweck, Zeitraum und Verwendungsort. Die Rückausfuhr muss unverändert innerhalb der behördlich festgelegten Frist erfolgen, die einmalig um bis zu 2 Jahre verlängerbar ist. Erforderlich sind eine 5-fache Zollerklärung, Originale von Konnossement und Handelsrechnung sowie eine Sicherheitsleistung, die bei fristgerechter Rückverbringung erstattet wird.

2 Dokumente

2.1 Seefrachten

Seehäfen: Cap Haitien, Gonaives, Jacmel, Port-au-Prince u.a.

2.1.1 Konnossemente

Voller Satz Konnossemente, Aufmachung an Order mit Notify-Adresse möglich. In Französisch oder Englisch. Werden Order-Nummern für jede Sendung angegeben, sind Sammelkonnossemente erlaubt.

In Haiti dürfen nur Schiffe anlegen, deren Reeder einen autorisierten Repräsentanten auf der Insel haben.

2.1.2 Handelsrechnungen

Handelsfaktura dreifach (Französisch oder Englisch) mit Ursprungslandangabe, reinem Warenwert, fob-Kosten, fob-Wert, cif-Kosten und cif-Werte. Erfolgt ein Verkauf in €, können die einzelnen Preise und auch die Gesamt-fob- bzw. Gesamt-cif-Werte in € angegeben werden. Der Gesamt-fob-Wert ist klar herauszustellen und muss außer in € auch in US-$ erscheinen. Außerdem muss die Faktura folgende Angaben enthalten: Absender, Empfänger und Käufer, Lieferbedingungen, Preise (einzeln und Gesamtsumme), Marke, Nummer, Anzahl und Art der Versandstücke, sonstige Kosten (Fracht, Verpackung etc.), Rechnungs-, Kaufvertrags- und Verkaufsdatum, Lagerort der Waren vor Vertragsabschluss, Ursprungsland, Rabatte, Gewichte (brutto und netto) sowie die genaue Warenbezeichnung inklusive Materialangaben (Übereinstimmung mit allen Begleitpapieren erforderlich). Die Rechnung ist zu unterschreiben – keine Faksimile-Unterschriften. Bescheinigung durch Handelskammer nicht erforderlich. Wenn eine Kontrolle vor dem Versand gefordert ist, muss die Faktura mit einem Sicherheitslabel gesiegelt sein. Eine Rücksprache mit dem Importeuer wird empfohlen.

2.1.3 Ursprungszeugnisse

Ursprungszeugnis nicht erforderlich, können aber vom Einführer gefordert werden.

2.1.4 Packlisten

Enthält die Handelsrechnung keine genaue Übersicht über die Versandstücke, deren Inhalte, Marke, Nummern, Maße, Gewichte etc., sind Packlisten beizufügen.

2.1.5 Gesundheitszeugnisse

Für Fleisch und Fleischerzeugnisse ist ein Gesundheitszeugnis erforderlich. Lebensmittel, Pflanzen und Tiere sowie pflanzliche und tierische Erzeugnisse benötigen ein phytosanitäres bzw. veterinäres Gesundheitszeugnis; für gebrauchte Baumwollsäcke und Saatgut ist ein Desinfektionszeugnis notwendig.

2.1.6 Inspektionszertifikat

Die SGS Germany GmbH in Hamburg (Rödingsmarkt 16, 20459 Hamburg, Tel.: (+49) 40 30101417, Fax: (+49) 40 30101942) erstellt Gütenachweise für vorabprüfungspflichtige Lieferungen. Importeure müssen vor Warenversand eine „Demande Prealable d'Importation" (DPI) rechtzeitig übermitteln. Nach DPI-Einreichung hat das Verschiffungsland 6 Monate Zeit für die Durchführung der Vorversandkontrolle. Güte- und Quantitätsprüfungen werden grundsätzlich beim Hersteller vor Ort durchgeführt.

2.1.7 Ankunftsanmeldung

Jede Warenlieferung muss bei der Bestimmungszollstelle angekündigt werden. Es sind die Nummer des Frachtbriefs, das Datum der Ankunft und die Daten des Transportmittels mitzuteilen.

2.2 Luftfrachten

Zollflughafen: Port-au-Prince

2.2.1 Luftfrachtbrief

Eine Ausfertigung des Luftfrachtbriefes.

2.2.2

Siehe unter Seefrachten 2.1.2–2.1.7.

2.3 Postverkehr

2.3.1 Paketkarte

Drei Zollinhaltserklärungen, Französisch CN 23; es ist ratsam, auch eine Rechnung beizulegen. Alle Postsendungen werden kontrolliert. Höchstgewicht 31,5 kg. Warensendungen mit einem Wert von weniger als 100 HTG werden direkt geliefert. Für Pakete mit einem Wert von mehr als 1.000 HTG muss der Wert deklariert werden. Schlecht verpackte oder auffällige Sendungen gehen zurück an den Absender.

2.3.2

Siehe unter Seefrachten 2.1.2–2.1.7.

3 Adressen

Konsulate

Die Konsulatsadressen finden Sie jeweils mit Telefonnummer, E-Mail-Adresse, Homepage und Öffnungszeiten unter:
https://www.auswaertiges-amt.de/de/service/laender.

4 Sonstiges

Länderkurzbezeichnung gemäß Präferenzrecht (Lieferantenerklärung): AKP
Länder(-gruppen)kurzbezeichnung für bes. Zollsätze im Europäischen Zolltarif: LOMA/SPGA
Kraftfahrzeugländerkennzeichen: RH

Honduras

República de Honduras

1 Allgemeine Informationen

1.1 Kurzinfos

Landesvorwahl: +504

MEZ: –7 Std.

Spanisch

1 Lempira (£) = 100 Centavos (ISO-Code: HNL)

Nach AWG frei vereinbar Devisenbestimmungen von Honduras beachten

Harmonisiertes System

Mitglied

Feiertage: Die Feiertage zu diesem Land finden Sie unter folgendem Link: https://www.timeanddate.de/feiertage/.

1.2 Einfuhr aus der Bundesrepublik

Es besteht ein Assoziationsabkommen zwischen Zentralamerika und der EU. Honduras verlangt für Tierimporte SENASA-Bewilligungen und Gesundheitszeugnisse des Ausfuhrlandes. Fleischimporteure müssen sich ab 10.000 kg Jahresvolumen bei SENASA registrieren. Pflanzen und Saaten benötigen SENASA-Genehmigungen plus Gesundheitsnachweise, Saatgut-Importeure zusätzlich eine Ministeriumsregistrierung. Kfz können Vorabinspektionen im Ausfuhrland erfordern, deren Bescheinigungen dem Zoll vorzulegen sind. Bestimmte gebrauchte Kfz sind importverboten. Nahrungsmittel und Arzneimittel erfordern Gesundheitsministerium-Registrierung samt Kennzeichnungsauflagen. Obst- und Gemüseimporte unterliegen Sicherheitsbestimmungen mit Importeur-Registrierung. Zwiebel-Importeure tragen sich beim SDE ein. Alkoholimporteure registrieren sich beim SAR und beantragen SEFIN-Lizenzen. Pestizide und toxische Chemikalien verlangen SENASA-Registrierung mit Sicherheitsdatenblättern. Ursprungszeugnisse werden bei Tieren und Pflanzen fallweise gefordert.

1.3 Verpackung

Für Holzverpackungen gelten die Regelungen der ISPM Nr. 15. Verpackung möglichst leicht, stabil und wasserdicht.

1.4 Markierung

Explosive bzw. entflammbare Produkte als Gefahrgut kennzeichnen. Ursprungskennzeichnung muss auf Produktverpackung und Warenverpackung vorhanden sein und den Angaben der Rechnung entsprechen (Überprüfung bei Zollabfertigung). Pflichtmarkierung für Zigaretten.

1.5 Mustersendungen

In Honduras erhalten Artikel den Status handelswertefreier Muster, wenn sie durch geringe Mengen, minimales Gewicht oder kleines Volumen keinen kommerziellen Nutzen besitzen. Dies gilt auch für verkaufsuntaugliche Erzeugnisse sowie Verbrauchsartikel wie Getränke, Parfums oder Arzneimittel, die bei Tests oder Proben in angemessenen Mengen verwendet werden.

2 Dokumente

2.1 Seefrachten

Seehäfen: La Ceiba, Puerto Cortés, San Lorenzo, Tela u.a.

2.1.1 Konnossemente

Voller Satz Konnossemente, spanisch. Aufmachung an Order mit Notify-Adresse möglich.

2.1.2 Handelsrechnungen

Handelsfaktura, Spanisch, mit allen handelsüblichen Angaben, wie z.B. exakte Produktbezeichnung (möglichst ohne Abkürzungen, Codes, da diese sonst vom Importeur erläutert werden müssen), Einzel- und Gesamtpreise, Warenmengen, Name, Adresse und E-Mail-Adresse des Käufers und Verkäufers, Datum, Lieferbedingungen, Zahlungsbedingungen, Ausstellungsdatum, Ausstellungsort, sind aufzuführen.

2.1.3 Ursprungszeugnisse

Ursprungszeugnis auf Anforderung oder für bestimmte Waren, wie z.B. Tiere, Pflanzen, tierische und pflanzliche Erzeugnisse notwendig.

2.1.4 Warenverkehrsbescheinigung

EUR.1 bzw. Präferenz-Ursprungsnachweis, für Erzeugnisse, die unter die im Assoziationsabkommen der EU mit Honduras vereinbarte „Ursprungsregelung" fallen. Die EUR.1 (einfach) für Warensendungen mit einem Wert über € 6 000,– (Ausstellung durch Zollstelle nach Ausfüllen durch Exporteur). Für Sendungen mit einem Wert bis zu € 6 000,– ist vom Ausführer die folgende Erklärung[1], die als Präferenz-Ursprungsnachweis gilt, in eines der Handelspapiere aufzunehmen:

„El exportador de los productos incluidos en el presente documento (autorización aduanera n° ...)[2] declara que, salvo indicación en sentido contrario, estos productos gozan de un origen preferencial ..."

Ort, Datum, Unterschrift; der Name des Unterzeichnenden ist in Druckbuchstaben zu wiederholen. Ursprungswaren aus Ceuta und Melilla sind deutlich mit „CM" zu kennzeichnen.

2.1.5 Packlisten

Enthält die Handelsrechnung keine genaue Übersicht über die Versandstücke, deren Inhalte, Marke, Nummern, Maße, Gewichte etc., sind Packlisten beizufügen.

2.1.6 Gesundheitszeugnisse

Für Saaten und Pflanzen wird die Vorlage eines amtlichen Gesundheitszeugnisses verlangt; eine Registrierung des Importeurs von Saatgut ist beim Landwirtschaftsministerium in Honduras unbedingt erforderlich. Der Import von Tieren oder tierischen Produkten bedarf einer Importgenehmigung des Landwirtschaftsministeriums sowie eines Gesundheitszeugnisses des Exportlandes.

1) Ursprungserklärung in weiteren Sprachen s. Kapitel Hinweise Warenursprung Präferenzen
2) Eintrag der Bewilligungsnummer, falls die Erklärung von einem ermächtigten Ausführer erstellt wird.

2.2 Luftfrachten

Zollflughäfen: San Pedro Sula, Tegucigalpa, La Ceiba, Roatan Island

2.2.1 Luftfrachtbrief

Eine Ausfertigung des Luftfrachtbriefes.

2.2.2

Siehe unter Seefrachten 2.1.2–2.1.6.

2.3 Postverkehr

2.3.1 Paketkarte

Ein oder zwei Zollinhaltserklärungen CN 23 in Spanisch. Höchstgewicht 20 kg.

2.3.2

Siehe unter Seefrachten 2.1.2–2.1.6.

3 Konsulatsgebühren

Konsulatsgebühren sind beim Generalkonsulat zu erfragen.

4 Adressen

Auslandshandelskammer

Deutsch-Honduranische Industrie- und Handelskammer
Cámara de Comercio e Industria Hondureño-Alemana
Postanschrift:
Apartado Postal 3811
11101 Tegucigalpa, M.D.C. Honduras, C.A.
Büroanschrift:
Boulevard Suyapa No. 3501
Edificio Florencia, Oficina 402
11101 Tegucigalpa, M.D.C. Honduras, C.A.
Tel.: +504 22325750, -22325755
Fax: +504 22325760
E-Mail: info@ahk.hn
www.zakk.ahk.de

Konsulate

Die Konsulatsadressen finden Sie jeweils mit Telefonnummer, E-Mail-Adresse, Homepage und Öffnungszeiten unter:
https://www.auswaertiges-amt.de/de/service/laender.

Hongkong

Hong Kong Special Administrative Region of the People's Republic of China

1 Allgemeine Informationen

1.1 Kurzinfos

Landesvorwahl: +852

MEZ: +7 Std.

Englisch, Kantonesisch, Mandarin

1 Hongkong-Dollar (HK$) = 100 Cents (ISO-Code: HKD)

Nach AWG frei vereinbar

Harmonisiertes System

Mitglied

Angeschlossen

Feiertage: Die Feiertage zu diesem Land finden Sie unter folgendem Link: https://www.timeanddate.de/feiertage/.

1.2 Einfuhr aus der Bundesrepublik

Hongkong ist ein zollfreies Handelsgebiet, dennoch gelten Importauflagen. Lizenzen sind u.a. für steuerpflichtige Konsumgüter, bestimmte Chemikalien, Arzneimittel und radioaktive Stoffe vorgeschrieben; sie sind sechs Monate gültig. Verboten sind etwa rauchlose Tabakerzeugnisse und importierte Altfahrzeuge. Arzneimittel erfordern eine Registrierung beim Department of Health, Lebensmittel unterliegen strikten Vorschriften zu Deklaration und Kennzeichnung. Für Pflanzen und Tiere sind amtliche Gesundheits- bzw. Phytosanitätszeugnisse sowie eine Genehmigung des Agriculture, Fisheries and Conservation Department notwendig.

Der Export von Geflügel-, Schaf-, Rind- und Schweinefleisch setzt eine Listung beim BVL voraus; für die Einfuhr von Fleisch, Eiern, Milch und Milchprodukten ist ein Hygienezertifikat vorgeschrieben. Standards und Normierung überwacht die Quality Services Division der ITCHKSAR. Elektrogeräte benötigen ein Sicherheitszertifikat, Spielwaren sind nach Richtlinien herzustellen; spezielle Regelungen gelten zudem für Chemikalien, Abfälle, Waffen und Munition.

1.3 Verpackung

Für Holzverpackungen gelten die Regelungen der ISPM Nr. 15. Heu und Stroh zulässig, wenn frei von Keimen. Verpackungsholz darf keine Schädlingsspuren aufweisen und keine Erdanhaftungen haben. Widerstandsfähige, wasserdichte und stabile Verpackungen (see- und tropenfest) verwenden.

1.4 Markierung

Keine gesetzliche Vorschrift. Es genügt die übliche Markierung. Die Empfehlung aber ist, dass Markierungen von Umschließungen in chinesischer Sprache erfolgen sollten, da mit einer schnelleren und sachgemäßeren Abfertigung, vor allem bei empfindlichen oder verderblichen Gütern, zu rechnen ist. Warnungen auf Erzeugnissen müssen in englischer und chinesischer Sprache angebracht werden. Keine irreführenden und missverständlichen Ursprungsangaben auf Waren, deswegen am besten Ursprungskennzeichnung anbringen.

1.5 Mustersendungen

Für alle Waren müssen innerhalb von 14 Tagen nach Einfuhr „declaration fees" entrichtet werden.

2 Dokumente

2.1 Seefrachten

Seehafen: Hongkong

2.1.1 Konnossemente

Voller Satz Konnossemente, Aufmachung an Order möglich, dann jedoch mit Notify-Adresse.

2.1.2 Handelsrechnungen

Handelsfaktura, dreifach, Englisch. In der Handelsfaktura sollten folgende Angaben enthalten sein, wie z.B. exakte Produktbezeichnung, Einzel- und Gesamtpreise, Warenmenge, Name und Adresse des Käufers und Verkäufers, Datum, Lieferbedingungen, Zahlungsbedingungen, Marke, Nummern, Anzahl und Art der Versandstücke, HS-Code, Ursprungsland, Brutto- und Nettogewichte, Angaben zur Beförderung.

2.1.3 Ursprungszeugnisse

Ursprungszeugnis nur auf Anforderung oder wenn Waren nach den Philippinen, Taiwan, Südkorea und Vietnam reexportiert werden. Angabe des Ursprungslandes: „Federal Republic of Germany (European Union)."

2.1.4 Gesundheitszeugnisse

Ein Gesundheitszeugnis ist erforderlich für Pflanzen und pflanzliche Produkte sowie für Tiere und tierische Erzeugnisse. Fleisch und Fleischprodukte sowie Eier, Milch und Milchprodukte müssen von einem „Hygiene Certificate" (amtliche Genusstauglichkeitsbescheinigung) begleitet werden.

2.1.5 Packlisten

Packliste (in Englisch) nur erforderlich, wenn die Handelsrechnung nicht die nötigen Angaben (z.B. Art der Packstücke und Inhalte mit Angabe von Nummern, Gewichten, Maßen, Marken) enthält.

2.2 Luftfrachten

Zollflughafen: Hongkong (International Airport).

Seit 1.7.1997 steht Hongkong wieder unter chinesischer Verwaltung und Hoheit als sogenannte SAZ (Special Administrated Zone) mit dem Namen „Hongkong China". Die momentane juristische, wirtschaftliche und geschäftliche Struktur soll für einen Zeitraum von 50 Jahren nach 1997 Bestand haben

2.2.1 Luftfrachtbrief

Eine Ausfertigung des Luftfrachtbriefes.

2.2.2

Siehe unter Seefrachten 2.1.2–2.1.5.

2.2.3 Sammelmanifest

Sammelladungsmanifest (Hausmanifest mit allen Angaben des Hausluftfrachtbriefes).

2.3 Postverkehr

2.3.1 Paketkarte

Eine Zollinhaltserklärung Englisch CN 23. Höchstgewicht 30 kg.

2.3.2

Siehe unter Seefrachten 2.1.2–2.1.5.

3 Adressen

Auslandshandelskammer

Delegation der Deutschen Wirtschaft in Hongkong

German Industry and Commerce Ltd. in Hongkong
19F, COFCO Tower
262 Gloucester Road, Causeway Bay
Hong Kong
Tel.: +852 25265481
Fax: +852 28106093
Geschäftszeiten: Mo.–Fr. 9.00–12.30 Uhr, 13.30–17.30 Uhr
E-Mail: info@hongkong.ahk.de
www.hongkong.ahk.de

Konsulat

Sondervertretungsregion Hongkong
10117 Berlin, Wirtschafts- und Handelsvertretung
Jägerstr. 33
Tel.: 030 226677228
Fax: 030 226677288
Mo.–Fr. 8.30–17.30 Uhr
E-Mail: cee@hketoberlin.gov.hk
www.hketoberlin.gov.hk

4 Sonstiges

Kraftfahrzeugländerkennzeichen: HK

Indien

Republic of India

1 Allgemeine Informationen

1.1 Kurzinfos

Landesvorwahl: +91

MEZ: +4½ Std.

Hindi, Englisch

1 Indische Rupie (IR) = 100 Paise (ISO-Code: INR)

Nach AWG frei vereinbar Devisenbestimmungen von Indien beachten

Harmonisiertes System Verzollung nach cif-Wert

Mitglied

Angeschlossen (nur für Messe- und Ausstellungswaren), Rücksprache mit IHK

Feiertage: Die Feiertage zu diesem Land finden Sie unter folgendem Link: https://www.timeanddate.de/feiertage/.

1.2 Einfuhr aus der Bundesrepublik

Handelsabkommen besteht. Indien hat seine Importpolitik weitgehend freigegeben, doch bestimmte Güter bleiben reguliert. Die Negativliste nennt verbotene Artikel wie E-Zigaretten, Bienen und tierische Fette, genehmigungspflichtige Waren wie Arzneimittel sowie staatlich kontrollierte Einfuhren, etwa Petroleumerzeugnisse, Düngemittel, Ölsaaten, pflanzliche Öle, Reis, Getreide und ausgewählte Gewürze. Importlizenzen laufen in der Regel 2 Jahre, bei „Project Imports" bis zu 3 Jahre; die Verbringung ist nur innerhalb dieser Fristen zulässig, und die Anmeldung muss binnen eineinhalb Monaten nach Entladung erfolgen. Auch jenseits der Liste sind manche Produkte bewilligungspflichtig, etwa Spirituosen, Tabakwaren, gebrauchte Waren, Zeitungspapier, Schiffe und Saaten. Für Chemikalien gelten Sonderregeln, sodass Rücksprache mit dem Importeur ratsam ist. Ein teilweises Embargo betrifft Waren aus Libyen und Irak. Die Rupie ist bislang nur im Außenhandel frei konvertierbar.

Die Anforderungen an Importe wurden nach dem WTO-Beitritt deutlich verschärft. Lebensmittel unterliegen den FSSR-Regeln (www.fssai.gov.in); Exporte sensibler Produkte wie Milch, Fleisch, Geflügel, Fisch, Babynahrung, funktionelle Lebensmittel und Eipulver erfordern eine BVL-Listung. Für Lebensmittelfarben gilt die Madras Public Notice Nr. 82/60/1960, die ein Zertifikat der Ursprungsbehörden zur Einhaltung der Qualitätsstandards sowie ein „Protocol of Tests" verlangt. Pflanzen und Saatgut benötigen ein Phytosanitätszeugnis, Tiere und tierische Produkte ein Veterinärattest mit zusätzlicher Einfuhrkontrolle. Tabak und Alkohol zählen zu sensiblen Importgütern, sind genehmigungspflichtig, hoch verzollt und – bei Tabak – mit Warnhinweis zu versehen. Das BIS verlangt Zertifikate für zahlreiche Industrie- und Konsumgüter, insbesondere Elektro- und Elektronikartikel. Neben Produkt- gibt es Prozesszertifikate, die eine Inspektion ausländischer Produktionsstätten durch BIS-Mitarbeiter voraussetzen. Außerdem veröffentlicht das BIS QCO-Listen mit Inkrafttretensdaten (www.bis.gov.in/upcoming-qcos-notified-and-due-for-implementation).

Handelsverpackungen müssen nach den Packaged Commodities Rules Importeursangabe, Produktionsdatum und Höchstpreis tragen; Auskünfte erteilt die Deutsch-Indische Handelskammer in Mumbai. Für Papier, Aluminium- und Kupferprodukte sowie bestimmte Kohlearten ist eine Registrierung durch den Importeur beim DGFT vorgeschrieben (https://imports.gov.in). Weitere Nachweise betreffen Textilien (Maß- und Herkunftsangaben), Papier (Gewichtszertifikat) und gebrauchte Maschinen. Letztere dürfen nur mit Chartered Engineers Certificate eingeführt werden; für Elektronikanlagen ist zusätzlich eine Restlebensdauer von mindestens fünf Jahren nachzuweisen. Im Zweifel sollten Importeure stets Rücksprache mit ihren Geschäftspartnern halten.

1.3 Verpackung

Nur wasserdichte und stabile Verpackungen benützen. Heu und Stroh nur verwenden, wenn es desinfiziert ist. Bei Verpackung mit Stroh sollten zudem Sorten gewählt werden, die hauptsächlich nicht in Indien angebaut werden. Für Verpackungsholz wendet Indien die Regeln der ISPM Nr. 15 an.

1.4 Markierung

Zusätzlich zur üblichen Markierung müssen die Packstücke mindestens auf zwei Seiten mit dem Bruttogewicht und „Made in Germany" beschriftet sein. Die Kennzeichnung der Ware ist auf dem Etikett oder auf der Verpackung möglich. Anzugeben sind das Herstellerland/der Herstellungsort, bzw. Name und Anschrift des Herstellers und außerdem die Ursprungsbezeichnung. Diese muss klar, deutlich und gut lesbar sein.

Kann kein einzelnes Land als Herstellungsland bestimmt werden, muss die Ware mit dem Vermerk „Produce of different countries outside India", „Made abroad", „Foreign made" oder „Manufacture of different countries outside India" gekennzeichnet sein. Die Rücksprache mit dem Importeur hinsichtlich Markierung, Etikettierung, Ursprungsbezeichnung etc. ist unbedingt erforderlich.

1.5 Mustersendungen

Für Medikamente, Impfstoffe, Veterinärpräparate und Pestizide sind besondere Genehmigungen (Drugs Controller, Animal Husbandry Commissioner, Plant Protection Adviser) erforderlich; bei Pestiziden zusätzlich nach dem Insecticides Act. Verboten sind Mustersendungen u.a. von Gemüsesamen, Bienen, Tee und neuen Heilmitteln. Ausstellungsmuster können hingegen vorübergehend mit Carnet A.T.A. eingeführt werden.

Indische Importeure müssen über eine IEC-Nummer registriert sein und sollten frühzeitig über Mustersendungen informiert werden. Handelsmuster sind bis 10.000 INR zollfrei, während Produktionsmuster bis zu 300.000 INR oder 50 Stück pro Jahr nur mit Zollerklärung unter Angabe der IEC-Nummer eingeführt werden dürfen. Der Versand erfolgt unentgeltlich per Post- oder Luftkurier. Pakete müssen außen klar Beschreibung, Wert, Menge sowie den Hinweis „kostenloses Muster, keine Handelsware" tragen und durch ein Ursprungszeugnis ergänzt werden. Zollpflichtige Muster dürfen nicht als „Päckchen" verschickt werden, ein BIS-Zertifikat ist ggf. mit dem Importeur abzustimmen.

2 Dokumente

Bitte beachten: Auf allen Handelspapieren ist die GSTIN (Goods and Service Taxpayer Identification Number) bzw. der Import-Export-Code (IEC) des Exporteurs und die PAN (Permanent Account Number) anzugeben. Rücksprache mit dem Importeuer erforderlich.

2.1 Seefrachten

Seehäfen: Mumbai, Calcutta (Kolkata), Chennai (Madras), Jawaharal/Nehru, Kandla, Marmagoa, Mundra, Sikka, Visakhapatnam u.a.

2.1.1 Konnossemente

Voller Satz Konnossemente, an Order mit Notify zulässig. Es darf nur eine Notify-Adresse angegeben werden, eine zweite nur dann, wenn es sich um eine Bank handelt. Keine Beglaubigung.

2.1.2 Handelsrechnungen

Die Handelsfaktura wird dreifach (Englisch) benötigt. Auf der Rechnung sind folgende Einzelheiten anzugeben: Name und Adresse von Absender, Empfänger (inkl. GSTIN/IEC/PAN) und Spediteur, Marke, Anzahl, Art und Nummer der Versandstücke, Gewichte in Brutto und Netto, detaillierte Bezeichnung der Produkte, Ursprungsland (z.B. „Federal Republic of Germany"), HS-Code sowie die Nummer der Importlizenz. Die cif-Kosten und cif-Wert sind getrennt anzugeben.

Außerdem sollten die Rechnungen am Ende folgende Erklärung tragen: „We certify this invoice to be true and correct". Die Erklärung ist zu unterschreiben.

2.1.3 Ursprungszeugnisse

Ursprungszeugnis nur für bestimmte Waren (z.B. Wolltextilien oder Produkte, die von Antidumpingmaßnahmen oder Ausgleichszöllen betroffen sind) erforderlich (Anzahl variiert). Für Produkte mit Ursprungsland BRD ist „Federal Republic of Germany (European Union)" bzw. „European Union" anzugeben.

2.1.4 Gesundheitszeugnisse

Gesundheitszeugnis für Tiere und tierische Produkte (Veterinärkontrollen bei der Einfuhr) sowie Gesundheitsattest (Phyto-Sanitary-Certificate) bei der Einfuhr von Pflanzen und Pflanzenteilen sowie Pflanzen- und Blumensaaten erforderlich, ausgestellt von der zuständigen amtlichen Pflanzenschutzstelle (www.julius-kuehn.de).

2.1.5 Packlisten

Beifügen (Englisch), wenn Sendungen aus mehreren Packstücken unterschiedlichen Inhalts bestehen. Sie muss enthalten: Marke, Nummer, Verpackungsart, Inhalt und Gewicht jedes einzelnen Packstückes.

2.1.6 Inspektionszertifikate

Inspektionszertifikat (Pre-Shipment-Certificate) für Stahlerzeugnisse zweiter Güte (Second Grade & Defective Steel Items) mit genauen Materialangaben erforderlich (u.a. Beschreibung, Qualität, Analyse, Dicke, Breite, ITC-Nummer bzw. HS-Code). Die Waren dürfen nur über bestimmte Seehäfen importiert werden. Von der Vorlage eines Pre-Shipment-Zertifikats hängt die Zahlung ab. Es empfiehlt sich die Rücksprache mit dem Importeur.

2.2 Luftfrachten

Zollflughäfen: Ahmedabad, Amritsar, Bangalore (Bengaluru BLR), Coimbatore, Goa, Hyderabad, Indore, Mumbai (BOM), Jaipur (JAI), Kochi, Kolkata (CCU) (Calcutta), Kozhikode, Lucknow, Mangalore, Mumbai, New Delhi (DEL), Thiruvananthapuram, Tiruchirapalli (Trichy) u.a.

Leicht verderbliche Waren dürfen nur per Luftpost versandt werden.

2.2.1 Luftfrachtbrief

Eine Ausfertigung des Luftfrachtbriefes.

2.2.2

Siehe unter Seefrachten 2.1.2–2.1.6.

2.3 Postverkehr

2.3.1 Paketkarte

Eine Zollinhaltserklärung CN 23 in Englisch. Höchstgewicht 20 kg.

2.3.2

Siehe unter Seefrachten 2.1.2–2.1.6.

3 Adressen

Auslandshandelskammer

Deutsch-Indische Handelskammer
Indo-German Chamber of Commerce
Maker Tower „E", 1st floor, Cuffe Parade
Mumbai 400 005
Tel.: +91 2266652121
Fax: +91 2266652120
Geschäftszeiten: Mo.–Fr. 9.30–17.00 Uhr
E-Mail: bombay@indo-german.com
https://indien.ahk.de/

Zweigstelle Düsseldorf:
Deutsch-Indisches Informationsbüro e.V.
Citadellstr. 12
40213 Düsseldorf
Tel.: 0211 360597
Fax: 0211 350287
E-Mail: duesseldorf@indo-german.com
https://indien.ahk.de

Konsulate

Die Konsulatsadressen finden Sie jeweils mit Telefonnummer, E-Mail-Adresse, Homepage und Öffnungszeiten unter:
https://www.auswaertiges-amt.de/de/service/laender.

4 Sonstiges

Länder(-gruppen)kurzbezeichnung für bes. Zollsätze im Europäischen Zolltarif: SPGL
Kraftfahrzeugländerkennzeichen: IND

Republik Indonesia (Bali, Java, Irian-Jaya, Kalimantan (Borneo), Sulawesi (Celebes), Sumatra, Sunda-Inseln, Molukken,Timor)

Indonesien

1 Allgemeine Informationen

1.1 Kurzinfos

Landesvorwahl: +62

MEZ: +6 bis 8 Std.

Englisch, Indonesisch

1 Rupiah (Rp) = 100 Sen (ISO-Code: IDR)

Nach AWG frei vereinbar

Harmonisiertes System

Mitglied

Angeschlossen

Angeschlossen

Feiertage: Die Feiertage zu diesem Land finden Sie unter folgendem Link: https://www.timeanddate.de/feiertage/.

1.2 Einfuhr aus der Bundesrepublik

Handelsabkommen besteht.Pharmazeutische Erzeugnisse, medizinische Geräte, Kosmetika und Hygieneartikel müssen in Indonesien registriert werden. Rezeptpflichtige Medikamente benötigen einen entsprechenden Hinweis in indonesischer Sprache. Für Einrichtungen zur Blutübertragung gelten Sondervorgaben. Die Verantwortung für Normung und Standardisierung liegt bei der indonesischen Behörde BSN. Milchbasierte Lebensmittel erfordern eine Listung über das BVL. Für Konsumgüter wie Glaswaren, Textilien, Haushaltsartikel und Seifen gelten Kennzeichnungs- und Verpackungsvorschriften; Lebensmittel und Getränke unterliegen Strahlungsgrenzwerten. Viele Waren – etwa Spielzeug, Elektronik, Schuhe oder Agrarprodukte – müssen mit einer Importeur-Kennnummer versehen sein. Pflanzen und bestimmte Tiere benötigen Gesundheitszeugnisse, Fleischerzeugnisse unterliegen speziellen Einfuhrregeln. Es ist ratsam, den Importeur hinsichtlich der Anforderungen zu kontaktieren.

Für den Import nach Indonesien ist eine Betriebszulassung (NIB) nötig – entweder über eine eigene Firma oder mit einem lokalen Partner. Zusätzlich braucht man eine Einfuhrgenehmigung (API): API-U für Handelswaren, API-P für Rohstoffe zur Weiterverarbeitung. Gemeinnützige und kulturelle Güter sind genehmigungsfrei. Verboten sind u.a. Drogen und gebrauchte Nutzfahrzeuge. Für bestimmte Produkte gelten Sonderregeln wie Kontingente oder exklusive Vertriebsrechte.

1.3 Verpackung

Für Holzverpackungen gelten die Regelungen des ISPM Nr. 15-Standards, Tropenklima – auf wasserdichte, rostfreie, bruchsichere und stabile Verpackung achten! Angeraten ist die Verwendung einer „Packing Declaration". Rücksprache mit dem Einführer empfohlen.

1.4 Markierung

Bei Geschäften auf L/C-Basis: Nummer des Akkreditivs, Rechnungsdatum und -nummer. Geschäfte ohne L/C: Rechnungsdatum und -nummer. Bulk-Ladungen ausgenommen. Lieferungen für Regierungsprojekte: Nummer des Antrages auf Eröffnung des L/C, Nummer des L/C und Name der Bank. Das Ursprungsland der Waren sollte klar erkenntlich sein, z.B. „Made in Germany".

1.5 Mustersendungen

Muster ohne Handelswert unterliegen keinen Zollabgaben. Muster mit Warenwert können gegen Hinterlegung einer Sicherheit (wird bei der Ausfuhr wieder ausbezahlt) für eine gewisse Zeit eingeführt werden. Antrag bei der Zollverwaltung erforderlich. Muster als unverkäuflich kennzeichnen, die der Qualitätsprüfung dienen. Absprache mit Importeur wegen Antrag aus Einfuhrabgabenbefreiung.

2 Dokumente

Bitte beachten: Die Akkreditiv-Nummer muss ggf. auf allen Dokumenten unter Angabe der Bank wiederholt werden.

2.1 Seefrachten

Seehäfen: Belawan, Kotabaru, Penjang, Sungai Pakning, Banjarmasin, Tankjung Perak, Tanjung Pirok, Palembang u.a.

2.1.1 Konnossemente

Voller Satz Konnossemente, Ausstellung an Order möglich. Für Regierungsprojekte die Nr. des Antrages auf Eröffnung des Akkreditivs sowie Nummer des Akkreditivs und Name der Bank. Eine Beglaubigung ist nicht erforderlich.

2.1.2 Handelsrechnungen

Handelsfaktura in Englisch, unterschrieben. Anzahl mit Importeur abstimmen. Auf der Handelsrechnung muss der Ort und das Datum der Verschiffung, Verkaufspreise, Ursprungsland, Brutto- und Nettogewichte, Versicherungskosten, Frachtkosten, Namen und Anschriften von Exporteur und Empfänger, Art und Anzahl der Packstücke sowie deren Marken und Nummern, Inhalt und genaue Warenbezeichnung pro Packstück angegeben sein. Alle Handelsrechnungen müssen die Akkreditiv-Nummer (bei Akkreditivgeschäften) sowie die HS-Nr. (Zolltarifposition) neben jeder in der Handelsrechnung vermerkten Ware aufweisen. Bei Regierungsgeschäften, die mit Kreditdevisen finanziert werden, sind anzugeben: Nr. des Antrags auf L/C-Eröffnung, Nr. des L/C und Name der Bank.

2.1.3 Ursprungszeugnisse

Ursprungszeugnis nur auf Anforderung und Rücksprache mit Importeur. Angabe des Ursprungslandes: „Federal Republic of Germany (European Union)".

2.1.4 Packlisten

Packliste erforderlich. Handelsübliche Angaben wie Marke, Nummer, Anzahl u. Art der Verpackung, genaue Übersicht der Packstücke, Brutto- und Nettogewichte, genaue Beschreibung des Inhalts. Absprache mit Importeur.

2.1.5 Gesundheitszeugnisse

Veterinärzeugnis für die Einfuhr von Tieren erforderlich. Pflanzengesundheitszeugnis für Kartoffeln, Pflanzen und Pflanzmaterial.

2.1.6 Inspektionszertifikat

Vorversandkontrolle für bestimmte Waren aus den Bereichen Eisen und Stahl, hochwertiges Rindfleisch, Kopiergeräte, Schuhe, Lebensmittel und Getränke, Keramik u.a. erforderlich. Die Waren dürfen nur über bestimmte indonesische Häfen bzw. Flughäfen importiert werden. Mit Importeur und Inspektionsfirma abstimmen. Vom Importeur beantragt wird die erforderliche „Inspection Order".

Zuständig hierfür sind in Deutschland: SGS Germany GmbH in 20097 Hamburg, Heidenkampsweg 99, Tel.: 040 30101735, E-Mail: de.gis.export@sgs.com, Bureau Veritas Industry Services GmbH in 20547 Hamburg, Willy-Brandt-Str. 55, Tel.: 040 236250, E-Mail: kso.vo@bureauveritas.com, https://verigates.bureauveritas.com und DIN CERTCO Gesellschaft für Konformitätsbewertung mbH in 12103 Berlin, Alboinstr. 56, Tel.: 030 75621131, E-Mail: sales-mas@dincertco.de.

2.1.7 Freiverkäuflichkeitsbescheinigung

Für einige Waren (Medizin, Nahrungsmittel) kann die Vorlage eines Free Sales Certificates verlangt werden. Mit Importeur abstimmen.

2.2 Luftfrachten

Zollflughäfen: Ambon, Jakarta (JKT), Balikpapan, Bandung, Banjarmasin, Jayapura, Kupang, Medan, Surabaja (SUB), Makassar (UPG), Benjarmasin (BDJ), Palembang (PLM), Manado (MDC), Banda Aceh (BTJ), Pekanbaru u.a.

2.2.1 Luftfrachtbrief

Eine Ausfertigung des Luftfrachtbriefes.

2.2.2

Siehe unter Seefrachten 2.1.2–2.1.7.

2.3 Postverkehr

2.3.1 Paketkarte

Eine Zollinhaltserklärung in Englisch. Höchstgewicht: 31,5 kg, Vertragskunden: 30 kg.

2.3.2

Siehe unter Seefrachten 2.1.2–2.1.7.

3 Adressen

Auslandshandelskammer

Deutsch-Indonesische Industrie- und Handelskammer
German-Indonesian Chamber of Commerce and Industry
Jl. H. Agus Salim No. 115
Menteng, Jakarta 10310, Indonesia
Tel.: +62 50985800
E-Mail: info@ekonid.id
https://www.indonesien.ahk.de

Konsulate

Die Konsulatsadressen finden Sie jeweils mit Telefonnummer, E-Mail-Adresse, Homepage und Öffnungszeiten unter:
https://www.auswaertiges-amt.de/de/service/laender.

4 Sonstiges

Länder(-gruppen)kurzbezeichnung für bes. Zollsätze im Europäischen Zolltarif: SPGL
Kraftfahrzeugländerkennzeichen: RI

Irak

Republic of Iraq

1 Allgemeine Informationen

1.1 Kurzinfos

Landesvorwahl: +964

MEZ: +2 Std.

Arabisch, Kurdisch, Englisch

1 irakischer Dinar (ID) = 5 Rijals
20 Dirham
(ISO-Code: IQD)

Nach AWG frei vereinbar
Devisenbestimmungen des Irak beachten

Harmonisiertes System

Beobachterstatus

Feiertage: Die Feiertage zu diesem Land finden Sie unter folgendem Link: https://www.timeanddate.de/feiertage/.

1.2 Einfuhr aus der Bundesrepublik

Bitte beachten: Importe in den Irak dürfen weder in den Begleitpapieren noch auf der Markierung von Waren und/oder Verpackungen die Bezeichnung „Persian Gulf" tragen. Wenn eine Golf-Bezeichnung erfolgen muss, dann „Arabian Gulf". Wenn möglich, sollte auf die Golf-Bezeichnung verzichtet werden.

Importverbote gelten für Schweine und Schweineprodukte, ozonschädigende Substanzen sowie Waren aus Israel. Für Normen und Standards ist die COSOC zuständig, häufig wird ein Konformitätsnachweis (CoC) verlangt. Pflanzen und pflanzliche Produkte benötigen ein Pflanzengesundheitszeugnis. Patentmedizin und pharmazeutische Spezialitäten sind beim Gesundheitsministerium zu registrieren. Arzneimittel und pharmazeutische Erzeugnisse dürfen nur mit Genehmigung dieser Behörde eingeführt werden, wofür ein legalisiertes Zertifikat der Gesundheitsbehörde des Exportlandes erforderlich ist. Gebrauchsmuster sind dort zu hinterlegen; Antibiotika, Sera und Impfstoffe brauchen ein Analysezertifikat. Packungsbeilagen und Etiketten müssen auf Arabisch oder Englisch vorliegen.

Für Farb-, Würz- und Duftstoffe, Lebensmittel und alkoholfreie Getränke ist ein Unbedenklichkeitszeugnis vorgeschrieben, das ihre Eignung für den Verzehr bestätigt und legalisiert sein muss. Alkohol und Spirituosen unterliegen besonderen Etikettierungsvorschriften, Lebensmittel der Kontrolle nach lebensmittelrechtlichen Vorgaben. Für einzelne Waren können weitere Nachweise verlangt werden. Eine Einfuhrgenehmigung ist in der Regel nur für private Firmen erforderlich, in Ausnahmefällen auch für staatliche Stellen. Sie wird vom Handelsministerium erteilt, gilt sechs bis zwölf Monate und ist nur während dieser Laufzeit nutzbar. Vor Versand sollte die Gültigkeit geprüft werden. Meist sind ausschließlich Direktimporte aus dem Ursprungsland zulässig. Bitte darauf achten, dass in Kurdistan andere Regeln gelten können. Grundsätzlich sollte in allen Fällen eine Abstimmung mit dem Importeur erfolgen.

Embargo:
Informationen hierzu befinden sich auf der Internetseite www.bafa.de/DE/Home/home_node.html. Informationen für Exporteure hält die Internetseite https://legacy.trade.gov/iraq/ bereit, die von der „Iraq Investment and Reconstruction Task Force" (IIRTF) betrieben wird. Bei geplanten Exporten wird empfohlen, sich zwecks aktueller Informationen mit dem Importeur abzustimmen und/oder sich an die zuständige Industrie- und Handelskammer zu wenden.

1.3 Verpackung

Heu und Stroh sind als Verpackungsmaterial zugelassen. Die Verpackung muss stabil und tropenfest sein. Besonders wichtig ist ein ausreichender Korrosionsschutz. In den heißen Monaten beträgt die Schattentemperatur in Basrah bis zu +53 °C, in den Monaten Dezember bis Februar kann sie unter den Nullpunkt sinken und es gibt starke Regenfälle. Einkommende Güter liegen in Basrah häufig längere Zeit im Freien.

1.4 Markierung

Der Ursprung von Waren muss klar erkennbar sein. Im Zweifelsfall sollte mit „Made in Germany" gekennzeichnet werden. Sind Markierungen erforderlich (z.B. vorsichtiger Umgang mit einem Packstück, da der Inhalt leicht zu Bruch gehen kann), ist die Kennzeichnung möglichst in Arabisch anzubringen.

1.5 Mustersendungen

Muster ohne Handelswert werden zollfrei abgefertigt. Vor Musterjägern wird gewarnt; entweder Bezahlung verlangen oder Muster entwerten.

1.6 Versicherungen

Versicherung nur im Irak decken.

2 Dokumente

Hinweis: Es werden keine Legalisierungen für Papiere vorgenommen, die einen Transportweg über Syrien vorsehen. – Bei allen Anschriften nie „Persian Gulf" angeben, sondern stets „Arabian Gulf".

2.1 Seefrachten

Seehäfen: Basrah oder, im Transit via Beirut (Libanon), Umm Qasr, Khawr az Zubayr

2.1.1 Konnossemente

Voller Satz Konnossemente, Ausstellung an Order mit Notify-Adresse möglich. Die Nationalität des Schiffes ist anzugeben.

2.1.2 Handelsrechnungen

Handelsfaktura (fünffach, Englisch), von der Handelskammer bescheinigt und konsularisch legalisiert. HR muss u.a. auch enthalten: Die einzelnen Beträge (Fracht etc.) bei cif- oder cfr-Verkauf. Genaue Warenbezeichnung erforderlich. Bei Textilwaren z.B. genaue Angaben über Gewicht der einzelnen Ballen bzw. Stücke und Art des Stoffes mit Bezeichnung der entsprechenden Zollklassifizierung und Angaben über Länge und Breite. Bei bestimmten Arzneien und pharmazeutischen Produkten müssen Lagerungsvorschriften in der Rechnung ausgewiesen sein.

Die Handelsrechnung hat mit folgender Erklärung abzuschließen: „We hereby declare that the country of origin of the goods is the Federal Republic of Germany. We hereby declare that the mentioned merchandise is being exported for own account and that the goods are of pure national origin of the exporting country." oder „...of pure national origin of the country the goods originated from."

Wird eine Herstellerangabe gefordert: „The goods are manufactured by..."

Eine konsularische Legalisierung[1] ist erforderlich. Der irakischen Vertretung ist eine Fotokopie des L/C bzw. der Importlizenz vorzulegen.

2.1.3 Packlisten

Packliste (in Englisch) nur erforderlich, wenn die Handelsrechnung nicht die nötigen Angaben (z.B. Art der Packstücke und Inhalte mit Angabe von Nummern, Gewichten, Maßen, Marken) enthalt. Mit dem Importeur absprechen.

2.1.4 Ursprungszeugnisse

Handelskammer-Ursprungszeugnis (besonderer Vordruck, mindestens dreifach, Englisch) erforderlich, mit der unter 2.1.2 aufgeführten Erklärung und rechtsverbindlichen Unterschrift des Ausführers auf der Rückseite des Ursprungszeugnisses. Das Ursprungszeugnis ist von der Handelskammer zu bescheinigen. Die Nummer der Handelsrechnung ist in Feld 5 anzugeben. Falls eine Herstellerangabe vorgeschrieben wird, ist die Erklärung zu ergänzen um: „The goods are manufactured by ...". Als Ursprungsland Deutschland muss „Federal Republic of Germany (European Union)" angegeben werden. Konsularische Legalisierung[2] erforderlich. Diese wird nur ausgestellt, wenn die Erklärung auf der Rückseite von der zuständigen Han-

1) Handelsrechnungen und Ursprungszeugnisse werden nur gemeinsam und für das ganze Bundesgebiet vom „Commercial Attaché" legalisiert.

2) Handelsrechnungen und Ursprungszeugnisse werden nur gemeinsam vom „Commercial Attaché" legalisiert.

delskammer bescheinigt wurde. Bei Ursprung in einem Drittland ist eine Kopie des Ursprungszeugnisses erforderlich.

Achtung: Die Richtigkeit der im UZ gemachten Angaben sind genau zu prüfen. Eine nachträgliche Änderung ist nahezu ausgeschlossen. Im Extremfall werden Rechnungen durch den Empfänger im Irak nicht beglichen. Außerdem dürfen UZ keine Handelsrechnungen oder Bilanzen beinhalten oder als Anhang aufweisen und auch keine weitere Erklärung als die im Absatz 1.

2.1.5 Gesundheitszeugnisse

Pflanzen und Güter mit pflanzlichem Ursprung benötigen ein amtliches Pflanzengesundheitszeugnis, das u.a. bestätigt, dass die Güter frei von Pflanzenseuchen und parasitären Krankheiten sind (www.julius-kuehn.de).

2.1.6 Hersteller-Erklärung

Hersteller-Erklärung (zweifach): Soweit diese gefordert wird, ist auf Firmenbogen unter Bezugnahme auf die Handelsrechnung zu erklären, von wem die Ware hergestellt worden ist. Die Unterschrift ist von der Handelskammer oder von einem Notar zu beglaubigen. Eine konsularische Legalisierung nur auf Anforderung des Importeurs.

2.1.7 Konformitätszertifikat (Certificate of Conformity, CoC)

a) außer Region Kurdistan: Für einige Waren (u.a. Haushaltswaren, Kleidung und Stoffe, Nahrungsmittel, kosmetische Produkte, Spielzeug, chemische Stoffe, Fahrzeug(teile), Baumaterial, elektrische Erzeugnisse) ist die Vorlage eines Konformitätszertifikates erforderlich. Grundlage ist das Konformitätsprogramm (Verification of Conformity Programme) der Central Organization for Standardization and Quality Control (COSQC). Ansprechpartner für das CoC-Zertifikat in Deutschland: Bureau Veritas Services GmbH in 20457 Hamburg, Willy-Brandt-Str. 55, Tel.: 040 236250, E-Mail: gsit.zrh@bureau veritas.com, Intertek Caleb Brett Germany GmbH, Government and Trade Services in 21109 Hamburg, Georgswerder Bogen 3, Tel.: 040 558225000, E-Mail: info.hamburg@intertek.comund DIN CERTCO Gesellschaft für Konformitätsbewertung mbH, TÜV Rheinland in 12103 Berlin, Alboinstr. 56, Tel.: 030 75621131, E-Mail: sales-mas@dincertco.de.

b) für die Region Kurdistan: Hier gilt ebenfalls ein Konformitätsprogramm (Consignment Based Conformity Assessment CBCA Programme) für diverse Warengruppen (u.a. Lebensmittel, Putzmittel, Spielzeuge, Elektrowaren, Autos und Ersatzteile, Haushaltswaren, Textilien und Schuhe, Küchenwaren, Chemikalien, Kosmetika). Für diese Waren ist vor Versand eine Prüfung erforderlich und der Nachweis, dass diese den lokalen bzw. den vor Ort anerkannten Standards entsprechen. Ansprechpartner für das CoC-Zertifikat in Deutschland: Intertek Caleb Brett Germany GmbH, Government and Trade Services in 21109 Hamburg, Georgswerder Bogen 3, Tel.: 040 558225000, E-Mail: info.hamburg@intertek.com. Ansprechpartner für Land- und Baumaschinen sowie Fahrzeuge zusätzlich: Bureau Veritas Services GmbH in 20457 Hamburg, Willy-Brandt-Str. 55, Tel.: 040 236250, E-Mail: gsit.zrh@bureauveritas.com. Die

2.1.8 Certificate of Registration (CoR)

Schrittweise Einführung des „Certificate of Registrations (CoR)"-Programms seit 1.1.2021. Das CoR ist für alle Warenimporte für die Erlangung einer Importlizenz im Irak verpflichtend. Antrag auf Ausstellung der Zertifikate über TÜV Rheinland (DIN CERTCO Gesellschaft für Konformitätsbewertung mbH, Alboinstr. 56, 12103 Berlin, Tel.: 0221 8062249, Fax: 030 75621141, E-Mail: info@dincertco.de, www.dincertco.de). Rücksprache mit dem Importeur erforderlich.

3 Luftfrachten

Zollflughäfen: Baghdad, Basrah, Arbil, Mosul, Najaf, Sulaimaniyya

3.1 Luftfrachtbrief

Eine Ausfertigung des Luftfrachtbriefes.

3.2

Siehe unter Seefrachten 2.1.2–2.1.8.

4 Postverkehr

4.1 Paketkarte

Zwei Zollinhaltserklärungen CN 23 in Englisch, Französisch oder Spanisch. Höchstgewicht: 31,5 kg, Geschäftskunden: 30 kg.

4.2

Siehe unter Seefrachten 2.1.2–2.1.8.

5 Konsulatsgebühren

Es wird empfohlen, sich in jedem Fall mit dem irakischen Importeur abzustimmen, welche Dokumente bescheinigt bzw. legalisiert vorzulegen sind.

Handelsrechnungen und Ursprungszeugnisse müssen vor Einreichung bei der Ghorfa von der zuständigen Handelskammer ausgestellt und bescheinigt worden sein. Konsularische Legalisierung erfolgt ohne Ausnahme für das ganze Bundesgebiet durch den Commercial Attaché bei der irakischen Botschaft (Botschaft der Republik Irak, Commercial Attaché in 14295 Berlin, Pacelliallee 19-21, Tel.: 030 95629876, Fax: 030 95629877). Alle anderen Dokumente werden von der Konsularabteilung legalisiert, mit einem QR-Code versehen und an den irakischen Empfänger versendet.

Alle konsularisch zu legalisierenden Dokumente gehen inkl. eines Schreibens mit sämtlichen Kontaktdaten an die GHORFA Arab-German Chamber of Commerce and Industry e.V., Referat für Handelsdokumentenservice, Garnisonskirchplatz 1, 10178 Berlin, Tel.: 030 278907-24, Fax: 030 278907-32, E-Mail: dokument@ghorfa.de, www.ghorfa.de. Die Dokumente sind per Post an die GHORFA zu senden und werden von dort an die Konsularabteilung der Botschaft der Republik Irak bzw. an den Commercial Attaché weitergeleitet. Die GHORFA-Gebühr beträgt pro Exemplar € 32,–. Ein adressierter und frankierter Rückumschlag ist den Dokumenten beizufügen. Die Gebühren für die GHORFA sind auf das Konto bei der Deutschen Bank Berlin AG, IBAN: DE46 1007 0000 0434 9510 00, BIC: DEUTDEBBXXX zu bezahlen. Die von der Bank quittierte Durchschrift des Überweisungsträgers oder das ausgedruckte Online-Überweisungsprotokoll ist den Dokumenten beizufügen.

Mehrseitige Dokumente müssen an der oberen linken Ecke umgeknickt und geheftet sein und über die Ecke mit einem Siegelabdruck der bescheinigenden/ausstellenden Stelle (Behörde/Industrie- und Handelskammer/Notar) verschlossen/versehen sein. Sind entsprechende Dokumente nicht verschlossen/versiegelt, erfolgt die Berechnung der Legalisierungsgebühren nach Anzahl der Seiten.

Handelsrechnungen, Ursprungszeugnisse (pro Exemplar).	€ 110,–

Achtung: Ursprungszeugnisse (UZ dürfen keine Handelsrechnungen oder Bilanzen beinhalten oder als Anhang aufweisen und auch keine weitere als die geforderte Erklärung) und Handelsrechnungen werden nur gemeinsam und für das ganze Bundesgebiet vom „Commercial Attaché" konsularisch legalisiert. Bezahlung dieser Wirtschaftsabteilungsgebühren nur per Scheck. Keine Annahme von Bargeld bei der Wirtschaftsabteilung. Benötigt wird je eine Kopie der folgenden Dokumente: von der Konsularabteilung legalisiertes amtliches Gesundheitszeugnis bei Nahrungsmitteln, von der Konsularabteilung legalisiertes Analysenzertifikat bei Medikamenten, Konnossement bzw. Ladeschein, Importlizenz der irakischen Firma, wenn Empfänger im privaten Sektor. Die Internetseite www.ghorfa.de/Handelsdokumenten-Service/Irak gibt Auskunft, für welche Erzeugnisse keine Lizenzpflicht mehr besteht).

Handelsvollmachten, Patentbescheinigungen, Handelszertifikate, Testzertifikate, Packlisten (pro Exemplar)	€ 160,–

Diese Dokumente müssen durch das BfAA endbeglaubigt sein (falls die Beglaubigung durch einen Notar erfolgte, muss der Präsident des zuständigen Landgerichts zuvor eine Überbeglaubigung vornehmen) und werden nur von der Konsularabteilung konsularisch legalisiert, Botschaft Irak, Konsularabt. Pacelliallee 19–21, 14195 Berlin, Tel.: 030 814880, Fax: 030 81488222. Die Konsulatsgebühren sind ausschließlich bar zu bezahlen.

Die Konsularabteilung und der Commercial Attaché benötigen jeweils eine Kopie für ihre Unterlagen. Die Bezahlung der Gebühren muss getrennt erfolgen.

6 Adressen

Deutsches Wirtschaftsbüro Irak

Delegation der Deutschen Wirtschaft im Irak

German Liaison Office for Industry and Commerce in Iraq
World Trade Center (Gulan Tower), Gulan Street
7th Floor, Office No. 03
Erbil, Kurdistan Region of Iraq (KRI)
Tel.: +964 7503258542
E-Mail: info@ahkuae.com
https://www.irak.ahk.de

Delegation der Deutschen Wirtschaft im Irak
German Liaison Office for Indutry and Commerce in Iraq
Embassy of the Federal Republic of Germany
Al Mansour Melia Hotel, Floor L1, Haifa Street
Bagdad
E-Mail: suntke.heeren@irak.ahk.de
https://www.irak.ahk.de

Konsulate

Die Konsulatsadressen finden Sie jeweils mit Telefonnummer, E-Mail-Adresse, Homepage und Öffnungszeiten unter:
https://www.auswaertiges-amt.de/de/service/laender.

7 Sonstiges

Das Auswärtige Amt hat zur Förderung der Wirtschaftsbeziehungen mit dem Irak eine Internetplattform eingerichtet: www.wp-irak.de.
Länder(-gruppen)kurzbezeichnung für bes. Zollsätze im Europäischen Zolltarif: SPGL
Kraftfahrzeugländerkennzeichen: IRQ

Islamic Republic of Iran

Iran

1 Allgemeine Informationen

1.1 Kurzinfos

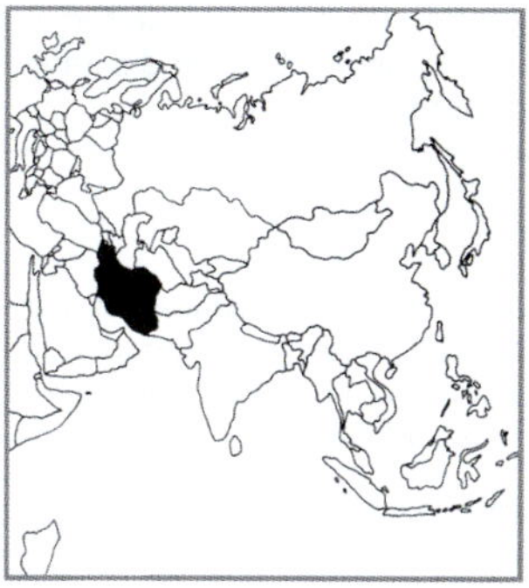

Landesvorwahl: +98

MEZ: +2,5 Std. Sommerzeit Ende März bis Ende September

Persisch (Farsi), Englisch

1 Iranischer Rial (RL) = 100 Dinar (ISO-Code: IRR)

Nach AWG frei vereinbar Devisenbestimmungen des Iran beachten

Harmonisiertes System

Angeschlossen. Iranischer Zoll verlangt eine Übersetzung des Carnet-TIR-Manifestes ins Englische/Persische

Bis auf Weiteres ausgesetzt

Beobachterstatus

Feiertage: Die Feiertage zu diesem Land finden Sie unter folgendem Link: https://www.timeanddate.de/feiertage/.

1.2 Einfuhr aus der Bundesrepublik

Bitte beachten: Importe in den Irak dürfen weder in den Begleitpapieren noch auf der Markierung von Waren und/oder Verpackungen die Bezeichnung „Persian Gulf" tragen. Wenn eine Golf-Bezeichnung erfolgen muss, dann „Arabian Gulf". Wenn möglich, sollte auf die Golf-Bezeichnung verzichtet werden.

Untersagt sind Einfuhren aus Israel und Saudi-Arabien sowie nach Scharia verbotene Produkte wie Alkohol oder Schweinefleisch. Für Importe über Freihandelszonen gelten zudem Sonderregelungen. Waren sind in drei Kategorien eingeteilt: zugelassen, bedingt erlaubt und verboten. Für die Beantragung einer Importerlaubnis ist eine Proforma-Rechnung mit allen Standardangaben und einer Echtheitsbestätigung des Exporteurs erforderlich; ein Muster stellt die Handelskammer bereit. Eine amtliche Beglaubigung ist meist entbehrlich. Wird ein Inspektionszertifikat verlangt, muss die zugelassene Prüfstelle bereits in Rechnung oder Vertrag benannt sein; zugleich empfiehlt es sich, Fristen einzuplanen und die Anweisungen des Geschäftspartners zu berücksichtigen.

Wegen knapper Devisen arbeitet der Iran mit vier Dringlichkeitsstufen:
1. Grundbedarf wie Nahrungsmittel, Arzneien und medizinische Geräte erhält Devisen zu Vorzugskursen.
2./3. Rohstoffe, Vorprodukte und bestimmte Konsumwaren – darunter Milcherzeugnisse, Holz, Ersatzteile und Maschinen – werden je nach Fall über das NIMA-System, Exporterlöse oder Fremdwährungskonten finanziert.
4. Luxusgüter wie Pkw, Haushalts-Elektronik, Textilien oder lokal herstellbare Waren dürfen nicht eingeführt werden.
Die eigentliche Registrierung erfolgt über das Handelsportal NTSW beim Ministerium für Industrie, Bergbau und Handel, das auch Zulassungen anderer Ressorts betreut. Das Verfahren gliedert sich in drei Etappen: Beantragung von Warennummer, Verkäuferreferenz und nötigen Genehmigungen, anschließende Auftragsbestätigung gegen Gebühr sowie Zuteilung von Devisen durch die Zentralbank, die mindestens 30 Tage beansprucht. Erst danach kann der Importeur Fremdwährungen kaufen und an den Lieferanten weiterleiten.

Nahrungsmittel benötigen eine persische Etikettierung mit Angaben zu Produkt, Herstellungs- und Verfallsdatum, Produzent, Ursprungsland, Registriernummer beim Gesundheitsministerium und iranischem Geschäftspartner. Die Gestaltung sollte mit dem Einführer abgestimmt werden.

Meist sind Halal-Nachweise Pflicht. Da manche Erzeugnisse zur Förderung der heimischen Produktion verboten oder beschränkt sind, sollte dies ebenfalls vorab mit dem Handelspartner geklärt werden (Infos: www.fda.gov.ir). Bei Heil- und Arzneierzeugnissen entscheidet das Gesundheitsministerium. Jedes Präparat ist einzeln zu registrieren, oft über einen Alleinvertreter. Anträge erfordern Unterlagen wie Analyseberichte; Zertifikate bestimmter Firmen (z.B. SGS Iran, TÜV Nord Iran, ICS Group, Moody International Qeshm) werden anerkannt. Auch Werbematerialien wie Broschüren oder Kataloge gelten als Waren und müssen mit Zollwert und Vorab-Rechnung angegeben werden. Normungs- und Standardfragen betreut die INSO als zentrale Behörde.

Bitte beachten: Informationen zu den Embargobestimmungen sind auf der Internetseite des BAFA: www.bafa.de/DE/Home/home_node.html erhältlich.

1.3 Verpackung

Heu und Stroh sind nur zu verwenden, soweit es sich um sterilisiertes Material handelt. Für Holzverpackungen (maximal 40 bis 90 kg je Packstück) gelten die Regelungen des ISPM Nr. 15-Standards. Auf wasserdichte Verpackung achten.

1.4 Markierung

Der Ursprung von Waren muss klar erkennbar sein. Im Zweifelsfall sollte mit „Made in Germany" gekennzeichnet werden. Name, Adresse des Empfängers, L/C- oder Ordernummer, Ursprungsland. Übliche Symbole und keine missverständlichen Hinweise verwenden. Möglichst keine Kennzeichnung mit Golf, keineswegs „Arabian Gulf", sondern im Zweifelsfalle höchstens „Persian Gulf".

1.5 Mustersendungen

Muster ohne Handelswert bis US-$ 50 werden zollfrei abgefertigt. Ob Zollfreiheit vorliegt, liegt im Ermessen des Zollbeamten. Kataloge und Prospekte sind unter Angabe eines Zollwertes zu deklarieren. Dafür Pro-forma-Rechnung beifügen. Ursprungsnachweis wird nicht verlangt. Vorübergehende Einfuhr mit Carnet A.T.A. bis auf Weiteres nicht mehr möglich.

2 Dokumente

Bitte beachten: Alle Dokumente (Frachtbriefe, Konossemente, Rechnungen) müssen die National ID vom iranischen Einführer sowie die iranische Zolltarifnummer enthalten.

2.1 Seefrachten

Seehäfen: Abadan, Azali, Bandar Amirabad, Bandar Khomeini, Bandar Bushehr, Bandar Chah Bahar, Bushire, Khomeyni, Khorramshahr, Bandar Mahshar, Bandar Shahid Rejaei u.a.

Zum Bestimmungshafen ist erklärend „Persian Gulf" und nicht „Arabian Gulf" hinzuzufügen.

2.1.1 Konnossemente

Voller Satz Konnossemente mit Angabe einer Notify-Adresse. Die Akkreditivnummer, die iranische Zolltarifnummer und die National ID des iranischen Einführers ist anzugeben.

2.1.2 Handelsrechnungen

Handelsfaktura (mindestens dreifach, Englisch), Bescheinigung durch IHK. Anschließende Legalisierung mit dem Formblatt „Informationen für die Legalisierung von Dokumenten" und einem freigemachten und mit Adresse versehenen Umschlag durch die Botschaft in Berlin, falls notwendig. Die Handelsrechnung muss u.a. folgende Angaben enthalten: Bestimmungsort, Brutto- und Nettogewichte, genaue Warenbezeichnung, Art und Anzahl der Packstücke mit Angabe von Nummer und Marke, Namen und Anschriften von Aus- und Einführer, Lieferbedingungen mit fob-Wert, cif-Kosten und -Wert bzw. cfr-Wert, Angabe der Akkreditivnummer, Ursprungsland. Die Angabe der Zolltarifnummer, die National ID des iranischen Einführers und Einzelheiten über die Devisengenehmigung (Nummer, Ausstellungsort und -datum) sollten ebenfalls angegeben werden.

In der Faktura ist zu bestätigen, dass der Rechnungsbetrag mit den ordnungsgemäß geführten Büchern übereinstimmt und demzufolge zu erklären: „We hereby certify that the prices stated in this invoice are the current export market prices for the merchandises described therein and we accept full responsibility for any inaccuracies or errors therein." Trifft dies nicht zu, folgender Wortlaut: „We hereby certify that the prices stated in this invoice are true and correct and are representing the amount payable for the mentioned goods and that no further payments, cash or otherwise, nor special discounts were agreed, except such mentioned in this invoice. We accept full responsibility for this statement."

2.1.3 Ursprungszeugnisse

Ursprungszeugnis (zweifach) mit der Ursprungsangabe „Federal Republic of Germany (European Union)" erforderlich. Konsularisch zu legalisieren, wenn gefordert.

2.1.4 Packlisten

Sollte aus der Rechnung nicht der Inhalt der einzelnen Packstücke hervorgehen, wird eine separate detaillierte Packliste (Englisch) mit den entsprechenden Angaben zu Marke, Nummer, Anzahl, Art, Gewichte, exakte Beschreibung des Inhalts, empfohlen.

2.1.5 Inspektionszertifikate

Inspektionszertifikat nur auf Anforderung. Die durchführende Inspektionsfirma wird vom Importeur benannt bzw. ist im Akkreditiv bzw. in der Pro-forma-Rechnung und Vertrag genannt. Vorab-Konsultationen empfehlenswert. Bescheinigung durch zuständige Handelskammer erforderlich (dreifach einreichen, eine Kopie verbleibt dort), falls die Inspektionsfirma im Iran keinen Vertreter hat. Legalisierung durch Konsulat nur auf Anforderung (dann zweifach einreichen, eine Kopie verbleibt dort). Fristen sind zu beachten. Eine Rücksprache mit dem Importeur über die geforderte Aufmachung wird empfohlen.

2.1.6 Frachtrechnungen

Nur auf Anforderung mit folgender unterschriebener Preiserklärung: „We hereby certify that the above mentioned prices correspond with our regular files.", Firmenunterschrift und Stempel – Bescheinigung durch zuständige Handelskammer.

2.2 Eisenbahnverkehr

2.2.1 Frachtbrief

Für Güter: ein internationaler Frachtbrief.

Eine internationale Zollanmeldung, wenn die Güter von Deutschland über Polen und die GUS-Staaten nach Iran gehen. Zwei internationale Zollanmeldungen für alle anderen Bahnverladungen nach Iran.

2.2.2

Siehe unter Seefrachten 2.1.2–2.1.6.

2.3 Luftfrachten

Zollflughäfen: Abadan, Ahwaz, Bandar-Abbas, Bushire, Bandar Lengeh, Isfahan, Kerman, Kermanshah, Kish Island, Mashad, Shiraz, Tabris, Teheran (THR), Yazd, Zahedan u.a.

2.3.1 Luftfrachtbrief

Eine Ausfertigung des Luftfrachtbriefes.

2.3.2

Siehe unter Seefrachten 2.1.2–2.1.6.

2.4 Postverkehr

2.4.1 Paketkarte

Eine Zollinhaltserklärung CN 23, Französisch oder Englisch. Höchstgewicht 20 kg.

2.4.2

Siehe unter Seefrachten 2.1.2–2.1.6.

3 Konsulatsgebühren

Ursprungszeugnisse, Kaufverträge, Handelsrechnungen und Frachtrechnungen (Packlisten, auch als Anhang von Ursprungszeugnissen oder Handelsrechnungen)

bei einem Wert

bis	€ 150,–	€ 20,–
bis	€ 1 500,-	€ 70,–
bis	€ 7 500,–	€ 120,–
bis	€ 15 000,–	€ 240,–
bis	€ 75 000,–	€ 500,–
ab	€ 75 001,–	€ 1 000,–

Inspektionszertifikate, Gesundheitszeugnisse etc. bei Rechnungsbeträgen:

bis	€ 150,–	€ 50,–
bis	€ 150 000,–	€ 110,–
bis	€ 1 500 000,–	€ 200,–
ab	€ 1 500 001,–	€ 400,–

Gesundheitszeugnisse ohne Legalisierung einer Handelsrechnung:

(pro Exemplar) € 400,–

Geschäftsunterlagen wie Gewerbescheine, Geschäftssatzungen etc., alle Arten von Bescheinigungen ohne Handelsrechnung bzw. Warenlieferungen:

(pro Exemplar) € 60,–

Analysenzertifikate und Gesundheitszeugnisse (von der zuständigen Behörde ausgestellt) werden nur gemeinsam mit der dazugehörigen Handelsrechnung legalisiert.

Die Konsularabteilung behält pro Dokument eine Kopie für ihre Unterlagen.

Alle Dokumente müssen vor ihrer Einreichung von der jeweils zuständigen Stelle bescheinigt bzw. beglaubigt worden sein.

Sind die Dokumente von einem Notar beglaubigt, muss vor der Legalisierung eine Überbeglaubigung durch den zuständigen Landgerichtspräsidenten erfolgen.

Überweisung auf das Konto der Botschaft der Islamischen Republik Iran in Berlin – IBAN: DE37 1007 0000 0234 4380 00 bei der Deutschen Bank AG, Berlin (BIC: DEUTDEBBXXX). Eine Original-Durchschrift, auf der die Bank den Empfang der Summe bestätigt, oder das ausgedruckte Protokoll der getätigten Online-Überweisung ist den eingereichten Dokumenten beizulegen. Ein frankierter Umschlag ist für die Rücksendung der Dokumente beizufügen.

4 Adressen

Auslandshandelskammer

Delegierte für den Standort Iran in Deutschland:
Susanne Gerlach
Tel.: +49 176 23161565
E-Mail: gerlach.susann@dihk.de

Konsulate

Die Konsulatsadressen finden Sie jeweils mit Telefonnummer, E-Mail-Adresse, Homepage und Öffnungszeiten unter:
https://www.auswaertiges-amt.de/de/service/laender.

Irland

1 Allgemeine Informationen

1.1 Kurzinfos

Landesvorwahl: +353

MEZ: -1 Std.
EU-Sommerzeit

Englisch, Irisch

1 EUR (€) = 100 Cent
(ISO-Code: EUR)

Nach AWG frei vereinbar
Devisenbestimmungen von Irland beachten

Harmonisiertes System
Verzollung nach dem Transaktionswert

Mitglied

Angeschlossen

Angeschlossen

Feiertage: Die Feiertage zu diesem Land finden Sie unter folgendem Link: https://www.timeanddate.de/feiertage/.

1.2 Einfuhr aus der Bundesrepublik

In der EU ist der Warenverkehr weitgehend frei. Für Dual-Use-Güter und sensible Waren wie Abfälle gelten spezielle Bestimmungen. Zuständig ist das Department of Enterprise, Trade and Employment. Einige Produkte aus Drittstaaten benötigen Lizenzen. Für bestimmte Agrar- und Industriegüter gelten EU-weit einheitliche Standards – sowohl für Unions- als auch Nicht-Unionswaren. In Irland ist die National Standards Authority of Ireland (NSAI) zuständig. Produktinformationsstellen gemäß EU-Verordnung 2019/515 erleichtern den Marktzugang.

Lebende Tiere und Tierprodukte aus Drittstaaten dürfen nur über zugelassene Grenzkontrollstellen (GKS) eingeführt werden – z.B. an den Flughäfen Dublin und Shannon sowie am Hafen von Dublin. Pflanzen und Pflanzenschutzmittel mit Gesundheitszeugnis werden ebenfalls nur über bestimmte Einlassstellen in Dublin abgefertigt. Adressen sind bei den zuständigen Behörden erhältlich. Für Medikamente der Human- und Veterinärmedizin ist die Health Products Regulatory Authority (HPRA) gemeinsam mit dem Department of Agriculture zuständig.

Gefährliche Verbraucherprodukte unterliegen dem Safety Gate Rapid Alert System (ehemals RAPEX), das u.a. Spielzeug, Kosmetika, Waschmittel und Fahrzeuge umfasst. Ansprechpartner in Irland ist die Competition and Consumer Protection Commission (CCPC). Für Lebensmittel und Futtermittel gilt das RASFF-System, betreut von der Food Safety Authority of Ireland (FSAI). Grundlage ist die Verordnung Nr. 432/2009. Kontrollen erfolgen durch das Department of Agriculture, Food and the Marine, die Sea-Fisheries Protection Authority (SFPA) und die Health Service Executive (HSE).

1.3 Verpackung

Um Verpackungsabfälle zu vermeiden, zu vermindern und zu verwerten, gibt es besondere Bestimmungen. Produzenten und Vertriebspartner müssen ihre Verpackungen zurücknehmen, trennen (Aluminium, Glas, Holz, Stahl, Kunststoff, Faserplatten, Papier) und verwerten. Bei Bedarf übernehmen diese Pflichten auch zugelassene Organisationen, wie z.B. Repak Limited, die im Rahmen des Rücknahmesystems (Compliance scheme) als Verwertungsorganisation den Grünen Punkt vergibt, der den Beitrag zum Sammel- und Verwertungssystem als Kennzeichen abbildet (keine Pflicht).

1.4 Mustersendungen

Muster ohne Handelswert sind zollfrei zugelassen. Vorübergehende Einfuhr mit Carnet A.T.A.

2 Dokumente

2.1 Seefrachten

Seehäfen: Arklow, Cork, Drogheda, Dublin (Dun Laoghaire), Foynes, Galway, Limerick, New Ross, Waterford

2.1.1 Konnossemente

Voller Satz Konnossemente, Aufmachung an Order möglich, bedürfen keiner Beglaubigung.

2.1.2 Handelsrechnungen

Rechnungsangaben laut Kaufvertrag. Die Rechnung muss die USt-Identifikationsnummern (UID-Nr.) von Exporteur und Importeur enthalten und den Hinweis „steuerfreie innergemeinschaftliche Lieferung" oder „steuerfrei nach § 4 Nr. 1b UStG", sonst ist MwSt. zu berechnen. Außerdem kann folgender Rechnungsvermerk gemacht werden: „tax free intracommunity dispatch".

Die Bedingungen des § 6a UStG müssen eingehalten sein.

Bei Dual-Use-Gütern ist in den Papieren ein ausdrücklicher Vermerk anzubringen, dass bei der Ausfuhr aus dem Gebiet der EU eine Kontrolle der Waren stattzufinden hat.

Für Nichtgemeinschaftswaren sind Rechnungen mit folgenden Informationen notwendig, z.B. Ausstellungsort und -datum, detaillierte Produktbezeichnung, Menge, Art und Anzahl der Pakete mit Angabe von Nummer und Marke, Namen und Anschriften von Aus- und Einführer, Lieferbedingungen mit fob-Wert, cif-Kosten und -Wert bzw. cfr-Wert, Zahlungsbedingungen, Rechnungsnummer, Beförderungsart, Gesamtbetrag sowie das Ursprungsland. Keine Unterzeichnung der Rechnungen und keine Bescheinigungen erforderlich.

2.1.3 Ursprungszeugnisse

Ursprungszeugnis nur auf Anforderung.

2.1.4 Gesundheitszeugnisse

Gesundheitsattest nur auf besondere Anforderung erforderlich. Für die Einfuhr von Tieren und tierischen Produkten gelten besondere Bestimmungen, die am besten beim Importeur erfragt werden. Bei Pflanzen und Gemüse werden zum Teil Gesundheitszeugnisse verlangt.

2.1.5 Intrastat-Meldung

Auf Grundlage des Änderungsgesetzes zum Außenhandelsstatistikgesetz (AHStatG-ÄndG) vom 5. März 2025 gelten rückwirkend zum 1. Januar 2025 neue Schwellenwerte für die Intrahandelsstatistik: Für Wareneingänge liegt die Meldegrenze nun bei 3.000.000 €, für Versendungen bei 1.000.000 €.

Wird eine dieser Grenzen im laufenden Kalenderjahr überschritten, beginnt die Meldepflicht im Monat der Überschreitung.

Die Daten können online an das Statistische Bundesamt übermittelt werden. Weitere Informationen sind unter www.destatis.de abrufbar (Suchbegriff: „Intrastat") oder telefonisch unter 0611 753965, per Fax: 0611 754525 oder per E-Mail: gruppe-vb@destatis.de.

2.2 Eisenbahnverkehr

2.2.1 Frachtbrief

Ein internationaler Frachtbrief für Frachtgut oder Eilgut.

Expressgut ist nicht reglementiert.

Keine internationale Zollanmeldung nötig.

2.2.2

Siehe unter Seefrachten 2.1.2–2.1.5.

2.3 Luftfrachten

Zollflughäfen: Cork (ORK), Dublin (DUB), Galway (GWY), Kerry (KIR), Knock (NOC), Shannon (SNN), Waterford (WAT)

2.3.1 Luftfrachtbrief

Eine Ausfertigung des Luftfrachtbriefes.

2.3.2

Siehe unter Seefrachten 2.1.2–2.1.5.

2.4 Postverkehr

2.4.1 Paketkarte

Keine Zollformulare. Höchstgewicht 31,5 kg, Vertragskunden 30 kg. Neben Bestimmungsort auch Angabe der Grafschaft empfehlenswert.

2.4.2

Siehe unter Seefrachten 2.1.2–2.1.5.

Das Ursprungsland muss auf der äußeren Verpackung angegeben sein („Made in Germany/Federal Republic of Germany").

3 Adressen

Auslandshandelskammer

Deutsch-Irische Industrie- und Handelskammer
German-Irish Chamber of Industry and Commerce
5 Fitzwilliam Street Upper
Dublin 2, Republic of Irland
Tel.: +353 16424300
Geschäftszeiten: Mo.–Fr. 9.00–17.00 Uhr
E-Mail: info@german-irish.ie
www.german-irish.ie

Konsulate

Die Konsulatsadressen finden Sie jeweils mit Telefonnummer, E-Mail-Adresse, Homepage und Öffnungszeiten unter:
https://www.auswaertiges-amt.de/de/service/laender.

4 Sonstiges

Kraftfahrzeugländerkennzeichen: IRL

Island

Republic of Iceland

1 Allgemeine Informationen

1.1 Kurzinfos

Landesvorwahl: +354

MEZ: –1 Std.
Keine Sommerzeit

Englisch, Isländisch, Dänisch

1 isländische Krone (ikr.)
= 100 Aurar (ISO-Code: ISK)

Nach AWG frei vereinbar
Devisenbestimmungen von Island beachten

Harmonisiertes System
Verzollung nach dem Transaktionswert

Mitglied

Angeschlossen

Feiertage: Die Feiertage zu diesem Land finden Sie unter folgendem Link: https://www.timeanddate.de/feiertage/.

1.2 Einfuhr aus der Bundesrepublik

Im Bereich Lebens- und Futtermittel bestehen strenge Veterinär- und Hygienevorgaben. Die Einfuhr lebender Tiere ist grundsätzlich untersagt; Ausnahmen, etwa für Fische und Krebstiere, genehmigt die MAST unter Quarantänebedingungen. Tierprodukte, bestimmte Lebensmittel und Futtermittel nicht tierischen Ursprungs aus Drittstaaten bedürfen eines Gesundheitszertifikats und müssen im TRACES-System registriert werden. Für Eier und frisches Geflügelfleisch aus dem EWR gelten Sonderregeln. Nicht pasteurisierte Milch ist verboten, während gegartes oder konserviertes Fleisch zugelassen ist. Tierfutter ist mit detaillierter Inhaltsstoff- und Zusammensetzungsangabe zu registrieren; bei tierischen Bestandteilen ist zusätzlich ein Gesundheitszeugnis mit Angaben zu Herstellung, Verpackung, Hygiene und mikrobiologischer Sicherheit vorzulegen. Fischereiprodukte werden an benannten Grenzkontrollstellen (BCP) überprüft und benötigen bei Bedarf ein Nichtmanipulationszertifikat. Die Liste der Kontrollpunkte wird von MAST veröffentlicht.

Darüber hinaus bestehen spezielle Importauflagen für verschiedene Produktgruppen: Waffen, Munition und Sprengstoffe erfordern eine Einfuhrlizenz; Arzneimittel müssen bei der Icelandic Medicines Agency (IMA) registriert und hinsichtlich Zusammensetzung und Konformität geprüft sein. Kosmetika sind bei der Umweltbehörde (UST) melde- und kennzeichnungspflichtig. Für neue und gebrauchte Fahrzeuge gelten gesonderte Zulassungs- und Registrierungspflichten bei der Verkehrsbehörde (ITA). Für pflanzliche Erzeugnisse gelten teilweise Einfuhrverbote oder besondere EU-Regelungen. Jedes Produkt muss von einem Gesundheitszeugnis des Export- und, falls erforderlich, des Ursprungslandes begleitet werden.

Die Einfuhrregelungen Islands basieren weitgehend auf EU-Standards, da das Land Teil des Europäischen Wirtschaftsraums (EWR) ist und ein bilaterales Abkommen mit der EU unterhält. Zuständig für die Anwendung dieser Normen ist das Ministerium für Hochschulbildung, Wissenschaft und Innovationen, das zugleich Produktinformationsstelle gemäß EU-Verordnung 2019/515 ist. CE-pflichtige Waren müssen vor dem Inverkehrbringen korrekt gekennzeichnet sein.

1.3 Verpackung

Es dürfen nicht benutzt werden: Heu, Stroh, gebrauchte Säcke und gebrauchtes Packmaterial. Um Verpackungsabfälle (insbesondere Kunststoff) zu vermeiden, zu vermindern und zu verwerten, gibt es besondere Bestimmungen. Ausnahmegenehmigungen können über die MAST angefragt werden.

1.4 Markierung

Einige landwirtschaftliche Erzeugnisse sowie kosmetische Produkte müssen mit dem Ursprungsland gekennzeichnet werden. Bei Fischen und Meeresfrüchten genügt alternativ das Fanggebiet oder das Ursprungsland.

1.5 Mustersendungen

Muster (bis zu 5.000 ISK Handelswert oder wenn die Produkte unbrauchbar gemacht wurden) sind zollfrei.

2 Dokumente

2.1 Seefrachten

Seehäfen: Akureyri, Grundartangi, Reykjavik, Hornafjordhur, Isafjordhur, Keflavik, Raufarhof, Seydhisfjordhun, Straumsvik, Vesttmannaeyjar u.a.

2.1.1 Konnossemente

Voller Satz Konnossemente, Aufmachung an Order möglich, (dann jedoch mit Notify-Adresse), bedürfen keiner Beglaubigung.

2.1.2 Handelsrechnungen

Handelsfaktura (mindestens zweifach, in Isländisch oder Englisch). Sie muss u.a. enthalten: Preis der einzelnen Artikel und Gesamtpreis, Datum des Verkaufs, Angaben zu den Packstücken (Stückzahl, Marke, Nummern, Gewicht), Informationen zu den Waren (Art der Ware, Gewicht, Anzahl, Maße), Liefer-, Verkaufs- und Zahlungsbedingungen sowie Informationen über Rabatte samt Angabe der Gründe, Datum und Ausstellungsort der Rechnung, Name und Adresse des Käufers und Verkäufers.

Keine Bescheinigung. Verlangt der isländische Zoll die Originalhandelsfaktura, muss diese innerhalb von drei Monaten nach Warenankunft eingereicht werden.

2.1.3 Ursprungszeugnisse

Ursprungszeugnis nicht erforderlich, jedoch u.U. bei einigen Waren erforderlich. Rücksprache wird empfohlen.

2.1.4 Warenverkehrsbescheinigung

Liegt ein Handelsgeschäft zwischen der EU und Island vor und sind die Anforderungen des Assoziierungsabkommens erfüllt, können Präferenzdokumente wie die EUR.1 oder eine Ursprungserklärung genutzt werden, um zollbegünstigte Einfuhren zu ermöglichen. Mit Anfang 2025 wurden in der Pan-Europa-Mittelmeer-Zone (PEM-Zone) neue, einheitliche Ursprungsregeln mit einer Übergangsfrist bis 31.12.2025 eingeführt. Seit dem 1. Januar 2026 sind nur noch die revidierten Ursprungsregeln („Revised Rules") verbindlich und EUR-MED-Nachweise nicht mehr möglich.

Für Warensendungen über 6.000 EUR dient die von der Zollstelle ausgestellte EUR.1 als Präferenznachweis. Exporteure, die regelmäßig Waren unter Präferenzbedingungen liefern, können beim Hauptzollamt die Bewilligung als „Ermächtigter Ausführer" beantragen. Bei Sendungen unter 6.000 EUR genügt eine Ursprungserklärung direkt in der Handelsrechnung, mit folgendem Wortlaut: „Der Ausführer (Ermächtigter Ausführer; Bewilligungs-Nr. ...) der Waren, auf die sich dieses Handelspapier bezieht, erklärt, dass diese Waren, soweit nicht anders angegeben, präferenzbegünstigte . . . Ursprungswaren sind." (Ort und Datum, Unterschrift, Name in Druckbuchstaben)[1)]

Da Handelskammern Ursprungserklärungen nicht bescheinigen dürfen, wird empfohlen, diese separat beizufügen. Auf der Rechnung sollte ein ca. 7 cm hoher Freiraum für die Kammerbescheinigung bleiben. Anschließend ist die Erklärung unter Angabe des Ursprungslands zu ergänzen und erneut zu unterschreiben.

2.1.5 Gesundheitszeugnisse

Ein Gesundheitszeugnis ist erforderlich für Tierfutter, welches tierische Inhaltsstoffe enthält und das in Island vermarktet werden soll.

2.2 Luftfrachten

Zollflughäfen: Reykjavik, Keflavik, Akureyri Egilsstaöir, Isafjörour, Eriksson, Vestmannaeyjar

2.2.1 Luftfrachtbrief

Eine Ausfertigung des Luftfrachtbriefes.

2.2.2

Siehe unter Seefrachten 2.1.2–2.1.5.

1) Ursprungserklärung in weiteren Sprachen s. Kapitel Hinweise Warenursprung Präferenzen

2.3 Postverkehr

2.3.1 Paketkarte

Eine Zollinhaltserklärung in Englisch, Dänisch, Norwegisch, Schwedisch oder Isländisch. Höchstgewicht 31,5 kg.

2.3.2

Siehe unter Seefrachten 2.1.2–2.1.5.

3 Adressen

Auslandshandelskammer

Deutsch-Dänische Handelskammer
Danz-Tysk Handelskammer
Kongens Nytorv 26, 3. Stock
1050 Kopenhagen
Tel.: +45 33913335
Geschäftszeiten: Mo.–Fr. 9.00–16.00 Uhr
E-Mail: info@handelskammer.dk
www.handelskammer.dk

Konsulate

Die Konsulatsadressen finden Sie jeweils mit Telefonnummer, E-Mail-Adresse, Homepage und Öffnungszeiten unter:
https://www.auswaertiges-amt.de/de/service/laender.

4 Sonstiges

Länderkurzbezeichnung gemäß Präferenzrecht (Lieferantenerklärung): IS
Länder(-gruppen)kurzbezeichnung für bes. Zollsätze im Europäischen Zolltarif: IS
Kraftfahrzeugländerkennzeichen: IS

1 Allgemeine Informationen

1.1 Kurzinfos

Landesvorwahl: +972

MEZ: +1 Std. Sommerzeit Ende März bis Ende September

Englisch

1 Neuer Israel Schekel (NIS); Mehrzahl Schekalim = 100 New Agorot (ISO-Code: ILS)

Nach AWG frei vereinbar Devisenbestimmungen Israels beachten

Harmonisiertes System

Mitglied

Angeschlossen

Angeschlossen

Feiertage: Die Feiertage zu diesem Land finden Sie unter folgendem Link: https://www.timeanddate.de/feiertage/.

1.2 Einfuhr aus der Bundesrepublik

Präferenzabkommen mit der EU. Viele Waren aus der EU können ohne Genehmigung eingeführt werden. Für bestimmte Produktgruppen ist eine Einfuhr- oder Ausnahmegenehmigung erforderlich, die meist zwölf Monate gültig ist. Importverbote gelten u. a. für Plagiate, Waffen, Drogen, Sprengstoffe, pornografisches Material, Erzeugnisse mit Gewalt- oder Terrorbezug, nicht koscheres Fleisch sowie Fahrzeuge, die älter als 2 Jahre sind. Der Import aus Algerien, Irak, Iran, Libanon, Libyen, Nordkorea, Sudan und Syrien ist nur mit Ausnahmegenehmigung möglich. Tiere benötigen ein Tiergesundheitszeugnis, Fleisch eine amtliche Gesundheitsbescheinigung und ein Koscherzertifikat. Pflanzen, Obst, Gemüse und Saatgut dürfen nur mit Inspektions- oder Pflanzengesundheitsdokumenten eingeführt werden; Saatgut unterliegt besonderen Lagerungsvorschriften. Häute, Knochen und ähnliche Tierprodukte erfordern Gesundheitsnachweise. Lebensmittel dürfen ausschließlich von eingetragenen Geschäftspartnern eingeführt werden und benötigen die Genehmigung des Gesundheitsministeriums, das zugleich Auflagen zu Lagerung, Kennzeichnung, Transport und Hygiene vorgibt.

Alkoholische Getränke benötigen eine Laboranalyse, eine Kontrolle durch die Normenbehörde (SII) und die Zulassung des Wirtschaftsministeriums. Düngemittel, Pflanzenschutzmittel und landwirtschaftliche Chemikalien unterliegen Registrierungs-, Kennzeichnungs-, Verpackungs-, Transport- und Lagerungsauflagen sowie einer Lizenz des Umweltministeriums. Medizinische Geräte, Kosmetika und Arzneimittel sind eintragungspflichtig; für Pharmazeutika und Kosmetika gelten zusätzliche Transport- und Lagerungsvorgaben. Fahrzeuge und Ersatzteile müssen internationale Standards erfüllen und die Zustimmung des Transportministeriums erhalten. Produkte mit besonderen Sicherheitsanforderungen – Gasbehälter, Leitern, Waagen, Textilien, Chemikalien oder Elektrogeräte – werden durch die SII überprüft. Drahtlose Telekommunikationsgeräte benötigen eine Freigabe des Kommunikationsministeriums, Verschlüsselungstechnologien eine Lizenz des Verteidigungsministeriums. Kunststoffprodukte im Lebensmittelkontakt sind bei der SII zu registrieren; bestehen Koscherauflagen, entscheidet zusätzlich das Hauptrabbinat.

Die SII überwacht etwa 500 verbindliche Standards, die in vier Risikokategorien eingeteilt sind: von umfassenden Modell- und Sendungsprüfungen über vereinfachte Erklärungen durch den Geschäftspartner bis hin zu Importen ohne Kontrolle. Welche Einstufung gilt, wird stets direkt mit der SII abgestimmt. Alle Konsumgüter müssen auf Hebräisch beschriftet sein. Etiketten und Bedienungsanleitungen enthalten Angaben zu Hersteller, Ursprungsland, Geschäftspartner, Haltbarkeit, Lagerung und Zusammensetzung. Teilweise erlaubt der Zoll eine nachträgliche Kennzeichnung im Lager. Zulassungen dürfen ausschließlich vom israelischen Geschäftspartner beantragt werden. Grundsätzlich ist die Abstimmung mit dem israelischen Einführer erforderlich.

1.3 Verpackung

Die Verwendung von Heu und Stroh ist verboten. Für Holzverpackungen gelten die Regeln des ISPM Nr. 15-Standards. Es sind produktabhängige Recyclingquoten von 15 bis 60 Prozent zu beachten (Glas, Papier, Karton, Holz, Kunststoff, Metall).

1.4 Markierung

Kennzeichnung in Hebräisch mit vollständigen Angaben zum Hersteller und Importeur, Ursprungsland, ggf. Zusammensetzung, Nährwerttabellen, Datum von Herstellung und Verfall, Lagerbestimmungen. Das Ursprungsland der Waren (z.B. „Made in Germany") muss deutlich erkennbar sein. Keine irreführenden Angaben. Die Schrift für Angaben von Marke, Nummer und Landungsplatz muss mindestens 6 cm hoch sein. Eine Abstimmung mit dem Einführer ist erforderlich.

1.5 Mustersendungen

Muster und Proben ohne Handelswert sind zollfrei. Warenmuster, die an Verbraucher verteilt werden sollen, sind nicht zollfrei. Ggf. muss eine Sicherheitsleistung hinterlegt werden.

2 Dokumente

Bitte beachten: In allen Transportdokumenten ist der volle Name, die volle Anschrift sowie die Handelsregisternummer des Importeurs und Exporteurs anzugeben, zusätzlich eine genaue Warenangabe und die ersten vier Stellen der HS-Code-Nummer.

2.1 Seefrachten

Seehäfen: Ashdod, Eilat, Haifa, Hadera

2.1.1 Konnossemente

Voller Satz Konnossemente. Es sind die Zu- und Vornamen, die komplette Anschrift und die Handelsregister-Nummer. des Importeurs und Exporteurs anzugeben, ebenso die genauen Warenbezeichnungen und die ersten vier Stellen der HS-Zolltarif-Nummern. Ausstellung an Order möglich (dann jedoch mit Notify-Adresse), ohne Beglaubigung. Ist als „Notify" ein lokaler Agent benannt und zum Zeitpunkt der Ausstellung der Endempfänger noch nicht bekannt, muss der Name, die Anschrift und die Handelsregisternummer des lokalen Agenten angegeben werden. Nähere Informationen erteilt die Federation of Israeli Chambers of Commerce, E-Mail: chamber@chamber.org.il und eine Abstimmung mit dem Importeur sollte unbedingt erfolgen.

2.1.2 Handelsrechnungen

Handelsfaktura, einfach, mit allen üblichen Informationen (Anzahl, Art, Marke und Nummern der Versandstücke, Brutto-/Nettogewichte, detaillierte Produktbezeichnung mit Zolltarifnummer (falls vorhanden), Gesamtgewicht und Ursprungsland) unterschrieben. An Werten sind fob- und cif-Kosten und fob- und cif-Werte anzugeben.

2.1.3 Ursprungszeugnisse

Ursprungszeugnis nur für bestimmte Güter (z.B. Trockenfrüchte, -kräuter, -blumen, -blätter, getrocknetes Gemüse und Getreide, Nüsse ohne Schale, einige Schnittblumen, Holzprodukte) erforderlich. Wird es verlangt, muss das Original vorgelegt werden, ein Ursprungszeugnis aus der BR Deutschland mit Ursprung in anderem Staat wird nicht akzeptiert.

2.1.4 Warenverkehrsbescheinigung

Liegt ein Handelsgeschäft zwischen der EU und Israel vor und sind die Anforderungen des Assoziierungsabkommens erfüllt, können Präferenzdokumente wie die EUR.1 oder eine Ursprungserklärung genutzt werden, um zollbegünstigte Einfuhren zu ermöglichen. Mit Anfang 2025 wurden in der Pan-Europa-Mittelmeer-Zone (PEM-Zone) neue, einheitliche Ursprungsregeln mit einer Übergangsfrist bis 31.12.2025 eingeführt. Seit dem 1. Januar 2026 sind nur noch die revidierten Ursprungsregeln („Revised Rules") verbindlich und EUR-MED-Nachweise nicht mehr möglich.

Für Warensendungen über 6.000 EUR dient die von der Zollstelle ausgestellte EUR.1 als Präferenznachweis. Exporteure, die regelmäßig Waren unter Präferenzbedingungen liefern, können beim

Hauptzollamt die Bewilligung als „Ermächtigter Ausführer" beantragen. Bei Sendungen unter 6.000 EUR genügt eine Ursprungserklärung direkt in der Handelsrechnung, mit folgendem Wortlaut: „Der Ausführer (Ermächtigter Ausführer; Bewilligungs-Nr. ...) der Waren, auf die sich dieses Handelspapier bezieht, erklärt, dass diese Waren, soweit nicht anders angegeben, präferenzbegünstigte . . . Ursprungswaren sind." (Ort und Datum, Unterschrift, Name in Druckbuchstaben)[1)]

2.1.5 Packlisten

Packliste (einfach), wenn Sendung aus verschiedenen Artikeln besteht. Sie muss genaue Übersicht geben über die einzelnen Packstücke, Marke, Nummer, Inhalt und Brutto- und Nettogewichte.

2.1.6 Gesundheitszeugnisse

Ein Gesundheitszeugnis ist für lebende Tiere und Teile von Tieren (z.B. Hufeisen, Häute) erforderlich. Koscherzertifikate sowie Gesundheitsatteste müssen für Fleisch beantragt werden. Ein Pflanzengesundheitszeugnis ist für bestimmte Pflanzen und Pflanzenerzeugnisse (auch Weizen) notwendig. Auch Dünge- und Schädlingsbekämpfungsmittel sowie Lebensmittel müssen von einem Gesundheitszeugnis begleitet werden.

2.2 Luftfrachten

Zollflughafen: Tel Aviv (TLV)

2.2.1 Luftfrachtbrief

Luftfrachtbrief ohne Beglaubigung. Bezüglich der vorgeschriebenen Angaben und Notify-Adressen-Vorschriften siehe 2.1.1.

2.2.2

Siehe unter Seefrachten 2.1.2–2.1.6.

2.3 Postverkehr

2.3.1 Paketkarte

Eine Zollinhaltserklärung (Englisch, Arabisch, Hebräisch oder Französisch). Höchstgewicht 20 kg.

2.3.2 Handelsrechnungen

Handelsrechnung, einfach. Ein Exemplar sollte darüber hinaus (in einem Umschlag) außen auf dem Paket angebracht werden. Es dient der schnelleren Zollabfertigung.

2.3.3

Siehe unter Seefrachten 2.1.2–2.1.6.

3 Adressen

Auslandshandelskammer

Deutsch-Israelische Industrie- und Handelskammer
German-Israeli Chamber of Industry and Commerce
Sharbat Haus, 9th Floor
4, Kaufmann Street
6801296 Tel Aviv
Tel.: +972 36806800
Fax: +972 36133528
E-Mail: info@ahkisrael.co.il
https://israel.ahk.de/

Konsulate

Die Konsulatsadressen finden Sie jeweils mit Telefonnummer, E-Mail-Adresse, Homepage und Öffnungszeiten unter:
https://www.auswaertiges-amt.de/de/service/laender.

4 Sonstiges

Der israelische Zolltarif ist in einer englischsprachigen Version im Internet unter http://taxes.gov.il/Pages/HomePage.aspx abrufbar. Die Internetseite ist von der Zoll- und Mehrwertsteuerabteilung des israelischen Finanzministeriums angefertigt worden.
Länderkurzbezeichnung gemäß Präferenzrecht (Lieferantenerklärung): IL
Länder(-gruppen)kurzbezeichnung für bes. Zollsätze im Europäischen Zolltarif: IL
Kraftfahrzeugländerkennzeichen: IL

1) Ursprungserklärung in weiteren Sprachen s. Kapitel Hinweise Warenursprung Präferenzen

Italien

Italy (mit Repubblica di San Marino)

1 Allgemeine Informationen

1.1 Kurzinfos

Landesvorwahl: +39
Vatikanstadt: +396
San Marino: +378

MEZ. EU-Sommerzeit

Italienisch

1 Euro (€)= 100 Cent
(ISO-Code: EUR)

Nach AWG frei vereinbar
Devisenbestimmungen Italiens beachten

Harmonisiertes System
Verzollung nach Transaktionswert

Italien: Mitglied
Vatikan: Beobachterstatus

Angeschlossen

Angeschlossen

Feiertage: Die Feiertage zu diesem Land finden Sie unter folgendem Link: https://www.timeanddate.de/feiertage/.

1.2 Einfuhr aus der Bundesrepublik

Die Einfuhr lebender Tiere aus Nicht-EU-Staaten ist nur über zugelassene Grenzkontrollstellen (GKS) gestattet und unterliegt veterinärrechtlichen Auflagen. Tierische Produkte dürfen ebenfalls ausschließlich über GKS eingeführt werden – etwa an den Flughäfen Bologna, Mailand-Malpensa, Rom-Fiumicino, Turin, Venedig und den Seehäfen Cagliari, Genua, Livorno, Neapel, Palermo, Triest u.a. Pflanzen und Pflanzenerzeugnisse mit Zertifikats- oder Kontrollpflicht sind über bestimmte Einfuhrstellen (z.B. Bologna, Venedig, Ancona, Livorno, Neapel, Salerno, Triest) abzufertigen. Zuständig sind das Gesundheits- und das Landwirtschaftsministerium (Ministero delle Politiche Agricole Alimentari e Forestali).

Zur Begrenzung gefährlicher Stoffe in Elektro- und Elektronikgeräten gilt das Decreto Legislativo Nr. 151/2005. Eine Zollunion besteht mit San Marino, ausgenommen EGKS-Erzeugnisse. Für Lebensmittelsicherheit, Hygiene und Vermarktung ist das Ministero della Salute zuständig. Gefährliche Verbraucherprodukte unterliegen dem europäischen Safety Gate Rapid Alert System (ehemals RAPEX, ohne Lebensmittel); nationale Kontaktstelle ist die Generaldirektion Markt, Wettbewerb, Verbraucherschutz und technische Vorschriften im Wirtschaftsministerium. Das Warnsystem RASFF für Lebens- und Futtermittel sowie das Informationsprogramm Horizon Scanning für neue Arzneimittel und Medizinprodukte werden vom Gesundheitsministerium und der AIFA betreut.

Der Warenverkehr innerhalb der EU ist weitgehend frei. Für Dual-Use-Güter gelten Sonderbestimmungen, zuständig ist das Ministero delle Imprese e del Made in Italy. Einige sensible Erzeugnisse, z.B. Abfälle, erfordern eine Genehmigung; bestimmte Importe aus Drittstaaten sind lizenzpflichtig. Livigno, Campione d'Italia und der italienische Teil des Luganer Sees zählen zoll- und steuerlich zur EU, jedoch nicht umsatzsteuerlich. Industrie- und Agrarprodukte müssen EU-Standards erfüllen; Ansprechpartner ist das Ente Nazionale Italiano di Unificazione. Nach der Verordnung (EU) 2019/515 informieren Produktinformationsstellen (Product Contact Points) über nationale Anforderungen.

1.3 Verpackung

Italien setzt die EU-Verpackungsrichtlinie (EU) 2018/852 mit dem Gesetzesdekret Nr. 152/2006 um. Hersteller, Einführer und Verwender sind für Sammlung, Wiederverwendung und Verwertung von Verpackungen verantwortlich und müssen dem Konsortium CONAI beitreten, Mengen melden und Gebühren zahlen. CONAI ist das einzige anerkannte System zur Verpackungsbewirtschaftung. Ausländische Lieferanten ohne Sitz in Italien sind nicht registrierungspflichtig, können aber einen Vertreter benennen. Seit 1. Januar 2023 gilt nach Dekret Nr. 116/2020 eine Pflicht zur Kennzeichnung aller Verpackungen mit Angaben zu Material und Entsorgung. Übergangsfristen bestehen für Lagerware; B2B- und B2C-Regelungen unterscheiden sich. Zuständig sind CONAI und das Umweltministerium.

1.4 Markierung

Keine speziellen Anforderungen. Evtl. mit dem Importeur Rücksprache halten.

1.5 Mustersendungen

Muster ohne Handelswert sind zollfrei. Vorübergehende Einfuhr mit Carnet A.T.A.

2 Dokumente

2.1 Seefrachten

Seehäfen: Cagliari, Catania, Genua, La Spezia, Livorno, Neapel, Palermo, Triest, Trient, Venedig, Augusta, Bagnoli, Brindisi, Gela, Milazzo, Porto Torres (Sardinien), Salerno u.a.

2.1.1 Konnossemente

Voller Satz Konnossemente, Ausstellung an Order möglich, Beglaubigung nicht erforderlich.

2.1.2 Handelsrechnungen

Rechnungsangaben laut Kaufvertrag. Die Rechnung muss die USt-Identifikationsnummern (UID-Nr.) von Exporteur und Importeur enthalten sowie den Vermerk „steuerfreie innergemeinschaftliche Lieferung" oder „steuerfrei nach § 4 Nr. 1b UStG", sonst ist MwSt. zu berechnen. Außerdem noch folgender Vermerk: „cessioni intracomunitarie esenti", der auf die Steuerbefreiung in italienischer Sprache hinweist.

Die Bedingungen des § 6a UStG müssen eingehalten sein.

Bei Dual-Use-Gütern ist in den Papieren ein ausdrücklicher Vermerk anzubringen, dass bei der Ausfuhr aus dem Gebiet der EU eine Kontrolle der Waren stattzufinden hat.

Für Nichtgemeinschaftswaren sind Rechnungen mit folgenden Informationen notwendig, z.B. Ausstellungsort und -datum, detaillierte Produktbezeichnung, Menge, Art und Anzahl der Pakete mit Angabe von Nummer und Marke, Namen und Anschriften von Aus- und Einführer, Lieferbedingungen mit fob-Wert, cif-Kosten und -Wert bzw. cfr-Wert, Zahlungsbedingungen, Rechnungsnummer, Beförderungsart, Gesamtbetrag sowie das Ursprungsland. Keine Unterzeichnung der Rechnungen und keine Bescheinigungen erforderlich.

2.1.3 Ursprungszeugnisse

Ursprungszeugnis nur auf Anforderung.

2.1.4 Intrastat-Meldung

Auf Grundlage des Änderungsgesetzes zum Außenhandelsstatistikgesetz (AHStatG-ÄndG) vom 5. März 2025 gelten rückwirkend zum 1. Januar 2025 neue Schwellenwerte für die Intrahandelsstatistik: Für Wareneingänge liegt die Meldegrenze nun bei 3.000.000 €, für Versendungen bei 1.000.000 €.

Wird eine dieser Grenzen im laufenden Kalenderjahr überschritten, beginnt die Meldepflicht im Monat der Überschreitung.

Die Daten können online an das Statistische Bundesamt übermittelt werden. Weitere Informationen sind unter www.destatis.de abrufbar (Suchbegriff: „Intrastat") oder telefonisch unter 0611 753965, per Fax: 0611 754525 oder per E-Mail: gruppe-vb@destatis.de.

2.2 Eisenbahnverkehr/Straßenverkehr

Bahn-Nachnahmen sind nur für Güter zugelassen. Barvorschüsse sind nur für Güter zugelassen.

2.2.1 Konnossemente

a) für Güter: Ein internationaler Frachtbrief für Frachtgut oder Eilgut.
b) für Expressgut: Ein internationaler Expressgutschein.

Keine internationale Zollanmeldung.

2.2.2

Siehe unter Seefrachten 2.1.2–2.1.4.

2.3 Luftfrachten

Zollflughäfen: Bergamo (BGY), Bari (BRI), Bologna (BLQ), Catania (CTA), Florenz (FLR), Genua (GOA), Mailand Linate (LIN), Mailand Malpensa (MXP), Neapel (NAP), Olbia (OLB), Pisa (PSA), Rom (ROM), Triest (TRS), Turin (TRN), Venedig (VCE), Verona (VRN) u.a.

2.3.1 Luftfrachtbrief

Eine Ausfertigung des Luftfrachtbriefes.

2.3.2

Siehe unter Seefrachten 2.1.2–2.1.4.

2.4 Postverkehr

2.4.1 Paketkarte

Keine Zollformulare. Eine Zollinhaltserklärung (Englisch, Französisch, Italienisch) nur für San Marino erforderlich. Höchstgewicht: 31,5 kg, Vertragskunden: 30 kg. Für Teile des Luganer Sees sowie für die Gemeinden Campione d'Italia und Livigno können Sonderregelungen gelten.

2.4.2

Siehe unter Seefrachten 2.1.2–2.1.4.

3 Adressen

Auslandshandelskammer

Deutsch-Italienische Handelskammer
Camera di Commercio Italo-Germanica
Via Gustavo Fara 26
I-20124 Milano
Tel.: +39 02679131
Geschäftszeiten: Mo.–Do. 9.00–13.00 Uhr, 14.00–17.30 Uhr; Fr. 9.00–13.00 Uhr, 14.00–16.00 Uhr
E-Mail: info@ahk.it
www.ahk.it

Konsulate

Die Konsulatsadressen finden Sie jeweils mit Telefonnummer, E-Mail-Adresse, Homepage und Öffnungszeiten unter:
https://www.auswaertiges-amt.de/de/service/laender.

4 Sonstiges

Kraftfahrzeugländerkennzeichen: I

1 Allgemeine Informationen

1.1 Kurzinfos

Landesvorwahl: +1876

MEZ: –6 Std.

Englisch, Kreolisch

1 Jamaika-Dollar (J$) = 100 Cents (ISO-Code: JMD)

Nach AWG frei vereinbar Devisenbestimmungen Jamaikas beachten

Harmonisiertes System

Mitglied

Feiertage: Die Feiertage zu diesem Land finden Sie unter folgendem Link: https://www.timeanddate.de/feiertage/.

1.2 Einfuhr aus der Bundesrepublik

Mitglied des Abkommens EU-CARIFORUM. Jamaica gestattet den Großteil aller Artikel ohne Bewilligungen. Lediglich rund 30 Warenpositionen der Import Items List verlangen Jamaica Trade Board-Lizenzen samt eventueller Zusatzauflagen. Zucker und ozonschädigende Substanzen unterliegen Verbringungskontingenten. Die Restricted List führt importbeschränkte Erzeugnisse wie Pflanzen, Tiere, Waffen, Pestizide und Arzneimittel auf, welche behördliche Zulassungen erfordern. Bewilligungen sind 6-12 Monate wirksam, Artikel müssen vor Ablauf ankommen. Toleranzen entfallen. Zucker- und Zement-Importeure registrieren sich bei Trade Board Limited. Mobilfunkgeräte erfordern Typprüfungen. Kraftfahrzeuge benötigen Import- und Handelslizenzen, gebrauchte Reifen Kontrollen, bestimmte Fahrzeuge Pre-Shipment Certificates.

Pharmaerzeugnisse und Pestizide müssen registriert und englisch gekennzeichnet sein. Schusswaffen erfordern FLA-Zulassungen. Die Prohibited List verbietet Artikel wie Kfz über 5 Jahre, gefährliche Abfälle und E-Zigaretten. Zigaretten benötigen Gesundheitswarnungen. Flugzeuge erfordern JCAA-Lufttüchtigkeitsnachweise. Tiere und tierische Erzeugnisse durchlaufen verpflichtende Quarantäne mit Voranmeldung und Gesundheitsnachweisen. Pflanzen benötigen Ministry of Agriculture-Zulassungen samt Gesundheitsbescheinigungen.

1.3 Verpackung

Heu- und Strohverpackungen sind gestattet. Wegen Freilagerung an Häfen wird robuste, wasserdichte, tropen-, stoß- und staubresistente Verpackung empfohlen. Gefahrgut-Behälter müssen UN-Normen entsprechen. Holzverpackungen müssen IPPC-Standard ISPM Nr. 15 erfüllen mit behandeltem Holz und schädlingsfreien Paletten sowie Kisten.

1.4 Markierung

Ursprungskennzeichnungen sind nur für vorverpackte Nahrungsmittel, Fischerzeugnisse und gebrauchte Reifen obligatorisch. Artikel mit irreführenden Ursprungsangaben sind ohne zusätzliche „Made in"-Kennzeichnung importverboten. Standard-Markierungen mit Absender, Empfänger und Gewichtsangaben genügen. Für bestimmte Artikel gelten verpflichtende Verpackungs- und Kennzeichnungsauflagen der BSJ und CROSO. Alle Beschriftungen müssen englischsprachig erfolgen.

1.5 Mustersendungen

Muster ohne Handelswert werden zollfrei abgefertigt. Ausfuhr von Mustersendungen nach 3 Monaten und Muster mit Wert innerhalb eines halben Jahres.

2 Dokumente

2.1 Seefrachten

Seehäfen: Kingston, Alligator Poud, Discovery Bay, Montego Bay, Ocho Rios, Port Antonio, Rocky Point, Port Esquivel

2.1.1 Konnossemente

Voller Satz Konnossemente, Aufmachung an Order möglich, dann jedoch mit Notify-Adresse, ohne Beglaubigung. Für Kfz sind im Konnossement noch folgende Angaben aus der Einfuhrlizenz erforderlich: Eingangshafen, Datum der Anlandung und Einzelheiten des Fahrzeugs.

2.1.2 Handelsrechnungen

Handelsrechnungen zweifach in Englisch. Die Rechnung muss den Anforderungen einer CARICOM-Invoice entsprechen. Die Rechnung muss neben den üblichen Angaben (Namen und Adressen von Käufer und Verkäufer, Rechnungsdatum und -nummer) auch die Auftragsnummer (Customer's Order no.), Transportmittel, den Namen des Schiffes und den Verschiffungshafen bzw. Fluggesellschaft und Flugnummer, Ursprungsland, Marke, Art, Anzahl und Nummern und Größe (in Kubikmeter) der Packstücke, exakte Warenbezeichnungen (z.B. Bezeichnung, Menge, Wert, Preise) endgültiges Bestimmungsland, Angabe der das Geschäft abwickelnden Bank, Liefer- und Zahlungsbedingungen, Währung, Rabatte, Verpackungskosten sowie Brutto- und Nettogewichte enthalten. Kosten für Fracht, Verpackung und andere Kosten sind getrennt aufzuführen. Bei Rabattgewährung ist die Art des Rabattes anzugeben. Am Schluss folgende Erklärung: „It is hereby certified that this invoice shows the actual price of the goods described, that no other invoice has been or will be issued and that all particulars are true and correct." Keine Faksimile-Unterschriften.

2.1.3 Ursprungszeugnisse

Ursprungszeugnisse (zweifach) für geschützte Arten oder auf Anforderung des Importeurs erforderlich. Angabe des Ursprungslandes: „Federal Republic of Germany (European Union)".

2.1.4 Warenverkehrsbescheinigung

Warenverkehrsbescheinigungen EUR.1 für Warensendungen über € 6 000,–, die unter die zwischen den CARIFORUM-Staaten mit der EU getroffene „Ursprungsregelung" fallen (werden durch die zuständige Zollstelle ausgestellt); für Sendungen bis zum Wert von € 6 000,– ist in den Papieren folgende Erklärung[1)] als Präferenz-Ursprungsnachweis aufzunehmen:

„The exporter of the products covered by this document (customs authorisation No …)[2)] declares that, except where otherwise clearly indicated, these products are of … preferential origin."

Ort, Datum, Unterschrift. Der Name des Unterzeichners ist in Druckbuchstaben zu wiederholen. Ursprungserzeugnisse aus Ceuta oder Melilla sind mit „CM" zu kennzeichnen.

2.1.5 Packlisten

Zeigt die Handelsrechnung Packstücke und deren Inhalt nicht eindeutig, ist eine Packliste mit Marke, Nummer, Gewicht, Maßen und Inhalt aller Packstücke beizufügen .

2.1.6 Gesundheitszeugnisse

Ein amtliches Gesundheitszeugnis muss für Tiere und tierische Produkte vorliegen. Für Pflanzen und Produkte aus solchen ein Pflanzengesundheitszeugnis.

2.2 Luftfrachten

Zollflughäfen: Kingston, Montego Bay (MBJ), Negril, Ocho Rios, Port Antonio

2.2.1 Luftfrachtbrief

Eine Ausfertigung des Luftfrachtbriefes.

2.2.2

Siehe unter Seefrachten 2.1.2–2.1.6.

2.3 Postverkehr

2.3.1 Paketkarte

Zwei Zollinhaltserklärungen CN 23 in Englisch. Höchstgewicht 20 kg. Gefährdete Tier- und Pflanzenarten, bestimmte Chemikalien und gefährliche Drogen sind vom Postversand ausgeschlossen. Importierte Postpakete erfordern Abgaben- und

1) Ursprungserklärung in weiteren Sprachen s. Kapitel Hinweise Warenursprung Präferenzen
2) Eintrag der Bewilligungsnummer, falls die Erklärung von einem ermächtigten Ausführer erstellt wird.

Steuerzahlung bei der Post sowie beigefügte Handelsrechnungen.

2.3.2

Siehe unter Seefrachten 2.1.2–2.1.6.

3 Adressen

Konsulate

Die Konsulatsadressen finden Sie jeweils mit Telefonnummer, E-Mail-Adresse, Homepage und Öffnungszeiten unter:
https://www.auswaertiges-amt.de/de/service/laender.

4 Sonstiges

Länderkurzbezeichnung gemäß Präferenzrecht (Lieferantenerklärung): AKP/CAF
Länder(-gruppen)kurzbezeichnung für bes. Zollsätze im Europäischen Zolltarif: LOMA/SPGL/CAF
Kraftfahrzeugländerkennzeichen: JA

Japan

1 Allgemeine Informationen

1.1 Kurzinfos

Landesvorwahl: +81

MEZ: +8 Std.
Keine Sommerzeit

Englisch, Japanisch

1 Yen = 100 Sen = 1000 Rin (ISO-Code: JPY)

Nach AWG frei vereinbar
Devisenbestimmungen Japans beachten

Harmonisiertes System

Mitglied

Angeschlossen

Angeschlossen

Feiertage: Die Feiertage zu diesem Land finden Sie unter folgendem Link: https://www.timeanddate.de/feiertage/.

1.2 Einfuhr aus der Bundesrepublik

Der Import unterliegt überwiegend einem freien Verfahren und läuft über das NACCS-System. Für „non-liberalised items" sind befristete Einfuhrgenehmigungen erforderlich, meist sechs Monate gültig. Für Nahrungsmittel und bestimmte Agrargüter gelten Einfuhrquoten. Bei pflanzlichen Erzeugnissen ist ein amtlicher Gesundheitsnachweis vorgeschrieben; Pflanzen mit Erde sind untersagt. Samen, Obst und andere Nahrungsgüter unterliegen je nach Gesetz wie dem Food Sanitation Law besonderen Vorgaben. Klee-Saat wird nach der Einfuhr in Quarantäne kontrolliert. Der Export von Schweinefleisch, Geflügel und Naturdärmen setzt eine BVL-Registrierung voraus.

Alle Nahrungsmittel und Getränke müssen gekennzeichnet sein (inklusive Verfallsdatum) und ein Analyseattest vorweisen; teils ist ein amtlicher Gesundheitsnachweis erforderlich. Besondere Vorschriften bestehen für Tee (Deklaration, Strahlenprüfung), Konserven (nur zugelassene Zusatzstoffe) sowie Lebensmittelzusätze (Positivliste). Auch Tierfutter unterliegt Kennzeichnungspflichten. Rückstände von Agrochemikalien sind reguliert: Standardgrenze 0,01 ppm, manche Substanzen sind komplett untersagt.

Medizintechnik, Heil- und Arzneierzeugnisse, Kosmetika, Elektrogeräte, Haushaltswaren sowie Textilien sind genehmigungs-, kennzeichnungs- oder registrierungspflichtig; bei Textilien ist zudem die Angabe des Ursprungslandes verpflichtend. Für Arzneiwirkstoffe gelten verbindliche Qualitätsstandards. Eine Einfuhruntersagung betrifft u.a. Bioterror-Keime, Waffen, Sprengstoffe, Betäubungsmittel, Falschgeld, Raubkopien und andere sicherheits- oder moralgefährdende Waren. Die Verantwortung für technische Vorschriften liegt beim JISC im Wirtschaftsministerium.

1.3 Verpackung

Die Verwendung von Heu und Stroh als Verpackungsmaterial ist nicht gestattet. Japan wendet für Holzverpackungen die Regelungen der ISPM Nr. 15 an. Einige Verpackungsmaterialien, wie z.B. Weißblechdosen, Plastik- oder Papierverpackungen u.a., müssen mit einem japanischen Recycling-Logo gekennzeichnet sein; mit Importeur abstimmen. Für Verpackungsmaterialien für Lebensmittel gelten besondere Bestimmungen bezüglich Polymerharze und Additive, die nicht gelistet sind.

1.4 Markierung

Die Herkunft der Waren muss eindeutig erkennbar sein. Auf Produkten dürfen sich keine Zeichen etc. befinden, die eine missverständliche Information hinsichtlich des Ursprungs geben könnten.

1.5 Mustersendungen

Teilnahme am Carnet-A.T.A.-System. Muster mit einem Wert bis 5.000 Yen werden zollfrei abgefertigt. Sonstige Muster dürfen vorübergehend zollfrei eingeführt werden. Werden zollpflichtige Muster innerhalb eines Jahres wieder ausgeführt, werden die zu hinterlegenden Sicherheitsgebühren wieder ausbezahlt. Alkohol darf nur in begrenzter Menge zollfrei eingeführt werden. Es fällt eine Alkoholsteuer an.

2 Dokumente

Alle Dokumente (auch B/L) nur in englischer oder japanischer Sprache ausstellen!

2.1 Seefrachten

Seehäfen: Kobe, Nagoya, Osaka, Tokio, Yokohama, Chiba, Kawasaki, Moji, Mizushima, Tomakomai u.a.

2.1.1 Konnossemente

Voller Satz Konnossemente, Ausstellung an Order mit Notify-Adresse möglich, ohne Beglaubigung.

2.1.2 Handelsrechnungen

Handelsfaktura (dreifach, Englisch) unterschrieben. In der Faktura müssen folgende Angaben enthalten sein: genaue Warenbezeichnung mit Angabe von Namen, Art, Schutz- und Fabrikmarke, Qualität (wenn möglich, Zolltarifnummer), Einfuhrort, Schiffsnamen, Bestimmungsort mit Anschrift und Namen des Empfängers und Absenders, Ort und Datum der Ausstellung, Brutto- und Nettogewichtsangaben, Lieferbedingungen, Anzahl der Packstücke, Art der Verpackung, Marke und Nummern, Wert pro Einheit und Gesamtwert (bei cif-Verkauf Angabe der einzelnen cif-Kosten), anteilige fob- und cif-Kosten für jede Ware sowie Ursprungsland.

2.1.3 Ursprungszeugnisse

Ursprungszeugnis (einfach) ist nur noch erforderlich für Waren, die dem Washingtoner Artenschutzabkommen oder Einfuhrkontingenten unterliegen oder deren Einfuhrmengen kontrolliert werden.

2.1.4 Warenverkehrsbescheinigung

Für Waren, die unter die Ursprungsregeln des Freihandelsabkommens zwischen der EU und Japan fallen, wird der Präferenznachweis ausschließlich im Rahmen des Selbstzertifizierungsverfahrens erbracht. Grundlage ist die „Erklärung zum Ursprung" (EzU), die auf Rechnung, Lieferschein oder einem anderen Handelsdokument vermerkt wird (Kap. Verbringung von Waren aus dem Zollgebiet der Union – Ausfuhr nach dem UZK). Bei Sendungen mit einem Wert bis 6.000 EUR je Lieferung kann jeder Ausführer diese Erklärung ohne besondere Zulassung abgeben. Übersteigt der Warenwert 6.000 EUR, ist für EU-Exporteure eine Registrierung als registrierter Ausführer (REX) sowie die Angabe der REX-Nummer vorgeschrieben; japanische Exporteure müssen ihre Japan Corporate Number eintragen.

Der Wortlaut der Erklärung lautet: „The exporter of the products covered by this document (Exporter Reference No …) declares that, except where otherwise clearly indicated, these products are of … preferential origin. (Origin criteria used …) (Place and date) (Name of the exporter in block letters)." Die Erklärung enthält damit Angaben zum Ursprung der Ware (EU oder Japan), zum Anwendungscode der Ursprungsregel (A–E mit ggf. Zusatzinformationen) sowie Ort, Datum und Name des Exporteurs. Für wiederkehrende Lieferungen identischer Produkte kann sie für maximal zwölf Monate gelten. Alternativ zur EzU kann die Präferenzbeantragung auch auf der Versicherung des Importeurs über die Ursprungseigenschaft basieren.

2.1.5 Packlisten

Packlisten (einfach) sind zur Erleichterung der Zollabfertigung sehr zu empfehlen und sollten Angaben über Marke, Nummern, Inhalt, Anzahl und Art der Verpackung enthalten.

2.1.6 Gesundheitszeugnisse

Gesundheitszeugnis erforderlich für: Tiere, tierische und pflanzliche Produkte, Pflanzen (Achtung: Es dürfen keine Pflanzen mit Erde importiert werden). Für Saaten, frische und sonstige Nahrungsmittel, Getränke und Konserven können ebenfalls Gesundheitszeugnisse erforderlich sein. Es sind die japanischen Quarantänevorschriften (z.B. Klee-Saat) zu beachten. Die Rücksprache mit dem Importeur wird empfohlen.

2.2 Luftfrachten

Zollflughäfen: Akita, Aomori, Asahikawa, Fukuoka (FUK), Osaka (OSA), Tokio (TYO), Nagoya (NGO),

Okinawa, Sapporo, Hiroshima (HIJ), Miyazaki, Matsuyama (MYJ) u.a.

2.2.1 Luftfrachtbrief

Eine Ausfertigung des Luftfrachtbriefes.

2.2.2

Siehe unter Seefrachten 2.1.2–2.1.6.

2.3 Postverkehr

2.3.1 Paketkarte

Eine Zollinhaltserklärung, Englisch, Französisch oder Japanisch. Höchstgewicht: 30 kg. Anschrift in lat. Buchstaben erforderlich.

2.3.2

Siehe unter Seefrachten 2.1.2–2.1.6.

3 Adressen

Auslandshandelskammer

Deutsche Industrie- und Handelskammer in Japan
German Chamber of Commerce and Industry in Japan
Sanbancho KS Building, 5F,
2-4 Sanbancho, Chiyoda-ku
102-0075 Tokio, Japan
Tel.: +81 352769811
Fax: +81 352768733
Geschäftszeiten: Mo.–Fr. 9.00–17.30 Uhr
E-Mail: info@dihkj.or.jp
japan.ahk.de

Konsulate

Die Konsulatsadressen finden Sie jeweils mit Telefonnummer, E-Mail-Adresse, Homepage und Öffnungszeiten unter: https://www.auswaertiges-amt.de/de/service/laender.

4 Sonstiges

Die japanische Zollverwaltung ist unter der Adresse www.customs.go.jp/english/index.htm im Internet vertreten.
Informationen über die in Japan geltenden Produktnormen und damit zusammenhängenden Vorschriften sind unter https://www.jetro.go.jp/en/reports/ erhältlich. Die Website wird von der Japan External Trade Organization JETRO betrieben, die auch eine deutschsprachige Website unter www.jetro.go.jp/germany unterhält.
Die Deutsche Industrie- und Handelskammer in Japan hilft ebenfalls bei der Bereitstellung von Marktinformationen und juristischem Informationsmaterial sowie bei der Vermittlung von Geschäftspartnern.
Kraftfahrzeugländerkennzeichen: J

Jemen

1 Allgemeine Informationen

1.1 Kurzinfos

Landesvorwahl: +967

MEZ: +2 Std.
Keine Sommerzeit

Arabisch, Englisch

1 Yemeni Rial (YRI) = 100 Fils
(ISO-Code: YER)

Nach AWG frei vereinbar

Harmonisiertes System

Mitglied

Feiertage: Die Feiertage zu diesem Land finden Sie unter folgendem Link: https://www.timeanddate.de/feiertage/.

1.2 Einfuhr aus der Bundesrepublik

Die Registrierung pharmazeutischer Produkte erfordert sechsfach erstellte und von der Handelskammer beglaubigte Pro-forma-Rechnungen. Am Ende ist folgende Ursprungserklärung des Ausführers aufzunehmen: „We hereby declare that the mentioned merchandise will be exported for our own account and that the goods will be of pure national origin of the exporting country." Alle Heil- und Arzneierzeugnisse müssen beim Supreme Board of Drugs and Medical Appliances (SBD) eingetragen sein. Für Nahrungs- und Futtermittel gilt eine Kennzeichnungspflicht (inklusive Haltbarkeitsdatum). Empfehlenswert ist zudem ein amtliches Attest über fehlende Strahlenbelastung, das stichprobenartige Kontrollen im Jemen jedoch nicht ersetzt. Tiere und tierische Produkte benötigen ein Tiergesundheitszeugnis und eine vorherige Einfuhrgenehmigung. Pflanzliche Erzeugnisse können einer phytosanitären Prüfung mit amtlichem Nachweis unterliegen.

Alle Waren unterliegen spezifischen Kennzeichnungsvorschriften, die bei der jemenitischen Standardisierungsbehörde (YSMO) zu erfragen sind; zahlreiche Abbildungen sind nicht zulässig. Fehlen nationale Vorgaben, kommen die Normen der GSO (www.gso.org.sa/store) oder internationale ISO-Standards zur Anwendung. Für bestimmte Elektrogeräte und Spielwaren ist zusätzlich die G-Mark-Kennzeichnung vorgeschrieben, die nur durch zugelassene Prüfstellen (Notified Bodies, www.gso.org.sa/nb) vergeben wird. Einfuhrgenehmigungen sind nicht erforderlich, wenn ein autorisierter Agent oder Geschäftspartner im Jemen tätig ist; die Abwicklung läuft dann über diesen. Einfuhruntersagungen gelten u.a. für Schweinefleisch, Alkohol sowie Waren, die Gesundheits-, Sicherheits- oder Umweltauflagen verletzen. Auch Importe aus Israel sind untersagt.

Bitte beachten: Zur Zeit der Drucklegung bestand ein Embargo (siehe www.bafa.de/DE/Home/home_node.html).

1.3 Verpackung

Jemen wendet für Holzverpackungen die Regelungen der ISPM Nr. 15 an. Heu und Stroh als Verpackungsmaterial zugelassen. Die Wetterbedingungen sind bei der Verpackung zu berücksichtigen.

1.4 Markierung

Hinweise auf vorsichtige Behandlung in Arabisch. Zusatz: „Made in Germany". Bilder, wie z.B. sechseckige Sterne, sind verboten.

1.5 Mustersendungen

Kleine Muster ohne Handelswert sind zollfrei. Zollpflichtige Muster dürfen nicht als „Warenprobe" versandt werden. Zollfreie Einfuhr, wenn für Waren, die vorübergehend importiert werden, eine Sicherheit hinterlegt wird. Diese müssen aber rechtzeitig wieder das Land verlassen.

2 Dokumente

2.1 Seefrachten

Seehäfen: Aden, Hodeidah, Mukalla

2.1.1 Konnossemente

Voller Satz Konnossemente, Order-Bs/L zugelassen (dann jedoch mit Notify-Adresse), keine Beglaubigung.

2.1.2 Handelsrechnungen

Handelsrechnung (zweifach, Englisch), alle üblichen Angaben (Ausstellungsdatum, Rechnungsnummer, Anzahl, Nummer, Marke und Art der Versandstücke, Brutto-/Nettogewichte, Wert, genaue Warenbezeichnung) sind mit Ursprungsland und Schiffsnamen durch die zuständige Handelskammer zu bescheinigen und durch die Botschaft zu legalisieren. Am Schluss folgende Erklärung abgeben: „We hereby declare that the mentioned merchandise is being exported on our own account. The goods are of pure … origin (Ursprungsangabe)."

Wird eine Herstellerangabe verlangt, noch ergänzend hinzufügen: „The goods are manufactured by ... (Name und Anschrift)".

Bei Arzneimitteln und pharmazeutischen Erzeugnissen ist der Warenwert pro Einheit und der Gesamtwert sowie der Gesamtwert bis zum Bestimmungshafen anzugeben. Die Preise müssen mit den in Jemen registrierten und genehmigten Preisen (beim Supreme Board of Drugs and Medical Appliances (SBD)) übereinstimmen.

2.1.3 Ursprungszeugnisse

Ursprungszeugnis (zweifach erforderlich). Auf der Rückseite des UZ ist die folgende Erklärung abzugeben, rechtsverbindlich zu unterschreiben und von der Handelskammer zu bescheinigen: „We hereby declare that the mentioned merchandise is being exported on our own account. The goods are of pure … origin (Ursprungsangabe)." Das Original des UZ muss konsularisch legalisiert werden. Dies ist nur möglich, wenn die rückseitige Erklärung von der Handelskammer bescheinigt wurde.

2.1.4 Hersteller-Erklärung

Hersteller-Erklärung (zweifach) nur auf Anforderung. Auf dem Firmenbogen ist mit Bezug auf die Rechnung anzugeben, von wem die Ware hergestellt wurde. Konsularische Legalisierung oder Handelskammer-Bescheinigung nur, wenn vom Kunden gefordert. Bei Unternehmen aus Baden-Württemberg, Bayern, Hessen, Rheinland-Pfalz und dem Saarland kann das Generalkonsulat in Frankfurt die Legalisierung vornehmen.

2.1.5 Packlisten

Packlisten unter Angabe über Marke, Nummer, Maße, Gewichte und Inhalt werden empfohlen.

2.1.6 Gesundheitszeugnisse

Für Pflanzen und evtl. Tiere wird ein Gesundheitszeugnis gefordert. Rücksprache mit dem Importeur empfohlen. Ein Analysenzertifikat sollte Parfüms und Aftershave begleiten. Nahrungs- und Futtermittel dürfen nicht radioaktiv belastet sein. Zweckmäßig sollte die Ware eine Bescheinigung der Gesundheitsbehörde (erhältlich durch das Zeugnis eines anerkannten Prüflabors) begleiten.

2.2 Luftfrachten

Zollflughäfen: Aden, Hodeidah, Riyan, Sanaa (SAH), Taiz, Seiyun u.a.

2.2.1 Luftfrachtbrief

Eine Ausfertigung des Luftfrachtbriefes.

2.2.2

Siehe unter Seefrachten 2.1.2–2.1.6.

2.3 Postverkehr

2.3.1 Paketkarte

Zwei Zollinhaltserklärungen CN 23, Englisch. Höchstgewicht: 31,5 kg, Vertragskunden: 30 kg.

Bitte beachten: Im Moment kein Paketversand möglich. Bitte im Bedarfsfall Rücksprache halten.

2.3.2

Siehe unter Seefrachten 2.1.2–2.1.6.

3 Konsulatsgebühren

Alle konsularisch zu legalisierenden Dokumente inkl. sämtlicher Kontaktdaten sind bei der GHORFA Arab-German Chamber of Commerce and Industry, Referat für Handelsdokumenten-Service, Garnisonkirchplatz 1, 10178 Berlin, Tel.: 030

27890724, Fax: 030 27890732, E-Mail: document@ghorfa.de, www.ghorfa.de, einzureichen. Die Dokumente sind (mit frankiertem und adressiertem Rückumschlag) per Post an die GHORFA zu senden und werden anschließend an die Konsularabteilung der Botschaft weitergeleitet. Die GHORFA-Gebühr beträgt € 32,– pro Exemplar. Die GHORFA-Gebühr ist getrennt von den anderen Gebühren per Verrechnungsscheck oder Überweisung auf das Konto der GHORFA bei der Deutschen Bank AG, Berlin, IBAN: DE46 1007 0000 0434 9510 00, BIC: DEUTDEBBXXX, zu bezahlen. Die von der Bank quittierte Durchschrift des Überweisungsträgers oder das Protokoll der Online-Überweisung ist den Dokumenten beizufügen. Ist die Rechnung nicht in € aufgemacht, ist zwecks Festlegung der Konsulatsgebühren der Wechselkurs bei der Konsularabteilung zu erfragen.

Vor Eingabe bei der Ghorfa sind Ursprungszeugnisse und Handelsrechnungen von der entsprechenden IHK und Gesundheits- sowie Radioaktivitätszeugnisse von der jeweils zuständigen Behörde zu bescheinigen. Auszüge aus dem Handelsregister sind von einem Amtsgericht auszufertigen. Außerdem ist eine Überbeglaubigung durch den Amtsgerichtspräsidenten erforderlich. Vollmachten, Verträge und Herstellererlaubnisse sind von einem Notar beglaubigen zu lassen. Die Überbeglaubigung erfolgt durch den zuständigen Landesgerichtspräsidenten.

Handelsrechnungen bei Wert		Original	Kopie
bis	€ 50 000,–	€ 200,–	€ 150,–
bis	€ 150 000,–	€ 300,–	€ 150,–
bis	€ 250 000,–	€ 400,–	€ 150,–
ab	€ 250 001,–	€ 600,–	€ 150,–
Ursprungszeugnis		€ 150,–	€ 150,–
Handels-/Vertretervertrag		€ 200,–	€ 150,–
Radioaktivitäts-/Gesundheitszertifikat		€ 150,–	€ 150,–
Auszug aus dem Handelsregister		€ 150,–	€ 150,–
Ghorfa-Entgelt pro Exemplar		€ 32,–	€ 32,–

Die Gebühren für das Konsulat sind per Überweisung auf das Konto der Konsularabteilung der Botschaft der Republik Jemen bei der KT Bank AG, Berlin, IBAN: DE43 5023 4500 0138 0600 01, BIC: KTAGDEFFXXX, zu bezahlen. Gebühren durch das Generalkonsulat sind dort zu erfragen.

4 Adressen

Auslandshandelskammer

Delegation der Deutschen Wirtschaft für Saudi-Arabien
Bahrain und Jemen (German-Saudi Arabian Liaison Office for Economic Affairs GESALO
Pure, Block B, 1st Floor
Takhassusi Branch Road
7993 Al Mohamadiyyah 3213
Riyadh 12364
Tel.: +966 920005863
Geschäftszeiten: Mo.–Fr. 9.00–17.30 Uhr
E-Mail: info@ahk-arabia.com
www.saudiarabien.ahk.de

Konsulate

Die Konsulatsadressen finden Sie jeweils mit Telefonnummer, E-Mail-Adresse, Homepage und Öffnungszeiten unter:
https://www.auswaertiges-amt.de/de/service/laender.

5 Sonstiges

Länder(-gruppen)kurzbezeichnung für bes. Zollsätze im Europäischen Zolltarif: SPGA
Kraftfahrzeugländerkennzeichen: ADN

Jordanien

Hashemite Kingdom of Jordan

1 Allgemeine Informationen

1.1 Kurzinfos

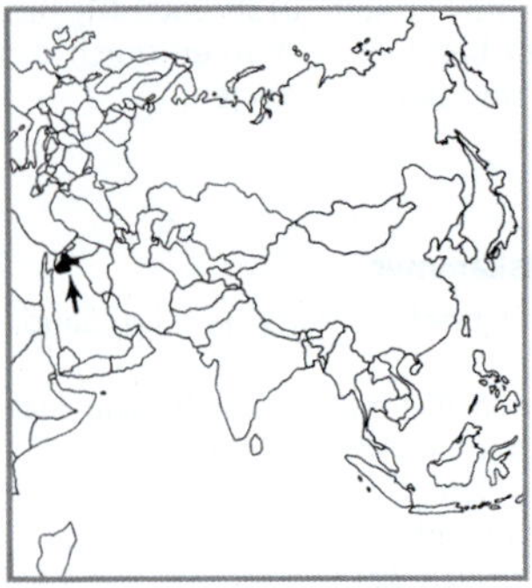

Landesvorwahl: +962

MEZ: +1 Std.

Arabisch, Englisch

1 jord. Dinar = 1000 Fils (ISO-Code: JOD)

Nach AWG frei vereinbar
Devisenbestimmungen Jordaniens beachten

Harmonisiertes System
Verzollung nach cif-Wert

Mitglied

Angeschlossen

Feiertage: Die Feiertage zu diesem Land finden Sie unter folgendem Link: https://www.timeanddate.de/feiertage/.

1.2 Einfuhr aus der Bundesrepublik

Assoziationsabkommen mit der EU. Importgenehmigungen sind für die meisten Waren nicht erforderlich, außer u.a. für Grundnahrungsmittel, Fernmeldeanlagen und Waffen. Genehmigungen sind zumeist ein Jahr gültig. Es werden Bußgelder verhängt, falls Waren vor Erteilung der Einfuhrgenehmigungen eintreffen. Mineralwasser, Milcherzeugnisse, Kunststoffabfälle und Kfz (älter als 5 Jahre) dürfen nicht importiert werden.

Sind Herstellungs- bzw. Ursprungsland und Absendeland nicht identisch, fallen zusätzliche Einfuhrzölle an; gilt nicht für EU-Staaten). Zuständig für Normen und Standards ist die JSMO (Auskünfte über http://www.jsmo.gov.jo/en/Pages/default.aspx). Kälber und Kühe müssen im Ursprungsland registriert sein. Für viele Erzeugnisse sind besondere Etikettierungsvorschriften (mit Haltbarkeit) einzuhalten, u.a. für Milch, Babynahrung (Milchpulver), bestimmte Nahrungsmittel und Fleischsorten, tiefgefrorenes Geflügel, Pestizide (in Arabisch), ätherische Öle, Nahrungsmittelfarbstoffe. Chemische Farbstoffe sind zumeist verboten. Für Nahrungsmittel für Sportler, Nahrungsergänzungsmittel und kosmetische Artikel ist ein Freiverkäuflichkeitszertifikat erforderlich. Zuständig ist der Jordan Food & Drug Administration (http://jfda.jo/Default.aspx). Ätherische Öle und Nahrungsmittelfarbstoffe müssen von einer amtlichen Bescheinigung des Ursprungslandes begleitet sein, die außerdem konsularisch zu legalisieren ist. Für die Einfuhr von Arzneimitteln und kosmetischen Erzeugnissen ist ein Analysenzertifikat (Englisch) und eine Erlaubnis des Department of Trade beizubringen. Tiermedizin benötigt eine Erlaubnis des jordanischen Veterinäramts. Importe von Futter- und Lebensmitteln müssen außerdem von einem Strahlenfreiheits-Zertifikat begleitet sein. Rücksprache mit dem Importeur empfehlenswert.

1.3 Verpackung

Falls Heu und Stroh aus Ländern, in denen Tierseuchen vorkommen, verwendet werden sollen, ist eine Rücksprache mit dem Importeur unbedingt erforderlich. Für Holzverpackungen gelten die Vorschriften des ISPM Nr. 15-Standards.

1.4 Markierung

Kolli, die nicht über Aqaba verschifft werden: „In Transit to Jordan". Industriegüter müssen mit dem Ursprungsland gekennzeichnet werden. Rücksprache mit dem Importeur ist unbedingt erforderlich.

1.5 Mustersendungen

Muster ohne Handelswert (bis 5 JD) können zollfrei ausgeliefert werden. Muster von Medikamenten müssen mit einem Vermerk der unentgeltlichen Abgabe versehen sein. Für Werbegeschenke sind Zollgebühren zu entrichten.

2 Dokumente

2.1 Seefrachten

Seehafen: Aqaba

2.1.1 Konnossemente

Voller Satz Konnossemente, Ausstellung an Order möglich, dann jedoch mit Notify-Adresse, ohne Beglaubigung. Die Nationalität des Schiffes ist anzugeben. Schiffe, die älter als 15 Jahre sind, dürfen in jordanischen Häfen nicht abgefertigt werden.

2.1.2 Handelsrechnungen

Handelsfaktura (zweifach in Englisch) mit üblichen Angaben, wie z.B. Brutto- u. Nettogewichte, Warenbezeichnung so genau wie möglich (Zolltarifnummer des HS), Namen und Adressen von Importeur und Exporteur, Datum der Rechnung, Einzelpreise, Gesamtpreis, Marke, Nummern, Art und Anzahl der Versandstücke; eine Bescheinigung der Handelskammer ist erforderlich (die HR ist dann zweifach einzureichen). Handelsrechnungen können nur gemeinsam mit den Ursprungszeugnissen legalisiert werden, wenn eine konsularische Legalisierung gefordert ist. In den Handelsrechnungen müssen Textilwaren so beschrieben werden, dass die verwendeten Materialien und die Prozentsätze der verschiedenen Fasern zu erkennen sind. Die Faktura muss ggf. die Nummer der Importlizenz aufweisen und mit folgendem Vermerk versehen sein: „We hereby certify this invoice to be true and correct and in accordance with our books, also that the goods originate in the Federal Republic of Germany. These proceeds are for our own account and are not accredited to the account of any destination or foreign organization". Weitere Erklärungen und Zusicherungen sind nicht gestattet. Wird eine Herstellerangabe verlangt, ist die Erklärung zu ergänzen um: „The goods are manufactured by ... (Name und Anschrift)". Als weiter Erklärung nur Präferenznachweis erlaubt.

2.1.3 Ursprungszeugnisse

Ursprungszeugnis (einfach) ist erforderlich. Falls der Importeur eine Erklärung fordert, die nicht der vorstehenden entspricht, sollte vorher die Handelskammer befragt werden. – Auf der Rückseite des UZ ist folgende Erklärung abzugeben: „We hereby declare that the mentioned merchandise is being exported on our own account. The goods are of pure ... origin (Ursprungsangabe)". Falls eine Herstellerangabe verlangt wird, ist die Erklärung um „The goods are manufactured by ... (Name und Anschrift)" zu erweitern.

2.1.4 Packlisten

Packlisten (Englisch), wenn die Sendung aus verschiedenen Artikeln besteht, sind erforderlich. Sie müssen eine genaue Übersicht über die einzelnen Packstücke mit Marken, Nummern, Inhalten und Brutto- und Nettogewichten geben.

2.1.5 Warenverkehrsbescheinigung

Liegt ein Handelsgeschäft zwischen der EU und Jordanien vor und sind die Anforderungen des Assoziierungsabkommens erfüllt, können Präferenzdokumente wie die EUR.1 oder eine Ursprungserklärung genutzt werden, um zollbegünstigte Einfuhren zu ermöglichen. Mit Anfang 2025 wurden in der Pan-Europa-Mittelmeer-Zone (PEM-Zone) neue, einheitliche Ursprungsregeln mit einer Übergangsfrist bis 31.12.2025 eingeführt. Seit dem 1. Januar 2026 sind nur noch die revidierten Ursprungsregeln („Revised Rules") verbindlich und EUR-MED-Nachweise nicht mehr möglich.

Für Warensendungen über 6.000 EUR dient die von der Zollstelle ausgestellte EUR.1 als Präferenznachweis. Exporteure, die regelmäßig Waren unter Präferenzbedingungen liefern, können beim Hauptzollamt die Bewilligung als „Ermächtigter Ausführer" beantragen. Bei Sendungen unter 6.000 EUR genügt eine Ursprungserklärung direkt in der Handelsrechnung, mit folgendem Wortlaut: „Der Ausführer (Ermächtigter Ausführer; Bewilligungs-Nr. ...) der Waren, auf die sich dieses Handelspapier bezieht, erklärt, dass diese Waren, soweit nicht anders angegeben, präferenzbegünstigte . . . Ursprungswaren sind." (Ort und Datum, Unterschrift, Name in Druckbuchstaben)[1)]

2.1.6 Gesundheitszeugnisse

Ein Gesundheitszeugnis ist für verschiedene tierische Erzeugnisse und Nebenprodukte, Babynahrung (Milchpulver), Milch, bestimmte Nahrungsmittel, Fleisch und Geflügel (tiefgefroren), Kühe und Kälber, Kakao und Nebenerzeugnisse erforderlich. Für Lebensmittel und Medikamete wird

1) Ursprungserklärung in weiteren Sprachen s. Kapitel Hinweise Warenursprung Präferenzen

ein konsularisch legalisiertes amtliches Gesundheitszeugnis verlangt.

2.2 Luftfrachten

Zollflughäfen: Amman (AMM), Aquaba (AQJ)

2.2.1 Luftfrachtbrief

Eine Ausfertigung des Luftfrachtbriefes.

2.2.2

Siehe unter Seefrachten 2.1.2–2.1.6.

2.3 Postverkehr

2.3.1 Paketkarte

Eine Zollinhaltserklärung CN 23, Englisch. Höchstgewicht 31,5 kg. Zahlungsmittelversand in Postpaketen nicht zulässig.

2.3.2

Siehe unter Seefrachten 2.1.2–2.1.6.

3 Konsulatsgebühren

Zu legalisierende Handelsdokumente (Handelsrechnungen, Ursprungszeugnisse etc.) können direkt bei der Konsularabteilung der Botschaft eingereicht werden.

Den Dokumenten ist ein Freiumschlag (Größe C4) beizufügen. Die Rücksendung erfolgt durch die Botschaft. Im Allgemeinen ist die Legalisierung des Originals ausreichend.

Bevor die Dokumente bei der Konsularabteilung der Botschaft eingereicht werden, müssen sie durch das Bundesverwaltungsamt (BfAA) endbeglaubigt werden (Ausnahme: Handelsrechnungen, Ursprungszeugnisse und Packlisten).

Lebensmittelsendungen erfordern immer ein amtliches Gesundheitszeugnis (Ausstellung vom jeweiligen Bundesland), Eigenerklärungen von Firmen werden nicht akzeptiert.

Legalisierungsgebühren, Handelszertifikate, -vollmachten, bilanzen, Erklärungen (separat mit Bezug auf die Handelsrechnung auf Firmenbogen) u.a. Handelsdokumente pro Exemplar	€ 47,25

Ursprungszeugnisse, Handelsrechnungen, Packlisten, Gesundheitszeugnisse ohne Legalisierungsgebühr.

Falls Vollmachten eine konsularische Legalisierung benötigten, müssen sie zuerst von einem Notar beglaubigt, von einem vereidigten Übersetzer übersetzt und dann vom Landgerichtspräsidenten überbeglaubigt werden. Vollmachten in Englisch benötigen keine Übersetzung. Sie müssen die vollständigen Daten beider Parteien beinhalten. Die Vollmachten müssen detaillierte Angaben zu Vollmachtgeber und bevollmächtigten Unternehmen bzw. Personen enthalten.

Ursprungszeugnisse und Handelsrechnungen werden nur zusammen legalisiert, falls eine konsularische Legalisierung gefordert wird.

Die Konsulatsgebühren sind nach Rechnungsstellung an das angegebene Konto zu bezahlen. Für mögliche Nachfragen ist mit der Einreichung schriftlich eine Kontaktperson mit Erreichbarkeitsdaten zu nennen. Konsulatsantwort mit Gebührenrechnung ist abzuwarten.. Barzahlungen oder Verrechnungsschecks werden nicht akzeptiert.

4 Adressen

Auslandshandelskammer

Deutsche Industrie- und Handelskammer, Regionaldirektor Jordanien
German-Arab Chamber of Industry and Commerce
German Industry and Commerz Tower, 21, Soliman Abaza Street,
off Jameat El Dowal El Arabia St. Mohandessin
Giza
Tel.: +20 233368183
Geschäftszeiten: Mo.–Fr. 9.00–17.30 Uhr
E-Mail: ahk@mena.com

Konsulate

Die Konsulatsadressen finden Sie jeweils mit Telefonnummer, E-Mail-Adresse, Homepage und Öffnungszeiten unter:
https://www.auswaertiges-amt.de/de/service/laender.

1 Allgemeine Informationen

1.1 Kurzinfos

Landesvorwahl: +855

MEZ: +6 Std.

Französisch, Englisch

1 Riel = 10 Kak = 100 Sen (ISO-Code: KHR)

Nach AWG frei vereinbar Devisenbestimmungen von Kambodscha beachten

Harmonisiertes System

Mitglied

Feiertage: Die Feiertage zu diesem Land finden Sie unter folgendem Link: https://www.timeanddate.de/feiertage/.

Hinweis: Fällt ein Feiertag auf einen Samstag oder Sonntag, so wird er an dem darauffolgenden Montag nachgeholt.

1.2 Einfuhr aus der Bundesrepublik

Die Dokumente Annex 1 und 2 des Subdecree No. 370/ANK/BK (28.12.2023) enthalten die Produkte, für die beschränkte Einfuhren gelten oder deren Einfuhr gänzlich verboten ist. Einfuhrverbote existieren u.a. für rechtsgesteuerte Fahrzeuge, einige Tabakwaren, manche Kunststofftüten, gebrauchte Fahrzeugreifen, Feuerwerk oder Batterien. Importlizenzen werden z.B. für gebrauchte Konsumgüter, wie z.B. Computer, Kühl- und Gefrierschränke, Schuhe, Tiere, Fleisch, Fisch, Fischerzeugnisse und Dronen verlangt. Produktregistrierungen für pharmazeutische Erzeugnisse und Medizinprodukte erforderlich. Etikettierungsvorschriften sind für Nahrungsmittel zu beachten. Link zum National Trade Repositor: www.cambodiantr.gov.kh. Zuständig für Standards und Normen ist das Institute of Standards of Cambodia (ISC). Tiere und tierische Erzeugnisse unterliegen einer tierärztlichen Kontrolle beim Import.

1.3 Verpackung

Heu und Stroh sind als Verpackungsmaterial zugelassen. Holzverpackungen müssen dem ISPM-Standard Nr. 15 entsprechen.

1.4 Markierung

Es genügt die übliche Markierung.

1.5 Mustersendungen

Muster ohne Handelswert sind bei Hinterlegung einer Sicherheit zollfrei.

2 Dokumente

2.1 Seefrachten

Seehafen: Sihanoukville (früher Kampong Som)

2.1.1 Konnossemente

Voller Satz Konnossemente, ohne Beglaubigung. Order-B/L mit Notify-Adresse zugelassen.

2.1.2 Handelsrechnungen

Handelsrechnungen (mindestens einfach), Englisch oder Französisch, der Handelskammer zur Bescheinigung (mindestens zweifach) einreichen.

Die Handelsfaktura muss alle wichtigen Informationen enthalten: Gewichte (netto und brutto), Marke, Nummern, Anzahl, Art der Packstücke, HS-Zolltarifnummer, detaillierte und exakte Bezeichnung der Ware, Gesamt- und Einzelwert, Lieferkonditionen, Warenursprung („Federal Republic of Germany“), Beförderungsangaben.

2.1.3 Ursprungszeugnisse

Ursprungszeugnisse ggf. erforderlich. Angabe des Ursprunglandes: „Federal Republic of Germany

(European Union)", „République Fédérale d'Allemagne (Union Européenne)".

2.1.4 Gesundheitszeugnisse

Amtliches Pflanzengesundheitszeugnis für Pflanzen bzw. pflanzliche Erzeugnisse erforderlich; für Tiere und Waren tierischen Ursprungs wird die Vorlage eines Veterinär-Gesundheitszeugnisses gefordert.

2.1.5 Packlisten

Sollte aus der Rechnung nicht der Inhalt der einzelnen Packstücke hervorgehen, wird eine separate detaillierte Packliste mit den entsprechenden Angaben zu Marke, Nummer, Gewicht, Maße empfohlen.

2.2 Luftfrachten

Zollflughafen: Phnom-Penh

2.2.1 Luftfrachtbrief

Ein Luftfrachtbrief ohne Beglaubigung.

2.2.2

Siehe unter Seefrachten 2.1.2–2.1.5.

2.3 Postverkehr

2.3.1 Paketkarte

Eine Zollinhaltserklärung, Englisch. Höchstgewicht 31,5 kg.

2.3.2

Siehe unter Seefrachten 2.1.2–2.1.5.

3 Adressen

Auslandshandelskammer

Delegation der Deutschen Wirtschaft in Vietnam
(Delegation of German Industry and Commerce in Vietnam)
Ho-Chi-Minh-Stadt,
Deutsches Haus Ho Chi Minh,
4th Floor
33 Le Duan Blvd,
District 1
Tel.: +84 28 2823 9775
E-Mail: info@vietnam.ahk.de
www.vietnam.ahk.de

Konsulate

Die Konsulatsadressen finden Sie jeweils mit Telefonnummer, E-Mail-Adresse, Homepage und Öffnungszeiten unter:
https://www.auswaertiges-amt.de/de/service/laender.

4 Sonstiges

Länder(-gruppen)kurzbezeichnung für bes. Zollsätze im Europäischen Zolltarif: SPGA
Kraftfahrzeugländerkennzeichen: K

1 Allgemeine Informationen

1.1 Kurzinfos

Landesvorwahl: +237

MEZ

Französisch, Englisch

1 Franc CFA = 100 Centimes (ISO-Code: XAF)

Nach AWG frei vereinbar Devisenbestimmungen Kameruns beachten

Harmonisiertes System

Mitglied

Feiertage: Die Feiertage zu diesem Land finden Sie unter folgendem Link: https://www.timeanddate.de/feiertage/.

1.2 Einfuhr aus der Bundesrepublik

Es besteht ein Wirtschaftspartnerschaftsabkommen mit gegenseitiger Präferenzgewährung mit der EU. Das nationale Normenamt ANOR ist zuständig für Normen und Standards. Für Pflanzen, organisches Verpackungsmaterial sowie Dünger ist ein Pflanzengesundheitszertifikat und eine Genehmigung des Landwirtschaftsministeriums erforderlich. Arzneimittel und Medizinprodukte benötigen eine Einfuhrbewilligung des Gesundheitsministeriums. Für gebrauchte Kleidung ist ein Desinfektionsnachweis, für bestimmte Chemikalien ein Analysezertifikat und für gebrauchte Fahrzeuge ein Verkehrstauglichkeitsnachweis aus dem Ursprungsland nötig. Importverbote bestehen z.B. für Schädlingsbekämpfungsmittel, einige Cremes, Geräte, die Ozon enthalten, bestimmter Alkohol, einige Öle, bestimmte medizinische Produkte, unjodiertes Salz, Plastikverpackungen und -tüten. Rücksprache mit dem Importeur empfohlen.

1.3 Verpackung

Für Holzverpackungen gelten die Regelungen des ISPM Nr. 15-Standards. Weitere Informationen hierzu über die Internetseite www.julius-kuehn.de. Materialien, durch die Krankheiten eingeschleppt werden könnten, sind verboten (ggf. pflanzenpolizeiliches Zeugnis beifügen).

1.4 Markierung

Empfohlen: „Importe d'Allemagne". Bei Lebensmitteln und Rauchwaren, wie z.B. Zigaretten und Tabak, muss die Ursprungskennzeichnung (in Englisch oder Französisch) vorhanden sein.

1.5 Mustersendungen

Warenmuster ohne Handelswert sind zollfrei.

2 Dokumente

Landesbezeichnung in allen Dokumenten und Markierungen „Cameroun" und nicht „Kamerun".

2.1 Seefrachten

Seehäfen: Douala, Garoua

2.1.1 Konnossemente

Konnossemente bedürfen keiner Beglaubigung. Ausstellung an Order möglich, mit Angabe einer Notify-Adresse.

2.1.2 Handelsrechnungen

Handelsrechnungen (vierfach) in Französisch mit allen handelsüblichen Angaben: Name des Exporteurs und Importeurs und Empfängers, Marke, Nummern, Anzahl und Art der Packstücke, Brutto-/Nettogewichte, genaue Warenbezeichnungen, Lieferbedingungen, Ursprungsland, HS-Code, Mengen, Ort und Datum der Ausstellung sowie Einzelpreise, Gesamt-fob- und cif-Wert und auch Nachlässe, wie z.B. Rabatte. Die Rechnung ist zu unter-

schreiben, Faksimile-Unterschriften nur auf den Kopien gestattet. Am Schluss muss folgende Erklärung stehen:
Certificate of Value and Origin
„I ... of ... exporter of the goods specified in this invoice do hereby declare that this invoice is correct and contains a true Statement of the price actually paid or to be paid for the said goods, the purchase price of which is not affected by any arrangement or understanding between the buyer and seller other than as shown on this invoice. I further declare that the goods have been wholly produced or manufactured in the countries shown against each item."

2.1.3 Ursprungszeugnisse

Ursprungszeugnis mit der Angabe „Federal Republic of Germany (European Union)" bzw. „République Fédérale d'Allemagne (Union Europeénne") nur auf Anforderung erforderlich.

2.1.4 Warenverkehrsbescheinigung

EUR.1 bzw. Präferenzursprungsnachweis: Für Erzeugnisse, die unter die „Ursprungsregelung" im Abkommen über Handel, Entwicklung und Zusammenarbeit zwischen der Europäischen Union und Zentralafrika fallen, ist der Präferenz-Ursprungsnachweis zu erbringen. Die Warenverkehrsbescheinigung wird von den Zollstellen ausgestellt (das Ausfüllen erfolgt durch Exporteur).

Für Sendungen bis zu € 6 000,– ist vom Ausführer nur die folgende Erklärung[1] in die Rechnung oder ein anderes Handelsdokument aufzunehmen:
„The exporter of the products covered by this document (customs authorization No ...)* declares that, except where otherwise clearly indicated, these products are of ... preferential origin. Ort, Datum, Unterschrift des Ausführers und Name des Unterzeichners in Druckschrift". Ursprungswaren aus Ceuta oder Melilla sind mit „CM" zu kennzeichnen.[2]

Von den Handelskammern werden Ursprungserklärungen nicht bescheinigt, deswegen die Erklärung gesondert abgeben wie folgt: Rechnung mit Unterschrift und Firmenstempel versehen, ca. 7 cm Abstand lassen und die Ursprungserklärung notieren, darunter ein weiteres Mal unterschreiben.

1) Ursprungserklärung in weiteren Sprachen s. Kapitel Hinweise Warenursprung Präferenzen
2) Eintrag der Bewilligungsnummer, falls die Erklärung von einem ermächtigten Ausführer erstellt wird.

2.1.5 Packlisten

Packlisten, dreifach, erforderlich.

2.1.6 Electronic Cargo Tracking Note

Electronic Cargo Tracking Note (ECTN) bzw. Bordereau Électronique de Suivi des Cargaisons (BESC) für Warensendungen nach Kamerun erforderlich, bei Nichtvorliegen fallen hohe Geldbußen an und keine Abfertigung ist möglich. Die ECTN-Nummer muss im Bill of Lading eingetragen werden. Ansprechpartner ist: M + S Mehrtens & Schwickerath GmbH in 28195 Bremen, Tiefer 4, Tel.: 0421 363080, Fax: 0421 3630855, E-Mail: agency@msbre.com, www.shipagent.de.

2.1.7 Gesundheitszeugnisse

Gesundheitszeugnis ist erforderlich für Pflanzen und Pflanzenteile, Dünger, Samen, Kompost, Erde und Verpackungen aus diesen Stoffen, ausgestellt von der zuständigen amtlichen Pflanzenschutzstelle (https://pflanzengesundheit.julius-kuehn.de/). Für pharmazeutische Produkte ist ebenfalls ein Gesundheitszeugnis notwendig. Ein amtliches Veterinärzeugnis ist erforderlich bei lebenden Tieren, frischem oder konserviertem (durch Kühlung) Fleisch.

2.1.8 Inspektionszertifikat

Waren- und Mengen- sowie Qualitätskontrollen sind für Lieferungen mit Werten von mehr als fob 2 Mio. FCFA vorzunehmen (Zollwertermittlung). Darüber wird ein Zertifikat ausgestellt, das gemeinsam mit Handelsrechnung, Packliste, Frachtrechnung und B/L auf https://export-cm.sgs.com hochgeladen werden muss. In Douala erstellt die SGS (Tel.: +237 233 430959, E-Mail: cm.tradecentre@sgs.com) einen „Clean Report of Findings" (Attestation de Vérification à l'importation).

2.1.9 Konformitätszertifikat (AoC)

Kamerun verlangt, dass viele regulierte Importwaren vor dem Versand im Ursprungsland geprüft werden. Das nationale Normenamt ANOR betreibt das PECAE Programm („Programme d'Évaluation de la Conformité Avant Embarquement"). Demnach müssen diese Waren eine „Attestation de Conformité" (AoC), ausgestellt durch zugelassene Inspektionsstellen: Intertek Caleb Brett Germany GmbH, Government and Trade Services, in 21109 Hamburg, Georgswerder Bogen 3, Tel.: 040

558225000, E-Mail: info.hamburg@intertek.com, DIN CERTCO Gesellschaft für Konformitätsbewertung mbH, TÜV Rheinland in 12103 Berlin, Alboinstr. 56, Tel.: +49 3075621131, E-Mail: sales-mas@dincertco.de oder SGS Germany GmbH in 20097 Hamburg, Heidenkampsweg 99, Tel.: 040 30101735, E-Mail: de.gis.export@sgs.com. Darauf basierend erhält der Importeur dann ein „Certificate of Conformity" (CoC) für die Zollabfertigung. Nicht alle Waren sind betroffen: Ausnahmen bestehen etwa für geringe FOB-Wert-Sendungen, lebende Tiere, Flugware oder Spenden, wie sie in der Ausnahmeliste gemäß Act N°2/92-UDEAC-556-CD-SE-1 genannt werden.

2.2 Luftfrachten

Zollflughäfen: Douala, Garoua, Maroua, N'Gaoundere, Yaoundé

2.2.1 Luftfrachtbrief

Ein Luftfrachtbrief, sonst wie Seefrachten.

2.2.2

Siehe unter Seefrachten 2.1.2–2.1.9.

2.3 Postverkehr

2.3.1 Paketkarte

Zwei Zollinhaltserklärungen CN 23 in Französisch oder Englisch. Höchstgewicht: 31,5 kg, Vertragskunden: 30 kg.

2.3.2

Siehe unter Seefrachten 2.1.2–2.1.9.

3 Adressen

Konsulate

Die Konsulatsadressen finden Sie jeweils mit Telefonnummer, E-Mail-Adresse, Homepage und Öffnungszeiten unter:
https://www.auswaertiges-amt.de/de/service/laender.

4 Sonstiges

Länderkurzbezeichnung gemäß Präferenzrecht (Lieferantenerklärung): AKP/MAR
Länder(-gruppen)kurzbezeichnung für bes. Zollsätze im Europäischen Zolltarif: LOMA/SPGL

Kanada

1 Allgemeine Informationen

1.1 Kurzinfos

Landesvorwahl: +1

Uhrzeit: Neufundland: MEZ –4½ Std.; Atlantik (AT): MEZ –5 Std.; Eastern: MEZ –6 Std.; Zentral (CT): MEZ –7 Std. – Gebirge (MT): MEZ –8 Std.; Pazifik (PT): MEZ –9 Std.

Englisch, Französisch

1 can.-$ = 100 Cents (ISO-Code: CAD)

Nach AWG frei vereinbar Devisenbestimmungen Kanadas beachten

Harmonisiertes System

Mitglied

Angeschlossen

TIR **Angeschlossen**

Feiertage: Die Feiertage zu diesem Land finden Sie unter folgendem Link: https://www.timeanddate.de/feiertage/.

1.2 Einfuhr aus der Bundesrepublik

Bitte beachten: In der Provinz Quebec gelten teilweise andere Vorschriften bezüglich der Sprache und Kennzeichnung. Mit Importeur abstimmen. Fragen beantwortet auch: Office de la Langue francaise, Edifice Camille-Laurin, 125, rue Sherbrooke Quest Montreal (Quebec) H2X1X4, Tel.: 514 8736565, Fax: 514 8733488. Fragen zu den in Kanada geltenden umfangreichen Kennzeichnungsvorschriften beantwortet neben der zuständigen IHK: Licensing, Export and Accounting Policy Division, Canada Border Services Agency, Ottawa ON K1A018, Tel.: 613 9547160, Fax: 613 9460241 und die Canadian Food Inspection Agency (CFIA), Food of Animal Origin, 59 Camelot Drive, Nepan, Ontario, K1A0Y9, Tel.: 1613 22523424746, Fax: 1613 2286632, www.international.gc.ca. Informationen zur Kennzeichnung von Konsumgütern erteilt das Consumer Product Safety Directorate in Ottawa.

Kanada unterwirft Warengruppen Importkontingenten. Das Department of Global Affairs Canada überwacht Export and Import Permit Acts. Health Canada reguliert Medikamente (Establishment Licence + DIN-Nummer), homöopathische Präparate, Vaping-Produkte, medizinisches Equipment. Etikettierung für Medikamente nach Food and Drugs Act und Controlled Drugs and Substances Act, für medizinische Geräte nach Medical Devices Regulations. Tabak benötigt Gesundheitswarnungen (TPAPLR), Cannabis Einfuhrlizenzen für Industriehanf/medizinische Zwecke.

Die CFIA kontrolliert über Safe Food for Canadians Regulations Tiere, Pflanzen, deren Produkte (inkl. Lebensmittel). Erforderlich: SFC-Lizenzen + Gesundheitszeugnisse aus Exportland. Fisch braucht zusätzlich Einfuhrnotifizierungen. Produktinspektionen vor Vertrieb gewährleisten Standards-Einhaltung, sonst Einfuhrverweigerung. CFIA schreibt generelle/produktspezifische Etikettierung vor (Alkoholika, Milchprodukte, Fisch, Meeresfrüchte, Obst/Gemüse, verarbeitete Produkte, Wasser). Verboten in Lebensmitteln: PHO, Fettsäuren, Safrole, weitere Chemikalien/Öle. Provinzen regeln Alkohol eigenständig. Schaumwein: Druckwarnung empfohlen.

Fleisch nur aus CFIA-anerkannten Ländern mit Official Meat Inspection Certificate. Ankunftsprüfung, Daten ins Import Control and Tracking System. Deutsche Fleisch-/Eiexporteure (alle Tierarten): BVL-Listung erforderlich. Obst/Gemüse: „Confirmation of Sale" (CFIA/ACIA 3885) dreifach + CFIA-Lizenz. Molkerei, verarbeitete Lebensmittel, Honig, Saatgut, Futtermittel, Düngemittel: Import Declaration (CFIA/ACIA 4560) doppelt. Natural Resources Canada: ERBSB genehmigt Explosivstoffe. Energieprodukte brauchen Effizienzreports an Natural Resources Canada (außer bereits in Datenbank), CBSA-Übermittlung für Zollfreigabe. EnerGuide-Etiketten für Waschmaschinen, Trockner, Spülmaschinen, Kühlschränke, Gefriertruhen, Klimaanlagen. Environment Canada verwaltet Domestic Substances List – neue Chemikalien meldepflichtig.

KFZ und Autoreifen unterliegen Motor Vehicle Safety Act und Canada Motor Vehicle Safety Standards. Transport Canada prüft Testreports vor Verschiffung. Ankunftsinspektionen sichern Standards-Einhaltung – bei Nichteinhaltung kein Einlass/keine Umrüstung. Gebrauchte KFZ sind grundsätzlich verboten, außer für Fahrzeuge 15+ Jahre, Busse vor 1971, in USA hergestellte oder nach US-Spezifikationen gefertigte Fahrzeuge. Zugelassene müssen sauber und erdfrei sein. Consumer Packaging and Labelling Act: alle zu etikettierenden Konsumwaren benötigen englisch-französische Kennzeichnung (Nettomengen, Produktbezeichnung, produktspezifische Angaben), bei Importen Importeur-/Herstellerangaben + Warenursprung. Kinderprodukte haben Sondervorschriften. Für Kennzeichnungsanforderungen bestimmter Konsumgüter ist das Consumer Product Safety Directorate, Ottawa zuständig. Neue Textilien müssen mit der Zusammensetzung der einzelnen Fasern gekennzeichnet werden nach Textile Labelling Act, Gebrauchtkleidung mit Begasungszertifikat. Edelmetalle unterliegen Markierungsvorschriften nach Precious Metals Marking Act.

Hazardous Products Act regelt entflammbare/giftige Materialien mit Etikettierung. Verboten sind unter anderem erdverunreinigte Waren, Falschgeld, Gefängnisprodukte, bestimmte Gebrauchtwaren wie Matratzen, gesundheitsgefährdende Konsumprodukte nach Canada Consumer Product Safety Act. Special Economic Measures Act: Russland-Sanktionen seit 24.2.2022 (Erdöl, Luxusartikel, Stahl, Aluminium, Gold, Waffen). Global Affairs Canada stoppte Dual-Use-Genehmigungen. Zuständig: Sanctions Policy and Operations Coordination Division Global Affairs Canada.

Sanktionen blockieren Importe aus Iran, Libyen, Nordkorea, Somalia, Syrien. Der Export and Import Permits Act regelt trotz liberalisierter Verbringung Bewilligungspflicht und Kontingentierung für Waren der Import Control List. Betroffen: Nahrungsmittel, Agrarerzeugnisse, Getreide, Waffen, Aluminium, Stahl. Lizenzen erfolgen einzeln oder generell. Zuständig: Global Affairs Canada, Sanctions Policy and Operations Coordination Division.

1.3 Verpackung

Kanada beschränkt zulässige Packmaterialien – Rücksprache mit Importeur empfohlen. Packmaterial muss grundsätzlich neu, schädlingsfrei und ohne Erde/erdähnliche Rückstände sein. Holzverpackungen folgen IPPC-Standard ISPM Nr. 15. Bei Pflanzenimporten sind erlaubt: Sägespäne, Vermiculit, Reishäcksel, Kork, Papier, Tonkügelchen, Polyacrylamid, Kokosbast, Perlit, vulkanische Asche sowie Torf aus nicht landwirtschaftlichen Gebieten. Nährmedien unterliegen strenger Regulierung und sind nur aus anerkannten Einrichtungen zulässig.

1.4 Markierung

Kanadische Zollabfertigung verlangt eindeutige Packstückkennzeichnung außen mit unterscheidbaren Markierungen, Symbolen, Buchstaben oder Nummern. Rechnungen müssen diese Kennzeichnungen enthalten für sofortige Inhaltserkennung. Massengut in Drahtbindung/Bündeln: nur Mengenangaben in Rechnung erforderlich. Bestimmte Warengruppen benötigen gut sichtbare Ursprungskennzeichnung englisch/französisch durch dauerhafte Angabe, Stempel, Einbrennung oder Etikettierung. Fehlende Kennzeichnung: Nachkennzeichnung auf Importeurkosten mit Autorisierung. Betroffen: Bekleidung, Gartenbauprodukte, Sportartikel, Stahl-/Aluminiumwaren, Papierprodukte, Eisenwaren, Produktneuheiten, Waren für persönlichen/häuslichen Gebrauch. Spezielle Bestimmungen je Warengruppe.

1.5 Mustersendungen

Kanadische Zollbehörden gewähren Zollfreiheit für Warenmuster zur Auftragsakquise. Mengenbeschränkung: ein Exemplar je Art/Qualität. Bei verbrauchbaren Produkten wie Lebensmitteln, nicht alkoholischen Getränken, Parfüm oder Chemikalien sind mehrere Muster zulässig, jedoch nur in verkaufsuntauglicher Verpackung. Zollbehörden können zusätzlich Unbrauchbarmachung verlangen durch Markierung, Zerreißen oder Zusammenkleben zur Verkaufsverhinderung. Vorübergehende Einfuhr mit Carnet A.T.A.

2 Dokumente

2.1 Seefrachten

Seehäfen: Halifax, Hamilton, Montréal, Quebec, St. John, Vancouver, Prince Rupert, Sept Îles

2.1.1 Konnossemente

Voller Satz Konnossemente, Aufmachung an Order möglich (mit Notify-Adresse), bedürfen keiner Beglaubigung.

2.1.2 Zollfaktura

10-stelliger kanadischer Zolltarifcode auf Faktura und Canada Customs Coding Form erforderlich. Der Importeur trägt Verantwortung für korrekte Tarifeinreihung und Dateneinreichung. Verkäufer-Käufer-Beziehungen deklarieren („Transaction between not related parties" wenn keine Verbindung). Fakturen in englischer oder französischer Sprache, 2-fach oder elektronisch, zusätzliche Kopien für Importeur/Zollmakler möglich. Verständigung über Rechnungsart empfohlen.

Warenangaben: Verpackungsart, Zeichen/Nummern, detaillierte Beschreibung, wissenschaftliche Namen bei Tieren/Pflanzen, Zustand bei Gebrauchtwaren. Pflichtangaben: Verkäufer/Käufer-Daten, Versendungsdatum, Referenzen, Transportangaben, Zahlungsbedingungen, Währung, Mengen, Preise, Gewichte, Gesamtwert, Exporteur, Urheber, Zolltarifauskünfte. Getrennte Kostenaufstellung: Fracht, Versicherung, Konstruktion, Exportverpackung, Provisionen. Lizenzgebühren, spätere Erlöse und Käuferleistungen für Herstellung angeben. Sendungen über 2.500 CAD: CI1-Vordrucke oder gleichwertige Handelsrechnungen erforderlich. Bis 2.500 CAD: Handelsrechnungen genügen. Fehlende Daten können auf separatem CI1-Formblatt nachgereicht werden.

2.1.3 Ursprungszeugnisse

Ursprungszeugnis nicht erforderlich (außer Textilien und Lebensmittel).

2.1.4 Warenverkehrsbescheinigung

Das Handelsabkommen der EU mit Kanada sieht als Präferenznachweis die Ursprungserklärung eines Registrierten Ausführers (REX) vor. Obligatorische Angabe des Ursprungslandes: „Kanada/EU" bzw. „Canada/EU". Gemäß Art. 68 und 103 UZK-IA muss für Ursprungserklärungen die REX-Nummer eingetragen werden. Präferenznachweise sind im Selbstzertifizierungsverfahren zu erbringen.

Mehrfachsendungen mit identischen Ursprungszeugnissen müssen innerhalb eines Jahres erfolgen (Art. 19 Absatz 5).

Es gilt laut CETA-Abkommen ein „Drawback-Verbot": Präferenznachweise dürfen dann nicht ausgefertigt werden, wenn bei der Herstellung von Ursprungswaren Vormaterialien ohne Ursprungseigenschaft verwendet worden sind, für die die Einfuhrzölle wegen der Ausfuhr der aus den betreffenden Vormaterialien hergestellten Erzeugnisse nicht erhoben oder erstattet worden sind.

Für Sendungen mit einem Wert bis zu € 6 000,– ist vom Ausführer die folgende Erklärung[1], die als Präferenz-Ursprungsnachweis gilt, in eines der Handelspapiere aufzunehmen:

„The exporter of the products covered by this document (customs authorisation No ...)[2] declares that, except where otherwise clearly indicated, these products are of ... preferential origin."

Ort, Datum, Unterschrift. Der Name des Unterzeichnenden ist in Druckbuchstaben zu wiederholen. Ursprungswaren aus Ceuta und Melilla sind deutlich mit „CM" zu kennzeichnen.

2.1.5 Packlisten

Packlisten sind nicht erforderlich.

2.1.6 Gesundheitszeugnisse

Für Tiere und Pflanzen sowie tierische, pflanzliche und landwirtschaftliche Erzeugnisse werden Gesundheitszeugnisse verlangt. Mit einer genauen Kontrolle an der Grenze ist zu rechnen.

2.2 Luftfrachten

Zollflughäfen: Bagotville, Baie Comeau, Calgary, Charlottetown, Comox, Edmonton, Fredericton, Fronnisher, Gander, Halifax, Hamilton, Îles-de-la-Madelaine, Inuvik, Kamloos, Kelowna, London, Moncton, Montréal (YMQ), Nanaimo, Ottawa, Penticon, Port Alberni, Prince Albert, Prince George, Prince Rupert, Quebec, Regina, Rimouskis, Sarnia, Saskatoon, Sault Ste. Marie, Sept-Îles, St. Catharines, St. John, Stephenville, Sudbury, Sydney, Thun-

1) Ursprungserklärung in weiteren Sprachen, s. Kapitel Hinweise Warenursprung Präferenzen
2) Eintrag der Bewilligungsnummer, falls die Erklärung von einem ermächtigten Ausführer erstellt wird.

der Bay, Timmins, Toronto (YYZ), Vancouver (YVR), Victoria, Whitehorse, Windsor, Winnipeg, Yarmout, Yellowknife, Yorktown

2.2.1 Luftfrachtbrief

Eine Ausfertigung des Luftfrachtbriefes.

2.2.2

Siehe unter Seefrachten 2.1.2–2.1.6.

2.3 Postverkehr

2.3.1 Paketkarte

Eine Zollinhaltserklärung CN 23 in Englisch oder Französisch. Höchstgewicht: 31,5 kg, Vertragskunden: 30 kg.

2.3.2

Siehe unter Seefrachten 2.1.2–2.1.6.

3 Adressen

Auslandshandelskammer

Deutsch-Kanadische Industrie- und Handelskammer
Canadian German Chamber of Industry and Commerce Inc.
480 University Avenue, Suite 1500
Toronto, ON M5G 1V2
Tel.: +1416 5983355
Fax: +1416 5981840
Geschäftszeiten: Mo.–Fr. 9.00–17.00 Uhr
E-Mail: info.toronto@germanchamber.ca
info@deinternational.ca
www.kanada.ahk.de

Konsulate

Die Konsulatsadressen finden Sie jeweils mit Telefonnummer, E-Mail-Adresse, Homepage und Öffnungszeiten unter:
https://www.auswaertiges-amt.de/de/service/laender.

Kapverdische Inseln

República de Cabo Verde

1 Allgemeine Informationen

1.1 Kurzinfos

Landesvorwahl: +238

MEZ: –2 Std.

Portugiesisch, Französisch, Englisch

1 Kapverdischer Escudo (K Esc)
= 100 Centavos
(ISO-Code: CVE)

Nach AWG frei vereinbar
Devisenbestimmungen der Kapverdischen Inseln beachten

Harmonisiertes System

Mitglied

Feiertage: Die Feiertage zu diesem Land finden Sie unter folgendem Link: https://www.timeanddate.de/feiertage/.

1.2 Einfuhr aus der Bundesrepublik

Die erforderlichen Einfuhrlizenzen sind ca. 3 Monate gültig. Vor Warenversendung sollte geprüft werden, ob der Importeur eine gültige Importlizenz vorweisen kann. Gebrauchte Fahrzeuge dürfen maximal fünf Jahre alt sein und müssen mindestens der Euro-4-Abgasnorm entsprechen. Erlaubt sind bei der Einfuhr umweltverträgliche Taschen und auch Verpackungsmaterial. Plastiktüten sind dagegen verboten.

1.3 Verpackung

Auf wasserdichte und dem Klima angepasste Verpackung achten.

1.4 Markierung

Die normale Markierung genügt.

1.5 Mustersendungen

Muster ohne Handelswert sind zollfrei. Muster, die zollpflichtig sind, dürfen nur mit grünem Zollzettel versandt werden.

2 Dokumente

2.1 Seefrachten

Seehäfen: Porto Grande

2.1.1 Konnossemente

Voller Satz Konnossemente, Aufmachung an Order möglich, (dann jedoch mit Notify-Adresse), keine Beglaubigung.

2.1.2 Handelsrechnungen

Die Handelsrechnung in Portugiesisch (ggf. wird Übersetzung gefordert) muss alle wichtigen Informationen enthalten: Name des Exporteurs und Importeurs und Empfängers, Marke, Nummern, Anzahl und Art der Packstücke, Brutto-/Nettogewichte, genaue Warenbezeichnungen, Lieferbedingungen, Ursprungsland, HS-Code, Mengen, Ort und Datum der Ausstellung sowie Einzelpreise, Gesamt-fob- und cif-Wert und auch Nachlässe, wie z.B. Rabatte. Nachstehende Erklärung ist am Ende der Rechnung aufzuführen: „Confirmamos que as mercadorias indicadas nesta factura são de origem da República Federal da Alemanha". Bescheinigung in der Handelskammer (vierfach) einreichen.

2.1.3 Ursprungszeugnisse

Ursprungszeugnis ist für manche Warengruppen erforderlich („República Federal da Alemanha (União Europeia)" bzw. „União Europeia"). Rücksprache empfohlen.

2.1.4 Warenverkehrsbescheinigung

Warenverkehrsbescheinigung bzw. Präferenz-Ursprungsnachweise in einem der Handelspapiere nicht erforderlich.

2.1.5 Gesundheitszeugnisse

Gesundheitszeugnisse sind evtl. erforderlich für lebende Tiere und deren Produkte (amtliches Veterinärzeugnis) und Pflanzen (Pflanzengesundheitszeugnis), ausgestellt von der zuständigen amtlichen Pflanzenschutzstelle (https://pflanzengesundheit.julius-kuehn.de/).

2.2 Luftfrachten

Zollflughäfen: Praia, Salo, Sao Vicente

2.2.1 Luftfrachtbrief

Eine Ausfertigung des Luftfrachtbriefes.

2.2.2

Siehe unter Seefrachten 2.1.2–2.1.5.

2.3 Postverkehr

2.3.1 Paketkarte

Zwei Zollinhaltserklärungen CN 23, Französisch, Englisch oder Portugiesisch. Höchstgewicht: 20 kg. Ausführung des Paketdienstes nur durch ausgewählte Postämter auf den Kapverdischen Inseln. Post befragen.

2.3.2

Siehe unter Seefrachten 2.1.2–2.1.5.

3 Adressen

Konsulate

Die Konsulatsadressen finden Sie jeweils mit Telefonnummer, E-Mail-Adresse, Homepage und Öffnungszeiten unter:
https://www.auswaertiges-amt.de/de/service/laender.

4 Sonstiges

Länderkurzbezeichnung gemäß Präferenzrecht (Lieferantenerklärung): AKP
Länder(-gruppen)kurzbezeichnung für bes. Zollsätze im Europäischen Zolltarif: SPGA
Bezeichnung der Staatsangehörigen:
Kap-Verdier bzw. Kap-Verdierin

Kasachstan

Republic of Kazakhstan

1 Allgemeine Informationen

1.1 Kurzinfos

Landesvorwahl: +7

Westen: MEZ = +4 Std.
Osten: MEZ = +5 Std.
Sommerzeit wie EU

Deutsch, Englisch, Russisch, Kasachisch

1 Tenge = 100 Tyn (ISO-Code: KZT)

Nach AWG frei vereinbar

Harmonisiertes System

Mitglied

Angeschlossen

Angeschlossen

Feiertage: Die Feiertage zu diesem Land finden Sie unter folgendem Link: https://www.timeanddate.de/feiertage/.

1.2 Einfuhr aus der Bundesrepublik

Beachtet werden müssen neben den nationalen Vorgaben, insbesondere die Bestimmungen der Eurasischen Wirtschaftsunion (EAWU), Ansprechpartner ist die Regulierungsbehörde Eurasian Economic Commission, http://www.eurasiancommission.org. Zu beachten sind auch die Einfuhrbeschränkungen der EAWU. Der Handel mit Kasachstan und den Mitgliedstaaten der EAWU ist durch umfangreiche, teils sehr spezifische Importbestimmungen geregelt. Diese betreffen einzelne Warengruppen und ändern sich häufig, was eine enge Abstimmung mit dem Importeur unerlässlich macht.

Lebensmittel etwa unterliegen einer einheitlichen Überwachung, wobei die Vorschrift TR 022/2011 verbindliche Vorgaben zur Kennzeichnung enthält. Auch kosmetische Produkte, Haushaltsreiniger, Trinkwasser oder Bier müssen vorab durch den Importeur registriert werden. Für Erzeugnisse wie Tabakwaren, Pelzartikel oder Arzneimittel gelten zusätzlich elektronische Kennzeichnungspflichten. Zahlreiche Produktgruppen, darunter auch Ölsaaten und Parfümerieartikel, müssen gemäß geltenden Etikettierungsrichtlinien aufbereitet sein. Bei Agrarerzeugnissen ist die Bereitstellung zweisprachiger Produktinformationen (Kasachisch/Russisch) vorgeschrieben.

Tierische Produkte unterliegen einer veterinären Kontrolle und erfordern ein amtliches Gesundheitszeugnis; der Herstellerbetrieb muss in ein offizielles Register eingetragen sein. Ähnliche Regelungen gelten für pflanzliche Waren wie Obst, Getreide oder Holz, bei denen ein Pflanzengesundheitszeugnis erforderlich ist. Im medizinischen Bereich obliegt die Zulassung von Arzneimitteln und Medizintechnik dem Nationalen Zentrum für Expertise. Für sämtliche Normen und Standards ist das Center for Technical Regulation and Metrology (CTRM) zuständig. Weitere Informationen, auch zur Registrierungspflicht, finden sich unter www.egov.kz/cms/en.

1.3 Verpackung

Verpackung und Kennzeichnung sind im Vorfeld detailliert abzustimmen. Aufgrund harter klimatischer Bedingungen, langer Transportstrecken und häufiger Umladungen gelten hohe Anforderungen an die Verpackungsqualität. Sie muss wasserfest und stoßsicher sein. Bei Bahn- oder Lkw-Transport wird meist eine besonders robuste, exportgeeignete Verpackung erwartet. Technische Vorgaben regelt unter anderem TR ZU 005/2011 zur Verpackungssicherheit. Holzverpackungen müssen dem internationalen Standard ISPM 15 des IPPC entsprechen. Für zahlreiche Warengruppen wird schrittweise ein verpflichtendes digitales Kennzeichnungssystem (DataMatrix-Code) eingeführt, dessen Umsetzung vom jeweiligen EAWU-Staat abhängt – bislang etwa für Schuhe.

1.4 Markierung

Je nach technischer Vorschrift der EAWU sind Herstellerangaben sowie das Ursprungs- oder Produktionsland verpflichtend, insbesondere bei Kosmetika und Lebensmitteln vor der Markteinführung. Für bestimmte Produkte sind Verbraucherinformationen verpflichtend in russischer und kasachischer Sprache anzugeben. Diese müssen gut sichtbar auf der Verpackung oder in Begleitunterlagen platziert sein. Die konkrete Umsetzung sollte mit dem Importeur abgestimmt werden. Eine Herkunftskennzeichnung wie „Made in Germany" ist empfehlenswert.

1.5 Mustersendungen

Muster (max. 2 Stück), die nicht zum Verkauf bestimmt sind, können zollfrei eingeführt werden. Evtl. müssen Sicherheitsleistungen erbracht werden.

2 Dokumente

2.1 Seefrachten

Seehafen (Kasp. Meer): Schewtschenko, Atyrau, Oskemen, Pavlodar, Semey, Aqtau

2.1.1 Konnossemente

Voller Satz Konnossemente, keine Beglaubigung. Aufmachung an Order mit Notify-Adresse möglich.

2.1.2 Handelsrechnungen

Handelsrechnung (zweifach) Englisch oder Deutsch, unterschrieben mit allen die Ware betreffenden Informationen, wie z.B. Ursprungsland, Angaben zur Beförderung, Einzelpreise/Gesamtpreis, detaillierte Produktnamen, Marke, Nummer, Anzahl und Art der Versandstücke, Name und Adresse von Importeur und Empfänger, Brutto- und Nettogewichte, Lieferungsbedingungen, Zahlungsbedingungen sowie die Importlizenznummer, L/C-Nummer und die cif-Kosten im Einzelnen. Eine zusätzliche Ausfertigung der Rechnung auch in Deutsch oder in englischer Sprache wird empfohlen.

2.1.3 Ursprungszeugnisse

Ursprungszeugnis (zweifach) erforderlich. Die genaue Aufmachung sollte mit der zuständigen Handelskammer abgeklärt werden. Evtl. sind Details zu Vornachweisen aufzunehmen, wenn bei bestimmten Warengruppen Ursprungs- und Ausfuhrland unterschiedlich sind.

2.1.4 Packlisten

Packlisten für manche Waren erforderlich. Empfohlen wird die Angabe von Warenspezifizierung, Brutto- und Nettogewichten sowie Marke, Nummer, Art und Anzahl der Packstücke. Instruktionen vom Importeur einholen.

2.1.5 Konformitätszertifikate

Zertifizierungspflicht für bestimmte Waren (mit Importeur abstimmen), zwecks Einhaltung von Qualitäts- und Sicherheitsnormen. Zuständig ist das Komitee für technische Regulierung und Metrologie, Astana 010000, Mangilik El Avenue 8 (Office) Entrance 1, Tel.: +7 7172 749225, E-Mail: ktrm_mti@mti.gov.kz, www.gov.kz/memleket/entities/mti-ktrm.

2.1.6 Gesundheitszeugnisse

Für Pflanzen und pflanzliche Produkte (z.B. Samen, Getreide, Früchte, Gemüse, Holz, Holzwaren, Blumen) sowie Tiere und tierische Produkte ist ein Pflanzen- bzw. Veterinärgesundheitszeugnis erforderlich.

2.2 Eisenbahnverkehr

2.2.1 Frachtbrief

Ein internationaler Frachtbrief.

2.2.2

Siehe unter Seefrachten 2.1.2–2.1.6.

2.3 Luftfrachten

Zollflughafen: Almaty (ALA), Aktiubinsk (AKX), Atyrau/Guryev (GUW), Ust-Kamenogorsk (UKK), Aktau (SCO), Aktobe (AKX), Nursultan, Schymkent (CIT), Taras (DMB) u.a.

2.3.1 Luftfrachtbrief

Eine Ausfertigung des Luftfrachtbriefes.

2.3.2

Siehe unter Seefrachten 2.1.2–2.1.6.

2.4 Postverkehr

2.4.1 Paketkarte

Eine Zollinhaltserklärung CN 23 (Englisch). Höchstgewicht: 20 kg.

2.4.2

Siehe unter Seefrachten 2.1.2–2.1.6.

3 Adressen

Auslandshandelskammer

Delegation der Deutschen Wirtschaft für Zentralasien
Businesszentrum „Esentai Square"
Nurlan Kapparov Str. 402, R6, 1. Stock
050044 Almaty, Kasachstan
Tel.: +7 7273561061, -7273561062, -7273561063
Fax: +7 7273561066
Mo.–Fr. 9.00–18.00 Uhr
E-Mail: info@ahk-za.com
https://zentralasien.ahk.de/de

Konsulate

Die Konsulatsadressen finden Sie jeweils mit Telefonnummer, E-Mail-Adresse, Homepage und Öffnungszeiten unter:
https://www.auswaertiges-amt.de/de/service/laender.

4 Sonstiges

Länder(-gruppen)kurzbezeichnung für bes. Zollsätze im Europäischen Zolltarif: SPGL
Kraftfahrzeugländerkennzeichen: KZ

1 Allgemeine Informationen

1.1 Kurzinfos

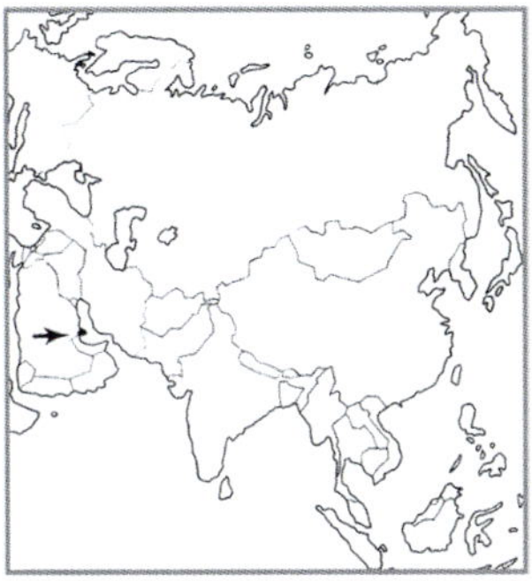

Landesvorwahl: +974

MEZ: +2 Std.

Englisch

1 Katar-Riyal = 100 Dirham (ISO-Code: QAR)

Nach AWG frei vereinbar Devisenbestimmungen Katars beachten

Harmonisiertes System

Mitglied

Feiertage: Die Feiertage zu diesem Land finden Sie unter folgendem Link: https://www.timeanddate.de/feiertage/.

1.2 Einfuhr aus der Bundesrepublik

Einfuhrlizenzen sind aufgrund einer „Open General Licence" zumeist nicht erforderlich. Für die gewerbliche Einfuhr (nur durch Staatsbürger des Golfkooperationsrats) sind Registrierungen erforderlich (Ministerium für Wirtschaft und Handel und katarische Handelskammer). In Katar ist die Wareneinfuhr meist genehmigungsfrei, sofern es sich nicht um sensible Güter wie Lebensmittel, medizinische Erzeugnisse, Telekommunikations- oder Verteidigungstechnik handelt. Diese erfordern eine spezielle Zulassung durch das jeweils zuständige Ministerium. Für bestimmte Produktgruppen – darunter Artikel israelischer Herkunft, Schweinefleisch oder Glücksspielgeräte – besteht ein generelles Importverbot. Der Vertrieb sicherheitsrelevanter Technologien wie Kameras ist ausschließlich katarischen Firmen vorbehalten.

In Katar ist die Wareneinfuhr meist genehmigungsfrei, sofern es sich nicht um sensible Güter wie Lebensmittel, medizinische Erzeugnisse, Telekommunikations- oder Verteidigungstechnik handelt. Diese erfordern eine spezielle Zulassung durch das jeweils zuständige Ministerium. Für bestimmte Produktgruppen – darunter Artikel israelischer Herkunft, Schweinefleisch oder Glücksspielgeräte – besteht ein generelles Importverbot. Der Vertrieb sicherheitsrelevanter Technologien wie Kameras ist ausschließlich katarischen Firmen vorbehalten. Es gelten je nach Produkt nationale oder GSO-/ISO-Normen. Zuständig für die Umsetzung ist die Qatar General Organization for Standardization (OS). Infos: www.gso.org.sa/store.

Für Arzneimittel und Medizintechnik gelten in Katar spezielle Zulassungsvorgaben. Zuständig ist das Ministry of Public Health (MoPH). Sowohl Produkte als auch Hersteller, Importeure und Vertriebsfirmen müssen registriert sein. Veterinärpräparate und lebende Tiere benötigen eine Genehmigung durch das Ministry of Municipality (MoM). Für Parfüm- und Duftwaren empfiehlt sich eine Analysebeilage. Textilien müssen gekennzeichnet sein, u.a. mit dem Ursprungsland. Für Tabakprodukte gelten spezielle Etikettierungsvorgaben. Fahrzeuge und Reifen benötigen ein GSO-Konformitätszertifikat, das vom Hersteller zu beantragen ist.

Für bestimmte elektrische Geräte und Spielwaren ist die G-Mark-Kennzeichnung vorgeschrieben. Sie bestätigt die Einhaltung der GSO-Normen und wird nur nach Prüfung durch zugelassene Prüfstellen („Notified Bodies") vergeben. Die Umsetzung erfolgt durch die jeweiligen GSO-Mitgliedsstaaten. Details: www.gso.org.sa/nb. Bestimmte Bildmotive sind auf Produkten unzulässig. Bei Unsicherheiten sollte der Importeur konsultiert werden. Falsche Angaben können Sanktionen nach sich ziehen. Lebensmittel müssen auf Arabisch (ggf. auch Englisch) gekennzeichnet sein – mit Angaben zu Herkunft, Produktion und Mindesthaltbarkeit (mind. 6 Monate). Tiefkühlware benötigt ein Gesundheitszeugnis; bei Fleisch kann ein Halal-Nachweis gefordert werden. Eine Bescheinigung zur Radioaktivität wird empfohlen. Importeure müssen beim Gesundheitsministerium registriert sein. Rücksprache mit dem Handelspartner ist sinnvoll.

1.3 Verpackung

Heu und Stroh als Verpackungsmaterial erlaubt, müssen aber phytosanitär kontrolliert werden. Alle Waren, die per Seefracht nach Katar versendet werden, müssen auf Paletten gepackt sein. Wird dies nicht beachtet, können Waren abgelehnt werden. Wegen des Klimas angepasste Verpackung beachten. Warnhinweise für vorsichtigen Umgang beim Verladen sollten auf Arabisch, Englisch und als verständliche Symbole angebracht werden.

1.4 Markierung

Waren aus der Bundesrepublik Deutschland benötigen die Bezeichnung „Federal Republic of Germany (European Union)". Der Ursprungshinweis muss den Angaben in den Handelspapieren entsprechen und an einer Stelle der Waren dauerhaft, deutlich und eindeutig aufgebracht sein, z.B. eingraviert, gedruckt oder gepresst (bei Textilien auf dem Etikett). Ist das nicht möglich, müssen entsprechende Etiketten angebracht werden; sind die Güter hierfür zu klein, kann der Hinweis auf den Ursprung auch auf der Verpackung angebracht werden. Mit Importeur abstimmen. Für Katar bestimmte Waren müssen den Vermerk „Arabian Gulf" tragen, wenn möglich aber auf Golf-Bezeichnung verzichten. Manche Bilder auf Verpackungen sind verboten.

Waren müssen dauerhaft direkt am Produkt mit dem Ursprungsland gekennzeichnet sein. Ist das technisch nicht möglich, genügt die Angabe auf der kleinsten Verpackung. Formulierungen wie „Made in EU" werden von den Golfstaaten meist abgelehnt. Die Herkunftsangabe muss mit den Einfuhrpapieren übereinstimmen und zweisprachig (Arabisch/Englisch) erfolgen. Für bestimmte Produkte gelten Sonderregelungen. Grundsätzlich ist eine Abstimmung mit dem Importeur ratsam.

1.5 Mustersendungen

Muster, die nicht als Handelsware verwendet werden können, sind nicht zollfrei. Ursprungszeugnis erforderlich. Unzulässig ist der Versand zollpflichtiger Muster als „Warenprobe". Werbedruckerzeugnisse und Werbeprodukte unterliegen der Zollpflicht. Ausstellungsmuster, die nur vorübergehend im Land sind, dürfen mit dem Carnet A.T.A. eingeführt werden.

2 Dokumente

2.1 Seefrachten

Seehäfen: Doha, Ras Laffan, Mesaieed

2.1.1 Konnossemente

Konnossemente, ohne Beglaubigung. Order-Bs/L zugelassen, dann jedoch Notify-Adresse angeben. Katar darf nur von Schiffen angelaufen werden, die nicht älter als 15 Jahre sind.

2.1.2 Handelsrechnungen

Handelsrechnung (vierfach, in Englisch) von der Handelskammer bescheinigt. Sie muss die üblichen Angaben (Anzahl und Art der Packstücke, Marke, Nummern, genaue Warenbezeichnung, Brutto-/Nettogewichte, Verkaufswert, Name des Schiffes, Versendungsdatum) enthalten und das Ursprungsland sowie die HS-Zolltarif-Nummer. Zum Schluss folgende Erklärung abgeben: „We hereby declare that the mentioned merchandise is being manufactured in Germany by ... (Name des Herstellers) and no foreign parts have been used in these products. We hereby certify that the value and origin of the goods are authentic." Kommen die Güter aus einem oder mehreren Ländern, müssen Hersteller und Länder aufgeführt werden. Legalisierung durch Konsulat; Ursprungszeugnisse und Handelsrechnungen werden nur gemeinsam legalisiert. Dokumente unbedingt mit dem Importeur abstimmen.

2.1.3 Ursprungszeugnisse

Ursprungszeugnis (dreifach). Die Dokumente sind vorab durch den Importeur mit dem Zoll in Katar abzustimmen. Es muss von der Botschaft von Katar in der Bundesrepublik Deutschland legalisiert werden. Legalisierung erst nach Beglaubigung durch die Handelskammer. Im Zweifel Information von der Konsularabteilung der Botschaft einholen. Auf der Rückseite des Ursprungszeugnisses ist folgende Erklärung abzugeben und zu unterschreiben: „We hereby declare that the mentioned merchandise is being manufactured in Germany by ... (Name des Herstellers) and no foreign parts have been used in these products". Handgeschriebene Ursprungszeugnisse werden von der Konsularabteilung der Botschaft nicht anerkannt.

Kommen die Güter aus einem oder mehreren Ländern, müssen Hersteller und Länder alle genannt werden. „European Union" – Angabe reicht nicht aus.

2.1.4 Hersteller-Erklärung

Hersteller-Erklärung (zweifach). Falls diese verlangt wird, ist unter Bezugnahme auf die Handelsrechnung auf Firmenbogen zu erklären, von wem die Ware hergestellt wurde. Sie muss notariell beglaubigt, durch den zuständigen Landgerichtspräsidenten überbeglaubigt und vom Bundesamt für Auswärtige Angelegenheiten (BfAA) endbeglaubigt werden. Anschließend konsularische Legalisierung (Vorbeglaubigung durch die Ghorfa).

2.1.5 Packlisten

Liegt der Rechnung keine genaue Aufschlüsselung der Packstücke bei, sollte eine englische Packliste ergänzt werden. Diese sollte klare Angaben zu Kennzeichnung, Verpackung, Mengen und Gewichten enthalten. Einheitliche Vorgaben gibt es nicht, eine Rücksprache mit dem Importeur ist jedoch ratsam.

2.1.6 Konformitätszertifikat

Bestimmte Waren wie Kosmetika, Spielzeug oder Elektrogeräte dürfen nur eingeführt werden, wenn sie katarischen Normen entsprechen. Für Elektroprodukte ist ein Prüfbericht eines ISO-17025-akkreditierten Labors oder ein IECEE CB Report erforderlich. Zuständig in Deutschland sind die Firmen SGS Germany GmbH in 20097 Hamburg, Heidenkampsweg 99, Tel.: 040 30101283, E-Mail: de.gis.export@sgs.com, Intertek Caleb Brett Germany GmbH in 21109 Hamburg, Georgswerder Bogen 3 (Tel.: 040 558225000, E-Mail: info.hamburg@intertek.com) und DIN CERTCO Gesellschaft für Konformitätsbewertung mbH in 12103 Berlin, Alboinstr. 56, Tel.: 030 75621131, E-Mail: salesmas@dincertco.de.

2.1.7 Gesundheitszeugnisse

Für die Einfuhr von Pflanzen ist ein Pflanzengesundheitszeugnis notwendig. Bei der Einfuhr von Fleischerzeugnissen kann ein „Halal-Zertifikat" und zusätzlich ein amtl. Gesundheitszeugnis erforderlich werden.

2.2 Luftfrachten

Zollflughafen: Doha (DOH)

2.2.1 Luftfrachtbrief

Eine Ausfertigung des Luftfrachtbriefes. Keine Beglaubigung.

2.2.2

Siehe unter Seefrachten 2.1.2–2.1.7.

2.3 Postverkehr

2.3.1 Paketkarte

Eine Zollinhaltserklärung (Englisch). Höchstgewicht: 31,5 kg, Vertragskunden: 30 kg.

2.3.2

Siehe unter Seefrachten 2.1.2–2.1.7.

3 Konsulatsgebühren

Die Legalisierung von Dokumenten/Konsulatsgebühren sollte unbedingt mit dem Importeur abgestimmt werden!

Die Bearbeitung von Dokumenten wird von der Botschaft Katars nur vorgenommen, wenn diese vorher von der GHORFA, Arabisch-Deutsche Vereinigung für Handel und Industrie, Referat für Handelsdokumenten-Service, Garnisonkirchplatz 1, 10178 Berlin, Tel.: 030 27890724, E-Mail: dokument@ghorfa.de, eingereicht werden. Die GHORFA-Gebühr beträgt € 32,– pro Exemplar/Dokument. Mit einem Begleitschreiben (inklusive Anschreiben mit Ansprechpartner und Kontaktdaten) ist die Bitte auszusprechen, dass die Papiere an die Botschaft Katars zur Legalisierung weitergereicht werden, außerdem ist eine Auflistung der überwiesenen Konsulatsgebühren mit beizulegen. Ein frankierter und adressierter C4-Rückumschlag ist beizufügen. Die Gebühren für Vorbeglaubigung und Legalisierung sind getrennt zu entrichten. Vor der Einreichung bei der GHORFA müssen folgende Dokumente von der Handelskammer ausgestellt bzw. bescheinigt werden: Ursprungszeugnisse, Handelsrechnungen, Verschiffungsdokumente, Packlisten und Preislisten.

Zu legalisierende Handelsregisterbestätigungen (ausgestellt vom Amtsgericht, überbeglaubigt vom Amtsgerichtspräsidenten, endbeglaubigt durch BfAA) werden ohne Ghorfa-Vorbehandlung bei der Konsularabteilung eingereicht.

In Katar werden bei der Einfuhr nur Papiere akzeptiert, die von der Konsularabteilung der Botschaft des Staates Katar legalisiert wurden. Legalisierungen durch Botschaften oder Konsulate anderer Staaten werden von den Zollbehörden nicht akzeptiert. Zur Legalisierung benötigt die Botschaft jeweils eine Kopie mehr als die Anzahl der zu legalisierenden Dokumente. Die Legalisierung erfolgt erst nach Zahlungseingang. Für die Rücksendung ist ein als Einschreiben frankierter DIN A4-Umschlag beizulegen. Es muss jeweils nur das Original konsularisch legalisiert werden. Für die Kopien sind keine Konsulats- oder GHORFA-Gebühren zu entrichten. Bei L/C-Geschäften ist für die Konsularabteilung eine Kopie des L/C beizufügen. Bei Akkreditivgeschäften verbleibt eine Kopie des Akkreditivs in der Konsularabteilung. Falls notwendig, dürfen die Dokumente und Kennzeichnungen nur „Arabian Gulf" haben.

Mehrseitige Dokumente oben links zusammengeheftet, aber nicht umgeknickt, einreichen.

Das Generalkonsulat in München übernimmt die Legalisierung von Dokumenten für Unternehmen aus Baden-Württemberg, Bayern, Rheinland-Pfalz und dem Saarland (Gebühren sind bei Generalkonsulat zu erfragen).

Die Konsulatsgebühren, die von der Botschaft erhoben werden, betragen:

Ursprungszeugnisse, pro Exemplar			€	40,–
Handelsrechnungen je Exemplar				
Wert bis	€	3.797,–	€	127,–
Wert bis	€	25.316,–	€	253,–
Wert bis	€	63.291,–	€	633,–
Wert bis	€	253.165,–	€	1.266,–
Wert ab	€	253.165,01 (jeweils auf nächsten vollen Euro runden) – 0,6 % vom Rechnungsbetrag.		
Herstellererklärungen, pro Exemplar			€	38,–
Analysenzertifikate, pro Exemplar			€	38,–
Gesundheitszertifikate, pro Exemplar			€	25,–
CPP-, GMP-Zertifikate, pro Exemplar			€	38,–
Handelsregisterbestätigungen, pro Exemplar			€	38,–
Handelsverträge, pro Exemplar			€	38,–
Verschiffungsdokumente, pro Exemplar			€	38,–
Vollmachten, pro Exemplar			€	38,–
Packlisten, pro Exemplar			€	38,–
Preislisten, pro Exemplar			€	25,–
zuzüglich GHORFA-Gebühr, pro Exemplar			€	32,–

Handelsrechnungen und Ursprungszeugnisse (ohne Anhänge) werden nur gemeinsam legalisiert. Angaben im Gesundheitszeugnis, dass kein Pferdefleisch enthalten ist. Ursprungszeugnisse und Handelsrechnungen, die für Ausstellungs- und Messewaren bestimmt sind, benötigen keine Vorbeglaubigung durch die GHORFA und können direkt bei der Konsularabteilung eingereicht werden. Gesundheitszeugnisse, Verschiffungsdokumente und Herstellererklärungen werden nur zusammen mit Ursprungszeugnis und Handelsrechnung beglaubigt.

Gesundheitszertifikate, CPP- und GMP-Zertifikate müssen vor ihrer Einreichung bei der GHORFA von der zuständigen Behörde ausgestellt, anschließend durch die zuständige mittlere Behörde oder oberste Landesbehörde (in Hamburg: Amt für Migration der Behörde für Inneres und Sport) vor- und danach durch das Bundesamt für Auswärtige Angelegenheiten (BfAA) endbeglaubigt sein. Eine Überbeglaubigung durch den Landgerichtspräsidenten ist erforderlich, wenn die Beglaubigung von einem Notar vorgenommen wurde.

Gebührenfreie Legalisierung erfolgt für folgende Warensendungsdokumente: medizinische Substanzen wie Medikamente, Blutersatzstoffe und Impfstoffe sowie Chemikalien, wenn sie für das Ministerium für Gesundheit oder die Hamad Medical Corp. bestimmt sind.

Die GHORFA-Gebühr (32,– € pro Exemplar) ist auf das Konto bei der Deutschen Bank AG, Berlin, IBAN: DE46 1007 0000 0434 9510 00, BIC: DEUTDEBBXXX oder IBAN: DE46 1004 0000 0266 1569 00, Commerzbank AG, BIC: COBADEFFXXX), zu überweisen. Durchschrift des Überweisungsbeleges oder ausgedrucktes Online-Protokoll (jeweils mit Firmennamen und allen erforderlichen Angaben) der Überweisung beifügen.

Gebühren für die Legalisierung sind per Überweisung in einem Betrag auf das Konto bei der Commerzbank AG, Köln, IBAN: DE22 3708 0040 0265 4805 00, BIC: DRESDEFF370 zu bezahlen. Ein Durchschlag des Einzahlungsbeleges, von der Bank quittiert, oder ausgedrucktes Online-Protokoll ist den Dokumenten beizulegen.

Die Legalisierung erfolgt erst nach Zahlungseingang. Bei Rückfragen ist es möglich, sich an die Konsularabteilung unter der Tel.: 030 862060 zu wenden. Ist der Rechnungsbetrag in US-Dollar ausgestellt, muss Rücksprache mit der Konsularabteilung gehalten werden.

4 Adressen

Auslandshandelskammer

Repräsentanz der Deutschen Wirtschaft Katar
German Industry and Commerce Office Qatar
Doha, 24th Floor, Marriott Marquis City Center Doha
Omar Al Mukhtar Street, Area 61 Al Dafna
Tel.: +974 44311152
E-Mail: info@ahkqatar.com
www.vae.ahk.de

Konsulate

Die Konsulatsadressen finden Sie jeweils mit Telefonnummer, E-Mail-Adresse, Homepage und Öffnungszeiten unter:
https://www.auswaertiges-amt.de/de/service/laender.

Kenia

1 Allgemeine Informationen

1.1 Kurzinfos

Landesvorwahl: +254

MEZ: +2 Std.

Englisch

1 Kenia Shilling (K.Sh.) = 100 Cents (ISO-Code: KES)

Nach AWG frei vereinbar Devisenbestimmungen Kenias beachten

Harmonisiertes System

Mitglied

Feiertage: Die Feiertage zu diesem Land finden Sie unter folgendem Link: https://www.timeanddate.de/feiertage/.

1.2 Einfuhr aus der Bundesrepublik

Die Zollabfertigung in Kenia erfolgt elektronisch. Alle Anmeldungen müssen über das Kenya National Electronic Single Window System (KNESWS) eingereicht werden. Es bestehen zahlreiche Einfuhrverbote, etwa für Psychopharmaka, Waffen, Munition, Sprengstoffe, bestimmte tierische Produkte (z.B. Elfenbein, Knochen), Kosmetika mit verbotenen Inhaltsstoffen, quecksilberhaltige Waren, ozonschädigende Produkte sowie nicht zugelassene Kunststoffverpackungen, gebrauchte Lastwagen über 3,5 t und gebrauchte Busse. Eine vollständige Liste der „Banned Products" stellt das Kenya Bureau of Standards (KEBS) unter www.kebs.org. Für Kraftfahrzeuge gelten Alters- und Umweltauflagen; Neuwagen mit Benzin- oder Dieselmotor müssen mindestens die Euro-4-Abgasnorm erfüllen.

Für zahlreiche Waren gelten spezifische Kennzeichnungspflichten. Lebensmittel, Fleisch, Milchprodukte, Getränke, Medikamente, Kosmetika, Elektrogeräte und Spielwaren benötigen eine eindeutige Etikettierung. Für Produkte wie Milch, Babynahrung, Konserven oder Süßwaren ist ein Haltbarkeitsdatum vorgeschrieben. Tierische Produkte benötigen ein Veterinärzeugnis (nicht älter als 10 Tage), eine Importgenehmigung des Directorate of Veterinary Services und unterliegen bei Ankunft einer amtlichen Kontrolle. Milch und Milchprodukte erfordern zusätzlich eine Unbedenklichkeitsbescheinigung dieser Behörde sowie eine Genehmigung des Kenya Dairy Board. Fleisch, Geflügel, Wild und Eier müssen den harmonisierten East African Standards (EASC/TC 004, DEAS) entsprechen. Auch pflanzliche Produkte sind streng reguliert. Für den Import sind ein Pflanzengesundheitszeugnis, eine Genehmigung des Kenya Plant Health Inspectorate Service (KEPHIS) sowie die Beachtung der „Plant Protection (Importation) Order" vorgeschrieben. In der Regel erfolgt zudem eine amtliche Inspektion bei Einfuhr.

Arzneimittel dürfen nur nach Registrierung eingeführt werden. Erforderlich sind ein Analysezertifikat, ein Free Sale Certificate (FSC) sowie ein GMP-Nachweis (Good Manufacturing Practice). Für denaturierten Branntwein gilt eine Sonderregelung: Jede Sendung muss durch ein spezielles Zertifikat der Exportfirma begleitet werden. Schließlich ist die Nutzung bestimmter Symbole und Namen auf Waren untersagt, darunter die Nationalflagge oder der Name des Präsidenten.

1.3 Verpackung

Bei Verwendung von Heu und Stroh wird im Allgemeinen ein Desinfektionszeugnis verlangt. Für Holzverpackungen gelten die Normen des ISPM Nr. 15-Standards. Verpackungen aus Plastik nur gestattet, wenn als Schutz zugehörig zum Produkt (entsprechende Herstellerkennzeichnung erforderlich). Wegen des Klimas ist eine starke und wasserfeste Verpackung erforderlich.

1.4 Markierung

Übliche Markierung, dazu empfohlen auf allen Packstücken: „Made in Germany". Alle Waren, die unter das Konformitätsprogramm fallen, müssen in Englisch Angaben zum Ursprungsland, den Namen des Herstellers und die Handelsmarke tragen (dauerhaft angebracht und gut lesbar). Viele Reifen erfordern Kennzeichnung mit Ursprungsland. Keine irreführenden Angaben, da nur importiert werden darf, wenn außerdem „Made in Germany" vermerkt ist.

1.5 Mustersendungen

Muster ohne Handelswert sind zollfrei.

2 Dokumente

2.1 Seefrachten

Seehäfen: Mombasa, Lamu, Kisumu

2.1.1 Konnossemente

Voller Satz Konnossemente, Aufmachung an Order möglich, (jedoch mit Notify-Adresse), ohne Beglaubigung.

2.1.2 Handelsrechnungen

Die Handelsfakturen (dreifach, Englisch), unterschrieben, müssen beinhalten: Name des Exporteurs und Importeurs und Empfängers, Marke, Nummern, Anzahl und Art der Packstücke, Brutto-/Nettogewichte, genaue Warenbezeichnungen, Lieferbedingungen, Ursprungsland, HS-Code, Mengen, Ort und Datum der Ausstellung sowie Einzelpreise, Gesamt-fob- und cif-Wert und auch Nachlässe, wie z.B. Rabatte.

2.1.3 Ursprungszeugnisse

Falls ein Ursprungszeugnisse gefordert wird, ist die Angabe des Ursprungslandes: „Federal Republic of Germany (European Union)".

2.1.4 Warenverkehrsbescheinigung

EUR.1 für Waren mit einem Wert von mehr als € 6 000,– (durch Zollstelle auszustellen). Für Waren im Wert bis zu € 6 000,– braucht der Exporteur lediglich die folgende Erklärung[1] als Präferenzursprungsnachweis in die Handelspapiere aufzunehmen:

„The exporter of the products covered by this document (customs authorisation No …)[2] declares that, except where otherwise clearly indicated, these products are of … preferential origin."

Ort, Datum, Unterschrift. Der Name des Unterzeichners ist in Druckbuchstaben zu wiederholen. Ursprungserzeugnisse aus Ceuta oder Melilla sind mit „CM" zu kennzeichnen.

2.1.5 Gesundheitszeugnisse

Veterinärärztliches Zeugnis für Tierimporte notwendig, nicht älter als 10 Tage vor ihrer Einschiffung ausgestellt. Tiere werden bei der Ankunft untersucht (Quarantäne) und benötigen eine Importlizenz des Directorate of Veterinary Services im Ministry of Agriculture and Livestock Development. Ein im Exportland erstelltes amtliches Pflanzengesundheitszeugnis ist erforderlich für Pflanzen und Pflanzenteile (https://pflanzengesundheit.julius-kuehn.de/).

2.1.6 Konformitätszertifikat

Konformitätszertifikat (Pre-Export Verification of Conformity PVoC) für viele Waren erforderlich, unbedingt rechtzeitig vor Warenversand beantragen. Dabei werden Menge, Qualität und die Konformität mit kenianischen Normen überprüft (im Werk des Herstellers). Zuständig ist die SGS Germany GmbH in 20097 Hamburg, Heidenkampsweg 99, Tel.: 040 30101735, E-Mail: de.gis.export@sgs.com. Für Standards zuständige Behörde in Kenia: Kenya Bureau of Standards (KEBS). Fertigwaren für den Einzelhandel benötigen als Gütesiegel einen ISM-Sticker (Import Standardization Mark). Falls Waren nicht unter diese Regelung fallen, werden diese durch die kenianische Standardisierungsbehörde (KEBS, www.kebs.org) bei der Ankunft vor Ort inspiziert.

2.2 Luftfrachten

Zollflughäfen: Eldoret, Kisumu, Mombasa (MBA), Nairobi (NBO)

2.2.1 Luftfrachtbrief

Eine Ausfertigung des Luftfrachtbriefes.

1) Ursprungserklärung in weiteren Sprachen s. Kapitel Hinweise Warenursprung Präferenzen

2) Eintrag der Bewilligungsnummer, falls die Erklärung von einem ermächtigten Ausführer erstellt wird.

2.2.2

Siehe unter Seefrachten 2.1.2–2.1.6.

2.3 Postverkehr

2.3.1 Paketkarte

Zwei Zollinhaltserklärungen CN 23 in Englisch. Der Sendung ist ein Exemplar der Rechnung beizufügen und auf der Außenseite ist der Vermerk anzubringen: „Invoice enclosed." Besteht die Sendung aus mehreren Paketen, sind diese zu nummerieren und die Rechnung dem Paket Nr. 1 beizulegen. Die anderen Pakete müssen mit der Aufschrift „Invoice enclosed in Parcel No. 1" versehen sein. Höchstgewicht: 31,5 kg, Vertragskunden: 30 kg.

2.3.2

Siehe unter Seefrachten 2.1.2–2.1.6.

3 Adressen

Auslandshandelskammer

Delegation der Deutschen Wirtschaft in Kenia
Delegation of German Industry and Commerce in Kenya
West Park Suites, 6th floor, Ojijo Road (opp. Parklands Police Station)
P.O. Box 19016, 00100
Westlands, Nairobi, Kenya
Tel.: +254 206633000
E-Mail: office@kenya-ahk.co.ke
www.kenia.ahk.de

Konsulate

14199 Berlin, Konsularabteilung der Botschaft
Rheinbabenallee 49
Tel.: 030 2592660, -25926611, Fax: 030 25926650
Mo.–Do. 9.00–13.00 Uhr, 14.00–17.00 Uhr
E-Mail: office@kenyaembassyberlin.de
www.kenyaembassyberlin.de
Konsulargebiet: Bundesgebiet

Weitere Konsulatsadressen finden Sie jeweils mit Telefonnummer, E-Mail-Adresse, Homepage und Öffnungszeiten unter:
https://www.auswaertiges-amt.de/de/service/laender.

4 Sonstiges

Länderkurzbezeichnung gemäß Präferenzrecht (Lieferantenerklärung): AKP/MAR
Länder(-gruppen)kurzbezeichnung für bes. Zollsätze im Europäischen Zolltarif: LOMA/SPGL
Kraftfahrzeugländerkennzeichen: EAK

1 Allgemeine Informationen

1.1 Kurzinfos

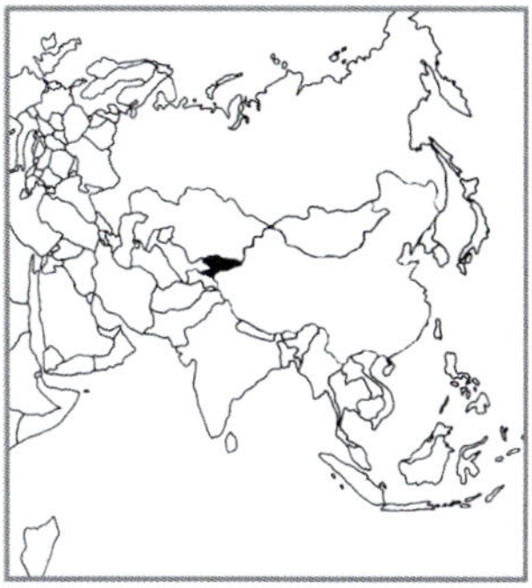

Landesvorwahl: +996

MEZ: +4 Std. EU-Sommerzeit

Russisch, Englisch

1 Som = 100 Tyiyn (ISO-Code: KGS)

Nach AWG frei vereinbar

Harmonisiertes System
Verzollung nach Transaktionswert

Mitglied

Feiertage: Die Feiertage zu diesem Land finden Sie unter folgendem Link: https://www.timeanddate.de/feiertage/.

1.2 Einfuhr aus der Bundesrepublik

Beachtet werden müssen neben den nationalen Vorgaben, insbesondere die Bestimmungen der Eurasischen Wirtschaftsunion (EAWU), Ansprechpartner ist die Regulierungsbehörde Eurasian Economic Commission, http://www.eurasiancommission.org. Zu beachten sind auch die Einfuhrbeschränkungen der EAWU (z.B. Einfuhrverbote für gefährliche Abfälle, bestimmte Waffen, Munition, ozonabbauende Stoffe, Fischereiwerkzeuge, Pestizide). Der Handel mit Kirgisistan und den Mitgliedsstaaten der EAWU ist durch umfangreiche, teils sehr spezifische Importbestimmungen geregelt. Diese betreffen einzelne Warengruppen und ändern sich häufig, was eine enge Abstimmung mit dem Importeur unerlässlich macht. Importlizenzen sind notwendig z.B. für Munition, Waffen, Alkohol. Rücksprache mit dem Importeur empfohlen. Die Website der Eurasischen Wirtschaftskommission gibt Auskunft (http://www.eurasiancommission.org/en/pages/default.aspx). Zuständig für Standards und Normen ist das KYRGYZST. Lebensmittel etwa unterliegen einer einheitlichen Überwachung, wobei die Vorschrift TR 022/2011 verbindliche Vorgaben zur Kennzeichnung enthält.

Für Arzneimittel gelten besondere Zulassungsbeschränkungen sowie Kennzeichnungs- und Markierungsvorschriften. Digitale Kennzeichnungspflicht besteht für bestimmte alkoholische Getränke, Säfte, bestimmte Tabakerzeugnisse. Rücksprache mit dem Importeur empfohlen. Tiere und tierische Erzeugnisse unterliegen einer tierärztlichen Kontrolle beim Import. Ausländische Herstellerbetriebe müssen registriert sein (Aufsichtsbehörde für veterinärmedizinische und pflanzenschutzrechtliche Sicherheit). Pflanzen und deren Produkte werden einer phytosanitären Prüfung unterzogen.

1.3 Verpackung

In der EAWU wird schrittweise ein verpflichtendes DataMatrix-Kennzeichnungssystem eingeführt, bisher etwa für Schuhe. Verpackungen sind mit dem Importeur abzustimmen und müssen wegen Klima, Transport und Lagerung besonders robust, wasser- und stoßfest sein. Bei Bahn- oder Lkw-Transport wird häufig eine exportübliche, verstärkte Verpackung erwartet. Weitere Vorgaben enthält TR ZU 005/2011 zur Verpackungssicherheit. Holzverpackungen müssen dem IPPC-Standard ISPM 15 entsprechen.

1.4 Markierung

Je nach geltender technischer Vorschrift (TR) müssen Waren eindeutig mit Herstellerangaben sowie Ursprungs- oder Produktionsland gekennzeichnet sein. Für Produkte wie Lebensmittel und Kosmetika ist diese Herkunftskennzeichnung vor dem Vertrieb in der EAWU verpflichtend. In der Regel genügt eine Standardmarkierung. Empfehlenswert ist ein Herkunftshinweis wie „Made in Germany". Die konkrete Kennzeichnung sollte mit dem Importeur abgestimmt werden.

1.5 Mustersendungen

Zwei Warenmuster können vorübergehend zollfrei eingeführt werden, wenn sie nicht zum Vertrieb bestimmt sind und bei einer ausländischen Firma/ Person verbleiben. Wareneinfuhrverbote, zeitliche Fristen (wie z.B. Wiederausfuhr) und andere Vorschriften sind zu beachten. Rücksprache mit dem Einführer empfohlen.

2 Dokumente

2.1 Seefrachten

2.1.1 Konnossemente

Voller Satz Konnossemente, keine Beglaubigung. Ausstellung an Order mit Angabe einer Notify-Adresse möglich.

2.1.2 Handelsrechnungen

Handelsrechnung (zweifach), in Englisch, unterschrieben. Die Handelsfaktura muss alle wichtigen Informationen enthalten: Gewichte (netto und brutto), Marke, Nummern, Anzahl, Art der Packstücke, L/C-Nummer, detaillierte und exakte Bezeichnung der Ware, Gesamt- und Einzelwert (z.B. CIF-Kosten), Lieferkonditionen, Warenursprung („Federal Republic of Germany"), Beförderungsangaben.

2.1.3 Packlisten

Sollte aus der Rechnung nicht der Inhalt der einzelnen Packstücke hervorgehen, wird eine separate detaillierte Packliste mit den entsprechenden Angaben zu Marke, Nummer, Gewicht, Maße empfohlen.

2.1.4 Ursprungszeugnisse

Ursprungszeugnis (zweifach) mit der Angabe von „Federal Republic of Germany (European Union)" erforderlich. Besteht ein Unterschied zwischen Ausfuhr- und Ursprungsland, müssen Vornachweise evtl. übernommen werden. Rücksprache mit Handelskammer empfehlenswert.

2.1.5 Konformitätszertifikate

Es besteht die Pflicht, bestimmte Waren zu zertifizieren. Das Zertifikat ist bei der Zollabfertigung vorzulegen. Zuständige Behörde und Ansprechpartner: National Institute for Standards and Metrology (KYRGYZST), 197, Panfilov Street, 720040 Bishkek, Tel.: (+996) 312 623790, Fax: (+996) 312 661367, E-Mail: nism@nism.gov.kg, www.nism.gov.kg. Es ist empfehlenswert, Auskunft beim Importeur einzuholen.

2.1.6 Gesundheitszeugnisse

Amtliches Pflanzengesundheitszeugnis für Pflanzen bzw. pflanzliche Erzeugnisse erforderlich; für Tiere und Waren tierischen Ursprungs wird die Vorlage eines Veterinär-Gesundheitszeugnisses gefordert.

2.2 Eisenbahnverkehr

2.2.1 Luftfrachtbrief

Ein internationaler Frachtbrief.

2.2.2

Siehe unter Seefrachten 2.1.2–2.1.6.

2.3 Luftfrachten

Zollflughäfen: Biškek (FRU) (Bishkek), Osch (OSS)

2.3.1 Frachtbrief

Eine Ausfertigung eines Luftfrachtbriefes.

2.3.2

Siehe unter Seefrachten 2.1.2–2.1.6.

2.4 Postverkehr

2.4.1 Paketkarte

Zwei Zollinhaltserklärungen, Englisch, Französisch oder Russisch. Höchstgewicht: 20 kg. Anschrift in lat. Buchstaben.

2.4.2

Siehe unter Seefrachten 2.1.2–2.1.6.

3 Adressen

Auslandshandelskammer

Delegation der Deutschen Wirtschaft für Zentralasien (Standort: Kasachstan)
Businesszentrum „Esentai City"
Nurlan Kapparov Str. 402, R6, 1. Stock
050044, Almaty, Kasachstan
Tel.: +7 727 35610-61, -62, -63, -64, -65
Fax: +7 727 35610-66

E-Mail: info@ahk-za.com
https://zentralasien.ahk.de/de

Konsulate

Die Konsulatsadressen finden Sie jeweils mit Telefonnummer, E-Mail-Adresse, Homepage und Öffnungszeiten unter:
https://www.auswaertiges-amt.de/de/service/laender.

Kiribati

Republic of Kiribati (siehe auch Salomon Inseln)

1 Allgemeine Informationen

1.1 Kurzinfos

Landesvorwahl: +686

MEZ: +11 Std.

Englisch

1 australischer $ ($A/K) = 100 Cents (ISO-Code: AUD)

Nach AWG frei vereinbar Devisenbestimmungen von Kiribati beachten

Harmonisiertes System

Feiertage: Die Feiertage zu diesem Land finden Sie unter folgendem Link: https://www.timeanddate.de/feiertage/.

1.2 Einfuhr aus der Bundesrepublik

Ist Mitglied des Abkommens EU-AKP. Zahlreiche Waren können im Rahmen einer „General Import Licence" eingeführt werden.

Siehe auch **Salomon Inseln** .

2 Dokumente

Siehe **Salomon Inseln** .

2.1 Seefrachten

Seehafen: Betio

2.2 Luftfrachten

Zollflughafen: Bairiki auf Tawara

2.3 Postverkehr

2.3.1 Paketkarte

Eine Zollinhaltserklärung, Englisch, Höchstgewicht: 20 kg, Vertragskunden: 30 kg.

3 Adressen

Konsulate

Die Konsulatsadressen finden Sie jeweils mit Telefonnummer, E-Mail-Adresse, Homepage und Öffnungszeiten unter:
https://www.auswaertiges-amt.de/de/service/laender.

4 Sonstiges

Hauptstadt ist Bairiki auf Tarawa
Bis 10.7.1979 als Gilbert Inseln Teil der Salomonen Inseln.
Länderkurzbezeichnung gemäß Präferenzrecht (Lieferantenerklärung): AKP
Länder(-gruppen)kurzbezeichnung für bes. Zollsätze im Europäischen Zolltarif: SPGA

República de Colombia

Kolumbien

1 Allgemeine Informationen

1.1 Kurzinfos

Landesvorwahl: +57

MEZ: –6 Std.

Spanisch

1 Kolumbianischer Peso (kol. $) = 100 Centavos (ISO-Code: COP)

Nach AWG frei vereinbar Devisenbestimmungen von Kolumbien beachten

Harmonisiertes System

Mitglied

Feiertage: Die Feiertage zu diesem Land finden Sie unter folgendem Link: https://www.timeanddate.de/feiertage/.

1.2 Einfuhr aus der Bundesrepublik

Kolumbiens Importsystem unterscheidet zwei Bewilligungsverfahren mit unterschiedlichen Gültigkeitszeiten. Automatische Lizenzen gelten 3-6 Monate, nicht automatische 6 Monate. Vista Bueno-Genehmigungen verdoppeln beide Laufzeiten. Warentransport muss vor Lizenzablauf stattfinden. Das „Regimen de Libre Importación" verlangt MINCIT-Anmeldungen für Tiere, deren Erzeugnisse, Meeresprodukte, radioaktive Substanzen und bestimmte Esswaren/Kosmetika. Das „Regimen de Licencia Previa" betrifft Chemikalien, Waffen, Sprengstoffe, Artikel unter Marktauflagen, über zweijährige Lagerbestände und Gebrauchtwaren.

Importverbote gelten für giftige Chemikalien, Kampfstoffe, Waffenspielzeug, spezielle Gewächse, frische Früchte, bestimmte Altfahrzeuge, anstößige Materialien und strahlende Stoffe. Plastikbeutel müssen nach Dekret 2198 Produzenten-/Importeurangaben, Herkunftsland, technische Standards und Abgabenhinweise tragen. Schönheitsprodukte und Hygieneartikel verlangen Versandmeldungen, INVIMA-Eintragungen, behördliche Zustimmung sowie ausführliche Beschriftung mit Markenname, Produzenten-/Importeurangaben, Herkunftsland, Gewichtsdaten, Inhaltsstoffangaben, Meldungsnummer und Haltbarkeitsdatum. Textilwaren erfordern detaillierte Beschriftung. Kinderspielzeug benötigt Konformitätsnachweise gemäß nationaler Vorgaben.

Chemische Substanzen erfordern Verkaufszertifikate aus Herkunftsländern, ICA-Anmeldungen und Importbewilligungen. Veterinärmedikamente benötigen eine ICA-Registrierung mit nachfolgender Vermarktungslizenz. Organische Bodenverbesserer unterliegen der ICA-Genehmigungspflicht. Second-Hand-Maschinen, -Geräte und -Fahrzeuge verlangen MINCIT-Vorabzustimmungen, gebrauchte Flugzeugreifen ANLA-Bewilligungen. Botanische Erzeugnisse wie Pflanzen, Früchte, Zwiebeln und Samen verlangen Gesundheitsbescheinigungen. SIC-Konformitätsprüfungen sind erforderlich. Kolumbien teilt Fleischimporte in zwei Kategorien: Konserviertes Fleisch und Milcherzeugnisse unterliegen der Anmeldepflicht mit Gesundheitsnachweisen, während frische Fleischwaren Bewilligungen, Laboranalysen und INVIMA-Zustimmungen erfordern. Spirituosen, Esswaren und Pharmaprodukte benötigen INVIMA-Zulassungen für den Vertrieb. Nahrungsmittel folgen strengen Beschriftungsregeln, Energygetränke speziellen Kennzeichnungsauflagen.

1.3 Verpackung

Für Verpackungsmaterial aus Holz gelten die Regelungen der ISPM Nr. 15. Die Behandlung der Holzverpackungen mit Hitze oder Methylbromid dürfen nur registrierte und zugelassene Personen (Operadores Autorizados) vornehmen. Unbehandelte Holzverpackungen müssen als solche markiert sein. Kennzeichnungspflicht für Kunststofftüten (s. 1.2).

1.4 Markierung

Spezielle Herkunftskennzeichnung gilt für Nahrungsmittel und Kosmetikartikel. Die País de Origen-Angabe muss der „Regimen de Libre Importación"-Anmeldung entsprechen. Beschriftungen erfordern Gewichtsangaben in Kilogramm sowie laufende Nummern. Esswaren, Getränke, Textilien und Chemikalien folgen detaillierten Kennzeichnungsbestimmungen. Verpackte Lebensmittel entsprechen Standard NTC 512-1.

1.5 Mustersendungen

Warenmuster unterliegen grundsätzlich Einfuhrabgaben. Sendungen bis sechs Muster dürfen maximal 1.000 USD Gesamtwert und 50 USD je Einzelmuster betragen. Sendungen über sechs Stück erfordern Originalbehälter oder -verpackung samt Markierung „Muestras sin valor" bei maximal 1.000 USD Gesamtwert. Bei Grenzüberschreitungen werden Einfuhrlizenzen obligatorisch: Artikel über 50 USD, Sendungen über sechs Einheiten ohne Originalverpackung und „Muster ohne Handelswert"-Angabe oder Gesamtwerte über 1.000 USD. Einfuhrlizenzen entfallen, außer bei grundsätzlich genehmigungspflichtigen Waren. MINCIT-Registrierungen sind nicht erforderlich. Mengen- und Wertgrenzen müssen strikt eingehalten werden.

2 Dokumente

2.1 Seefrachten

Seehäfen: Barranquilla, Bogotá, Brisa, Cali, Cartagena, Buenaventura, Tumaco, Puerto Bolivar, Turbo u.a.

2.1.1 Konnossemente

Voller Satz Konnossemente unter Angabe einer „Notify-Adresse".

2.1.2 Handelsrechnungen

Kolumbiens Zollverfahren erfordert handschriftlich unterzeichnete Eidesformeln „Certificamos bajo juramento que los precios de esta factura son los que cargamos al cliente y que la mercancía que ella se refiere es originaria de ..." ohne Korrekturen oder Durchstreichungen. Dreifache spanische Fakturenausfertigungen müssen enthalten: Herkunftsländer, Rechnungsnummern, Ausstellungsdaten, vollständige Verkäufer-, Empfänger- und Käuferangaben, Hafenangaben, Transportdetails, Geschäftsbedingungen, Dollar-Preise, Gewichtsdaten, Mengenangaben, Verpackungsinfos, exakte Artikelbeschreibung, Markenbezeichnungen und Incoterms.

Euro-Fakturierung ist mit zusätzlicher Dollar-Gesamtsumme gestattet. Artikelbezeichnungen sind präzise aus Importregistrierungen zu übertragen inklusive Zolltarifpositionen. Hoja descriptiva-Spezifikationen müssen komplett integriert werden. Fahrzeuge unter einem Jahr erfordern Herstellerangaben, Produktionsjahr und Identifikationsnummern. Rechnungsenden enthalten vollständige Registrierungsvermerke „Moneda de la negociación ..." und „Fecha y condiciones de pago ...". Gesamtbeträge müssen mit Importlizenzen korrespondieren.

2.1.3 Packlisten

Enthält die Handelsrechnung keine genaue Übersicht über die Versandstücke, deren Inhalte, Marke, Nummern, Maße, Gewichte etc., sind Packlisten beizufügen.

2.1.4 Ursprungszeugnisse

Ursprungszeugnis zweifach, für Lebensmittel, Schuhe, Textilien und Bekleidung erforderlich. Die Ursprungsangabe für Ursprungswaren der EU lautet „República Federal de Alemania (Unión Europea)".

2.1.5 Warenverkehrsbescheinigung

Warenverkehrsbescheinigungen: EUR.1 bzw. Präferenzursprungsnachweis, für Erzeugnisse, die unter die im Assoziationsabkommen der EU mit Kolumbien vereinbarte „Ursprungsregelung" fallen. Die EUR.1 (einfach) für Warensendungen mit einem Wert über € 6.000,– (Ausstellung durch Zollstelle nach Ausfüllen durch Exporteur). In Feld 8 ist unbedingt die Angabe der vierstelligen Position des Harmonisierten Systems für die betroffene Warenart zu machen. Für Sendungen mit einem Wert bis zu € 6.000,– ist vom Ausführer die folgende Erklärung[1)], die als Präferenz-Ursprungsnachweis gilt, in eines der Handelspapiere aufzunehmen:

„El exportador de los productos incluidos en el presente documento (autorización aduanera n°

1) Ursprungserklärung in weiteren Sprachen, s. Kapitel Hinweise Warenursprung Präferenzen

...)[2] declara que, salvo indicación en sentido contrario, estos productos gozan de un origen preferencial ..."

Ort, Datum, Unterschrift; der Name des Unterzeichnenden ist in Druckbuchstaben zu wiederholen. Ursprungswaren aus Ceuta und Melilla sind deutlich mit „CM" zu kennzeichnen.

2.1.6 Gesundheitszeugnisse

Gesundheitszeugnisse werden bei der Einfuhr von Pflanzen, Saaten, Bäumen, Früchten und Zwiebeln sowie bei kondensierter oder evaporierter Milch, Milchpulver, Fleischkonserven verlangt. Gefrorenes, gekühltes und frisches Fleisch benötigen Analysenzertifikate.

2.1.7 Konformitätszertifikate

Kolumbien prüft Import- und Inlandserzeugnisse auf nationale Standards. Ausländische Lieferanten stellen Nachweise bereit - deutsche Unternehmen verwenden DIN-Normen. Der Lieferant informiert den Abnehmer über Normenerfüllung, welcher diese der SIC vorlegt. Die SIC bewertet ausländische Standards gegen kolumbianische Vorgaben und stellt Konformitätsbescheinigungen aus. Resolución No 6050 definiert betroffene Artikel und Verfahren. Zertifizierungspflichtig sind Schuhe, Bekleidung, Haushaltsartikel, Gas, Autoteile, Kommunikationsgeräte, Industriegüter wie Straßenbeleuchtung und Agrarverpackungen.

2.2 Luftfrachten

Zollflughäfen: Barranquilla, Bogota (BOG), Bucaramanga, Cali, Cartagena, Cúcuta, Leticia, Medellin, Pasto, Pereira, Tumaco, San Andres Island, San Marta u.a.

2.2.1 Luftfrachtbrief

Eine Ausfertigung mit Verladedatum.

2.2.2

Siehe unter Seefrachten 2.1.2–2.1.7.

2) Eintrag der Bewilligungsnummer, falls die Erklärung von einem ermächtigten Ausführer erstellt wird.

2.3 Postverkehr

2.3.1 Paketkarte

Eine Zollinhaltserklärung CN 23, Spanisch, Englisch oder Französisch. Höchstgewicht: 31,5 kg, Vertragskunden: 30 kg.

2.3.2

Siehe unter Seefrachten 2.1.2–2.1.7.

3 Adressen

Auslandshandelskammer

Deutsch-Kolumbianische Handelskammer
Cámara de Industria y Comercio Colombo - Alemana

Büro Bogotá:
Carrera 13 No. 93–40, Piso 4, Bogotá
Tel.: +57 16513777
Fax: +57 16513772
Geschäftszeiten: Mo.–Fr. 8.00–12.30 Uhr, 13.30–17.30 Uhr
E-Mail: info@ahk-colombia.com
WhatsApp: +57 3 158245160

Büro Medellin:
Calle 7 Sur No. 42-145
Edificio Wework, Medellín, Colombia
Tel.: +57 45167770
E-Mail: oficina.medellin@ahk-colombia.com
www.kolumbien.ahk.de

Konsulate

Die Konsulatsadressen finden Sie jeweils mit Telefonnummer, E-Mail-Adresse, Homepage und Öffnungszeiten unter:
https://www.auswaertiges-amt.de/de/service/laender.

Komoren

1 Allgemeine Informationen

1.1 Kurzinfos

Landesvorwahl: +269

MEZ: +2 Std.

Französisch, Arabisch

1 Komoren-Franc = 100 Centimes (ISO-Code: KMF)

Nach AWG frei vereinbar Devisenbestimmungen der Komoren beachten

Harmonisiertes System

Beobachterstatus

Feiertage: Die Feiertage zu diesem Land finden Sie unter folgendem Link: https://www.timeanddate.de/feiertage/.

1.2 Einfuhr aus der Bundesrepublik

Es besteht ein Interims-Abkommen der EU zur Präferenzregelung mit den ESA-Staaten. Importlizenzen können notwendig sein.

1.3 Verpackungen

Es sind keine besonderen Vorschriften einzuhalten.

1.4 Markierung

Es sind keine besonderen Vorschriften einzuhalten.

1.5 Mustersendungen

Muster ohne Handelswert sind zollfrei.

2 Dokumente

2.1 Seefrachten

Seehäfen: Moroni, Moutsamoudou

2.1.1 Konnossemente

Voller Satz Konnossemente ohne Beglaubigung. Order-B/L mit Notify-Adresse zugelassen. Zolltarifnummer des Harmonisierten Systems ist anzugeben.

2.1.2 Handelsrechnungen

Handelsrechnung (dreifach, Französisch) mit allen üblichen Angaben, wie z.B. Name des Exporteurs und Importeurs und Empfängers, Marke, Nummern, Anzahl und Art der Packstücke, Brutto-/Nettogewichte, genaue Warenbezeichnungen, Lieferbedingungen, Ursprungsland, HS-Code, Mengen, Ort und Datum der Ausstellung sowie Einzelpreise, Gesamt-fob- und cif-Wert und auch Nachlässe, wie z.B. Rabatte. Am Schluss folgende Erklärung:
„Nous certifions que les marchandises dénommées dans cette facture sont de fabrication et d'origine de la République Fédérale d'Allemagne et que les prix indiqués ci-dessus s'accordent avec les prix courants sur le marché d'exportation."

2.1.3 Ursprungszeugnisse

Ursprungszeugnis (einfach) mit Angabe „République Fédérale d'Allemagne (Union Européenne) erforderlich.

2.1.4 Gesundheitszeugnisse

Gesundheitszeugnisse sind evtl. erforderlich für lebende Tiere und deren Produkte (amtliches Veterinärzeugnis) und Pflanzen (Pflanzengesundheitszeugnis), ausgestellt von der zuständigen amtlichen Pflanzenschutzstelle (https://pflanzengesundheit.julius-kuehn.de).

2.1.5 Warenverkehrsbescheinigung

Für Ursprungswaren gemäß dem Abkommen zwischen der EU und den ESA-Staaten gilt das Selbstzertifizierungsverfahren. Eine Ausstellung von EUR.1 durch die Zollbehörden ist nicht mehr vorgesehen. Waren mit EU-Ursprung können bis zu einem Wert von 6.000 EUR formlos über eine Ursprungserklärung auf Handelsdokumenten (z.B. Rechnung oder Lieferschein) nachgewiesen werden – dabei ist keine Registrierung als Ausführer nötig. Bei höheren Werten ist eine REX-Registrierung erforderlich; die entsprechende REX-Nummer muss in die Erklärung[1] aufgenommen werden. Die Erklärung lautet:

„The exporter of the products covered by this document[2] declares that, except where otherwise clearly indicated, these products are of ... preferential origin." Für Ursprungswaren aus Ceuta und Melilla ist zusätzlich „CM" zu vermerken. Je nach Präferenzregelung der EU können weitere oder abweichende Ursprungsnachweise notwendig sein.

2.2 Luftfrachten

Zollflughafen: Hahaya

2.2.1 Luftfrachtbrief

Ein Luftfrachtbrief.

2.2.2

Siehe unter Seefrachten 2.1.2–2.1.5.

2.3 Postverkehr

2.3.1 Paketkarte

Zwei Zollinhaltserklärungen, Englisch, Höchstgewicht 20 kg, erforderlich.

2.3.2

Siehe unter Seefrachten 2.1.2–2.1.5.

3 Adressen

Konsulat

B-1030 Schaerbeek, Union der Komoren
Adolphe Lacomblé 69–71
Tel.: +32 27795838
E-Mail: ambacom.bxl@outlook.fr

4 Sonstiges

Länderkurzbezeichnung gemäß Präferenzrecht (Lieferantenerklärung): AKP
Länder(-gruppen)kurzbezeichnung für bes. Zollsätze im Europäischen Zolltarif: LOMA/SPGA

1) Ursprungserklärung in weiteren Sprachen s. Kapitel Hinweise Warenursprung Präferenzen
2) Bei REX-Ausführern ist hier die REX-Nummer in der Form „Exporter Reference No ..." anzugeben.

1 Allgemeine Informationen

1.1 Kurzinfos

Landesvorwahl: +242

MEZ

Französisch

1 Franc CFA = 100 Centimes (ISO-Code: XAF)

Nach AWG frei vereinbar Devisenbestimmungen des Kongo beachten

Harmonisiertes System

Mitglied

Feiertage: Die Feiertage zu diesem Land finden Sie unter folgendem Link: https://www.timeanddate.de/feiertage/.

1.2 Einfuhr aus der Bundesrepublik

Seit 1.7.1975 Mitglied des Abkommens EU-AKP. Handelsabkommen besteht. Importgenehmigungen für alle Waren aus den EU-Ländern können zumeist ohne Mengen- und Devisenbeschränkungen nach Kongo importiert werden (automatische Lizenzerteilung). Alle anderen Importe benötigen eine Importlizenz, deren Gültigkeit ca. ein Jahr beträgt, währenddessen die Güter in Kongo eintreffen müssen. Verschiedene Konserven und Milcherzeugnisse müssen mit dem Ursprungsland gekennzeichnet sein. Dosenfisch mit mehr als 1000 g ist von der Einfuhr ausgeschlossen. Registrierung für pharmazeutische Waren notwendig. Etikettierungsvorschriften für Alkohol sind zu beachten.

Es bestehen Sanktionen der Europäischen Union gegenüber bestimmten Personen, Organisationen und Einrichtungen (www.bafa.de/DE/Home/home_node.html).

1.3 Verpackung

Als Packmittel sind alle Stoffe verboten, durch die Krankheiten eingeschleppt werden könnten.

1.4 Markierung

In franz. Sprache. Empfohlen: „Importé d'Allemagne". Könnte es hinsichtlich des Ursprungs von Waren Zweifel geben, sind diese unbedingt deutlich mit dem Ursprungsland zu kennzeichnen.

1.5 Mustersendungen

Warenmuster ohne Handelswert sind zollfrei.

2 Dokumente

2.1 Seefrachten

Seehafen: Pointe Noire, Brazzaville, Imfondo, Ouesso, Oyo

2.1.1 Konnossemente

Konnossemente bedürfen keiner Beglaubigung. Order-B/L mit Notify-Adresse zugelassen.

2.1.2 Handelsrechnungen

Handelsrechnungen (fünffach, Französisch) mit allen üblichen Angaben: Name des Exporteurs und Importeurs und Empfängers, Marke, Nummern, Anzahl und Art der Packstücke, Brutto-/Nettogewichte, genaue Warenbezeichnungen, Lieferbedingungen, Ursprungsland, HS-Code, Mengen, Ort und Datum der Ausstellung sowie Einzelpreise, Gesamt-fob- und cif-Wert und auch Nachlässe, wie z.B. Rabatte, unbeglaubigt, versehen mit folgender Erklärung: „Nous certifions que les prix indiqués ci-dessus s'accordent avec les prix courants sur le marché d'exportation."

2.1.3 Ursprungszeugnisse

Falls ein Ursprungszeugnisse gefordert wird, ist die Angabe des Ursprungslandes: „République Féderale d'Allemagne (Union Européenne)".

2.1.4 Warenverkehrsbescheinigung

Warenverkehrsbescheinigung bzw. Präferenz-Ursprungsnachweis in einem der Handelspapiere nicht erforderlich.

2.1.5 Electronic Cargo Tracking Note

Für die Einfuhr wird eine Electronic Cargo Tracking Note (ECTN; Bordereau Électronique de Suivi des Cargaisons (BESC)) benötigt, die vor der Verladung zu beantragen ist. Ansprechpartner ist M + S Mehrtens & Schwickerath GmbH in 28195 Bremen, Tiefer 4, Tel.: 0421 363080, Fax: 0421 3630855, E-Mail: ageny@msbre.com, www.shipagent.de. Fehlt die Nummer im Ladungszertifikat ist keine Abfertigung möglich und hohe Bußgelder sind zu erwarten.

2.1.6 Gesundheitszeugnisse

Ein amtliches Veterinärzeugnis ist erforderlich für lebende Tiere, frisches und gekühltes Fleisch. Pflanzenpolizeiliches Zeugnis für Pflanzen, Pflanzenteile, Saaten, Dünger, Kompost und Erde sowie organischem Verpackungsmaterial.

2.1.7 Inspektionszeugnis

Gemäß dem Konformitätsbewertungsprogramm (Programme Congolais d'Evaluation de la Conformité/PCEC) werden Konformitätsbescheinigungen (CoC) für nahezu alle Produkte verlangt. Zuständig ist die kongolesische Agentur für Standardisierung und Qualität (ACONOQ). Die Vorabkontrolle der Waren und die Ausstellung der CoC übernehmen seit dem 1. Mai 2022 die Prüfgesellschaften Cotecna Inspection France, Rue du Mail, BP, 90707, 44707 Orvault, Cedex 07, Frankreich, Tel.: +33 251 789595, Fax: +33 251 78961, E-Mail: docs.cg@cotecna.fr oder Bureau Veritas Industry Services GmbH in 20457 Hamburg, Willy-Brandt-Str. 55, Tel.: +49 40 23625519, E-Mail: offergs dach@bureauveritas.com, Congo Pointe Noire, 148, Avenue du Havre, ZI Pointe Noire, Tel.: +242 057139464, E-Mail: Contact.COG@bureau veritas.com.

2.2 Luftfrachten

Zollflughäfen: Brazzaville, Pointe Noire

2.2.1 Luftfrachtbrief

Ein Luftfrachtbrief

2.2.2

Siehe unter Seefrachten 2.1.2–2.1.7.

2.3 Postverkehr

2.3.1 Paketkarte

Eine Zollinhaltserklärung, Französisch. Höchstgewicht 31,5 kg.

2.3.2

Siehe unter Seefrachten 2.1.2–2.1.7.

3 Adressen

Konsulate

Die Konsulatsadressen finden Sie jeweils mit Telefonnummer, E-Mail-Adresse, Homepage und Öffnungszeiten unter:
https://www.auswaertiges-amt.de/de/service/laender.

4 Sonstiges

Länderkurzbezeichnung gemäß Präferenzrecht (Lieferantenerklärung): AKP
Länder(-gruppen)kurzbezeichnung für bes. Zollsätze im Europäischen Zolltarif: SPGL
Kraftfahrzeugländerkennzeichen: RCB

Kongo, Dem. Republik

République
Démocratique du Congo

1 Allgemeine Informationen

1.1 Kurzinfos

Landesvorwahl: +243

MEZ im westlichen Landesteil,
MEZ: + 1Std. im östlichen Landesteil

Französisch

1 Kongo-Franc = 100 Centimes
(ISO-Code: CDF)

Nach AWG frei vereinbar
Devisenbestimmungen der Rep. Kongo beachten

Harmonisiertes System

Mitglied

Feiertage: Die Feiertage zu diesem Land finden Sie unter folgendem Link: https://www.gtai.de/de/trade/broschueren/feiertage-im-ausland-151078.

1.2 Einfuhr aus der Bundesrepublik

Mitglied des Abkommens EU-AKP. Seit Juli 2022 Vollmitglied der Ostafrikanischen Gemeinschaft EAC. Für Handelswaren über 2.500 USD ist grundsätzlich eine Importlizenz notwendig. Je nach Art der Ware erfolgt die Genehmigung entweder durch die Zentralbank (visa préalable) oder über eine einfache Importmeldung („Déclaration préalable à l'importation") bei einer Geschäftsbank. Die Lizenzen gelten meist sechs Monate – innerhalb dieser Frist muss die Verzollung abgeschlossen sein. Für die Lizenzbeantragung ist eine Proforma-Rechnung mit detailliertem FOB-Preis (ex works, Transport, Zusatzkosten) erforderlich. Toleranzen bei Wert oder Gewicht werden nicht akzeptiert.

Besondere Anforderungen gelten für Kleidung, Alkohol und Erzeugnisse aus Bitumen (Verpackungsvorschriften). Für Tiere, tierische Lebensmittel (auch konservierte), Fisch (auch verarbeitet) ist ein amtliches Veterinärgesundheitszeugnis vorgeschrieben. Pflanzliche Produkte, Samen, Medikamente, Mineralien und lebende Pflanzen benötigen eine Importgenehmigung – ggf. ergänzt um ein Pflanzengesundheits- oder Gesundheitszeugnis. In der DRC dürfen Arzneimittel nur dann importiert und vertrieben werden, wenn sie bei der zuständigen Behörde registriert sind und eine gültige Zulassung vorliegt.

> **Embargo:** Zur Zeit der Drucklegung bestand ein Waffenembargo gegen die Dem. Republik Kongo. Zudem bestehen personenbezogene Sanktionsmaßnahmen. Weiterführende Informationen sind auf der Internetseite des BAFA: www.bafa.de/DE/Home/home_node.html erhältlich.

1.3 Verpackung

Heu und Stroh dürfen als Verpackungsmaterial verwendet werden.

1.4 Markierung

Transit via Dar-es-Salaam bzw. Lobito auf gleichen Kistenseiten blaues Kreuz, Balken mind. 30 cm. Wenn das Bruttogewicht mehr als 1 000 kg beträgt, muss ein deutlicher Gewichtsvermerk angebracht sein.

1.5 Mustersendungen

Muster ohne Handelswert werden zollfrei abgefertigt.

2 Dokumente

2.1 Seefrachten

Seehafen: Banana

Die Nummer der Importlizenz ist auf allen Dokumenten anzugeben. Alle Verladungen über Dar-es-Salaam (Tansania) unterliegen einer Frachtenkontrolle durch das OGEFREM (Office de Gestion du Fret Maritime). Nähe Auskünfte erteilt die Firma ASA Afrika Service Schifffahrtsagentur GmbH in 20095 Hamburg, Ferdinandstr. 47 (Tel.: (040) 339281, Fax: (040) 339282, E-Mail: asa@hamburg.asa-services.net, www.asa-services.net).

2.1.1 Konnossemente

Voller Satz Konnossemente, Ausstellung an Order mit Notify-Adresse möglich. Beglaubigung nicht vorgeschrieben.

2.1.2 Handelsrechnungen

Handelsfaktura (zweifach, Französisch) mit folgenden Angaben: Name des Exporteurs und Importeurs und Empfängers, Marke, Nummern, Anzahl und Art der Packstücke, Brutto-/Nettogewichte, genaue Warenbezeichnungen, Lieferbedingungen, Ursprungsland, HS-Code, Mengen, Ort und Datum der Ausstellung sowie Einzelpreise, Gesamt-fob- und cif-Wert und auch Nachlässe, wie z.B. Rabatte.

2.1.3 Ursprungszeugnisse

Ursprungszeugnisse nicht erforderlich.

2.1.4 Warenverkehrsbescheinigung

Warenverkehrsbescheinigung bzw. Präferenz-Ursprungsnachweis in einem der Handelspapiere. nicht erforderlich.

2.1.5 Gesundheitszeugnisse

Ein amtliches Veterinärzeugnis ist erforderlich für lebende Tiere und deren Produkte (auch luftdicht verpackt) sowie für Fisch (geräuchert, gekühlt oder getrocknet).

Gesundheitsatteste sind notwendig bei Mineralien und Nahrungsmitteln. Ein Pflanzengesundheitszeugnis ist für Saaten, pflanzliche Produkte und Pflanzen erforderlich (https://pflanzengesundheit.julius-kuehn.de/).

2.1.6 Packlisten

Packlisten in dreifacher Ausfertigung (sehr zu empfehlen). Auflistung aller Versandstücke mit Marke, Nummer, Art, Gewicht, Inhalt.

2.1.7 Inspektionszertifikat

Inspektionszertifikat (zweifach, Französisch) für alle Importe ab Gesamtrechnungsbetrag über US-$ 2 500,– fob-Wert. Darin ist eine Mengen-, Qualitäts- und Preisüberprüfung durch die Firma Bureau Veritas Industry Services GmbH in 20457 Hamburg, Willy-Brandt-Str. 55, (Tel.: 040 23625519, Fax: 040 23625422), E-Mail: oliver.lederer@bureauveritas.com, rechtzeitig vor Verschiffung zu bestätigen. Das Zertifikat muss mit der entsprechenden Nummer dem Shipping-Agenten vor der Beladung vorgelegt werden und zeitnah angefordert werden.

2.1.8 Electronic Cargo Tracking Note

Für die Einfuhr wird eine Electronic Cargo Tracking Note (ECTN; Fiche Electronique de Renseignement a l'Importation (FERI)) benötigt, die vor der Verladung zu beantragen ist. Ansprechpartner ist M + S Mehrtens & Schwickerath GmbH in 28195 Bremen, Tiefer 4, Tel.: 0421 363080, Fax: 0421 3630855, E-Mail: ageny@msbre.com, www.shipagent.de oder ASA Afrika Service Schifffahrtsagentur GmbH in 20095 Hamburg, Ferdinandstr. 47 (Tel.: (040) 339281, Fax: (040) 339282, E-Mail: asa@hamburg.asa-services.net, www.asa-services.net. Fehlt das Ladungszertifikat, ist keine Abfertigung möglich und hohe Bußgelder sind zu erwarten.

2.2 Luftfrachten

Zollflughäfen: Bukavu, Bunia, Kinshasa, Kisangani, Lubumbashi, Matadi, Goma, Kananga, Kindu, Kolwezi, Libenge, Mbandaka

2.2.1 Luftfrachtbrief

Eine Ausfertigung des Luftfrachtbriefes.

2.2.2

Siehe unter Seefrachten 2.1.2–2.1.8.

Bitte beachten: Die Einfuhr von Lebensmitteln per Luftfracht ist nicht gestattet.

2.3 Postverkehr

2.3.1 Paketkarte

Zwei Zollinhaltserklärungen, Französisch. Höchstgewicht 31,5 kg. Eine Rechnung muss dem Paket beigelegt werden; bei mehreren Paketen ist das, welches die Rechnung enthält, zu kennzeichnen. Bei Anschrift zusätzliche Angabe des Bezirks (Distrikts) empfehlenswert.

2.3.2

Siehe unter Seefrachten 2.1.2–2.1.8.

3 Adressen

Konsulate

Die Konsulatsadressen finden Sie jeweils mit Telefonnummer, E-Mail-Adresse, Homepage und Öffnungszeiten unter:
https://www.auswaertiges-amt.de/de/service/laender.

4 Sonstiges

Früherer Name: République du Zaire.
Länderkurzbezeichnung gemäß Präferenzrecht (Lieferantenerklärung): AKP
Länder(-gruppen)kurzbezeichnung für bes. Zollsätze im Europäischen Zolltarif: SPGA
Kraftfahrzeugländerkennzeichen: CD

Democratic People's Republic of Korea

Korea, Nord

1 Allgemeine Informationen

1.1 Kurzinfos

Landesvorwahl: +850

MEZ: +8 Std

Englisch

1 Won = 100 Chon
(ISO-Code: KPW)

Nach AWG frei vereinbar
Devisenbestimmungen von Korea/Nord beachten

Kein Brüsseler Tarifschema bzw. Harmonisiertes System

Feiertage: Die Feiertage zu diesem Land finden Sie unter folgendem Link: https://www.timeanddate.de/feiertage/.

1.2 Einfuhr aus der Bundesrepublik

Einfuhr erfolgt über staatliche Außenhandelsgesellschaften. Es besteht Lizenzpflicht. Zuständig für Standards und Normen ist die CSK (Committee for Standardization of the Democratic People's Republic of Korea). Versicherungsverträge sind im Herstellungsland zu erstellen.

Embargo: Zur Zeit der Drucklegung gilt ein Embargo gegen die Demokratische Volksrepublik Korea. Weiterführende Informationen zu den Embargobestimmungen sind auf der Internetseite des BAFA: www.bafa.de/DE/Home/home_node.html erhältlich.

1.3 Verpackung

Rücksprache mit dem Importeur empfohlen, ob die IPPC-Standards ISPM Nr. 15 eingehalten werden müssen.

1.4 Markierung

Ursprungslandangabe empfohlen.

1.5 Mustersendungen

Muster ohne Handelswert sind zollfrei.

2 Dokumente

2.1 Seefrachten

Seehäfen: Chouangjin, Hamhung, Nampo, Senbong, Najin

2.1.1 Konnossemente

Ein Satz Konnossemente. Keine Beglaubigung. Kein direkter Dienst. Umladungen über Hongkong, Singapur, Incheon, Pusan oder Dalian.

2.1.2 Handelsrechnungen

Handelsrechnung (Anzahl mit Importeur abstimmen) mit den üblichen Angaben, wie z.B. Gewichte (netto und brutto), Marke, Nummern, Anzahl, Art der Packstücke, HS-Zolltarifnummer, detaillierte und exakte Bezeichnung der Ware, Gesamt- und Einzelwert, Lieferkonditionen, Warenursprung („Federal Republic of Germany"), Beförderungsangaben.

2.1.3 Ursprungszeugnisse

Ursprungszeugnis erforderlich.

2.1.4 Packlisten

Sollte aus der Rechnung nicht der Inhalt der einzelnen Packstücke hervorgehen, wird eine separate detaillierte Packliste mit den entsprechenden Angaben zu Marke, Nummer, Gewicht, Maße empfohlen.

2.1.5 Inspektionszertifikate

Inspektionszertifikat (Certificate of Conformity – CoC): Bestimmte Waren müssen von einem CoC begleitet werden, z.Zt. Ethylalkohol, Eisessig, Süßstoff, Ramyeon (Instantnudeln), Rohstoffe für Medikamente. Die Liste der Waren, für die ein CoC vorzulegen ist, unterliegt ständigen Änderungen. Mit der für Deutschland zuständigen Inspektionsgesellschaft abstimmen: SGS Germany in 20097 Hamburg, Heidenkampsweg 99 (Tel.: 040 30101735, E-Mail: de.gis.export@sgs.com). Aufgrund des Embargos war dieser Vorgang zur Zeit der Drucklegung nicht möglich.

2.2 Luftfrachten

Zollflughafen: P'yong-yang (Pjöngjang)

2.2.1 Luftfrachtbrief

Luftfrachtbrief. (Sendung via Peking/Beijing mit Air China/Air Koryo)

2.2.2

Siehe unter Seefrachten 2.1.2–2.1.5.

2.3 Postverkehr

2.3.1 Paketkarte

Zwei Zollinhaltserklärungen (Französisch oder Koreanisch). Höchstgewicht 20 kg. Auf richtige Landesbezeichnung: „Demokratische Volksrepublik Korea", „République démocratique de Corée" bzw. „Democratic People's Republic of Korea" achten.

Bitte beachten: Momentan ist kein Paketversand möglich. Bitte im Bedarfsfall Rücksprache halten.

2.3.2

Siehe unter Seefrachten 2.1.2–2.1.5.

3 Adressen

Konsulate

Die Konsulatsadressen finden Sie jeweils mit Telefonnummer, E-Mail-Adresse, Homepage und Öffnungszeiten unter:
https://www.auswaertiges-amt.de/de/service/laender.

1 Allgemeine Informationen

1.1 Kurzinfos

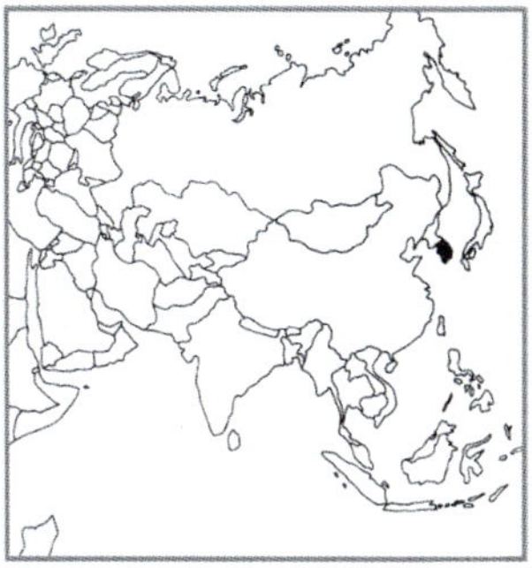

Landesvorwahl: +82

MEZ: +8 Std.

Englisch, Koreanisch

1 Won = 100 Chon (ISO-Code: KRW)

Nach AWG frei vereinbar Devisenbestimmungen von Korea/Süd beachten

Harmonisiertes System

Angeschlossen

Angeschlossen

Mitglied

Feiertage: Die Feiertage zu diesem Land finden Sie unter folgendem Link: https://www.timeanddate.de/feiertage/.

1.2 Einfuhr aus der Bundesrepublik

Die Einfuhr nach Südkorea ist grundsätzlich liberalisiert. Einschränkungen gelten nur für bestimmte Produkte, die in einer jährlich vom Handelsministerium (MOTIE) veröffentlichten Negativliste aufgeführt sind. Diese betreffen u.a. Genehmigungspflichten für Produkte wie Pharmazeutika, Kosmetika, Medizinprodukte, Waffen, Alkohol und bestimmte Technologien. Zusätzlich können technische Standards oder lebensmittelrechtliche Vorschriften greifen. Ein vollständiges Einfuhrverbot gilt für Güter, die die öffentliche Sicherheit oder die verfassungsmäßige Ordnung gefährden.

Importeure ausländischer Lebensmittel, funktioneller Nahrung, tierischer Produkte und zugehöriger Materialien müssen spätestens sieben Tage vor Einfuhr beim koreanischen MFDS (http://impfood.mfds.go.kr) registriert werden. Für Lebensmittel, genetisch veränderte Organismen, Kosmetika und Arzneimittel gelten teilweise Zulassungspflichten und Kennzeichnungsvorgaben (http://impfood.mfds.go.kr). Industriegüter wie Textilien, Haushaltsgeräte und Konsumartikel unterliegen Sicherheits- und Qualitätskennzeichnungen gemäß koreanischen Standards, Kinderprodukte zusätzlich dem Kindersicherheitsgesetz unter MOTIE-Aufsicht.

Verpackungen aus Glas, Metall, Papier und Kunststoff müssen ein koreanisches Recyclinglogo tragen. Der Export von Schweinefleisch, Milchprodukten und Eiern setzt eine Registrierung beim BVL in Zusammenarbeit mit APQA und MFDS voraus. Für Standards ist KATS zuständig, für Chemikalien das Umweltministerium ME. Pflanzen, Gemüse, Obst und Getreide benötigen ein Inspektionszertifikat der Exportbehörde. Luft- und Raumfahrtausrüstung erfordert eine Genehmigung der Korea Aerospace Industries Promotion Association. Fahrzeuge müssen Sicherheits- und Umweltvorgaben erfüllen. Biolebensmittel sind zertifizierungspflichtig, sowohl als Endprodukt, als auch in ihren Bestandteilen. Medizinprodukte benötigen eine Zulassung, Kosmetika und Arzneimittel eine Freiverkäuflichkeitsbescheinigung der zuständigen Behörde.

1.3 Verpackung

Südkorea wendet für Verpackungsholz den IPPC-Standard ISPM Nr. 15 an. Alle Verpackungen müssen das koreanische Recycling-Logo tragen. Mit Importeur abstimmen.

1.4 Markierung

Es muss auf jedem einzelnen Warenstück die Herkunftsbezeichnung (Made in ...) in unauslöschbarer Form stehen. Das Ursprungszeugnis „EU" ist nicht zulässig. Mit Importeur abstimmen.

Alle Packstücke müssen – sofern nicht anders durch Importeur vorgegeben – in der nachstehenden Reihenfolge markiert sein:

1. main mark – Name des Empfängers/Importeurs in einem Symbol
2. case number – Packstücknummer
3. port mark – Hafenname
4. origin mark – Ursprungsangabe

1.5 Mustersendungen

Muster bis zu US-$ 250,– werden allgemein zollfrei abgefertigt. Vorübergehende Einfuhr der Muster mit einem Carnet A.T.A. möglich. Wurden für zollpflichtige Muster bestimmte Gebühren als Sicherheit erhoben, werden diese zurückerstattet, sofern die Muster innerhalb eines festgelegten Zeitraums wieder ausgeführt werden.

2 Dokumente

2.1 Seefrachten

Seehäfen: Inchon, Busan, Mokpo, Masan, Gwangyang Hang, Pyeongtaek Hang, Ulsan

2.1.1 Konnossemente

Voller Satz Konnossemente, Aufmachung an Order möglich (mit Notify-Adresse), ohne Beglaubigung.

2.1.2 Handelsrechnungen

Handelsfaktura zweifach (Englisch, unterschrieben) mit den üblichen Angaben, wie z.B. Lieferungs- und Zahlungsbedingungen, Nettogewichte, Bruttogewichte, Transportangaben, Einzelpreise und Gesamtbetrag, genaue Warenbezeichnung, Marke, Nummer, Anzahl und Art der Packstücke, Name und Anschrift des Käufers und Verkäufers, Ort und Datum der Ausstellung.

Die Lizenznummern (bei lizenzpflichtigen Waren) sowie das Ursprungsland sind in der Rechnung zu vermerken.

2.1.3 Ursprungszeugnisse

Ursprungszeugnisse nur auf Anforderung. Die Ursprungsangabe für Ursprungswaren der EU lautet „Federal Republic of Germany (European Union)".

2.1.4 Warenverkehrsbescheinigung

Selbstzertifizierung bzw. nicht-förmlicher Präferenznachweis, da das Interimsabkommen mit Südkorea (Republik Korea) keine Warenverkehrsbescheinigung EUR.1 vorsieht. Präferenzbegünstigter Güteraustausch findet nur mit Ursprungserklärungen statt. Bei Warenwerten bis € 6 000,– ist folgende Erklärung[1] abzugeben:

„The exporter of the products covered by this document (customs authorisation No ...)[2] declares that, except where otherwise clearly indicated, these products are of ... preferential origin."

Ort, Datum, Unterschrift. Der Name des Unterzeichners ist in Druckbuchstaben zu wiederholen. Ursprungserzeugnisse aus Ceuta und Melilla sind deutlich mit „CM" zu kennzeichnen.

2.1.5 Packlisten

Liegt der Rechnung keine genaue Aufschlüsselung der Packstücke bei, sollte eine englische Packliste ergänzt werden. Diese sollte klare Angaben zu Kennzeichnung, Verpackung, Mengen und Gewichten enthalten. Einheitliche Vorgaben gibt es nicht, eine Rücksprache mit dem Importeur ist jedoch ratsam.

2.1.6 Gesundheitszeugnisse

Für die Einfuhr von Tieren und tierischen Produkten ist ein Gesundheitszeugnis notwendig.

2.2 Luftfrachten

Zollflughäfen: Seoul-Gimpo (GMP), Seoul-Incheon (ICN), Busan (PUS), Jeju (CJU)

2.2.1 Luftfrachtbrief

Eine Ausfertigung des Luftfrachtbriefes.

2.2.2

Siehe unter Seefrachten 2.1.2–2.1.6.

2.3 Postverkehr

2.3.1 Paketkarte

Eine Zollinhaltserklärung in Englisch oder Landessprache. Höchstgewicht 20 kg. Richtige Landesbezeichnung: „Republik Korea", „Republic of Korea" bzw. „République de Corée".

1) Ursprungserklärung in weiteren Sprachen s. Kapitel Hinweise Warenursprung Präferenzen
2) Eintrag der Bewilligungsnummer, falls die Erklärung von einem ermächtigten Ausführer erstellt wird.

2.3.2

Siehe unter Seefrachten 2.1.2–2.1.6.

3 Adressen

Auslandshandelskammer

Deutsch-Koreanische Industrie- und Handelskammer
Korean-German Chamber of Commerce and Industry
Seoul 03042, 41-7, Jahamun-ro 24-gil, Jongno
Tel.: +82 237804600
Geschäftszeiten: Mo.–Fr. 10.00–18.00 Uhr
E-Mail: info@kgcci.com
www.korea.ahk.de

Konsulate

Die Konsulatsadressen finden Sie jeweils mit Telefonnummer, E-Mail-Adresse, Homepage und Öffnungszeiten unter:
https://www.auswaertiges-amt.de/de/service/laender.

4 Sonstiges

Kraftfahrzeugländerkennzeichen: ROK

Kosovo

Republika Kosovo – Republika e Kosovës – Republic of Kosovo

1 Allgemeine Informationen

1.1 Kurzinfos

Landesvorwahl: +381

MEZ

Albanisch, Serbisch, Englisch

1 Euro (€) = 100 Cents (ISO-Code: EUR)

Harmonisiertes System

Feiertage: Die Feiertage zu diesem Land finden Sie unter folgendem Link: https://www.timeanddate.de/feiertage/.

1.2 Einfuhr aus der Bundesrepublik

Für Arzneimittel und Medizinprodukte sind Handels- und Importlizenzen sowie ein „Certificate of a Pharmaceutical Product" erforderlich. Zuständig: Gesundheitsministerium und AKPM. Medizinprodukte für Tiere benötigen AUV-Genehmigung. Qualitätskontrollen erfolgen vor Marktzulassung. Importeure müssen registriert sein. Sprengstoffe für kommerzielle Zwecke dürfen nur mit Genehmigung des Innenministeriums eingeführt werden. Lizenzverfahren variieren je nach Produktart (Dauer, Gebühren, Gültigkeit).

Grenzinspektionen gelten für Tiere, Pflanzen und Produkte daraus. Zuständig: AUV. Besondere Anforderungen gelten für Eier (Betriebscode), Milchprodukte (Behandlungsnachweis), Tabak (Lizenz), Bioprodukte (Inspektionszertifikat), Dünger, Pestizide, Biozide (Notifikation), Nylonbeutel und ungefährliche Abfälle („Permit to Import Non-Hazardous Waste"). Zuchttiere und Zuchtmaterialien (Sperma, Eizellen, Embryonen) benötigen Zuchtbuchnachweis. Pflanzenvarietäten sind ins nationale Sortenregister einzutragen. Importeure von Pflanzen und Erzeugnissen müssen beim MAFRD registriert sein.

Einfuhrverbote gelten für militärische Waffen und Sprengstoffe, Hühner und Folgeprodukte, gefährliche Abfälle, Fahrzeuge mit ausländischer Registrierung älter als zehn Jahre sowie Fisch als Massengut. Verbotene Waren sind im Zolltarif TAREK mit „PRO" gekennzeichnet.

Die Einfuhr ist grundsätzlich liberalisiert. Lizenzen sind nur für bestimmte Waren nötig: Arzneimittel, Tabakwaren, Erdöl, Waffen (nichtmilitärisch), Dual-Use-Güter. Zuständig: MINT. Verpackungen müssen dem Produktsicherheitsgesetz und der Verwaltungsanweisung 07/2023 entsprechen. Für Produkte wie Medizin- und Baugeräte, Fahrzeuge und Funkgeräte ist ein CE-Nachweis erforderlich. Funkgeräte brauchen zusätzlich ein Zertifikat von ARKEP, Fahrzeuge eine Homologationsbescheinigung (Ministerium für Infrastruktur). Kosovarische Standards sind meist EU-konform – zusätzliche Zertifizierungen entfallen bei Nachweis.

1.3 Verpackung

Der Kosovo wendet für Verpackungsholz den IPPC-Standard ISPM Nr. 15 an. Pflanzen und pflanzliche Produkte dürfen nur in neuen und einwandfreien Verpackungen eingeführt werden. Wird Heu und Stroh als Verpackungsmaterial verwendet, muss ein Gesundheitszeugnis die Sendung begleiten. Da weitere produktspezifische Markierungs- und Verpackungsvorschriften bestehen, ist es ratsam, sich mit den zuständigen Behörden bzw. dem Importeur abzustimmen.

1.4 Markierung

Das Ursprungsland muss generell in Albanisch angegeben werden und eindeutig erkennbar sein. Angabe des Ursprungslandes mit Darstellung der Flagge. Die Angabe des Importlandes „Kosovo" oder „Kosovë" muss vorhanden sein.

1.5 Mustersendungen

Muster, die vorübergehend eingeführt werden, sind zollfrei. Die Zollbehörden fordern u.U., eine Sicherheit zu hinterlegen.

2 Dokumente

2.1 Seefrachten

Seehafen: Keiner

2.1.1 Konnossemente

Voller Satz Konnossemente ohne Beglaubigung.

2.1.2 Handelsrechnungen

Handelsfaktura in Englisch, Albanisch oder Serbisch (Original, ggf. weitere Kopien). Mehrere Duplikate können gefordert werden. Die Rechnung sollte u.a. folgende Angaben beinhalten: Ursprungsland, Auftragsnummer (Customer's Order No.) und Rechnungsnummer, Ausstellungsdatum, Brutto- und Nettogewichte, Marke, Nummern, Anzahl und Art der Versandstücke, Zahlungs- und Lieferbedingungen sowie Verkaufsbedingungen, Liefertermin, Namen und Adressen von Käufer, Verkäufer sowie des Lieferanten, exakte Warenbezeichnungen, evtl. HS-Code, Mengenangaben, Maßeinheiten, Einzel- und Gesamtpreis sowie Preisberechnungen (z.B. Lizenzgebühren etc.), fob-Wert, Währung, Agent (Name und Adresse), evtl. auch Informationen zur Beförderung. Im Falle von Fahrzeugen sind u.a. Angaben zur Fahrgestellnummer, Motor-Seriennummer bzw. zum Baujahr, Typ, Modell etc. erforderlich.

2.1.3 Ursprungszeugnisse

Ursprungszeugnisse können vom Importeur gefordert werden. Bestimmte Tiere oder Pflanzen, die unter das Washingtoner Artenschutzabkommen CITES fallen sowie Produkte, die einer Gesundheitskontrolle an der Grenze unterliegen, müssen von einem Ursprungszeugnis begleitet werden.

2.1.4 Warenverkehrsbescheinigung

Liegt ein Handelsgeschäft zwischen der EU und dem Kosovo vor und sind die Anforderungen des Assoziierungsabkommens erfüllt, können Präferenzdokumente wie die EUR.1 oder eine Ursprungserklärung genutzt werden, um zollbegünstigte Einfuhren zu ermöglichen. Mit Anfang 2025 wurden in der Pan-Europa-Mittelmeer-Zone (PEM-Zone) neue, einheitliche Ursprungsregeln mit einer Übergangsfrist bis 31.12.2025 eingeführt. Seit dem 1. Januar 2026 sind nur noch die revidierten Ursprungsregeln („Revised Rules") verbindlich und EUR-MED-Nachweise nicht mehr möglich.

Für Warensendungen über 6.000 EUR dient die von der Zollstelle ausgestellte EUR.1 als Präferenznachweis. Exporteure, die regelmäßig Waren unter Präferenzbedingungen liefern, können beim Hauptzollamt die Bewilligung als „Ermächtigter Ausführer" beantragen. Bei Sendungen unter 6.000 EUR genügt eine Ursprungserklärung direkt in der Handelsrechnung, mit folgendem Wortlaut: „Der Ausführer (Ermächtigter Ausführer; Bewilligungs-Nr. ...) der Waren, auf die sich dieses Handelspapier bezieht, erklärt, dass diese Waren, soweit nicht anders angegeben, präferenzbegünstigte . . . Ursprungswaren sind." (Ort und Datum, Unterschrift, Name in Druckbuchstaben)[1)]

2.1.5 Packlisten

Packlisten in albanischer, englischer oder serbischer Sprache sind beizufügen, wenn die Sendung aus mehreren Packstücken unterschiedlichen Inhalts besteht und die Handelsrechnung keine genaue Übersicht enthält. Es muss enthalten sein: Marke, Nummer, Verpackungsart, Inhalt und Gewicht jedes einzelnen Packstückes.

2.1.6 Gesundheitszeugnisse

Gesundheitszeugnisse für Pflanzen und pflanzliche Erzeugnisse, lebende Tiere und tierische Erzeugnisse erforderlich.

2.2 Luftfrachten

Zollflughafen: Pristina

2.2.1 Luftfrachtbrief

Ein Luftfrachtbrief.

2.2.2

Siehe unter Seefrachten 2.1.2–2.1.6.

2.3 Postverkehr

2.3.1 Paketkarte

Eine Zollinhaltserklärung, Englisch oder Landessprache. Höchstgewicht 20 kg.

2.3.2

Siehe unter Seefrachten 2.1.2–2.1.6.

1) Ursprungserklärung in weiteren Sprachen s. Kapitel Hinweise Warenursprung Präferenzen

3 Adressen

Auslandshandelskammer

Delegation der Deutschen Wirtschaft in Nordmazedonien
UL 29-ti Noevmri br. 2G
MK-1000 Skopje
Nordmazedonien
Tel.: +389 23228824
E-Mail: service@mazedonien.ahk.de
www.mazedonien.ahk.de

Konsulate

Die Konsulatsadressen finden Sie jeweils mit Telefonnummer, E-Mail-Adresse, Homepage und Öffnungszeiten unter:
https://www.auswaertiges-amt.de/de/service/laender.

4 Sonstiges

Euro als Fremdwährung. Kosovo ist nicht an der Europäischen Währungsunion beteiligt. In serbischen Enklaven Bezahlung mit serbischem Dinar (RSD) möglich.

Länderkurzbezeichnung gemäß Präferenzrecht (Lieferantenerklärung): XK
Länder(-gruppen)kurzbezeichnung für bes. Zollsätze im Europäischen Zolltarif: XK

1 Allgemeine Informationen

1.1 Kurzinfos

Landesvorwahl: +385

MEZ. EU-Sommerzeit

Kroatisch, Englisch, Deutsch

1 Euro = 100 Cent (ISO-Code: HRK)

Nach AWG frei vereinbar Devisenbestimmungen Kroatiens beachten

Harmonisiertes System

Mitglied

Angeschlossen

Angeschlossen

Feiertage: Die Feiertage zu diesem Land finden Sie unter folgendem Link: https://www.timeanddate.de/feiertage/.

1.2 Einfuhr aus der Bundesrepublik

Kroatien ist seit dem 1. Juli 2013 EU-Mitglied. Für viele Produkte sind keine Importlizenzen erforderlich. Es gelten jedoch Qualitätskontrollen und Kennzeichnungsvorschriften (z.B. www.din.de). Für Agrar- und Industriegüter gelten einheitliche Normen und Standards – sowohl für EU- als auch Nicht-EU-Waren. Zuständig ist das Ministerium für Wirtschaft und nachhaltige Entwicklung (Ministarstvo gospodarstva i održivog razvoja). Gemäß EU-Verordnung 2019/515 erleichtern „Product Contact Points“ den Marktzugang für Unternehmen aus anderen EU-Staaten. Das Ministerium für Landwirtschaft (Ministarstvo poljoprivrede) ist Ansprechpartner für Lebensmittel, Futter, Pflanzen, pflanzliche und tierische Produkte, Forst- und Fischereierzeugnisse, Tabakwaren und Pflanzenschutzmittel.

Für gefährliche Verbraucherprodukte ist die Staatliche Inspektion zuständig (Safety Gate/RAPEX). Für Lebensmittel und Futtermittel greift das RASFF-System, ebenfalls betreut vom Landwirtschaftsministerium. Tierprodukte dürfen nur über zugelassene Grenzkontrollstellen eingeführt werden:
- Luftfracht: Flughafen Zagreb
- Seefracht: Rijeka, Ploče
- Straßenfracht: Karasovici, Bajakovo, Nova Sela, Stara Gradiška

Die Zuständigkeit richtet sich nach der Tierart. Pflanzen und Pflanzenschutzmittel unterliegen der Pflanzengesundheitskontrolle und dürfen nur über bestimmte Einlassstellen eingeführt werden. Adressen und Registrierungspflicht für Importeure sowie ggf. weitere Genehmigungen sind beim Landwirtschaftsministerium erhältlich. Für Medikamente ist die Agentur HALMED zuständig (Konformität, Registrierung, Marktzugang).

Für Tiermedizinprodukte ist die Abteilung für Veterinärwesen und Lebensmittelsicherheit im Landwirtschaftsministerium zuständig. Dual-Use-Güter (zivil/militärisch) unterliegen speziellen Vorschriften. Zuständig ist das Ministerium für wirtschaftliche Entwicklung. Für sensible Waren wie Abfälle oder bestimmte Drittländerprodukte ist eine Lizenz erforderlich (Ministerium für auswärtige und europäische Angelegenheiten).

1.3 Verpackung

Wird Heu und Stroh als Verpackungsmaterial verwendet, muss ein veterinärärztliches Zeugnis vorgelegt werden. Für Holzverpackungen gelten die Regelungen des ISPM Nr. 15-Standards. Keine Pflicht für die Verwendung des Grünen Punktes, aber es gibt Anforderungen, Verpackungen zu vermindern und zu verwerten. Genehmigungen für den Aufdruck des Grünen Punktes als Warenzeichen erteilen Unternehmen wie EKO-OZRA.

1.4 Markierung

Keine besonderen Vorschriften bekannt. Evtl. Rücksprache mit dem Importeur empfohlen.

1.5 Mustersendungen

Muster ohne Handelswert sind zollfrei.

2 Dokumente

2.1 Seefrachten

Seehäfen: Rijeka, Split, Sibenik, Ploce

2.1.1 Konnossemente

Ein Satz Konnossemente ohne Beglaubigung.

2.1.2 Handlungsrechnungen

Rechnungsangaben laut Kaufvertrag. Die Rechnung muss die USt-Identifikationsnummern (UID-Nr.) von Exporteur und Importeur enthalten sowie den Hinweis „steuerfreie innergemeinschaftliche Lieferung" oder „steuerfrei nach § 4 Nr. 1b UStG", sonst ist MwSt. zu berechnen. Außerdem noch folgender Vermerk in der Rechnung: „tax free intra-community despatch/delivery".

Die Bedingungen des § 6a UStG müssen eingehalten sein.

Bei Dual-Use-Gütern ist in den Papieren ein ausdrücklicher Vermerk anzubringen, dass bei der Ausfuhr aus dem Gebiet der EU eine Kontrolle der Waren stattzufinden hat.

Für Nichtgemeinschaftsware werden Rechnungen (zweifach, Französisch) mit allen handelsüblichen Angaben, z.B. Warengewicht und -bezeichnung, Ursprungsland, Art, Anzahl, Nummern und Marken der Versandstücke, Bruttogewicht, Nettogewicht, Inhalt von jedem Versandstück, fob-Kosten und gesondert aufgeführte cif-Kosten, Skonti, benötigt. Keine Unterzeichnung der Rechnungen und keine Bescheinigungen erforderlich.

2.1.3 Ursprungszeugnisse

Ursprungszeugnis nur auf Anforderung.

2.1.4 Intrastat-Meldung

Auf Grundlage des Änderungsgesetzes zum Außenhandelsstatistikgesetz (AHStatG-ÄndG) vom 5. März 2025 gelten rückwirkend zum 1. Januar 2025 neue Schwellenwerte für die Intrahandelsstatistik: Für Wareneingänge liegt die Meldegrenze nun bei 3.000.000 €, für Versendungen bei 1.000.000 €.

Wird eine dieser Grenzen im laufenden Kalenderjahr überschritten, beginnt die Meldepflicht im Monat der Überschreitung.

Die Daten können online an das Statistische Bundesamt übermittelt werden. Weitere Informationen sind unter www.destatis.de abrufbar (Suchbegriff: „Intrastat") oder per Tel.: 0611 753965, per Fax: 0611 754525 oder per E-Mail: gruppe-vb@destatis.de.

2.2 Eisenbahnverkehr

2.2.1 Frachtbrief

a) für Güter: Ein internationaler Frachtbrief für Frachtgut oder Eilgut;
b) für Expressgut: Ein internationaler Expressgutschein. Keine internationale Zollanmeldung.

2.2.2

Siehe unter Seefrachten 2.1.2–2.1.4.

2.3 Luftfrachten

Zollflughäfen: Dubrovnik, Brac, Mali Lošing, Osijek, Pula, Rijeka, Split, Zadar, Zagreb

2.3.1 Luftfrachtbrief

Eine Ausfertigung des Luftfrachtbriefes.

2.3.2

Siehe unter Seefrachten 2.1.2–2.1.4.

2.4 Postverkehr

2.4.1 Paketkarte

Keine Zollformular erforderlich. Eine Ausfertigung der Handelsrechnung ist beizufügen. Höchstgewicht: 31,5 kg, Vertragskunden: 30 kg.

2.4.2

Siehe unter Seefrachten 2.1.2–2.1.4.

3 Adressen

Auslandshandelskammer

Deutsch-Kroatische Industrie- und Handelskammer
Njemačko-hrvatska industrijska i trgovinska komora
Strojarska cesta 22/11
10000 Zagreb, Kroatien
Tel.: +385 16311600
Fax: +385 16311630
Geschäftszeiten: Mo.–Fr. 8.30–16.00 Uhr
E-Mail: info@ahk.hr
https://kroatien.ahk.de

Konsulate

10787 Berlin, Konsularabteilung der Botschaft
Ahornstr. 4
Tel.: 030 21915514
Fax: 030 23628965
Mo.–Fr. 9.00–13.00 Uhr; Di. 16.00–18.00 Uhr
E-Mail: berlin@mvpei.hr
www.de.mfa.hr

Weitere Konsulatsadressen finden Sie jeweils mit Telefonnummer, E-Mail-Adresse, Homepage und Öffnungszeiten unter:
https://www.auswaertiges-amt.de/de/service/laender.

4 Sonstiges

Länderkurzbezeichnung gemäß Präferenzrecht (Lieferantenerklärung): HR
Länder(-gruppen)kurzbezeichnung für bes. Zollsätze im Europäischen Zolltarif: HR
Kraftfahrzeugländerkennzeichen: HR

Kuba

Cuba

1 Allgemeine Informationen

1.1 Kurzinfos

Landesvorwahl: +53

MEZ: –6 Std.

Spanisch, Englisch

1 Kubanischer Peso (kub. $) = 100 Centavos (ISO-Code: CUC)

Nach AWG frei vereinbar Devisenbestimmungen von Kuba beachten

Harmonisiertes System

Mitglied

Feiertage: Die Feiertage zu diesem Land finden Sie unter folgendem Link: https://www.timeanddate.de/feiertage/.

1.2 Einfuhr aus der Bundesrepublik

Für die Einfuhr vieler Waren (u.a. viele technische Produkte, chemische Erzeugnisse, Arzneien und medizinische Produkte, Tiere, Fleisch, Fleischerzeugnisse, Pflanzen, Schädlingsbekämpfungsmittel) sind Importlizenzen erforderlich. Die Einfuhr läuft über staatliche Gesellschaften. Es bestehen zahlreiche Importvorschriften, wie z.B. Etikettierung, Kennzeichnung und Registrierung für Fleisch und Fleischwaren, Pflanzen, Tiere, Lebensmittel, Tabakprodukte, Hygieneartikel, Spielwaren, pharmazeutische Produkte, Pestizide, Aufzüge, elektronische Generatoren, Sicherheitssysteme (Überwachungssysteme, Zugangskontrollsysteme etc.) und medizinische Geräte. Eine Genehmigung für die Einfuhr von GPS-Geräte erteilt das ONHG (Nationales Büro für Geodäsie und Hydrographie). Eine Lizenz ist erforderlich für Stoffe, die die Ozonschicht schädigen könnten. Düngemittel (chemisch und natürlich) brauchen eine Erlaubnis der zentralen Registrierungsbehörden. Die Anforderungen kubanischer Normen müssen für spezielle Lampen und manche Kosmetika eingehalten werden (Genehmigungen beim Ministerium für Wissenschaft, Technologie und Umwelt). PSA (persönliche Schutzausrüstungen) benötigen ein Tauglichkeitszeugnis. Besondere Etikettierungsregelungen betreffen Saaten, Lebensmittel, Pestizide, Tabak, Kosmetika, medizinische Geräte und Spielwaren. Verboten ist die Einfuhr von pornografischem Material, gentechnisch veränderten Organismen, FCKW, bestimmten Impfstoffen, manchen Pestiziden, Sprengstoff.

1.3 Verpackung

Kuba wendet für Verpackungsholz die Vorschriften des ISPM Nr. 15-Standards an. Verpackungsmaterial aus Holz muss gekennzeichnet sein, dass es entsprechend begast und einer Wärmebehandlung unterzogen wurde. Es empfiehlt sich, Heu und Stroh nicht zu benutzen, da diese Verpackungsmaterialien in Kuba samt Inhalt zunächst in eine Ausräucherungskammer überführt werden.

1.4 Markierung

Zusätzlich: „Hecho en Alemania" oder „Made in Germany".

1.5 Mustersendungen

Muster werden, sofern sie keinen Handelswert haben (bis US-$ 20,–), zollfrei abgefertigt.

2 Dokumente

2.1 Seefrachten

Seehäfen: Antilla, Cienfuegos, Guantánamo, La Habana, Santiago de Cuba, Manzanillo, Mariel, Matanzas, Nicaro, Nuevitas

2.1.1 Konnossemente

Voller Satz Konnossemente, Ausstellung an Order mit Notify-Adresse möglich.

2.1.2 Handelsrechnungen

Handelsfaktura (dreifach, Spanisch oder Englisch) ohne Bescheinigung, mit allen die Ware betreffenden Einzelheiten. Erklärung auf der Rechnung nicht obligatorisch.

2.1.3 Ursprungszeugnisse

Ursprungszeugnis im Allgemeinen nicht erforderlich.

2.1.4 Warenverkehrsbescheinigung

Warenverkehrsbescheinigung bzw. Präferenz-Ursprungsnachweis in einem der Handelspapiere: nicht erforderlich.

2.1.5 Gesundheitszertifikat

Für Tiere, Pflanzen, Fleisch- und Fleischwaren sowie Lebensmittel und Produkte, die für den menschlichen Verzehr und Kontakt bestimmt sind, ist ein Gesundheitszeugnis erforderlich.

2.2 Luftfrachten

Zollflughafen: La Habana (HAV) (Havanna)

2.2.1 Luftfrachtbrief

Eine Ausfertigung des Luftfrachtbriefes.

2.2.2

Siehe unter Seefrachten 2.1.2–2.1.5.

2.3 Postverkehr

2.3.1 Paketkarte

Eine oder zwei Zollinhaltserklärungen (je nach Paketgröße und -gewicht), Spanisch. Höchstgewicht 20 kg. Postsendungen sind nur mit einem Warenwert von weniger als 500 $ zugelassen.

2.3.2

Siehe unter Seefrachten 2.1.2–2.1.5. Eine Faktura ist dem Paket beizulegen, das Paket ist entsprechend zu kennzeichnen.

3 Adressen

Konsulate

10439 Berlin, Konsularabteilung der Botschaft
Gotlandstr. 15
Tel.: 030 44737023, -44793109
Fax: 030 44737038
Mo., Di., Do. 8.30–11.30 Uhr; Mi. 14.00–16.00 Uhr
E-Mail: consulberlin@t-online.de

53175 Bonn, Außenstelle
Kennedyallee 22–24
Tel.: 0228 3090
Fax: 0228 309244
Mo.–Do. 9.00–12.00 Uhr
E-Mail: kons-od-bonn@botschaft-kuba.de

4 Sonstiges

Länder(-gruppen)kurzbezeichnung für bes. Zollsätze im Europäischen Zolltarif: SPGL
Kraftfahrzeugländerkennzeichen: C

Kuwait

State of Kuwait

1 Allgemeine Informationen

1.1 Kurzinfos

Landesvorwahl: +965

MEZ: +2 Std.

Englisch, Arabisch

1 Kuwait-Dinar = 1000 Fils (ISO-Code: KWD)

Nach AWG frei vereinbar Devisenbestimmungen von Kuwait beachten

Harmonisiertes System

Mitglied

Angeschlossen

Feiertage: Die Feiertage zu diesem Land finden Sie unter folgendem Link: https://www.timeanddate.de/feiertage/.

1.2 Einfuhr aus der Bundesrepublik

In Kuwait gelten für viele Produkte nationale oder GSO-Standards, sofern keine spezifischen Vorgaben bestehen. Zuständig für die Umsetzung sind PAI und KOWSMD. Fehlen kuwaitische Normen, greifen die Richtlinien der Gulf Standardization Organization (GSO), abrufbar unter www.gso.org.sa/store. Für Lebensmittel ist ein amtliches Gesundheitszeugnis erforderlich. Verpackte Nahrungsmittel – insbesondere Diabetikerkost – müssen dauerhaft mit Herstellungs- und Haltbarkeitsdatum gekennzeichnet sein. Fleisch und Fleischerzeugnisse benötigen zusätzlich ein Halal-Zertifikat.

Elektrogeräte wie Mikrowellen und Ventilatoren sowie bestimmtes Kinderspielzeug unterliegen der G-Mark-Pflicht. Diese Kennzeichnung bestätigt die Einhaltung der GSO-Normen und wird ausschließlich durch zertifizierte Stellen vergeben (https://www.gso.org.sa/nb/). Beim Import lebender Tiere oder Pflanzen sind offizielle Gesundheitszeugnisse sowie Quarantäne- und Impfvorschriften zu beachten. Informationen bietet u.a. das Julius-Kühn-Institut unter https://pflanzengesundheit.julius-kuehn.de/regelungen-nicht-eu-staaten.htm.

Für Edelmetalle, Schmuckinstrumente und Tabakerzeugnisse gelten gesonderte Einfuhrvorschriften. Dosenlebensmittel müssen mit arabischen Etiketten versehen sein.
Die Einfuhr ist zeitlich beschränkt: Produkte mit unterjähriger Haltbarkeit dürfen nur innerhalb von drei Monaten, spätestens vor Ablauf der halben Haltbarkeitsdauer eingeführt werden. Saisonale Erzeugnisse mit längerer Haltbarkeit dürfen bis zu acht Monate nach Herstellung importiert werden. Pharmazeutika benötigen eine nationale Zulassung, ebenso ethanolhaltige Präparate, die zusätzlich vom Gesundheitsministerium genehmigt werden müssen. Reifen erfordern ein Prüfzeugnis aus dem Herkunftsland und müssen gekennzeichnet sein. Für Importe nach Kuwait ist eine jährlich zu erneuernde Lizenz des Handels- und Industrieministeriums nötig. Alkohol, Schweinefleisch, Glücksspielgeräte und über fünf Jahre alte Gebrauchtwagen sind verboten; für Pharmazeutika, Chemikalien und Waffen gelten Sondergenehmigungen. Waren mit Bezug zu Israel sind strikt untersagt.

Bitte beachten: Bedienungs- und Wartungshinweise sind in arabischer Sprache vorzulegen. Die Einfuhr von Produkten mit Abbildungen des Emirs, des Kronprinzen oder des Staatswappens Kuwaits ist verboten.

1.3 Verpackung

Im Hafen von Kuwait wird Transitladung nur noch gebündelt und palettiert angenommen. Die auf dem Seeweg transportierten Waren müssen stabil verpackt sein. Die Benutzung von Heu und Stroh wird wegen der Entflammbarkeitsgefahr bei hohen sommerlichen Temperaturen nicht empfohlen. Warnhinweise auf eine sachgemäße Handhabung sollten idealerweise in Arabisch verfasst sein.

1.4 Markierung

Bei Eisen wird eine Farbmarkierung in mind. 30 cm Breite verlangt. Alle Waren müssen am Produkt mit dem Ursprungsland so gekennzeichnet sein, dass sie weder entfernt noch verändert werden können. Bei Holz oder Eisen in gebündelter Form müssen besondere Bestimmungen beachtet werden (z.B. mittig aufgebrachte Markierung mit dem Ursprungsland in Englisch und Arabisch und Namen des Herstellers). Es empfiehlt sich eine Rücksprache mit dem Importeur.

Bitte beachten: Weder auf den Warenbegleitpapieren noch in der Markierung darf „Persian Gulf" stehen, im Ausnahmefall ist „Arabian Gulf" möglich. Besser ist, keine Golf-Bezeichnung anzugeben.

Waren müssen dauerhaft direkt am Produkt mit dem Ursprungsland gekennzeichnet sein. Ist das technisch nicht möglich, genügt die Angabe auf der kleinsten Verpackung. Formulierungen wie „Made in EU" werden von den Golfstaaten meist abgelehnt. Die Herkunftsangabe muss mit den Einfuhrpapieren übereinstimmen und zweisprachig (Arabisch/Englisch) erfolgen. Für bestimmte Produkte gelten Sonderregelungen. Grundsätzlich ist eine Abstimmung mit dem Importeur ratsam.

1.5 Mustersendungen

Kleine Muster zum Verbleib in Kuwait ohne Handelswert (bis 100 KD) werden allgemein zollfrei abgefertigt. Werden die Muster nur vorübergehend in Kuwait eingeführt (für höchstens zwölf Monate), besteht Zollpflicht, deren Höhe von der Dauer des Verbleibs abhängt. Es wird eine Pro-Forma-Rechnung benötigt (vgl. 2.1.2).

2 Dokumente

2.1 Seefrachten

Seehäfen: Shuwaikh, Shuaiba, Mina Abd Allah, Mina al Ahmadi, Mina Su'ud

2.1.1 Konnossemente

Voller Satz Konnossemente, Ausstellung an Order, mit Notify-Adresse, möglich. Beglaubigung nicht erforderlich.

2.1.2 Handelsrechnungen

Handelsfaktura (zweifach) in Englisch mit allen üblichen Angaben, zusätzlich Zolltarifnr. (HS), Brutto- und Nettogewichte für jede einzelne Warenart, Ursprungsland, Packstücke (Nummern, Anzahl, Marke und Art), exakte Benennung der Ware, Warenwerte. Bescheinigung durch Handelskammer, dann zwecks Legalisierung zum Konsulat bzw. zur Ghorfa. Der Name des Schiffes muss bei Seetransporten in jedem Fall angegeben werden. Der Zoll kann ebenfalls eine Erklärung in bestimmter Aufmachung über die Art der Verträge zwischen den Handelsparteien verlangen. Rücksprache mit dem Importeur empfohlen.

Die Rechnung muss folgende Schlussvermerke tragen: „We certify that the goods are of ... (Ursprungsangabe) origin. They contain ... (Ursprungsangabe) materials and they are being exported from ... (Exportland). The goods were manufactured by ... (Name und komplette Adresse)".

Bei Erstellung einer Pro-forma-Rechnung, z.B. für Sendungen ohne Berechnung, muss in der Proforma-Rechnung der Vermerk „Samples without commercial value" aufgeführt werden. Für die Proforma-Rechnung gelten ansonsten dieselben Bestimmungen wie für Handelsrechnungen, d.h. auch für diese ist eine Handelskammer-Bescheinigung und anschließende konsularische Legalisierung erforderlich.

Die konsularisch zu legalisierenden Dokumente sind bei der Ghorfa Arab-German Chamber of Commerce and Industrie e.V., Referat für Handelsdokumenten-Service, Garnisonkirchplatz 1, 10178 Berlin, Tel.: (030) 27890724/-25, Fax: (030) 27890732, E-Mail: dokument@ghorfa.de zur Vorbeglaubigung zusammen mit einem Begleitschreiben und einem ausreichend frankierten und adressierten Umschlag per Post einzureichen. Achtung: Genaue Adresse des Empfängers in Kuwait auf allen Dokumenten angeben.

2.1.3 Ursprungszeugnisse

Ursprungszeugnis ist erforderlich, Anzahl mit Importeur abstimmen. Die unter 2.1.2 aufgeführte Erklärung ist vom Ausführer auf der Rückseite abzugeben. Die genaue Adresse des Empfängers muss angegeben werden. Bescheinigung der Erklärung auf der Rückseite durch Handelskammer, dann zur Legalisierung durch Botschaft von Kuwait (siehe unter 2.1.2). Importeur bestimmt die

Anzahl der zu legalisierenden Ursprungszeugnisse. Nicht erlaubt ist die Bezeichnung „An Order".

2.1.4 Hersteller-Erklärung

Hersteller-Erklärung auf Firmenbogen (zweifach, Englisch) nur auf Anforderung mit Angabe der Rechnungsnummer und von wem die Ware hergestellt worden ist und Ursprungsland mit notarieller Beglaubigung. Bei Legalisierung durch Botschaft, wenn verlangt, ist zuvor zusätzlich eine Überbeglaubigung vom Landgerichtspräsidenten und einem Notar erforderlich.

2.1.5 Packlisten

Packlisten (dreifach, Englisch oder Arabisch) erforderlich mit Angabe des Ursprungslandes, des Herstellers (inkl. Adresse), Warenbeschreibung, HS-Zolltarifnummer, Nummer der Packstücke, Art und Inhalt der Verpackung, Brutto-/Nettogewichte, Einzel-/Gesamtpreise. Muster liegen der zuständigen Handelskammer vor.

2.1.6 Gesundheitszeugnisse

Gesundheitszeugnis erforderlich für lebende Tiere und tierische Produkte sowie für Pflanzen und Nahrungsmittel (www.julius-kuehn.de). Für Nahrungsmittel muss ein amtliches Gesundheitszeugnis vorgelegt werden.

2.1.7 Konformitätszertifikat

Certificate of Conformity, ausgestellt durch das PAI (Public Authority for Industry): Für diverse Waren wie elektronische/Elektro-Artikel, chemische Produkte, Kfz und Reifen u.a. ist eine Qualitätskontrolle vorgeschrieben (TER/TIR). Weitere Informationen im Internet unter www.pai.gov.kw. Für die Ausstellung zuständig ist z.B. Bureau Veritas Industry Services GmbH in 20457 Hamburg, Willy-Brandt-Str. 55, Tel.: 040 236250, E-Mail: gs.kuwait@bureauveritas.com, SGS Germany GmbH in 20097 Hamburg, Heidenkampsweg 99, Tel.: 040 30101735, E-Mail: de.gis.export@sgs.com, Intertek Caleb Brett Germany GmbH, Government & Trade Services, Georgswerder Bogen 3, 21109 Hamburg, Tel.: 040 558225000, E-Mail: info.hamburg@intertek.com und DIN CERTCO Gesellschaft für Konformitätsbewertung mbH, TÜV Rheinland, Alboinstr. 56, 12103 Berlin, Tel.: 030 75621131, E-Mail: sales-mas@dincertco.de zuständig.

2.2 Luftfrachten

Zollflughafen: Kuwait (KWI)

2.2.1 Luftfrachtbrief

Eine Ausfertigung des Luftfrachtbriefes.

2.2.2

Siehe unter Seefrachten 2.1.2–2.1.7.

2.3 Postverkehr

2.3.1 Paketkarte

Drei Zollinhaltserklärungen, Englisch, gehen mit der Ware. Auf jeder Sendung ist die komplette Anschrift – inkl. Region, Straßennamen/-nummer, Hausnummer, Blocknummer – sowie die Telefonnummer des Empfängers anzugeben. Höchstgewicht: 31,5 kg, Vertragskunden: 30 kg.

2.3.2

Siehe unter Seefrachten 2.1.2–2.1.7.

3 Konsulatsgebühren

Alle konsularisch zu legalisierenden Dokumente sind durch die GHORFA Arab-German Chamber of Commerce and Industry e.V., Garnisonkirchplatz 1, 10178 Berlin, Tel.: 030 278907-0, Fax: 030 278907-49, E-Mail: dokument@ghorfa.de, www.ghorfa.de, vorzubeglaubigen. Die Dokumente sind per Post an die GHORFA zu senden und werden anschließend an die Konsularabteilung der Botschaft weitergeleitet. Ein frankierter und adressierter Rückumschlag sowie ein Anschreiben mit den Kontaktdaten des Ansprechpartners ist beizufügen. Die GHORFA-Gebühr beträgt € 32,– pro Exemplar. Die GHORFA-Gebühr ist per Überweisung auf das Konto der GHORFA, bei der Deutschen Bank AG, Berlin, IBAN: DE 46 1007 0000 0434 9510 00, BIC: DEUTDEBBXXX, zu bezahlen. Die von der Bank quittierte Durchschrift des Überweisungsträgers bzw. ein Ausdruck nach einer Online-Überweisung ist den Dokumenten beizufügen.

Verträge müssen auf dem Briefbogen des Unternehmens ausgestellt sein. Wie auch Zertifikate und Erklärungen des Herstellers müssen sie zudem notariell beglaubigt werden und benötigen zudem eine Überbeglaubigung durch den Präsidenten des zuständigen Landgerichts.

Auf allen Dokumenten ist der Empfänger mit genauer Adresse anzugeben. Alle Dokumente müssen einsprachig in englischer Sprache aufgemacht sein. In Packlisten, Zertifikaten, Herstellererklärungen sowie Ursprungszeugnissen sind Warenhersteller und Ursprungsländer zu nennen.

Firmen aus Baden-Württemberg, Bayern, Hessen, Nordrhein-Westfalen, Rheinland-Pfalz und aus dem Saarland können sich für die Legalisierung auch an das Generalkonsulat in Frankfurt wenden.

Handelsrechnung, pro Exemplar	€ 50,–
Ursprungszeugnis, pro Exemplar	€ 75,–
Verträge, pro Exemplar	€ 25,–
Hersteller-Erklärung, Zertifikat	€ 25,–
Packliste, pro Exemplar	€ 75,–
Bescheinigung des Patentamts, pro Exemplar	€ 25,–
zzgl. GHORFA-Gebühr, pro Exemplar	€ 32,–

Bezahlung der Konsulatsgebühren durch Überweisung auf das Konto der Konsularabteilung der Botschaft – bei der Commerzbank AG Berlin, IBAN: DE 97 1004 0000 0266 4464 00, BIC: COBADEFFXXX. Die GHORFA-Gebühren sind getrennt zu zahlen, s.o. Die Kopie des Bank-Überweisungsauftrages (mit Verwendungszweck z.B. Name der Firma) mit der Original-Quittierung der Bank oder ein Ausdruck der Online-Überweisung ist der Botschaft mit den Dokumenten einzureichen. Keine Postanweisung oder EDV-Überweisung.

Warenbegleitpapiere dürfen im Bedarfsfall nur „Arabian Gulf" tragen. Nach Möglichkeit keine Golf-Bezeichnung.

4 Adressen

Konsulate

Die Konsulatsadressen finden Sie jeweils mit Telefonnummer, E-Mail-Adresse, Homepage und Öffnungszeiten unter:
https://www.auswaertiges-amt.de/de/service/laender.

5 Sonstiges

Länder(-gruppen)kurzbezeichnung für bes. Zollsätze im Europäischen Zolltarif: SPGL
Kraftfahrzeugländerkennzeichen: KWT

Laos

Demokratische Volksrepublik Laos – Lao People's Democratic Republic

1 Allgemeine Informationen

1.1 Kurzinfos

Landesvorwahl: +856

MEZ: +6 Std.

Französisch, Englisch

1 Kip de Libération (KL) = 100 At (ISO-Code: LAK)

Nach AWG frei vereinbar Devisenbestimmungen von Laos beachten

Harmonisiertes System

Mitglied

Feiertage: Die Feiertage zu diesem Land finden Sie unter folgendem Link: https://www.timeanddate.de/feiertage/.

1.2 Einfuhr aus der Bundesrepublik

Für einige Produkte müssen Einfuhrgenehmigungen beantragt werden. Es wird zwischen automatischen und nichtautomatischen Lizenzen differenziert. Sie werden vom „Department of Import and Export of the Ministry of Industry and Commerce" ausgestellt. Nicht eingeführt werden dürfen z.B. gefährliche Chemikalien, psychotrope Substanzen, Waffen, Munition etc. Normen und Standards werden vom Department of Standardization and Metrology geregelt. Kennzeichnungspflichtig sind Lieferungen an Endverbraucher und Einzelhändler.

1.3 Verpackung

Heu und Stroh als Verpackungsmaterial zugelassen. Für Holzverpackungen gelten die Regelungen der ISPM Nr. 15.

1.4 Markierung

Empfohlen: „République Fédérale d'Allemagne".

1.5 Mustersendungen

Muster ohne Handelswert können zollfrei eingeführt werden. Muster, die zollpflichtig sind, dürfen weder als Päckchen noch als Probe versandt werden.

2 Dokumente

2.1 Seefrachten

Seehafen: keinen

2.1.1 Konnossemente

Voller Satz Konnossemente, Ausstellung an Order (mit Notify-Adresse) möglich.

2.1.2 Handelsrechnungen

Handelsfaktura (zweifach, in Englisch oder Französisch), von der Handelskammer bescheinigen lassen (dreifach einreichen). Die Faktura muss u.a. folgende Angaben enthalten: Gewichte (netto und brutto), Marke, Nummern, Anzahl, Art der Packstücke, HS-Zolltarifnummer, detaillierte und exakte Bezeichnung der Ware, Gesamt- und Einzelwert, Lieferkonditionen, Warenursprung („Federal Republic of Germany"), Beförderungsangaben.

2.1.3 Ursprungszeugnisse

Ursprungszeugnisse werden ggf. verlangt, einfach, in Französisch, mit der Angabe „République Fédérale d'Allemagne (Union Européenne)" oder „Federal Republic of Germany (European Union)" erforderlich.

2.1.4 Gesundheitszeugnisse

Erforderlich für lebende Tiere, tierische Erzeugnisse, Pflanzen und pflanzliche Produkte.

2.1.5 Packlisten

Sollte aus der Rechnung nicht der Inhalt der einzelnen Packstücke hervorgehen, wird eine separate detaillierte Packliste mit den entsprechenden Angaben zu Marke, Nummer, Gewicht, Maße empfohlen.

2.2 Luftfrachten

Zollflughäfen: Vientiane, Pakse, Savannakhet, Luangprabang

2.2.1 Luftfrachtbrief

Eine Ausfertigung des Luftfrachtbriefes.

2.2.2

Siehe unter Seefrachten 2.1.2–2.1.5.

2.3 Postverkehr

2.3.1 Paketkarte

Zwei Zollinhaltserklärungen in Französisch oder Englisch. Höchstgewicht 20 kg. Paketdienst nur durch folgende Postämter in Laos: Champassack, Houeisai, Khammouane, Khong, Khongsedone, Luangprabang, Pakse, Savannakhet, Sayaboury, Vientiane (bei Postpaketen nach anderen Orten ist zusätzlich der nächstgelegene dieser Orte zu vermerken). Richtige Landesbezeichnung: „Demokratische Volksrepublik Laos", „République démocratique populaire lao" bzw. „Lao People's Republic" democratic.

2.3.2

Siehe unter Seefrachten 2.1.2–2.1.5.

3 Adressen

Auslandshandelskammer

Delegation der Deutschen Wirtschaft in Vietnam (Delegation of German Industry and Commerce in Vietnam)
Ho-Chi-Minh-Stadt,
Deutsches Haus Ho Chi Minh,
4th Floor
Le Duan Blvd.,
District 1
Tel.: +84 28 2823 9775
E-Mail: info@vietnam.ahk.de
www.vietnam.ahk.de

Konsulate

Die Konsulatsadressen finden Sie jeweils mit Telefonnummer, E-Mail-Adresse, Homepage und Öffnungszeiten unter:
https://www.auswaertiges-amt.de/de/service/laender.

4 Sonstiges

Länder(-gruppen)kurzbezeichnung für bes. Zollsätze im Europäischen Zolltarif: SPGA
Kraftfahrzeugländerkennzeichen: LAO

Lesotho

Kingdom of Lesotho

1 Allgemeine Informationen

1.1 Kurzinfos

Landesvorwahl: +266

MEZ: +1 Std.

Englisch

1 Loti = 100 Lisente (ISO-Code: LSL)

Nach AWG frei vereinbar Devisenbestimmungen von Lesotho beachten

ZOLL DOUANE **Harmonisiertes System**

WTO **Mitglied**

CARNET ATA **Angeschlossen**

Feiertage: Die Feiertage zu diesem Land finden Sie unter folgendem Link: https://www.timeanddate.de/feiertage/.

1.2 Einfuhr aus der Bundesrepublik

Mitglied des Abkommens EU-AKP und der südafrikanischen Zollunion. Wirtschaftsabkommen der EU mit den SADC-WPA-Staaten besteht. Importlizenzen werden teilweise verlangt, z.B. für Mais bzw. Maismehl, Samen und Pflanzen. Das „Standards and Quality Assurance" (DSQA) ist zuständig für Normen und Standards.

Im Juli 2022 wurde das Lesotho National Single Window (LNSW) eingeführt und seitdem weiter ausgebaut. Über das System können Händler papierlos und von verschiedenen Behörden Anträge, Zahlungen, Genehmigungen, Lizenzen und weitere Bescheinigungen abwickeln. Der Registrierungsprozess erfolgt über das Onlineportal https://www.lesothotradeportal.com/?r=site/registration.

1.3 Verpackung

Für Holzverpackungsmaterial gelten die Bestimmungen der ISPM Nr. 15.

2 Dokumente

Es gelten die Bestimmungen für **Südafrika**.

2.1 Seefrachten

Seehafen: Keinen; Transit via Durban (Südafrika)

2.1.1 Konnossemente

Voller Satz Konnossemente, Ausstellung an Order mit Notify-Adresse möglich. Beglaubigung nicht vorgeschrieben.

2.1.2 Handelsrechnungen

Handelsfaktura (einfach) in Englisch, unterschrieben, ggf. mit allen Angaben zum Exporteur und Importeur sowie des Empfängers, der Nummer der Lizenz und deren Verfalldatum und Bestimmungsort, Namen des Schiffes, Verschiffungshafen bzw. Abflughafen, Zolltarifnummer nach dem Harmonisierten System (HS 2022 ist seit 1.1.2022 implementiert), Preis pro Wareneinheit und Gesamtpreis mit Angabe der Lieferkonditionen, Marke, Nummern, Anzahl und Art der Packstücke, Brutto-/Nettogewichte, genaue Warenbezeichnungen und -mengen, Datum und Nummer der Rechnung sowie des Auftrags, gewährte Rabatte sind aufzuführen, fob-Wert, auch wenn cif verkauft wird.

2.1.3 Ursprungszeugnisse

Falls ein Ursprungszeugnisse gefordert wird, ist die Angabe des Ursprungslandes: „Federal Republic of Germany (European Union)".

2.1.4 Warenverkehrsbescheinigung

EUR.1 bzw. Präferenzursprungsnachweis: Für Erzeugnisse, die unter die „Ursprungsregelung" im

Abkommen über Handel, Entwicklung und Zusammenarbeit zwischen der Europäischen Union und den SADC-WPA-Staaten fallen, ist der Präferenz-Ursprungsnachweis zu erbringen. Die Warenverkehrsbescheinigung wird von den Zollstellen ausgestellt (das Ausfüllen erfolgt durch Exporteur).

Für Sendungen bis zu € 6 000,– ist vom Ausführer nur die folgende Erklärung[1] in die Rechnung oder ein anderes Handelsdokument aufzunehmen:

„The exporter of the products covered by this document (customs authorization No ...)[2] declares that, except where otherwise clearly indicated, these products are of ... preferential origin. Ort, Datum, Unterschrift des Ausführers und Name des Unterzeichners in Druckschrift". Ursprungswaren aus Ceuta oder Melilla sind mit „CM" zu kennzeichnen.

2.1.5 Gesundheitszeugnisse

Ein amtliches Veterinärzeugnis ist erforderlich für lebende Tiere und deren Produkte. Ein Pflanzengesundheitszeugnis ist für Saaten, Mais und Maismehl sowie Pflanzen erforderlich (https://pflanzengesundheit.julius-kuehn.de/).

2.2 Luftfrachten

Zollflughafen: Maseru

2.2.1 Luftfrachtbrief

Eine Ausfertigung des Luftfrachtbriefes.

2.2.2

Siehe unter Seefrachten 2.1.2–2.1.5.

> **Bitte beachten:** Die Einfuhr von Lebensmitteln per Luftfracht ist nicht gestattet.

2.3 Postverkehr

2.3.1 Paketkarte

Zwei Zollinhaltserklärungen, Englisch. Höchstgewicht 20 kg.

2.3.2

Siehe unter Seefrachten 2.1.2–2.1.5.

3 Adressen

Konsulate

Die Konsulatsadressen finden Sie jeweils mit Telefonnummer, E-Mail-Adresse, Homepage und Öffnungszeiten unter:
https://www.auswaertiges-amt.de/de/service/laender.

4 Sonstiges

Länderkurzbezeichnung gemäß Präferenzrecht (Lieferantenerklärung): AKP
Länder(-gruppen)kurzbezeichnung für bes. Zollsätze im Europäischen Zolltarif: LOMA/SPGA
Kraftfahrzeugländerkennzeichen: LS

1) Ursprungserklärung in weiteren Sprachen s. Kapitel Hinweise Warenursprung Präferenzen
2) Eintrag der Bewilligungsnummer, falls die Erklärung von einem ermächtigten Ausführer erstellt wird.

Lettland

1 Allgemeine Informationen

1.1 Kurzinfos

Landesvorwahl: +371

MEZ: +1 Std.
EU-Sommerzeit

Russisch, Lettisch

1 Euro = 100 Cent, seit 1.1.2014

Nach AWG frei vereinbar

Harmonisiertes System
Verzollung nach dem Transaktionswert

Mitglied

Angeschlossen

Feiertage: Die Feiertage zu diesem Land finden Sie unter folgendem Link: https://www.timeanddate.de/feiertage/.

1.2 Einfuhr aus der Bundesrepublik

Der Warenverkehr innerhalb der EU unterliegt nur wenigen Beschränkungen. Für Dual-Use-Güter (zivil/militärisch) gelten spezielle Vorschriften; zuständig ist das Kontrollkomitee für strategische Güter beim Außenministerium. Sensible Waren wie Abfälle sowie bestimmte Drittlandsprodukte benötigen eine Genehmigung oder Lizenz. Für Agrar- und Industriegüter gelten verbindliche Standards. In Lettland informiert die Agentur für Investitionen und Entwicklung (LIAA), die als Product Contact Point gemäß EU-Verordnung 2019/515 fungiert und den Marktzugang erleichtert.

Gefährliche Verbraucherprodukte unterliegen dem europäischen Safety Gate Rapid Alert System (vormals RAPEX), das u.a. Pestizide, Spielzeug, Textilien, Kosmetika, Waschmittel, Tabak, Fahrzeuge und Haushaltsgeräte umfasst. Ansprechpartner ist das Zentrum für Verbraucherschutz. Für Lebensmittel und Futtermittel greift das RASFF-System, betreut von der Ernährungs- und Veterinäraufsicht. Alkohol und Tabak müssen gemäß EU-Vorgaben mit Steuerbanderolen gekennzeichnet sein.

Tiere und tierische Produkte aus Drittstaaten dürfen nur über zugelassene Grenzkontrollstellen eingeführt werden – in Lettland z.B. über den Flughafen Riga oder die Grenzübergänge Terehova, Riga, Grebneva und Paternieki und für Bahnfracht die Grenzübergänge Rezekne und Daugavpils. Pflanzen und pflanzliche Produkte mit Gesundheitszeugnis werden ebenfalls nur an bestimmten Einlassstellen abgefertigt. Die Lebensmittel- und Futtermittelhygiene wird durch das nationale Gesetz zur Lebensmittelsicherheit in Einklang mit EU-Verordnungen geregelt.

1.3 Verpackung

Um Verpackungsabfälle zu vermeiden, zu vermindern und zu verwerten, gibt es besondere Bestimmungen. Produzenten und Vertriebspartner müssen ihre Verpackungen zurücknehmen und verwerten. Firmen ab 300 Kilogramm jährlicher Altverpackungsmengen inklusive Pfandbehälter im lettischen Markt unterliegen erweiterter Produzentenverantwortung. Wahlweise errichten sie eigene Recyclingsysteme oder schließen sich Entsorgungsverbänden an.

1.4 Markierung

Keine besonderen Markierungsvorschriften. Evtl. Rücksprache mit dem Importeur erforderlich.

1.5 Mustersendungen

Muster und Warenproben ohne Handelswert werden zollfrei abgefertigt. Vorübergehende Einfuhr mit Carnet A.T.A.

2 Dokumente

2.1 Seefrachten

Seehäfen: Riga, Ventspils, Liepaja

2.1.1 Konnossemente

Voller Satz Konnossemente, Ausstellung an Order möglich.

2.1.2 Handelsrechnungen

Rechnungsangaben laut Kaufvertrag. Die Rechnung muss die USt-Identifikationsnummern (UID-Nr.) von Exporteur und Importeur enthalten sowie den Hinweis „steuerfreie innergemeinschaftliche Lieferung" oder „steuerfrei nach § 4 Nr. 1b UStG", sonst ist MwSt. zu berechnen. Außerdem noch folgender Vermerk in der Rechnung: „tax free intracommunity despatch/delivery".

Die Bedingungen des § 6a UStG müssen eingehalten sein.

Bei Dual-Use-Gütern ist in den Papieren ein ausdrücklicher Vermerk anzubringen, dass bei der Ausfuhr aus dem Gebiet der EU eine Kontrolle der Waren stattzufinden hat.

Für Nichtgemeinschaftswaren sind Rechnungen mit folgenden Informationen notwendig, z.B. Ausstellungsort und -datum, detaillierte Produktbezeichnung, Menge, Art und Anzahl der Pakete mit Angabe von Nummer und Marke, Namen und Anschriften von Aus- und Einführer, Lieferbedingungen mit fob-Wert, cif-Kosten und -Wert bzw. cfr-Wert, Zahlungsbedingungen, Rechnungsnummer, Beförderungsart, Gesamtbetrag sowie das Ursprungsland. Keine Unterzeichnung der Rechnungen und keine Bescheinigungen erforderlich.

2.1.3 Ursprungszeugnisse

Ursprungszeugnis nur auf Anforderung.

2.1.4 Intrastat-Meldung

Auf Grundlage des Änderungsgesetzes zum Außenhandelsstatistikgesetz (AHStatG-ÄndG) vom 5. März 2025 gelten rückwirkend zum 1. Januar 2025 neue Schwellenwerte für die Intrahandelsstatistik: Für Wareneingänge liegt die Meldegrenze nun bei 3.000.000 €, für Versendungen bei 1.000.000 €.

Wird eine dieser Grenzen im laufenden Kalenderjahr überschritten, beginnt die Meldepflicht im Monat der Überschreitung.

Die Daten können online an das Statistische Bundesamt übermittelt werden. Weitere Informationen sind unter www.destatis.de abrufbar (Suchbegriff: „Intrastat") oder per Tel.: 0611 753965, per Fax: 0611 754525 oder per E-Mail: gruppe-vb@destatis.de.

2.1.5 Packlisten

Packlisten werden empfohlen, aus denen Art, Marke, Nummer und Gewicht jedes Packstücks hervorgeht.

2.1.6 Gesundheitszeugnis

Für Pflanzen und pflanzliche Erzeugnisse ist ein Pflanzenschutzzeugnis erforderlich.

2.2 Eisenbahnverkehr

2.2.1 Frachtbrief

Internationaler Frachtbrief, internationale Zollanmeldung nicht erforderlich.

2.2.2

Siehe unter Seefrachten 2.1.2–2.1.6.

2.3 Luftfrachten

Zollflughafen: Riga (RIX)

2.3.1 Luftfrachtbrief

Luftfrachtbrief, ohne Beglaubigung.

2.3.2

Siehe unter Seefrachten 2.1.2–2.1.6.

2.4 Postverkehr

2.4.1 Paketkarte

Keine Zollformulare erforderlich. Höchstgewicht: 31,5 kg, Vertragskunden: 30 kg. Münzen, Banknoten, Devisen und Inhaberpapiere dürfen nicht in Postpaketen versandt werden.

2.4.2

Siehe unter Seefrachten 2.1.2–2.1.6.

3 Adressen

Auslandshandelskammer

Deutsch-Baltische Handelskammer in Estland, Lettland, Litauen, Büro Lettland
Vacijas-Baltijas Tirdzniecıbas kamera Igaunija, Latvija, Lietuva
Strēlnieku iela 1–4
LV-1010 Riga
Tel.: +37 167320718
Fax: +37 167830478
Geschäftszeiten: 8.30–17.00 Uhr
E-Mail: info.lv@ahk-balt.org
www.ahk-balt.org

Konsulate

Die Konsulatsadressen finden Sie jeweils mit Telefonnummer, E-Mail-Adresse, Homepage und Öffnungszeiten unter: https://www.auswaertiges-amt.de/de/service/laender.

4 Sonstiges

Kraftfahrzeugländerkennzeichen: LV

Libanon

1 Allgemeine Informationen

1.1 Kurzinfos

Landesvorwahl: +961

MEZ: +1 Std.
EU-Sommerzeit

Französisch, Englisch, Arabisch

1 Lebanese Pound (L£) = 100 Piastres
(ISO-Code: LBP)

Nach AWG frei vereinbar
Devisenbestimmungen des Libanon beachten

Harmonisiertes System
Verzollung nach Transaktionswert

Angeschlossen
Rückspache mit IHK

Beobachterstatus

Feiertage: Die Feiertage zu diesem Land finden Sie unter folgendem Link: https://www.timeanddate.de/feiertage/.

1.2 Einfuhr aus der Bundesrepublik

Präferenzabkommen mit der EU. Die Einfuhr ist fast vollständig liberalisiert. Importlizenzen haben im Libanon im Wesentlichen statistische Bedeutung. Vorlizenzen (licences préalables) sind bei diversen Positionen (die jedoch laufend Änderungen unterliegen) einzuholen (Schutz der einheimischen landwirtschaftlichen und industriellen Produktion). Die Lizenzen haben eine Gültigkeit von 6 Monaten. Verlängerung um 6 Monate möglich. Keine Toleranzen. Ein Einfuhrverbot gilt für Waren aus Israel.

Für Fragen der Standardisierung und Normierung ist die Libanese Standards Institution (LIB-BOR) zuständig. Es gelten bestimmte Verpackungsbestimmungen und Verbote für einige Inhaltsstoffe bei manchen Nahrungsmitteln, Salz, Lebensmittelfarbstoffen und Getränken. Eine Rücksprache mit dem Importeur ist angeraten. Nahrungsmittel, die konserviert oder abgepackt wurden, müssen mit bestimmten Angaben gekennzeichnet sein, wie etwa mit dem Gewicht (netto), Farbinhalts- und anderen Zusatzstoffen sowie dem Datum der Herstellung und der Haltbarkeit.

Besondere Vorschriften bei der Etikettierung und Markierung (möglichst in Arabisch mit Ursprungsangabe) gelten für manche Milchprodukte (u.a. auch Babynahrung), Eier, Geflügelfleisch, Brot, Mehl für die Brotproduktion, Alkohol, Öl- und Fettprodukte, Sirup, Essig und Medizin. Medizin muss bereits im Ausgangsland gehandelt werden und bedarf einer Registrierung beim Gesundheitsministerium. Analysenzertifikate werden verlangt bei Chemie- und Pharmaprodukten, Technikfetten und Alkoholika. Für diese Produkte gelten auch bestimmte Etikettierungsregelungen. Besondere Regelungen gelten darüber hinaus für Futterprodukte, Dünger, landwirtschaftliche Chemikalien und Tabakwaren. Pkw, die älter sind als acht Jahre, sind von der Einfuhr ausgeschlossen.

Bitte beachten: Zur Zeit der Drucklegung bestand ein Teilembargo für den Handel mit Libanon. Weiterführende Informationen zu den Embargobestimmungen sind auf der Internetseite des BAFA (www.bafa.de/DE/Home/home_node.html) erhältlich.

1.3 Verpackung

Heu und Stroh sind nicht zu empfehlen, nur zulässig aus völlig seuchenfreien Ländern. Für Holzverpackungen gelten die Regelungen der ISPM Nr. 15. Warnhinweise für eine umsichtige Handhabung sollten in Arabisch vorgenommen werden.

1.4 Markierung

Empfohlen, vor allem bei möglicherweise missverständlichen Beschriftungen: „Made in Germany" oder auch „Importe d'Allemagne". Hinichtlich des Ursprungs der Waren, darf kein irrtümlicher Eindruck entstehen.

1.5 Mustersendungen

Muster ohne Handelswert werden zollfrei abgefertigt. Für Werbeprodukte und -druckunterlagen fallen Zollgebühren an. Warenmuster, die der Zollpflicht unterliegen, dürfen nicht als Warenproben bezeichnet werden. Bei einer Einfuhr von Produktmustern, die zur Wiederausfuhr bestimmt sind, werden Sicherheitsleistungen erhoben.

2 Dokumente

2.1 Seefrachten

Seehäfen: Beirut, Tripoli, Sayda, Sidon/zahrani Terminal, Selaata

2.1.1 Frachtbriefe

Konnossemente

Voller Satz Konnossemente, Ausstellung an Order möglich, ohne Beglaubigung. Als Notify ist der libanesische Importeur anzugeben. Werden die Waren nicht von einem deutschen Hafen verschifft, muss auch der Name des Spediteurs oder Ausführers angegeben werden.

Forwarding Agent Receipt

Wird vom Spediteur ausgestellt. Dieses Dokument bestätigt, dass der Versand direkt erfolgt, möglichst in englischer oder französischer Sprache, sonst zumindest Untertexte.

Way Bill/Airway Bill

Dieses Dokument enthält den kompletten Transportweg sowie sämtliche Angaben der zu versendenden Güter (z.B. Menge, Brutto- und Nettogewicht, Versanddatum, Marke, Nummern, Anzahl, Art der Versandstücke, Warenbezeichnung etc.). Name des Ausführers und des libanesischen Importeurs muss enthalten sein, sobald Güter nicht von Deutschland ausgeführt werden.

2.1.2 Handelsrechnungen

Handelsfaktura (dreifach, Französisch oder Englisch) mit handelsüblichen Angaben, u.a. Name und Adressdaten des Verkäufers und Käufers, Packstücke (Anzahl, Art, Nummern, Marke, Abmessungen), genaue Bezeichnung der Produkte mit Gewichten (brutto und netto), Wert beim Verkauf. Original und Kopie sind mit dementsprechenden Stempeln zu versehen.

Die Faktura ist mit nachstehenden Vermerken zu versehen:

„Nous certifions que la présente facture est authentique, qu'elle est la seule émise par nous pour les marchandises qui y sont énoncées, qu'elle mentionne leur valeur exacte sans déduction d'aucun acompte et que leur origine est exclusivement: République Fédérale d'Allemagne (Union Européenne)." oder „We hereby certify that this present invoice is authentic and the only one issued by us representing the goods listed herein without any deduction in their true value as before mentioned and that their origin is exclusively: Federal Republic of Germany (European Union)".

Soweit Waren nicht unmittelbar aus der BR Deutschland eingeführt werden, ist der Versandweg genau anzugeben.

Bei Medikamenten bzw. Patentmedizin muss in der Handelsrechnung zusätzlich folgende Erklärung abgegeben werden: „We hereby certify that the products in this invoice comply with all the legal requirements for sale in our country where they are really sold in original form, composition, packing and trade name of manufacturer and they are so exported. We declare that the public prices mentioned in this invoice are exact."

2.1.3 Ursprungszeugnisse

Ursprungszeugnis (einfach) mit Angabe von „Federal Republic of Germany (European Union)" nur für Agrarprodukte und Rinder bzw. Rindfleischprodukte erforderlich. Konsularische Legalisierung ist nicht erforderlich. Auf der Rückseite ist folgende Erklärung abzugeben: „We hereby declare that the mentioned merchandise is being exported on our own account. The goods are of pure ... (Ursprungslandangabe) origin."

2.1.4 Warenverkehrsbescheinigung

Warenverkehrsbescheinigungen: EUR.1 bzw. Präferenzursprungsnachweis für Erzeugnisse, die unter die Ursprungsregelung des Interimsabkommens der EU mit Libanon fallen. Die EUR.1 (einfach) für Warensendungen mit einem Wert über € 6 000,– (Ausstellung durch Zollstelle nach Ausfüllen durch

Exporteur). Für Sendungen mit einem Wert bis zu € 6 000,– ist vom Ausführer die folgende Erklärung[1], die als Präferenz-Ursprungsnachweis gilt, in eines der Handelspapiere aufzunehmen:

„The exporter of the products covered by this document (customs authorisation No …)[2] declares that, except where otherwise clearly indicated, these products are of … preferential origin."

Ort, Datum, Unterschrift. Der Name des Unterzeichnenden ist in Druckbuchstaben zu wiederholen. Ursprungswaren aus Ceuta und Melilla sind deutlich mit „CM" zu kennzeichnen.

Diese Ursprungserklärungen können durch die Industrie- und Handelskammern nicht bescheinigt werden. Daher ggf. gesondert abgeben; dazu z.B. die Rechnung mit Firmenstempel und Unterschrift versehen und einen Raum von ca. 7 cm Höhe zum Bescheinigen durch die Handelskammer frei lassen. Darunter dann die Ursprungserklärung abgeben und erneut unterschreiben.

2.1.5 Packlisten

Packliste (dreifach) erforderlich, mit der Angabe von Marke, Nummer, Brutto-/Nettogewicht, Außenmaßen und Inhalt je Versandstück.

2.1.6 Hersteller-Erklärung

Die Hersteller-Erklärung (zweifach) wird separat ausgestellt vom Kunden gefordert: Es ist auf Firmenbogen unter Bezugnahme auf die Rechnung zu erklären, wer Warenhersteller ist. Die Handelskammer bescheinigt oder ein Notar beglaubigt (je nach Kundenvorschrift).

2.1.7 Gesundheitszeugnisse

Für den Import von lebenden Tieren und tierischen Produkten erforderlich. Für Holzwaren, Pflanzen und pflanzliche Produkte wird ein Pflanzengesundheitszeugnis verlangt, ausgestellt von der amtlichen Pflanzenschutzstelle (www.julius-kuehn.de).

2.1.8 Konformitätszertifikat

Verification of Conformity (VOC) für Ladegeräte, Transformatoren, elektrisches Spielzeug, elektronische und Elektro-Artikel (z.B. Audio- und Videogeräte, Haushaltsgeräte, Batterien, Lampen) erforderlich. Zuständig für die Ausstellung ist die Fa. Bureau Veritas Industry Services GmbH in 20457 Hamburg, Willy-Brandt-Str. 55 (Tel.: 040 236250, Fax: 040 23625200, E-Mail: GSLebanon@service.bureauveritas.com, https://verigates.bureauveritas.com).

2.2 Eisenbahnverkehr

2.2.1 Frachtbrief

Ein internationaler Frachtbrief für Frachtgut. Vier internationale Zollanmeldungen erforderlich.

2.2.2

Siehe unter Seefrachten 2.1.2–2.1.8.

2.3 Luftfrachten

Zollflughafen: Beirut (BEY)

2.3.1 Luftfrachtbrief

Eine Ausfertigung des Luftfrachtbriefes.

2.3.2

Siehe unter Seefrachten 2.1.2–2.1.8.

2.4 Postverkehr

2.4.1 Paketkarte

Zwei Zollinhaltserklärungen, Englisch, Französisch oder Arabisch. Höchstgewicht: 31,5 kg, Vertragskunden: 30 kg. Paketdienst im Libanon nur durch folgende Postämter: Beyrouth CP, Saida, Tripoli-Marine, Zahle. Bei Postpaketen nach anderen Orten ist zusätzlich der nächstgelegene dieser Orte anzugeben. Versand von Postpaketen mit leicht schmelzbarem, flüssigem, leicht verderblichem oder zerbrechlichem Inhalt nicht zulässig. Zahlungsmittel dürfen nicht per Postpaket versandt werden.

2.4.2

Siehe unter Seefrachten 2.1.2–2.1.8.

3 Konsulatsgebühren

Legalisierungen werden nur für Originaldokumente vorgenommen, die in der Bunderepublik Deutschland ausgestellt und von der zuständigen

1) Ursprungserklärung in weiteren Sprachen s. Kapitel Hinweise Warenursprung Präferenzen
2) Eintrag der Bewilligungsnummer, falls die Erklärung von einem ermächtigten Ausführer erstellt wird.

Behörde bescheinigt wurden. Wird vom Importeur eine konsularische Legalisierung gefordert, ist ein ausreichend frankierter und adressierter Rückumschlag zusätzlich zu den Dokumenten bei der libanesischen Botschaft einzureichen. Falls eine konsularische Legalisierung erforderlich ist, gelten folgende Gebühren:

Handelsrechnungen (Original)	
– 1 ‰ vom Rechnungsbetrag, mind.	€ 40,–
– max.	€ 2 750,–
Ursprungszeugnis	€ 22,–
Handelsregisterauszug pro Exemplar	€ 198,–
Erklärungen zu Aktivitäten im Ausland pro Exemplar	€ 198,–
Preislisten, pro Exemplar	€ 80,–
Vollmachten und andere Unterlagen pro Exemplar mit einer Unterschrift	€ 198,–
Vollmachten und andere Unterlagen pro Exemplar mit zwei Unterschriften	€ 396,–

Ursprungszeugnisse und Handelsrechnungen werden nur gemeinsam legalisiert. Ausstellung von Handelsregisterauszügen vom zuständigen Amtsgericht, Überbeglaubigung erfolgt durch den zuständigen Amtsgerichtspräsidenten. Beglaubigung von Vollmachten durch Notar. Anschließend vor Einreichung bei der Konsularabteilung vom zuständigen Landgerichtspräsidenten überbeglaubigen lassen. Kopien müssen ebenfalls vor dem Einreichen bei der Behörde, die die Originaldokumente beglaubigt hat, legalisiert werden.

Die Bezahlung der Gebühren erfolgt per Überweisung oder Einzahlung auf das Konto der libanesischen Botschaft: IBAN: DE49 1004 0000 0266 1551 00 bei der Commerzbank AG (BIC: COBADEFFXXX). Bei Verwendungszweck ist die Firma anzugeben. Der Originaldurchschlag des Zahlungsbelegs ist als Zahlungsnachweis mit den Antragsunterlagen einzureichen. Für Rücksendung der Dokumente einen als Einschreiben frankierten, adressierten C4-Umschlag beifügen.

4 Adressen

Konsulate

Die Konsulatsadressen finden Sie jeweils mit Telefonnummer, E-Mail-Adresse, Homepage und Öffnungszeiten unter:
https://www.auswaertiges-amt.de/de/service/laender.

5 Sonstiges

Länderkurzbezeichnung gemäß Präferenzrecht (Lieferantenerklärung): LB

Länder(-gruppen)kurzbezeichnung für bes. Zollsätze im Europäischen Zolltarif: LB/SPGL

Kraftfahrzeugländerkennzeichen: RL

1 Allgemeine Informationen

1.1 Kurzinfos

Landesvorwahl: +231

MEZ: –1 Std.

Englisch

1 Liberian Dollar (Lib$) = 100 Cents (ISO-Code: LRD)

Nach AWG frei vereinbar Devisenbestimmungen von Liberia beachten

Harmonisiertes System

Beobachterstatus

Feiertage: Die Feiertage zu diesem Land finden Sie unter folgendem Link: https://www.timeanddate.de/feiertage/.

1.2 Einfuhr aus der Bundesrepublik

Abkommen über wirtschaftliche und technische Zusammenarbeit besteht. Ist Mitglied des Abkommens EU-AKP. Außer für z.B. gebrauchte Textilien, Pflanzen, Waffen, Medikamente und Munition ist keine Importlizenz nötig. Ein Desinfektionszeugnis für gebrauchte Textilien muss vorgelegt werden. Beschriftung der Arzneien genauso wie die Beipackzettel müssen in englischer Sprache sein. Gebrauchte Fahrzeuge müssen mindestens der Abgasnorm Euro-4 entsprechen und dürfen maximal fünf Jahre alt sein. Für Alkohol wird gelegentlich ein Alterszeugnis verlangt. Die LDS (Liberia Division of Standards) ist zuständig für Normen und Standards.

1.3 Verpackung

Keine Besonderheiten bekannt.

1.4 Markierung

Zusätzlich: „Made in Germany".

1.5 Mustersendungen

Muster ohne Handelswert sind zollfrei.

2 Dokumente

2.1 Seefrachten

Seehäfen: Lower Buchanan, Monrovia, Sinoe, Harper, River Cess, Robertsport, Greenville

2.1.1 Konnossemente

Voller Satz Konnossemente, Aufmachung an Order möglich (dann jedoch mit Notify-Adresse), ohne Beglaubigung.

2.1.2 Handelsrechnungen

Handelsfaktura, vierfach, in Englisch – keine Bescheinigung – mit allen die Ware betreffenden Einzelheiten (Name des Exporteurs und Importeurs und Empfängers, Marke, Nummern, Anzahl und Art der Packstücke, Brutto-/Nettogewichte, genaue Warenbezeichnungen, Lieferbedingungen, Ursprungsland, HS-Code, Mengen, Ort und Datum der Ausstellung sowie Einzelpreise, Gesamt-fob- und cif-Wert und auch Nachlässe, wie z.B. Rabatte). Genaue Spezifizierung der Waren erforderlich; allgemeine Bezeichnungen (wie z.B. household effects) sind nicht zulässig. Die Zolltarifnummer darf nicht fehlen. Mengen, Maße und Nettogewichte sind für alle Waren anzugeben mit der Information, welche Waren in welchem Packstück sind. Die Angabe des Ursprungslandes „Federal Republic of Germany (European Union)" ist erforderlich und am Schluss ist folgender Vermerk vorzunehmen:

„We hereby certify that we are the exporters of the goods specified in this invoice and that the contents of each package are enumerated in detail herein and that this invoice shows the true price actually paid or to be paid for the goods specified, and all charges separately, thereon." Die Erklärung ist zu unterschreiben und mit Firmenstempel zu versehen. Faksimile-Unterschriften sind nur auf den Kopien gestattet.

Anzugeben ist der „net-price", d.h. der Nettokosten-Preis, ohne Zurechnung der fob-Kosten. Bei Angabe dieses Nettokosten-Preises und der fob-Kosten (als „other expenses involved") ist es jedoch nicht notwendig, zusätzlich den fob-Preis anzugeben, da er sich automatisch aus einer Zusammenführung beider Posten ergibt. Dementsprechend muss, die am Schluss der Rechnung geforderte Kostenübersicht, wie folgt aussehen (in allen Fällen die Summen in € und US-$ angeben):

Net price (ohne Zurechnung der fob-Kosten)	€ .... US-$
Other expences involved	€ .... US-$
Freight	€ .... US-$
Insurance	€ .... US-$
cif-Value (Ort)	€ .... US-$

Kosten für Verpackungen oder andere Umschließungen extra ausweisen. Rücksprache mit dem Importeur wird empfohlen.

2.1.3 Ursprungszeugnisse

Ursprungszeugnis nicht erforderlich.

2.1.4 Inspektionszertifikate

Ab einem Gesamtrechnungsbetrag von US-$ 2.000,– fob wird für viele Seefrachten eine Mengen-, Preis- und Qualitätskontrolle im Herstellerwerk verlangt. Die Vorverschiffungskontrolle wird vorgenommen von: Bureau Veritas Industry Services GmbH in 20457 Hamburg, Willy-Brandt-Str. 55 (Tel.: 040 23625519, E-Mail: offergsdach@bureauveritas.com. Luftfrachten werden im Importland kontrolliert (Destination Inspection – DI).

2.1.5 Electronic Cargo Tracking Note

Für die Einfuhr wird eine Electronic Cargo Tracking Note (ECTN); Advanced Cargo Declaration (ACD)) benötigt, die vor der Verladung zu beantragen ist. Bestätigung fünf Tage vor Eintreffen der Sendung erforderlich, sonst fallen Bußgelder an. Ansprechpartner ist M + S Mehrtens & Schwickerath GmbH in 28195 Bremen, Tiefer 4, Tel.: 0421 363080, E-Mail: agency@msbre.com, www.shipagent.de.

2.1.6 Gesundheitszeugnisse

Ein Pflanzengesundheitszeugnis kann für Pflanzen erforderlich sein (https://pflanzengesundheit.julius-kuehn.de/).

2.2 Luftfrachten

Zollflughafen: Monrovia (Robertsfield), Spriggs, Payne Airport

2.2.1 Luftfrachtbrief

Eine Ausfertigung des Luftfrachtbriefes.

2.2.2

Siehe unter Seefrachten 2.1.2–2.1.6.

2.3 Postverkehr

2.3.1 Paketkarte

Zwei Zollinhaltserklärungen Englisch oder Französisch. Höchstgewicht 20 kg.

2.3.2

Siehe unter Seefrachten 2.1.2–2.1.6.

3 Adressen

Konsulate

Die Konsulatsadressen finden Sie jeweils mit Telefonnummer, E-Mail-Adresse, Homepage und Öffnungszeiten unter:
https://www.auswaertiges-amt.de/de/service/laender.

4 Sonstiges

Länderkurzbezeichnung gemäß Präferenzrecht (Lieferantenerklärung): AKP
Länder(-gruppen)kurzbezeichnung für bes. Zollsätze im Europäischen Zolltarif: SPGA

1 Allgemeine Informationen

1.1 Kurzinfos

Landesvorwahl: +218

MEZ: +1 Std.

Englisch, Arabisch

1 Libyscher Dinar (LD) = 1000 Dirham (ISO-Code: LYD)

Nach AWG frei vereinbar Devisenbestimmungen von Libyen beachten

Harmonisiertes System

Beobachterstatus

Feiertage: Die Feiertage zu diesem Land finden Sie unter folgendem Link: https://www.timeanddate.de/feiertage/.

1.2 Einfuhr aus der Bundesrepublik

In Libyen sind zahlreiche Produkte von der Einfuhr ausgeschlossen. Dazu zählen alkoholische Getränke, Schweineerzeugnisse, Wein, Olivenöl, frisches Obst, bestimmte Gemüsearten, Mineralwasser und traditionelle Kleidung. Außerdem ist der Import von Waren aus Israel untersagt. Bestimmte Warengruppen dürfen ausschließlich über lizenzierte Firmen mit Einfuhrmonopol bezogen werden. Für Lebensmittel, Nahrungsergänzungsmittel und Arzneimittel gelten strenge Auflagen. Etiketten müssen Herstellungs- und Haltbarkeitsdatum sowie Lagerbedingungen in arabischer Sprache enthalten. Zudem sind ein gesundheitsbehördliches Attest und ein Analysenzertifikat, beide von der Botschaft legalisiert, vorzulegen. Für Medikamente ist zusätzlich ein Certificate of a Pharmaceutical Product (CPP) erforderlich, das ebenfalls durch die Botschaft bestätigt und in Libyen registriert sein muss. Für alle Importe gilt Akkreditivpflicht. Zahlungen erfolgen ausschließlich über ein Letter of Credit (L/C); zusätzlich muss ein Inspektionszertifikat vorgelegt werden.

Beim Import von Fleisch und Fleischprodukten ist ein Halal-Zertifikat vorzulegen, das die Schlachtung nach islamischem Ritus bescheinigt und von der Botschaft legalisiert wurde. Ergänzend können amtliche tierärztliche Zeugnisse verlangt werden. Pflanzliche Erzeugnisse erfordern ein offizielles Pflanzengesundheitszeugnis, während bei Mehl eine Bestätigung über die Herkunft aus Weizen vorgeschrieben ist. Produkte wie Seife, Shampoo, Zahnpasta, Schokolade oder Süßwaren dürfen kein Schweinefett enthalten. Gegebenenfalls sind zusätzliche Analyseberichte vorzulegen. Für die Einfuhr gebrauchter Fahrzeuge sowie die vorübergehende Einbringung technischer Geräte gelten Sondervorschriften. Zentrale Kontaktstelle für Normen und Standards ist das Libyan National Centre for Standardization and Metrology (LNCSM).

Bitte beachten: Zur Zeit der Drucklegung bestehen Sanktionen gegen Libyen. Für Informationen siehe auf der Internetseite des BAFA (www.bafa.de/DE/Home/home_node.html).

1.3 Verpackung

Keine Vorschriften bekannt.

1.4 Markierung

Markierung möglichst in Arabisch oder sonst Englisch. Angaben zum sachgemäßen Transport sowie Etikettierung in Arabisch empfohlen.

1.5 Mustersendungen

Muster ohne Handelswert sind zollfrei. Eine zeitlich beschränkte Zulassung von bis zu sechs Monaten für Produkte mit Handelswert ist möglich. Bei der vorübergehenden Einfuhr von Musterprodukten verlangen die Zollmitarbeiter unter Umständen das Hinterlegen einer Sicherheit.

Daher empfiehlt sich die zweifache schriftliche Erfassung aller Musterwaren.

2 Dokumente

Bitte beachten: Alle Begleitpapiere sollten unbedingt vor der Verladung mit dem Importeur abgestimmt werden! Es gelten besondere Anforderungen an die Aufmachung: Geheftet werden Seiten über die geknickte obere linke Ecke, über die Heftklammer erfolgt der Siegelabdruck durch die Behörde bzw. Handelskammer.

2.1 Seefrachten

Seehäfen: Benghazi, Tripolis, Derna, Jebel Gharbi, Misurata, Tobruk, Zawia, Al Khums, Massa al Burayqah, Misratah, Ra's Lanuf, Zuwarah

Verschiffungen haben vorzugsweise mit der General National Maritime Transport Co. zu erfolgen. Welche Beförderungsdokumente benötigt werden, sollte mit dem Importeur abgesprochen werden.

2.1.1 Konnossemente

Voller Satz Konnossemente, Aufmachung an Order möglich (dann jedoch mit Notify-Adresse), ohne Beglaubigung. Schreibt Kunde Beglaubigung vor, bei Handelskammer rückfragen.

2.1.2 Handelsrechnungen

Handelsfaktura (Englisch, dreifach, unterschrieben, mit Firmenstempel) mit allen die Ware betreffenden Einzelheiten, wie Name des Exporteurs und Importeurs sowie Empfängers, Marke, Nummern, Anzahl und Art der Packstücke, Brutto-/Nettogewichte, genaue Warenbezeichnungen, Lieferbedingungen, HS-Code, Mengen, Ort und Datum der Ausstellung sowie Einzelpreise, Gesamt-fob- und cif-Wert und auch Nachlässe, wie z.B. Rabatte, Nummer des Ursprungszeugnisses, Angabe des Ursprungslandes „Federal Republic of Germany (European Union)". Cif-Kosten sind im Einzelnen anzugeben (Umrechnung bei Fremdwährung). Keine Korrekturen und keine Faksimile-Unterschrift. Kopien müssen gekennzeichnet sein. Bescheinigung durch Handelskammer erforderlich (fünffach einreichen). Die Handelsrechnung ist nur zusammen mit dem Ursprungszeugnis über die Ghorfa bei der Konsularabteilung einzureichen. Ein Nachweis (vor allem bei Seefrachten) über die Registrierung im Advance Cargo Information System (ACI) ist erforderlich. Die Anzahl der Kopien richtet sich nach der Anweisung des Importeurs.

2.1.3 Ursprungszeugnisse

Ursprungszeugnis (vierfach) erforderlich. Eintrag der Faktur- und der L/C-Nummer des Akkreditivs im Ursprungszeugnis (Feld 5) erforderlich. Als Ursprungsland ist für Waren aus Deutschland „Federal Republic of Germany (European Union)" anzugeben.

Auf der Rückseite des Ursprungszeugnisses muss folgende Erklärung abgegeben werden: „We hereby declare that the goods are of pure national origin of the exporting country and that the goods are manufactured by..."

Wenn die Ware nicht „of pure national origin of the exporting country" ist, folgender Vermerk: „... of pure national origin of the country the goods originated from and that the goods are manufactured by ...".

Vorprüfung des Ursprungszeugnisses und Bescheinigung auf der Rückseite durch die zuständige Handelskammer erforderlich; nur dann wird anschließend die über die Ghorfa veranlasste Legalisierung durch die Konsularabteilung vorgenommen (eine Kopie, bescheinigt von der IHK, verbleibt bei der Konsularabteilung). Die Anzahl der konsularisch zu legalisierenden Ursprungszeugnisse richtet sich nach den Forderungen des Importeurs. Elektronische Ursprungsdokumente sind zulässig, sofern die Rückseite eine vom Exporteur unterzeichnete Erklärung mit Firmenstempel enthält. Nur gemeinsame Legalisierung von Handelsrechnungen und Ursprungszeugnissen!

2.1.4 Herstellererklärung

Herstellererklärung (dreifach, Englisch) auf Firmenbogen mit folgendem Wortlaut:

„We hereby declare that the goods stated in the attached Certificate of Origin, certified by the Chamber of Commerce ..., have been manufactured by ...", Konsularische Legalisierung (über Ghorfa) erforderlich, wenn vom Importeur gefordert. In diesem Falle muss die Unterschrift notariell beglaubigt sein und dann eine Überbeglaubigung durch zuständigen Landgerichtspräsidenten erfolgen oder Bescheinigung durch die Handelskammer (dann keine notarielle Beglaubigung und

Überbeglaubigung). Abstimmung mit dem Importeur empfohlen.

2.1.5 Gesundheitszeugnisse

Gesundheitszeugnisse sind erforderlich für Pflanzen und Erzeugnisse pflanzlichen Ursprungs (https://pflanzengesundheit.julius-kuehn.de) sowie für Lebensmittel, Arzneien, Fleisch und Fleischerzeugnisse.

2.1.6 Inspektionszertifikate

Verpflichtend ist ein Inspektionszertifikat, aus dem hervorgeht, dass die importierten Produkte mit den im Akkreditiv L/C aufgeführten Waren identisch sind (auch hinsichtlich Menge und Qualität). Zuständig für dieses „Certificate of Inspection" ist in Deutschland unter anderem SGS Germany GmbH, 20097 Hamburg, Heidenkampsweg 99, Tel.: 040 30101735, E-Mail: de.gis.export@sgs.com, Bureau Veritas, 20457 Hamburg, Willy-Brandt-Str. 55, Tel.: +49 40 23625519, E-Mail: offergsdach@bureauveritas.com, Intertek Caleb Brett Germany GmbH, Government and Trade Services, 21109 Hamburg, Georgswerder Bogen 3, Tel.: 040 558225000, E-Mail: info.hamburg@intertek.com und DIN CERTCO Gesellschaft für Konformitätsbewertung mbH, TÜV Rheinland, 12103 Berlin, Alboinstr. 56, Tel.: 030 75621131, E-Mail: sales-mas@dincertco.de.

2.1.7 Advanced Cargo Information (ACI)

Die Einführung ist im Moment auf unbestimmte Zeit verschoben. Informationen finden sich auf der Internetseite https://aci.customs.gov.ly/en/custompages/what-is-aci.

2.2 Luftfrachten

Zollflughäfen: Benghazi, Sebha, Tripolis (TIP), Surt, Sabha, Darna, Ghat, Brega, Zuwara u.a.

2.2.1 Luftfrachtbrief

Eine Ausfertigung des Luftfrachtbriefes.

2.2.2

Siehe unter Seefrachten 2.1.2–2.1.7.

2.3 Postverkehr

2.3.1 Paketkarte

Zwei Zollinhaltserklärungen CN 23, Englisch, Französisch, Arabisch. Höchstgewicht 20 kg. Über die DHL in Erfahrung bringen, ob eine Versendung möglich ist.

2.3.2

Siehe unter Seefrachten 2.1.2–2.1.7.

3 Konsulatsgebühren

Bitte beachten: Alle Begleitpapiere sollten unbedingt mit dem Importeur abgestimmt werden!

Die Dokumente müssen durch die GHORFA vorbeglaubigt werden: Ghorfa Arab-German Chamber of Commerce and Industry e.V., Garnisonkirchplatz 1, 10178 Berlin, Tel.: 030 27890724, Fax: 030 27890732, E-Mail: dokument@ghorfa.de. Zur Legalisierung übermittelt die Ghorfa die Dokumente an die Konsularabteilung der Botschaft. Die Dokumente müssen mit einem Begleitschreiben (dreifach) und einem frankierten Rückumschlag eingereicht werden. Jedes Exemplar muss die Adresse des Empfängers in Libyen tragen. Bei Einreichung über ein Servicebüro muss ein Brief auf Firmenpapier über die entsprechende Vollmacht informieren.

Pro eingereichtem Originaldokument wird eine Kopie benötigt. (Ursprungszeugnis: eine gelbe Kopie mit Bescheinigung, Rechnung: eine bescheinigte Kopie). Handelsrechnung und Ursprungszeugnis gemeinsam einreichen. Eine Angabe der Rechnungssumme in EUR erforderlich (Tageskurs!). Bevor die Dokumente an die Ghorfa gegeben werden, benötigen sie eine Bescheinigung der Handelskammer (bzw. eine Ausstellung durch dieselbe). Analysenzertifikate für Arzneimittel bzw. Gesunheitszeugnisse für Lebensmittel müssen legalisiert werden.

Die Abwicklung der Konsulatsgebühren erfolgt über das Konto der Libyschen Botschaft Berlin, IBAN: DE20 1007 0000 0728 4433 01, BIC: DEUTDEDBBER. Verwendungszweck: Nummern von Urkunde, Handelsrechnung oder Ursprungszeugnis. Zahlungsbeleg nur über Online-Ausdrucke (dreifach). Achtung: Die Gebühren sind getrennt von der Ghorfa-Gebühr zu bezahlen. Begleichung der Ghorfa-Gebühr über das Konto der Ghorfa: IBAN: DE46 1007 0000 0434 9510 00, BIC: DEUTDEBBXXX (Deutsche Bank) oder IBAN: DE46 1004 0000 0266 1569 00, BIC: COBADEFFXXX (Commerzbank). Zahlungsbeleg mit Durchschlag des Überweisungsträgers oder Online-Ausdruck.

	Botschaftsgebühren in €
Rechnungen, pro Exemplar	36,–
dazu 1 ‰ vom höchsten Rechnungsbetrag	
Ursprungszeugnis mit Rechnung	36,–
zu legalisierende Kopien (pro Exemplar)	18,–
Ghorfa-Gebühr (pro Exemplar)	32,–

4 Adressen

Auslandshandelskammer

Deutsch-Arabische Industrie- und Handelskammer
German-Arab Chamber of Industry and Commerce
German Industry and Commerce Tower 21
Soliman Abaza Street,
off Jameat El Dowal El Arabia St. Mohandessin, Giza
Kairo
Tel. +20 233368183
E-Mail: info@ahk-mena.com
www.ahkmena.com

Konsulate

Die Konsulatsadressen finden Sie jeweils mit Telefonnummer, E-Mail-Adresse, Homepage und Öffnungszeiten unter:
https://www.auswaertiges-amt.de/de/service/laender.

5 Sonstiges

Länder(-gruppen)kurzbezeichnung für bes. Zollsätze im Europäischen Zolltarif: SPGL
Kraftfahrzeugländerkennzeichen: LAR

1 Allgemeine Informationen

1.1 Kurzinfos

Landesvorwahl: +370

MEZ: +1 Std.
EU-Sommerzeit

Litauisch, Russisch, Polnisch

Seit dem 1.1.2015 Euro-Währungsgebiet: 1 Euro = 100 Cent (ISO-Code: EUR)

Nach AWG frei vereinbar

Harmonisiertes System
Verzollung nach Transaktionswert

Mitglied

Angeschlossen.
Nur bei best. Zollämtern

Feiertage: Die Feiertage zu diesem Land finden Sie unter folgendem Link: https://www.timeanddate.de/feiertage/.

1.2 Einfuhr aus der Bundesrepublik

Der Warenverkehr innerhalb der EU ist weitgehend frei. Für Dual-Use-Güter (zivil/militärisch) und sensible Waren wie Abfälle gelten spezielle Vorschriften; zuständig ist das Wirtschaftsministerium. Einige Drittlandsprodukte benötigen eine Lizenz. Für bestimmte Agrar- und Industriegüter gelten einheitliche Standards. In Litauen informiert die Agentur für Unternehmen (unter dem Ministerium für Wirtschaft und Innovation), die gemäß EU-Verordnung 2019/515 als Product Contact Point den Marktzugang erleichtert.

Tiere und tierische Produkte aus Drittstaaten dürfen nur über zugelassene Grenzkontrollstellen (GKS) eingeführt werden – in Litauen z.B. über den Flughafen Vilnius oder den GKS Kybartai (Bahn und Straße). Pflanzen und pflanzliche Produkte mit Gesundheitszeugnis oder phytosanitärer Kontrolle werden ebenfalls nur an bestimmten Stellen abgefertigt, etwa in Klaipeda (Seefracht) oder Kybartai. Lebensmittel dürfen ausschließlich über befugte Zollämter abgefertigt werden. Die Einfuhr unterliegt dem nationalen Lebensmittelgesetz in Einklang mit EU-Verordnungen.

Gefährliche Verbraucherprodukte unterliegen dem europäischen Safety Gate Rapid Alert System (vormals RAPEX), das u.a. Pestizide, Spielzeug, Textilien, Kosmetika, Waschmittel, Tabak, Fahrzeuge und Haushaltsgeräte umfasst. Ansprechpartner ist die staatliche Behörde für Verbraucherschutz. Für Lebensmittel und Futtermittel greift das RASFF-System, betreut von der staatlichen Ernährungs- und Veterinäraufsicht. Spirituosen benötigen Einfuhrlizenzen von regierungsautorisierten Stellen plus Steuermarken. Diese bringen entweder Auslandsproduzenten oder Importeure in litauischen Zolllagern an. Tabakprodukte erfordern Regierungs- oder STACA-Lizenzen samt Qualitätsbescheinigungen pro Lieferung. Ausgenommen Zigaretten und Rauchtabak müssen Waren bereits mit Herstellersteuermarken versehen sein.

1.3 Verpackung

Die Umsetzung der EU-Vorgaben zur Reduktion und Verwertung von Verpackungsabfällen erfolgt in Litauen durch das Abfallgesetz Nr. VIII-787 von 1998. Unternehmen können bei ZALIASIS TASKAS eine Lizenz für das Rücknahmesystem Grüner Punkt erwerben, dessen Nutzung freiwillig ist.

1.4 Markierung

Keine besonderen Markierungsvorschriften.

1.5 Mustersendungen

Zollfrei, vorübergehende Einfuhr mit Carnet A.T.A.

2 Dokumente

2.1 Seefrachten

Seehäfen: Klaipeda (Memel), Butinge, Kaunas, Klaipeda

2.1.1 Konnossemente

Voller Satz Konnossemente, Ausstellung an Order möglich.

2.1.2 Handelsrechnungen

Rechnungsangaben laut Kaufvertrag. Die Rechnung muss die USt-Identifikationsnummern (UID-Nr.) von Exporteur und Importeur enthalten sowie den Hinweis „steuerfreie innergemeinschaftliche Lieferung" oder „steuerfrei nach § 4 Nr. 1b UStG", sonst ist MwSt. zu berechnen. Außerdem noch folgender Vermerk in der Rechnung: „tax free intracommunity despatch/delivery".

Die Bedingungen des § 6a UStG müssen eingehalten sein.

Bei Dual-Use-Gütern ist in den Papieren ein ausdrücklicher Vermerk anzubringen, dass bei der Ausfuhr aus dem Gebiet der EU eine Kontrolle der Waren stattzufinden hat.

Für Nichtgemeinschaftswaren sind Rechnungen mit folgenden Informationen notwendig, z.B. Ausstellungsort und -datum, detaillierte Produktbezeichnung, Menge, Art und Anzahl der Pakete mit Angabe von Nummer und Marke, Namen und Anschriften von Aus- und Einführer, Lieferbedingungen mit fob-Wert, cif-Kosten und -Wert bzw. cfr-Wert, Zahlungsbedingungen, Rechnungsnummer, Beförderungsart, Gesamtbetrag sowie das Ursprungsland. Keine Unterzeichnung der Rechnungen und keine Bescheinigungen erforderlich.

2.1.3 Ursprungszeugnisse

Ursprungszeugnis nur auf Anforderung.

2.1.4 Intrastat-Meldung

Auf Grundlage des Änderungsgesetzes zum Außenhandelsstatistikgesetz (AHStatG-ÄndG) vom 5. März 2025 gelten rückwirkend zum 1. Januar 2025 neue Schwellenwerte für die Intrahandelsstatistik: Für Wareneingänge liegt die Meldegrenze nun bei 3.000.000 €, für Versendungen bei 1.000.000 €.

Wird eine dieser Grenzen im laufenden Kalenderjahr überschritten, beginnt die Meldepflicht im Monat der Überschreitung.

Die Daten können online an das Statistische Bundesamt übermittelt werden. Weitere Informationen sind unter www.destatis.de abrufbar (Suchbegriff: „Intrastat") oder per Tel.: 0611 753965, per Fax: 0611 754525 oder per E-Mail: gruppe-vb@destatis.de.

2.2 Eisenbahnverkehr

2.2.1 Frachtbrief

Internationaler Frachtbrief.

2.2.2

Siehe unter Seefrachten 2.1.2–2.1.4.

2.3 Luftfrachten

Zollflughäfen: Vilnius (VNO), Kaunas, Palanga, Sianliai

2.3.1 Luftfrachtbrief

Luftfrachtbrief, ohne Beglaubigung.

2.3.2

Siehe unter Seefrachten 2.1.2–2.1.4.

2.4 Postverkehr

Keine Zollformulare. Höchstgewicht 31,5 kg.

Siehe unter Seefrachten 2.1.2–2.1.4.

3 Adressen

Auslandshandelskammer

Deutsch-Baltische Handelskammer in Estland, Lettland, Litauen
Vilniaus g. 28-201
LT-1402 Vilnius (Wilna)
Tel.: +370 52131122
Geschäftszeiten: Mo.–Fr. 8.00–16.30 Uhr
E-Mail: info.lt@ahk-balt.org
www.ahk-balt.org

Konsulate

Die Konsulatsadressen finden Sie jeweils mit Telefonnummer, E-Mail-Adresse, Homepage und Öffnungszeiten unter:
https://www.auswaertiges-amt.de/de/service/laender.

1 Allgemeine Informationen

1.1 Kurzinfos

Landesvorwahl: +352

MEZ
EU-Sommerzeit

Deutsch, Französisch, Luxemburgisch

1 Euro (€) = 100 Cents
(ISO-Code: EUR)

Nach AWG frei vereinbar
Devisenbestimmungen von Luxemburg beachten

Harmonisiertes System
Verzollung nach Transaktionswert

Mitglied

Angeschlossen

Angeschlossen

Feiertage: Die Feiertage zu diesem Land finden Sie unter folgendem Link: https://www.timeanddate.de/feiertage/.

1.2 Einfuhr aus der Bundesrepublik

Der Warenverkehr innerhalb der EU ist weitgehend frei. Für Dual-Use-Güter (zivil/militärisch) und sensible Waren wie Abfälle gelten spezielle Vorschriften. Zuständig sind das Office des Licences und das Umweltamt. Drittlandsprodukte benötigen ggf. eine Einfuhrgenehmigung. Für bestimmte Agrar- und Industriegüter gelten einheitliche Standards. In Luxemburg informiert das Wirtschaftsministerium, insbesondere das Institut ILNAS, das auch als Product Contact Point gemäß EU-Verordnung 2019/515 fungiert und Unternehmen aus anderen EU-Staaten beim Marktzugang unterstützt. ILNAS ist zudem verantwortlich für die Sicherheit und Qualität von Produkten und Dienstleistungen.

Tiere und tierische Produkte aus Drittstaaten dürfen nur über zugelassene Grenzkontrollstellen eingeführt werden, z.B. am Flughafen Luxemburg. Pflanzen und pflanzliche Produkte mit phytosanitärer Kontrolle werden ebenfalls nur an bestimmten Einlassstellen abgefertigt. Zuständig ist der Pflanzenschutzdienst (Service de la Protection des Végétaux) unter der ASTA, der auch für Quarantänebestimmungen, Zulassung und Kontrolle von Pflanzenschutzmitteln verantwortlich ist.

Für Medikamente, pharmazeutische Produkte, Betäubungsmittel, Kosmetika und genetisch veränderte Organismen ist die Division de la Pharmacie et des Médicaments im Gesundheitsministerium zuständig. Sie regelt Einfuhr, Kontrolle und Marktzulassung. Gefährliche Verbraucherprodukte unterliegen dem europäischen Safety Gate Rapid Alert System (vormals RAPEX), das keine Lebensmittel umfasst. Ansprechpartner ist ILNAS. Für Lebensmittel und Futtermittel greift das RASFF-System, betreut vom Organisme pour la Sécurité et la Qualité de la Chaîne Alimentaire (OSQCA).

1.3 Verpackung

In Luxemburg bestehen Vorschriften zur Vermeidung und Verwertung von Verpackungsabfällen. Hersteller, Vertreiber und Importeure sind zur Rücknahme verpflichtet. Unternehmen können sich einem Sammel- und Verwertungssystem anschließen und dürfen dann den Grünen Punkt auf ihren in Luxemburg genutzten Verpackungen führen.

1.4 Markierung

Keine besonderen Markierungsvorschriften. Evtl. Rücksprache mit dem Importeur halten.

1.5 Mustersendungen

Muster und Warenproben ohne Handelswert werden zollfrei abgefertigt. Vorübergehende Einfuhr mit Carnet A.T.A.

2 Dokumente

Siehe **Belgien** .

2.1 Seefrachten

Seehafen: Keiner

2.2 Luftfrachten

Zollflughafen: Luxemburg (LUX)

2.3 Postverkehr

2.3.1 Paketkarte

Keine Zollformulare. Höchstgewicht: 31,5 kg, Geschäftkunden: 30 kg.

3 Adressen

Auslandshandelskammer

Deutsch-Belgisch-Luxemburgische Handelskammer
AHK debelux
Manhattan Office Tower
Bolwerklaan 21/Avenue du Boulevard
B-1210 Brüssel
Tel.: +32 2 2035040
Fax: +32 2 2032271
E-Mail: ahk@debelux.org
www.debelux.ahk.de
Geschäftszeiten: Mo.–Do. 8.30–16.30 Uhr; Fr. 8:30–14.30 Uhr

Geschäftsstelle Köln:
AHK debelux
Deutsch-Belgisch-Luxemburgische Handelskammer
Friedrichstr. 42–44
50676 Köln
Tel.: 0221 2575477
Fax: 0221 2575466
E-Mail: debelux.vanaudekerke@ihk-koeln.cloud
Geschäftszeiten: Mo.–Fr. 8.00–16.00 Uhr

Konsulate

Die Konsulatsadressen finden Sie jeweils mit Telefonnummer, E-Mail-Adresse, Homepage und Öffnungszeiten unter:
https://www.auswaertiges-amt.de/de/service/laender.

4 Sonstiges

Kraftfahrzeugländerkennzeichen: L

1 Allgemeine Informationen

1.1 Kurzinfos

Landesvorwahl: +853

MEZ: +7 Std.

Englisch, Chinesisch (v.a. Kantonesisch), Portugiesisch

1 Pataca (Pat.) = 100 Avos (ISO-Code: MOP)

Nach AWG frei vereinbar Devisenbestimmungen von Macau beachten

Harmonisiertes System

Angeschlossen

Mitglied

Feiertage: Die Feiertage zu diesem Land finden Sie unter folgendem Link: https://www.timeanddate.de/feiertage/.

1.2 Einfuhr aus der Bundesrepublik

Macau ist ein zollfreies Gebiet. Für bestimmte Produkte – etwa verbrauchsteuerpflichtige Waren, Tiere, Pflanzen, Nahrungs- sowie Pharmaerzeugnisse, Chemikalien, Waffen, Munition und spezielle Technik – ist jedoch eine Einfuhrlizenz erforderlich; gebrauchte Fahrzeuge sind verboten. Zuständig für Normen und Standards ist das Macau Productivity and Technology Transfer Center (CPTTM).

Für Tiere, pflanzliche Erzeugnisse und Lebensmittel tierischen Ursprungs sind amtliche Gesundheits- bzw. Pflanzengesundheitszeugnisse nötig. Auch Produkte wie Fleisch, Fisch und deren Eier, Krebstiere oder Pilze dürfen nur mit einer Einfuhrgenehmigung des Civic and Municipal Affairs Bureau eingeführt werden. Lebensmittel und Pharmazeutika unterliegen strengen Kennzeichnungspflichten (u.a. Produktname, Hersteller, Haltbarkeit, Inhaltsstoffe, Ursprungsland), die zweisprachig in Chinesisch und Portugiesisch vorliegen müssen; Englisch ist zusätzlich möglich. Zuständig für die Zulassung ist das Department of Health.

1.3 Verpackung

Heu und Stroh dürfen verwendet werden. Besonders stabile und wasserfeste Verpackung wird empfohlen. Darauf achten, dass verwendetes Holz für Verpackungen entrindet sowie frei von holzzerstörenden Insekten und deren Spuren ist. Für Holzverpackungsmaterial gelten die Bestimmungen der ISPM Nr. 15.

1.4 Markierung

Vorverpackte Nahrungsmittel und Arzneien benötigen eine Ursprungskennzeichnung. Sind Nahrungsmittel nicht vorverpackt sollte das Herkunftsland angegeben werden, um Missverständnisse beim Käufer auszuschließen.

1.5 Mustersendungen

Nur Muster, die einen Wert unter 1 000 MOP haben, können zollfrei eingeführt werden. Einfuhrgenehmigungen sind außerdem für Muster, deren Einfuhrkontingent gesetzlich geregelt ist, erforderlich.

2 Dokumente

2.1 Seefrachten

Seehafen: Macau

2.1.1 Konnossemente

Ein Satz Konnossemente, Ausstellung an Order möglich mit Notify-Adresse, keine Beglaubigung.

2.1.2 Handelsrechnungen

Handelsrechnung (vierfach, Englisch oder Portugiesisch) zwecks Bescheinigung bei der Handelskammer vorlegen. Konsularische Legalisierung ist nicht erforderlich. Es müssen u.a. neben den gebräuchlichen Angaben aufgeführt werden: Rabatte, Skonti oder sonstige Abzüge, Versicherungskosten, alle die Beförderung betreffenden Gebühren und außerdem der fob-Wert. Am Schluss folgende rechtsverbindlich unterschriebene Erklärung:

„Confirmamos que as mercadorias indicadas nesta factura são de origem da República Federal da Alemanha."

2.1.3 Ursprungszeugnisse

Nur auf Anforderung mit der Angabe „Federal Republic of Germany (European Union)".

2.1.4 Gesundheitszeugnisse

Für tierische Produkte und Tiere ist die Vorlage einer Bescheinigung des Veterinäramts erforderlich, für pflanzliche Lebensmittel und Pflanzen ein offizielles Pflanzengesundheitszeugnis (https://pflanzengesundheit.julius-kuehn.de/regelungen-nicht-eu-staaten.html).

2.2 Luftfrachten

Zollflughafen: Macau

2.2.1 Luftfrachtbrief

Ein Original des Luftfrachtbriefes.

2.2.2

Siehe unter Seefrachten 2.1.2–2.1.4.

2.3 Postverkehr

2.3.1 Paketkarte

Eine Zollinhaltserklärung CN 23 in Englisch, Französisch, Portugiesisch oder Landessprache.
Höchstgewicht 31,5 kg.

2.3.2

Siehe unter Seefrachten 2.1.2–2.1.4.

3 Adressen

Auslandshandelskammer

Delegation der Deutschen Wirtschaft in Hongkong (German Industry and Commerce Ltd. in Hong Kong)
19/F, COFCO Tower
262 Gloucester Road, Causeway Bay
Honkong
Tel.: +852 25265481
Fax: +852 28106093
Geschäftszeiten: Mo.–Do. 8.30–17.00 Uhr; Fr. 8.30–14.30 Uhr
E-Mail: info@hongkong.ahk.de
www.hongkong.ahk.de

Konsulate

10179 Berlin, Konsularabteilung der Botschaft
Brückenstr. 10
Tel.: 030 27588572 (Di., Do. 15.00–17.00 Uhr)
Fax. 030 27588520
Mo.–Fr. 09.00–12.00 Uhr
E-Mail: de@mofcom.gov.cn
www.china-botschaft.de

Weitere Konsulatsadressen finden Sie jeweils mit Telefonnummer, E-Mail-Adresse, Homepage und Öffnungszeiten unter: https://www.auswaertiges-amt.de/de/service/laender.

Republik Madagaskar – République de Madagascar

Madagaskar

1 Allgemeine Informationen

1.1 Kurzinfos

Landesvorwahl: +261

MEZ: +2 Std.

Malagasy, Französisch

1 Ariary (seit 1.12.2004) = 5 Iraimbilanja (ISO-Code: MGA)

Nach AWG frei vereinbar Devisenbestimmungen von Madagaskar beachten

Harmonisiertes System

Mitglied

Angeschlossen seit 22.4.2013

Feiertage: Die Feiertage zu diesem Land finden Sie unter folgendem Link: https://www.timeanddate.de/feiertage/.

1.2 Einfuhr aus der Bundesrepublik

Mitglied des Abkommens EU-AKP. Interims-Wirtschaftsabkommen zwischen EU und ESA-Staaten mit Präferenzgewährung. Lizenzen für bestimmte Waren (z.B. Lebensmittel, Öle) erforderlich. Es wird empfohlen, sich zu vergewissern, dass eine Lizenz vorliegt. Importlizenzen gelten im Regelfall für ein halbes Jahr. Bei Beantragung sind unterschriebene Pro-forma-Rechnungen erforderlich. Keine Toleranzen erlaubt. Der Import von Fälschungen und sittenwidrigen Produkten ist nicht erlaubt. Informationen erhält man unter www.douanes.gov.mg.

Es gelten besondere Bestimmungen für die Einfuhr verschiedener Waren. Lebensmittel müssen durch einen Nachweis belegt werden, der ihre Eignung für den menschlichen Verzehr bestätigt. Zuständig dafür ist das Ministerium für Handel und Verbrauch. Für Tiere, tierische Produkte sowie Futtermittel ist eine amtliche Veterinärbescheinigung erforderlich. Pflanzen und pflanzliche Produkte unterliegen ebenfalls speziellen Einfuhrauflagen. Milch und Milchprodukte benötigen eine Radioaktivitätsbescheinigung. Diese wird beglaubigt, wenn ein Nachweis durch einen anerkannten Chemiker oder eine Prüfgesellschaft vorliegt. Pharmazeutische Produkte sind registrierungspflichtig und müssen zusätzlich durch das Gesundheitsministerium von Madagaskar genehmigt werden. Für Normen und Standards ist das Bureau de Normes de Madagascar (BNM) verantwortlich.

1.3 Verpackung

Als Verpackungsmaterial sind alle Stoffe verboten, durch die Krankheiten eingeschleppt werden könnten. Es ist im Falle der Benutzung ein amtliches Pflanzengesundheitszeugnis der zuständigen Pflanzenschutzstelle beizufügen (https://pflanzengesundheit.julius-kuehn.de). IPPC-Standard ISPM Nr. 15 bei Holzverpackungen.

1.4 Markierung

Zusätzlich: „Importé d'Allemagne".

1.5 Mustersendungen

Muster ohne Handelswert sind zollfrei.

2 Dokumente

2.1 Seefrachten

Seehäfen: Diego-Suarez, Tuléar, Mahajanga, Toamasina, Toliara

2.1.1 Konnossemente

Voller Satz Konnossemente, Ausstellung an Order möglich (mit Notify-Adresse), bedürfen keiner Beglaubigung. Angabe der Zolltarifnummer (HS) für die Waren.

2.1.2 Handelsrechnungen

Handelsfaktura (vierfach, Französisch oder Englisch) von der Handelskammer bescheinigt (wird in der Regel aber vom Zoll nicht gefordert), mit folgenden Angaben: Exporteur und Importeur sowie Empfänger, Marke, Nummern, Anzahl und Art der Packstücke, Brutto-/Nettogewichte, genaue Warenbezeichnungen, Lieferbedingungen, HS-Code, Mengen, Ursprungsland, Ort und Datum der Ausstellung sowie Einzelpreise, Gesamt-fob- und cif-Wert und auch Nachlässe, wie z.B. Rabatte.

2.1.3 Ursprungszeugnisse

Ursprungszeugnis mit der Angabe „República Federal da Alemanha (União Europeia)" nur auf Anforderung. Absprache mit dem Importeur empfehlenswert.

2.1.4 Warenverkehrsbescheinigung

Für Ursprungswaren gemäß dem Abkommen zwischen der EU und den ESA-Staaten gilt das Selbstzertifizierungsverfahren. Eine Ausstellung von EUR.1 durch die Zollbehörden ist nicht mehr vorgesehen. Waren mit EU-Ursprung können bis zu einem Wert von 6.000 EUR formlos über eine Ursprungserklärung auf Handelsdokumenten (z.B. Rechnung oder Lieferschein) nachgewiesen werden – dabei ist keine Registrierung als Ausführer nötig. Bei höheren Werten ist eine REX-Registrierung erforderlich; die entsprechende REX-Nummer muss in die Erklärung[1] aufgenommen werden. Die Erklärung lautet:

„The exporter of the products covered by this document[2] declares that, except where otherwise clearly indicated, these products are of … preferential origin." Für Ursprungswaren aus Ceuta und Melilla ist zusätzlich „CM" zu vermerken. Je nach Präferenzregelung der EU können weitere oder abweichende Ursprungsnachweise notwendig sein.

2.1.5 Gesundheitszeugnisse

Gesundheitszeugnis erforderlich für: lebende Tiere, frisches und gekühltes Fleisch, tierische Erzeugnisse. Pflanzen, Pflanzenteile, Samen, Erde, Dünger und Kompost erfordern ein pflanzenpolizeiliches Zeugnis der zuständigen amtlichen Pflanzenschutzstelle, ebenso für Verpackungen aus diesen o.ä. Stoffen (https://pflanzengesundheit.julius-kuehn.de).

2.1.6 Cargo Tracking Note

Bordereau de Suivi des Cargaisons (BSC)/Cargo Tracking Note (CTN) erforderlich. Sie ist vom Exporteur bzw. Spediteur im Internet unter www.bscmg.sgs.com abzugeben. Die BSC-Nummer muss unbedingt in die Frachtdokumente eingetragen werden. Zuständig: M + S Mehrtens & Schwikkerath GmbH in 28195 Bremen, Tiefer 4, Tel.: 0421 363080, Fax: 0421 3630855, E-Mail: agency@msbre.com, www.shipagent.de. Fehlt die Cargo Tracking Note, können hohe Bußgelder anfallen.

2.1.7 Packlisten

Packliste (einfach) erforderlich. Folgende Angaben sollten vorhanden sein, z.B. Gewichtsangaben, Anzahl der Versandstücke, Warenbezeichnung und Anzahl der Pakete.

2.2 Luftfrachten

Zollflughäfen: Antalaha, Antananarivo, Antsiranana, Fort Dauphin, Majunga, Morondava, Nosy Be, Santa Maria, Sambara, Tamatave, Tulear

2.2.1 Luftfrachtbrief

Eine Ausfertigung des Luftfrachtbriefes.

2.2.2

Siehe unter Seefrachten 2.1.2–2.1.7.

2.3 Postverkehr

2.3.1 Paketkarte

Zwei Zollinhaltserklärungen, Französisch. Höchstgewicht 20 kg.

2.3.2

Siehe unter Seefrachten 2.1.2–2.1.7.

3 Adressen

Konsulate

Die Konsulatsadressen finden Sie jeweils mit Telefonnummer, E-Mail-Adresse, Homepage und Öffnungszeiten unter:
https://www.auswaertiges-amt.de/de/service/laender.

1) Ursprungserklärung in weiteren Sprachen s. Kapitel Hinweise Warenursprung Präferenzen
2) Bei REX-Ausführern ist hier die REX-Nummer in der Form „Exporter Reference No …" anzugeben.

1 Allgemeine Informationen

1.1 Kurzinfos

Landesvorwahl: +265

MEZ: +1 Std.

Englisch

1 Malawi-Kwacha (MK) = 100 Tambala (ISO-Code: MWK)

Nach AWG frei vereinbar Devisenbestimmungen von Malawi beachten

Harmonisiertes System

Mitglied

Feiertage: Die Feiertage zu diesem Land finden Sie unter folgendem Link: https://www.timeanddate.de/feiertage/.

1.2 Einfuhr aus der Bundesrepublik

Der Großteil der Einfuhren kann im OGL-Verfahren (Open General Import Licence) importiert werden. Besondere Einfuhrgenehmigungen sind erforderlich, für Waren die nicht unter die OGL fallen. Verboten ist die Einfuhr von z.B. runderneuerten Reifen, Kühlschränken und Lampen, die Solar betrieben werden, bestimmte Ersatzteile u.a. Rücksprache mit dem Importeur empfohlen. Alle Einfuhren müssen durch die „Reserve Bank" genehmigt werden. Verschiffungen müssen, wenn Einzellizenzen nötig sind, innerhalb deren Gültigkeitsperiode erfolgen. Lizenzen gelten drei Monate. Die Registrierung von Medikamenten ist erforderlich. Bei konservierten Früchten oder Gemüse muss das Nettogewicht klar ersichtlich sein. Das MBS regelt Normen und Standards (Malawi Bureau of Standards).

1.3 Verpackung

Heu und Stroh als Verpackungsmaterial zugelassen.

1.4 Markierung

Zusätzlich: „Made in Germany". Steuermarken verpflichtend für bestimmte Produkte (z.B. Tabak, Alkohol, bestimmte weitere Getränke)

1.5 Mustersendungen

Muster ohne Handelswert im Allgemeinen zollfrei.

2 Dokumente

2.1 Seefrachten

Seehafen: Keiner; Transit via Mosambik

2.1.1 Konnossemente

Voller Satz Konnossemente, ausgestellt an Order möglich, mit Notify-Adresse (ohne Beglaubigung).

2.1.2 Handelsrechnungen

Handelsrechnung (dreifach, Englisch), unterschrieben, mit folgenden Angaben: Exporteur und Importeur sowie Empfänger, Marke, Nummern, Anzahl und Art der Packstücke, Brutto-/Nettogewichte, genaue Warenbezeichnungen, Lieferbedingungen, HS-Code, Mengen, Ursprungsland, Ort und Datum der Ausstellung sowie Einzelpreise, Gesamt-fob- und cif-Wert und auch Nachlässe, wie z.B. Rabatte. Sie muss mit dem cif-Preis abschließen und genaue Angaben über Diskontgewährungen sowie exakte Produktbezeichnungen enthalten.

2.1.3 Ursprungszeugnisse

Ursprungserklärung (für jedes Ursprungsland, einfach), vom Ausführer zu unterschreiben (Form 18 „Goods exported to Malawi-Certificate of Origin", erhältlich bei Formular-Verlagen), ohne jegliche Bescheinigung. Für deutsche Waren ist Part A und

Part B des „Certificate" auszufüllen. Angabe des Ursprungslandes: „Federal Republic of Germany". Unterschrift vom Exporteur erforderlich.

2.1.4 Warenverkehrsbescheinigung

Warenverkehrsbescheinigung bzw. Präferenz-Ursprungsnachweis in einem der Handelspapiere nicht erforderlich.

2.1.5 Gesundheitszeugnisse

Gesundheitszeugnis erforderlich für: lebende Tiere und tierische Erzeugnisse. Pflanzen und Samen pflanzenpolizeiliches Zeugnis der zuständigen amtlichen Pflanzenschutzstelle (https://pflanzengesundheit.julius-kuehn.de).

2.1.6 Inspektionszertifikate

Inspektionszertifikat nicht erforderlich. Kontrolle erfolgt durch Zoll vor Ort gegen Destination Inspection Fee (DIF).

2.2 Luftfrachten

Zollflughäfen: Blantyre, Lilongwe

2.2.1 Luftfrachtbrief

Eine Ausfertigung des Luftfrachtbriefes.

2.2.2

Siehe unter Seefrachten 2.1.2–2.1.6.

2.3 Postverkehr

2.3.1 Paketkarte

Eine Zollinhaltserklärung, Englisch, Höchstgewicht: 31,5 kg, Vertragskunden: 30 kg.

2.3.2

Siehe unter Seefrachten 2.1.2–2.1.6.

3 Adressen

Konsulate

Die Konsulatsadressen finden Sie jeweils mit Telefonnummer, E-Mail-Adresse, Homepage und Öffnungszeiten unter:
https://www.auswaertiges-amt.de/de/service/laender.

4 Sonstiges

Länderkurzbezeichnung gemäß Präferenzrecht (Lieferantenerklärung): AKP
Länder(-gruppen)kurzbezeichnung für bes. Zollsätze im Europäischen Zolltarif: SPGA
Kraftfahrzeugländerkennzeichen: MW

Malaysia

1 Allgemeine Informationen

1.1 Kurzinfos

Landesvorwahl: +60

MEZ: +7 Std.

Englisch, Chinesisch, Malaiisch

1 Ringgit (RM) = 100 Sen (ISO-Code: MYR)

Nach AWG frei vereinbar Devisenbestimmungen von Malaysia beachten

Harmonisiertes System

Mitglied

Angeschlossen

Feiertage: Die Feiertage zu diesem Land finden Sie unter folgendem Link: https://www.timeanddate.de/feiertage/.

1.2 Einfuhr aus der Bundesrepublik

In Malaysia sind die meisten Waren frei importierbar. Einschränkungen betreffen jedoch Produkte, die aus religiösen, politischen oder gesellschaftlichen Gründen untersagt sind, oder Waren, die strategische Branchen schützen sollen. Je nach Region – etwa in Labuan, Langkawi, Tioman oder anderen Freizonen – kann ein Gut entweder genehmigungspflichtig oder vollständig verboten sein. Teilweise bestehen auch mengenmäßige Importbeschränkungen. Verboten sind beispielsweise pornografisches Material, bestimmte Rundfunkgeräte sowie toxische Chemikalien. Die verbotenen und eingeschränkt zugelassenen Waren sind in den Tabellen I und II der Customs (Prohibition of Imports) Order 2023 in Verbindung mit dem Customs Act 1967 – P.U. (A) 117/2023 aufgeführt, abrufbar unter www.customs.gov.my im Bereich Import/Export > Import > Prohibition of Imports. Zusätzliche Anforderungen – u. a. die Einhaltung des Malaysian Standard – finden sich in den Tabellen III und IV derselben Verordnung. Die Listen werden regelmäßig aktualisiert und sollten vor jedem Export geprüft werden. Einfuhrlizenzen werden von den in Spalte 5 der Tabellen II bis IV genannten Behörden erteilt. Vor Antragstellung ist die Registrierung bei der Companies Commission of Malaysia (CCM) erforderlich. Die Beantragung erfolgt anschließend über das Online-Portal „Dagang Net", das die notwendigen Unterlagen abfragt. Zuständig für die Aufsicht ist das Royal Customs and Excise Department. Eine Lizenz gilt in der Regel zwölf Monate und kann auf Antrag verlängert werden.

Die Importbestimmungen in Malaysia sind umfangreich und erfordern enge Abstimmung mit dem lokalen Importeur. Viele Produkte benötigen spezielle Genehmigungen oder Zertifikate, meist nach dem Malaysian Standard, teils auch nach internationalen Normen. Zuständig für Standards ist das Department of Standards Malaysia (DSM), rechtliche Grundlage bildet der Standards of Malaysia Act 1996. Details zu Verfahren und Anforderungen sind in der Customs (Prohibition of Imports) Order 2023 geregelt.

Elektrische Geräte bedürfen einer Zulassung durch die Malaysian Energy Commission und meist einer Zertifizierung durch SIRIM Berhad. Diese Pflicht gilt auch für Kommunikations- und Multimediageräte, Baumaterialien, bestimmte Fahrzeugteile und teilweise Medizinprodukte. Filme und Werbespots dürfen nur mit Genehmigung des Film Censorship Board eingeführt oder verbreitet werden, Verstöße sind strafbar. Für zahlreiche Waren gelten strenge Etikettierungs- und Registrierungsvorschriften. Angaben wie Produktname, Gewicht, Ursprungsland und Importeur müssen je nach Ware in Malaiisch oder Englisch erfolgen. Lebensmittel unterliegen dem Food Act 1983, ergänzt durch Leitlinien des Gesundheitsministeriums. Für Pharmazeutika und Kosmetika gelten Regeln der National Pharmaceutical Regulatory Agency (NPRA). Produkte mit Schweinefleisch oder Alkohol unterliegen besonders strengen Vorschriften, teils wird ein Nachweis der Dioxinfreiheit verlangt. Tabakwaren haben zusätzliche Vorgaben, neue Importlizenzen für Zigaretten werden derzeit nicht vergeben. Kosmetika, Medikamente und Vitamine sind vor dem Import über das Online-System Quest3+ bei der NPRA anzumelden, für Arzneimittel ist zusätzlich eine Free-Sale-Bescheinigung erforderlich.

Die Einfuhr von Tieren, Pflanzen und Saatgut erfordert amtliche Gesundheitszeugnisse. Zuständig sind das Department of Veterinary Services und das Department of Agriculture, wobei Pflanzenschutzmittel registriert werden müssen. Für den muslimischen Markt ist eine Halal-Zertifizierung durch JAKIM Pflicht. Exporteure von Schweinefleisch und Milchprodukten müssen ein Listungsverfahren beim BVL durchlaufen. Alle Importeure unterliegen den Regelungen des Consumer Protection Act 1999 zu Produktsicherheit, Kennzeichnung und Verbraucherschutz.

1.3 Verpackung

Für Holzverpackungen gelten die Vorschriften des ISPM Nr. 15-Standards. Auf widerstandsfähige, stabile und wasserdichte Verpackungen ist zu achten.

1.4 Markierung

In Malaysia gibt es keine einheitlichen Vorgaben zur Herkunftskennzeichnung. Eine Angabe wie „Made in Germany" ist jedoch gängig und ratsam. Für bestimmte Produkte – etwa Lebensmittel, Kosmetika, Medikamente und Elektronik – ist die Herkunft obligatorisch. Sie muss auch erfolgen, wenn Verpackung oder Etikett einen irreführenden Eindruck vermitteln könnten. Zur genauen Umsetzung empfiehlt sich die Abstimmung mit dem Importeur.

1.5 Mustersendungen

Musterwaren ohne Handelswert, die nur zu Präsentationszwecken eingeführt werden, können laut Section 98 Customs Act 1967 zollfrei bleiben; Bedingungen legt das Royal Malaysian Customs Department fest. Werbematerialien sind dagegen abgabenpflichtig und müssen mit „Value for customs purposes only" sowie Wertangabe versehen sein. Proben für eine spätere Produktion dürfen bis zu zwölf Monate steuerfrei importiert werden, benötigen jedoch eine vorherige Genehmigung und Kennzeichnung, z.B. „Trade Sample". Rücksprache mit Importeur oder Zollbehörden wird empfohlen.

2 Dokumente

2.1 Seefrachten

Seehäfen: Georgetown, Penang, Port Klang (Port Swettenham), Bintulu, Kinabalu, Kuching, Sandakan und weitere

2.1.1 Konnossemente

Voller Satz Konnossemente, Aufmachung an Order möglich, dann jedoch mit Notify-Adresse. Beglaubigung nicht vorgeschrieben.

2.1.2 Handelsrechnungen

Handelsfaktura (dreifach in Englisch), unterschrieben und mit Firmenstempel versehen auf Original-Firmenpapier, mit folgendem Inhalt: Brutto- und Nettogewicht, genaue Bezeichnung der Ware (keine internen Code-Nrn. und keine technischen Namen verwenden). Warenbezeichnung muss auf Verpackung und Rechnung identisch sein. Marke, Nummern, Anzahl und Art der Kolli, fob- und cif-Wert, cif-Kosten, Ursprungsland („Federal Republic of Germany") und Versandort der Ware.

2.1.3 Ursprungszeugnisse

Ursprungszeugnis mit der Angabe „Federal Republic of Germany (European Union)" u.U. erforderlich, z.B. wenn ein Zollsondertarif angewendet werden soll. Die Rücksprache mit dem Importeur ist unbedingt zu empfehlen.

2.1.4 Gesundheitszeugnisse

Gesundheitszeugnis für Pflanzen, Saaten usw. erforderlich, siehe www.julius-kuehn.de.

2.1.5 Packlisten

Packlisten in Englisch mit genauer Übersicht, wie Marke, Nummern, Anzahl und Art der Packstücke, Brutto-/Nettogewichte und Inhaltsangabe erforderlich. Rücksprache mit Importeur erforderlich.

2.2 Luftfrachten

Zollflughäfen: Alor Setar, Kuala Lumpur (KUL), Penang (PEN), Kota Kinabalu, Kuala Terengganu,

Kota Bharu, Bintulu, Labuan, Sandakan, Sibu, Tawau und weitere

2.2.1 Luftfrachtbrief

Eine Ausfertigung des Luftfrachtbriefes.

2.2.2

Siehe unter Seefrachten 2.1.2–2.1.5.

2.3 Postverkehr

2.3.1 Paketkarte

Eine Zollinhaltserklärung, Englisch. Höchstgewicht: 31,5 kg, Vertragskunden: 30 kg.

2.3.2

Siehe unter Seefrachten 2.1.2–2.1.5.

3 Adressen

Auslandshandelskammer

Malaysisch-Deutsche Industrie- und Handelskammer
Malaysian-German Chamber of Commerce and Industry
Lot 20–01, Letter Box No. 33
Level 20, Menara Hap Seng 2, Plaza Hap Seng
No. 1 Jalan P. Ramlee
50250 Kuala Lumpur, Malaysia
Tel.: +603 92351800
Geschäftszeiten: Mo.–Fr. 9.00–18.00 Uhr
E-Mail: info@malaysia.ahk.de,
corporateservices@malaysia.ahk.de
www.malaysia.ahk.de

Konsulate

Die Konsulatsadressen finden Sie jeweils mit Telefonnummer, E-Mail-Adresse, Homepage und Öffnungszeiten unter:
https://www.auswaertiges-amt.de/de/service/laender.

Malediven

Republic of Maldives

1 Allgemeine Informationen

1.1 Kurzinfos

Landesvorwahl: +960

MEZ: +4 Std.

Englisch

1 Rufiyaa (Rf) = 100 Laari (ISO-Code: MVR)

Nach AWG frei vereinbar Devisenbestimmungen der Malediven beachten

Harmonisiertes System

Mitglied

Feiertage: Die Feiertage zu diesem Land finden Sie unter folgendem Link: https://www.timeanddate.de/feiertage/.

1.2 Einfuhr aus der Bundesrepublik

Verschiedene Produktgruppen benötigen eine spezielle Einfuhrgenehmigung. Dazu zählen bestimmte chemische Substanzen, Erzeugnisse aus Schweinefleisch, bestimmte Telekommunikationsgeräte, alkoholhaltige Getränke, Tabakwaren sowie Schuss- und Sprengwaffen samt Munition. Strikt untersagt ist die Einfuhr von sittenwidrigem Material, lebenden Schweinen, psychotropen Wirkstoffen sowie Betäubungsmitteln.

Tiere und Pflanzen benötigen amtliche Gesundheitszeugnisse; zuständig ist das Ministerium für Fischerei und Landwirtschaft, bei Pflanzen zusätzlich die Pflanzenschutzstelle (www.julius-kuehn.de). Tabakwaren müssen Warnhinweise tragen und fallen unter das Gesundheitsministerium. Fahrzeuge einer des Verkehrsministeriums, Chemikalien bedürfen einer Genehmigung des Verteidigungsministeriums.

2 Dokumente

Es gelten die Einfuhrvorschriften von **Sri Lanka**, jedoch keine Teilnahme am Carnet-A.T.A.-System. Höchstgewicht: 20 kg, Vertragskunden: 30 kg, eine Zollinhaltserklärung in Englisch.

2.1 Seefrachten

Seehafen: Malé

Für die Malediven sollten Unterlagen nach sri-lankischem Muster erstellt und mit dem Importeur abgestimmt werden. Ein Carnet A.T.A. ist nicht möglich. Erforderlich sind in der Regel Handelsrechnung, Frachtpapiere und ggf. Packlisten; Ursprungszeugnisse nur auf Nachfrage. Für bestimmte Waren sind Genehmigungen oder Importlizenzen nötig.

2.2 Luftfrachten

Zollflughafen: Malé (MLE), Gan Island, Hanimaadhoo Island

Siehe unter Seefrachten 2.1.2.

2.3 Postverkehr

2.3.1 Paketkarte

Eine Zollinhaltserklärung, Englisch. Höchstgewicht: 20 kg, Vertragskunden: 30 kg.

2.3.2

Siehe unter Seefrachten 2.1.2.

3 Adressen

Konsulate

10117 Berlin, Konsularabteilung der Botschaft
Friedrichstraße 55A
Tel.: 030 20073860
Fax: 030 200738618
Mo.–Fr. 9.00–16.00 Uhr
E-Mail:info@maldivesembassy.de

Weitere Konsulatsadressen finden Sie jeweils mit Telefonnummer, E-Mail-Adresse, Homepage und Öffnungszeiten finden Sie unter:
https://www.auswaertiges-amt.de/de/service/laender.

4 Sonstiges

Länder(-gruppen)kurzbezeichnung für bes. Zollsätze im Europäischen Zolltarif: SPGA

Mali

1 Allgemeine Informationen

1.1 Kurzinfos

Landesvorwahl: +223

MEZ: –1 Std.

Französisch

1 Franc CFA = 100 Centimes (ISO-Code: XOF)

Nach AWG frei vereinbar Devisenbestimmungen von Mali beachten

Harmonisiertes System

Mitglied

Feiertage: Die Feiertage zu diesem Land finden Sie unter folgendem Link: https://www.timeanddate.de/feiertage/.

1.2 Einfuhr aus der Bundesrepublik

In Mali wird zwischen frei einführbaren und genehmigungspflichtigen Waren unterschieden. Für liberalisierte Güter ist ein Importnachweis erforderlich; Lizenzen gelten meist sechs Monate und können einmalig verlängert werden. Proforma-Rechnungen dürfen bei Antragstellung nicht älter als drei Monate sein. Lebensmittel und Non-Food-Produkte müssen in Französisch oder Englisch gekennzeichnet sein. Für bestimmte Waren sind zusätzliche Angaben wie Ursprungsland, Hersteller, Vermerk „Vente au Mali" und Haltbarkeitsdaten gesetzlich vorgeschrieben. Auch Textilien und Garne sind entsprechend zu kennzeichnen. Für Tomatenmark, Speiseöle oder Insektizide in Sprayform sind Etiketten mit Hersteller, Herkunft, Herstell- und Verfallsdatum sowie dem Vermerk „Vente au Mali" vorgeschrieben.

Vorabgenehmigungen gelten zudem für Zigaretten, Tabak und Streichhölzer. Verpackungen dieser Produkte müssen Angaben wie „Vente au Mali", Herstellername und Herkunftsland enthalten. Veterinärzertifikate sind für Tiere und gekühltes Fleisch Pflicht, Pflanzengesundheitszeugnisse für Saatgut, Erde oder organisches Verpackungsmaterial. Gebrauchtnutzfahrzeuge dürfen maximal fünf Jahre alt sein und müssen Euro-4 erfüllen. Einfuhrverbote betreffen z.B. Drogen, Rindfleischprodukte, Alkohol und Waren aus Israel. Normenfragen regeln MLIDNI oder AMANORM. Es bestehen Sanktionen der EU gegenüber bestimmten Personen (www.bafa.de/DE/Home/home_node.html).

1.3 Verpackung

Alle Materialien, durch die Krankheiten eingeschleppt werden könnten, sind verboten. Ein amtliches Gesundheitszeugnis kann erforderlich sein (https://pflanzengesundheit.julius-kuehn.de).

1.4 Markierung

Empfohlen: „Importé d'Allemagne".

1.5 Mustersendungen

Muster ohne Handelswert sind zollfrei.

2 Dokumente

2.1 Seefrachten

Seehafen: Keiner; Verladungen über Dakar (Senegal) oder Abidjan (Elfenbeinküste)

2.1.1 Konnossemente

Konnossemente bedürfen keiner Beglaubigung. Order-Bs/L zulässig, jedoch mit Notify. Die Cargo Tracking Note-Nummer ist anzugeben.

2.1.2 Handelsrechnungen

Handelsrechnungen (dreifach, Französisch) mit allen üblichen Angaben wie Exporteur und Importeur und Empfänger, Marke, Nummern, Anzahl und Art der Packstücke, Brutto-/Nettogewichte, genaue Warenbezeichnungen, Lieferbedingungen, HS-Code, Mengen, Ursprungsland, Ort und Datum der Ausstellung sowie Einzelpreise, Gesamt-fob- und cif-Wert und auch Nachlässe, wie z.B. Rabatte, am Schluss rechtsgültig unterschrieben und das Original von der zuständigen Handelskammer bescheinigt. Es ist zweckmäßig, die Lizenz- und Rechnungsnummer in den Handelsrechnungen anzuführen.

2.1.3 Ursprungszeugnisse

Ursprungszeugnis (einfach) mit der Angabe „Federal Republic of Germany (European Union)“ erforderlich.

2.1.4 Warenverkehrsbescheinigung

Warenverkehrsbescheinigung bzw. Präferenz-Ursprungsnachweis in einem der Handelspapiere: nicht erforderlich.

2.1.5 Packlisten

Packliste mit Übersicht über alle Packstücke mit Angabe zu Inhalt, Art, Marke und Nummer, Brutto- und Nettogewicht.

2.1.6 Gesundheitszeugnisse

Gesundheitszeugnis erforderlich für: lebende Tiere, frisches und gekühltes Fleisch; ein pflanzenpolizeiliches Zeugnis der zuständigen amtlichen Pflanzenschutzstelle (https://pflanzengesundheit.julius-kuehn.de) für: Pflanzen, Pflanzenteile, Erde, Dünger, Kompost und Samen sowie organischen Verpackungen.

2.1.7 Inspektionszertifikate

Für die Einfuhr nach Mali ist vor dem Versand eine verpflichtende Vorinspektion durch Bureau Veritas (BIVAC) erforderlich. Diese umfasst die Überprüfung von Qualität, Menge, Zolltarifnummer und Zollwert. Die Regelung gilt für alle FCL-Container, unabhängig vom Warenwert. Für andere Sendungen greift die Inspektionspflicht, sobald der FOB-Wert 3.000.000 XOF übersteigt. Ausnahmen gelten nur für niedrigwertige Sendungen und müssen individuell bei Bureau Veritas Industry Services GmbH in 20457 Hamburg, Willi-Brandt-Str. 55, Tel.: +49 40 23625519, E-Mail: offergsdach@bureauveritas.com erfragt werden. Die notwendigen Inspektionszertifikate werden in Mali ausgehändigt. Exporteure sollten die Prüfung rechtzeitig vor dem Versand beantragen – vorzugsweise direkt im Herstellerwerk.

2.1.8 Electronic Cargo Tracking Note

Electronic Cargo Tracking Note (ECTN, frz. Bordereau Électronique de Suivi des Cargaisons – BESC) für Warensendungen nach Mali erforderlich. Vor Verladung beantragen und CTN-Nummer im Manifest und B/L angeben. Ansprechpartner: ASA Afrika Service Schiffahrts-Agentur GmbH, Ferdinandstr. 47, 20095 Hamburg, Tel.: 040 339281, Fax: 040 339282, E-Mail: asa@hamburg.asa-services.net, asa-services.net oder M + S Mehrtens & Schwickerath GmbH in 28195 Bremen, Tiefer 4, Tel.: 0421 363080, Fax: 0421 3630855, E-Mail: agency@msbre.com, www.shipagent.de. Fehlt die Cargo Tracking Note, können hohe Bußgelder anfallen.

2.2 Luftfrachten

Zollflughäfen: Bamako, Gao, Kayes, Mopti, Timbuktu

2.2.1 Luftfrachtbrief

Eine Ausfertigung des Luftfrachtbriefes.

2.2.2

Siehe unter Seefrachten 2.1.2–2.1.8.

2.3 Postverkehr

2.3.1 Paketkarte

Zwei Zollinhaltserklärungen, Französisch, Englisch. Höchstgewicht: 31,5 kg, Vertragskunden: 30 kg.

2.3.2

Siehe unter Seefrachten 2.1.2–2.1.8.

3 Adressen

Konsulate

Die Konsulatsadressen finden Sie jeweils mit Telefonnummer, E-Mail-Adresse, Homepage und Öffnungszeiten unter:
https://www.auswaertiges-amt.de/de/service/laender.

Malta

Republic of Malta

1 Allgemeine Informationen

1.1 Kurzinfos

Landesvorwahl: +356

MEZ
EU-Sommerzeit

Englisch

1 Euro = 100 Cents
(ISO-Code: EUR)

Nach AWG frei vereinbar
Devisenbestimmungen von Malta beachten

Harmonisiertes System
Verzollung nach Transaktionswert

Mitglied

Angeschlossen

Angeschlossen

Feiertage: Die Feiertage zu diesem Land finden Sie unter folgendem Link: https://www.timeanddate.de/feiertage/.

1.2 Einfuhr aus der Bundesrepublik

Der Warenverkehr innerhalb der EU ist weitgehend frei. Für Dual-Use-Güter (zivil/militärisch) und sensible Waren wie Abfälle gelten spezielle Vorschriften. Zuständig sind die Direktion für Handelsdienstleistungen und das Umweltamt. Drittlandsprodukte benötigen ggf. eine Lizenz. Für bestimmte Agrar- und Industriegüter gelten einheitliche Standards. Die Malta Competition and Consumer Affairs Authority (MCCAA) informiert darüber und fungiert als Product Contact Point gemäß EU-Verordnung 2019/515, um Unternehmen aus anderen EU-Staaten den Marktzugang zu erleichtern.

Tiere und tierische Produkte aus Drittstaaten dürfen nur über zugelassene Grenzkontrollstellen eingeführt werden – in Malta z.B. am Flughafen Luqa sowie in den Häfen Marsaxlokk und Valetta. Da nicht alle Produktgruppen überall abgefertigt werden, empfiehlt sich ein Blick in die Übersicht der zugelassenen Produkte je Standort, abrufbar bei der Veterinary Regulation Directorate. Pflanzen, Pflanzenteile und Pflanzenschutzmittel mit phytosanitärer Kontrolle werden ebenfalls nur an bestimmten Einlassstellen abgefertigt. Die Adressen sind beim Plant Protection Directorate erhältlich. Für Pestizide gelten die Vorgaben des Pesticides Control Act hinsichtlich erlaubter Wirkstoffe und Etikettierung. Lebensmittel und Futtermittel unterliegen dem RASFF-System, betreut vom Gesundheitsministerium und der Food Safety Commission. Diese regelt auch Hygiene, Qualität, Etikettierung und Werbung gemäß dem Food Safety Act. Gefährliche Verbraucherprodukte wie Pflanzenschutzmittel, Spielzeug, Textilien, Kosmetika, Waschmittel, Tabakerzeugnisse, Fahrzeuge und Haushaltsgeräte fallen unter das europäische Safety Gate Rapid Alert System (vormals RAPEX). Ansprechpartner ist die MCCAA.

1.3 Verpackung

Die Waste Management Packaging and Packaging Waste Regulations regeln die Verminderung und Verwertung von Verpackungsabfällen. Zuständig ist das Ministry for the Environment, Climate Change and Planning. Für die Nutzung des Grünen Punkts ist ein Vertrag mit GreenPak erforderlich, eine Kennzeichnungspflicht besteht jedoch nicht.

1.4 Markierung

Keine besonderen Markierungsvorschriften. Evtl. Rückfrage mit dem Importeur empfohlen.

1.5 Mustersendungen

Muster und Warenproben werden zollfrei abgefertigt. Vorübergehende Einfuhr mit Carnet A.T.A.

2 Dokumente

2.1 Seefrachten

Seehäfen: Valetta, Marsaxlokk

2.1.1 Konnossemente

Voller Satz Konnossemente, Ausstellung an Order möglich.

2.1.2 Handelsrechnungen

Rechnungsangaben laut Kaufvertrag. Die Rechnung muss die USt-Identifikationsnummern (UID-Nr.) von Exporteur und Importeur enthalten sowie den Hinweis „steuerfreie innergemeinschaftliche Lieferung" oder „steuerfrei nach § 4 Nr. 1b UStG", sonst ist MwSt. zu berechnen. Außerdem noch folgender Vermerk in der Rechnung: „tax free intracommunity despatch/delivery".

Die Bedingungen des § 6a UStG müssen eingehalten sein.

Bei Dual-Use-Gütern ist in den Papieren ein ausdrücklicher Vermerk anzubringen, dass bei der Ausfuhr aus dem Gebiet der EU eine Kontrolle der Waren stattzufinden hat.

Für Nichtgemeinschaftswaren sind Rechnungen mit folgenden Informationen notwendig, z.B. Ausstellungsort und -datum, detaillierte Produktbezeichnung, Menge, Art und Anzahl der Pakete mit Angabe von Nummer und Marke, Namen und Anschriften von Aus- und Einführer, Lieferbedingungen mit fob-Wert, cif-Kosten und -Wert bzw. cfr-Wert, Zahlungsbedingungen, Rechnungsnummer, Beförderungsart, Gesamtbetrag sowie das Ursprungsland. Keine Unterzeichnung der Rechnungen und keine Bescheinigungen erforderlich.

2.1.3 Ursprungszeugnisse

Ursprungszeugnis nur auf Anforderung.

2.1.4 Intrastat-Meldung

Auf Grundlage des Änderungsgesetzes zum Außenhandelsstatistikgesetz (AHStatG-ÄndG) vom 5. März 2025 gelten rückwirkend zum 1. Januar 2025 neue Schwellenwerte für die Intrahandelsstatistik: Für Wareneingänge liegt die Meldegrenze nun bei 3.000.000 €, für Versendungen bei 1.000.000 €.

Wird eine dieser Grenzen im laufenden Kalenderjahr überschritten, beginnt die Meldepflicht im Monat der Überschreitung.

Die Daten können online an das Statistische Bundesamt übermittelt werden. Weitere Informationen sind unter www.destatis.de abrufbar (Suchbegriff: „Intrastat") oder per Tel.: 0611 753965, per Fax: 0611 754525 oder per E-Mail: gruppe-vb@destatis.de.

2.2 Luftfrachten

Zollflughäfen: Luqa, Malta

2.2.1 Luftfrachtbrief

Eine Ausfertigung des Luftfrachtbriefes.

2.2.2

Siehe unter Seefrachten 2.1.2–2.1.4.

2.3 Postverkehr

2.3.1 Paketkarte

Keine Zollformulare. Höchstgewicht: 31,5 kg, Vertragskunden: 30 kg.

2.3.2

Siehe unter Seefrachten 2.1.2–2.1.4.

3 Adressen

Auslandshandelskammer

Deutsch-Italienische Handelskammer
Camera di Commercio Italo-Germanica
Via Gustavo Fara 26
20124 Mailand
Tel.: +39 02679131
E-Mail: info@ahk.it
www.ahk.it
Geschäftszeiten: Mo.–Do. 8.30–16.30 Uhr; Fr. 8:30–14.30 Uhr

Konsulate

Die Konsulatsadressen finden Sie jeweils mit Telefonnummer, E-Mail-Adresse, Homepage und Öffnungszeiten unter:
https://www.auswaertiges-amt.de/de/service/laender.

Marokko

Royaume du Maroc (mit Ifni) – Morocco

1 Allgemeine Informationen

1.1 Kurzinfos

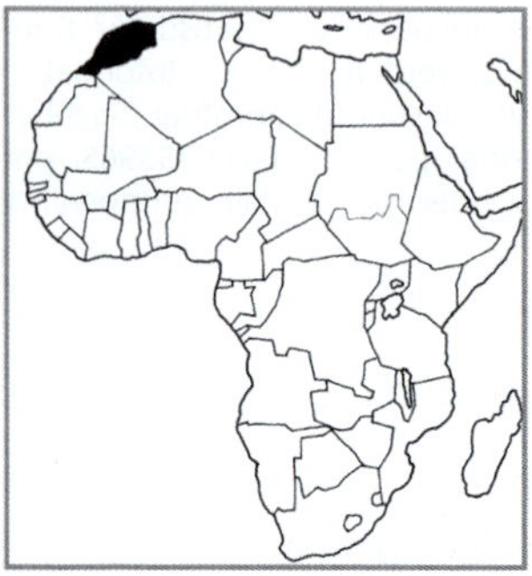

Landesvorwahl: +212

MEZ: –1 Std.

Französisch, Arabisch

1 Dirham (DH) = 100 Centimes (ISO-Code: MAD)

Nach AWG frei vereinbar Devisenbestimmungen von Marokko beachten

Harmonisiertes System

Mitglied

Angeschlossen

Angeschlossen

Feiertage: Die Feiertage zu diesem Land finden Sie unter folgendem Link: https://www.timeanddate.de/feiertage/.

1.2 Einfuhr aus der Bundesrepublik

In Marokko ist der Großteil der Warenimporte grundsätzlich zulässig, allerdings gelten für zahlreiche Produkte spezielle Genehmigungspflichten. Importverbote betreffen beispielsweise Plastiktüten, Cannabis, bestimmte Teppiche sowie Erzeugnisse, die nationale Symbole Marokkos tragen oder Gefahren für Umwelt, Gesundheit, Sicherheit oder kulturelles Erbe darstellen. Produkte wie runderneuerte oder gebrauchte Reifen, Alkohol, Bücher und CDs, Munition, chemische Stoffe, Pharmazeutika, Altmetalle, Drohnen, bestimmte Halbzeuge und Altwaren benötigen eine Importlizenz. Eine vollständige Übersicht bietet das Ministerium für Industrie und Handel (www.portnet.ma).

Exporteure bestimmter Lebensmittel – darunter thermisch verarbeitete pflanzliche Konserven, Milchprodukte, Fleisch- und Fischwaren, Fruchtsäfte oder Gewürze – müssen beim ONSSA registriert sein. Die Registrierung erfolgt durch den Importeur über eine elektronische Plattform und erfordert eine Konformitätsbescheinigung der zuständigen Lebensmittelsicherheitsbehörde des Ursprungslands. Auch für einige Produkte ist ein Konformitätsnachweis durch den Hersteller erforderlich. Ansprechpartner sind das Ministerium für Industrie, Handel, Energie und Bergbau sowie das Normungsinstitut IMANOR. Für tierische Erzeugnisse sind amtliche Tiergesundheitszeugnisse sowie Halal-Nachweise obligatorisch.

Zudem gelten strenge Kennzeichnungspflichten für Lebensmittel, Tiernahrung und Getränke. Analysezertifikate sind üblich. Die Etiketten müssen unter anderem Angaben zu Inhaltsstoffen, Mindesthaltbarkeit, Herstellungsdatum, Alkoholgehalt und ggf. Halal-Konformität enthalten. Für Arzneimittel gilt eine Registrierungspflicht in Marokko. Pharmazeutische Produkte und ihre Grundstoffe müssen durch eine Freiverkäuflichkeitsbescheinigung des Ursprungslands begleitet werden. Zuständig ist das Gesundheitsministerium, Abteilung Pharmazie. Für gebrauchte Fahrzeuge gelten besondere Regelungen: Autos über fünf Jahre sind nicht einfuhrfähig. Eine temporäre Einfuhr ist bis zu sechs Monate erlaubt. Bei Vorauszahlungen oder Anzahlungen ist nach Vorgabe des „Circulaire 04/2014" die Vorlage der Originalrechnung sowie des „Titre d'importation" bei der Importbank vor Warensendung erforderlich. Eine vollständige Vorauszahlung ist nur mit Genehmigung des Office des Changes zulässig. Das Zollportal (www.portnet.ma) erleichtert zahlreiche Abwicklungen, auch für ausländische Unternehmen.

Westsahara: Laut EU sind die Abkommen (Fischerei, Agrar, Zollpräferenzen) zwischen der EU und Marokko in Bezug auf die Westsahara-Region nichtig.

1.3 Verpackung

Für Holzverpackungen gelten die IPPC-Standard ISPM Nr. 15. Seefest und diebstahlsicher verpacken. Vgl. zudem die Hinweise zu Kunststoffverpackungen unter 1.2.

1.4 Markierung

Transit via Ceuta oder Melilla: „Ceuta bzw. Melilla en transito para Marruecos". Zusätzlich: „Importé d'Allemagne". Der Ursprung („Made in Germany" oder „Importe d'Allemagne") sowohl auf Verpackungen als auch auf Produkten muss klar erkennbar sein, d.h. es dürfen keine Zeichen, Bilder etc. vorhanden sein, die einen fälschlichen Eindruck vermitteln können, sonst wird die Einfuhr untersagt. Eine Ursprungsmarkierung ist bei folgenden Produkten Vorschrift: Wein, Margarine, Honig, Molkereierzeugnisse, Konserven mit Gemüse oder Fisch, Wein, Nüsse, Walnüsse, getrocknete Pflaumen. Markierungen zur Behandlung der Pakete möglichst in arabischer Sprache angeben.

1.5 Mustersendungen

Muster und Warenproben ohne Handelswert, als solche gekennzeichnet („Echantillon sans Valeur Commerciale"), sind allgemein zollfrei.

2 Dokumente

2.1 Seefrachten

Seehäfen: Safi, Tanger, El Jorf Lasfar, Mohammedia

2.1.1 Konnossemente

Voller Satz Konnossemente, Französisch, Ausstellung an Order möglich, dann jedoch mit Notify-Adresse, ohne Beglaubigung.

2.1.2 Handelsrechnungen

Handelsfaktura (zweifach, Französisch) ordnungsgemäß unterschrieben, mit allen üblichen Angaben, wie Exporteur und Importeur und Empfänger, Marke, Nummern, Anzahl und Art der Packstücke, Brutto-/Nettogewichte, genaue Warenbezeichnungen, Lieferbedingungen, HS-Code, Mengen, Ursprungsland, Ort und Datum der Ausstellung sowie Einzelpreise, Nachlässe, wie z.B. Rabatte, sowie den fob-Wert (Lieferungen mit cif-Wert als Basis nicht erlaubt). Wurde eine Teilzahlung geleistet oder per Vorauskasse bezahlt, muss dies auf der Rechnung vermerkt werden (Acompte de ...% oder réglement par anticipation). Auf der Handelsfaktura ist außerdem folgender Vermerk anzubringen: „Nous certifions que les marchandises dénommées dans cette facture sont de fabrication et d'origine de la République Fédérale d'Allemagne." Faksimile-Unterschriften sind unzulässig. Die Höhe der Anzahlung bzw. Vorauszahlung ist abhängig von der Genehmigung des Office des Changes, welches dem Importeur vorliegt. Rücksprache wird empfohlen.

2.1.3 Ursprungszeugnisse

Ursprungszeugnisse mit Angabe „République Fédérale d'Allemagne (Union Européenne)" auf Anforderung (bei Wein immer erforderlich).

2.1.4 Warenverkehrsbescheinigung

Liegt ein Handelsgeschäft zwischen der EU und Ägypten vor und sind die Anforderungen des Assoziierungsabkommens erfüllt, können Präferenzdokumente wie die EUR.1 oder eine Ursprungserklärung genutzt werden, um zollbegünstigte Einfuhren zu ermöglichen. Mit Anfang 2025 wurden in der Pan-Europa-Mittelmeer-Zone (PEM-Zone) neue, einheitliche Ursprungsregeln mit einer Übergangsfrist bis 31.12.2025 eingeführt. Seit dem 1. Januar 2026 sind nur noch die revidierten Ursprungsregeln („Revised Rules") verbindlich und EUR-MED-Nachweise nicht mehr möglich.

Für Warensendungen über 6.000 EUR dient die von der Zollstelle ausgestellte EUR.1 als Präferenznachweis. Exporteure, die regelmäßig Waren unter Präferenzbedingungen liefern, können beim Hauptzollamt die Bewilligung als „Ermächtigter Ausführer" beantragen. Bei Sendungen unter 6.000 EUR genügt eine Ursprungserklärung direkt in der Handelsrechnung, mit folgendem Wortlaut: „Der Ausführer (Ermächtigter Ausführer; Bewilligungs-Nr. ...) der Waren, auf die sich dieses Handelspapier bezieht, erklärt, dass diese Waren, soweit nicht anders angegeben, präferenzbegünstigte . . . Ursprungswaren sind." (Ort und Datum, Unterschrift, Name in Druckbuchstaben)[1]

Da Handelskammern Ursprungserklärungen nicht bescheinigen dürfen, wird empfohlen, diese separat beizufügen. Auf der Rechnung sollte ein ca. 7 cm hoher Freiraum für die Kammerbescheini-

1) Ursprungserklärung in weiteren Sprachen s. Kapitel Hinweise Warenursprung Präferenzen

gung bleiben. Anschließend ist die Erklärung unter Angabe des Ursprungslands zu ergänzen und erneut zu unterschreiben.

2.1.5 Gesundheitszeugnisse

Amtliches Gesundheitszertifikat erforderlich für die Einfuhr von Tieren und tierischen Produkten; für Pflanzen ist ein Pflanzengesundheitszeugnis der zuständigen amtlichen Pflanzenschutzstelle (https://pflanzengesundheit.julius-kuehn.de/) notwendig. Ansprechpartner ist das Office National de Sécurité Sanitaire des Produits Alimentaires.

2.1.6 Packlisten

Packliste (Französisch; unter Angabe von Inhalt, Warenbeschreibung, Marken, Nummern) erforderlich, wenn Handelsrechnung keine genaue Übersicht ermöglicht.

2.1.7 Konformitätszertifikate (CoC)

Für zahlreiche Produktgruppen – darunter Elektrogeräte, Baustoffe, Kleidung, Schuhe, Spielwaren, Chemikalien, Kunststoffe, Kfz-Ersatzteile, Reifen und Waren mit Lebensmittelkontakt – ist für die Einfuhr ein Konformitätszertifikat (CoC) erforderlich. Dieses muss durch eine autorisierte Zertifizierungs- oder Inspektionsstelle ausgestellt werden: Bureau Veritas Industry Services GmbH in 20457 Hamburg, Willy-Brandt-Str. 55, Tel.: +49 40 23625519, E-Mail: offergsdach@bureauveritas.com, https://verigates.bureauveritas.com, SGS Germany GmbH, 20097 Hamburg, Heidenkampsweg 99, Tel.: 040 30101735, E-Mail: de.gis.export@sgs.com und DIN CERTCO Gesellschaft für Konformitätsbewertung mbH, TÜV Rheinland, 12103 Berlin, Alboinstr. 56, Tel.: 030 75621118, E-Mail: sales-mas@dincertco.de, Intertek Caleb Brett Germany GmbH, Government and Trade Services, 21109 Hamburg, Georgswerder Bogen 3, Tel.: 040 558225000, E-Mail: info.hamburg@intertek.com. Je nach Produktkategorie erfolgt die Prüfung entweder vor dem Versand im Exportland (z.B. bei Textilien) oder nach Ankunft in Marokko. Dabei wird zwischen registrierten, lizenzierten und nicht registrierten Waren unterschieden. Seit Januar 2025 müssen CoC-Anträge durch den Importeur über die Online-Plattform PortNet gestellt werden. Die Abwicklung übernehmen anerkannte Prüforganisationen, deren Auswahl derzeit ausschließlich dem marokkanischen Ministerium für Industrie und Handel (MCI) vorbehalten ist. Weitere Informationen liefern die autorisierten Prüfinstitutionen.

2.2 Eisenbahnverkehr

2.2.1 Frachtbrief

Ein internationaler Frachtbrief und drei internationale Zollanmeldungen.

2.2.2

Siehe unter Seefrachten 2.1.2–2.1.7.

2.3 Luftfrachten

Zollflughäfen: Agadir (AGA), Casablanca (CAS), Fez, Laayoune, Marrakesch, Oujda, Rabat, Tanger, Al-Hoceima, Dakhla, El Aaiun, Errachida, Nador, Quar-Zazate, Tetuan

2.3.1 Luftfrachtbrief

Eine Ausfertigung des Luftfrachtbriefes.

2.3.2

Siehe unter Seefrachten 2.1.2–2.1.7.

2.4 Postverkehr

2.4.1 Paketkarte

Zwei Zollinhaltserklärungen, Spanisch, Englisch, Französisch oder Arabisch. Höchstgewicht: 31,5 kg, Vertragskunden: 30 kg.

2.4.2

Siehe unter Seefrachten 2.1.2–2.1.7. Eine Rechnungsausfertigung ist dem Paket beizulegen.

Wird die Sendung über Ceuta oder Melilla geleitet, muss folgender Transitvermerk angebracht werden: „Ceuta bzw. Melilla en Transito para Marruecos".

3 Adressen

Auslandshandelskammer

Deutsche Industrie- und Handelskammer in Marokko
Chambre Allemande de Commerce et d'Industrie au Maroc
Lot. El Manar
Villa 18 rue Ahmed Ben Taher El Menjra
Quartier El Hank
20160 Casablanca
Tel.: +212 522429400, -522429401
Fax: +212 522948172

Geschäftszeiten: Mo.–Fr. 9.00–17.00 Uhr
E-Mail: info@dihkcasa.org
www.marokko.ahk.de

Konsulate

Die Konsulatsadressen finden Sie jeweils mit Telefonnummer, E-Mail-Adresse, Homepage und Öffnungszeiten unter:
https://www.auswaertiges-amt.de/de/service/laender.

4 Sonstiges

Länderkurzbezeichnung gemäß Präferenzrecht (Lieferantenerklärung): MA
Länder(-gruppen)kurzbezeichnung für bes. Zollsätze im Europäischen Zolltarif: MA/SPGL
Kraftfahrzeugländerkennzeichen: MA

Marshall-Inseln

Republic of the Marshall Islands –
Republik Marshallinseln

1 Allgemeine Informationen

1.1 Kurzinfos

Landesvorwahl: +692

MEZ: +11 Std.

Englisch

1 US-$ = 100 Cents
(ISO-Code: USD)

Feiertage: Die Feiertage zu diesem Land finden Sie unter folgendem Link: https://www.timeanddate.de/feiertage/.

2 Dokumente

Besondere Bestimmungen sind nicht bekannt. Warenverkehrsbescheinigung bzw. Präferenz-Ursprungsnachweis in einem der Handelspapiere ist nicht erforderlich.

2.1 Luftfrachten

Zollflughafen: Kwajalein, Majuro

2.2 Paketkarte

Eine Zollinhaltserklärung in Englisch. Höchstgewicht 31,5 kg, Vertragskunden 30 kg.

3 Adressen

Konsulat

zuständig ist:
Permanent Mission of the Republic of the Marshall Islands to the United Nations
H.E. Ambassador Amatlain E. Kabua
NY-10017 New York
800 Second Avenue, 18th floor
Tel.: +1 2129833040
Fax: +1 2129833202
E-Mail: marshallislands@un.int
environ.nyc@gmail.com
rmtareo@gmail.com
https://www.ungeneva.org/en/blue-book/missions/member-states/marshall-islands

4 Sonstiges

Unabhängigkeit seit 22.12.1990.
Länder(-gruppen)bezeichnung für bes. Zollsätze im Europäischen Zolltarif: SPGL
Kraftfahrzeugländerkennzeichen: MH
Bezeichnung der Staatsangehörigen: Marshaller, Marshallerin

Mauretanien

1 Allgemeine Informationen

1.1 Kurzinfos

Landesvorwahl: +222

MEZ: –1 Std.

Französisch, Arabisch

**1 Ouguiya = 5 Khoums
(ISO-Code: MRO)**

**Nach AWG frei vereinbar
Devisenbestimmungen von Mauretanien beachten**

Harmonisiertes System

Mitglied

Feiertage: Die Feiertage zu diesem Land finden Sie unter folgendem Link: https://www.timeanddate.de/feiertage/.

1.2 Einfuhr aus der Bundesrepublik

Mauretanien kennt keine allgemeinen mengenmäßigen Importbeschränkungen zu wirtschaftlichen Zwecken. Bestimmte Produkte unterliegen jedoch Einfuhrverboten – etwa Waren aus Ländern mit Tierseuchenvorkommen, Betäubungsmittel, militärische Ausrüstungen (außer für staatliche Stellen), pornografisches Material, Plastiktüten sowie Erzeugnisse, die irreführend mauretanischen Ursprung vortäuschen. Für den Import von Fischereifahrzeugen ist eine Genehmigung des Fischereiministeriums notwendig. Einfuhrlizenzen für Erdölerzeugnisse werden durch das Energieministerium vergeben. Zigaretten unterliegen speziellen Anforderungen beim Versandweg. Für zahlreiche Produktgruppen – insbesondere Lebensmittel und Pflanzen – gelten zusätzliche Zertifikatsvorgaben (z.B. Gesundheitszeugnisse, Pflanzenschutzdokumente).

Reguläre Importeure müssen im zentralen Importeursregister verzeichnet sein. Unternehmen mit einem Kapital über 5 Millionen alte Ouguiyas (ca. 14.000 USD) sowie staatliche Lieferanten sind verpflichtet, eine Steueridentifikationsnummer (TIN) zu beantragen. Gleiches gilt für Importeure mit einem jährlichen Importvolumen ab 30 Millionen alte Ouguiyas (ca. 86.000 USD). Die Zollanmeldung erfolgt digital über das System ASYCUDA. ür alkoholische Getränke, Schweinefleisch und ähnliche Waren bestehen Einfuhrverbote für mauretanische Staatsangehörige. In Ausnahmefällen kann eine staatliche Sondergenehmigung erteilt werden.

1.3 Verpackung

Alle Stoffe, durch die Krankheiten eingeschleppt werden könnten, sind verboten, ggf. Pflanzenschutzzeugnis (www.julius-kuehn.de).

1.4 Markierung

Zusätzlich zu den üblichen Angaben: „Importé d'Allemagne" oder „Made in Germany".

1.5 Mustersendungen

Muster ohne Handelswert sind zollfrei.

2 Dokumente

2.1 Seefrachten

Seehäfen: Nouadhibou (Port Etienne), Nouakchott

2.1.1 Konnossemente

Konnossemente bedürfen keiner Beglaubigung. Order-B/L mit Angabe einer Notify-Adresse zulässig.

2.1.2 Handelsrechnungen

Handelsrechnungen (vierfach, Französisch) mit allen üblichen Angaben wie Exporteur und Importeur und Empfänger, Marke, Nummern, Anzahl und Art der Packstücke, Brutto-/Nettogewichte, genaue Warenbezeichnungen, Lieferbedingungen, HS-Code, Mengen, Ursprungsland, Ort und Datum der Ausstellung sowie Einzelpreise, Gesamt-fob- und cif-Wert und auch Nachlässe, wie z.B. Rabatte. Die Schlusserklärung, unterschrieben, hat wie folgt zu lauten:

„Nous certifions par la présente que les marchandises dénommées dans cette facture sont de fabrication et d'origine de la République Fédérale d'Allemagne et que les prix indiqués ci-dessus s'accordent avec les prix courants sur le marché d'éxportation."

2.1.3 Ursprungszeugnisse

Ursprungszeugnisse mit der Angabe „République Fédérale d'Allemagne (Union Européenne) können erforderlich sein. Rücksprache empfohlen.

2.1.4 Gesundheitszeugnisse

Gesundheitszeugnis erforderlich für lebende Tiere und Fleisch (durch Kühlung konserviert oder frisch). Pflanzengesundheitliches Zeugnis der zuständigen amtlichen Pflanzenschutzstelle erforderlich (https://pflanzengesundheit.julius-kuehn.de) für Erde, Dünger, Samen, Kompost, Pflanzen(-teile) und für Verpackungen aus diesen oder ähnlichen Stoffen.

2.1.5 Inspektionszertifikate

Konformität auf unbestimmte Zeit ausgesetzt.

2.2 Luftfrachten

Zollflughäfen: Nouakchott, Nouadhibou

2.2.1 Luftfrachtbrief

Ausfertigung eines Luftfrachtbriefes.

2.2.2

Siehe unter Seefrachten 2.1.2–2.1.5.

2.3 Postverkehr

2.3.1 Paketkarte

Zwei Zollinhaltserklärungen in Französisch. Höchstgewicht: 31,5 kg, Vertragskunden: 30 kg.

2.3.2

Siehe unter Seefrachten 2.1.2–2.1.5.

3 Adressen

Konsulate

Die Konsulatsadressen finden Sie jeweils mit Telefonnummer, E-Mail-Adresse, Homepage und Öffnungszeiten unter:
https://www.auswaertiges-amt.de/de/service/laender.

4 Sonstiges

Länderkurzbezeichnung gemäß Präferenzrecht (Lieferantenerklärung): AKP
Länder(-gruppen)kurzbezeichnung für bes. Zollsätze im Europäischen Zolltarif: SPGA
Kraftfahrzeugländerkennzeichen: RIM

Republic of Mauritius mit Diego Garcia, Agalega-Inseln und Rodrigues

Mauritius

1 Allgemeine Informationen

1.1 Kurzinfos

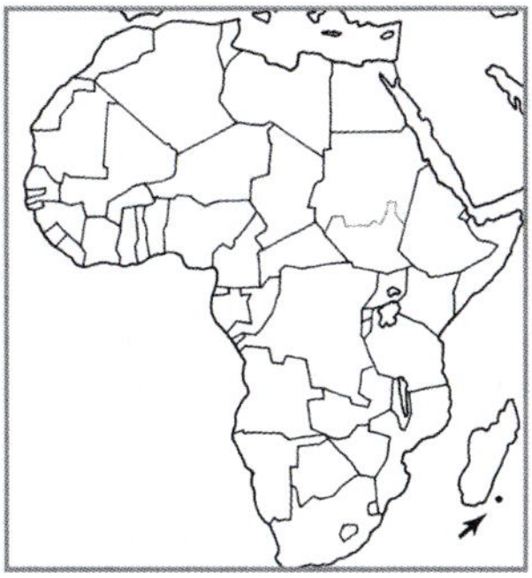

Landesvorwahl: +230

MEZ: +3 Std.

Englisch, Französisch

1 Mauritius-Rupie (MR) = 100 Cents (ISO-Code: MUR)

Nach AWG frei vereinbar
Keine Devisenbeschränkung

Harmonisiertes System

Mitglied

Angeschlossen (besondere Bestimmungen für Schmuck, Modeschmuck, (Halb-)Edelsteine)

Feiertage: Die Feiertage zu diesem Land finden Sie unter folgendem Link: https://www.timeanddate.de/feiertage/.

1.2 Einfuhr aus der Bundesrepublik

Es besteht ein Interimsabkommen zwischen den ESA-Staaten und EU mit Präferenzgewährung. Importe sind weitgehend liberalisiert und mit einer „Open General Licence" bzw. einer „Specific Licence" möglich. Die Anmeldung muss spätestens fünf Werktage nach Ankunft der Ware durch den Importeur oder einen lizenzierten Zollagenten eingereicht werden. Die Zollabwicklung erfolgt meist digital. Nur bei der mauritischen Zollbehörde (MRA) und dem Unternehmensregister (Corporate and Business Registration Department) registrierte Unternehmen mit einer Business Registration Number dürfen importieren. Für Pflanzen und Tiere, Fischereierzeugnisse, gebrauchte Güter und ausgewählte Lebensmittel (z.B. Weizenmehl), Schmierstoffe, gebrauchte Agrarmaschinen und pharmazeutische Artikel ist u.a. eine Einfuhrgenehmigung erforderlich. Rund 40 Produktgruppen sind vom Import ausgeschlossen – darunter teils gebrauchte Fahrzeuge und Ersatzteile, Produkte mit bestimmten Zusatzstoffen sowie Kosmetika mit Vitamin K, Fälschungen, bestimmte Chemikalien, Abfälle. Für diverse Artikel gelten strenge Kennzeichnungspflichten – insbesondere muss das Herstellungsland angegeben werden. Die Beschriftung muss direkt auf dem Produkt oder der Verpackung in Englisch oder Französisch erfolgen. Eine Absprache mit dem Importeur wird empfohlen.

Für gebrauchte Kleidung wird ein Desinfektionszeugnis benötigt, für Chemikalien und Spirituosen sind Analysenzertifikate vorgeschrieben. Zuständig für Normen und Standards ist das MSB (Mauritius Standards Bureau). Zu beachten sind außerdem Zusatzstoffbestimmungen von Getränken und Lebensmitteln. Außerdem sind für Lebensmittel und verschiedene medizinische Erzeugnisse Halal- oder Analysenzeugnisse und gesundheitliche Zeugnisse vorzulegen.

1.3 Verpackung

Heu und Stroh dürfen nicht verwendet werden.

1.4 Markierung

Zusätzlich: „Made in Germany". Irreführende Kennzeichnungen sind durch „Merchandise Marks Act" verboten.

1.5 Mustersendungen

Muster ohne Handelswert sind zollfrei. Vorübergehende Einfuhr mit Carnet-A.T.A. möglich.

2 Dokumente

2.1 Seefrachten

Seehafen: Port Louis

2.1.1 Konnossemente

Voller Satz Konnossemente, Order-Bs/L zugelassen, dann jedoch mit Notify-Adresse. Die Frachtkosten sowie das Gewicht und die einzelnen Maße oder die Gesamttonnage sind anzugeben. Keine Beglaubigung.

2.1.2 Handelsrechnungen

Handelsrechnung (zweifach, Englisch) mit allen üblichen Angaben wie Exporteur und Importeur und Empfänger, Marke, Nummern, Anzahl und Art der Packstücke, Brutto-/Nettogewichte, genaue Warenbezeichnungen, Lieferbedingungen, HS-Code, Mengen, Ursprungsland, Ort und Datum der Ausstellung sowie Einzelpreise, Gesamt-fob- und cif-Wert und auch Nachlässe, wie z.B. Rabatte. Sie muss mit der Zollfaktura übereinstimmen. Am Ende der Rechnung ist folgender Vermerk anzubringen: „We declare that the particulars given in this invoice are true and correct and that no other invoice for the goods has been or will be issued."

2.1.3 Ursprungszeugnisse

Ursprungszeugnis nicht erforderlich.

2.1.4 Warenverkehrsbescheinigung

Sendungen bis 6000 EUR: Der Exporteur kann den Präferenznachweis direkt auf der Rechnung, dem Lieferschein oder einem anderen Handelsdokument durch folgende Erklärung erbringen – ohne REX-Nummer und ohne besondere Zulassung: „The exporter of the products covered by this document[1] declares that, except where otherwise clearly indicated, these products are of ... preferential origin."[2] Angabe von Ort, Datum, Unterschrift und Name in Druckschrift ist erforderlich.

Sendungen über 6.000 EUR: Hier ist eine Registrierung als „Registered Exporter" (REX) erforderlich. Die REX-Nummer muss in der Erklärung angegeben werden. Ursprungserklärungen eines registrierten Ausführers erfolgen gemäß Art. 68 UZK-IA. Für die Präferenzgewährung durch die EU gelten abweichende Nachweisregeln, je nach Partnerstaat und Abkommen. Hinweis: Ursprungswaren aus Ceuta und Melilla sind mit dem Kürzel „CM" zu kennzeichnen. Für EU-Waren, die unter die Ursprungsregelung mit den ESA-Staaten fallen, gilt das Selbstzertifizierungsverfahren. Eine Bereitstellung offizieller Ursprungsdokumente durch EU-Zollstellen entfällt.

2.1.5 Gesundheitszeugnisse

Veterinäres Gesundheitszeugnis erforderlich für lebende Tiere und tierische Erzeugnisse. Pflanzengesundheitliche Zeugnisse der zuständigen amtlichen Pflanzenschutzstelle sind (https://pflanzengesundheit.julius-kuehn.de) für Pflanzen und pflanzliche Erzeugnisse notwendig.

2.2 Luftfrachten

Zollflughafen: SSR International Airport of Mauritius (Plaisance Airport)

2.2.1 Luftfrachtbrief

Eine Ausfertigung des Luftfrachtbriefes.

2.2.2

Siehe unter Seefrachten 2.1.2–2.1.5.

2.3 Postverkehr

2.3.1 Paketkarte

Zwei Zollinhaltserklärungen (Englisch oder Französisch). Höchstgewicht: 31,5 kg, Vertragskunden: 30 kg.

2.3.2

Siehe unter Seefrachten 2.1.2–2.1.5.

3 Adressen

Konsulate

Die Konsulatsadressen finden Sie jeweils mit Telefonnummer, E-Mail-Adresse, Homepage und Öffnungszeiten unter:
https://www.auswaertiges-amt.de/de/service/laender.

4 Sonstiges

Länderkurzbezeichnung gemäß Präferenzrecht (Lieferantenerklärung): AKP/MAR
Länder(-gruppen)kurzbezeichnung für bes. Zollsätze im Europäischen Zolltarif: LOMA/SPGL
Kraftfahrzeugländerkennzeichen: MS

1) Eintrag der Bewilligungsnummer, falls die Erklärung von einem ermächtigten Ausführer erstellt wird.
2) Ursprungserklärung in weiteren Sprachen s. Kapitel Hinweise Warenursprung Präferenzen

1 Allgemeine Informationen

1.1 Kurzinfos

Landesvorwahl: +262

MEZ: +3 Std.

Französisch, Mahorisch

1 Euro (€) = 100 Cents (ISO-Code: EUR)

Nach AWG frei vereinbar Devisenbestimmungen von Réunion beachten

Harmonisiertes System

Angeschlossen

Feiertage: Die Feiertage zu diesem Land finden Sie unter folgendem Link: https://www.timeanddate.de/feiertage/.

1.2 Einfuhr aus der Bundesrepublik

EU-assoziiert, gehört zum Zollgebiet der Gemeinschaft. Einfuhr aus den Ländern der OECD größtenteils ohne Einfuhrgenehmigung möglich.

1.3 Verpackung

Für Holzverpackungen gelten die Regelungen des ISPM Nr. 15-Standards.

1.4 Markierung

Siehe **Frankreich**.

1.5 Mustersendungen

Siehe **Frankreich**.

2 Dokumente

2.1 Seefrachten

Seehafen: St. Pierre

2.1.1 Konnossemente

Voller Satz Konnossemente ohne Beglaubigung. Order-B/L mit Notify-Adresse zugelassen. Zolltarifnummer des Harmonisierten Systems ist anzugeben.

2.1.2 Handelsrechnungen

Handelsrechnung (zweifach), Französisch, mit allen üblichen Angaben (Name und Anschrift des Käufers und Verkäufers, Marke, Nummer, Anzahl und Art der Packstücke, genaue Warenbezeichnung, Mengen, Brutto-/Nettogewichte, HS-Code, Lieferungs- und Zahlungsbedingungen, Einzel- und Gesamtpreis, Ursprungsland, Rabatte, cif- und Gesamt-fob-Wert). Original und Kopie sind entsprechend zu kennzeichnen, wobei auf der Kopie vermerkt sein muss, dass diese mit dem Original übereinstimmt. Keine Bescheinigung.

2.1.3 Ursprungszeugnisse

Ursprungszeugnis mit der Angabe „République Fédéral d'Allemagne (Union européenne)" nur auf Anforderung.

2.1.4 Warenverkehrsbescheinigung

Präferenzversandpapiere für EU-Waren bzw. Waren, die sich in der EU im zollrechtlich freien Verkehr befinden (verzollt):

T2F:
für Waren im Linienseeverkehr.

T2LF:
für Waren, die nicht im Nichtlinienseeverkehr befördert werden. Ausstellung durch die Zollstellen. Auf den Verpackungen und Begleitdokumenten ist ein Klebezettel für Postsendungen notwendig.

2.1.5 Gesundheitszeugnisse

Gesundheitszeugnis für Pflanzen, Teile von Pflanzen (www.julius-kuehn.de) und lebende Tiere und tierische Erzeugnisse erforderlich.

2.2 Luftfrachten

Zollflughafen: Dzaoudzi

2.2.1 Luftfrachtbrief

Ein Luftfrachtbrief.

2.2.2

Siehe unter Seefrachten 2.1.2–2.1.5.

2.3 Postverkehr

2.3.1 Paketkarte

Zwei Zollinhaltserklärungen, Französisch und Englisch, Höchstgewicht 20 kg. Ausführung des Paketdienstes nur durch ausgewählte Postämter auf Mayotte. Post befragen.

2.3.2

Siehe unter Seefrachten 2.1.2–2.1.5.

3 Sonstiges

Länderkurzbezeichnung gemäß Präferenzrecht (Lieferantenerklärung): ÜLG
Länder(-gruppen)kurzbezeichnung für bes. Zollsätze im Europäischen Zolltarif: LOMB/SPGL

1 Allgemeine Informationen

1.1 Kurzinfos

Landesvorwahl: +52

MEZ: –6 bis –9 Std.

Spanisch

1 mexikanischer Peso (mex$) = 100 Centavos (ISO-Code: MXN)

Nach AWG frei vereinbar Devisenbestimmungen von Mexiko beachten

Harmonisiertes System

Mitglied

Angeschlossen Rücksprache mit IHK

Feiertage: Die Feiertage zu diesem Land finden Sie unter folgendem Link: https://www.timeanddate.de/feiertage/.

1.2 Einfuhr aus der Bundesrepublik

Mexikos Normensystem unterscheidet freiwillige NMXs von obligatorischen NOMs mit technischen Regulierungen und Etikettierungsvorschriften. NOMs erfordern Konformitätsbelege, beantragbar nur bei akkreditierten Laboren oder der DGN (Handelsministerium). Für 3.343 Zolltarifnummern müssen NOMs punktuell erfüllt werden, außer bei ausdrücklichen Ausnahmen. Importeure müssen Ausnahmen beweisen. Betroffene Waren benötigen Vorab-Etikettenzertifizierung durch akkreditierte Verifikationsstellen. Der Zoll prüft Übereinstimmung. Beantragung nur durch Importeur. Jeder Versand erfordert Einzelfallanalyse. Behörden kündigen Richtlinien an. Importeure fordern oft Etikettierungsanpassungen. AHK Mexiko unterstützt bei Einzelfällen. Kontakt zum Importeur empfohlen.

Textilien benötigen spanische Etiketten mit Hersteller/Importeur, Pflegeangaben, Zusammensetzung und Größen. Etikettierung vor Grenzübertritt durch registrierte Zollagenten erforderlich. Rechtzeitige Abstimmung mit Importeur vor Verschiffung nötig. Elektrogeräte benötigen spanische Angaben: Produktbezeichnung, Importeur, Ursprungsland, elektrische Eigenschaften, ggf. Gebrauchthinweis in doppelter Schriftgröße. Stahl erfordert automatische Importgenehmigungen mit Schmelz-/Gussursprungsland und spanisch/englische Qualitätszertifikate. Bestimmte Waren nur über zugelassene Zollstellen (Anhang 21 RGCE): radioaktive/nukleare Produkte, Chemikalien, Zigarren/Tabakwaren, Schuhe, alkoholische Getränke. E-Zigaretten (Kartuschen/ausbaubare Teile) sind verboten.

Düngemittel, Insektenvertilgungsmittel, Medikamente und medizinisches Equipment benötigen Sanitärregistrierung (Registro Sanitario) mit Zertifikaten über gute Herstellungspraxis, freie Verkäuflichkeit im Exportland und Analysenzertifikaten. Betäubungsmittel und Psychopharmaka unterliegen strengen Auflagen mit produktartspezifischen Einfuhrhäfen und mexikanischer Konsulatslegalisierung für Handelsrechnung, Verkaufserlaubnis-Zeugnis und Einfuhrgenehmigung. Das Konsulat Frankfurt benötigt Ausweiskopie, Zahlungsbeleg, Original-Einfuhrgenehmigung, Ausfuhrbescheinigung und Original-Warenrechnung. Analysenzertifikate benötigen nur noch Beglaubigung, keinen Konsulssichtvermerk. Empfehlung: Vorab-Prüfung per E-Mail (promocion@consulmexfrankfurt.org). Beglaubigung ist auch für weitere medizinische Produkte wie Rohstoffe vorgeschrieben.

Für lebende Tiere, tierische Produkte, Futtermittel, Saaten, Pflanzen und pflanzliche Produkte stellen SENASICA-Unterbehörden DGSA und DGSV tier- und pflanzengesundheitliche Vorschriften online bereit. Die Datenbanken "Módulo de Consulta de Requisitos Zoosanitarios para la Importación", "Módulo de Consulta de Requisitos Fitosanitarios para la Importación" und für Fische "Módulo de Consulta de Requisitos en materia de Sanidad Acuícola para Importación" enthalten speziesspezifische Anforderungen nach Herkunftsland. Bei fehlenden Informationen muss die Vorschriftenerstellung bei der zuständigen Behörde beantragt werden. Lieferungen benötigen Gesundheits- bzw. Pflanzengesundheitszeugnisse und Ursprungszeugnisse.

Schuhe, Textilien und Bekleidung benötigen automatische Einfuhrgenehmigungen. Bei Unterschreitung der Richtpreise müssen Importeure Preisgarantien hinterlegen, Zollabgaben werden auf Richtpreisbasis berechnet. Import nur durch mexikanische Importeure mit Sektorialregister-Eintragung. Gebrauchte Fahrzeuge und Diamanten benötigen DGCE-Importgenehmigungen. Etikettierungsvorschriften: NOM-050 für allgemeine Waren (außer spezielle Vorschriften) in Spanisch mit Produktname, Menge, Importeur, Ursprungsland, Warn-/Nutzungshinweisen, Haltbarkeitsdatum. Bei Bedarf Bedienungsanleitung und Gewährleistung. NOM-051 für Nahrungsmittel mit Mindestanforderungen und seit 1.10.2020 Warnhinweisen für ungesunde Produkte. NOM-142 für alkoholische Getränke.

Speiseöle, Lebensmittel und alkoholfreie Getränke dürfen keine Transfette oder maximal 2% industrielle Transfettsäuren enthalten. Bioprodukte benötigen bei der DGIF Biozertifikate mit Bioqualitätsangaben und Kontrolldokumente von SENASICA-zugelassenen oder gleichwertigen Biozertifizierungsstellen. COFEPRIS verlangt „Aviso previo de Importación" für Medikamente, Medizintechnik, Lebensmittel, Nahrungsergänzungsmittel, Kosmetika, Pflanzenschutzmittel und Tabak. Bis 31.3.2024 werden Genmais und Glyphosat verboten. Bestehende Genmais-Genehmigungen für menschlichen Verzehr werden widerrufen. Genmais für Futtermittel/Industrie bleibt erlaubt. Zuständig sind die Ministerien für Landwirtschaft, Umwelt sowie CONYACT.

Rohöl, Gas, Ölerzeugnisse, Kraftstoffe, Medikamente, medizintechnische und landwirtschaftliche Erzeugnisse benötigen Einfuhrlizenzen. Ohne diese erfolgt keine Zollabfertigung. Importeure beantragen Lizenzen bei zuständigen Ministerien auf vorgegebenen Formularen. Diese enthalten Modalitäten, Konditionen, Gültigkeit und bei Kontingentierung Mengenangaben. Das Wirtschaftsministerium (SE) erlässt per Außenhandelsgesetz nichttarifäre Schutzmaßnahmen zum Schutz der heimischen Wirtschaft: Einfuhrquoten, Ursprungsmarkierungen, Zertifikate, Strafzölle, Referenzpreise und Einfuhrlizenzen. Exporteure sollten Lizenzverfügbarkeit vor Versand prüfen. Die mexikanische Zollabwicklung erfordert einen autorisierten Zollagenten, der als Vertreter des Importeurs die Warenanmeldung durchführt.

1.3 Verpackung

Mexiko wendet für Verpackungsholz den IPPC-Standard ISPM Nr. 15 an.

1.4 Markierung

Aufgrund umfangreicher Vorschriften mit Importeur abstimmen, siehe auch 1.2.

1.5 Mustersendungen

Lebensmittel, Getränke, Medikamente und Medizintechnikprodukte sind als Muster unzulässig. Für diese Kategorien gelten COFEPRIS-Sonderbestimmungen mit erforderlichen Importgenehmigungen. Ausstellungs- und Messegut sowie nicht zum Verbleib bestimmte Warenmuster können vorübergehend per Carnet A.T.A. eingeführt werden. Abgabenfreie Muster dürfen maximal 1 MXN Einheitswert haben, ausschließlich der Warenansicht dienen und müssen durch Markierung, Zerreißung, Perforation oder andere Maßnahmen unbrauchbar/unverkäuflich gemacht werden. Spielzeugmuster sind auf 2 Stück je Artikel und 50 MXN Einheitswert begrenzt.

2 Dokumente

2.1 Seefrachten

Seehäfen: Coatzacoalcos (Atlantik), Veracruz (Atlantik), Altamira, Bahias de Huatulco, Cabo San Lucas, Dos Bocas, Ensenada, Lazzaro Cardenas, Manzanillo, Salina Cruz u.a.

Bitte beachten: Schüttgut benötigt ein Certificado de Peso o Volumen (Gewichtszertifikat). Alle Dokumente müssen bei den Angaben zu Exporteur, Importeur und Waren den gleichen Wortlaut aufweisen (auch bei Abkürzungen).

2.1.1 Konnossemente

Transportunternehmen können bei Luftfrachten Luftfrachtbriefangaben elektronisch über das

Sistema Automatizado Aduanero Integral (SAAi-WEB) in spanischer oder englischer Sprache übermitteln. Die Eingabe erfolgt spätestens 4 Stunden nach Abflug (oder zum Abflugzeitpunkt aus bestimmten nordamerikanischen Ländern). Papier-Luftfrachtbriefe sind dann nicht erforderlich. Order-Konnossemente sind mit erforderlicher Notify-Adresse zugelassen.

2.1.2 Handelsrechnungen

Sendungen über 300 MXN benötigen Rechnungen (Original/Kopie) in Spanisch, Englisch oder Französisch als elektronischen Wertnachweis (COVE) mit elektronischer Unterschrift. Die COVE-Nummer ist in der Zollerklärung anzugeben. Rechnungsinhalte: Name/Anschrift aller Beteiligten, bei Empfängeränderung eidesstattliche Erklärung, Ausstellungsort/-tag, Rechnungsnummer, Ursprungsland, Transport-/Liefer-/Zahlungsdaten, Packstückangaben, Einzel-/Gesamtwerte, 6-stellige HS-Zolltarifnummer, Steuernummern. Warenbeschreibungen detailliert, unverschlüsselt, mit allen Warenbegleitpapieren übereinstimmend. Fremdsprachen benötigen spanische Übersetzungen. Bei Verwechslungsrisiko eindeutige Identifikation durch Seriennummer, Marke, Modell oder technische Spezifikationen. Medikamente, medizinische Produkte, psychotrope Substanzen und Suchtstoffe erfordern konsularische Legalisierung für Importerlaubnisse. Alle Dokumente müssen wortlautidentisch sein, einschließlich exakter Schreibweise und Abkürzungen.

2.1.3 Ursprungszeugnisse

Bitte beachten: Da sehr unterschiedliche Dokumente bei Einfuhren notwendig sein können, ist es empfehlenswert, sich vor der Einfuhr entsprechend zu informieren.

Ursprungszeugnisse für einige Waren zur Vermeidung von Dumpingpreisen notwendig. Angabe des Ursprungslandes u.U. auf der Handelsrechnung ausreichend. Auskünfte über die zuständige IHK. Keine konsularische Legalisierung notwendig.

Begleitet eine EUR.1 bzw. eine Präferenzerklärung in einem der Handelspapiere die Waren, ist kein zusätzliches Ursprungszeugnis der zuständigen IHK erforderlich.

2.1.4 Warenverkehrsbescheinigung

Für alle Waren, die unter die Ursprungsregelung des Freihandelsabkommens der EU mit Mexiko fallen, gilt: EUR.1 für Warensendungen mit einem Wert von mehr als € 6 000,– (Ausstellung durch Zollstellen; in Feld 8 ist unbedingt die Angabe der vierstelligen Position des Harmonisierten Systems für die betroffene Warenart zu machen); für Waren mit einem Wert bis € 6 000,– ist folgende Erklärung[1] in die Rechnung oder eines der anderen Handelspapiere aufzunehmen:

„El exportador de los productos incluidos en el presente documento (autorización aduanera n° ...)[2] declara que, salvo indicación en sentido contrario, estos productos gozan de un origen preferencial ..."

Ort, Datum, Unterschrift. Der Name des Ausführers bzw. Unterzeichners muss in Druckbuchstaben angegeben werden. Ursprungswaren aus Ceuta und Mellila sind mit „CM" zu kennzeichnen.

Im Feld 2 muss Comunidad Europea bzw. European Community und Mexico stehen, Feld 4 sollte die Angabe Rep. Federal de Alemania bzw. Germany oder Bundesrepublik Deutschland tragen, in Feld 8 die sechsstellige HS-Zolltarif-Nr. eintragen und in Feld 10 die Nummer der Handelsrechnung samt deren Datum.

2.1.5 Packlisten

Das Zollgesetz erfordert Transport- und Ladungsinformationen für die Zollfreigabe. Der Zoll kann Packlisten fordern oder alternativ Packstücke-Übersichten in Handelsrechnungen. Packliste und Handelsrechnungen müssen bei Importeur-, Exporteur- und Warenbeschreibungen gleichlautend sein, da Abweichungen zu Zollabwicklungsproblemen führen.

2.1.6 Gesundheitszeugnisse

Gesundheitszertifikat ist erforderlich für den Import von Tieren, tierischen Produkten, Futtermitteln, Saaten, Pflanzen usw.

2.2 Luftfrachten

Zollflughäfen: Acapulco, Aguascalientes, Cancun (CUN), Cuidad del Carmen, Guadalajara, Huatulco,

1) Ursprungserklärung in weiteren Sprachen, s. Kapitel Hinweise Warenursprung Präferenzen
2) Eintrag der Bewilligungsnummer, falls die Erklärung von einem ermächtigten Ausführer erstellt wird.

Leon, Mazatlan, Merida. Mexico City (MEX), Monterrey, San Jose del Cabo, Chihuahua, Cozumel, La Paz, Puerte Vallarta, Veracruz und weitere

2.2.1 Luftfrachtbrief

Eine Ausfertigung des Luftfrachtbriefes. Eine Kopie der Rechnung an den Luftfrachtbrief anhängen. Die Angaben im Luftfrachtbrief müssen mit denen der Handelsrechnung übereinstimmen. Sie können auch elektronisch, spätestens vier Stunden nach Abflug, in Englisch oder Spanisch über SAAI-WEB übermittelt werden.

2.2.2

Siehe unter Seefrachten 2.1.2–2.1.6.

2.3 Postverkehr

2.3.1 Paketkarte

Eine Zollinhaltserklärung (Englisch, Französisch, Spanisch). Höchstgewicht 31,5 kg. Allen Paketen sind eine Rechnung sowie eine spanische Übersetzung derselben beizufügen. Andernfalls ist mit Rücksendung an den Absender zu rechnen. Psychotrope Substanzen und Betäubungsmittel verboten. Bei Geschenksendungen fallen u.U. ebenfalls Zollabgaben an.

2.3.2

Siehe unter Seefrachten 2.1.2–2.1.6.

3 Konsulatsgebühren

Die Gebühren für die Legalisierung schwanken, da sie sich am US-$/mex. Peso-Kurs orientieren, der Schwankungen unterliegt (vorher beim zuständigen Konsulat nach der Höhe der Gebühren erkundigen). Die Gebühren sind auf das Konto der Konsularabteilung von Mexiko in Frankreich zu überweisen. Bankverbindungsdaten nach dortiger Rücksprache.

Ursprungszeugnisse, Freiverkäuflichkeitsbescheinigungenpro Ex.	€ 49,–
Analysezertifikat, pro Ex.	€ 49,–
Importgenehmigung für Psychopharmaka und Betäubungsmittel, pro Ex.	€ 86,–

4 Adressen

Auslandshandelskammer

Deutsch-Mexikanische Industrie- und Handelskammer
Cámara Mexicano-Alemana de Comercio e Industria, A.C.
Av. Santa Fe 170, German Centre Oficina 1-4-10, Lomas de Santa Fe, 01210 Cuidad de México
Tel.: +52 5515005900
Geschäftszeiten: Mo.–Fr. 8.00–16.30 Uhr
E-Mail: info@ahkmexiko.com.mx
www.mexiko.ahk.de

Konsulate

Die Konsulatsadressen finden Sie jeweils mit Telefonnummer, E-Mail-Adresse, Homepage und Öffnungszeiten unter:
https://www.auswaertiges-amt.de/de/service/laender.

5 Sonstiges

Länderkurzbezeichnung gemäß Präferenzrecht (Lieferantenerklärung): MX
Länder(-gruppen)kurzbezeichnung für bes. Zollsätze im Europäischen Zolltarif: MX/SPGL
Kraftfahrzeugländerkennzeichen: MEX

Mikronesien

1 Allgemeine Informationen

1.1 Kurzinfos

Landesvorwahl: +691

MEZ: +11 bis 12 Std.

Englisch

1 US-$ = 100 Cents
(ISO-Code: USD)

Feiertage: Die Feiertage zu diesem Land finden Sie unter folgendem Link: https://www.timeanddate.de/feiertage/.

1.2 Verpackung

Für Holzverpackungen gelten die Regelungen der ISPM Nr. 15-Norm.

2 Dokumente

Warenverkehrsbescheinigung bzw. Präferenz-Ursprungsnachweis in einem der Handelspapiere: nicht erforderlich.

2.1 Seefrachten

Seehäfen: Colonia, Pohnpei Harbour, Lele Harbour, Moen

2.2 Luftfrachten

Zollflughäfen: Chuuk, Kosrae, Yap, Pohnpei

2.3 Postverkehr

Eine Zollinhaltserklärung, Englisch. Höchstgewicht 31,5 kg, Vertragskunden 30 kg.

3 Adressen

Konsulat

zuständig ist die Botschaft in
1725 North Street N.W.
Washington D.C.
20036 USA
Tel.: +1 2022234383
Fax: +1 2022234391

4 Sonstiges

Länder(-gruppen)kurzbezeichnung für bes. Zollsätze im Europäischen Zolltarif: SPGL

Moldau

Republic of Moldova, Republik Moldau (Moldawien)

1 Allgemeine Informationen

1.1 Kurzinfos

Landesvorwahl: +373

MEZ: +1 Std.
EU-Sommerzeit

Russisch, Rumänisch, Englisch

1 Moldau Leu = 100 Bani
(ISO-Code: MDL)

Nach AWG frei vereinbar

Harmonisiertes System
Verzollung nach Transaktionswert

Mitglied

Angeschlossen

Angeschlossen

Feiertage: Die Feiertage zu diesem Land finden Sie unter folgendem Link: https://www.timeanddate.de/feiertage/.

1.2 Einfuhr aus der Bundesrepublik

Moldau ist Mitglied des Mitteleuropäischen Freihandelsabkommens (CEFTA). Transportdokumente wie Frachtbriefe oder Zolldokumente variieren je nach Verkehrsweg und dienen dem Nachweis eines rechtmäßigen Warenversands. Zusätzlich sind behördliche Genehmigungen erforderlich, etwa für unternehmerische Tätigkeiten oder zur Regelung von Ein- und Ausfuhrbeschränkungen. Für bestimmte Projekte wie humanitäre Hilfe oder Investitionen sind Nachweise nötig, um Zoll- und Steuervergünstigungen zu erhalten. Für einige Waren wie Arzneimittel, Medizinprodukte, Waffen, Munition, Sprengstoffe, Alkohol, Tabak, seltene Metalle und Steine sind Handels- und Einfuhrlizenzen erforderlich. Zuständig sind die Agentur für Arzneimittel und Medizinprodukte sowie die Camera de Licenţiere. Anträge können elektronisch unter https://actpermisiv.gov.md gestellt werden. Technische Regulierungen (TR) und Konformitätszertifikate gelten u.a. für Maschinen, Textilien, Elektroartikel und Lebensmittel.

Umweltgefährdende Stoffe unterliegen der Kontrolle durch das Ministerium für Landwirtschaft, Regionalentwicklung und Umwelt sowie die Nationale Agentur für nukleare, radiologische und chemische Aktivitäten. Für bestimmte Verpackungen wie Plastik und Karton wird eine Umweltabgabe erhoben, deren Höhe sich nach dem Fassungsvermögen richtet. Kennzeichnungspflichten bestehen für Lebensmittel, Alkohol, Tabak, Kosmetik, Spielzeug, Saatgut, Pflanzenschutz- und Düngemittel sowie umweltgefährdende Stoffe. Angaben zu Herstellungsdatum, Haltbarkeit und Qualität sind verpflichtend.

Lebensmitteleinführer müssen bei ANSA angemeldet und über TRACES registriert sein. Neue Kraftfahrzeuge sind bei der Agentia Servicii Publice zu registrieren. Für Fahrzeuge, Motoren und Karosserien älter als 10 Jahre sowie gebrauchte Busse über 5 Jahre gilt ein Einfuhrverbot – historische Fahrzeuge sind ausgenommen. Einfuhrverbote bestehen auch für gebrauchte Kleidung, bestimmte Abfälle und Fahrzeugteile. Tiere, Fleisch, Pflanzen und pflanzliche Produkte unterliegen Inspektions-, Genehmigungs- und Registrierungspflichten bei der Nationalen Agentur für Lebensmittelsicherheit (ANSA) und im TRACES-System. Für lebende Tiere und tierische Produkte sind Tiergesundheitszeugnisse, für pflanzliche Waren Pflanzengesundheitszeugnisse erforderlich. Pflanzenschutzmittel müssen vorab notifiziert werden.

1.3 Verpackung

Verpackungen müssen stabil, wetterfest und für lange Transporte geeignet sein – besonders bei Bahn- oder Lkw-Versand. Für Holzmaterial gelten die internationalen IPPC-Vorgaben (ISPM Nr. 15), teils mit Pflanzengesundheitszeugnis. Die Kennzeichnung richtet sich nach den technischen Produktspezifikationen (TR) und muss u.a. Qualität, Herstellungsdatum und Haltbarkeit enthalten. Besondere Anforderungen gelten für sensible Produktgruppen wie Lebensmittel, Medizin, Spielzeug oder Gefahrstoffe. Auch Vorschriften zur Vermeidung und Verwertung von Verpackungsabfällen sind zu beachten.

1.4 Markierung

Es gibt für einzelne Waren Kennzeichnungsvorschriften, die zu beachten sind. Kennzeichnung in Rumänisch. Es gibt produktspezifische Technische Regulierungen (TR) mit der Erfordernis der Angabe von Qualität, Herstellungszeitpunkt, Haltbarkeit etc. Zusätzlich benötigen Nahrungsmittel, kosmetische Produkte und biogene Brennstoffe in festem Zustand einen Hinweis auf das Ursprungsland.

1.5 Mustersendungen

Muster ohne Handelswert, Prospekte und Drucksachen sind zollfrei.

2 Dokumente

2.1 Lkw-Transporte

2.1.1 Frachtbrief

Internationaler Frachtbrief.

2.1.2 Handelsrechnungen

Die Handelsrechnung muss unterschrieben und mit Firmenstempel versehen sein. Kopien können von Behörden oder Importeuren verlangt werden. Sie kann in jeder Sprache erstellt werden, meist wird Englisch akzeptiert; eine offizielle Übersetzung ins Rumänische kann erforderlich sein. Zollbehörden können zusätzlich die Vorlage des Handelsvertrags verlangen. Pflichtangaben sind: Verkäufer, Käufer (auch wenn abweichend vom Empfänger), Empfänger, Ausstellungsdatum und -ort, Rechnungsnummer, Ursprungsland, Beförderungsart inkl. Inlandsfracht (falls relevant), Liefer- und Zahlungsbedingungen (z.B. Incoterms®), Packstückangaben (Anzahl, Art, Zeichen, Nummern), genaue Warenbezeichnung mit HS-Code, Brutto-/Nettogewichte, Einzel- und Gesamtpreise, Rabatte/Skonti sowie ggf. Kfz-Kennzeichen des Transportfahrzeugs.

2.1.3 Ursprungszeugnisse

Um bei der Einfuhr nach Moldau Zollvergünstigungen im Rahmen von Freihandelsabkommen zu nutzen, ist ein Ursprungsnachweis erforderlich – idealerweise zusammen mit der Zollanmeldung. Die Herkunftsprüfung erfolgt, wenn Präferenzzölle beantragt werden, handelspolitische Maßnahmen wie Mengenbeschränkungen greifen oder gesetzliche Vorgaben z.B. zu Umwelt, Gesundheit oder Sicherheit dies verlangen. Fehlt der Nachweis, darf die Ware zwar eingeführt werden, jedoch ohne Zollvorteile – reguläre Einfuhrabgaben sind dann fällig. Eine nachträgliche Vorlage ist möglich, sofern sie fristgerecht erfolgt.

2.1.4 Warenverkehrsbescheinigung

Liegt ein Handelsgeschäft zwischen der EU und Moldau vor und sind die Anforderungen des Assoziierungsabkommens erfüllt, können Präferenzdokumente wie die EUR.1 oder eine Ursprungserklärung genutzt werden, um zollbegünstigte Einfuhren zu ermöglichen. Mit Anfang 2025 wurden in der Pan-Europa-Mittelmeer-Zone (PEM-Zone) neue, einheitliche Ursprungsregeln mit einer Übergangsfrist bis 31.12.2025 eingeführt. Seit dem 1. Januar 2026 sind nur noch die revidierten Ursprungsregeln („Revised Rules") verbindlich und EUR-MED-Nachweise nicht mehr möglich.

Für Warensendungen über 6.000 EUR dient die von der Zollstelle ausgestellte EUR.1 als Präferenznachweis. Exporteure, die regelmäßig Waren unter Präferenzbedingungen liefern, können beim Hauptzollamt die Bewilligung als „Ermächtigter Ausführer" beantragen. Bei Sendungen unter 6.000 EUR genügt eine Ursprungserklärung direkt in der Handelsrechnung, mit folgendem Wortlaut: „Der Ausführer (Ermächtigter Ausführer; Bewilligungs-Nr. ...) der Waren, auf die sich dieses Handelspapier bezieht, erklärt, dass diese Waren, soweit nicht anders angegeben, präferenzbegünstigte . . . Ursprungswaren sind." (Ort und Datum, Unterschrift, Name in Druckbuchstaben)[1)]

Da Handelskammern Ursprungserklärungen nicht bescheinigen dürfen, wird empfohlen, diese separat beizufügen. Auf der Rechnung sollte ein ca. 7 cm hoher Freiraum für die Kammerbescheinigung bleiben. Anschließend ist die Erklärung unter Angabe des Ursprungslands zu ergänzen und erneut zu unterschreiben.

1) Ursprungserklärung in weiteren Sprachen s. Kapitel Hinweise Warenursprung Präferenzen

2.1.5 Gesundheitszeugnisse

Lebende Tiere, Fleischprodukte und ähnliche Erzeugnisse dürfen erst nach amtlicher Kontrolle an der Grenze eingeführt werden. Pflanzliche Waren und Pflanzenschutzmittel müssen vorab gemeldet werden. Für tierische und pflanzliche Produkte sind Gesundheitszeugnisse des Herkunftslands erforderlich.

2.2 Eisenbahnverkehr

2.2.1 Frachtbrief

Ein internationaler Frachtbrief.

2.2.2

Siehe unter Lkw-Transporte 2.1.2–2.1.5.

2.3 Luftfrachten

Zollflughafen: Chişinâu

2.3.1 Luftfrachtbrief

Eine Ausfertigung des Luftfrachtbriefes.

2.3.2

Siehe unter Lkw-Transporte 2.1.2–2.1.5.

2.4 Postverkehr

2.4.1 Paketkarte

Drei Zollinhaltserklärungen, Französisch, Englisch, Rumänisch, Russisch. Höchstgewicht 20 kg.

2.4.2

Siehe unter Lkw-Transporte 2.1.2–2.1.5.

3 Adressen

Auslandshandelskammer

Deutsch-Rumänische Industrie- und Handelskammer
Galea Grivitei 82-98, Et. 1
010735 Bukarest
Tel.: +40 21 2231531
Geschäftszeiten: Mo.–Fr. 8.00–16.00 Uhr
E-Mail: mailto:drahk@ahkrumaenien.ro
www.ahkrumaenien.ro

Konsulate

Die Konsulatsadressen finden Sie jeweils mit Telefonnummer, E-Mail-Adresse, Homepage und Öffnungszeiten unter: https://www.auswaertiges-amt.de/de/service/laender.

4 Sonstiges

Länder(-gruppen)kurzbezeichnung für bes. Zollsätze im Europäischen Zolltarif: SPGL
Kraftfahrzeugländerkennzeichen: MD

1 Allgemeine Informationen

1.1 Kurzinfos

Landesvorwahl: +976

MEZ: +6 bis 8 Std.

Mongolisch, Russisch, Englisch Deutsch

1 Togrog = 100 Mongo
(ISO-Code: MNT)

Nach AWG frei vereinbar
Devisenbestimmungen der Mongolei beachten

Harmonisiertes System

Mitglied

Angeschlossen

Feiertage: Die Feiertage zu diesem Land finden Sie unter folgendem Link: https://www.timeanddate.de/feiertage/.

1.2 Einfuhr aus der Bundesrepublik

Einfuhrlizenzen sind erforderlich (z.B. für Waffen, chem. Substanzen, alkoholische Getränke). Die Genehmigungen erfolgen über verschiedene Ministerien in Ulan Bator und werden vor Abschluss der Verträge eingeholt. Bei der Einfuhr bestimmter Pflanzen und pflanzlicher Erzeugnisse ist eine phytosanitäre Kontrolle erforderlich, wofür ein offizielles Pflanzengesundheitszeugnis von der zuständigen Pflanzenschutzbehörde (siehe Julius Kühn-Institut) vorgelegt werden muss. Eine vorherige Abstimmung mit dem Importeur wird empfohlen. Für Tiere und tierische Produkte ist ein amtliches Veterinär- bzw. Gesundheitszeugnis notwendig; auch diese Waren unterliegen einer veterinärrechtlichen Kontrolle bei der Einfuhr. Rücksprache mit dem Importeur ist ebenfalls ratsam. Die Mongolian Agency for Standardization and Metrology (MASM) ist zuständig für technische Vorschriften.

1.3 Verpackung

Keine Vorschriften bekannt.

1.4 Warenmuster

Es liegen keine besonderen Vorschriften vor.

2 Dokumente

2.1 Eisenbahnverkehr

2.1.1 Frachtbrief

Eisenbahnfrachtbrief (fünffach), keine Beglaubigung (bzw. Bescheinigung) erforderlich.

2.1.2 Handelsrechnungen

Handelsrechnung (fünffach, Englisch), unterschrieben, mit Akkreditiv- und Kontraktnummer, mit allen handelsüblichen Angaben, wie z.B. Lieferungs- und Zahlungsbedingungen, Nettogewichte, Bruttogewichte, Transportangaben, Einzelpreise und Gesamtbetrag, genaue Warenbezeichnung, Marke, Nummer, Anzahl und Art der Packstücke, HS-Zolltarifnummer, Name und Anschrift des Käufers und Verkäufers, Ort und Datum der Ausstellung sowie Ursprungsland.

2.1.3 Ursprungszeugnisse

Ursprungszeugnis erforderlich.

2.1.4 Packlisten

Packliste zweifach erforderlich. Empfohlen wird eine Auflistung der einzelnen Packstücke mit Angabe von Marke, Nummer, Anzahl und Art der Packstücke, genaue Inhaltsangabe, Brutto-/Nettogewichte. Rücksprache mit dem Importeur erforderlich.

2.1.5 Versicherungszertifikate

Versicherungszertifikat (vierfach), erforderlich.

2.1.6 Weitere Dokumente

„Manufacturer's quality and quantity/weight certificate", zweifach, erforderlich. Rücksprache mit dem Importeur.

2.2 Luftfrachten

Flughafen: Ulan Bator

2.2.1 Luftfrachtbrief

Eine Ausfertigung des Luftfrachtbriefes.

2.2.2

Siehe unter Eisenbahnfrachten 2.1.2–2.1.6.

2.3 Postverkehr

2.3.1 Paketkarte

Zwei Zollinhaltserklärungen, Englisch. Höchstgewicht: 31,5 kg, Vertragskunden: 30 kg.

2.3.2

Siehe unter Seefrachten 2.1.2–2.1.6.

3 Adressen

Konsulate

Die Konsulatsadressen finden Sie jeweils mit Telefonnummer, E-Mail-Adresse, Homepage und Öffnungszeiten unter:
https://www.auswaertiges-amt.de/de/service/laender.

4 Sonstiges

Länder(-gruppen)kurzbezeichnung für bes. Zollsätze im Europäischen Zolltarif: SPGL
Kraftfahrzeugländerkennzeichen: MGL

Republik Montenegro

Montenegro

1 Allgemeine Informationen

1.1 Kurzinfos

Landesvorwahl: +382

MEZ
EU-Sommerzeit

Englisch

1 Euro = 100 Cents

Nach AWG frei vereinbar
Devisenbestimmungen von Montenegro beachten

Harmonisiertes System

Mitglied

Angeschlossen

Feiertage: Die Feiertage zu diesem Land finden Sie unter folgendem Link: https://www.timeanddate.de/feiertage/.

1.2 Einfuhr aus der Bundesrepublik

Assoziierungs- und Stabilisierungsabkommen mit der EU. Der Import ist in weiten Teilen von Einschränkungen befreit. Einfuhrlizenzen sind für einige Waren bestimmter Kategorien erforderlich. Einfuhrverbote gelten für gefährliche Abfälle zur Entsorgung oder Energiegewinnung, gebrauchte Waren ohne Weiterverarbeitung, radioaktive und PCB-haltige Abfälle, infizierte und krankheitsübertragende Tiere und Pflanzen sowie bestimmte ozonschädliche Substanzen wie FCKW. Das Standardisierungsinstitut in Montenegro (ISME) ist Ansprechpartner für Normen und Konformitätsregelungen, die z.B. bei Nahrungsmitteln, alkoholischen Getränken und Tabak einzuhalten sind. Ein Zertifizierungsverfahren ist nur notwendig, falls kein Konformitätsnachweis erfolgt. Stimmen die Waren mit EU-Standards überein, tragen sie das CE-Kennzeichen. Neue Fahrzeuge sollen bei den Emissionen mindestens die Euro-6-Norm erfüllen, gebrauchte die Euro-5-Norm (Nachweis über Homologationsbescheinigung).

Produkte der AD-Kategorie werden automatisch lizenziert (zuständig ist das Ministerium für wirtschaftliche Entwicklung und Tourismus). Die D-Kategorie unterteilt sich in D1 (zuständig ist das Ministerium für Gesundheit und die Agentur für Arzneimittel und Medizinprodukte), D2 (zuständig ist das Ministerium für Land-, Forst- und Wasserwirtschaft und die Direktion für Lebensmittelsicherheit, veterinäre und phytosanitäre Angelegenheiten), D3 (zuständig ist die Agentur für Umweltschutz) und D4 (zuständig ist das Ministerium für Kultur und Medien). Lassen sich Waren der D-Kategorie in keine der vorgenannten Gruppen einteilen, ist das Ministerium für Wirtschaft zuständig. Dazu zählen etwa militärische Produkte und Produkte mit doppeltem Einsatzzweck. Diese Waren benötigen eine Genehmigung. Für jede Gruppe gelten unterschiedliche Bearbeitungsfristen, Lizenzierungen und Gebührenordnungen.

Werden Medikamente gehandelt, müssen eine Handelslizenz und eine Marktzulassung vorliegen. Medizinische Hilfsgeräte müssen registriert sein. Einfuhrgenehmigungen sind notwendig bei pharmazeutischen Stoffen und ähnlichen Substanzen. Eine Registrierungspflicht gilt u. a. für Dünger, Pestizide, Insektizide, Chemikalien, Tabakwaren. Händler von Nahrungsmitteln benötigen eine Zulassung der Abteilung für Lebensmittelsicherheit. Für gentechnisch veränderte Organismen (GVO) ist eine Marktzulassung erforderlich. Einfuhrgenehmigungs-, Registrierungs- und Lizenzierungspflicht besteht auch für militärische Produkte. Registration von Arzneimitteln und Rohstoffen aus der Pharmaindustrie sind Vorschrift. Für vorgeschriebene Zertifikate ist zuständig: ISME, www.isme.me. Die Rücksprache mit dem Importeur wird empfohlen.

Genehmigungen und Tiergesundheitsbescheinigungen sind notwendig für Tiere und tierische

Produkte (Genehmigung erfolgt durch die tiermedizinische Abteilung der Direktion für Lebensmittelsicherheit). Eine Kontrolle an der Grenze erfolgt, wobei die Einfuhr nur an bestimmten Grenzkontrollstellen erfolgen darf. Quarantänebestimmungen gelten für lebende Tiere. Bestimmte tierische Erzeugnisse (u.a. Federn, Felle) benötigen Behandlungszeugnisse, die Auskunft über Desinfektion, Entkeimung etc. geben. Pflanzen und pflanzliche Produkte sowie Dünger und Pestizide werden an der Grenze kontrolliert, um dann den Import zu genehmigen. Die Importeure müssen registriert sein; erforderlich sind ein Pflanzengesundheitszeugnis und eine Anmeldung der beabsichtigten Einfuhr. Zuständig ist die Direktion für Lebensmittelsicherheit, Veterinäre und Phytosanitäre Angelegenheiten. Importgenehmigungen (und u.U. Transport- und Handelsgenehmigungen) für Tiere und Pflanzen, die unter den Artenschutz fallen, für radioaktiv strahlende Waren und Stoffe, die als ozonschädigend gelten, für chemische und giftige Stoffe stellt die Agentur für Umweltschutz aus.

1.3 Verpackung

Lebensmittel müssen hygienisch und sicher verpackt sein, Chemikalien stabil und transportsicher. Verpackungen müssen generell zum Inhalt und Verwendungszweck passen. Seit Oktober 2024 sind leichte Plastiktüten (15–50 µm) sowie Einwegkunststoffprodukte für den Verzehr und Getränkebehälter mit festen Verschlüssen verboten. Montenegro übernimmt zunehmend EU-Regeln zur Vermeidung und Verwertung von Verpackungsabfällen. Für sensible Warengruppen gelten spezielle Verpackungs-, Kennzeichnungs- und Etikettierungsvorschriften. Montenegro folgt den EU-Vorgaben zur Verpackung, insbesondere der VO (EU) 2016/2031 und dem IPPC-Standard ISPM Nr. 15 für Holzverpackungen wie Paletten oder Kisten, um die Einschleppung von Schadorganismen zu verhindern. Eine Abstimmung mit dem Importeur oder den zuständigen Behörden wird dringend empfohlen.

1.4 Markierung

Für Montenegro ist eine Reihe von Etikettierungsvorschriften zu beachten (u.a. Ursprungsland, Firmensitze des Herstellers). Nahrungsmittel müssen mit „Made in ..." gekennzeichnet werden. Der Ursprung der Waren muss eindeutig erkennbar sein. Evtl. Rücksprache mit dem Importeur halten.

1.5 Mustersendungen

Manche Muster (anmelde- und genehmigungspflichtig bei der Montenegrinischen Zollbehörde) sind abgabenfrei, andere abgabenreduziert. Gilt nicht für Konsumgüter. Bei Wiederausfuhr nach höchstens 2 Jahren wird die geleistete Sicherheitszahlung zurückerstattet. Alternativ kann ein anderes Zollverfahren beantragt werden. Eine Zollanmeldung ist in jedem Fall erforderlich.

2 Dokumente

Bitte beachten: Die korrekte Staatenbezeichnung „Republik Montenegro" ist anzugeben.

2.1 Seefrachten

Seehafen: Keiner

2.1.1 Konnossemente

Konnossemente benötigen keine Beglaubigung.

2.1.2 Handelsrechnungen

Handelsrechnungen (zweifach) mit allen üblichen Angaben (z.B. Marke, Nummer, Anzahl und Art der Packstücke, genaue Warenbezeichnung ggf. mit HS-Code, Netto-/Bruttogewichte, Einzel-/Gesamtpreise, Adressen von Importeur und Exporteur, Re.-Nr., ggf. Nr. der Pro-forma-Rechnung, Liefer- und Zahlungsbedingungen, Ausstellungsort und -datum, Beförderungsmittel, Währung) inkl. Ursprungsland. Bei Transit erfolgt die Zollanmeldung elektronisch, bei regulärer Einfuhr zusätzlich in Papierform. Details gibt es unter www.ecarina.me. Die Rechnungen müssen ordnungsgemäß unterschrieben sein. Bescheinigung nicht erforderlich. In manchen Fällen werden zusätzliche Exemplare benötigt, manchmal mit Übersetzung in montenegrisch.

2.1.3 Ursprungszeugnisse

Ein Exemplar auf Verlangen des Zolls oder des Importeurs. Für manche Produktgruppen (z.B. einige Tiere und Pflanzen, militärische Produkte, Produkte mit mehrfachem Einsatzzweck) notwendig, um Genehmigungen zu beantragen. Angabe „Federal Republic of Germany (European Union)" oder „European Union".

2.1.4 Warenverkehrsbescheinigung

Liegt ein Handelsgeschäft zwischen der EU und Montenegro vor und sind die Anforderungen des Assoziierungsabkommens erfüllt, können Präferenzdokumente wie die EUR.1 oder eine Ursprungserklärung genutzt werden, um zollbegünstigte Einfuhren zu ermöglichen. Mit Anfang 2025 wurden in der Pan-Europa-Mittelmeer-Zone (PEM-Zone) neue, einheitliche Ursprungsregeln mit einer Übergangsfrist bis 31.12.2025 eingeführt. Seit dem 1. Januar 2026 sind nur noch die revidierten Ursprungsregeln („Revised Rules") verbindlich und EUR-MED-Nachweise nicht mehr möglich.

Für Warensendungen über 6.000 EUR dient die von der Zollstelle ausgestellte EUR.1 als Präferenznachweis. Exporteure, die regelmäßig Waren unter Präferenzbedingungen liefern, können beim Hauptzollamt die Bewilligung als „Ermächtigter Ausführer" beantragen. Bei Sendungen unter 6.000 EUR genügt eine Ursprungserklärung direkt in der Handelsrechnung, mit folgendem Wortlaut: „Der Ausführer (Ermächtigter Ausführer; Bewilligungs-Nr. ...) der Waren, auf die sich dieses Handelspapier bezieht, erklärt, dass diese Waren, soweit nicht anders angegeben, präferenzbegünstigte . . . Ursprungswaren sind." (Ort und Datum, Unterschrift, Name in Druckbuchstaben)[1]

Da Handelskammern Ursprungserklärungen nicht bescheinigen dürfen, wird empfohlen, diese separat beizufügen. Auf der Rechnung sollte ein ca. 7 cm hoher Freiraum für die Kammerbescheinigung bleiben. Anschließend ist die Erklärung unter Angabe des Ursprungslands zu ergänzen und erneut zu unterschreiben.

2.1.5 Packlisten

Eine Packliste ist beizulegen, falls die Handelsrechnung keinen Aufschluss über die nach Packstücken aufgegliederten Produkte gibt.

2.2 Eisenbahnverkehr

2.2.1 Frachtbrief

Ein internationaler Frachtbrief.

2.2.2

Siehe unter Seefrachten 2.1.2–2.1.5.

1) Ursprungserklärung in weiteren Sprachen s. Kapitel Hinweise Warenursprung Präferenzen

2.3 Luftfrachten

Zollflughäfen: Podgorica, Tivat

2.3.1 Luftfrachtbrief

Luftfrachtbrief.

2.3.2

Siehe unter Seefrachten 2.1.2–2.1.5.

2.4 Postverkehr

2.4.1 Paketkarte

Zwei Zollinhaltserklärungen (Englisch, Französisch) mit Paketlieferschein. Höchstgewicht: 30 kg.

2.4.2

Siehe unter Seefrachten 2.1.2–2.1.5.

3 Adressen

Auslandshandelskammer

Deutsch-Serbische Wirtschaftskammer
Topličin venac 19a
SRB-11 000 Belgrad
Tel.: +381 600202825
Fax. +381 113034780
E-Mail: info@ahk.rs
www.serbien.ahk.de

Konsulate

Die Konsulatsadressen finden Sie jeweils mit Telefonnummer, E-Mail-Adresse, Homepage und Öffnungszeiten unter: https://www.auswaertiges-amt.de/de/service/laender.

4 Sonstiges

Länderkurzbezeichnung gemäß Präferenzrecht (Lieferantenerklärung): ME
Länder(-gruppen)kurzbezeichnung für bes. Zollsätze im Europäischen Zolltarif: ME
Kraftfahrzeugländerkennzeichen: MNE

Mosambik

República de Moçambique

1 Allgemeine Informationen

1.1 Kurzinfos

Landesvorwahl: +258

MEZ: +1 Std.

Portugiesisch

1 Metical (Mt) = 100 Centavos (ISO-Code: MZN)

Nach AWG frei vereinbar Devisenbestimmungen von Mosambik beachten

Harmonisiertes System Verzollung nach Transaktionswert

Mitglied

Feiertage: Die Feiertage zu diesem Land finden Sie unter folgendem Link: https://www.timeanddate.de/feiertage/.

1.2 Einfuhr aus der Bundesrepublik

Zwischen der EU und den SADC-WPA-Staaten (Botswana, Lesotho, Mosambik, Namibia, Südafrika, Eswatini) besteht ein Wirtschaftspartnerschaftsabkommen mit gegenseitiger Präferenzgewährung.

Alle Waren benötigen eine Importgenehmigung („Licença de Importaçao"), die in der Regel ein halbes Jahr gültig ist. Ausgenommen sind Sendungen mit einem FOB-Wert bis 500 USD sofern sie nicht auf einer Ausnahmeliste stehen oder Teil einer größeren Lieferung sind. Der gesamte Import ist weitgehend verstaatlicht (Einfuhrgesellschaften). Vor dem Versand sollte geprüft werden, ob der Importeur über eine gültige Lizenz verfügt. Weitere Details sind unter www.mcnet.co.mz/Procedures.aspx zu erfahren. Elektrische Installationsprodukte für Leuchtmittel und Motoren müssen den Standards des VDE (Verband Deutscher Elektrotechniker) entsprechen (Herstellererklärung). Die zuständige Stelle für Normen und Standards ist das Instituto Nacional de Normalização e Qualidade (INNOQ) (www.innoq.gov.mz). Registrierungs-, Etikettierungs- und Verpackungsvorschriften bei Dünge-, Schädlingsbekämpfungs- und Bodenverbesserungsmitteln sind zu beachten. Die Internetseite www.at.gov.mz gibt zu einigen Warengruppen Auskunft. Besondere Bestimmungen gelten auch für Medikamente (www.arm.co.mz).

1.3 Verpackung

Mosambik fordert für die Einfuhr von Holzverpackungen die Einhaltung des ISPM Nr. 15. Aufgrund des Klimas hochwertige Verpackungen verwenden.

1.4 Markierung

Keine besonderen Vorschriften bekannt.

1.5 Mustersendungen

Muster ohne Handelswert werden zollfrei abgefertigt.

2 Dokumente

2.1 Seefrachten

Seehäfen: Beira, Maputo, Nacala, Quelimane, Inhambane, Pemba

2.1.1 Konnossemente

Voller Satz Konnossemente. An Order ausgestellt mit Notify-Adresse. Keine Beglaubigung.

2.1.2 Handelsrechnungen

Handelsrechnung, vierfach, Portugiesisch oder Englisch mit allen üblichen Angaben wie Exporteur und Importeur und Empfänger, Marke, Nummern, Anzahl und Art der Packstücke, Brutto-/Nettogewichte, genaue Warenbezeichnungen, Lieferbedingungen, HS-Code, Mengen, Ursprungsland,

Ort und Datum der Ausstellung sowie Einzelpreise, Gesamt-fob- und cif-Wert und auch Nachlässe, wie z.B. Rabatte. Zum Schluss die Erklärung: „Confirmamos que as mercadorias indicadas nesta factura são de origem da República Federal da Alemanha." Faksimile-Unterschriften unzulässig. Bescheinigung durch Handelskammer, jedoch keine konsularische Legalisierung.

2.1.3 Ursprungszeugnisse

Ursprungszeugnis mit der Angabe „República Federal da Alemanha (União Europeia)" nur auf Anforderung.

2.1.4 Warenverkehrsbescheinigung

Warenverkehrsbescheinigung EUR.1 (einfach) für Warensendungen mit einem Wert über € 6 000,–, Ausstellung durch Zollstellen. Für Sendungen mit einem Wert bis zu € 6 000,– ist vom Ausführer die folgende Erklärung[1], die als Präferenz-Ursprungsnachweis gilt, in eines der Handelspapiere aufzunehmen:

„The exporter of the products covered by this document (customs authorisation No …)[2] declares that, except where otherwise clearly indicated, these products are of … preferential origin."

Ort, Datum, Unterschrift; der Name des Unterzeichnenden ist in Druckbuchstaben zu wiederholen. Ursprungswaren aus Ceuta und Melilla sind deutlich mit „CM" zu kennzeichnen.

2.1.5 Gesundheitszeugnisse

Veterinäre Gesundheitszeugnisse sind u.U. erforderlich für lebende Tiere und tierische Erzeugnisse. Pflanzengesundheitliche Zeugnisse der zuständigen amtlichen Pflanzenschutzstelle (https://pflanzengesundheit.julius-kuehn.de) sind für Pflanzen, Samen und Gemüse notwendig.

2.1.6 Konformitätszertifikate

Für zahlreiche Produktgruppen – darunter Elektronik, Fahrzeuge, Maschinen, Baustoffe, Spielwaren, Textilien, Lebensmittel, Möbel und Chemikalien – ist beim Import nach Mosambik ein Konformitätsnachweis erforderlich. Dieser muss von einer zertifizierten Prüf- oder Inspektionsstelle ausgestellt werden. Das nationale Normungsinstitut INNOQ hat hierzu das CAP-Programm (Conformity Assessment Programme) eingeführt. Ziel ist die Sicherstellung der Übereinstimmung mit mosambikanischen Normen sowie internationalen Standards. Die Prüfung erfolgt vor dem Versand im Exportland und ist je nach Produktgruppe in vier Verfahren (Route A–D) gegliedert. Dabei wird zwischen registrierten, lizenzierten und nicht registrierten Erzeugnissen unterschieden. Weitere Informationen erteilt: Interteck Caleb Brett Germany GmbH, 21109 Hamburg, Georgswerder Bogen 3, Tel.: +49 40 558225000, E-Mail: info.hamburg@intertek.com.

1) Ursprungserklärung in weiteren Sprachen s. Kapitel Hinweise Warenursprung Präferenzen

2) Eintrag der Bewilligungsnummer, falls die Erklärung von einem ermächtigten Ausführer erstellt wird.

2.2 Luftfrachten

Zollflughäfen: Beira, Maputo, Nampula, Tete, Vilanculos, Chimoio, Lichinga, Pempa, Quelimane

2.2.1 Luftfrachtbrief

Original des Luftfrachtbriefes ohne Beglaubigung.

2.2.2

Siehe unter Seefrachten 2.1.2–2.1.6.

2.3 Postverkehr

2.3.1 Paketkarte

Zwei Zollinhaltserklärungen CN 23, Französisch. Höchstgewicht 31,5 kg, Vertragskunden: 30 kg.

2.3.2

Siehe unter Seefrachten 2.1.2–2.1.6.

3 Adressen

Konsulate

Die Konsulatsadressen finden Sie jeweils mit Telefonnummer, E-Mail-Adresse, Homepage und Öffnungszeiten unter:
https://www.auswaertiges-amt.de/de/service/laender.

4 Sonstiges

Länderkurzbezeichnung gemäß Präferenzrecht (Lieferantenerklärung): AKP
Länder(-gruppen)kurzbezeichnung für bes. Zollsätze im Europäischen Zolltarif: LOMA/SPGA
Kraftfahrzeugländerkennzeichen: MOC

Myanmar*

Republic of the Union of Myanmar

1 Allgemeine Informationen

1.1 Kurzinfos

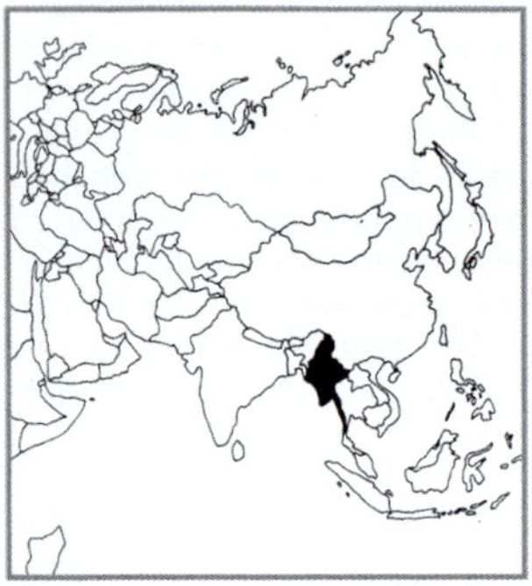

Landesvorwahl: +95

MEZ: +5½ Std.

Birmanisch

1 Kyat (K) = 100 Pyas (ISO-Code: MMK)

Nach AWG frei vereinbar Devisenbestimmungen von Myanmar beachten

Harmonisiertes System

Mitglied

Feiertage: Die Feiertage zu diesem Land finden Sie unter folgendem Link: https://www.timeanddate.de/feiertage/.

1.2 Einfuhr aus der Bundesrepublik

Für den Import ist eine Firmenregistrierung bei DICA und dem Handelsministerium sowie die Mitgliedschaft bei UMFCCI erforderlich. Importlizenzen gelten je nach Unternehmensprofil 6 Monate bis 5 Jahre und können digital oder manuell beantragt werden. Staatliche Betriebe und Textilunternehmen unterliegen Sonderregeln. Verboten sind u.a. Erzeugnisse mit Buddha-Symbolen, Spielkarten und Betäubungsmittel. Ausländische Firmen dürfen derzeit nur sechs Warengruppen direkt einführen: Agrarmaschinen, Baustoffe, Medizintechnik, Saatgut, Dünger und Pflanzenschutzmittel. Weitere Produkte sind nur mit ansässigen Partnern zulässig. Unternehmen mit über 35 % ausländischem Kapital gelten als ausländisch.

Für Waren auf der Negativliste sind zusätzliche Dokumente wie Zertifikate oder Genehmigungen nötig; Positivlistenprodukte benötigen nur die Lizenz. Details bietet die Commodity-Suche im Myanmar National Trade Portal (www.myanmartradeportal.gov.mm/en). Einfuhrerlaubnisse sind 3 Monate gültig und verlängerbar. In Sonderwirtschaftszonen sind Produktionsmittel wie Maschinen, Rohstoffe und Ersatzteile zollfrei. Genehmigungen werden über das zentrale Servicezentrum beantragt. Lizenz- und Dokumentenwerte müssen übereinstimmen.

Für viele Waren – darunter Konsumgüter, Hygieneartikel, Babyprodukte, Telekommunikations- und Chemieerzeugnisse – gelten Etikettierungspflichten in myanmarischer Sprache mit Angaben zu Anwendung, Lagerung, Nebenwirkungen und Allergien. Diese Kennzeichnung kann nach der Einfuhr im Land erfolgen. Nahrungsmittel, Kosmetika, medizinische Erzeugnisse und Medizintechnik müssen bei der Food and Drug Administration (FDA) registriert werden. Nahrungsmittel benötigen zusätzlich ein englisches Etikett mit Produktname, Inhalt, Gewicht, Herstellerdaten, Charge, Produktions- und Haltbarkeitsdatum sowie Lagerbedingungen. Für Arzneimittel sind ergänzend Wirkstoffangaben und Dosierungen vorgeschrieben. Abstimmung mit Importeur und Behörden wie FDA oder Department of Consumer Affairs wird empfohlen.

In Myanmar verantwortet das Department of Research and Innovation (DRI) die Standardisierung. Pflanzen und Tiere unterliegen bei der Einfuhr einer amtlichen Kontrolle: Tiere benötigen ein Veterinärzertifikat, Pflanzen ein Pflanzengesundheitszeugnis der zuständigen Behörde (www.julius-kuehn.de).

Bitte beachten: Zur Zeit der Drucklegung bestanden Sanktionen der EU. Weiterführende Informationen zu den Embargobestimmungen sind auf der Internetseite des BAFA (www.bafa.de/DE/Home/home_node.html) erhältlich.

* (früher Burma)

1.3 Verpackung

Auf wasserdichte Verpackung ist besonders bei empfindlichen Gütern zu achten. Keine Bestimmungen für Heu und Stroh. Für Holzverpackungen gelten die Regelungen des ISPM Nr. 15-Standards.

1.4 Markierung

Zusätzlich: Bruttogewicht auf 2 Seiten. Empfohlen: „Made in Germany". Evtl. sind Hinweise zur Beschriftung aus den Ausschreibungsunterlagen zu entnehmen. Vorverpackte Nahrungsmittel benötigen eine Ursprungskennzeichnung. Sämtliche anderen Waren sollten ebenfalls mit einer Ursprungskennzeichnung versehen sein, z.B. Made in Germany. Auch gelten bestimmte Kennzeichnungsanforderungen, die unbedingt mit dem Importeur abgeklärt werden müssen.

1.5 Mustersendungen

Muster, die mit „No commercial value" gekennzeichnet sind, sind zollfrei (Ursprungszeugnis erforderlich). Kostenlose Muster, die einen Handelswert bis US-$ 500,–haben, sind ebenfalls genehmigungsfrei, aber Zoll ist zu entrichten.

2 Dokumente

Es empfiehlt sich Rücksprache mit dem Importeur über die Anforderungen an die Aufmachung der Begleitpapiere. Wert auf den Begleitpapieren sollte dem Wert der Einfuhrlizenz entsprechen.

2.1 Seefrachten

Seehäfen: Yangon (Rangoon), Bhamo, Chauk, Mandalay, Moulmein, Myitkyina, Pathein, Sittwe, Tavoy u.a.

2.1.1 Konnossemente

Ein voller Satz Konnossemente, Ausstellung an Order möglich. Die Konnossemente müssen als „Parties to be notified" Namen, Telefonnummer und Adresse des Warenempfängers, den Namen der Akkreditiv- oder Inkassobank in Myanmar und, falls die Konnossemente einer anderen Stelle übersandt werden sollen, auch deren Adresse enthalten. Die Konnossemente bedürfen keiner Beglaubigung. Konnossemente „received for shipment" werden nicht anerkannt, sondern nur „shipped on board"-Konnossemente.

2.1.2 Handelsrechnungen

Handelsfaktura dreifach, Englisch, mit den üblichen Angaben (genaue Warenbezeichnung, Name und Anschrift des Spediteurs, Marke, Nummer, Anzahl, Art der Versandstücke, Einfuhr- und Devisengenehmigungsnummer, Menge, HS-Code, Schiffsname, Bruttogewichte, Nettogewichte etc.); das Ursprungsland der Ware muss vermerkt sein, Wert pro Einheit und Gesamtwert, Rabatte sind anzugeben; die Handelsfaktura ist vom Ausführer zu unterschreiben. Bei einer fob-Rechnung müssen die cif-Kosten auf einer Extra-Rechnung aufgeführt werden. Angabe von fob- und cif-Werten sowie cif-Kosten bei cif-Verkauf.

Am Schluss folgende Erklärung: „We certify this invoice to be true and correct."

2.1.3 Ursprungszeugnisse

Ursprungszeugnis mit der Angabe „Federal Republic of Germany (European Union)" auf Anforderung.

2.1.4 Packlisten

Packliste, mit allen notwendigen Angaben, wie z.B. Marke, Nummer, Art und Inhalt der Packstücke, wird empfohlen. Aufführung aller Waren lt. Handelsrechnung erforderlich.

2.1.5 Gesundheitszeugnisse

Lebende Tiere müssen von einem „Veterinary Certificate" begleitet sein, das von einem amtlich bestellten Veterinär ausgefertigt sein muss. Einige Pflanzen und pflanzliche Erzeugnisse unterliegen einer phytosanitären Prüfung und benötigen ein Pflanzengesundheitszeugnis, siehe www.julius-kuehn.de. Rücksprache mit dem Importeur empfohlen.

2.2 Luftfrachten

Zollflughäfen: Yangon (Rangoon), Mandalay, Nay Pyi Taw

2.2.1 Luftfrachtbrief

Eine Ausfertigung des Luftfrachtbriefes.

2.2.2

Siehe unter Seefrachten 2.1.2–2.1.5.

2.3 Postverkehr

2.3.1 Paketkarte

Zwei Zollinhaltserklärungen, Englisch. Höchstgewicht 20 kg.

2.3.2

Siehe unter Seefrachten 2.1.2–2.1.5.

Inkassodokumente für Postpaketsendungen können erst nach Warenankunft – Laufzeit der Pakete 2 bis 3 Monate – aufgenommen werden.

Bitte beachten: Postpakete mit der Aufschrift „Burma" werden von der Postverwaltung Myanmars nicht akzeptiert und zurückgesandt.

3 Adressen

Auslandshandelskammer

Delegation der Deutschen Wirtschaft in Vietnam
German Industry and Commerce in Vietnam
Ho-Chi-Minh-Stadt
Deutsches Haus Ho Chi Minh City
4th Floor, Le Duan Blvd. District 1
Tel.: +84 2838239775
E-Mail: info@vietnam.ahk.de
vietnam.ahk.de

Konsulate

Die Konsulatsadressen finden Sie jeweils mit Telefonnummer, E-Mail-Adresse, Homepage und Öffnungszeiten unter:
https://www.auswaertiges-amt.de/de/service/laender.

4 Sonstiges

Länder(-gruppen)kurzbezeichnung für bes. Zollsätze im Europäischen Zolltarif: SPGA
Kraftfahrzeugländerkennzeichen: MYA
Bezeichnung der Staatsangehörigen:
Myanmare bzw. Myanmarin
Frühere Bezeichnung: Burma

1 Allgemeine Informationen

1.1 Kurzinfos

Landesvorwahl: +264

MEZ: +1 Std.
Sommerzeit September bis März

Englisch

1 Namibia-Dollar = 100 Cents
(ISO-Code: NAD)

Nach AWG frei vereinbar
Devisenbestimmungen von Namibia beachten

Harmonisiertes System
Verzollung nach fob-Wert

Mitglied

Angeschlossen

Feiertage: Die Feiertage zu diesem Land finden Sie unter folgendem Link: https://www.timeanddate.de/feiertage/.

1.2 Einfuhr aus der Bundesrepublik

Wie unter **Südafrika**. Wirtschaftspartnerschaftsabkommen mit der EU. Importlizenzen sind zumeist nicht erforderlich. Einschränkungen bestehen u.a. für pflanzliche und tierische Produkte, GVO-Lebensmittel, Chemikalien, Arzneimittel, gebrauchte Güter und Erdöl. Die Zollanmeldung kann über das digitale System ASYCUDA eingereicht werden. Einige Waren sind vom Import ausgeschlossen, darunter Drogen, linksgelenkte Fahrzeuge, gebrauchte Kfz über 12 Jahre, Fälschungen, urheberrechtlich geschützte Kopien, Abfälle sowie ozonschädliche Substanzen.

Die „Namibian Standards Institution" ist zuständig für Normen und Standards. Verpackte Lebensmittel und andere Produkte, die in Namibia weiterverkauft werden, müssen umfangreich gekennzeichnet sein. Eine Absprache mit dem Importeur ist ratsam. Für Nahrungsmittel (inkl. Trinkwasser), Zement, elektrische Geräte (z. B. Lampen, Leuchten), Tierfutter und elektrische Anlagen gelten verbindliche nationale Normen. Für Pflanzen, Tiere und tierische Erzeugnisse sind ggf. Einfuhrgenehmigungen erforderlich.

1.3 Verpackung

Wie unter **Südafrika**.

1.4 Mustersendungen

Muster sind immer zollpflichtig und dürfen nicht als „Päckchen" oder „Warenprobe" versandt werden.

2 Dokumente

2.1 Seefrachten

Seehäfen: Walvis Bay, Luderitz

2.1.1 Konnossemente

Voller Satz Konnossemente, Ausstellung an Order mit Notify-Adresse möglich. Name und Anschrift des Importeurs müssen aufgeführt sein. Ohne Beglaubigung.

2.1.2 Handelsrechnungen

Handelsfaktura (einfach) in Englisch, unterschrieben, Name des Exporteurs und Importeurs und Empfängers, Versandhafen (See oder Luft), Marke, Nummern, Anzahl und Art der Packstücke, Brutto-/Nettogewichte, genaue Warenbezeichnungen mit Menge, Qualität etc., Rechnungs- und Auftragsnummer und das jeweilige Datum sowie der Verkaufspreis jeder Einheit und der Gesamtpreis mit Lieferbedingungen und außerdem Nachlässe, wie z.B. Rabatte. Auch wenn auf cif-Basis verkauft wird, muss der fob-Wert einzeln aufgelistet werden, da dieser Transaktionswert und somit für die Verzollung erforderlich ist.

2.1.3 Ursprungszeugnisse

Ursprungszeugnis mit der Angabe „República Federal da Alemanha (União Europeia)" nur auf Anforderung.

2.1.4 Warenverkehrsbescheinigung

EUR.1 bzw. Präferenzursprungsnachweis: Für Erzeugnisse, die unter die „Ursprungsregelung" im Abkommen über Handel, Entwicklung und Zusammenarbeit zwischen der Europäischen Union und den SADC-WPA-Staaten fallen, ist der Präferenz-Ursprungsnachweis zu erbringen: für Sendungen über € 6 000,– EUR.1 (1-fach). Die Warenverkehrsbescheinigung wird von den Zollstellen ausgestellt (das Ausfüllen erfolgt durch Exporteur).

Für Sendungen bis zu € 6 000,– ist vom Ausführer nur die folgende Erklärung[1)] in die Rechnung oder ein anderes Handelsdokument aufzunehmen:

„The exporter of the products covered by this document (customs authorization No ...)[2)] declares that, except where otherwise clearly indicated, these products are of ... preferential origin. Ort, Datum, Unterschrift des Ausführers und Name des Unterzeichners in Druckschrift". Ursprungswaren aus Ceuta oder Melilla sind mit „CM" zu kennzeichnen.

2.1.5 Gesundheitszeugnisse

Veterinäres Gesundheitszeugnis ist u.U. erforderlich für lebende Tiere und tierische Erzeugnisse. Pflanzengesundheitliche Zeugnisse der zuständigen amtlichen Pflanzenschutzstelle sind (https://pflanzengesundheit.julius-kuehn.de für Pflanzen notwendig.

1) Ursprungserklärung in weiteren Sprachen s. Kapitel Hinweise Warenursprung Präferenzen

2) Eintrag der Bewilligungsnummer, falls die Erklärung von einem ermächtigten Ausführer erstellt wird.

2.2 Luftfrachten

Zollflughäfen: Windhoek, Walfis Bay Airport, Hosea Kutako International Airport

2.2.1 Luftfrachtbrief

Eine Ausfertigung des Luftfrachtbriefes.

2.2.2

Siehe unter Seefrachten 2.1.2–2.1.5.

2.3 Postverkehr

Zwei Zollinhaltserklärungen, Englisch. Höchstgewicht für Postsendungen 20 kg.

3 Adressen

Konsulate

Die Konsulatsadressen finden Sie jeweils mit Telefonnummer, E-Mail-Adresse, Homepage und Öffnungszeiten unter:
https://www.auswaertiges-amt.de/de/service/laender.

4 Sonstiges

Länderkurzbezeichnung gemäß Präferenzrecht (Lieferantenerklärung): AKP/MAR
Länder(-gruppen)kurzbezeichnung für bes. Zollsätze im Europäischen Zolltarif: LOMA/SPGL
Kraftfahrzeugländerkennzeichen: NAM

1 Allgemeine Informationen

1.1 Kurzinfos

Landesvorwahl: +674

MEZ: +11 Std.

Englisch

1 australischer $ = 100 Cents (ISO-Code: AUD)

Nach AWG frei vereinbar Devisenbestimmungen von Nauru beachten

Harmonisiertes System

Feiertage: Die Feiertage zu diesem Land finden Sie unter folgendem Link: https://www.timeanddate.de/feiertage/.

1.2 Einfuhr aus der Bundesrepublik

Importgenehmigungen werden verlangt. Rücksprache mit dem Importeur empfohlen.

1.3 Verpackung

Heu, Stroh, Häcksel und Flachs dürfen als Verpackungsmaterial nicht verwendet werden. Es wird empfohlen, widerstandsfähige und wasserdichte Verpackungen zu verwenden.

1.4 Markierung

Waren sollten mit dem Namen des Ursprungslandes gekennzeichnet sein. Keine irreführenden Angaben, sonst zusätzlich der Hinweis „Made in …".

1.5 Mustersendungen

Muster ohne Handelswert werden zollfrei zugelassen mit Vermerk: „Trade Samples – no commercial value, no charge."

2 Dokumente

2.1 Seefrachten

Seehafen: Nauru

2.1.1 Konnossemente

Voller Satz Konnossemente, Ausstellung an Order zugelassen, dann aber mit Notify-Adresse.

2.1.2 Handelsrechnungen

Handelsrechnung, einfach, in Englisch, mit Ursprungsland „Federal Republic of Germany", Nettogewichte, Bruttogewichte, genaue Warenbezeichnung, fob- und cif-Wert sowie cif-Kosten. Folgende unterschriebene Erklärung muss vorhanden sein: „We hereby certify that this invoice is true and correct in all particulars including value and origin."

2.2 Luftfrachten

Zollflughafen: Nauru

2.2.1 Luftfrachtbrief

Ein Luftfrachtbrief.

2.2.2

Siehe unter Seefrachten 2.1.2.

2.3 Postverkehr

2.3.1 Paketkarte

Eine Zollinhaltserklärung in Englisch. Höchstgewicht 20 kg.

2.3.2

Siehe unter Seefrachten 2.1.2.

3 Adressen

Konsulat

4000, Brisbane, Australien, Generalkonsulat
99 Creek St
Tel.: +61 732203044
Fax: +61 73220308
E-Mail: nauru.consulate@brisbane.gov.nr
http://www.nauru.gov.nr/

4 Sonstiges

Länder(-gruppen)kurzbezeichnung für bes. Zollsätze im Europäischen Zolltarif: SPGL
Bezeichnung der Staatsangehörigen:
Nauruer bzw. Nauruerin

1 Allgemeine Informationen

1.1 Kurzinfos

Landesvorwahl: +977

MEZ: +4,75 Std.

Nepali

1 Nepalese Rupie = 100 Paisa (ISO-Code: NPR)

Nach AWG frei vereinbar Devisenbestimmungen von Nepal beachten

Harmonisiertes System

Mitglied

Feiertage: Die Feiertage zu diesem Land finden Sie unter folgendem Link: https://www.timeanddate.de/feiertage/.

1.2 Einfuhr aus der Bundesrepublik

„Open General Licence System" findet hier Anwendung. Importgenehmigungen nur für bestimmte Waren erforderlich. Beim Import von Lebensmitteln und Zigaretten ist Rücksprache mit dem Importeuer zu empfehlen, da Sonderbestimmungen bestehen. Für Normen und Standards ist das Nepal Bureau of Standards and Metrology zuständig. Die Abwicklung von Schiffsfracht erfolgt über Kalkutta.

1.3 Verpackung

Siehe unter **Indien**.

1.4 Markierung

Siehe unter **Indien**.

1.5 Mustersendungen

Siehe unter **Indien**. Spezielle Einzelheiten beim Importeur erfragen.

2 Dokumente

Zollflughafen: Kathmandu

Es sind die für **Indien** gültigen Bestimmungen zu beachten, jedoch keine Teilnahme am Carnet-A.T.A.-System. Postsendungen erfordern zwei Zollinhaltserklärungen, Englisch. Höchstgewicht 20 kg.

Besondere Vorschriften gelten beim Import von Lebensmitteln. Mit Importeur abstimmen.

3 Adressen

Konsulate

Die Konsulatsadressen finden Sie jeweils mit Telefonnummer, E-Mail-Adresse, Homepage und Öffnungszeiten unter:
https://www.auswaertiges-amt.de/de/service/laender.

4 Sonstiges

Länder(-gruppen)kurzbezeichnung für bes. Zollsätze im Europäischen Zolltarif: SPGA.

Neuseeland

New Zealand mit Tokelau, Niue und Cookinseln

1 Allgemeine Informationen

1.1 Kurzinfos

Landesvorwahl: +64

MEZ: +11 Std.
Sommerzeit September bis März

Englisch

1 neuseel. $ (NZ$) = 100 Cents
(ISO-Code: NZD)

Nach AWG frei vereinbar
Devisenbestimmungen von Neuseeland beachten

Harmonisiertes System

Mitglied

Angeschlossen

Feiertage: Die Feiertage zu diesem Land finden Sie unter folgendem Link: https://www.timeanddate.de/feiertage/.

1.2 Einfuhr aus der Bundesrepublik

Die New Zealand Standards Organisation (NZSO, www.standards.govt.nz) ist zuständig für Normenfragen. Lebensmittel, Getränke und Arzneimittel unterliegen strengen Kennzeichnungs- und Gesundheitsvorschriften. Spirituosen benötigen ein Reifezertifikat (Whisky/Branntwein: 5 Jahre, Rum: 2 Jahre).

Einfuhrvorschriften bestehen unter anderem für Tierfutter, Milchprodukte, Fleisch, Obst, Honig, Nahrungsergänzungsmittel, Getränke, Holz und Kinderartikel wie Farben oder Buntstifte (www.customs.govt.nz). Zigaretten sind mit Warnhinweisen zu versehen und dürfen nur per See- oder Luftfracht eingeführt werden. Für Containerlieferungen aus Italien (Sept. bis April) gelten Schutzmaßnahmen gegen die marmorierte Baumwanze (BMSB) (www.biosecurity.govt.nz/importing/border-clearance/containers-and-cargo).

Pflanzenimporte erfordern ein Pflanzengesundheitszeugnis und werden bei Ankunft kontrolliert; für bestimmte Arten ist eine Quarantänepflicht (PEQ) vorgesehen. Textilien sowie zahlreiche weitere Produkte – u. a. Kosmetika, Elektrogeräte, Farben, Medikamente und Tabak – müssen klar gekennzeichnet sein, insbesondere Herkunft und Nettogewicht. Gefährliche Stoffe fallen unter das Hazardous Substances and New Organisms Act 1996 und den GHS-Standard (Rev. 7).

1.3 Verpackung

Für Holzverpackungen der Warengruppe HS 4415 – ob neu, gebraucht oder als Handelsware eingeführt – gelten die Anforderungen des IPPC-Standards ISPM 15. Neuseeland kontrolliert deren Einhaltung besonders streng. Laut der Wellington Chamber of Commerce führen Verstöße häufig zu hohen Zusatzkosten für Importeure und Exporteure. Verpackungsmaterialien wie Heu, Stroh, Rattan, Flachs, Erde, Papierwolle, Torf oder gebrauchte Säcke (leer oder gefüllt) sind verboten. Ausnahmen sind nur unter behördlicher Auflage möglich. Nicht betroffen ist Holzwolle. Auch Materialien, die mit Erde oder tierischen Stoffen in Kontakt kamen oder aus landwirtschaftlichen Abfällen bestehen, sind ausgeschlossen.

Bei Containerverladungen gelten dieselben Regeln für alle enthaltenen Packstücke. Zusätzlich müssen Hygienevorgaben für die Container selbst erfüllt und eine „Sea Container Quarantine Declaration" eingereicht werden. Weitere Informationen finden sich unter www.mpi.govt.nz oder per E-Mail an: info@mpi.govt.nz. Holz- und Sperrholzkisten, Paletten und andere Holzelemente müssen frei von Rinde sowie sichtbarem Insekten- oder Pilzbefall sein. Kabeltrommeln unterliegen einer vorgeschriebenen Behandlung (z. B. Hitze, Begasung), die mit einem Behandlungszertifikat nachzuweisen ist.

1.4 Markierung

Produkte ohne Kennzeichnung oder mit neutraler Herkunftsangabe benötigen keinen Ursprungsvermerk, solange keine Täuschung über das Herkunftsland möglich ist. Importware darf jedoch keine irreführenden Herkunftsbezeichnungen tragen – es sei denn, das tatsächliche Ursprungsland wird klar genannt (z. B. „Made in Germany"). Neuseeland untersagt gemäß Madrider Abkommen falsche Herkunftsangaben generell. Für bestimmte Artikel wie Bekleidung, Schuhe und Batterien ist die Herkunftskennzeichnung stets verpflichtend.

1.5 Mustersendungen

Muster ohne Handelswert werden zollfrei abgefertigt. Gestattet ist die Einfuhr von Waren zur vorübergehenden Verwendung. Teilnahme am Carnet-A.T.A.-Verfahren.

2 Dokumente

2.1 Seefrachten

Seehäfen: Auckland, Wellington, Lyttelton, Manukau Harbor, Tauranga u.a.

2.1.1 Konnossemente

Voller Satz Konnossemente, Ausstellung an Order, mit Notify-Adresse möglich. Keine Beglaubigung.

2.1.2 Handelsrechnungen

Für die Zollabfertigung in Neuseeland sind drei englischsprachige Originalrechnungen erforderlich. Diese müssen unter anderem Käufer- und Verkäuferdaten, Transportmittel (z. B. Schiff oder Flugzeug), Ursprungs- und Exportland, Verpackungsangaben (Markierung, Anzahl, Typ), Gewichte sowie eine vollständige Warenbeschreibung mit Mengen enthalten. Darüber hinaus sind auch der Rechnungswert (Einzel- und Gesamtpreis), Liefer- und Zahlungsbedingungen, Ausstellungsdatum und -ort sowie die Rechnungsnummer aufzuführen.

Zusätzliche Angaben sind nötig, wenn Verpackungskosten, Inlandsfracht oder Versicherungen im Exportland nicht im Verkaufspreis enthalten sind. Auch Informationen über Preisnachlässe, Lizenzgebühren oder Abmachungen, die den Preis beeinflussen können, müssen offengelegt werden. Das umfasst etwa Vergütungen, Provisionen oder kostenfrei bereitgestellte Waren oder Dienstleistungen durch den Käufer.

Die Zollbewertung basiert auf dem Transaktionswert, der in Neuseeland mit dem FOB-Wert gleichgesetzt wird. Voraussetzung ist, dass zwischen Käufer und Verkäufer keine geschäftliche Verbindung besteht, die den Preis beeinflussen könnte. Die neuseeländischen Behörden behalten sich vor, den angegebenen Verkaufspreis zu überprüfen – zunächst schriftlich, in Ausnahmefällen auch durch Vor-Ort-Kontrolle nach vorheriger Ankündigung. Importierte Güter müssen innerhalb von 20 Tagen nach Ankunft zur Zollabfertigung angemeldet werden.

2.1.3 Ursprungszeugnisse

Als Nachweis genügt die Ursprungsangabe „Federal Republic of Germany" auf der Handelsrechnung. Ursprungszeugnisse werden nicht verlangt.

2.1.4 Warenverkehrsbescheinigung

Die Zollbehörden stellen keine Warenverkehrsbescheinigungen mehr aus. Selbstzertifizierungsverfahren. Für Lieferungen unter € 6 000,- €, die aus Ursprungserzeugnissen bestehen und die zwischen der Europäischen Gemeinschaft und Neuseeland stattfinden, ist der Präferenz-Nachweis durch eine Erklärung auf der Rechnung o.Ä. zu erbringen; für Sendungen über € 6 000,– ist die Registrierung als registrierter Ausführer (REX) mit Angabe der REX-Nummer erforderlich.

Für Sendungen bis zu € 6 000,– ist vom Ausführer nur die folgende Erklärung[1)]

„For multiple shipments): Period from ... to ...[2)]

1) Ursprungserklärung in weiteren Sprachen s. Kapitel Hinweise Warenursprung Präferenzen in die Rechnung oder ein anderes Handelsdokument aufzunehmen:

2) Wird die Erklärung zum Ursprung für Mehrfachsendungen identischer Erzeugnisse im Sinne des Artikels 3.18 (Erklärung zum Ursprung) Absatz 4 Buchstabe b ausgefüllt, ist die Geltungsdauer der Erklärung zum Ursprung anzugeben. Die Geltungsdauer darf 12 Monate nicht überschreiten. Alle Einfuhren des Erzeugnisses müssen innerhalb dieses Zeitraums erfolgen. Ist eine Angabe der Geltungsdauer nicht erforderlich, braucht dieses Feld nicht ausgefüllt werden.

„The exporter of the products covered by this document (Exporter Reference No ...)[3] declares that, except where otherwise clearly indicated, the products are of ... [4] Ort, Datum[5], Unterschrift des Ausführers und Name des Unterzeichners in Druckschrift".

2.1.5 Gesundheitszeugnisse

Gesundheitszeugnisse für Pflanzen erforderlich (www.julius-kuehn). In Neuseeland werden Pflanzen nochmals untersucht.

2.1.6 Sea Container Quarantine Declaration

Im Container gelieferte Waren benötigen eine Sea Container Quarantine Declaration, die auf einem Firmenbogen zu erstellen ist (Formular unter www.mpi.govt.nz).

2.2 Luftfrachten

Zollflughäfen: Auckland (AKL), Christchurch (CHC), Napier, New Plymouth, Wellington und weitere

2.2.1 Luftfrachtbrief

Eine Ausfertigung des Luftfrachtbriefes.

2.2.2

Siehe unter Seefrachten 2.1.2–2.1.6.

2.3 Postverkehr

2.3.1 Paketkarte

Eine Zollinhaltserklärung in Englisch. Höchstgewicht: 20 kg, Vertragskunden: 30 kg.

3) Bitte geben Sie die Referenznummer zur Idenitifizierung des Ausführers an. Für Ausführer aus der Union handelt es sich dabei um die Nummer, die dem betreffenden Ausführer im Einklang mit den Rechtsvorschriften der Union zugeteilt wurde. Für Ausführer aus Neuseeland handelt es sich dabei um den von der neuseeländischen Zollverwaltung vergebenen „client code". Wenn dem Ausführer keine Nummer zugeteilt wurde, kann das Feld freigelassen werden.

4) Bitte geben Sie den Ursprung des Erzeugnisses (Neuseeland oder Europäische Union) an.

5) Die Angaben zu Ort und Datum dürfen entfallen, wenn sie in dem Papier mit dem Wortlaut der Erklärung zum Ursprung enthalten sind.

2.3.2

Siehe unter Seefrachten 2.1.2–2.1.6.

3 Adressen

Auslandshandelskammer

Repräsentanz der deutschen Wirtschaft
German-New Zealand Chamber of Commerce Inc.
Postanschrift: P.O.Box 95, Auckland 1140
Büroanschrift: Level 14, PwC Tower
188 Quay Street, Auckland 1010
Tel.: +64 93040120, Fax: +64 93090209
Geschäftszeiten: Mo.–Fr. 9.00–17.00 Uhr
E-Mail: admin@germantrade.co.nz
www.neuseeland.ahk.de

Konsulate

Die Konsulatsadressen finden Sie jeweils mit Telefonnummer, E-Mail-Adresse, Homepage und Öffnungszeiten unter:
https://www.auswaertiges-amt.de/de/service/laender.

4 Sonstiges

Die neuseeländische Zollverwaltung ist unter www.customs.govt.nz im Internet vertreten. Auf der englischsprachigen Homepage sind viele nützliche Praxishilfen für die Zollabfertigung zu finden, z.B. Merkblätter für Zollabläufe in Wirtschaft und Reiseverkehr.
Kraftfahrzeugländerkennzeichen: NZ

República de Nicaragua

Nicaragua

1 Allgemeine Informationen

1.1 Kurzinfos

Landesvorwahl: +505

MEZ: –7 Std.

Spanisch, an der Atlantikküste Karibisch-Englisch

1 Córdoba (C$) = 100 Centavos (ISO-Code: NIO)

Nach AWG frei vereinbar Devisenbestimmungen von Nicaragua beachten

Harmonisiertes System

Mitglied

Feiertage: Die Feiertage zu diesem Land finden Sie unter folgendem Link: https://www.timeanddate.de/feiertage/.

1.2 Einfuhr aus der Bundesrepublik

Es besteht ein Assoziationsabkommen mit der EU. Nicaragua kontrolliert Tier- und Pflanzenimporte durch Gesundheitsbescheinigungen, behördliche IPSA-Zulassungen und Importeur-Anmeldungen. Verbringungsverbote betreffen toxische Chemikalien, Rauschgift, Gebrauchttransporter, Altfahrzeuge über sieben Jahre, drogenhaltige Medikamentenmuster, spezielle Schusswaffen und Munition. Medizintechnik verlangt MINSA-Importbewilligungen nebst Einführer- und Produkteintragungen. Esswaren und Getränke verlangen Verbringungsbewilligungen, Artikelregistrierungen und MINSA-Lizenzen für Einführer. Pharmaprodukte benötigen Einzelzulassungen pro Import, Artikelanmeldungen und MINSA-Lizenzen. Agrarchemikalien erfordern Artikelregistrierungen und IPSA-Anmeldungen von Importeuren. TELCOR steuert Kommunikationstechnik durch Importzulassungen nebst Einführer- und Typfreigaben.

1.3 Verpackung

Benutzung von Heu, Stroh, gebrauchten Säcken und Erde ist verboten. Anwendung des ISPM-Standard Nr. 15 für Holzverpackungen.

1.4 Markierung

Ursprungskennzeichnung notwendig für vorverpackte Lebensmittel, pharmazeutische und kosmetische Erzeugnisse, Tabakwaren, Betonstahl.

1.5 Mustersendungen

Muster und Warenproben ohne Handelswert werden zollfrei abgefertigt, wenn sie unverkäuflich gemacht sind. Kostproben und Waren zu Versuchszwecken in kleinen Mengen dürfen ebenfalls zollfrei eingeführt werden.

1.6 Versicherungen

Versicherung nur bei staatlicher Versicherung Instituto Nicaraguense de Seguros decken.

2 Dokumente

2.1 Seefrachten

Seehäfen: Corinto, Puerto Sandino, Bluefields, El Rama

2.1.1 Konnossemente

Voller Satz Konnossemente, Aufmachung an Order mit Notify-Adresse zulässig.

2.1.2 Handelsrechnungen

Handelsfaktura (zweifach, Spanisch). Angabe folgender Einzelheiten: Name und Anschrift des Käufers und Verkäufers, Steuernummer (RUC), Ausstellungsort/-datum, genaue Warenbezeichnung (z.B. inkl. Angabe von Modell- bzw. Seriennummern, keine Verschlüsselungen erlaubt), Einzel- und Gesamtpreise, Liefer- und Zahlungsbedingungen.

In der Handelsrechnung muss z.B. bei Getränken und Nahrungsmitteln der korrekte Name, die Registrierungsnummer und das Importland sowie der Name des Einführers ausgewiesen werden.

2.1.3 Ursprungszeugnisse

Ursprungszeugnisse sind i.d.R. nicht erforderlich, sie sind lediglich für einige Erzeugnisse, wie z.B. Tiere, tierische und pflanzliche Erzeugnisse sowie Pflanzen vorgeschrieben. Die Ursprungsangabe lautet „República Federal de Alemania (Unión Europea)".

2.1.4 Warenverkehrsbescheinigung

Warenverkehrsbescheinigungen für alle Güter, die unter die „Ursprungsregelung" des Europa-Mittelmeer-Abkommens der EU mit Nicaragua fallen. EUR.1 erforderlich für Sendungen mit einem Wert von mehr als € 6 000,– (Ausstellung über die Zollstellen); bei Warenwerten bis € 6 000,– ist nur noch folgende Erklärung[1] in einem der Handelspapiere anzubringen:

„L'exportateur des produits couverts par le présent document (autorisation douanière n° …)[2] déclare que, sauf indication claire du contraire, ces produits ont l'origin préférentielle …"

Ort, Datum, Unterschrift. Der Name des Unterzeichners ist in Druckbuchstaben zu wiederholen. Ursprungserzeugnisse aus Ceuta oder Melilla sind mit „CM" zu kennzeichnen.

2.1.5 Packlisten

Eine Packliste der Zollerklärung anhängen.

2.1.6 Gesundheitszeugnisse

Gesundheitszeugnis erforderlich für lebende Tiere, tierische Produkte sowie Pflanzen und pflanzliche Erzeugnisse.

2.2 Luftfrachten

Zollflughafen: Managua

2.2.1 Luftfrachtbrief

Eine Ausfertigung des Luftfrachtbriefes (keine Legalisierung erforderlich).

1) Ursprungserklärung in weiteren Sprachen s. Kapitel Hinweise Warenursprung Präferenzen
2) Eintrag der Bewilligungsnummer, falls die Erklärung von einem ermächtigten Ausführer erstellt wird.

2.2.2

Siehe unter Seefrachten 2.1.2–2.1.6.

2.3 Postverkehr

2.3.1 Paketkarte

Eine oder drei Zollinhaltserklärungen (je nach Paketgröße), Spanisch, Französisch, Englisch. Höchstgewicht: 31,5 kg, Vertragskunden: 30 kg.

2.3.2

Siehe unter Seefrachten 2.1.2–2.1.6.

3 Konsulatsgebühren

Für Handelsurkunden	€ 65,-
für pharmazeutische Zertifikate	€ 65,-
für Zertifikate von Tier- und Pflanzenschutzmitteln	€ 65,-

Die Gebühren (vom 1. bis 25. des laufenden Monats) sind per Überweisung in € zu bezahlen (Commerzbank Berlin, IBAN: DE92 1004 0000 0267 7201 00, BIC: COBADEFFXXX). Der abgestempelte Original-Einzahlungsbeleg ist mit den Dokumenten zusammen einzureichen. Keine Schecks oder Bargeld! Zu beachten sind, dass das Konsulat den geforderten Betrag ohne Abzug von Bankgebühren erhält. Gebühren sind vom Kunden zu tragen.

4 Adressen

Auslandshandelskammer

Deutsch-Regionale Industrie- und Handelskammer für Zentralamerika und die Karibik
Cámara Regional Alemana de Comercio e Industria para Centroamérica y el Caribe
6a Avenida 20-25 Zona 10
Edificio Plaza Maritima, Oficina 3-3
01010 Guatemala City
Tel.: +502 23675552
Geschäftszeiten: Mo.–Fr. 8.00–12.00 Uhr, 13.30–17.00 Uhr
E-Mail: servicios@ahk.gt
www.zakk.ahk.de

Konsulate

Die Konsulatsadressen finden Sie jeweils mit Telefonnummer, E-Mail-Adresse, Homepage und Öffnungszeiten unter:
https://www.auswaertiges-amt.de/de/service/laender.

1 Allgemeine Informationen

1.1 Kurzinfos

Landesvorwahl: +31

MEZ
EU-Sommerzeit

Niederländisch, Deutsch, Englisch, Französisch

1 Euro (€) = 100 Cents
(ISO-Code: EUR)

Nach AWG frei vereinbar
Devisenbestimmungen der Niederlande beachten

Harmonisiertes System
Verzollung nach Transaktionswert

Mitglied

Angeschlossen

Angeschlossen

Feiertage: Die Feiertage zu diesem Land finden Sie unter folgendem Link: https://www.timeanddate.de/feiertage/.

1.2 Einfuhr aus der Bundesrepublik

In der EU sind dem Verkehr von Waren nur wenige Beschränkungen auferlegt. Für Güter, die sowohl für zivile als auch für militärische Zwecke verwendet werden können (Dual-Use-Güter mit doppeltem Verwendungszweck), gibt es spezifische Bestimmungen. Zuständig ist der zentrale Import- und Exportdienst (Centrale Dienst voor Inen Uitvoer). Manche sensible Waren (wie z.B. Abfälle) müssen genehmigt werden. Einige Güter aus Drittländern benötigen eine Lizenz.

Für einige Produkte aus dem Agrar- und Industriebereich müssen Standards eingehalten werden. Darüber informiert die Niederländische Agentur für Unternehmen (Netherlands Enterprise Agency). Für Fragen der Lebensmittelsicherheit (z.B. Verpackung) ist das Ministerie van Volksgezondheid, Welzijn en Sport (Ministerium für Volksgesundheit, Wohlbefinden und Sport) zuständig. Die Verpackungs- und Gebrauchsartikelgesetzgebung (Warenwetregeling verpakkingen en gebruiksartikelen) legt fest, welche Materialien für Lebensmittelverpackungen verwendet werden dürfen. Zuständig ist die Nederlandse Voedselen Warenautoriteit. Für gefährliche Verbraucherprodukte gibt es in Europa das Safety Gate Rapid Alert System (zuvor RAPEX). Ansprechpartner ist die Stelle Nederlandse Voedselen Warenautoriteit. Zuständig für das Schnellwarnsystem für Lebens- und Futtermittel RASFF (Rapid Alert System for Food and Feed) ist ebenfalls die Nederlandse Voedselen Warenautoriteit.

Tiere oder tierische Produkte aus Drittstaaten können nur an zugelassenen Grenzkontrollstellen (GKS) eingeführt werden. Möglich ist die Abfertigung an den GKS an den Flughäfen Amsterdam, Rotterdam und Maastricht sowie für Seefracht an den Häfen von Amsterdam, Vlissingen und Rotterdam. Weitere zugelassene Kontrollstellen befinden sich in Eemshaven und Harlingen. Benötigen Pflanzen, pflanzliche Produkte und Teile von Pflanzen eine phytosanitäre Inspektion, werden sie nur an bestimmten Stellen abgefertigt, darunter die Flughäfen von Amsterdam, Rotterdam und Maastricht sowie die Seefrachthäfen von Amsterdam, Rotterdam und Vlissingen. Zuständig ist die Nederlandse Voedselen Warenautoriteit. Für die Einfuhr von Medikamenten und Pharmazeutika ist das Gesetz für Arzneimittel (Geneesmiddelenwet) zu beachten. Zuständig für die Marktzulassung und Etikettierung ist das College ter Beoordeling van Geneesmiddelen (CBG), erreichbar unter www.cbg-meb.nl.

1.3 Verpackung

Um Verpackungsabfälle zu vermeiden, zu vermindern und zu verwerten, gibt es besondere Bestimmungen. Insbesondere Stoffe wie Blei, Kadmium, Quecksilber und Chrom dürfen nur in geringen

Mengen enthalten sein. Einführer müssen Beiträge zahlen und jährlich über die Menge an Verpackungsmaterial sowie über die Recyclingquote berichten. Bei einem Aufkommen von mehr als 50 kg Verpackungsmaterial sind die Einführer registrierungspflichtig (Behörde Afvalfonds Verpakkingen). Grundlage ist eine Abfallwirtschaftsbeitragsvereinbarung.

1.4 Markierung

Keine besonderen Markierungsvorschriften. Evtl. Rücksprache mit dem Importeur halten.

1.5 Mustersendungen

Muster und Warenproben werden zollfrei abgefertigt. Vorübergehende Einfuhr mit Carnet A.T.A.

2 Dokumente

2.1 Seefrachten

Seehäfen: Amsterdam, Rotterdam, Ijmuiden, Terneuzen, Velissingen u.a.

2.1.1 Konnossemente

Voller Satz Konnossemente, Ausstellung an Order möglich. Keine Beglaubigung.

2.1.2 Handelsrechnungen

Rechnungsangaben laut Kaufvertrag. Die Rechnung muss die USt-Identifikationsnummern (UID-Nr.) von Exporteur und Importeur enthalten und den Hinweis „steuerfreie innergemeinschaftliche Lieferung" oder „steuerfrei nach § 4 Nr. 1b UStG", sonst ist MwSt. zu berechnen. Außerdem kann der Vermerk: „BTW-Registratienummer leverancier en afnemer" mit in die Rechnung aufgenommen werden, der auf die Steuerbefreiung hinweist.

Die Bedingungen des § 6a UStG müssen eingehalten sein.

Bei Dual-Use-Gütern ist in den Papieren ein ausdrücklicher Vermerk anzubringen, dass bei der Ausfuhr aus dem Gebiet der EU eine Kontrolle der Waren stattzufinden hat.

Für Nichtgemeinschaftswaren sind Rechnungen mit folgenden Informationen notwendig, z.B. Ausstellungsort und -datum, detaillierte Produktbezeichnung, Menge, Art und Anzahl der Pakete mit Angabe von Nummer und Marke, Namen und Anschriften von Aus- und Einführer, Lieferbedingungen mit fob-Wert, cif-Kosten und -Wert bzw. cfr-Wert, Zahlungsbedingungen, Rechnungsnummer, Beförderungsart, Gesamtbetrag sowie das Ursprungsland. Keine Unterzeichnung der Rechnungen und keine Bescheinigungen erforderlich.

2.1.3 Ursprungszeugnisse

Ursprungszeugnis nur auf Anforderung.

2.1.4 Intrastat-Meldung

Auf Grundlage des Änderungsgesetzes zum Außenhandelsstatistikgesetz (AHStatG-ÄndG) vom 5. März 2025 gelten rückwirkend zum 1. Januar 2025 neue Schwellenwerte für die Intrahandelsstatistik: Für Wareneingänge liegt die Meldegrenze nun bei 3.000.000 €, für Versendungen bei 1.000.000 €.

Wird eine dieser Grenzen im laufenden Kalenderjahr überschritten, beginnt die Meldepflicht im Monat der Überschreitung.

Die Daten können online an das Statistische Bundesamt übermittelt werden. Weitere Informationen sind unter www.destatis.de abrufbar (Suchbegriff: „Intrastat") oder telefonisch unter 0611 753965, per Fax: 0611 754525 oder per E-Mail: gruppe-vb@destatis.de.

2.2 Eisenbahnverkehr

2.2.1 Frachtbrief

Für Güter: ein internationaler Frachtbrief.

2.2.2

Siehe unter Seefrachten 2.1.2–2.1.4.

2.3 Luftfrachten

Zollflughäfen: Amsterdam (AMS), Rotterdam (RTM), Eindhoven (EIN), Groningen, Enschede, Maastricht (MST)

2.3.1 Luftfrachtbrief

Eine Ausfertigung des Luftfrachtbriefes.

2.3.2

Siehe unter Seefrachten 2.1.2–2.1.4.

2.4 Postverkehr

2.4.1 Paketkarte

Keine Zollformulare. Höchstgewicht: 31,5 kg, Geschäftskunden: 30 kg. Der Nachnahmeservice ist eingestellt worden.

2.4.2

Siehe unter Seefrachten 2.1.2–2.1.4.

3 Adressen

Auslandshandelskammer

Deutsch-Niederländische Handelskammer
Duits-Nederlandse Handelskamer
Nassauplein 30
NL-2585 EC Den Haag
Tel.: +31 703114100
Geschäftszeiten: Mo.–Do. 8.30–17.00 Uhr; Fr. 8.30–16.30 Uhr
E-Mail: info@dnhk.org
http://niederlande.ahk.de

Konsulate

Die Konsulatsadressen finden Sie jeweils mit Telefonnummer, E-Mail-Adresse, Homepage und Öffnungszeiten unter:
https://www.auswaertiges-amt.de/de/service/laender.

4 Sonstiges

Kraftfahrzeugländerkennzeichen: NL

Niederländische Antillen*

Netherlands Antilles

1 Allgemeine Informationen

1.1 Kurzinfos

Landesvorwahl: +599

MEZ: –5 Std.

Niederländisch, Spanisch, Englisch

Curacao, St. Martin: 1 Niederl.-Antillen-Gulden (NAf) = 100 Cent (ISO-Code: ANG)
St. Eustatius, Saba, Bonaire: 1 US-$ = 100 Cent (Iso-Code: USD)
Aruba: 1 Aruba-Florin (Afl) = 100 Cent (Iso-Code: AWG)

Nach AWG frei vereinbar
Devisenbestimmungen der Niederl. Antillen beachten

Harmonisiertes System

Mitglied

Feiertage: Die Feiertage zu diesem Land finden Sie unter folgendem Link: https://www.timeanddate.de/feiertage/.

1.2 Einfuhr aus der Bundesrepublik

Seit 1.8.1975 Mitglied des Abkommens EWG-ÜLG. Importe sind zumeist frei von Einschränkungen. Einfuhrgenehmigung nach Aruba für bestimmte Güter erforderlich, wie z.B. Reis, Tee, Kaffeepulver, Zucker, Kartoffeln, Fleisch, Fisch, Medikamente, Zigaretten, Alkohol, Babynahrung, Speisefette, Gemüse, Tierfutter, Pkw, Zement.

1.3 Mustersendungen

Muster ohne Handelswert werden zollfrei abgefertigt.

2 Dokumente

2.1 Seefrachten

Seehäfen: Curaçao: Willemstad; Bonaire: Kralendijk; St. Maarten: Philipsburg; St. Eustatius: Oranjestad; Saba: The Bottom; Aruba: Barcadera, Oranjestad, Sint Nicolas

2.1.1 Konnossemente

Voller Satz Konnossemente, Aufmachung an Order, mit Notify-Adresse, möglich. Beglaubigung nicht erforderlich.

2.1.2 Handelsrechnungen

Handelsfaktura, unterschrieben, mit allen üblichen Informationen, wie Gewicht und Abmessungen, Art, Menge, Nummern und Marken sowie genauer Inhalt der Versandtücke, detaillierte Produktnamen (evtl. mit HS-Code), fob- und cif-Werte etc. notwendig. Die Nummer der Einfuhrlizenz, sofern vorhanden, muss angegeben werden.

2.1.3 Ursprungszeugnisse

Ursprungszeugnis mit der Angabe „Federal Republic of Germany (Euroean Union)" nur auf Anforderung.

2.2 Luftfrachten

Zollflughäfen: Curaçao: Hato (CUR); St. Maarten: Juliana; Bonaire: Kralendijk

2.2.1 Luftfrachtbrief

Eine Ausfertigung des Luftfrachtbriefes.

2.2.2

Siehe unter Seefrachten 2.1.2–2.1.3.

* Curacao, Bonaire, St. Martin, St. Eustatius, Aruba, Saba

2.3 Postverkehr

2.3.1 Paketkarte

Eine Zollinhaltserklärung CN 23, Englisch, Höchstgewicht 31,5 kg (St. Eustasius und Saba); eine Zollinhaltserklärung CN 23, Englisch, Höchstgewicht 25 kg (Bonaire); eine Zollinhaltserklärung CN 23, Englisch, Spanisch, Höchstgewicht 31,5 kg, Vertragskunden 30 kg (Curacao); drei Zollinhaltserklärungen CN 23, Englisch, Niederländisch, Höchstgewicht 20 kg (Aruba), eine Zollinhaltserklärung CN 23, Englisch, Höchstgewicht: 31,5 kg, Vertragskunden: 30 kg (St. Martin).

2.3.2

Siehe unter Seefrachten 2.1.2–2.1.3.

3 Sonstiges

Die niederländischen Antillen umfassen die Inseln Curaçao, Aruba, Bonaire, Saba, St. Eustatius, St. Maarten.
Länderkurzbezeichnung gemäß Präferenzrecht (Lieferantenerklärung): ÜLG
Länder(-gruppen)kurzbezeichnung für bes. Zollsätze im Europäischen Zolltarif: LOMB/SPGL
Kraftfahrzeugländerkennzeichen: NA

Niger

République du Niger

1 Allgemeine Informationen

1.1 Kurzinfos

Landesvorwahl: +227

MEZ

Französisch

1 Franc CFA = 100 Centimes (ISO-Code: XOF)

Nach AWG frei vereinbar Devisenbestimmungen des Niger beachten

Harmonisiertes System

Mitglied

Feiertage: Die Feiertage zu diesem Land finden Sie unter folgendem Link: https://www.timeanddate.de/feiertage/.

1.2 Einfuhr aus der Bundesrepublik

Der Import ist zum großen Teil ohne Einschränkungen unter Einholung eines sogenannten „Fiche Statistique" möglich. Für alle anderen Waren sind Einfuhrgenehmigungen erforderlich, die im Regelfall ca. ein halbes Jahr gelten. Der Versand muss vor Ablauf der Genehmigung erfolgen. Hierfür ist außerdem die Vorlage einer unterschriebenen Proforma-Rechnung vorgeschrieben. Einige wenige Waren dürfen überhaupt nicht eingeführt werden (z.B. Betäubungsmittel und Drogen). Bestimmte Produkte müssen besonders etikettiert werden (z.B. Spirituosen und Zigaretten mit „Vente au Niger"). Die Registrierung von Medikamenten ist erforderlich. Gebrauchte Fahrzeuge müssen mindestens der Abgasnorm Euro-4 entsprechen und dürfen maximal fünf Jahre alt sein.

1.3 Verpackung

Alle Materialien, durch die Krankheiten eingeschleppt werden könnten, sind verboten. Ggf. Vorlage eines Pflanzenschutzzertifikats.

1.4 Markierung

Zusätzlich: „Importé d'Allemagne".

1.5 Mustersendungen

Muster ohne Handelswert können zollfrei eingeführt werden.

2 Dokumente

2.1 Seefrachten

Seehafen: Keiner; Empfängervorschrift ist zu beachten. Transitländer: Benin, Ghana, Togo

2.1.1 Konnossemente

Konnossemente bedürfen keiner Beglaubigung. Order-Bs/L zugelassen, dann jedoch mit Notify-Adresse.

2.1.2 Handelsrechnungen

Handelsrechnungen (dreifach, Französisch) mit allen üblichen Angaben wie Name des Exporteurs und Importeurs und Empfängers, Marke, Nummern, Anzahl und Art der Packstücke, Brutto-/Nettogewichte, genaue Warenbezeichnungen, Lieferbedingungen, Ursprungsland, HS-Code, Mengen, Ort und Datum der Ausstellung sowie Einzelpreise, Gesamt-fob- und cif-Wert und auch Nachlässe, wie z.B. Rabatte). Am Schluss der Rechnung ist folgende Erklärung aufzunehmen und zu unterschreiben: „Nous certifions que les marchandises dénommées dans cette facture sont de fabrication et d'origine de la République Fédérale d'Allemagne et que les prix indiqués ci-dessus s'accordent avec nos livres d'affaires."

2.1.3 Ursprungszeugnisse

Ursprungszeugnisse nicht erforderlich.

2.1.4 Warenverkehrsbescheinigung

Warenverkehrsbescheinigung bzw. Präferenz-Ursprungsnachweis in einem der Handelspapiere nicht erforderlich.

2.1.5 Packlisten

Die Beifügung von Packlisten wird empfohlen. Sie sollen alle Packstücke übersichtlich mit Inhalt, Marke, Nummer, Gewicht, Art, auflisten.

2.1.6 Gesundheitszeugnisse

Gesundheitszeugnis für lebende Tiere, frisches oder durch Kühlung konserviertes Fleisch erforderlich. Pflanzenpolizeiliches Zeugnis der zuständigen amtlichen Pflanzenschutzstelle (https://pflanzengesundheit.julius-kuehn.de/) für den Import von Pflanzen(-teilen), Samen, Kompost, Dünger, Erde und Verpackungen aus diesen oder ähnlichen Stoffen.

2.1.7 Konformitätszertifikat

Ausgesetzt – keine Angabe über die Dauer des Zeitraums vorhanden.

2.1.8 Inspektionszertifikate

Inspektionszertifikat (Attestation de Vérification) für alle Sendungen ab einem Gesamtrechnungsbetrag von CFA Francs 3 Mio. fob vor Versendung der Ware erforderlich. Alle zu versendenden Waren benötigen eine Qualitäts-, Mengen- und Preisprüfung sowie Zollwertermittlung und Zolltarifierung, wobei die Qualitäts- und Mengenprüfung im Herstellerwerk vorzunehmen ist. Für Auskünfte und Ausnahmen ist folgender Ansprechpartner zu kontaktieren: Cotecna Inspection SA in 1207 Geneva, 58, Rue de la Terrassière, Tel.: (+41) 228496900, E-Mail: cotecna.geneva@cotecna.ch ausgestellt.

2.1.9 Cargo Tracking Note

Für Seefrachtsendungen mit Ziel Niger wird eine Elektronic Cargo Tracking Note (ECTN) (Bordereau Électronique de Suivi des Cargaisous, BESC), welche bei der Agentur „Conseil Nigérien des Utilisateurs des Transports Publics (CNUT)" zu beantragen ist, benötigt. Weitere Informationen erteilen folgende Agenten: ASA Afrika Service Schiffahrtsagentur GmbH in 20095 Hamburg, Ferdinandstr. 47, Tel.: 040 339281, Fax: 040 339282, E-Mail: asa@hamburg.asa-services.net, www.asa-services.net oder M + S Mehrtens & Schwickerath GmbH in 28195 Bremen, Tiefer 4, Tel.: 0421 363080, Fax: 0421 3630855, E-Mail: agency@msbre.com, Internet: www.shipagent.de. Fehlt die ECTN bzw. BESC, findet keine Abfertigung statt und hohe Bußgelder können entstehen.

2.2 Luftfrachten

Zollflughäfen: Maradi, Niamey, Zinder

2.2.1 Luftfrachtbrief

Eine Ausfertigung des Luftfrachtbriefes.

2.2.2

Siehe unter Seefrachten 2.1.2–2.1.9.

2.3 Postverkehr

2.3.1 Paketkarte

Zwei Zollinhaltserklärungen in Französisch. Höchstgewicht: 31,5 kg. Vertragskunden: 30 kg. Paketdienst in Niger nur durch ausgewählte Postämter. Post befragen.

2.3.2

Siehe unter Seefrachten 2.1.2–2.1.9.

3 Adressen

Konsulate

Die Konsulatsadressen finden Sie jeweils mit Telefonnummer, E-Mail-Adresse, Homepage und Öffnungszeiten unter:
https://www.auswaertiges-amt.de/de/service/laender.

4 Sonstiges

Länderkurzbezeichnung gemäß Präferenzrecht (Lieferantenerklärung): AKP
Länder(-gruppen)kurzbezeichnung für bes. Zollsätze im Europäischen Zolltarif: SPGA
Kraftfahrzeugländerkennzeichen: RN

Nigeria

Federal Republic of Nigeria

1 Allgemeine Informationen

1.1 Kurzinfos

Landesvorwahl: +234

MEZ

Englisch

1 Naira = 100 Kobo
(ISO-Code: NGN)

Nach AWG frei vereinbar
Devisenbestimmungen von Nigeria beachten

Harmonisiertes System

Mitglied

Feiertage: Die Feiertage zu diesem Land finden Sie unter folgendem Link: https://www.timeanddate.de/feiertage/.

1.2 Einfuhr aus der Bundesrepublik

Die NAFDAC überwacht den Import von Lebensmitteln, Kosmetik und Arzneimitteln. Dafür sind eine Registrierung, ein kombiniertes Herstellungs- und Verkaufszertifikat sowie Nachweise wie FSC, Analyseberichte, CPP und GMP-Bescheinigung vorgeschrieben. Der Pharmacy Act regelt zusätzlich die Einfuhr von Giften und Betäubungsmitteln. Die SON schreibt im Rahmen von SONCAP für viele Fertigwaren ein Produkt-Authentifizierungssiegel (PAM) vor, das vor der Zollfreigabe beantragt werden muss.

Im Agrarsektor verlangt die NAQS Importgenehmigungen für Tiere, tierische Produkte, Pflanzen und Saatgut. Tiere benötigen Veterinärbescheinigungen, Pflanzen ein Pflanzengesundheitszeugnis. Für Lebens- und Futtermittel ist eine Radioaktivitätsbescheinigung Pflicht, die von der Gesundheitsbehörde bestätigt werden muss, ergänzt durch doppelte Analysenzertifikate. Jede Verpackung muss Ursprungsland, Nettogewicht, Bruttogewicht sowie Herstellungs- und Ablaufdatum tragen; für vorgepackte Waren gelten zusätzliche Kennzeichnungspflichten.

Elektrische und elektronische Geräte einschließlich Zubehör müssen eine Sicherheitskennzeichnung, eine Bedienungsanleitung und eine mindestens sechsmonatige Garantie aufweisen. Der Import gebrauchter Geräte ist nur für funktionsfähige, gut erhaltene Produkte erlaubt; Importeure müssen bei der NESREA (www.nesrea.gov.ng) registriert sein. Für Spirituosen gelten Nachweise über Alter und Herkunft sowie Vorgaben zu Flaschen- und Behältnisgrößen. Gebrauchte leichte Nutzfahrzeuge sind auf ein Alter von höchstens fünf Jahren begrenzt und müssen die Euro-4-Abgasnorm erfüllen.

Nigeria verbietet die Einfuhr von Waren, die Sicherheit, Gesundheit, Umwelt oder öffentliche Ordnung gefährden, darunter gefälschte Produkte, gefährliche Abfälle, gebrauchte Kleidung, bestimmte Spirituosen sowie Waffen. Auch zahlreiche Konsum- und Alltagsgüter wie gebrauchte Reifen, Schuhe, Taschen, Teppiche, Wellpappeprodukte sowie gebrauchte Kühl- und Klimageräte sind ausgeschlossen. Lebensmittel wie Geflügel, Schweine- und Rindfleisch, Fruchtsäfte, Teigwaren, bestimmte Öle und Kakaoerzeugnisse sowie einige Arzneimittel und pharmazeutische Abfälle fallen ebenfalls unter die Verbote. Ausnahmen gelten für Importe aus Staaten der ECOWAS.

1.3 Verpackung

Stroh ist als Packmittel verboten (nicht jedoch fertige Strohhüllen). Papier- und Holzwolle sind erlaubt. Bei Verladung von Containern darf jeder Container nur gleichartige Waren enthalten, sonst ist mit einer totalen Zollüberprüfung zu rechnen. Voraussetzung für Erzeugnisse, die in Containern und zudem per Seefracht verschickt werden sollen, ist, dass diese geordnet auf Paletten verpackt werden. Für Holzverpackungen gelten die Regelungen der ISPM Nr. 15.

1.4 Markierung

Jedes Packstück muss in Englisch mit dem Ursprungsland, Netto- und Bruttogewicht sowie Herstellungs- und Verfallsdatum versehen sein. Die Herkunft („Made in Germany") auf Produkten muss klar erkennbar sein, d.h. es dürfen keine Zeichen, Bilder etc. vorhanden sein, die einen fälschlichen Eindruck vermitteln können, sonst wird die Einfuhr untersagt.

1.5 Mustersendungen

Muster ohne Handelswert werden zollfrei abgefertigt. Als „Warenproben" getarnte zollpflichtige Muster sind verboten.

1.6 Versicherungen

Es sind nur nigerianische Transportversicherungen erlaubt.

2 Dokumente

2.1 Seefrachten

Seehäfen: Apapa/Lagos, Bonny, Calabar, Lagos

2.1.1 Konnossemente

Voller Satz Konnossemente, Ausstellung an Order mit Notify zulässig. Die „Form M"-Nummer muss angegeben werden. Beglaubigung nicht erforderlich.

Bitte beachten: Das Konnossement muss den Hinweis tragen, dass das Schiff, sofern es nicht unter nigerianischer Flagge fährt, nicht älter als 15 Jahre ist.

2.1.2 Zollfaktura

Für die Zollabfertigung in Nigeria sind dreifache Zollfakturen (Formblatt C 16/CCVO) in englischer Sprache erforderlich, wenn das Ursprungszeugnis unvollständig ist. Die Faktura muss ein Certificate of Value und ein Certificate of Origin enthalten, jeweils mit den Unterschriften von Aussteller und Zeuge – insgesamt vier handschriftliche Signaturen. Bei Kraftfahrzeugen darf pro Faktura nur ein Modell aufgeführt werden, unabhängig von der Anzahl der importierten Fahrzeuge. Zusätzliche Vorgaben betreffen:

- Ursprungsland: Muss präzise angegeben sein (z. B. „Federal Republic of Germany").
- Warenwerte und Rabatte: Preise sind in der vereinbarten Währung auszuweisen; zulässig sind u. a. Handels-, Mengen-, Bar-, Qualitäts-, Export- und Banknachlässe sowie ein Non-assembly discount für Kfz in CKD-Form (Completely Knocked Down). Unzulässig sind u. a. Muster-, Agentur-, Bedingungs- oder unspezifische Rabatte sowie Nachlässe, die nicht allgemein verfügbar sind.
- Buying Commission: Es gilt Government Notice No. 1571/1974.
- Associated Firms: Die Faktura muss eine Erklärung enthalten, ob Exporteur und Importeur verbunden sind. Als assoziiert gelten Unternehmen, wenn sie z. B. unter gemeinsamer Leitung stehen, Tochter/Zweig eines anderen sind, als Einkaufsagent fungieren, gemeinsame Direktoren haben oder wenn die Eigentümer beider Firmen derselben Familie angehören.
- Form-M-Nummer: Muss auf jeder Faktura angegeben sein.

2.1.3 Handelsrechnungen

Handelsfaktura in Englisch, mit den üblichen Angaben wie Name des Exporteurs und Importeurs und Empfängers, Marke, Nummern, Anzahl und Art der Packstücke, Brutto-/Nettogewichte, genaue Warenbezeichnungen, Lieferbedingungen, Ursprungsland, HS-Code, Mengen, Ort und Datum der Ausstellung sowie Einzelpreise, Gesamt-fob- und cif-Wert und auch Nachlässe, wie z.B. Rabatte. Angabe des Herstellungsdatums und Ursprungslands sowie der Batch/Lot-Nummer, falls diese vorliegt.

2.1.4 Ursprungszeugnisse

Ursprungszeugnis mit der Angabe „Federal Republic of Germany (European Union)" nur auf Anforderung. Bei Ausstellung eines Ursprungszeugnisses, das vollständig über Ausführer, Importeur, Gewicht (netto und brutto), Form-M-Nummer (Feld 5), fob-Warenwert und Seefracht informiert, ist kein Formblatt C 16/CCVO notwendig.

2.1.5 Warenverkehrsbescheinigung

Warenverkehrsbescheinigung bzw. Präferenz-Ursprungsnachweis in einem der Handelspapiere nicht erforderlich.

2.1.6 Packlisten

Bei Sendungen ist stets eine vom Lieferanten unterschriebene Packliste (exakte Produktbeschreibung, Ursprungsland, Spezifikationen und verwendete Standards, Herstelldatum) erforderlich. Eine vorhandene Batch/Lot-Nummer ist anzugeben.

2.1.7 Gesundheitszeugnisse

Sind erforderlich für lebende Tiere und Vögel. Hunde benötigen ein Veterinärärztliches Gesundheitszeugnis. Pflanzen und Samen erfordern ein Pflanzengesundheitszeugnis, ausgestellt von der zuständigen amtlichen Pflanzenschutzstelle (https://pflanzengesundheit.julius-kuehn.de/). Die Bestimmungen des „Diseases of Animals Acts of 1917 and 1962" sowie „Agriculture (Control of Importation) Act, No. 28 of 1959 and Plants, etc. (Control of Importation) Regulations 1970" sind zu beachten.

2.1.8 Konformitätszertifikate (CoC)

SONCAP-Zertifizierung: Für einige Waren wird ein so genanntes SONCAP-Zertifikat (Konformitätsbewertungsprogramm zur Verhinderung des Importes gefälschter Waren und zum Verbraucherschutz) verlangt. Die Prüfung der techn. Normen soll vor dem Versand erfolgen. Einzelheiten sind im Internet unter www.son.gov.ng abrufbar. Zuständige Behörde in Nigeria ist die Standards Organisation of Nigeria (SON). Vor der Verschiffung ist dieses vom Importeur bei einer Prüfgesellschaft anzufordern: Ansprechpartner sind Bureau Veritas in 20457 Hamburg, Willy-Brandt-Str. 55, Tel.: +49 40 23625519, E-Mail: offergsdach@bureauveritas.com.

2.1.9 International Cargo Tracking Note (derzeit ausgesetzt)

Für Seefracht ist die Advance Cargo Declaration (ACD) erforderlich. Die Beantragung der ACD erfolgt vom Absender oder dessen Vertreter (Englisch) bei: Associated Transport and Port Management System (ATPMS) Group in NG-Lagos, 13 Point Road, Apaga, Tel.: (+234) 7035209500. Die automatisch generierte Registrierungsnummer ist notwendig für Frachtführer und im B/L einzutragen.

2.1.10 Destination-Inspection

Alle Importe nach Nigeria werden auf Anweisung des Finanzministeriums einer Qualitäts-, Mengen- und Wertprüfung sowie Zolltarifierung unterzogen; je nach Risikobewertung erfolgt nur eine Dokumentenprüfung, ein Scan oder eine vollständige Inspektion.

2.2 Luftfrachten

Zollflughäfen: Abuja, Kano, Lagos (Murtala Mohammed) (LOS), Port Harcourt

2.2.1 Luftfrachtbrief

Eine Ausfertigung des Luftfrachtbriefes.

2.2.2

Siehe unter Seefrachten 2.1.2–2.1.10.

2.3 Postverkehr

2.3.1 Paketkarte

Zwei Zollinhaltserklärungen, Englisch. Höchstgewicht: 31,5 kg, Vertragskunden: 30 kg.

Bitte beachten: Eine Ausfertigung der Handelsrechnung muss an der Außenseite des Pakets befestigt sein. Besteht die Sendung aus mehreren Paketen, ist nur eine Faktura erforderlich (jedoch unter der Voraussetzung, dass die Pakete nummeriert sind und alle auf dieser Faktura erscheinen). Das Paket, an dem die Rechnung befestigt ist, muss entsprechend deutlich gekennzeichnet sein. Zahlungsmittel, Mobiltelefone und Wertgegenstände sind in Postpaketen nicht zulässig.

2.3.2

Siehe unter Seefrachten 2.1.2–2.1.10.

3 Adressen

Auslandshandelskammer

Delegation der Deutschen Wirtschaft in Nigeria
Postanschrift:
P.O. Box 51311, Falomo IKoy, Lagos, Nigeria
Büroanschrift:
2nd floor, No 6, Ojora close
off Idowu Martins Street
Victoria Island, Lagos Nigeria
Fax: +2341 2700748
Abuja Office
8B Patrice Lumumba Str. Asokoro
Abuja – Nigeria
Geschäftszeiten: Mo.–Fr. 8.30–17.00 Uhr

E-Mail: info@lagos-ahk.de
www.nigeria.ahk.de

Konsulate

Die Konsulatsadressen finden Sie jeweils mit Telefonnummer, E-Mail-Adresse, Homepage und Öffnungszeiten unter:
https://www.auswaertiges-amt.de/de/service/laender.

4 Sonstiges

Länderkurzbezeichnung gemäß Präferenzrecht (Lieferantenerklärung): AKP
Länder(-gruppen)kurzbezeichnung für bes. Zollsätze im Europäischen Zolltarif: SPGL
Kraftfahrzeugländerkennzeichen: NGR

Nordmazedonien

Republik Nordmazedonien –
Republic of North Macedonia
(ehemals Mazedonien)

1 Allgemeine Informationen

1.1 Kurzinfos

Landesvorwahl: +389

MEZ
EU-Sommerzeit

Mazedonisch, Deutsch, Englisch, Albanisch

1 Mazedonischer Denar (Den) = 100 Deni
(ISO-Code: MKD)

Nach AWG frei vereinbar

Harmonisiertes System

Mitglied

Angeschlossen

Angeschlossen

Feiertage: Die Feiertage zu diesem Land finden Sie unter folgendem Link: https://www.timeanddate.de/feiertage/.

1.2 Einfuhr aus der Bundesrepublik

Einfuhrlizenzen sind nur für bestimmte Produkte erforderlich, z.B. lebende Tiere, Pflanzen, medizinische und chemische Produkte, Pflanzenschutzmittel, Technikeinrichtungen, Abfälle, gebrauchte Reifen, Fischereinetze, Waffen, Munition, manche Edelmetalle und Münz- sowie Notengeld (Importregime-Liste des Wirtschaftsministeriums Ministerstvo za ekonomija). Die zuständigen Stellen unterscheiden sich je nach Warenart, darunter sind etwa das Gesundheits-, Umwelt- und das Wirtschaftsministerium. Für radioaktive Materialien ist die Direktion für Strahlensicherheit zuständig.

Elektrogeräte oder Messinstrumente müssen auf ihre Konformität überprüft werden. Für die Implementierung der Normen und Standards zuständig ist das Institut ISRM (Institut za standardizacija na Rapublika Severna Makedonija). Geräte mit CE-Kennzeichnung sind von der Pflicht zur nationalen Konformitätsprüfung ausgenommen. Nur Kraftfahrzeuge mit dem Mindeststandard Euro 4 dürfen importiert werden. Eine Homologationsbescheinigung ist beim Büro für Metrologie zu beantragen. Fahrzeugreifen, die nicht neu sind, müssen vom Umweltministerium genehmigt werden. Eine Importgenehmigung, Registrierung und Zulassung benötigen u.a. Medikamente (Agentur für Arzneimittel und Medizinprodukte). Kosmetische Produkte müssen vom Gesundheitsministerium (Ministerstvo za zdravstvo) genehmigt werden. Ansprechpartner für Veterinärmedizin ist die Lebensmittel- und Veterinäragentur (Agencija za hrana i veterinarstvo) bzw. das staatliche Sanitär- und Gesundheitsinspektorat. Für Narkotika, psychotrope Substanzen und deren Vorläuferstoffe gelten gesonderte Einfuhrgenehmigungen.

Pflanzen, pflanzliche Erzeugnisse, Tiere und tierische Produkte benötigen Gesundheitszeugnisse, eine Genehmigung und werden inspiziert. Saaten, Dünge- und Pflanzenschutzmittel, organische und Bioprodukte müssen offiziell registriert sein. Bioerzeugnisse benötigen außerdem eine Sertifikacija na proizvodi od uvoz. Dies ist ein Kontrollzertifikat für die Abfertigung beim Zoll und dient auch für den Markteintritt. Auch Händler von Nahrungsmitteln, bestimmten landwirtschaftlichen Erzeugnissen (Weizenmehl und Handelsweizen), Alkohol und Tabak müssen registriert sein, bei Tieren über TRACES. Der hygienische Zustand der Produkte wird überprüft. Lebensmittel, Alkohol und Tabak werden auf Hygiene untersucht. Für die Betriebsstelle dieser Händler besteht Registrierungspflicht beim Lebensmittel- und Veterinäramt. Für Lebensmittel, die genetisch verändert oder mit Strahlen behandelt wurden, gelten besondere Regelungen (Verbot). Eine Rücksprache mit dem Importeur wird empfohlen.

Für einige Waffen und Sprengstoff für zivile Zwecke können Genehmigungen und Lizenzen beim Innenministerium (Ministerstvo za vnatresni raboti) beantragt werden, für solche für militärische Zwecke, beim Wirtschaftsministerium. Importeure müssen registriert sein. Dies gilt auch für die Einfuhr von Wein. Von der Einfuhr ausgeschlossen sind u.a. Geldsummen, die einen Wert von 120.000 MKD übersteigen, gentechnisch veränderte Organismen, Quecksilber, manche Ölprodukte, chemische Produkte, gefährliche Abfälle und solche Stoffe, die als ozonschädigend bekannt sind.

1.3 Verpackung

Heu und Stroh nur mit Gesundheitszeugnis. Lieferung von Saaten und weiterem pflanzlichen Material am besten in Bündeln und weiteren Umverpackungen oder aber in festen Containern. Es gelten für Holzverpackungen die IPPC-Standards ISPM Nr. 15. Beschriftungen sollten in der Landessprache und mit kyrillischen Schriftzeichen angebracht sein. CE-Zeichen beim Nachweis von Konformität. Wegen Verpackungs, Markierungs- und Etikettierungsvorschriften wird eine Rücksprache mit dem Importeur empfohlen.

1.4 Markierung

Erforderlich: „Made in Germany" auf den Waren oder ihren Umverpackungen für alle Konsumgüter und bestimmte Nahrungsmittel, Saaten, landwirtschaftliche Erzeugnisse, Pflanzen. Missverständliche Symbole sollten vermieden werden. Es bestehen produktspezifische Vorgaben. Rücksprache mit dem Importeur empfohlen.

1.5 Mustersendungen

Sind teilweise oder ganz zollfrei. Versicherung notwendig. Vorübergehend eingeführte Waren dürfen maximal zwei Jahre im Land verbleiben und müssen genehmigt sein. Besondere Bestimmungen gelten für Proben von Saaten, Dünger und Pestiziden.

2 Dokumente

> **Bitte beachten:** Ist der Versandweg der Ware über Griechenland, so ist die Staatsbezeichnung wie folgt anzugeben: „Republik Nordmazedonien" (Zollpapiere, Markierung).

2.1 Seefrachten

Seehafen: Keiner

2.1.1 Konnossemente

Voller Satz Konnossemente, keine Beglaubigung.

2.1.2 Handelsrechnungen

Handelsrechnung (dreifach), am besten in mazedonischer Sprache, da ggf. auf Verlangen vorzulegen. Die Rechnung muss neben den üblichen Angaben (Rechnungsnummer, Ort und Datum der Ausstellung, Versand-, Zahlungs- und Lieferinformationen, Menge der Ware, Marke, Nummer, Anzahl und Art der Packstücke, Name und Anschrift des Empfängers und des Ausführers, Brutto-/Nettogewichte, genaue Warenbezeichnung, Inlandsfracht, Wert der Rechnung (auch in netto), Einzel-/Gesamtpreise, Skonto, Transportkosten und weitere Kosten wie etwa für Lagerung, Reparaturen und Versicherungen) auch die Angabe des Ursprungslandes enthalten.

2.1.3 Ursprungszeugnisse

Ursprungszeugnis (zweifach) mit der Angabe „Federal Republic of Germany (European Union)" nur auf Anfrage des Importeurs und generell als Beilage der Zollerklärung zur vereinfachten Verzollung empfohlen; jedoch erforderlich für den Antrag auf Genehmigungen für die Einfuhr von Saaten, Pflanzen und weiteren Gütern. Rücksprache mit dem Importeur empfohlen.

2.1.4 Warenverkehrsbescheinigung

Liegt ein Handelsgeschäft zwischen der EU und Nordmazedonien vor und sind die Anforderungen des Assoziierungsabkommens erfüllt, können Präferenzdokumente wie die EUR.1 oder eine Ursprungserklärung genutzt werden, um zollbegünstigte Einfuhren zu ermöglichen. Mit Anfang 2025 wurden in der Pan-Europa-Mittelmeer-Zone (PEM-Zone) neue, einheitliche Ursprungsregeln mit einer Übergangsfrist bis 31.12.2025 eingeführt. Seit dem 1. Januar 2026 sind nur noch die revidierten Ursprungsregeln („Revised Rules") verbindlich und EUR-MED-Nachweise nicht mehr möglich.

Für Warensendungen über 6.000 EUR dient die von der Zollstelle ausgestellte EUR.1 als Präferenznachweis. Exporteure, die regelmäßig Waren unter Präferenzbedingungen liefern, können beim Hauptzollamt die Bewilligung als „Ermächtigter Ausführer" beantragen. Bei Sendungen unter 6.000 EUR genügt eine Ursprungserklärung direkt in der Handelsrechnung, mit folgendem Wortlaut: „Der Ausführer (Ermächtigter Ausführer; Bewilligungs-Nr. ...) der Waren, auf die sich dieses Handelspapier bezieht, erklärt, dass diese Waren, soweit nicht anders angegeben, präferenzbegünstigte . . . Ursprungswaren sind." (Ort und Datum, Unterschrift, Name in Druckbuchstaben)[1]

Da Handelskammern Ursprungserklärungen nicht bescheinigen dürfen, wird empfohlen, diese separat beizufügen. Auf der Rechnung sollte ein ca. 7 cm hoher Freiraum für die Kammerbescheinigung bleiben. Anschließend ist die Erklärung unter Angabe des Ursprungslands zu ergänzen und erneut zu unterschreiben.

2.1.5 Packlisten

Erforderlich (zweifach), wenn die Handelsrechnung keinen Aufschluss über sämtliche Produkte gibt, die in separaten Verpackungen importiert werden.

2.2 Eisenbahnverkehr

2.2.1 Frachtbrief

Ein internationaler Frachtbrief.

2.2.2

Siehe unter Seefrachten 2.1.2–2.1.5.

2.3 Luftfrachten

Zollflughäfen: Skopje, Ohrid

2.3.1 Luftfrachtbrief

Eine Ausfertigung des Luftfrachtbriefes.

2.3.2

Siehe unter Seefrachten 2.1.2–2.1.5.

2.4 Postverkehr

2.4.1 Paketkarte

Zwei Zollinhaltserklärungen, Französisch, Englisch oder Mazedonisch. Höchstgewicht: 31,5 kg, Vertragskunden: 30 kg.

2.4.2

Siehe unter Seefrachten 2.1.2–2.1.5.

3 Adressen

Auslandshandelskammer

Delegation der Deutschen Wirtschaft in Nordmazedonien
29. Noevmri 2G, 1000 Skopje
Tel.: +389 23228824
Geschäftszeiten: Mo.–Fr. 8.30–17.00 Uhr
E-Mail: service@mazedonien.ahk.de
www.nordmazedonien.ahk.de

Konsulate

Die Konsulatsadressen finden Sie jeweils mit Telefonnummer, E-Mail-Adresse, Homepage und Öffnungszeiten unter:
https://www.auswaertiges-amt.de/de/service/laender.

4 Sonstiges

Länderkurzbezeichnung gemäß Präferenzrecht (Lieferantenerklärung): MK
Länder(-gruppen)kurzbezeichnung für bes. Zollsätze im Europäischen Zolltarif: MK
Kraftfahrzeugländerkennzeichen: MK

1) Ursprungserklärung in weiteren Sprachen s. Kapitel Hinweise Warenursprung Präferenzen

1 Allgemeine Informationen

1.1 Kurzinfos

Landesvorwahl: +47

MEZ
EU-Sommerzeit

Englisch, Norwegisch

1 norweg. Krone (NOK) = 100 Öre (ISO-Code: NOK)

Nach AWG frei vereinbar Devisenbestimmungen von Norwegen beachten

Harmonisiertes System

Mitglied

Angeschlossen

Angeschlossen

Feiertage: Die Feiertage zu diesem Land finden Sie unter folgendem Link: https://www.timeanddate.de/feiertage/.

1.2 Einfuhr aus der Bundesrepublik

Der Import ist fast vollständig ohne Einschränkungen möglich. Nicht erlaubt ist die Einfuhr von gefährlichen Substanzen sowie von Waren, die FCKW oder andere ozonschädigende Stoffe enthalten. Dies gilt auch für Produkte und Ausrüstungen, die solche Stoffe enthalten. Ab 2026 unterliegt die Einfuhr von Stahl, Zement, Eisen, Wasserstoff, Aluminium, Strom und Düngemitteln dem EU-CO_2-Grenzausgleichsmechanismus (CBAM). Importlizenzen sind z.B. für Waffen und Munition, Abfälle, Pflanzen und Tiere, Nahrungsmittel, Alkohol und Tabak, Feuerwerk, Sprengstoffe, gefährliche Wirkstoffe etc. erforderlich. Für manche Agrarprodukte und Industriegüter müssen Standards eingehalten werden. Zuständig ist der Warenkontaktpunkt (Produktinformationsstelle) am Ministerium für Handel, Industrie und Fischerei. Für Importeure von Nahrungsmitteln (Ausnahme: Gemüse und manche Obstsorten) besteht Registrierungspflicht bei der Behörde für Lebensmittelsicherheit. Stammen die Lebensmittel aus Drittländern, ist die Behörde für Lebensmittelsicherheit mindestens 24 Stunden vor dem Eintreffen der Ware zu benachrichtigen. Waren tierischer Herkunft müssen rechtzeitig über das European Trade Control and Expert System TRACES angemeldet werden.

Eine Zulassung wird für pharmazeutische Spezialitäten sowie für einige bestimmte pharmazeutische Erzeugnisse gefordert, die zudem nur von lizenzierten Importeuren eingeführt werden dürfen. Zuständig ist die Arzneimittelbehörde. Medikamente und medizinische Produkte benötigen eine Arzneimittelzulassung und Einfuhrlizenz. Für bestimmte Pflanzen und pflanzliche Produkte ist ein Pflanzengesundheitszeugnis erforderlich, das höchstens 14 Tage vor dem Versand ausgestellt sein darf. Für viele Erzeugnisse bestehen besondere Kennzeichnungsvorschriften, wie z.B. für chemische Stoffe sowie Textilien (Informationen über die Zusammensetzung der Fasern) und Lederprodukte. Bei verpackten Nahrungsmitteln und Weinen gehören die Haltbarkeit, die Inhaltsstoffe, Angaben zum Importeur, zum Herkunftsland, zum Ursprungsland sowie zu den Nährwerten zu den geforderten Kennzeichnungsangaben. Auch die einzelnen Bestandteile müssen klar angegeben werden. Für Funkgeräte, die für den Handel bestimmt sind, muss die Konformität bestätigt werden.

1.3 Verpackung

Heu, Gras und Stroh als Verpackung von Pflanzen und Pflanzenteilen sind verboten, bei weiteren Waren ist dafür ein phytosanitäres Zeugnis erforderlich. Gebrauchte Säcke dürfen nur in Ausnahmefällen benutzt werden. Für Holzverpackungen gelten die Regelungen des ISPM Nr. 15. Um Verpackungen zu vermeiden und zu vermindern, gibt es besondere Anforderungen, über die der Grüne Punkt Norwegen in Oslo informiert (www.gront punkt.no).

1.4 Markierung

Frisches Obst, Gemüse, Fleisch vom Rind und Kalb sowie Honig benötigen eine Kennzeichnung des Ursprungslandes bzw. des Herstellungslandes. Diese ist ebenfalls erforderlich für Wein mit geschützter Ursprungsbezeichnung, Kosmetika und explosive Stoffe. Bei Fischen aus Aquakultur sind Angaben zum Ursprungsland zu machen, bei Fischen aus der Fischerei zum Fanggebiet.

1.5 Mustersendungen

Muster ohne Handelswert können zollfrei eingeführt werden. Haben Musterprodukte einen geringen Wert und werden sie mit der Absicht importiert, identische Produkte einzuführen, fallen für diese keine Zollabgaben an. Zollfrei sind auch markierte, perforierte oder durch andere Maßnahmen für den Verkauf unbrauchbar gemachte Produkte. Norwegen nimmt am Carnet A.T.A.-Verfahren teil. Zeitweise ausgeschlossen ist davon Berufsausrüstung für Arbeiten an Windkraftanlagen.

2 Dokumente

2.1 Seefrachten

Seehäfen: Bergen, Maloy, Narvik, Hausgesund, Sture, Mongstad

2.1.1 Konnossemente

Voller Satz Konnossemente, Ausstellung an Order möglich. Angabe einer Notify-Adresse empfehlenswert. Beglaubigung nicht erforderlich.

2.1.2 Handelsrechnungen

Handelsfaktura zweifach. Da die Handelsfaktura als Unterlage zur Verzollung dient, müssen die folgenden Einzelheiten, wie z.B. genaue Warenbezeichnung (wenn möglich jeweils mit Zolltarifnummer), Warenmengen, Einzel- und Gesamtbeträge, Ursprungsland, Mengen, Art, Anzahl, Marke und Nummern der Versandstücke, Namen und Adressen von Käufer sowie Verkäufer, Ort, Ausstellungs- und Bestelldatum, Lieferbedingungen, Zahlungsbedingungen, Re.-Nr. und die Beförderungsinformationen enthalten sein. Bescheinigung nicht erforderlich. Spezifische Importzölle oder Zollsenkungen müssen in der Rechnung angegeben werden.

2.1.3 Ursprungszeugnisse

Ursprungszeugnis mit der Angabe „Bundesrepublik Deutschland (Europäische Union)" auf Anforderung.

2.1.4 Warenverkehrsbescheinigung

Liegt ein Handelsgeschäft zwischen der EU und Norwegen vor und sind die Anforderungen des Assoziierungsabkommens erfüllt, können Präferenzdokumente wie die EUR.1 oder eine Ursprungserklärung genutzt werden, um zollbegünstigte Einfuhren zu ermöglichen. Mit Anfang 2025 wurden in der Pan-Europa-Mittelmeer-Zone (PEM-Zone) neue, einheitliche Ursprungsregeln mit einer Übergangsfrist bis 31.12.2025 eingeführt. Seit dem 1. Januar 2026 sind nur noch die revidierten Ursprungsregeln („Revised Rules") verbindlich und EUR-MED-Nachweise nicht mehr möglich.

Für Warensendungen über 6.000 EUR dient die von der Zollstelle ausgestellte EUR.1 als Präferenznachweis. Exporteure, die regelmäßig Waren unter Präferenzbedingungen liefern, können beim Hauptzollamt die Bewilligung als „Ermächtigter Ausführer" beantragen. Bei Sendungen unter 6.000 EUR genügt eine Ursprungserklärung direkt in der Handelsrechnung, mit folgendem Wortlaut: „Der Ausführer (Ermächtigter Ausführer; Bewilligungs-Nr. ...) der Waren, auf die sich dieses Handelspapier bezieht, erklärt, dass diese Waren, soweit nicht anders angegeben, präferenzbegünstigte . . . Ursprungswaren sind." (Ort und Datum, Unterschrift, Name in Druckbuchstaben)[1)]

Da Handelskammern Ursprungserklärungen nicht bescheinigen dürfen, wird empfohlen, diese separat beizufügen. Auf der Rechnung sollte ein ca. 7 cm hoher Freiraum für die Kammerbescheinigung bleiben. Anschließend ist die Erklärung unter Angabe des Ursprungslands zu ergänzen und erneut zu unterschreiben.

2.1.5 Gesundheitszeugnisse

Manche Pflanzen und pflanzliche Produkte benötigen ein Gesundheitszeugnis aus dem Ursprungs-

1) Ursprungserklärung in weiteren Sprachen s. Kapitel Hinweise Warenursprung Präferenzen

land (Informationen unter www.julius-kuehn.de). Das Ausstellungsdatum darf höchstens 14 Tage vor dem Warenversand liegen.

2.2 Eisenbahnverkehr

2.2.1 Frachtbrief

a) für Güter: ein internationaler Frachtbrief für Frachtgut oder Eilgut;
b) für Expressgut: ein internationaler Expressgutschein.

2.2.2

Siehe unter Seefrachten 2.1.2–2.1.5.

2.3 Luftfrachten

Zollflughäfen: Ålesund (AES), Bergen (GBO), Kristianstad (KID), Oslo (OSL), Stavanger (SVG), Tromsø (TOS), Trondheim (TRD), Bodo, Narvik, Sandefjord und weitere

2.3.1 Luftfrachtbrief

Eine Ausfertigung des Luftfrachtbriefes.

2.3.2

Siehe unter Seefrachten 2.1.2–2.1.5.

2.4 Postverkehr

2.4.1 Paketkarte

Eine Zollinhaltserklärung, Norwegisch, Deutsch, Englisch oder Französisch. Höchstgewicht: 31,5 kg. Vertragskunden: 30 kg.

2.4.2

Siehe unter Seefrachten 2.1.2–2.1.5.

3 Adressen

Auslandshandelskammer

Deutsch-Norwegische Handelskammer
Norsk-Tysk Handelskammer
Drammensveien 111B
N-0273 Oslo
Tel.: +47 22128210
E-Mail: info@handelskammer.no
https://www.handelskammer.no

Konsulate

Die Konsulatsadressen finden Sie jeweils mit Telefonnummer, E-Mail-Adresse, Homepage und Öffnungszeiten unter:
https://www.auswaertiges-amt.de/de/service/laender.

4 Sonstiges

Länderkurzbezeichnung gemäß Präferenzrecht (Lieferantenerklärung): NO
Länder(-gruppen)kurzbezeichnung für bes. Zollsätze im Europäischen Zolltarif: NO
Kraftfahrzeugländerkennzeichen: N

Oman

Sultanat Oman, Sultanate of Oman

1 Allgemeine Informationen

1.1 Kurzinfos

Landesvorwahl: +968

MEZ: +3 Std.

Englisch, Arabisch

1 Rial Omani (R.O.) = 1000 Baisa (ISO-Code: OMR)

Nach AWG frei vereinbar Devisenbestimmungen des Oman beachten

Harmonisiertes System

Mitglied

Feiertage: Die Feiertage zu diesem Land finden Sie unter folgendem Link: https://www.timeanddate.de/feiertage/.

1.2 Einfuhr aus der Bundesrepublik

Einfuhrlizenzen sind im Allgemeinen nicht erforderlich. Der Importeur beantragt beim Ministerium für Handel und Industrie eine „General Import Licence". Eine Einfuhrgenehmigung ist z.B. für Tiere, Erzeugnisse tierischen Ursprungs, Pflanzen und Erzeugnisse pflanzlichen Ursprungs, Tabakwaren, Alkohol sowie bestimmte chemische Produkte und Telekommunikationsgeräte erforderlich. Ein Einfuhrverbot besteht z.B. für bestimmte ozonschädigende Substanzen, Plastiktüten, bestimmte Saaten und Waren aus Israel.

Für zahlreiche Produkte gelten technische Standards, die entweder national oder im Rahmen des GCC vorgeschrieben sind. Fehlen omanische Vorgaben, kommen in der Regel die Normen der Gulf Standardization Organization (GSO, www.gso.org.sa/store) oder internationale ISO-Standards zur Anwendung. Die Umsetzung erfolgt durch das Directorate General for Standards and Metrology (DGSM). Für bestimmte Fahrzeuge und Reifen sind Konformitätszertifikate erforderlich. Erfrischungsgetränke in Dosen sowie verpackte Lebensmittel müssen mit Herstellungs- und Haltbarkeitsdatum, Produktionsort, Inhaltsstoffen und Gewichtsangaben versehen sein; Kennzeichnungen sind in Arabisch und Englisch vorgeschrieben. Bei Bedarf können zudem ein konsularisch legalisiertes Radioaktivitäts- oder Gesundheitszeugnis verlangt werden. Für Konserven und Lebensmittelverpackungen bestehen gesonderte Etikettierungsvorschriften.

Tierische Produkte – darunter Fleisch, Geflügel, Fisch, Milch, Molkereiwaren und Eier – benötigen ein offizielles Veterinärzeugnis und müssen bestimmten Markierungsvorgaben entsprechen. Für Pflanzen und pflanzliche Erzeugnisse können phytosanitäre Zeugnisse verlangt werden. Bei Niederspannungsgeräten wie Klimaanlagen, Mikrowellen oder Ventilatoren sowie bei Kinderspielzeug gilt die Pflicht zur G-Mark-Zertifizierung und -Kennzeichnung. Diese bestätigt die Einhaltung der GSO-Standards und darf nur durch akkreditierte Notified Bodies vergeben werden (www.gso.org.sa/nb). Medizinische Erzeugnisse, auch alternative Heilmittel, müssen beim Gesundheitsministerium registriert werden; zuständig ist das Directorate General of Pharmaceutical Affairs and Drug Control (DGPADC). Kosmetik und Tabakwaren unterliegen besonderen Kennzeichnungsvorschriften. Für Polyethylen-Tragetaschen im Einzelhandel gelten Vorgaben zu Größe, Ausstattung und Materialstärke. In Oman sind bestimmte Bilder auf Waren unzulässig, weshalb eine Abstimmung mit dem Importeur empfehlenswert ist.

1.3 Verpackung

Alte Zeitungen sind als Einwickelpapier nicht zugelassen, für Holzverpackungen gilt der ISPM Nr. 15-Standard. Das Klima ist bei der Wahl der Verpackung zu beachten. Anforderungen an die Kennzeichnung von Umverpackungen sind zu beachten (OIML R 79).

1.4 Markierung

Waren müssen dauerhaft direkt am Produkt mit dem Ursprungsland gekennzeichnet sein. Ist das technisch nicht möglich, genügt die Angabe auf der kleinsten Verpackung. Formulierungen wie „Made in EU" werden von den Golfstaaten meist abgelehnt. Die Herkunftsangabe muss mit den Einfuhrpapieren übereinstimmen und zweisprachig (Arabisch/Englisch) erfolgen. Für bestimmte Produkte gelten Sonderregelungen. Grundsätzlich ist eine Abstimmung mit dem Importeur ratsam.

1.5 Mustersendungen

Mustersendungen sind eindeutig als solche zu kennzeichnen, dann entfällt die Zollpflicht. Sie sind von einem Ursprungszeugnis zu begleiten. Eine Sicherheitsgebühr ist bei vorübergehender Einfuhr zu leisten.

2 Dokumente

Bitte beachten: Importe nach Oman dürfen weder in den Dokumenten noch in der Markierung von Waren die Bezeichnung „Persian Gulf" tragen. Wenn eine Golf-Bezeichnung erfolgen muss, dann „Arabian Gulf". Wenn möglich, sollte auf die Golf-Bezeichnung verzichtet werden.

2.1 Seefrachten

Seehäfen: Port Sultan Qaboos (Mina' Qaboos), Salalah

2.1.1 Konnossemente

Voller Satz Konnossemente, Aufmachung an Order möglich, dann jedoch mit Notify-Adresse.

2.1.2 Handelsrechnungen

Handelsrechnung (vierfach, Englisch) mit handelsüblichen Angaben, wie z.B. Marke, Nummern, Anzahl und Art der Pakete, detaillierte Produktbezeichnungen, Brutto-/Nettogewichte, Verkaufswert, Ursprungsland und HS-Zolltarif-Nummer. Am Schluss ist bei Ursprung in Deutschland rechtsverbindlich zu unterschreiben: „We hereby declare that the mentioned merchandise is being exported for our own account. The goods are of pure German origin." Handelt es sich um Lebensmittel, ist statt „merchandise" der Begriff „foodstuff" einzusetzen. Ist die Ware nicht aus Deutschland, sind das Land/die Länder entsprechend anzuführen: „pure ...". Die Handelsrechnung ist von der Handelskammer zu bescheinigen und konsularisch zu legalisieren.

2.1.3 Ursprungszeugnisse

Ursprungszeugnis (dreifach) mit der Angabe „Federal Republic of Germany (European Union)" erforderlich. Auf der Rückseite, im Falle von Waren mit Ursprungsland Deutschland, folgende unterschriebene Erklärung: „We hereby declare that the mentioned merchandise is being exported on our own account. The goods are of pure German origin." Handelt es sich um Lebensmittel, ist statt „merchandise" der Begriff „foodstuff" einzusetzen. Ist die Ware nicht aus Deutschland, sind das Land/die Länder entsprechend anzuführen: „pure ...". Bescheinigung und konsularische Legalisierung sind erforderlich. Wegen der Anzahl Rücksprache mit Importeur empfohlen.

2.1.4 Packlisten

Packliste mit genauer Übersicht über Inhalte, Marke, Nummer, Maße, Gewicht und Inhalt der einzelnen Packstücke.

2.1.5 Gesundheitszeugnisse

Veterinärärztliches Zeugnis für Tiere, tierische Erzeugnisse und Materialien tierischen Ursprungs (z.B. Eier, Milch, Milcherzeugnisse, Fleisch, Fisch) erforderlich. Pflanzliche Produkte und pflanzliche Erzeugnisse benötigen Pflanzengesundheitszeugnisse.

2.1.6 Hersteller-Erklärung

Falls der Kunde diese verlangt, ist die Hersteller-Erklärung unter Bezugnahme auf die Handelsrechnung auf Firmenbogen (dreifach, Englisch) abzugeben und vor einer geforderten Legalisierung von der Handelskammer bescheinigen oder von einem Notar beglaubigen zu lassen; dann jedoch Überbeglaubigung durch den zuständigen Landgerichtspräsidenten.

2.2 Luftfrachten

Zollflughäfen: Muscat (MCT), Salalahpackli

2.2.1 Luftfrachtbrief

Eine Ausfertigung des Luftfrachtbriefes.

2.2.2

Siehe unter Seefrachten 2.1.2–2.1.6.

2.3 Postverkehr

Bitte beachten: Pakete werden nur über folgende Postämter ausgeliefert: Matrah, Muscat, Nizwa, Salalah, Sohar. Keine Direktauslieferung an der Haustür. Ggf. zusätzlich den nächstgelegenen der genannten Orte vermerken.

2.3.1 Paketkarte

Zwei Zollinhaltserklärungen (Englisch). Höchstgewicht 30 kg, Vertragskunden 20 kg.

2.3.2

Siehe unter Seefrachten 2.1.2–2.1.6.

3 Konsulatsgebühren

Für die Legalisierung von Unterlagen für Oman ist nach Vorprüfung durch die Ghorfa eine Online-Bearbeitung über https://omanpost.docswallet.com/Applicant/#/app/request vorgeschrieben. Dort werden die Konsulatsgebühren angezeigt und bezahlt; weitere Infos und ein Erklärvideo finden sich auf der Ghorfa-Website (https://www.ghorfa.de/de/).

Die Konsulatsgebühren sind über das Portal zu entrichten. Das Ghorfa-Entgelt (32 € pro Dokument) ist im Voraus an die Deutsche Bank AG Berlin (IBAN: DE46 1007 0000 0434 9510 00, BIC: DEUTDEBBXXX) zu überweisen; Überweisungsbeleg beilegen. Nach Bearbeitung kann die Zahlung auch über das Commerzbank-Konto der Ghorfa (IBAN: DE46 1004 0000 0266 1569 00, BIC: COBADEFFXXX) erfolgen, mit Angabe von Rechnungs- und Kundennummer.

Handelsregisterauszüge stellt das Amtsgericht aus und der Amtsgerichtspräsident bestätigt sie. Herstellererklärungen, Verträge, Vollmachten und Zertifikate brauchen eine notarielle Bestätigung sowie eine Überbeglaubigung durch das Landgericht. Für Patentamtsbescheinigungen reicht die Bestätigung des Patentamts. Ursprungszeugnisse und Rechnungen müssen von der IHK bescheinigt werden; Originale müssen klar von Kopien unterscheidbar sein.

4 Adressen

Auslandshandelskammer

Delegiertenbüro der Deutschen Wirtschaft im Oman
German Industry and Commerce Office Oman
18th of November Street
Building 268, 2nd floor, Office 22, Azaiba
P.O. Box 750, P.C. 111
Muscat, Sultanat of Oman
Tel.: +968 24498701
E-Mail: info@ahkoman.com

Konsulate

Die Konsulatsadressen finden Sie jeweils mit Telefonnummer, E-Mail-Adresse, Homepage und Öffnungszeiten unter:
https://www.auswaertiges-amt.de/de/service/laender.

5 Sonstiges

Länder(-gruppen)kurzbezeichnung für bes. Zollsätze im Europäischen Zolltarif: SPGL
Kraftfahrzeugländerkennzeichen: OM

1 Allgemeine Informationen

1.1 Kurzinfos

Landesvorwahl +43

MEZ
EU-Sommerzeit

Deutsch

1 Euro (€) = 100 Cents
(ISO-Code: EUR)

Nach AWG frei vereinbar
Devisenbestimmungen von Österreich beachten

Harmonisiertes System
Verzollung nach Transaktionswert

Mitglied

Angeschlossen

Angeschlossen

Feiertage: Die Feiertage zu diesem Land finden Sie unter folgendem Link: https://www.timeanddate.de/feiertage/.

1.2 Einfuhr aus der Bundesrepublik

In der EU sind dem Verkehr von Waren nur wenige Beschränkungen auferlegt. Für Güter, die sowohl für zivile als auch für militärische Zwecke verwendet werden können (Dual-Use-Güter mit doppeltem Verwendungszweck), gibt es spezifische Bestimmungen. Zuständig ist die Stelle Exportkontrolle des Bundesministeriums für Arbeit und Wirtschaft. Manche sensible Waren (wie z.B. Abfälle) müssen genehmigt werden. Einige Güter aus Drittländern benötigen eine Lizenz. Für einige Produkte aus dem Agrar- und Industriebereich müssen Standards eingehalten werden. Darüber informieren die Produktinformationsstellen. Unterschiedliche Produkte sind verschiedenen Ministerien zugeordnet. Das BMAW gibt Auskunft über die Zuständigkeiten.

Für Lebensmittel, Gebrauchsgegenstände und Kosmetika ist z.B. das Bundesministerium für Soziales, Gesundheit, Pflege und Konsumentenschutz zuständig. Eine Übersicht der zuständigen Stellen und Kontaktdaten wird vom BMAW bereitgestellt. Für Fragen der Lebensmittelsicherheit, des Verbraucherschutzes, der Futtermittelkontrolle und der Medikamente sind die Österreichische Agentur für Gesundheit und Ernährungssicherheit GmbH (AGES) und die Bundesämter für Ernährungssicherheit (BAES) zuständig. Grundlage ist u.a. das Gesetz für Lebensmittelsicherheit und Verbraucherschutz (LMSVG). Die AGES übernimmt diese Aufgaben gemeinsam mit den Untersuchungsanstalten der Länder und den Zollbehörden und ist zugleich gemeinsame Stelle der Bundesämter BAES und BASG. Sie ist auch zuständig für Kosmetika, Gentechnik, Spielzeug, Strahlenschutz sowie für Medikamente über die AGES Medizinmarktaufsicht.

Bei Nahrungsmitteln und Landwirtschaftsprodukten sind die Bestimmungen der Qualitätsverordnung EU Nr. 1308 aus dem Jahr 2013 zu berücksichtigen. Zuständig für Kontrollen und Lizenzierungen ist die Stelle AMA Agrarmarkt Austria. Diese übernimmt auch Aufgaben zur Vermarktungsförderung. Für gefährliche Verbraucherprodukte gibt es in Europa das Safety Gate Rapid Alert System (zuvor RAPEX). Ansprechpartner ist das Bundesministerium für Land- und Forstwirtschaft, Regionen und Wasserwirtschaft. Zuständig für das Schnellwarnsystem für Lebens- und Futtermittel RASFF (Rapid Alert System for Food and Feed) sind AGES (s.o.) sowie die Bundesämter für Ernährungssicherheit (BAES).

Tiere oder tierische Produkte aus Drittstaaten können nur an zugelassenen Grenzkontrollstellen (GKS) eingeführt werden. Möglich ist die Abfertigung an den GKS an den Flughäfen Wien (Schwechat) und Linz. Ansprechpartner ist das Bundesministerium für Soziales, Gesundheit, Pflege und Konsumentenschutz. Müssen Pflanzen, pflanzliche

Produkte und Teile von Pflanzen aus Drittstaaten phytosanitär inspiziert werden, können sie nur an bestimmten Stellen abgefertigt werden. Die zuständigen Pflanzenschutzbehörden des jeweiligen Bundeslandes oder das Bundesministerium für Land- und Forstwirtschaft geben Auskunft. Die Adressen dieser Grenzkontrollstellen sind dort erhältlich. Die Einfuhren dürfen nur durch registrierte Importeure vorgenommen werden. Für elektrische Geräte gelten besondere Bestimmungen (z.B. Registrierungs- und Rücknahmepflichten). Hersteller und Fernabsatzhändler aus dem Ausland müssen einen Bevollmächtigten bestellen, der die Anforderungen der Verordnung zu Elektroaltgeräten erfüllt. Die Teilnahme an einem Sammel- und Verwertungssystem ist gesetzlich vorgeschrieben; die Kosten trägt das jeweilige Unternehmen. Anfragen sind an das Umweltbundesamt zu richten.

1.3 Verpackung

In Österreich gelten umfassende Vorschriften zur Vermeidung und Verwertung von Verpackungsabfällen. Hersteller, Importeure, Abpacker und Versandhändler – auch ohne Sitz in Österreich – unterliegen dem Abfallwirtschaftsgesetz (AWG 2002). Seit 2023 müssen ausländische Versandhändler in bestimmten Fällen einen Bevollmächtigten benennen. Für Haushaltsverpackungen ist die Teilnahme an einem genehmigten Sammel- und Verwertungssystem verpflichtend; ein Lizenzvertrag ist erforderlich. Ausnahmen gelten für Kleinstmengen, Großanfallstellen und Mehrwegverpackungen.

1.4 Markierung

Es sind keine außerordentlichen zusätzlichen Vorgaben bekannt.

1.5 Mustersendungen

Mustersendungen können, soweit sie keinen Wert und keine Monopolwaren darstellen, mit einem Carnet A.T.A. abgefertigt werden.

2 Dokumente

2.1 Eisenbahnverkehr

2.1.1 Frachtbriefe

a) für Güter: ein internationaler Frachtbrief für Frachtgut oder Eilgut;
b) für Expressgut: ein internationaler Expressgutschein.

Keine internationale Zollanmeldung erforderlich.

2.1.2 Handelsrechnungen

Handelsrechnung (zweifach) Rechnungsangaben lt. Kaufvertrag. Die Rechnung muss die USt-Identifikationsnummer (UID-Nr.) von Exporteur und Importeur beinhalten und den Hinweis: „steuerfreie innergemeinschaftliche Lieferung" oder „steuerfrei nach § 4 Nr. 1b UStG", sonst ist MwSt. zu berechnen. Außerdem ist noch der folgende Vermerk (für die österreichischen Behörden) erforderlich: „steuerfrei nach Art. 6 Abs. 1".

Die Bedingungen des § 6a UStG müssen eingehalten sein.

Bei Dual-Use-Gütern ist in den Papieren ein ausdrücklicher Vermerk anzubringen, dass bei der Ausfuhr aus dem Gebiet der EU eine Kontrolle der Waren stattzufinden hat.

Für Nichtgemeinschaftswaren sind Rechnungen mit folgenden Informationen notwendig, z.B. Ausstellungsort und -datum, detaillierte Produktbezeichnung, Menge, Art und Anzahl der Pakete mit Angabe von Nummer und Marke, Namen und Anschriften von Aus- und Einführer, Lieferbedingungen mit fob-Wert, cif-Kosten und -Wert bzw. cfr-Wert, Zahlungsbedingungen, Rechnungsnummer, Beförderungsart, Gesamtbetrag sowie das Ursprungsland. Keine Unterzeichnung der Rechnungen und keine Bescheinigungen erforderlich.

2.1.3 Ursprungszeugnisse

Ursprungszeugnis nur auf Anforderung.

2.1.4 Intrastat-Meldung

Auf Grundlage des Änderungsgesetzes zum Außenhandelsstatistikgesetz (AHStatG-ÄndG) vom 5. März 2025 gelten rückwirkend zum 1. Januar 2025 neue Schwellenwerte für die Intrahandelsstatistik: Für Wareneingänge liegt die Meldegrenze nun bei 3.000.000 €, für Versendungen bei 1.000.000 €.

Wird eine dieser Grenzen im laufenden Kalenderjahr überschritten, beginnt die Meldepflicht im Monat der Überschreitung.

Die Daten können online an das Statistische Bundesamt übermittelt werden. Weitere Informationen sind unter www.destatis.de abrufbar (Suchbegriff: „Intrastat“) oder telefonisch unter 0611 753965, per Fax: 0611 754525 oder per E-Mail: gruppe-vb@destatis.de.

2.2 Luftfrachten

Zollflughäfen: Graz (GRZ), Hohenems (LOIH), Innsbruck (INN), Klagenfurt, Linz/Donau (LNZ), Salzburg (SZG), Wien (VIE)

2.2.1 Luftfrachtbrief

Eine Ausfertigung des Luftfrachtbriefes.

2.2.2

Siehe unter Eisenbahnverkehr 2.1.2–2.1.4.

2.3 Postverkehr

2.3.1 Paketkarte

Keine Zollformulare. Höchstgewicht 31,5 kg.

2.3.2

Siehe unter Eisenbahnverkehr 2.1.2–2.1.4.

3 Adressen

Auslandshandelskammer

Deutsche Handelskammer in Österreich
Schwarzenbergplatz 5/TOP 3/1
A-1030 Wien
Tel.: +43 154514170
Geschäftszeiten: Mo.–Do. 8.00–16.00 Uhr; Fr. 8.00–13.00 Uhr
E-Mail: office@dhk.at
www.dhk.at

Konsulate

Die Konsulatsadressen finden Sie jeweils mit Telefonnummer, E-Mail-Adresse, Homepage und Öffnungszeiten unter:
https://www.auswaertiges-amt.de/de/service/laender.

4 Sonstiges

Kraftfahrzeugländerkennzeichen: A

Pakistan

1 Allgemeine Informationen

1.1 Kurzinfos

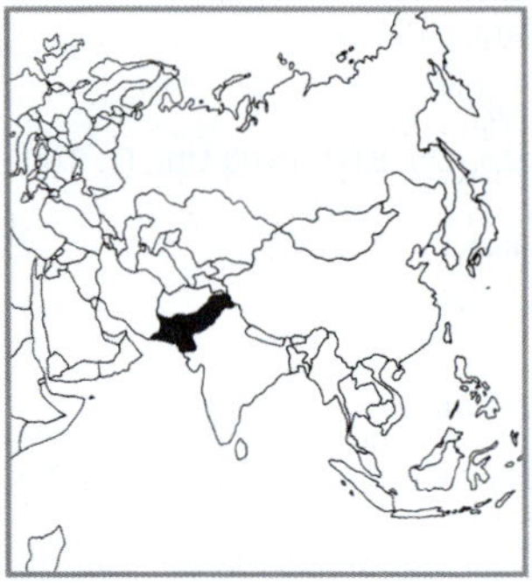

Landesvorwahl: +92

MEZ: +4 Std.

Englisch

1 pakistanische Rupie (pR)
= 100 Paisa (ISO-Code: PKR)

Nach AWG frei vereinbar
Devisenbestimmungen von Pakistan beachten

ZOLL DOUANE **Harmonisiertes System**

WTO **Mitglied**

CARNET ATA **Angeschlossen**

TIR

Feiertage: Die Feiertage zu diesem Land finden Sie unter folgendem Link: https://www.timeanddate.de/feiertage/.

1.2 Einfuhr aus der Bundesrepublik

Ein Handelsabkommen besteht. Fast alle Güter können ohne Einfuhrlizenz importiert werden; es genügt die Vorlage einer L/C-Bestätigung der State Bank of Pakistan. Wird das Geschäft ohne L/C getätigt, ist eine Rücksprache mit dem Importeur wegen der Vorlage nötiger zusätzlicher Dokumente erforderlich. Lizenzen gelten für die Dauer eines Jahres; eine Verlängerung bis zu 24 Monate ist möglich. Die Ware darf nicht vor Erteilung der Genehmigung und nicht nach deren Ablauf verschifft werden. Keine Toleranzgewährung. Die „Negative List" enthält alle verbotenen Waren. Für die in der „Restricted List" aufgeführten Waren gelten besondere Voraussetzungen.

> Ein Einfuhrverbot besteht für Waren mit Ursprung in Israel und Indien (Ausnahmen: therapeutische Produkte aus Indien, die von der Drug Regulatory Authority of Pakistan reguliert werden).

Der Import gebrauchter Maschinen (Anhang C der Importvorschriften) setzt ein Prüfzeugnis einer anerkannten Kontrollgesellschaft wie SGS oder Bureau Veritas voraus; eine Beglaubigung durch die pakistanische Botschaft kann notwendig sein. Kfz-Dokumente müssen Motor- und Fahrgestellnummer, Baujahr sowie Fahrzeugtyp enthalten. Bei Strickwaren sind mengen- und wertbezogene Auflagen zu beachten. Für Baumwollgarn gelten Etikettierungspflichten; gebrauchte Textilien benötigen ein Desinfektionszeugnis.

Arzneimittel dürfen nur mit einer Herstellererklärung auf einem Formblatt des Importeurs eingeführt werden. Für Chemikalien und Medikamente bestehen zusätzliche Etikettierungspflichten. Die Pakistan Standards and Quality Control Authority (PSQCA) ist zuständig für Normen und Standards. Insektizide und Pestizide sind registrierungs-, verpackungs- und kennzeichnungspflichtig. Für die Einfuhr von Pflanzen, Tieren und daraus gewonnenen Produkten ist eine Genehmigung des Ministry of Food Agriculture erforderlich. Pflanzenschutzmittel unterliegen ebenfalls speziellen Regelungen.

Es werden keine Einfuhrsendungen mehr ohne die Warenbegleitpapiere Handelsrechnung (Commercial Invoice) und Packliste (Packing List) abgefertigt. Daher sind durch den Exporteur oder Frachtführer Kopien der Warenbegleitpapiere an folgenden Stellen zu platzieren:

- bei FCL-Verladungen (Full Container Load) an der Innenseite der Containertür,
- bei FCL-Verladungen, die aus mehr als einem Container bestehen, an der Innenseite der Tür jedes einzelnen Containers,

- bei Teilladungen von unterschiedlichen Versendern LCL (Less than Container Load) jeweils an den Packstücken der einzelnen Sendungen sowie eine Gesamtauflistung der Packstücke an der Innenseite der Containertür.

1.3 Verpackung

Für Verpackungen aus Holz gelten die Regelungen des ISPM Nr. 15-Standards. Aufgrund des Klimas sollte auf entsprechendes Verpackungsmaterial geachtet werden.

1.4 Markierung

Empfohlen: „Made in Germany". Es empfiehlt sich, eine unauslöschbare Ursprungskennzeichnung auf den Waren und den Verpackungen vorzunehmen. Importierte Stoffe müssen mit dem Namen des Herstellers, Exporteurs oder Großhändlers gekennzeichnet sein. Sollte sich der Eindruck ergeben, dass Name und Handelsmarke mit in Pakistan produzierter Ware übereinstimmen, sind auch Herstellungsland und -ort anzugeben (Englisch, deutlich sichtbar, Buchstabengröße identisch zu Name und Handelsmarke). Bündel von Baumwollgarn, alle Arten von Baumwollfäden sowie Meterware von Baumwoll- und Wollwaren müssen außen sichtbar markiert werden (Name des Herstellers, Exporteurs und ggf. Großhändlers, ggf. Längenmaße).

1.5 Mustersendungen

Muster unterliegen der Zollpflicht und dürfen nicht als Päckchen versandt werden. Muster für Messen können gegen eine Zollsicherheit vorübergehend eingeführt werden.

2 Dokumente

2.1 Seefrachten

Seehäfen: Karachi, Port Qasim

2.1.1 Konnossemente

Voller Satz Konnossemente, Ausstellung an Order unter Angabe nur einer Notify-Adresse möglich, ohne Beglaubigung; wenn es sich um eine Bank handelt, kann diese als zweite Notify-Adresse aufgeführt werden.

2.1.2 Handelsrechnungen

Handelsfaktura (sechsfach in Englisch, unterschrieben) mit allen notwendigen Informationen, z.B. Marke, Nummern, Anzahl und Art der Pakete, Lieferbedingungen, Transportangaben, detaillierte Produktbezeichnungen, Brutto-/Nettogewichte, Gesamtwert und Wert einzelner Waren, Ursprungsland sowie ggf. Angabe der Importlizenz- und der HS-Zolltarifnummer, Ursprungsland und der cif-Kosten im Einzelnen erforderlich. Faksimile-Unterschriften werden nicht akzeptiert. Werden Überpreise fakturiert, so kann der Exporteur von weiteren Pakistan-Geschäften ausgeschlossen werden. Keine Bescheinigung.

2.1.3 Ursprungszeugnisse

Ursprungszeugnisse, zweifach, mit der Angabe „Federal Republic of Germany (European Union)" auf Anforderung.

2.1.4 Packlisten

Packlisten erforderlich, mit Angabe von Marke, Nummer, Anzahl und Art der Packstücke, Brutto-/Nettogewichte, genauer Wareninhalt. Es empfiehlt sich, beim Importeur nachzufragen.

2.1.5 Gesundheitszeugnisse

Veterinärärztliche Zeugnisse für Tiere oder deren Teile notwendig. Gesundheitszeugnisse für Pflanzen, Pflanzenteile erforderlich. Beantragung bei der zuständigen, amtlichen Pflanzenschutzstelle (www.julius-kuehn.de).

2.1.6 Konformitätszertifikat (CoC)

Konformitätszertifikate (Certificate of Conformity, CoC) Typprüfzertifikate (Type Test Certificate, TTC) bzw. Vorversandinspektionszertifikate (Pre-Shipment Inspection Certificate, PSIC) erforderlich für PV-Solarausrüstungen und Zubehör (Anweisung S.R.O. 604(I)/2019). Fehlen diese Zertifikate ist beim Import der Erzeugnisse mit einer Untersuchung bzw. Prüfung zu rechnen. Ansprechpartner in Deutschland: Bureau Veritas Services GmbH in 20457 Hamburg, Willy-Brandt-Str. 55, Tel.: 040 236250, E-Mail: conformity.pakistan@bureauveritas.com, Interted Caleb Brett Germany GmbH, Government & Trade Services in 21109 Hamburg, Georgswerder Bogen 3, Tel. +49 40 558225000, E-Mail: info.hamburg@intertek.com. Rücksprache mit dem Importeur und der Prüfgesellschaft erforderlich.

2.2 Luftfrachten

Zollflughäfen: Karachi (KHI), Lahore (LHE), Islamabad, Peshavar, Faisalabad, Quetta, Sialkot

2.2.1 Luftfrachtbrief

Eine Ausfertigung des Luftfrachtbriefes.

2.2.2

Siehe unter Seefrachten 2.1.2–2.1.6.

2.3 Postverkehr

2.3.1 Paketkarte

Eine Zollinhaltserklärung, Englisch. Den Paketen ist ein Exemplar der Handelsrechnung beizufügen. Höchstgewicht: 31,5 kg, Vertragskunden: 30 kg.

2.3.2

Siehe unter Seefrachten 2.1.2–2.1.6.

3 Adressen

Auslandshandelskammer

Deutsch-Emiratische Industrie- und Handelskammer (AHK)
German Emirati Joint Council for Industry and Commerce (AHK)
U-BORA Office Tower
27th Floor, Office 2701
Al Abraj Street (Masri Drive), Business Bay
Dubai
Tel. +971 4 4470100
E-Mail: florian.walther@ahkuae.com
Internet: vae.ahk.de/de/laenderportal/pakistan

Konsulate

Die Konsulatsadressen finden Sie jeweils mit Telefonnummer, E-Mail-Adresse, Homepage und Öffnungszeiten unter:
https://www.auswaertiges-amt.de/de/service/laender.

4 Sonstiges

Länder(-gruppen)kurzbezeichnung für bes. Zollsätze im Europäischen Zolltarif: SPGE
Kraftfahrzeugländerkennzeichen: PK

1 Allgemeine Informationen

1.1 Kurzinfos

Landesvorwahl: +970

MEZ: +1 Std.

Englisch

US-Dollar, Neue Isr. Schekel (ILS), Jordan Dinar

Harmonisiertes System

Feiertage: Die Feiertage zu diesem Land finden Sie unter folgendem Link: https://www.timeanddate.de/feiertage/.

1.2 Einfuhr aus der Bundesrepublik

Für viele Erzeugnisse sind Einfuhrlizenzen erforderlich. Importe dürfen nur über palästinensische Konzessionäre oder Vertreter abgewickelt werden und unterliegen dem Pariser Protokoll (PNA). Besondere Vorschriften gelten für Nahrungsmittel, Kfz-Teile und -Fahrzeuge, Erdöl, pflanzliche Erdöle, technische Geräte, Tiere sowie Zigaretten. Zuständig für Normen und Standards ist die PSI. Sämtliche Erzeugnisse sind in arabischer Sprache zu kennzeichnen. Rücksprache mit dem Importeur notwendig. Mit Israel besteht eine de-facto-Zollunion, daher können Carnets A.T.A. verwendet werden.

1.3 Verpackung

Keine besonderen Vorschriften bekannt.

1.4 Mustersendungen

Vorübergehende Einfuhr von Ausstellungs-, Messewaren und Musterwaren mit Carnet A.T.A.

2 Dokumente

2.1 Seefrachten

Seehafen: Keiner

2.1.1 Konnossemente

Voller Satz Konnossemente.

2.1.2 Handelsrechnungen

Handelsrechnung (dreifach, Englisch, unterschrieben) mit üblichen Angaben, wie z.B. Ursprungsland, HS-Zolltarif-Nr., vereinbarter Preis: fob- oder cif-Wert, Nummer, Anzahl, Marke und Art der Versandstücke, Brutto-/Nettogewichte, korrekte Warenbezeichnung.

2.1.3 Ursprungszeugnisse

Ursprungszeugnis (Anzahl verschieden) erforderlich.

2.1.4 Packlisten

Packlisten erforderlich, mit Angabe von Marke, Nummer, Anzahl und Art der Packstücke, Brutto-/Nettogewichte, genauer Wareninhalt. Es empfiehlt sich, beim Importeur nachzufragen.

2.1.5 Warenverkehrsbescheinigung

Warenverkehrsbescheinigung EUR.1 (einfach) für Warensendungen mit einem Wert über € 6 000,–, Ausstellung durch Zollstellen. Für Sendungen mit einem Wert bis zu € 6 000,– ist vom Ausführer die folgende Erklärung[1], die als Präferenz-Ursprungsnachweis gilt, in eines der Handelspapiere aufzunehmen:

„The exporter of the products covered by this document (customs authorisation No …)[2] declares that, except where otherwise clearly indicated, these products are of … preferential origin."

Ort, Datum, Unterschrift; der Name des Unterzeichnenden ist in Druckbuchstaben zu wiederho-

1) Ursprungserklärung in weiteren Sprachen s. Kapitel Hinweise Warenursprung Präferenzen
2) Eintrag der Bewilligungsnummer, falls die Erklärung von einem ermächtigten Ausführer erstellt wird.

len. Ursprungswaren aus Ceuta und Melilla sind deutlich mit „CM“ zu kennzeichnen.

Fällt die Lieferung unter die Pan-Europa-Mittelmeer-Kumulierung wird neuerdings in drei Gruppen unterschieden:

1. Solange die bilateralen Abkommen nicht aktualisiert sind, verwenden beide Partner die bisherigen Vorschriften. Kumulierung nur nach den alten Regelungen möglich (Gruppe C).
2. Nur die überarbeiteten PEM-Regeln gelten ohne Übergangsfrist. Kumulierung nur nach den neuen Regelungen erlaubt (Gruppe R). Bis 31.12.2025 war eine Kombination aus beiden Gruppen erlaubt. Es wird empfohlen, den Umsetzungsstand der EU-Kommission regelmäßig zu prüfen.

Eine Warenverkehrsbescheinigung EUR-MED ist nur noch bei Kumulierung mit den alten Regelungen möglich.

2.2 Luftfrachten

Zollflughafen: Keiner

2.2.1 Luftfrachtbrief

Eine Ausfertigung des Luftfrachtbriefes.

2.2.2

Siehe unter Seefrachten 2.1.2–2.1.5.

2.3 Postverkehr

2.3.1 Paketkarte

Zwei Zollinhaltserklärungen, Englisch, Französisch. Höchstgewicht 20 kg.

3 Adressen

Diplomatische Vertretung

14199 Berlin, Palästinensische Mission (konsularische Abteilung)
Rheinbabenallee 8
Tel.: 030 2061770
Fax: 030 20617710
Mo.-Do., Fr. 09.00–16.00 Uhr, Fr. 09.00-15.00 Uhr
E-Mail: info@palaestina.org
www.palaestina.org

4 Sonstiges

Länderkurzbezeichnung gemäß Präferenzrecht (Lieferantenerklärung): PS
Länder(-gruppen)kurzbezeichnung für bes. Zollsätze im Europäischen Zolltarif: PS

1 Allgemeine Informationen

1.1 Kurzinfos

Landesvorwahl: +680

MEZ: +11 bis 12 Std.

Englisch

1 US-$ = 100 Cents
(ISO-Code: USD)

Feiertage: Die Feiertage zu diesem Land finden Sie unter folgendem Link: https://www.timeanddate.de/feiertage/.

2 Dokumente

2.1 Seefrachten

Seehafen: Malakal Habour

2.1.1 Handelsrechnungen

Handelsrechnung mit allen wichigen Informationen erforderlich.

2.2 Luftfrachten

Zollflughafen: Koror

2.2.1 Handelsrechnungen

Siehe unter Seefrachten 2.1.1.

2.3 Postverkehr

2.3.1 Paketkarte

Höchstgewicht 20 kg, Vertragskunden 30 kg. Eine Zollinhaltserklärung in Englisch.

2.3.2 Handelsrechnungen

Siehe unter Seefrachten 2.1.1.

3 Adressen

Konsulate

Die Konsulatsadressen finden Sie jeweils mit Telefonnummer, E-Mail-Adresse, Homepage und Öffnungszeiten unter:
https://www.auswaertiges-amt.de/de/service/laender.

4 Sonstiges

Länder(-gruppen)kurzbezeichnung für bes. Zollsätze im Europäischen Zolltarif: SPGL.

Panama

1 Allgemeine Informationen

1.1 Kurzinfos

Landesvorwahl: +507

MEZ: –6 Std.

Spanisch

1 Balboa = 100 Centesimos (ISO-Code: PAB) und US-$

Nach AWG frei vereinbar Devisenbestimmungen von Panama beachten

Harmonisiertes System

Mitglied

Feiertage: Die Feiertage zu diesem Land finden Sie unter folgendem Link: https://www.timeanddate.de/feiertage/.

1.2 Einfuhr aus der Bundesrepublik

Assoziationsabkommen mit der EU. E-Zigaretten sind in Panama verboten. Tabakerzeugnisse unterliegen Beschriftungsbestimmungen. Spezielle Tierarzneien und Schädlingsbekämpfungsmittel benötigen MIDA-Bewilligungen. Arzneimittel und Medizintechnik folgen Anmelde-, Beschriftungs- und sonstigen Regelungen. Esswaren und Getränke verlangen MINSA-Eintragungen sowie AUPSA-Meldungen über SISNIA spätestens 48 Stunden vor Eintreffen nach erfolgter SISNIA-Voranmeldung. Ankunftsinspektionen erfordern Importnotifikationen mit begleitenden Dokumenten. Kennzeichnungsauflagen bestehen. Panama kontrolliert Tier-, Fleisch- und Pflanzenimporte durch MIDA-Bewilligungen nebst Gesundheits- oder Phytosanitätsbescheinigungen.

1.3 Verpackung

Aufgrund des Klimas sollte auf entsprechendes Verpackungsmaterial geachtet werden. Für Holzverpackungen finden die Regelungen der ISPM Nr. 15 Anwendung.

1.4 Markierung

Markierung mit dem Ursprungsland sollte in jedem Fall bei Zigarren, Nahrungsmitteln und Zigaretten erfolgen. Explosionsgefährliche oder leicht entflammbare Produkte müssen auf der Verpackung entsprechend gekennzeichnet sein.

1.5 Mustersendungen

Muster ohne Handelswert werden zollfrei abgefertigt.

2 Dokumente

2.1 Seefrachten

Seehäfen: Colón (und Zona Libre de Colón), Balboa, Cristobal, Manzanillo

2.1.1 Konnossemente

Voller Satz Konnossemente, Ausstellung an Order möglich, wenn Notify-Adresse angegeben ist.

2.1.2 Handelsrechnungen

Handelsfaktura (zweifach, Spanisch, Englisch), mit allen die Ware betreffenden Einzelheiten, wie z.B. Art, Anzahl, Gewicht, genaue Warenbezeichnung, Einzel- und Gesamtpreis, Rabatte bzw. Preisnachlässe, Namen und Adressen des Käufers und Verkäufers, Ausstellungsdatum bzw. -ort sowie Lieferungs- und Zahlungsbedingungen. Am Schluss muss auf der Rechnung bestätigt werden, dass alle Angaben der Wahrheit entsprechen. Eine rechtsverbindliche Unterschrift ist unter die Bestätigung zu setzen.

2.1.3 Ursprungszeugnisse

Ursprungszeugnisse für einige Waren erforderlich (z.B. für Nahrungsmittel, Zusatzstoffe, die in der Landwirtschaft verwendet werden) oder aber können vom Einführer verlangt werden.

2.1.4 Warenverkehrsbescheinigung

Warenverkehrsbescheinigungen für alle Güter, die unter die „Ursprungsregelung" des Europa-Mittelmeer-Abkommens der EU mit Panama fallen. EUR.1 erforderlich für Sendungen mit einem Wert von mehr als € 6 000,– (Ausstellung über die Zollstellen); bei Warenwerten bis € 6 000,– ist nur noch folgende Erklärung[1] in einem der Handelspapiere anzubringen:

„The exporteur of the products covered by this document (customs or competent governmental authorisation No …)[2] declares that, except where otherwise clearly indicated, these products are of .... preferential origin."

Ort, Datum, Unterschrift. Der Name des Unterzeichners ist in Druckbuchstaben zu wiederholen. Ursprungserzeugnisse aus Ceuta oder Melilla sind mit „CM" zu kennzeichnen.

2.1.5 Gesundheitszeugnisse

Gesundheitszeugnis für Pflanzen, Tiere, Fleisch (-produkte) erforderlich.

2.2 Luftfrachten

Zollflughafen: Ciudad de Panamá (PTY)

2.2.1 Luftfrachtbrief

Eine Ausfertigung des Luftfrachtbriefes.

2.2.2

Siehe unter Seefrachten 2.1.2–2.1.5.

2.3 Postverkehr

2.3.1 Paketkarte

Eine Zollinhaltserklärung, Spanisch, Französisch. Höchstgewicht: 31,5 kg, Vertragskunden: 30 kg.

2.3.2

Siehe unter Seefrachten 2.1.2–2.1.5.

3 Adressen

Auslandshandelskammer

Deutsch-Panamaische Industrie- und Handelskammer
Cámara de Comercio e Industria Panameña-Alemana
P.H. BOC Balboa Office Center, Piso 29
Oficina H, Avenida Balboa, Calle 27 Este
Ciudad de Panama, Panamá
Tel.: +507 2699358
Fax: +507 2699359
E-Mail: info@panama.ahk.de
www.panama.ahk.de

Konsulate

Die Konsulatsadressen finden Sie jeweils mit Telefonnummer, E-Mail-Adresse, Homepage und Öffnungszeiten unter:
https://www.auswaertiges-amt.de/de/service/laender.

4 Sonstiges

Länder(-gruppen)kurzbezeichnung für bes. Zollsätze im Europäischen Zolltarif: SPGE
Kraftfahrzeugländerkennzeichen: PA

1) Ursprungserklärung in weiteren Sprachen s. Kapitel Hinweise Warenursprung Präferenzen
2) Eintrag der Bewilligungsnummer, falls die Erklärung von einem ermächtigten Ausführer erstellt wird.

Papua-Neuguinea

Independent State of Papua New Guinea

1 Allgemeine Informationen

1.1 Kurzinfos

Landesvorwahl: +675

MEZ: +9 Std.

Englisch

1 Kina (K) = 100 Toea (ISO-Code: PGK)

Nach AWG frei vereinbar Devisenbestimmungen von Papua-Neuguinea beachten

Harmonisiertes System

Mitglied

Feiertage: Die Feiertage zu diesem Land finden Sie unter folgendem Link: https://www.timeanddate.de/feiertage/.

1.2 Einfuhr aus der Bundesrepublik

Einfuhrlizenzen nur für Reis, Mehl, Futtermittel, Schweinefleisch und Gefriergeflügel erforderlich. Beschränkung für die Einfuhr von Eiern. Zuständig für Normen und Standards ist das NISIT. Besondere Etikettierungsvorschriften (Food Sanitation Regulation 2007) für Nahrungsmittel sind zu beachten. Analysenzertifikate für Chemikalien und Desinfektionszertifikate für gebrauchte Kleidung sind außerdem erforderlich.

1.3 Verpackung

Es ist verboten, Umschließungen aus pflanzlichen oder tierischen Materialien zu verwenden. Auf wasserdichte, gute, widerstandsfähige und starke Verpackung achten.

1.4 Markierung

Das Ursprungsland muss eindeutig erkennbar sein. Empfohlen: „Made in Germany".

1.5 Mustersendungen

Muster ohne Handelswert sind zollfrei.

2 Dokumente

2.1 Seefrachten

Seehäfen: Rabaul, Vanimo, Kieta, Port Moresby, Kavieng Harbour, Wewak Harbour

2.1.1 Konnossemente

Voller Satz B/L. Order-B/L zugelassen, dann aber mit Notify-Adresse. Maße und Gewichte sind anzugeben.

2.1.2 Handelsrechnungen

Handelsrechnung dreifach, mit üblichen Angaben, Ursprungsland, HS-Zolltarif-Nr., keine besonderen Vorschriften.

2.1.3 Ursprungszeugnisse

Ursprungszeugnisse, einfach, mit der Angabe „Federal Republic of Germany (European Community)" erforderlich.

2.1.4 Warenverkehrsbescheinigung

Warenverkehrsbescheinigung EUR.1 für Waren, die unter das Interims-Partnerschaftsabkommen mit der EU fallen für Sendungen über € 6 000,– (Ausstellung durch Zollstellen). Für Warensendungen mit einem Wert bis € 6 000,– ist in den Handelspapieren folgende Erklärung[1] abzugeben:

„The exporter of the products covered by this document (customs authorisation No …)[2] decla-

1) Ursprungserklärung in weiteren Sprachen s. Kapitel Hinweise Warenursprung Präferenzen
2) Eintrag der Bewilligungsnummer, falls die Erklärung von einem ermächtigten Ausführer erstellt wird.

res that, except where otherwise clearly indicated, these products are of … preferential origin."

Ort, Datum, Unterschrift. Der Name des Unterzeichners ist in Druckbuchstaben zu wiederholen. Ursprungszeugnisse aus Ceuta und Melilla sind deutlich mit „CM" zu kennzeichnen.

2.1.5 Gesundheitszeugnisse

Für Pflanzen(-erzeugnisse) ist die Vorlage von Pflanzengesundheitszeugnissen erforderlich, für Tiere und tierische Produkte wird die Vorlage von Veterinärzertifikaten verlangt. Für Nahrungsmittel sind Gesundheitszeugnisse Vorschrift.

2.2 Luftfrachten

Zollflughäfen: Alotau, Goroka, Kavieng, Port Moresby, Madang, Manus Island, Mount Hagen, Popondetta, Vanimo, Lae und weitere

2.2.1

Siehe unter Seefrachten 2.1.2–2.1.5.

2.3 Postverkehr

2.3.1 Paketkarte

Höchstgewicht für Postpakete 20 kg. Eine Zollinhaltserklärung in Englisch erforderlich.

2.3.2

Siehe unter Seefrachten 2.1.2–2.1.5.

3 Adressen

Konsulate

Die Konsulatsadressen finden Sie jeweils mit Telefonnummer, E-Mail-Adresse, Homepage und Öffnungszeiten unter: https://www.auswaertiges-amt.de/de/service/laender.

4 Sonstiges

Länderkurzbezeichnung gemäß Präferenzrecht (Lieferantenerklärung): WPS/AKP
Länder(-gruppen)kurzbezeichnung für bes. Zollsätze im Europäischen Zolltarif: LOMA/SPGL
Kraftfahrzeugländerkennzeichen: PNG

Paraguay

República del Paraguay

1 Allgemeine Informationen

1.1 Kurzinfos

Landesvorwahl: +595

MEZ: –5 Std. Sommerzeit von Oktober bis März

Spanisch

1 Guarani (G) = 100 Céntimos (ISO-Code: PYG)

Nach AWG frei vereinbar Devisenbestimmungen von Paraguay beachten

Harmonisiertes System

Mitglied

Feiertage: Die Feiertage zu diesem Land finden Sie unter folgendem Link: https://www.timeanddate.de/feiertage/.

1.2 Einfuhr aus der Bundesrepublik

Einfuhrverbote gelten für phosphathaltige Reiniger, hochkonzentrierte Pestizide und bestimmte Gebrauchtfahrzeuge. Besondere Kennzeichnungsregeln gelten für Nahrung, Alkohol, Hygieneartikel, Stoffe und Schuhwerk. Das Wirtschaftsministerium verlangt Importlizenzen für zahlreiche Waren wie Nahrungsmittel, Plastikbeutel oder Textilien. Eine vorherige Registrierung der Händler ist Pflicht. Das INAN überwacht Nahrungsmitteleinfuhren. Händler, Produkte und Verpackungen durchlaufen die Registrierung. Industrielle Transfette sind seit März 2023 auf 20 % des Gesamtfetts in Ölen und Margarine beschränkt. Ab September 2025 gilt diese Obergrenze für sämtliche Lebensmittel. Nahrungsergänzungsprodukte registriert die DNVS unter besonderen Etikettierungsregeln. Medizintechnik und deren Händler unterstehen dem Gesundheitsministerium.

Lebende Tiere und tierische Erzeugnisse durchlaufen die SENACSA-Genehmigung. Staatliche Gesundheitsbescheinigungen aus dem Herkunftsland sind beizufügen. Pflanzliche Güter und Saatgut fallen unter SENAVE-Zuständigkeit. Schädlingsbekämpfungsmittel und Dünger unterliegen ebenfalls SENAVE-Kontrolle. Zusätzlich erfolgt eine Registrierung beim Gesundheitsministerium. Bestimmte Grenzübergänge sind für Pestizide vorgeschrieben. Messausrüstung erfordert INTN-Zulassung mit Typprüfung. Alle drei Monate sind Rechnungskopien vorzulegen.

Bitte beachten: Für alle Ausfuhren aus der BRD (Schiff, Luft oder Post) ist die Botschaft von Paraguay in Berlin zuständig. Näheres zum Einreichen und Rückgabe der Dokumente: https://asuncion.diplo.de/.

1.3 Verpackung

Für Holzverpackungen gelten die Regelungen der ISPM Nr. 15. Nach unseren Kenntnissen dürfen Heu und Stroh als Verpackungsmaterial verwendet werden. Auf widerstandsfähige, leichte Verpackung achten.

1.4 Markierung

Ursprungskennzeichnung erforderlich, insbesondere für Lebensmittel, Textilien und Schuhwerk.

1.5 Mustersendungen

Muster und Warenproben ohne Handelswert können zollfrei eingeführt werden.

2 Dokumente

2.1 Seefrachten

Seehäfen: Asunción = in Umladung via Buenos Aires (Argentinien) oder Montevideo (Uruguay) oder via Paranagua (Brasilien), wo Paraguay einen Freihafen besitzt.

2.1.1 Konnossemente

Voller Satz Konnossemente (1 Original und 2 Kopien, eingescannte Papiere werden nicht akzeptiert) mit Angabe einer Notify-Adresse erforderlich.

2.1.2 Handelsrechnungen

Handelsfaktura in Spanisch erforderlich mit allen handelsüblichen Angaben, wie z.B. Namen und Anschriften des Käufers und Verkäufers, Warenbezeichnung (in Englisch und Spanisch), Marke, Nummer, ggf. Referenznummer, Menge und Art der Packstücke, Brutto- und Nettogewichte, Ursprungs-/Herkunftsland, Einzel-/Gesamtpreise, Rabatte, Transportkosten, Lieferungs-/Zahlungs-/Verkaufsbedingungen.

2.1.3 Ursprungszeugnisse

Ursprungszeugnisse (dreifach: 1 Original, 2 Kopien), mit der Angabe „República Federal de Alemania (Unión Europea)", ab einem fob-Wert von US-$ 2 500,– erforderlich. Ausstellung bei der Industrie- und Handelskammer.

2.1.4 Gesundheitszeugnisse

Gesundheitszeugnisse, ausgestellt von der staatlichen Stelle des Ursprungslandes, sind für Tiere und tierische Produkte erforderlich.

2.2 Luftfrachten

Zollflughäfen: Asunción, Ciudad del Este

2.2.1 Luftfrachtbrief

Ein Original und bis zu drei Kopien des Luftfrachtbriefes (konsularisch legalisiert), sämtliche Exemplare mit Firmenstempel und Unterschrift auf der Vorderseite („name/signature of shipper"), zwei Kopien behält die Botschaft.

2.2.2

Siehe unter Seefrachten 2.1.2–2.1.4.

2.3 Postverkehr

2.3.1 Paketkarte

Eine oder zwei Zollinhaltserklärungen (je nach Paketgröße), Spanisch, Englisch, Französisch. Höchstgewicht 20 kg.

2.3.2

Siehe unter Seefrachten 2.1.2–2.1.4. Für eine konsularische Legalisierung sind dem Posteinlieferungsschein zwei Kopien beizulegen, die bei der Botschaft verbleiben.

3 Konsulatsgebühren

Die Legalisierung für Handelsdokumente (Handelsrechnungen, Ursprungsbescheinigungen, Seefrachtbriefe, Luftfrachtbriefe, Preis- und Packlisten entfällt. Die Legalisierung von ISO-, DEKRA- und TÜV-Zertifikaten übernimmt nach bestimmten Kriterien die Botschaft.

4 Adressen

Auslandshandelskammer

Deutsch Paraguayische Industrie- und Handelskammer
Cámara de Comercio e Industria Paraguayo-Alemana
Mcal López 110 esq. Rca. Argentina
Edificio Torre de las Américas, Oficina 4D
PY 1892 – Asunción
Tel.: +595 21 615844
Geschäftszeiten: Mo.–Fr. 7.30–16.30 Uhr
E-Mail: recepcion@paraguay.ahk.de
https://paraguay.ahk.de/

Botschaft

Embajada de la República Federal de Alemania
Santa Teresa 2106
Paseo La Galería
Torre 2, Piso 22
Asunción
Geschäftszeiten: Mo., Di., Mi. und Fr. 8.00–11.30 Uhr, Do. 13.00–15.00 Uhr
E-Mail: https://asuncion.diplo.de

Konsulate

Die Konsulatsadressen finden Sie jeweils mit Telefonnummer, E-Mail-Adresse, Homepage und Öffnungszeiten unter:
https://www.auswaertiges-amt.de/de/service/laender.

Peru

1 Allgemeine Informationen

1.1 Kurzinfos

Landesvorwahl: +51

MEZ: –6 Std.

Spanisch

1 Nuevo Sol (S/.) = 100 Céntimos (ISO-Code: PEN)

Nach AWG frei vereinbar Devisenbestimmungen Perus beachten

Harmonisiertes System

Mitglied

Angeschlossen

Feiertage: Die Feiertage zu diesem Land finden Sie unter folgendem Link: https://www.timeanddate.de/feiertage/.

1.2 Einfuhr aus der Bundesrepublik

Zahlreiche Waren dürfen nicht nach Peru eingeführt werden: chemische Substanzen, Gebrauchttextilien und -schuhe, Alt- und Luftreifen, spezielle Pflanzenschutzmittel samt Nebenprodukten, Wegwerfplastik (außer für Lebensmittelverpackungen und Hygieneartikel), mikroplastikabgebende Behälter, Strohhalme, Kfz-Eisenteile sowie riskantes Spielzeug. Strenge Fahrzeugbeschränkungen (D.S. No 042-2006-MTC) verbieten Pkw-Importe ab fünf Jahren Alter und Nutzfahrzeuge ab zwei Jahren bei mindestens 3.000 kg Gewicht. Zusätzlich gelten Kilometerobergrenzen, CO_2-Nachweispflicht und Rostfreiheitsgebot. Rechtsgesteuerte Fahrzeuge bleiben grundsätzlich ausgeschlossen. Das Plastikgesetz Ley No. 30884 verpflichtet Importeure, Produzenten und Händler zur Registrierung. Biologisch zersetzbare Kunststoffe erfordern akkreditierte Laborbescheinigungen.

Tabakwaren müssen die Warnung „Fumar es dañino para la Salud. Está prohibido fumar en lugares públicos, según la Ley No. 25357" tragen (Ley No. 28705). Edelmetallwaren zeigen obligatorisch ihren Reinheitsgrad. Kosmetika und Medizintechnik durchlaufen DIGEMID-Registrierung nach vorheriger Anmeldung. Gefährliche Inhaltsstoffe erfordern detaillierte Substanzerklärungen. Arzneimittel und Pflanzenschutzmittel (D.S. No. 016-2000-AG) benötigen neben Registrierung auch Verkaufszulassungen unter zwölf Monaten plus Probenvorlage bei SENASA/INDECOPI. Medikamente unterliegen verschärfter Qualitätsprüfung mit Herstellungspraxis-Zertifikaten (D.S. No. 016-2011-SA, geändert durch D.S. No. 011-2022). Nahrungsmittel gelangen über das Registro Sanitario (D.S No. 007-98-SA) mit Handelsfreigabe-Bescheinigungen ins Land. DIGESA kontrolliert Konserven und Zusatzstoffe separat. Stark zucker-, fett- oder salzhaltige Produkte tragen Warnhinweise (D.S No. 012-2018-SA).

Pflanzeneinfuhren erfordern SENASA-Bewilligungen (D.S. No. 032-2003-AG/No. 018-2008-AG) und Händlerregistrierung. Neue Züchtungen durchlaufen Voranmeldungen, Saatgut braucht Gütebestätigungen. Tierwaren benötigen SENASA-Genehmigungen (D.S. No. 051-2000-AG), Meeresprodukte SANIPES-Anmeldungen. Veterinärprodukte und Tierfutter folgen D.S No. 002-2011-AG. BSE-, Schweinepest- und Geflügelpest-Gebiete bleiben gesperrt (Resolución Jefatural No. 059-2004-AG-SENASA), Milcherzeugnisse ausgenommen. Alle Konsumgüter tragen spanische Etiketten mit Produktname, Herkunft und Haltbarkeitsdatum. Textilien, Schuhe, Spirituosen, Erfrischungsgetränke und Autoteile zeigen zusätzlich Importeur-Identität und RUC-Kennziffer. INDECOPI wacht über Standards und Konsumentenschutz (Decreto Legislativo No. 807).

INACAL-zertifizierte Institute stellen Konformitätsbescheinigungen für technische Normen aus. Eingeschränkte Güter verlangen Einfuhrbewilligungen, verbotene Artikel sind unter www.gob.pe abrufbar. Perus Importregime verzichtet auf allgemeine Lizenzpflichten. Ausnahmen bilden Sicherheitsgüter. SUCAMEC lizenziert Waffen und Explosivstoffe. Heroin, Morphin und Ammoniumnitrat für Forschung und Medizin brauchen Sondergenehmigungen.

1.3 Verpackung

Für Verpackungsholz gilt ISPM Nr. 15.

1.4 Markierung

Die Markierung ist mit Schablonen vorzunehmen. Saatgut ist besonders zu etikettieren. Sämtliche Produkte müssen mit dem Ursprungsland, der genauen Produktbezeichnung und dem Namen des Herstellers markiert sein. Das Haltbarkeitsdatum ist z.B. bei Arzneien, Lebensmitteln, Tierfutter etc. anzugeben.

1.5 Mustersendungen

Muster und Warenproben ohne Handelswert und dem Vermerk „Muestra sin valor commercial" werden zollfrei abgefertigt. Zollpflichtige Muster dürfen nicht als „Warenprobe" oder „Päckchen" versandt werden. Reine Chemikalien, Pflegeprodukte, Liköre werden nicht als Muster ohne Handelswert anerkannt. Muster für Ausstellungen oder Messen sowie Berufsausrüstung dürfen per Carnet A.T.A. kurzzeitig importiert werden.

1.6 Versicherungen

Versicherung nur bei peruanischer Versicherung decken (Gesetz vom 17.5.1973).

2 Dokumente

2.1 Seefrachten

Seehäfen: Callao, Chimbote, Matarani, Paita, Pimentel, Pisco, Salaverry, Talara, Ilo, Puerto Maldonado, Huacho, Iquitos, Mollendo

2.1.1 Konnossemente

Voller Satz Konnossemente. Aufmachung an Order mit Notify-Adresse möglich. Die Konnossemente müssen die Seefracht sowie das Gesamtgewicht, Gewichts- und Rauminhaltsangaben der Packstücke enthalten.

Transitsendungen: Bei Sendungen, die für Bolivien bestimmt sind und bei denen Peru als Transitland fungiert, muss der Transit formell beantragt werden und mit der Markierung „Transito para Bolivio" versehen sein.

2.1.2 Handelsrechnungen

Handelsfaktura (zweifach, in Spanisch oder Englisch), rechtsgültig unterschrieben mit allen die Ware betreffenden Einzelheiten (Adressen Importeur/Ausführer, Ausstellungsort/-datum, Datum, Auftrags-/Rechnungsnummer), ggf. Akkreditiv-Nummer und -datum, Marke, Nummern, Anzahl, Art, Netto- und Bruttogewicht jeden Packstücks und Gesamtgewicht, Ursprungsland („pais de origen: República Federal de Alemania" bei Deutschland), genaue Warenbezeichnung nach peruanischem Zolltarif (bei allen Waren sind, soweit vorhanden, Marke, Modellart und Seriennummer sowie Einzelpreise, mit Angaben von Mengen, Gewicht, Litern etc. anzugeben); bei chemischen Produkten müssen die einzelnen Bestandteile genannt werden; Ersatzteile sind klar als „Ersatzteile für ... " herauszustellen. Rabatte und Incoterms sind anzugeben. Cif-/cfr-Werte und fob-Werte sind getrennt anzugeben. Die einzelnen Warenwerte sowie Gesamtwert in € oder in vereinbarter Währung. Am Schluss der Faktura hat der Exporteur nachstehende Erklärung aufzuführen: „Certificamos que los precios consignados en esta factura son los normales de exportación." Keine Bescheinigung. Legalisierung nicht erforderlich.

Bei Verladung von Pharmazeutika und Medikamenten muss die Rechnung zusätzlich noch folgende Erklärung enthalten: „Certificamos además que las mercancias están producidas para el Perú y destinadas para la venta en ese mercado." Außerdem muss die von der Gesundheitsbehörde in Peru erteilte Lizenznummer mit Datum angegeben werden.

2.1.3 Ursprungszeugnisse

Ursprungszeugnis nur auf Anforderung des Importeurs.

2.1.4 Warenverkehrsbescheinigung

Warenverkehrsbescheinigung bzw. Präferenz-Ursprungsnachweis: Für alle Waren, die unter die Ursprungsregelung mit Peru fallen, gilt: Ab einem

Warensendungswert von mehr als € 6 000,– ist eine EUR.1 erforderlich, die die Zollstellen ausstellen (nach Ausfüllen durch Exporteur). Für Sendungen bis zu dem o.g. Wert ist folgende Erklärung[1] in eines der Handelspapiere aufzunehmen:

„El exportador de los productos incluidos en el presente documento (autorización aduanera n° ...)[2] declara que, salvo indicación en sentido contrario, estos productos gozan de un origen preferencial ..."

Ort, Datum, Unterschrift. Der Name des Ausführers bzw. Unterzeichners muss in Druckbuchstaben angegeben werden. Ursprungswaren aus Ceuta und Mellila sind mit „CM" zu kennzeichnen.

2.1.5 Gesundheitszeugnisse

Für die Einfuhr von lebenden Tieren, Pflanzen, tierischen und pflanzlichen Erzeugnissen erforderlich. Zuständig ist der Servicio Nacional de Sanidad. Grundlage ist die gesetzliche Bestimmung D.S. No. 032-2003-AG/No. 018-2008-AG.

2.1.6 Packlisten

Erforderlich, wenn Handelsrechnung keine genauen Angaben über Marke, Nummer, Art und Inhalt der einzelnen Packstücke enthält. Die Liste sollte der Handelsrechnung beigefügt werden und muss mit ihr übereinstimmen.

2.2 Luftfrachten

Zollflughäfen: Arequipa, Chiclayo, Cuzco, Iquitos, Lima (LIM), Talara, Trujillo, Tacna und weitere

2.2.1 Luftfrachtbrief

Eine Ausfertigung des Luftfrachtbriefes.

2.2.2

Siehe unter Seefrachten 2.1.2–2.1.6.

2.3 Postverkehr

2.3.1 Paketkarte

Drei Zollinhaltserklärungen (Spanisch, Französisch, Englisch). Höchstgewicht 31,5 kg. Jedes Versandstück darf nicht mehr als einen Wert von 2.000 US-Dollar haben und das Gewicht darf 2 kg nicht unterschreiten.

2.3.2

Siehe unter Seefrachten 2.1.2–2.1.6.

3 Konsulatsgebühren

Die Anfrage erfolgt beim Generalkonsulat in Peru in Hamburg.

4 Adressen

Auslandshandelskammer

Deutsch-Peruanische Industrie- und Handelskammer
Cámara de Comercio e Industria Peruano-Alemana
Postanschrift:
Casilla Postal 14-0069
Calle Teodoro Cardenas 265
Lince, 15046 Lima
Büroanschrift:
Av. Camino Real 348, Of. 1502
San Isidro, 15073 Lima
Tel. +51 14418616
Geschäftszeiten: Mo.–Fr. 8.30–17.30 Uhr
E-Mail: info@camara-alemana.org.pe
www.peru.ahk.de

Konsulate

Die Konsulatsadressen finden Sie jeweils mit Telefonnummer, E-Mail-Adresse, Homepage und Öffnungszeiten unter:
https://www.auswaertiges-amt.de/de/service/laender.

5 Sonstiges

Länder(-gruppen)kurzbezeichnung für bes. Zollsätze im Europäischen Zolltarif: SPGE
Kraftfahrzeugländerkennzeichen: PE

1) Ursprungserklärung in weiteren Sprachen, s. Kapitel Hinweise Warenursprung Präferenzen.
2) Eintrag der Bewilligungsnummer, falls die Erklärung von einem ermächtigten Ausführer erstellt wird.

Republic of the Philippines

Philippinen

1 Allgemeine Informationen

1.1 Kurzinfos

Landesvorwahl: +63

MEZ: +7 Std.

Englisch, Filipino (Tagalog)

1 phil. Peso (P) = 100 Centavos (ISO-Code: PHP)

Nach AWG frei vereinbar Devisenbestimmungen der Philippinen beachten

Harmonisiertes System

Mitglied

Angeschlossen

Feiertage: Die Feiertage zu diesem Land finden Sie unter folgendem Link: https://www.timeanddate.de/feiertage/.

1.2 Einfuhr aus der Bundesrepublik

Es gelten Kennzeichnungsregelungen für fast alle Produkte. Der Warenursprung ist in den Amtssprachen der Philippinen deutlich und gut lesbar anzubringen. Die Beschriftung muss dauerhaft sein. Eine Rücksprache mit dem Importeur über die besonderen Richtlinien der Anbringung empfiehlt sich.

Der „Food and Drug Act" nennt die Regelungen für den Import von Lebensmitteln und Arzneimitteln. Einige medizinische Produkte sind zudem registrierungspflichtig (Food and Drug Administration). Genehmigungspflichtig sind Laptops, Telefone, Kettensägen, manche Dünger, Pestizide und Chemikalien. Dagegen ist der Import von Waffen (auch Spielzeugwaffen) und Munition, sittenwidrigen Waren, gebrauchten Textilien und Automaten (Glücksspiel) verboten. Rücksprache mit Importeur zu Genehmigungs- und Lizenzverfahren empfohlen. Alle gebrauchten Produkte werden inspiziert, wobei gebrauchte Textilien nicht importiert werden dürfen. Chemikalien müssen detailliert und exakt bezeichnet sein. Für Exporteure von Rind-, Schweine- und/oder Geflügelfleisch besteht ein Listungsverfahren (Bundesamt für Verbraucherschutz und Lebensmittelsicherheit, BVL).

Für lebende Tiere (auch Geflügel) sind erforderlich: Einfuhrerlaubnis (Department of Agriculture, Bureau of Animal and Industry); für Fisch und Fischwaren erforderlich: Einfuhrerlaubnis des Bureau of Fisheries and Aquatic Resources (BFAR); Pflanzen und pflanzliche Erzeugnisse: evtl. wird eine Einfuhrerlaubnis des Bureau of Plant Industry (BPI) gefordert. Die für Normen und Standards zuständige Behörde ist das Bureau of Philippine Standards (BPS), Department of Trade and Industry.

1.3 Verpackung

Heu und Stroh sind verboten. Die Philippinen wenden für Verpackungsholz den IPPC-Standard ISPM Nr. 15 an. Den Wortlaut der Richtlinie sowie weitere Informationen über die Homepage www.julius-kuehn.de. Robuste und wasserfeste Verpackung, die auch tropischen Klimaverhältnissen standhält, wird empfohlen.

1.4 Markierung

Für die Markierung von Packstücken bestehen genaue Vorschriften. So müssen neben den üblichen Kennzeichnungen das Brutto- bzw. Nettogewicht und die Außenabmessungen angegeben sein. Für Waren gelten umfangreiche Etikettierungsvorschriften in Englisch: Warenzeichen, Handelsname und/oder -marke, Nettoinhalt oder Gewicht, chemische oder/und physikalische Zusammensetzung, Längen-, ggf. Breitenangabe, Name und Anschrift von Hersteller oder Umpacker sowie Herstellungsland. Falsch gekennzeichnete Waren werden mit Strafzahlungen belegt.

Ursprungskennzeichnung (gut sichtbar, dauerhaft, unauslöschlich) in Amtssprache ist unbedingt erforderlich. Es wird empfohlen, sich mit dem Importeur abzustimmen.

1.5 Mustersendungen

Muster ohne Handelswert sind abgabenfrei. Produktmuster mit einem Wert von weniger als 50.000 PHP sind zollfrei, müssen aber nach spätestens drei Monaten wieder ausgeführt werden. Eine Sicherheit ist zu hinterlegen. Für Werbedrucke und -geschenke fallen Zollabgaben an. Warenmuster (nicht zum Verbleib) oder Muster für Messen bzw. Ausstellungen dürfen kurzzeitig mit einem Carnet A.T.A. importiert werden.

2 Dokumente

2.1 Seefrachten

Seehäfen: Cebu, Manila, Zamboanga, Batangas, Davao u.a.

2.1.1 Konnossemente

Voller Satz Konnossemente, Ausstellung an Order mit Notify zugelassen. Legalisierung u.U. gefordert. Die Frachtkosten und Gewichte sind anzugeben. Einreichung spätestens zwölf Stunden vor Ankunft des Schiffes. „CFS/CS"-Sammelsendungen (Container Freight Station/ Container Freight Station) nur bei mindestens zwei Empfängern.

2.1.2 Handelsrechnungen

Handelsrechnung (dreifach) in Englisch für alle Sendungen. Sie muss enthalten: Name des Käufers und Adresse, Preis pro Wareneinheit (unit price/ fob of each article) und Gesamtwarenmenge in vereinbarter Währung/Lieferbedingungen (fob, cfr, cif, keine DDP-Lieferung), Gewicht (brutto, netto), genaue Warenbezeichnung mit Angabe des Namens, der Marke und des Symbols, unter denen die Waren verkauft werden sollen, Informationen zur Qualität der Ware, HS-Zolltarifnummer, Nummern, Marke, Anzahl und Art der Packstücke, Versendungsart (Schiffsname/Fluggesellschaft), Verschiffungsland und -hafen bzw. Abflughafen, Abgangsdatum von Schiff oder Flugzeug, Entlade(flug)hafen auf den Philippinen und Ursprungsvermerk „Federal Republic of Germany". Am Schluss ist folgende Erklärung von einer zeichnungsberechtigten Person zu unterschreiben: „Certified true and correct". Die Gebühren für das Konsulat fallen unter „Other Charges". Genaue Informationen über die Einzelpositionen im FOB-Wert erforderlich. Die Gebühren für Frachten, Versicherung etc. sollten gesondert aufgeführt werden.

2.1.3 Ursprungszeugnisse

Ursprungszeugnis mit der Angabe „Federal Republic of Germany (European Union)" auf Anforderung (z.B. Waren, die von Antidumpingzöllen oder Verbraucherschutzmaßnahmen betroffen sind). Rücksprache empfohlen.

2.1.4 Packlisten

Packlisten (zweifach): Den Papieren sind Packlisten beizufügen, die Angaben enthalten müssen über Inhalt und Maße sowie Gewicht und Marke mit Nummer der Packstücke.

2.1.5 Zertifikate

Für Massengüter ist die Ausstellung eines „Load Port Survey Report" und eines „Summary Report" erforderlich, die die Güter begleiten müssen. Güter in Containern sind nicht betroffen. Zuständig für die Ausstellung ist in Deutschland Bureau Veritas Industry Services GmbH, 20457 Hamburg, Willy-Brandt-Str. 55, Tel.: 040 236250, Fax: 040 23625200, E-Mail: gsit.zrh@bureauveritas.com, https://verigates.bureauveritas.com, Intertek Caleb Brett Germany GmbH, Government & Trade Services, 21109 Hamburg, Georgswerder Bogen 3, Tel.: 040 558225000, E-Mail: info.hamburg@intertek.com und DIN CERTCO Gesellschaft für Konformitätsbewertung mbH, 12103 Berlin, Alboinstr. 56, Tel.: 030 75621131, E-Mail: sales-mas@dincertco.de.

2.1.6 Gesundheitszeugnisse

Pflanzen, pflanzliche Erzeugnisse, Saaten, Gemüse, Obst benötigen ein Gesundheitszeugnis (Certificate of Desinfection) (https://pflanzengesundheit.julius-kuehn.de/regelungen-nicht-eu-staaten.html). Tiere und tierische Erzeugnisse benötigen ein Tiergesundheitszeugnis. Eventuell ist die Legalisierung durch ein Konsulat erforderlich, Rücksprache mit dem Importeur empfohlen.

2.2 Luftfrachten

Zollflughäfen: Baquio, Cagayn de Oro, Cebu, Davao, Liman, Iligan, Manila (MNL), Zamboanga, Surigao, Laoag u.a.

2.2.1 Luftfrachtbrief

Eine Ausfertigung des Luftfrachtbriefes (Bestimmungen für das Konnossement gelten entsprechend). Einreichung spätestens zum Abflug-Zeitpunkt.

2.2.2

Siehe unter Seefrachten 2.1.2–2.1.6.

2.3 Postverkehr

2.3.1 Paketkarte

Eine Zollinhaltserklärung, Englisch, Höchstgewicht 20 kg.

2.3.2

Siehe unter Seefrachten 2.1.2–2.1.6.

3 Konsulatsgebühren

Alle Handelsdokumente wie Ursprungszeugnisse, Handelsrechnungen und Packlisten müssen von der zuständigen Handelskammer vorab beglaubigt werden. Für Materialien aus Nichtherstellungsländern muss auch das Herkunftsland angegeben werden. Das Ursprungszeugnis und die Handelsrechnung sind nicht miteinander verbunden. Alle Dokumente wie Genehmigungen, Vollmachten, Verträge und Abtretungen müssen ebenfalls vom örtlichen Notar und dem örtlichen Gericht beglaubigt werden. Alle Urkunden müssen von einem Notar und dem zuständigen örtlichen Gericht vorbeglaubigt werden. Handelsregisterauszüge müssen vom Amtsgericht vorbeglaubigt werden. Patentanmeldungen müssen vom Patentamt vorab zertifiziert werden. Zertifikate, Zeugnisse und Urkunden muss von der ausstellenden Behörde vorab vorbeglaubigt sein. Anschließend kann die Legalisierung in der Botschaft stattfinden.

Die zu legalisierenden Dokumente sind vor Versand der Waren einzureichen, z.B. bei VSB Visa Service GmbH, Kurfürstenstr. 114, 10787 Berlin, Tel.: +49 30 21003624, info@visa-service.com, www.visa-service.com. Nach Erhalt der Unterlagen werden diese auf Richtigkeit und Vollständigkeit geprüft. Wenn nötig werden diese vorbeglaubigt. Anschließend erfolgt die offizielle Beglaubigung durch die Botschaft und die beglaubigten Unterlage werden zurückgesandt. Die Standardlegalisierung je Dokument beträgt 65,- €. Die Gebühren der Botschaft sind dort nicht enthalten. Die Bearbeitungsdauer in der Regel beträgt 2-3 Wochen.

4 Adressen

Auslandshandelskammer

Deutsch-Philippinische Industrie- und Handelskammer
German-Philippine Chamber of Commerce and Industry
8/F Döhle Haus Manila
30-38 Sen. Gil Puyat Avenue
Barangay San Isidro
Makati City 1234
Tel.: +63 25198110
Geschäftszeiten: Mo.–Fr. 8.00–18.00 Uhr
E-Mail: info@gpcci.org
www.gpcci.org

Konsulate

Die Konsulatsadressen finden Sie jeweils mit Telefonnummer, E-Mail-Adresse, Homepage und Öffnungszeiten unter:
https://www.auswaertiges-amt.de/de/service/laender.

5 Sonstiges

Länder(-gruppen)kurzbezeichnung für bes. Zollsätze im Europäischen Zolltarif: SPGL
Kraftfahrzeugländerkennzeichen: RP

Polen

Republik Polen, Poland

1 Allgemeine Informationen

1.1 Kurzinfos

Landesvorwahl: +48

MEZ
EU-Sommerzeit

Deutsch, Englisch, Polnisch

1 Zloty (Zl) = 100 Groszy (ISO-Code: PLN)

Nach AWG frei vereinbar Devisenbestimmungen Polens beachten

Harmonisiertes System Verzollung nach Transaktionswert

Mitglied

Angeschlossen

Angeschlossen

Feiertage: Die Feiertage zu diesem Land finden Sie unter folgendem Link: https://www.timeanddate.de/feiertage/.

1.2 Einfuhr aus der Bundesrepublik

In der EU sind dem Verkehr von Waren nur wenige Beschränkungen auferlegt. Für Güter, die sowohl für zivile als auch für militärische Zwecke verwendet werden können (Dual-Use-Güter mit doppeltem Verwendungszweck), gibt es spezifische Bestimmungen. Zuständig ist das Ministerium für Unternehmen, Arbeit und Technologie (Ministerstwo Rozwoju, Prazy i Technologii). Manche sensiblen Waren (wie z.B. Abfälle) müssen genehmigt werden. Einige Güter aus Drittländern benötigen eine Lizenz.

Für einige Produkte aus dem Agrar- und Industriebereich müssen Standards eingehalten werden. Darüber informiert das Ministerium für wirtschaftliche Entwicklung und Technologie, Abt. Europäische Angelegenheiten. Für Fragen der Lebensmittelsicherheit und Produktsicherheit ist die dem Ministerium für Landwirtschaft und ländliche Entwicklung zugeordnete Behörde für Landwirtschaft und Lebensmittelqualität zuständig. Für gefährliche Verbraucherprodukte gibt es in Europa das Safety Gate Rapid Alert System (zuvor RAPEX). Ansprechpartner ist das Amt für Wettbewerb und Verbraucherschutz (Urzad Ochrony Konkurencji i Konsumentow). Zuständig für das Schnellwarnsystem für Lebens- und Futtermittel RASFF (Rapid Alert System for Food and Feed) ist die dem Gesundheitsministerium zugeordnete Hauptsanitärinspektion.

Tiere oder tierische Produkte aus Drittstaaten können nur an zugelassenen Grenzkontrollstellen (GKS) eingeführt werden. Möglich ist die Abfertigung an den GKS an den Seefrachthäfen von Danzig, Gdynia, Elblag, Szczecin, Kolobrzeg, Swinoujscie, Warsaw. Straßenfracht-GKS gibt es an den Grenzen zur Ukraine (drei), zu Weißrussland (zwei) und zu Russland (eine). Für Bahnfrachtabfertigung gibt es zwei GKS an der Grenze zur Ukraine sowie eine an der weißrussischen Grenze. Benötigen Pflanzen, pflanzliche Produkte und Teile von Pflanzen o.ä. ein Gesundheitszeugnis oder müssen sie phytosanitär inspiziert werden, werden sie nur an bestimmten Stellen abgefertigt. Zuständig für die verpflichtenden Registrierungen der Importeure und etwaige notwendige Zulassungen und Genehmigungen ist die Pflanzenschutzstelle am Ministerium für Landwirtschaft und ländliche Entwicklung. Für die Einfuhr von Medizin und Pharmazeutika sind die Bestimmungen des Registrierungsamtes für Arzneimittel, medizinische Geräte und Biozidprodukte (Urząd Rejestracji Produktów Leczniczych, Wyrobów Medycznych i Produktów Biobójczych) zu beachten (u.a. Registrierung, Zulassungen, Konformität). Die notwendigen Atteste für Produkte aus dem Lebensmittelbereich (auch Haushaltsgeräte, Besteck, Verpackungen etc.), für Hygieneartikel, Spielzeug und Babyprodukte u.a. erstellt das nationale Institut für Hygiene (Państwowym Zakładzie Higieny).

1.3 Verpackung

Um Verpackungsabfälle zu vermeiden, zu vermindern und zu verwerten, gibt es besondere Bestimmungen für Produzenten, Vertriebspartner, Versender und Importeure, u.a. Kennzeichnungs- und Rücknahmeregelungen oder auch eine Rücknahmepflicht von Altgeräten und Erzeugnissen, die die Umwelt belasten können. Verpackungen müssen allerdings nicht mit dem Grünen Punkt gekennzeichnet werden.

1.4 Markierung

Keine besonderen Markierungsvorschriften.

1.5 Mustersendungen

Muster und Warenproben werden zollfrei abgefertigt. Vorübergehende Einfuhr mit Carnet A.T.A.

2 Dokumente

2.1 Seefrachten

Seehäfen: Danzig (Gdansk), Gdingen (Gdynia), Stettin (Szczecin), Swinemünde (Swinoujscie) u.a.

2.1.1 Konnossemente

Voller Satz Konnossemente, Ausstellung an Order möglich. Konnossemente bedürfen keiner Beglaubigung.

2.1.2

Siehe unter Straßenverkehr 2.3.2–2.3.5.

2.2 Eisenbahnverkehr

2.2.1 Frachtbrief

a) für Güter: Ein internationaler Frachtbrief.
b) für Expressgut: Ein internationaler Expressgutschein. Nachnahmen und Barvorschüsse sind nicht zugelassen.

2.2.2

Siehe unter Straßenverkehr 2.3.2–2.3.5.

2.3 Straßenverkehr

2.3.1 Frachtbrief

Frachtbrief

2.3.2 Handelsrechnungen

Rechnungsangaben laut Kaufvertrag. Die Rechnung in dreifacher Ausfertigung muss die USt-Identifikationsnummern (UID-Nr.) von Exporteur und Importeur enthalten sowie den Hinweis „steuerfreie innergemeinschaftliche Lieferung" oder „steuerfrei nach § 4 Nr. 1b UStG", sonst ist MwSt. zu berechnen. Außerdem kann noch folgender Vermerk in die Rechnung: „tax free intracommunity despatch/delivery".

Die Bedingungen des § 6a UStG müssen eingehalten sein.

Bei Dual-Use-Gütern ist in den Papieren ein ausdrücklicher Vermerk anzubringen, dass bei der Ausfuhr aus dem Gebiet der EU eine Kontrolle der Waren stattzufinden hat.

Für Nichtgemeinschaftswaren sind Rechnungen mit folgenden Informationen notwendig, z.B. Ausstellungsort und -datum, detaillierte Produktbezeichnung, Menge, Art und Anzahl der Pakete mit Angabe von Nummer und Marke, Namen und Anschriften von Aus- und Einführer, Lieferbedingungen mit fob-Wert, cif-Kosten und -Wert bzw. cfr-Wert, Zahlungsbedingungen, Rechnungsnummer, Beförderungsart, Gesamtbetrag sowie das Ursprungsland. Keine Unterzeichnung der Rechnungen und keine Bescheinigungen erforderlich.

2.3.3 Ursprungszeugnisse

Ursprungszeugnis nur auf Anforderung.

2.3.4 Gesundheitszeugnisse

Gesundheitszertifikat für Pflanzen erforderlich. Analysenzertifikate und Gesundheitszeugnisse für Waren aus dem Lebensmittelsektor. Hygienevorschriften und Registrierungspflichten für Waren beachten. Ggf. mit Importeur abstimmen.

2.3.5 Intrastat-Meldung

Auf Grundlage des Änderungsgesetzes zum Außenhandelsstatistikgesetz (AHStatG-ÄndG) vom 5. März 2025 gelten rückwirkend zum 1. Januar 2025 neue Schwellenwerte für die Intrahandelsstatistik: Für Wareneingänge liegt die Meldegrenze nun bei 3.000.000 €, für Versendungen bei 1.000.000 €.

Wird eine dieser Grenzen im laufenden Kalenderjahr überschritten, beginnt die Meldepflicht im Monat der Überschreitung.

Die Daten können online an das Statistische Bundesamt übermittelt werden. Weitere Informationen sind unter www.destatis.de abrufbar (Suchbegriff: „Intrastat") oder per Tel.: 0611 753965, per Fax: 0611 754525 oder per E-Mail: gruppe-vb@destatis.de.

2.4 Luftfrachten

Zollflughäfen: Krakau (Krakow), Danzig (Gdansk GDN), Katowice (KTW), Poznan (POZ), Stettin (Szczecin SZZ), Warschau (Warszawa WAW), Breslau (Wroclaw), Lodz u.a.

2.4.1 Luftfrachtbrief

Eine Ausfertigung des Luftfrachtbriefes.

2.4.2

Siehe unter Straßenverkehr 2.3.2–2.3.5.

2.5 Postverkehr

2.5.1 Paketkarte

Keine Zollformulare. Höchstgewicht: 31,5 kg, Geschäftskunden: 30 kg.

2.5.2

Siehe unter Straßenverkehr 2.3.2–2.3.5.

3 Adressen

Auslandshandelskammer

Deutsch-Polnische Industrie- und Handelskammer
Polsko-Niemiecka Izba Przemyslowo-Handlowa
ul. Grzybowska 87, Concept Tower
PL-00-844 Warszawa
Tel.: +48 225310500
Fax: +48 225310600
Geschäftszeiten: Mo.–Fr. 8.30–17.00 Uhr
E-Mail: info@ahk.pl
www.ahk.pl

Konsulate

Die Konsulatsadressen finden Sie jeweils mit Telefonnummer, E-Mail-Adresse, Homepage und Öffnungszeiten unter:
https://www.auswaertiges-amt.de/de/service/laender.

4 Sonstiges

Kraftfahrzeugländerkennzeichen: PL

República Portuguesa (einschl. Azoren, Madeira)

Portugal

1 Allgemeine Informationen

1.1 Kurzinfos

Landesvorwahl: +351

MEZ: –1 Std.
EU-Sommerzeit

Portugiesisch

1 Euro (€) = 100 Cents
(ISO-Code: EUR)

Nach AWG frei vereinbar
Devisenbestimmungen Portugals beachten

Harmonisiertes System
Verzollung nach dem Transaktionswert

Mitglied

Angeschlossen

Angeschlossen

Feiertage: Die Feiertage zu diesem Land finden Sie unter folgendem Link: https://www.timeanddate.de/feiertage/.

1.2 Einfuhr aus der Bundesrepublik

In der EU sind dem Verkehr von Waren nur wenige Beschränkungen auferlegt. Für Güter, die sowohl für zivile als auch für militärische Zwecke verwendet werden können (Dual-Use-Güter mit doppeltem Verwendungszweck), gibt es spezifische Bestimmungen. Zuständig ist die Zoll- und Steuerbehörde (Autoridade Tributária e Aduaneira). Manche sensible Waren (wie z.B. Abfälle) müssen genehmigt werden. Einige Güter aus Drittländern benötigen eine Lizenz.

Für einige Produkte aus dem Agrar- und Industriebereich müssen Standards eingehalten werden. Darüber informieren in Portugal, je nach betroffenen Gütern, verschiedene Stellen, u.a. das Ministerium für Landwirtschaft, landwirtschaftliche Güter und Fischprodukte, das Gesundheitsministerium (Ministério da Saúde) sowie das Wirtschaftsministerium. Für viele Produkte ist die Generaldirektion für Wirtschaftsaktivitäten zuständig (https://dgae.gov.pt). Für gefährliche Verbraucherprodukte gibt es in Europa das Safety Gate Rapid Alert System (zuvor RAPEX). Ansprechpartner ist die dem Landwirtschaftsministerium zugeordnete Generaldirektion für Verbraucher. Zuständig für das Schnellwarnsystem für Lebens- und Futtermittel RASFF (Rapid Alert System for Food and Feed) ist das Landwirtschaftsministerium sowie das Ministerium für Wirtschaft und Meer (Ministério do Mar).

Tiere oder tierische Produkte aus Drittstaaten können nur an zugelassenen Grenzkontrollstellen (GKS) eingeführt werden. Möglich ist die Abfertigung an den GKS an den Flughäfen von Faro, Lissabon und Porto sowie Funchal auf Madeira und Ponta Delgada auf den Azoren. Als Seefrachthäfen sind möglich Lissabon, Porto, Sines, Canical auf Madeira und Ponta Delgada auf den Azoren. Pflanzen, pflanzliche Produkte und Teile von Pflanzen werden nur an bestimmten Stellen abgefertigt, u.a. an den Flughäfen von Faro, Lissabon, Porto sowie Funchal auf Madeira sowie Lajes und Ponta Delgada auf den Azoren. Als Seefrachthäfen sind möglich Avereiro, Lissabon, Porto, Sines, Sétubal, Viana do Castelo, Funchal auf Madeira sowie Ponta Delgada und Praia da Vitória auf den Azoren. Zuständig ist die Generaldirektion für Ernährung und Veterinärwesen am Landwirtschaftsministerium. Für die Einfuhr von Medizin und Pharmazeutika sind die Bestimmungen der Nationalen Behörde für Medikamente und Gesundheitswesen (Autoridade Nacional do Medicamento e Produtos de Saúde) zu beachten (Statut Nr. 176/2006). Rechnungen, Quittungen, schriftliche und mündliche Werbung, Angebote, Gebrauchsanweisungen, Garantiehinweise und andere Unterlagen müssen in Portugiesisch verfasst sein (Statut Nr. 42/88, Nr. 238/86).

1.3 Verpackung

Um Verpackungsabfälle zu vermeiden, zu vermindern und zu verwerten, gibt es besondere Bestimmungen für Produzenten, Vertriebspartner, Versender und insbesondere für Importeure (Registrierungspflicht bei der portugiesischen Umweltbehörde Agencia Portuguesa do Ambiente). Registrierung über die Plattform SILiAmb: https://siliamb.apambiente.pt. Verpackungsmaterial muss zurückgenommen werden. Alternativ Vertragsabschluss mit einem anerkannten Entsorgungssystem, z.B. Novo Verde, Sigeru, Valormed oder Ponto Verde.

1.4 Markierung

Keine besonderen Markierungsvorschriften. Evtl. Rücksprache mit dem Importeur halten.

1.5 Mustersendungen

Muster und Warenproben werden zollfrei abgefertigt. Vorübergehende Einfuhr mit Carnet A.T.A.

2 Dokumente

2.1 Seefrachten

Seehäfen: Leixoes (Porto), Lissabon, Faro, Setubal, Sines, Aveiro, Funchal (Madeira), Horta (Azoren), Porto, Ponta Delgada (Azoren) u.a.

2.1.1 Konnossemente

Voller Satz Konnossemente (dreifach), Ausstellung an Order möglich.

2.1.2 Handelsrechnungen

Rechnungsangaben laut Kaufvertrag. Die Rechnung muss die USt-Identifikationsnummern (UID-Nr.) von Exporteur und Importeur enthalten sowie den Hinweis „steuerfreie innergemeinschaftliche Lieferung" oder „steuerfrei nach § 4 Nr. 1b UStG", sonst ist MwSt. zu berechnen. Außerdem kann noch der folgende Vermerk in die Rechnung aufgenommen werden, der auf die Steuerbefreiung hinweist: „fornecimento inter-comunitàrio isento de IVA".

Die Bedingungen des § 6a UStG müssen eingehalten sein.

Bei Dual-Use-Gütern ist in den Papieren ein ausdrücklicher Vermerk anzubringen, dass bei der Ausfuhr aus dem Gebiet der EU eine Kontrolle der Waren stattzufinden hat.

Für Nichtgemeinschaftswaren sind Rechnungen mit folgenden Informationen notwendig, z.B. Ausstellungsort und -datum, detaillierte Produktbezeichnung, Menge, Art und Anzahl der Pakete mit Angabe von Nummer und Marke, Namen und Anschriften von Aus- und Einführer, Lieferbedingungen mit fob-Wert, cif-Kosten und -Wert bzw. cfr-Wert, Zahlungsbedingungen, Rechnungsnummer, Beförderungsart, Gesamtbetrag sowie das Ursprungsland. Keine Unterzeichnung der Rechnungen und keine Bescheinigungen erforderlich.

2.1.3 Ursprungszeugnisse

Ursprungszeugnis nur auf Anforderung.

2.1.4 Gesundheitszeugnisse

Gesundheitszertifikat für Samen und Pflanzen auf Anforderung. Direção-Geral de Veterinária erforderlich sowie ein amtstierärztliches Zeugnis (außer bei Luftfracht, da dann die Untersuchung bei Ankunft in Portugal vorgenommen wird) für Tiere und deren Produkte. Für Futtermittel muss ein Ursprungs- und Gesundheitszeugnis vorliegen.

2.1.5 Intrastat-Meldung

Auf Grundlage des Änderungsgesetzes zum Außenhandelsstatistikgesetz (AHStatG-ÄndG) vom 5. März 2025 gelten rückwirkend zum 1. Januar 2025 neue Schwellenwerte für die Intrahandelsstatistik: Für Wareneingänge liegt die Meldegrenze nun bei 3.000.000 €, für Versendungen bei 1.000.000 €.

Wird eine dieser Grenzen im laufenden Kalenderjahr überschritten, beginnt die Meldepflicht im Monat der Überschreitung.

Die Daten können online an das Statistische Bundesamt übermittelt werden. Weitere Informationen sind unter www.destatis.de abrufbar (Suchbegriff: „Intrastat") oder per Tel.: 0611 753965, per Fax: 0611 754525 oder per E-Mail: gruppe-vb@destatis.de.

2.2 Eisenbahnverkehr

2.2.1 Frachtbrief

Ein internationaler Frachtbrief für Frachtgut oder Eilgut, für Expressgut ein internationaler Expressgutschein.

2.2.2

Siehe unter Seefrachten 2.1.2–2.1.5.

2.3 Luftfrachten

Zollflughäfen: Faro (FAO), Funchal (Madeira, FNC), Lissabon (LIS), Oporto (Porto, OPO), Flores, Horta (Azoren), Ponta Delgada (Azoren), Santa Maria (Azoren), Porto Santo (Madeira) u.a.

2.3.1 Luftfrachtbrief

Eine Ausfertigung des Luftfrachtbriefes.

2.3.2

Siehe unter Seefrachten 2.1.2–2.1.5.

2.4 Postverkehr

2.4.1 Paketkarte

Keine Zollformulare. Höchstgewicht: 30 kg.

2.4.2

Siehe unter Seefrachten 2.1.2–2.1.5.

3 Adressen

Auslandshandelskammer

Deutsch-Portugiesische Industrie- und Handelskammer
Câmara de Comércio e Indústria Luso-Alemã
Avenida da Liberdade, 38/2
P-1269-039 Lisboa
Tel.: +351 213211200, Fax: +351 213467150
Geschäftszeiten: Mo.–Fr. 9.00–12.00 Uhr, 14.00–17.00 Uhr
E-Mail: infolisboa@ccila-portugal.com
www.ccila-portugal.com

Standort Porto:
Avenida Sidónio Pais n. °379
P-4100-468 Porto
Tel.: +351 226061560, Fax: +351 226003789
E-Mail: infoporto@ccila-portugal.com
www.ccila-portugal.com

Konsulate

Die Konsulatsadressen finden Sie jeweils mit Telefonnummer, E-Mail-Adresse, Homepage und Öffnungszeiten unter:
https://www.auswaertiges-amt.de/de/service/laender.

4 Sonstiges

Kraftfahrzeugländerkennzeichen: P

Puerto Rico

1 Allgemeine Informationen

1.1 Kurzinfos

Landesvorwahl: +1787

MEZ: –5 Std.

Englisch, Spanisch

Wie USA

Nach AWG frei vereinbar
Devisenbestimmungen von Puerto Rico beachten

Harmonisiertes System

Feiertage: Die Feiertage zu diesem Land finden Sie unter folgendem Link: https://www.timeanddate.de/feiertage/.

1.2 Einfuhr aus der Bundesrepublik

Vergleiche die unter **Vereinigten Staaten von Amerika** aufgeführten Einzelheiten. Von den in Puerto Rico ansässigen Importeuren wird im Allgemeinen Wert darauf gelegt, aus der Bundesrepublik Deutschland direkt und nicht über Vertreter auf dem Festland der USA zu kaufen.

1.3 Verpackung

Heu und Stroh dürfen nicht benutzt werden.

1.4 Markierung

Maßgebend sind die Bestimmungen der **Vereinigten Staaten von Amerika**.

2 Dokumente

2.1 Seefrachten

Seehäfen: San Juan, Mayaguez, Ensenada Honda, Playa de Guayanilla, Playa de Ponce

Zollflughafen: San Juan (SJU)

Es gelten die Bestimmungen der **Vereinigten Staaten von Amerika**.

1 Allgemeine Informationen

1.1 Kurzinfos

Landesvorwahl: +262

MEZ: +3 Std.

Französisch

1 Euro (€) = 100 Cents (ISO-Code: EUR)

Nach AWG frei vereinbar Devisenbestimmungen von Réunion beachten

Harmonisiertes System

Angeschlossen

Feiertage: Die Feiertage zu diesem Land finden Sie unter folgendem Link: https://www.timeanddate.de/feiertage/.

1.2 Einfuhr aus der Bundesrepublik

Réunion seit 1.1.1958 EU-zugehörig. Einfuhr aus den Ländern der OECD größtenteils ohne Einfuhrgenehmigung möglich.

1.3 Verpackung

Für Holzverpackungen gelten die Regelungen des ISPM Nr. 15-Standards.

1.4 Markierung

Siehe **Frankreich**.

1.5 Mustersendungen

Siehe **Frankreich**.

2 Dokumente

2.1 Seefrachten

Seehafen: St. Denis

2.1.1 Konnossemente

Voller Satz Konnossemente ohne Beglaubigung. Order-B/L mit Notify-Adresse zugelassen. Zolltarifnummer des Harmonisierten Systems ist anzugeben.

2.1.2 Handelsrechnungen

Handelsrechnung (zweifach), Französisch, mit allen üblichen Angaben, wie z.B. Name und Anschrift des Käufers und Verkäufers, Marke, Nummer, Anzahl und Art der Packstücke, genaue Warenbezeichnung, Mengen, Brutto-/Nettogewichte, HS-Code, Lieferungs- und Zahlungsbedingungen, Einzel- und Gesamtpreis, Ursprungsland, Rabatte, cif- und Gesamt-fob Wert. Original und Kopie sind entsprechend zu kennzeichnen, wobei auf der Kopie vermerkt sein muss, dass diese mit dem Original übereinstimmt. Am Schluss folgende Erklärung: „Nous certifions que les marchandises dénommées dans cette facture sont de fabrication et d'origine de la République Fédérale d'Allemagne et que les prix indiqués ci-dessus s'accordent avec les prix courants sur le marché d'exportation." Keine Bescheinigung.

2.1.3 Ursprungszeugnisse

Ursprungszeugnis mit der Angabe „République Fédéral d'Allemagne (Union européenne)" nur auf Anforderung.

2.1.4 Warenverkehrsbescheinigung

Präferenzversandpapiere für EU-Waren bzw. Waren, die sich in der EU im zollrechtlich freien Verkehr befinden (verzollt):

T2F:
für Waren im Linienseeverkehr.

T2LF:
für Waren, die nicht im Nichtlinienseeverkehr befördert werden. Ausstellung durch die Zollstellen. Auf den Verpackungen und Begleitdokumenten ist ein Klebezettel für Postsendungen notwendig.

2.1.5 Gesundheitszeugnisse

Gesundheitszeugnis für Pflanzen, Teile von Pflanzen (www.julius-kuehn.de) und veterinäres Zeugnis für lebende Tiere sowie tierische Erzeugnisse erforderlich.

2.2 Luftfrachten

Zollflughafen: Saint Denis

2.2.1 Luftfrachtbrief

Ein Luftfrachtbrief.

2.2.2

Siehe unter Seefrachten 2.1.2–2.1.5.

2.3 Postverkehr

2.3.1 Paketkarte

Zwei Zollinhaltserklärungen, Französisch, Englisch. Höchstgewicht: 31,5 kg, Vertragskunden: 30 kg. Ausführungen des Paketdienstes nur durch ausgewählte Postämter auf Réunion. Post befragen.

1 Allgemeine Informationen

1.1 Kurzinfos

Landesvorwahl: +250

MEZ: +1 Std.

Französisch, Englisch

1 Ruanda Franc (F.Rw)
= 100 Centimes (ISO-Code: RWF)

Nach AWG frei vereinbar
Devisenbestimmungen von Ruanda beachten

Harmonisiertes System

Mitglied

Feiertage: Die Feiertage zu diesem Land finden Sie unter folgendem Link: https://www.timeanddate.de/feiertage/.

1.2 Einfuhr aus der Bundesrepublik

Es besteht ein Abkommen (APS). Für Waren sind keine Einfuhrlizenzen nötig. Zuständig für Normen und Standards ist das RBS. Für Erzeugnisse aus Bitumen müssen besondere Verpackungsvorschriften eingehalten werden. Erzeugnisse, die für die Umwelt schädlich sind, Rauschmittel, sittenwidrige Erzeugnisse, Waffen, Munition, Fälschungen o.Ä. dürfen nicht eingeführt werden. Eine Desinfektionsbescheinigung für gebrauchte Textilien ist erforderlich. Informationen über Formalitäten auch auf der Internetseite des Zolls: www.rwandatrade.rw.

1.3 Markierung

Wiegt die Sendung mehr als 1 000 kg, muss sie mit einem deutlichen, dauerhaft angebrachten Gewichtsvermerk versehen sein. Bei Transit via Daressalaam (Tansania): auf markierten Kistenseiten zusätzlich gelbes Kreuz. Balkenlänge mindestens 30 cm.

1.4 Mustersendungen

Muster ohne Handelswert (bis 100 000 Ruanda Francs) sind zollfrei.

2 Dokumente

2.1 Seefrachten

Seehafen: Keiner; Verschiffung via Daressalaam (Tansania) oder Mombasa (Kenia)

2.1.1 Konnossemente

Voller Satz Konnossemente, Aufmachung an Order möglich (dann jedoch mit Notify-Adresse), ohne Beglaubigung.

2.1.2 Handelsrechnungen

Handelsrechnung (zweifach, Französisch oder Englisch) mit den üblichen Angaben wie Name des Exporteurs und Importeurs und Empfängers, Marke, Nummern, Anzahl und Art der Packstücke, Brutto-/Nettogewichte, genaue Warenbezeichnungen (Kleidung benötigt zusätzliche Informationen wie Maße, Gewichte, Material), Lieferbedingungen, Ursprungsland, HS-Code, Mengen, Ort und Datum der Ausstellung sowie Einzelpreise, Gesamt-fob- und cif-Wert und auch Nachlässe, wie z.B. Rabatte.

2.1.3 Ursprungszeugnisse

Ursprungszeugnis bei tierischen Produkten oder auf Anforderung mit der Angabe „Federal Republic of Germany (European Union)“ erforderlich.

2.1.4 Warenverkehrsbescheinigung

Warenverkehrsbescheinigung EUR.1 bzw. Präferenz-Ursprungsnachweis in einem der Handelspapiere: nicht erforderlich.

2.1.5 Packlisten

Packlisten (dreifach) mit den Angaben von: Marke, Nummer, Art, Gewicht und Inhalt für alle Packstücke ist sehr zu empfehlen.

2.1.6 Gesundheitszeugnisse

Veterinärärztliches Gesundheitszeugnis für Fleisch sowie Fleischerzeugnisse erforderlich. Pflanzen, deren Erzeugnisse und Samen (gilt nicht für die zum Verkauf abgefüllten Samentüten) erfordern ein Pflanzengesundheitszeugnis, ausgestellt von der zuständigen amtlichen Pflanzenschutzstelle (https://pflanzengesundheit.julius-kuehn.de/).

2.2 Luftfrachten

Zollflughäfen: Kigali

2.2.1 Luftfrachtbrief

Eine Ausfertigung des Luftfrachtbriefes.

2.2.2

Siehe unter Seefrachten 2.1.2–2.1.6.

2.3 Postverkehr

2.3.1 Paketkarte

Zwei Zollinhaltserklärungen, Französisch, Englisch. Höchstgewicht: 31,5 kg, Vertragskunden: 30 kg.

Bitte beachten: Ausführung des Paketdienstes in Ruanda nur durch folgende Postämter: Butare, Byumba, Cyangugu, Gatsibo, Gikongoro, Gisenyi, Gitarama, Kabaya, Kibungo, Kibuye, Kigali, Kirambo, Nyabisindu, Nyamasheke, Nyange, Ruhango, Ruhengeri, Rwamagana, Vunga. Bei Postpaketen nach anderen Orten ist zusätzlich der nächstgelegene dieser Orte zu vermerken.

2.3.2

Siehe unter Seefrachten 2.1.2–2.1.6.

3 Adressen

Konsulate

Die Konsulatsadressen finden Sie jeweils mit Telefonnummer, E-Mail-Adresse, Homepage und Öffnungszeiten unter:
https://www.auswaertiges-amt.de/de/service/laender.

4 Sonstiges

Länderkurzbezeichnung gemäß Präferenzrecht (Lieferantenerklärung): AKP
Länder(-gruppen)kurzbezeichnung für bes. Zollsätze im Europäischen Zolltarif: LOMA/SPGA
Kraftfahrzeugländerkennzeichen: RWA

1 Allgemeine Informationen

1.1 Kurzinfos

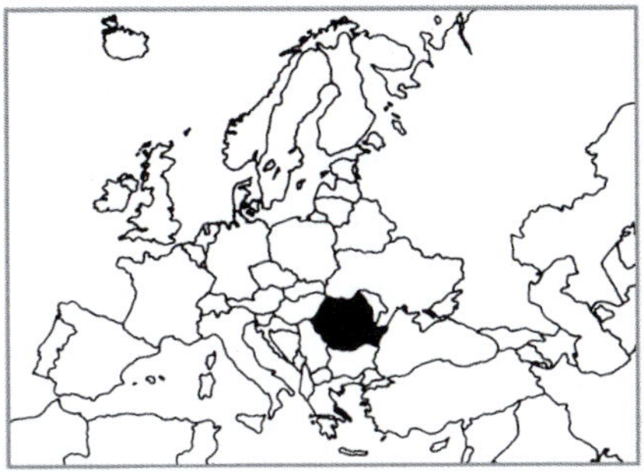

Landesvorwahl: +40

MEZ: +1 Std.
EU-Sommerzeit

Rumänisch, Französisch, Englisch

1 Neuer Leu = 100 Bani
(ISO-Code: RON)

Nach AWG frei vereinbar
Devisenbestimmungen von Rumänien beachten

Harmonisiertes System
Verzollung nach Transaktionswert

Mitglied

Angeschlossen

Angeschlossen

Feiertage: Die Feiertage zu diesem Land finden Sie unter folgendem Link: https://www.timeanddate.de/feiertage/.

1.2 Einfuhr aus der Bundesrepublik

In der EU sind dem Verkehr von Waren nur wenige Beschränkungen auferlegt. Für Güter, die sowohl für zivile als auch für militärische Zwecke verwendet werden können (Dual-Use-Güter mit doppeltem Verwendungszweck), gibt es spezifische Bestimmungen. Zuständig ist das dem Ministerium für auswärtige Angelegenheiten (Ministerul Afacerilor Externe) zugeordnete Institut für Ausfuhrkontrolle (Departamentul Pentru Controlul Exporturilor ANCEX). Manche sensiblen Waren (wie z.B. Abfälle) müssen genehmigt werden. Einige Güter aus Drittländern benötigen eine Lizenz. Bestimmte Erzeugnisse müssen vorab beim Überwachungssystem RO e-Transport (ANAF) online angemeldet werden. Rücksprache mit dem Importeur erforderlich. Seit dem 15. Dezember 2023 müssen grenzüberschreitende Straßentransporte in Rumänien über das System RO e-Transport (ANAF) gemeldet werden, wenn die Ladung über 500 kg oder 10.000 Lei liegt. Bei nationalen Transporten gilt die Pflicht für risikobehaftete Warengruppen. Wenn du möchtest, kann ich den gesamten Text mit dieser Kürzung neu formatieren oder als Infoblatt zusammenstellen.

Für einige Produkte aus dem Agrar- und Industriebereich müssen Standards eingehalten werden. Dafür sind, je nach betroffenen Gütern, unterschiedliche Stellen zuständig, darunter das Ministerium für Wirtschaft, Unternehmen und Tourismus, die Nationale Kommission für die Kontrolle von Nuklearaktivitäten, das Ministerium für Regionalentwicklung und Wohnungswesen, die Nationale Behörde für Veterinär und Lebensmittelsicherheit und die Behörde für gesetzliches Messwesen. Allgemeine Fragen der Standardisierung fallen in den Zuständigkeitsbereich der Gesellschaft für Standardisierung (Asociaţia de Standardizare din România). Für Fragen der Produkt- und Lebensmittelsicherheit ist die Behörde für Verbraucherschutz zuständig. Sie ist auch Ansprechpartner für das Safety Gate Rapid Alert System (zuvor RAPEX), das in Europa für gefährliche Verbraucherprodukte zuständig ist. Zuständig für das Schnellwarnsystem für Lebens- und Futtermittel RASFF (Rapid Alert System for Food and Feed) ist die Behörde für Veterinär- und Lebensmittelsicherheit.

Tiere oder tierische Produkte aus Drittstaaten können nur an zugelassenen Grenzkontrollstellen (GKS) eingeführt werden. Möglich ist die Abfertigung an den GKS am Flughafen Bukarest (Otopeni) sowie für Seefracht an den Häfen von Constanta (Sud Aigea sowie Nord). Pflanzen, pflanzliche Produkte und Teile von Pflanzen, die phytosanitär inspiziert werden müssen, werden nur an bestimmten Stellen abgefertigt. Zuständig ist das Amt für Pflanzenschutz am Ministerium für Landwirtschaft und ländliche Entwicklung. Über die

Bedingungen für die Einfuhr von medizinischen Erzeugnissen hinsichtlich Konformität, Genehmigungen, Qualität, Zulassung und Bescheinigungen informiert die Nationale Behörde für Medikamente, Nahrungsmittel und medizinische Geräte.

1.3 Verpackung

Um Verpackungsabfälle zu vermeiden, zu vermindern und zu verwerten, gibt es besondere Bestimmungen.

1.4 Markierung

Keine besonderen Markierungsvorschriften. Rücksprache mit dem Importeur empfohlen.

1.5 Mustersendungen

Muster und Warenproben werden zollfrei abgefertigt. Vorübergehende Einfuhr mit Carnet A.T.A.

2 Dokumente

2.1 Seefrachten

Seehäfen: Constanza, Mangalia, Sulina

2.1.1 Konnossemente

Voller Satz Konnossemente, Ausstellung an Order möglich.

2.1.2 Handelsrechnungen

Rechnungsangaben laut Kaufvertrag. Die Rechnung muss die USt-Identifikationsnummern (UID-Nr.) von Exporteur und Importeur enthalten sowie den Hinweis „steuerfreie innergemeinschaftliche Lieferung" oder „steuerfrei nach § 4 Nr. 1b UStG", sonst ist MwSt. zu berechnen. Außerdem noch folgender Vermerk in die Rechnung: „livrare intracomunitara exonerata de la plata TVA".

Die Bedingungen des § 6a UStG müssen eingehalten sein.

Bei Dual-Use-Gütern ist in den Papieren ein ausdrücklicher Vermerk anzubringen, dass bei der Ausfuhr aus dem Gebiet der EU eine Kontrolle der Waren stattzufinden hat.

Für Nichtgemeinschaftswaren sind Rechnungen mit folgenden Informationen notwendig, z.B. Ausstellungsort und -datum, detaillierte Produktbezeichnung, Menge, Art und Anzahl der Pakete mit Angabe von Nummer und Marke, Namen und Anschriften von Aus- und Einführer, Lieferbedingungen mit fob-Wert, cif-Kosten und -Wert bzw. cfr-Wert, Zahlungsbedingungen, Rechnungsnummer, Beförderungsart, Gesamtbetrag sowie das Ursprungsland. Keine Unterzeichnung der Rechnungen und keine Bescheinigungen erforderlich.

2.1.3 Ursprungszeugnisse

Ursprungszeugnis nur auf Anforderung.

2.1.4 Intrastat-Meldung

Auf Grundlage des Änderungsgesetzes zum Außenhandelsstatistikgesetz (AHStatG-ÄndG) vom 5. März 2025 gelten rückwirkend zum 1. Januar 2025 neue Schwellenwerte für die Intrahandelsstatistik: Für Wareneingänge liegt die Meldegrenze nun bei 3.000.000 €, für Versendungen bei 1.000.000 €.

Wird eine dieser Grenzen im laufenden Kalenderjahr überschritten, beginnt die Meldepflicht im Monat der Überschreitung.

Die Daten können online an das Statistische Bundesamt übermittelt werden. Weitere Informationen sind unter www.destatis.de abrufbar (Suchbegriff: „Intrastat") oder per Tel.: 0611 753965, per Fax: 0611 754525 oder per E-Mail: gruppe-vb@destatis.de.

2.2 Eisenbahnverkehr

2.2.1 Frachtbrief

Internationaler Frachtbrief, internationale Zollanmeldung nicht erforderlich.

2.2.2

Siehe unter Seefrachten 2.1.2–2.1.4.

2.3 Luftfrachten

Zollflughäfen: Arad, Bacau, Bukarest (OTP), Constanza, Großwardein (Oradea), Timisoara (TSR), Baia Mare, Klausenburg (Cluj-Napoca), Craiova, Iasi, Satu Mare, Sibiu, Suceava, Targu Mures und weitere

2.3.1 Luftfrachtbrief

Luftfrachtbrief, ohne Beglaubigung.

2.3.2

Siehe unter Seefrachten 2.1.2–2.1.4.

2.4 Postverkehr

2.4.1 Paketkarte

Keine Zollformulare. Höchstgewicht 31,5 kg. Zahlungsmittel dürfen nicht per Paket versandt werden; keine Registrierung in RO e-Transport.

2.4.2

Siehe unter Seefrachten 2.1.2–2.1.4.

3 Adressen

Konsulate

10117 Berlin, Konsularabteilung der Botschaft
Dorotheenstr. 62–66
Tel.: 030 21239555
Fax: 030 21239554
Mo.–Fr. 8.00–14.00 Uhr
E-Mail: berlin.cons@mal.ro
berlin.mae.ro

Weitere Konsulatsadressen finden Sie jeweils mit Telefonnummer, E-Mail-Adresse, Homepage und Öffnungszeiten unter folgendem Link: https://www.auswaertiges-amt.de/de/service/laender.

Auslandshandelskammer

Deutsch-Rumänische Industrie- und Handelskammer
Camera de Comert si Industrie Romana-Germana
Calea Grivitei 82-98, et. 1
Cladire The Mark, Corp The Podium
RO-010735 Bucuresti (Bukarest)
Tel.: +40 212231531
Geschäftszeiten: Mo.–Do. 8.00–17.00 Uhr; Fr. 8.00–14.00 Uhr
E-Mail: drahk@ahkrumaenien.ro
www.ahkrumaenien.ro

4 Sonstiges

Kraftfahrzeugländerkennzeichen: RO

Russland

Russland (Russische Föderation), Russian Federation

1 Allgemeine Informationen

1.1 Kurzinfos

Landesvorwahl: +7

MEZ: +2 bis 11 Std.

Russisch, Englisch, Deutsch

1 Rubel (Rbl) = 100 Kopeken (ISO-Code: RUB)

Nach AWG frei vereinbar Devisenbestimmungen beachten

Harmonisiertes System

Mitglied

Angeschlossen. Verfahren weicht in einigen Punkten von gewohnten Modalitäten ab. IHK befragen.

Kann vorerst angewendet werden, Rücksprache mit IHK empfehlenswert.

Feiertage: Die Feiertage zu diesem Land finden Sie unter folgendem Link: https://www.timeanddate.de/feiertage/.

1.2 Einfuhr aus der Bundesrepublik

Seit dem 1.1.2015 ist Russland Mitglied der Eurasischen Wirtschaftsunion (EAWU http://www.eurasiancommission.org/en/pages/default.aspx) mit Armenien, Belarus, Kasachstan und Kirgisistan. Regulierungsbehörde ist die Eurasische Wirtschaftskommission. Die EAWU verbietet die Einfuhr bestimmter Güter wie ozonschädliche Stoffe, gefährliche Abfälle, bestimmte Medieninhalte, Waffen und Geräte zur Gewinnung biologischer Ressourcen. Zusätzlich gelten nationale Importverbote einzelner Mitgliedstaaten. Für sensible Produkte wie Arzneimittel, Pflanzenschutzmittel, Tabak und Hochfrequenztechnik sind Einfuhrlizenzen erforderlich. Eine Übersicht verbotener oder beschränkter Waren im Handel mit Drittstaaten bietet die Website der Eurasischen Wirtschaftskommission. Für bestimmte Produkte wie Pflanzenschutzmittel, Tabak, medizinische Geräte und Pharmazeutika sind Importlizenzen erforderlich. Technische Güter müssen mit dem EAC-Konformitätszeichen versehen sein und den EAWU-Regelwerken entsprechen. Zertifikate sind auf Russisch auszustellen und als beglaubigte Kopien beim Zoll vorzulegen. Die GOST-R-Zertifizierung wird schrittweise durch EAWU-Vorschriften ersetzt. Für viele Produkte gelten Kennzeichnungspflichten in russischer Sprache (z.B. Herkunft, Hersteller, Nährwerte, Haltbarkeit). Bei Lebensmitteln gilt TR 022/2011. Alkohol und Tabakwaren benötigen Akzisenmarken und eine Genehmigung. Fahrzeuge müssen der Euro-5-Norm und TR 018/2011 entsprechen; gebrauchte Fahrzeuge werden gesondert geprüft.

Seit Juni 2024 gilt eine Registrierungspflicht im Chestny-Znak-System für nichtalkoholische Getränke in bestimmten Verpackungen. Bis 2024 sollen alle Branchen durch ein nationales Track--Trace-System mit DataMatrix-Codes abgedeckt werden. Produkte ohne korrekte Kennzeichnung dürfen nicht eingeführt werden. Für Arzneimittel und Medizinprodukte ist eine Registrierung beim Gesundheitsministerium sowie eine Handelslizenz erforderlich. Für Betäubungsmittel und psychotrope Substanzen sind zusätzliche Zertifikate notwendig. Schwerkranke Patienten können seit März 2022 über gemeinnützige Organisationen vereinfacht versorgt werden. Produkte mit Gesundheitsrisiken müssen vor der ersten Einfuhr beim Verbraucherschutz registriert werden.

Pflanzen und pflanzliche Produkte benötigen ein Gesundheitszeugnis, Tiere und tierische Erzeugnisse eine Veterinärgenehmigung über das Argus-System. Die Registrierung beim Bundesamt für Verbraucherschutz und Lebensmittelsicherheit ist Voraussetzung für tierische Lebensmittel. Die EU hat weitreichende Sanktionen gegen Russland verhängt, darunter ein Waffenembargo, Handelsbeschränkungen für Dual-Use-Güter, Hochtechnologie, Energieausrüstung, Luxuswaren sowie Finanzsanktionen. Zusätzlich gelten personen- und dienstleistungsbezogene Sanktionen gegen bestimmte Organisationen, Einrichtungen und Einzelpersonen. Aktuelle Informationen bieten das BAFA (www.bafa.de) und die AHK Russland (www.kammer-russland.ru).

1.3 Verpackung

Für Holzverpackungen gelten die Regelungen des ISPM Nr. 15-Standards. Bei der Verpackung müssen u.a. lange Transportwege, extreme Witterungsbedingungen und Umladungen berücksichtigt werden. Die Verpackung muss so beschaffen sein, dass sie bei Lagerung unter freiem Himmel 1 Jahr standhalten kann. Auch die Technische Regelung der EAWU zur Verpackung muss beachtet werden. Für viele Produktgruppen wird schrittweise ein verpflichtendes digitales Kennzeichnungssystem mit DataMatrix-Code (2D-Code) eingeführt – abhängig vom jeweiligen Mitgliedstaat. Betroffene Warengruppen, z. B. Schuhe, sind beim zuständigen Technologiezentrum abrufbar.

1.4 Markierung

Alle Packstücke müssen mit Absender- und Empfängerfirma, gesamter Anzahl der Kolli und der Art der Verpackung sowie dem Ursprungsland gekennzeichnet sein. Je nach Produktart besondere Anforderungen. Rücksprache mit dem Importeur empfohlen.

1.5 Mustersendungen

Muster ohne Handelswert unterliegen der Zollpflicht. Die Abfertigung am Zoll erfolgt unter erleichterten Bedingungen. Pro-forma-Rechnung. Wegen der EU-Sanktionen gegen Russland werden keine Carnets für die vorübergehende Einfuhr ausgestellt.

2 Dokumente

2.1 Eisenbahnverkehr

Bitte beachten: Die Anzahl der Ausfertigungen der Warenbegleitpapiere sowie der Handelsrechnungen werden in den Kontrakten zwischen dem Importeur und dem Exporteur festgelegt. Es ist darauf zu achten, den Namen des Empfängerlandes korrekt zu schreiben, z.B. „Rossija" für Russland oder den Namen des Autonomen Gebietes oder Kreises oder der Autonomen Republik mit dem Zusatz „Rossijskaja Federazija" für Russische Föderation.

2.1.1 Frachtbrief

Ein internationaler Frachtbrief für Frachtgut oder Eilgut.

2.1.2 Handelsrechnungen

Handelsfaktura, ordnungsgemäß unterschrieben und mit Firmenstempel versehen, mindestens zweifach, mit allen üblichen Angaben, wie Brutto- und Nettogewicht (Bruttogewicht ohne Palettengewicht, deren Anzahl und Gewicht extra ausweisen), Wert der Inlandsfracht, Zolltarifnummer, Handelsmarke, Ursprungsland, Einzel- und Gesamtpreis in Devisen, Skonto, Name und Anschrift vom Ausführer und Empfänger, Ort und Datum der Ausstellung, Rechnungs-Nr., Transportinformationen, Zahlungsbedingungen, Lieferbedingungen, Nummern, Markierung, Art und Menge der Versandstücke, Warenbezeichnung mit HS-Code, Mengen, Liefervertrag und Stempel und Unterschrift des Verkäufers. Für die Verzollung bei der Einfuhr sollte eine Übersetzung der Rechnung ins Russische bzw. in Lautschrift vorgelegt werden. Verpflichtende elektronische Übermittlung über das System ED.2. Bei kostenlosen Sendungen ist der Preis (einzeln und gesamt) in der Pro-forma-Rechnung (mit Firmenstempel) zusammen mit dem Vermerk „Nur für Zollzwecke" bzw. „only for customs clearance" einzutragen. Begleitendes Schreiben mit Angaben zu Verwendungszweck, Zertifizierungen, Kontrollen etc.

2.1.3 Ursprungszeugnisse

Ursprungszeugnisse mit der Angabe „Federal Republic of Germany (European Union)" empfehlenswert. Zwingend erforderlich nur bei regulierten Waren, doch wird es in der Praxis auch bei anderen Produkten verlangt. Besteht ein Unterschied zwischen Ausfuhr- und Ursprungsland, müssen Vornachweise evtl. übernommen werden. Rücksprache mit Handelskammer empfohlen.

2.1.4 Packlisten

Packlisten fünffach (außer für Chemikalien und Rohstoffe) erforderlich. Informationen zur Bezeichnung, Gewicht (brutto und netto) für alle Verpackungseinheiten.

2.1.5 Gesundheitszeugnisse

Ein Gesundheits- und Ursprungszeugnis einer amtlichen Pflanzenschutzstelle bei Einfuhr von Pflanzen und pflanzlichen Erzeugnissen sowie ein amtstierärztliches Zeugnis bei Einfuhr von Tieren, Tierfutter und veterinären Produkten erforderlich. Exporteure von Lebensmitteln und Futtermitteln tierischen Ursprungs werden beim Bundesamt für Verbraucherschutz und Lebensmittelsicherheit (BVL) gelistet.

2.1.6 Konformitätszertifikat

In der Russischen Föderation besteht für bestimmte einzuführende Waren, Produkte (u.a. aus dem Bereich Elektrotechnik, Maschinen, Kfz, Parfüm, Spielzeug, Elektronik, Kosmetikartikel, Kinderartikel, diverse Lebensmittel, Haushaltschemikalien) und industrielle Anlagen eine Zertifizierungspflicht. Es gelten die Anforderungen des in der EAWU gültigen EAC-Konformitätszeichens, das die Konformität mit den jeweiligen Technischen Regulierungen bestätigt. Die Bescheinigung über die Konformität mit den einzuhaltenden nationalen Normen-, Qualitäts- und Sicherheitsstandards erfolgte zuvor über das GOST-R (Gossudarstwenny Standart) Zertifikat oder ein Konformitätszertifikat gemäß dem Gesetz über die technische Regulierung, TR-Zertifikat und wird sukzessive durch die TRs der EAWU ersetzt.

Die Online-Registrierung der Konformitätserklärungen erfolgt seit 1. Januar 2021 nicht mehr durch russische Zertifizierungsgesellschaften, sondern nur noch durch die Hersteller bzw. deren Vertreter. Der Registrierende muss in der Eurasischen Wirtschaftsunion ansässig und bei der Plattform Gosuslugi registriert sein (durch elektronische Signatur erfolgt die Zugangsberechtigung zum Onlineportal).

Das Zertifikat wird einfach in russischer Sprache ausgestellt. Für die Verzollung ist eine beglaubigte Kopie erforderlich (Beglaubigung durch Notar, ausstellende Behörde oder konsularische Vertretung der Russ. Föderation).

2.1.7 Kaufvertrag

Der Kaufvertrag, eine Abschrift oder beglaubigte Preislisten der IHK können zur Ermittlung des Zollwertes verlangt werden. Rücksprache mit dem Importeur empfohlen.

2.2 Luftfrachten

Zollflughäfen: Ekaterinenburg (SVX), Irkutsk (IKT), Kaliningrad (KGD), Krasnodar (KRR), Krasnoyarsk (KJA), Moskau (MOW, SVO, VKO, DME), Murmansk (MMK), Nischni Nowgorod (GOJ), Novgorod (NVR), Omsk (OMS), Perm (PEE), Rostov am Don (ROV), St. Petersburg (LED), Tomsk (TOV), Vladikawkas (OGZ), Wladiwostok (VVO), Wolgograd (VOG), Bratsk, Brjansk, Juschno-Sachalinsk, Kazan, Machatschkala, Ufa, Ulan-Ude und weitere

2.2.1 Luftfrachtbrief

Eine Ausfertigung des Luftfrachtbriefes.

2.2.2

Siehe unter Eisenbahnverkehr 2.1.2–2.1.7.

2.3 Seefrachten

Seehäfen: St. Petersburg, Vostochny, Kaliningrad, Primorsk, Noworsosijsk, Wyborg, Murmansk u.a.

2.3.1 Konnossemente

Einen Satz Konnossemente, Ausstellung „an Order" möglich, keine Beglaubigung.

2.3.2

Siehe unter Eisenbahnverkehr 2.1.2–2.1.7.

2.4 Postverkehr

2.4.1 Paketkarte

Zwei Zollinhaltserklärungen in Russisch oder Französisch. Höchstgewicht 20 kg. Anschrift in lateinischen Buchstaben, möglichst genaue Bezeichnung des Bestimmungsortes.

2.4.2

Siehe unter Eisenbahnverkehr 2.1.2–2.1.7.

3 Adressen

Auslandshandelskammer

Deutsch-Russische Auslandshandelskammer
Business-Center Fili Grad
Beregovoy Proezd 5A K1, Etage17
121087 Moskau
Tel.: +7 4952344950
E-Mail: ahk@russland-ahk.ru
russland.ahk.de

Standort St. Petersburg:
191186 Sankt Petersburg
Gorokhovaya str., h. 16/71, 4. Etage
Tel.: +7 8123291415
E-Mail: petersburg@russland-ahk.ru

Repräsentanz in Deutschland
Leipziger Str. 63, 10117 Berlin
Tel.: +49 30 204 42 04
E-Mail: info@hik-russland.de

Konsulate

Die Konsulatsadressen finden Sie jeweils mit Telefonnummer, E-Mail-Adresse, Homepage und Öffnungszeiten unter:
https://www.auswaertiges-amt.de/de/service/laender.

4 Sonstiges

Länder(-gruppen)kurzbezeichnung für bes. Zollsätze im Europäischen Zolltarif: SPGL
Kraftfahrzeugländerkennzeichen: RUS

Sabah und Sarawak

Ost-Malaysia –
Mitglieder der Federation of Malaysia

1 Allgemeine Informationen

1.1 Kurzinfos

Feiertage: Die Feiertage zu diesem Land finden Sie unter folgendem Link: https://www.timeanddate.de/feiertage/.

Alle weiteren Angaben siehe **Malaysia**.

2 Dokumente

Es gelten die Angaben für **Malaysia**.

2.1 Seefrachten

Seehäfen: Labuan, Kota Kinabalu, Sandakan (in Sabah), Kuching (in Sarawak)

2.2 Luftfrachten

Zollflughäfen: Kota Kinabalu (in Sabah), Kuching (in Sarawak)

Solomon Islands

Salomon Inseln

1 Allgemeine Informationen

1.1 Kurzinfos

Landesvorwahl: +677

MEZ: +10 Std.

Englisch

1 Salomon-Island-$ (SI$) =
100 Cents (ISO-Code: SBD)

Nach AWG frei vereinbar
Devisenbestimmungen der Salomon Inseln beachten

Harmonisiertes System

Mitglied

Feiertage: Die Feiertage zu diesem Land finden Sie unter folgendem Link: https://www.timeanddate.de/feiertage/.

1.2 Einfuhr aus der Bundesrepublik

Es besteht ein Interims-Partnerschaftsabkommen mit gegenseitiger Präferenzgewährung. Für Pflanzen, Tiere, tierische Produkte und Erde sind Einfuhrlizenzen erforderlich.

Bitte beachten: Besondere Bestimmungen beim Import von Eiern und Geflügel.

1.3 Verpackung

Heu, Stroh, Flachs und Häcksel dürfen nicht benutzt werden. Auf wasserdichte und widerstandsfähige, starke Verpackungen mit wasserdichtem Innenschutz achten. Für Holzverpackungen gelten die Regelungen des ISPM Nr. 15-Standards.

1.4 Markierung

Es ist empfehlenswert mit dem Namen des Ursprungslandes zu kennzeichnen, da dieses klar erkenntlich sein muss.

1.5 Mustersendungen

Muster ohne Handelswert sind zollfrei.

2 Dokumente

2.1 Seefrachten

Seehafen: Honiara

2.1.1 Konnossemente

Voller Satz Konnossemente. Order-B/L zugelassen, jedoch mit Angabe einer Notify-Adresse.

2.1.2 Zollfaktura

Zollfaktura (Formblatt „Combined Certificate and Invoice") dreifach in Englisch. Keine Bescheinigung. Versicherung, Fracht und fob-Wert müssen gesondert angegeben werden. Ursprungsland „Federal Republic of Germany". Da die Zollfaktura korrekt ausgefüllt werden muss, ist die Rücksprache mit dem Importeur unbedingt zu empfehlen.

2.1.3 Handelsrechnungen

Handelsrechnung, keine besonderen Vorschriften. Keine Bescheinigung.

2.1.4 Ursprungszeugnisse

Ursprungszeugnis nicht erforderlich.

2.1.5 Warenverkehrsbescheinigung

Warenverkehrsbescheinigung EUR.1 (Ausführer muss Vordruck ausfüllen, die Zollstelle stellt Bescheinigung aus). Für Sendungen bis € 6 000,– oder bei Lieferungen durch einen ermächtigten Ausführer gilt die Aufnahme der folgenden Erklärung[1] in eines der Dokumente:

1) Ursprungserklärung in weiteren Sprachen, s. Kapitel Hinweise Warenursprung Präferenzen

„The exporter of the products covered by this document (customs authorisation No ...)[2] declares that, except where otherwise clearly indicated, these products are of ... preferential origin.“

Ort, Datum, Unterschrift. Der Name des Unterzeichners ist in Druckbuchstaben zu wiederholen. Ursprungserzeugnisse aus Ceuta und Melilla sind mit „CM“ zu kennzeichnen.

2.2 Luftfrachten

Zollflughafen: Honiara Airport

2.2.1 Luftfrachtbrief

Ein Luftfrachtbrief

2.2.2

Siehe unter Seefrachten 2.1.2–2.1.5.

2.3 Postverkehr

2.3.1 Paketkarte

Zwei Zollinhaltserklärungen, Englisch, Höchstgewicht 20 kg.

2.3.2

Siehe unter Seefrachten 2.1.2–2.1.5.

3 Adressen

Konsulat

Zuständig ist die Botschaft in
B-1040 Brüssel
Avenue Edouard Lacomble, 17
Tel.: +32 27327085
Fax: +32 27326885
E-Mail: info@siembassy.be
www.solomonislandsembassy.com

4 Sonstiges

Seit 7.7.1978 unabhängig.
Mitglied des Commonwealth.
Länderkurzbezeichnung gemäß Präferenzrecht (Lieferantenerklärung): AKP
Länder(-gruppen)kurzbezeichnung für bes. Zollsätze im Europäischen Zolltarif: SPGA

2) Eintrag der Bewilligungsnummer, falls die Erklärung von einem ermächtigten Ausführer erstellt wird.

1 Allgemeine Informationen

1.1 Kurzinfos

Landesvorwahl: +260

MEZ: +1 Std.

Englisch

1 Kwacha (K) = 100 Ngwee (ISO-Code: ZMW)

Nach AWG frei vereinbar Devisenbestimmungen von Sambia beachten

Harmonisiertes System

Mitglied

Feiertage: Die Feiertage zu diesem Land finden Sie unter folgendem Link: https://www.timeanddate.de/feiertage/.

1.2 Einfuhr aus der Bundesrepublik

Für bestimmte Warengruppen sind spezielle Importgenehmigungen erforderlich – gültig für 3 Monate bis zu einem halben Jahr, wobei die Lieferung vor Ablauf der Lizenz erfolgen muss. Lizenzpflicht besteht u.a. für gefährliche Stoffe, Waffen, dazugehörige Munition, Sprengstoff, landwirtschaftliche Erzeugnisse, Tiere oder deren Erzeugnisse. Besondere Bestimmungen gelten für Honig, Fisch, Fischerzeugnisse, Arzneimittel, Butter und Käse. Nicht zulässig sind u.a. ausgewählte Chemikalien, gefährliche Abfälle, Betäubungsmittel, Fälschungen, pornografisches Material sowie konservierte Obst- und Gemüsesorten. Die Zambia Revenue Authority betreibt ein Onlineportal zur elektronischen Zollabwicklung (www.zra.org.zm). Es ist zu beachten, dass bereits verpackte Waren bestimmten Etikettierungsvorschriften unterliegen. Die Zollanmeldung erfolgt bis zu einem Warenwert von 2.000 USD eigenständig über das elektronische System ASYCUDA (Automated System for Customs Data). Über diesem Zollwert ist ein autorisierter Zollagent erforderlich. Für verschiedene Produkte gelten verbindliche sambische Standards – etwa für Schutzkleidung und Ausrüstung, Treibstoffe, Öle und Fette. Das ZABS ist Ansprechpartner für technische Normen und Produktvorgaben. Eine Importgenehmigung des Ministry of Fisheries and Livestock muss für Tiere und deren Erzeugnisse und des Ministry of Agriculture für Pflanzen eingeholt werden.

1.3 Verpackung

Heu und Stroh als Verpackungsmaterial zugelassen. Für Holzverpackungen gelten die Regelungen der ISPM Nr. 15. Auf stabile, wasserdichte, staub- und bruchfeste Verpackung achten. Besondere Anforderungen an die Verpackung bestehen bei Lebensmitteln (Art. 421 „Food and Drugs Act of September 1978").

1.4 Markierung

Zusätzlich: „Sambia via Dar-Es-Salaam bzw. Tanga". Transit via Daressalaam (Tansania) zusätzlich: auf gleichen Kistenseiten wie Markierung ein grünes Kreuz, mindestens 30 cm Balkenlänge. Auf allen Waren muss deutlich der Ursprung erkennbar sein.

1.5 Mustersendungen

Muster ohne Handelswert, die vom Zoll als solche anerkannt werden, sind zollfrei.

2 Dokumente

2.1 Seefrachten

Seehafen: Keiner

Bitte beachten: Lieferungen nach Sambia sind an bestimmte Häfen gebunden, um einer Überfüllung der Eingangshäfen entgegenzuwirken. Den für das Binnenland Sambia infrage kommenden Häfen Daressalaam, Mombasa, Lobito, Beira/Nacala und Any sind bestimmte Warengruppen zugeordnet, die jeweils nur über diese Häfen eingehen dürfen. Es ist zu empfehlen, sich rechtzeitig vor Versand entsprechende Informationen vom sambischen Importeur einzuholen.

2.1.1 Konnossemente

Voller Satz Konnossemente, Order-B/L mit Notify zugelassen. Es ist anzugeben, über welchen Hafen die Güter kommen (z.B. „Zambia via Tanga" oder „Zambia via Dar-es-Salaam").

2.1.2 Handelsrechnungen

Handelsrechnung (Englisch) mit den üblichen Angaben wie Name des Exporteurs und Importeurs und Empfängers, Marke, Nummern, Anzahl und Art der Packstücke, Brutto-/Nettogewichte, genaue Warenbezeichnungen, Lieferbedingungen, Ursprungsland, HS-Code, Mengen, Ort und Datum der Ausstellung sowie Einzelpreise, Gesamt-fob- und cif-Wert (nach diesem Wert erfolgt die Verzollung) und auch Nachlässe, wie z.B. Rabatte.

2.1.3 Ursprungszeugnisse

Ursprungszeugnis mit der Angabe „Federal Republic of Germany (European Union)" nur auf Anforderung.

2.1.4 Warenverkehrsbescheinigung

Warenverkehrsbescheinigung bzw. Präferenz-Ursprungsnachweis in einem der Handelspapiere: nicht erforderlich.

2.1.5 Gesundheitszeugnisse

Für Tiere und tierische Erzeugnisse ist eine Veterinärbescheinigung und für Pflanzen ist ein Pflanzengesundheitszeugnis (https://pflanzengesundheit.julius-kuehn.de) vorzulegen.

2.2 Luftfrachten

Zollflughäfen: Livingstone, Lusaka, Ndola

2.2.1 Luftfrachtbrief

Eine Ausfertigung des Luftfrachtbriefes, sonst wie bei Seefrachten.

2.2.2

Siehe unter Seefrachten 2.1.2–2.1.5.

2.3 Postverkehr

2.3.1 Paketkarte

Zwei Zollinhaltserklärungen, Englisch. Höchstgewicht: 31,5 kg, Vertragskunden: 30 kg.

2.3.2

Siehe unter Seefrachten 2.1.2–2.1.5.

3 Adressen

Auslandshandelskammer

Deutsche Industrie- und Handelskammer für das südliche Afrika
Southern African - German Chamber of Commerce and Industry
Außenstelle Sambia, Lusaka
1st Floor Mpile Office House
74 Independence Avenue
Lusaka, Zambia
Tel. +260 (0) 763 594 895
E-Mail: lusaka@germanchamber.co.za
https://suedafrika.ahk.de/lusaka/sambia

Konsulate

Die Konsulatsadressen finden Sie jeweils mit Telefonnummer, E-Mail-Adresse, Homepage und Öffnungszeiten unter:
https://www.auswaertiges-amt.de/de/service/laender.

4 Sonstiges

Länderkurzbezeichnung gemäß Präferenzrecht (Lieferantenerklärung): AKP
Länder(-gruppen)kurzbezeichnung für bes. Zollsätze im Europäischen Zolltarif: SPGA
Kraftfahrzeugländerkennzeichen: Z

1 Allgemeine Informationen

1.1 Kurzinfos

Landesvorwahl: +685

MEZ: +11 Std.

Englisch, Samoanisch

1 Tala (WS$) = 100 Sene (ISO-Code: WST)

Nach AWG frei vereinbar Devisenbestimmungen von Samoa-West beachten

Harmonisiertes System

Mitglied

Feiertage: Die Feiertage zu diesem Land finden Sie unter folgendem Link: https://www.timeanddate.de/feiertage/.

1.2 Einfuhr aus der Bundesrepublik

Interims-Partnerabkommen mit den Pazifik-Staaten. Im Rahmen ihres Schemas gewährt die EU Samoa Zollpräferenzen (APS). Importe sind im Allgemeinen ohne Beschränkungen möglich. Der Import von Bussen ist nicht erlaubt. Der Import von Kfz nur bis zu einem Alter von 10 Jahren erlaubt. Markierungsvorschriften bestehen für Erzeugnisse aus Wolle und Kleidung. Ein besonderes Zertifikat, welches die Lagerung in Holzfässern bescheinigt, muss beim Import von Rum (2 Jahre), Whiskey und Branntwein (5 Jahre) beigegeben werden.

1.3 Verpackung

Häcksel, Flachs, Heu und Stroh, Strohhüllen und Erde, gebrauchte Säcke (leer oder gefüllt) und Beutel sind verboten. Behältnisse müssen dicht verschlossen und Produkte, die gefährlich sind, müssen speziell verpackt und gekennzeichnet sein. Für Holzverpackungen gelten die Normen des ISPM Nr. 15-Standards.

1.4 Mustersendungen

Muster ohne Handelswert sind zollfrei.

1.5 Markierung

Übliche Markierung ausreichend. Bei Packstücken, die gefährliche Substanzen enthalten, sind die „Poisons (General) Regulation 1937" zu beachten. Angabe des Ursprungslandes, z.B. „Made in Germany", nicht vorgeschrieben, aber unbedingt zu empfehlen.

2 Dokumente

2.1 Seefrachten

Seehafen: Apia

2.1.1 Konnossemente

Voller Satz Konnossemente. An Order-Ausstellung mit Angabe einer Notify-Adresse möglich.

2.1.2 Handelsrechnungen

Handelsrechnung (fünffach, Englisch) unterschrieben, mit üblichen Angaben (Brutto-/Nettogewichte, Zolltarifnummer, genaue Warenbezeichnung) sowie Angabe von fob- und cif-Wert und Ursprungsland. Keine Faksimile-Unterschriften.

2.1.3 Ursprungszeugnisse

Ursprungszeugnis nicht erforderlich.

2.1.4 Warenverkehrsbescheinigung

Warenverkehrsbescheinigung EUR.1 für Waren, die unter das Interims-Partnerschaftsabkommen mit der EU fallen, für Sendungen über € 6 000,– (Ausstellung durch Zollstellen). Für Warensendungen mit einem Wert bis € 6 000,– ist in den Handelspapieren folgende Erklärung[1)] abzugeben:

1) Ursprungserklärung in weiteren Sprachen s. Kapitel Hinweise Warenursprung Präferenzen

„The exporter of the products covered by this document (customs authorisation No …)[2)] declares that, except where otherwise clearly indicated, these products are of … preferential origin."

Ort, Datum, Unterschrift. Der Name des Unterzeichners ist in Druckbuchstaben zu wiederholen. Ursprungszeugnisse aus Ceuta und Melilla sind deutlich mit „CM" zu kennzeichnen.

2.2 Luftfrachten

Zollflughäfen: Apia, Fagali'i

2.2.1 Luftfrachtbrief

Eine Ausfertigung des Luftfrachtbriefes.

2.2.2

Siehe unter Seefrachten 2.1.2–2.1.4.

2.3 Postverkehr

2.3.1 Paketkarte

Eine Zollinhaltserklärung, Englisch. Höchstgewicht: 31,5 kg, Vertragskunden: 30 kg.

2.3.2

Siehe unter Seefrachten 2.1.2–2.1.4.

2) Eintrag der Bewilligungsnummer, falls die Erklärung von einem ermächtigten Ausführer erstellt wird.

3 Adressen

Konsulate

zuständig ist die Botschaft in
B-1040 Brüssel
Avenue Commandant Lothaire 1
Tel.: +322 6608454
Fax: +322 6750336
Mo.–Do. 9.00–17.00 Uhr; Fr. 9.00–15.00 Uhr
E-Mail: samoaembassy@skynet.be

Weitere Konsulatsadressen finden Sie jeweils mit Telefonnummer, E-Mail-Adresse, Homepage und Öffnungszeiten unter:
https://www.auswaertiges-amt.de/de/service/laender.

4 Sonstiges

Länderkurzbezeichnung gemäß Präferenzrecht (Lieferantenerklärung): AKP
Länder(-gruppen)kurzbezeichnung für bes. Zollsätze im Europäischen Zolltarif: SPGA
Kraftfahrzeugländerkennzeichen: WS

República Democrática
de São Tomé y Príncipe

São Tomé und Principe

1 Allgemeine Informationen

1.1 Kurzinfos

Landesvorwahl: +239

MEZ: –1 Std.

Französisch, Englisch, Portugiesisch

1 Dobra (Db) = 100 Céntimos (ISO-Code: STD)

Nach AWG frei vereinbar Devisenbestimmungen von São Tomé und Principe beachten

Harmonisiertes System

Feiertage: Die Feiertage zu diesem Land finden Sie unter folgendem Link: https://www.timeanddate.de/feiertage/.

1.2 Einfuhr aus der Bundesrepublik

Präferenzielle EU-Handelsbeziehungen für Entwicklungsländer (APS). Teilweise sind für Importe Lizenzen nicht mehr erforderlich. Einfuhrbeschränkungen für einige Erzeugnisse sind vorhanden. Rücksprache mit dem Importeur ist vor Verladung dringend empfohlen.

1.3 Verpackung

Heu und Stroh als Verpackung zugelassen. Wegen des tropischen Klimas auf gute Verpackung achten.

1.4 Markierungen

Keine besonderen Vorschriften bekannt.

1.5 Mustersendungen

Muster ohne Handelswert sind zollfrei. Grüner Zollzettel für als Warenproben versandte zollpflichtige Muster notwendig.

2 Dokumente

2.1 Seefrachten

Seehäfen: São Tomé (Ana Chaves Port), San Antonio (Principe)

2.1.1 Konnossemente

Voller Satz Konnossemente. Ausstellung an Order zugelassen, dann jedoch mit Notify-Adresse. Keine Beglaubigung.

2.1.2 Handelsrechnungen

Handelsrechnung (vierfach, Portugiesisch, Französisch oder Englisch) mit den üblichen Angaben wie Name des Exporteurs und Importeurs und Empfängers, Marke, Nummern, Anzahl und Art der Packstücke, Brutto-/Nettogewichte, genaue Warenbezeichnungen, Lieferbedingungen, Ursprungsland, HS-Code, Mengen, Ort und Datum der Ausstellung sowie Einzelpreise, Gesamt-fob- und cif-Wert und auch Nachlässe, wie z.B. Rabatte. Folgende Erklärung ist rechtsverbindlich zu unterschreiben: „Confirmamos que as mercadorias indicadas nesta factura são de origem da República Federal da Alemanha." Bescheinigung durch Handelskammer ist erforderlich.

2.1.3 Ursprungszeugnisse

Ursprungszeugnis mit der Angabe „República Federal da Alemanha (União Europeia)" auf Anforderung.

2.1.4 Warenverkehrsbescheinigung

Warenverkehrsbescheinigungen EUR.1 bzw. Präferenz-Ursprungsnachweis in einem der Handelspapiere nicht erforderlich.

2.1.5 Gesundheitszeugnisse

Für Tiere und tierische Erzeugnisse ist eine Veterinärbescheinigung und für Pflanzen ist ein Pflanzengesundheitszeugnis (https://pflanzengesundheit.julius-kuehn.de) vorzulegen.

2.2 Luftfrachten

Zollflughäfen: São Tomé

2.2.1 Luftfrachtbrief

Eine Ausfertigung des Luftfrachtbriefes.

2.2.2

Siehe unter Seefrachten 2.1.2–2.1.5.

2.3 Postverkehr

2.3.1 Paketkarte

Zwei Zollinhaltserklärungen in Französisch oder Portugiesisch. Höchstgewicht: 31,5 kg, Vertragskunden: 30 kg.

2.3.2

Siehe unter Seefrachten 2.1.2–2.1.5.

3 Adressen

Konsulate

Zuständig ist die Botschaft in B-1150 Brüssel:
Square Montgomery/Avenue de Tervuren 175
Tel.: +322 7348966
Fax: +322 7348815
E-Mail: ambassade@saotomeeprincipe.be

4 Sonstiges

Länderkurzbezeichnung gemäß Präferenzrecht (Lieferantenerklärung): AKP
Länder(-gruppen)kurzbezeichnung für bes. Zollsätze im Europäischen Zolltarif: SPGA

Kingdom of Saudi Arabia

Saudi-Arabien

1 Allgemeine Informationen

1.1 Kurzinfos

Landesvorwahl: +966

MEZ: +2 Std.

Arabisch, Englisch

1 Saudi-Riyal (SRl) = 20 Qirshes = 100 Halalah (ISO-Code: SAR)

Nach AWG frei vereinbar Devisenbestimmungen von Saudi Arabien beachten

Harmonisiertes System

Mitglied

Angeschlossen

Feiertage: Die Feiertage zu diesem Land finden Sie unter folgendem Link: https://www.timeanddate.de/feiertage/.

1.2 Einfuhr aus der Bundesrepublik

Es wird unterschieden zwischen frei einzuführenden, einfuhrbeschränkten und verbotenen Gütern. Einfuhrlizenzen sind u.a. für Produkte tierischen Ursprungs, Chemikalien, Waffen, Munition, lebende Tiere erforderlich. Verboten ist z.B. der Import von alkoholischen Getränken und Schweinen. Saudi-Arabien verlangt, dass viele Produkte keine Markenbilder auf Waren wie Prospekte oder Bekleidung zeigen – Rücksprache mit dem Importeur ist ratsam. Technische Vorgaben und Normen richten sich nach saudi-arabischen oder GCC-Standards; fehlen lokale Vorgaben, gelten GSO- oder ISO-Normen (www.gso.org.sa/store). Die Umsetzung liegt bei der SASO.

Elektrische Kleingeräte, Spielzeug und ähnliche Produkte bedürfen der G-Mark-Zertifizierung und -Kennzeichnung, die von anerkannten Stellen (Notified Bodies) erfolgt (www.gso.org.sa/nb). Für elektronische Geräte wie Laptops oder Wasserkocher ist ein IECEE-Zertifikat erforderlich (www.gso.org.sa). Oxo-Biodegradierbare Kunststoffe müssen als solche registriert (www.saso.gov.sa) sein und mit dem SASO Logo gekennzeichnet werden – dies gilt auch für lokal hergestellte Ware; Registrierung sowie Nennung ausländischer Lieferanten sind Pflicht.

Süßwarenverpackungen müssen das Nettogewicht in metrischen Einheiten gut sichtbar auf Arabisch und Englisch ausweisen. Abgepackte Lebensmittel und Getränke benötigen Etiketten mit Hersteller, Haltbarkeit, Inhaltsstoffen und Gewicht – teilweise zwingend auf Arabisch. Mehlsäcke müssen ein Verpackungsdatum tragen. Importeurvorgaben sind zu beachten (https://sfda.gov.sa). Lebensmittelimporte müssen den Hygiene- und Kennzeichnungsvorgaben der SFDA (www.sfda.gov.sa/en, info@sfda.gov.sa) entsprechen. Für den Export von Milchprodukten, Säuglingsnahrung, Honig und Fisch ist eine Registrierung beim BVL (www.bvl.bund.de) nötig. Weitere Regelungen finden sich auf der SFDA-Website unter „Laws and Regulations" (info@sfda.gov.sa).

Pkw, Kleintransporter und Busse dürfen bei der Einfuhr maximal fünf Jahre, Lkw maximal zehn Jahre alt sein. Für Neufahrzeuge ist ein CoC eines anerkannten Prüfinstituts aus dem Ursprungsland vorzulegen. Zusätzlich muss an der Windschutzscheibe ein „Compliance Certificate" angebracht sein, das die Einhaltung der Vorgaben des ICCP-Programms bestätigt. Farben und Lacke müssen gemäß den saudi-arabischen Normen (www.saso.gov.sa) gekennzeichnet sein. Pestizide unterliegen einer Registrierungs- und Kennzeichnungspflicht in Arabisch oder Englisch (www.saso.gov.sa) unter „Areas", „Laws and Regulations"). Kosmetika unterliegen strengen Sicherheits- und Kennzeichnungsvorschriften; bestimmte Inhaltsstoffe sind verboten. Weitere Infos unter „Cosmetics Lists" auf der SFDA-Website.

Jegliche Tabakwerbung – auch für Schokoladenzigaretten – ist verboten. Zigaretten müssen mit Nikotin- und Teergehalt deklariert werden. Das Herstellerzertifikat ist durch die saudi-arabische Auslandsvertretung im Ursprungsland zu legalisieren. Details sind mit dem Importeur abzustimmen. Für Parfüms und ähnliche Produkte empfiehlt sich eine Analysebeilage. Etikettenpflichten gelten auch hier – insbesondere für Alkohol- und Duftölgehalt, die geregelten Normen unterliegen. Medizinprodukte benötigen eine Zulassung durch die SFDA (www.sfda.gov.sa/en). Ausländische Hersteller müssen einen saudi-arabischen Vertreter benennen; dieser sowie lokale Produzenten und Importeure müssen sich und ihre Produkte in das SFDA-Register eintragen. Die Geräte müssen den Standards eines Mitgliedsstaates des International Medical Devices Regulator Forum entsprechen.

1.3 Verpackung

Alte Zeitungen dürfen nicht als Verpackungsmaterial verwendet werden. Für bestimmte Kunststoffverpackungen besteht Registrierungspflicht. Verpackungsholz muss dem IPPC-Standard ISPM 15 entsprechen und durch ein amtliches Pflanzengesundheitszeugnis begleitet werden. Bei Verpackungen ist das Klima zu berücksichtigen. Zement für Dschidda ist in 5-lagigen Säcken mit feuchtigkeitsabweisender Innenhülle zu liefern. Rücksprache mit dem Importeur wird empfohlen.

1.4 Markierung

Waren müssen dauerhaft und lesbar mit Ursprungsland, Herstellername und -anschrift gekennzeichnet sein – möglichst direkt auf dem Produkt, ausnahmsweise auf der kleinsten Verpackungseinheit. „Made in EU" wird nicht akzeptiert. Angaben müssen mit den Begleitdokumenten übereinstimmen und idealerweise auf Arabisch und Englisch erfolgen. Auch Packstücke sind entsprechend zu markieren, Hinweise zur Handhabung auf Arabisch. Die Bezeichnung „Persian Gulf" ist unzulässig. Zollbehörden kontrollieren die Einhaltung streng, Abstimmung mit dem Importeur wird empfohlen.

1.5 Mustersendungen

Warenmuster von geringem Wert, die nicht verkauft werden können, sind zollfrei. Bis zu einem Zollwert von 10.000 SAR gelten erleichterte Einfuhrbestimmungen. Höherwertige Muster sowie Messe- und Ausstellungsgüter können gegen Sicherheitsleistung abgabenfrei eingeführt werden. Ursprungszeugnisse und Rechnungen sind in der Regel erforderlich. Zollpflichtige Muster dürfen nicht als „Warenproben" versandt werden.

1.6 Versicherung

Eine Versicherung ist erforderlich. Die entsprechende Police muss vorgelegt werden.

2 Dokumente

Bitte beachten: Zurzeit keine Beförderung im Transit durch den Irak möglich. Markierungen sowie sämtliche Dokumente dürfen, wenn notwendig, nur die Bezeichnung „Arabian Gulf" haben!

2.1 Seefrachten

Seehäfen: Dammam (Arabischer Golf), Jeddah, Yanbu al Bahr (Rotes Meer), King Abdullah Port, Ras Tanura, Jubail

Eine genaue Angabe des Verschiffungsweges erforderlich (ab Ort des Ausführers), da alle nicht direkt aus der BR Deutschland ausgeführten Waren als von Israel nach Deutschland ausgeführte Waren gelten, die anschließend auf dem arabischen Markt verkauft werden sollen.

2.1.1 Konnossemente

Voller Satz Konnossemente, Ausstellung an Order möglich mit Notify-Adresse. Erfolgt Order an eine Bank, können die Konnossemente erst nach dem Indossament durch diese Bank oder eine Bankgarantie eingelöst werden. Für Saudi-Arabien bestimmte Ladungen dürfen nur in saudischen Häfen gelöscht werden; das gilt nicht für Umladungen.

Bitte beachten: Für bestimmte Güter wie Holz, Stahlteile, Baumaterialien, Sack- und Fassware, Maschinen über 2.000 kg sowie Fahrzeuge sind Containerverschiffungen nach Saudi-Arabien nicht zulässig. Diese müssen palettiert oder gebündelt versendet werden, andernfalls drohen Strafgebühren. Bei Lieferungen nach Dschidda sind an der Innenseite der Containertür sichtbar folgende Angaben anzubringen: Art und Anzahl der Packstücke, Brutto-/Nettogewicht, ggf. Taragewicht sowie Empfängerdaten. Die Angaben müssen mit den Dokumenten übereinstimmen. Rücksprache mit dem Importeur ist empfohlen.

2.1.2 Handelsrechnungen

Für die Einfuhr nach Saudi-Arabien sind mindestens zwei Handelsrechnungen auf Englisch mit allen wesentlichen Angaben erforderlich: Ursprungsland („Federal Republic of Germany" bei deutscher Ware), detaillierte Warenbezeichnung, HS-Code, Brutto-/Nettogewicht, Verkaufswert, Verpackungsdetails (Marke, Nummer, Art, Menge) sowie Transportdaten wie Flugnummer oder Schiffsdaten. Bei CIF-Lieferungen müssen Fracht- und Versicherungskosten separat ausgewiesen werden. Originalbelege von Spediteur und Versicherer können zusätzlich verlangt werden.

Bei mehrseitigen Rechnungen ist die Gesamtsumme auf der letzten Seite zu wiederholen. Unpräzise Artikelbeschreibungen werden nicht akzeptiert. Bei Fahrzeugen sind zusätzliche technische Angaben wie Gewicht und Nutzlast erforderlich. Die Rechnung muss von einer vertretungsberechtigten Person unterzeichnet und in zweifacher Ausführung durch die IHK bestätigt werden. Eine Legalisierung durch die Botschaft ist nur gemeinsam mit einem Ursprungszeugnis möglich. Bei mehreren Herkunftsländern ist eine „Appended Declaration" erforderlich. Falls vom Importeur gewünscht, ist die Herstellerangabe („The goods are manufactured by ...") mit vollständiger Adresse am Ende der Rechnung zu ergänzen.

2.1.3 Ursprungszeugnisse

Auf der Rückseite muss eine vom Ausführer unterzeichnete Erklärung stehen: „We hereby declare that the mentioned merchandise is being exported on our own account. The goods are of pure German origin." Optional ergänzt durch: „We certify that the goods are manufactured by ...". Bei mehreren Ursprungsländern ist die Formulierung anzupassen; bei Lebensmitteln ist „merchandise" durch „foodstuff" zu ersetzen. Bei gemischtem Ursprung ist zudem eine Herstellererklärung erforderlich. Die Erklärung ist durch die IHK zu bestätigen. Eine Legalisierung ist nur mit Handelsrechnung möglich. Die erforderliche Anzahl richtet sich nach Importeurvorgabe; Kopien werden nicht einbehalten. Bei mehreren Herkunftsländern ist zusätzlich eine „Appended Declaration" vorzulegen.

2.1.4 Packlisten

Eine Packliste (mit Angabe über Marke, Nummer, Maße, Netto-/Bruttogewichte, genauem Inhalt) sollte der Sendung beiliegen. Wird konsularische Legalisierung vorgeschrieben, ist zuvor eine Bescheinigung durch die zuständige Handelskammer erforderlich. Die Aufmachung ggf. mit der Handelskammer abstimmen.

2.1.5 Gesundheitszeugnisse

Für Pflanzen, Pflanzenteile und Verpackungsholz ist ein Pflanzengesundheitszeugnis erforderlich, das von der zuständigen amtlichen Stelle im Ursprungsland ausgestellt wird (https://pflanzengesundheit.julius-kuehn.de/regelungen-nicht-eu-staaten.html). Für Mehl und Reis ist ebenfalls ein Pflanzengesundheitszeugnis erforderlich. Importeurvorgaben sind zu beachten (www.sfda.gov.sa). Für Tiere, Futtermittel und Milchprodukte aus der EU ist ein amtliches Gesundheitszeugnis mit dem Zusatz „frei von Dioxin" erforderlich. Dieses wird von deutschen Veterinärämtern ausgestellt und muss durch die saudische Botschaft legalisiert werden. Die Angabe erfolgt, da tierische Fette natürlicherweise geringe Dioxinspuren enthalten können.

Für Fleischprodukte ist ein Halal-Zertifikat eines von der SFDA anerkannten Anbieters erforderlich (Liste s.u. https://halal.sfda.gov.sa). Zusätzlich wird ein amtliches Gesundheitszeugnis verlangt, das – falls konsularisch legalisiert – zuvor durch eine mittlere oder obere Landesbehörde sowie das BfAA bestätigt werden muss. Für importiertes Tiefkühlfleisch gelten besondere Vorgaben. Weitere Details sind unter www.sfda.gov.sa (Bereich „Laws and Regulations") abrufbar.

2.1.6 Konformitätszertifikate

Für kosmetische Produkte ist in Saudi-Arabien ein Konformitätszertifikat (CoC) der SFDA erforderlich. Der saudische Importeur beantragt es über das FASEH-System, der Exporteur reicht die Unterlagen bei einem anerkannten Prüfinstitut ein. Nach erfolgreicher Prüfung wird das Zertifikat digital freigegeben. Eine Abstimmung mit Importeur und Prüfstelle wird empfohlen. Zugelassene Prüfstellen sind: Bureau Veritas Industry Services GmbH, 20457 Hamburg, Willy-Brandt-Str. 55, Tel.: 040 236250, E-Mail: conformity.ksa@bureauveritas.com, https://verigates.bureauveritas.com, SGS Germany GmbH, 20097 Hamburg, Heidenkampsweg 99, Tel.: 040 30101735, E-Mail: de.gis.export@sgs.com; DIN CERTCO Gesellschaft für Konformitätsbewertung mbH, 12103 Berlin, Alboinstr. 56, Tel.: 030 75621131, E-Mail: sales-mas@dincertco.de und Intertek Caleb Brett Germany GmbH, Government & Trade Services, 21109 Hamburg, Georgswerder Bogen 3, Tel.: 040 558225000, E-Mail: info.hamburg@intertek.com.

2.1.7 Zertifizierung SALEEM

Für bestimmte Produkte gilt in Saudi-Arabien das Zertifizierungssystem „SALEEM", das von der Saudi Standards, Metrology and Quality Organization (SASO) über die Plattform SABER (https://saber.sa/) umgesetzt wird. Ziel ist die Sicherstellung von Qualität und Sicherheit gemäß technischen Vorgaben. Die Registrierung sowie die Auswahl eines anerkannten Prüfinstituts erfolgen durch den saudischen Importeur über SABER. Für jedes Produkt ist ein Produktsicherheitszertifikat, für jede Lieferung ein Versandzertifikat erforderlich. Auch für bislang nicht regulierte Warengruppen ist eine „Self-Declaration" notwendig. Rückfragen zum SALEEM-Programm können an info@saber.sa gerichtet werden.

2.1.8 Weitere Dokumente

Unterschriften müssen notariell beglaubigt sein; in Sonderfällen ist zusätzlich eine Bestätigung durch Landgericht und BfAA erforderlich. Die Erklärungen sind zusammen mit den übrigen Legalisierungsunterlagen einfach bei der Konsularabteilung einzureichen. Formulare sind über Fachverlage erhältlich.

a) Appended Declaration to Bill of Lading (einfach), wenn eine Legalisierung des B/L gefordert wird,
b) Appended Declaration to Insurance Co. (einfach) nur, wenn konsularische Legalisierung der Versicherungspolice vorgeschrieben ist.
c) Appended Declaration to Certificate of Origin (einfach): nur, wenn im Ursprungszeugnis im Feld 3 (Ursprungsland) zwei oder mehr Ursprungsländer angegeben sind. Legalisierung nur mit dem Ursprungszeugnis und der Handelsrechnung.

2.2 Luftfrachten

Zollflughäfen: Abha, Al jouf, Damman (DMM), Gassim, Hail, Jeddah (JED), Medina, Nadschran, Riyadh (RUH), Tabuk, Taif, Turaif, Yanbu

2.2.1 Luftfrachtbrief

Eine Ausfertigung des Luftfrachtbriefes (bedarf keiner Legalisierung).

2.2.2

Siehe unter Seefrachten 2.1.2–2.1.8.

Bitte beachten: Lebende Tiere dürfen nicht per Flugzeug transportiert werden.

2.3 Postverkehr

2.3.1 Paketkarte

Drei Zollinhaltserklärungen, Englisch, Französisch, Arabisch. Höchstgewicht: 31,5 kg, Vertragskunden: 30 kg.

2.3.2

Siehe unter Seefrachten 2.1.2–2.1.8.

3 Konsulatsgebühren

Für die konsularische Legalisierung von Exportdokumenten ist – je nach Dokumententyp – eine Vorprüfung durch die Ghorfa oder die Einreichung über einen zugelassenen Dienstleister erforderlich. Gebührenfreie Unterlagen wie Handelsrechnungen, Ursprungszeugnisse oder Halal-Zertifikate sind per Post an die Ghorfa, Garnisonkirchplatz 1, 10178 Berlin (Tel.: +49 30 27890724, dokument@ghorfa.de zu senden. Beizulegen sind ein Anschreiben an Ghorfa und Botschaft mit Ansprechpartnerdaten, ein frankierter DIN-A4-Rückumschlag sowie der Zahlungsbeleg für das Ghorfa-Entgelt von 32 EUR pro Dokument (IBAN: DE46 1007 0000 0434 9510 00, BIC: DEUTDEBBXXX). Die Ghorfa übermittelt die Unterlagen nach Prüfung direkt an die Botschaft.

Gebührenpflichtige Dokumente sind über Botschaften-Service, Ahmed Maglad, 10785 Berlin, Potsdamer Platz 10, Tel.: 030 32516068, E-Mail info@botschaften-service.de, www.botschaften-service.de oder Docu-Legal, Ali Ababneh, 10115 Berlin, Chausseestr. 92–93, Tel.: 030 27582251, E-Mail: berlin@docu-legal.de, https://docu-legal.de/ einzureichen. Gebühren und Verfahren sind dort direkt zu erfragen. Gesundheitszeugnisse sowie Handelsrechnungen und Ursprungszeugnisse werden nur gemeinsam mit dem jeweils zugehörigen Ursprungsdokument bzw. der Handelsrechnung legalisiert.

Die Einreichung muss durch den Exporteur selbst erfolgen; Kurierdienste, Agenten oder Spediteure sind nicht zulässig – ausgenommen sind Ghorfa und die genannten Dienstleister. Alle Unterlagen sind mit einem Anschreiben auf Firmenbogen einzureichen, das Angaben zu Absender, Empfänger, Warenart (bei Lebensmitteln mit tierisch/pflanzlich), Menge, Gewicht, Wert, Transportweg sowie zu legalisierenden Dokumenten enthält. Kopien für die Botschaftsakte sind nicht erforderlich. Für Saudi-Arabien darf ausschließlich die Bezeichnung „Arabian Gulf" verwendet werden. Lebensmittel, tierische Produkte und lebende Tiere erfordern ein Gesundheitszeugnis, Fleisch zusätzlich ein Halal-Zertifikat eines anerkannten islamischen Zentrums in Deutschland.

Bei ausländischem Ursprung müssen Gesundheits- und Halalzertifikate im Ursprungsland vom saudischen Konsulat legalisiert und vom BfAA überbeglaubigt werden. Auch andere Unterlagen wie Herstellererklärungen, Registerauszüge, Analysen, Verträge oder veterinärmedizinische Bescheinigungen sind ggf. vorab durch Notare, Behörden oder Gerichte zu beglaubigen und anschließend durch das BfAA oder die jeweils zuständige Stelle zu bestätigen. Gebühren für Konsulat und Ghorfa sind getrennt zu entrichten, Zahlungsnachweise sind beizufügen.

4 Adressen

Auslandshandelskammer

Delegation der Deutschen Wirtschaft
für Saudi-Arabien, Bahrain und Jemen
German-Saudi-Arabian Liaison Office for Economic Affairs - GESALO
Pure, Block B, 1st Floor
Takhassusi Branch Road
7993 Al Mohamadiyyah 3213
Riyadh 12364
Tel.: +966 92 0005863
E-Mail: info@ahk-arabia.com
www.saudiarabien.ahk.de

Konsulate

Die Konsulatsadressen finden Sie jeweils mit Telefonnummer, E-Mail-Adresse, Homepage und Öffnungszeiten unter:
https://www.auswaertiges-amt.de/de/service/laender.

5 Sonstiges

Länder(-gruppen)kurzbezeichnung für bes. Zollsätze im Europäischen Zolltarif: SPGL
Kraftfahrzeugländerkennzeichen: KSA

Schweden

Königreich Schweden, Sweden, Konungariket Sverige

1 Allgemeine Informationen

1.1 Kurzinfos

Landesvorwahl: +46

MEZ
EU-Sommerzeit

Englisch, Schwedisch, Finnisch

1 Schwedische Krone (skr) = 100 Öre (ISO-Code: SEK)

Nach AWG frei vereinbar
Devisenbestimmungen von Schweden beachten

Harmonisiertes System
Verzollung nach Transaktionswert

Mitglied

Angeschlossen

Angeschlossen

Feiertage: Die Feiertage zu diesem Land finden Sie unter folgendem Link: https://www.timeanddate.de/feiertage/.

1.2 Einfuhr aus der Bundesrepublik

In der EU sind dem Verkehr von Waren nur wenige Beschränkungen auferlegt. Für Güter mit ziviler und militärischer Verwendung (Dual-Use-Güter) gelten spezifische Bestimmungen. Zuständig ist die dem Außenministerium zugeordnete Aufsichtsbehörde für strategische Produkte (Inspektionen för strategiska produkter). Einige Güter aus Drittländern benötigen eine Lizenz. Für Produkte aus dem Agrar- und Industriebereich müssen Standards eingehalten werden. Darüber informiert das Kommerskollegium (Handelskammer), das auch die Kontaktaufnahme zu den zuständigen Stellen koordiniert. Gemäß EU-Verordnung 2019/515 wurden Produktinformationsstellen eingerichtet, um den Zugang zum schwedischen Markt zu erleichtern.

Für bestimmte Produkte wie Alkohol, Tabak, Abfall, elektronische Artikel, Einwegkunststoffe und spezielle Chemikalien in Elektronik fallen Verbrauchssteuern an; eine Registrierung bei der Steuerbehörde (Skatteverket) ist erforderlich. Die Produktsicherheit wird durch das Produktsäkerhetslag (2004:451) geregelt, das die EU-Richtlinie 2001/95/EG umsetzt. Zuständig sind je nach Gütergruppe das Konsumentverket (Verbraucherschutz), die Kemikalieinspektionen (Chemikalienagentur) und das Zentralamt für elektrische Sicherheit (Elsäkerhetsverket). Für gefährliche Verbraucherprodukte gibt es das europäische Safety Gate Rapid Alert System (vormals RAPEX); Ansprechpartner ist das Amt für Verbraucherschutz. Für das Schnellwarnsystem für Lebens- und Futtermittel RASFF sind Jordbruksverket (Landwirtschaftskammer) und Livsmedelsverket (Zentralamt für Lebensmittelwesen) zuständig.

Tiere oder tierische Produkte aus Drittstaaten dürfen nur über zugelassene Grenzkontrollstellen (GKS) eingeführt werden: im Luftverkehr über Stockholm-Arlanda, bei Seefracht über Göteborg und Helsingborg. Die Anforderungen variieren je nach Tierart und sollten vorab geprüft werden. Die Landwirtschaftskammer gibt Auskunft. Pflanzen, Pflanzenteile und Pflanzenschutzmittel unterliegen phytosanitären Kontrollen und dürfen nur über bestimmte Einlassstellen eingeführt werden. Die Adressen sind beim Jordbruksverket erhältlich. Die Einfuhr und Zulassung von Medizin, kosmetischen Erzeugnissen, Hygieneartikeln und Pharmazeutika erfolgt über das Läkemedelsverket (Arzneimittelbehörde), das auch die Marktüberwachung und Zulassung neuer medizinischer Produkte übernimmt.

1.3 Verpackung

Zur Vermeidung, Verminderung und Verwertung von Verpackungsabfällen gelten besondere Bestimmungen. Produzenten und Vertriebspartner müssen ihre Verpackungen registrieren, sammeln und verwerten. Bei Vertrag mit Förpacknings- och Tidningsinsamlingen ist die Kennzeichnung mit dem Grünen Punkt zulässig, der die Teilnahme am Sammel- und Verwertungssystem signalisiert. Eine Registrierung bei der schwedischen Umweltschutzbehörde ist verpflichtend. Besteht keine Niederlassung in Schweden, ist ein Bevollmächtigter zu benennen. Die Deutsch-Schwedische Handelskammer informiert und unterstützt dabei.

1.4 Markierung

Keine besonderen Markierungsvorschriften. Evtl. Rücksprache mit dem Importeur halten.

1.5 Mustersendungen

Muster und Warenproben werden zollfrei abgefertigt. Vorübergehende Einfuhr mit Carnet A.T.A.

2 Dokumente

2.1 Seefrachten/Straßenverkehr

Seehäfen: Falkenberg, Gävle, Göteborg, Helsingborg, Halmstad, Kalmar, Karlshamn, Karlstad, Kristinehamn, Malmö, Norrköping, Stockholm, Sundsvall, Trelleborg, Uddevalla, Västeras, Hudiksvall, Lulla, Solvesborg

2.1.1 Konnossemente

Voller Satz Konnossemente, erforderlichenfalls an „Order" ausgestellt, bedürfen keiner Beglaubigung.

2.1.2 Handelsrechnungen

Handelsrechnungen (zweifach), Rechnungsangaben lt. Kaufvertrag. Die Rechnung muss die USt-Identifikationsnummer (UID-Nr.) von Exporteur und Importeur beinhalten und den Hinweis „steuerfreie innergemeinschaftliche Lieferung" oder „steuerfrei nach § 4 Nr. 1b UStG", sonst ist MwSt. zu berechnen. Außerdem kann folgender Vermerk auf der Rechnung angebracht werden, der in schwedischer Sprache auf die Steuerbefreiung hinweist: „Skattefri gemenskapsintern Leverans".

Die Bedingungen des § 6a UStG müssen eingehalten sein.

Bei Dual-Use-Gütern ist in den Papieren ein ausdrücklicher Vermerk anzubringen, dass bei der Ausfuhr aus dem Gebiet der EU eine Kontrolle der Waren stattzufinden hat.

Für Nichtgemeinschaftswaren sind Rechnungen mit folgenden Informationen notwendig, z.B. Ausstellungsort und -datum, detaillierte Produktbezeichnung, Menge, Art und Anzahl der Pakete mit Angabe von Nummer und Marke, Namen und Anschriften von Aus- und Einführer, Lieferbedingungen mit fob-Wert, cif-Kosten und -Wert bzw. cfr-Wert, Zahlungsbedingungen, Rechnungsnummer, Beförderungsart, Gesamtbetrag sowie das Ursprungsland. Keine Unterzeichnung der Rechnungen und keine Bescheinigungen erforderlich.

2.1.3 Ursprungszeugnisse

Ursprungszeugnis nur auf Anforderung.

2.1.4 Intrastat-Meldung

Auf Grundlage des Änderungsgesetzes zum Außenhandelsstatistikgesetz (AHStatG-ÄndG) vom 5. März 2025 gelten rückwirkend zum 1. Januar 2025 neue Schwellenwerte für die Intrahandelsstatistik: Für Wareneingänge liegt die Meldegrenze nun bei 3.000.000 €, für Versendungen bei 1.000.000 €.

Wird eine dieser Grenzen im laufenden Kalenderjahr überschritten, beginnt die Meldepflicht im Monat der Überschreitung.

Die Daten können online an das Statistische Bundesamt übermittelt werden. Weitere Informationen sind unter www.destatis.de abrufbar (Suchbegriff: „Intrastat") oder per Tel.: 0611 753965, per Fax: 0611 754525 oder per E-Mail: gruppe-vb@destatis.de.

2.1.5 Gesundheitszeugnisse

Für Tiere, Pflanzen, tierische und pflanzliche Erzeugnisse, Kartoffeln und Sämereien sind Gesundheitszeugnisse notwendig. Für verschiedene Produkte aus Alkohol, Pflanzenschutzmittel und Futtermittel können Gesundheitszeugnisse erforderlich sein.

2.2 Eisenbahnverkehr

2.2.1 Frachtbrief

a) für Güter: ein internationaler Frachtbrief für Frachtgut oder Eilgut;
b) für Expressgut: ein internationaler Expressgutschein.

2.2.2

Siehe unter Seefrachten/Straßenverkehr 2.1.2–2.1.5.

2.3 Luftfrachten

Zollflughäfen: Göteborg (GOT), Helsingborg (AGH), Lulea (LLA), Malmö (MMA), Stockholm (STO), Brofjorden, Karlshamn und weitere

2.3.1 Luftfrachtbrief

Eine Ausfertigung des Luftfrachtbriefes.

2.3.2

Siehe unter Seefrachten/Straßenverkehr 2.1.2–2.1.5.

2.4 Postverkehr

2.4.1 Paketkarte

Keine Zollformulare. Höchstgewicht: 20 kg, Vertragskunden: 31,5 kg, innerhalb Skandinaviens: 35 kg.

2.4.2

Siehe unter Seefrachten/Straßenverkehr 2.1.2–2.1.5.

3 Adressen

Auslandshandelskammer

Deutsch-Schwedische Handelskammer
Tysk-Svenska Handelskammaren
Postanschrift:
Box 27104
SE-102 52 Stockholm
Büroanschrift:
Valhallavägen 185
SE-115 53 Stockholm
Tel.: +46 86651800
Fax: +46 86651804
Geschäftszeiten: Mo.–Fr. 9.00–12.00, 13.00–16.00 Uhr
E-Mail: info@handelskammer.se
www.handelskammer.se

Konsulate

Die Konsulatsadressen finden Sie jeweils mit Telefonnummer, E-Mail-Adresse, Homepage und Öffnungszeiten unter: https://www.auswaertiges-amt.de/de/service/laender.

4 Sonstiges

Kraftfahrzeugländerkennzeichen: S

Schweiz

1 Allgemeine Informationen

1.1 Kurzinfos

Landesvorwahl: +41
Liechtenstein: +4175

MEZ
EU-Sommerzeit

Deutsch, Französisch, Italienisch

1 Schweizer Franken = 100 Rappen/Centimes (ISO-Code: CHF)

Nach AWG frei vereinbar
Devisenbestimmungen der Schweiz beachten

Harmonisiertes System
Verzollung nach Bruttogewicht, Nettoverzollung kann in manchen Fällen möglich sein

Mitglied

Angeschlossen

Angeschlossen

Feiertage: Die Feiertage zu diesem Land finden Sie unter folgendem Link: https://www.timeanddate.de/feiertage/.

1.2 Einfuhr aus der Bundesrepublik

Die Schweiz erlaubt grundsätzlich die freie Einfuhr, mit Lizenzpflichten für bestimmte Waren wie radioaktive Stoffe, geschützte Tier- und Pflanzenarten sowie Narkosemittel. Nützliche Informationen unter: https://www.bazg.admin.ch/bazg/de/home.html. Seit 1973 besteht ein Freihandelsabkommen mit der EU; Liechtenstein ist EWR-Mitglied. Samnaun und Sampuoir sind Zollausschlussgebiete. Produkte, die in der EU oder im EWR rechtmäßig in Verkehr sind, dürfen gemäß Cassis-de-Dijon-Prinzip grundsätzlich auch in der Schweiz zirkulieren. Die VIPaV-Verordnung regelt die Zulassung solcher Produkte. Abkommen mit der EU ermöglichen die gegenseitige Anerkennung von Konformitätsbewertungen, mit Sonderregeln für Lebensmittel und Chemikalien.

Importbewilligungen sind u.a. für Kartoffeln, Fleisch, Saatgut, Weine und Tiere mit Sonderbedingungen erforderlich. Zuständig sind das Bundesamt für Landwirtschaft und die Genossenschaft Réservesuisse. Schlachtgeflügel, -pferde und Klauentiere dürfen nur per Bahn oder Luftfracht transportiert werden. Gewerbliche Tierimporte erfolgen über das TRACES-System mit gültiger Veterinärbescheinigung. Lebensmittel unterliegen dem Schweizer Lebensmittelrecht 2017. Für vorverpackte Produkte gelten Etikettierungsvorschriften. Novel-Food-Produkte benötigen eine BLV-Bewilligung; Grundlage ist der EU-Katalog. Geografische Herkunftsangaben sind besonders geschützt. Für Arzneimittel und Medizinprodukte ist Swissmedic zuständig. Hersteller, Importeure und Bevollmächtigte müssen registriert sein und erhalten eine Swiss Single Registration Number (CHAN). Seit Mai 2022 gelten neue Vorschriften nach EU-Vorbild; wegen fehlendem Zugang zur EUDAMED ist das MRA mit der EU eingeschränkt.

Pflanzenschutzmittel, die nicht im Verzeichnis stehen, sind vom Import ausgeschlossen. Pflanzen, Früchte, Schnittblumen und Samen unterliegen der Pflanzengesundheitsverordnung (SR 916.20) und benötigen ggf. ein Gesundheitszeugnis. Ausnahmebewilligungen erteilen BLW und BAFU. Niederspannungsprodukte müssen eine Konformitätserklärung vorweisen. Holzprodukte unterliegen der Deklarationspflicht (wissenschaftlicher Name, Handelsname, Ursprungsland); artenschutzrechtliche Einfuhrbewilligungen vergibt das BLV. Für Fahrzeuge gelten Anforderungen an Bauweise und Emissionen (ASTRA). Seit 2024 sind Industriezölle aufgehoben. Ein Präferenznachweis ist nur bei Reexporten erforderlich. Das neue Zollsystem Passar ersetzt NCTS und e-dec stufenweise: Ausfuhren seit Juli 2024, Einfuhren seit Januar 2025 im Parallelbetrieb, vollständige Umstellung seit Juli 2025. Zuständig ist das Bundesamt für Zoll und Grenzsicherheit (BAZG).

1.3 Verpackung

Die Schweiz wendet für Verpackungsholz den IPPC-Standard ISPM Nr. 15 an (ausgenommen EU). Wortlaut der Richtlinie sowie weitere Informationen über die Homepage www.julius-kuehn.de. Der Gewichtszoll ist ausschlaggebend für die Verzollung. Es besteht eine Regelung zur Vermeidung von Verpackungsmaterial. Angabe von Name und Adresse des Rücknahmepflichtigen auf PVC-Einwegverpackungen. Heu und Stroh als Verpackungsmaterial müssen von einem Dokument begleitet werden, in dem Herkunft, Gewicht und Bestimmungsbetrieb angegeben sind. Die Vorschriften der Verordnung von Getränkeverpackungen (PVC und Glas) sind zu beachten. Anschluss über ein Entsorgungssystem.

1.4 Markierung

Der Ursprung sowohl auf Verpackungen als auch auf Produkten (betrifft Nahrungsmittel und Tabakerzeugnisse) muss klar erkennbar sein, d.h. es dürfen keine Zeichen, Bilder etc. vorhanden sein, die einen fälschlichen Eindruck vermitteln können, sonst wird die Einfuhr untersagt. Eine Ursprungsmarkierung („Made in Germany") ist bei folgenden Produkten Vorschrift: pflanzenpasspflichtige Erzeugnisse, Holz und Holzwaren, Waren mit geschützten Ursprungsbezeichnungen.

1.5 Mustersendungen

Teilnahme am Carnet-A.T.A.-System (auch Liechtenstein, da Zollunion). Mustersendungen ohne Handelswert sind allgemein zollfrei. Außerdem werden keine Zollgebühren verlangt bei Mustern, die zur Bestellungsaufnahme ohne Eigenwert oder getestet, analysiert und präsentiert wurden und deren Wert max. 100 CHF pro Art nicht übersteigt. Werden Muster bestellt und als Handelsware importiert, so sind Zollgebühren zu entrichten.

2 Dokumente

2.1 Eisenbahnverkehr/Straßenverkehr

2.1.1 Frachtbrief

a) für Güter: ein internationaler Frachtbrief für Frachtgut oder Eilgut;
b) für Expressgut: ein internationaler Expressgutschein.

Nachnahmen sind nur für Güter zugelassen, und zwar bis zum Wert des Gutes. Barvorschüsse sind nur für Güter zugelassen.

2.1.2 Handelsrechnungen

Handelsfaktura (zweifach), in der alle die Waren betreffenden Einzelheiten, wie z.B. Marke, Nummern, Anzahl und Art der Pakete, Produktbezeichnung (inkl. Menge, Brutto- bzw. Nettogewichten), Einzel-/Gesamtpreise, Währung, Absender und Empfänger mit Namen und Adressen, Ausstellungsdatum und -ort, Rechnungsnummer, Beförderungsart, Lieferbedingungen, Zahlungsbedingungen (auch Ursprungsland) aufzunehmen sind. Keine Bescheinigung. Unterschrift erwünscht, aber nicht vorgeschrieben. Das BAZG ermöglicht mit E-Begleitdokument und E-Com eine digitale, papierlose Kommunikation mit dem Zoll. Dem Frachtführer (Bahn/Spediteur) ist zusätzlich eine Kopie der Handelsrechnung zu übergeben.

2.1.3 Ursprungszeugnisse

Ursprungszeugnis nur auf Anforderung.

2.1.4 Warenverkehrsbescheinigung

Liegt ein Handelsgeschäft zwischen der EU und der Schweiz vor und sind die Anforderungen des Assoziierungsabkommens erfüllt, können Präferenzdokumente wie die EUR.1 oder eine Ursprungserklärung genutzt werden, um zollbegünstigte Einfuhren zu ermöglichen. Mit Anfang 2025 wurden in der Pan-Europa-Mittelmeer-Zone (PEM-Zone) neue, einheitliche Ursprungsregeln mit einer Übergangsfrist bis 31.12.2025 eingeführt. Seit dem 1. Januar 2026 sind nur noch die revidierten Ursprungsregeln („Revised Rules") verbindlich und EUR-MED-Nachweise nicht mehr möglich.

Für Warensendungen über 6.000 EUR dient die von der Zollstelle ausgestellte EUR.1 als Präferenznachweis. Exporteure, die regelmäßig Waren unter Präferenzbedingungen liefern, können beim Hauptzollamt die Bewilligung als „Ermächtigter Ausführer" beantragen. Bei Sendungen unter 6.000 EUR genügt eine Ursprungserklärung direkt in der Handelsrechnung, mit folgendem Wortlaut: „Der Ausführer (Ermächtigter Ausführer; Bewilligungs-Nr. ...) der Waren, auf die sich dieses Handelspapier bezieht, erklärt, dass diese Waren, soweit nicht anders angegeben, präferenzbegünstigte . . . Ursprungswaren sind." (Ort und Datum, Unterschrift, Name in Druckbuchstaben)[1)]

Da Handelskammern Ursprungserklärungen nicht bescheinigen dürfen, wird empfohlen, diese separat beizufügen. Auf der Rechnung sollte ein ca. 7 cm hoher Freiraum für die Kammerbescheinigung bleiben. Anschließend ist die Erklärung unter Angabe des Ursprungslands zu ergänzen und erneut zu unterschreiben.

2.1.5 Gesundheitszeugnisse

Veterinärbescheinigungen für gewerbliche Tierimporte werden von den Behörden mit TRACES ausgestellt. Diese signierte Urkunde muss den Transport begleiten. Ein Gesundheitszeugnis einer amtlichen Pflanzenschutzstelle für Pflanzen, pflanzliche Erzeugnisse, Gemüse und Obst aus Drittstaaten erforderlich. Zudem müssen diese bei der Einfuhr kontrolliert werden. Für manche EU-Produkte ist ein Pflanzenpass notwendig.

2.2 Seefrachten

Seehafen: Keiner

2.3 Luftfrachten

Zollflughäfen: Basel, Bern, Genf, Lugano, Zürich

2.3.1 Luftfrachtbrief

Eine Ausfertigung des Luftfrachtbriefes. Kopie der Handelsrechnung ist dem Luftfrachtbrief anzuheften.

2.3.2

Siehe unter Eisenbahnverkehr 2.1.2–2.1.5.

2.4 Postverkehr

2.4.1 Paketkarte

Eine Zollinhaltserklärung in Englisch, Französisch, Deutsch oder Italienisch. Höchstgewicht 31,5 kg. Kopie der Handelsrechnung ist den Papieren anzuheften (ggf. auch Ursprungszeugnis).

2.4.2

Siehe unter Eisenbahnverkehr 2.1.2–2.1.5.

3 Adressen

Auslandshandelskammer

Handelskammer Deutschland–Schweiz
Tödistr. 60
CH-8002 Zürich
Tel.: +41 442836161
Fax: +41 442836100
Geschäftszeiten: Mo.–Fr. 9.00–12.00 Uhr, 14.00–17.00 Uhr
E-Mail: auskunft@handelskammer-d-ch.ch
www.handelskammer-d-ch.ch

Konsulate

Die Konsulatsadressen finden Sie jeweils mit Telefonnummer, E-Mail-Adresse, Homepage und Öffnungszeiten unter:
https://www.auswaertiges-amt.de/de/service/laender.

4 Sonstiges

Schweiz:
Länderkurzbezeichnung gemäß Präferenzrecht (Lieferantenerklärung): CH
Länder(-gruppen)kurzbezeichnung für bes. Zollsätze im Europäischen Zolltarif: CH
Kraftfahrzeugländerkennzeichen: CH
Liechtenstein:
Länderkurzbezeichnung gemäß Präferenzrecht (Lieferantenerklärung): LI
Länder(-gruppen)kurzbezeichnung für bes. Zollsätze im Europäischen Zolltarif: LI
Kraftfahrzeugländerkennzeichen: FL

1) Ursprungserklärung in weiteren Sprachen s. Kapitel Hinweise Warenursprung Präferenzen

Senegal

République du Sénégal, Senegal

1 Allgemeine Informationen

1.1 Kurzinfos

Landesvorwahl: +221

MEZ: –1 Std.

Französisch

1 Franc CFA = 100 Centimes (ISO-Code: XOF)

Nach AWG frei vereinbar Devisenbestimmungen von Senegal beachten

Harmonisiertes System

Mitglied

Angeschlossen

Feiertage: Die Feiertage zu diesem Land finden Sie unter folgendem Link: https://www.timeanddate.de/feiertage/.

1.2 Einfuhr aus der Bundesrepublik

Alle wert- und mengenmäßigen Beschränkungen der Einfuhr aus der EU sind aufgehoben worden und es sind nur noch Einfuhrzertifikate erforderlich. Von dieser Liberalisierung sind diejenigen Waren ausgenommen, deren Einfuhr aus anderen Ländern verboten oder Sonderbestimmungen unterworfen sind. Für diese Sendungen werden Lizenzen benötigt. Lizenzdauer im Allgemeinen sechs Monate. Die Ware muss vor Ablauf der Lizenz versandt sein. Bereits vorverpackte Nahrungsmittel müssen laut Codex-Standard direkt auf dem Produkt oder der Verpackung gekennzeichnet sein. Bestimmte Waren wie Zigaretten, Flaschengetränke, Kerzen, Batterien, Textilien und Streichhölzer müssen zusätzlich den Hinweis „Vente au Sénégal" tragen. Gebrauchte Fahrzeuge müssen mindestens der Abgasnorm Euro-4 entsprechen und dürfen maximal fünf Jahre alt sein. Besondere Etikettierungsvorschriften bestehen für Zigaretten, Tabak und bestimmte alkoholische Getränke. Die Registrierung von Arzneien ist Vorschrift. Import und Export von Gold bedürfen einer vorherigen Genehmigung des Finanzministeriums, wobei eine Proforma-Rechnung, die das Datum, die Lieferfrist, rechtsverbindliche Unterschrift, FOB-Preis enthalten muss. Zuständig für Normen und Standards ist das ASN (Association Sénégalaise de Normalisation). Bei konzentrierter oder getrockneter Milch müssen die Kennzeichnung und besondere Bestimmungen zum Fettgehalt beachtet werden. Außerdem sind zusätzlich besondere Verpackungsbestimmungen zu beachten. Besondere Bestimmungen gelten z.B. für Zucker bzw. Kohlenwasserstoffe.

1.3 Verpackung

Alle Materialien, durch die Krankheiten eingeschleppt werden könnten, sind verboten. Für Holzverpackungen finden die Regelungen des ISPM Nr. 15-Standards Anwendung.

1.4 Markierung

Empfohlen: „Importé d'Allemagne" bzw. „Made in Germany".

1.5 Mustersendungen

Warenmuster ohne Handelswert sind zollfrei.

2 Dokumente

2.1 Seefrachten

Seehafen: Dakar

2.1.1 Konnossemente

Konnossemente bedürfen keiner Beglaubigung. Voller Satz, an Order mit Notify-Adresse ausgestellt.

2.1.2 Handelsrechnungen

Handelsrechnungen, zweifach, Französisch, mit den üblichen Angaben wie Name des Exporteurs und Importeurs sowie Empfängers, Marke, Nummern, Anzahl und Art der Packstücke, Brutto-/Nettogewichte, genaue Warenbezeichnungen, Lieferbedingungen, Ursprungsland, HS-Code, Mengen, Ort und Datum der Ausstellung sowie Einzelpreise, Gesamt-fob- und cif-Wert und auch Nachlässe, wie z.B. Rabatte. Folgender Vermerk ist Vorschrift: „Nous certifions que les marchandises dénommées dans cette facture sont de fabrication et d'origine de la République Fédérale d'Allemagne et que les prix indiqués ci-dessus s'accordent avec les prix courants sur le marché d'exportation."

2.1.3 Ursprungszeugnisse

Ursprungszeugnisse mit der Angabe „République Fédérale d'Allemagne (Union Européenne)" nur auf Anforderung.

2.1.4 Gesundheitszeugnisse

Veterinärärztliches Gesundheitszeugnis erforderlich für: Tiere und frisches und gefrorenes Fleisch. Pflanzengesundheitszeugnis der zuständigen amtlichen Pflanzenschutzstelle (https://pflanzengesundheit.julius-kuehn.de) erforderlich für Pflanzen, Pflanzenteile, Saaten, Erde, Düngemittel und Kompost sowie für Verpackungen aus diesen oder ähnlichen Stoffen.

2.1.5 Packlisten

Packliste wird empfohlen.

2.1.6 Inspektionszertifikate

Vorab-Warenprüfungen bleiben zeitlich unbegrenzt suspendiert.

2.1.7 Electronic Cargo Tracking Note

Für die Einfuhr wird für beinahe alle Waren eine Electronic Cargo Tracking Note (ECTN)/Bordereau Électronique de Suivi de Cargaison (BESC) benötigt, die vor der Verladung zu beantragen ist (https://besc-senegal.com/). Zuvor muss die Registrierung unter Nennung der im Senegal zu beantragenden NINEA-Nummer (www.impotsetdomaines.gouv.sn/fr/demander-un-ninea) erfolgen. Zuständig für die Bundesrepublik Deutschland ist: M + S Mehrtens & Schwickerath GmbH, 28195 Bremen, Tiefer 4, Tel.: 0421 363080, Fax: 0421 3630855, E-Mail: agency@msbre.com, www.shipagent.de. Fehlt die ECTN/BESC in den Beförderungspapieren, findet keine Abfertigung statt und hohe Bußgelder können entstehen.

2.2 Luftfrachten

Zollflughäfen: Dakar (DKR), St. Louis, Ziguinchor

2.2.1 Luftfrachtbrief

Eine Ausfertigung des Luftfrachtbriefes.

2.2.2

Siehe unter Seefrachten 2.1.2–2.1.7.

2.3 Postverkehr

2.3.1 Paketkarte

Zwei Zollinhaltserklärungen, Französisch. Höchstgewicht 20 kg. Die Erlaubnis für den Versand von Arzneien per Post muss vorher beim senegalesischen Gesundheitsministerium beantragt werden.

2.3.2

Siehe unter Seefrachten 2.1.2–2.1.7.

3 Adressen

Konsulate

Die Konsulatsadressen finden Sie jeweils mit Telefonnummer, E-Mail-Adresse, Homepage und Öffnungszeiten unter:
https://www.auswaertiges-amt.de/de/service/laender.

4 Sonstiges

Länderkurzbezeichnung gemäß Präferenzrecht (Lieferantenerklärung): AKP
Länder(-gruppen)kurzbezeichnung für bes. Zollsätze im Europäischen Zolltarif: SPGA
Kraftfahrzeugländerkennzeichen: SN

Serbien

Republic Serbien, Serbia

1 Allgemeine Informationen

1.1 Kurzinfos

Landesvorwahl: +381

MEZ
EU-Sommerzeit

Serbisch, Englisch, Französisch

1 Serbischer Dinar (N. Din) = 100 Pará (ISO-Code: RSD)

Nach AWG frei vereinbar
Devisenbestimmungen Serbiens beachten

Harmonisiertes System

Beobachterstatus
Aufnahme beantragt

Angeschlossen

Angeschlossen

Feiertage: Die Feiertage zu diesem Land finden Sie unter folgendem Link: https://www.timeanddate.de/feiertage/.

1.2 Einfuhr aus der Bundesrepublik

Import weitgehend liberalisiert. Nur Erzeugnisse die unter die Kategorie D oder LB fallen benötigen eine Importgenehmigung. Die verschiedenen Unterkategorien, die unterschiedliche Zuständigkeiten haben, sind zu beachten. Konformitätsprüfungen bei Nahrungsmitteln und Haushaltsprodukten u.a., zuständig ist das Serbische Institut für Standardisierung (Institut za standardizaciju). Bei Nachweis des CE-Standards oder einer Herstellererklärung meist keine Zertifizierungen notwendig. Ansprechpartner bei Funkgeräten und Telekommunikationsgeräten ist die Regulierungsbehörde für elektronische Kommunikation und Postdienste (Regulatorna agencija za elektronske komunikacije i poštanske usluge). Zertifizierungspflichtig sind Baustoffe, Maschinen, elektronische Produkte, Messinstrumente etc. Zuständig ist das Ministerium für Wirtschaft, Abt. für Qualitätsinfrastruktur. Produkte der Unterkategorie LB (U78) benötigen ein Konformitätszertifikat oder eine Anerkennung ausländischer Nachweise. Funk- und Telekommunikationsgeräte der Kategorie LB (U43) benötigen eine Konformitätserklärung. Rundfunkausrüstung darf nur mit Bestätigung einer benannten Stelle wie RATEL eingeführt werden.

Neue Fahrzeuge (Klassen M N, O und L) benötigen mindestens Euro 5- bzw. 6-Standard. Für Kfz ist eine besondere Bescheinigung (Homologation) erforderlich. Zuständig ist die Abteilung für Fahrzeuge (Sektor za vozila) der Agentur für Sicherheit (Agencija za bezbednost saobraćaja). Für gebrauchte Kfz gilt Euro 3-Standard. Genehmigung vom Veterinäramt und Registrierungspflicht der Händler auf TRACES besteht für Tiere und tierische Produkte. Genehmigungen sind notwendig, da an der Grenze kontrolliert wird (Veterinäramt, Uprava za veterinu). Zumeist besteht für Tiere eine Quarantäneauflage. Lebensmittel und Tierfutter können sanitären, veterinären oder phytosanitären Kontrollen unterliegen. Registrierungspflichtig sind Pflanzen und Produkte pflanzlicher Herkunft (Pflanzenschutzbehörde Uprava za zaštitu bilja) und ebenso die Einführer derselben. Pflanzengesundheitszeugnis muss vorliegen. Die Grenzkontrollstelle (Rücksprache mit dem Importeur über berechtigte Stellen) muss mindestens 24 Stunden mit dem ZVUD-Ž vor dem Eintreffen benachrichtigt werden. Pflanzen, Pflanzenerzeugnisse, Pestizide und Düngemittel dürfen nur über zugelassene Grenzstellen eingeführt werden. Je nach Produkt ist ein Pflanzenpass oder Phytozertifikat erforderlich. Einführer müssen in den entsprechenden Registern eingetragen sein.

Nur zugelassene Händler können Importgenehmigungen für Waffen, Munition, Militärwaren, Dual-Use-Gütern erhalten. Eine Grenzkontrolle ist obligatorisch. Die Einfuhr von Produkten, in die Radionuklide eingearbeitet wurden, ist verboten. Radionuklide dürfen nicht in Konsumgüter wie Trinkwasser, Lebensmittel, Futtermittel, Spielzeuge oder Hygieneprodukte eingearbeitet werden. Die Abteilung für Abfallwirtschaft erteilt eine Importgenehmigung für Abfälle, die außerdem einer Umweltkontrolle unterliegen. Abfälle unterliegen einem Einfuhrverbot, wenn sie gefährlich oder radioaktiv sind und nicht zur Weiterverarbeitung bestimmt sind. Weitere Verbote betreffen bestimmte Gifte, ozonschädigende Stoffe, gebrauchte Kleidung sowie infizierte Tiere und Pflanzen. Je nach Produkt sind verschiedene Stellen für Lizenzen und Genehmigungen zuständig, z.B. bei Edelmetallen, Dual-Use-Gütern, Waffen u.a. das Ministerium für Handel, Tourismus und Telekommunikation (Ministarstvo trgovine, turizma i telekomunikacija), bei Medikamenten, medizinischen Produkten u.a. das Gesundheitsministerium (Ministarstvo zdravlja) und eine Produktregistrierung bei der Agentur für Arzneimittel und Medizinprodukte (Medicines and Medical Devices Agency, ALIMS), bei unter das CITES-Artenschutzabkommen fallenden Tieren und Pflanzen das Ministerium für Landwirtschaft (Ministarstvo zaštite životne sredine), bei Chemikalien und ozonschädigenden Substanzen die Agentur zum Schutz vor ionisierender Strahlung und für nukleare Sicherheit (Agencija za zastitu od jonizujucih zracenja i nuklearnu sigurnost).

Für Arzneien und medizinische Erzeugnisse sind u.a. auch Handelsgenehmigungen und Registrierung von Handelsmarken erforderlich (Institut für Geistiges Eigentum). Ersatzteile für medizinische Hilfsgeräte sind von der Produktregistrierung ausgenommen, sofern sie nicht selbst als Medizinprodukte gelten. Tierarznei muss ebenfalls bei ALIMS registriert werden. Nähere Informationen erhält man über die Industrie- und Handelskammern, die deutschen Auslandshandelskammern oder andere ausgewiesene Stellen, z.B. die Vertretung in Deutschland, c/o IHK Frankfurt am Main, Tel.: 069 29729313. Registrierungs- und Genehmigungspflicht bei Dünger, Pflanzenschutzmitteln, Bioziden u.a. (Ministerium für Land-, Forst- und Wasserwirtschaft), Hygieneuntersuchungen erforderlich bei Alkohol, chemischen Waren, Reinigungsmitteln etc. Einfuhrverbot u.a. für gefährliche oder radioaktive Abfälle, einige giftige und ozongefährdende Stoffe, Kraftfahrzeuge, die nicht mindestens die Euro 3-Abgasnorm erfüllen, gebrauchte Kleidung, infizierte Tiere oder Pflanzen.

1.3 Verpackung

Heu oder Stroh dürfen nur verwendet werden, wenn sie einer Phytosanitärkontrolle unterzogen wurden. Serbien wendet für Verpackungsholz (nur frei von Erde und Schädlingen) den IPPC-Standard ISPM Nr. 15 an. Mit dem Einführer sind die Kennzeichnungsvorschriften für Verpackungen abzustimmen.

1.4 Markierung

Markierung möglichst in serbischer Sprache. Güter für den Einzelhandel mit Ursprungs- bzw. Herstellungsland („European Union (EU)"). Bestimmte landwirtschaftliche Produkte und Pflanzen benötigen „Made in..."-Markierung. Keine irreführenden Angaben.

1.5 Mustersendungen

Warenmuster ohne Handelswert und bestimmte Werbematerialien können zollfrei eingeführt werden, sofern sie innerhalb von maximal 2 Jahren unverändert wieder ausgeführt werden. Die Befreiung von Einfuhrabgaben wird von der Abteilung für Zollsystem und -politik im Finanzministerium erteilt. Eine Zollanmeldung ist erforderlich; bei Verpackungsmaterialien genügt eine mündliche Anmeldung. Für die vorübergehende Einfuhr muss mindestens 30 Tage vorab eine Genehmigung bei der serbischen Zollbehörde beantragt werden. Pkw und Verbrauchsgüter sind grundsätzlich ausgeschlossen. Je nach Warenart kann eine Sicherheitsleistung verlangt werden, die bei fristgerechter Wiederausfuhr erstattet wird. Serbien nimmt am Carnet A.T.A.-System teil.

2 Dokumente

Hinweis: Es ist unbedingt auf die korrekte Staatenbezeichnung zu achten, „Republik Serbien".

2.1 Bahn-, Lkw-Sendungen

2.1.1 Frachtbrief

Ein internationaler Frachtbrief für Bahntransport.

2.1.2 Handelsrechnungen

Handelsrechnung (Original und zwei Kopien), unterschrieben, mit allen üblichen Angaben, wie z.B. Marke, Nummern, Anzahl und Art der Pakete, genaue Produktbezeichnung, Handelsname, HS-Code (inkl. Mengen, Brutto- bzw. Nettogewichten), Einzel-/Gesamtpreise, Währung, Absender und

Empfänger mit Namen und Adressen, Ausstellungsdatum und -ort, Abfertigungsort, Rechnungsnummer und -datum, Beförderungs- und Transportart, Lieferbedingungen, Zahlungsbedingungen (auch Ursprungsland), evtl. Nummer der Pro-forma-Rechnung, etc. aufzunehmen sind. Unter Umständen verlangen die Behörden eine Übersetzung in Serbisch.

2.1.3 Ursprungszeugnisse

Ursprungszeugnis mit der Angabe „Federal Republic of Germany (Europäische Union)" nur auf Anforderung (zweifach). Mit Importeur abstimmen. Für manche Warenarten ist ein Ursprungszeugnis für die Anträge auf Genehmigung notwendig.

2.1.4 Packlisten

Erforderlich, wenn die Rechnung keinen genauen Überblick gibt, z.B. mit Angabe zum Wareninhalt, Mengen bzw. Stückzahl, Nettogewicht, Bruttogewicht, etc.

2.1.5 Warenverkehrsbescheinigung

Liegt ein Handelsgeschäft zwischen der EU und Serbien vor und sind die Anforderungen des Assoziierungsabkommens erfüllt, können Präferenzdokumente wie die EUR.1 oder eine Ursprungserklärung genutzt werden, um zollbegünstigte Einfuhren zu ermöglichen. Mit Anfang 2025 wurden in der Pan-Europa-Mittelmeer-Zone (PEM-Zone) neue, einheitliche Ursprungsregeln mit einer Übergangsfrist bis 31.12.2025 eingeführt. Seit dem 1. Januar 2026 sind nur noch die revidierten Ursprungsregeln („Revised Rules") verbindlich und EUR-MED-Nachweise nicht mehr möglich.

Für Warensendungen über 6.000 EUR dient die von der Zollstelle ausgestellte EUR.1 als Präferenznachweis. Exporteure, die regelmäßig Waren unter Präferenzbedingungen liefern, können beim Hauptzollamt die Bewilligung als „Ermächtigter Ausführer" beantragen. Bei Sendungen unter 6.000 EUR genügt eine Ursprungserklärung direkt in der Handelsrechnung, mit folgendem Wortlaut: „Der Ausführer (Ermächtigter Ausführer; Bewilligungs-Nr. ...) der Waren, auf die sich dieses Handelspapier bezieht, erklärt, dass diese Waren, soweit nicht anders angegeben, präferenzbegünstigte . . . Ursprungswaren sind." (Ort und Datum, Unterschrift, Name in Druckbuchstaben)[1)]

1) Ursprungserklärung in weiteren Sprachen s. Kapitel Hinweise Warenursprung Präferenzen

Da Handelskammern Ursprungserklärungen nicht bescheinigen dürfen, wird empfohlen, diese separat beizufügen. Auf der Rechnung sollte ein ca. 7 cm hoher Freiraum für die Kammerbescheinigung bleiben. Anschließend ist die Erklärung unter Angabe des Ursprungslands zu ergänzen und erneut zu unterschreiben.

2.1.6 Gesundheitszeugnisse

Gesundheitszeugnisse/Pflanzenschutzzeugnisse erforderlich u.a. für Tiere und Pflanzen, tierische und pflanzliche Produkte.

2.2 Seefrachten

Seehafen: Keiner.

2.2.1 Konnossemente

Konnossemente können „an Order" ausgestellt werden. Keine Beglaubigung.

2.2.2

Siehe unter Bahn-/Lkw-Sendungen 2.1.2–2.1.6.

2.3 Luftfrachten

Zollflughäfen: Belgrad (BEG), Nis (INI)

2.3.1 Luftfrachtbrief

Eine Ausfertigung des Luftfrachtbriefes.

2.3.2

Siehe unter Bahn-/Lkw-Sendungen 2.1.2–2.1.6.

2.4 Postverkehr

2.4.1 Paketkarte

Drei Zollinhaltserklärungen in Serbisch, Französisch oder Englisch. Höchstgewicht: 31,5 kg. Den Paketen sollte ein Exemplar der Handelsrechnung beigelegt werden.

> **Bitte beachten:** Zahlungsmittel oder andere wertvolle Gegenstände dürfen nicht in Paketen versandt werden. Bei Paketen in die Region Kosovo zusätzlich die Angabe KOSOVO UNMIK in die letzte Zeile der Anschrift.

2.4.2

Siehe unter Bahn-/Lkw-Sendungen 2.1.2–2.1.6.

3 Adressen

Auslandshandelskammer

Deutsch-Serbische Wirtschaftskammer
Delegacija nemačke privrede za Srbiju
Tobličin venac 19a
SRB-11000 Belgrad
Tel.: +381 112028010
Fax: +381 113034780
Geschäftszeiten: Mo.–Fr. 9.00–17.00 Uhr
E-Mail: info@ahk.rs
www.serbien.ahk.de

Konsulate

Die Konsulatsadressen finden Sie jeweils mit Telefonnummer, E-Mail-Adresse, Homepage und Öffnungszeiten unter:
https://www.auswaertiges-amt.de/de/service/laender.

4 Sonstiges

Länderkurzbezeichnung gemäß Präferenzrecht (Lieferantenerklärung): XS
Länder(-gruppen)kurzbezeichnung für bes. Zollsätze im Europäischen Zolltarif: XS, Kraftfahrzeugländerkennzeichen: SRB

Seychellen

Republic of Seychelles

1 Allgemeine Informationen

1.1 Kurzinfos

Landesvorwahl: +248

MEZ: +3 Std.

Englisch, Französisch

1 Seychellen-Rupie (SR) = 100 Cents (ISO-Code: SCR)

Nach AWG frei vereinbar Devisenbestimmungen der Seychellen beachten

Harmonisiertes System

Mitglied

Feiertage: Die Feiertage zu diesem Land finden Sie unter folgendem Link: https://www.timeanddate.de/feiertage/.

1.2 Einfuhr aus der Bundesrepublik

Importlizenzen für viele Waren (z.B. Tiere, Fleisch, Fisch, Obst, Gemüse, Pflanzen, Arzneimittel, Chemikalien, Sprengstoffe, Düngemittel, Kunststoffe, Plastiktüten, Gebrauchtfahrzeuge, Fahrzeuge mit Linkslenkung, Schiffe, Flugzeuge, Funkgeräte, Glasfenster, Glastüren sowie Alkohol oder Tabak) erforderlich, die beim Finanzministerium zu beantragen sind. Zollanmeldungen erfolgen online über das System ASYCUDA – entweder durch den Importeur oder dessen Vertreter. Importeure müssen im Besitz einer „Seychelles Licensing Authority"-Lizenz sein. Importverbote gelten für Waffen, Munition, geschützte Tierarten, CFKW, radioaktive Stoffe, Giftmüll, Abfälle, Drogen, Falschgeld sowie pornografisches oder anstößiges Material, siehe auch auf der Internetseite https://src.gov.sc. Zuständig für Normen und Standards ist das SBS (Seychelles Bureau of Standards). Interimsabkommen zwischen den ESA-Staaten und der EU. Whiskey muss mindestens drei Jahre alt sein (Nachweis durch „Certificate of Age", Ansprechpartner HM Revenue & Customs, C&E, Form No. 96).

1.3 Verpackung

Für Holzverpackungen gelten die Regelungen der ISPM Nr. 15.

1.4 Markierung

Das Ursprungsland der Waren muss klar erkennbar sein, deswegen wird z.B. die Kennzeichnung „Made in Germany" empfohlen.

1.5 Mustersendungen

Muster ohne Handelswert sind zollfrei (außer Spirituosen und Tabak).

2 Dokumente

2.1 Seefrachten

Seehafen: Victoria (Mahé)

2.1.1 Konnossemente

Voller Satz Konnossemente. Order-B/L mit Notify-Adresse zugelassen. Angabe der Seefracht. Keine Beglaubigung.

2.1.2 Handelsrechnungen

Handelsrechnungen mit den üblichen Angaben wie Name des Exporteurs und Importeurs sowie Empfängers, Marke, Nummern, Anzahl und Art der Packstücke, Brutto-/Nettogewichte, genaue Warenbezeichnungen, Lieferbedingungen, Ursprungsland, HS-Code, Mengen, Ort und Datum der Ausstellung sowie Einzelpreise, Gesamt-fob- und cif-Wert und auch Nachlässe, wie z.B. Rabatte. Erforderliche Erklärung am Ende (rechtsverbindlich unterschrieben): „We herewith confirm that the invoice details are true and correct and that no arrangement has been entered into affecting the price of the goods between the exporter and purchaser by way of discount, rebate, compensation, or in any matter other than what is shown on the invoice." Keine Faksimile-Unterschriften.

2.1.3 Ursprungszeugnisse

Ursprungszeugnis mit der Angabe „République Fédérale d'Allemagne (Union Européenne)" (einfach) ist erforderlich.

2.1.4 Warenverkehrsbescheinigung

Sendungen bis 6000 EUR: Der Exporteur kann den Präferenznachweis direkt auf der Rechnung, dem Lieferschein oder einem anderen Handelsdokument durch folgende Erklärung erbringen – ohne REX-Nummer und ohne besondere Zulassung: „The exporter of the products covered by this document[1] declares that, except where otherwise clearly indicated, these products are of ... preferential origin."[2] Angabe von Ort, Datum, Unterschrift und Name in Druckschrift ist erforderlich.

Sendungen über 6.000 EUR: Hier ist eine Registrierung als „Registered Exporter" (REX) erforderlich. Die REX-Nummer muss in der Erklärung angegeben werden. Ursprungserklärungen eines registrierten Ausführers erfolgen gemäß Art. 68 UZK-IA. Für die Präferenzgewährung durch die EU gelten abweichende Nachweisregeln, je nach Partnerstaat und Abkommen. Hinweis: Ursprungswaren aus Ceuta und Melilla sind mit dem Kürzel „CM" zu kennzeichnen. Für EU-Waren, die unter die Ursprungsregelung mit den ESA-Staaten fallen, gilt das Selbstzertifizierungsverfahren. Eine Bereitstellung offizieller Ursprungsdokumente durch EU-Zollstellen entfällt.

2.1.5 Packlisten

Zweifach in Englisch und Französisch: Anzahl der Packstücke, Beschreibung der Ware, Verpackungsart, Gewicht (brutto und netto).

2.1.6 Gesundheitszeugnisse

Für Pflanzen und pflanzliche Produkte ist ein Pflanzengesundheitszeugnis (https://pflanzengesundheit.julius-kuehn.de) und für Lebensmittel, Gemüse, Früchte, ist ein amtliches Gesundheitszeugnis erforderlich. Ein veterinärärztliches Gesundheitszeugnis wird für Tiere und tierische Erzeugnisse benötigt.

2.2 Luftfrachten

Zollflughafen: Mahé (SEZ)

2.2.1 Luftfrachtbrief

Eine Ausfertigung des Luftfrachtbriefes.

2.2.2

Siehe unter Seefrachten 2.1.2–2.1.6.

2.3 Postverkehr

2.3.1 Paketkarte

Zwei Zollinhaltserklärungen in Englisch oder Französisch, Höchstgewicht: 31,5 kg, Vertragskunden: 30 kg.

2.3.2

Siehe unter Seefrachten 2.1.2–2.1.6.

3 Adressen

Konsulate

zuständig ist die Botschaft in
GB-London SW1W9SA
130-132 Buckingham Palace Road
Tel.: +44 2077300087
Mo.–Fr. 8.30–16.30 Uhr
E-Mail: seyhc.london@btconnect.com

Weitere Konsulatsadressen finden Sie jeweils mit Telefonnummer, E-Mail-Adresse, Homepage und Öffnungszeiten unter:
https://www.auswaertiges-amt.de/de/service/laender.

1) Eintrag der Bewilligungsnummer, falls die Erklärung von einem ermächtigten Ausführer erstellt wird.
2) Ursprungserklärung in weiteren Sprachen s. Kapitel Hinweise Warenursprung Präferenzen

Sierra Leone

Republic of Sierra Leone

1 Allgemeine Informationen

1.1 Kurzinfos

Landesvorwahl: +232

MEZ: –1 Std.

Englisch

1 Leone (Le) = 100 Cents (ISO-Code: SLL)

Nach AWG frei vereinbar Devisenbestimmungen von Sierra Leone beachten

Harmonisiertes System

Mitglied

Feiertage: Die Feiertage zu diesem Land finden Sie unter folgendem Link: https://www.timeanddate.de/feiertage/.

1.2 Einfuhr aus der Bundesrepublik

Mit der EU besteht ein Wirtschaftsabkommen. Alle Waren bedürfen einer Importlizenz (Specific Import Licence). Es ist dringend empfehlenswert, sich beim Importeur zu vergewissern, dass eine Importlizenz vorliegt, die ein Jahr gültig ist und keine Toleranzen zulässt. Die Waren müssen spätestens am letzten Gültigkeitstag der Lizenz das Versand- bzw. Ursprungsland verlassen haben, ansonsten gelten sie als illegale Importe. Zuständig für Normen und Standards ist das SLSB (Sierra Leone Standards Bureau). Registration von Arzneien ist erforderlich. Gebrauchte Fahrzeuge müssen mindestens der Abgasnorm Euro-4 entsprechen und dürfen maximal fünf Jahre alt sein. Gebrauchte Kleidung muss von einem Desinfektionszeugnis begleitet werden.

1.3 Verpackung

Heu und Stroh zugelassen. Auf gutes Verpackungsmaterial ist wegen der hohen Luftfeuchtigkeit zu achten.

1.4 Markierung

Das Ursprungsland sollte klar erkennbar sein, deswegen ist es ratsam, mit „Made in Germany" zu kennzeichnen.

1.5 Mustersendungen

Warenmuster ohne Handelswert sind zollfrei.

2 Dokumente

2.1 Seefrachten

Seehäfen: Freetown, Pepel

2.1.1 Konnossemente

Voller Satz Konnossemente. Order-B/L zugelassen (dann jedoch mit Notify-Adresse). Beglaubigung nicht vorgeschrieben.

2.1.2 Zollfakturen

Zollfakturen, vierfach, Englisch (Formblatt „Combined Certificate of Value and Origin and Invoice of goods") mit der Angabe „Federal Republic of Germany" auf der Invoice-Seite.

Der Firmenname des Ausführers muss mit vollständiger Anschrift auf der Invoice-Seite der Zollfaktura eingedruckt sein, und zwar in dem Raum hinter der 2. Reihe hinter dem Wort by: ... Außerdem muss auf der Vorderseite neben der Unterschrift Siegel oder Firmenstempel des Ausführers erscheinen. Keine Bescheinigung erforderlich.

Auf der Rückseite folgende unterschriebene Erklärung abgeben: „We hereby declare that this commercial invoice is in support of the attached certified invoice Number ... and that the particulars shown on the certified invoice are true and correct in every detail."

Bei Lieferungen durch Ausfuhrhändler kann zusätzlich die Vorlage der Fabrikantenrechnung gefordert werden. In der Regel wird davon abgesehen, wenn die Zollfaktura von der zuständigen Handelskammer mit folgendem Text beglaubigt wird: „We certify that suppliers' and/or manufacturers' invoices have been produced and compared with the consigning firm's invoices and that the latter truly represent particulars of the goods and the selling price together with all charges up to the time of landing."

Enthält die Zollfaktura nur den fob-Wert, muss der Text anstatt „up to the time of landing" lauten „up to fob". Ist der Ausführer ein Ausfuhrhändler, ist zusätzlich die „Buying Commission" anzugeben. Wird keine Buying Commission in Rechnung gestellt, ist dieses in einem Extra-Schreiben an den „Comptroller of Customs & Excise, Custom House, Freetown" zum Ausdruck zu bringen.

2.1.3 Handelsrechnungen

Handelsrechnungen, Englisch, nur in Ausnahmefällen mit folgenden Angaben erforderlich: Name des Exporteurs und Importeurs sowie Empfängers, Marke, Nummern, Anzahl und Art der Packstücke, Brutto-/Nettogewichte, genaue Warenbezeichnungen, Lieferbedingungen, Ursprungsland, HS-Code, Mengen, Ort und Datum der Ausstellung sowie Einzelpreise, Gesamt-fob- und cif-Wert und auch Nachlässe, wie z.B. Rabatte.

2.1.4 Ursprungszeugnisse

Ursprungszeugnis (einfach) erforderlich für Waren, die nur mit einer „Specific Import Licence" eingeführt werden können. Angabe des Ursprungslandes „Federal Republic of Germany (European Union)"

2.1.5 Warenverkehrsbescheinigung

Warenverkehrsbescheinigung bzw. Präferenz-Ursprungsnachweis in einem der Handelspapiere: nicht erforderlich.

2.1.6 Packlisten

Enthält die Rechnung keine genaue Übersicht über Marke, Art, Inhalt und Nummer der einzelnen Packstücke, ist eine Packliste erforderlich.

2.1.7 Gesundheitszeugnisse

Gesundheitszeugnisse sind erforderlich für Tiere, tierische Erzeugnisse sowie für Pflanzen und Samen (https://pflanzengesundheit.julius-kuehn.de). Eine Begutachtung am Verzollungsort ist erforderlich.

2.1.8 Cargo Tracking Note

Für die Einfuhr wird eine Cargo Tracking Note (CTN) bzw. Advances Cargo Declaration (ACD) benötigt, die vor der Verladung zu beantragen ist. Registrierung des Exporteurs bzw. Frachtführers auf der Internetseite www.ctn-slngs.com (Hafenbehörde Sierra Leone Ports Authority) unter Vorlage von der Kopie des Draft-B/L und je einer Kopie von Handelsfaktura und Frachtrechnung. Ein Entry Summary Report (ENR/CTN/ACD) muss dann im System ausgefüllt werden, welcher eine Entry Summary Nummer erzeugt (ENS). Ansprechpartner ist M + S Mehrtens & Schwickerath GmbH, 28195 Bremen, Tiefer 4, Tel.: 0421 363080, Fax: 0421 3630855, E-Mail: agency@msbre.com, https://www.shipagent.de. Fehlt die CTN/ACD/ENS findet keine Abfertigung statt und hohe Bußgelder können entstehen.

2.2 Luftfrachten

Zollflughafen: Freetown

2.2.1 Luftfrachtbrief

Ein Luftfrachtbrief.

2.2.2

Siehe unter Seefrachten 2.1.2–2.1.8.

2.3 Postverkehr

2.3.1 Paketkarte

Zwei Zollinhaltserklärungen, Englisch. Höchstgewicht: 31,5 kg, Vertragskunden: 30 kg.

Bitte beachten: Jedes Postpaket muss eine vorschriftsmäßig unterschriebene Zollfaktura enthalten mit dem Vermerk „Invoice enclosed". Bei mehreren Paketen ist das Paket, das die Rechnung enthält, als „master package" zu kennzeichnen, die anderen müssen die Aufschrift „invoice enclosed in master package, identification mark ..." tragen.

2.3.2

Siehe unter Seefrachten 2.1.2–2.1.8.

3 Adressen

Konsulate

Die Konsulatsadressen finden Sie jeweils mit Telefonnummer, E-Mail-Adresse, Homepage und Öffnungszeiten unter:

https://www.auswaertiges-amt.de/de/service/laender.

4 Sonstiges

Länderkurzbezeichnung gemäß Präferenzrecht (Lieferantenerklärung): AKP

Länder(-gruppen)kurzbezeichnung für bes. Zollsätze im Europäischen Zolltarif: SPGA

Kraftfahrzeugländerkennzeichen: WAL

1 Allgemeine Informationen

1.1 Kurzinfos

Landesvorwahl: +263

MEZ: +1 Std.

Englisch

1 Zimbabwe Dollar (Z.$) = 100 Cents (ISO-Code: ZWL). Währung seit Feb. 2009 ausgesetzt. Zugelassen: Euro, US-Dollar u. Südafrik. Rand

Nach AWG frei vereinbar Devisenbestimmungen von Zimbabwe beachten

Harmonisiertes System

Mitglied

Angeschlossen

Feiertage: Die Feiertage zu diesem Land finden Sie unter folgendem Link: https://www.timeanddate.de/feiertage/.

1.2 Einfuhr aus der Bundesrepublik

Interimsabkommen zwischen ESA-Staaten und der EU mit Präferenzgewährung. Importlizenzen für viele Waren (z.B. gebrauchte Textilien und Schuhe, Gebäck, Seife, Zucker, Schweinefleisch, bestimmte Gemüsesorten, Plastiktüten, Geflügel, Dünger, Milch) erforderlich. Zollanmeldungen erfolgen online über das System ZIMRA (https://www.zimra.co.zw). Importverbote gelten für u.a. pornografisches oder anstößiges Material, bestimmte Arzneimittel, bestimmte Abfälle, gesundheitsschädliche Spirituosen, Autos älter als 10 Jahre, Geldfälschungen. Kurzfristige Änderungen möglich, Rücksprache mit Importeur und dessen Clearing Agent empfohlen. Vom Ministry of Agriculture ist eine Importerlaubnis für Tiere und deren Erzeugnisse sowie Pflanzen und Samen erforderlich.

Hinsichtlich der Etikettierung sind besondere Vorschriften für radioaktive Erzeugnisse zu beachten. Registration von Pestiziden und pharmazeutischen Erzeugnissen erforderlich. Es ist zu berücksichtigen, dass diese unter die Vorschriften der „Goods (Import of Medicinal Substances and Poisons) Regulations" fallen. Arzneien benötigen eine Importerlaubnis von der Medicines Control Authority of Zimbabwe.

Im Zuge von Handelserleichterungen hat Simbabwe das ASYCUDA-basierte Electronic Single Window eingeführt, über das Anträge, Genehmigungen, Lizenzen und weitere Bescheinigungen für Import und Export papierlos eingereicht werden können. Die Zollanmeldung erfolgt bis zu einem Warenwert von 2.000 USD eigenständig. Über diesem Zollwert ist ein autorisierter Zollagent erforderlich.

Wirtschaftsbeteiligte können auf freiwilliger Basis das von der Zoll- und Verbrauchsteuerabteilung verwaltete AEO-Programm verwenden. Der Antrag auf Akkreditierung erfolgt beim Commissioner of Customs & Excise. Voraussetzungen sind eine Niederlassung in Simbabwe sowie bestimmte Anforderung an Dokumenten, Zollsystemen, Zahlungsfähigkeit und Nachweise über das Einhalten von Sicherheitsstandards. Unternehmen mit AEO-Status haben Vorteile bei der Zollabfertigung.

Bitte beachten: Zur Zeit der Drucklegung gab es Embargomaßnahmen gegen Simbabwe. Weiterführende Informationen unter www.bafa.de/DE/Home/home_node.html.

1.3 Verpackung

Die Benutzung gebrauchter Säcke wird nicht empfohlen. Heu und Stroh als Verpackungsmaterial sind zugelassen.

1.4 Markierung

Der Ursprung der Waren muss genau zu erkennen sein. Empfohlen: „Made in Germany".

1.5 Mustersendungen

Muster ohne Handelswert, wenn vom Zoll anerkannt, sind zollfrei.

2 Dokumente

2.1 Seefrachten

Seehafen: Keiner; Verschiffungen via Beira oder Maputo/Mocambique

2.1.1 Konnossemente

Voller Satz Konnossemente, Ausstellung an Order mit Notify-Adresse möglich. Ohne Beglaubigung.

2.1.2 Handelsrechnungen

Handelsrechnung, einfach, Englisch, mit folgenden Angaben erforderlich: Name des Exporteurs und Importeurs sowie Empfängers, Marke, Nummern, Anzahl und Art der Packstücke, Brutto-/Nettogewichte, genaue Warenbezeichnungen, Lieferbedingungen, Ursprungsland, HS-Code, Mengen, Ort und Datum der Ausstellung sowie Einzelpreise, Gesamt-fob- und cif-Wert und auch Nachlässe, wie z.B. Rabatte. Keine Faksimile-Unterschriften, aber Rechnungen müssen unterschrieben werden. Zumeist ist keine Bescheinigung vorgesehen, ansonsten ist die Rechnung, zweifach, bei der zuständigen Handelskammer einzureichen.

2.1.3 Ursprungszeugnisse

Ursprungszeugnis mit der Angabe „Federal Republic of Germany (European Union)" nur auf Anforderung.

2.1.4 Warenverkehrsbescheinigung

Sendungen bis 6000 EUR: Der Exporteur kann den Präferenznachweis direkt auf der Rechnung, dem Lieferschein oder einem anderen Handelsdokument durch folgende Erklärung erbringen – ohne REX-Nummer und ohne besondere Zulassung: „The exporter of the products covered by this document[1] declares that, except where otherwise clearly indicated, these products are of ... preferential origin."[2] Angabe von Ort, Datum, Unterschrift und Name in Druckschrift ist erforderlich.

Sendungen über 6.000 EUR: Hier ist eine Registrierung als „Registered Exporter" (REX) erforderlich. Die REX-Nummer muss in der Erklärung angegeben werden. Ursprungserklärungen eines registrierten Ausführers erfolgen gemäß Art. 68 UZK-IA. Für die Präferenzgewährung durch die EU gelten abweichende Nachweisregeln, je nach Partnerstaat und Abkommen. Hinweis: Ursprungswaren aus Ceuta und Melilla sind mit dem Kürzel „CM" zu kennzeichnen. Für EU-Waren, die unter die Ursprungsregelung mit den ESA-Staaten fallen, gilt das Selbstzertifizierungsverfahren. Eine Bereitstellung offizieller Ursprungsdokumente durch EU-Zollstellen entfällt.

2.1.5 Konformitätszertifikat

Für einige Produkte wurde ein neues Konformitätsprogramm (Consignment Based Conformity Assessment) eingeführt. Für ein Konformitätszertifikat sind die Qualitätsnachweise zu prüfen und anschließend eine Vorversandkontrolle vorzunehmen; eine eventuelle Analyse in Laboren ist notwendig. Verläuft die Begutachtung zur Zufriedenheit, wird das Konformitätszertifikat ausgefertigt. Einzelheiten erteilt Bureau Veritas Industry Services GmbH, Government Services & International Trade, 20457 Hamburg, Willy-Brandt-Str. 55, Tel.: +49 40 23625519, E-Mail: offergsdach@bureauveritas.com.

2.1.6 Gesundheitszeugnisse

Gesundheitszeugnisse sind erforderlich für Tiere, tierische Erzeugnisse sowie für Pflanzen und Saaten (https://pflanzengesundheit.julius-kuehn.de).

2.2 Luftfrachten

Zollflughäfen: Bulawayo, Harare, Victoria Falls

2.2.1 Luftfrachtbrief

Eine Ausfertigung des Luftfrachtbriefes.

2.2.2

Siehe unter Seefrachten 2.1.2–2.1.6.

1) Eintrag der Bewilligungsnummer, falls die Erklärung von einem ermächtigten Ausführer erstellt wird.

2) Ursprungserklärung in weiteren Sprachen s. Kapitel Hinweise Warenursprung Präferenzen

2.3 Postverkehr

2.3.1 Paketkarte

Zwei Zollinhaltserklärung, Englisch. Höchstgewicht: 31,5 kg, Vertragskunden: 30 kg.

2.3.2

Siehe unter Seefrachten 2.1.2–2.1.6.

3 Adressen

Konsulate

Die Konsulatsadressen finden Sie jeweils mit Telefonnummer, E-Mail-Adresse, Homepage und Öffnungszeiten unter:
https://www.auswaertiges-amt.de/de/service/laender.

Singapur

Republic of Singapore, Republik Singapur

1 Allgemeine Informationen

1.1 Kurzinfos

Landesvorwahl: +65

MEZ: +7 Std.

Englisch, Malaiisch, Chinesisch (Mandarin), Tamilisch

1 Singapur-Dollar (S$) = 100 Cents (ISO-Code: SGD)

Nach AWG frei vereinbar Devisenbestimmungen von Singapur beachten

Harmonisiertes System

Mitglied

Angeschlossen

Feiertage: Die Feiertage zu diesem Land finden Sie unter folgendem Link: https://www.timeanddate.de/feiertage/.

1.2 Einfuhr aus der Bundesrepublik

Freihandelsabkommen (EUSFTA) besteht mit der Europäischen Union (EU) mit gegenseitiger Präferenzgewährung. Beim Import wird unterschieden zwischen freien (non-controlled goods), kontrollierten (controlled goods) und verbotenen Gütern (prohibited goods). Die meisten Produkte können mit der generellen Lizenz importiert werden. Für kontrollierte Waren ist eine Genehmigung bei der Competent Authorities (CA) erforderlich.

In Singapur ist der Singapore Standards Council (Enterprise Singapore) für Normen und Standards verantwortlich. Die Einfuhr zahlreicher Produkte unterliegt besonderen Vorschriften. Für Mohnsamen und Vorstufenchemikalien sind Gesundheitszeugnisse, Ursprungsnachweise und Proben erforderlich. Gifte, explosive Stoffe und Chemikalien benötigen Genehmigungen des Pollution Control Department, während der Handel mit bestimmten Chemikalien nach den Vorgaben der UN-Chemiewaffenkonvention eingeschränkt ist. Medizinprodukte, Arzneimittel und Produkte, die dem Poisons Act unterliegen, sind lizenzpflichtig bei der Health Science Authority (HSA). Auch Kosmetika müssen dort registriert werden; für einige Inhaltsstoffe gelten Mengenbegrenzungen. Technische Geräte wie Röntgen- oder Lasergeräte fallen unter die Aufsicht der Radiation Protection and Nuclear Science Group. Für Radiokommunikationsgeräte ist eine Zulassung der IMDA erforderlich; Geräte in bestimmten Frequenzen sind verboten. Auch für Videospiele, Filme und Spielautomaten bestehen Lizenz- und Zensurauflagen.

Lebensmittelimporte erfordern eine Lizenz der Singapore Food Agency (SFA) sowie Gesundheitszeugnisse; Fleisch darf nur aus zugelassenen Quellen stammen. Für Pflanzen und pflanzliche Produkte ist das National Parks Board (NParks) zuständig, erforderlich sind phytosanitäre Bescheinigungen. Tiere und tierische Produkte benötigen veterinärmedizinische Zeugnisse und ggf. Quarantäne. Für Exporteure von Fleisch und Eiern gilt ein BVL-Listungsverfahren. Lebensmittel müssen registriert und korrekt etikettiert werden; Geschirr darf keine giftigen Substanzen enthalten. Weitere Beschränkungen betreffen Batterien mit bestimmten Schwermetallen, asbesthaltige Baustoffe, Diesel mit hohem Schwefelgehalt und nicht biologisch abbaubare Präparate. Spielzeugwaffen, die echten Waffen zu ähnlich sind, dürfen nicht eingeführt werden. Tabakwaren benötigen Warnhinweise, Tabak und Alkohol müssen ins Zolllager; für Spirituosen ist ein Nachweis über dreijährige Holzlagerung erforderlich. Linkslenkerfahrzeuge sowie Kfz über drei Jahre sind nicht zulässig.

1.3 Verpackung

Bei der Verpackung sollte das gleichbleibend feucht-heiße Klima berücksichtigt und auf feste, wasserdichte und starke Verpackung geachtet werden. Für Verpackungsholz finden die Regelungen des ISPM Nr. 15 Anwendung.

1.4 Mustersendungen

Warenmuster, manche Berufsausrüstung, Ausstellungs- und Messegut können durch die Teilnahme am Carnet-A.T.A.-System vorübergehend eingeführt werden.

1.5 Markierung

In Singapur ist eine Herkunftsangabe wie „Made in Germany" vorgeschrieben für Nahrungsmittel, Arzneimittel, Farben und Lösungsmittel sowie Alkoholika. Zudem muss die Herkunft deklariert werden, wenn Aufmachung oder Etikettierung sonst einen falschen Eindruck erwecken könnten.

2 Dokumente

2.1 Seefrachten

Seehafen: Pulau Sebarok, Jurong Island, Pulau Bukom, Keppel

> In allen dem Zoll vorzulegenden Papieren müssen die Maße im metrischen System auf 3 Dezimalstellen genau aufgeführt sein.

2.1.1 Konnossemente

Voller Satz Konnossemente, Aufmachung an Order mit Notify-Adresse möglich, Beglaubigung nicht erforderlich.

2.1.2 Handelsrechnungen

Handelsrechnungen (dreifach, Englisch) ordnungsgemäß unterschrieben, mit den üblichen Angaben wie Zahl und Art sowie Marke und Nummern der Versandstücke, Einzel- und Gesamtpreis, Name und Adresse von Absender und Empfänger, Angaben zum Transport, Zahlungsbedingungen, Lieferbedingungen, genaue Bezeichnung der Ware, Brutto- und Netto-Gewicht, fob- und cif-Wert der Ware sowie das Ursprungsland der Waren. Angabe der Rabatte nach Höhe und Art.

2.1.3 Ursprungszeugnisse

Ursprungszeugnis (zweifach) mit der Angabe „Federal Republic of Germany (European Union)" nur auf Anforderung.

2.1.4 Packlisten

Packliste mit genauer Inhaltsangabe nach der Nomenklatur des HS erforderlich. Die Listen sollten genaue Angaben zum Inhalt, Brutto- und Nettogewichte sowie Marke, Nummern, Anzahl und Art der Versandstücke enthalten. Genaue Informationen beim Importeur einholen.

2.1.5 Gesundheitszeugnisse

Gesundheitszeugnis ist für tierische Produkte und Tiere, Mohnsamen, vorstufige Chemikalien usw. erforderlich.

2.1.6 Warenverkehrsbescheinigung

Der Präferenznachweis für Erzeugnisse, die unter die „Ursprungsregelung" fallen, erfolgt im Selbstzertifizierungsverfahren. Keine förmlichen Warenverkehrsbescheinigungen. Im Rahmen des Freihandelsabkommens zwischen der EU und Singapur findet seit 2023 das System des Registrierten Ausführers (REX) Anwendung. Bis zu einem Warensendungswert von € 6.000,– ist vom Ausführer die u.a. Erklärung in eines der Handelsdokumente aufzunehmen. Bei Sendungen aus der EU mit einem Wert von über € 6000,- ist die Registrierung als REX (registrierter Ausführer) und eine Angabe der REX-Nummer erforderlich (DEREX...)

„The exporter of the products covered by this document (customs or competent governmental authorization No ...[1]) declares that, except where otherwise clearly clearly indicated, these products are of ... preferential origin[2]."

Ort, Datum, Unterschrift. Der Name des Unterzeichners ist in Druckbuchstaben zu wiederholen. Ursprungserzeugnisse aus Ceuta und Melilla sind mit „CM" zu kennzeichnen.

---

1) Hier wird die Referenznummer zur Identifizierung des Ausführers angegeben. Für einen Ausführer aus der Union handelt es sich dabei um die Nummer, die ihm im Einklang mit den Rechts- und Verwaltungsvorschriften der Union erteilt wurde. Für einen Ausführer aus Singapur handelt es sich dabei um die Nummer, die ihm im Einklang mit den Rechts- und Verwaltungsvorschriften Singapurs erteilt wurde. Wurde dem Ausführer keine Nummer erteilt, so kann dieses Feld leer gelassen werden.

2) Angabe des Ursprungs der Waren. Stammen die Waren aus der Union wird die Kurzbezeichnung EU verwendet. Für Erzeugnisse aus Ceuta und Melilla ist die Kurzbezeichnung CM zu verwenden.

2.2 Luftfrachten

Zollflughafen: Singapur (SIN)

2.2.1 Luftfrachtbrief

Eine Ausfertigung des Luftfrachtbriefes.

2.2.2

Siehe unter Seefrachten 2.1.2–2.1.6.

2.3 Postverkehr

2.3.1 Paketkarte

Eine Zollinhaltserklärung, Englisch. Die vollständige Staatsbezeichnung „Republic of Singapore" ist anzugeben. Höchstgewicht: 31,5 kg, Vertragskunden: 30 kg.

2.3.2

Siehe unter Seefrachten 2.1.2–2.1.6.

3 Adressen

Auslandshandelskammer

Deutsch-Singapurische Industrie- und Handelskammer
Singaporean-German Chamber of Industry and Commerce
25 International Business Park
03-105 German Centre
Singapore 609916
Tel.: +65 64435330
Fax: +65 64435359
Geschäftszeiten: Mo.–Fr. 9.00–18.00 Uhr
E-Mail: info@sgc.org.sg
www.sgc.org.sg

Konsulate

Die Konsulatsadressen finden Sie jeweils mit Telefonnummer, E-Mail-Adresse, Homepage und Öffnungszeiten unter:
https://www.auswaertiges-amt.de/de/service/laender.

4 Sonstiges

Kraftfahrzeugländerkennzeichen: SGP

1 Allgemeine Informationen

1.1 Kurzinfos

Landesvorwahl: +421

MEZ
EU-Sommerzeit

Slowakisch, Englisch, Französisch, Deutsch

1 Euro = 100 Cents
(ISO-Code: EUR)

Nach AWG frei vereinbar
Devisenbestimmungen der Slowakei beachten

Harmonisiertes System
Verzollung nach Transaktionswert

Mitglied

Angeschlossen

Angeschlossen

Feiertage: Die Feiertage zu diesem Land finden Sie unter folgendem Link: https://www.timeanddate.de/feiertage/.

1.2 Einfuhr aus der Bundesrepublik

In der EU sind dem Verkehr von Waren nur wenige Beschränkungen auferlegt. Für Güter, die sowohl für zivile als auch für militärische Zwecke verwendet werden können (Dual-Use-Güter mit doppeltem Verwendungszweck), gibt es spezifische Bestimmungen. Zuständig ist das Ministerium für Wirtschaft (Ministerstvo hospodarstva). Manche sensiblen Waren (wie z.B. Abfälle) müssen genehmigt werden. Einige Güter aus Drittländern benötigen eine Lizenz.

Für einige Produkte aus dem Agrar- und Industriebereich müssen Standards eingehalten werden. Darüber informiert das Amt für Normalisierung, Metrologie und Prüfwesen. Dieses Amt ist auch Produktinformationsstelle gemäß VO (EU) 2019/515 und unterstützt Wirtschaftsbeteiligte anderer EU-Mitgliedstaaten beim Zugang zum slowakischen Markt. Für Fragen der Lebensmittelsicherheit, Futtermittelhygiene und Verbraucherschutz ist das dem Ministerium für Gesundheit zugeordnete Amt für öffentliche Gesundheit zuständig. Für gefährliche Verbraucherprodukte gibt es in Europa das Safety Gate Rapid Alert System (zuvor RAPEX). Ansprechpartner ist die Slowakische Handelsinspektion. Für die Einfuhr von kosmetischen Artikeln ist die Behörde für öffentliche Gesundheit zuständig.

Zuständig für das Schnellwarnsystem für Lebens- und Futtermittel RASFF (Rapid Alert System for Food and Feed) ist die staatliche Veterinär- und Lebensmittelverwaltung. Lebensmittel ausgenommen, fällt die Zuständigkeit für gefährliche Verbraucherprodukte unter die Slowakische Handelsinspektion (SOI). Nahrungsmittel oder Futtermittel tierischen Ursprungs aus Drittstaaten können nur an zugelassenen Grenzkontrollstellen (GKS) eingeführt werden. Möglich ist die Abfertigung an den GKS am Flughafen von Bratislava oder an den GKS in Çierna nad Tisou und Vysné Nemecké (für Lieferungen auf der Straße oder per Bahn). Diese Standorte sind für Luftfracht, Bahn- und Straßenfracht offiziell zugelassen. Benötigen Pflanzen, pflanzliche Produkte und Teile von Pflanzen ein Gesundheitszeugnis oder müssen sie phytosanitär inspiziert werden (z.B. Dünger, Substrate), werden sie nur an bestimmten Stellen abgefertigt. Auch Kultursubstrate unterliegen der phytosanitären Kontrolle und dürfen nur über bestimmte Einlassstellen eingeführt werden.

1.3 Verpackung

In der Slowakei gelten Vorschriften zur Vermeidung und Verwertung von Verpackungsabfällen gemäß dem Abfallgesetz (Zákon č. 79/2015 Z. z.). Auch ausländische Unternehmen ohne Sitz im Land sind verpflichtet, sich über Sammel- und Verwertungssysteme (OZV) zu beteiligen. Die Teilnahme am Rücknahmesystem „Grüner Punkt" ist über die nationale Entsorgungsorganisation ENVI-PAK möglich. Verpackungen dürfen entsprechend gekennzeichnet werden, wenn ein Vertrag mit ENVI-PAK besteht.

1.4 Markierung

Keine besonderen Markierungsvorschriften. Evtl. Rücksprache mit dem Importeur empfohlen.

1.5 Mustersendungen

Muster und Warenproben werden zollfrei abgefertigt. Vorübergehende Einfuhr mit Carnet A.T.A.

2 Dokumente

2.1 Eisenbahnverkehr

2.1.1 Frachtbrief

a) für Güter: ein internationaler Frachtbrief für Frachtgut oder Eilgut;
b) für Expressgut: ein internationaler Expressgutschein.

Nachnahmen und Barvorschüsse sind nicht zugelassen.

Keine internationale Zollanmeldung.

2.1.2 Handelsrechnungen

Rechnungsangaben laut Kaufvertrag. Die Rechnung muss die USt-Identifikationsnummern (UID-Nr.) von Exporteur und Importeur enthalten sowie den Hinweis „steuerfreie innergemeinschaftliche Lieferung" oder „steuerfrei nach § 4 Nr. 1b UStG", sonst ist MwSt. zu berechnen. Außerdem noch folgender Vermerk in der Rechnung: „tax free intra-community despatch/delivery".

Die Bedingungen des § 6a UStG müssen eingehalten sein.

Bei Dual-Use-Gütern ist in den Papieren ein ausdrücklicher Vermerk anzubringen, dass bei der Ausfuhr aus dem Gebiet der EU eine Kontrolle der Waren stattzufinden hat.

Für Nichtgemeinschaftswaren sind Rechnungen mit folgenden Informationen notwendig, z.B. Ausstellungsort und -datum, detaillierte Produktbezeichnung, Menge, Art und Anzahl der Pakete mit Angabe von Nummer und Marke, Namen und Anschriften von Aus- und Einführer, Lieferbedingungen mit fob-Wert, cif-Kosten und -Wert bzw. cfr-Wert, Zahlungsbedingungen, Rechnungsnummer, Beförderungsart, Gesamtbetrag sowie das Ursprungsland. Keine Unterzeichnung der Rechnungen und keine Bescheinigungen erforderlich.

2.1.3 Ursprungszeugnisse

Ursprungszeugnis nur auf Anforderung.

2.1.4 Gesundheitszeugnisse

Für lebende Tiere, tierische Rohstoffe und Produkte ist ein Veterinärzeugnis erforderlich. Pflanzen, Samen, pflanzliche Produkte benötigen ein Pflanzengesundheitszeugnis (www.julius-kuehn.de).

2.1.5 Intrastat-Meldung

Auf Grundlage des Änderungsgesetzes zum Außenhandelsstatistikgesetz (AHStatG-ÄndG) vom 5. März 2025 gelten rückwirkend zum 1. Januar 2025 neue Schwellenwerte für die Intrahandelsstatistik: Für Wareneingänge liegt die Meldegrenze nun bei 3.000.000 €, für Versendungen bei 1.000.000 €.

Wird eine dieser Grenzen im laufenden Kalenderjahr überschritten, beginnt die Meldepflicht im Monat der Überschreitung.

Die Daten können online an das Statistische Bundesamt übermittelt werden. Weitere Informationen sind unter www.destatis.de abrufbar (Suchbegriff: „Intrastat") oder per Tel.: 0611 753965, per Fax: 0611 754525 oder per E-Mail: gruppe-vb@destatis.de.

2.2 Luftfrachten

Zollflughäfen: Bratislava (Preßburg), Kosice (Kaschau), Poprad, Zilina

2.2.1 Luftfrachtbrief

Eine Ausfertigung des Luftfrachtbriefes.

2.2.2

Siehe unter Eisenbahnverkehr 2.1.2–2.1.5.

2.3 Postverkehr

2.3.1 Paketkarte

Keine Zollformulare. Höchstgewicht 31,5 kg.

2.3.2

Siehe unter Eisenbahnverkehr 2.1.2–2.1.5.

3 Adressen

Auslandshandelskammer

Deutsch-Slowakische Industrie- und Handelskammer
Slovensko-nemecká obchodná a priemyselná komora
Suché mýto 1
SK-81103 Bratislava
Tel.: +421 220850620
Fax: +421 220850632
Geschäftszeiten: Mo.–Fr. 8.30–17.00 Uhr
E-Mail: info@dsihk.sk
https://slowakei.ahk.de/

Konsulate

Die Konsulatsadressen finden Sie jeweils mit Telefonnummer, E-Mail-Adresse, Homepage und Öffnungszeiten unter:
https://www.auswaertiges-amt.de/de/service/laender.

4 Sonstiges

Kraftfahrzeugländerkennzeichen: SK

Slowenien

Republik Slowenien, Republika Slovenija

1 Allgemeine Informationen

1.1 Kurzinfos

Landesvorwahl: +386

MEZ
EU-Sommerzeit

Slowenisch, Englisch

1 Euro = 100 Cents
(ISO-Code: EUR)

Nach AWG frei vereinbar

Harmonisiertes System
Verzollung nach Transaktionswert

Mitglied

Angeschlossen

TIR **Angeschlossen**

Feiertage: Die Feiertage zu diesem Land finden Sie unter folgendem Link: https://www.timeanddate.de/feiertage/.

1.2 Einfuhr aus der Bundesrepublik

In der EU sind dem Verkehr von Waren nur wenige Beschränkungen auferlegt. Für Güter, die sowohl für zivile als auch für militärische Zwecke verwendet werden können (Dual-Use-Güter mit doppeltem Verwendungszweck), gibt es spezifische Bestimmungen. Zuständig ist das Ministerium für Wirtschaft, Tourismus und Sport. Manche sensiblen Waren (wie z.B. Abfälle) müssen genehmigt werden. Einige Güter aus Drittländern benötigen eine Lizenz. Für einige Produkte aus dem Agrar- und Industriebereich müssen Standards eingehalten werden. Darüber informiert für Verbrauchsprodukte das Institut für Standardisierung. Das Slowenische Institut für Standardisierung (SIST) ist zudem Produktinformationsstelle gemäß VO (EU) 2019/515 und unterstützt Unternehmen aus anderen EU-Mitgliedstaaten beim Zugang zum slowenischen Markt.

Für Fragen der Lebensmittelsicherheit und Futtermittelhygiene sind das Gesundheitsministerium sowie das Ministerium für Land-, Forstwirtschaft und Lebensmittel zuständig. Die entsprechenden Vorschriften sind in nationalen Verordnungen geregelt, die mit den EU-Verordnungen harmonisiert sind. Für gefährliche Verbraucherprodukte gibt es in Europa das Safety Gate Rapid Alert System (zuvor RAPEX). Ansprechpartner ist das Ministerium für Wirtschaft, Tourismus und Sport. Das System umfasst unter anderem Pflanzenschutzmittel, Spielzeug, Textilien, Kosmetika, Waschmittel, Tabakerzeugnisse, Fahrzeuge und Haushaltsgeräte. Zuständig für das Schnellwarnsystem für Lebens- und Futtermittel RASFF (Rapid Alert System for Food and Feed) ist die slowenische Behörde für Lebensmittelsicherheit, Veterinärwesen und Pflanzenschutz. Diese Behörde (UVHVVR) ist auch Ansprechpartner für phytosanitäre Fragen. Für das Schnellwarnsystem RAS (Rapid Alert System) für Arzneimittelfälschungen und Medikamentenfälschungen die Agentur für Arzneimittel und Medizinprodukte.

Tiere oder tierische Produkte aus Drittstaaten können nur an zugelassenen Grenzkontrollstellen (GKS) eingeführt werden. Möglich ist die Abfertigung an den GKS in Ljubljana Brnik und Koper. Diese Standorte sind für Luftfracht und Seefracht offiziell zugelassen. Pflanzen, pflanzliche Produkte und Teile, die phytosanitär inspiziert werden müssen, werden nur an bestimmten Stellen abgefertigt wie etwa in Ljubljana, Kranj, Novo Mesto und Koper. Auch Pflanzenschutzmittel und Kultursubstrate unterliegen der Kontrolle und dürfen nur über diese Einlassstellen eingeführt werden. Über die Verfahren informiert die Verwaltung für Lebensmittelsicherheit, Veterinär- und Pflanzenschutz. Wenn du möchtest, kann ich diesen Text auch als konsolidierte Fassung ohne Hervorhebungen oder für ein Infoblatt formatieren.

1.3 Verpackung

Verpackungsabfälle sind zu vermeiden, zu vermindern und zu verwerten. Möglich ist auch ein Vertrag mit einem Unternehmen für Verpackungsentsorgung wie Slopak, Surovina oder Interseroh.

1.4 Markierung

Keine besonderen Markierungsvorschriften. Evtl. Rücksprache mit dem Importeur empfohlen.

1.5 Mustersendungen

Muster und Warenproben werden zollfrei abgefertigt. Vorübergehende Einfuhr mit Carnet A.T.A.

2 Dokumente

2.1 Eisenbahnverkehr

2.1.1 Frachtbrief

a) für Güter: ein internationaler Frachtbrief für Frachtgut oder Eilgut;
b) für Expressgut: ein internationaler Expressgutschein.

2.1.2 Handelsrechnungen

Rechnungsangaben laut Kaufvertrag. Die Rechnung muss die USt-Identifikationsnummern (UID-Nr.) von Exporteur und Importeur enthalten sowie den Hinweis „steuerfreie innergemeinschaftliche Lieferung" oder „steuerfrei nach § 4 Nr. 1b UStG", sonst ist MwSt. zu berechnen. Außerdem kann noch folgender Vermerk in die Rechnung: „oproscena dobava znotraj skupnosti".

Die Bedingungen des § 6a UStG müssen eingehalten sein.

Bei Dual-Use-Gütern ist in den Papieren ein ausdrücklicher Vermerk anzubringen, dass bei der Ausfuhr aus dem Gebiet der EU eine Kontrolle der Waren stattzufinden hat.

Für Nichtgemeinschaftswaren sind Rechnungen mit folgenden Informationen notwendig, z.B. Ausstellungsort und -datum, detaillierte Produktbezeichnung, Menge, Art und Anzahl der Pakete mit Angabe von Nummer und Marke, Namen und Anschriften von Aus- und Einführer, Lieferbedingungen mit fob-Wert, cif-Kosten und -Wert bzw. cfr-Wert, Zahlungsbedingungen, Rechnungsnummer, Beförderungsart, Gesamtbetrag sowie das Ursprungsland. Keine Unterzeichnung der Rechnungen und keine Bescheinigungen erforderlich.

2.1.3 Ursprungszeugnisse

Ursprungszeugnis nur auf Anforderung.

2.1.4 Intrastat-Meldung

Auf Grundlage des Änderungsgesetzes zum Außenhandelsstatistikgesetz (AHStatG-ÄndG) vom 5. März 2025 gelten rückwirkend zum 1. Januar 2025 neue Schwellenwerte für die Intrahandelsstatistik: Für Wareneingänge liegt die Meldegrenze nun bei 3.000.000 €, für Versendungen bei 1.000.000 €.

Wird eine dieser Grenzen im laufenden Kalenderjahr überschritten, beginnt die Meldepflicht im Monat der Überschreitung.

Die Daten können online an das Statistische Bundesamt übermittelt werden. Weitere Informationen sind unter www.destatis.de abrufbar (Suchbegriff: „Intrastat") oder per Tel.: 0611 753965, per Fax: 0611 754525 oder per E-Mail: gruppe-vb@destatis.de.

2.1.5 Gesundheitszeugnisse

Für Pflanzen und pflanzliche Produkte ist ein Pflanzengesundheitszeugnis notwendig (www.julius-kuehn.de). Bei der Einfuhr von Lebensmitteln und Artikeln des Gemeinkonsums wird eine Sanitärinspektion durchgeführt. Die Einfuhr, die Ausfuhr oder der Transit von Tieren und Produkten tierischen Ursprungs unterliegen einer veterinärmedizinischen Kontrolle.

2.2 Seefrachten

Seehäfen: Koper

2.2.1 Konnossemente

Konnossemente: voller Satz, Ausstellung an Order möglich. Keine Beglaubigung.

2.2.2

Siehe unter Eisenbahnverkehr 2.1.2–2.1.5.

2.3 Luftfrachten

Zollflughäfen: Ljubljana (LJU), Maribor

2.3.1 Luftfrachtbrief

Eine Ausfertigung des Luftfrachtbriefes.

2.3.2

Siehe unter Eisenbahnverkehr 2.1.2–2.1.5.

2.4 Postverkehr

2.4.1 Paketkarte

Keine Zollformulare. Höchstgewicht: 31,5 kg, Vertragskunden: 30 kg.

2.4.2

Siehe unter Eisenbahnverkehr 2.1.2–2.1.5.

3 Adressen

Konsulate

10117 Berlin, Konsularabteilung der Botschaft
Hausvogteiplatz 3–4
Tel.: 030 2061450
Fax: 030 20614570
Mo., Di., Mi. 10.00–12.00 Uhr; Mi. 15.00–17.00 Uhr
E-Mail: sloembassy.berlin@gov.si
www.berlin.veleposlanistvo.si

Weitere Konsulatsadressen finden Sie jeweils mit Telefonnummer, E-Mail-Adresse, Homepage und Öffnungszeiten unter:
https://www.auswaertiges-amt.de/de/service/laender.

Auslandshandelskammer

Deutsch-Slowenische Industrie- und Handelskammer
Slovensko-nemška gospodarska zbornica
Poljanski nasip 6
SI-1000 Ljubljana
Tel.: +386 12528860
Fax: +386 12528869
Geschäftszeiten: Mo.–Do. 9.00–16.00 Uhr; Fr. 9.00–14.30 Uhr
E-Mail: ahk@ahkslo.si
www.slowenien.ahk.de

4 Sonstiges

Kraftfahrzeugländerkennzeichen: SLO

1 Allgemeine Informationen

1.1 Kurzinfos

Landesvorwahl: +252

MEZ: +2 Std.

Englisch, Italienisch, Arabisch

1 Somali Shilling (Sh.So.) = 100 Centesimi (ISO-Code: SOS) Keine Devisenkurse

Nach AWG frei vereinbar Devisenbestimmungen von Somalia beachten

Harmonisiertes System

Feiertage: Die Feiertage zu diesem Land finden Sie unter folgendem Link: https://www.timeanddate.de/feiertage/.

1.2 Einfuhr aus der Bundesrepublik

Importgenehmigung sind für alle Waren erforderlich. Keine mengenmäßigen Beschränkungen bei Importen aus der EU. Gebrauchte Kleidung benötigt ein Desinfektionszeugnis. Die Kennzeichnung mit dem Haltbarkeits- und Herstelldatum ist für Pharmazeutika und Nahrungsmittel erforderlich. Sondervorschriften bestehen außerdem für Zigaretten. Die Benutzung bzw. der Handel von Plastiktüten ist seit Juli 2024 verboten. Rücksprache mit dem Importeur ist empfehlenswert. Das bestehende Embargo (www.bafa.de/DE/Home/home_node.html) schreibt die elektronische Zollanmeldung sämtlicher Warensendungen – auch bei einem Wert von weniger als 1 000,– € – vor. Alle kommerziellen Sendungen, auch wenn es sich nur um Dokumente handelt, müssen beim Zoll elektronisch angemeldet werden.

Bitte beachten: Zur Zeit der Drucklegung galten Embargomaßnahmen gegenüber Somalia. Weiterführende Informationen sind auf der Internetseite des BAFA (www.bafa.de/DE/Home/home_node.html) erhältlich.

1.3 Verpackung

Heu und Stroh als Verpackungsmaterial zugelassen. Auf stabile, wasserdichte, staub- und bruchfeste Verpackung achten.

1.4 Markierung

Der Warenursprung muss genau ersichtlich sein, deswegen wird empfohlen, mit „Made in Germany" zu kennzeichnen.

1.5 Mustersendungen

Warenmuster ohne Handelswert sind zollfrei. Der Versand zollpflichtiger Muster als „Warenprobe" ist unzulässig.

2 Dokumente

2.1 Seefrachten

Seehäfen: Berbera, Mogadischu, Merca, Kisimajo, Boosaaso, Chisimayu, Mogadish u.a.

2.1.1 Konnossemente

Konnossemente bedürfen keiner Beglaubigung. Order-B/L mit Notify-Adresse zugelassen.

2.1.2 Handelsrechnungen

Handelsrechnung (zweifach, Englisch) mit folgenden Angaben erforderlich: Name des Exporteurs und Importeurs sowie Empfängers, Marke, Nummern, Anzahl und Art der Packstücke, Brutto-/Nettogewichte, genaue Warenbezeichnungen, Lieferbedingungen, Ursprungsland, HS-Code, Mengen, Ort und Datum der Ausstellung sowie Einzelpreise, Gesamt-fob- und cif-Wert und auch Nachlässe, wie z.B. Rabatte. Sie muss am Schluss folgende Erklärung enthalten: „We herewith confirm that the data contained in this invoice are correct."

2.1.3 Ursprungszeugnisse

Ursprungszeugnisse (einfach) sind erforderlich. Angabe des Ursprungslandes: „Federal Republic of Germany (European Union)".

2.1.4 Warenverkehrsbescheinigung

Warenverkehrsbescheinigung bzw. Präferenz-Ursprungsnachweis in einem der Handelspapiere: nicht erforderlich.

2.1.5 Packlisten

Packliste wird empfohlen.

2.1.6 Gesundheitszeugnisse

Gesundheitszeugnisse sind für Tiere und tierische Erzeugnisse und Pflanzengesundheitszeugnisse, ausgestellt von der zuständigen amtlichen Pflanzenschutzstelle (https://pflanzengesundheit.julius-kuehn.de) für Pflanzen und Saaten erforderlich.

2.1.7 Electronic Cargo Tracking Note

Electronic Cargo Tracking Note (ECTN) muss vor Versendung beantragt werden (https://www.cbcbesc.com/agents). Die ECTN-Nummer muss im B/L vermerkt werden. Ansprechpartner ist: M + S Mehrtens & Schwickerath GmbH, 28195 Bremen, Tiefer 4, Tel.: 0421 363080, Fax: 0421 3630855, E-Mail: agency@msbre.com, www.shipagent.de. Fehlt die BIETC, findet keine Abfertigung statt und hohe Bußgelder können entstehen.

2.2 Luftfrachten

Zollflughäfen: Hargeisa, Mogadischu

2.2.1 Luftfrachtbrief

Eine Ausfertigung des Luftfrachtbriefes.

2.2.2

Siehe unter Seefrachten 2.1.2–2.1.6.

2.3 Postverkehr

2.3.1 Paketkarte

Zwei Zollinhaltserklärungen, Englisch oder Arabisch, Höchstgewicht: 20 kg.

2.3.2

Siehe unter Seefrachten 2.1.2–2.1.6.

3 Adressen

Konsulat

10783 Berlin, Botschaft
Rheinstraße 10
Tel.: 030 23630010
Fax: 030 23630011
Mo.–Fr. 9.00–15.30 Uhr
E-Mail: somaliembassyberlin@gmail.com

4 Sonstiges

Länderkurzbezeichnung gemäß Präferenzrecht (Lieferantenerklärung): AKP
Länder(-gruppen)kurzbezeichnung für bes. Zollsätze im Europäischen Zolltarif: SPGA
Kraftfahrzeugländerkennzeichen: SP

Spanien

1 Allgemeine Informationen

1.1 Kurzinfos

Landesvorwahl: +34

MEZ
EU-Sommerzeit

Spanisch

1 Euro (€) = 100 Cents
(ISO-Code: EUR)

Nach AWG frei vereinbar
Devisenbestimmungen von Spanien beachten

Harmonisiertes System
Verzollung nach Transaktionswert

Mitglied

Angeschlossen

TIR Angeschlossen

Feiertage: Die Feiertage zu diesem Land finden Sie unter folgendem Link: https://www.timeanddate.de/feiertage/.

1.2 Einfuhr aus der Bundesrepublik

Tiere, tierische Produkte sowie Pflanzenteile und pflanzliche Erzeugnisse aus Drittstaaten dürfen nur über zugelassene Grenzabfertigungsstellen eingeführt werden.

- Für lebende Tiere stehen GKS u.a. an den Flughäfen Madrid, Barcelona, Valencia, Alicante, Almería, Bilbao, Girona, Santander und Sevilla sowie an den Häfen Cartagena, Cádiz, Gijón, Huelva, Málaga, Palma de Mallorca und Santa Cruz de Tenerife zur Verfügung.
- Bei Tierprodukten erfolgen Abfertigungen z.B. an den Flughäfen Madrid, Barcelona, Valencia, Alicante, Gran Canaria und Zaragoza sowie an den Häfen A Coruña, Almería, Bilbao, Castellón, Marín und Vigo.
- Für Pflanzen, Pflanzenteile und pflanzliche Erzeugnisse mit Kontrollpflicht bestehen eigene Abfertigungsstellen, darunter die Flughäfen Alicante, Barcelona, Santiago de Compostela, Valencia und Zaragoza sowie die Häfen Almería, Barcelona, Bilbao, Cartagena, Santander und Tarragona.

Für die Kanarischen Inseln, die phytosanitär als Nicht-EU-Territorium gelten, können abweichende Bestimmungen greifen; hier empfiehlt sich eine Rücksprache mit dem Geschäftspartner. Spezialvorschriften gelten für Pestizide (RD 717/2010, 363/1995), Düngemittel (RD 506/2013), Arzneimittel (RD Legislativo 1/2015) und Kosmetika (RD 1599/1997, 85/2018). Tabakprodukte sind nach RD 579/2017 mit einem Gesundheitswarnhinweis und der Angabe des Ursprungslandes zu kennzeichnen.

Für bestimmte Agrar- und Industrieerzeugnisse gelten Normen gemäß VO (EU) 2019/515, überwacht durch die Unterdirektion für Außenhandelsinspektion und -zertifizierung. Darüber hinaus erfordern Dual-Use-Güter und andere kritische Waren wie Abfälle besondere Ausfuhrbewilligungen, die das Handelsstaatssekretariat gemeinsam mit Fachbehörden vergibt. Die Lebensmittelsicherheit wird durch die AESAN im Ministerium für soziale Rechte überwacht, das auch das europäische RASFF-Schnellwarnsystem betreut. Gefährliche Verbraucherprodukte fallen unter das Safety Gate (vormals RAPEX), das in Spanien durch die Generaldirektion für Verbraucherfragen koordiniert wird.

Hinsichtlich Zoll- und Steuerrecht gelten Melilla und Ceuta als Drittländer, während die Kanaren zwar zollrechtlich zur EU gehören, jedoch steuerlich und phytosanitär nicht.

1.3 Verpackung

Hersteller und Importeure sind per Verordnung 1055/2022 zur Verpackungszertifizierung und Entsorgung verpflichtet. Sie müssen Angaben zu Material und Herstellung vorlegen, die durch ENAG oder eine akkreditierte EU-Stelle bestätigt werden. Bei Direktvertrieb in Spanien ist der Anschluss an EGOEMBES, die jährliche Berichtspflicht und ein Vertrag für den Grünen Punkt verpflichtend.

1.4 Markierung

Keine besonderen Markierungsvorschriften. Rücksprache mit dem Importeur empfohlen.

1.5 Mustersendungen

Muster und Warenproben werden zollfrei abgefertigt. Vorübergehende Einfuhr mit Carnet A.T.A.

2 Dokumente

2.1 Seefrachten/Straßenverkehr

Seehäfen: Alicante, Barcelona, Bilbao, Cádiz, Cartagena, El Ferrol, Huelva, La Coruña, Málaga, Musel, Palma de Mallorca, Pasajes, San Sebastian, Santander, Sevilla, Tarragona, Valencia, Vigo, Aviles, Ceuta, Las Palmas, Melilla, Gijon, Santa Cruz u.a.

2.1.1 Konnossemente

Voller Satz Konnossemente, Ausstellung an Order möglich (nur für Seeverkehr).

2.1.2 Handelsrechnungen

- Rechnungsangaben (innergemeinschaftliche Lieferung): Rechnung gemäß Kaufvertrag; USt-IdNr. von Lieferer und Abnehmer angeben und einen Hinweis auf die Steuerbefreiung (z.B. „Steuerfreie innergemeinschaftliche Lieferung"). Spanisch empfohlen: „Entrega intracomunitaria exenta por aplicación del art. 25 de la Ley 37/1992, del IVA". Die Vorgaben des § 6a UStG sind zu erfüllen (u.a. gültige USt-IdNr. des Abnehmers, ZM).
- Dual-Use-Güter: Exportkontrollen nach VO (EU) 2021/821 beachten; ggf. vor Ausfuhr Genehmigung einholen. Ein Pflicht-Vermerk auf der Rechnung ist rechtlich nicht vorgesehen.
- Handelsrechnung für Nicht-Unionswaren: Enthält u.a. Ort/Datum, vollständige Warenbeschreibung, Menge, Packstücke/Marken, Parteien, Incoterms mit Preisbestandteilen (FOB/CIF/CFR), Zahlungsbedingungen, Rechnungsnummer, Beförderungsart, Gesamtbetrag, Ursprungsland. Keine Unterschrift/Beglaubigung nötig (Ausnahme: präferenzrechtliche Ursprungserklärungen mit eigenem Signaturregime).
- Nur für die Kanaren: Kein UID-Bezug (außerhalb des EU-MwSt-Gebiets); zollrechtlich EU-Gebiet. Als Nachweis des Unionsstatus ist T2L/T2LF zu verwenden.

2.1.3 Ursprungszeugnisse

Ursprungszeugnis nur auf Anforderung.

2.1.4 Intrastat-Meldung

(nicht für Warensendungen nach den Kanarischen Inseln)

Auf Grundlage des Änderungsgesetzes zum Außenhandelsstatistikgesetz (AHStatG-ÄndG) vom 5. März 2025 gelten rückwirkend zum 1. Januar 2025 neue Schwellenwerte für die Intrahandelsstatistik: Für Wareneingänge liegt die Meldegrenze nun bei 3.000.000 €, für Versendungen bei 1.000.000 €.

Wird eine dieser Grenzen im laufenden Kalenderjahr überschritten, beginnt die Meldepflicht im Monat der Überschreitung.

Die Daten können online an das Statistische Bundesamt übermittelt werden. Weitere Informationen sind unter www.destatis.de abrufbar (Suchbegriff: „Intrastat") oder per Tel.: 0611 753965, per Fax: 0611 754525 oder per E-Mail: gruppe-vb@destatis.de.

2.2 Eisenbahnverkehr

2.2.1 Frachtbrief

Ein internationaler Frachtbrief für Frachtgut oder Eilgut. Für Expressgut ein internationaler Expressgutschein.

Keine internationale Zollanmeldung.

2.2.2

Siehe unter Seefrachten 2.1.2–2.1.4.

Nachnahmen sind nicht zugelassen. Barvorschüsse sind zugelassen.

2.3 Luftfrachten

Zollflughäfen: Alicante (ALC), Barcelona (BCN), Bilbao (BIO), Las Palmas (LPA), Madrid (MAD),

Malaga (AGP), Girona, Granda, Jerez de la Frontera Palma de Mallorca (PMI), Tenerife Norte (TFN), Tenerife Sur (TFS), Valencia (VLC), A Coruña, Almeria, Avites Cordoba, El Hierro, Fuerteventura, Ibiza, La Gomera, Melilla, Menorca, Sevilla und weitere

2.3.1 Luftfrachtbrief

Eine Ausfertigung des Luftfrachtbriefes.

2.3.2

Siehe unter Seefrachten 2.1.2–2.1.4.

2.4 Postverkehr

2.4.1 Paketkarte

Keine Zollformulare, Höchstgewicht: 31,5 kg, Vertragskunden: 30 kg.

2.4.2

Siehe unter Seefrachten 2.1.2–2.1.4.

3 Adressen

Auslandshandelskammer

Deutsche Handelskammer für Spanien
Cámara de Comercio Alemana para España
Avenida. Pio XII, 26–28
E-28016 Madrid
Tel.: +34 913530910
Fax: +34 913591213
Geschäftszeiten: Mo.–Do. 9.00–13.00 Uhr, 14.00–17.00 Uhr; Fr. 9.00–14.00 Uhr
E-Mail: madrid@ahk.es
www.ahk.es

Standort Barcelona:
Córsega 301–303
E-08008 Barcelona
Tel.: +34 934155444
Fax: +34 934152717
Geschäftszeiten: Mo.–Fr. 9.00–14.00 Uhr
E-Mail: barcelona@ahk.es
www.ahk.es

Konsulate

Die Konsulatsadressen finden Sie jeweils mit Telefonnummer, E-Mail-Adresse, Homepage und Öffnungszeiten unter:
https://www.auswaertiges-amt.de/de/service/laender.

4 Sonstiges

Kraftfahrzeugländerkennzeichen: E

Sri Lanka

Democratic Socialist Republic of Sri Lanka

1 Allgemeine Informationen

1.1 Kurzinfos

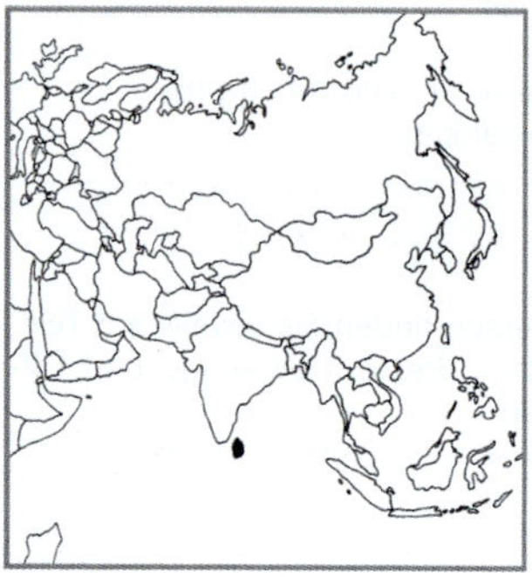

Landesvorwahl: +94

MEZ: +4 1/2 Std.

Englisch

1 Sri Lanka Rupie = 100 Cents (ISO-Code: LKR)

Nach AWG frei vereinbar Devisenbestimmungen von Sri Lanka beachten

Harmonisiertes System

Mitglied

Angeschlossen

Feiertage: Die Feiertage zu diesem Land finden Sie unter folgendem Link: https://www.timeanddate.de/feiertage/.

1.2 Einfuhr aus der Bundesrepublik

Handelsabkommen besteht. Eine Einfuhrlizenz ist im Allgemeinen nur noch für folgende Produkte erforderlich: Kfz (älter als zwei Jahre), Tiere, Tierfutter, Fotoausrüstung, Blut, Münzen, gebrauchte Haushaltsgeräte, Gas und Kraftstoffe, Chemikalien, Arzneimittel, Waffen und Munition, Güter aus dem Bereich der Ausrüstung von Telekommunikationsartikeln. Es wird empfohlen, sich ggf. zu vergewissern, dass der Importeur im Besitz einer Importlizenz ist (Datum und Nummer der Importlizenz sind in der Handelsrechnung aufzuführen). Keine Toleranzen. Die Waren müssen vor Ablauf der Lizenz verschifft sein. Produkte, die Risiken für Gesundheit, Umwelt, Sicherheit oder die öffentliche Ordnung bergen, unterliegen besonderen Auflagen. Dazu zählen etwa Edelmetalle, Schmuckwaren, chemische Substanzen, Schusswaffen und fotografische Geräte. Für Tiere sowie tierische Erzeugnisse ist ein amtliches Gesundheitsattest erforderlich, für Pflanzen und pflanzliche Produkte ein phytosanitäres Zertifikat der zuständigen Stelle (https://pflanzengesundheit.julius-kuehn.de/regelungen-nicht-eu-staaten.html).

Lebensmittel müssen den Bestimmungen des Food Act No. 26/1980 sowie ergänzenden Vorschriften zur Kennzeichnung entsprechen. Besonders bei Milch- und Fleischwaren gelten die in der Customs Ordinance festgelegten Qualitätsauflagen. Empfohlen wird die Vorlage eines offiziellen Gesundheits- oder Qualitätsnachweises, der durch die zuständigen Behörden bestätigt und überbeglaubigt ist. Pharmazeutische Erzeugnisse und Kosmetika dürfen nur mit Zustimmung des Gesundheitsministeriums eingeführt werden; sie unterliegen strengen Anforderungen an Zusammensetzung und Etikettierung. Von der Einfuhr ausgeschlossen sind FCKW und vergleichbare ozongefährdende Substanzen, manche Arten von Unkrautbekämpfungsmitteln sowie einige Waffenarten. Für die Einhaltung von Standards und Normen ist die Sri Lanka Standards Institution SLSI zuständig. Für Schädlingsbekämpfungsmittel bestehen Pflichtvorgaben zur Zulassung, Verpackung und Kennzeichnung. Der Fahrzeugimport ist streng reglementiert: Gebrauchtfahrzeuge benötigen ein Inspektionszertifikat einer anerkannten Prüfstelle, zudem gelten Altersbeschränkungen. Eine enge Abstimmung mit dem Importeur wird dringend angeraten.

1.3 Verpackung

Für Holzverpackungsmaterial finden die Regelungen des ISPM Nr. 15-Standards Anwendung. Heu und Stroh sind als Verpackungsmaterial zugelassen. Besondere Verpackungsregelungen betreffen ausgewählte Warengruppen (z.B. Schädlingsbekämpfungsmittel). Empfohlen wird eine robuste und wasserfeste Verpackung, die auch tropischen Klimaverhältnissen standhält.

1.4 Markierung

Empfohlen wird die Angabe von Brutto- und Nettogewicht sowie Außenmaße. Vorgeschrieben ist die Angabe des Ursprungslands, z.B. „Made in Germany". Die Schriftgröße darf diejenige der übrigen Kennzeichnung nicht unterschreiten. Verboten sind irreführende Ursprungsangaben.

1.5 Mustersendungen

Muster ohne Handelswert werden zollfrei abgefertigt. Teilnahme am Carnet-A.T.A.-System.

2 Dokumente

2.1 Seefrachten

Seehafen: Colombo, Galle Harbor, Kankesanturai, Hambantota, Batticaloa Roads, Trincomalee Harbor

2.1.1 Konnossemente

Voller Satz Konnossemente, Ausstellung an Order möglich, dann jedoch mit Notify-Adresse. Es darf nur eine Notify-Adresse erscheinen, eine zweite nur, wenn es sich um eine Bank handelt. Keine Beglaubigung.

2.1.2 Handelsrechnungen

Handelsfaktura (vierfach, Englisch). Zur Verzollung sind zwei Exemplare durch den Importeur und den Spediteur vorzulegen, die u.a. die genaue Bezeichnung der Ware (Menge, Qualität und u.U. Warenzeichen), Auftragsnummer, Kaufdatum, nach Möglichkeit die HS-Zolltarifnummer, das Brutto- und Nettogewicht, das Ursprungsland, die Anzahl, Marke, Nummern und Art der Kolli und die fob- und cif-Kosten enthalten. Bei Textilien müssen sehr genaue Angaben über Zusammensetzung des Gewebes, der Endverarbeitung (gefärbt, bedruckt usw.) aufgeführt werden. Für chemische Stoffe werden genaue Angaben über Art und Zusammensetzung verlangt. Bei Fahrzeugen werden u.a. Angaben darüber verlangt, ob es sich um alte, aufgearbeitete oder neue Fahrzeuge handelt, dazu Angabe von Marke und Art des Motors. Ggf. sind Lizenznummer und Ausstellungsdatum anzugeben. Rabatte sind nach Art und Höhe anzugeben. Generell empfiehlt sich für die Ausstellung der Handelsrechnungen eine Rücksprache mit dem Importeur.

2.1.3 Ursprungszeugnisse

Ursprungszeugnis (einfach) nur auf Anforderung.

2.1.4 Packlisten

Packliste mit Angabe von Art und Anzahl der Packstücke, Marke, Nummer, Maße, Gewichte sowie Inhalt ist erforderlich, wenn diese Angaben in der Rechnung nicht aufgeführt sind.

2.1.5 Inspektionszertifikat

Für manche Waren (z.B. manche Lebensmittel, Getränke, Fahrradschläuche, Fahrradreifen, Batterien, Stahlprodukte, elektrische Geräte, Pflegeprodukte) sind nach einer Vorschrift der Sri Lanka Standards Institution SLSI Inspektionszertifikate notwendig (siehe www.slsi.lk, unter Services, Import Inspection).

2.1.6 Gesundheitszeugnisse

Für Tiere, manche tierische Produkte, Pflanzen und pflanzliche Produkte wird ein Gesundheitszeugnis benötigt www.julius-kuehn.de. Ein Gesundheitszeugnis für Pharmazeutika und Kosmetika wird empfohlen. Bei manchen Produkten wird eine amtliche Beglaubigung benötigt. Eine Rücksprache mit dem Importeur ist angeraten.

2.2 Luftfrachten

Zollflughafen: Colombo (CMB), Mattala Rajapasaka International Airport

2.2.1 Luftfrachtbrief

Eine Ausfertigung des Luftfrachtbriefes.

2.2.2

Siehe unter Seefrachten 2.1.2–2.1.6.

2.3 Postverkehr

2.3.1 Paketkarte

Zwei Zollinhaltserklärungen in Englisch. Höchstgewicht: 31,5 kg, Vertragskunden: 30 kg.

2.3.2

Siehe unter Seefrachten 2.1.2–2.1.6.

3 Adressen

Auslandshandelskammer

Delegation der Deutschen Wirtschaft in Sri Lanka
Colombo 2
161 EKROMA Building, 15th Floor
127 W A D Ramanayake Mawatha
Tel.: +94 113504992
E-Mail: schonburg@srilanka.ahk.de
www.srilanka.ahk.de

Konsulate

Die Konsulatsadressen finden Sie jeweils mit Telefonnummer, E-Mail-Adresse, Homepage und Öffnungszeiten unter: https://www.auswaertiges-amt.de/de/service/laender.

St. Helena

einschl. Ascension und Tristan da Cunha (brit. Kronkolonie)

1 Allgemeine Informationen

1.1 Kurzinfos

Landesvorwahl: +290
Ascension: +247

MEZ: –1 Std.

Englisch

1 St. Helena Pound = 100 Pence (ISO-Code: SHP)

Nach AWG frei vereinbar
Devisenbestimmungen von St. Helena beachten

Harmonisiertes System

Feiertage: Die Feiertage zu diesem Land finden Sie unter folgendem Link: https://www.timeanddate.de/feiertage/.

1.2 Einfuhr aus der Bundesrepublik

Seit 1976 mit der EU assoziiert. Importgenehmigungen sind für Erzeugnisse erforderlich, die potenziell schädlich für die Gesundheit von Menschen, Tieren, Pflanzen oder die Umwelt sein können und legen die konkreten Bedingungen fest, unter denen diese Erzeugnisse eingeführt werden dürfen. Verbotene Güter wie Honig, Erde oder Sonnenblumenkerne dürfen grundsätzlich nicht eingeführt werden.

1.3 Verpackung

Stroh und Heu in einwandfreiem phytosanitären Zustand ist erlaubt. Zudem sollten wegen der Lagerung im Freien nur wasserfeste und starke Verpackungen verwendet werden. Eine Abstimmung mit dem Importeur erforderlich.

1.4 Markierung

Nichtbritische Ware mit englischer Beschriftung sollte unbedingt mit dem Namen des Ursprungslandes gekennzeichnet werden.

1.5 Mustersendungen

Muster ohne Handelswert sind zollfrei.

2 Dokumente

2.1 Seefrachten

2.1.1 Konnossemente

Voller Satz Konnossemente. Order-Bs/L zugelassen, dann aber mit Notify-Adresse.

2.1.2 Zollfaktura

Zollfaktura, dreifach, Englisch. Keine Beglaubigung. Ursprungsland „Federal Republic of Germany“ auf der Invoice-Seite angeben. Das Feld Origin nur bei britischen Produkten, für die Zollpräferenzen gelten, befüllen.

2.1.3 Handelsrechnungen

Handelsrechnung in Englisch, mit folgenden Angaben erforderlich: Name des Exporteurs und Importeurs sowie Empfängers, Marke, Nummern, Anzahl und Art der Packstücke, Brutto-/Nettogewichte, genaue Warenbezeichnungen, Lieferbedingungen, Ursprungsland, HS-Code, Mengen, Ort und Datum der Ausstellung sowie Einzelpreise, Gesamt-fob- und cif-Wert und auch Nachlässe, wie z.B. Rabatte. Keine Bescheinigung.

2.1.4 Gesundheitszeugnisse

Gesundheitszeugnisse sind für Tiere und tierische Erzeugnisse und Pflanzengesundheitszeugnisse, ausgestellt von der zuständigen amtlichen Pflanzenschutzstelle (https://pflanzengesundheit.julius-kuehn.de) für Pflanzen, möglicherweise erforderlich.

2.2 Luftfrachten

2.2.1 Luftfrachtbrief

Eine Ausfertigung des Luftfrachtbriefes.

2.2.2

Siehe unter Seefrachten 2.1.2–2.1.4.

2.3 Postverkehr

2.3.1 Paketkarte

Zwei Zollinhaltserklärungen, Englisch. Höchstgewicht 20 kg.

2.3.2

Siehe unter Seefrachten 2.1.2–2.1.4.

3 Adressen

Konsulate

Generalkonsulat der Bundesrepublik Deutschland
Roeland Park
4 Stirling Street
Zonnebloem 7925
Kapstadt1
Tel.: +27 (0)21 405 3000, Fax: +27 (0)21 421 0400
Geschäftszeiten: Mo.–Fr. 8.30–11.30 Uhr

St. Kitts und Nevis

1 Allgemeine Informationen

1.1 Kurzinfos

Landesvorwahl: +1869

MEZ: –5 Std.

Englisch

1 East Caribbean $ = 100 Cents (ISO-Code: XCD)

Nach AWG frei vereinbar Devisenbestimmungen von St. Kitts-Nevis beachten

Harmonisiertes System

Mitglied

Feiertage: Die Feiertage zu diesem Land finden Sie unter folgendem Link: https://www.timeanddate.de/feiertage/.

1.2 Einfuhr aus der Bundesrepublik

Mitglied des Abkommens EWG-ÜLG. Die Wareneinfuhr aus allen Ländern ist für die meisten Güter im Rahmen einer Open General Licence möglich. Für bestimmte Produkte sind Importbeschränkungen vorhanden. Eine Liste des Zolls bzw. des Handelsministeriums gibt Auskunft. Der Import von einigen Pestiziden, sittenwidrigen Artikeln, bestimmten Messern, Nahrungsmitteln, die nicht für den menschlichen Verzehr geeignet sind, Einwegartikel aus Plastik, z.B. Tüten und Strohhalme, giftigen Stoffen ist verboten.

2 Dokumente

Seehäfen: Basseterre (St. Kitts)/Charlestown (Nevis)

Zollflughafen: St. Kitts

Siehe unter **Westindien**. Paketversand (Höchstgewicht 20 kg, zwei Zollinhaltserklärungen in Englisch) nur nach folgenden Orten möglich: Basseterrre, Charlestown und Valley.

3 Adressen

Konsulat

zuständig ist die Botschaft in London
10A Kensington Court
GB-W8 5DL London
Tel.: +44 2079379718
Fax: +44 2079375514
E-Mail: info@sknhc.co.uk
www.gov.kn

4 Sonstiges

Länderkurzbezeichnung gemäß Präferenzrecht (Lieferantenerklärung): AKP/CAF
Länder(-gruppen)kurzbezeichnung für bes. Zollsätze im Europäischen Zolltarif: LOMA/SPGL/CAF

St. Lucia

1 Allgemeine Informationen

1.1 Kurzinfos

Landesvorwahl: +1758

MEZ: –5 Std.

Englisch

1 Ostkaribischer Dollar (EC $) = 100 Cents (ISO-Code: XCD)

Nach AWG frei vereinbar Devisenbestimmungen von Santa Lucia beachten

Harmonisiertes System

Mitglied

Feiertage: Die Feiertage zu diesem Land finden Sie unter folgendem Link: https://www.timeanddate.de/feiertage/.

1.2 Einfuhr aus der Bundesrepublik

Die Wareneinfuhr aus allen Ländern ist für die meisten Güter im Rahmen einer Open General Licence möglich. Für bestimmte Produkte sind Importbeschränkungen vorhanden. Eine Liste des Zolls bzw. des Handelsministeriums gibt Auskunft. St. Lucia kontrolliert Standards mittels SLBS durch Grenzüberwachung und Marktaufsicht für Elektroartikel sowie Autoreifen. Laboranalysen, Produktionszertifikate oder Herstellererklärungen können angefordert werden. Importverbote betreffen Polystyrol-Geschirr wie Becher, Teller, Boxen und Schalen, Kondome und Rasierpinsel spezifischer Herkunft sowie esoterische Publikationen, Bücher und Gegenstände. Tiere, Tiererzeugnisse, Gewächse und botanische Produkte verlangen Zulassungen der Agricultural Division im Landwirtschaftsressort. Esswaren und Tabakerzeugnisse benötigen Importbewilligungen. Rechtsgesteuerte Kraftfahrzeuge erfordern Infrastrukturministerium-Genehmigungen.

1.3 Verpackung

Ein Verbot besteht für einige Pflanzenprodukte, wie z.B. Papierzellstoff, Sägespäne, Holzwolle. Diese dürfen nicht als Verpackungsmaterial verwendet werden.

1.4 Markierung

Empfohlen: „Made in Germany".

1.5 Mustersendungen

Muster ohne Handelswert werden zollfrei abgefertigt.

2 Dokumente

2.1 Seefrachten

Seehäfen: Port Castries, Vieux Fort

2.1.1 Konnossemente

Voller Satz Konnossemente, Ausstellung an Order möglich, dann mit Notify-Adresse.

2.1.2 Handelsrechnungen

Handelsfaktura in Englisch. Ausstellung der Handelsrechnung (entsprechend einer CARICOM-Invoice) mit den üblichen Angaben, wie z.B. Name und Anschrift des Käufers und Verkäufers, Rechnungsdatum, -ort und -nummer, Auftragsnummer, Verschiffungshafen, Name des Schiffes bzw. Flugnummer, endgültiges Bestimmungsland, Liefer- und Zahlungsbedingungen, Bank, Marke, Nummer, Anzahl und Art der Packstücke, Brutto-/Nettogewichte, exakte Warenbezeichnung (z.B. Menge, Zolltarifnummer), Verpackungskosten, Fracht, Versicherung etc. und Ursprungsland. Versicherung, Fracht, Verpackungs- und andere Kosten sind extra aufzuführen, ggf. ist die Art der Rabatte anzugeben; keine Beglaubigung. Am Schluss: „It is hereby certified that this invoice shows the actual price of the goods described, that no other invoice has been or will be issued and that all particulars are true and correct."

Faksimile-Unterschriften nicht erlaubt.

2.1.3 Ursprungszeugnisse

Ursprungszeugnis nicht erforderlich.

2.1.4 Warenverkehrsbescheinigung

Warenverkehrsbescheinigungen EUR.1 für Warensendungen über € 6 000,–, die unter die mit der EU getroffene „Ursprungsregelung" fallen (werden durch die zuständige Zollstelle ausgestellt, zuvor Ausfüllen durch Exporteur erforderlich); für Sendungen bis zum Wert von € 6 000,– ist in den Papieren folgende Erklärung[1] als Präferenz-Ursprungsnachweis auszunehmen:

„The exporter of the products covered by this document (customs authorisation No ...)[2] declares that, except where otherwise clearly indicated, these products are of ... preferential origin."

Ort, Datum, Unterschrift. Der Name des Unterzeichners ist in Druckbuchstaben zu wiederholen. Ursprungserzeugnisse aus Ceuta oder Melilla sind mit „CM" zu kennzeichnen.

2.1.5 Gesundheitszeugnisse

Gesundheitszertifikat bzw. tierärztliche Zeugnisse sind für Pflanzen bzw. Tiere notwendig.

2.2 Luftfrachten

Zollflughäfen: Hewanorra Int. Airport, George F.L. Charles

2.2.1 Luftfrachtbrief

Eine Ausfertigung des Luftfrachtbriefes.

2.2.2

Siehe unter Seefrachten 2.1.2–2.1.5.

2.3 Postverkehr

2.3.1 Paketkarte

Eine Zollinhaltserklärung in Englisch. Höchstgewicht: 20 kg.

2.3.2

Siehe unter Seefrachten 2.1.2–2.1.5.

3 Adressen

Konsulat

zuständig ist die Botschaft in London
1 Collingham Gardens
SW5 0HW United Kingdom
Tel. +44 207 3707123
www.govt.lc

4 Sonstiges

Länderkurzbezeichnung gemäß Präferenzrecht (Lieferantenerklärung): AKP/CAΓ
Länder(-gruppen)kurzbezeichnung für bes. Zollsätze im Europäischen Zolltarif: LOMA/SPGL/CAF
Kraftfahrzeugländerkennzeichen: LC
Bezeichnung der Staatsangehörigen:
Lucianer bzw. Lucianerin

1) Ursprungserklärung in weiteren Sprachen s. Kapitel Hinweise Warenursprung Präferenzen
2) Eintrag der Bewilligungsnummer, falls die Erklärung von einem ermächtigten Ausführer erstellt wird.

Sudan

Republic of Sudan

1 Allgemeine Informationen

1.1 Kurzinfos

Landesvorwahl: +249

MEZ: +1 Std.

Arabisch, Englisch

1 sudanisches Pfund = 100 Piaster (ISO-Code: SDG)

Nach AWG frei vereinbar Devisenbestimmungen des Sudan beachten

Harmonisiertes System

Beobachterstatus Aufnahme beantragt

Feiertage: Die Feiertage zu diesem Land finden Sie unter folgendem Link: https://www.timeanddate.de/feiertage/.

1.2 Einfuhr aus der Bundesrepublik

Der Import ist zumeist ohne große Einschränkungen möglich. Einfuhrverbote bestehen u.a. für Blanko-Pro-forma-Rechnungen und Blanko-Firmenbriefbögen (in der Regel für Geschäftsleute), Alkohol, Drogen, Waffen und Munition sowie sämtliche Einfuhren aus Israel. Bedienungsvorschriften sollten möglichst in Arabisch verfasst sein. Die Registrierung von Arzneimitteln ist Vorschrift. Milchprodukte wie Butter, Käse und Milch sowie frisches Obst und Gemüse müssen in undurchlässigen Behältern eingeführt werden. Sondervorschriften gelten außerdem für den Import von Tieren (Bestimmungen der Animals Export and Import Ordinance beachten) und Fleisch (genehmigungspflichtig durch Ministry of Animal Resources). Bestimmte Kennzeichnungen auf Zigarettenschachteln, wie z.B. Teergehalt, erforderlich. Zuständig für Normen und Standards ist die SSMO.

Bitte beachten: Zur Zeit der Drucklegung bestanden Embargomaßnahmen gegen den Sudan. Weiterführende Informationen sind auf der Internetseite des BAFA: www.bafa.de/DE/Home/home_node.html erhältlich.

1.3 Verpackung

Auf starke und möglichst wasserdichte Verpackung achten, Heu und Stroh erlaubt.

1.4 Markierung

Die Markierung „Made in Germany" sowie Hinweise auf vorsichtige Behandlung sollten möglichst auch in Arabisch erfolgen.

1.5 Mustersendungen

Muster ohne Handelswert sind zollfrei. Zollpflichtige Muster dürfen nicht als „Warenprobe" versandt werden. Handelsvertreter dürfen Waren als Muster zollfrei einführen, wenn diese angemeldet und innerhalb von sechs Monaten im gleichen Zustand wieder ausgeführt werden.

2 Dokumente

2.1 Seefrachten

Seehäfen: Port Sudan

2.1.1 Konnossemente

Voller Satz Konnossemente, Ausstellung an Order mit Angabe einer Notify-Adresse möglich.

2.1.2 Handelsrechnungen

Handelsrechnung (dreifach, Englisch oder Arabisch), mit folgenden Angaben erforderlich: Name des Exporteurs und Importeurs sowie Empfängers, Marke, Nummern, Anzahl und Art der Packstücke, Brutto-/Nettogewichte, genaue Warenbezeichnungen, Lieferbedingungen, Ursprungsland, HS-Code,

Mengen, Ort und Datum der Ausstellung sowie Einzelpreise, Gesamt-fob- und cif-Wert und auch Nachlässe, wie z.B. Rabatte. Bescheinigungen auf Anforderung.

Am Schluss der Rechnung muss eine Bestätigung wie folgt abgegeben werden: „I hereby certify that the particulars in this invoice are true to the best of our knowledge and belief."

2.1.3 Ursprungszeugnisse

Ursprungszeugnis (zweifach) mit der Angabe „Federal Republic of Germany (European Union)" für Sendungen mit einem Wert ab US-$ 10 000,– erforderlich, ansonsten nur auf Anforderung. Konsularische Legalisierung erforderlich.

2.1.4 Warenverkehrsbescheinigung

Warenverkehrsbescheinigung bzw. Präferenz-Ursprungsnachweis in einem der Handelspapiere: nicht erforderlich.

2.1.5 Inspektionszertifikat

Für viele Waren aus dem Industrie- und Konsumgüterbereich ist eine Pre-Shipment Inspection (Konformitäts- und Inspektionszertifikat) beizubringen. Zuständig für die Ausstellung in Deutschland ist die Firma Cotecna Inspection SA, 1211 Genf 6, Schweiz, 58 Rue de la Terrassière, Tel.: +41 228496900, Fax: +41 228496969, E-Mail: cotecna.geneva@cotecna.com und DIN CERTCO Gesellschaft für Konformitätsbewertung mbH, 12103 Berlin, Alboinstr. 56, Tel.: 030 75621131, E-Mail: sales-mas@dincertco.de.

2.1.6 Gesundheitszeugnisse

Gesundheitszeugnisse sind für Tiere und tierische Erzeugnisse möglicherweise nötig. Pflanzengesundheitszeugnisse, ausgestellt von der zuständigen amtlichen Pflanzenschutzstelle (https://pflanzengesundheit.julius-kuehn.de), für Pflanzen und Saaten erforderlich. Lebende Pflanzen und Saatgut werden bei deren Ankunft inspiziert und dürfen erst im Anschluss importiert werden.

2.2 Luftfrachten

Zollflughäfen: Geneina, Khartoum (KRT), Port Sudan, Wadi Halfa, Nyala, Dongola

2.2.1 Luftfrachtbrief

Eine Ausfertigung des Luftfrachtbriefes.

2.2.2

Siehe unter Seefrachten 2.1.2–2.1.7.

2.3 Postverkehr

2.3.1 Paketkarte

Zwei Zollinhaltserklärungen in Englisch oder Arabisch. Höchstgewicht: 31,5 kg, Vertragskunden: 30 kg.

2.3.2

Siehe unter Seefrachten 2.1.2–2.1.7.

3 Konsulatsgebühren

Die konsularisch zu legalisierenden Dokumente sind bei der GHORFA Arab-German Chamber of Commerce and Industry e.V., 10178 Berlin, Garnisonkirchplatz 1, Tel.: 030 27890724, Fax: 030 27890732, E-Mail: dokument@ghorfa.de, www.ghorfa.de, zur Vorbeglaubigung per Post einzureichen. Die GHORFA leitet die Dokumente anschließend an die Konsularabteilung der Botschaft zur Legalisierung weiter. Für die Rücksendung ist ein frankierter und adressierter Rückumschlag (Einschreiben) beizufügen. Bevor die Handelspapiere bei der Konsularabteilung der Botschaft bzw. Ghorfa eingereicht werden können, müssen diese durch das BfAA (Bundesamt für Auswärtige Angelegenheiten) endbeglaubigt werden. Notarielle Beglaubigungen benötigen eine Überbeglaubigung des Landespräsidenten vor Endbeglaubigung durch das BfAA. Es empfiehlt sich die Rücksprache mit dem Importeur. Die Botschaft benötigt je eine Kopie der Dokumente für ihre Unterlagen.

Folgende Gebühren fallen an: Konsulatsgebühr pro Dokument 175 €, Ghorfa-Gebühr 32,– €.

Die GHORFA-Gebühr wird nach der Berechnung auf das Konto der GHORFA bei der Deutschen Bank AG, Berlin, IBAN: DE46 1007 0000 0434 9510 00, BIC: DEUTDEBBXXX mit der Angabe der Rechnungs- und/oder Kundennummer bezahlt. Die Durchschrift des Überweisungsträgers oder das Online-Überweisungs-Protokoll ist den Dokumenten beizufügen. Die Legalisierungsgebühr wird mit der Angabe des Exporteurs und dem Begriff „certification" überwiesen an: Berliner Sparkasse Botschaft Sudan, IBAN: DE33 1005 0000 0190 7488 93, BIC BELADEBEXXX. Kopie dem Antrag beifügen. Getrennte Überweisungen der Gebühren sind unbedingt erforderlich.

4 Adressen

Konsulate

Die Konsulatsadressen finden Sie jeweils mit Telefonnummer, E-Mail-Adresse, Homepage und Öffnungszeiten unter:
https://www.auswaertiges-amt.de/de/service/laender.

5 Sonstiges

Länderkurzbezeichnung gemäß Präferenzrecht (Lieferantenerklärung): AKP
Länder(-gruppen)kurzbezeichnung für bes. Zollsätze im Europäischen Zolltarif: SPGA.
Kraftfahrzeugländerkennzeichen: SUD

1 Allgemeine Informationen

1.1 Kurzinfos

Landesvorwahl: +27

MEZ: +1 Std.

Englisch

1 Rand = 100 Cents (ISO-Code: ZAR)

Nach AWG frei vereinbar Devisenbestimmungen von Südafrika beachten

Harmonisiertes System Verzollung nach fob-Wert

Mitglied

Angeschlossen

Feiertage: Die Feiertage zu diesem Land finden Sie unter folgendem Link: https://www.timeanddate.de/feiertage/.

1.2 Einfuhr aus der Bundesrepublik

Wirtschaftspartnerschaftsabkommen zwischen den SADC-WPA-Staaten und der EU. Die Einfuhr nach Südafrika ist überwiegend frei, unterliegt jedoch Einschränkungen nach Government Notice R 91 und deren Aktualisierungen. Betroffen sind u.a. Arzneimittel (einschl. Tiermedizin), Fischereiprodukte, Öle, Reifen, Chemikalien, Mineralöle, unedle Metalle, Gebrauchtwaren und Schrott. Weitere lizenzpflichtige Güter sind unter www.itac.org.za aufgeführt; Bewilligungen gelten nur für registrierte Importeure, müssen vor Versand beantragt werden und laufen nach einem Kalenderjahr oder beim Erreichen des Höchstwerts ab. Eine Liste zu verbotenen und beschränkten Waren (z.B. Waffen, Sprengstoffe, bestimmte Pflanzen, Psychopharmaka, Gifte, Abfälle, nicht autorisierte Publikationen und Gefängnisprodukte) ist bei der SARS abrufbar: www.sars.gov.za/customs-and-excise/prohibited-restricted-and-counterfeit-goods. Die Zollanmeldung erfolgt elektronisch über das EDI-System der SARS.

Die Einfuhr von Pharmazeutika setzt eine Genehmigung und Registrierung bei der SAHPRA voraus; die Behörde stellt auch die erforderlichen Importbewilligungen aus. Qualitätsstandards sind mit einem GMP-Zertifikat nachzuweisen. Für Honig, Wachs und Waben gilt eine Sondergenehmigung, abhängig von der Hitzebehandlung. Tiere und tierische Produkte benötigen ein amtliches Veterinärzeugnis und eine Bewilligung des DALRRD; bei Zuchttieren zusätzlich Stammbaum und Impfpass. Für Pflanzen und Saatgut ist eine Genehmigung des Plant Health Directorate sowie ein Phytosanitätszeugnis erforderlich; seit 2022 können ePhytos genutzt werden. Saatgut bedarf zusätzlicher Zertifikate, für Agrar- und Tiergüter sind Inspektionsnachweise Pflicht.

Das SABS (www.sabs.co.za) überwacht technische Standards. Vorschriften gelten für Metallbehälter für Lebensmittel, elektrische Geräte (mit SABS-Testberichten), versilberte Waren, Eisen- und Stahlhalbzeuge (Analysenzertifikat) sowie für Textilien, Bekleidung, Leder und Schuhe, die strengen Etikettierungspflichten unterliegen. Die SARS kontrolliert parallel den CTFL-Handel; die Freigabe erfordert die Vorlage und Authentifizierung der Zollfreigabemeldung. Lebensmittel müssen umfangreich gekennzeichnet sein. Für Wein und Spirituosen gelten besondere Vorschriften (u.a. Wine and Spirits Act 1957), für Wein ist ein Exemption Import Certificate nötig. Chemikalien und Pflanzenschutzmittel sind im Hazardous Substances Act 1973 geregelt, Agrarmittel erfordern eine Registrierung. Zusätzlich bestehen Gewichtsvorschriften nach dem Weights and Measures Act 1958. Für den Export von Schweine-, Rind- und Geflügelfleisch sowie verarbeitetem tierischem Protein ist eine Listung beim BVL vorgeschrieben; für gebrauchte Fahrzeuge eine Genehmigung der ITAC.

1.3 Verpackung

Südafrika wendet für Verpackungsholz den IPPC-Standard ISPM Nr. 15 an. Auf starke und witterungsbeständige Verpackungen achten, da oft im Freien gelagert wird.

1.4 Markierung

Absender, Empfänger, Ursprungsland, Bestimmungshafen, Marke, Nummer, Netto-/Bruttogewicht, auf zwei gegenüberliegenden oder zwei nebeneinanderliegenden Seiten, mind. 7,5 cm (bei kleineren Packstücken ggf. weniger), aufgetragen mit Schablone und wasserfester Farbe. Kolli, die mit der Bahn ins Inland gehen, müssen die volle Anschrift des Empfängers tragen. Besondere Hinweise zur Behandlung der Versandstücke sollten in Afrikaans und Englisch vermerkt werden. Der Ursprung der Waren muss eindeutig erkennbar sein.

1.5 Mustersendungen

Muster ohne Handelswert sind zollfrei. Zollpflichtige Muster dürfen nicht als „Päckchen" oder „Warenprobe" versandt werden. Ausstellung von Carnet A.T.A. für das gemeinsame Zollgebiet (Botswana, Eswatini, Lesotho, Namibia, Südafrika) ist möglich.

2 Dokumente

2.1 Seefrachten

Seehäfen: Durban, East London, Kapstadt, Mossel Bay, Port Elizabeth, Richards Bay, Salantra

2.1.1 Konnossemente

Zugelassen sind Order-Konnossemente bei Angabe einer erforderlichen Notify-Adresse. Name und Anschrift des Importeurs sowie des Zollagenten als 2. Notify-Adresse sollten aufgeführt sein.

2.1.2 Handelsrechnungen

Handelsfaktura (einfach) in Englisch, unterschrieben, ggf. mit Angabe der Nummer der Lizenz und deren Verfallsdatum und Ursprungsland, Namen des Schiffes, Verschiffungshafen bzw. Abflughafen, Zolltarifnummer nach dem Harmonisierten System (HS 2022 ist seit 1.1.2022 implementiert), Preis pro Wareneinheit und Gesamtpreis mit Angabe der Lieferkonditionen, gewährte Rabatte sind aufzuführen, fob-Wert, auch wenn cif verkauft wird. Weiterhin sind folgende Angaben notwendig: Name und Anschrift des Käufers bzw. Empfängers/Verkäufers, ggf. Name des Confirming House, Rechnungsnummer/-datum, Bestimmungsort, Marke, Nummer, Anzahl und Art der Packstücke. Bei Textilgeweben Angabe des Namens/Anschrift des „indent agents" erforderlich. Ein Textilmuster (15 cm × 8 cm) muss an jeder Rechnung angeheftet sein. Maschinenanlagen muss eine genaue Zeichnung der einzelnen Teile beigefügt sein.

Wird die Ware in Holzverpackungen verschickt, wird empfohlen, in der Handelsrechnung einen Vermerk anzubringen, dass das Verpackungsmaterial den Gesundheitsvorschriften Südafrikas entspricht, z.B. „all timber used for packing was free from bark and visible signs of insect and fungal attack when shipped".

2.1.3 Ursprungszeugnisse

Formblatt DA 59 „Declaration of Origin" (erhältlich bei den bekannten Formularverlagen) dreifach, zur Abgabe der Ursprungserklärung (muss vom Exporteur unterschrieben werden), wenn diese vom Importeur gefordert wird, um den Vorzugszollsatz zu erhalten, wenn für die betreffende Ware unterschiedliche Zollsätze bestehen. Angabe des Ursprungslandes „Federal Republic of Germany (European Union)".

2.1.4 Warenverkehrsbescheinigung

EUR.1 bzw. Präferenzursprungsnachweis: Für Erzeugnisse, die unter die „Ursprungsregelung" im Abkommen über Handel, Entwicklung und Zusammenarbeit zwischen der Europäischen Union und den SADC-WPA-Staaten fallen, ist der Präferenz-Ursprungsnachweis zu erbringen: für Sendungen über € 6 000,– EUR.1 (1-fach). Die Warenverkehrsbescheinigung wird von den Zollstellen ausgestellt (das Ausfüllen erfolgt durch Exporteur).

Für Sendungen bis zu € 6 000,– ist vom Ausführer nur die folgende Erklärung[1] in die Rechnung oder ein anderes Handelsdokument aufzunehmen:

„The exporter of the products covered by this document (customs authorization No ...)[2] declares that, except where otherwise clearly indicated, these products are of ... preferential origin. Ort,

1) Ursprungserklärung in weiteren Sprachen s. Kapitel Hinweise Warenursprung Präferenzen

2) Eintrag der Bewilligungsnummer, falls die Erklärung von einem ermächtigten Ausführer erstellt wird.

Datum, Unterschrift des Ausführers und Name des Unterzeichners in Druckschrift". Ursprungswaren aus Ceuta oder Melilla sind mit „CM" zu kennzeichnen.

2.1.5 Gesundheitszeugnisse

Gesundheitsattest bei Einfuhr von lebenden Tieren und tierischen Erzeugnissen erforderlich. Pflanzengesundheitszeugnisse (ePhytos), ausgestellt von der zuständigen amtlichen Pflanzenschutzstelle (https://pflanzengesundheit.julius-kuehn.de), sind für Pflanzen und pflanzliche Produkte erforderlich und können seit dem 1. April 2022 auf elektronischem Wege an die südafrikanische Inspektionsstelle (NPPOZA) gesandt werden. Saaten benötigen Prüfzertifikate und tierische und landwirtschaftliche Erzeugnisse müssen von einer Inspetkionsbescheinigung begleitet werden.

2.2 Luftfrachten

Zollflughäfen: Durban (DUR), Johannesburg (JNB), Kapstadt (CPT), East London (ELS), Port Elizabeth (PLZ), Bloemfontein (BFN), Kimberly (KIM)

2.2.1 Luftfrachtbrief

Eine Ausfertigung des Luftfrachtbriefes.

2.2.2

Siehe unter Seefrachten 2.1.2–2.1.5.

2.3 Postverkehr

2.3.1 Paketkarte

Zwei Zollinhaltserklärungen (Englisch). Höchstgewicht: 31,5 kg, Vertragskunden: 30 kg.

2.3.2

Siehe unter Seefrachten 2.1.2–2.1.5.

3 Adressen

Auslandshandelskammer

Deutsche Industrie- und Handelskammer für das südliche Afrika
47 Oxford Road Forest Town
2193 Johannesburg
Postanschrift:
P.O.B. 87078, Houghton 2041
Tel.: +27 114862775
Geschäftszeiten: Mo.–Fr. 8.00–16.30 Uhr
E-Mail: info@germanchamber.co.za
www.germanchamber.co.za

Weitere Vertretungen siehe unter:
https://suedafrika.ahk.de/kontakt

Konsulate

Die Konsulatsadressen finden Sie jeweils mit Telefonnummer, E-Mail-Adresse, Homepage und Öffnungszeiten unter:
https://www.auswaertiges-amt.de/de/service/laender.

Südsudan

Republic of South Sudan

1 Allgemeine Informationen

1.1 Kurzinfos

Landesvorwahl: +211

MEZ: +1 Std.

Arabisch, Englisch

1 südsudanesisches Pfund = 100 Piaster
(ISO-Code: SSP)

Feiertage: Die Feiertage zu diesem Land finden Sie unter folgendem Link: https://www.timeanddate.de/feiertage/.

1.2 Einfuhr aus der Bundesrepublik

Dem Südsudan erlaubt die EU Zollpräferenzen im Rahmen des Schemas (APS) gegenüber Entwicklungsländern. Es wird empfohlen, sich an die Bestimmungen des Sudan zu halten und die Einzelheiten mit dem Importeur abzustimmen. Nähere Auskünfte erteilt auch die zuständige Handelskammer. Seit 1. Juli 2022 gilt für die Länder der Ostafrikanischen Gemeinschaft (EAC) ein Verbot für die Einfuhr von Elektroaltgeräten (Kathodenstrahlröhren (CRT) und gebrauchte Computermonitore).

Bitte beachten: Zur Zeit der Drucklegung bestehen Embargomaßnahmen gegenüber dem Südsudan. Weiterführende Informationen sind über die Internetseite des BAFA: www.bafa.de/DE/Home/home_node.html erhältlich.

1.3 Verpackung

Auf starke und wasserfeste Verpackung achten.

2 Dokumente

Zollflughafen: Juba

2.1 Konnossemente

Order-Konnossemente werden nicht empfohlen, sind aber erlaubt.

2.2 Handelsrechnungen

Handelsrechnung (zweifach, Englisch oder Arabisch), mit folgenden Angaben erforderlich: Name des Exporteurs und Importeurs sowie Empfängers, Marke, Nummern, Anzahl und Art der Packstücke, Brutto-/Nettogewichte, genaue Warenbezeichnungen, Lieferbedingungen, Ursprungsland, HS-Code, Mengen, Ort und Datum der Ausstellung sowie Einzelpreise, Gesamt-fob- und cif-Wert und auch Nachlässe, wie z.B. Rabatte. Bescheinigungen auf Anforderung. Unterschrift der Rechnung erforderlich.

2.3 Ursprungszeugnisse

Ursprungszeugnis mit der Angabe „Federal Republic of Germany (European Union)" nur auf Anforderung.

2.4 Electronic Cargo Tracking Note

Für die Einfuhr wird eine Electronic Cargo Tracking Note (ECTN) benötigt, die vor der Verladung zu beantragen ist. Ansprechpartner ist M + S Mehrtens & Schwickerath GmbH, 28195 Bremen, Tiefer 4, Tel.: 0421 363080, Fax: 0421 3630855, E-Mail: agency@msbre.com, https://www.shipagent.de. Fehlt die ECTN findet keine Abfertigung statt und hohe Bußgelder können entstehen.

2.5 Konformitätszertifikat

Produkte, deren FOB-Wert 2.000 US-Dollar übersteigt, benötigen laut South Sudan National Bureau of Standards ein Konformitätszertifikat. Es ergeben sich Unterschiede je nach Registrierung des Lieferanten bzw. Herstellers und nach Warenart (sensibel oder zertifiziert). Zuständig ist SGS Germany GmbH, 20459 Hamburg, Heidenkampsweg 99, Tel.: 040 30101735, E-Mail: de.gis.export@sgs.com.

2.6 Gesundheitszeugnisse

Gesundheitsatteste bei der Einfuhr von lebenden Tieren und tierischen Erzeugnissen und Pflanzengesundheitszeugnisse, ausgestellt von der zuständigen amtlichen Pflanzenschutzstelle (https://pflanzengesundheit.julius-kuehn.de), für Pflanzen können erforderlich sein.

2.7 Paketkarte

Zwei Zollinhaltserklärungen, Englisch, Arabisch, Höchstgewicht: 10 kg, Vertragskunden: 20 kg. DHL-Express-Sendungen nur via Juba.

3 Adressen

Die Deutsche Vertretung mit Telefonnummer, Z-Mail-Adresse, Homepage und Öffnungszeiten finden Sie unter folgendem Link: https://www.auswaertiges-amt.de/de/service/laender.

Suriname

Republic of Suriname

1 Allgemeine Informationen

1.1 Kurzinfos

Landesvorwahl: +597

MEZ: –4 Std.

Englisch, Niederländisch

1 Suriname-Dollar (SRD) = 100 Cents (ISO-Code: SRD)

Nach AWG frei vereinbar Devisenbestimmungen von Suriname beachten

Harmonisiertes System

Mitglied

Feiertage: Die Feiertage zu diesem Land finden Sie unter folgendem Link: https://www.timeanddate.de/feiertage/.

1.2 Einfuhr aus der Bundesrepublik

Hersteller von Kommunikationstechnik bestätigen schriftlich die Einhaltung globaler Standards. Pharmazeutika und Nahrungsmittel durchlaufen mögliche BOP-Normprüfungen zur Marktkonformität. Importierte Gebrauchtsäcke erfordern Entkeimungsnachweise aus dem Ursprungsland. Verschiedene Warengruppen benötigen Voranmeldungen bei Fachbehörden - etwa Botanik, Verpackungsmaterial aus Pflanzen, Kleinstlebewesen und Reststoffe, ausgenommen verbotene Chemie- und Strahlungsabfälle. Agrarressorts überwachen Einfuhren von Flora, Fauna und deren Derivaten. Veterinär- oder Phytosanitärzertifikate begleiten diese Güter zur Pflichtkontrolle an Grenzstellen. Tierarzneien folgen separaten Genehmigungsrouten. Handelsministerielle IUD-Bewilligungen funktionieren als Einmalpassagen ohne Volumenobergrenzen. Wareneingang vor Gültigkeitsende ist zwingend. Weitere Amtszustimmungen bleiben vorbehalten, daher sollten Versender sämtliche Auflagen vorab abklären.

Das Open-General-Licence-System gestattet normalerweise freien Warenverkehr. Negativlisten-Artikel benötigen jedoch H-03-Sonderlizenzen, etwa Lebewesen, CITES-Schutzgüter, Zuchtmaterial, Erdreich, FAQ-Schädlingsgifte, Rauschstoffe, Heilmittel, Quecksilber, strahlende Mineralien, Zweiräder ab drei Jahren, Altreifen, PCB/PCT-Technik, Feuerwerk und Waffensysteme. Totale Importsperre trifft FAQ-erfasste Pestizide und Industriechemie, Chemie- plus Atomschrott, massenvernichtende Kampfstoffe nebst Ausgangsmaterialien, ozonzerstörende Verbindungen samt Anwendungsgeräten. Gleiches gilt für Reisebusse jenseits zehn Jahren und Personenwagen über acht Jahre.

1.3 Verpackung

Verderbliche Güter und Metallwaren benötigen oxidations- und korrosionsresistente Umhüllungen. Gebrauchte Säcke sind verboten. Robuste, wasserdichte Verpackungen sind empfehlenswert, da Hafenlagerung oft ungeschützt im Freien erfolgt. Naturfüllstoffe wie Flachs, Heu, Häcksel und Stroh sind erlaubt. Holzverpackungen folgen IPPC-Norm ISPM Nr. 15.

1.4 Markierung

Irreführende Ursprungsangaben sind verboten, es sei denn, korrekte Herkunftsbezeichnungen wie „Made in Germany" ergänzen diese. Grundsätzlich erfordern Waren keine Ursprungslandkennzeichnung. Niederländische oder englische Beschriftungen sind vorgeschrieben. Vorverpackte Erzeugnisse, Nahrungsmittel und Tabakprodukte unterliegen besonderen Etikettierungs- und Verpackungsbestimmungen der nationalen SSB sowie der karibischen CARICOM CROSO. Standardmarkierungen mit Versender, Empfänger sowie Netto- und Bruttogewicht genügen normalerweise.

1.5 Mustersendungen

Zusätzliche Einfuhrlizenzen können unter bestimmten Umständen erforderlich werden. Proforma-Rechnungen mit detaillierter Produktauflistung sind für sämtliche Warenmuster obligatorisch. Zollbehörden legen Wiederausfuhrfristen fest, die alle Muster einhalten müssen. Handelswertlose Proben passieren abgabenfrei die Grenze. Kommerzielle Muster erfordern Sicherheitsleistungen entsprechend den Eingangsabgaben. Diese werden bei termingerechter Rückführung vollständig zurückerstattet.

2 Dokumente

2.1 Seefrachten

Seehäfen: Paramaribo, Wageningen

2.1.1 Konnossemente

Konnossemente: Ausstellung an Order mit Notify-Adresse zulässig.

2.1.2 Handelsrechnungen

Handelsrechnungen müssen (entsprechend einer „CARICOM Invoice") (zweifach) in Englisch mit den üblichen Angaben, z.B. Name und Anschrift des Absenders und Empfängers, Rechnungsdatum/-nummer, Auftragsnummer, Verschiffungshafen, Transportmittel, Name des Schiffes bzw. Flugnummer, Marke, Nummer, Anzahl und Art der Versandstücke, Brutto-/Nettogewichte, genaue Produktbeschreibung (Preise pro Einheit und Gesamtpreis, Bezeichnung, Kennzahl, Menge etc.), Geschäftsbank, Ursprungsland, Bestimmungsland, Liefer- und Zahlungsbedingungen und Packstückgröße in Kubikmetern ausgestellt werden. Währung, Versicherungs- und Frachtkosten gesondert notieren. Bei Nachlässen die Art des Rabattes vermerken. Am Schluss der Rechnung vom Auftraggeber unterschriebene Erklärung: „It is hereby certified that this invoice shows the actual price of goods described, that no other invoice has been or will be issued and that all particulars are true and correct." Keine Faksimile-Unterschriften erlaubt.

2.1.3 Ursprungszeugnisse

Nur auf Anforderung erforderlich.

2.1.4 Warenverkehrsbescheinigung

Warenverkehrsbescheinigung EUR.1 bzw. Präferenz-Ursprungsnachweis in einem der Handelspapiere für Erzeugnisse, die unter die „Ursprungsregelung" des zwischen der EU und den CARIFORUM-Staaten vereinbarten Abkommens fallen, die EUR.1 (1-fach) gilt als Präferenz-Ursprungsnachweis für Sendungen mit einem Wert über € 6 000,– und wird von den Zollstellen ausgestellt. Bei Warenwert bis € 6 000,– ist in den Handelspapieren lediglich folgende Erklärung[1] abzugeben:

„The exporter of the products covered by this document (customs authorisation No ...)[2] declares that, except where otherwise clearly indicated, these products are of ... preferential origin."

Ort, Datum, Unterschrift. Der Name des Unterzeichners ist in Druckbuchstaben zu wiederholen. Ursprungserzeugnisse aus Ceuta und Melilla sind mit „CM" zu kennzeichnen.

2.1.5 Gesundheitszeugnisse

Gesundheitszeugnis für Pflanzen(-teile) und Tiere und deren Erzeugnisse erforderlich.

2.1.6 Packlisten

Eine Packliste ist notwendig, wenn aus der Handelsrechnung nicht ersichtlich ist, welche Packstücke die Sendung umfasst. Die Packliste muss je Marke, Nummer, Gewicht, Maße und Inhalt der einzelnen Packstücke enthalten.

2.2 Luftfrachten

Zollflughafen: Paramaribo

2.2.1 Luftfrachtbrief

Eine Ausfertigung des Luftfrachtbriefes.

2.2.2

Siehe unter Seefrachten 2.1.2–2.1.6.

2.3 Postverkehr

2.3.1 Paketkarte

Ein bis drei Zollinhaltserklärungen (je nach Größe und Wert), Englisch, Niederländisch. Höchstgewicht 20 kg.

1) Ursprungserklärung in weiteren Sprachen s. Kapitel Hinweise Warenursprung Präferenzen
2) Eintrag der Bewilligungsnummer, falls die Erklärung von einem ermächtigten Ausführer erstellt wird.

2.3.2

Siehe unter Seefrachten 2.1.2–2.1.6.

3 Adressen

Konsulat

Botschaft der Republik Suriname
B-1050 Brüssel
Avenue Franklin Roosevelt 200
Tel.: +32 26401172
Fax: +32 26463962
E-Mail: amb.belgie@foreignaffairs.gov.sr

1 Allgemeine Informationen

1.1 Kurzinfos

Landesvorwahl: +963

MEZ: +1 Std.
Sommerzeit April bis September

Englisch, Französisch, Arabisch

1 syr £ = 100 Piastres
(ISO-Code: SYP)

Nach AWG frei vereinbar
Devisenbestimmungen von Syrien beachten

Harmonisiertes System

Beobachterstatus

Feiertage: Die Feiertage zu diesem Land finden Sie unter folgendem Link: https://www.timeanddate.de/feiertage/.

1.2 Einfuhr aus der Bundesrepublik

Einfuhrgüter im Wert über 1 000 SYP benötigen eine Importlizenz, die in der Regel 12 Monate gültig ist und vor Versand beantragt werden muss. Eine frühzeitige Vertragsvereinbarung mit staatlichen Stellen ist Voraussetzung. Der Versand ist nur nach Lizenz erlaubt. Direktimporte aus Ursprungsländern sind üblich, Waren aus Israel sind verboten. Zur Beantragung ist eine von der Handelskammer beglaubigte Pro-forma-Rechnung erforderlich. Am Ende der Rechnung wie folgt erklären: „This is to certify that this proforma-invoice is true and correct and that the goods shall be exported to Syria at the above mentioned prices."

Medizinische und pharmazeutische Produkte müssen eine Handelsmarke tragen, beim zuständigen Schutzamt registriert sein und über die staatliche Firma Pharmex importiert werden. Neue medizinische Produkte brauchen ein Exportland-Passzertifikat über Marktzulassung und Verwendung, bevor sie in Syrien eingeführt werden dürfen; zudem gelten spezielle Regeln für Proben (u.a. deutlicher Hinweis „Kostenloses medizinisches Muster – Verkauf verboten"). Düngemittel, Tierfutterzusätze, Schädlingsbekämpfungsmittel erfordern eine Genehmigung des Landwirtschaftsministeriums. Kunststoffe unterliegen Zertifizierungs- und Umweltbescheinigungen sowie Gesundheitsnachweisen. Zuständig für Normen und Standards ist die Syrian Arab Organization for Standardization and Metrology (SASMO).

Pflanzliche Ware, Holz und Verpackungsholz müssen mit einem amtlichen Pflanzengesundheitszeugnis (frei von Parasiten) begleitet sein – ausgestellt von der zuständigen Behörde im Ursprungsland, z.B. laut Julius-Kühn-Institut. Die Einfuhr erfolgt nur über zugelassene Zollstellen. Für Tiere, Fleisch und tierische Erzeugnisse wird ein amtliches Gesundheits- bzw. Tiergesundheitszeugnis verlangt. Lebensmittelimporte unterliegen starken Beschränkungen. Speziell produzierte Hefe benötigt eine Herstellerbescheinigung und Etikettierung. Alle Fertigwaren müssen auf Arabisch (mindestens) mit Herstellername und Ursprungsland gekennzeichnet sein. Für Bier, Wein, Butter, Öl, Honig, Süßwaren, Mehl, Milch, Konfekt, Essig, Fleischkonserven und ähnliche Produkte gelten besondere Etikettierungsvorschriften.

Bitte beachten: Zur Zeit der Drucklegung bestehen Sanktionen gegen Syrien. Weitere Informationen auf der Internetseite des BAFA (www.bafa.de/DE/Home/home_node.html).

1.3 Verpackung

Die Benutzung von Heu und Stroh wird nicht empfohlen. Für Holzverpackungen gelten die ISPM Nr. 15-Regelungen.

1.4 Markierung

In Arabisch Herstellername und Ursprungsland. Irreführende Angaben verboten. Warnhinweise auf eine umsichtige Handhabung sollten in Arabisch verfasst sein.

1.5 Mustersendungen

Muster ohne Handelswert bis 500 syr £ sind zollfrei. Für medizinische Muster gelten Sonderregelungen – IHK befragen. Bei vorübergehend eingeführten Mustern (maximal zwölf Monate) wird eine Sicherheitszahlung verlangt.

2 Dokumente

2.1 Seefrachten

Seehäfen: Latakia, Tartus, Baniyas

2.1.1 Konnossemente

Voller Satz Konnossemente, Ausstellung an Order möglich. Bedürfen keiner Beglaubigung.

2.1.2 Handelsrechnungen

Für die syrische Verzollung müssen Handelsrechnungen in Englisch oder Französisch verfasst sein und Angaben zu Marke, Nummer, Art und Anzahl der Packstücke, genaue Warenbezeichnung, HS-Code, Brutto- und Nettogewicht sowie FOB- und CIF-Wert enthalten. Bei alkoholischen Getränken ist zusätzlich der Alkoholgehalt anzugeben. Existiert ein Vertretervertrag mit einem syrischen Unternehmen, sind dessen Name, Anschrift und syrische Registrierungsnummer aufzuführen. Ist keine Vertretung vorhanden, ist folgende Erklärung in Englisch oder Französisch erforderlich: „We declare under our own responsibility that we are not represented in Syria, and that Syria is not included in the territory of any other agent, who would benefit whatsoever from any commission on our products exported to Syria which are subject to import licence." bzw. „Nous certifions par la présente que nous ne sommes pas représentés en Syrie que la Syrie n'entre pas dans la région d'aucun autre agent et que nous ne versons aucune commission à quiconque pour les marchandises objects de la licence d'importation."

Zusätzlich ist eine Preis-, Ursprungs- und Herstellererklärung am Ende der Rechnung erforderlich, z.B. auf Englisch: „We certify that this invoice is authentic and that it is the only invoice issued for the goods described therein, that it mentions the exact value of the said goods without deduction of any advance payment, and that the origin of the goods is the FEDERAL REPUBLIC OF GERMANY. Goods mentioned in this invoice are manufactured by: ..." bzw. auf Französisch: „Nous certifions que la présente facture est authentique, qu'elle est la seule émise par nous pour les marchandises qui y sont énoncées, qu'elle mentionne leur valeur exacte sans déduction d'aucun acompte et que leur origine est exclusivement: RÉPUBLIQUE FÉDÉRALE D'ALLEMAGNE. Nous certifions que la merchandise, object de la présente facture, est fabriquée dans l'usine de ...".

Die Rechnungen sind zunächst vierfach durch die zuständige Handelskammer zu bescheinigen (eine Kopie bleibt dort) und anschließend dreifach zusammen mit dem Ursprungszeugnis der syrischen Konsularabteilung zur Legalisierung vorzulegen (zwei Kopien verbleiben dort). Die Bearbeitung erfolgt nur, wenn alle Erklärungen vorliegen und IHK-bescheinigt sind.

2.1.3 Packlisten

Packliste mit Angabe von Art und Anzahl der Packstücke, Marke, Nummer, Maße, Gewichte sowie Inhalt ist erforderlich, wenn diese Angaben in der Rechnung nicht aufgeführt sind.

2.1.4 Ursprungszeugnisse

Ursprungszeugnis (dreifach) mit „Federal Republic of Germany (European Union)" erforderlich, da die Legalisierung der Handelsrechnung nur erfolgt, wenn gleichzeitig das Ursprungszeugnis vorgelegt wird. Auf der Rückseite mit folgendem angebrachten Vermerk: „We hereby declare that the mentioned merchandise is being exported on our own account. The goods are of pure ... (Ursprungsangabe) origin. The goods are manufactured by ... (Name und Anschrift)."

2.1.5 Hersteller-Erklärung

Falls diese gefordert wird, ist auf Firmenbogen (zweifach) zu erklären – unter Bezugnahme auf die Handelsrechnung – von wem die Waren hergestellt worden sind (ohne Wertangabe). Die Unterschrift muss notariell beglaubigt werden. Bei notarieller Beglaubigung muss der Präsident des zuständigen Landgerichts den Vorgang überbeglaubigen. Sie ist dann von der Handelskammer zu bescheinigen. Ist eine konsularische Legalisierung gefordert, dann zur Botschaft. Die Erklärung sollte keine Wertangabe enthalten, da sonst die Konsulatsgebühren wie für Handelsrechnungen anfallen.

2.1.6 Gesundheitszeugnisse

Gesundheitszertifikat für den Import von Holz, Pflanzen, Pflanzenteilen (www.julius-kuehn.de), Tieren und Fleisch. Für Plastikartikel wird zusätzlich eine Umweltverträglichkeitsbescheinigung gefordert und für Holz eine Bestätigung, dass es frei von Parasiten ist.

2.1.7 Konformitätszertifikate

Die bisherige Regelung ist nicht mehr in Kraft. Es empfiehlt sich eine Rücksprache mit dem Importeur.

2.2 Eisenbahnverkehr

2.2.1 Frachtbrief

Ein internationaler Frachtbrief für Frachtgut oder Eilgut.

2.2.2

Nachnahmen und Barvorschüsse sind nicht zugelassen. Siehe unter Seefrachten 2.1.2–2.1.7.

2.3 Luftfrachten

Zollflughäfen: Aleppo, Damaskus, Latakia

2.3.1 Luftfrachtbrief

Eine Ausfertigung des Luftfrachtbriefes.

2.3.2

Siehe unter Seefrachten 2.1.2–2.1.7.

2.4 Postverkehr

Bitte beachten: Im Rahmen der Embargobeschränkungen der EU gegenüber Syrien sind alle, d.h. auch nichtgewerbliche, Post- bzw. Kuriersendungen (auch Express-Sendungen) dem Zoll durch eine elektronische Ausfuhranmeldung in das förmliche Ausfuhrverfahren zu überführen.

2.4.1 Paketkarte

Zwei Zollinhaltserklärungen, Arabisch, Englisch. Höchstgewicht: 31,5 kg; Vertragskunden: 30 kg.

2.4.2

Siehe unter Seefrachten 2.1.2–2.1.7.

3 Konsulatsgebühren

Handelsdokumente können zur konsularischen Legalisierung entweder persönlich bei der Botschaft oder per Post über die Ghorfa Arab-German Chamber of Commerce and Industry e.V., Referat Handelsdokumenten-Service, Garnisonkirchplatz 1, 10178 Berlin (Tel.: +49 30 27890724, E-Mail: dokument@ghorfa.de) eingereicht werden. Bei persönlicher Abgabe erfolgt die Legalisierung noch am selben Tag, die Zahlung der Konsulatsgebühren ist ausschließlich bar möglich.

Bei Einreichung über die Ghorfa ist zuvor eine telefonische Rücksprache erforderlich. Den Dokumenten sind ein Anschreiben an Ghorfa und Botschaft sowie die Kontaktdaten einer Ansprechperson beizufügen. Ein ausreichend frankierter Rückumschlag ist beizulegen. Das Ghorfa-Entgelt (32 EUR pro Dokument) ist vorab an die Ghorfa (IBAN: DE46 1007 0000 0434 9510 00, BIC: DEUTDEBBXXX, Deutsche Bank AG, Berlin) zu überweisen, mit Belegbeifügung.

Vor der Einreichung ist eine Endbeglaubigung durch das Bundesamt für Auswärtige Angelegenheiten (BfAA) erforderlich. Bei notariell beglaubigten Dokumenten ist zuvor eine Überbeglaubigung durch den zuständigen Landgerichtspräsidenten nötig. Zertifikate zu Arznei-, Lebensmitteln, Chemikalien, Pflanzen etc. müssen von der zuständigen Behörde ausgestellt sein. Ursprungszeugnisse und Handelsrechnungen werden nur gemeinsam legalisiert und müssen Herstellerangaben sowie die vollständige Empfängeradresse in Syrien enthalten. Pro einzureichendem Dokument sind zwei Kopien beizulegen.

Ursprungszeugnisse pro Exemplar, Beschaffenheitserklärungen, Unbedenklichkeitserklärungen, Dokumente ohne Wertangaben	€ 90,–
Handelszeugnisse, die einen Betrag ausweisen	€ 175,–
Handelsrechnungen: 1,5 Prozent vom höchsten Rechnungsbetrag	mind. € 175,–/ höchstens € 8.525,–

Syrien

4 Adressen

Konsulate

Die Konsulatsadressen finden Sie jeweils mit Telefonnummer, E-Mail-Adresse, Homepage und Öffnungszeiten unter:
https://www.auswaertiges-amt.de/de/service/laender.

5 Sonstiges

Länderkurzbezeichnung gemäß Präferenzrecht (Lieferantenerklärung): SY

Länder(-gruppen)kurzbezeichnung für bes. Zollsätze im Europäischen Zolltarif: SY/SPGL

Kraftfahrzeugländerkennzeichen: SYR

1 Allgemeine Informationen

1.1 Kurzinfos

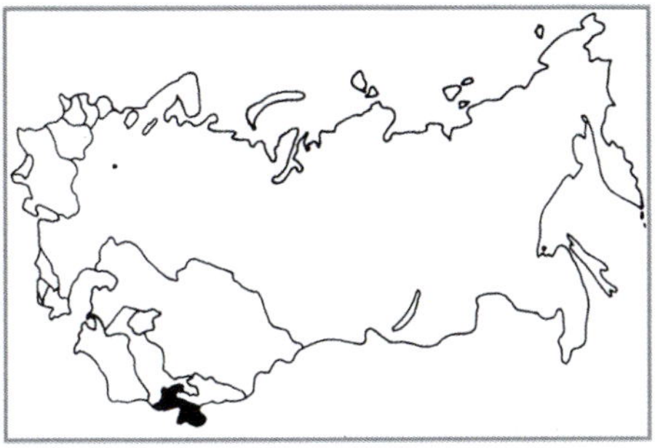

Landesvorwahl: +992

MEZ: +4 Std.

Russisch, Englisch, Tadschikisch

1 Somoni = 100 Diram (ISO-Code: TJS)

Nach AWG frei vereinbar

Harmonisiertes System

Mitglied

Feiertage: Die Feiertage zu diesem Land finden Sie unter folgendem Link: https://www.timeanddate.de/feiertage/.

1.2 Einfuhr aus der Bundesrepublik

Importlizenzen sind für verbrauchssteuerpflichtige Produkte, wie z.B. Alkohol, Tabak, Narkosemittel, radioaktive Substanzen, notwendig. Eine Rücksprache mit dem Importeur ist erforderlich. Es können für einige Erzeugnisse (z.B. Nahrungsmittel, Kosmetikerzeugnisse) Zertifikate bzgl. Normenvorschriften gefordert werden. Zusätzlich gelten für Nahrungmittel besondere Etikettierungs- und Registrierungsvorschriften. Mit Importeur abstimmen. Ansprechpartner ist die Agency of Standardization, Metrology, Certification and Trade Inspection under the Government of the Republic of Tajikistan, Internet: www.standard.tj. Ansprechpartner für Kosmetika ist das Gesundheitsministerium. Einfuhrverbote gelten u.a. für Glühlampen und radioaktive Abfälle. Pflanzen, pflanzliche Erzeugnisse, Tiere und tierische Erzeugnisse werden bei der Einfuhr kontrolliert.

1.3 Verpackung

Eine herausragend starke seemäßige Verpackung wird auch bei Bahn- oder Lkw-Transport erwartet. Die versandte Ware muss auch eine einjährige Lagerung unter freiem Himmel unbeschadet überstehen können.

1.4 Markierung

Empfohlen: „Made in Germany". Kennzeichnung mit dem Ursprungsland auf allen Artikeln erforderlich.

1.5 Mustersendungen

Muster ohne Handelswert sind zollfrei. Werden Muster innerhalb eines bestimmten Zeitraums wieder ausgeführt, können auch diese ohne den Anfall von Zollgebühren importiert werden.

2 Dokumente

2.1 Seefrachten

Seehafen: Keiner

2.1.1 Konnossemente

Voller Satz Konnossemente, keine Beglaubigung. Ausstellung an Order mit Angabe einer Notify-Adresse möglich.

2.1.2 Handelsrechnungen

Handelsrechnungen, Englisch (zweifach), unterschrieben. Die Rechnung muss neben den üblichen Angaben, wie z.B. Marke, Nummern, Anzahl und Art der Pakete, Angaben zum Transport, detaillierte Produktbezeichnungen, Lieferbedingungen, Brutto-/Nettogewichte, Gesamtwert und Wert der einzelnen Waren auch die Angabe des Ursprungslandes („Federal Republic of Germany") und die HS-Zolltarif-Nr. enthalten.

2.1.3 Ursprungszeugnisse

Ursprungszeugnis (zweifach) mit der Angabe „Federal Republic of Germany (European Union)" erforderlich.

2.1.4 Packlisten

Packliste (zweifach): Den Papieren ist eine Packliste (Englisch) beizufügen, die Angaben enthalten muss über Inhalt und Maße sowie Gewichte und Marke mit Nummer, Anzahl und Art der Packstücke. Rücksprache mit dem Importeur empfohlen.

2.1.5 Gesundheitszeugnisse

Veterinärärztliche Zeugnisse für Tiere oder deren Teile notwendig. Gesundheitszeugnisse für Pflanzen, Pflanzenteile erforderlich. Rücksprache mit dem Importeur notwendig.

2.2 Luftfrachten

Zollflughafen: Duschanbe (DYU)

2.2.1 Luftfrachtbrief

Eine Ausfertigung des Luftfrachtbriefes.

2.2.2

Siehe unter Seefrachten 2.1.2–2.1.5.

2.3 Postverkehr

2.3.1 Paketkarte

Zwei Zollinhaltserklärungen, Französisch oder Englisch. Höchstgewicht: 20 kg.

2.3.2

Siehe unter Seefrachten 2.1.2–2.1.5.

3 Adressen

Auslandshandelskammer

Delegation der Deutschen Wirtschaft für Zentralasien (Standort Kasachstan)
050044 Almaty
Businesszentrum Esenthai City
Medeuski Bezirk
Nurlan Kapparov Str., 402, R6, 2. Stock
Tel.: +7 727 3561061

E-Mail: info@ahk-za.kz
www.zentralasien.ahk.de

Konsulate

Die Konsulatsadressen finden Sie jeweils mit Telefonnummer, E-Mail-Adresse, Homepage und Öffnungszeiten unter:
https://www.auswaertiges-amt.de/de/service/laender.

4 Sonstiges

Länder(-gruppen)kurzbezeichnung für bes. Zollsätze im Europäischen Zolltarif: SPGL
Kraftfahrzeugländerkennzeichen: TJ

1 Allgemeine Informationen

1.1 Kurzinfos

Landesvorwahl: +886

MEZ: +7 Std.

Englisch, Chinesisch

1 New Taiwan Dollar (NT$) = 100 Cents (ISO-Code: TWD)

Nach AWG frei vereinbar Devisenbestimmungen von Taiwan beachten

Harmonisiertes System

Mitglied

Carnet.C.P.D.-Verfahren kann angewendet werden (vgl. mit dem Carnet A.T.A.)

Feiertage: Die Feiertage zu diesem Land finden Sie unter folgendem Link: https://www.timeanddate.de/feiertage/.

1.2 Einfuhr aus der Bundesrepublik

Genehmigungen verteilen sich auf verschiedene Behörden: TFDA (Lebensmittel, Pharma, Kosmetika, Medizintechnik), MOTC (Yachten, Hochfrequenzgeräte), National Treasury Administration (Tabak, Alkohol), CoA/EPA (Agrarprodukte, Pestizide, Chemikalien, Holz), National Police Agency (Waffen), Zoll (Waren aus China), Ministry of Economic Affairs/Zentralbank (Edelmetalle, Devisen), ITA (Hightech-Produkte). Einfuhrlizenzen der ITA sind meist sechs Monate gültig. Erlaubte Importe benötigen keine Genehmigung, kontrollierte wie Tabak oder Alkohol sind lizenzpflichtig, verbotene umfassen u. a. Sprengstoffe, Drogen, bestimmte Chemikalien und unerlaubte Druckerzeugnisse.

In Taiwan ist das Bureau of Standards, Metrology and Inspection (BSMI) für Normen zuständig; die ITA veröffentlicht Importregelungen unter www.trade.gov.tw/English. Nach dem „Commodity Labelling Law" sind Herstellerdaten, Ursprungsland, Produktangaben, Gewicht, Menge, Herstellungs- und Ablaufdatum sowie Anleitungen in chinesischen Langzeichen vorgeschrieben. Für Heimtierfutter gilt zusätzlich ein BVL-Listungsverfahren. Pflanzen benötigen ein Pflanzengesundheitszeugnis (https://pflanzengesundheit.julius-kuehn.de/regelungen-nicht-eu-staaten.html), Tiere ein Veterinärzertifikat. Beide Warengruppen können bei der Einfuhr kontrolliert werden. Über das CPT Single Window können Dokumente elektronisch eingereicht werden. Eine Rücksprache mit dem Importeur sollte erfolgen.

1.3 Verpackung

Heu und Stroh dürfen nicht als Verpackungsmaterial genutzt werden. Für Verpackungsholz gelten die ISPM Nr. 15-Regelungen.

1.4 Markierung

Waren, ihre Verpackungen und Packstücke sollten mit „Made in Germany" gekennzeichnet sein.

1.5 Mustersendungen

Muster ohne Handelswert zur kostenlosen Verteilung sind zollfrei. Dies gilt auch für Warenmuster bis zu einem Handelswert von NT$ 12 000,– (unter Vorbehalt der Prüfung durch den taiwanesischen Zoll). Wird eine Sicherheitsleistung vorgenommen, können Waren z.B. für Messen für einen gewissen Zeitraum zollfrei importiert werden. Postverkehr mit Carnet A.T.A. zugelassen.

2 Dokumente

2.1 Seefrachten

Seehäfen: Anping, Kaohsiung, Keelung, Hualian, Su-Ao, Taichung, Taipei

2.1.1 Konnossemente

Voller Satz Konnossemente, Ausstellung an Order, unter Angabe einer Notify-Adresse, bedürfen keiner Beglaubigung.

2.1.2 Handelsrechnungen

Handelsfaktura (dreifach, Englisch), mit allen die Ware betreffenden Einzelheiten, wie z.B. Name des Käufers und Verkäufers, Marke, Nummer, Anzahl und Art der Versandstücke, Brutto-/Nettogewichte, genaue Warenbezeichnung, Einzel-/Gesamtpreise, Beförderungsart, Zahlungs- und Lieferungsbedingungen, Ursprungsland. Lizenznummer, HS-Zolltarif-Nr., fob-Wert, cif-Kosten und cif-Wert müssen separat aufgeführt werden. Ordnungsgemäße Unterschrift erforderlich.

2.1.3 Ursprungszeugnisse

Ursprungszeugnisse mit der Angabe „Federal Republic of Germany (European Union)" sind nur noch für einige Waren, wie z.B. Alkohol und Tee, erforderlich.

2.1.4 Packlisten

Packliste erforderlich (Angabe von Nummer, Marke, Art, Gewicht und Inhalt), wenn die Rechnung keine detaillierte Übersicht gibt.

2.1.5 Gesundheitszeugnisse

Veterinärärztliche Zeugnisse für Tiere oder deren Teile notwendig. Gesundheitszeugnisse für Pflanzen, Pflanzenteile erforderlich. Beantragung bei der zuständigen, amtlichen Pflanzenschutzstelle (www.julius-kuehn.de).

2.2 Luftfrachten

Zollflughäfen: Kaohsiung (KHH), Taipei-Songshan (TSA), Taipei-Taoyuan (TPE)

2.2.1 Luftfrachtbrief

Eine Ausfertigung des Luftfrachtbriefes.

2.2.2

Siehe unter Seefrachten 2.1.2–2.1.5.

2.3 Postverkehr

2.3.1 Paketkarte

Eine Zollinhaltserklärung, Englisch, Französisch. Höchstgewicht 20 kg. Anschrift in lat. Buchstaben erforderlich.

2.3.2

Siehe unter Seefrachten 2.1.2–2.1.5.

3 Adressen

Auslandshandelskammer

Deutsches Wirtschaftsbüro Taipei
German Trade Office Taipei
International Trade Bld.
19 F-9, No. 333, Keelung Rd., Sec. 1
11012 Taipei, Taiwan
Tel.: +886 277357500
Geschäftszeiten: Mo.–Fr. 9.00–12.00 Uhr
E-Mail: info@taiwan.ahk.de
www.taiwan.ahk.de

4 Sonstiges

Kraftfahrzeugländerkennzeichen: RC (TW)

1 Allgemeine Informationen

1.1 Kurzinfos

Landesvorwahl: +255

MEZ: +2 Std.

Englisch

1 Tansania Shilling (Tsh) = 100 Cents (ISO-Code: TZS)

Nach AWG frei verelnbar Devisenbestimmungen von Tansania beachten

Harmonisiertes System

Mitglied

Feiertage: Die Feiertage zu diesem Land finden Sie unter folgendem Link: https://www.timeanddate.de/feiertage/.

1.2 Einfuhr aus der Bundesrepublik

Es sind sog. „Specific Import Licences" vorgeschrieben, die für 365 Tage gelten. Importverbote für z.B. Fälschungen, sittenwidrige Erzeugnisse, gebrauchte Kfz-Reifen, Dünger, bestimmte Abfälle sind zu beachten. Strenge Vorgaben gelten für die Etikettierung von Nahrungsmitteln: Herstellungs-, Verfalls- und Haltbarkeitsdatum sowie Chargennummer müssen gut sichtbar in Englisch oder der Landessprache auf der Verpackung stehen. Kein Import von Kunststofftüten erlaubt. Denaturierter Branntwein darf nur mit Spezialzertifikat der Lieferfirma importiert werden. Arzneien, Lebensmittel (z.B. Fleisch und Milcherzeugnisse) und giftige Stoffe müssen beim TBS registriert werden, welches auch die Importerlaubnisse ausstellt. Fleisch, Geflügel, Wild, Eier und deren Erzeugnisse müssen den DEAS-Normen (EASC/TC 004) entsprechen. Phytosanitäre Vorschriften sind für Früchte, Saatkartoffeln und deren Saaten zu berücksichtigen. Importlizenzen werden für Tiere und tierische Erzeugnisse vom Ministry of Livestock and Fisheries und für Pflanzen und Teile von Pflanzen vom Ministry of Agriculture benötigt. Verarbeitete Produkte erfordern ein Gesundheitszeugnis, ein Analysenzertifikat, eine Bescheinigung zur Radioaktivität und eine Einfuhrgenehmigung des Tanzania Bureau of Standards (TBS). Die Registrierung von Importeur, Händler und Ware ist unerlässlich. Zuständig für Normen und Standards ist das Tanzania Bureau of Standards (TBS).

1.3 Verpackung

Heu und Stroh sollten nicht verwendet werden, da Waren, die mit diesen Stoffen verpackt sind, wegen der Feuergefahr nicht in Lagerhäusern gelagert werden dürfen. Bei Verwendung von Verpackungsmaterial aus Holz ist eine Behandlung gegen Schädlinge mit einem Zertifikat nachzuweisen.

Für Dar es Salaam (Hafen) gelten folgende Palettierungsvorschriften:

- Packstücke oder Verschläge, die aufgrund ihrer Größe nicht palettisierbar sind, müssen auf hölzerne Bohlen gestellt und befestigt werden, so dass sie an mindestens zwei Seiten durch Gabelstapler aufgenommen werden können.
- Güter in Kartons, Säcken, Verschlägen, kleinen Kisten usw. müssen sicher auf Paletten befestigt sein. Höchstgewicht pro Palette: 2 t.

1.4 Mustersendungen

Muster ohne Handelswert sind zollfrei.

1.5 Markierung

Der Warenursprung muss genau ersichtlich sein; deswegen wird empfohlen, mit „Made in Germany" zu kennzeichnen.

2 Dokumente

2.1 Seefrachten

Seehäfen: Dar es Salaam, Sansibar, Insel Pemba

2.1.1 Konnossemente

Voller Satz Konnossemente, Order-Bs/L mit Notify zugelassen, ohne Beglaubigung.

2.1.2 Handelsrechnungen

Handelsrechnung (einfach, Englisch), mit folgenden Angaben erforderlich: Name des Exporteurs und Importeurs sowie Empfängers, Marke, Nummern, Anzahl und Art der Packstücke, Brutto-/Nettogewichte, genaue Warenbezeichnungen, Lieferbedingungen, Ursprungsland, HS-Code, Mengen, Ort und Datum der Ausstellung sowie Einzelpreise, Gesamt-fob- und cif-Wert und auch Nachlässe, wie z.B. Rabatte.

2.1.3 Ursprungszeugnisse

Ursprungszeugnis mit der Angabe „Federal Republic of Germany (European Union)" nur auf Anforderung.

2.1.4 Warenverkehrsbescheinigung

Warenverkehrsbescheinigung bzw. Präferenz-Ursprungsnachweis in einem der Handelspapiere: nicht erforderlich.

2.1.5 Packlisten

Packliste wird empfohlen mit genauer Übersicht der Packstücke (Marke, Nummer, Brutto-/Nettogewicht und Inhalt).

2.1.6 Gesundheitszeugnisse

Ein Gesundheitszeugnis für Tiere (darf nicht älter als 10 Tage sein) ist erforderlich, dennoch wird beim Erreichen des Zielhafens eine Gesundheitsprüfung erfolgen. Pflanzen/Pflanzenteile unterliegen der „Plant Protection (Importation) Order", ausgestellt von der zuständigen amtlichen Pflanzenschutzstelle (https://pflanzengesundheit.julius-kuehn.de).

2.1.7 Konformitätszertifkate

Das Pre-Shipment-Verification of Conformity (PVoC) für Tansania muss rechtzeitig vor Versendung beantragt werden und ist für bestimmte Produkte erforderlich, z.B. Haushaltsprodukte, Möbel, Lebensmittel, Spielwaren, elektrische Erzeugnisse, gebrauchte Artikel. Mengen- und Qualitätskontrollen erfolgen im Herstellungswerk. Jeweils zuständig in Deutschland sind: Bureau Veritas Industry Services GmbH in 20457 Hamburg, Willy-Brandt-Str. 55, Tel.: 040 23625519, E-Mail: offergsdach@bureauveritas.com sowie Intertek Caleb Brett Germany GmbH, Government and Trade Services, in 21109 Hamburg, Georgswerder Bogen 3, Telefon 040 558225000, E-Mail: info.hamburg@intertek.com und SGS Germany GmbH in 20097 Hamburg, Heidenkampsweg 99, Tel.: 040 30101735, E-Mail: de.gis.export@sgs.com. Für Sansibar gelten für einige Erzeugnisse eigene Konformitätbestimmungen. Ansprechpartner ist: Bureau Veritas Industry Services GmbH in 20457 Hamburg, Willy-Brandt-Str. 55, Tel.: 040 23625519, E-Mail: offergsdach@bureauveritas.com.

2.2 Luftfrachten

Zollflughäfen: Dar es Salaam, Mwanza, Sansibar, Kilimanjaro

2.2.1 Luftfrachtbrief

Eine Ausfertigung des Luftfrachtbriefes.

2.2.2

Siehe unter Seefrachten 2.1.2–2.1.7.

2.3 Postverkehr

2.3.1 Paketkarte

Zwei Zollinhaltserklärungen, Englisch. Höchstgewicht: 31,5 kg, Vertragskunden: 30 kg.

2.3.2

Siehe unter Seefrachten 2.1.2–2.1.7.

3 Adressen

Auslandshandelskammer

Delegation der Deutschen Wirtschaft in Tansania
AHK Services Eastern Africa Ltd. – Country Office Tanzania
Chole Road/Slipway Road, Masaki
Dar es Salaam, Tanzania
Tel.: +255 22 260 0710
E-Mail: info@tanzania-ahk.co.tz
www.kenia.ahk.de

Konsulate

Die Konsulatsadressen finden Sie jeweils mit Telefonnummer, E-Mail-Adresse, Homepage und Öffnungszeiten unter:
https://www.auswaertiges-amt.de/de/service/laender.

4 Sonstiges

Länderkurzbezeichnung gemäß Präferenzrecht (Lieferantenerklärung): AKP
Länder(-gruppen)kurzbezeichnung für bes. Zollsätze im Europäischen Zolltarif: LOMA/SPGA
Kraftfahrzeugländerkennzeichen: EAT

Thailand

Kingdom of Thailand

1 Allgemeine Informationen

1.1 Kurzinfos

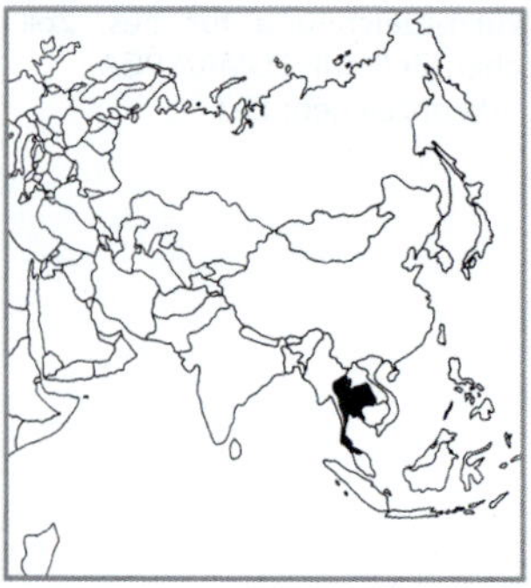

Landesvorwahl: +66

MEZ: +6 Std.

Thai, Englisch

1 Baht (B) = 100 Sotang (ISO-Code: THB)

Nach AWG frei vereinbar Devisenbestimmungen von Thailand beachten

Harmonisiertes System

Mitglied

Angeschlossen

Feiertage: Die Feiertage zu diesem Land finden Sie unter folgendem Link: https://www.timeanddate.de/feiertage/.

1.2 Einfuhr aus der Bundesrepublik

Importlizenzen sind nur für Waren erforderlich, die in der sogenannten „List of Goods under Import Control" aufgeführt sind (z.B. Lebensmittel, gebrauchte Kfz/Motorräder, Marmor o.Ä., Pharmazeutika, kosmetische Erzeugnisse, medizinische Geräte, bestimmte Chemikalien etc.). Die Importlizenz ist vor dem Versand der Waren notwendig. Ein Einfuhrverbot besteht u.a. für manche Glücksspiele und gebrauchte Reifen.

Lebensmittel, Kosmetika, Pharmazeutika, alkoholische Getränke sowie landwirtschaftliche Erzeugnisse wie Gemüse, Früchte und Samen unterliegen detaillierten Kennzeichnungspflichten. Kosmetika und Labor- bzw. Medizinprodukte erfordern zusätzlich Freiverkäuflichkeitsbescheinigungen, letztere konsularisch legalisiert und überbeglaubigt. Gefährliche Arzneimittel müssen besonders gekennzeichnet sein. Tierische Produkte und lebende Tiere dürfen nur mit einem Gesundheitszeugnis eingeführt werden und unterliegen einer veterinären Kontrolle. Pflanzen, Saatgut, Pflanzenteile und Verpackungsholz benötigen phytosanitäre Atteste. Für Rindfleischexporte ist eine Listung beim BVL erforderlich.

Schnittholz muss chemisch behandelt sein. Industrieerzeugnisse wie Stahlprodukte, Glaswaren für medizinische Zwecke sowie Kfz und Ersatzteile unterliegen verbindlichen Normen und Sicherheitsvorschriften. Technische Vorschriften in Thailand fallen unter die Zuständigkeit des TISI. Produkte wie Medikamente, Kosmetika, Lebensmittel, Chemikalien und medizinische Geräte unterliegen der FDA, die teilweise Registrierung, Etikettierung und amtliche Nachweise verlangt. Eine Rücksprache mit dem Importeur wird empfohlen.

1.3 Verpackung

Heu und Stroh sind als Packmittel nicht zu empfehlen; für Verpackungsholz muss ein amtliches Pflanzengesundheitszeugnis, ausgestellt von der zuständigen amtlichen Pflanzenschutzstelle (E-Mail: pflanzengesundheit@bwvi.hamburg.de, www.julius-kuehn.de), vorgelegt werden. Ansprechpartner ist das National Bureau of Agricultural Commodity and Food Standards bzw. der Importeur.

1.4 Markierung

Empfohlen: „Made in Germany". Dosenmilch muss diese Angabe in jedem Fall haben. Außerdem müssen Versandstücke zusätzlich zu den üblichen Markierungen mit dem Entladehafen gekennzeichnet werden.

1.5 Mustersendungen

Muster ohne Handelswert können zollfrei eingeführt werden, wenn eine spätere Verwendung nicht möglich erscheint. Muster mit Handelswert bleiben zollfrei, wenn die Zahlung einer Sicherheit erfolgt. Zollgebühren fallen für Werbeprospekte und -geschenke an.

2 Dokumente

2.1 Seefrachten

Seehäfen: Bangkok, Laem Chabang, Phuket, Pattani, Sattahip, Si Racha

2.1.1 Konnossemente

Voller Satz Konnossemente. Ausstellung an Order möglich. Angabe einer Notify-Adresse erforderlich. Beglaubigung nicht erforderlich.

2.1.2 Handelsrechnungen

Handelsfaktura, fünffach, Englisch. Die Faktura muss genaue Angaben über detaillierte Warenbezeichnungen, Markierung, Brutto- und Nettogewicht (keine Bezeichnungen wie Colli bzw. Packages) der einzelnen Versandstücke und Gesamtgewicht der Sendung, cif-Wert und cif-Kosten im Einzelnen, Gesamtwert cif Bangkok, Anzahl, Art, Marke und Nummern der Versandstücke, Landungshafen, Kosten der Verpackung und Fracht getrennt enthalten. Rabatte nach Höhe und Art angeben. Sie muss ferner enthalten: Datum des Geschäftsabschlusses, Ursprungsland, Bestimmungsland. Angaben darüber, ob definitiv verkauft wurde oder auf Konsignationsbasis oder an ein Zweigbüro des Verkäufers geliefert wird. Waren unterschiedlicher Größen und Qualität sind getrennt zu deklarieren. Wenn die Waren ein Warenzeichen tragen, ist es anzugeben, ansonsten „no brand"-Vermerk. Angabe der HS-Zolltarifnummer.

Die Richtigkeit der Angaben muss durch eine rechtsverbindliche Unterschrift bestätigt werden. Beim Export von Textilien mit gemischten Geweben oder von Waren, die sich aus verschiedenen Materialien zusammensetzen, ist die Prozentangabe der einzelnen Stoffe erforderlich, da sonst die Ware nach der höchstzulässigen Zolltarifposition verzollt wird. Am Schluss folgende Bemerkung: „We hereby certify that this invoice is true and correct."

2.1.3 Ursprungszeugnisse

Ursprungszeugnis mit Angabe „Federal Republic of Germany (European Union)" nur auf Anforderung. Rücksprache mit dem Importeur empfohlen.

2.1.4 Packlisten

Eine Packliste wird empfohlen mit Angaben über Marke, Nummer, Art und Außenmaße der Packstücke mit Inhalt und Gewichten. Die Bezeichnung „packages/colli" sollte nicht benutzt werden.

2.1.5 Gesundheitszeugnisse

Für Pflanzen(-teile), Holz für Verpackungen ist ein amtliches Pflanzengesundheitszeugnis erforderlich, für Agrarerzeugnisse (z.B. Samen, Früchte, Gemüse) wird ein Gesundheitszeugnis gefordert. Zudem bestehen Etikettierungsvorschriften.

2.2 Luftfrachten

Zollflughäfen: Bangkok (BKK), Chiang Mai (CNX), Hat Yai (HDY), Phuket (HKT)

2.2.1 Luftfrachtbrief

Eine Ausfertigung des Luftfrachtbriefes.

2.2.2

Siehe unter Seefrachten 2.1.2–2.1.5.

2.3 Postverkehr

2.3.1 Paketkarte

Eine Zollinhaltserklärung, Englisch, Höchstgewicht: 31,5 kg, Vertragskunden: 30 kg.

2.3.2

Siehe unter Seefrachten 2.1.2–2.1.5.

3 Konsulatsgebühren

Im Falle einer konsularischen Legalisierung fallen für Dokumente/Urkunden/Zertifikate (gilt nicht für z.B. Heiratsurkunden u.Ä.) pro Exemplar 15,– € Gebühren an. Bei Einreichung per Post ist ein ausreichend adressierter Rückumschlag beizulegen. Ein Antrag muss mit eingereicht werden, siehe https://berlin.thaiembassy.org/de unter Konsularservice, Legalisierung von Dokumenten. Von jedem Dokument benötigt das Konsulat eine Kopie für die Akten. Die Bezahlung erfolgt bar oder per Überweisung auf das Konto des Royal Thai Embassy in Berlin, IBAN DE67 1007 0000 0419 2050 00, BIC: DEUTDEBBXXX. Der Zahlungsbeleg dient als Nachweis. Keine Zusendung von Bargeld!

4 Adressen

Auslandshandelskammer

Deutsch-Thailändische Industrie- und Handelskammer
German-Thai Chamber of Commerce
14th Floor, AIA Sathorn Tower
11/1 South Sathorn Road
Yannawa, Sathorn
Bangkok 10120
Tel.: +66 20550600
Geschäftszeiten: Mo.–Fr. 8.00–12.00 Uhr, 13.00–17.00 Uhr
E-Mail: info@gtcc.org
www.thailand.ahk.de

Konsulate

Die Konsulatsadressen finden Sie jeweils mit Telefonnummer, E-Mail-Adresse, Homepage und Öffnungszeiten unter:
https://www.auswaertiges-amt.de/de/service/laender.

5 Sonstiges

Länder(-gruppen)kurzbezeichnung für bes. Zollsätze im Europäischen Zolltarif: SPGL
Kraftfahrzeugländerkennzeichen: THA

Timor-Leste (Osttimor)*

1 Allgemeine Informationen

1.1 Kurzinfos

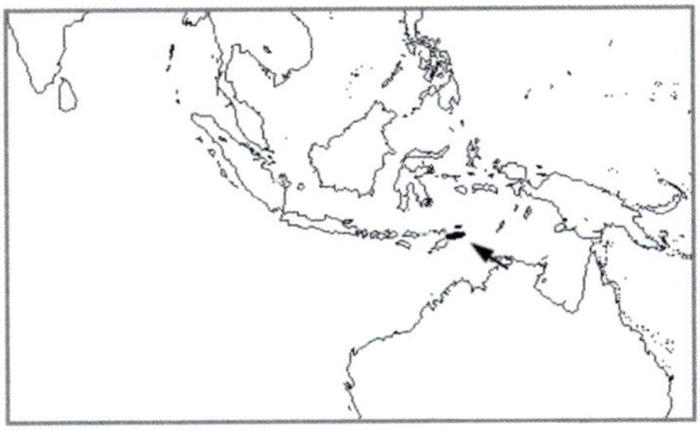

Landesvorwahl: +670

MEZ: +8 Std.

Tetum, Portugiesisch, Englisch und Indonesisch

1 US-$ = 100 Cents (ISO-Code: USD)

Harmonisiertes System Verzollung nach Transaktionswert

Feiertage: Die Feiertage zu diesem Land finden Sie unter folgendem Link: https://www.timeanddate.de/feiertage/.

1.2 Einfuhr aus der Bundesrepublik

Für Kraftfahrzeuge gelten die Vorgaben des Verkehrsministeriums (MoTC). Nach Gesetzesdekret 30/2011 ist die Einfuhr von Fahrzeugen mit einem Alter von über fünf Jahren untersagt. Für verschiedene Waren wie Kunststoffe, bestimmte Lebensmittel, Arzneimittel oder Fahrzeuge ist eine vorherige Einfuhrbewilligung erforderlich. Verboten ist die Einfuhr unter anderem von Sprengstoffen, bestimmten Betäubungsmitteln, älteren Kfz sowie Waffen. Arzneimittel und chemische Substanzen unterliegen zusätzlich einer Genehmigungspflicht durch das Gesundheitsministerium (MoH); die Überwachung übernimmt die Abteilung DNFM. Eine Abstimmung mit dem Importeur wird empfohlen.

1.3 Verpackung

Keine besonderen Verpackungsvorschriften bekannt.

1.4 Markierung

Keine besonderen Markierungsvorschriften bekannt.

1.5 Mustersendungen

Keine besonderen Vorschriften für Mustersendungen bekannt.

2 Dokumente

Seehafen: Dili

2.1 Konnossemente

Es ist nicht bekannt, ob Order-Konnossemente möglich sind.

2.2 Handelsrechnungen

Für die Zollabfertigung werden unterschriebene Rechnungen in englischer Sprache benötigt; die Anzahl ist beim Importeur zu klären. Die Rechnung muss folgende Angaben enthalten: HS-Code, Warenbeschreibung mit Stückzahl und Preisen, Ursprungsland (z. B. „Federal Republic of Germany"), Brutto- und Nettogewicht, Liefer- und Zahlungsbedingungen, Ort und Datum der Ausstellung, Verpackungsart sowie Name und Adresse von Versender und Empfänger. Am Ende ist folgende Erklärung zu unterzeichnen: „We hereby certify that this invoice is authentic and that the origin of these goods is ... (Ursprungsangabe)." Eine Abstimmung mit dem Importeur wird empfohlen.

2.3 Ursprungszeugnisse

Nur auf Anforderung.

2.4 Packlisten

Eine Packliste wird empfohlen mit Angaben über Marke, Nummer, Art und Außenmaße der Packstücke mit Inhalt und Gewichten. Eine Abstimmung mit dem Importeur wird empfohlen.

* República Democrática de Timor-Leste/Timor Loro Sa,e Democratic Republic of East-Timor

Timor-Leste (Osttimor)

2.5 Luftfrachten

2.5.1 Luftfrachtbrief

Zollflughafen: Dili

Eine Ausfertigung des Luftfrachtbriefes.

2.5.2

Siehe unter Seefrachten 2.1.2–2.1.4.

2.6 Postverkehr

2.6.1 Paketkarte

Eine Zollinhaltserklärung, Englisch, Französisch. Höchstgewicht: 20 kg.

2.6.2

Siehe unter Seefrachten 2.1.2–2.1.4.

3 Adressen

Konsulate

Die Konsulatsadressen finden Sie jeweils mit Telefonnummer, E-Mail-Adresse, Homepage und Öffnungszeiten unter: https://www.auswaertiges-amt.de/de/service/laender.

4 Sonstiges

Unabhängig seit Mai 2002

Länder(-gruppen)kurzbezeichnung für bes. Zollsätze im Europäischen Zolltarif: SPGL

République Togolaise

Togo

1 Allgemeine Informationen

1.1 Kurzinfos

Landesvorwahl: +228

MEZ: –1 Std.

Französisch

1 Franc CFA = 100 Centimes (ISO-Code: XOF)

Nach AWG frei vereinbar Devisenbestimmungen von Togo beachten

Harmonisiertes System

Mitglied

Feiertage: Die Feiertage zu diesem Land finden Sie unter folgendem Link: https://www.timeanddate.de/feiertage/.

1.2 Einfuhr aus der Bundesrepublik

Für die Einfuhr müssen Genehmigungen beantragt werden, jedoch ist der Import von EU-Waren zumeist ohne große Einschränkungen möglich. Lizenzen sind zumeist ein halbes Jahr gültig, d.h., dass Waren vor Ablauf dieser Zeit verschickt werden müssen. Die Registrierung von Arzneimitteln ist in Togo Vorschrift. Bei der Einfuhr von Kfz sind verschiedene Dokumente erforderlich; die Fahrgestellnummer muss auf jedem Papier vorhanden sein. Gebrauchte Fahrzeuge müssen mindestens der Abgasnorm Euro-4 entsprechen und dürfen maximal fünf Jahre alt sein. Zuständig für Normen und Standards ist das Conseil Supérieur de Normalisation (CSN). In Togo ist seit Ende 2024 eine verpflichtende Sicherheitskennzeichnung für bestimmte Konsumgüter vorgeschrieben. Sie soll die Echtheit und Sicherheit der Produkte gewährleisten und ihre Rückverfolgbarkeit sowie Herkunft eindeutig erkennbar machen. Betroffen sind vor allem Waren wie Wasser, Bier, Fruchtsäfte, Wein, Wermut, alkoholische und nicht-alkoholische Getränke sowie Tabakerzeugnisse. Die Kennzeichnung muss direkt auf der Verpackung angebracht werden und unterliegt strengen Kontrollen. Vor dem Export empfiehlt sich eine enge Abstimmung mit dem Importeur, um die aktuellen Anforderungen zu erfüllen.

Sensible Produkte müssen bei der Direction du Commerce Intérieur et de la Concurrence im togoischen Handelsministerium vorab angemeldet werden (mit Begleitdokumenten). Dazu gehören u.a. Tiere, Fische, Fleischprodukte, Lebensmittel, bestimmte künstliche Bestandteile in Nahrungsmitteln (Farbstoffe, Geschmacksverstärker, Konservierungsmittel), Betonstahl, Bleche, Rohre aus PVC, Zement, Klinker, Kunststofftüten sowie Textilien mit Aufdruck. Wird die Genehmigung und ein „Certificat de Déclaration d'Importation" erteilt (innerhalb von 48 Stunden), geht daraus das bewilligte Jahresvolumen hervor. Gültigkeit: 12 Monate.

1.3 Verpackung

Alle Materialien, durch die Krankheiten eingeschleppt werden könnten, sind verboten. Ein Gesundheitszeugnis kann erforderlich sein.

1.4 Markierung

Der Warenursprung muss genau ersichtlich sein, deswegen wird empfohlen, mit „Importé d'Allemagne" oder „importé".

1.5 Mustersendungen

Mustersendungen sind zollfrei, wenn ohne Handelswert.

2 Dokumente

2.1 Seefrachten

Seehäfen: Lomé, Kpeme

2.1.1 Konnossemente

Voller Satz Konnossemente, Order-B/L mit Notify-Adresse zugelassen. Keine Beglaubigung.

2.1.2 Handelsrechnungen

Handelsrechnung, dreifach, Französisch, mit folgenden Angaben erforderlich: Name des Exporteurs und Importeurs sowie Empfängers, Marke, Nummern, Anzahl und Art der Packstücke, Brutto-/Nettogewichte, genaue Warenbezeichnungen, Lieferbedingungen, Ursprungsland, HS-Code, Mengen, Ort und Datum der Ausstellung sowie Einzelpreise, Gesamt-fob- und cif-Wert und auch Nachlässe, wie z.B. Rabatte. Am Schluss folgender Vermerk mit rechtsverbindlicher Unterschrift: „Nous certifions que les marchandises dénommées dans cette facture sont de fabrication et d'origine de la République Fédérale d'Allemagne et que les prix indiqués ci-dessus s'accordent avec les prix courants sur le marché d'exportation." Keine Bescheinigung.

2.1.3 Ursprungszeugnisse

Ursprungszeugnis mit der Angabe „Federal Republic of Germany (European Union)" nur auf Anforderung.

2.1.4 Warenverkehrsbescheinigung

Warenbescheinigung bzw. Präferenz-Ursprungsnachweis in einem der Handelspapiere nicht erforderlich.

2.1.5 Packlisten

Packliste mit Inhalt, Maßen, Gewichten und Kennzeichnung der einzelnen Versandstücke wird empfohlen.

2.1.6 Gesundheitszeugnisse

Veterinärärztliches Ursprungs- und Gesundheitszeugnis für lebende Tiere, frisches oder durch Kühlung konserviertes Fleisch erforderlich; pflanzenpolizeiliches Zeugnis für Pflanzen(-teile), Erde, Dünger, Kompost, Samen und Verpackungen aus diesen oder ähnlichen Stoffen (https://pflanzengesundheit.julius-kuehn.de).

2.1.7 Inspektionszertifikate

Für Warensendungen ab einem Gesamtrechnungsbetrag von CFA-Francs 1,5 Mio. (für Luft- und Seefracht) bzw. CFA-Francs 1,0 Mio. (für Lkw- und Bahnsendungen) ist eine Mengen-, Qualitäts- und Preisprüfung sowie Zolltarifierung und Zollwertermittlung (Destination Inspection) vor dem Versand erforderlich. Auskunft erteilt die Prüfgesellschaft Cotecna Inspection SA in 1207 Geneva, 58, Rue de la Terrassière, Tel.: +41 228496900, Fax: +41 228496969, E-Mail: cotecna.geneva.@cotecna.ch.

2.1.8 Electronic Cargo Tracking Note

Für die Einfuhr wird immer eine Electronic Cargo Tracking Note (ECTN)/Bordereau Électronique de Suivi de Cargaison (BESC) benötigt, die vor der Verladung zu beantragen ist. Zuständig ist M + S Mehrtens & Schwickerath GmbH in 28195 Bremen, Tiefer 4, Tel.: 0421 363080, Fax: 0421 3630855, E-Mail: agency@msbre.com., www.shipagent.de. Die ECTN- bzw. BESC muss in den Beförderungsdokumenten notiert sein. Fehlt die ECTN findet keine Abfertigung statt und hohe Bußgelder können entstehen.

2.2 Luftfrachten

Zollflughafen: Lomé

2.2.1 Luftfrachtbrief

Eine Ausfertigung des Luftfrachtbriefes.

2.2.2

Siehe unter Seefrachten 2.1.2–2.1.8.

2.3 Postverkehr

2.3.1 Paketkarte

Zwei Zollinhaltserklärungen, Französisch, Höchstgewicht: 30 kg, Vertragskunden: 20 kg. Ausführung des Paketdienstes in Togo nur durch ausgewählte Postämter. Post befragen.

2.3.2

Siehe unter Seefrachten 2.1.2–2.1.8.

3 Adressen

Konsulate

Die Konsulatsadressen finden Sie jeweils mit Telefonnummer, E-Mail-Adresse, Homepage und Öffnungszeiten unter: https://www.auswaertiges-amt.de/de/service/laender.

Tonga

1 Allgemeine Informationen

1.1 Kurzinfos

Landesvorwahl: +676

MEZ: +12 Std.

Englisch, Tongaisch

1 Pa'anga (T$) = 100 Seniti (ISO-Code: TOP)

Nach AWG frei vereinbar Devisenbestimmungen von Tonga beachten

Harmonisiertes System

Mitglied

Feiertage: Die Feiertage zu diesem Land finden Sie unter folgendem Link: https://www.timeanddate.de/feiertage/.

1.2 Einfuhr aus der Bundesrepublik

Absichtserklärung zur Teilnahme am Abkommen EU-AKP. Importlizenzen sind für manche Produkte (z.B. Pflanzen und pflanzliche Produkte, Saaten, frische Früchte, Gemüse, Holz und Schnittblumen) erforderlich. Holzverpackungen müssen den Anforderungen des Standards ISPM Nr. 15 entsprechen.

2 Dokumente

Seehafen: Nukuálofa

Zollflughäfen: Nukuálofa, Vava'u

Es ist die für die **Fidschi-Inseln** notwendige Zollfaktura (Englisch, mit Angabe des Ursprungslandes „Federal Republic of Germany") zu verwenden (Combined of Value and of Origin). Keine Bescheinigung. Ursprungszeugnisse sind nicht erforderlich.

Höchstgewicht für Postpakete 20 kg, eine Zollinhaltserklärung in Englisch.

3 Adressen

Konsulate

Die Konsulatsadressen finden Sie jeweils mit Telefonnummer, E-Mail-Adresse, Homepage und Öffnungszeiten unter:
https://www.auswaertiges-amt.de/de/service/laender.

4 Sonstiges

Früher Freundschaftsinseln, seit 1.1.1981 selbständig.
Länderkurzbezeichnung: AKP
Länder(-gruppen)kurzbezeichnung für bes. Zollsätze im Europäischen Zolltarif: SPGL

Trinidad und Tobago

Republic of Trinidad and Tobago

1 Allgemeine Informationen

1.1 Kurzinfos

Landesvorwahl: +1868

MEZ: –5 Std.

Englisch, Kreol (hier eine Mischung aus Englisch mit Begriffen aus dem Indischen und aus Afrika)

1 Trinidad u. Tobago Dollar (TT$) = 100 Cents (ISO-Code: TTD)

Nach AWG frei vereinbar Devisenbestimmungen des Trinidad und von Tobago beachten

Harmonisiertes System

Mitglied

Feiertage: Die Feiertage zu diesem Land finden Sie unter folgendem Link: https://www.timeanddate.de/feiertage/.

1.2 Einfuhr aus der Bundesrepublik

Mitglied des Abkommens EU-CARIFORUM. Agrarerzeugnisse, Lebewesen, Pflanzgut und landwirtschaftliche Ausrüstung lizenziert das Ministry of Food Production, Land and Marine Affairs (MFPLMA). Grenzkontrollen sind obligatorisch, begleitet von Tier- oder Pflanzengesundheitsbescheinigungen. Schädlingsgifte und toxische chemische Stoffe durchlaufen Genehmigung und Registrierung bei der Pesticides and Toxic Chemicals Unit des Gesundheitsressorts. Nahrungsmittel und Pharmazeutika folgen den Food and Drug Regulations mit CFDD-Qualitätsprüfungen vor der Einfuhrbewilligung. Kommunikationstechnik und Funkanlagen prüft TATT auf internationale Normkonformität. Tierfutter kontrolliert TTBS vor der Importfreigabe.

Die nationale Standardisierungsbehörde TTBS regelt Etikettierung und Standards für vorverpackte Güter, Fahrzeuge, Reifen, Autobatterien, Baustoffe, Elektroartikel, Textilien und Schuhwerk. Wenige Warengruppen benötigen spezielle Importlizenzen gemäß der Negativliste der Trade Licence Unit im Ministry of Trade, Industry, Investment and Communications - etwa Lebendgeflügel, Fleisch, Fisch, Pestizide und Kraftfahrzeuge. Die Behörden bestimmen Lizenzlaufzeiten; Waren müssen vor Ablauf eintreffen. Die Open General Licence ermöglicht die unbeschränkte Einfuhr der meisten Produkte.

1.3 Verpackung

Heu und Stroh sind erlaubt. Auf wetterfeste, stabile und starke Verpackung – für Lagerung im Freien – ist zu achten. Für Holzverpackungen gelten die ISPM Nr. 15-Regelungen. Bei Verpackungen von Nahrungsmitteln ist darauf zu achten, dass weder ein Verlust von Feuchtigkeit noch eine Vergiftung möglich ist. Fälschungssichere Materialien sind bei Tabakwaren zu benützen.

1.4 Markierung

Der Ursprung von Produkten muss klar erkennbar sein, d.h. es dürfen keine Zeichen, Bilder etc. vorhanden sein, die einen fälschlichen Eindruck vermitteln können, sonst wird die Einfuhr untersagt. Eine Kennzeichnung mit dem Ursprungsland („Made in Germany") ist empfehlenswert. Eine Ursprungsmarkierung ist bei vorverpackten Produkten Vorschrift. Markierungen sind in Englisch anzubringen. Besondere Markierungs- und Etikettierungsvorschriften sind z.B. für Lebensmittel, Pestizide, Textilien, medizinische Geräte, Drogen, Tabakerzeugnisse, Kosmetika zu beachten. Auskunft gibt die Behörde Trinidad & Tobago Bureau of Standards.

1.5 Mustersendungen

Muster ohne Handelswert sind zollfrei. Für Muster mit Handelswert ist eine Handelsrechnung (zweifach) erforderlich und eine Sicherheit in Höhe der Zollgebühren muss hinterlegt werden. Warenmuster dürfen nicht ohne Erlaubnis des Zolls verkauft werden.

2 Dokumente

2.1 Seefrachten

Seehäfen: Port of Spain, Scarborough, Point Fortin, Point Lisas u.a.

2.1.1 Konnossemente

Voller Satz Konnossemente, Aufmachung an Order mit Notify-Adresse möglich. Beglaubigung nicht erforderlich.

2.1.2 Handelsrechnungen

Faksimile-Unterschriften sind unzulässig. Der Ausführer bestätigt mit eigenhändiger Signatur und Firmenpositionsangabe: "It is hereby certified that this invoice shows the actual price of the goods described, that no other invoice has been or will be issued and that all particulars are true and correct." Eine deutsche Übersetzung dieser Erklärung ist nicht verwendbar. Rabattarten sind bei Gewährung zu spezifizieren. Verpackung, Transport, Versicherung und Zusatzkosten werden separat ausgewiesen. Verkäufer-, Empfänger- und gegebenenfalls Käuferadressen sind vollständig anzugeben. Rechnungsendbetrage, Packstückabmessungen in Kubikmetern sowie Brutto- und Nettogewichte in Kilogramm sind obligatorisch. Detaillierte Produktbeschreibungen enthalten Kennzahlen, Mengen, Einzelpreise und Gesamtwerte. Packstückmarkierungen, -nummern, -anzahl und -arten sind aufzuführen.

Geschäftswährung und abwickelnde Bank sind zu benennen. Liefer- und Zahlungsmodalitäten, endgültiges Bestimmungsland, Transportart (Schiff/ Flug), Schiffsnamen oder Flugnummer mit Airline sowie Verschiffungshafen sind anzugeben. Deutschland wird als "Federal Republic of Germany" bezeichnet. Auftragsnummern (Customer's Order No.), Rechnungsdaten und -nummern sind erforderlich. Englischsprachige Doppelrechnungen müssen den CARICOM Invoice-Standards entsprechen oder entsprechende Vordrucke verwenden. Firmenbogen sind grundsätzlich zulässig.

2.1.3 Ursprungszeugnisse

Ursprungszeugnisse, zweifach, für einige Waren (z.B. Nahrungsmittel, Medikamente) notwendig oder auf Anforderung.

2.1.4 Warenverkehrsbescheinigung

Warenverkehrsbescheinigungen EUR.1 für Warensendungen über € 6 000,–, die unter die zwischen den CARIFORUM-Staaten mit der EU getroffene „Ursprungsregelung" fallen (werden durch die zuständige Zollstelle ausgestellt); für Sendungen bis zum Wert von € 6 000,– ist in den Papieren folgende Erklärung[1)] als Präferenz-Ursprungsnachweis aufzunehmen:

„The exporter of the products covered by this document (customs authorisation No ...)[2)] declares that, except where otherwise clearly indicated, these products are of ... preferential origin."

Ort, Datum, Unterschrift. Der Name des Unterzeichners ist in Druckbuchstaben zu wiederholen. Ursprungszeugnisse aus Ceuta oder Melilla sind mit „CM" zu kennzeichnen.

2.1.5 Gesundheitszeugnisse

Für Tiere und Pflanzen sowie tierische, pflanzliche und landwirtschaftliche Erzeugnisse werden Gesundheitszeugnisse verlangt. Mit einer genauen Kontrolle an der Grenze ist zu rechnen.

2.1.6 Packlisten

Packliste erforderlich (Angabe von Nummer, Marke, Art, Gewicht und Inhalt), wenn die Rechnung keine detaillierte Übersicht gibt.

2.2 Luftfrachten

Zollflughäfen: Port of Spain, Tobago (TAB)

2.2.1 Luftfrachtbrief

Eine Ausfertigung des Luftfrachtbriefes.

2.2.2

Siehe unter Seefrachten 2.1.2–2.1.6.

2.3 Postverkehr

2.3.1 Paketkarte

Eine Zollinhaltserklärung in Englisch. Höchstgewicht 20 kg. Tabakwaren dürfen erst ab einem Paketgewicht von 1 kg verschickt werden Alle Pakete werden kontrolliert.

---

1) Ursprungserklärung in weiteren Sprachen s. Kapitel Hinweise Warenursprung Präferenzen

2) Eintrag der Bewilligungsnummer, falls die Erklärung von einem ermächtigten Ausführer erstellt wird.

2.3.2

Siehe unter Seefrachten 2.1.2–2.1.6.

3 Adressen

Konsulate

London SW1X 8NT, Großbritannien, Botschaft
42 Belgrave Square
Tel.: +44 2072459351
Fax: +44 2078231065
E-Mail: hclondon@foreign.gov.tt
www.foreign.gov.tt

Weitere Konsulatsadressen finden Sie jeweils mit Telefonnummer, E-Mail-Adresse, Homepage und Öffnungszeiten unter:
https://www.auswaertiges-amt.de/de/service/laender.

4 Sonstiges

Länderkurzbezeichnung gemäß Präferenzrecht (Lieferantenerklärung): AKP/CAF
Länder(-gruppen)kurzbezeichnung für bes. Zollsätze im Europäischen Zolltarif: LOMA/SPGL/CAF
Kraftfahrzeugländerkennzeichen: TT

République du Tchad

Tschad

1 Allgemeine Informationen

1.1 Kurzinfos

Landesvorwahl: +235

MEZ

Arabisch, Französisch

1 Franc CFA = 100 Centimes (ISO-Code: XAF)

Nach AWG frei vereinbar Devisenbestimmungen des Tschad beachten

Harmonisiertes System

Mitglied

Feiertage: Die Feiertage zu diesem Land finden Sie unter folgendem Link: https://www.timeanddate.de/feiertage/.

1.2 Einfuhr aus der Bundesrepublik

Importgenehmigungen sind für alle Waren erforderlich. Allerdings sind Einfuhren aus der EU von Einschränkungen befreit. Lizenzen gelten im Regelfall ein halbes Jahr, d.h., die Waren müssen innerhalb dieser Gültigkeitsdauer verschifft sein. Bei Dosen, die Gemüse, Früchte oder Fisch enthalten, muss das Ursprungsland in der Mitte des Bodens (mindestens 4 mm hoch) geprägt sein. Es ist nur erlaubt, Dosenfisch unter 1 kg Gewicht einzuführen. Erzeugnisse aus Milch, wie z.B. Butter, Käse, Sahne und Milchpulver, müssen eindeutig mit dem Ursprungsland markiert sein. Arzneimittel benötigen eine Registrierung in Tschad.

1.3 Verpackung

Verboten sind alle Verpackungsstoffe etc., durch die gesundheitsschädigende Keime o.Ä. ins Land gelangen könnten.

1.4 Markierung

Versandstücke sollten mit der Kennzeichnung „Made in Germany" oder „Importé d'Allemagne" versehen sein. Das Ursprungsland auf allen Warenverpackungen muss klar erkennbar sein, sonst wird der Import nicht zugelassen.

1.5 Mustersendungen

Warenmuster ohne Handelswert sind zollfrei.

2 Dokumente

2.1 Seefrachten

Seehafen: Keiner; Verschiffungen sind zweckmäßig über Douala (Kamerun) – jedoch sind die Vorschriften des Empfängers zu beachten.

2.1.1 Konnossemente

Konnossemente bedürfen keiner Beglaubigung. Order-B/L mit Notify-Adresse sind zugelassen.

2.1.2 Handelsrechnungen

Die Handelsfaktura (dreifach, Französisch) mit folgenden Angaben erforderlich: Name des Exporteurs und Importeurs sowie des Empfängers, Marke, Nummern, Anzahl und Art der Packstücke, Brutto-/Nettogewichte, genaue Warenbezeichnungen, Lieferbedingungen, Ursprungsland, HS-Code, Mengen, Ort und Datum der Ausstellung sowie Einzelpreise, Gesamt-fob- und cif-Wert sowie Nachlässe, wie z.B. Rabatte.

Am Schluss der Rechnung folgt die folgende unterschriebene Erklärung: „Nous certifions que les marchandises dénommées dans cette facture sont de fabrication et d'origine de la République Fédérale d'Allemagne et que les prix indiqués ci-dessus s'accordent avec les prix courants sur le marché d'exportation."

2.1.3 Ursprungszeugnisse

Ursprungszeugnisse mit der Angabe „République Fédérale d'Allemagne (Union Européenne)" nur auf Anforderung.

2.1.4 Packlisten

Packliste erforderlich, wenn die Handelsrechnung keine genaue Übersicht über Art und Inhalt sowie Marke und Nummer der einzelnen Packstücke enthält.

2.1.5 Gesundheitszeugnisse

Amtliches Veterinärzeugnis für frisches oder durch Kühlung konserviertes Fleisch und lebende Tiere erforderlich. Für Pflanzen(-teile), Kompost, Dünger, Erde und organische Verpackungen muss ein Pflanzengesundheitszeugnis der zuständigen amtlichen Pflanzenschutzstelle (https://pflanzengesundheit.julius-kuehn.de) vorgelegt werden.

2.1.6 Electronic Cargo Tracking Note

Für die Einfuhr wird immer eine Electronic Cargo Tracking Note (ECTN)/Bordereau Électronique de Suivi de Cargaison (BESC) benötigt, die vor der Verladung zu beantragen ist. Zuständig ist M + S Mehrtens & Schwickerath GmbH in 28195 Bremen, Tiefer 4, Tel.: 0421 363080, Fax: 0421 3630855, E-Mail: agency@msbre.com., www.shipagent.de. Fehlt die ECTN/BESC findet keine Abfertigung statt und hohe Bußgelder können entstehen.

2.2 Luftfrachten

Zollflughafen: N'Djamena

2.2.1 Luftfrachtbrief

Eine Ausfertigung des Luftfrachtbriefes.

2.2.2

Siehe unter Seefrachten 2.1.2–2.1.6.

2.3 Postverkehr

2.3.1 Paketkarte

Zwei Zollinhaltserklärungen, Französisch, Höchstgewicht: 31,5 kg, Vertragskunden: 30 kg.

2.3.2

Siehe unter Seefrachten 2.1.2–2.1.6.

3 Adressen

Konsulate

Die Konsulatsadressen finden Sie jeweils mit Telefonnummer, E-Mail-Adresse, Homepage und Öffnungszeiten unter:
https://www.auswaertiges-amt.de/de/service/laender.

4 Sonstiges

Länderkurzbezeichnung gemäß Präferenzrecht (Lieferantenerklärung): AKP
Länder(-gruppen)kurzbezeichnung für bes. Zollsätze im Europäischen Zolltarif: SPGA
Bezeichnung der Staatsangehörigen:
Tschader bzw. Tschaderin

Tschechische Republik

1 Allgemeine Informationen

1.1 Kurzinfos

Landesvorwahl: +420

MEZ
EU-Sommerzeit

Deutsch, Englisch, Tschechisch

1 Tschechische Krone (Kc) = 100 Heller (ISO-Code: CZK)

Nach AWG frei vereinbar
Devisenbestimmungen der CR beachten

Harmonisiertes System
Verzollung nach Transaktionswert

Mitglied

Angeschlossen

Angeschlossen

Feiertage: Die Feiertage zu diesem Land finden Sie unter folgendem Link: https://www.timeanddate.de/feiertage/.

1.2 Einfuhr aus der Bundesrepublik

Tiere, tierische Erzeugnisse sowie Pflanzen und Pflanzenteile aus Drittländern dürfen ausschließlich über zugelassene Kontrollpunkte eingeführt werden:

- Lebende Tiere und tierische Produkte: Zulässig nur über die Veterinärgrenzkontrollstelle am Flughafen Prag. Bei Einfuhren unter CITES ist die Staatliche Veterinärverwaltung zu informieren; falls notwendig, stellt das Umweltministerium (MŽP) eine Importbewilligung aus. Nach der Einfuhr können zudem regionale Registrierungen vorgeschrieben sein.
- Pflanzen und Pflanzenteile: Abfertigung über die Flughäfen Prag, Brünn und Ostrava. Erforderlich sind die Registrierung im EU-System TRACES sowie eine phytosanitäre Kontrolle durch das Zentralinstitut für Prüfung und Inspektion der Landwirtschaft (ÚKZÚZ) unter dem Landwirtschaftsministerium.

Die Lebensmittelüberwachung richtet sich nach nationalen Vorschriften im Einklang mit EU-Regeln. Verantwortlich ist die Landwirtschafts- und Lebensmittelinspektion, die auch das europäische RASFF-Schnellwarnsystem betreut. Gefährliche Konsumgüter fallen unter das europäische Safety Gate (vormals RAPEX), das Produkte wie Pflanzenschutzmittel, Textilien, Spielzeug, Kosmetika, Waschmittel, Tabakerzeugnisse, Fahrzeuge und Haushaltsgeräte umfasst. Nationale Kontaktstelle ist die Handelsinspektion (ČOI).

Die Verwendung von Pflanzenschutzmitteln und Düngemitteln wird ebenfalls durch das ÚKZÚZ überwacht. Für Kosmetikprodukte ist das Gesundheitsministerium, für Fahrzeuge das Verkehrsministerium zuständig. Eine Übersicht der zuständigen Stellen stellt das MPO online bereit (www.mpo.cz). Für bestimmte Agrar- und Industrieerzeugnisse gelten Normen gemäß VO (EU) 2019/515, überwacht durch das Ministerium für Industrie und Handel (MPO). Dort werden auch Internationale Einfuhrbescheinigungen (IIC) seit 2020 elektronisch beantragt.

1.3 Verpackung

Das tschechische Verpackungsgesetz Nr. 477/2001 Slg. setzt EU-Vorgaben zur Vermeidung und Verwertung von Verpackungsabfällen um. Materialkennzeichnungen müssen den nationalen und europäischen Vorschriften entsprechen. Pfandverpackungen sind durch VO Nr. 116/2002 Slg. geregelt. Die Teilnahme am Rücknahmesystem „Grüner Punkt" über EKO-KOM ist möglich, aber nicht verpflichtend.

1.4 Markierung

Keine besonderen Markierungsvorschriften. Das Ursprungsland sollte auf dem Etikett, der Verpackung oder den Waren angegeben sein. Rücksprache mit dem Importeur empfehlenswert.

1.5 Mustersendungen

Muster und Warenproben werden zollfrei abgefertigt. Vorübergehende Einfuhr mit Carnet A.T.A.

2 Dokumente

2.1 Eisenbahnverkehr

2.1.1 Frachtbrief

a) für Güter: ein internationaler Frachtbrief für Frachtgut oder Eilgut;
b) für Expressgut: ein internationaler Expressgutschein. Nachnahmen und Barvorschüsse sind nicht zugelassen. Keine internationale Zollanmeldung.

2.1.2 Handelsrechnungen

Rechnungen im EU-Warenverkehr müssen die UID-Nummern von Exporteur und Importeur sowie den Hinweis „steuerfreie innergemeinschaftliche Lieferung“ oder „steuerfrei nach § 4 Nr. 1b UStG“ enthalten. Optional kann der tschechische Zusatz „dodáni zboží... osvobozené od DPH“ ergänzt werden. Voraussetzung ist die Einhaltung von § 6a UStG.

Seit 3.1.2024 erlaubt das Gesetz Nr. 414/2023 Slg. die eLegalisierung elektronischer Signaturen über Czech-Points – basierend auf Gesetz Nr. 12/2020 Slg.

Bei Dual-Use-Gütern ist ein Hinweis auf Exportkontrolle erforderlich.

Für Drittlandexporte müssen Rechnungen u.a. folgende Angaben enthalten: Ausstellungsort/-datum, Produktdetails, Packstückanzahl mit Marke/Nummer, Namen und Adressen der Beteiligten, Liefer- und Zahlungsbedingungen, Rechnungsnummer, Transportart, Gesamtbetrag und Ursprungsland. Unterschrift oder Bescheinigung sind nicht nötig.

2.1.3 Ursprungszeugnisse

Ursprungszeugnis nur auf Anforderung.

2.1.4 Intrastat-Meldung

Auf Grundlage des Änderungsgesetzes zum Außenhandelsstatistikgesetz (AHStatG-ÄndG) vom 5. März 2025 gelten rückwirkend zum 1. Januar 2025 neue Schwellenwerte für die Intrahandelsstatistik: Für Wareneingänge liegt die Meldegrenze nun bei 3.000.000 €, für Versendungen bei 1.000.000 €.

Wird eine dieser Grenzen im laufenden Kalenderjahr überschritten, beginnt die Meldepflicht im Monat der Überschreitung.

Die Daten können online an das Statistische Bundesamt übermittelt werden. Weitere Informationen sind unter www.destatis.de abrufbar (Suchbegriff: „Intrastat“) oder telefonisch unter 0611 753965, per Fax: 0611 754525 oder per E-Mail: gruppe-vb@destatis.de.

2.2 Luftfrachten

Zollflughäfen: Praha (Prag) (PRG), Brno

2.2.1 Luftfrachtbrief

Eine Ausfertigung des Luftfrachtbriefes.

2.2.2

Siehe unter Eisenbahnverkehr 2.1.2–2.1.4.

2.3 Postverkehr

2.3.1 Paketkarte

Keine Zollformulare. Höchstgewicht: 31,5 kg, Vertragskunden: 30 kg.

2.3.2

Siehe unter Eisenbahnverkehr 2.1.2–2.1.4.

3 Adressen

Auslandshandelskammer

Deutsch-Tschechische Industrie- und Handelskammer
Cesko-nemecká obchodní a prumyslová komora
Václavské nám. 40
CZ-11000 Praha 1
Tel.: +420 224221200
Fax: +420 224222200
Geschäftszeiten: Mo.–Do. 8.30–16.30 Uhr; Fr. 8.30–15.30 Uhr
E-Mail: info@dtihk.cz
www.tschechien.ahk.de

Konsulate

Die Konsulatsadressen finden Sie jeweils mit Telefonnummer, E-Mail-Adresse, Homepage und Öffnungszeiten unter:
https://www.auswaertiges-amt.de/de/service/laender.

4 Sonstiges

Kraftfahrzeugländerkennzeichen: CZ

Tunesien

Republic of Tunesia

1 Allgemeine Informationen

1.1 Kurzinfos

Landesvorwahl: +216

MEZ

Arabisch, Französisch, Englisch

1 Tunesischer Dinar (tD) = 1000 Millimes (M) (ISO-Code: TND)

Nach AWG frei vereinbar Devisenbestimmungen von Tunesien beachten

Harmonisiertes System

Mitglied

Angeschlossen

TIR Angeschlossen

Feiertage: Die Feiertage zu diesem Land finden Sie unter folgendem Link: https://www.timeanddate.de/feiertage/.

1.2 Einfuhr aus der Bundesrepublik

Seit 1.3.1998 Europa-Mittelmeer-Abkommen mit der EU. In Tunesien ist das INNORPI für Normen und Standards zuständig. Seit Oktober 2022 gelten für zahlreiche Konsumwaren neue Importauflagen: Neben Standarddokumenten sind je nach Zuständigkeit u. a. Herstellerrechnung, Fabriklizenz, Free Sale Certificate, Qualitätsnachweis, Produktliste, Musteretikett und weitere Spezifikationsbestätigungen einzureichen. Einfuhrwaren werden unterschieden in genehmigungsfrei und genehmigungspflichtig. Kontingentierte Güter erfordern eine Importlizenz (Autorisation), während liberalisierte Produkte mit einem Certificat d'Importation (6 Monate gültig) eingeführt werden können. Grundlage ist eine Pro-forma-Rechnung (vierfach, mit Ursprungsnachweis und Handelskammerbestätigung); die Verzollung muss spätestens 14 Tage nach Ablauf der Lizenz erfolgen.

Für bestimmte Produkte bestehen Staatshandelsmonopole, darunter Tabakwaren, Schmuck, Uhren, Schreibwaren sowie Agrarprodukte wie Kaffee, Tee, Reis, Zucker und Pharmazeutika. Rund 200 weitere Waren – darunter Kosmetika, Haushaltswaren, Lebensmittel, Plastik- und Papierprodukte – gelten als nicht prioritär und dürfen nur importiert werden, wenn der Importeur Sicherheiten in Höhe des Warenwerts hinterlegt. Die Einfuhr von Tieren setzt ein amtliches Gesundheitszeugnis voraus, bei islamischer Schlachtung ggf. ein Halal-Zertifikat. Pflanzen, Saatgut, Früchte sowie Substrate (z. B. Erde, Dünger, Kompost) erfordern ein Phytosanitätszeugnis. Arzneimittel, Pflanzen und Saatgut müssen registriert sein.

Lebens- und Futtermittel können eine Radioaktivitätsbescheinigung erfordern. Verpackte Lebensmittel unterliegen strikten Kennzeichnungspflichten in Arabisch mit Angaben zu Produkt, Herkunft, Zusammensetzung, Haltbarkeit, Nährwerten, Warnhinweisen sowie Hersteller-, Verpacker- und Importeursangaben. Vergleichbare Regeln gelten für Textilien, Elektrogeräte, Reifen, Möbel, Batterien, Zement und Papierwaren. Kosmetika, Spielwaren und Schulmaterial benötigen ein Free Sale Certificate. Kühlschränke müssen besondere Norm- und Auszeichnungsvorschriften erfüllen.

Für gebrauchte Fahrzeuge gelten Altersgrenzen: Pkw max. 3 Jahre, leichte Nutzfahrzeuge bis 3,5 t max. 4 Jahre. Der Import ist Privatpersonen erlaubt, die mindestens ein Jahr im Ausland gelebt haben; Investoren können Fahrzeuge für berufliche Zwecke zollfrei einführen. Einfuhrverbote betreffen Waren, die Sicherheit, Ordnung oder Gesundheit gefährden – darunter Waffen, Sprengstoffe, Drogen, gefährliche Abfälle, bestimmte Pflanzenarten, Plagiate, gefälschte Produkte sowie gebrauchte Kleidung.

Bitte beachten: Zur Zeit der Drucklegung bestehen Sanktionen gegen bestimmte tunesische Personen und Organisationen, siehe www.bafa.de/DE/Home/home_node.html.

1.3 Verpackung

Alle Materialien, durch die Krankheiten eingeschleppt werden könnten, sind verboten. Ein Pflanzengesundheitszeugnis kann erforderlich sein.

1.4 Markierung

Der Warenursprung muss genau ersichtlich sein, deswegen wird empfohlen mit „Importé d'Allemagne" zu markieren.

1.5 Mustersendungen

Teilnahme am Carnet-A.T.A.-System. Muster ohne Handelswert können zumeist zollfrei einführt werden, allerdings werden i.d.R. Abgaben von 10.000 CFA-Franc pro Colli verlangt.

2 Dokumente

2.1 Seefrachten

Seehäfen: Sfax, Bizerte, Gabes, Rades, Skhira

2.1.1 Konnossemente

Voller Satz Konnossemente, Ausstellung an Order mit Notify-Adresse möglich. Keine Beglaubigung erforderlich.

2.1.2 Handelsrechnungen

Handelsfaktura, sechsfach, auf Französisch, Englisch oder Arabisch mit folgenden Angaben erforderlich: Name des Exporteurs und Importeurs sowie des Empfängers, Marke, Nummern, Anzahl und Art der Packstücke, Brutto-/Nettogewichte, genaue Warenbezeichnungen, Lieferbedingungen, Ursprungsland, HS-Code, Mengen, Ort und Datum der Ausstellung sowie Einzelpreise, Gesamt-fob- und cif-Wert und auch Nachlässe, wie z.B. Rabatte. Auf der Handelsfaktura ist folgender Vermerk anzubringen: „Nous certifions que les marchandises dénommées dans cette facture sont de fabrication et d'origine de la République Fédérale d'Allemagne et que les prix indiqués ci-dessus s'accordent avec les prix courants sur le marché d'exportation." Bescheinigung durch die Handelskammer nicht vorgeschrieben, wird jedoch empfohlen (keine Einreichung auf Arabisch, sechsfach).

2.1.3 Ursprungszeugnisse

Ursprungszeugnis mit der Angabe „République Fédérale d'Allemagne (Union Européenne) nur auf Anforderung.

2.1.4 Warenverkehrsbescheinigung

Warenverkehrsbescheinigung bzw. Präferenz-Ursprungsnachweis: Für alle Warensendungen, die unter die Ursprungsregelung des von der EU mit Tunesien vereinbarten Europa-Mittelmeer-Abkommens fallen, gilt: Ab einem Warensendungswert von mehr als € 6 000,– ist eine EUR.1 erforderlich, die die Zollstellen ausstellen. Für Sendungen bis zu € 6 000,– ist folgende Erklärung[1)] in einem der Handelspapiere (z.B. Handelsrechnung) aufzunehmen:

„The exporter of the products covered by this document[2)] declares that, except where otherwise clearly indicated, these products are of ... preferential origin."

Ort, Datum, Unterschrift. Der Name des Ausführers bzw. Unterzeichners muss in Druckbuchstaben angegeben werden. Ursprungswaren aus Ceuta und Melilla sind mit „CM" zu kennzeichnen.

In der Pan-Europa-Mittelmeer-Zone (PEM) wurden die Ursprungsregeln überarbeitet, die seit dem 1. Januar 2026 gelten. Tunesien zählt zur Gruppe CR, die einen flexiblen Übergang zwischen beiden Regelwerken vereinbart hat. Die EUR-MED kann bei Kulmulation nach den neuen Vorschriften nicht verwendet werden.

Diese Erklärung kann durch die Handelskammer nicht bescheinigt werden. Es wird empfohlen, in der Handelsrechnung Platz von etwa 7 cm Höhe für Bescheinigungszwecke zu lassen und dann die Ursprungserklärung darunter abzugeben und zu unterschreiben.

2.1.5 Packlisten

Packliste erforderlich, wenn die Handelsrechnung keine genaue Übersicht über Art und Inhalt sowie

1) Ursprungserklärung in weiteren Sprachen s. Kapitel Hinweise Warenursprung Präferenzen
2) Eintrag der Bewilligungsnummer, falls die Erklärung von einem ermächtigten Ausführer erstellt wird.

Marke und Nummer der einzelnen Packstücke enthält.

2.1.6 Gesundheitszeugnisse

Gesundheitszeugnisse für lebende Tiere und Frischfleisch (ein Halal-Zertifikat kann vom Importeur gefordert werden) sind notwendig. Zumeist wird für Pflanzen(-teile), Kompost, Dünger, Samen, Früchte, Gemüse, Erde und Verpackungen aus diesen Stoffen ein Pflanzengesundheitszeugnis der zuständigen amtlichen Pflanzenschutzstelle (https://pflanzengesundheit.julius-kuehn.de) verlangt.

2.1.7 Konformitätszertifikat

Konformitätszertifikat wird teilweise verlangt, um nachzuweisen, dass die Waren den deutschen Normen (DIN), europäischen oder internationalen Normen entsprechen. Bescheinigung nur auf Anforderung. Rücksprache mit dem Importeur empfehlenswert. Für bestimmte Fahrzeuge erfolgt eine Kontrolle nach dem Lastenheft (Cahier de Charge).

2.1.8 Ausfuhrerklärung

Für bestimmte Waren wird eine EU-Zollausfuhrerklärung (Englisch oder Französisch bzw. die Übersetzung eines vereidigten Übersetzers) verlangt: Bei Einfuhren von Waren mit einem Warenwert, der höher ist als 1.000 Euro bzw. bei einem niedrigeren Warenwert mit einem Gewicht von mehr als 1.000 kg, die für den lokalen Markt bestimmt sind oder durch lokale Unternehmen vorgenommen werden und bei denen die Finanzierung mit Devisen über die Zentralbank in Tunesien erfolgt.

2.2 Luftfrachten

Zollflughäfen: Djerba (DJE), Monastir (MIR), Sfax, Tozeur, Tunis (TUN), Enfidha, Gafsa, Tabarka

2.2.1 Luftfrachtbrief

Eine Ausfertigung des Luftfrachtbriefes.

2.2.2

Siehe unter Seefrachten 2.1.2–2.1.8.

2.3 Postverkehr

2.3.1 Paketkarte

Zwei Zollinhaltserklärungen, Französisch oder Arabisch, Höchstgewicht: 31,5 kg, Vertragskunden: 30 kg.

2.3.2

Siehe unter Seefrachten 2.1.2–2.1.8.

3 Konsulatsgebühren

Dokument, pro Exemplar	€ 66,-

Für per Post eingesandte Papiere ist ein frankierter und adressierter Rückumschlag beizufügen. Bezahlung der Gebühren in bar. Den Konsularbezirk berücksichtigen. Jeweils eine Kopie eines Dokuments verbleibt im Konsulat.

4 Adressen

Auslandshandelskammer

Deutsch-Tunesische Industrie- und Handelskammer
Chambre Tuniso – Allemande de l'Industrie et du Commerce
Immeuble Le Dôme (1. Stock)
Rue du Lac Léman
1053 Les Berges du Lac, Tunesien
Tel.: +216 71965280
Fax: +216 70014179
Geschäftszeiten: Mo.–Fr. 8.30–17.00 Uhr
E-Mail: info@ahktunis.org
tunesien.ahk.de

Konsulate

Die Konsulatsadressen finden Sie jeweils mit Telefonnummer, E-Mail-Adresse, Homepage und Öffnungszeiten unter:
https://www.auswaertiges-amt.de/de/service/laender.

5 Sonstiges

Länderkurzbezeichnung gemäß Präferenzrecht (Lieferantenerklärung): TN
Länder(-gruppen)kurzbezeichnung für bes. Zollsätze im Europäischen Zolltarif: TN/SPGL
Kraftfahrzeugländerkennzeichen: TN

1 Allgemeine Informationen

1.1 Kurzinfos

Landesvorwahl: +90

MEZ: +1 Std.
EU-Sommerzeit

Türkisch, Englisch, Französisch, Deutsch

1 Türkische Lira (YTL) = 100 Neue Kurus (ISO-Code: TRY)

Nach AWG frei vereinbar Devisenbestimmungen der Türkei beachten

Harmonisiertes System

Mitglied

Angeschlossen

Angeschlossen

Feiertage: Die Feiertage zu diesem Land finden Sie unter folgendem Link: https://www.timeanddate.de/feiertage/.

1.2 Einfuhr aus der Bundesrepublik

Seit Anfang 1996 besteht eine Zollunion EU/Türkei für industrielle Waren und landwirtschaftliche Verarbeitungserzeugnisse (Freiverkehrspräferenz). Das Freihandelsabkommen von 1998 (Ursprungspräferenz) betrifft einige Agrarerzeugnisse (Kapitel 1-24, 35, 45 und 53). Zudem besteht ein Freihandelsabkommen mit der Europäischen Gemeinschaft für Kohle und Stahl (EKGS) (vgl. Kapitel 26, 27, 72 und 73 des Zolltarifs). Zu beachten sind einige Zollkontrollen, Sonderzölle, besondere Zertifizierungsvorschriften und Registrierungspflichten. Besondere Bestimmungen gelten für landwirtschaftliche Erzeugnisse, Lebensmittel und Textilien. Importgenehmigungen stellen produktabhängig diverse Behörden aus (z. B. Gesundheitsministerium, Handelsministerium oder Land- und Forstwirtschaftsministerium). Es empfiehlt sich eine Rücksprache mit dem Importeur. Ein „Export Registry Form" ist bei der türkischen Regierung für bestimmte Waren vor dem Import einzureichen. Eine Bescheinigung durch die IHK (Einzelheiten unter www.dtr-ihk.de) und konsularische Legalisierung sind erforderlich.

Da viele Waren für die Einfuhr kontrolliert, geprüft und genehmigt werden müssen, sind die Importverordnungen (Amtsblatt der Republik Türkei) zu beachten. Sie enthalten u.a. Auskünfte über Importverbote, Einschränkungen, Produktsicherheit und -kontrolle, Registrierungspflichten u. Ä. Dies gilt z. B. auch für Messe- und Ausstellungswaren.

Besondere Konformitätserlasse betreffen z. B. bestimmte Produkte wie chemische Stoffe, Abfälle, Brennstoffe, Altmetall, Psychopharmaka, bestimmte Maschinen und Apparate, Teile und Zubehör für Kraftfahrzeuge, Spielwaren, Baustoffe, medizinische Geräte, Elektroartikel, Maschinen, Futtermittel und Nahrungsmittel. Die 12-stellige türkische Zolltarifnummer gibt Auskunft, ob ein Erzeugnis von den Verordnungen erfasst wurde. Beglaubigte Dokumente (Konformitätszertifikate, Analysenzertifikate u. Ä.) können für bestimmte Waren erforderlich sein.

Industrieerzeugnisse werden geprüft und benötigen eine TAREKS-Referenznummer. Von einer vorherigen Kontrolle befreit sind Waren mit CE-Kennzeichnung. Zuständig ist das TSE in Ankara, Tel.: +90 3124166200, E-Mail: international@tse.org.tr, www.tse.org.tr. Das TSE kann weitere Unterlagen (Testberichte u. Ä.) verlangen, falls die Konformitätserklärung oder Anleitungen Fehler aufweisen. Die Anforderungen ändern sich oft. Um Verzögerungen und Zusatzkosten zu vermeiden, empfiehlt sich eine Rücksprache mit dem Importeur. Nachweise aus EU-akkreditierten Prüflaboren werden bei manchen Produkten nicht anerkannt (z.B. CE-Kennzeichnung, Schuhe, medizinische Geräte und Lebensmittel). Für Lebensmittel werden Analysen-

und Qualitätszertifikate verlangt; außerdem gelten besondere Kennzeichnungspflichten (Mindesthaltbarkeitsdatum, Volumen, Inhaltsstoffe, Gewicht, Lagerbedingungen, Name und Adresse von Hersteller oder Abpacker). Bei bestimmten Waren, wie z. B. Abfällen und Chemikalien, erfolgt aus Gründen des Umweltschutzes eine Kontrolle. Liegt ein Analysenzeugnis oder eine Herstellererklärung vor, kann die Ware direkt eingeführt werden. Die Abfertigung für manche Produktgruppen ist nur an bestimmten Zollämtern möglich (z. B. Pflanzen).

Bestimmte Richtlinien und Einzelvorschriften gelten, z. B. für Maschinen, Konsumgüter, elektrische Geräte und Spielzeug. Spielwaren müssen zudem einige Richtlinien, z. B. zur Vermarktung und Produktion, erfüllen. Eine Rücksprache mit dem Importeur empfiehlt sich. Geräte für den medizinischen Einsatz benötigen eine TAREKS-Referenznummer. Für medizinische und pharmazeutische Produkte gelten zudem Etikettierungsregelungen und Analysenerfordernisse. Sie müssen beim Gesundheitsministerium zugelassen sein. Für bestimmte pharmazeutische Stoffe ist spätestens 15 Tage nach der Einfuhr eine Kontrollbescheinigung erforderlich. Für Nahrungsmittel, die ebenfalls einigen Kennzeichnungsvorschriften betreffend Qualität, Mindesthaltbarkeit, Inhaltsstoffen u.a. unterliegen, müssen Qualitätsnachweise, Analysenzertifikate und Gesundheitszeugnisse vorgelegt werden.

Für Alkoholika und Tabakwaren gelten je nach Warenart entweder Einfuhrverbote, Anmeldepflichten (beim Alkohol- und Tabakinstitut) oder das Erfordernis einer Konformitätsbescheinigung des Amts für Land- und Forstwirtschaft. Außerdem sind Kennzeichnungsvorgaben einzuhalten. Bestimmte alkoholische Getränke und Tabakerzeugnisse dürfen nicht eingeführt werden. Es empfiehlt sich die Rücksprache mit dem Importeur.

Für Tierprodukte, Tiere, einige landwirtschaftliche Produkte und Saaten muss ein Konformitätszeugnis beantragt und ein Gesundheitszeugnis vorgelegt werden. Es empfiehlt sich eine Rücksprache mit dem Importeur darüber, welche Zollämter die Abfertigung dieser Produktgruppen durchführen. Zahlreiche Vorschriften gelten für Schädlingsbekämpfungsprodukte.

Besondere Regelungen (Verbote und Einschränkungen nach Importverordnung Erlass 1/2018, ABl. Nr. 30287 vom 31.12.2017) gelten unter anderem für gebrauchte und komplett erneuerte Produkte, für Waffen und für chemische sowie ozonschädigende Erzeugnisse.

Bei der türkischen Exporteursvereinigung anzumelden sind Kleidung und konfektionierte Waren, unter Verwendung des Formulars „Exporter Registry Form“. Weitere Infos unter www.ebirlik.org. Vor dem ersten Import in die Türkei muss der Exporteur ein „Exporter Registry Form“ ausfüllen, welches von der zuständigen IHK bescheinigt und vom türkischen Konsulat legalisiert werden muss. Nach der erstmaligen Registrierung ist die Registrierung online zu verlängern (dann ohne Bescheinigung und Legalisierung). Für bestimmte Textilien ist zusätzlich das Dokument „Exporter – Producer Information Form“ vorgeschrieben (auszufüllen von Hersteller und Exporteur). Bei vorliegender Sondergenehmigung des Importeurs kann diese entfallen. Für manche tierische Produkte besteht ein Listungsverfahren beim Bundesamt für Verbraucherschutz und Lebensmittelsicherheit (BVL).

1.3 Verpackung

Die Türkei wendet für Verpackungsholz den IPPC-Standard ISPM Nr. 15 an. Den Wortlaut der Richtlinie sowie weitere Informationen finden Sie über die Suche auf der Homepage www.julius-kuehn.de. Vergabe des Grünen Punkts erfolgt über die Türkische Stiftung für Umweltschutz und Abfallverwertung ÇEVKO. Bei Verpackungen aus Kunststoff, Pappe etc. fallen je nach Packvolumen Umweltabgaben an (Gewicht und Menge in begleitenden Dokumenten angeben).

1.4 Markierung

Bei bestimmten Produkten wie Lebensmitteln ist die Herkunftsangabe Pflicht. Irreführende Angaben müssen laut türkischem Zollrecht korrigiert werden. Seit dem Präsidialerlass vom 4.12.2021 soll „Made in Türkiye“ statt „Made in Turkey“ verwendet werden – auch in offiziellen Dokumenten. Wegen vorhandener Etiketten bleibt „Turkey“ vorerst zulässig, bis neue Vorgaben folgen. Abweichungen sollten in den Begleitpapieren erklärt werden, um Zollprobleme zu vermeiden. Rücksprache mit dem Importeur empfohlen.

1.5 Mustersendungen

Muster ohne Handelswert sind zollfrei, wenn diese unbrauchbar gemacht oder als Muster gekennzeichnet wurden. Vorübergehende Einfuhr von Ausstellungs- und Messewaren, Berufsausrüstung und Warenmustern mit Carnet A.T.A. Ist im entsprechenden Formular in Feld B kein eindeutiger Vertreter eingetragen, muss eine Vollmacht eines gesetzlichen Vertreters vorgelegt werden (Bescheinigung durch die IHK und Legalisierung vom Konsulat). Die Waren müssen in einer Excelliste erfasst sein und elektronisch übergeben werden (z.B. USB-Stick).

2 Dokumente

Für Importe in die Türkei gilt das europäische Versandverfahren New Computerised Transit System NCTS 5.

2.1 Seefrachten

Seehäfen: Aliaga, Ambarli, Diliskelesi, Eregli, Izmir, Kocaeli (Izmit), Limani, Mersin (Icel)

2.1.1 Konnossemente

Voller Satz Konnossemente, Name und Anschrift des Empfängers müssen genannt werden. Beglaubigung nicht vorgeschrieben. In Drittländer auch Angabe des Agenten möglich mit dem Vermerk: „Goods in transit to ...". Angabe der Zolltarifnummer, der Steueridentifikationsnummer des Empfängers und weiterer Daten für die summarische Zollerklärung angeraten. Es empfiehlt sich eine Rücksprache mit dem Importeur.

2.1.2 Handelsrechnungen

Erforderlich sind, z.B. Adressdaten von Verkäufer, Versender, Käufer und Empfänger, Rechnungsnummer, -ort, -datum, Zahlungsmodalitäten, Liefer- und Transportkosten und -arten, Angaben zu CIF und FOB, Zolltarifnummer der Türkei mit genauer Beschreibung und Mengen der Waren, Marke, Nummern, Art und Anzahl der Packstücke, Preise für einzelne Produkte, Transportmittel, Zahlungs- und Lieferungsort.

Wird die Abgabe einer Preiserklärung gefordert, am Schluss der Rechnung folgende, unterschriebene Erklärung: „We certify that this invoice is authentic and that it is the only one issued by us for the goods mentioned therein."

2.1.3 Ursprungszeugnisse

Im Zuge von Einfuhrverschärfungen und der Einführung neuer Zusatzzölle für bestimmte Waren, wurde zeitweise trotz A.TR. die Vorlage von IHK-Ursprungszeugnissen mit der Angabe „Federal Republic of Germany (European Union)" gefordert (Ursprungsangabe „European Community" wird nicht akzeptiert). Seit 1. Januar 2021 sind Ursprungszeugnisse zusätzlich zur A.TR nur noch bei Waren vorzulegen, die von handelspolitischen Maßnahmen betroffen sind (Amtsblatt der Türkei Nr. 31330). Empfehlenswert für die Einzelfallprüfung ist die Klärung der Zolltarifnummer und die Ermittlung des Warenursprungs, anschließend die Rücksprache mit dem Importeur. Als Ländername in Dokumenten darf nur „Türkiye" verwendet werden.

2.1.4 Warenverkehrsbescheinigung

Die A.TR.-Bescheinigung dient dem zollfreien Warenverkehr zwischen der EU und der Türkei für gewerbliche EU-Waren und Drittlandswaren im freien Verkehr. Sie wird von der zuständigen Ausfuhrzollstelle ausgestellt und gilt nur bei unmittelbarer Beförderung aus der EU – entweder ausschließlich durch EU-Gebiet oder mit durchgehendem Frachtpapier bei Transit. Postsendungen über Deutsche Post AG bzw. PTT sind von der A.TR.-Pflicht befreit; Zollgut wird mit einem gelben Klebezettel gekennzeichnet. Elektronisch ausgestellte A.TR.-Bescheinigungen werden ohne Unterschrift akzeptiert, sofern sie einen QR-Code und einen Verifizierungslink enthalten. Ermächtigte Ausführer dürfen A.TR.-Bescheinigungen selbst ausstellen, wenn sie von der Zollverwaltung oder autorisierten Stellen zugelassen sind. Eine erneute Vorlage bei der Zollstelle entfällt. Für bestimmte Warengruppen – insbesondere EGKS-Produkte (Kap. 26, 27, 72, 73) und Agrarerzeugnisse (Kap. 1–24, 35, 45, 53) – ist die A.TR. nicht als Präferenznachweis zulässig. Stattdessen ist die EUR.1 erforderlich (bei Sendungen über 6.000 EUR), ausgestellt durch die Zollstelle. Für geringwertige Sendungen bis 6.000 EUR genügt eine Ursprungserklärung in der Handelsrechnung: „Der Ausführer (Ermächtigter Ausführer; Bewilligungs-Nr. ...) der Waren, auf die sich dieses Handelspapier bezieht, erklärt, dass diese Waren, soweit nicht anders angegeben, präferenzbegünstigte ... Ursprungswaren sind." (Ort, Datum, Unterschrift, Name in Druckschrift)[1] Seit dem 1. Januar 2026 gelten in der PEM-Zone ausschließlich die revidierten Ursprungsregeln („Revised Rules"). Die Übergangs-

1) Ursprungserklärung in weiteren Sprachen s. Kapitel Hinweise Warenursprung Präferenz

regelungen endeten am 31.12.2025. Die EUR-MED darf nur noch verwendet werden, wenn eine Kumulierung nach alten Regeln zwischen Partnerstaaten weiterhin zulässig ist. Der aktuelle Umsetzungsstand ist der Matrix der EU-Kommission zu entnehmen.

2.1.5 Packlisten

Eine umfassende Packliste ist notwendig, falls in der Rechnung die detaillierte Erfassung aller Packstücke fehlt.

2.1.6 Konformitätszertifikat

Viele Waren müssen vor der Zollabfertigung zertifiziert werden. Antrag des Importeurs bei Turkish Standards Institution (TSE), Internet: www.tse.org.tr.

2.1.7 Lieferantenerklärung

Stammt die Ware aus der EU, kann der Käufer eine Erklärung des Lieferanten über den Warenursprung verlangen, die bei einem Reexport als Präferenznachweis dient, um die Bescheinigungen EUR.1, EUR-MED oder auch eine Präferenzursprungserklärung auf der Rechnung zu beantragen (auch als Langzeitlieferantenerklärung; für den Wortlaut vgl. Beschluss Nr. 1/2006 des Ausschusses für die Zusammenarbeit im Zollwesen EG-Türkei). Neben der Warenverkehrsbescheinigung A.TR. sollten immer ein IHK-bescheinigtes Ursprungszeugnis und möglichst auch die besondere Lieferantenerklärung EU – Türkei der Ware beigefügt sein.

2.1.8 Gesundheitszeugnisse

Für Pflanzen und Saatgut ist ein Pflanzengesundheitszeugnis erforderlich (www.julius-kuehn.de). Gesundheitszeugnis erforderlich für Nahrungsmittel, landwirtschaftliche und tierische Produkte.

2.2 Eisenbahnverkehr

2.2.1 Frachtbrief

a) für Güter: ein internationaler Frachtbrief für Frachtgut oder Eilgut;
b) für Expressgut: ein internationaler Expressgutschein.

Keine internationale Zollanmeldung.

2.2.2

Siehe unter Seefrachten 2.1.2–2.1.8. Für Bahnsendungen im Sammelverkehr ist eine Gewichtsliste (zweifach), detailliert pro Einzelkollo dem Frachtbrief beizufügen.

Nachnahmen und Barvorschüsse sind nicht zugelassen.

2.3 Luftfrachten

Zollflughäfen: Adana, Ankara (ANK), Antalya (AYT), Istanbul (IST), Izmir (IZM), Dalaman (DLM), Batman, Bodrum, Kars, Konya, Samsun, Sivas u.a.

2.3.1 Luftfrachtbrief

Angabe der Zolltarifnummer, der Steueridentifikationsnummer des Empfängers und weiterer Daten für die summarische Zollerklärung angeraten. Es empfiehlt sich eine Rücksprache mit dem Importeur.

2.3.2

Siehe unter Seefrachten 2.1.2–2.1.8.

2.4 Postverkehr

2.4.1 Paketkarte

Drei Zollinhaltserklärungen (Türkisch, Englisch oder Französisch) sind erforderlich bei Paketen mit Wareninhalt. Höchstgewicht: 30 kg. Briefe mit enthaltenen Waren sowie Päckchen benötigen je nach Warenwert ein bis drei Zollinhaltserklärungen in Türkisch oder Englisch. Postpaketen mit Wareninhalt muss eine Handelsrechnung beigefügt oder in die Sendung eingelegt werden. Das Fehlen der Rechnung führt zu Verzögerungen und Schwierigkeiten bei der Verzollung. Eine elektronische Einfuhrzollanmeldung ist abzugeben, wenn der Warenwert 30 EUR (inkl. Versandkosten) übersteigt. Kein Postversand bei Alkohol, Tabak, Lebensmitteln und Kosmetik. Für Waren mit einem Wert bis 30 EUR wird je nach Herkunftsland ein spezifischer Steuersatz angewendet:

- 30 % für Waren aus Ländern der Europäischen Union
- 60 % für Waren aus anderen Ländern
- 0 % für Bücher oder ähnliche Druckerzeugnisse
- 20 % für Waren aus Liste IV des Sonderverbrauchssteuergesetzes

Sendungen aus Deutschland dürfen nur durch die Deutsche Post AG und in der Türkei durch die staatliche Postagentur PTT abgewickelt werden. Zollgut wird mit einem gelben Klebezettel versehen, sofern es sich um Waren im freien Verkehr der EU handelt.

2.4.2

Siehe unter Seefrachten 2.1.2–2.1.8.

3 Konsulatsgebühren

Die Generalkonsulate erheben unterschiedliche Gebühren. Vor der Legalisierung, die in manchen Fällen wie etwa der Bevollmächtigung eines Carnet-A.T.A.-Vertreters vorschrieben ist, wird daher die Rücksprache mit dem zuständigen Generalkonsulat empfohlen. In Hamburg werden diese Beträge erhoben:

Ursprungszeugnisse, Gesundheitszeugnisse, Pro-forma-Rechnungen, Vollmachten etc.	€ 18,-
Handelsrechnungen, pro Exemplar pro 1000 € vom Rechnungsbetrag € 3,-, mindestens jedoch	€ 18,-
Manifeste, pro Exemplar 1 € pro Tonne Gewicht, mindestens jedoch	€ 18,-

4 Adressen

Auslandshandelskammer

Deutsch-Türkische Industrie- und Handelskammer
Istanbloom Ofisleri
Kore Şehitleri Cad. No:16/1
TR-34394 Esentepe- Şişli/İstanbul
Tel.: +90 2123630500
Geschäftszeiten: Mo.–Fr. 8.00–17.00 Uhr
E-Mail: info@dtr-ihk.de
www.dtr-ihk.de

Büro Izmir
Bayraklı Tower
Ankara Cad. No: 81
K:12 D:89 Bayraklı/Izmir
Tel.: +90 2324221265
Fax: +90 2324221275
Geschäftszeiten nach Absprache
E-Mail: izmir@dtr-ihk.de

Büro Ankara
TOBB İkiz Kuleler
Dumlupınar Bulvarı No: 252
(Eskişehir Yolu 9. km) P Blok Zemin Katı
Z-26 A 06530 Çankaya / Ankara
Tel.: +90 546 5752729
Geschäftszeiten nach Absprache
E-Mail: ankara@dtr-ihk.de

Konsulate

Die Konsulatsadressen finden Sie jeweils mit Telefonnummer, E-Mail-Adresse, Homepage und Öffnungszeiten unter:
https://www.auswaertiges-amt.de/de/service/laender.

5 Sonstiges

Länderkurzbezeichnung gemäß Präferenzrecht (Lieferantenerklärung): TR
Länder(gruppen)kurzbezeichnung für bes. Zollsätze im Europäischen Zolltarif: TR
Kraftfahrzeugländerkennzeichen: TR

Turkmenistan

1 Allgemeine Informationen

1.1 Kurzinfos

Landesvorwahl: +993

MEZ: +4 Std.

Russisch, Englisch, Turkmenisch

1 Manat = 100 Tenge (ISO-Code: TMT)

Nach AWG frei vereinbar

Harmonisiertes System

Feiertage: Die Feiertage zu diesem Land finden Sie unter folgendem Link: https://www.timeanddate.de/feiertage/.

1.2 Einfuhr aus der Bundesrepublik

In Turkmenistan benötigen alkoholische Getränke, Tabak, Medikamente, Transportmittel, Pestizide und bestimmte Chemikalien eine Einfuhrgenehmigung. Gentechnisch veränderte Lebensmittel, einige Pestizide und ozonschädliche Stoffe sind verboten. Alle Einfuhren erfolgen über die Warenbörse Aschgabat, bei der sowohl Importeure als auch ausländische Lieferanten registriert sein müssen. Auch Verträge müssen dort registriert werden. Eine Abstimmung mit dem Importeur ist notwendig. Für pflanzliche Erzeugnisse und Tiere sind offizielle Gesundheitsnachweise erforderlich. Die Einfuhr unterliegt phytosanitären bzw. veterinären Kontrollen. Sämtliche Waren unterliegen Zertifizierungs- und Strahlungskontrollen. Der Importeur sollte vorab konsultiert werden.

1.3 Verpackung

Seemäßige Verpackung wird – auch bei Bahn- oder Lkw-Transport – erwartet. Die versandte Ware sollte auch eine einjährige Lagerung unter freiem Himmel unbeschadet überstehen. Genaue Vereinbarungen mit dem Importeur sind üblich. Heu und Stroh sind zugelassen.

1.4 Markierung

Empfohlen: „Made in Germany".

1.5 Mustersendungen

Keine Zertifizierung für Muster, die Forschungszwecken bzw. für Experimente dienen.

2 Dokumente

2.1 Seefrachten

Seehafen: Türkmenbasy

2.1.1 Konnossemente

Voller Satz Konnossemente, Order-B/L mit Notify-Adresse zugelassen, keine Beglaubigung.

2.1.2 Handelsrechnungen

Eine Handelsrechnung (Englisch, Anzahl nach Absprache), unterschrieben. Die Rechnung muss neben den üblichen Angaben, wie z.B. Name des Käufers und Verkäufers, Marke, Nummer, Anzahl und Art der Versandstücke, Brutto-/Nettogewichte, genaue Warenbezeichnung, Einzel-/Gesamtpreise, Beförderungsart, Zahlungs- und Lieferungsbedingungen, auch die Angabe des Ursprungslandes, die Importlizenznummer und die L/C-Nummer enthalten. Die cif-Kosten sind einzeln aufzuführen. Bei der Einfuhrzollabwicklung muss eine Übersetzung der Rechnung ins Russische oder Turkmenische vorgelegt werden.

2.1.3 Packlisten

Packlisten (zweifach): Den Papieren sind Packlisten beizufügen, die Angaben enthalten müssen über Inhalt und Maße sowie Gewicht und Marke mit Nummer der Packstücke. Rücksprache mit dem Importeur empfohlen.

2.1.4 Ursprungszeugnisse

Ursprungszeugnis (Anzahl nach Absprache) mit der Angabe „Federal Republic of Germany (European Union)“ erforderlich.

2.1.5 Normvorschriftszertifikate

Für die Einfuhr können für einzelne Waren Zertifikate hinsichtlich Normenvorschriften vorgeschrieben sein. Importeur befragen. Zuständig sind (für Nahrungsmittel): Ministerium für Gesundheit und medizinische Industrie, 744036 Aschgabat, Archabil Avenue 20, Tel.: +993 12400673, E-Mail: info@saglykhm.gov.tm und für Maschinen, Kfz und Elektronik: The Major State Service „Turkmenstandartlary“ 1995 Str., Building-12, TM-744000 Aschgabat, Tel.: +993 12495859, E-Mail: ggigns@online.tm.

2.1.6 Gesundheitszeugnisse

Veterinärärztliche Zeugnisse für Tiere oder deren Teile notwendig. Gesundheitszeugnisse für Pflanzen, Pflanzenteile erforderlich.

2.2 Eisenbahnverkehr

2.2.1 Frachtbrief

Ein Internationaler Frachtbrief.

2.2.2

Siehe unter Seefrachten 2.1.2–2.1.6.

2.3 Luftfrachten

Zollflughäfen: Aschgabat (ASB)

2.3.1 Luftfrachtbrief

Eine Ausfertigung des Luftfrachtbriefes.

2.3.2

Siehe unter Seefrachten 2.1.2–2.1.6.

2.4 Postverkehr

2.4.1 Paketkarte

Zwei Zollinhaltserklärungen, Englisch. Höchstgewicht: 20 kg.

2.4.2

Siehe unter Seefrachten 2.1.2–2.1.6.

3 Adressen

Konsulate

Die Konsulatsadressen finden Sie jeweils mit Telefonnummer, E-Mail-Adresse, Homepage und Öffnungszeiten unter:
https://www.auswaertiges-amt.de/de/service/laender.

4 Sonstiges

Länder(-gruppen)kurzbezeichnung für bes. Zollsätze im Europäischen Zolltarif: SPGL
Kraftfahrzeugländerkennzeichen: TM

Tuvalu Inseln

1 Allgemeine Informationen

1.1 Kurzinfos

Landesvorwahl: +688

MEZ: +11 Std.

Englisch

1 austral. $ ($A) = 100 Cents (ISO-Code: AUD)

Nach AWG frei vereinbar Devisenbestimmungen der Tuvalu Inseln beachten

Harmonisiertes System

Feiertage: Die Feiertage zu diesem Land finden Sie unter folgendem Link: https://www.timeanddate.de/feiertage/.

1.2 Einfuhr aus der Bundesrepublik

Wie unter **Salomon Inseln**.

2 Dokumente

Wie unter **Salomon Inseln**.

Eine Zollinhaltserklärung, Englisch, Höchstgewicht 25 kg.

3 Adressen

Konsulate

Zuständig ist die Botschaft in
B-1040 Brüssel
Avenue Eduard Lacomblé 17 (2. Etage)
Tel.: +32 27421067
Fax: +32 27422869
E-Mail: tuvaluembassy@skynet.be

Weitere Konsulatsadressen finden Sie jeweils mit Telefonnummer, E-Mail-Adresse, Homepage und Öffnungszeiten unter: https://www.auswaertiges-amt.de/de/service/laender.

4 Sonstiges

Früher Ellice-Inseln, seit 1.10.1978 selbstständig, früher britische Kolonie.
Länderkurzbezeichnung gemäß Präferenzrecht (Lieferantenerklärung): AKP
Länder(-gruppen)kurzbezeichnung für bes. Zollsätze im Europäischen Zolltarif: SPGA
Bezeichnung der Staatsangehörigen:
Tuvaluer bzw. Tuvaluerin

1 Allgemeine Informationen

1.1 Kurzinfos

Landesvorwahl: +256

MEZ: +2 Std.

Englisch

1 Uganda Shilling (USh) = 100 Cents (ISO-Code: UGX)

Nach AWG frei vereinbar Devisenbestimmungen von Uganda beachten

Harmonisiertes System

Mitglied

Feiertage: Die Feiertage zu diesem Land finden Sie unter folgendem Link: https://www.timeanddate.de/feiertage/.

1.2 Einfuhr aus der Bundesrepublik

Handelsabkommen besteht. Alle Waren sind lizenzpflichtig. Dagegen sind Importe aus EU-Ländern zumeist einschränkungsfrei möglich. Ein Teil der Importe wird über staatliche Unternehmen abgewickelt. Zigaretten müssen auf Innen- und Umverpackung den Hinweis „Imported for Uganda" haben. Branntwein, der nicht naturbelassen wurde, muss von einem Ausnahmezertifikat begleitet werden. Die Registrierung von Medikamenten ist vorgeschrieben. Für gebrauchte Textilien ist ein Desinfektionszeugnis erforderlich. Den Lizenzanträgen muss eine Pro-forma-Rechnung (vierfach) beigefügt werden. Lizenzen sind im Regelfall ein halbes Jahr gültig, das bedeutet, dass die Versendung der Waren innerhalb dieses Zeitraumes erfolgt sein muss. Es wird empfohlen, sich vor Versand der Waren zu vergewissern, dass der Importeur eine gültige Importlizenz besitzt. Die Internetseite www.ugandatrades.go.ug (Customs Trade Portal des ugandischen Zolls) beinhaltet weitere Informationen. Für verbrauchsteuerpflichtige Produkte digitale Steuerzeichen („Digital Tax Stamps") Pflicht. Hersteller und Importeure müssen sich registrieren und die Marken sichtbar anbringen.

Importverbote von z.B. Fälschungen, sittenwidrigen Erzeugnissen, gebrauchen Kfz-Reifen, Tüten, Dünger, bestimmten Abfällen sind zu beachten. Besondere Anforderungen gelten für Fleisch, Geflügel, Wild und Eier (Draft East African Standards). Importlizenzen sind für Pflanzen, Teile von Pflanzen sowie Tieren, Schädlingsbekämpfungsmittel und Dünger beim MAAIF (Ministry of Agrculture, Animal Industry and Fisheries) anzufordern. Schädlingsbekämpfungsmittel und Dünger müssen außerdem beim Department of Crop Inspection an Certification registriert werden. Strenge Vorgaben für die Etikettierung von Nahrungsmitteln, chemischen Stoffen, Kosmetik und Arzneien sind zu beachten: Herstellungs-, Verfalls- und Haltbarkeitsdatum sowie Chargennummer müssen gut sichtbar in Englisch oder Landessprache auf der Verpackung stehen.

1.3 Verpackung

Es sind keine Verbote und Sonderbestimmungen bekannt.

1.4 Markierung

Die Kennzeichnung des Ursprungs muss eindeutig sein, sonst dürfen Waren nicht eingeführt werden.

1.5 Mustersendungen

Muster ohne Handelswert sind lizenz- und zollfrei.

2 Dokumente

2.1 Seefrachten

Seehafen: Keiner; Verschiffungen via Mombasa (Kenia)

2.1.1 Konnossemente

Konnossemente bedürfen keiner Beglaubigung. Order-Bs/L mit Notify-Adresse zugelassen.

2.1.2 Handelsrechnungen

Die Handelsfaktura (in Englisch, dreifach) mit folgenden Angaben erforderlich: Name des Exporteurs und Importeurs sowie Empfängers, Marke, Nummern, Anzahl und Art der Packstücke, Brutto-/Nettogewichte, genaue Warenbezeichnungen, Lieferbedingungen, Ursprungsland, HS-Code, Mengen, Ort und Datum der Ausstellung sowie Einzelpreise, Gesamt-fob- und cif-Wert und auch Nachlässe, wie z.B. Rabatte.

2.1.3 Ursprungszeugnisse

Ursprungszeugnis nicht erforderlich.

2.1.4 Warenverkehrsbescheinigung

Warenverkehrsbescheinigung bzw. Präferenz-Ursprungsnachweis in einem der Handelspapiere: nicht erforderlich.

2.1.5 Gesundheitszeugnisse

Ein Gesundheitszeugnis für Tiere, das nicht älter als zehn Tage ist, muss vorhanden sein. Eine weitere Untersuchung der Tiere erfolgt dann bei der Ankunft. Für Pflanzen und Teile von Pflanzen kann ein amtliches Pflanzengesundheitszeugnis (https://pflanzengesundheit.julius-kuehn.de) erforderlich sein.

2.1.6 Konformitätszertifikate

Konformitätszertifikate im Rahmen des „Pre-Export Verification of Conformity" (PVoC) für bestimmte Waren erforderlich.

Mit der Durchführung wurden folgende Gesellschaften beauftragt: Bureau Veritas Industry Services GmbH in 20457 Hamburg, Willi-Brandt-Str. 55, Tel.: +49 40 23625519, E-Mail: offergsdach@bureauveritas.com, Intertek Caleb Brett Germany GmbH in 21109 Hamburg, Georgswerder Bogen 3, Tel. 040 558225000, E-Mail: info.hamburg@intertek.com, DIN CERTCO Gesellschaft für Konformitätsbewertung mbH, TÜV Rheinland, in 12103 Berlin, Alboinstr. 56, Tel.: 030 75621131, E-Mail: sales-mas@dincertco.de oder SGS Germany in 20097 Hamburg, Heidenkampsweg 99, Tel. 040 30101735, E-Mail: de.gis.export@sgs.com. SGS ist auch zuständig für die Zertifizierung von Ausrüsungen und Materialien für Öl- und Gasprojekte.

2.2 Luftfrachten

Zollflughäfen: Entebbe

2.2.1 Luftfrachtbrief

Eine Ausfertigung des Luftfrachtbriefes.

2.2.2

Siehe unter Seefrachten 2.1.2–2.1.6.

2.3 Postverkehr

2.3.1 Paketkarte

Drei Zollinhaltserklärungen, Englisch. Höchstgewicht: 31,5, Vertragskunden: 30 kg.

2.3.2

Siehe unter Seefrachten 2.1.2–2.1.6.

3 Adressen

Konsulat

10117 Berlin, Konsularabteilung der Botschaft
Axel-Springer-Str. 54A
Tel.: 030 2060990
Fax: 030 24047557
Mo.–Do. 9.00–13.00 Uhr, 14.00–17.00 Uhr; Fr. 9.00–14.00 Uhr
E-Mail: office@ugandaembassyberlin.de
www.berlin.mofa.go.ug/

Weitere Konsulatsadressen finden Sie jeweils mit Telefonnummer, E-Mail-Adresse, Homepage und Öffnungszeiten unter:
https://www.auswaertiges-amt.de/de/service/laender.

4 Sonstiges

Länderkurzbezeichnung gemäß Präferenzrecht (Lieferantenerklärung): AKP/MAR
Länder(-gruppen)kurzbezeichnung für bes. Zollsätze im Europäischen Zolltarif: LOMA/SPGA
Kraftfahrzeugländerkennzeichen: EAU

Ukraine

1 Allgemeine Informationen

1.1 Kurzinfos

Landesvorwahl: +380

MEZ: +1 Std.
EU-Sommerzeit

Russisch, Ukrainisch, Englisch, Deutsch

1 Hrywnja (UAH) = 100 Kopeken (Kopijok)
(ISO-Code: UAH)

Nach AWG frei vereinbar
Devisenbestimmungen der Ukraine beachten

Harmonisiertes System

Mitglied

Angeschlossen

Angeschlossen

Feiertage: Die Feiertage zu diesem Land finden Sie unter folgendem Link: https://www.timeanddate.de/feiertage/.

1.2 Einfuhr aus der Bundesrepublik

Ein beschleunigtes Genehmigungsverfahren seitens des BAFA gilt für Hilfslieferungen aus genehmigungspflichtigen Schutzausrüstungen. Besondere Anforderungen gelten für Lieferungen in folgende Gebiete: Krim, Sewastopol, Donezk, Luhansk. Es bestehen Sanktionen der Europäischen Union gegenüber bestimmten Personen, Einrichtungen und Organisationen (www.bafa.de/DE/Home/home_node.html). Bitte beachten: Wegen des Kriegs ist der Handel eingeschränkt; zudem kann es zu kurzfristigen Änderungen und der zeitweiligen Schließung von Zollstellen kommen. Auskünfte über www.sanctionsmap.eu.

Der Import ist zumeist ohne Einschränkungen möglich. Besondere Einfuhrbedingungen gelten z. B. für Erzeugnisse aus Erdöl, Kunststoff und Benzin sowie Dünger (Gesetz 3345-IX, 23.8.2023). Es wurde ein Assoziierungsabkommen zur gegenseitigen Präferenzgewährung mit der EU getroffen. Es gilt das staatliche Zertifizierungssystem UkrSEPRO für bestimmte Produktgruppen. Die Normen werden vom UkrNDNC erstellt; die Akkreditierung und Kontrolle von Prüfstellen obliegt der NAAU (https://naau.org.ua). Ausländische Zertifikate werden anerkannt, wenn die Prüfinstitution durch die NAAU zugelassen ist. Importeuren steht es meist frei, ein Konformitätszertifikat oder eine Konformitätserklärung vorzulegen; Maschinen und Niederspannungsgeräte erfordern in der Regel Letztere. Für Lebensmittel sind Gesundheitszeugnisse vorgeschrieben. Verpackungen müssen auf Ukrainisch beschriftet sein und Angaben zu Bezeichnung, Gewicht, Zusammensetzung, Energiegehalt, Haltbarkeit, Lagerbedingungen, Hersteller und Ursprungsland enthalten.

Für tierische Erzeugnisse, Nebenprodukte, Futtermittel, Heu und Stroh ist ein Tiergesundheitszeugnis nötig. Zuständig ist der Staatsdienst für Lebensmittelsicherheit und Verbraucherschutz (SSUFSCP) (https://dpss.gov.ua). Exporteure müssen dort registriert sein; lebende Tiere sind vorab beim Zoll anzumelden. Phytosanitäre Kontrollen sind verpflichtend für Pflanzen und deren Erzeugnisse; ein Pflanzengesundheitszeugnis aber nur in Ausnahmefällen erforderlich. Saatgut ist vor der Einfuhr beim SSUFSCP zu registrieren. Der Import und Vertrieb pharmazeutischer und medizinischer Waren sind lizenzpflichtig. Zur Zollabfertigung sind die ukrainische Registrierungsurkunde und ein Qualitätszertifikat des Herstellers vorzulegen. Etiketten müssen auf Ukrainisch verfasst sein.

Spirituosen und Tabakwaren erfordern eine Lizenz, eine Vorabanmeldung und die Abfertigung über spezielle Zollstellen. Eine Steuerbanderole und nationale Kennzeichnungsvorschriften sind Pflicht. Einfuhr und Transit bestimmter Abfälle und Sekundärrohstoffe sind genehmigungs- und lizenzpflichtig. Zuständig: Ministerium für Ökologie und natürliche Ressourcen. Die Ukraine ist an das TRACES-NT-System der EU angeschlossen. Alle Exporteure und Importeure müssen dort registriert sein. Hygiene-, Veterinär- und Sicherheitsvorschriften sollten im Vorfeld direkt mit dem ukrainischen Einführer abgestimmt werden.

1.3 Verpackung

Für Holzverpackungen gelten die Regelungen der ISPM Nr. 15. Genaue Vereinbarungen über die Verpackung sind üblich; dazu gehört u.a., dass die Ware so verpackt sein sollte, dass sie z. B. die Lagerung unter freiem Himmel ein Jahr aushalten kann. Teils durch extreme Witterungsbedingungen, teils durch lange Transportwege und Umladungen werden an die Qualität der Verpackung außerordentlich hohe Ansprüche gestellt. Eine ebenfalls überdurchschnittlich sichere Verpackung wird erwartet, wenn die Beförderung „per Bahn" oder „per Lkw" vereinbart wurde. Heu und Stroh als Verpackungsmaterial sind zugelassen.

1.4 Markierung

Für einige Erzeugnisse (z. B. Saatgut) sind Hinweise zum Verpacker bzw. Hersteller erforderlich. Bereits für den Verkauf abgepackte Lebensmittel müssen eine Ursprungskennzeichnung haben. Es bestehen geänderte Kennzeichnungspflichten für Lebensmittel seit August 2019 durch den Gesetzesentwurf Nr. 8450 „Über Informationen für Lebensmittelkonsumenten": u. a. eindeutiges, zuverlässiges und verständliches Etikett (auf Ukrainisch, Mindestschriftgröße, Kontraste, Zutaten, Zusatzstoffe, farbliche Kennzeichnung von Inhaltsstoffen, die allergische Reaktionen oder Unverträglichkeiten hervorrufen können, Mindesthaltbarkeit, Auftauen/wiederholtes Einfrieren, Ursprungsort/-land des Lebensmittels, Lagerungs- und Gebrauchsbedingungen etc.).

1.5 Mustersendungen

Die Ukraine nimmt am Carnet-A.T.A.-System teil, jedoch werden kriegsbedingt keine Carnet-A.T.A.-Bescheinigungen ausgestellt. Ggf. gelten besondere Vorschriften. Es empfiehlt sich eine Rücksprache.

2 Dokumente

2.1 Seefrachten

Seehäfen: Odessa, Mariupol, Juschne, Tschornomorsk, Mykolajiw, Feodossija, Charkiw (HRK), Dnipro (DNK), Zaporozhye, Uzhgorod

2.1.1 Konnossemente

Voller Satz Konnossemente. Keine Beglaubigung.

2.1.2 Handelsrechnungen

Eine Handelsrechnung (dreifach), ordnungsgemäß unterschrieben, mit Ursprungsangabe und handelsüblichen Angaben, wie z.B. Brutto-/Nettogewichte, Marke, Nummer, Anzahl und Art der Versandstücke, exakter Produktname, HS-Codes, Mengen, Absender und Empfänger jeweils mit Adressen, Liefer- und Zahlungsbedingungen, Einzel-/Gesamtpreise und Skonto, Ursprungsland. Außerdem müssen Ausstellungsdatum und -ort, Rechnungsnummer, Datum des Kaufvertrags und dessen Nummer sowie Angaben zum Transportmittel und zur Beförderung enthalten sein. Bei der Ausfertigung einer Erklärung auf der Rechnung gelten strenge Regelungen. Die sprachlichen Vorgaben müssen exakt eingehalten werden. Es empfiehlt sich die Rücksprache mit dem Importeur. Ggf. wird eine Übersetzung ins Ukrainische verlangt.

2.1.3 Ursprungszeugnisse

Ursprungszeugnisse (zweifach) mit der Angabe „Federal Republic of Germany (European Union)" für bestimmte Erzeugnisse erforderlich. Mit dem Importeur abstimmen.

2.1.4 Warenverkehrsbescheinigung

Liegt ein Handelsgeschäft zwischen der EU und der Ukraine vor und sind die Anforderungen des Assoziierungsabkommens erfüllt, können Präferenzdokumente wie die EUR.1 oder eine Ursprungserklärung genutzt werden, um zollbegünstigte Einfuhren zu ermöglichen. Mit Anfang 2025 wurden in der Pan-Europa-Mittelmeer-Zone (PEM-Zone) neue, einheitliche Ursprungsregeln mit einer Übergangsfrist bis 31.12.2025 eingeführt. Seit dem 1. Januar 2026 sind nur noch die revidierten Ursprungsregeln („Revised Rules") verbindlich, und EUR-MED-Nachweise sind nicht mehr möglich.

Für Warensendungen über 6.000 EUR dient die von der Zollstelle ausgestellte EUR.1 als Präferenznachweis. Exporteure, die regelmäßig Waren unter Präferenzbedingungen liefern, können beim Hauptzollamt die Bewilligung als „Ermächtigter Ausführer" beantragen. Bei Sendungen unter 6.000 EUR genügt eine Ursprungserklärung direkt in der Handelsrechnung, mit folgendem Wortlaut: „Der Ausführer (Ermächtigter Ausführer; Bewilligungs-Nr. ...) der Waren, auf die sich dieses Handelspapier bezieht, erklärt, dass diese Waren, soweit nicht anders angegeben, präferenzbegünstigte . . . Ursprungswaren sind." (Ort und Datum, Unterschrift, Name in Druckbuchstaben)[1)]

2.1.5 Gesundheitszeugnisse

Ein Gesundheitszeugnis aus dem Ursprungsland ist für Lebensmittel erforderlich. Hygiene- und Veterinärvorschriften sind beim Importeur zu erfragen. Für pflanzliche Produkte sind phytosanitäre Kontrollen und unter bestimmten Umständen ein Gesundheitszeugnis erforderlich (Ausstellung durch die ukrainische Pflanzenschutzbehörde).

Auch Tierprodukte, Futtermittel, Heu und Stroh müssen von einem Gesundheitszeugnis begleitet werden. Zuständig ist die Behörde für Lebensmittelsicherheit und Verbraucherschutz (SSUFSCP), die auf https://dpss.gov.ua über die jeweils erforderlichen Dokumente informiert. Eine Registrierungspflicht für ausländische Einführer und tierische Erzeugnisse ist erforderlich. Der Import von Tieren ist nur mit Vorabanmeldung bei der zuständigen Zollstelle möglich.

2.2 Eisenbahnverkehr

2.2.1 Frachtbrief

Ein internationaler Frachtbrief für Frachtgut oder Eilgut.

2.2.2

Siehe unter Seefrachten 2.1.2–2.1.5.

2.3 Luftfrachten

Zollflughäfen: Kiew-Schuljany (IEV), Julyany (Kiew), Lwiw (LWO), Dnipro (DNK), Odessa (ODS), Charkiw (HRK), Kiew-Boryspil (KBP), Mariupol(MPW), Mykolajiw (NLV) u.a.

2.3.1 Luftfrachtbrief

Eine Ausfertigung des Luftfrachtbriefes.

1) Ursprungserklärung in weiteren Sprachen s. Kapitel Hinweise Warenursprung Präferenzen

2.3.2

Siehe unter Seefrachten 2.1.2–2.1.5.

2.4 Postverkehr

2.4.1 Paketkarte

Zwei Zollinhaltserklärungen, Russisch, Englisch, Französisch oder Landessprache. Höchstgewicht: 31,5 kg, Vertragskunden: 30,0 kg.

2.4.2

Siehe unter Seefrachten 2.1.2–2.1.5.

3 Adressen

Auslandshandelskammer

Deutsch-Ukrainische Industrie- und Handelskammer
wul. Puschkinska 34
UA-01004 Kiew
Tel.: +380 443775200, Fax: +380 442354234
Geschäftszeiten: Mo.–Do. 8.00–12.00 Uhr, 13.00–17.00 Uhr; Fr. 8.00–16.00 Uhr
E-Mail: info@ukraine.ahk.de
www.ukraine.ahk.de

Konsulate

Die Konsulatsadressen finden Sie jeweils mit Telefonnummer, E-Mail-Adresse, Homepage und Öffnungszeiten unter:
https://www.auswaertiges-amt.de/de/service/laender.

4 Sonstiges

Länder(-gruppen)kurzbezeichnung für bes. Zollsätze im Europäischen Zolltarif: SPGL
Kraftfahrzeugländerkennzeichen: UA

Ungarn

Hungary, Magyarország

1 Allgemeine Informationen

1.1 Kurzinfos

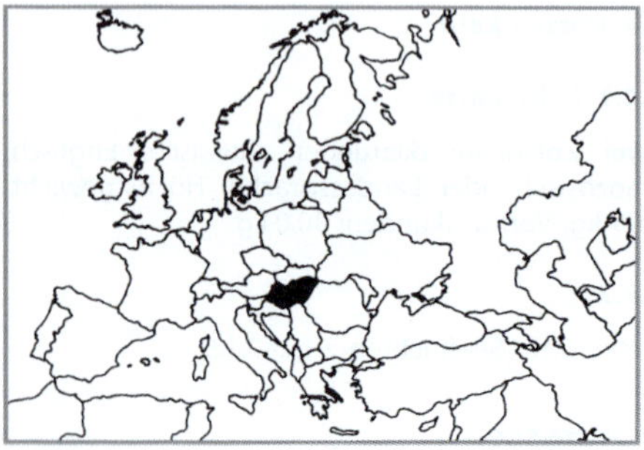

Landesvorwahl: +36

MEZ
EU-Sommerzeit

Ungarisch, Deutsch, Englisch

1 Forint = 100 Filler
(ISO-Code: HUF)

Nach AWG frei vereinbar
Devisenbestimmungen von Ungarn beachten

Harmonisiertes System
Verzollung nach Transaktionswert

Mitglied

Angeschlossen

Angeschlossen

Feiertage: Die Feiertage zu diesem Land finden Sie unter folgendem Link: https://www.timeanddate.de/feiertage/.

1.2 Einfuhr aus der Bundesrepublik

In der EU sind dem Verkehr von Waren nur wenige Beschränkungen auferlegt. Für Güter, die sowohl für zivile als auch für militärische Zwecke verwendet werden können (Dual-Use-Güter mit doppeltem Verwendungszweck), gibt es spezifische Bestimmungen. Zuständig ist die Abteilung für Ausfuhrkontrolle des Hauptstädtischen Regierungsbüros (https://mkeh.gov.hu/haditechnika/kettos_felhasznalasu). Manche sensible Waren (wie z. B. Abfälle) müssen genehmigt werden. Einige Güter aus Drittländern benötigen eine Lizenz.

Agrarerzeugnisse und Nahrungsmittel, die als Marktordnungswaren oder lizenzpflichtige Güter – etwa Eisen, Stahl oder Sprengstoffvorläuferstoffe – besonderen Qualitätsanforderungen unterliegen, fallen in den Verantwortungsbereich der Ungarischen Handelslizenzierungsbehörde, die dem Regierungsamt der Hauptstadt Budapest angegliedert ist. Für bestimmte dieser Produkte ist vor dem Import eine elektronische Anmeldung über das Portal der NÉBIH (https://portal.nebih.gov.hu/mgbehozatal) erforderlich; die Begleitunterlagen müssen der Lieferung beigelegt werden. Für Transittransporte besteht keine Meldepflicht. Lieferungen aus EU-Mitgliedstaaten erfolgen grundsätzlich abgabenfrei. Für ausgewählte Agrar- und Industrieerzeugnisse gelten jedoch einheitliche unionsrechtliche Vorschriften nach der Verordnung (EU) 2019/515, die sowohl Unions- als auch Drittlandswaren betreffen. Zur Unterstützung des Marktzugangs wurde beim Regierungsbüro der Hauptstadt Budapest eine zentrale Produktinformationsstelle (Termékinformációs pont) eingerichtet, die als nationale Kontaktstelle für technische Vorschriften und Produktanforderungen fungiert.

Die Kontrolle der Lebensmittelkette in Ungarn erfolgt auf Grundlage des Gesetzes von 2008 über die Lebensmittelkette und ihre amtliche Aufsicht. Zuständige Behörde ist die Nationale Behörde für die Sicherheit der Lebensmittelkette (NÉBIH), die dem Agrarministerium untersteht und zugleich nationale Kontaktstelle im europäischen Schnellwarnsystem RASFF für Lebens- und Futtermittel ist. Der Konsumentenschutz für Nichtlebensmittel – insbesondere für Fahrzeuge und technische Geräte – liegt beim Justizministerium, das am EU-Warnsystem Safety Gate (RAPEX) beteiligt ist. Der Import von Tieren und tierischen Erzeugnissen aus Drittländern ist ausschließlich über genehmigte Grenzkontrollstellen (GKS) zulässig: im Luftverkehr über Budapest, im Straßenverkehr über Röszke und Záhony, im Bahnverkehr über Eperjeske. Auch pflanzliche Produkte, Pflanzenteile und Pflanzenschutzmittel dürfen nur über festgelegte Einlassstellen importiert werden. Die Anschriften dieser Abfertigungsstellen sind bei der Nationalen Steuer- und Zollbehörde erhältlich.

1.3 Verpackung

Die Verringerung und Verwertung von Verpackungsabfällen sind im Abfallgesetz von 2012 (Gesetz Nr. CLXXXV), das die EU-Vorgaben umsetzt, geregelt. Ausländische Firmen haben dafür einen ungarischen Bevollmächtigten zu benennen. Unternehmen und ausländische Onlinehändler müssen einen Vertrag mit der Konzessionsgesellschaft MOHU Zrt. schließen oder sich bei der Abfallbehörde registrieren.

1.4 Markierung

Keine besonderen Markierungsvorschriften. Rücksprache mit dem Importeur empfohlen.

1.5 Mustersendungen

Muster und Warenproben werden zollfrei abgefertigt. Vorübergehende Einfuhr mit Carnet A.T.A.

2 Dokumente

2.1 Eisenbahn- und Lkw-Verkehr

Bitte beachten: Die Einführung des elektronischen Kontrollsystems EKAER für Straßentransporte erleichtert die Warenverfolgung und stellt sicher, dass zuvor eine Meldung an die Finanzbehörden erfolgte. Folgende Daten werden übermittelt: Absender, Empfänger, Bruttogewicht, Lkw-Kennzeichen, Transportbeginn und -ende. Weitere Informationen stellt die AHK Ungarn zur Verfügung.

2.1.1 Frachtbrief

a) für Güter: ein internationaler Frachtbrief für Frachtgut oder Eilgut;
b) für Expressgut: ein internationaler Expressgutschein.

Nachnahmen und Barvorschüsse sind nicht zugelassen.

2.1.2 Handelsrechnungen

Rechnungsangaben laut Kaufvertrag. Die Rechnung muss die USt-Identifikationsnummern (UID-Nr.) von Exporteur und Importeur enthalten sowie den Hinweis „steuerfreie innergemeinschaftliche Lieferung" oder „steuerfrei nach § 4 Nr. 1b UStG", sonst ist MwSt. zu berechnen. Außerdem noch folgender Vermerk in der Rechnung: „tax free intra-community despatch/delivery". Die Bedingungen des § 6a UStG müssen eingehalten sein.

Bei Dual-Use-Gütern ist in den Papieren ein ausdrücklicher Vermerk anzubringen, dass bei der Ausfuhr aus dem Gebiet der EU eine Kontrolle der Waren stattzufinden hat.

Für Nichtgemeinschaftswaren sind Rechnungen mit folgenden Informationen notwendig, z.B. Ausstellungsort und -datum, detaillierte Produktbezeichnung, Menge, Art und Anzahl der Pakete mit Angabe von Nummer und Marke, Namen und Anschriften von Aus- und Einführer, Lieferbedingungen mit fob-Wert, cif-Kosten und -Wert bzw. cfr-Wert, Zahlungsbedingungen, Rechnungsnummer, Beförderungsart, Gesamtbetrag sowie das Ursprungsland. Keine Unterzeichnung der Rechnungen und keine Bescheinigungen erforderlich.

2.1.3 Ursprungszeugnisse

Ursprungszeugnis nur auf Anforderung.

2.1.4 Intrastat-Meldung

Auf Grundlage des Änderungsgesetzes zum Außenhandelsstatistikgesetz (AHStatG-ÄndG) vom 5. März 2025 gelten rückwirkend zum 1. Januar 2025 neue Schwellenwerte für die Intrahandelsstatistik: Für Wareneingänge liegt die Meldegrenze nun bei 3.000.000 €, für Versendungen bei 1.000.000 €.

Wird eine dieser Grenzen im laufenden Kalenderjahr überschritten, beginnt die Meldepflicht im Monat der Überschreitung.

Die Daten können online an das Statistische Bundesamt übermittelt werden. Weitere Informationen sind unter www.destatis.de abrufbar (Suchbegriff: „Intrastat") oder telefonisch unter 0611 753965, per Fax: 0611 754525 oder per E-Mail: gruppe-vb@destatis.de.

2.1.5 Gesundheitszeugnisse

Für tierische Produkte muss ein Gesundheitszeugnis vorgelegt werden. Pflanzen und damit zusammenhängende Produkte benötigen ein Pflanzengesundheitszeugnis (www.julius-kuehn.de).

2.1.6 Qualitätszertifikate

Bestimmte Waren, wie z.B. Lebensmittel, Baustoffe, Kinderspielzeug, die keine CE-Kennzeichnung haben, müssen zertifiziert werden. Auskunft gibt: Intzet KERMI in Budapest, Tel. +361 2109570, Internet: www.kermi.hu.

2.2 Luftfrachten

Zollflughafen: Budapest (BUD)

2.2.1 Luftfrachtbrief

Eine Ausfertigung des Luftfrachtbriefes.

2.2.2

Siehe unter Eisenbahnverkehr 2.1.2–2.1.6.

2.3 Postverkehr

2.3.1 Paketkarte

Keine Zollformulare. Höchstgewicht: 31,5 kg, Vertragskunden: 30 kg.

2.3.2

Siehe unter Eisenbahnverkehr 2.1.2–2.1.6.

3 Adressen

Auslandshandelskammer

Deutsch-Ungarische Industrie- und Handelskammer
Német-Magyar Ipari és Kereskedelmi Kamara
Lövöház u. 30
H-1024 Budapest
Tel.: +36 13457600
E-Mail: info@ahkungarn.hu
www.ahkungarn.hu

Konsulate

Die Konsulatsadressen finden Sie jeweils mit Telefonnummer, E-Mail-Adresse, Homepage und Öffnungszeiten unter: https://www.auswaertiges-amt.de/de/service/laender.

4 Sonstiges

Kraftfahrzeugländerkennzeichen: H

República Oriental del Uruguay

Uruguay

1 Allgemeine Informationen

1.1 Kurzinfos

Landesvorwahl: +598

MEZ: –4 Std.

Spanisch

1 Peso Uruguayo (urug.$) =
100 Centésimos (ISO-Code: UYU)

Nach AWG frei vereinbar
Devisenbestimmungen von Uruguay beachten

Harmonisiertes System

Mitglied

Angeschlossen

Feiertage: Die Feiertage zu diesem Land finden Sie unter folgendem Link: https://www.timeanddate.de/feiertage/.

1.2 Einfuhr aus der Bundesrepublik

Importstopps betreffen Altfahrzeuge, exotische Tiere, Spezialsaaten, BPA-Babyfläschchen, Wegwerfhalme, E-Zigaretten samt Liquids, Spezialanstriche und Dieselaggregate. Die Nationale Zollbehörde (Dirección Nacional de Aduanas) modernisierte Handelsprozesse durch DUA-Sammelerklärungen und Digitalplattformen. Elektronische Prüfkanäle steigern die Grenzabfertigungseffizienz. Basisunterlagen wie Vorabrechnungen, Herkunftsnachweise und Inhaltslisten bleiben bei beschleunigter Online-Bearbeitung bestehen. Vernichtungsmittel tragen MGAP-konforme Volldeklarationen mit Aktivsubstanzen, Gebrauchsanleitungen, Gefahrenhinweisen und Schutzmaßnahmen. Bodenverbesserer brauchen Laboranalysen, Amtsbewilligungen, Händlererfassung und Spezialkennzeichnung.

Sehhilfen inklusive Lichtschutz und augenmedizinische Geräte verlangen Einfuhrpapiere. Heilmittel und Schönheitsartikel folgen Sonderregistrierungsregeln. Fertigpackungen zeigen spanischsprachige Volldeklaration: Produktname, Zusammensetzung, Nährstoffprofil, Füllmenge, Herkunftsgebiet, Händlerkontakt, Loskennung, Mindesthaltbarkeit und Verarbeitungshinweise. Futterstoffe meldet die DGSA vorab an. Verzehrprodukte passieren die Ministerio de Salud Pública-Erfassung und die Laboratorio Tecnológico-Freigabe. Verordnung 246/020 fordert Warnpiktogramme bei Zucker-Fett-Überschuss. Saatgut-Händler melden sich beim Instituto Nacional de Semillas. Ausschließlich institutseigene Sortenlisten sind importfähig mit entsprechenden Freigaben.

Botanikerzeugnisse, Baumfrüchte und Feldgemüse durchlaufen Händlererfassung, Importpapiere und Pflanzengesundheitsbescheinigungen bei den MGAP-Agrarbehörden. Lebendvieh und Tierverwertungsprodukte benötigen MGAP-Freigaben nebst Veterinärbescheinigungen. Das Industrie-Energie-Bergbau-Ressort genehmigt Gewebe, Fußbekleidung, Pflanzenextrakte, Konstruktionsstahl und Automobile.

1.3 Verpackung

Für Holzverpackungen gelten die Regelungen der ISPM Nr. 15. Heu und Stroh sind als Verpackungsmaterial zugelassen.

1.4 Markierung

Eine Ursprungskennzeichnung ist empfehlenswert; für verpackte Lebensmittel ist sie vorgeschrieben.

1.5 Mustersendungen

Muster und Warenproben bis 200 US-$ Handelswert können zollfrei abgefertigt werden. Es wird empfohlen, bei Sendungen, die über diesem Wert liegen, Rücksprache mit dem Importeur zu halten.

2 Dokumente

2.1 Seefrachten

Seehafen: Montevideo

2.1.1 Konnossemente

Order-Konnossemente unter Angabe einer Notify-Adresse zugelassen.

2.1.2 Handelsrechnungen

Die Handelsfaktura (Spanisch, Englisch, Portugiesisch), muss mit allen die Ware betreffenden Einzelheiten ausgestellt sein, wie z. B. exakte Produktbezeichnung, Einzel- und Gesamtpreis der Waren, Zahlungsbedingungen und -art sowie Rechnungsnummer und -datum. Außerdem sind die Namen und Adressen von Absender und Empfänger, Menge in handelsüblichen Einheiten und Lieferbedingungen und -ort anzugeben.

2.1.3 Ursprungszeugnisse

Deutsche Waren werden als „Republica Federal de Alemania (Union Europea)" oder schlicht „Union Europea" deklariert. Nahrungsmittel, Alkoholika, Pharmazeutika und Textilien erfordern häufig Herkunftsnachweise zur Bestätigung der Provenienz und Erfüllung lokaler Vorschriften durch Behörden oder Importeure. Regulierte Produktgruppen unterliegen verstärkten Dokumentationsanforderungen seitens uruguayischer Stellen oder Handelspartner. Handelsabkommen-Begünstigungen setzen Ursprungszertifikate zur Belegung von Zollermäßigungen oder -befreiungen voraus. Bestimmte Situationen machen Herkunftsbescheinigungen zwingend erforderlich.

2.1.4 Packlisten

Für Lieferungen in Containern erforderlich.

2.1.5 Gesundheitszeugnisse

Gesundheitszeugnis erforderlich für Tiere, tierische Erzeugnisse oder andere tierische Produkte. Ein phytosanitäres Zertifikat ist für Gemüse und Früchte sowie Erzeugnisse aus Pflanzen notwendig.

2.2 Luftfrachten

Zollflughafen: Montevideo (MVD)

2.2.1 Luftfrachtbrief

Eine Ausfertigung des Luftfrachtbriefes.

2.2.2

Siehe unter Seefrachten 2.1.2–2.1.5.

2.3 Postverkehr

2.3.1 Paketkarte

Eine oder drei Zollinhaltserklärungen (abhängig von Größe oder Gewicht der Pakete), Spanisch, Französisch oder Englisch. Höchstgewicht: 31,5 kg, Vertragskunden: 30 kg.

2.3.2

Siehe unter Seefrachten 2.1.2–2.1.5.

3 Adressen

Auslandshandelskammer

Deutsch-Uruguayische Industrie- und Handelskammer
Cámara de Comercio e Industria Uruguayo-Alemana
Plaza Independencia 831
CP. 11000 Montevideo, Uruguay
Tel.: +598 29011803, -29007965
Fax: +598 29085666
Geschäftszeiten: Mo.–Fr. 9.00–17.00 Uhr
E-Mail: comex@ahkurug.com.uy
https://uruguay.ahk.de/de/

Konsulate

Die Konsulatsadressen finden Sie jeweils mit Telefonnummer, E-Mail-Adresse, Homepage und Öffnungszeiten unter:
https://www.auswaertiges-amt.de/de/service/laender.

4 Sonstiges

Länder(-gruppen)kurzbezeichnung für bes. Zollsätze im Europäischen Zolltarif: SPGL
Kraftfahrzeugländerkennzeichen: ROU
Bezeichnung der Staatsangehörigen:
Uruguayer bzw. Uruguayerin

Usbekistan

1 Allgemeine Informationen

1.1 Kurzinfos

Landesvorwahl: +998

MEZ: +4 Std.

Usbekisch, Russisch, Englisch

1 Usbekistan-Sum (US) = 100 Tijin (ISO-Code: UZS)

Nach AWG frei vereinbar

Harmonisiertes System
Verzollung nach cif-Wert

Mitglied

Feiertage: Die Feiertage zu diesem Land finden Sie unter folgendem Link: https://www.timeanddate.de/feiertage/.

1.2 Einfuhr aus der Bundesrepublik

Usbekistan regelt die Einfuhr zahlreicher Waren strikt. Verboten ist sie etwa für Ethylalkohol und bestimmte ältere Fahrzeuge. Für andere Produkte – z.B. gebrauchte Spezialfahrzeuge oder psychoaktive Substanzen – sind Genehmigungen erforderlich; alkoholische und tabakhaltige Waren müssen vor dem Versand inspiziert werden. Viele Konsumgüter benötigen eine Zertifizierung sowie eine Kennzeichnung in usbekischer Sprache mit produktspezifischen Angaben. Zuständig ist die Uzbek Agency for Technical Regulation, 100049 Taschkent, Farobi-Str. 333A, +998 71 2449601, E-Mail: uzst@standart.uz. Für Alkohol, Arzneimittel und bestimmte Tabakwaren ist eine digitale Markierung vorgeschrieben. Gentechnisch veränderte Lebensmittel sind deklarationspflichtig. Pflanzliche und tierische Erzeugnisse erfordern offizielle Gesundheitsnachweise. Eine Rücksprache mit dem Importeur wird dringend empfohlen.

Bitte beachten: Einfuhrverbot für Ethylalkohol, Gebrauchtfahrzeuge und Fahrzeuge der Abgasnorm-Kategorien M2, M3 und N2.

1.3 Verpackung

Für Holzverpackungen gelten die Regeln des ISPM Nr. 15-Standards. Seemäßige, d. h. qualitativ hochwertige und wasserfeste Verpackung wird – auch bei Bahn- oder Lkw-Transport – erwartet. Die versandte Ware sollte auch eine einjährige Lagerung unter freiem Himmel unbeschadet überstehen. Genaue Vereinbarungen mit dem Importeur sind üblich.

1.4 Markierung

Für Packstücke empfohlen: „Made in Germany". Sämtliche Produkte (Empfehlung auch für Bedienungsanleitungen und Werbezettel) sind mit dem Ursprungsland zu kennzeichnen. Einige Produkte müssen Markierungen in usbekischer Sprache aufweisen. Eine Rücksprache mit dem Importeur ist zu empfehlen.

1.5 Mustersendungen

Keine Informationen bekannt.

2 Dokumente

2.1 Seefrachten

Seehafen: Keiner

2.1.1 Konnossemente

Voller Satz Konnossemente, keine Beglaubigung. Ausstellung an Order zulässig mit Angabe einer Notify-Adresse.

2.1.2 Handelsrechnungen

Handelsrechnung (zweifach), unterschrieben, in Englisch; der Zoll kann aber teilweise die Übersetzung ins Russische oder Usbekische verlangen. Die Rechnung muss neben den üblichen Angaben, wie z.B. genaue Mengen und Warenbezeichnungen, Brutto-/Nettogewichte, Lieferbedingungen, Beförderungsart, Einzel- und Gesamtwarenwerte, Marke, Nummern, Anzahl und Art der Versandstücke, Warenwert, Gesamtwert, auch die Angabe des Ursprungslandes „Federal Republic of Germany", den sechsstelligen HS-Code, die Importgenehmigungsnummer sowie die L/C-Nummer enthalten.

2.1.3 Ursprungszeugnisse

Ursprungszeugnisse mit der Angabe „Federal Republic of Germany (European Union)" werden gefordert. Anlagen müssen per Dienstsiegelabdruck des Ausstellers mit dem Ursprungszeugnis verbunden sein.

2.1.4 Packlisten

Fehlt in der Rechnung eine genaue Auflistung der Packstücke, sollte eine englischsprachige Packliste beigefügt werden. Sie sollte übersichtlich Angaben zu Marke, Nummer, Verpackung, Gewichten und Inhalt enthalten. Eine Abstimmung mit dem Importeur ist ratsam.

2.1.5 Garantieerklärung

Garantieerklärung kann gefordert werden. Hier ist u. a. zu bestätigen, dass die Waren dem neuesten technischen Stand entsprechen.

2.1.6 Ausfuhrzollanmeldung

Eine Ausfuhrzollanmeldung wird für Zollvergünstigungen benötigt bei der Einfuhr. Diese Ausfuhrzollanmeldung muss als Original (Kopie derselben) oder als Ausdruck (elektronische Anmeldung) und zuvor vom Importeur oder von der Zollbehörde des Ausfuhrlandes bestätigt und vorgelegt werden. Die Ausfuhrzollanmeldung möglichst auf Russisch, Usbekisch oder Englisch.

2.1.7 Gesundheitszeugnis

Pflanzen, pflanzliche Erzeugnisse und Saaten benötigen ein Pflanzengesundheitszeugnis, Tiere und Tierprodukte eine amtliche Veterinärbescheinigung.

2.2 Eisenbahnverkehr

2.2.1 Frachtbrief

Ein internationaler Frachtbrief.

2.2.2

Siehe unter Seefrachten 2.1.2–2.1.7.

2.3 Luftfrachten

Zollflughäfen: Taschkent (TAS), Buchara, Fergana, Samarkant, Andijon, Farg Ona, Karschi, Namangan, Navoiy, Nukus, Termez, Urganch u.a.

2.3.1 Luftfrachtbrief

Eine Ausfertigung des Luftfrachtbriefes.

2.3.2

Siehe unter Seefrachten 2.1.2–2.1.7.

2.4 Postverkehr

2.4.1 Paketkarte

Zwei Zollinhaltserklärungen, Französisch, Englisch. Höchstgewicht 20 kg.

2.4.2

Siehe unter Seefrachten 2.1.2–2.1.7.

3 Adressen

Auslandshandelskammer

Delegation der Deutschen Wirtschaft für Zentralasien
German Industry and Commerce
Taschkent 100000
OOO German Industry and Commerce
BC Trilliant
Tower 2, 9th Floor 2, Shahrisabz Street
Tel.: +998 71 2050250
Geschäftszeiten: Mo.–Fr. 8.00–12.00 Uhr, 13.00–17.00 Uhr
E-Mail: atabek.alimdjanov@ahk-za.kz
zentralasien.ahk.de

Konsulate

Die Konsulatsadressen finden Sie jeweils mit Telefonnummer, E-Mail-Adresse, Homepage und Öffnungszeiten unter:
https://www.auswaertiges-amt.de/de/service/laender.

1 Allgemeine Informationen

1.1 Kurzinfos

Landesvorwahl: +678

MEZ: +10 Std.

Englisch, Französisch

1 Vatû (Vt) = 100 Centimes (ISO-Code: VUV)

Nach AWG frei vereinbar Devisenbestimmungen von Vanuatu beachten

Harmonisiertes System

Mitglied

Feiertage: Die Feiertage zu diesem Land finden Sie unter folgendem Link: https://www.timeanddate.de/feiertage/.

1.2 Einfuhr aus der Bundesrepublik

Mitglied des Abkommens EU-AKP. Importlizenzen teilweise erforderlich, z.B. für Tiere, Pflanzen, pflanzliche Produkte, gebrauchte Maschinen, Werkzeuge und Haushaltswaren.

1.3 Verpackung

Heu, Stroh, Häcksel und Flachs dürfen nicht verwendet werden. Auf starke und wasserdichte Verpackung achten.

2 Dokumente

2.1 Seefrachten

Seehäfen: Port Vila, Santo u.a.

2.1.1 Zollfaktura

Zollfaktura, dreifach, Englisch. Keine Beglaubigung. Ursprungsland „Federal Republic of Germany" auf der Invoice-Seite angeben. Das Feld Origin nur bei britischen Produkten befüllen, für die Zollpräferenzen gelten.

2.1.2 Handelsrechnungen

Handelsrechnung keine besonderen Vorschriften.

2.1.3 Ursprungszeugnisse

Ursprungszeugnis nicht erforderlich.

2.1.4 Gesundheitszeugnisse

Gesundheitszeugnis für Tiere und tierische Produkte sowie Gesundheitsattest bei der Einfuhr von Pflanzen erforderlich, ausgestellt von der zuständigen amtlichen Pflanzenschutzstelle (www.julius-kuehn.de).

2.1.5 Warenverkehrsbescheinigung

Warenverkehrsbescheinigung EUR.1 bzw. Präferenz-Ursprungsnachweis nicht erforderlich.

2.2 Luftfrachten

Zollflughäfen: Espiritu Santo, Port Vila

2.2.1

Siehe unter Seefrachten 2.1.1–2.1.5.

2.3 Postverkehr

2.3.1 Paketkarte

Höchstgewicht 25 kg, eine Zollinhaltserklärung, Englisch oder Französisch, begleitet die Ware.

2.3.2

Siehe unter Seefrachten 2.1.2–2.1.5.

3 Adressen

Konsularische Vertretung

Botschaft in Canberra (Australien) Internet: www.canberra.diplo.de

Venezuela

1 Allgemeine Informationen

1.1 Kurzinfos

Landesvorwahl: +58

MEZ: –5,5 Std.

Spanisch

1 Bolívar Fuerte (B) = 100 Céntimos (ISO-Code: VEF)

Nach AWG frei vereinbar Devisenbestimmungen von Venezuela beachten

Harmonisiertes System

Mitglied

Feiertage: Die Feiertage zu diesem Land finden Sie unter folgendem Link: https://www.timeanddate.de/feiertage/.

1.2 Einfuhr aus der Bundesrepublik

Importstopps erfassen alte kfz und Verschleißreifen, bestimmte Pestizide und Industriechemie, Krokydolith-Asbest, diverse Schlacken, Verbrennungsreste, Schmierstoffabfälle, Atomschrott, ausgebrannte Reaktorkerne, halogenierte Kohlenwasserstoffe sowie Medikamentenreste. Inlandsäquivalente folgen CONVENIN-Qualitätsrichtlinien. Zollpapiere verlangen Konformitätsbescheinigungen vom Servicio Autónomo Nacional de Normalización, Calidad, Metrología y Reglamentos Técnicos. Händlerabsprachen sind ratsam. Automobile brauchen Umweltressort-Abgasnachweise. Kälteanlagen dürfen Problemstoffe wie Tetrachlorkohlenstoff nicht verwenden. Ozonkiller unterliegen Ministerio del Poder Popular para el Ambiente-Freigaben mit Händlererfassung zum Atmosphärenschutz.

Vernichtungsgifte und Bodenhilfsstoffe durchlaufen INSAI-Anmeldung plus Einzelfreigaben. Arzneien und Medizintechnik melden sich beim Instituto Nacional de Higiene „Rafael Rangel“ oder bei der SACS. Kosmetika passieren MPPS-Erfassung mit Voranmeldung und Produktionsqualitäts-Belegen. Fertignahrung zeigt spanische Volldeklaration: Artikelname, Handelsmarke, Füllgewicht, Industrienutzung, Rezeptur, Produzentenkontakt, Herkunftsgebiet, Loskennung, Haltbarkeitsende, Aufbewahrungsregeln, Kochanleitungen, Nährstoffprofil und Bestrahlungshinweise. Genussmittel und Spirituosen erfordern MINPAL-Anmeldung. Alle Produkte benötigen SACS-Erfassung mit beglaubigten Verkaufsfreigaben aus den Herstellerländern. Sonderregeln gelten für Rohware, Fabrikzutaten, Direktverzehr und Reinsubstanzen. Jeder Import braucht eine Amtsfreigabe.

Vieh- und Pflanzenimporteure erfassen sich bei INSAI für Einfuhrbewilligungen. Güter brauchen Veterinär- oder Pflanzenschutzzertifikate. Spezialwaren wie Automobile, Meerestiere und Fischprodukte verlangen Sonderlizenzen. Außenwirtschaftsgeschäfte erfordern Währungsvorantrage beim Centro Nacional de Comercio Exterior. Bestimmte Erzeugnisse benötigen Inlandsproduktions-Mangelbescheinigungen.

1.3 Verpackung

Es ist nicht zu empfehlen, Heu und Stroh zu verwenden (Vorlage eines Desinfektionszeugnisses), gebrauchte Säcke sind verboten. Für Holzverpackungen gelten die Vorschriften der internationalen ISPM Nr. 15-Norm. Eine Rücksprache mit dem Einführer ist empfehlenswert.

1.4 Markierung

Eine Ursprungskennzeichnung ist notwendig, insbesondere für Nahrungsmittel, Textilien, Schuhe.

1.5 Mustersendungen

Als Muster gekennzeichnet oder unbrauchbar gemachte Waren sind zollfrei einzuführen. Nach Genehmigung durch die Zollstelle dürfen auch – im Rahmen bestimmter Mengen-, Art- und Wertbeschränkungen – Produktproben für Registrierungen, Tests, Studien, Prüfungsverfahren oder Analysen eingeführt werden.

2 Dokumente

2.1 Seefrachten

Seehäfen: La Guaira, Maracaibo, Puerto Cabello, Punta Cardon u.a.

2.1.1 Konnossemente

Ein Indossament auf dem Konnossement kann eine andere als die in der Zollerklärung genannte Person bestätigen. Ein von der Bank oder vom Einführer ausgestellter Zahlungsbeleg kann ersatzweise für die Zollerklärung verwendet werden, wenn der Empfänger kein Original des Konnossements hat.

2.1.2 Handelsrechnungen

Handelsfaktura (zweifach, Spanisch), unbedingt mit allen die Ware betreffenden Einzelheiten, wie z.B. Lieferbedingungen (fob, cif, cfr usw.), Brutto- und Nettogewicht sowie Volumen jedes einzelnen Packstücks, Name und Adressen von Versender und Empfänger, exakte Produktbeschreibung, Menge in Handelseinheiten, Handelsbezeichnung, Einzelpreise, Gesamtpreis, Ort der Lieferung, Zahlungsbedingungen, rechtsgültige Unterschriften vom Hersteller und/oder Exporteur. Es können der Rechnung auch Dokumente beigegeben werden, die Informationen über die Handelsbezeichnung, Warenbeschreibung, Gewichte, Volumen, Preise, Einheiten oder Lieferbedingungen/-ort enthalten. Es genügt, den Kaufvertrag bei der Zollerklärung beizufügen, die Handelsrechnung muss aber innerhalb von 30 Tagen nachgereicht werden.

2.1.3 Ursprungszeugnisse

Ursprungszeugnisse mit der Angabe „República Federal de Alemania" auf Anforderung.

2.1.4 Gesundheitszeugnisse

Sanitäres oder phytosanitäres Gesundheitsattest für lebende Tiere und Pflanzen, tierische und pflanzliche Erzeugnisse erforderlich.

2.2 Luftfrachten

Zollflughäfen: Barcelona, Barquisimeto, Caracas (CCS), Las Piedras, Maracaibo, Maturin, Porlamar, Puerto Ordaz, Valencia

2.2.1 Luftfrachtbrief

Eine Ausfertigung des Luftfrachtbriefes.

2.2.2

Siehe unter Seefrachten 2.1.2–2.1.4.

2.3 Postverkehr

2.3.1 Paketkarte

Ein oder drei Zollinhaltserklärungen, Spanisch. Höchstgewicht: 31,5 kg, Vertragskunden: 30 kg.

2.3.2

Siehe unter Seefrachten 2.1.2–2.1.4.

3 Konsulatsgebühren

Für eine Legalisierung (falls vom Einführer verlangt) müssen vorbeglaubigte Dokumente mit Kopien bei der Konsularabteilung der Botschaft bzw. dem Generalkonsulat eingereicht werden. Die Höhe der Gebühren sowie die Bankverbindung sind anzufragen. Ein Rückumschlag (frankiert für ein Einschreiben) muss den Unterlagen, die mit der Post verschickt werden, beigefügt werden.

4 Adressen

Auslandshandelskammer

Deutsch-Venezolanische Industrie- und Handelskammer
Cámara de Comercio e Industria Venezolano-Alemana
Av. San Felipe
Centro Coinasa Piso 4
Urb. La Castellana. 1060-A
Caracas, Venezuela
Tel.: +58 2122773811
Geschäftszeiten: Mo.–Fr. 8.00–12.00 Uhr, 13.00–17.00 Uhr
E-Mail: ahkvenezuela@cavenal.org
www.venezuela.ahk.de

Konsulate

Die Konsulatsadressen finden Sie jeweils mit Telefonnummer, E-Mail-Adresse, Homepage und Öffnungszeiten unter:
https://www.auswaertiges-amt.de/de/service/laender.

Vereinigte Arabische Emirate*

1 Allgemeine Informationen

1.1 Kurzinfos

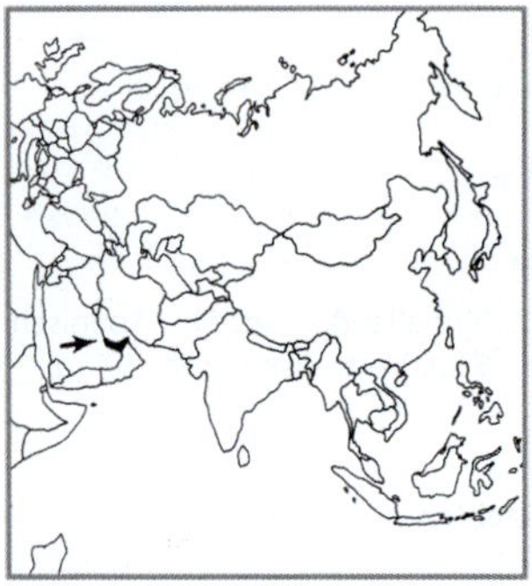

Landesvorwahl: +971

MEZ: +3 Std.

Arabisch, Englisch

1 VAE-Dirham (DH) = 100 Fils (ISO-Code: AED)

Nach AWG frei vereinbar Devisenbestimmungen der VAE beachten

Harmonisiertes System

Mitglied

Angeschlossen (nur für Messegut)

Feiertage: Die Feiertage zu diesem Land finden Sie unter folgendem Link: https://www.timeanddate.de/feiertage/.

1.2 Einfuhr aus der Bundesrepublik

Die Einfuhr setzt eine gültige, jährlich zu verlängernde Gewerbelizenz voraus, die die betreffenden Warengruppen abdeckt. Ausländische Niederlassungen dürfen nur mit entsprechender Genehmigung importieren. Für bestimmte Erzeugnisse – etwa Alkohol, medizinische Geräte, Arzneimittel, Düngemittel oder Kommunikationstechnik – ist eine spezielle Importerlaubnis erforderlich. Der Import einiger Produkte, wie Glücksspielautomaten, Schweine oder ozonschädlicher Substanzen, ist untersagt. Zahlreiche Waren unterliegen technischen Vorgaben auf der Basis nationaler, GSO- oder ISO-Normen. Artikel wie Elektrogeräte, Fahrzeugkomponenten, Schmierstoffe und Tabakwaren müssen diesen Standards entsprechen. Für bestimmte Spielzeuge und Niederspannungsgeräte ist die G-Mark-Zertifizierung und -Kennzeichnung (www.gso.org.sa) verpflichtend. Tier- und Pflanzenprodukte müssen vom Umweltministerium genehmigt werden.

Lebensmittel benötigen eine Zulassung, Registrierung und Etikettierung auf Arabisch, optional ergänzt durch Englisch. Herkunft, Herstellungs- und Verfallsdatum sind anzugeben. Für essbare Produkte wird ein Analysezertifikat empfohlen. Alkohol ist genehmigungspflichtig. Tabakerzeugnisse dürfen nur mit Digital Tax Stamp (DTS) („Digital Tax Stamp", siehe www.tax.gov.ae, Stichwort „DTS") und grafischen Warnhinweisen eingeführt werden. Fleischprodukte benötigen ein Gesundheitszeugnis, ein Halal-Zertifikat und – bei Schweinefleisch – eine separate Verpackung. Lebende Tiere müssen vorab angemeldet und veterinärmedizinisch geprüft sein. Bei Seuchenausbrüchen sind zusätzliche Nachweise möglich.

Pflanzliche Produkte erfordern ein Pflanzengesundheitszeugnis und ggf. einen Strahlungsnachweis. Medizinische Erzeugnisse und Arzneien sind registrierungspflichtig und müssen korrekt etikettiert sein. Auf Verpackungen dürfen bestimmte bildliche Darstellungen nicht erscheinen. Welche Abbildungen unzulässig sind, kann im Einzelfall beim Importeur erfragt werden. Eine Abstimmung mit dem Handelspartner ist in allen Fällen ratsam.

1.3 Verpackung

Keine alten Zeitungen als Einwickelpapier benutzen. Keine Vorschriften über Heu und Stroh als Verpackungsmaterial sind bekannt. Auf witterungsbeständige, starke Verpackung achten. Aufschriften, die zur umsichtigen Handhabung der Packstücke auffordern, sollten auf Arabisch verfasst sein.

1.4 Markierung

Jedes Packstück muss klar und dauerhaft mit Angaben zu Marke, Nummer, Hersteller, Exporteur,

* United Arab Emirates

Importeur (inkl. Name, Adresse, Telefonnummer), Ursprungsland, Zielort sowie Brutto- und Nettogewicht versehen sein. Diese Kennzeichnung muss mit den Angaben in den Versanddokumenten übereinstimmen. Bezeichnungen mit „Gulf" sollten vermieden werden – nur „Arabian Gulf" wird akzeptiert. Hinweise zur Handhabung sollten möglichst auf Arabisch erfolgen. Die Angaben müssen mit den Versandpapieren übereinstimmen. „Arabian Gulf" ist die einzig zulässige Golfbezeichnung. Handhabungshinweise sollten möglichst auf Arabisch erfolgen.

1.5 Mustersendungen

Die vorübergehende Einfuhr für maximal sechs Monate (verlängerbar nach entsprechendem Antrag) von Mustern, Messe- und Ausstellungswaren erfolgt nach einer elektronischen Zollanmeldung zur vorübergehenden Verwendung (Temporary Admission) und durch das Hinterlegen einer Sicherheit oder mit einem Carnet A.T.A. (in Dubai und Abu Dhabi nur an bestimmten Zollstellen). Die Einfuhr ist auf Antrag auf zwölf Monate verlängerbar. Rechnungen, Ursprungszeugnisse und Packlisten sind beizufügen. Das Versenden von Warenmustern, die eigentlich zollpflichtige Musterprodukte sind, ist nicht gestattet.

2 Dokumente

2.1 Seefrachten

Die Voranmeldung der Schiffe bei der Hafenbehörde muss mindestens 48 Stunden vor der geplanten Ankunft des Schiffes erfolgen (Ship Pre-Arrival Notification Report).

Seehäfen: Khalifa Port, Fudjairah, Jebel Ali, Mina Saqr, Al Fujairah, Khor Fakkan, Mina Rashid

2.1.1 Konnossemente

Voller Satz Konnossemente. B/L an Order zulässig, dann aber mit Notify-Adresse. Keine Beglaubigung.

2.1.2 Handelsrechnungen

Eine Handelsrechnung, fünffach, in Englisch. Neben den handelsüblichen Angaben, wie z.B. Adressdaten des Verkäufers, Käufers und Empfängers, Marke, Nummer, Anzahl und Art der Packstücke, genaue Warenbezeichnung, HS-Zolltarifnummer, Brutto-/Nettogewichte, Einzel-/Gesamtpreis, Gesamtverkaufswert, Hafen der Verladung und der Abfahrt, ist das Ursprungsland anzugeben. Neben der Warenbezeichnung sollte die Zolltarifnummer des Harmonisierten Systems angegeben werden, um Verzögerungen bei der Abfertigung zu vermeiden. Am Schluss der Rechnung ist folgende Erklärung anzufügen: „We hereby declare that the mentioned merchandise is being exported for our own account. The goods are of pure German origin." Im Falle eines Warenursprungs in einem anderen Land oder in mehreren Ländern ist die Formulierung entsprechend anzupassen. Falls der Käufer eine Herstellererklärung verlangt, so ist die Erklärung zu ergänzen um „The goods are manufactured by ..." Wenn die Rechnung aus mehreren Seiten besteht, so müssen diese vom Exporteur an einer Ecke umgeknickt und mit einem Abdruck des Firmenstempels versehen werden. Eine Bescheinigung durch die Handelskammer, eine Legalisierung durch die Konsularabteilung zusammen mit dem Ursprungszeugnis sind erforderlich (siehe Kapitel 3, „Konsulatsgebühren").

In manchen Fällen fordert der Importeur über das eDAS-System eine Online-Bescheinigung der Handelsrechnung. Die dabei vergebene eDAS-Referenznummer muss bei der Einfuhranmeldung angegeben werden.

2.1.3 Ursprungszeugnisse

Ein Ursprungszeugnis (dreifach) ist nur in Ausnahmefällen (z.B. Reexport) erforderlich. Auf der Rückseite ist folgende Erklärung anzubringen: „We hereby declare that the mentioned merchandise is being exported for our own account. The goods are of pure German origin." Im Falle eines Warenursprungs in einem anderen Land oder in mehreren Ländern ist die Formulierung entsprechend anzupassen. Eine Unterschrift und eine Bescheinigung durch die Handelskammer sind erforderlich. Zur Legalisierung sind das Original und zusätzlich eine Kopie zum Verbleib im Konsulat einzureichen. Für Waren mit Ursprung in Deutschland ist anzugeben: „Federal Republic of Germany (European Union)". Wird eine Herstellererklärung separat gefordert, so ist auf der Rückseite die aufgeführte Erklärung „The goods are manufactured by ..." (Name und Adresse) zu ergänzen.

Eine Rücksprache mit dem Importeur ist empfohlen. In manchen Fällen fordert der Importeur über das eDAS-System eine Online-Bescheinigung des Ursprungszeugnisses. Die dabei vergebene eDAS-Referenznummer muss bei der Einfuhranmeldung angegeben werden.

2.1.4 Packlisten

Packlisten (4-fach) mit Angabe des HS-Codes sind erforderlich. Eine genaue Aufstellung der einzelnen Packstücke mit Marke, Nummer, Anzahl und Art der Verpackung, Inhaltsangabe wird empfohlen.

2.1.5 Gesundheitszeugnisse

Fleisch und lebende Tiere benötigen ein Gesundheitszeugnis. Schweinefleisch muss deutlich gekennzeichnet sein. Lebende Tiere benötigen eine Importgenehmigung des Ministry of Climate Change and Environment. Ein amtliches Gesundheitszertifikat ist für Pflanzen und Pflanzenprodukte, ausgestellt im Ursprungsland erforderlich; ggf. ist auch eine Negativbescheinigung über Radioaktivität notwendig.

2.2 Luftfrachten

Zollflughäfen: Abu Dhabi (AUH), Dubai (DXB), Fujairah (FJR), Sharjah (SHJ), Ras Al Khaimah (RKT)

2.2.1 Luftfrachtbrief

Luftfrachtbrief erforderlich.

2.2.2

Siehe unter Seefrachten 2.1.2–2.1.5.

2.3 Postverkehr

2.3.1 Paketkarte

Eine Zollinhaltserklärung (Englisch). Höchstgewicht 31,5 kg. Nur geläufige Paketformen sind empfohlen.

2.3.2

Siehe unter Seefrachten 2.1.2–2.1.5.

3 Konsulatsgebühren

Für Importe in die VAE ist bei einem Warenwert ab 10.000 AED die elektronische Bescheinigung der Handelsrechnung über das eDAS-System erforderlich. Diese erfolgt durch den Importeur oder dessen Dienstleister vor Ort und erzeugt eine eDAS-Referenznummer, die in der Zollanmeldung anzugeben ist. Optional können auch Ursprungszeugnisse bestätigt werden. Die Gebühr beträgt 150 AED pro Handelsrechnung. Bei geringeren Warenwerten entfällt die Pflicht. Informationen dazu finden sich unter www.mofaic.gov.ae (unter Services > Services for Businesses > Commercial Invoice Attestation (via eDAS 1.0/2.0)).

Die Legalisierung weiterer Dokumente erfolgt über den MoFA-Online-Service (https://mofaic.gov.ae/en/Services/attestation). Die Einreichung ist ausschließlich über die Ghorfa Arab-German Chamber of Commerce and Industry, Garnisonkirchplatz 1, 10178 Berlin (Tel. +49 30 278907-0, info@ghorfa.de) möglich. Beizufügen ist ein formloses Anschreiben mit Angabe der einzureichenden Unterlagen, des Legalisierungszwecks sowie vollständiger Kontaktdaten.

Für jedes Dokument fällt ein Ghorfa-Entgelt von 32 EUR an, zahlbar im Voraus auf das Konto der Ghorfa (IBAN: DE46 1007 0000 0434 9510 00, BIC: DEUTDEBBXXX, Deutsche Bank AG, Berlin). Die Zahlungsbestätigung ist den Unterlagen beizulegen. Konsulatsgebühren sind separat über den MoFA-Service zu entrichten. Die Rücksendung erfolgt nach vollständiger Zahlung. Die Botschaft erhält je eine Kopie aller Dokumente.

Handelsrechnungen und Ursprungszeugnisse müssen vorab gemeinsam von der zuständigen IHK bescheinigt werden; eine Endbeglaubigung durch das BfAA ist nicht erforderlich. Für alle anderen Unterlagen ist eine BfAA-Endbeglaubigung vorgeschrieben, mit vorheriger Bestätigung durch Notar, Landgericht oder Behörde. Handschriftliche Dokumente werden nicht akzeptiert; die Empfängeradresse muss deutlich sichtbar sein.

4 Adressen

Auslandshandelskammer

Deutsch-Emiratische Industrie- und Handelskammer (AHK)
German Emirati Joint Council for Industry and Commerce (AHK)
U-BORA Office Tower
27th floor, Office 2701
Al Abraj Street (Masri Drive), Business Bay
Dubai
Tel.: +971 44470100
E-Mail: info@ahkuae.com
https://vae.ahk.de/

Standort Abu Dhabi:
Abu Dhabi Mall, East Tower, 1st Floor, Office 104
P.O.Box 54702, Abu Dhabi, VAE
Tel.: +971 26455200
E-Mail: karin.zangerl@ahkuae.com

Konsulate

Die Konsulatsadressen finden Sie jeweils mit Telefonnummer, E-Mail-Adresse, Homepage und Öffnungszeiten unter:
https://www.auswaertiges-amt.de/de/service/laender.

5 Sonstiges

Vereinigte Arabische Emirate, gegründet 2.12.1971. Sie bestehen aus den früheren „Trucial States“: Abu Dhabi, Ajman, Dubai, Fujairah, Ras-al-Khaimah, Sharjah und Umm al-Quaiwain. Hauptstadt ist Abu Dhabi.
Länder(-gruppen)kurzbezeichnung für bes. Zollsätze im Europäischen Zolltarif: SPGL
Kraftfahrzeugländerkennzeichen: UAE

Vereinigte Staaten von Amerika*

1 Allgemeine Informationen

1.1 Kurzinfos

Landesvorwahl: +1

Ostzeit: MEZ = –6 Std., Zentralzeit: MEZ = –7 Std., Gebirgszeit: MEZ = –8 Std., Pazifik: MEZ = –9 Std.

Englisch

1 US-$ = 100 Cents (ISO-Code: USD)

Nach AWG frei vereinbar Devisenbestimmungen der USA beachten

Harmonisiertes System, Verzollung nach fob-Wert

Mitglied

Angeschlossen Komplett in englischer Sprache ausfüllen

Angeschlossen

Feiertage: Die Feiertage zu diesem Land finden Sie unter folgendem Link: https://www.timeanddate.de/feiertage/.

1.2 Einfuhr aus der Bundesrepublik

In den USA gelten für viele Warengruppen spezielle Importvorschriften, die sich häufig ändern. Einfuhrlizenzen sind meist nicht erforderlich, außer bei bestimmten Aluminiumerzeugnissen – hier greift das Überwachungssystem AIM des Handelsministeriums. Exporteure sollten sich vorab beim Importeur über aktuelle Bestimmungen informieren. Besonders strenge Regelungen betreffen Lebensmittel, Alkohol, Medikamente, Kosmetika, chemische Stoffe, Konsumgüter, elektronische Geräte, Textilien und Fahrzeuge. Die USA beschränken Importe aus Ländern wie der Demokratischen Republik Kongo, dem Iran, Kuba, Nordkorea, Russland, Simbabwe, Somalia, Syrien und der Ukraine durch umfassende Sanktionen. Besteht der Verdacht, dass Waren unter Kinder- oder Zwangsarbeit entstanden sind, kann die Zollbehörde (CBP) diese per „Withhold Release Order“ zurückhalten und ggf. beschlagnahmen. Betroffen sind u. a. Lebensmittel, Baumwolle, Elektronik und Eisenwaren. Es gilt, eine Liste des US Department of Labor zu beachten. Strenge Sicherheitsvorgaben erfordern im Seeverkehr eine Vorabmeldung (24 Std. vor Beladung) der Fracht- und Importdaten, etwa über die „Container Security Initiative“ und das „Importer Security Filing“. Im Luftfrachtbereich sind seit November 2024 präzise Produktbeschreibungen Pflicht – ungenaue Angaben führen zu Verzögerungen bei der Abfertigung. Details und Beispiele bietet die CBP-Website.

Lebensmittelimporte erfordern eine Registrierung bei der FDA, einen US-Agenten, eine Voranmeldung jeder Lieferung (Prior Notice) sowie die Einhaltung der Vorgaben des FSMA und und des FD&Act. Die zweijährige Registrierung muss dabei stets im vierten Quartal eines geraden Jahres erneuert werden. Dazu zählen Etikettierungsvorschriften, Nährwertangaben, Allergenkennzeichnung und ggf. wissenschaftlich belegte Gesundheitsangaben. Für Milchprodukte gelten Importquoten des USDA; Fleisch und Geflügel dürfen nur aus zugelassenen Ländern importiert werden, oft sind Gesundheitszertifikate nötig. Unternehmen, die Schweinefleisch oder daraus hergestellte Produkte ausführen möchten, müssen sich beim Bundesamt für Verbraucherschutz und Lebensmittelsicherheit (BVL) registrieren lassen. Pflanzliche Produkte unterliegen dem Lacey Act und den Vorschriften der APHIS. Haushaltsgeräte wie Kühlschränke, Waschmaschinen oder Lampen müssen Energiestandards erfüllen und entsprechend gekennzeichnet sein. Fahrzeuge und Zubehör müssen den FMVSS entsprechen. Ein Nachweis ist erforderlich; nicht konforme Fahrzeuge dürfen nur von registrierten Importeuren eingeführt und angepasst werden. Angaben zu Kraftstoffver-

* United States of America mit American Virgin Islands

brauch und Emissionen sind sichtbar am Fahrzeug anzubringen. Bei Gebrauchtwagen ist ggf. eine EPA-Umwelterklärung vorzulegen. Konsumgüter unterliegen der Kontrolle der CPSC, inklusive Konformitätszertifikat. Kinderprodukte benötigen unabhängige Labortests, etwa auf Bleigehalt, Kleinteile oder Phthalate. Elektronische Geräte mit Hochfrequenztechnik benötigen eine FCC-Zulassung. Je nach Gerät sind Konformitätserklärungen oder Zertifizierungen durch TCBs nötig, inklusive FCC-Registrierungsnummer.

Tiere und Pflanzen dürfen ohne Importgenehmigung nicht eingeführt werden. Alkoholimporte erfordern eine TTB-Importlizenz (Federal Importer's Basic Permit), für die ein Business Office in den USA oder ein lizenzierter Importeur nötig ist. Dem Antrag müssen zudem Verträge zwischen Importeur und ausländischem Zulieferer oder ein „Letter of Intent" beigefügt werden. Für Getränke über 7 Vol.-% sind genehmigte Etiketten (COLA) erforderlich. Für bestimmte Weinarten ist ein Produktionszertifikat erforderlich. Auch Probeflaschen bedürfen einer Sondergenehmigung. Zusätzlich gelten weiterhin FDA-Vorgaben. Für viele Waren ist ein Manufacturer Identification Code (MID) anzugeben, bestehend aus ISO-Ländercode, Name und Adresse des Herstellers. Bei mehreren Herstellern müssen alle Positionen identifizierbar sein. Textilien müssen Faserzusammensetzung (in Prozent), Ursprungsland, einen Beteiligten der Lieferkette und ggf. Pflege- sowie Entflammbarkeitskennzeichnung enthalten. Für Wollerzeugnisse und Pelze gelten zusätzliche Etikettierungspflichten. Importerlaubnisse sind auch für Erzeugnisse aus Tabak vorgeschrieben. Für Medikamente, medizinische Geräte und Kosmetikartikel ist eine FDA-Registrierung erforderlich. Kosmetikprodukte müssen seit dem 1.7.2024 verpflichtend registriert sein. Kontrollierte Substanzen unterliegen der DEA. Pestizide unterliegen den Vorschriften der EPA; Einfuhren müssen registriert und gemeldet werden. Für chemische Stoffe und Produkte mit Chemikalien gilt der TSCA: Einfuhrerklärungen sind erforderlich; die EPA ist über neue Stoffe zu informieren.

1.3 Verpackung

Holzverpackungsmaterial (WPM) wie Paletten, Container und Kisten unterliegt dem IPPC-Standard. Das Animal and Plant Health Inspection Service (APHIS) fordert gemäß 7 CFR 319.40 eine Wärmebehandlung oder Methylbromid-Begasung mit international anerkanntem Prüfzeichen vor dem US-Import. Eine nachträgliche Behandlung ist ausgeschlossen. National Plant Protection Organization (NPPO)-Programme des Exportlands überwachen Behandlung und Kennzeichnung. Auch Ausnahmen mit Massivholzkomponenten bleiben behandlungspflichtig. Informationen zu Kennzeichnungsanforderungen: American Lumber Standards Committee (ALSC, Tel.: +1 301 9721700), National Wood Pallet and Container Association (Tel.: +1 703 5196104). Das APHIS-Handbuch Tabelle 3-199 bietet weitere Informationen. Die FDA regelt Verpackungsbestimmungen für Lebensmittel, Arzneimittel und Kosmetika bundesweit. Einzelstaaten und lokale Jurisdiktionen erlassen zusätzliche Vorschriften zu Verwendung, Entsorgung und Recycling-Mindestanforderungen.

1.4 Markierung

Waren ausländischen Ursprungs müssen beim Import in die USA dauerhaft, gut sichtbar und in englischer Sprache mit dem Ursprungsland gekennzeichnet sein. Die Kennzeichnung muss zur Warenart passen und für den Endkunden erkennbar bleiben. Irreführende Zusatzangaben erfordern Zusätze wie „Made in...". Für deutsche Produkte sind „Germany" oder „Federal Republic of Germany" zulässig; „Made in the EU" reicht nicht aus. Fehlende Kennzeichnungen können Nachbesserung, Rücksendung oder Vernichtung zur Folge haben. Zusätzlich verlangt der „Fair Packaging and Labeling Act" Angaben zu Produkt, Gewicht, Hersteller oder Händler auf dem Etikett.

1.5 Mustersendungen

Muster ohne Handelswert oder mit einem Wert unter 1 USD sind zollfrei, wenn sie dauerhaft und vorschriftsgemäß mit „SAMPLE" gekennzeichnet sind. Für Tabak- und Alkoholmuster gilt eine Einschränkung: Nur einschlägige Handelsunternehmen dürfen pro Quartal ein Muster je Produkt zollfrei einführen. Die Mengen sind strikt begrenzt, z. B. auf 3 Zigaretten oder 100 ml Spirituosen. Muster, die nicht im Land verbleiben sollen, können vorübergehend mit Sicherheitshinterlegung oder per Carnet A.T.A. eingeführt werden.

2 Dokumente

2.1 Seefrachten

Seehäfen: Ostküste: Baltimore, Boston, New York, Newport News, Norfolk; Golfhäfen: Beaumont,

Vereinigte Staaten von Amerika

Brownsville/Texas, Corpus Christi, Galveston, Mobile, New Orleans, Tampa; Südatlantik: Charleston, Hamilton, Jacksonville, Miami, Port Everglades, Savannah; Westküste: Los Angeles, Oakland, Portland, San Diego, San Francisco, Seattle u.a.

Besondere Hinweise:
Unter www.cbp.gov ist die amerikanische Zollverwaltung im Internet vertreten. Die englischsprachige Homepage gibt u.a. Auskunft über Aufgaben, Historie, Zolltarife und bietet Merkblätter und Detailinformationen für die Wirtschaft. Einige Antragsformulare können im PDF-Format heruntergeladen werden.
Informationen zum US-harmonisierten Zollplan (Harmonized Tariff Schedule, HTS) sind im Internet unter www.usitc.gov abrufbar. Hier werden Zölle und Produktklassifizierungen für alle Importgüter aufgelistet.
2003 wurde der „Bioterrorism Act of 2002" veröffentlicht. Die USA möchten durch dieses Gesetz die Nahrungskette vor Verseuchung durch Terrorakte schützen. Die Vorschriften verpflichten alle Unternehmen, die Lebensmittel in die USA exportieren, sich bei der FDA zu registrieren und einen in den USA ansässigen Vertreter zu benennen. Das Gesetz ist veröffentlicht unter www.fda.gov.
Die US-Zollbehörden verlangen spätestens vier Stunden vor Ankunft einer Frachtmaschine Informationen zur Ladung. Entsprechende Angaben müssen bei Containerverladungen bereits 24 Stunden vor der Verladung im Abgangshafen vorliegen.
US-Importeure und Spediteure müssen vor der Verladung von für die USA bestimmten Containern zehn beziehungsweise zwei Datenelemente elektronisch an die US-Zollbehörde übermitteln. Das „Importeur Security Filing (ISF)" gilt für internationale Seespediteure, US-Importeure, je nach Lieferbedingung aber auch für deutsche Lieferanten.
Haftungsrisiken reduzieren:
Unternehmen können die Haftungsrisiken für die Verletzung ihrer Exportkontrollpflichten nach US-Recht reduzieren, indem sie ihre AGB anpassen, auf bestimmte Formulierungen in Auftragsbestätigungen und Mitarbeiterinformationen achten. Informationen dazu hat die gtai zusammengestellt: www.gtai.de.

2.1.1 Konnossemente

Voller Satz Konnossemente, Aufmachung an Order möglich. Eine Notify-Adresse ist nicht erforderlich, aber empfehlenswert. Bei Containerversand sind anzugeben: vollständige Markierung, Stückzahl und Inhalt der einzelnen Packstücke. Keine Beglaubigung.

2.1.2 Handelsrechnungen

Für die Verzollung in die USA ist eine Rechnung (vierfach, Englisch) erforderlich (Original oder beglaubigte Kopie mit Bestätigung). Jede Rechnung darf nur eine Sendung eines Absenders an einen Empfänger enthalten und muss den verantwortlichen Exportmitarbeiter nennen. Für Sendungen bis 2.500 USD gilt ein vereinfachtes Verfahren. Pflichtangaben: Name/Anschrift von Verkäufer, Versender, Käufer; verantwortlicher Exportmitarbeiter; Bestimmungsort; Auftragsbestätigung (Ort/Zeit); Rechnungsnummer, -datum; Ursprungsland (bei deutschen Erzeugnissen: „Germany", bei Textilien zusätzlich der Hersteller); Incoterms® 2020-Hinweis; Währung; genaue Warenbezeichnung (ohne Abkürzungen, mit Qualität und Güte); Mengenangaben; Packstückangaben; Einzel- und Gesamtpreise; ggf. Beistellungen. Der Verkaufspreis jeder Einheit sowie der Gesamtpreis müssen in der verwendeten Währung angegeben werden. Jede Rechnung muss die Inhalte je Packstück exakt auflisten oder eine Packliste beilegen. Proforma-Rechnungen können eine separate Wertbestätigung durch den Exporteur erfordern. Bei zollrelevanten Waren ist die Zusammensetzung (mit Gewicht/Wert) anzugeben. Für zahlreiche Warengruppen gelten zusätzliche Anforderungen (gemäß Title 19 § 141.89); hierzu zählen unter anderem Aluminium, Textilwaren, Maschinen, Holzerzeugnisse und Wollwaren. Maße und Gewichte müssen angegeben werden (Versandland oder US-Einheiten); fehlen sie, werden sie auf Kosten des Versenders ermittelt. FOB-Kosten können als enthalten gekennzeichnet sein. CIF-Kosten sind separat und vollständig auszuweisen. Rabatte, z.B. Mehrwertsteuer, müssen genannt werden („...% Value Added Tax is not included..."). Ein Hinweis auf nicht verbundene Parteien („Transaction between non-related parties") wird empfohlen. Zusätzlich sollen Zolltarifnummer und US-Zollsatz genannt sowie Seiten bei mehrseitigen Rechnungen fortlaufend nummeriert werden.

2.1.3 Ursprungszeugnisse

Ursprungszeugnisse sind nur für bestimmte Erzeugnisse erforderlich (z.B. für Weine aus der EU).

2.1.4 Packlisten

Ist die Handelsrechnung unvollständig, wird eine separate, vierfache Packliste mit genauen Angaben zu Inhalt, Maßen und Gewichten empfohlen – genaue Übereinstimmung mit der Rechnung erforderlich.

2.1.5 Gesundheitszeugnisse

Gesundheitsattest ist erforderlich bei der Einfuhr von Tieren, tierischen Produkten usw., Pflanzen, Sämereien usw.

2.2 Luftfrachten

Zollflughäfen: New York, Atlanta, Baltimore, Boston, Los Angeles, Chicago, Denver, Miami, Houston, Las Vegas, New Orleans, Philadelphia, San Francisco, Washington u.a.

2.2.1 Luftfrachtbrief

Eine Ausfertigung des Luftfrachtbriefes.

2.2.2

Siehe unter Seefrachten 2.1.2–2.1.5.

2.3 Postverkehr

2.3.1 Paketkarte

Für Pakete bis 31,5 kg ist eine englische Zollinhaltserklärung mit Angaben zu Inhalt und Wert erforderlich; der US-Bundesstaat muss bei der Adresse genannt sein. Bei kommerziellen Sendungen ist eine Handelsrechnung beizulegen und mit dem Hinweis „Invoice enclosed" zu kennzeichnen; sie kann auch außen am Paket angebracht werden. Briefe und Päckchen müssen den Vermerk „May be opened for customs purposes before delivery to the addressee" tragen, um eine Zollöffnung zu erlauben. Für Sendungen über 2.500 USD ist eine formale Zollanmeldung nötig; darunter ist eine vereinfachte Abfertigung möglich, ggf. mit Barzahlung beim Postboten. Der Postversand alkoholischer Getränke ist verboten.

2.3.2

Siehe unter Seefrachten 2.1.2–2.1.5.

3 Adressen

Auslandshandelskammer

Deutsch-Amerikanische Handelskammer
German American Chamber of Commerce, Inc.

Die Deutsch-Amerikanischen Handelskammern in Atlanta, Chicago und New York (mit Zweigstellen in Philadelphia und San Francisco) bieten ihren Mitgliedern und Kunden ein flächendeckendes Netz an Informationen und Dienstleistungen. Das gemeinsame Webportal www.ahk-usa.com dient dabei als Zugangsportal zu den individuellen Webseiten der drei Kammern in New York, Chicago, Atlanta und deren Außenstellen.

Hauptstellen:

Atlanta Office
German American Chamber of Commerce of the Southern United States, Inc.
27117th Street, NW, Suite 1750
Atlanta, GA 30363
Tel.: +1 4045866800
E-Mail: info@gaccsouth.com
www.gaccsouth.com

Chicago Office
German American Chamber of Commerce of the Midwest, Inc.
150 North Michigan Avenue, 35th Floor
Chicago, IL 60601
Tel.: +1 3126442662
E-Mail: info@gaccmidwest.org
www.gaccmidwest.org

New York Office
German American Chamber of Commerce, Inc.
80 Pine Street, 24th Floor
New York, NY 10005
Tel.: +1 2129748830
E-Mail: info@gaccny.com
www.gaccny.com/en

Zweigstellen:

Detroit Office
German American Chamber of Commerce of the Midwest, Inc., Detroit Office
Farmington Hills, MI 48334
Suite 150
32000 Northwestern Highway
Tel.: +1 2484320532

E-Mail: wirth@gaccmidwest.org
www.gaccmidwest.org/

Houston Office
German American Chamber of Commerce of the Southern United States, Inc., Houston Office
1900 West Loop South
Suite 1550, Houston, TX 77027
Tel.: +1 8323841200, Fax: +1 7137156599
E-Mail: info@gacctexas.com
www.gaccsouth.com

Philadelphia Office
German American Chamber of Commerce, Inc.
Philadelphia Office
230 S Broad Street, 17th Floor
Philadelphia, PA 19103
Tel.: +1 2155017102
E-Mail: info@gaccphiladelphia.com
www.gaccphiladelphia.com

San Francisco Office
German American Chamber of Commerce, Inc.
Office for the Western United States
101 Montgomery Street, Suite 1900
San Francisco, CA 94104
Tel.: +1 4152481240
Geschäftszeiten: Mo.–Do. 8.00–17.30 Uhr; Fr. 8.00–15.30 Uhr
E-Mail: info@gaccwest.com
www.gaccwest.com

Washington Office
Representative of German Industry and Trade
1130 Connecticut Ave, N.W
Suite 1200, Washington, DC 20036
Tel.: +1 2026594777
E-Mail: info@rgit-usa.com
www.rgit-usa.com

Konsulate

Die Konsulatsadressen finden Sie jeweils mit Telefonnummer, E-Mail-Adresse, Homepage und Öffnungszeiten unter:
https://www.auswaertiges-amt.de/de/service/laender.

4 Sonstiges

Kraftfahrzeugländerkennzeichen: USA

1 Allgemeine Informationen

1.1 Kurzinfos

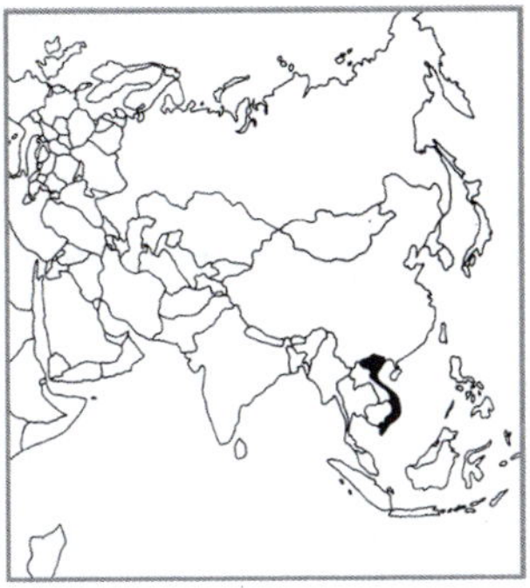

Landesvorwahl: +84

MEZ: +6 Std.

Englisch, Vietnamesisch

1 Dong = 10 Hào = 100 Xu
(ISO-Code: VND)

Nach AWG frei vereinbar
Devisenbestimmungen von Vietnam beachten

Harmonisiertes System
Verzollung nach Transaktionswert

Mitglied

Feiertage: Die Feiertage zu diesem Land finden Sie unter folgendem Link: https://www.timeanddate.de/feiertage/.

1.2 Einfuhr aus der Bundesrepublik

Das Freihandelsabkommen zwischen der Europäischen Union (EU) und Vietnam ist in Kraft. Weitgehend liberalisierter Import. Erlaubte Einfuhrmengen sind zu beachten. Einfuhrlizenzen werden u. a. benötigt für einige Krafträder, medizinische Ausrüstungen, pharmazeutische Erzeugnisse. Gebrauchte Kleidung, gebrauchte Schuhe o. Ä., bestimmte gebrauchte Geräte (Haushalt, Unterhaltungselektronik, Medizin), Pkw älter als 5 Jahre, gebrauchte Kfz-Teile und manche Abfälle (z. B. Kunststoff) dürfen nicht importiert werden. Maschinen, die gebraucht sind, dürfen nicht älter als 10 Jahre sein. Zuständig ist das Ministerium für Wissenschaft, Technologie und Umweltschutz. Getränke und Nahrungsmittel sind besonders zu etikettieren und zu verpacken. Außerdem sind Vorschriften zur Herstellung zu beachten. Sind Waren abgepackt, müssen sie ein Etikett (Vietnamesisch) haben, das über die Zusammensetzung der Ware, das Verfallsdatum und das Nettogewicht Auskunft gibt. Außerdem müssen die Warenbezeichnung und der Einführer (Name, Anschrift) sowie evtl. Hinweise zur Zubereitung und zum Ursprungsland enthalten sein. Eine Rücksprache mit dem Importeur ist unbedingt erforderlich. Es bestehen Qualitätskontrollen für Verbrauchs- und Investitionsgüter. Zuständig für Normen und Standards ist die „Commission for the Standards, Metrology and Quality of Vietnam". Für die Einfuhr von pharmazeutischen Produkten sind ebenfalls Sondervorschriften zu beachten. Zuständig ist das Ministerium für Gesundheit. Beim Bundesamt für Verbraucherschutz und Lebensmittelsicherheit besteht ein Listungsverfahren für Unternehmen, die Fleisch und Fleischprodukte vom Schwein, Schweinedärme sowie Fisch und Fischprodukte ausführen.

1.3 Verpackung

Vietnam wendet für Holzverpackungen die Regelungen des ISPM Nr. 15-Standards an. Auf wetterfeste und starke Verpackung achten.

1.4 Markierung

Zwar gibt es in Vietnam keine generelle Pflicht zur Ursprungskennzeichnung, jedoch ist die Einfuhr untersagt, wenn Waren oder ihre Verpackung irreführende Herkunftsangaben tragen, die einen vietnamesischen Ursprung vortäuschen. Als Mitglied des Madrider Abkommens verbietet Vietnam Herkunftsangaben, die bei Verbrauchern einen falschen Eindruck erwecken könnten. Besondere Kennzeichnungsvorgaben bestehen nicht, doch empfiehlt es sich, Packstücke mit dem tatsächlichen Ursprungsland zu versehen.

1.5 Mustersendungen

Muster ohne Handelswert (bis zu 1 000 000 VND) und zur Anbahnung von Lohnveredelungsverträgen werden zollfrei zugelassen. Waren, die bei Ausstellungen, Messen, Tagungen oder ähnlichen Veranstaltungen verwendet werden, können vorübergehend mit einem Carnet A.T.A. eingeführt werden.

2 Dokumente

2.1 Seefrachten

Seehäfen: Cam Pha Port, Haiphong, Ho-Chi-Minh Ville (Saigon), Cam Ranh, Phu My, Da Nang, Quy Nhon

2.1.1 Konnossemente

Voller Satz Konnossemente. Order-Bs/L zugelassen, dann mit Notify-Adresse. Keine Beglaubigung.

2.1.2 Handelsrechnungen

Die Handelsfaktura (zweifach, Englisch) muss mit allen die Ware betreffenden Einzelheiten ausgestellt sein, wie z.B. Ursprungsland (Federal Republic of Germany), Verkaufspreis und exakte Bezeichnung der Produkte. Außerdem sind die Lieferbedingungen sowie die HS-Zolltarifnummer anzugeben.

2.1.3 Ursprungszeugnisse

Ein Ursprungszeugnis (mind. einfach) mit der Angabe „Federal Republic of Germany (European Union)" ist für regulierte oder der Kontrolle unterliegenden Waren vorgeschrieben. Das Datum der Ausstellung muss zeitlich nach dem Datum der Konnossementsangabe liegen.

2.1.4 Warenverkehrsbescheinigung

Selbstzertifizierung bzw. nicht förmlicher Präferenznachweis, da von den Zollstellen keine förmlichen Warenverkehrsbescheinigungen ausgestellt werden. Präferenzbegünstigter Güteraustausch findet nur mit Ursprungserklärungen statt. Bei Warenwerten über € 6.000 ist die Registrierung als registrierter Ausführer mit Angabe der REX-Nummer erforderlich; bei Warenwerten bis € 6 000,– ist folgende Erklärung[1] abzugeben:

Erklärung zum Ursprung (EzU) auf der Rechnung: „The exporter of the products covered by this document (customs authorization No …)[2] declares that, except where otherwise clearly indicated, these products are of …[3] preferential origin."

Ort, Datum, Unterschrift. Der Name des Unterzeichners ist in Druckbuchstaben zu wiederholen.

1) Ursprungserklärung in weiteren Sprachen s. Kapitel Hinweise Warenursprung Präferenzen

2) Wird die Ursprungserklärung auf der Rechnung von einem ermächtigten Ausführer ausgefertigt, so ist die Zulassungsnummer des ermächtigten Ausführers an dieser Stelle einzutragen. Wird die Ursprungserklärung auf der Rechnung nicht von einem ermächtigten Ausführer ausgefertigt, so können die Wörter in Klammern weggelassen bzw. der Raum leer gelassen werden.

2.1.5 Packlisten

Packlisten sollten zweifach, mit der Angabe von Brutto- und Nettogewichten sowie Marke, Nummern und Inhalt der einzelnen Packstücke beigelegt werden.

2.1.6 Gesundheitszeugnisse

Pflanzen und deren Produkte benötigen ein Pflanzengesundheitszeugnis. Für landwirtschaftliche Erzeugnisse (wie z.B. Gemüse, Saaten, Früchte) sind amtliche Gesundheitszeugnisse vorgeschrieben.

2.2 Luftfrachten

Zollflughäfen: Da Nang, Hanoi (HAN), Ho-Chi-Minh Ville (SGN), Haiphong (HPH), Can Tho City, Nha Trang City, Phu Quoc City

2.2.1 Luftfrachtbrief

Original des Luftfrachtbriefes.

2.2.2

Siehe unter Seefrachten 2.1.2–2.1.6.

2.3 Postverkehr

2.3.1 Paketkarte

Eine Zollinhaltserklärung in Englisch. Höchstgewicht 31,5 kg. Zahlungsmittel und andere wertvolle Gegenstände sind in Postpaketen nicht zulässig.

2.3.2

Siehe unter Seefrachten 2.1.2–2.1.6.

3 Adressen

Auslandshandelskammer

Delegation der Deutschen Wirtschaft in Vietnam
German Industry and Commerce Vietnam

3) Der Ursprung der Erzeugnisse ist anzugeben. Ursprungszeugnisse aus Ceuta und Melilla sind deutlich mit „CM" zu kennzeichnen.

Ho-Chi-Minh-Stadt
Deutsches Haus Ho Chi Minh City
4th Floor, Le duan Blvd. District 1
Tel.: +84 2838239775
Geschäftszeiten: Mo.–Fr. 8.30–12.00 Uhr, 13.00–17.30 Uhr
E-Mail: info@vietnam.ahk.de
www.vietnam.ahk.de

Konsulate

Die Konsulatsadressen finden Sie jeweils mit Telefonnummer, E-Mail-Adresse, Homepage und Öffnungszeiten unter:
https://www.auswaertiges-amt.de/de/service/laender.

4 Sonstiges

Länder(-gruppen)kurzbezeichnung für bes. Zollsätze im Europäischen Zolltarif: SPGL
Kraftfahrzeugländerkennzeichen: VN

Westindische Inseln*

1 Allgemeine Informationen

1.1 Kurzinfos

Anguilla: +1264, Cayman-Inseln: +1345, Montserrat: +1664, St. Vincent u. d. Grenadinen: +1784, Turks und Caicos Inseln: +1649

MEZ: –5 Std.

Englisch

1 East Caribbean $ (EC$) = 100 Cents; British Virgin Island: 1 US-$ = 100 Cents

Nach AWG frei vereinbar Devisenbestimmungen von Westindien beachten

Harmonisiertes System Verzollung nach Transaktionswert

Mitglied (St. Vincent und die Grenadinen)

Feiertage: Die Feiertage zu diesem Land finden Sie unter folgendem Link: https://www.timeanddate.de/feiertage/.

1.2 Einfuhr aus der Bundesrepublik

Die Wareneinfuhr aus allen Ländern ist für die meisten Güter im Rahmen einer Open General Licence möglich. Für bestimmte Produkte sind Importbeschränkungen vorhanden. Eine Liste des Zolls bzw. des Handelsministeriums gibt Auskunft. St. Kitts und Nevis sowie St. Vincent und die Grenadinen: Importverbot für Strohhalme und Einweg-Einkaufstüten aus Plastik, Behälter aus Styropor, Einweg-Kunststofferzeugnisse, u. Ä.

1.3 Verpackung

Heu und Stroh sind nicht zu empfehlen.

1.4 Markierung

Empfohlen: „Made in Germany".

1.5 Mustersendungen

Muster ohne Handelswert werden zollfrei abgefertigt.

2 Dokumente

2.1 Seefrachten

Seehäfen: Leeward = St. John's; St. Vincent = Kingstown

2.1.1 Konnossemente

Voller Satz Konnossemente, Aufmachung an Order mit Notify-Adresse möglich. Keine Beglaubigung.

2.1.2 Handelsrechnungen

Eine Handelsfaktura in Englisch. Ausstellung der Handelsrechnung (entsprechend einer CARICOM-Invoice) mit den üblichen Angaben, wie z.B. Name und Anschrift des Käufers und Verkäufers, Rechnungsdatum, -ort und -nummer, Auftragsnummer, Verschiffungshafen, Name des Schiffes bzw. Flugnummer, endgültiges Bestimmungsland, Liefer- und Zahlungsbedingungen, Bank, Marke, Nummer, Anzahl und Art der Packstücke, Brutto-/Nettogewichte, exakte Warenbezeichnung (z.B. Menge, Zolltarifnummer), Verpackungskosten, Fracht, Versicherung und Ursprungsland. Versicherung, Fracht, Verpackungs- und andere Kosten sind extra aufzuführen; ggf. ist die Art der Rabatte anzugeben; keine Beglaubigung. Am Schluss: „It is hereby certified that this invoice shows the actual price of the goods described, that no other invoice has been or will be issued and that all particulars are true and correct." Faksimile-Unterschriften sind nicht erlaubt.

* Leeward-Inseln: Anguilla, Antigua und Barbuda, Montserrat, British Virgin Islands (Britische Jungferninseln), St. Kitts und Nevis. Windward-Inseln: St. Vincent und die Grenadinen, Dominica, St. Lucia. Cayman-Inseln: Turks- und Caicos-Inseln, Cayman Inseln

2.1.3 Ursprungszeugnisse

Ursprungszeugnis nicht notwendig.

2.1.4 Warenverkehrsbescheinigung

Warenverkehrsbescheinigung EUR.1 bzw. Präferenz-Ursprungsnachweis in einem der Handelspapiere nur auf Anforderung.

Für Antigua und Barbuda, Dominica, St. Kitts-Nevis, St. Lucia und St. Vincent und die Grenadinen gehören zu den CARIFORUM-Staaten und das Abkommen mit der EU zur gegenseitigen Präferenzgewährung findet Anwendung. Deshalb gilt: Warenverkehrsbescheinigungen EUR.1 für Warensendungen über € 6 000,–, die unter die mit der EU getroffene „Ursprungsregelung" fallen (werden durch die zuständige Zollstelle ausgestellt, zuvor Ausfüllen durch Exporteur erforderlich); für Sendungen bis zum Wert von € 6 000,– ist in den Papieren folgende Erklärung[1] als Präferenz-Ursprungsnachweis auszunehmen:

„The exporter of the products covered by this document (customs authorisation No …)[2] declares that, except where otherwise clearly indicated, these products are of … preferential origin."

Ort, Datum, Unterschrift. Der Name des Unterzeichners ist in Druckbuchstaben zu wiederholen. Ursprungszeugnisse aus Ceuta oder Melilla sind mit „CM" zu kennzeichnen.

2.1.5 Gesundheitszeugnisse

Gesundheitszertifikate bzw. tierärztliche Zeugnisse sind für Pflanzen bzw. Tiere und deren Erzeugnisse notwendig.

2.2 Luftfrachten

Zollflughafen: Kingstown (auf St. Vincent) und weitere kleinere lokale Flughäfen auf den Inseln

2.2.1 Luftfrachtbrief

Eine Ausfertigung des Luftfrachtbriefes.

2.2.2

Siehe unter Seefrachten 2.1.2–2.1.5.

1) Ursprungserklärung in weiteren Sprachen, s. Kapitel Hinweise Warenursprung Präferenzen.
2) Eintrag der Bewilligungsnummer, falls die Erklärung von einem ermächtigten Ausführer erstellt wird.

2.3 Postverkehr

2.3.1 Paketkarte

Eine Zollinhaltserklärung, Englisch, Höchstgewicht 20 kg (Britische Jungferninseln, Montserrat); zwei Zollinhaltserklärungen, Englisch, Höchstgewicht 20 kg (St. Vincent und die Grenadinen); drei Zollinhaltserklärungen, Englisch, Höchstgewicht 20 kg (Anguilla); eine Zollinhaltserklärung, Englisch, Höchstgewicht 20 kg, Vertragskunden 10 kg (Turks- und Caicos-Inseln); eine Zollinhaltserklärung, Englisch, Höchstgewicht 10 kg (Cayman-Inseln).

2.3.2

Siehe unter Seefrachten 2.1.2–2.1.5.

3 Adressen

20148, Hamburg, Honorarkonsulat St. Vincent und den Grenadinen
Mittelweg 14
Tel.: 040 73362116
Fax: 040 7336239116
Mo.-Fr.: 09.00–17.00 Uhr
E-Mail: svg-consulte@email.de

Botschaft

St. Vincent und die Grenadinen:
zuständig ist die Botschaft in
10, Kensington Court
GB-London W8 5DL
Tel.: +44 2075652874
Fax: +44 2079376040
www.gov.vc/

4 Sonstiges

Anguilla/Montserrat/Cayman Islands/Turks und Caicosinseln/British Virgin Islands:
Länderkurzbezeichnung gemäß Präferenzrecht (Lieferantenerklärung): ÜLG
Länder(-gruppen)kurzbezeichnung für bes. Zollsätze im Europäischen Zolltarif: LOMB/SPGL
St. Vincent und die Grenadinen (Nord-Grenadinen):
Länderkurzbezeichnung gemäß Präferenzrecht (Lieferantenerklärung): AKP/CAF
Länder(-gruppen)kurzbezeichnung für bes. Zollsätze im Europäischen Zolltarif: LOMA/SPGL/CAF
Kraftfahrzeugländerkennzeichen: WV

Süd-Grenadinen:
Länderkurzbezeichnung gemäß Präferenzrecht (Lieferantenerklärung): AKP/CAF
Länder(-gruppen)kurzbezeichnung für bes. Zollsätze im Europäischen Zolltarif: LOMA/SPGL/CAF
Kraftfahrzeugländerkennzeichen: WG

Zentralafrikanische Republik*

1 Allgemeine Informationen

1.1 Kurzinfos

Landesvorwahl: +236

MEZ

Französisch

1 Franc CFA = 100 Centimes (ISO-Code: XAF)

Nach AWG frei vereinbar Devisenbestimmungen der Zentralafrikanischen Republik beachten

Harmonisiertes System

Mitglied

Feiertage: Die Feiertage zu diesem Land finden Sie unter folgendem Link: https://www.timeanddate.de/feiertage/.

1.2 Einfuhr aus der Bundesrepublik

Für nicht liberalisierte Waren sind Einfuhrlizenzen erforderlich. Dagegen sind Importe aus EU-Ländern zumeist einschränkungsfrei möglich. Sie gelten sechs Monate (Versand muss in dieser Zeit erfolgen) und können darüber hinaus um sechs Monate verlängert werden. Werttoleranzen bis zu 10 % sind zulässig. Alkohol muss besonders etikettiert werden. Die Registrierung von Medikamenten ist notwendig. Dosen mit Gemüse, Früchten oder Fisch sowie einige Milchprodukte (z.B. Sahne, Käse, Butter) müssen mit dem Ursprungsland gekennzeichnet sein. Fischkonserven über 1 kg und Zucker dürfen nicht eingeführt werden.

Bitte beachten: Zur Zeit der Drucklegung bestand ein Embargo seitens der EU (www.bafa.de/DE/Home/home_node.html).

1.3 Verpackung

Es sind keine Verpackungsstoffe erlaubt, durch die krankheitserregende Keime oder Ähnliches ins Land gebracht werden können (ggf. amtliches Pflanzengesundheitszeugnis).

1.4 Markierung

Zusätzlich: „Importé d'Allemagne" bzw. „Made in Germany". Das Ursprungsland muss eindeutig zu erkennen sein.

1.5 Mustersendungen

Muster ohne Handelswert können zumeist zollfrei einführt werden, allerdings werden i.d.R. Abgaben von 10.000 CFA-Franc pro Colli verlangt.

2 Dokumente

2.1 Seefrachten

Seehafen: Keiner; Verschiffungen zweckmäßigerweise via Cabinda oder Port Gentil. Die Vorschriften des Empfängers sind zu beachten.

2.1.1 Konnossemente

Konnossemente bedürfen keiner Beglaubigung. Order-Bs/L zulässig, dann jedoch mit Notify-Adresse.

2.1.2 Handelsrechnungen

Handelsrechnungen (dreifach, Französisch), mit folgenden Angaben erforderlich: Name des Exporteurs und Importeurs sowie Empfängers, Marke, Nummern, Anzahl und Art der Packstücke, Brutto-/Nettogewichte, genaue Warenbezeichnungen, Lieferbedingungen, Ursprungsland, HS-Code, Mengen, Ort und Datum der Ausstellung sowie Einzelpreise, Gesamt-fob- und cif-Wert und auch Nach-

* République Centrafricaine

lässe, wie z.B. Rabatte. Unterschriebene Erklärung am Schluss der Rechnung:

„Nous certifions que les marchandises dénommées dans cette facture sont de fabrication et d'origine de la République Fédérale d'Allemagne et que les prix indiqués ci-dessus s'accordent avec nos livres d'affaires."

2.1.3 Ursprungszeugnisse

Ursprungszeugnisse mit der Angabe „République Fédérale d'Allemagne (Union Européenne)" nur auf Anforderung.

2.1.4 Warenverkehrsbescheinigung

Warenverkehrsbescheinigung bzw. Präferenz-Ursprungsnachweis in einem der Handelspapiere: nicht erforderlich.

2.1.5 Electronic Cargo Tracking Note

Für die Einfuhr wird immer eine Electronic Cargo Tracking Note (ECTN)/Bordereau Électronique de Suivi de Cargaison (BESC) benötigt, die vor der Verladung zu beantragen ist. Zuständig ist M + S Mehrtens & Schwickerath GmbH in 28195 Bremen, Tiefer 4, Tel.: 0421 363080, Fax: 0421 3630855, E-Mail: agency@msbre.com., www.shipagent.de. Fehlt die ECTN/BESC findet keine Abfertigung statt und hohe Bußgelder können entstehen.

2.1.6 Konformitätszertifikate

Ansprechpartner für das seit März 2021 bestehende neue Konformitätsbewertungsverfahren für Waren mit FOB-Schwellenwert von mehr als 1.500 USD ist in Deutschland: SGS Group Germany in 20097 Hamburg, Heidenkampsweg 99, Tel.: 040 30101735, E-Mail: de.gis.export@sgs.com. Die Bescheinigung ist der Zollbehörde bei der Ankunft vorzulegen.

2.1.7 Gesundheitszeugnisse

Gesundheitszeugnis erforderlich für lebende Tiere, gekühltes und frisches Fleisch; pflanzenpolizeiliches Zeugnis der zuständigen amtlichen Pflanzenschutzstelle (www.julius-kuehn.de) für Pflanzen(-teile), Samen, Erde, Dünger und Kompost.

2.2 Luftfrachten

Zollflughäfen: Bouar, Bangui Berberati

2.2.1 Luftfrachtbrief

Eine Ausfertigung des Luftfrachtbriefes.

2.2.2

Siehe unter Seefrachten 2.1.2–2.1.7.

2.3 Postverkehr

2.3.1 Paketkarte

Zwei Zollinhaltserklärungen, Französisch. Höchstgewicht: 31,5 kg, Vertragskunden: 30 kg. Ausführung des Paketdienstes in Zentralafrika nur durch ausgewählte Postämter. Post befragen.

2.3.2

Siehe unter Seefrachten 2.1.2–2.1.7.

3 Adressen

Konsulat

Zuständig ist die Botschaft in
F-75016 Paris
30, Rue des Perchamps
Tel.: +33 145253974
Fax: +33 145274811
E-Mail: ambassadercafrance@yahoo.fr

4 Sonstiges

Länderkurzbezeichnung gemäß Präferenzrecht (Lieferantenerklärung): AKP
Länder(-gruppen)kurzbezeichnung für bes. Zollsätze im Europäischen Zolltarif: SPGA
Kraftfahrzeugländerkennzeichen: RCA

1 Allgemeine Informationen

1.1 Kurzinfos

Landesvorwahl: +357
Nordzypern: +90

MEZ: +1 Std.

Englisch, Griechisch (Süden), Türkisch (Norden)

1 Euro = 100 Cents

Nach AWG frei vereinbar
Devisenbestimmungen von Zypern beachten

Harmonisiertes System

Mitglied

Angeschlossen

Angeschlossen (im griechischen Teil)

Feiertage: Die Feiertage zu diesem Land finden Sie unter folgendem Link: https://www.timeanddate.de/feiertage/.

1.2 Einfuhr aus der Bundesrepublik

In der EU sind dem Verkehr von Waren nur wenige Beschränkungen auferlegt. Für Güter, die sowohl für zivile als auch für militärische Zwecke verwendet werden können (Dual-Use-Güter mit doppeltem Verwendungszweck), gibt es spezifische Bestimmungen. Zuständig ist die Stelle für Handel (Trade Service) am Ministerium für Energie, Handel und Industrie. Manche sensible Waren (wie z.B. Abfälle) müssen genehmigt werden. Einige Güter aus Drittländern benötigen eine Lizenz. Verschiffungen nur an die richtigen Zielhäfen vornehmen (Limassol und Larnaca), da die Green Line zu beachten ist.

Lieferungen aus den EU-Mitgliedstaaten sind grundsätzlich ohne Einschränkungen möglich. Für ausgewählte Agrar- und Industrieerzeugnisse gelten nationale Normen und Qualitätsvorgaben gemäß der EU-Verordnung (EU) 2019/515, die sowohl für Waren aus der Union als auch aus Drittstaaten verbindlich sind. Die Cyprus Organization for the Promotion of Quality, die dem Ministerium für Energie, Handel und Industrie untersteht, fungiert dabei als zentrale Produktinformationsstelle für Fragen des Marktzugangs. Für den innerzyprischen Handel über die Demarkationslinie müssen Dokumente der zyprisch-türkischen Handelskammer vorgelegt werden; je nach Ware können zusätzliche Nachweise oder Zertifikate erforderlich sein.

Der Pharmazeutische Dienst des Gesundheitsministeriums ist verantwortlich für die Überwachung der Vorgaben, die Registrierung und Zulassung von Arzneimitteln und medizinischen Produkten nach geltenden Standards. Die Produktsicherheit, etwa bei Spielzeug, Textilien oder Futtermitteln, wird von der Agentur für Verbraucherschutz (Consumer Protection Agency) überwacht. Sie ist zugleich nationale Kontaktstelle des europäischen Frühwarnsystems Safety Gate (ehemals RAPEX). Für das Lebens- und Futtermittelwarnsystem RASFF ist der Dienst für Medizin und öffentliche Gesundheit im Gesundheitsministerium zuständig. Tierische und pflanzliche Erzeugnisse aus Drittländern dürfen ausschließlich über zugelassene Grenzkontrollstellen (GKS) eingeführt werden – bei Luftfracht über Larnaca, bei Seefracht über Limassol. Phytosanitäre Kontrollen erfolgen nur an festgelegten Einlasspunkten, deren Adressen beim Ministerium für Landwirtschaft, ländliche Entwicklung und Umwelt erhältlich sind.

1.3 Verpackung

Verpackungsabfälle sind zu vermeiden, zu vermindern und zu verwerten. Nach dem Vertrag mit Unternehmen wie Green Dot Cyprus Public Co. Ltd. dürfen Verpackungen mit dem Grünen Punkt gekennzeichnet werden, der den Beitrag zum Sammel- und Verwertungssystem abbildet.

1.4 Markierung

Keine besonderen Markierungsvorschriften. Rücksprache mit dem Importeur empfohlen.

1.5 Mustersendungen

Muster und Warenproben werden zollfrei abgefertigt. Vorübergehende Einfuhr mit Carnet A.T.A.

2 Dokumente

Bitte beachten: Der Norden Zyperns ist von der Herrschaftsgewalt der Regierung Zyperns ausgeschlossen. Die hier aufgeführten Informationen betreffen den südlichen Teil.

2.1 Seefrachten

Seehäfen: Limassol, Larnaca, Vasilikos

2.1.1 Konnossemente

Voller Satz Konnossemente, Ausstellung an Order möglich, unter Angabe einer Notify-Adresse.

2.1.2 Handelsrechnungen

Rechnungsangaben laut Kaufvertrag. Die Rechnung muss die USt-Identifikationsnummern (UID-Nr.) von Exporteur und Importeur enthalten sowie den Hinweis „steuerfreie innergemeinschaftliche Lieferung“ oder „steuerfrei nach § 4 Nr. 1b UStG“, sonst ist MwSt. zu berechnen. Außerdem noch folgender Vermerk in der Rechnung: „tax free intra-community despatch/delivery“.

Die Bedingungen des § 6a UStG müssen eingehalten sein.

Bei Dual-Use-Gütern ist in den Papieren ein ausdrücklicher Vermerk anzubringen, dass bei der Ausfuhr aus dem Gebiet der EU eine Kontrolle der Waren stattzufinden hat.

Für Nichtgemeinschaftswaren sind Rechnungen mit folgenden Informationen notwendig, z.B. Ausstellungsort und -datum, detaillierte Produktbezeichnung, Menge, Art und Anzahl der Pakete mit Angabe von Nummer und Marke, Namen und Anschriften von Aus- und Einführer, Lieferbedingungen mit fob-Wert, cif-Kosten und -Wert bzw. cfr-Wert, Zahlungsbedingungen, Rechnungsnummer, Beförderungsart, Gesamtbetrag sowie das Ursprungsland. Keine Unterzeichnung der Rechnungen und keine Bescheinigungen erforderlich.

2.1.3 Ursprungszeugnisse

Ursprungszeugnis nur auf Anforderung.

2.1.4 Intrastat-Meldung

Auf Grundlage des Änderungsgesetzes zum Außenhandelsstatistikgesetz (AHStatG-ÄndG) vom 5. März 2025 gelten rückwirkend zum 1. Januar 2025 neue Schwellenwerte für die Intrahandelsstatistik: Für Wareneingänge liegt die Meldegrenze nun bei 3.000.000 €, für Versendungen bei 1.000.000 €.

Wird eine dieser Grenzen im laufenden Kalenderjahr überschritten, beginnt die Meldepflicht im Monat der Überschreitung.

Die Daten können online an das Statistische Bundesamt übermittelt werden. Weitere Informationen sind unter www.destatis.de abrufbar (Suchbegriff: „Intrastat“) oder telefonisch unter 0611 753965, per Fax: 0611 754525 oder per E-Mail: gruppe-vb@destatis.de.

2.1.5 Ausfuhranmeldungen

Ausfuhranmeldung nur für Lieferungen in den nördlichen „türkischen“ Teil Zyperns erforderlich. Als Bestimmungscode ist „CY“ für Zypern anzugeben (nicht „TR“ für Türkei). Bei Lieferungen in den „griechischen Teil“ ist ggf. nur eine Intrastatmeldung vorzunehmen.

2.2 Luftfrachten

Zollflughäfen: Larnaca (LCA), Paphos (PFO)

2.2.1 Luftfrachtbrief

Eine Ausfertigung des Luftfrachtbriefes, unterschrieben.

2.2.2

Siehe unter Seefrachten 2.1.2–2.1.5.

2.3 Postverkehr

2.3.1 Paketkarte

Höchstgewicht: 20 kg, Vertragskunden: 31,5 kg. Für das Gebiet im Norden ist eine Zollinhaltserklärung in Englisch, Französisch oder Landessprache beizulegen.

2.3.2

Siehe unter Seefrachten 2.1.2–2.1.5.

3 Adressen

Konsulate

Die Konsulatsadressen finden Sie jeweils mit Telefonnummer, E-Mail-Adresse, Homepage und Öffnungszeiten unter:
https://www.auswaertiges-amt.de/de/service/laender.

4 Sonstiges

Die Hauptstadt Nicosia und die Insel selbst sind zweigeteilt, in einen griechischen und einen türkischen Teil. Die aufgeführten Bestimmungen gelten für den südlichen (griechischen Teil), für den nördlichen Teil können davon abweichende Bestimmungen gelten. Bei Seefrachten muss auf den richtigen Zielhafen geachtet werden: Limassol und Larnaca (südlicher Teil) bzw. Famagusta (nördlicher Teil).
Kraftfahrzeugländerkennzeichen: CY

Notizen

Notizen

Notizen